D1398390

Initiation à la comptabilité
financière et administrative

Initiation à la comptabilité financière et administrative

WILLIAM W. PYLE

College of Business Administration
University of Nevada, Reno

JOHN ARCH WHITE

Emeritus Graduate School of Business
University of Texas

MICHAEL ZIN

Faculty of Business Administration
University of Windsor

FERNAND SYLVAIN

Faculté des Sciences de l'Administration
Université Laval

Première édition canadienne-française

 1975

Irwin-Dorsey Limited   Georgetown, Ontario   L7G 4B3

© IRWIN-DORSEY LIMITED, 1975

Tous droits de reproduction réservés. Aucune partie de cet ouvrage ne peut être reproduite, emmagasinée dans un système de rappel des informations enregistrées, ou transmise, sous aucune forme ou par aucun moyen, électronique, mécanique, système de photocopie, système d'enregistrement, ou autrement, sans avoir obtenu au préalable l'autorisation écrite de la maison d'édition.

Imprimé et publié sous licence canadienne 1976.

5 6 7 8 9 0 K 5 4 3 2 1 0 9 8

ISBN O-256-01701-8

Imprimé aux États-Unis

Préface

■ Cet ouvrage, ainsi que son titre l'indique, traite de sujets abordés dans un premier cours de comptabilité. Non seulement les auteurs y exposent-ils la façon de compiler les données comptables, mais ils expliquent aussi comment utiliser efficacement ces données. Ce manuel est destiné aussi bien aux étudiants qui plus tard seront des comptables qu'à ceux qui se serviront de la comptabilité dans d'autres domaines ou dans la conduite de leurs affaires personnelles.

On dit souvent que la comptabilité est un langage utilisé universellement dans le monde des affaires. Cette universalité, toutefois, n'est pas parfaite. Bien des facteurs, comme la culture, les pratiques commerciales, la législation, les us et coutumes et la langue parlée dans un pays, influent sur les pratiques comptables et leur évolution. Les auteurs se sont efforcés de rédiger un ouvrage qui reflète les facteurs propres au Canada et au Québec et, en même temps, présente les principes comptables en usage dans d'autres pays.

La première édition canadienne-française de *Initiation à la comptabilité financière et administrative* tient compte de la législation canadienne et québécoise, des pratiques comptables en usage au Canada, des recommandations les plus récentes de l'Institut Canadien des Comptables agréés et des nouvelles lois relatives à l'assurance-chômage, à la fiscalité et aux sociétés par actions.

Bien que les auteurs discutent surtout des techniques et des procédés comptables, cet ouvrage a quand même une portée théorique. Plusieurs chapitres traitent de sujets comme l'utilité des états financiers et leurs limitations, le contrôle interne, la théorie comptable et le traitement électronique de l'information comptable. L'importance attachée aux sujets traités dans chaque chapitre peut varier selon les besoins des étudiants. Ainsi, on pourrait consacrer peu de temps aux chapitres 6 et 9. De même, il est possible d'omettre ou d'étudier sommairement l'un ou l'autre des 23 derniers chapitres sans que cela nuise à la compréhension des sujets abordés subséquemment.

Nous savons que la première édition canadienne-française de *Initiation à la comptabilité financière et administrative* répond à un urgent besoin et nous espérons qu'elle sera accueillie favorablement par les universités, les collèges d'enseignement général et professionnel et les associations comptables professionnelles.

Février 1975   FERNAND SYLVAIN

Table des matières

12 *page 361*

Les immobilisations corporelles (suite) et les immobilisations incorporelles

Comptabilisation des petits outils. Biens changés pour d'autres biens. Révision des taux d'amortissement. Les réparations et les remplacements. Les améliorations. Le réarrangement de l'équipement. Les dépenses en capital et les dépenses d'exploitation. Les richesses naturelles. Les immobilisations incorporelles. L'état des revenus et dépenses.

13 *page 389*

Les salaires

L'assurance-chômage. Les impôts sur le revenu fédéral et provincial. Le Régime de rentes du Québec. Le Régime d'assurance-maladie du Québec. La Commission des accidents du travail. La Loi sur le salaire minimum et les contrats de travail. Autres retenues. Calcul du nombre d'heures de travail. Le livre de paye. Comptabilisation de la paye. Le paiement des salaires. Le compte en banque spécial pour la paye. La fiche individuelle de paye. Les contributions des employeurs. La remise des retenues et des contributions de l'employeur. Les salaires courus à payer à la fin d'un exercice. Mécanisation de la paye.

14 *page 413*

Le traitement de l'information comptable

Le traitement manuel de l'information. Le traitement mécanique de l'information. Le traitement électronique de l'information.

1

La comptabilité, introduction

■ La comptabilité est l'art de mesurer, d'inscrire et de communiquer les données financières se rapportant à une entité économique.

Si cette entité est une entreprise, la direction utilise les renseignements communiqués afin de trouver une réponse aux questions suivantes : Quelles sont les ressources de l'entreprise ? Quel est son passif ? Quels gains a-t-elle réalisés ? Ses dépenses sont-elles trop élevées par rapport à son chiffre des ventes ? Ses stocks sont-ils suffisants ? Réussit-elle à recouvrer rapidement les sommes qui lui sont dues ? Est-elle en mesure de payer ses dettes ? Y a-t-il lieu d'acquérir de nouvelles installations ? Est-ce le temps de lancer un nouveau produit sur le marché ? Devrait-on augmenter les prix de vente ?

Non seulement la comptabilité aide-t-elle la direction à répondre aux questions précédentes, mais elle permet aussi aux commerçants en gros et aux entreprises industrielles d'obtenir une réponse à d'autres questions. Les clients réalisent-ils des bénéfices satisfaisants ? Ont-ils les ressources suffisantes pour s'acquitter de leurs obligations ? Ont-ils réglé promptement leurs dettes dans le passé ? Devrait-on leur vendre davantage ?

De la même manière, les divers ministères du gouvernement se servent des données comptables pour déterminer si les entreprises respectent les règlements qui les concernent et paient leurs impôts. L'information comptable est aussi indispensable aux syndicats pour obtenir de meilleures conditions de travail et aux investisseurs pour les aider à prendre des décisions.

Pourquoi étudier la comptabilité?

■ Les rapports comptables fournissent l'information qui permet d'apporter une réponse aux questions posées ci-dessus. Le propriétaire d'une entreprise, le gestionnaire, le banquier, l'avocat, l'ingénieur ou toutes les autres personnes qui désirent se servir efficacement des rapports financiers doivent savoir comment les chiffres qui y figurent ont été recueillis et traités. Ils doivent aussi savoir que ces rapports, qui contiennent plusieurs estimations, ne peuvent résoudre tous les problèmes. Les utilisateurs des rapports financiers doivent aussi avoir une certaine connaissance de la terminologie et des principes comptables. Nul n'est besoin de dire que l'étude de la comptabilité permet d'acquérir ces connaissances.

Plusieurs personnes étudient la comptabilité afin de devenir plus tard comptables professionnels. Cette profession peut être à la fois intéressante et rémunératrice.

La profession comptable

■ La profession comptable a atteint, au cours des dernières années, une réputation comparable à celle de la médecine. Les comptables obtiennent le droit de pratiquer leur profession, tout comme les médecins et les avocats, en vertu de lois qui sont de juridiction provinciale. Ces lois sont nécessaires afin d'accorder au public la protection à laquelle il a droit. Seules les personnes ayant subi avec succès des examens rigoureux et ayant satisfait à de multiples autres exigences peuvent obtenir le droit d'exercer la profession comptable.

Au Québec, les principales associations qui s'intéressent à la profession comptable, sont : l'Ordre des Comptables Agréés du Québec, la Corporation professionnelle des Comptables généraux licenciés du Québec et la Corporation professionnelle des Comptables en administration industrielle du Québec. Le candidat qui suit avec succès les cours prescrits obtient les titres suivants après avoir subi des examens et fait un stage :

    Comptable agréé (C.A.)
    Comptable général licencié (C.G.A.)
    Comptable en gestion industrielle (R.I.A.)

Les associations comptables procèdent actuellement à une révision complète de leur programme d'enseignement. Non seulement veut-on modifier le tableau des connaissances, mais, ce qui est encore plus important, on désire confier la responsabilité de l'enseignement aux universités. La profession comptable se propose donc, comme c'est d'ailleurs le cas depuis plusieurs années pour les médecins, de laisser aux universités le soin de s'occuper de l'enseignement, mais elle se réserve le droit de décerner les certificats permettant d'exercer la profession.

La profession comptable prend actuellement une très grande expansion. Cette évolution peut s'expliquer par le progrès économique, la plus grande complexité des affaires, le désir du comptable de participer au processus décisionnel et la nécessité de fournir une meilleure information financière.

Le travail du comptable

■ On retrouve généralement les comptables dans l'un ou l'autre des trois secteurs d'activité suivants : (1) l'expertise comptable, (2) l'entreprise privée et (3) le gouvernement.

L'EXPERTISE COMPTABLE

Un expert-comptable (appelé au Québec *comptable agréé*) offre au public ses services et ceux de ses employés moyennant des honoraires, de la même façon que le fait un avocat ou un ingénieur-conseil.

Vérification. L'expert-comptable s'occupe avant tout de la vérification des comptes. Les sociétés par actions sont tenues de faire vérifier annuellement leurs livres par un comptable agréé. Bien que cette exigence de la loi ne s'applique pas aux entreprises individuelles et aux sociétés en nom collectif, un créancier important peut toujours exiger que les livres soient vérifiés ou la direction peut elle-même décider de recouvrir aux services d'un vérificateur.

L'objet de la vérification des comptes est de permettre au comptable d'exprimer une opinion portant sur la sincérité ou la fidélité des états financiers. Les banquiers, les investisseurs et bien d'autres personnes ont besoin de l'information présentée dans les états financiers pour prendre des décisions portant sur des emprunts à consentir, la marge de crédit à accorder ou les placements à effectuer. Toutes ces personnes attachent une grande importance aux états financiers vérifiés parce que, selon le vérificateur, ils présentent fidèlement la situation financière et les résultats d'exploitation.

Un travail de vérification exige qu'un comptable indépendant étudie attentivement les états financiers et les registres comptables et procède aux sondages qu'il estime nécessaires pour se former une opinion.

Consultation en administration. En plus de vérifier les livres, les comptables jouent souvent le rôle de conseillers en administration.

Étant donné que le travail de vérification permet à l'expert-comptable d'acquérir une vaste connaissance des procédés comptables d'une entreprise et de sa situation financière, il est bien placé pour suggérer à la direction l'établissement d'un meilleur système comptable et les moyens à prendre pour obtenir un bénéfice net plus élevé. La direction s'attend à ce que l'expert-comptable fasse ces suggestions qui sont, en somme, un sous-produit de la vérification. De plus, elle engage souvent des experts-comptables pour effectuer des études spéciales dont l'objectif est d'améliorer l'exploitation. Ces études spéciales et les suggestions qui en découlent relèvent de ce que l'on appelle communément la consultation en administration.

Les travaux d'un conseiller en administration portent sur l'installation de systèmes comptables et de systèmes de prix de revient et de contrôle des coûts. Le conseiller en administration peut aussi suggérer l'installation de machines comptables ou d'ordinateurs et aider la direction à planifier, établir des budgets, contrôler les stocks, etc.

Fiscalité. Les lois relatives à la fiscalité sont actuellement si importantes et si complexes que rares sont les entreprises qui n'ont pas à en tenir compte au moment de prendre des décisions. Un expert-comptable est en mesure de rendre des services dans ce domaine en raison de sa formation et de son expérience. Ces services comprennent non seulement l'établissement des déclarations d'impôt, mais aussi la formulation de suggestions en vue d'aider la direction à prendre des décisions qui auront pour effet de réduire le plus possible les impôts à payer.

L'ENTREPRISE PRIVÉE

Plusieurs comptables sont à l'emploi d'entreprises privées. Une petite entreprise peut n'engager qu'un seul comptable ou peut se contenter des services que lui rend à l'occasion un expert-comptable. Une grande entreprise a, par ailleurs, un service de comptabilité dans lequel travaillent plusieurs employés dirigés par un chef comptable à qui l'on donne généralement le nom de *contrôleur* parce qu'un des premiers objectifs de la comptabilité est de contrôler l'exploitation.

Le comptable travaillant pour la petite ou la grande entreprise exécute des tâches très variées : comptabilité générale, prix de revient, budget et vérification interne.

La comptabilité générale. La comptabilité générale s'occupe surtout de l'inscription des données et de l'établissement des états financiers et d'autres rapports destinés à la direction, aux propriétaires, aux créanciers et au gouvernement. Le comptable d'une entreprise établit ou aide l'expert-comptable à établir le système de tenue des livres. De plus, il exerce une supervision sur le travail effectué par les commis de bureau ou le personnel préposé au traitement de l'information.

La comptabilité de prix de revient. La comptabilité de prix de revient consiste à compiler et à contrôler les coûts, particulièrement les coûts de fabrication et de distribution. Étant donné qu'il est vital pour une entreprise de connaître ses coûts et de les contrôler, bon nombre de comptables sont des spécialistes de la comptabilité industrielle.

Le budget. Un budget consiste à planifier les activités d'une entreprise avant qu'elles ne surviennent. L'objectif d'un budget est de donner à la direction un plan concernant l'exploitation dont elle se servira plus tard pour comparer les résultats obtenus avec les prévisions budgétaires. Plusieurs entreprises importantes ont à leur emploi un certain nombre de comptables qui consacrent tout leur temps à l'établissement des budgets et à des travaux connexes.

Vérification interne. Certaines entreprises ont, en plus de leur vérificateur externe, une équipe de vérificateurs internes qui vérifient constamment le travail comptable effectué dans chaque service. Il incombe à ces vérificateurs internes de s'assurer que tous les services respectent les procédés comptables établis et les directives des cadres supérieurs.

LA COMPTABILITÉ GOUVERNEMENTALE

Si la comptabilité est indispensable pour l'entreprise privée, elle l'est tout autant pour le gouvernement dont le rôle est de rendre de nombreux services. Les personnes élues ou nommées qui travaillent au sein du gouvernement utilisent les données que leur fournit la comptabilité pour s'acquitter efficacement de leurs responsabilités. De nombreux comptables travaillent pour le ministère du Revenu et examinent des millions de déclarations de toutes sortes. De même, bien des commissions (par exemple, la Commission des valeurs mobilières, la Commission des transports et la Commission sur les pratiques commerciales restrictives), qui s'occupent de réglementer les affaires, emploient de nombreux comptables.

La comptabilité et la tenue des livres

■ Plusieurs personnes confondent comptabilité et tenue des livres et pensent qu'il s'agit d'une seule et même chose. Effectivement, ils identifient le tout à l'une de ses parties. La tenue des livres n'est vraiment qu'une partie de la comptabilité. Tenir les livres consiste à inscrire des données dans des registres comptables. Le préposé à ce travail, très souvent routinier, porte le nom de teneur de livres ou de commis. Le travail du comptable est beaucoup plus vaste ainsi que nous l'avons vu dans la section précédente.

Les états financiers

■ Même si les états financiers viennent en dernier lieu dans le processus comptable, ils représentent un bon point de départ pour étudier la comptabilité. Les états financiers donnent aux administrateurs et aux tiers une image concise du rendement et de la situation financière d'une entreprise. Les deux rapports financiers les plus importants sont l'état des revenus et dépenses et le bilan.

L'ÉTAT DES REVENUS ET DÉPENSES

L'état des revenus et dépenses (voir le tableau 1–1) est peut-être plus important que le bilan car il révèle si l'entreprise a atteint ou non un de ses objectifs principaux, c'est-à-dire la réalisation de bénéfices. Un bénéfice net existe lorsque les revenus excèdent les dépenses. L'établissement

Les Immeubles Renaud, Enr.
État des revenus et dépenses
pour l'exercice clos le 31 décembre 1976

Revenus :		
Commissions gagnées	$18,450	
Honoraires de consultation	1,200	
Total des revenus		$19,650
Dépenses d'exploitation :		
Salaires	$ 3,600	
Loyer	1,800	
Services publics	315	
Téléphone	260	
Publicité	1,310	
Total des dépenses		7,285
Bénéfice net		$12,365

Tableau 1–1

d'un état des revenus et dépenses demande : (1) de dresser la liste des revenus et des dépenses d'un exercice et (2) de déduire les revenus des dépenses.

Les revenus amènent une augmentation de l'encaisse ou d'autres valeurs actives résultant de biens qu'une entreprise a vendus ou de services qu'elle a rendus. La location d'un bien, les dividendes reçus d'une autre entreprise et les intérêts provenant d'un placement procurent aussi des revenus. Dans le tableau 1–1, l'entreprise Les Immeubles Renaud, Enr. a réalisé des revenus de $19,650 provenant de services rendus.

Les dépenses entraînent généralement une diminution de l'actif et comprennent particulièrement le coût des marchandises vendues ou des services utilisés en vue de gagner un revenu. Ainsi, dans notre exemple, il a fallu engager des employés (les salaires), utiliser les services de la compagnie de téléphone, etc.

L'en-tête d'un état des revenus et dépenses comprend le nom de l'entreprise et la période pour laquelle il est dressé. Ces deux renseignements sont importants, mais la période couverte l'est encore plus, parce que l'interprétation des données figurant dans l'état des revenus et dépenses différera selon la longueur de la période. Ainsi, le poste « Commissions gagnées » qui s'élève à $18,450 dans le tableau 1–1 ne dit pas grand chose au lecteur à moins qu'il ne sache que ces commissions ont été gagnées au cours d'un an.

LE BILAN

L'objet d'un bilan est de faire ressortir la situation financière d'une entreprise à une date précise. Un bilan fait connaître l'*actif* d'une entreprise, son *passif* et ses *capitaux propres*. L'en-tête du bilan comprend le nom de l'entreprise et la date où il est dressé. Les montants qui y figurent sont le reflet de la situation financière qui existe à cette date.

Avant qu'un administrateur, un investisseur ou toute autre personne soit en mesure d'interpréter correctement les données d'un bilan, il est nécessaire de maîtriser certaines notions fondamentales. Ainsi, supposons que, le 3 août 1976, Robert Bélanger fonde L'Agence de Voyages Bon-Air, Enr. en investissant une partie de ses économies personnelles, soit $18,000. Le même jour, l'agence effectue les transactions ou les opérations suivantes :

3 août   Achat *au comptant* à un prix de $15,000 d'un petit édifice (le coût de l'édifice est de $10,000 et le coût du terrain sur lequel il repose, $5,000).

3 août   Achat à *crédit* à la Société Robert, Ltée de divers accessoires de bureau coûtant $2,000.

Le tableau 1–2 fait ressortir la situation financière de L'Agence de Voyages Bon-Air, Enr. au 3 août, compte tenu de ces deux opérations.

L'actif comprend les biens ou les ressources économiques appartenant à une entreprise. Les principaux éléments d'actif sont : l'encaisse, les sommes dues à l'entreprise par des clients à qui elle vend des mar-

L'Agence de Voyage Bon-Air, Enr.
Bilan
au 3 août 1976

	ACTIF			PASSIF	
	Encaisse	$ 3,000		Comptes à payer	$ 2,000
	Équipement de bureau	2,000		CAPITAUX PROPRES	
	Bâtiment	10,000			
	Terrain	5,000		Robert Bélanger — propriétaire	18,000
Tableau				Total du passif et des	
1–2	Total de l'actif	$20,000		capitaux propres	$20,000

chandises ou rend des services à crédit (ce que le comptable appelle habituellement *comptes à recevoir*), les marchandises achetées en vue de la revente, les fournitures, l'équipement, les bâtiments et les terrains. L'actif peut aussi comprendre certains biens incorporels, comme les brevets d'invention, les droits d'auteur, etc.

Le passif d'une entreprise comprend les dettes qu'elle a contractées envers ses créanciers pour les marchandises qui lui ont été vendues ou les services qui lui ont été rendus à crédit (ce que le comptable appelle *comptes à payer*). On inclut aussi dans le passif d'autres dettes comme les salaires à payer aux employés, les impôts et les billets et hypothèques à payer.

Une dette représente un droit qu'a un créancier de réclamer ce qui lui est dû. La loi reconnaît ce droit. Lorsqu'une entreprise ne peut acquitter ses dettes, les créanciers peuvent exiger qu'elle les acquitte au moyen des sommes provenant de la liquidation forcée de son actif. Dans ce cas, il faut en premier lieu régler les dettes; le propriétaire ne recevra quelque chose que si tous les créanciers ont reçu leur dû.

Les capitaux propres représentent l'avoir du propriétaire d'une entreprise ou encore la partie de l'actif à laquelle il a droit. Lorsqu'il s'agit d'une entreprise individuelle (un seul propriétaire), il suffit, dans le bilan, d'indiquer son nom suivi du mot *propriétaire* pour identifier le montant des capitaux propres.

Étant donné que les droits des créanciers l'emportent sur ceux du propriétaire, celui-ci n'a qu'un intérêt résiduaire dans l'entreprise. Les créanciers sont au courant de ce fait. Aussi, quand ils analysent un bilan, ils sont intéressés à connaître la partie de l'actif qu'ils ont financé. Ils savent aussi que la liquidation de l'actif peut se faire à une valeur moindre que celle figurant au bilan. Pourtant, ils sont assurés de ne rien perdre tant que la perte de valeur sera inférieure aux capitaux propres.

Il faut étudier le tableau 1–2 en ayant à l'esprit que la valeur de $18,000 attribuée au propriétaire, Robert Bélanger, peut ne pas représenter sa valeur réelle. En effet, M. Bélanger peut posséder une ferme, une maison et plusieurs biens personnels. Cependant, ces biens ne font pas partie du bilan de L'Agence de Voyages Bon-Air, Enr. pour éviter de confondre les affaires personnelles de M. Bélanger avec celles de son agence de voyages. Si l'on procédait autrement, les registres et les rapports financiers seraient susceptibles d'induire en erreur. De plus, le comptable n'atteindrait pas son objectif qui est de faire connaître la situation financière de l'entreprise et ses résultats d'exploitation.

La notion exposée dans le paragraphe précédent s'appelle en comptabilité *le concept de l'entité distincte*. Selon ce concept, le comptable pose l'hypothèse qu'une entreprise constitue une entité distincte de la personne ou des personnes qui la possèdent. C'est l'entreprise qui est propriétaire des biens figurant à l'actif et c'est elle, en retour, qui doit aux créanciers et au propriétaire les montants attribués à ces postes dans le bilan. Il est essentiel, dans ce cas, que les ressources et les activités de l'entreprise soient distinctes de celles du propriétaire.

La lecture du bilan demande de connaître le *principe du coût* en plus du concept de l'entité distincte. En vertu du principe du coût, il faut comptabiliser toutes les opérations au coût d'acquisition et inscrire également au coût, dans le bilan, les biens et les services achetés. Ainsi, si une entreprise a payé $50,000 pour acquérir un terrain dont elle a besoin pour son exploitation, le comptable doit le comptabiliser au coût, c'est-à-dire $50,000. L'acquéreur et d'autres experts peuvent estimer que la valeur réelle de ce terrain est de $60,000, mais cela importe peu. Le coût d'acquisition est de $50,000 et c'est ce chiffre qui doit figurer au bilan. De plus, si, cinq ans plus tard, la juste valeur de ce terrain a doublé en raison d'une augmentation générale des prix des propriétés immobilières, le coût d'acquisition de $50,000 doit continuer de figurer au bilan.

Dans le paragraphe précédent, nous avons dit que le terrain avait coûté $50,000. Mais qu'entend-on par « coût » et que doit-on inclure dans le coût d'un bien ? La réponse est que le coût d'un bien doit, en principe, comprendre toutes les dépenses effectuées en vue d'acquérir ce bien, de l'amener à l'endroit où l'entreprise en a besoin et de le mettre dans l'état où il est au moment où elle commence à s'en servir. Nous discuterons davantage de cette question plus tard.

Pourquoi les biens et les services achetés sont-ils comptabilisés au coût d'acquisition ? La réponse est que la comptabilité doit être fondée sur des faits. Lors d'une opération entre un acheteur et un vendeur, chacun essaie d'en arriver au meilleur prix. Ce prix devient alors pour l'acquéreur le « coût convenu » et représente une façon équitable de mesurer la valeur des biens et des services achetés. Si, à la place du coût d'acquisition, le comptable utilisait d'autres chiffres provenant d'estimations ou de jugements portés par des experts en évaluation, les registres comptables perdraient une bonne partie de leur utilité.

On pourrait aussi se demander la raison pour laquelle le comptable ne change pas de temps à autre les valeurs attribuées aux postes du bilan afin de tenir compte de la fluctuation des valeurs marchandes. Cette attitude s'explique par le fait que le bilan est dressé pour une entreprise en exploitation (*principe de la permanence de l'entreprise*) dont les installations ne peuvent être vendues sans nuire à l'exploitation. Dans ce cas, les valeurs marchandes ont une importance beaucoup moins grande. Certains comptables affirment même qu'elles ne sont pas pertinentes.

Le principe de la permanence de l'entreprise s'applique dans la plupart des cas. Si, toutefois, une entreprise est sur le point d'être vendue ou liquidée, il y a lieu de renoncer au principe du coût et à celui de la permanence de l'entreprise lors de l'établissement des états financiers. Dans ces cas, il convient de remplacer le coût d'acquisition par d'autres chiffres susceptibles de mieux informer le lecteur des états financiers.

La discussion précédente fait ressortir que les montants figurant à l'actif ne représentent pas les sommes auxquelles les biens qu'une entreprise possède pourraient être vendus ou remplacés. Le bilan ne donne pas non plus la valeur de l'entreprise car plusieurs des biens qui en font partie pourraient être vendus à un prix différent de leur valeur comptable.

L'équation comptable
■ L'actif d'un bilan doit toujours être égal au passif plus les capitaux propres. Cette égalité peut s'exprimer au moyen de l'équation suivante :

$$\text{Actif} = \text{Passif} + \text{Capitaux propres}$$

Cette équation qui porte le nom d'*équation comptable* est le fondement même de la tenue des livres en partie double. Comme toute autre équation mathématique, il est possible de l'exprimer d'une autre façon. Ainsi, l'équation pourrait devenir :

$$\text{Actif} - \text{Passif} = \text{Capitaux propres}$$

Cette dernière équation fait ressortir l'intérêt résiduaire du propriétaire dans l'entreprise et le fait que les droits des créanciers l'emportent sur ceux du propriétaire.

Effets des opérations sur l'équation comptable
■ Une opération ou une transaction commerciale peut se définir comme un échange de biens et de services entre deux parties. Toute opération influe sur l'équation comptable mais ne modifie pas l'équilibre qui doit toujours exister entre les deux membres de l'équation, c'est-à-dire l'actif, d'une part, et le passif et les capitaux propres, d'autre part. Nous allons prouver ceci au moyen de quelques opérations commerciales d'un courtier en immeubles.

Le 1er juillet, Laurent Ouellet investit $5,000 pour fonder une maison de courtage immobilier. L'équation comptable se présente alors de la façon suivante :

$$\underbrace{\text{Actif}}_{\text{Encaisse, \$5,000}} = \underbrace{\text{Capitaux propres}}_{\text{Laurent Ouellet — Propriétaire, \$5,000}}$$

Après cette première opération, La Maison de Courtage Immobilier

Ouellet, Enr. n'a qu'un élément d'actif, soit une encaisse de $5,000. Comme son passif est nul, les capitaux propres s'élèvent aussi à $5,000.

Quelque temps plus tard, M. Ouellet (1) loue un bureau et débourse $300 pour acquitter le loyer des trois prochains mois, (2) achète au comptant une automobile coûtant $3,000 qu'il n'utilisera que pour les affaires de son entreprise et (3) achète également au comptant du matériel de bureau ayant un coût de $1,000. Le tableau 1–3 illustre les effets de ces trois opérations sur l'équation comptable. Remarquez que l'égalité entre les deux membres de l'équation subsiste après chaque opération.

		Actif				=	Capitaux propres
	Encaisse +	Loyer payé d'avance	+ Automobile +	Matériel de bureau	=		Laurent Ouellet — Propriétaire
	$5,000						$5,000
(1)	−300	+$300					
	$4,700	$300					$5,000
(2)	−3,000		+$3,000				
	$1,700	$300	$3,000				$5,000
Tableau 1–3 (3)	−1,000			+$1,000			
	$ 700 +	$300	+ $3,000	+ $1,000	=		$5,000

Les trois opérations décrites ci-dessus ont changé la nature de l'actif de La Maison de Courtage Immobilier Ouellet, Enr. ainsi que le fait ressortir le tableau 1–3. De l'investissement initial de $5,000, il ne reste plus maintenant que $700. En retour, cependant, l'entreprise possède maintenant trois nouveaux biens : (1) le droit d'occuper un bureau pendant trois mois, (2) une automobile et (3) du matériel de bureau.

Supposons maintenant que M. Ouellet décide de se procurer du matériel de bureau additionnel. Cependant, comme il ne désire pas diminuer

		Actif				=	Passif +	Capitaux propres
	Encaisse +	Loyer payé d'avance	+ Automobile +	Matériel de bureau	=	Comptes à payer	+	Laurent Ouellet — Propriétaire
	$5,000							$5,000
(1)	−300	+$300						
	$4,700	$300						$5,000
(2)	−3,000		+$3,000					
	$1,700	$300	$3,000					$5,000
(3)	−1,000			+$1,000				
	$ 700	$300	$3,000	$1,000				$5,000
Tableau 1–4 (4)				+350		+$350		
	$ 700 +	$300	+ $3,000 +	$1,350	=	$350	+	$5,000

son encaisse, il achète à crédit à la Société Multiplex, Ltée une machine à écrire ayant un coût de $350. Les chiffres en caractères gras du tableau 1–4 illustrent les effets de cette quatrième opération.

L'actif s'est accru par suite de l'achat de matériel de bureau additionnel. Cependant, les capitaux propres n'ont pas changé parce que la Société Multiplex, Ltée a, sur le bien acheté, un droit correspondant à l'augmentation de l'actif.

Peu de temps après, Laurent Ouellet a vendu un bureau dont il n'a plus besoin à M. Denis Hallé au prix coûtant, soit $150. M. Hallé a versé un acompte de $100 au moment de l'achat et promis d'acquitter le solde à une date ultérieure. Les chiffres figurant en caractères gras dans le tableau 1–5 font ressortir les effets de cette cinquième opération.

	Encaisse	+	Comptes à recevoir	+	Loyer payé d'avance	+	Automobile	+	Matériel de bureau	=	Comptes à payer	+	Laurent Ouellet — Propriétaire
	$5,000												$5,000
(1)	−300				+$300								
	$4,700				$300								$5,000
(2)	−3,000						+$3,000						
	$1,700				$300		$3,000						$5,000
(3)	−1,000								+$1,000				
	$ 700				$300		$3,000		$1,000				$5,000
(4)									+350		+$350		
	$ 700				$300		$3,000		$1,350		$350		$5,000
(5)	+100		+$50						−150				
	$ 800	+	$50	+	$300	+	$3,000	+	$1,200	=	$350	+	$5,000

Tableau
1–5

La vente du bureau inutilisé a consisté effectivement à changer un bureau contre une somme d'argent ($100) et un nouveau bien, le droit de recouvrer $50 plus tard. Ce dernier bien, c'est-à-dire le droit d'exiger de quelqu'un le paiement d'une somme d'argent à qui des marchandises ont été vendues à crédit, se nomme *Comptes à recevoir*.

Quelques jours plus tard, Hallé paie son compte (6ᵉ opération) et Laurent Ouellet acquitte lui-même la moitié de la somme qu'il doit à la Société Multiplex, Ltée (6ᵉ et 7ᵉ opérations). Le tableau 1–6 illustre les effets de ces deux opérations. La 6ᵉ opération n'amène qu'un échange de biens alors que la 7ᵉ diminue à la fois l'actif et le passif.

AUGMENTATION DES CAPITAUX PROPRES

Le premier objectif d'une entreprise est d'accroître les capitaux propres en réalisant des bénéfices. La Maison de Courtage Immobilier Ouellet, Enr. se propose d'atteindre cet objectif en retirant une commission sur la vente de propriétés immobilières. Il faudra, toutefois, pour réaliser un

		Actif					=	Passif	+	Capitaux propres
	Encaisse +	Comptes à recevoir +	Loyer payé d'avance +	Automobile +	Matériel de bureau	=	Comptes à payer	+	Laurent Ouellet — Propriétaire
	$5,000								$5,000
(1)	−300		+$300						
	$4,700		$300						$5,000
(2)	−3,000			+$3,000					
	$1,700		$300	$3,000					$5,000
(3)	−1,000				+$1,000				
	$ 700		$300	$3,000	$1,000				$5,000
(4)					+350		+$350		
	$ 700		$300	$3,000	$1,350		$350		$5,000
(5)	+100	+50			−150				
	$ 800	$50	$300	$3,000	$1,200		$350		$5,000
(6)	+50	−50							
	$ 850	0	$300	$3,000	$1,200		$350		$5,000
(7)	−175						−175		
	$ 675 +	0 +	$300 +	$3,000 +	$1,200	=	$175	+	$5,000

Tableau
1–6

bénéfice net, que les commissions gagnées excèdent les dépenses résultant de la vente de propriétés.

Les revenus et les dépenses influent sur l'équation comptable. Supposons, pour donner un exemple, que, le 12 juillet, Laurent Ouellet vend une maison pour le compte d'un client et obtient une commission de $850 pour ses services (8e opération). De plus, le dernier jour de juillet, il acquitte par chèque le compte de téléphone s'élevant à $20 (9e opération). Le tableau 1–7 fait ressortir les effets de ces deux opérations.

Remarquez attentivement les effets des commissions gagnées de $850 sur l'équation comptable. Les commissions n'ont pas seulement accru l'encaisse de $850 mais aussi les capitaux propres. Ceux-ci augmentent de $850 parce que l'accroissement de l'actif n'est pas accompagné d'une augmentation du passif. On peut dire aussi que les capitaux propres se sont accrus parce que l'*actif net,* c'est-à-dire l'excédent de l'actif sur le passif, a augmenté.

Remarquez ensuite que la dépense de $20 produit des effets opposés à ceux des revenus. Une dépense réduit l'actif net et, en même temps, les capitaux propres.

Ainsi que nous l'avons dit précédemment, un bénéfice net n'existe que si les revenus excèdent les dépenses. Nous pouvons donc conclure que le bénéfice net d'une entreprise augmente à la fois l'actif net et les capitaux propres.

Classement des postes du bilan ■ Le bilan du tableau 1–2 est très simple et ne comprend que quelques postes que nous n'avons nullement tenté de classer. Cependant, un bilan où figure un grand nombre de postes est plus utile si les divers éléments

	Actif					= Passif +	Capitaux propres
	Encaisse +	Comptes à recevoir +	Loyer payé d'avance +	Automobile +	Matériel de bureau =	Comptes à payer +	Laurent Ouellet — Propriétaire
	$5,000						$5,000
(1)	−300		+$300				
	$4,700		$300				$5,000
(2)	−3,000			+$3,000			
	$1,700		$300	$3,000			$5,000
(3)	−1,000				+$1,000		
	$ 700		$300	$3,000	$1,000		$5,000
(4)					+350	+$350	
	$ 700		$300	$3,000	$1,350	$350	$5,000
(5)	+100	+$50			−150		
	$ 800	$50	$300	$3,000	$1,200	$350	$5,000
(6)	+50	−50					
	$ 850	0	$300	$3,000	$1,200	$350	$5,000
(7)	−175					−175	
	$ 675	0	$300	$3,000	$1,200	$175	$5,000
(8)	+850						+850
	$1,525	0	$300	$3,000	$1,200	$175	$5,850
(9)	−20						−20
	$1,505 +	0 +	$300 +	$3,000 +	$1,200 =	$175 +	$5,830

Tableau
1–7

de l'actif et du passif sont classés par groupes. De cette façon, l'investisseur, ou toute autre personne, peut mieux évaluer la situation financière d'une entreprise. Il peut aussi estimer si l'entreprise aura suffisamment de fonds pour acquitter ses dettes au moment où elles deviendront exigibles.

Les comptables ne s'entendent pas sur la façon de classer les postes du bilan. C'est ce qui explique que l'on retrouve, en pratique, différents classements. Cependant, en règle générale, on adopte pour l'actif les groupes suivants : (1) l'actif à court terme, (2) les placements à long terme, (3) l'actif immobilisé et (4) l'actif incorporel. Quant au passif, on le subdivise généralement en (1) passif à court terme et (2) passif à long terme.

Le tableau 1–8 illustre un bilan où ne figurent que deux groupes de biens (l'actif à court terme et l'actif immobilisé) au lieu des quatre énumérés dans le paragraphe précédent parce que La Quincaillerie Harvey, Enr. est une petite entreprise qui n'a ni placements ni biens incorporels.

L'ACTIF À COURT TERME

Les biens figurant parmi l'actif à court terme sont ceux que les créanciers à court terme considèrent pour juger s'ils recouvreront leur dû. Par définition, l'actif à court terme comprend l'encaisse et les biens qui

La Quincaillerie Harvey, Enr.

Bilan

au 31 décembre 1976

ACTIF

Actif à court terme

Encaisse		$ 1,050
Billets à recevoir		300
Comptes à recevoir		3,961
Stock de marchandises		10,248
Assurances payées d'avance		109
Fournitures de bureau		46
Fournitures de magasin		145

Total de l'actif à court terme $15,859

Actif immobilisé

Matériel de bureau	$ 1,500		
Moins : amortissement accumulé	300	$ 1,200	
Équipement de magasin	$ 3,200		
Moins : amortissement accumulé	800	2,400	
Bâtiments	$25,000		
Moins : amortissement accumulé	7,400	17,600	
Terrain		4,200	

Total de l'actif immobilisé 25,400

Total de l'actif $41,259

PASSIF

Passif à court terme

Billets à payer	$ 3,000	
Comptes à payer	2,715	
Salaires courus à payer	112	

Total du passif à court terme .... $ 5,827

Passif à long terme

Hypothèque de 1er rang sur le terrain
et les bâtiments 10,000

Total du passif $15,827

AVOIR DU PROPRIÉTAIRE

Samuel Jacob — Avoir au 1er janvier 1976		$23,721
Bénéfice net de l'exercice	$ 7,711	
Retraits	6,000	
Excédent du bénéfice net sur les retraits		1,711
Samuel Jacob — Avoir au 31 décembre 1976		$25,432

Tableau
1–8

Total du passif et de
l'avoir du propriétaire $41,259

vraisemblablement seront convertis en argent, vendus ou absorbés au cours d'une brève période, le plus souvent un an. Dans le bilan du tableau 1–8, les comptes et les billets à recevoir accroîtront bientôt l'encaisse; les marchandises (le stock) seront vendues à brève échéance; les fournitures seront utilisées durant l'exercice et les polices d'assurance (primes payées d'avance) devront être renouvelées avant la fin de l'exercice.

Les dépenses payées d'avance figurent à l'actif à court terme et comprennent, par exemple, des primes d'assurances, des fournitures de bureau ou de magasin, etc. L'entreprise a acquis ces biens en vue de les utiliser (ou d'en tirer avantage) au cours d'une période relativement courte. Un Comité de l'American Institute of Certified Public Accountants dit ce qui suit au sujet des dépenses payées d'avance : « Les dépenses payées d'avance ne font pas partie de l'actif à court terme parce qu'elles seront converties en argent, mais plutôt pour la raison que si l'entreprise ne les avait pas payées d'avance, il en résulterait au cours du cycle d'exploitation, une diminution de l'actif à court terme. »[1] En d'autres termes, si une entreprise n'avait pas payé certaines dépenses d'avance, elle devrait effectuer des déboursés au cours du prochain cycle d'exploitation qui, dans la plupart des cas, a une durée d'un an.

LES PLACEMENTS À LONG TERME

Le deuxième groupe d'éléments d'actif figurant au bilan comprend les placements à long terme, c'est-à-dire les actions, les obligations et les billets acquis pour une durée excédant un an. On peut aussi inclure, dans cette catégorie, d'autres biens, comme un terrain qu'une entreprise possède en vue d'une expansion future.

L'ACTIF IMMOBILISÉ

Dans l'actif immobilisé, on retrouve les bâtiments, l'équipement, les terrains, etc., c'est-à-dire des biens d'une durée relativement longue dont une entreprise a besoin pour son exploitation. Pour qu'un bien soit inclus dans cette catégorie, il doit avoir une longue durée et l'entreprise doit s'en servir. Un terrain non utilisé n'est donc pas un élément de l'actif immobilisé ainsi que nous l'avons mentionné dans le paragraphe précédent.

Souvent, au lieu de parler d'actif immobilisé, on parle d'immobilisations corporelles ou encore d'installations. Cependant, dans cet ouvrage, nous nous en tiendrons le plus souvent à l'appellation « actif immobilisé ».

L'ordre dans lequel figurent les divers éléments de l'actif immobilisé importe peu. Très souvent, toutefois, on donne d'abord la liste des éléments dont la durée est moins longue et l'on termine avec ceux dont la durée est permanente.

Les éléments de l'actif immobilisé, à l'exception des terrains, se déprécient avec le temps ou par suite de l'usage que l'entreprise en fait. La perte de valeur qui en résulte porte le nom *d'amortissement* et représente une dépense de l'exercice. Dans le tableau 1–8, on soustrait *l'amortissement accumulé* du coût des éléments de l'actif immobilisé. L'amortissement accumulé représente effectivement la partie du coût d'acquisition qui a été imputée aux revenus depuis la date d'acquisition des installations. Nous discuterons plus en détail de l'amortissement au chapitre 3.

---

[1] *Accounting Research and Terminology Bulletins* (New York : American Institute of Certified Public Accountants, 1961), p. 20.

L'ACTIF INCORPOREL

L'actif incorporel comprend des biens comme les brevets d'invention, les marques de commerce et l'achalandage. Ces biens n'ont pas d'existence matérielle et ont une valeur en raison des droits que confère leur possession.

LE PASSIF À COURT TERME

Le passif à court terme renferme les dettes que l'entreprise doit acquitter à brève échéance (la période n'excède habituellement pas un an). Le paiement de ces dettes entraîne généralement une diminution de l'actif à court terme. Les dettes à court terme les plus fréquentes sont : les billets à payer, les comptes à payer, les impôts à payer et les revenus reportés ou reçus d'avance. L'ordre dans lequel figure ces diverses dettes n'est pas uniforme. Souvent l'on indique en premier les billets à payer parce que les billets à recevoir figurent immédiatement après l'encaisse dans l'actif à court terme. (Un billet à ordre est une promesse écrite de payer à demande ou à une date fixe ou déterminable une somme d'argent précise. Nous aborderons ce sujet au chapitre 9.)

Les revenus reportés (il n'y en a aucun dans le bilan du tableau 1–8) figurent le plus souvent en dernier lieu dans le passif à court terme. Ils proviennent d'opérations amenant une augmentation de l'encaisse avant que des marchandises aient été vendues ou des services rendus. Ainsi une maison d'édition peut recevoir des souscriptions d'avance, un propriétaire peut exiger que le loyer d'un immeuble soit versé d'avance et un commerçant peut obtenir un acompte sur des marchandises qu'il n'a pas encore livrées. Chacun de ces éléments représente une dette, c'est-à-dire une obligation de rendre plus tard un service ou de livrer des marchandises. Ces dettes doivent faire partie du passif à court terme parce que leur règlement entraîne une diminution de l'actif à court terme. Ainsi, les sommes reçues d'avance des clients ne deviennent des revenus que lorsque l'entreprise a livré des marchandises, c'est-à-dire un élément de l'actif à court terme.

LE PASSIF À LONG TERME

Le passif à long terme est la deuxième catégorie importante de dettes. Font habituellement partie de cette catégorie les dettes qui ne deviendront exigibles que beaucoup plus tard, généralement plus d'un an après la fin d'un exercice. Le passif à long terme comprend les obligations à payer, les hypothèques à payer et certains billets.

Les capitaux propres

■ Les termes capitaux propres, avoir, valeur nette et capital sont parfois utilisés l'un pour l'autre. Les deux premiers termes sont préférables. Le terme « capital » est trop vague. Quant à l'expression « valeur nette », elle est mauvaise car elle semble indiquer que le bilan reflète la valeur réelle d'une entreprise. Ainsi que nous l'avons déjà dit, les éléments de l'actif sont d'abord comptabilisés au coût d'acquisition que le comptable ne modifie pas pour tenir compte de la fluctuation des valeurs marchandes. Si, par exemple, un terrain a coûté $20,000, il est inscrit à ce montant qui ne sera pas changé plus tard même si le terrain en question pouvait être vendu à un prix de $30,000. Le changement de valeur du terrain et le changement correspondant de la valeur des capitaux propres ne figurent pas aux livres tant que le terrain n'est pas vendu.

La façon de présenter les capitaux propres dans le bilan varie selon qu'il s'agit d'une entreprise individuelle, d'une société en nom collectif ou d'une société par actions.

L'ENTREPRISE INDIVIDUELLE

On présente habituellement de la façon suivante les capitaux propres d'une entreprise individuelle, c'est-à-dire une entreprise exploitée par une seule personne :

AVOIR DU PROPRIÉTAIRE

Jacques Gosselin — Avoir au 1er janvier 1976		$13,152
Bénéfice net de l'exercice	$ 3,753	
Retraits	4,800	
Excédent des retraits sur le bénéfice net		1,047
Jacques Gosselin — Avoir au 31 décembre 1976		$12,105

Cet exemple illustre que le bénéfice net augmente les capitaux propres alors que les retraits les diminuent. Certains comptables préfèrent donner ces détails dans un état distinct et ne présenter dans le bilan que le résultat de cet état. Dans ce cas, on présente l'avoir du propriétaire de la façon suivante :

AVOIR DU PROPRIÉTAIRE

Jacques Gosselin — propriétaire (Voir le tableau ci-joint) $12,105

LA SOCIÉTÉ EN NOM COLLECTIF

La société en nom collectif est une entreprise appartenant à deux ou plusieurs personnes appelées *associés*. Le comptable dresse alors un état distinct pour faire ressortir les changements survenus dans l'avoir de chaque associé. La section « Avoir des associés » du bilan est présentée comme suit :

AVOIR DES ASSOCIÉS

Jean Smith — Avoir au 31 décembre	$16,534
Robert Burns — Avoir au 31 décembre	18,506
Total de l'avoir des associés	$35,040

LA SOCIÉTÉ PAR ACTIONS

La société par actions est un être artificiel dont l'existence et l'exploitation sont régies par des lois de juridiction provinciale ou fédérale. Les sociétés par actions sont tenues d'établir une distinction nette entre le capital investi par leurs propriétaires (les actionnaires) et l'augmentation (ou la diminution de ce capital découlant de gains (ou de pertes). L'avoir des actionnaires figure au bilan de la façon suivante :

AVOIR DES ACTIONNAIRES

Capital-actions $500,000
Bénéfices non répartis 63,450
   Total de l'avoir des actionnaires $563,450

Le capital-actions représente le capital investi par les actionnaires tandis que les bénéfices non répartis sont les gains provenant de l'exploitation que la direction n'a pas distribués.

Nous discuterons de nouveau plus loin des sociétés en nom collectif et des sociétés par actions.

Présentation du bilan

■ Le bilan peut être présenté de deux façons ainsi que l'illustrent les tableaux 1–2 et 1–8. Dans le tableau 1–2, on fait ressortir l'égalité qui doit exister entre l'actif et le total du passif et des capitaux propres. Ce mode de présentation s'étend généralement sur deux pages dont la première est réservée à l'actif et la deuxième au passif et aux capitaux propres.

Le deuxième mode de présentation (voir le tableau 1–8) demande de n'utiliser qu'une page sur laquelle le passif et l'avoir des actionnaires sont présentés immédiatement au-dessous de l'actif. En pratique, on utilise ces deux formes de présentation qui sont tout aussi bonnes l'une que l'autre.

Classement des postes de l'état des revenus et dépenses

■ L'état des revenus et dépenses, comme le bilan, est plus utile si les postes qui y figurent sont classés. Cependant, le classement adopté dépend du genre d'entreprises et de la nature des revenus et des dépenses. Il est donc préférable de reporter la discussion de ce sujet au chapitre 5 après que nous aurons fait connaître un plus grand nombre de postes pouvant figurer dans l'état des revenus et dépenses.

Les notions comptables fondamentales et les entreprises individuelles

■ Les registres comptables et les rapports financiers des entreprises individuelles sont généralement moins complexes que ceux des sociétés par actions. De même, la terminologie utilisée est plus simple. C'est pour cette raison qu'au cours des prochains chapitres nous nous servirons des entreprises individuelles pour expliquer d'autres notions comptables et la façon de comptabiliser les opérations les plus courantes. Les chapitres 15 à 19 abordent plus en détail les problèmes auxquels donnent lieu les sociétés en nom collectif et les sociétés par actions.

Questions
1. Donnez la définition de la comptabilité.
2. De quelle façon l'information comptable est-elle utile à un homme d'affaires ?

3. Pourquoi la profession comptable fait-elle l'objet d'une réglementation rigoureuse ?

4. Quelle différence y a-t-il entre un expert-comptable (un vérificateur) et un comptable à l'emploi d'une entreprise ?

5. Nommez trois associations comptables canadiennes.

6. Quel est l'objet de la vérification des comptes ? Que fait l'expert-comptable lorsqu'il vérifie les livres d'une entreprise ?

7. En quoi consiste les travaux effectués par un comptable qui agit comme conseiller en administration ?

8. Quels services rend le comptable en matière de fiscalité en plus d'établir des déclarations d'impôt ?

9. Qu'entend-on par vérification interne ?

10. Quelle différence existe-t-il entre la comptabilité et la tenue des livres ?

11. Décrivez le contenu d'un état des revenus et dépenses.

12. Que signifie le terme « revenu » en comptabilité ? Qu'entend-on par « dépense » ?

13. Pourquoi la période couverte par un état des revenus et dépenses est-elle importante ?

14. Quels sont les principaux éléments d'un bilan ?

15. Définissez les termes (1) actif, (2) passif, (3) capitaux propres et (4) avoir du propriétaire.

16. Donnez un synonyme de l'expression « capitaux propres ».

17. En quoi consiste le principe du coût ? Pourquoi ce principe est-il nécessaire ?

18. Dans un bilan, des fournitures de bureau figurent au prix coûtant, soit $50, même si ces fournitures ne pourraient être vendues que $0.25. Quel est le principe comptable qui justifie le montant attribué à ce poste ?

19. Donnez l'équation comptable et dites pourquoi cette équation est importante pour l'étudiant en sciences comptables.

20. Qu'entend-on par classement des postes d'un bilan ?

21. Quelles sont les caractéristiques de l'actif à court terme ? Quelle est la nature des biens qu'il convient de classer dans l'actif immobilisé ?

22. Qu'entend-on par passif à court terme ? Quelle est la nature du passif à long terme ?

23. Est-ce possible qu'une opération n'influe que sur un élément d'actif sans changer aucun autre élément de l'actif, du passif ou des capitaux propres ? Est-ce possible qu'une opération augmente ou diminue un seul élément du passif sans influer sur aucun autre élément du passif, de l'actif ou des capitaux propres ?

Exercices **Exercice 1–1**

Déterminez :

a. L'avoir du propriétaire d'une entreprise dont l'actif s'élève à $34,532 et le passif à $9,311.

b. Le passif d'une entreprise dont l'actif est de $26,575 et les capitaux propres de $19,415.

c. L'actif d'une entreprise dont le passif est de $6,312 et les capitaux propres de $12,434.

Exercice 1–2

Quelles opérations auraient les effets suivants :

a. Une augmentation de l'actif accompagnée d'un accroissement des capitaux propres.

b. Une augmentation d'un élément de l'actif accompagnée d'une diminution d'un autre élément de l'actif.

c. Une augmentation de l'actif accompagnée d'une augmentation du passif.

d. Une diminution de l'actif accompagnée d'une diminution du passif.

e. Une diminution de l'actif accompagnée d'une diminution des capitaux propres.

Exercice 1–3

Préparez une feuille avec quatre colonnes portant les titres suivants : (1) Opération, (2) Actif, (3) Passif et (4) Capitaux propres. Inscrivez dans la première colonne de ce tableau les opérations suivantes et indiquez les effets de chacune sur l'actif, le passif et les capitaux propres au moyen du signe (+) s'il s'agit d'une augmentation, du signe (—) s'il s'agit d'une diminution, ou d'un zéro (0) si aucun changement n'est survenu.

a. Un dentiste investit des fonds et de l'équipement dans une clinique dentaire.

b. Extraction d'une dent et encaissement de la somme demandée pour ce service.

c. Achat à crédit d'équipement additionnel pour les besoins de la clinique.

d. Paiement du salaire d'un assistant.

e. Soins dentaires donnés à M. X qui demande de porter la somme due à son compte.

f. Paiement de l'équipement dont il est question en (*c*).

g. Recouvrement de la somme due par M. X.

Exercice 1–4

Le 1er janvier 1976, Omer Poiré, avocat, a ouvert un cabinet. Le 31 décembre, ses livres indiquent qu'il a effectué les dépenses et gagné les revenus suivants au cours de l'année :

Honoraires	$18,400	Services publics	$ 600
Loyer	1,200	Amortissement —	
Salaires	4,200	Matériel de bureau	300

Dressez l'état des revenus et dépenses de M. Omer Poiré pour l'exercice terminé le 31 décembre 1976.

Exercice 1–5

Les renseignements suivants sont extraits des registres de Omer Poiré au 31 décembre 1976 :

Comptes à payer	$ 200	Matériel de bureau (prix	
Comptes à recevoir	1,000	coûtant : $2,500 moins un	
Caisse	800	amortissement accumulé	
Bibliothèque	2,400	de $300)	$2,200
Billets à payer (échéance		Omer Poiré — Propriétaire	5,100
dans deux ans)	1,200	Loyer payé d'avance	100

La somme de $5,100 représente l'avoir de M. Poiré au 31 décembre 1976. Cet avoir s'élevait à $5,000 au début de l'exercice et provenait d'un capital de $5,000 investi par M. Poiré. Le bénéfice net réalisé au cours de l'exercice s'élève à $12,100 et M. Poiré a prélevé $1,000 mensuellement pour son usage personnel. M. Poiré vous demande de dresser en bonne et due forme le bilan de son cabinet au 31 décembre 1976.

Problèmes

Problème 1–1

David Colbert ouvre une maison de courtage immobilier le 1er janvier 1976 en investissant $10,000 en argent. Une analyse des registres comptables permet d'obtenir les informations suivantes mises à jour au 31 décembre 1976 :

Comptes à payer		$ 300
Comptes à recevoir		850
Publicité		800
Bâtiment	$24,000	
Moins l'amortissement accumulé	1,200	22,800
Encaisse		400
Commissions gagnées		23,250
David Colbert — Capital		10,450
Amortissement — Bâtiment		1,200
Amortissement — Matériel de bureau		300
Terrain		8,000
Hypothèque à payer		24,000
Matériel de bureau	$ 3,000	
Moins l'amortissement accumulé	300	2,700
Fournitures de bureau en main		50
Fournitures de bureau utilisées		100
Salaires		4,800
Salaires à payer		50
Services publics		600

Travail à faire :

1. Déterminez les revenus et les dépenses figurant dans la liste précédente et dressez l'état des revenus et dépenses de La Maison de Courtage Immobilier Colbert, Enr. pour l'exercice terminé le 31 décembre 1976.
2. Dressez le bilan de La Maison de Courtage Immobilier Colbert, Enr. au 31 décembre 1976. Le montant de $10,450 dans la liste ci-dessus représente les capitaux propres au 31 décembre. Le bénéfice net de l'exercice s'élève à $15,450 et M. Colbert a prélevé $15,000 pour son usage personnel.

Problème 1–2

Voici les opérations qui ont suivi l'ouverture de la clinique dentaire de Roger Hallé :

a. Vente à un prix de $7,250 des actions de General Electric qui appartenaient à M. Hallé. La plus grande partie du produit de cette vente, soit $7,000, est déposée dans un compte en banque ouvert au nom de la clinique.

b. Achat à un coût de $22,500 d'un petit édifice destiné à servir de bureau. M. Hallé a payé $5,000 comptant et signé un contrat hypothécaire promettant d'acquitter le solde au cours d'un certain nombre d'années à venir.

c. Achat au comptant de fournitures dentaires : $200.

d. M. Hallé a transporté dans son cabinet un équipement ayant une juste valeur de $250 qu'il avait acheté alors qu'il fréquentait l'université.

e. Achat à crédit à la Société d'Équipement Dentaire, Ltée de l'équipement additionnel coûtant $3,500.

f. Paiement de $20 à un journal local pour annoncer l'ouverture de la clinique dentaire.

g. Soins donnés à un patient, Alfred Boulé, qui a payé immédiatement les honoraires demandés, soit $25.

h. Acompte de $700 donné à la Société d'Équipement Dentaire, Ltée.

i. Autres soins donnés à Alfred Boulé qui a payé immédiatement $50 des honoraires de $150 exigés et a promis d'acquitter le reste au cours des prochains jours.

j. Salaire de $100 payé à Joseph Smith, l'assistant de M. Hallé.

k. Acompte reçu de Alfred Boulé : $50.

l. Prélèvement de $50 du compte en banque de la clinique à des fins personnelles.

Travail à faire :

1. Disposez les éléments suivants de l'actif, du passif et de l'avoir du propriétaire de la même façon que dans le tableau 1–7 : Caisse, Comptes à recevoir, Fournitures dentaires, Équipement dentaire, Bâtiment, Comptes à payer, Hypothèque à payer et Roger Hallé — Propriétaire.

2. Indiquez, par des additions et des soustractions semblables à celles du tableau 1–7, les effets de chaque opération sur l'actif, le passif et l'avoir du propriétaire. Calculez un nouveau total après chaque opération.

Problème 1–3

Denis Fafard possède et exploite une entreprise portant la raison sociale La Plomberie Fafard, Enr. Au début de janvier 1976, la plomberie possédait les éléments d'actif suivants : Encaisse, $815; Fournitures de plomberie, $1,240; Outils, $965; et Camion, $2,780. L'entreprise devait aussi $155 à la Société Acme, Ltée pour des fournitures achetées en décembre. Les opérations suivantes eurent lieu au cours de janvier :

a. Paiement d'avance du loyer de l'atelier pour deux mois : $200.

b. Achat d'outils au comptant : $25.

c. Achat à crédit de fournitures de plomberie à la Société Acme, Ltée : $150.

d. Travaux exécutés pour le compte de William Danton qui a réglé immédiatement le montant demandé, soit $50.

e. Travaux exécutés à crédit pour Georges Tellier. Montant de la facture : $125.

f. Paiement du montant dû à la Société Acme, Ltée au début du mois.

g. Recouvrement du montant de $125 dû par Georges Tellier.

h. Acquisition d'outils neufs coûtant $275 en retour de vieux outils ayant une valeur comptable de $100. Le solde de $175 fut réglé au comptant.

i. Achat à crédit à la Société Acme, Ltée de fournitures de plomberie coûtant $200.

j. Paiement d'un compte de $15 pour la publication d'une annonce dans un journal.

k. M. Fafard tire un chèque de $50 sur le compte en banque de son entreprise pour acquitter des dépenses personnelles.

l. Paiement des fournitures dont il est question en (*c*).

Travail à faire :

1. Disposez les éléments suivants de l'actif, du passif et de l'avoir du propriétaire de la même façon que dans le tableau 1–7 : Encaisse, Comptes à recevoir, Loyer payé d'avance, Fournitures de plomberie, Outils, Camions, Comptes à payer et Denis Fafard — Propriétaire.

2. Inscrivez, dans ce tableau, les soldes de chacun des éléments de l'actif et du passif au début du mois et déterminez l'avoir du propriétaire à cette date.

3. Indiquez, par des additions et des soustractions, les effets de chacune des opérations décrites ci-dessus de la même façon qu'on le fait dans le tableau 1–7. Calculez un nouveau total après chaque opération.

Problème 1–4

Voici la liste des opérations qui ont suivi l'ouverture d'une cordonnerie par M. Gérard Houle, le 1er octobre 1976 :

a. Dépôt de $500 (une partie des économies de M. Houle) dans un compte en banque ouvert au nom de La Cordonnerie Houle, Enr.

b. Paiement du loyer mensuel de l'atelier : $80. (Traitez ce déboursé comme une dépense d'exploitation.)

c. Signature d'un bail en vertu duquel la Société Charrier, Ltée devait installer une machine dont M. Houle avait besoin pour son travail. Versement le jour même du loyer mensuel exigé : $60. (Traitez ce déboursé comme une dépense d'exploitation.)

d. Achat à crédit à la Société Lecours, Ltée, d'une vitrine, de chaises et d'étagères coûtant au total $400.

e. Achat au comptant de fournitures d'atelier : $125.

f. Revenu provenant des réparations de chaussures effectuées au cours des deux premières semaines d'octobre : $180.

g. Paiement de $25 pour une annonce publiée dans un journal.

h. Acompte de $100 versé à la Société Lecours, Ltée.

i. Revenu tiré des réparations effectuées au cours des deux dernières semaines d'octobre : $335.

j. Fournitures de réparations utilisées au cours du mois : $85. (Inscrivez la dépense en diminuant à la fois les fournitures de réparations en main et les capitaux propres.)

k. Amortissement de l'ameublement pour le mois : $10. (Inscrivez cette dépense en diminuant à la fois le coût de l'ameublement et les capitaux propres. Même si l'amortissement n'est pas habituellement déduit directement de l'actif immobilisé, nous adopterons cette façon de procéder jusqu'au chapitre 3 où nous expliquerons la méthode à suivre.)

Travail à faire :

1. Disposez les éléments suivants de l'actif, du passif et des capitaux propres de la même façon que dans le tableau 1–7 : Encaisse, Fournitures

d'atelier, Ameublement, Comptes à payer et Gérard Houle — Propriétaire, Indiquez, par des additions et des soustractions, les effets de chaque opération sur chacun de ces éléments. Calculez un nouveau total après chaque opération.

2. Analysez les données de la dernière colonne du tableau demandé ci-dessus et dressez un état des revenus et dépenses de La Cordonnerie Houle, Enr. pour le mois d'octobre 1976.

3. Dressez le bilan de La Cordonnerie Houle, Enr. au 31 octobre 1976. Présentez le poste « Actif immobilisé » au prix coûtant, soit $400, moins l'amortissement accumulé de $10.

Autres problèmes

Problème 1–1A

Paul Pouliot ouvre une clinique dentaire le 1er janvier 1976 en investissant un capital de $4,000. Une analyse des registres comptables permet d'obtenir les informations suivantes mises à jour au 31 décembre 1976 :

Comptes à payer		$ 200
Comptes à recevoir		2,300
Encaisse		900
Amortissement — Matériel de bureau		800
Hypothèque à payer — Matériel de bureau		4,000
Matériel de bureau	$9,600	
Moins l'amortissement accumulé	800	8,800
Fournitures de bureau en main		400
Fournitures de bureau utilisées		700
Paul Pouliot — Propriétaire		8,150
Honoraires professionnels		25,500
Taxes foncières à payer		50
Loyer		2,400
Salaires		5,400
Taxes		50

Travail à faire :

1. Déterminez les revenus et les dépenses figurant dans la liste précédente et dressez l'état des revenus et dépenses de Paul Pouliot pour l'exercice terminé le 31 décembre 1976.

2. Dressez le bilan de Paul Pouliot au 31 décembre 1976. Le montant de $8,150 dans la liste ci-dessus représente les capitaux propres au 31 décembre. Le bénéfice net de l'exercice s'élève à $16,150 et M. Pouliot a prélevé $12,000 pour son usage personnel.

Problème 1–2A

Charles Nolin, qui a terminé ses études le 1er mai 1976, a immédiatement ouvert un cabinet d'avocat. Voici les opérations effectuées au cours des quelques jours suivants :

a. Capital investi par M. Nolin : $1,500 en espèces et des livres spécialisés ayant une juste valeur de $500.

b. Paiement de $300 pour acquitter d'avance le loyer du bureau des deux prochains mois.

c. Achat au comptant de matériel de bureau, $300, et de fournitures de bureau, $100, à la Société Pella, Ltée.

d. Reçu $100 pour services professionnels rendus à Gemma Clark.

e. Achat à crédit de matériel additionnel de bureau, $800, à la Société Pella, Ltée.

f. Paiement du salaire de la secrétaire pour les deux premières semaines de mai : $200.

g. Services professionnels rendus à crédit à la Société Ajax, Ltée : $250.

h. Acompte de $400 versé à la Société Pella, Ltée.

i. La Société Ajax, Ltée acquitte le montant dont il est question en (*g*).

j. Charles Nolin prélève $200 pour son usage personnel.

k. Services professionnels rendus à crédit à la Banque de Montréal, $150.

l. Paiement du compte de téléphone du mois : $25.

Travail à faire :

1. Disposez les éléments suivants de l'actif, du passif et de l'avoir du propriétaire de la même façon que dans le tableau 1–7 : Encaisse, Comptes à recevoir, Loyer payé d'avance, Fournitures de bureau, Matériel de bureau, Bibliothèque, Comptes à payer et Charles Nolin — Propriétaire.

2. Indiquez, par des additions et des soustractions semblables à celles du tableau 1–7, les effets de chaque opération du mois sur l'actif, le passif et les capitaux propres. Calculez un nouveau total après chaque opération.

Problème 1–3A

Joseph Rouleau est propriétaire d'un petit atelier de réparations de téléviseurs. Au début du mois de mars 1976, Rouleau Électronique, Enr. possédait les valeurs actives suivantes : Encaisse, $2,300; Fournitures de réparations, $1,050; Outils, $825; et Camion, $1,100. La seule dette de l'atelier était un compte de $150 à payer à la Société Ampex, Ltée pour des fournitures de réparations achetées le mois précédent. Voici les opérations du mois de mars :

a. Achat au comptant de fournitures de réparations : $20.

b. Paiement du loyer de l'atelier pour les trois prochains mois : $450.

c. Achat à crédit de fournitures de réparations à la Société Ampex, Ltée : $100.

d. Acquisition d'un camion neuf donnant en retour le vieux camion et un paiement comptant de $1,500.

e. Réparations effectuées au comptant pour le compte de Thomas Henripin : $35.

f. Réparations effectuées à crédit pour le compte de Gérard Potvin : $65.

g. Paiement à la Société Ampex, Ltée du montant dû au début du mois.

h. Argent reçu de Gérard Potvin pour le travail dont il est question en (*f*).

i. Paiement de $25 pour des dépenses de camion : huile, essence, etc.

j. Achat à crédit de fournitures de réparations à la Société Ampex, Ltée : $75.

k. Réparations effectuées à crédit pour le compte de Charles Hall : $40.

l. Prélèvement de $60 fait par M. Rouleau à des fins personnelles.

Travail à faire :

1. Disposez les éléments de l'actif, du passif et de l'avoir du propriétaire de la même façon que dans le tableau 1–7 : Encaisse, Comptes à recevoir, Loyer payé d'avance, Fournitures de réparations en main, Outils, Camion, Comptes à payer et Joseph Rouleau — Propriétaire.
2. Inscrivez, dans ce tableau, les éléments de l'actif et du passif de Rouleau Électronique, Enr. et déterminez l'avoir de M. Rouleau au début du mois.
3. Indiquez, par des additions et des soustractions semblables à celles du tableau 1–7, les effets de chaque opération du mois sur l'actif, le passif et les capitaux propres. Calculez un nouveau total après chaque opération.

Problème 1–4A

Voici les opérations qui ont suivi l'ouverture de Les Immeubles Giguère, Enr. par Denis Giguère le 1er août 1976 :

a. Virement de $800 du compte en banque de M. Guiguère à un compte en banque ouvert au nom de Les Immeubles Giguère, Enr.
b. Paiement de $150 pour le loyer mensuel d'un bureau. (Comptabilisez ce loyer comme une dépense d'exploitation.)
c. Achat au comptant de matériel de bureau : $200.
d. Achat à crédit de fournitures de bureau, $50, et de matériel de bureau, $450, à la Société Alpin, Ltée.
e. Vente d'une maison pour le compte d'un client et encaissement d'une commission de $650 pour ce service.
f. Paiement de $85 pour une annonce parue dans un journal.
g. Vente d'un terrain pour le compte d'un client moyennant une commission de $100.
h. Acompte de $250 versé à la Société Alpin, Ltée.
i. Paiement du compte de téléphone du mois d'août : $45.
j. À la fin du mois d'août, les fournitures de bureau dont il est question en (d) avaient été entièrement utilisées. (Inscrivez la dépense en réduisant à la fois le poste Fournitures de bureau en main et les capitaux propres.)
k. Amortissement du matériel de bureau pour le mois d'août : $10. (Inscrivez la dépense en réduisant à la fois le poste Matériel de bureau et les capitaux propres. Bien que ce ne soit pas la façon habituelle de comptabiliser l'amortissement, nous adopterons pour l'instant cette solution jusqu'au moment où nous expliquerons, au chapitre 3, la méthode à suivre.)

Travail à faire :

1. Disposez les éléments suivants de l'actif, du passif et de l'avoir du propriétaire de la même façon que dans le tableau 1–7 : Encaisse, Fournitures de bureau en main, Matériel de bureau, Comptes à payer et Denis Giguère — Propriétaire. Indiquez ensuite, par des additions et des soustractions, les effets de chaque opération du mois et calculez un nouveau total après chaque opération.
2. Analysez les données inscrites dans la dernière colonne du tableau et dressez l'état des revenus et dépenses de Les Immeubles Giguère, Enr. pour le mois d'août 1976.
3. Dressez le bilan de Les Immeubles Giguère, Enr. au 31 août 1976. Présentez le poste Matériel de bureau au prix coûtant moins un amortissement accumulé de $10.

Cas 1–1
Le service
de livraison
Neuville,
Enr.

Le 2 janvier 1976, William Neuville décide d'offrir au public un service de livraison auquel il donne la raison sociale « Le service de livraison Neuville, Enr. ». Le même jour, il investit dans son entreprise une somme d'argent de $100 et une motocyclette ayant une valeur marchande de $500. Durant toute l'année, il ne tient aucun registre comptable. Le 31 décembre, il vous demande de déterminer le bénéfice net (ou la perte nette) que son entreprise a réalisé (ou a subie) au cours de l'année. Une étude sommaire vous permet de découvrir que le solde du compte en banque de l'entreprise s'élève à $760 au 31 décembre. De plus, il y a $15 dans la caisse à cette même date. Le magasin LeBon, Ltée doit encore $110 pour la livraison de colis effectuée au cours de décembre. M. Neuville possède toujours la motocyclette, mais il estime qu'elle n'a plus qu'une valeur de $400. Au cours de l'année, Le service de livraison Neuville, Enr. a acheté un camion coûtant $3,000. L'amortissement du coût de ce camion pour l'année s'élève à $150 et la dette contractée envers une société de crédit s'élève à $1,700. De plus, M. Neuville a emprunté, sans intérêt, $1,000 de son beau-père pour financer l'achat du camion. Ce prêt n'a pas encore été remboursé au 31 décembre. M. Neuville a prélevé $100 par semaine pendant 48 semaines à des fins personnelles.

Le service de livraison Neuville, Enr. a-t-il réalisé un bénéfice ou subi une perte au cours de 1976. Vous êtes prié de présenter tous les calculs pour justifier votre réponse.

2

Comptabilisation des opérations

■ Les opérations constituent la matière première du processus comptable qui consiste essentiellement à comptabiliser ou à inscrire les opérations et à en résumer les effets dans des rapports dressés périodiquement à l'intention des administrateurs et de toute autre personne intéressée à une entreprise.

Auparavant, la majorité des entreprises tenaient leurs livres manuellement. Aujourd'hui, il n'y a que les petites entreprises qui tiennent leurs livres de cette façon. Dans ce cas, un seul commis travaillant à plein temps ou à temps partiel suffit. En revanche, les grosses entreprises inscrivent leurs opérations au moyen de machines comptables, de machines à cartes perforées ou d'ordinateurs et engagent un grand nombre de comptables.

La majorité des étudiants apprennent la comptabilité en se familiarisant d'abord avec un système manuel de tenue des livres en partie double. Nous pouvons donner trois raisons pour justifier cette façon de procéder. En premier lieu, les rapports comptables proviennent d'un système de tenue des livres en partie double qu'il est essentiel de bien comprendre pour utiliser efficacement les rapports eux-mêmes. En second lieu, l'étudiant n'a rien à perdre en apprenant ce système qui s'applique aussi aux machines elles-mêmes utilisées en vue d'éviter au comptable un travail fastidieux. Finalement, l'étudiant qui, à la fin de ses études, travaillerait à son compte aurait besoin de connaître le fonctionnement de la tenue des livres en partie double.

Les comptes ■ Les opérations d'une entreprise qui amènent une augmentation ou une diminution des éléments de l'actif, du passif et des capitaux propres sont généralement inscrites dans des *comptes,* quel que soit le système de tenue des livres en usage. Le nombre de comptes utilisés peut être plus ou moins grand, mais il en faut un pour tous les éléments de l'actif, du passif et des capitaux propres dont on veut connaître les augmentations ou les diminutions.

Le compte, sous sa forme la plus simple, ressemble à un « T ». Voici une illustration de ce genre de compte:

(Nom du compte)	
(Côté gauche)	(Côté droit)

En résumé, on retrouve, dans un compte en T, le nom du compte et les changements découlant des opérations qui y ont été inscrites.

Dans un compte en T, les augmentations sont inscrites du côté gauche ou du côté droit et les diminutions, du côté opposé. Ainsi, les augmentations et les diminutions de l'encaisse de La Maison de Courtage Immobilier Ouellet, Enr. dont il a été question au chapitre 1 seraient présentées comme suit dans un compte en T.

Caisse

Capital investi	5,000	Paiement du loyer	300
Vente d'un bureau non utilisé	100	Achat d'une automobile	3,000
Recouvrement de Hallé	50	Achat de matériel de bureau	1,000
Commission reçue	850	Acompte versé à la Société	
		Multiplex, Ltée	175
		Paiement du compte de téléphone	20

On inscrit les augmentations d'un côté et les diminutions de l'autre afin d'obtenir plus facilement un sommaire des opérations qui influent sur un compte au cours d'un certain temps et en évaluer l'effet global.

Ainsi, on peut résumer comme suit les augmentations et les diminutions de l'encaisse de La Maison de Courtage Immobilier Ouellet, Enr.:

Augmentations :

Capital investi	$5,000
Vente d'un bureau non utilisé à Denis Hallé	100
Recouvrement du montant dû par M. Hallé	50
Commission reçue d'un client	850
Total des augmentations	$6,000

Diminutions :

Paiement du loyer	$ 300
Achat d'une automobile	3,000
Achat de matériel de bureau	1,000
Acompte versé à la Société Multiplex, Ltée	175
Paiement du compte de téléphone	20
Total des diminutions	$4,495

Le résultat net des opérations relatives à l'encaisse s'obtient de la façon suivante:

Total des augmentations $6,000
Total des diminutions 4,495
   Solde de l'encaisse $1,505

Le résultat de ces calculs indique que les opérations du mois ont effectivement réduit l'encaisse, puisque le solde de ce poste à la fin du mois n'est plus que de $1,505.

Si l'on se servait de termes comptables pour décrire les calculs précédents, on dirait ce qui suit: « Après avoir inscrit les opérations dans les comptes, il faut additionner séparément les sommes figurant au débit et au crédit et déduire les deux totaux l'un de l'autre. Le résultat obtenu alors s'appelle *solde,* c'est-à-dire la différence entre les augmentations et les diminutions. »

Le grand livre

■ La comptabilisation des opérations peut, dans certains cas, ne demander que quelques comptes, et plusieurs milliers, dans d'autres. Chaque compte figure sur une feuille distincte dans un livre à feuilles détachées ou sur une carte. Le livre où se trouvent les comptes porte le nom de *grand livre.* Ce terme désigne aussi parfois un groupe de comptes.

Les comptes généralement utilisés

■ Les comptes utilisés pour comptabiliser les opérations peuvent varier d'une entreprise à l'autre selon la nature des éléments de l'actif, du passif et des capitaux propres. Voici les comptes les plus communément utilisés.

LES COMPTES D'ACTIF

Pour que les livres soient vraiment utiles, il est nécessaire d'ouvrir un compte pour inscrire les augmentations et les diminutions de chaque sorte de biens qu'une entreprise possède. Les comptes d'actif les plus en usage sont les suivants :

Caisse. Ce compte sert pour comptabiliser les augmentations et les diminutions de l'encaisse qui comprend l'argent et tous les effets qu'une banque accepte généralement à titre de dépôts. L'encaisse comprend donc les pièces de monnaie, les billets de banque, les chèques, les mandats de poste ou de banque et les sommes déposées dans un compte en banque. Généralement, les augmentations ou les diminutions de l'argent en main et des sommes déposées à la banque sont comptabilisées dans un seul et même compte.

Billets à recevoir. Ce compte sert pour comptabiliser les sommes qu'un client s'est engagé à payer en signant un *billet à ordre,* c'est-à-dire une promesse écrite de payer une somme d'argent précise à une date déterminée d'avance. En comptabilité, on donne à ces billets le nom de *Billets à recevoir.*

Comptes à recevoir. Une entreprise vend généralement des marchandises à des clients qui s'engagent implicitement ou verbalement à acquitter les sommes dues plus tard. Ces ventes et ces promesses implicites de payer faites par un client s'appellent respectivement *ventes à crédit* et *comptes à recevoir*. Les ventes à crédit contribuent à accroître les comptes à recevoir alors que les sommes recouvrées des clients les diminuent. Étant donné qu'une entreprise doit connaître ce que chaque client lui doit, il est nécessaire de tenir compte, dans un registre distinct, des ventes effectuées à chacun des clients et des sommes recouvrées de chacun d'eux. C'est là une question que nous n'aborderons qu'au chapitre 6. Pour l'instant, nous nous contenterons de comptabiliser toutes les sommes à recouvrer dans un seul compte intitulé Comptes à recevoir.

Assurances payées d'avance. Les primes d'assurances (incendie, responsabilité, etc.) sont généralement payables d'avance. Les primes une fois payées accordent à l'assuré une protection durant une période allant d'un an à cinq ans. Lorsque la période excède un an, les primes représentent un élément d'actif appelé « Assurances payées d'avance ». Comme cet élément d'actif diminue d'une journée à l'autre, il faut, à certains moments, étudier les polices d'assurance afin de déterminer le montant des primes échues et les déduire du compte « Assurances payées d'avance ».

Fournitures de bureau. Les articles inclus dans les fournitures de bureau comprennent les timbres-poste, le papier à lettres, les factures et les autres documents commerciaux, les crayons, etc. Ces articles représentent une valeur active au moment où on les achète car ce n'est que lors de leur utilisation qu'ils deviennent des dépenses. Les augmentations et les diminutions de cet élément d'actif s'inscrivent dans un compte intitulé « Fournitures de bureau en main ».

Fournitures de magasin. Le papier d'emballage, les boîtes de carton, les sacs, la corde et les autres articles de même nature font partie des fournitures de magasin et représentent effectivement une valeur active dont les augmentations et les diminutions sont comptabilisées dans le compte « Fournitures de magasin en main ».

Autres dépenses payées d'avance. Ainsi que nous l'avons déjà dit, les dépenses payées d'avance doivent faire partie de l'actif au moment où un déboursé est effectué. Elles deviennent toutefois plus tard des dépenses. En plus des exemples déjà cités, les dépenses payées d'avance peuvent comprendre les loyers payés d'avance, les taxes payées d'avance et les salaires payés d'avance. On comptabilise généralement dans des comptes distincts chaque sorte de dépense payée d'avance et c'est dans chacun de ces comptes que l'on y inscrit les augmentations et les diminutions survenues au cours d'un exercice.

Équipement. Les acquisitions et aliénations de biens, comme les machines à écrire ou à calculer, les bureaux, les chaises et les machines comptables dont la durée d'utilisation est relativement longue, doivent être comptabilisées dans un compte intitulé « Matériel de bureau » ou « Équipement de bureau ». En revanche, on comptabilisera dans un compte appelé « Équipement de magasin » les opérations relatives à des biens comme les comptoirs, les vitrines, les étagères, les caisses enregistreuses et d'autres biens de même nature. Quant aux entreprises qui possèdent des machines comme des tours, des foreuses, etc., il faut comptabiliser les opérations qui s'y rapportent dans un compte intitulé « Équipement de fabrication ».

Bâtiments. Le bâtiment dont une entreprise a besoin pour son exploitation peut être un magasin, un garage, un entrepôt ou une usine. Cependant, le nom du compte utilisé pour comptabiliser ces immeubles porte généralement le nom de « Bâtiments », quel que soit le genre d'immeubles qu'une entreprise possède pour les fins de son exploitation.

Terrain. Ce compte sert pour inscrire les opérations relatives aux terrains dont une entreprise a besoin pour son exploitation. Bien qu'il soit matériellement impossible de séparer un bâtiment du terrain sur lequel il se trouve, il est préférable de comptabiliser ces biens dans deux comptes distincts car, à l'encontre des terrains, les bâtiments se déprécient.

LES COMPTES DE PASSIF

En règle générale, les comptes de passif sont moins nombreux que les comptes d'actif. Voici les comptes de passif les plus communément utilisés.

Billets à payer. On comptabilise dans ce compte les opérations relatives aux billets faits à l'ordre des créanciers ou des fournisseurs.

Comptes à payer. Le terme « Comptes à payer » désigne les sommes qu'une entreprise s'est engagée verbalement ou implicitement à payer à des créanciers ou à des fournisseurs. La plupart des comptes à payer découlent d'achats de marchandises, de fournitures, d'équipement ou de services reçus à crédit. Comme l'entreprise doit connaître le montant dû à chacun de ses créanciers, il est nécessaire de tenir compte, dans un registre distinct, des achats et des paiements se rapportant à chaque créancier. C'est là une question que nous n'aborderons qu'au chapitre 6. Pour l'instant, nous nous contenterons de comptabiliser toutes les opérations relatives aux achats dans un seul compte intitulé « Comptes à payer ».

Autres dettes à court terme. Les salaires à payer, les taxes, les impôts à payer et les intérêts à payer sont d'autres dettes à court terme qu'il faut comptabiliser dans des comptes distincts.

Hypothèques à payer. Une hypothèque à payer est une dette à long terme garantie par un droit accordé à un créancier sur un bien ou plusieurs biens. L'hypothèque donne au créancier le droit de forcer le débiteur à vendre le bien hypothéqué si ce dernier ne peut acquitter sa dette au moment convenu. Les opérations relatives aux dettes hypothécaires s'inscrivent dans un compte intitulé « Hypothèque à payer ».

LES COMPTES DE L'AVOIR DU PROPRIÉTAIRE

Plusieurs opérations influent sur l'avoir du propriétaire et ont tendance à l'accroître ou à le diminuer. Ces opérations comprennent les investissements effectués par le propriétaire, les prélèvements faits en espèces ou autrement à des fins personnelles, les revenus et les dépenses d'exploitation. Ces deux derniers éléments sont plus nombreux et sont particulièrement importants au point de vue administratif.

Au chapitre précédent, où nous avons expliqué les effets des opérations sur l'équation comptable, nous avons inscrit, dans la colonne « Avoir du propriétaire », toutes les augmentations ou les diminutions des capitaux propres, y compris les revenus et les dépenses. Cette façon de procéder, qui avait pour objet de simplifier les explications, ne donne pas toutefois suffisamment d'informations sur la nature des augmentations et des diminutions des capitaux propres. L'emploi d'un seul compte pour représenter les capitaux propres aurait le même inconvénient. Il est donc préférable, pour avoir une information satisfaisante, d'utiliser autant de comptes qu'il y a de sortes d'augmentations ou de diminutions. Voici les principaux comptes communément en usage.

Le compte du propriétaire. Quand une personne investit des ressources dans une entreprise qui lui appartient en propre, le capital investi figure dans un compte portant son nom suivi du mot « Propriétaire ». Ainsi, au chapitre 1, on s'est servi du compte intitulé « Laurent Ouellet — Propriétaire » pour y inscrire le capital investi par M. Ouellet dans une maison de courtage immobilier. C'est aussi dans le compte du propriétaire qu'il faut inscrire les augmentations et les diminutions permanentes des capitaux propres.

Le compte « prélèvements ». En règle générale, une personne investit des ressources dans une entreprise en vue d'en retirer un profit ou un bénéfice net. Le propriétaire espère également que les bénéfices réalisés seront suffisamment élevés pour subvenir à ses besoins personnels. Cependant, il arrive souvent, même avant qu'un profit n'ait été réalisé, qu'un homme d'affaires ait besoin de retirer, à des fins personnelles, une partie du capital investi dans son entreprise. Ces retraits ou prélèvements réduisent à la fois l'actif et les capitaux propres, mais ils ne représentent nullement un salaire ni une dépense pour l'entreprise, même s'il s'agit de sommes d'argent prélevées régulièrement une fois par semaine ou par mois. Les prélèvements ne doivent pas être traités comme les salaires payés à un employé parce qu'une personne ne peut juridiquement conclure un contrat de travail avec elle-même. C'est pour cette raison que les prélèvements sont habituellement inscrits dans un compte portant le nom du propriétaire suivi du mot « Prélèvements ». Ainsi, dans le cas de La Maison de Courtage Immobilier Ouellet, Enr., on inscrirait les prélèvements dans le compte « Laurent Ouellet — Prélèvements ».

Les comptes de revenus et de dépenses. Les revenus augmentent les capitaux propres et les dépenses les diminuent. Effectivement, au cours d'une certaine période (un an, par exemple), les capitaux propres s'accroissent ou diminuent de la différence entre les revenus et les dépenses de cette période. Un excédent des revenus sur les dépenses accroît les capitaux propres alors qu'un excédent des dépenses sur les revenus les diminue. Dans le premier cas, l'excédent porte le nom de « Bénéfice net » et, dans le second, il porte le nom de « Perte nette ».

Obtenir un excédent des revenus sur les dépenses est le premier objectif de toute entreprise à but lucratif. La détermination du bénéfice net demande de connaître en détail tous les revenus gagnés et les dépenses qui s'y rattachent. L'homme d'affaires ne pourra obtenir cette information que s'il ouvre, dans le grand livre, un compte distinct pour chaque revenu et chaque dépense découlant des opérations effectuées durant un exercice.

Le fait de comptabiliser séparément les différentes sortes de revenus et de dépenses exige d'ouvrir un certain nombre de comptes dont les noms peuvent différer d'une entreprise à une autre. Voici quelques exemples de comptes de revenus et de dépenses :

Revenus :	Dépenses :
Revenus d'honoraires	Publicité
Commissions gagnées	Fournitures de magasin utilisées
Loyer	Fournitures de bureau utilisées
Intérêts	Chauffage
	Assurances
	Salaires
	Amortissement
	Loyer
	Électricité
	Taxes
	Intérêts

Le débit et le crédit

■ Ainsi que nous l'avons dit précédemment, un compte en T a un côté gauche et un côté droit. En comptabilité, le côté gauche s'appelle *débit* (dt) et le côté droit s'appelle *crédit* (ct). De même, lorsque des montants sont portés au débit ou au crédit d'un compte on dit, selon le cas, qu'il s'agit de débits ou de crédits. Quant à la différence entre le total des débits et le total des crédits, on l'appelle *solde*. Le solde est *débiteur* lorsque le total des débits excède le total des crédits et il est *créditeur* dans le cas contraire.

Il ne faut pas confondre les termes « débit » et « crédit » avec les termes « augmentation » ou « diminution » que nous avons utilisés jusqu'à présent. Débiter un compte signifie seulement inscrire un montant du côté gauche alors que créditer un compte veut dire inscrire un montant du côté droit. Il peut s'agir aussi bien d'une augmentation que d'une diminution selon la nature des comptes débités ou crédités. Nous pouvons illustrer ceci en analysant la façon de comptabiliser le capital investi par Laurent Ouellet dans les comptes Caisse et Laurent Ouellet — Propriétaire.

Caisse		Laurent Ouellet — Propriétaire	
Capital investi 5,000			Capital investi 5,000

L'investissement effectué par Laurent Ouellet dans sa maison de courtage immobilier a contribué à augmenter aussi bien l'encaisse que les capitaux propres. Remarquez que l'augmentation de l'encaisse est inscrite du côté gauche ou au débit du compte Caisse tandis que l'augmentation des capitaux propres est portée au crédit ou du côté droit du compte Laurent Ouellet — Propriétaire. Cette façon de comptabiliser une opération découle de la technique dite de « la tenue des livres en partie double ».

La tenue des livres en partie double ■ La tenue des livres en partie double est un système selon lequel toute opération est inscrite dans deux comptes au moins. De plus, comme le total du (ou des) montant(s) débité(s) doit être égal au total du (ou des) montant(s) crédité(s), il est possible de vérifier l'exactitude des écritures comptables, car l'égalité qui existe pour une écriture en particulier existe également pour l'ensemble des écritures.

La tenue des livres en partie double est fondée sur l'équation comptable : Actif = Passif + Capitaux propres. Selon cette équation, il faut inscrire les augmentations de l'actif au débit de comptes d'actif. Pour que l'égalité entre les deux membres de l'équation subsiste, il est nécessaire d'inscrire les augmentations correspondantes du passif ou des capitaux propres au crédit d'un compte de passif ou de capitaux propres. En résumé, si une opération augmente l'actif, il faut débiter un compte d'actif et créditer un ou plusieurs autres comptes. De même, si une opération entraîne une diminution du passif, il faut débiter un compte de passif et créditer un ou plusieurs autres comptes. Voici un tableau résumant ce qui précède :

Actif		=	Passif		+	Capitaux propres	
Débit : Augmentation	Crédit : Diminution		Débit : Diminution	Crédit : Augmentation		Débit : Diminution	Crédit : Augmentation

Les comptes en T précédents nous permettent de formuler des règles précises portant sur la façon de comptabiliser les opérations dans un système de tenue des livres en partie double. Voici ces règles :

1. Les augmentations de l'actif s'inscrivent au débit de comptes d'actif. Réciproquement, les diminutions de l'actif doivent être portées au crédit de comptes d'actif.
2. Les augmentations du passif et des capitaux propres s'inscrivent au crédit de comptes de passif et de capitaux propres. Réciproquement les diminutions doivent s'inscrire au débit de ces comptes.

A ce stade, il serait bon que l'étudiant apprenne ces règles par cœur.

La balance de vérification ■ Dans un système de tenue des livres en partie double, le comptable vérifie de temps à autre l'égalité des débits et crédits inscrits dans les comptes du grand livre en établissant une *balance de vérification*. Nous expliquons un peu plus loin, dans ce chapitre, la façon d'établir une balance de vérification.

Exemple illustrant les règles relatives au débit et au crédit

■ Les opérations suivantes de La Maison de Courtage Immobilier Ouellet, Enr. ont pour objet d'illustrer les règles relatives au débit et au crédit. Le chiffre précédant chacune des opérations servira pour les identifier dans les comptes. Remarquez que certaines de ces opérations sont identiques à celles qui ont servi pour illustrer les effets des opérations sur l'équation comptable.

1. Capital investi par Laurent Ouellet dans une maison de courtage immobilier : $5,000.
2. Paiement du loyer des trois prochains mois : $300.
3. Achat au comptant d'une automobile : $3,000.
4. Achat au comptant de matériel de bureau : $1,000.
5. Achat à crédit de fournitures de bureau, $60, et de matériel de bureau, $350, à la Société Multiplex, Ltée.
6. Vente à Denis Hallé d'un bureau non utilisé moyennant un paiement comptant de $100 et une somme de $50 à recouvrer plus tard.
7. Recouvrement de $50 de Denis Hallé.
8. Acompte versé à la Société Multiplex, Ltée : $175.
9. Vente d'une maison moyennant une commission payée comptant de $850.
10. Paiement à la secrétaire de son salaire des deux premières semaines du mois : $100.
11. Signature d'un contrat en vertu duquel Laurent Ouellet aura à gérer un immeuble moyennant des honoraires de $50 par mois. Encaissement des honoraires relatifs à la dernière partie de juillet, $25, et au mois d'août, $50.
12. Paiement à la secrétaire de son salaire des deux dernières semaines du mois : $100.
13. Prélèvement effectué par Laurent Ouellet à des fins personnelles : $200.
14. Paiement du compte de téléphone pour le mois : $20.
15. Paiement des dépenses d'automobile du mois : $25.
16. Paiement pour une annonce publiée dans un journal : $60.

Avant de comptabiliser une opération, il faut déterminer les comptes à débiter ou à créditer. Il faut plus précisément : (1) trouver les comptes d'actif, de passif ou de capitaux propres dont l'opération accroît le solde ou le diminue et (2) appliquer les règles relatives au débit et au crédit pour déterminer comment inscrire ces augmentations ou diminutions. Nous allons maintenant analyser chacune des 16 opérations précédentes afin de mieux démontrer la façon de procéder.

1. Le 1ᵉʳ juillet 1976, Laurent Ouellet investit un capital de $5,000 dans une maison de courtage immobilier.

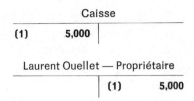

Caisse

(1)	**5,000**		

Laurent Ouellet — Propriétaire

		(1)	**5,000**

Analyse de l'opération. L'opération a augmenté à la fois l'encaisse de l'entreprise et les capitaux propres. Comme il faut débiter les augmentations de l'actif et créditer les augmentations des capitaux propres, le compte Caisse est débité de $5,000 et le compte Laurent Ouellet — Propriétaire est crédité du même montant.

2. Paiement du loyer des trois prochains mois : $300.

Caisse

(1)	5,000	**(2)**	**300**

Loyer payé d'avance

(2)	**300**		

Analyse de l'opération. L'élément d'actif Loyer payé d'avance, c'est-à-dire le droit d'occuper un bureau pendant trois mois, s'est accru et l'encaisse a diminué. Étant donné que les augmentations et les diminutions de l'actif s'inscrivent respectivement au débit et au crédit, le compte Loyer payé d'avance est débité et le compte Caisse est crédité de $300.

3. Achat au comptant d'une automobile pour les fins de l'exploitation : $3,000.

Caisse

(1)	5,000	(2)	300
		(3)	**3,000**

Automobile

(3)	**3,000**		

Analyse de l'opération. Comme l'opération a pour effet d'accroître un compte d'actif et en diminuer un autre, il faut débiter le compte Automobile et créditer le compte Caisse de $3,000.

4. Achat au comptant de matériel de bureau : $1,000.

Caisse

(1)	5,000	(2)	300
		(3)	3,000
		(4)	**1,000**

Matériel de bureau

(4)	**1,000**		

Analyse de l'opération. L'élément d'actif Matériel de bureau s'est accru et l'encaisse a diminué. Il faut donc débiter le compte Matériel de bureau et créditer le compte Caisse de $1,000.

5. Achat à crédit de matériel de bureau, $350, et de fournitures de bureau, $60, à la Société Multiplex, Ltée.

Matériel de bureau

(4)	1,000		
(5)	**350**		

Fournitures de bureau en main

(5)	**60**		

Comptes à payer

		(5)	**410**

Analyse de l'opération. Cette opération augmente le solde des comptes Matériel de bureau et Fournitures de bureau en main. Elle accroît aussi le passif en donnant un droit à la Société Multiplex, Ltée de recouvrer une somme de La Maison de Courtage Immobilier Ouellet, Enr. Étant donné qu'il faut débiter les augmentations de l'actif et créditer les augmentations du passif, le comptable doit débiter respectivement de $350 et de $60 les comptes Matériel de bureau et Fournitures de bureau en main, et créditer le compte Comptes à payer de $410.

6. Vente d'un bureau non utilisé à Denis Hallé au prix qu'il avait coûté, $150, moyennant un paiement comptant de $100 et une somme de $50 à recouvrer plus tard.

Caisse

(1)	5,000	(2)	300
(6)	**100**	(3)	3,000
		(4)	1,000

Comptes à recevoir

(6)	**50**		

Matériel de bureau

(4)	1,000	**(6)**	**150**
(5)	350		

Analyse de l'opération. L'encaisse et les comptes à recevoir s'accroissent alors que le solde du compte Matériel de bureau diminue. Il faut donc débiter les comptes Caisse et Comptes à recevoir et créditer le compte Matériel de bureau.

7. Recouvrement de $50 de Denis Hallé.

Caisse

(1)	5,000	(2)	300
(6)	100	(3)	3,000
(7)	**50**	(4)	1,000

Comptes à recevoir

(6)	50	**(7)**	**50**

Analyse de l'opération. Le solde d'un compte d'actif s'est accru et celui d'un autre compte d'actif a diminué. L'opération doit être inscrite en débitant le compte Caisse de $50 et en créditant le compte Comptes à recevoir du même montant.

8. Acompte de $175 versé à la Société Multiplex, Ltée.

Caisse			
(1)	5,000	(2)	300
(6)	100	(3)	3,000
(7)	50	(4)	1,000
		(8)	**175**

Comptes à payer			
(8)	175	(5)	410

Analyse de l'opération. Les sommes versées aux créanciers réduisent à la fois l'encaisse et les comptes à payer. Il faut donc débiter le compte Comptes à payer et créditer le compte Caisse puisque les règles relatives au débit et au crédit demandant de débiter les diminutions du passif et de créditer les diminutions de l'actif.

9. Vente d'une maison pour le compte d'un client moyennant une commission payée comptant de $850.

Caisse			
(1)	5,000	(2)	300
(6)	100	(3)	3,000
(7)	50	(4)	1,000
(9)	**850**	(8)	175

Commissions gagnées			
		(9)	**850**

Analyse de l'opération. Les commissions gagnées augmentent à la fois l'actif et les capitaux propres. Étant donné que les règles relatives au débit et au crédit demandant de débiter les augmentations de l'actif et de créditer les augmentations des capitaux propres, il faut donc débiter le compte Caisse et créditer le compte Commissions gagnées qui est un élément des capitaux propres.

10. Paiement à la secrétaire de son salaire des deux premières semaines du mois : $100.

Caisse			
(1)	5,000	(2)	300
(6)	100	(3)	3,000
(7)	50	(4)	1,000
(9)	850	(8)	175
		(10)	**100**

Salaires			
(10)	**100**		

Analyse de l'opération. Le salaire versé à la secrétaire est une dépense qui diminue aussi bien l'actif que les capitaux propres. Il faut donc débiter le compte Salaires qui est un élément des capitaux propres et créditer le compte Caisse pour comptabiliser cette dixième opération.

11. Signature d'un contrat en vertu duquel Laurent Ouellet aura à gérer un immeuble moyennant des honoraires de $50 par mois. Encaissement des honoraires pour la dernière partie de juillet, $25, et pour le mois d'août, $50.

Caisse

(1)	5,000	(2)	300
(6)	100	(3)	3,000
(7)	50	(4)	1,000
(9)	850	(8)	175
(11)	**75**	(10)	100

Honoraires de gestion
reçus d'avance

		(11)	75

Analyse de l'opération. Cette opération augmente l'encaisse, mais n'augmentera les capitaux propres qu'au moment où les honoraires seront gagnés. Les honoraires reçus avant qu'un service ne soit rendu représentent une dette dont La Maison de Courtage Immobilier Ouellet, Enr. s'acquittera en rendant le service convenu. Il faut donc débiter le compte Caisse et créditer le compte Honoraires de gestion reçus d'avance. (Nous discuterons de nouveau de cette opération au chapitre 3.)

12. Paiement à la secrétaire de son salaire des deux dernières semaines du mois : $100.

Caisse

(1)	5,000	(2)	300
(6)	100	(3)	3,000
(7)	50	(4)	1,000
(9)	850	(8)	175
(11)	75	(10)	100
		(12)	**100**

Salaires

(10)	100		
(12)	**100**		

Analyse de l'opération. Comme une dépense diminue à la fois l'actif et les capitaux propres, il faut débiter le compte Salaires et créditer le compte Caisse.

13. Prélèvement effectué par Laurent Ouellet à des fins personnelles : $200.

Caisse

(1)	5,000	(2)	300
(6)	100	(3)	3,000
(7)	50	(4)	1,000
(9)	850	(8)	175
(11)	75	(10)	100
		(12)	100
		(13)	**200**

Laurent Ouellet — Prélèvements

(13)	**200**		

Analyse de l'opération. Cette opération diminue également l'encaisse et les capitaux propres. Cependant, comme les prélèvements effectués par le propriétaire ne doivent pas être traités comme les salaires versés aux employés, il faut débiter le compte Laurent Ouellet — Prélèvements et créditer le compte Caisse.

14. Paiement du compte de téléphone pour le mois : $20.
15. Paiement des dépenses d'automobile : $25.
16. Paiement pour une annonce publiée dans un journal : $60.

	Caisse		
(1)	5,000	(2)	300
(6)	100	(3)	3,000
(7)	50	(4)	1,000
(9)	850	(8)	175
(11)	75	(10)	100
		(12)	100
		(13)	200
		(14)	**20**
		(15)	**25**
		(16)	**60**

Analyse de ces trois opérations. Il s'agit, dans les trois cas, de dépenses qui diminuent à la fois l'encaisse et les capitaux propres. Il faut donc inscrire ces opérations en débitant trois comptes distincts de dépenses et en créditant le compte Caisse.

Téléphone	
(14)	**20**

Dépenses d'automobile	
(15)	**25**

Publicité	
(16)	**60**

Les comptes et l'équation comptable

■ Le tableau 2–1 donne les comptes dans lesquels ont été inscrites les 16 opérations précédentes. Remarquez que ces comptes ont été classés en fonction de chacun des éléments de l'équation comptable.

Comment établir une balance de vérification

■ Nous avons dit précédemment que la caractéristique principale du système de tenue des livres en partie double consiste en ce que chaque opération comporte un ou des débits dont le total doit être égal au(x) montant(s) inscrit(s) au crédit. Il est bon de vérifier de temps à autre, au moyen d'une balance de vérification, si cette égalité existe.

L'établissement d'une balance de vérification demande de faire ce qui suit : (1) déterminer le solde de chacun des comptes du grand livre, (2) dresser une liste de tous les comptes avec leur solde (inscrire les soldes débiteurs et les soldes créditeurs dans deux colonnes distinctes ainsi que le tableau 2–2 l'illustre), (3) additionner les soldes débiteurs, (4) additionner les soldes créditeurs et (5) comparer le total des soldes débiteurs avec le total des soldes créditeurs.

Le tableau 2–2 fait voir la balance de vérification de La Maison de Courtage Immobilier Ouellet, Enr. dressée à partir des comptes figurant dans le tableau 2–1. Remarquez que le total des soldes débiteurs est égal au total des soldes créditeurs.

Actif	=	Passif	+	Avoir du Propriétaire

Caisse

(1)	5,000	(2)	300
(6)	100	(3)	3,000
(7)	50	(4)	1,000
(9)	850	(8)	175
(11)	75	(10)	100
		(12)	100
		(13)	200
		(14)	20
		(15)	25
		(16)	60

Comptes à payer

(8)	175	(5)	410

Honoraires de gestion reçus d'avance

		(11)	75

Laurent Ouellet — Propriétaire

		(1)	5,000

Laurent Ouellet — Prélèvements

(13)	200

Comptes à recevoir

(6)	50	(7)	50

Commissions gagnées

		(9)	850

Loyer payé d'avance

(2)	300

Salaires

(10)	100
(12)	100

Fournitures de bureau en main

(5)	60

Téléphone

(14)	20

Automobile

(3)	3,000

Dépenses d'automobile

(15)	25

Matériel de bureau

(4)	1,000	(6)	150
(5)	350		

Publicité

(16)	60

Tableau
2–1

La Maison de Courtage Immobilier Ouellet, Enr.
Balance de vérification
au 31 juillet 1976

Caisse	$1,095	
Loyer payé d'avance	300	
Fournitures de bureau en main	60	
Automobile	3,000	
Matériel de bureau	1,200	
Comptes à payer		$ 235
Honoraires de gestion reçus d'avance		75
Laurent Ouellet — Propriétaire		5,000
Laurent Ouellet — Prélèvements	200	
Commissions gagnées		850
Salaires	200	
Téléphone	20	
Dépenses d'automobile	25	
Publicité	60	
Total	$6,160	$6,160

Tableau
2–2

■ Si, lors de l'établissement d'une balance de vérification, le total des soldes débiteurs n'est pas égal au total des soldes créditeurs, des erreurs se sont produites en comptabilisant les opérations, en déterminant les soldes des comptes, en transcrivant les soldes dans la balance de vérification ou en additionnant les soldes figurant dans les deux colonnes de chiffres. Lorsque les totaux d'une balance de vérification sont identiques, il est permis de supposer qu'aucune erreur ne s'est produite. Cependant, l'égalité existant entre le total des soldes débiteurs et le total des soldes créditeurs n'est pas une preuve absolue de l'absence de toute erreur. En effet, des erreurs qui n'influent pas sur l'égalité des totaux des deux colonnes ont pu se produire. Ainsi, une erreur qui consiste à débiter le bon montant dans un mauvais compte ne faussera pas la balance de vérification. De même, une erreur se produit si l'on débite ou crédite un montant erroné dans les bons comptes, mais le total des soldes débiteurs de la balance de vérification sera néanmoins égal au total des soldes créditeurs. On peut donc dire qu'une balance de vérification en équilibre ne permet pas de dire avec certitude qu'aucune erreur n'a été commise.

**Forme
élaborée
des comptes
en T**

■ Les comptes en T semblables à ceux que nous avons décrits servent pour enseigner la comptabilité ou, en pratique, pour résoudre des problèmes. Dans ces deux cas, on élimine tous les détails pour s'arrêter davantage à la notion à expliquer ou au problème à résoudre. Il va de soi que les entreprises ne se servent pas de ce genre de comptes. En pratique, on utilise parfois des comptes semblables à celui que le tableau 2–3 illustre.

Une étude du compte du tableau 2–3 permet de constater que, comme pour les comptes en T, on y retrouve deux côtés et un endroit pour y inscrire le nom du compte. La seule différence consiste en ce que chaque côté comprend plusieurs colonnes servant à inscrire des informations supplémentaires décrites par le titre même des colonnes.

		Caisse					COMPTE Nº	/	
DATE	EXPLICATIONS	Fº	DÉBIT		DATE	EXPLICATIONS	Fº	CRÉDIT	
1976 juil. 1		/	5 000 00		1976 juil. 1		/	30 00	
					3		/	3 00 00	
					3		/	1 00 00	

Tableau
2–3

Nécessité du journal

■ Il est possible de comptabiliser les opérations en inscrivant directement dans les comptes les montants à débiter et à créditer ainsi que nous l'avons fait jusqu'à présent. Cependant, lorsque l'on procède de cette façon, il est difficile de repérer les erreurs parce qu'aucun lien systématique n'existe entre les débits et les crédits figurant dans des comptes distincts.

En pratique, dans un système manuel de tenue des livres, l'on établit un lien entre le débit et le crédit qu'une opération demande d'inscrire, en tenant un *journal* dans lequel on comptabilise au complet chaque opération. Il suffit ensuite de transcrire dans le grand livre les données déjà inscrites dans le journal.

Ce lien que le journal permet d'établir entre le débit et le crédit de chaque opération est particulièrement important pour repérer les erreurs commises car il est alors possible de retracer les comptes dans lesquels les débits et les crédits ont été inscrits et de vérifier l'exactitude des montants.

Chaque opération nécessite une *écriture de journal* distincte et l'expression utilisée pour inscrire une opération dans le journal est *passer une écriture*. De plus, comme les opérations sont d'abord comptabilisées dans le journal et retranscrites ensuite dans le grand livre, on dit du journal qu'il est un *livre d'écritures originaires* et l'on appelle *report* le procédé qui consiste à transcrire dans le grand livre les opérations inscrites en premier lieu dans le journal.

		JOURNAL GÉNÉRAL		PAGE	*1*	
DATE		NOMS DES COMPTES ET EXPLICATIONS	FO-LIO	DÉBIT	CRÉDIT	
1976 juil.	9	Caisse		1 00 00		
		Comptes à recevoir		50 00		
		Matériel de bureau			1 50 00	
		Pour inscrire la vente d'un				
		bureau non utilisé.				
	11	Caisse		50 00		
		Comptes à recevoir			50 00	
		Pour inscrire le recouvrement				
		du compte de Denis Hallé.				

Tableau 2–4

Le journal général

■ Le journal le plus simple et celui qui se prête à un plus grand nombre d'applications est le *journal général* qui permet de donner les détails suivants portant sur chaque opération : (1) la date de l'opération, (2) les noms des comptes à débiter et à créditer, (3) des notes explicatives et (4) le numéro des comptes du grand livre dans lesquels chacun des montants est reporté. Le tableau 2–4 contient une illustration du journal général dans lequel on a inscrit deux des opérations de La Maison de Courtage Immobilier Ouellet, Enr.

Inscription des opérations dans le journal général

■ Voici comment passer une écriture dans le journal général :

1. Il faut d'abord inscrire l'année au haut de la première colonne.
2. Le nom du mois doit figurer sur la première ligne dans la première colonne. On ne répète pas l'année et le mois sur chaque ligne. Il faut cependant donner ces détails sur la première ligne de chaque page et au début d'un nouveau mois ou d'une nouvelle année.
3. Il faut ensuite, pour chaque opération, inscrire le quantième du mois dans la deuxième colonne sur la première ligne utilisée pour comptabiliser une opération.
4. Les noms des comptes à débiter et à créditer et des notes explicatives doivent figurer dans la colonne intitulée: « Nom des comptes et explications ». Il faut inscrire en premier lieu le nom du compte à débiter à partir de la colonne où figure la date. Le nom du compte à créditer doit être inscrit sur la ligne suivante quelque peu en retrait par rapport au compte à débiter. La note explicative doit être courte mais suffisamment explicite pour distinguer les opérations les unes des autres.
5. Le montant à débiter doit figurer dans la colonne « Débit » sur la même ligne que le compte à débiter. De même, le montant à créditer doit figurer dans la colonne « Crédit » sur la même ligne que le compte à créditer.
6. Il est préférable de laisser une ligne entre chaque écriture.

Lors de l'inscription des opérations dans le journal général, il n'y a rien à écrire sous la rubrique « Folio ». Cependant, lorsque l'on transcrira les débits et les crédits du journal général au grand livre, il y aura lieu d'inscrire sous cette rubrique les numéros des comptes où seront reportés les montants à débiter et à créditer. Nous décrirons plus en détail un peu plus loin la façon d'indiquer les renvois d'un livre à l'autre.

La première écriture du tableau 2–4 qui porte sur la vente d'un bureau non utilisé par La Maison de Courtage Immobilier Ouellet, Enr. demande de débiter deux comptes et d'en créditer un autre. Une écriture de ce genre s'appelle une *écriture composée*.

Les reports

■ Le travail qui consiste à transcrire dans les comptes du grand livre les montants déjà inscrits dans le journal général s'appelle *report*. En règle générale, c'est un travail qu'il faut faire tous les jours.

Le tableau 2–5 illustre la façon de reporter dans le grand livre une opération déjà inscrite dans le journal. Voici une brève description du travail à effectuer:

1. Trouver dans le grand livre le compte dont le nom figure au débit de l'écriture de journal.

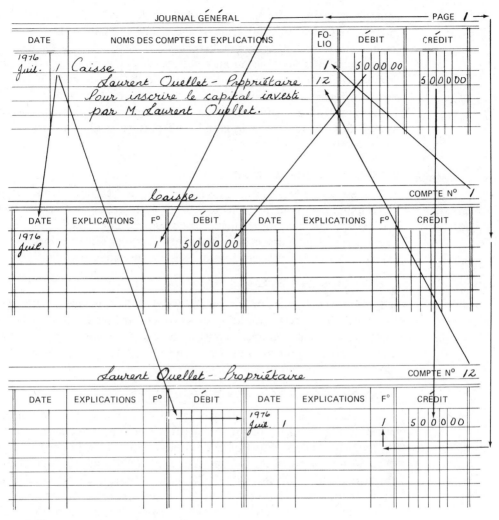

JOURNAL GÉNÉRAL — **PAGE 1**

DATE	NOMS DES COMPTES ET EXPLICATIONS	FOLIO	DÉBIT	CRÉDIT
1976 Juil. 1	Caisse	1	5000 00	
	Laurent Ouellet - Propriétaire	12		5000 00
	Pour inscrire le capital investi			
	par M. Laurent Ouellet.			

Caisse — COMPTE N° 1

DATE	EXPLICATIONS	F°	DÉBIT	DATE	EXPLICATIONS	F°	CRÉDIT
1976 Juil. 1		1	5000 00				

Laurent Ouellet - Propriétaire — COMPTE N° 12

DATE	EXPLICATIONS	F°	DÉBIT	DATE	EXPLICATIONS	F°	CRÉDIT
				1976 Juil. 1		1	5000 00

Tableau
2–5

2. Inscrire au débit de ce compte: (*a*) la date de l'opération, c'est-à-dire celle qui figure dans le journal, (*b*) le numéro de la page du journal d'où provient l'écriture et (*c*) le montant à débiter.

3. Inscrire sous la rubrique « Folio » du journal le numéro du compte du grand livre dans lequel le montant a été débité.

4. Répéter les étapes précédentes pour le compte à créditer en inscrivant la date de l'opération, le numéro de la page du journal et le montant à créditer du côté droit ou au crédit du compte du grand livre.

Remarquez que la troisième étape du travail décrit ci-dessus consiste à inscrire, dans la colonne Folio du journal, le numéro des comptes du grand livre qui ont été débités ou crédités. L'inscription du numéro de compte du grand livre dans le journal fait connaître le compte où un montant a été reporté de la même façon que le numéro de la page du journal figurant dans le grand livre indique l'endroit d'où viennent les montants inscrits au débit ou au crédit de chaque compte. Si un commis devait interrompre le travail de report, il saurait, en examinant la colonne Folio du journal, l'endroit où il doit reprendre son travail.

Les numéros des comptes et des pages du journal figurant respectivement dans le journal et le grand livre portent aussi, pour des raisons évidentes, le nom de *renvois*.

Détails relatifs à la tenue des livres

■ INSCRIPTION DES MONTANTS

Il n'est pas nécessaire d'utiliser des virgules et des points lors de l'inscription des montants dans le journal ou le grand livre car les lignes verticales permettent de distinguer s'il s'agit de milliers de dollars ou de cents. Cependant, l'usage de virgules et de points s'impose lorsque, par exemple, les états financiers sont dressés sur du papier non ligné.

LES SIGNES DE DOLLARS

Les signes de dollars ne sont pas nécessaires dans le journal et le grand livre, mais ils le sont dans les états financiers. Il faut faire précéder d'un signe de dollar le premier montant de chaque colonne et le premier montant inscrit après un trait tiré au-dessous d'une série de montants. Le tableau 1–8 illustre la façon d'appliquer ces règles.

LES ZÉROS DANS LA COLONNE DES CENTS

Lorsqu'un montant inscrit dans le grand livre ou le journal ne comporte pas de cents, certains commis préfèrent remplacer les zéros par un trait. Ils estiment qu'il est plus rapide de tirer un trait que d'écrire deux zéros. C'est là une question de goût personnel lorsqu'il s'agit du journal et du grand livre. En revanche, dans les états financiers, il est préférable, pour assurer une meilleure présentation d'inscrire les deux zéros.

Souvent, dans cet ouvrage, nous utilisons des montants sans cents. Bien entendu, dans ce cas, il n'est pas nécessaire de faire suivre les montants d'un trait ou de zéros.

Questions

1. Qu'est-ce qu'un compte ? Qu'entend-on par grand livre ?
2. Quels sont les facteurs qui déterminent le nombre de comptes qu'une entreprise doit utiliser ?
3. Que signifient les expressions ou les termes suivants : (1) débit, (2) débiter un compte, (3) crédit et (4) créditer un compte ?
4. Si l'on créditait les augmentations de l'actif au lieu de les débiter, comment comptabiliserait-on les augmentations du passif et des capitaux propres ? Pourquoi ?
5. Les termes « débit » et « crédit » sont-ils synonymes d'augmentation et de diminution ?

6. Une opération vient d'avoir lieu. Comment vous y prendrez-vous pour déterminer les comptes à débiter et à créditer ?

7. Qu'entend-on par système de tenue des livres en partie double ?

8. Un jour, un étudiant confondait les termes « débit » et « crédit ». Il inscrivait constamment les sommes à débiter du côté droit des comptes et les sommes à créditer du côté gauche. Quelle difficulté cet étudiant pouvait-il éprouver en inscrivant les opérations et en dressant une balance de vérification ? Lui recommanderiez-vous de changer sa façon de procéder ? Pourquoi ?

9. Donnez les règles relatives au débit et au crédit s'appliquant (1) aux comptes d'actif et (2) aux comptes de passif et de capitaux propres.

10. Pourquoi les règles relatives au débit et au crédit sont-elles les mêmes pour les comptes de passif et ceux de capitaux propres ?

11. Énumérez les étapes que comporte l'établissement d'une balance de vérification.

12. Pourquoi établit-on une balance de vérification ?

13. Pourquoi une balance de vérification en équilibre n'est-elle pas une preuve certaine de l'absence de toute erreur ? Quelles sont les sortes d'erreurs qu'une balance de vérification ne peut révéler ?

14. Est-il possible d'inscrire directement les opérations dans les comptes du grand livre ? Quels avantages y a-t-il à inscrire les opérations dans un journal et de les reporter ensuite au grand livre ?

15. Lors de l'inscription d'une écriture dans le journal général, qu'inscrit-on en premier lieu ? Le montant à débiter ou le montant à créditer ? Pourquoi inscrit-on en retrait les comptes à créditer ? Pourquoi joint-on une note explicative à une écriture ?

16. Qu'entend-on par écriture composée ?

17. Doit-on utiliser des signes de dollar dans le journal ? Dans le grand livre ?

18. Si l'on ne sépare pas les dollars des cents avec un point, comment fait-on pour distinguer les uns des autres ?

19. Définissez chacun des termes ou expressions qui suivent :
    a. Journal
    b. Grand livre
    c. Livre d'écritures originaires
    d. Folio
    e. Report
    f. Renvoi

20. L'inscription, dans la colonne Folio du journal, du numéro du compte où un montant a été reporté, est la dernière étape du travail de report. Quelle est l'utilité de ce procédé ?

Exercices   **Exercice 2–1**

Disposez les comptes suivants sur une feuille de papier ordinaire : Caisse, Comptes à recevoir, Fournitures d'atelier, Équipement, Comptes à payer, Roger Ross — Propriétaire, Revenu — Réparations et Loyer. Inscrivez directement les opérations de janvier 1976 dans ces comptes et utilisez des lettres pour identifier chacun des montants.

a. Ouverture de L'Atelier de Réparations de TV Roger Ross, Enr. Capital investi par M. Ross : $800.

b. Paiement du loyer mensuel de l'atelier : $100.

c. Achat au comptant de fournitures d'atelier : $50.

d. Achat à crédit de fournitures d'atelier, $75, et d'équipement, $200, à General Electric.

e. Réparations effectuées au comptant : $40.

f. Acompte versé à General Electric : $200.

g. Réparations effectuées à crédit pour le compte de Donald Parent : $50.

h. Achat à crédit d'équipement additionnel à General Electric : $60.

i. Recouvrement de la somme due par Donald Parent.

Exercice 2–2

Dressez au 31 janvier 1976, la balance de vérification de L'Atelier de Réparations de TV Ross, Enr. dont il est question dans l'exercice précédent.

Exercice 2–3

Un commis incompétent a établi la balance de vérification de L'Atelier de Réparations Rapido, Enr. Le total des soldes débiteurs n'est pas égal au total des soldes créditeurs et on vous a demandé de refaire cette balance de vérification. Un examen du journal et du grand livre de l'entreprise vous permet de découvrir ce qui suit : (1) le total des débits figurant dans le compte Caisse s'élève à $7,625 alors que le total des crédits est de $5,125; (2) un montant de $100 reçu d'un client en règlement de son compte n'a pas été porté au compte Comptes à recevoir; (3) une somme de $50 versée à un créancier a été inscrite au journal mais ne figure dans aucun compte du grand livre; (4) le commis a transposé les deux premiers chiffres du solde du compte Revenus — Services rendus au moment où il a dressé la balance de vérification.

L'Atelier de Réparations Rapido, Enr.
Balance de Vérification
au 31 décembre 1976

Caisse		$2,600
Comptes à recevoir	$3,400	
Fournitures de bureau		150
Équipement	1,600	
Comptes à payer	450	
Salaires à payer	100	
Gérard Marier — Propriétaire	2,650	
Revenus — Services rendus		6,500
Loyer	1,200	
Publicité		50
Total	$9,400	$9,300

Exercice 2–4

Préparez, sur du papier ordinaire, une page du journal général semblable à celle que le tableau 2–4 illustre et inscrivez-y les opérations suivantes :

Oct. 3 Capital investi par Jacques Charpentier dans une nouvelle entreprise : $1,000 en argent et des outils ayant une juste valeur de $600.

Oct. 5 Achat au comptant d'outils : $200.

Exercice 2–5

Préparez, sur du papier ordinaire, un tableau avec trois colonnes portant les titres suivants : (1) Description de l'erreur, (2) Montant de l'erreur et (3)

Colonne ayant un total plus élevé. Utilisez ensuite ce tableau pour faire le travail suivant : (1) identifiez, dans la première colonne, chacune des erreurs au moyen de lettres, (2) indiquez, dans la deuxième colonne, à combien s'élève, par suite de l'erreur commise, la différence entre le total des soldes débiteurs et le total des soldes créditeurs et (3) dites, dans la troisième colonne, lequel des deux totaux précédents est plus élevé par suite de l'erreur. Si certaines erreurs n'influent pas sur la balance de vérification, inscrivez les mots « aucun effet » dans les deux dernières colonnes.

a. Un montant de $25 n'a pas été porté au débit du compte Caisse.

b. Un montant de $50 a été porté au débit du compte Équipement au lieu de l'être au compte Fournitures de magasin.

c. Un montant de $40 a été porté deux fois au débit du compte Salaires.

d. Un montant de $20 qui devait être porté au débit du compte Fournitures de bureau l'a été au compte Ventes.

e. Un montant de $54 (au lieu de $45) a été porté au crédit du compte Comptes à payer.

f. Un montant de $100 (au lieu de $10) a été porté au débit du compte Fournitures de bureau.

Problèmes **Problème 2–1**

Le 1er juillet 1976, Bertrand Nadeau ouvre un atelier de réparations de systèmes d'air conditionné auquel il donne la raison sociale « Service d'air Conditionné, Enr. » Voici les opérations effectuées au cours du premier mois d'exploitation :

a. Capital investi : $1,000 en argent ainsi que du matériel de bureau, des outils et un camion évalués respectivement à $350, $500 et $1,200.

b. Paiement du loyer des mois de juillet, août et septembre : $300.

c. Achat à crédit de fournitures de réparations à la Société Polyflow, Ltée : $150.

d. Échange d'une machine à écrire ayant une valeur comptable de $50 contre des outils.

e. Achat au comptant d'une machine à écrire neuve : $160.

f. Paiement du coût d'un message radiophonique annonçant l'ouverture de l'atelier : $35.

g. Réparations effectuées au comptant pour Georges Théroux : $60.

h. Réparations effectuées pour Raoul Simon, moyennant un paiement comptant de $100 et une promesse de payer, à brève échéance, le solde de $75.

i. Réparations effectuées à crédit pour Walter Rousseau : $85.

j. Recouvrement du montant dû par Raoul Simon.

k. Acompte de $75 versé à la Société Polyflow, Ltée.

l. Paiement des comptes d'électricité et de téléphone : $15.

m. Prélèvement de $100 en espèces effectué par Bertrand Nadeau pour son usage personnel.

Travail à faire :

1. Ouvrez les comptes en T suivants : Caisse, Comptes à recevoir, Fournitures de réparations en main, Loyer payé d'avance, Matériel de bureau, Outils, Camion, Comptes à payer, Bertrand Nadeau — Propriétaire,

Bertrand Nadeau—Prélèvements, Revenus—Réparations, Publicité et Électricité et téléphone.

2. Comptabilisez ces opérations en inscrivant directement les montants à débiter et à créditer dans les comptes en T. Servez-vous de la lettre précédant chaque opération pour identifier les montants inscrits.

3. Établissez une balance de vérification au 31 juillet 1976.

Problème 2–2

Henri Simon vient tout juste d'ouvrir un atelier de nettoyage à sec. Voici les opérations effectuées au début d'octobre 1976 :

Oct. 1 Vente de 1,000 actions de General Electric appartenant en propre à Henri Simon. Du prix de vente de $9,500, M. Simon dépose $9,000 dans un compte en banque ouvert au nom de « Nettoyage à sec Éclair, Enr. »

2 Paiement du loyer de l'atelier pour les mois d'octobre, novembre et décembre : $600.

2 Achat de matériel de nettoyage coûtant $7,500 moyennant un paiement comptant de $5,000 et un billet à ordre de $2,500.

3 Achat à crédit de fournitures de nettoyage, $150, et de matériel de nettoyage, $650, à la Société Cortez, Ltée.

4 Travaux de nettoyage effectués au comptant : $110.

4 Travaux de nettoyage effectués à crédit pour le compte du Motel Moderne : $50.

5 Paiement des salaires des employés : $200.

5 Acompte de $500 versé à la Socitété Cortez, Ltée.

6 Recouvrement de la somme due par le Motel Moderne.

Travail à faire :

1. Ouvrez les comptes suivants : Caisse, Comptes à recevoir, Fournitures de nettoyage en main, Loyer payé d'avance, Matériel de nettoyage, Billets à payer, Comptes à payer, Henri Simon — Propriétaire, Revenus — Nettoyage et Salaires.

2. Passez les écritures pour inscrire au journal les opérations précédentes, faites les reports au grand livre et établissez une balance de vérification datée du 6 octobre 1976.

Problème 2–3

Thomas Huard est propriétaire de La Maison de courtage Immobilier Cactus, Enr. Voici la balance de vérification dressée au 1er septembre 1976 :

La Maison de Courtage Immobilier Cactus, Enr.
Balance de vérification
au 1er septembre 1976

Caisse	$ 1,190	
Fournitures de bureau en main	145	
Matériel de bureau	2,465	
Automobile	2,700	
Terrain	5,000	
Bâtiment	22,000	
Hypothèque à payer		$20,000
Thomas Huard — Propriétaire		13,500
Total	$33,500	$33,500

Voici les opérations effectuées au cours de septembre par M. Huard :

a. Achat à crédit de fournitures de bureau, $50, et de matériel de bureau, $150, à Équipement de Bureau Robert, Ltée.

b. Vente d'une maison pour le compte d'un client moyennant une commission payée comptant de $1,250.

c. Règlement du compte dû à Équipement de Bureau Robert, Ltée.

d. Paiement par chèque d'une annonce parue dans un journal : $75.

e. Achat à crédit d'une machine à écrire à Équipement de Bureau Robert, Ltée : $225.

f. M. Huard apporte à la maison, pour son fils, la vieille machine à écrire utilisée au bureau et ayant une valeur comptable de $75.

g. Vente d'une maison pour le compte d'un client moyennant une commission de $950 payée comptant.

h. Services de gestion rendus à crédit à Georges Ranger. Montant facturé : $100.

i. Prélèvement de $400 effectué par M. Huard pour son usage personnel.

j. Recouvrement de la somme due par Georges Ranger.

k. Salaire versé au commis de bureau : $250.

l. Acquisition d'une automobile neuve moyennant la cession de la vieille automobile et le versement d'une somme de $1,000.

m. Paiement par chèque d'une annonce parue dans un journal : $50.

n. Paiement du compte de téléphone : $35.

Travail à faire :

1. Ouvrez les comptes en T suivants : Caisse, Comptes à recevoir, Fournitures de bureau, Matériel de bureau, Automobile, Terrain, Bâtiment, Comptes à payer, Hypothèque à payer, Thomas Huard — Propriétaire. Thomas Huard — Prélèvements, Commissions gagnées, Revenus — Services de gestion, Publicité, Salaires et Téléphone.

2. Inscrivez, dans les comptes, les soldes au 1er septembre en faisant précéder chaque montant du mot « solde ».

3. Comptabilisez directement les opérations décrites ci-dessus dans les comptes en T. Servez-vous de la lettre précédant chaque opération pour identifier les montants inscrits.

4. Dressez le bilan de La Maison de Courtage Immobilier Cactus, Enr. au 30 septembre 1976.

Problème 2–4

Nelson Alarie, un jeune avocat, ouvre son cabinet au début d'octobre 1976. Voici la liste des opérations effectuées en octobre :

Oct. 1 Capital investi : une somme de $1,200 en argent et une bibliothèque ayant une juste valeur de $800.

1 Paiement du loyer des mois d'octobre et de novembre : $200.

2 Achat de matériel de bureau ayant un coût de $1,200 moyennant un paiement comptant de $200 et un billet à ordre de $1,000.

3 Achat à crédit de fournitures de bureau, $45, et de matériel de bureau, $175, à Standex, Ltée.

6 Services juridiques rendus à Jean Mercier moyennant un paiement comptant de $50.

10 Primes d'assurances diverses payées pour le compte du cabinet : $95.

Oct. 15 Services juridiques rendus à crédit à Paul Mondoux : $300.

15 Salaire versé à une secrétaire travaillant à temps partiel : $150.

18 Paiement à Standex, Ltée des articles achetés le 3 octobre.

25 Recouvrement de $300 de Mondoux pour les services rendus le 15 octobre.

28 Prélèvement de $200 par Nelson Alarie effectué par chèque pour son usage personnel.

30 Facture de $150 envoyée à Paul Mondoux pour des services additionnels rendus du 25 au 30 octobre.

31 Salaire versé à la secrétaire : $150.

31 Somme de $105 (y compris des intérêts de $5) versée au bénéficiaire du billet signé le 2 octobre.

31 Paiement du compte de téléphone du mois : $25.

Travail à faire :

1. Ouvrez les comptes suivants : Caisse, Comptes à recevoir, Loyer payé d'avance, Fournitures de bureau, Assurances payées d'avance, Matériel de bureau, Bibliothèque, Billets à payer, Comptes à payer, Nelson Alarie — Propriétaire, Nelson Alarie — Prélèvements, Revenus — Services rendus, Salaires, Téléphone et Intérêts.

2. Passez les écritures pour inscrire au journal les opérations du mois d'octobre, faites les reports au grand livre et dressez une balance de vérification au 31 octobre 1976.

Problème 2–5

Le 1er octobre 1976, Georges Hachette ouvre un atelier de menuiserie appelé : « L'Atelier Moderne, Enr. ». Voici les opérations effectuées au cours d'octobre :

Oct. 1 Déposé le produit de trois obligations d'épargne du Canada de $1,000 chacune dans un compte en banque ouvert au nom de la nouvelle entreprise.

2 Paiement du loyer de l'atelier pour les mois d'octobre à décembre inclusivement : $180.

3 Achat d'outils et de machines ayant un coût de $2,500, moyennant un paiement comptant de $1,000 et un billet à ordre de $1,500.

5 Achat à crédit de fournitures d'atelier à la Société Maco, Ltée : $1,500.

9 Livraison d'un cabinet fabriqué pour Robert Viger, moyennant un paiement de $350.

13 Cabinet fabriqué pour David Mercier; montant facturé : $400.

15 Salaires versés aux employés de l'atelier: $325.

15 Somme de $35 versée au Service de Livraison Éclair, Enr. pour les livraisons effectuées au cours de la première partie du mois.

18 Paiement d'une somme due à la Société Maco, Ltée.

20 Utilisation par Georges Hachette de matériaux coûtant $40 pour réparer son abri d'auto.

23 Recouvrement, de David Mercier, de la somme due pour le cabinet livré le 13 octobre : $400.

25 Prélèvement en espèces effectué par Georges Hachette pour son usage personnel : $150.

Oct. 28 Cabinet fabriqué et livré moyennant un paiement comptant de $450.

31 Somme de $25 versée au Service de Livraison Éclair, Enr. pour les livraisons effectuées du 16 au 31 octobre.

31 Salaires versés aux employés de l'atelier : $300.

31 Paiement du compte d'électricité : $40.

Travail à faire :

1. Ouvrez les comptes suivants : Caisse, Comptes à recevoir, Loyer payé d'avance, Fournitures d'atelier, Matériel d'atelier, Billets à payer, Comptes à payer, Georges Hachette — Propriétaire, Georges Hachette — Prélèvements, Revenus — Fabrication de cabinets, Dépenses de livraison, Salaires et Électricité.

2. Passez les écritures pour inscrire au journal les opérations du mois d'octobre, faites les reports au grand livre et dressez une balance de vérification au 31 octobre 1976.

Autres problèmes

Problème 2–1A

a. Le 1ᵉʳ février 1976, Bertrand Nadeau ouvre un atelier de réparations d'appareils de télévision appelé « L'Atelier de TV Rapido, Enr. ». Le capital investi par M. Nadeau se compose d'une somme d'argent de $1,200, de fournitures de réparations, d'outils et d'un camion ayant respectivement une juste valeur de $450, $300 et $200. Voici les opérations effectuées au cours du premier mois d'exploitation :

b. Paiement d'une annonce publiée dans le journal : $25.

c. Paiement du loyer des mois de février et de mars : $200.

d. Achat à crédit d'un bureau, d'une chaise et d'un classeur à la Société Élite, Ltée : $175.

e. Outils obtenus en échange du vieux camion.

f. Achat au comptant d'un camion d'occasion : $750.

g. Réparations effectuées au comptant : $50.

h. Réparations effectuées à crédit pour le compte de Vilmont Rousseau : $75.

i. Réparations effectuées pour le compte de Robert Wallis moyennant un acompte de $80 et une promesse de payer le solde de $45 quelques jours plus tard.

j. Acompte de $100 versé à la Société Élite, Ltée.

k. Recouvrement du solde du compte de Robert Wallis.

l. Paiement du compte de téléphone : $20.

m. Prélèvement de $65 effectué par chèque par M. Nadeau pour son usage personnel.

Travail à faire :

1. Ouvrez les comptes en T suivants : Caisse, Comptes à recevoir, Fournitures de réparations, Loyer payé d'avance, Matériel de bureau, Outils, Camion, Comptes à payer, Bertrand Nadeau — Propriétaire, Bertrand Nadeau — Prélèvements, Revenus — Réparations, Publicité et Téléphone.

2. Inscrivez directement les opérations dans les comptes en T. Servez-vous de la lettre précédant chaque opération pour identifier les montants inscrits.

3. Dressez une balance de vérification.

Problème 2–2A

Henri Simon vient tout juste d'ouvrir un atelier de nettoyage à sec auquel il a donné la raison sociale « Les Nettoyeurs Supernet, Enr. » Voici les opérations effectuées au cours de la première semaine d'exploitation :

Sept. 21 Vente de 100 actions de General Motors appartenant en propre à Henri Simon. Du prix de vente de $8,750, M. Simon dépose $8,500 dans un compte en banque ouvert au nom de « Les Nettoyeurs Supernet, Enr. »

21 Achat d'équipement de nettoyage coûtant $8,000, moyennant un paiement comptant de $6,000 et un billet à ordre de $2,000.

21 Paiement du loyer des deux prochains mois : $300.

22 Achat à crédit d'équipement de nettoyage, $350, et de fournitures de nettoyage, $200, à la Société Cortez, Ltée.

23 Travaux de nettoyage effectués au comptant : $175.

24 Travaux de nettoyage effectués à crédit pour le compte du Motel Moderne : $25.

26 Acompte de $300 versé à la Société Cortez, Ltée.

26 Recouvrement de $25 du Motel Moderne.

27 Salaires versés aux employés : $150.

Travail à faire :

1. Ouvrez les comptes suivants : Caisse, Comptes à recevoir, Fournitures de réparations, Loyer payé d'avance, Équipement de nettoyage, Billets à payer, Comptes à payer, Henri Simon — Propriétaire, Revenus — Nettoyage et Salaires.

2. Passez les écritures pour inscrire au journal les opérations décrites ci-dessus, faites les reports au grand livre et dressez une balance de vérification au 27 septembre.

Problème 2–3A

Thomas Huard fonde, en janvier 1976, une maison de courtage immobilier. Voici les opérations effectuées au cours du premier mois d'exploitation :

a. Capital investi : $10,000.

b. Achat de matériel de bureau et d'un immeuble destiné à servir de bureau. Valeur des biens achetés : Matériel de bureau, $2,000; Bâtiment, $12,000; et Terrain, $4,000. La Société Cactus, Ltée, qui a vendu ces biens à M. Huard, demande un paiement comptant de $8,000 et une promesse, garantie par une hypothèque, de payer le solde au cours d'un certain nombre d'années à venir.

c. Affectation à l'usage exclusif de l'entreprise, d'une automobile appartenant à M. Huard et ayant une juste valeur de $2,500.

d. Vente d'une maison pour le compte d'un client moyennant une commission payée comptant de $1,300.

e. Achat à crédit de fournitures de bureau, $75, et de matériel de bureau, $250, à Prodex, Ltée.

f. Salaire versé au commis de bureau : $110.

g. Services de gestion rendus à crédit à Georges Robitaille : $60.

h. Règlement du compte dû à Prodex, Ltée.

i. Recouvrement du montant dû par Georges Robitaille.

j. Achat à crédit de fournitures de bureau à Prodex, Ltée : $65.

k. Vente d'une propriété moyennant une commission de $750 payée comptant.

l. Salaire versé au commis de bureau : $110.

m. Paiement de $85 pour une annonce parue dans un journal.

n. Paiement du compte de téléphone : $25.

o. Chèque de $250 tiré sur le compte en banque de l'entreprise en faveur de Thomas Huard pour son usage personnel.

Travail à faire :

1. Ouvrez les comptes en T suivants : Caisse, Comptes à recevoir, Fournitures de bureau, Matériel de bureau, Automobile, Terrain, Bâtiment, Comptes à payer, Hypothèque à payer, Thomas Huard — Propriétaire, Thomas Huard — Prélèvements, Commissions gagnées, Honoraires de gestion, Publicité, Salaires et Téléphone.

2. Inscrivez directement les opérations précédentes dans les comptes en T. Servez-vous de la lettre précédant chaque opération pour identifier les montants inscrits.

3. Dressez une balance de vérification.

Problème 2–4A

Nelson Alarie, un jeune avocat, ouvre son cabinet au début de septembre 1976. Voici la liste des opérations effectuées au cours du mois de septembre :

Sept. 1 M. Alarie met à la disposition de son cabinet les livres de droit achetés au moment où il fréquentait l'université. La juste valeur de ces livres s'élève, au 1er septembre, à $500.

2 Vente de 50 actions de Algoma Steel lui appartenant en propre. Du produit de la vente, $1,350, M. Alarie dépose $1,250 dans un compte en banque ouvert au nom de son cabinet.

2 Loyer de $300 payé d'avance pour les mois de septembre, octobre et novembre.

2 Achat de matériel de bureau ayant un coût de $1,500 moyennant un paiement comptant de $300 et un billet à ordre de $1,200.

3 Primes d'assurances diverses payées pour le compte du cabinet : $85.

5 Achat à crédit de fournitures de bureau, $55, et de matériel de bureau, $115, à Standex, Ltée.

8 Services juridiques rendus à Jean Marchand moyennant un paiement comptant de $150.

12 Services juridiques rendus à crédit à Paul Marceau : $250.

15 Salaire versé à une secrétaire travaillant à temps partiel : $120.

15 Paiement à Standex, Ltée des articles achetés le 5 septembre.

22 Recouvrement de $250 de Paul Marceau pour les services rendus le 12 septembre.

27 Prélèvement de $150 par M. Alarie effectué par chèque pour son usage personnel.

30 Facture de $100 envoyée à M. Marceau pour des services additionnels rendus au cours des trois derniers jours.

30 Somme de $155 (y compris des intérêts de $5) versée au bénéficiaire du billet signé le 2 septembre.

30 Salaire versé à la secrétaire : $120.

30 Paiement du compte d'électricité : $20.

Travail à faire :

1. Ouvrez les comptes suivants : Caisse, Comptes à recevoir, Loyer payé d'avance, Fournitures de bureau, Assurances payées d'avance, Matériel de bureau, Bibliothèque, Billets à payer, Comptes à payer, Nelson Alarie — Propriétaire, Nelson Alarie — Prélèvements, Revenus — Services juridiques, Salaires, Électricité et Intérêts.

2. Passez les écritures pour inscrire au journal les opérations du mois de septembre, faites les reports au grand livre et dressez une balance de vérification au 30 septembre 1976.

Problème 2–5A

Le 1er octobre 1976, Georges Henripin ouvre un atelier de menuiserie appelé « La Menuiserie moderne, Enr. » Voici la liste des opérations effectuées en octobre :

Oct. 1 Retrait de $4,000 du compte en banque personnel de M. Henripin pour le déposer dans un compte en banque ouvert au nom du nouvel atelier.

1 Achat au comptant d'outils et de machines : $1,200.

2 Loyer versé d'avance pour les mois d'octobre, novembre et décembre : $195.

3 Achat à crédit de fournitures d'atelier à la *Société Brando, Ltée* : $800.

5 Achat de machines et d'outils coûtant $1,500 moyennant un paiement comptant de $750 et un billet à ordre s'élevant au même montant.

8 Livraison d'un cabinet fabriqué pour un client moyennant un paiement comptant de $350.

10 Utilisation par Georges Henripin de matériaux coûtant $50 pour réparer son abri d'auto.

13 Cabinet fabriqué pour Gary Groulx et livré à crédit : $450.

15 Salaires versés aux employés de l'atelier : $340.

18 Paiement de la somme due à la *Société Brando, Ltée.*

23 Acompte de $200 reçu de Gary Groulx.

25 Livraison d'un cabinet fabriqué pour Pierre Lépine moyennant un paiement comptant de $400.

28 Prélèvement de $150 par M. Henripin pour son usage personnel.

31 Somme de $45 versée au Service de Livraison Éclair, Enr. pour les livraisons effectuées au cours du mois.

31 Paiement du compte d'électricité : $50.

31 Salaires versés aux employés de l'atelier : $350.

Travail à faire :

1. Ouvrez les comptes suivants et numérotez-les consécutivement à partir de 1 : Caisse, Comptes à recevoir, Loyer payé d'avance, Fournitures d'atelier, Machines et outils, Billets à payer, Comptes à payer, Georges Henripin — Propriétaire, Georges Henripin — Prélèvements, Revenus — Fabrication de cabinets, Dépenses de livraison, Salaires et Électricité.

2. Passez les écritures pour inscrire au journal les opérations d'octobre, faites les reports au grand livre et dressez une balance de vérification au 31 octobre 1976.

Édouard Charpentier est propriétaire d'une entreprise appelée « La Cantine Beaurivage, Enr. » qui loue des bateaux et exploite un restaurant situé à proximité du lac Simcoe. Au début de mai 1976, il a investi $1,800 en espèces et a obtenu un bail de cinq ans lui permettant d'utiliser un petit bâtiment situé sur le bord du lac. M. Charpentier verse un loyer annuel de $600 même si son entreprise n'est exploitée que du 15 mai au 15 septembre. Dès le 15 mai 1976, M. Charpentier a acquitté le loyer annuel et acheté au comptant six chaloupes qu'il a payées $150 chacune. Il estimait alors que ces chaloupes auraient une durée d'utilisation de cinq ans et une valeur de récupération, après cette période, de $25 chacune.

Au cours de la saison, M. Charpentier a acheté de la nourriture, des boissons gazeuses et des bonbons. Il a réglé le prix de ces achats, soit $3,250, durant la saison, à l'exception d'une somme de $75 représentant de la nourriture achetée au cours de la dernière semaine d'exploitation. Il a payé également des comptes d'électricité s'élevant à $65 et versé un salaire de $750 à son assistant. M. Charpentier a prélevé durant dix-sept semaines une somme de $100 par semaine pour son usage personnel.

Les revenus provenant du louage des chaloupes et de l'exploitation du restaurant se sont élevés respectivement à $1,430 et à $7,570. Toutes ces sommes furent payées comptant, à l'exception d'une somme de $100 que doit la Société Éclair, Ltée, pour de la nourriture vendue lors d'une fête organisée à l'intention de ses employés.

À la fin de la saison, M. Charpentier a retourné les caisses de boissons gazeuses invendues à son fournisseur qui lui a remboursé une somme de $40. Par contre, il a emporté chez lui de la nourriture et des bonbons qui avaient coûté $15 mais qui auraient pu être vendus $25.

Dressez l'état des revenus et dépenses de La Cantine Beaurivage, Enr., pour la saison terminée le 15 septembre 1976. Dressez aussi un bilan qui fera ressortir l'actif, le passif et les capitaux propres de La Cantine Beaurivage, Enr. au 15 septembre 1976. (L'utilisation de comptes en T peut faciliter l'analyse des opérations effectuées au cours de la saison.)

Jerry Poiré exploite, depuis plusieurs mois, une petite entreprise à laquelle il a donné le nom de « L'Atelier Hobby, Enr. » Les livres sont tenus par M. Poiré lui-même. Il a, jusqu'à présent, inscrit un grand nombre d'opérations, mais comme il ne peut dresser correctement une balance de vérification, il vient solliciter votre aide. Jerry vous apprend qu'il a suivi des cours de comptabilité il y a plusieurs années mais que malheureusement il a beaucoup oublié depuis ce temps. Quand il a commencé à tenir les livres de son atelier, il se rappelait que les comptes avaient deux côtés dont l'un représentait les augmentations et l'autre, les diminutions, mais il ne se souvenait pas comment distinguer un côté de l'autre. Comme il avait appris à lire en allant de la gauche vers la droite, il décida que le côté gauche de tous les comptes devait servir pour inscrire les augmentations et le côté droit pour inscrire les diminutions. De plus, comme il se rappelait aussi vaguement que les revenus contribuaient à accroître les capitaux propres et que les dépenses, au contraire, les réduisaient, il décida d'inscrire directement les revenus et les dépenses dans le compte ouvert au nom de « Jerry Poiré — Propriétaire ». Finalement, M. Poiré décida de ne pas utiliser de journal et d'inscrire directement les opérations dans les comptes, ce qui, selon lui, évitait d'avoir à effectuer le même travail deux fois.

Dans un rapport adressé à Jerry Poiré, expliquez quel est, selon la nature des comptes, le côté qui sert à inscrire les augmentations et celui où s'inscrivent les diminutions. Expliquez également pourquoi les augmentations de l'actif ne sont pas inscrites du même côté que les augmentations du passif et des capitaux propres. Exposez aussi à M. Poiré l'utilité du journal, faites la liste des changements que vous lui suggérez d'apporter à son système comptable et donnez la raison d'être de chacun des changements suggérés.

3

La régularisation des comptes et l'établissement des états financiers

■ La durée d'une entreprise, qui est ordinairement très longue, est répartie, pour les fins comptables, en périodes appelées *exercices*. Un exercice peut avoir une durée quelconque, par exemple un mois ou un trimestre mais, le plus souvent, cette durée est d'un an.

À la fin de chaque exercice, le comptable doit dresser des états financiers pour faire connaître les résultats d'exploitation et la situation financière d'une entreprise. Ces états, qui sont respectivement l'état des revenus et dépenses et le bilan, proviennent des données inscrites au grand livre.

Nécessité de régulariser les comptes avant de dresser les états financiers

■ Un état des revenus et dépenses dressé à la fin d'un exercice doit refléter les revenus réalisés au cours de l'exercice et les dépenses effectuées en vue de gagner ces revenus. De la même manière, le bilan dressé à la date de clôture d'un exercice doit faire connaître, de la meilleure façon possible, l'actif, le passif et les capitaux propres d'une entreprise.

Occasionnellement, à la fin d'un exercice, le comptable peut dresser des états financiers en prenant les soldes des comptes figurant au grand livre après avoir inscrit toutes les opérations de l'exercice. Cependant, ce n'est pas là la situation habituelle. En règle générale, le solde de nombreux comptes à la fin d'un exercice ne convient pas pour dresser des états financiers parce que certains éléments doivent être régularisés. Ainsi, le second poste de la balance de vérification de La Maison de Courtage Immobilier Ouellet, Enr. (que nous avons donnée au chapitre 2 et que nous reproduisons ci-dessous) est « Loyer payé d'avance, $300 ». Cette

La Maison de Courtage Immobilier Ouellet, Enr.
Balance de vérification
au 31 juillet 1976

Caisse	$1,095	
Loyer payé d'avance	300	
Fournitures de bureau en main	60	
Automobile	3,000	
Matériel de bureau	1,200	
Comptes à payer		$ 235
Honoraires de gestion reçus d'avance		75
Laurent Ouellet — Propriétaire		5,000
Laurent Ouellet — Prélèvements	200	
Commissions gagnées		850
Salaires	200	
Téléphone	20	
Dépenses d'automobile	25	
Publicité	60	
Total	$6,160	$6,160

Tableau
3–1

somme représente le loyer payé d'avance le 1er juillet pour les mois de juillet, août et septembre. Le 31 juillet, le solde de $300 n'est pas entièrement un élément d'actif car, après un mois, il comprend deux éléments : une dépense de $100 et un élément d'actif de $200. De la même manière, des fournitures de bureau ayant été utilisées au cours du mois, le solde réel de ce compte d'actif est maintenant inférieur à $60. Le même raisonnement s'applique aussi au matériel de bureau et à l'automobile qui ont subi une certaine dépréciation au cours du mois, par suite de l'usage qu'on en a fait. Il est évident, dès lors, que les soldes des comptes Loyer payé d'avance, Fournitures de bureau, Automobile et Matériel de bureau figurant dans la balance de vérification ci-dessus doivent être *régularisés* parce qu'ils ne conviennent pas pour dresser les états financiers au 31 juillet 1976. La même observation s'applique au solde des comptes Salaires et Honoraires de gestion reçus d'avance.

Les écritures de régularisation

LES DÉPENSES PAYÉES D'AVANCE

■ Ainsi que leur nom l'indique, les dépenses payées d'avance ont fait l'objet d'un déboursé avant d'avoir bénéficié du service ou des biens achetés. Lors de l'acquisition d'un bien, il faut accroître l'actif et ce n'est qu'au moment où ce bien aura été utilisé qu'il y aura lieu d'inscrire une dépense.

Ainsi, le 1er juillet 1976, La Maison de Courtage Immobilier Ouellet, Enr. débourse $300 pour acquitter le loyer des mois de juillet, août et septembre. Le bail signé à ce moment-là donne le droit d'occuper la propriété louée pendant trois mois. Le 1er juillet, ce droit était un élément d'actif ayant une valeur de $300. Mais chaque jour écoulé en juillet amène une diminution de cette valeur qui devient graduellement une dépense. Cette dépense, le 31 juillet, s'élève à un tiers de $300, soit $100. Pour que les comptes reflètent cette situation, il est nécessaire de passer au journal général l'écriture suivante :

Juil.	31	Loyer	100.00	
		Loyer payé d'avance		100.00
		Pour inscrire la partie du loyer devenue une dépense en juillet.		

Voici les comptes Loyer payé d'avance et Loyer après le report de cette écriture :

Loyer payé d'avance			Loyer	
Juil. 1er 300	Juil. 31 100		Juil. 31 100	

Le compte Loyer payé d'avance a maintenant, comme il convient, un solde de $200 et le compte Loyer a un solde débiteur de $100.

Prenons maintenant le cas des fournitures de bureau. Le 1er juillet, La Maison de Courtage Immobilier Ouellet, Enr. achète des fournitures de bureau que la secrétaire utilise régulièrement. Les fournitures utilisées chaque jour représentent une dépense et, en même temps, une diminution de l'actif de l'entreprise. Cependant, le comptable n'inscrit pas quotidiennement ce genre de dépenses pour deux raisons : ces renseignements ne sont pas nécessaires et le travail de tenue des livres est beaucoup moins onéreux lorsque l'on attend à la fin du mois pour inscrire le coût des fournitures utilisées.

Le 31 juillet étant la date d'établissement des états financiers, il devient nécessaire de comptabiliser le coût des fournitures utilisées du 1er au 31 juillet. Cependant, pour être en mesure de régulariser le compte Fournitures de bureau en main, il faut connaître effectivement la quantité de fournitures utilisées. C'est là un renseignement que l'on peut obtenir en dénombrant les fournitures non encore utilisées et en déduisant le résultat obtenu du solde au début de l'exercice plus les achats effectués durant l'exercice. Si, par exemple, le coût des fournitures non utilisées au 31 juillet est de $45, on peut alors conclure que le coût des fournitures utilisées en juillet par La Maison de Courtage Immobilier Ouellet, Enr. est de $15, soit $60–$45. Le comptable passera alors au journal l'écriture de régularisation suivante :

Juil.	31	Fournitures de bureau utilisées	15.00	
		Fournitures de bureau en main		15.00
		Pour inscrire le coût des fournitures utilisées.		

Voici les comptes Fournitures de bureau en main et Fournitures de bureau utilisées après le report de cette écriture :

Fournitures de bureau en main				Fournitures de bureau utilisées		
Juil. 5	60	Juil. 31	15	Juil. 31	15	

Souvent, il arrive que des articles achetés, qui sont ordinairement traités comme des dépenses payées d'avance au moment de l'achat, soient entièrement utilisés au cours du même exercice. Ainsi, une entreprise peut payer d'avance le loyer du bureau au début de chaque mois. Comme le montant payé d'avance au début du mois devient entièrement une dépense au cours du mois, il est préférable de ne pas débiter un compte d'actif. En effet, le travail de tenue des livres est plus simple, dans ce cas, si l'on débite un compte de dépenses au moment où le déboursé est effectué.

Les fournitures de fabrication ou de magasin et les assurances sont d'autres dépenses payées d'avance qu'il faut traiter de la même façon que les fournitures de bureau et les loyers payés d'avance.

L'AMORTISSEMENT

Quand une entreprise achète du matériel de bureau ou de magasin, elle achète effectivement « des services » dont la valeur diminue quotidiennement. La partie des services qui a cessé d'avoir de la valeur donne lieu à ce que le comptable appelle l'*amortissement*.

L'amortissement est une dépense au même titre que le loyer. Si, par exemple, une compagnie achète et installe, à un coût total de $1,200, une machine ayant une durée prévue d'utilisation de dix ans, elle acquiert des services qui, selon la méthode de l'amortissement linéaire ou constant, deviendront des dépenses à raison de $120 par année, soit $1,200 ÷ 10. La seule différence réelle qui existe entre l'amortissement du coût d'une machine et les sommes imputées aux revenus dans le cas d'un loyer et des assurances, consiste en ce qu'il est impossible de déterminer exactement la durée d'utilisation de la machine. C'est cette caractéristique qui nous amène à dire que l'amortissement est essentiellement une estimation.

Le calcul de l'amortissement peut être simple (comme dans l'exemple précédent) ou il peut être complexe. Comme il n'est pas nécessaire d'étudier immédiatement à fond ce sujet, nous n'aborderons qu'au chapitre 11 la discussion des problèmes plus complexes ayant trait au calcul de l'amortissement. Cependant, pour illustrer la façon de comptabiliser l'amortissement, supposons les faits suivants :

Le 31 juillet, Henri Ouellet, le propriétaire de La Maison de Courtage Immobilier Ouellet, Enr. estime que l'amortissement de l'automobile et du matériel de bureau pour juillet s'élève respectivement à $35 et à $10. Comme cet amortissement réduit à la fois l'actif et accroît les dépenses, il faut passer au journal les écritures suivantes :

Juil.	31	Amortissement — Automobile	35.00	
		Amortissement accumulé — Automobile ..		35.00
		Pour inscrire l'amortissement de juillet.		
	31	Amortissement — Matériel de bureau	10.00	
		Amortissement accumulé — Matériel de bureau		10.00
		Pour inscrire l'amortissement de juillet.		

Voici les comptes Automobile et Matériel de bureau ainsi que les quatre autres comptes qui s'y rapportent après le report de ces écritures :

Automobile			Amortissement — Automobile	
Juil. 3	3,000	.	Juil. 31	35

Amortissement accumulé — Automobile	
	Juil. 31 35

Matériel de bureau				Amortissement — Matériel de bureau	
Juil. 3	1,000	Juil. 9	150	Juil. 31	10
5	350				

Amortissement accumulé — Matériel de bureau	
	Juil. 31 10

Remarquez, dans l'exemple précédent, les deux comptes d'amortissement accumulé. En règle générale, on inscrit directement, dans un compte d'actif, les diminutions survenues dans la valeur d'un bien. Pourtant, ce n'est pas ce que nous faisons dans le cas de l'amortissement. Effectivement, nous inscrivons l'amortissement dans des *comptes de contrepartie* intitulés « Amortissement accumulé — Automobile » et « Amortissement accumulé — Matériel de bureau ». (Un compte de contrepartie est un compte dont le solde est déduit, dans les états financiers, du solde du poste auquel il se rapporte afin de faire connaître à la fois le montant brut et le montant net du poste en question.)

La comptabilisation de l'amortissement se fait dans des comptes de contrepartie pour deux raisons principales. En premier lieu, l'amortissement est, au mieux, une estimation et, en second lieu, cette façon de procéder permet au comptable de retracer plus facilement le coût originaire des immobilisations. Ainsi, dans notre exemple, le compte d'actif Automobile indique le coût d'acquisition de l'automobile achetée le 3 juillet 1976 et le compte Amortissement accumulé — Automobile indique le coût amorti au 31 juillet 1976.

Pour mieux comprendre la raison d'être du nom donné à ce dernier compte, il est bon de remarquer que le comptable ajoute, au solde de ce compte, l'amortissement imputable aux revenus de chaque exercice. Voici les comptes Automobile et Amortissement accumulé — Automobile après quatre mois d'exploitation :

Automobile		Amortissement accumulé — Automobile	
Juil. 3 3,000		Juil. 31	35
		Août 31	35
		Sept. 31	35
		Oct. 31	35

Dans le bilan dressé au 31 octobre 1976, le comptable présenterait ces deux comptes de la façon suivante :

Automobile		$3,000
Moins : Amortissement accumulé	140	$2,860

On trouve parfois, d'autres expressions pour décrire ce qu'est l'amortissement accumulé. Ainsi, dans certains états financiers, on voit l'expression « Provision pour amortissement — Équipement de magasin » ou encore l'expression totalement inacceptable « Réserve pour amortissement — Matériel de bureau ». La terminologie comptable moderne favorise plutôt les expressions : Amortissement accumulé — Équipement de magasin et Amortissement accumulé — Matériel de bureau. Cette nouvelle terminologie est certainement préférable parce qu'elle décrit mieux les faits.

LES DÉPENSES COURUES

Le comptable inscrit la plupart des dépenses au moment où elles sont acquittées. Cependant, à la fin d'un exercice, il peut y avoir un certain nombre de dépenses qui n'ont ni été payées ni encore inscrites parce que la date de paiement n'est pas encore survenue. Ces dépenses (par exemple, les salaires impayés à la fin d'un exercice) portent en comptabilité le nom de *dépenses courues*.

Prenons, par exemple, le cas de La Maison de Courtage Immobilier Ouellet, Enr. qui engage une secrétaire, Mlle Lise Poulin, dont le salaire est de $10 par jour ou de $50 pour une semaine de cinq jours de travail. M. Ouellet paie sa secrétaire toutes les deux semaines, le vendredi soir. Au cours de juillet, Mlle Poulin a reçu son salaire le 12 et le 26 juillet. La comptabilisation des sommes versées à Mlle Poulin donne les résultats suivants :

	Caisse			Salaires	
	Juil. 12	100	Juil. 12	100	
	26	100	26	100	

Le mois de juillet que nous reproduisons ici indique que Mlle Poulin a travaillé les 29, 30 et 31 juillet, ce qui veut dire qu'au 31 juillet,

JUILLET						
D	L	M	M	J	V	S
	1	2	3	4	5	6
7	8	9	10	11	12	13
14	15	16	17	18	19	20
21	22	23	24	25	26	27
28	29	30	31			

M. Ouellet lui doit trois jours de salaires qui ne lui seront payés qu'au mois d'août. Cependant, cette somme de $30 est autant une dépense de juillet que le sont les salaires de $200 figurant déjà aux livres. De plus, les salaires non encore acquittés le 31 juillet représentent effectivement une dette. Il s'ensuit qu'il est nécessaire de passer au journal l'écriture de régularisation suivante pour que les livres de La Maison de Courtage Immobilier Ouellet, Enr. reflètent correctement les faits :

Juil.	31	Salaires	30.00	
		Salaires courus à payer		30.00
		Pour inscrire les salaires impayés au 31 juillet.		

Voici les comptes Salaires et Salaires courus à payer après le report de cette écriture :

	Salaires			Salaires courus à payer	
Juil. 12	100			Juil. 31	30
26	100				
31	**30**				

LES REVENUS REPORTÉS

Un revenu reporté existe lorsqu'une entreprise reçoit de l'argent pour des marchandises qu'elle n'a pas encore livrées ou des services qu'elle n'a pas encore rendus. Ainsi, le 16 juillet, La Maison de Courtage Immobilier Ouellet, Enr. a conclu une entente en vertu de laquelle elle s'engage à gérer un immeuble d'habitation moyennant des honoraires de $50 par mois. On se rappelle que, le même jour, le client en question a versé une somme de $75 pour les services que la maison de courtage s'est engagée à lui rendre du 15 juillet au 31 août. À ce moment-là, le comptable a passé l'écriture suivante :

Juil.	16	Caisse	75.00	
		Honoraires de gestion reçus d'avance ...		75.00
		Pour inscrire les honoraires de gestion reçus d'avance.		

L'encaissement de ces honoraires de gestion a augmenté l'encaisse de la maison de courtage et a accru en même temps son passif par suite de l'obligation qu'elle a contractée de gérer l'immeuble d'habitation durant un mois et demi. Cependant, le travail effectué du 15 au 31 juillet a permis à La Maison de Courtage Immobilier Ouellet, Enr. de gagner $25 et de réduire son passif du même montant. Ceci explique la raison d'être de l'écriture suivante :

Juil.	31	Honoraires de gestion reçus d'avance	25.00	
		Revenus — Honoraires de gestion		25.00
		Pour inscrire les honoraires gagnés en juillet.		

Voici les comptes Honoraires de gestion reçus d'avance et Revenus — Honoraires de gestion après le report de cette écriture :

Honoraires de gestion reçus d'avance		Revenus — Honoraires de gestion	
Juil. 31 25	Juil. 16 75		**Juil. 31** 25

L'effet de l'écriture précédente est de réduire le passif de $25 et d'accroître les revenus du même montant.

Remarquez que la somme de $75 dont il est question ci-dessus constitue une dépense payée d'avance pour le client de la maison de courtage et elle doit être traitée comme telle dans les livres du propriétaire de l'immeuble d'habitation.

LES REVENUS COURUS

Un revenu couru est un revenu qu'une entreprise a gagné mais qu'elle n'a pas encore reçu parce qu'elle ne peut en exiger le paiement. Supposons, par exemple, que le 21 juillet, La Maison de Courtage Immobilier Ouellet, Enr. accepte par contrat de gérer l'exploitation d'un autre immeuble d'habitation moyennant des honoraires de $2 par jour payables tous les deux mois. Étant donné que, le 31 juillet, la maison de courtage a gagné des honoraires de $20 qui ne lui seront versés que le 21 septembre, il est nécessaire de passer au journal l'écriture de régularisation suivante :

Juil.	31	Comptes à recevoir	20.00	
		Revenus — Honoraires de gestion		20.00
		Pour inscrire des honoraires de gestion gagnés au cours du mois.		

Voici les comptes Comptes à recevoir et Revenus — Honoraires de gestion après le report de cette écriture :

Honoraires courus à recevoir

Comptes à recevoir				Revenus — Honoraires de gestion	
Juil. 9	50	Juil. 11	50	Juil. 31	25
31	20			31	20

Objet des écritures de régularisation

■ La régularisation des comptes que nous venons d'illustrer est nécessaire parce que l'exploitation d'une entreprise comporte un flux continuel d'opérations qui, dans certains cas, influent sur plusieurs exercices. L'objet des écritures de régularisation est d'attribuer à chaque exercice les opérations ou la partie des opérations ayant un effet sur le bénéfice net de l'exercice en cours. Ainsi, dans le cas des honoraires de gestion, l'écriture de régularisation a pour objet d'attribuer les honoraires reçus ou à recevoir à chacun des exercices au cours duquel ils ont été vraiment gagnés. De la même manière, il faut répartir le loyer payé d'avance entre divers exercices en imputant aux revenus de chacun d'eux une dépense proportionnelle aux services dont l'entreprise a vraiment bénéficié.

La balance de vérification régularisée

■ La balance de vérification dressée avant la régularisation des comptes est une *balance de vérification non régularisée* ou tout simplement une « balance de vérification ». La balance de vérification dressée après la régularisation des comptes porte le nom de *balance de vérification régularisée*. Voici cette balance, au 31 juillet 1976, dans le cas de La Maison de Courtage Immobilier Ouellet, Enr. :

La Maison de Courtage Immobilier Ouellet, Enr.
Balance de vérification régularisée
au 31 juillet 1976

Caisse	$1,095	
Comptes à recevoir	20	
Loyer payé d'avance	200	
Fournitures de bureau en main	45	
Automobile	3,000	
Amortissement accumulé — Automobile		$ 35
Matériel de bureau	1,200	
Amortissement accumulé — Matériel de bureau		10
Comptes à payer		235
Salaires courus à payer		30
Honoraires de gestion reçus d'avance		50
Henri Ouellet — Propriétaire		5,000
Henri Ouellet — Prélèvements	200	
Commissions gagnées		850
Revenus — Honoraires de gestion		45
Salaires	230	
Téléphone	20	
Dépenses d'automobile	25	
Publicité	60	
Loyer	100	
Fournitures de bureau utilisées	15	
Amortissement — Automobile	35	
Amortissement — Matériel de bureau	10	
Total	$6,255	$6,255

Tableau
3–2

Les états financiers et la balance de vérification régularisée

■ La régularisation des comptes ayant pour objet de donner les montants qui doivent figurer aux états financiers, il convient de se servir de la balance de vérification régularisée pour dresser le bilan et l'état des revenus et dépenses. Une étude attentive des tableaux 3–3 et 3–4 indique que cette tâche est très simple, car il suffit de présenter correctement les éléments qui font respectivement partie de l'état des revenus et dépenses (tableau 3–3) et du bilan (tableau 3–4).

Lorsque l'on se sert de la balance de vérification régularisée pour établir les états financiers, on dresse d'abord l'état des revenus et dépenses parce que le bénéfice net que l'on y trouve doit figurer dans la section « Avoir du propriétaire » du bilan. Dans le tableau 3–4, on déduit les prélèvements du bénéfice net provenant de l'état des revenus et dépenses, et ce n'est que l'excédent, soit $200, qui est ajouté à l'avoir de Henri Ouellet au 1er juillet pour déterminer son avoir à la fin du mois.

Nécessité des états financiers

■ La Maison de Courtage Immobilier Ouellet, Enr. n'a effectué que 16 opérations au cours de juillet et a un grand livre formé de 23 comptes seulement. Il est difficile de trouver une entreprise plus petite et une exploitation plus simple. En réalité, cette entreprise est si petite que les

La Maison de Courtage Immobilier Ouellet, Enr.
Balance de vérification régularisée
au 31 juillet 1976

(Débit) — *(Passif Crédit)*

	Débit	Crédit
Caisse	$1,095	
Comptes à recevoir	20	
Loyer payé d'avance	200	
Fournitures de bureau en main	45	
Automobile	3,000	
Amortissement accumulé — Automobile		$ 35
Matériel de bureau	1,200	
Amortissement accumulé — Matériel de bureau		10
Comptes à payer		235
Salaires courus à payer		30
Honoraires de gestion reçus d'avance		50
Henri Ouellet — Propriétaire		5,000
Henri Ouellet — Prélèvements	200	
Commissions gagnées		850
Revenus — Honoraires de gestions		45
Salaires	230	
Téléphone	20	
Dépenses d'automobile	25	
Publicité	60	
Loyer	100	
Fournitures de bureau utilisées	15	
Amortissement — Automobile	35	
Amortissement — Matériel de bureau	10	
Total	$6,255	$6,255

ÉTABLISSEMENT DE L'ÉTAT DES REVENUS
ET DÉPENSES

La Maison de Courtage Immobilier Ouellet, Enr.
État des revenus et dépenses
Pour le mois terminé le 31 juillet 1976

Revenus :
Commissions $850
Honoraires de gestion 45
Total des revenus .... ~~$895~~

Dépenses d'exploitation :
Salaires $230
Téléphone 20
Dépenses d'automobile 25
Publicité 60
Loyer 100
Fournitures de bureau 15
Amortissement — Automobile 35
Amortissement — Matériel de bureau 10
Total des dépenses d'exploitation 495
Bénéfice net $400

Tableau
3–3

La Maison de Courtage Immobilier Ouellet, Enr.

BILAN

au 31 juillet 1976

ACTIF

Actif à court terme :

Encaisse	$1,095	
Comptes à recevoir	20	
Loyer payé d'avance	200	
Fournitures de bureau	45	
Total de l'actif à court terme		$1,360

Actif immobilisé :

Automobile	$3,000		
Moins : Amortissement accumulé	35	$2,965	
Matériel de bureau	$1,200		
Moins : Amortissement accumulé	10	1,190	
Total de l'actif immobilisé			4,155
Total de l'actif			$5,515

PASSIF

Passif à court terme :

Comptes à payer	$ 235	
Salaires courus à payer	30	
Honoraires de gestion reçus d'avance	50	
Total du passif		$ 315

AVOIR DU PROPRIÉTAIRE

Henri Ouellet—Avoir au 1er juillet 1976		$5,000
Bénéfice net de juillet	$ 400	
Moins : Prélèvements	200	
Excédent du bénéfice net sur les prélèvements		200
Henri Ouellet—Avoir au 31 juillet 1976		5,200
Total du passif et de l'avoir du propriétaire		$5,515

La Maison de Courtage Immobilier Ouellet, Enr.

Balance de vérification régularisée

au 31 juillet 1976

Caisse	$1,095	
Comptes à recevoir	20	
Loyer payé d'avance	200	
Fournitures de bureau en main	45	
Automobile	3,000	
Amortissement accumulé — Automobile		$ 35
Matériel de bureau	1,200	
Amortissement accumulé — Matériel de bureau		10
Comptes à payer		235
Salaires courus à payer		30
Honoraires de gestion reçus d'avance		50
Henri Ouellet — Propriétaire		5,000
Henri Ouellet — Prélèvements	200	
Commissions gagnées		850
Revenus — Honoraires de gestion		45
Salaires	230	
Téléphone	20	
Dépenses d'automobile	25	
Publicité	60	
Loyer	100	
Fournitures de bureau utilisées	15	
Amortissement — Automobile	35	
Amortissement — Matériel de bureau	10	
Total	$6,255	$6,255

Bénéfice net de juillet tiré de l'état des revenus et dépenses

Tableau
3-4

rapports comptables dressés ci-dessus ne sont nullement nécessaires à son propriétaire qui peut se souvenir facilement de toutes les opérations du mois et de leurs effets. Cependant, ce cas est exceptionnel. La majorité des entreprises effectuent quotidiennement des centaines, voire même des milliers d'opérations. La direction de ces entreprises a grandement besoin des états financiers qui résument ces opérations et en font ressortir les effets. Les états financiers sont également indispensables aux investisseurs, aux banquiers et à toutes les personnes qui ne participent pas à la gestion d'une entreprise.

L'information comptable doit être comparable

■ La régularisation des comptes, avons-nous dit jusqu'à présent, est nécessaire afin que les comptes reflètent correctement les montants figurant aux états financiers. Cependant, le comptable régularise aussi les comptes afin que l'information qui en résulte soit comparable d'un exercice à l'autre. Effectivement, cette deuxième raison est même plus importante que la première. Ainsi, La Maison de Courtage Immobilier Ouellet, Enr. ayant, le 1er juillet, payé d'avance le loyer des mois de juillet, août et septembre, le comptable a porté $300 au débit du compte Loyer payé d'avance. À la fin de juillet, il a viré le tiers de ce montant, soit $100, au compte Loyer, ce qui l'a amené à inscrire une dépense de $100 dans l'état des revenus et dépenses de juillet. Étant donné que le comptable procédera de la même façon à la fin du mois d'août et du mois de septembre, il en résultera que le montant figurant à titre de loyer dans l'état des revenus et dépenses des trois mois sera le même. Nul n'est besoin de dire que les comparaisons entre les résultats des trois mois seront alors meilleures.

Une autre façon de procéder serait de porter le loyer payé le 1er juillet au débit d'un compte de dépense et d'inscrire la somme de $300 dans l'état des revenus et dépenses de juillet. Cependant, si l'on adoptait cette solution, l'état des revenus et dépenses de juillet comprendrait un loyer de $300. En revanche, comme le poste Loyer serait absent de l'état des revenus et dépenses du mois d'août et de celui de septembre, on pourrait dire avec raison que les résultats des trois mois ne seraient pas comparables. Cette méthode aurait aussi pour effet de sous-évaluer le bénéfice net de juillet de $200 et de surévaluer celui des mois d'août et de septembre de $100 chacun. Dans ce cas, il est possible que le lecteur des états financiers soit induit en erreur et soit amené à prendre de mauvaises décisions.

Le rapprochement des revenus et des dépenses

■ La nécessité qu'il y a de présenter des états financiers donnant des informations comparables d'un exercice à l'autre a donné naissance au principe comptable *du rapprochement des revenus et des dépenses*. En vertu de ce principe, l'état des revenus et dépenses dressé à la fin d'un exercice doit comprendre tous les revenus gagnés au cours de cet exercice et toutes les dépenses qui s'y rapportent.

■ La loi permet à certains particuliers, comme les agriculteurs et les pêcheurs, de choisir entre la comptabilité de caisse et la comptabilité d'exercice pour calculer leur revenu imposable. Il faut toutefois faire remarquer que la comptabilité de caisse ne tient nullement compte des dépenses payées d'avance, des dépenses courues, des revenus reçus d'avance et des revenus courus. Selon cette comptabilité, les revenus figurent dans l'état des revenus et dépenses de l'exercice au cours duquel ils ont été encaissés. De même, les dépenses ne sont déduites des revenus que lorsqu'elles ont été payées. Dans ce cas, le bénéfice net est égal à la différence entre les recettes d'exploitation et les déboursés d'exploitation. En revanche, la comptabilité d'exercice exige de tenir compte des dépenses payées d'avance, des frais courus, des revenus reçus d'avance et des revenus courus. Les revenus sont alors rapprochés des dépenses et comptabilisés au moment où ils sont gagnés sans tenir compte du moment où les comptes sont payés ou recouvrés. Selon cette comptabilité, le bénéfice net est égal à la différence entre les revenus gagnés et les dépenses effectuées en vue de gagner ces revenus.

Point n'est besoin de dire, que la comptabilité de caisse (même si elle peut convenir aux particuliers et à de très petites entreprises) est mauvaise pour la majorité des entreprises car elle produit des résultats non comparables d'un exercice à l'autre. Pour cette raison, nous pouvons affirmer que la majorité des entreprises ont une comptabilité d'exercice plutôt qu'une comptabilité de caisse.

**Élimination
des soldes
des comptes
de dépenses
courues et
de revenus
courus**

■ **LES DÉPENSES COURUES**

La régularisation du compte Salaires dont il est question à la page 67 a demandé de passer au journal l'écriture suivante pour comptabiliser les salaires que la secrétaire a gagnés les 29, 30 et 31 juillet.

Juil.	31	Salaires	30.00	
		Salaires courus à payer		30.00
		Pour inscrire des salaires non encore payés au 31 juillet.		

Lorsque la maison de courtage paiera ces salaires, soit le 9 août, le comptable devra passer au journal l'écriture suivante :

Août	9	Salaires courus à payer	30.00	
		Salaires	70.00	
		Caisse		100.00
		Pour inscrire les salaires des deux dernières semaines.		

La somme de $30 débitée dans cette écriture annule la dette inscrite le 31 juillet précédent alors que l'autre débit de $70 représente les salaires des sept premiers jours de travail du mois d'août. Bien entendu, il s'agit, dans ce dernier cas, d'une dépense effectuée en août. La somme de $100 portée au crédit du compte Caisse représente les salaires effectivement versés le 9 août.

LES REVENUS COURUS

Le 21 juillet, La Maison de Courtage Immobilier Ouellet, Enr. s'est engagée par contrat à gérer un immeuble d'habitation moyennant des honoraires de $2 par jour payables tous les deux mois. Le 31 juillet, il a fallu régulariser les comptes de la façon suivante :

Juil.	31	Comptes à recevoir	20.00	
		Revenus — Honoraires de gestion		20.00
		Pour inscrire les honoraires gagnés en juillet.		

Le 31 août, le comptable devra passer au journal l'écriture suivante pour comptabiliser les honoraires gagnés du 1er au 31 août :

Août	31	Comptes à recevoir	62.00	
		Revenus — Honoraires de gestion		62.00
		Pour inscrire les honoraires gagnés du 1er au 31 août.		

Le 21 septembre, lorsque la maison de courtage recevra les honoraires des deux derniers mois, le comptable devra passer au journal l'écriture qui suit :

Sept.	21	Caisse	124.00	
		Comptes à recevoir		82.00
		Revenus — Honoraires de gestion		42.00
		Pour inscrire les honoraires reçus aujourd'hui.		

La somme de $82 portée au crédit de Comptes à recevoir a pour objet de comptabiliser le recouvrement des honoraires gagnés au cours des mois de juillet et d'août. En revanche, le crédit de $42 se rapporte aux revenus gagnés du 1er au 21 septembre.

La correction des erreurs

■ Dès que l'on découvre une erreur dans le journal ou le grand livre, il faut la corriger. Le comptable ne doit pas effacer les chiffres erronés, car il semblerait qu'il tente de dissimuler quelque chose. Cependant, la façon précise de corriger une erreur peut varier selon la nature de l'erreur et le moment où on la découvre.

Si l'erreur est découverte avant d'effectuer le travail de report, on peut la corriger en rayant le montant ou le nom du compte faisant l'objet de l'erreur et en écrivant au-dessus le bon montant ou le nom du compte qui convient. On peut corriger de la même façon une erreur commise en reportant un mauvais montant dans le bon compte. Il est toutefois préférable de corriger, au moyen d'une écriture de journal, une erreur résultant d'un montant reporté dans le mauvais compte. Supposons, par exemple, que l'on a passé au journal l'écriture suivante lors d'un achat de fournitures de bureau :

Oct.	14	Matériel de bureau	15.00	
		Caisse		15.00
		Pour inscrire l'achat de fournitures de bureau.		

Il est évident que le compte débité est mauvais. On peut corriger cette erreur en passant l'écriture suivante :

Oct.	17	Fournitures de bureau	15.00	
		Matériel de bureau		15.00
		Pour corriger l'écriture du 14 octobre dans laquelle on a débité par erreur le compte Matériel de bureau au lieu du compte Fournitures de bureau.		

L'écriture du 17 octobre a d'abord pour objet d'inscrire les fournitures achetées dans le bon compte et ensuite d'annuler le montant inscrit par erreur dans le compte Matériel de bureau. Remarquez les explications détaillées à la suite de cette écriture. Ces explications sont importantes afin de faire connaître exactement ce qui s'est passé.

Le classement des comptes dans le grand livre

■ Nous avons déjà fait remarquer que, dans les états financiers, on classe les postes dans un ordre qui permet d'obtenir l'information la plus utile. La même remarque s'applique aux comptes du grand livre. Le classement logique des comptes permet de les retracer plus facilement et simplifie l'établissement des états financiers. Bien entendu, ce dernier travail est beaucoup plus simple si, dans le grand livre, les comptes sont classés dans l'ordre où ils figurent aux états financiers. Lorsque les comptes sont classés de cette façon, la balance de vérification régularisée devient plus utile pour dresser les états financiers. En résumé, on doit, dans le grand livre, classer les comptes comme suit : les comptes d'actif, de passif et de capitaux propres suivis des comptes de revenus et de dépenses. Il serait bon, de plus, que les comptes appartenant à chaque catégorie soient placés dans le même ordre que dans les états financiers.

Questions

1. Pourquoi faut-il régulariser le solde de certains comptes avant de dresser les états fiinanciers ?

2. Le comptable d'une entreprise, qui dresse des états financiers mensuels, a, le 1er juin, porté au débit du compte Loyer payé d'avance, une somme de $450 représentant le loyer des mois de juin, juillet et août. Le 30 juin, le comptable qui a régularisé les comptes a inscrit dans un compte de dépense le loyer de juin. Quels sont les effets de cette écriture de régularisation ?

3. Une dépense payée d'avance est un élément d'actif au moment où elle est payée. Quand est-il préférable de ne pas comptabiliser une dépense de cette nature dans un compte d'actif ? Pourquoi ?

4. Qu'entend-on par compte de contrepartie ? Donnez un exemple.

5. Dans quel compte de contrepartie comptabilise-t-on l'amortissement ? Pourquoi utilise-t-on ce compte ?

6. Dites ce qu'on entend par dépense courue. Donnez un exemple.

7. Qu'entend-on par revenu reçu d'avance ou revenu reporté ? Donnez un exemple.

8. Dans quelle section du bilan doit-on classer les revenus reportés ?

9. Qu'entend-on par revenu couru ? Donnez un exemple.

10. La régularisation des comptes est nécessaire parce que certaines opérations influent sur le résultat de plusieurs exercices. Donnez un exemple de ce genre d'opérations et discutez de l'utilité des écritures de régularisation dans ce cas.

11. Pourquoi faut-il dresser l'état des revenus et dépenses en premier lieu lorsque l'on se sert de la balance de vérification régularisée pour établir les états financiers ?

12. Pourquoi est-il important que l'information comptable soit comparable d'un exercice à l'autre ?

13. Qu'entend-on par rapprochement des revenus et des dépenses ?

14. Quelle différence y a-t-il entre la comptabilité de caisse et la comptablité d'exercice ?

15. Dans quel ordre classe-t-on généralement les comptes du grand livre ?

Exercices **Exercice 3–1**

Le compte Assurances payées d'avance a un solde non régularisé de $847 à la fin d'un exercice. Passez au journal les deux écritures de régularisation que requièrent les deux situations indépendantes décrites en (a) et (b) ci-dessous : (a) Une analyse des polices d'assurance indique que les primes échues s'élèvent à $621; (b) Une analyse des polices d'assurance révèle que les primes non échues s'élèvent à $325.

Exercice 3–2

Passez au journal les écritures de régularisation auxquelles donne lieu chacune des données suivantes :

a. On estime que l'amortissement du coût de l'équipement de livraison s'élève à $385 pour l'exercice en cours.

b. Le compte Fournitures de réparations avait un solde de $135 au 1ᵉʳ janvier. Les achats de fournitures se sont élevés à $420 au cours de l'exercice. À la fin de l'exercice, le coût des fournitures non utilisées est de $110.

c. Quatre employés qui travaillent dans un atelier gagnent globalement $100 par jour et travaillent cinq jours par semaine à compter du lundi au vendredi inclusivement. Lors de la dernière paye, le vendredi 27 décembre, ils ont reçu les salaires qu'il avaient gagnés jusqu'à ce jour. Tous les quatre ont travaillé lundi et mardi les 30 et 31 décembre.

d. Les taxes foncières non inscrites et non payées s'élèvent à $285 à la fin de l'exercice.

Exercice 3–3

Expliquez comment le fait de ne pas tenir compte des régularisations dont il est question dans l'exercice précédent aurait modifié l'état des revenus et dépenses et le bilan.

Exercice 3–4

Trouvez les montants qui manquent dans le tableau suivant. Chaque série de chiffres figurant en (*a*), (*b*), (*c*) et (*d*) constitue un problème différent.

	(*a*)	(*b*)	(*c*)	(*d*)
Fournitures en main au 1ᵉʳ janvier	$213	$142	$325	$?
Fournitures achetées durant l'exercice	475	537	?	452
Fournitures utilisées durant l'exercice	?	462	622	395
Fournitures en main au 31 décembre	238	?	254	204

Exercice 3–5

La Société de Courtage Immobilier Apex, Enr. qui se spécialise dans la gestion d'immeubles résidentiels crédite les revenus provenant de ce service dans un compte intitulé Revenus — Honoraires de gestion. Le 1ᵉʳ novembre 1976, elle reçoit $900 de David Gauthier, un client qui partait pour un long voyage. Cette somme qui représentait les honoraires de gestion des six mois suivants fut portée au crédit du compte Honoraires de gestion reçus d'avance. Passez au journal les écritures pour inscrire la somme de $900 et régulariser les comptes au 31 décembre 1976. Expliquez de quelle façon il faudra présenter les honoraires de gestion dans les états financiers dressés à la même date.

Problèmes   ### Problème 3–1

On vous donne les renseignements suivants en vue de régulariser les comptes de Ajax, Ltée au 31 décembre:

a. Assurances payées d'avance :

Assurances payées d'avance

Janv. 1 Solde	64.00	
Mai 1	210.00	
Nov. 1	270.00	

Le solde au 1er janvier représente la prime non échue d'une police d'assurance d'un an datée du 1er mai précédent. La somme de \$210 débitée le 1er mai représente la prime de la police d'assurance renouvelée ce jour-là. Quant à la somme de \$270, il s'agit de la prime d'une police d'assurance de trois ans datée du 1er novembre.

b. Les fournitures de bureau :

Fournitures de bureau

Janv. 1 Solde	115.25	
Mars 10 Achat	155.50	
Oct. 5 Achat	62.00	

Au 31 décembre, le coût des fournitures de bureau non utilisées s'élève à \$95.75.

c. Ajax, Ltée est propriétaire d'un immeuble dont elle a pris possession le 1er avril de l'exercice en cours. Auparavant, elle occupait une propriété louée. Le nouvel immeuble qui a coûté \$192,000 a une durée prévue d'utilisation de 40 ans. On prévoit aussi que sa valeur de récupération sera nulle à la fin de cette période.

d. Ajax, Ltée loue une partie de son nouvel immeuble à deux locataires. Le locataire A a signé un bail le 1er septembre lui permettant d'occuper un espace restreint moyennant un loyer mensuel de \$50. M. A a versé, le jour même de la signature du bail, une somme de \$300 que le comptable a portée au crédit du compte Loyer reçu d'avance.

e. Le locataire B qui paie un loyer de \$75 pour l'espace qu'il occupe a versé son loyer au début de chaque mois, de juin à novembre inclusivement. Les sommes reçues furent portées au crédit du compte Loyer gagné. Récemment, M. B a éprouvé des difficultés financières et n'a pas encore versé le loyer du mois de décembre.

f. Ajax, Ltée engage deux employés qui reçoivent respectivement des salaires quotidiens de \$20 et \$25. Ces employés sont payés le vendredi de chaque semaine pour le travail effectué durant la semaine. Leur dernier salaire leur a été versé le vendredi 27 décembre et ils ont travaillé comme à l'ordinaire le lundi 30 décembre et le mardi 31 décembre.

Travail à faire :
Passez au journal les écritures de régularisation auxquelles donnent lieu les données précédentes.

Problème 3–2

L'exercice de L'Agence de Courtage Immobilier Romex, Enr. se termine le 31 décembre. Voici la balance de vérification dressée au 31 décembre 1976 :

L'Agence de Courtage Immobilier Romex, Enr.
Balance de vérification
au 31 décembre 1976

Caisse	$ 3,145	
Assurances payées d'avance	380	
Fournitures de bureau	335	
Matériel de bureau	2,975	
Amortissement accumulé — Matériel de bureau		$ 615
Automobile	3,645	
Amortissement accumulé — Automobile		1,150
Comptes à payer		75
Honoraires de gestion reçus d'avance		450
Gérard Huot — Propriétaire		6,140
Gérard Huot — Prélèvements	9,000	
Commissions gagnées		17,460
Salaires	4,500	
Publicité	565	
Loyer	1,200	
Téléphone	145	
Total	$25,890	$25,890

Travail à faire :

1. Ouvrez les comptes figurant dans la balance de vérification, inscrivez-y les soldes au 31 décembre 1976 et ouvrez les autres comptes suivants : Comptes à recevoir, Salaires, Revenus — Honoraires de gestion. Assurances, Fournitures de bureau utilisées, Amortissement — Matériel de bureau et Amortissement — Automobile.

2. Passez au journal les écritures de régularisation auxquelles les données suivantes donnent lieu et reportez ces écritures au grand livre.

   a. Le coût des primes d'assurances échues au cours de l'exercice est de $260.

   b. Le coût des fournitures de bureau non utilisées au 31 décembre s'élève à $120.

   c. L'amortissement du coût du matériel de bureau pour l'exercice s'élève à $295.

   d. L'amortissement du coût de l'automobile pour l'exercice s'élève à $575.

   e. Avant de partir pour un voyage autour du monde, Jacques Grenier a confié à L'Agence de Courtage Immobilier Romex, Enr. la gestion d'un immeuble d'habitation dont il est propriétaire. Le jour de son départ, il a versé les honoraires de gestion pour six mois à compter de novembre. La somme reçue, soit $450, fut portée au crédit du compte Honoraires de gestion reçus d'avance.

   f. Le 1er décembre 1976, l'agence s'est engagée par contrat à gérer un immeuble à bureaux moyennant des honoraires de $50 par mois. Le contrat stipule que le client doit verser trimestriellement les honoraires convenus à compter du 1er mars 1977.

   g. Le salaire du seul employé de l'agence est payé toutes les deux semaines. Au 31 décembre, le salaire de cinq jours de travail rémunéré à raison de $18 par jour n'avait pas encore été versé.

3. Dressez une balance de vérification régularisée, un état des revenus et dépenses et un bilan.

Problème 3–3

Voici la balance de vérification de Déménagement Rapido, Enr. dressée au 31 décembre 1976, date de la fin de son exercice:

Déménagement Rapido, Enr.
Balance de vérification
au 31 décembre 1976

Caisse	$ 2,460	
Comptes à recevoir	680	
Assurances payées d'avance	1,340	
Fournitures de bureau	210	
Matériel de bureau	1,540	
Amortissement accumulé — Matériel de bureau		$ 320
Camions	13,800	
Amortissement accumulé — Camions		2,630
Bâtiments	38,300	
Amortissement accumulé — Bâtiments		10,900
Terrain	8,000	
Comptes à payer		875
Revenus d'entreposage reportés		685
Hypothèque à payer		20,000
Guy Boulet — Propriétaire		18,490
Guy Boulet — Prélèvements	8,400	
Revenus — Service de déménagement		42,995
Revenus — Service d'entreposage		2,960
Salaires des employés de bureau	4,200	
Salaires des camionneurs	18,410	
Essence, huile et réparations	2,515	
Total	$99,855	$99,855

Travail à faire :

1. Ouvrez les comptes figurant dans la balance de vérification, inscrivez-y les soldes au 31 décembre 1976 et ouvrez les autres comptes suivants : Salaires courus à payer, Assurances, Fournitures de bureau utilisées, Amortissement — Matériel de bureau, Amortissement — Camions et Amortissement — Bâtiments.
2. Passez au journal les écritures de régularisation auxquelles donnent lieu les données suivantes et reportez ces écritures au grand livre.
   a. Une étude révèle que les primes d'assurances échues au cours de l'exercice s'élèvent à $840.
   b. Le coût des fournitures de bureau non utilisées à la fin de l'exercice est de $45.
   c. L'amortissement du coût du matériel de bureau pour l'exercice s'élève à $115.
   d. L'amortissement du coût des camions pour l'exercice s'élève à $2,450.

e. L'amortissement du coût des bâtiments pour l'exercice s'élève à $1,800.

f. Le comptable crédite habituellement dans un compte de revenus reportés les sommes reçues d'avance pour les services d'entreposage rendus à certains clients. À la fin de l'exercice, la partie gagnée des sommes portées au crédit de ce compte s'élevait à $415.

g. Les revenus d'entreposage gagnés au 31 décembre mais non encore inscrits à cette date s'élevaient à $110.

h. Les salaires impayés des camionneurs que le comptable n'avait pas encore inscrits au 31 décembre s'élevaient à $225.

3. Dressez une balance de vérification régularisée, un état des revenus et dépenses et un bilan.

Problème 3–4

Comparez les soldes figurant dans les deux balances de vérification suivantes et passez au journal les écritures qui ont donné lieu à la balance de vérification régularisée.

Le Service de Location Ross, Enrg.
Balance de vérification
au 31 décembre 1976

	Balance de vérification		Balance de vérification régularisée	
Caisse	$ 3,250	......	$ 3,250	......
Comptes à recevoir	375	......	435	......
Loyer payé d'avance	150	......	......	......
Assurances payées d'avance	365	......	90	......
Fournitures de bureau	135	......	50	......
Matériel de bureau	1,180	......	1,180	......
Amortissement accumulé — Matériel de bureau	......	$ 265	......	$ 375
Équipement loué	18,400	......	18,400	......
Amortissement accumulé — Équipement loué	......	5,550	......	8,500
Billets à payer	......	5,000	......	5,000
Intérêts courus à payer	......	......	......	50
Comptes à payer	......	145	......	145
Revenus reportés — Équipement loué	......	420	......	220
Salaires courus à payer	......	......	......	40
Roger Ross — Propriétaire	......	8,495	......	8,495
Roger Ross — Prélèvements	9,600	......	9,600	......
Revenus — Équipement loué	......	19,475	......	19,735
Loyer	1,650	......	1,800	......
Salaires	3,560	......	3,600	......
Téléphone et électricité	385	......	385	......
Intérêts	300	......	350	......
Assurances	......	......	275	......
Fournitures de bureau utilisées	......	......	85	......
Amortissement — Matériel de bureau	......	......	110	......
Amortissement — Équipement loué	......	......	2,950	......
Total	$39,350	$39,350	$42,560	$42,560

Problème 3–5

Voici la balance de vérification de Le Parc des Maisons Mobiles Marcellin, Enr. dressée au 31 décembre 1976 :

Le Parc des Maisons Mobiles Marcellin, Enr.
Balance de vérification
au 31 décembre 1976

Caisse	$ 2,590	
Assurances payées d'avance	615	
Fournitures de bureau	125	
Matériel de bureau	1,250	
Amortissement accumulé — Matériel de bureau		$ 325
Bâtiments	65,000	
Amortissement accumulé — Bâtiments		7,200
Terrain	90,000	
Comptes à payer		215
Revenus reportés — Loyer		500
Hypothèque à payer		120,000
Joseph Marcellin — Propriétaire		24,070
Joseph Marcellin — Prélèvements	12,000	
Revenus — Loyer		32,350
Salaires	4,120	
Électricité	340	
Téléphone	180	
Taxes foncières	1,840	
Intérêts	6,600	
Total	$184,660	$184,660

Travail à faire :

1. Ouvrez les comptes figurant dans la balance de vérification, inscrivez-y les soldes au 31 décembre 1976 et ouvrez les autres comptes suivants : Comptes à recevoir, Salaires courus à payer, Intérêts courus à payer, Assurances, Fournitures de bureau utilisées, Amortissement — Matériel de bureau et Amortissement — Bâtiment.

2. Passez au journal les écritures de régularisation auxquelles donnent lieu les données suivantes et reportez ces écritures dans le grand livre.
   a. Une étude des polices d'assurance révèle que les primes échues s'élèvent à $450.
   b. Le coût des fournitures de bureau non utilisées au 31 décembre est de $40.
   c. L'amortissement du coût du matériel de bureau pour l'exercice est de $110.
   d. L'amortissement du coût du bâtiment pour l'exercice est de $2,150.
   e. Le comptable crédite habituellement les sommes reçues d'avance dans un compte intitulé Revenus reportés — Loyer. Une analyse de ce compte révèle que la moitié du solde de $500 a été effectivement gagnée.
   f. Le comptable n'a pas encore inscrit le loyer de $100 que doit un locataire pour les mois de novembre et décembre.

g. Le seul employé travaillant pour l'entreprise reçoit un salaire de $20 par jour. Il a déjà reçu son salaire de la semaine précédente, mais il ne recevra qu'en janvier le salaire des quatre derniers jours de travail de l'exercice.

h. Les taxes foncières des deux derniers mois, qui s'élèvent à $300, n'ont encore fait l'objet d'aucune écriture comptable.

i. Les intérêts courus sur hypothèque s'élèvent à $600 et n'ont pas encore été comptabilisés.

3. Dressez une balance de vérification régularisée ainsi qu'un état des revenus et dépenses et un bilan.

Problème 3–1A

On vous donne les renseignements suivants au 31 décembre 1976. Passez au journal les écritures de régularisation auxquelles donnent lieu ces renseignements.

a. Une étude des polices d'assurance vous révèle ce qui suit :

Nº des polices	Date d'entrée en vigueur	Durée des polices	Coût
21221-003	1ᵉʳ novembre de l'exercice précédent	3 ans	$240
A-1234567	1ᵉʳ mars de l'exercice en cours	3 ans	180
565656565	1ᵉʳ mai de l'exercice en cours	1 an	120

Le comptable porte ordinairement les primes payées au débit du compte Assurances payées d'avance.

b. Le compte Fournitures de bureau avait un solde de $85.50 au début de l'exercice. Les achats de fournitures, au cours de l'exercice, se sont élevés à $390.25 et le coût des fournitures non utilisées au 31 décembre est de $75.

c. Deux commis de bureau gagnent un salaire de $20 par jour chacun. Leur paye leur est remise le vendredi pour une semaine de cinq jours, à compter du lundi. Le 31 décembre de cette année est un jeudi et les deux employés ont travaillé les 28, 29, 30 et 31 décembre.

d. Armco, Ltée est propriétaire d'un bâtiment qu'elle occupe depuis le 1ᵉʳ mai de l'exercice en cours. Le coût du bâtiment est de $168,000, sa durée prévue d'utilisation est de 40 ans et on s'attend à ce que sa valeur de récupération à la fin de cette période soit nulle.

e. Armco, Ltée loue une partie de son bâtiment à deux locataires. Le premier a signé un bail le 1ᵉʳ novembre lui permettant d'occuper un espace restreint moyennant un loyer de $75 par mois. Ce locataire a versé le jour même de la signature du bail une somme de $450 que le comptable a portée au crédit du compte Loyer reçu d'avance.

f. Le deuxième locataire, qui paie aussi un loyer mensuel de $75, a versé son loyer au début de chaque mois, à compter du 1ᵉʳ août jusqu'au 1ᵉʳ novembre inclusivement. Les sommes reçues furent alors portées au crédit du compte Loyer gagné. Cependant, ce deuxième locataire n'a pas payé son loyer de décembre, quoiqu'il ait souvent dit qu'il le paierait incessamment.

Problème 3–2A

Voici la balance de vérification de L'Agence de Courtage Immobilier Sonex, Enr. au 31 décembre 1976 :

L'Agence de Courtage Immobilier Sonex, Enr.
Balance de vérification
au 31 décembre 1976

Caisse	$ 3,145	
Assurance payées d'avance	380	
Fournitures de bureau	335	
Matériel de bureau	2,975	
Amortissement accumulé — Matériel de bureau		$ 615
Automobile	3,645	
Amortissement accumulé — Automobile		1,150
Comptes à payer		75
Honoraires de gestion reçus d'avance		450
Gérard Huot — Propriétaire		6,140
Gérard Huot — Prélèvements	9,000	
Revenus — Commissions		17,460
Salaires	4,500	
Publicité	565	
Loyer	1,200	
Téléphone	145	
Total	$25,890	$25,890

Travail à faire :

1. Ouvrez les comptes figurant dans la balance de vérification, inscrivez-y les soldes au 31 décembre et ouvrez les autres comptes suivants : Comptes à recevoir, Salaires courus à payer, Revenus — Honoraires de gestion, Assurances, Fournitures de bureau utilisées, Amortissement — Matériel de bureau et Amortissement — Automobile.

2. Passez au journal les écritures de régularisation auxquelles donnent lieu les données suivantes et reportez ces écritures au grand livre.

   a. Une étude des polices d'assurance révèle que les primes échues au 31 décembre s'élèvent à $315.

   b. Le coût des fournitures de bureau non utilisées au 31 décembre est de $115.

   c. L'amortissement du coût du matériel de bureau pour l'exercice s'élève à $300.

   d. L'amortissement du coût de l'automobile pour l'exercice s'élève à $625.

   e. L'agence vient tout juste de signer deux contrats de gestion. Dans le premier contrat, elle s'engage à gérer un immeuble d'habitation moyennant des honoraires de $60 par mois payables à la fin de chaque trimestre. Le contrat a été signé il y a deux mois et demi et le client n'a encore effectué aucun versement à l'agence.

   f. Le deuxième contrat stipule que l'agence doit gérer un immeuble à bureaux à compter du 1er novembre. Le client qui doit payer des honoraires mensuels de $150 a versé dès le 1er novembre une somme de $450 que le comptable a portée au crédit du compte Honoraires de gestion reçus d'avance.

g. Le seul employé travaillant pour l'agence reçoit un salaire quotidien de $17.50 qui lui est versé une fois par semaine. Les salaires courus, au 31 décembre, représentent quatre journées de travail.

3. Dressez une balance de vérification, un état des revenus et dépenses et un bilan.

Problème 3–3A

Voici la balance de vérification de Transport Excello, Enr. au 31 décembre 1976, date de la fin de son exercice:

Transport Excello, Enr.
Balance de vérification
au 31 décembre 1976

Caisse	$ 2,460	
Comptes à recevoir	680	
Assurances payées d'avance	1,340	
Fournitures de bureau	210	
Matériel de bureau	1,540	
Amortissement accumulé — Matériel de bureau		$ 320
Camions	13,800	
Amortissement accumulé — Camions		2,630
Bâtiments	38,300	
Amortissement accumulé — Bâtiments		10,900
Terrain	8,000	
Comptes à payer		875
Revenus d'entreposage reportés		685
Hypothèque à payer		20,000
Guy Boulet — Propriétaire		18,490
Guy Boulet — Prélèvements	8,400	
Revenus — Service de déménagement		42,995
Revenus — Service d'entreposage		2,960
Salaires des employés de bureau	4,200	
Salaires des camionneurs	18,410	
Essence, huile et réparations	2,515	
Total	$99,855	$99,855

Travail à faire :

1. Ouvrez les comptes figurant dans la balance de vérification, inscrivez-y les soldes au 31 décembre et ouvrez les autres comptes suivants : Salaires courus à payer, Assurances, Fournitures de bureau utilisées, Amortissement — Matériel de bureau, Amortissement — Camions et Amortissement — Bâtiments.

2. Passez au journal les écritures de régularisation auxquelles donnent lieu les données suivantes et reportez ces écritures au grand livre.

   a. Une étude des polices d'assurance révèle que les primes échues au 31 décembre 1976 s'élèvent à $915.

   b. Le coût des fournitures en main au 31 décembre ~~1975~~ 1976 est de $55.

   c. L'amortissement du coût du matériel de bureau pour l'exercice s'élève à $130.

   d. L'amortissement du coût des camions pour l'exercice s'élève à $2,875.

e. L'amortissement du coût des bâtiments pour l'exercice s'élève à $2,100.

f. Le comptable crédite habituellement dans un compte de revenus reportés les sommes reçues d'avance pour les services d'entreposage rendus à des clients. À la fin de l'exercice, la partie gagnée des sommes portées au crédit de ce compte s'élève à $385.

g. Les revenus d'entreposage gagnés au 31 décembre mais non encore inscrits à cette date sont de $140.

h. Les salaires impayés des camionneurs que le comptable n'avait pas encore inscrits au 31 décembre s'élèvent à $285.

3. Dresser une balance de vérification régularisée, un état des revenus et dépenses et un bilan.

Problème 3–4A

Comparez les soldes figurant dans les deux balances de vérification suivantes et passez au journal les écritures qui ont donné lieu à la balance de vérification régularisée.

Le Service de Livraison Martin, Enr.
Balance de vérification
au 31 décembre 1976

	Balance de vérification		Balance de vérification régularisée	
Caisse	$ 1,340	$......	$ 1,340	$......
Comptes à recevoir	650	......	700	......
Loyer payé d'avance	100	......	......	......
Assurances payées d'avance	565	......	115	......
Fournitures de bureau	115	......	40	......
Matériel de bureau	875	......	875	......
Amortissement accumulé — Matériel de bureau	......	125	......	210
Équipement de livraison	8,450	......	8,450	......
Amortissement accumulé — Équipement de livraison	......	1,890	......	3,310
Comptes à payer	......	130	......	130
Salaires courus à payer	......	......	......	140
Revenus reportés — Livraison	......	310	......	160
Jacques Martin — Propriétaire	......	7,845	......	7,845
Jacques Martin — Prélèvements	8,400	......	8,400	......
Revenus — Service de livraison	......	20,350	......	20,550
Loyer	550	......	600	......
Salaires des commis de bureau	3,540	......	3,600	......
Téléphone	185	......	185	......
Fournitures de bureau utilisées	......	......	75	......
Amortissement — Matériel de bureau	......	......	85	......
Loyer — Garage	550	......	600	......
Salaires des camionneurs	4,120	......	4,200	......
Essence, huile et réparations	1,210	......	1,210	......
Assurances — Camions	......	......	450	......
Amortissement — Équipement de livraison	......	......	1,420	......
Total	$30,650	$30,650	$32,345	$32,345

			Recettes	Déboursés

Cas 3–1
Le Parc à
Roulottes
Ensoleillé,
Enr.

Édouard Boulanger a acheté Le Parc à Roulottes Ensoleillé, Enr. le 1er octobre de l'année en cours et l'a exploité durant trois mois sans tenir de livres en bonne et due forme. Il a cependant déposé à la banque tout l'argent reçu et a tenu compte des déboursés effectués dans un carnet de chèques. Voici une analyse des recettes et des déboursés des trois premiers mois d'exploitation :

		Recettes	Déboursés
Capital investi		$20,000	
Achat du Parc à Roulottes Ensoleillé, Enr. :			
Terrain $42,500			
Bâtiment 54,000			
Matériel de bureau 1,000			
Total $97,500			
Moins : Hypothèque prise en compte 80,000			
Somme déboursée			$17,500
Primes d'assurances			1,260
Achat de fournitures de bureau			120
Salaires versés			900
Service publics : électricité et téléphone			135
Taxes foncières			1,320
Prélèvements effectués par M. Boulanger pour son usage personnel			1,500
Revenus de location du terrain occupé par les roulottes		5,850	
Total		$25,850	$22,735
Solde de l'encaisse			3,115
Total		$25,850	$25,850

M. Boulanger désire que vous l'aidiez à dresser, sur une base d'exercice, l'état des revenus et dépenses qu'il doit annexer à sa déclaration d'impôt pour l'exercice terminé le 31 décembre 1976. Au cours de votre travail, vous découvrez les faits suivants :

On a estimé, à la date d'acquisition, que le bâtiment aurait une durée d'utilisation de 30 ans et qu'il serait démoli à la fin de cette période. On prévoit également que le produit de la vente des matériaux résultant du vieux bâtiment suffiront tout juste à combler le coût de démolition. Quant au matériel de bureau, il est en bon état. Monsieur Boulanger prévoyait, lors de l'acquisition de ce matériel, que la durée d'utilisation serait de quatre ans et qu'il le changerait après cette date contre un matériel de même nature. Il estime que le vieux matériel aurait alors une valeur de reprise d'environ $200.

Les primes d'assurances de $1,260 se rapportent à deux polices d'assurance entrant en vigueur le 1er octobre et ayant une durée de trois ans à compter de cette date. M. Boulanger vous informe également qu'il a utilisé environ le tiers des fournitures de bureau achetées depuis le 1er octobre. Il vous dit aussi qu'il a un employé à son service rémunéré à raison de $15 par jour. Cet employé qui travaille cinq jours par semaine, soit du lundi au vendredi inclusivement, a reçu sa dernière paye le vendredi 27 décembre et a travaillé le lundi et le mardi suivants. Les taxes foncières de $1,320 représentent les taxes payées le 15 novembre pour une période d'un an commençant le 1er octobre, soit le jour où M. Édouard Boulanger a acheté le parc à roulottes.

Les revenus de location du terrain, $5,850, comprennent une somme de $300 reçue d'un locataire qui a payé d'avance le loyer de six mois à compter du 1er décembre. En revanche, deux locataires doivent au total $100 provenant du loyer de décembre qu'ils n'ont pas encore versé.

Le contrat hypothécaire exige de rembourser annuellement une somme de $4,000 et de verser, en plus, des intérêts calculés à 6% par année sur le solde dû au début de l'exercice.

Travail à faire :

Dressez l'état des revenus et dépenses du Parc à Roulottes Ensoleillé, Enr., pour les trois mois terminés le 31 décembre ainsi qu'un bilan à cette date.

Cas 3–2
Beaurivage,
Enr.

Thomas Allan est un courtier en valeurs immobilières exploitant une entreprise dont la raison sociale est Beaurivage, Enr. La vente de maisons lui procure une commission de 6% du prix de vente. Au cours du deuxième trimestre de l'exercice en cours, il a réussi à vendre quatre des cinq maisons que des clients lui avait confiées. La cinquième maison (Maison n° 4 dans le tableau suivant) fut vendue par un concurrent. Les dépenses ordinaires de l'agence comprennent des dépenses de bureau, des frais de publicité et des dépenses afférentes à une automobile achetée deux ans plus tôt à un coût de $4,840. M. Allan utilise cette automobile en partie pour son usage personnel (50%) et en partie pour ses affaires (50%). Il s'attend à ce que la valeur de reprise soit de $1,000 lorsqu'il la changera dans deux ans contre une automobile neuve.

Étant donné que les annonces se rapportent aux maisons à vendre, il est facile de comptabiliser les frais de publicité par maison. Voici un tableau donnant les cinq maisons à vendre, leur prix de vente, la date de la mise en vente, les frais de publicité par mois et la date de la vente :

Maison	Prix de vente	Date de la mise en vente	Frais de publicité par mois			Date de la vente
			Avril	Mai	Juin	
1	$25,000	27 mars	$ 50	$ 60		10 mai
2	18,500	31 mars	75	40	$ 65	22 juin
3	28,000	7 avril	15			12 avril
4	35,000	10 avril	55	80	25	
5	22,500	15 mai		20	35	20 juin
			$195	$200	$125	

M. Allan a acquitté, au cours du dernier trimestre, les dépenses suivantes :

Dépenses	Avril	Mai	Juin	Total
Dépenses d'automobile ..	$ 55	$ 50	$ 65	$ 170
Loyer	100	100	100	300
Salaire de la secrétaire ..	350	350	350	1,050
Fournitures de bureau ..	10	15	10	35
Téléphone	35	45	30	110
Total	$550	$560	$555	$1,665

Travail à faire :

Dressez l'état des revenus et dépenses de Beaurivage, Enr. pour le trimestre terminé le 30 juin. Serait-il possible de dresser un état mensuel des revenus et dépenses ? Discutez des difficultés que ce travail pourrait susciter. Serait-il possible de dresser un état des revenus et dépenses pour chacune des maisons vendues ? Discutez des difficultés que l'établissement de ces états pourrait occasionner.

4

Autre mode de présentation des comptes, le chiffrier et la fermeture des comptes

■ Étant donné que les comptes en T utilisés jusqu'à présent distinguent nettement les sommes à débiter des sommes à créditer, ils sont très utiles pour aider les étudiants à mieux saisir les règles relatives au débit et au crédit. Cependant, ce genre de comptes exige de calculer le solde périodiquement. C'est là une lacune sérieuse des comptes en T qui ne sont guère en usage aujourd'hui. Il est, en effet, plus pratique d'employer la *disposition horizontale* qui convient davantage aux machines comptables.

Autre mode de présentation des comptes

■ Le tableau 4–1 illustre une autre forme de comptes qui diffère de celle des comptes en T utilisés jusqu'à présent car les colonnes Débit et Crédit sont placées côte à côte. La troisième colonne sert pour inscrire le solde après chaque opération. Ainsi, le compte illustré dans le tableau 4–1 a, le 3 juillet, un solde de $1,000 à la suite d'un achat de matériel de bureau effectué au comptant. Le 5 juillet, le solde s'établit à $1,350 après un autre achat de matériel de bureau coûtant $350 et, le 9 juillet, il est réduit à $1,200.

Le principal avantage de cette disposition horizontale consiste en ce qu'elle permet de connaître le solde d'un compte après chaque opération.

Ce genre de comptes n'indique pas toutefois si le solde est débiteur ou créditeur. Mais cette lacune ne cause aucun problème sérieux car, à moins d'indications contraires, la nature même du compte indique clairement si le solde est débiteur ou créditeur.

DATE		EXPLICATIONS	FO-LIO	DÉBIT	CRÉDIT	SOLDE
1976 juil.	3		1	1 000 00		1 000 00
	5		1	350 00		1 350 00
	9		1		150 00	1 200 00

Tableau
4–1

LE SOLDE ORDINAIRE DES COMPTES

Étant donné que le genre de comptes généralement en usage ne révèle pas la nature du solde, il est nécessaire que le comptable distingue les comptes qui ont généralement un solde débiteur de ceux qui ont un solde créditeur. Heureusement, cette distinction n'est pas difficile à faire car le solde est généralement égal aux augmentations moins les diminutions inscrites dans un compte. On peut donc dire que si les accroissements sont inscrits au débit d'un compte, ce compte aura un solde débiteur. En revanche, un compte a généralement un solde créditeur si les accroissements sont inscrits au crédit. Voici un tableau qui résume les règles relatives à la nature du solde des comptes :

Sorte de comptes	Côté du compte où figurent les augmentations	Nature du solde du compte
Actif	Débit	Solde débiteur
Comptes de contrepartie d'un compte d'actif	Crédit	Solde créditeur
Passif	Crédit	Solde créditeur
Capitaux propres :		
Compte du propriétaire	Crédit	Solde créditeur
Prélèvements	Débit	Solde débiteur
Revenus	Crédit	Solde créditeur
Dépenses	Débit	Solde débiteur

LES COMPTES AVEC UN SOLDE OPPOSÉ À CELUI QU'ILS DEVRAIENT NORMALEMENT AVOIR

Quand une opération amène, dans un compte, un solde opposé à celui qu'il devrait normalement avoir, on écrit le solde en rouge ou on encercle le montant, ainsi que le démontre le tableau 4–2.

Le tableau 4–2 illustre le compte d'un client dont le solde est généralement débiteur. Cependant, comme M. Paré a payé, par erreur, une somme supérieure à celle qu'il devait, son compte a maintenant un solde créditeur de $9. Remarquez que le solde est encerclé pour mettre en évidence cette situation inusitée. Nous discutons plus en détail, au chapitre 6, des problèmes auxquels donnent lieu les comptes des clients.

LES COMPTES SANS SOLDE

Lorsque les montants reportés dans un compte ont pour effet d'annuler

	DATE	EXPLICATIONS	FO-LIO	DÉBIT	CRÉDIT	SOLDE
1976 Mai	4		16	1 2 3 00		1 2 3 00
	14		17		1 3 2 00	(9 00)

F. Paré
1114, 1ère avenue, Québec — COMPTE N°

Tableau
4–2

le solde de ce compte, certains comptables inscrivent le chiffre –0– dans la colonne Solde sur la ligne où figure le dernier montant reporté. D'autres préfèrent inscrire trois zéros (0.00) dans la colonne Solde afin de bien faire ressortir le fait que le solde de ce compte est nul.

Utilité du chiffrier

■ Au chapitre précédent, nous avons dit que le comptable doit, après avoir inscrit toutes les opérations d'un exercice, passer au journal les écritures de régularisation, reporter ces écritures au grand livre et dresser une balance de vérification régularisée. Nous avons alors mentionné que les petites entreprises pouvaient facilement dresser leurs états financiers en se servant uniquement de la balance de vérification régularisée.

Cependant, si les comptes sont nombreux, on peut éviter des erreurs et dresser avec plus de facilité les états financiers si l'on établit auparavant un *chiffrier*. Comme le chiffrier est un moyen d'accumuler d'une façon ordonnée toutes les informations dont le comptable a besoin pour régulariser les comptes, les fermer et dresser les états financiers, il doit évidemment l'établir avant de dresser les états financiers et avant de passer au journal les écritures de régularisation et les écritures de fermeture. (Nous discuterons davantage des écritures de fermeture un peu plus loin dans ce chapitre.)

Un chiffrier n'est qu'un brouillon et ne peut remplacer les états financiers eux-mêmes. C'est un instrument de travail qui offre les avantages suivants : (1) il permet d'évaluer les effets des écritures de régularisation avant qu'elles ne soient inscrites dans les comptes eux-mêmes, (2) il établit une distinction entre les comptes de l'état des revenus et dépenses et ceux du bilan en les reportant dans des sections différentes du chiffrier et (3) il aide à déterminer le bénéfice net de l'exercice et à en vérifier l'exactitude mathématique. Le comptable ne remet généralement pas le chiffrier à la direction et il se sert d'un crayon pour l'établir afin de pouvoir y apporter plus facilement des corrections.

Établissement du chiffrier

■ Le grand livre de la Maison de Courtage Immobilier Ouellet, Enr. ne renferme pas un nombre suffisamment grand de comptes pour justifier l'établissement d'un chiffrier. Cependant, nous nous servirons de cet exemple pour expliquer le chiffrier parce que le lecteur connaît déjà cette entreprise et les opérations qu'elle a effectuées.

À la fin de juillet, le comptable de La Maison de Courtage Immobilier Ouellet, Enr. a dressé la balance de vérification suivante après avoir inscrit les opérations du mois mais **avant d'avoir passé au journal les écritures de régularisation :**

La Maison de Courtage Immobilier Ouellet, Enr.
Balance de vérification
au 31 juillet 1976

Caisse	$1,095	
Loyer payé d'avance	300	
Fournitures de bureau	60	
Automobile	3,000	
Matériel de bureau	1,200	
Comptes à payer		$ 235
Honoraires de gestion reçus d'avance		75
Laurent Ouellet — Propriétaire		5,000
Laurent Ouellet — Prélèvements	200	
Commissions gagnées		850
Salaire des commis de bureau	200	
Téléphone	20	
Dépenses d'automobile	25	
Publicité	60	
Total	$6,160	$6,160

Tableau 4–3

Remarquez que la balance de vérification précédente est une **balance de vérification non régularisée.** Même si le comptable n'a pas encore comptabilisé les fournitures utilisées, l'amortissement, etc., cette balance de vérification fait partie du chiffrier.

Le chiffrier : un exemple

■ Le chiffrier du tableau 4–4 se subdivise en six sections. Remarquez que la deuxième section est intitulée « Balance de vérification » et que les données qui y sont inscrites proviennent de la balance de vérification non régularisée du tableau 4–3. C'est pour cette raison que la balance de vérification ne figure généralement pas sur une feuille distincte.

La troisième section est intitulée « Régularisations ». Le chiffrier illustré dans le tableau 4–4 reprend les régularisations du chapitre précédent. La régularisation (f) présente toutefois une exception en ce sens que nous avons groupé les deux régularisations portant sur les honoraires de gestion parce que les deux écritures expliquées précédemment demandent de créditer le même compte.

Remarquez que, dans le chiffrier, on identifie les régularisations au moyen de lettres. Étant donné que le comptable qui établit un chiffrier doit quand même passer au journal les écritures de régularisation et les reporter ensuite au grand livre, les lettres utilisées pour identifier les régularisations facilitent grandement ce travail. Voici la raison d'être de chacune des régularisations figurant au chiffrier du tableau 4–4 :

La Maison de Courtage Immobilier Ouellet, Enr.
Chiffrier pour le mois terminé le 31 juillet, 1976

COMPTES	BALANCE DE VÉRIFICATION Dt	Ct	RÉGULARISATIONS Dt	Ct	BAL. DE VÉRIF. RÉGULARISÉE Dt	Ct	ÉTAT DES REVENUS ET DÉPENSES Dt	Ct	BILAN Dt	Ct
Caisse	1,095 00				1,095 00				1,095 00	
Loyer payé d'avance	300 00			(a) 100 00	200 00				200 00	
Fournitures de bureau	60 00			(b) 15 00	45 00				45 00	
Automobile	3,000 00				3,000 00				3,000 00	
Matériel de bureau	1,200 00				1,200 00				1,200 00	
Comptes à payer		235 00				235 00				235 00
Hon. de gestion reçus d'avance		75 00	(f) 25 00			50 00				50 00
Laurent Ouellet - Propriétaire		5,000 00				5,000 00				5,000 00
Laurent Ouellet - Prélèvements	200 00				200 00				200 00	
Commissions gagnées		850 00				850 00		850 00		
Salaires	200 00		(e) 30 00		230 00		230 00			
Téléphone	20 00				20 00		20 00			
Dépenses d'automobile	25 00				25 00		25 00			
Publicité	60 00				60 00		60 00			
	6,160 00	6,160 00								
Loyer			(a) 100 00		100 00		100 00			
Fourn. de bureau utilisées			(b) 15 00		15 00		15 00			
Amortissement - Automobile			(c) 35 00		35 00		35 00			
Amort. Acc. - Automobile				(c) 35 00		35 00				35 00
Amort. - Matériel de bureau			(d) 10 00		10 00		10 00			
Amort. Acc. - Matériel de bureau				(d) 10 00		10 00				10 00
Salaires courus à payer				(e) 30 00		30 00				30 00
Revenus - Honoraires de gestion				(f) 45 00		45 00		45 00		
Comptes à recevoir			(f) 20 00		20 00				20 00	
			235 00	235 00	6,255 00	6,255 00	495 00	895 00	5,760 00	5,360 00
Bénéfice net							400 00			400 00
							895 00	895 00	5,760 00	5,760 00

Tableau
4-4

Régularisation (a) : Pour régulariser le compte Loyer reçu d'avance.

Régularisation (b) : Pour régulariser le compte Fournitures de bureau.

Régularisation (c) : Pour inscrire l'amortissement du coût de l'automobile pour l'exercice.

Régularisation (d) : Pour inscrire l'amortissement du coût du matériel de bureau pour l'exercice.

Régularisation (e) : Pour inscrire les salaires courus à payer à la fin de l'exercice.

Régularisation (f) : Pour régulariser le compte Revenus — Honoraires de gestion.

Les régularisations demandent très souvent d'inscrire des comptes qui ne figurent pas dans la balance de vérification initiale parce que leur solde était nul au moment où elle a été dressée. Cependant, on peut anticiper les effets des régularisations et incorporer à la balance de vérification initiale les comptes qu'il faudra ouvrir pour comptabiliser les régularisations.

Après avoir inscrit les régularisations, il est nécessaire d'additionner les montants inscrits dans chaque colonne afin de vérifier l'égalité des débits et des crédits.

La quatrième section du chiffrier s'intitule « Balance de vérification régularisée ». Les montants figurant dans cette section proviennent des chiffres de la balance de vérification initiale groupés avec les régularisations. Ainsi, dans le tableau 4–4, le solde débiteur de $300 du compte Loyer payé d'avance dans la balance de vérification initiale ne s'élève plus qu'à $200 dans la balance de vérification régularisée par suite de la somme de $100 portée au crédit de la section Régularisations. De même, le compte Loyer qui avait un solde nul dans la balance de vérification initiale a un solde débiteur dans la balance de vérification régularisée en raison du montant de $100 inscrit au débit de la section Régularisations. D'autres comptes dont le solde n'est pas régularisé (Caisse, Automobile, etc.) ont dans la balance de vérification régularisée le même solde que dans la balance de vérification initiale.

Après avoir groupé les chiffres de la balance de vérification initiale avec les régularisations et avoir reporté les nouveaux soldes dans la Balance de vérification régularisée, il est nécessaire d'additionner les chiffres inscrits dans les deux colonnes de cette quatrième section afin de vérifier l'égalité des débits et des crédits.

L'étape suivante du travail consiste à analyser la nature de chacun des comptes de la balance de vérification régularisée et à reporter les soldes, selon le cas, dans l'une ou l'autre des deux dernières sections intitulées respectivement « État des revenus et dépenses » et « Bilan ». Cette tâche est relativement facile parce qu'il suffit de se poser deux questions : (1) s'agit-il d'un solde débiteur ou d'un solde créditeur ? et (2) à quel état appartient le poste en question ? Les comptes ayant un solde débiteur sont reportés dans la section État des revenus et dépenses si ce sont des comptes de dépenses et dans la section Bilan si ce sont des comptes d'actif. Le même raisonnement s'applique pour les comptes ayant un solde créditeur qui peuvent être des comptes de revenus, des comptes de passif ou des comptes de capitaux propres.

Après avoir reporté tous les soldes des comptes de la balance de vérification régularisée dans la section État des revenus et dépenses ou dans la section Bilan, il faut additionner les montants figurant dans les quatre dernières colonnes. La différence entre le total des revenus et le total des dépenses est le bénéfice net ou la perte nette. C'est un bénéfice net si le total des revenus (les montants reportés au crédit de la section État des revenus et dépenses) excède le total des dépenses (les montants reportés au débit de la même section). Il en résulte une perte nette si le total des dépenses excède le total des revenus. Dans l'exemple donné, le total des revenus est plus élevé que le total des dépenses, ce qui donne un bénéfice net de $400.

Le bénéfice net est ensuite porté au crédit de la dernière section du chiffrier. Nous procédons de cette façon parce que tous les comptes, à l'exception du compte du propriétaire, ont un solde qui reflète toutes les opérations de l'exercice. L'addition du bénéfice net au total des comptes du bilan ayant un solde créditeur (ce qui revient au même que si le bénéfice net était ajouté au solde du compte du propriétaire) permet de trouver des totaux identiques dans les deux dernières colonnes du chiffrier.

Si l'entreprise avait subi une perte, il aurait fallu ajouter ce résultat au total des soldes des comptes du bilan ayant un solde débiteur. La perte nette inscrite dans cette colonne représente toutefois une diminution de l'avoir du propriétaire.

Si l'addition du bénéfice net (ou de la perte nette) aux résultats obtenus précédemment donne des totaux identiques, on peut poser l'hypothèse qu'aucune erreur n'a été commise. Si les totaux obtenus ne sont pas les mêmes, une ou plusieurs erreurs ont pu être commises. Il peut s'agir alors d'erreurs purement mathématiques ou de montants reportés dans les mauvaises colonnes.

Bien que l'égalité qui existe entre les deux totaux des deux dernières colonnes du chiffrier soit un bon indice que le travail a été bien fait, il n'est pas absolument certain qu'aucune erreur n'a été commise. En effet, les totaux de ces deux colonnes pourront être identiques même si l'on a commis des erreurs. Ainsi, une dépense reportée au débit de la section Bilan ou un élément d'actif reporté au débit de la section État des revenus et dépenses a pour effet de fausser le total de deux colonnes. De plus, le bénéfice net est mal déterminé. Cependant, malgré ces erreurs, les totaux des deux dernières colonnes du chiffrier sont identiques après avoir reporté le bénéfice net. Pour éviter ces erreurs, il importe d'étudier attentivement la nature des soldes et de les reporter dans les bonnes colonnes.

Le chiffrier et les états financiers

■ Ainsi que nous l'avons déjà dit, le chiffrier qui est un instrument de travail n'est pas établi en vue de le remettre à la direction ou de le publier. Cependant, dès qu'il est terminé, le comptable s'en sert pour dresser l'état des revenus et dépenses et le bilan. Pour ce faire, il suffit de disposer correctement les chiffres figurant au chiffrier dans un état des revenus et dépenses et un bilan dressés en bonne et due forme.

Le chiffrier et les écritures de régularisation

■ Quand on se sert d'un chiffrier pour dresser les états financiers, le plus souvent, les régularisations n'ont pas encore été comptabilisées. Après avoir dressé les états financiers, il faut donc passer au journal les écritures de régularisation et les reporter au grand livre. C'est là une tâche facile car la section du chiffrier où figurent les régularisations fournit tous les renseignements nécessaires. Il est bon toutefois de passer une écriture distincte pour chacune des régularisations inscrites sur le chiffrier et identifiées au moyen de lettres.

Quant aux écritures de régularisation du chiffrier du tableau 4–4, elles sont identiques à celles dont nous avons discuté au chapitre précédent, à l'exception de la régularisation (*f*) qui demande de passer au journal une écriture composée comportant des débits de $25 et de $20 à porter respectivement aux comptes Honoraires de gestion reçus d'avance et Comptes à recevoir, et un crédit de $45 à inscrire dans le compte Revenus — Honoraires de gestion.

Le chiffrier et les écritures de fermeture

■ En plus d'aider à dresser des états financiers et à comptabiliser les écritures de régularisation, le chiffrier fournit les informations nécessaires à la fermeture des comptes de revenus et de dépenses.

Raison d'être des écritures de fermeture

■ À la fin d'un exercice, il faut annuler les soldes des comptes de revenus et de dépenses pour les raisons suivantes :

a. L'état des revenus et dépenses doit comprendre les revenus et les dépenses d'un exercice seulement.

b. Pour que les comptes de revenus et de dépenses ne reflètent que les résultats d'un exercice, il est nécessaire que le solde de ces comptes soit nul au début de chaque exercice.

Les écritures de fermeture qu'il faut reporter dans les comptes de revenus et de dépenses à la fin d'un exercice ont pour effet d'annuler le solde de ces comptes afin de repartir à neuf au début de l'exercice suivant.

Les écritures de fermeture n'ont pas uniquement pour objet d'annuler le solde des comptes de revenus et de dépenses, elles ont aussi pour effet de résumer les revenus et les dépenses d'un exercice et de virer l'excédent, soit le bénéfice net ou la perte nette, dans le compte du propriétaire. Ce dernier point est important pour les raisons suivantes :

a. Les revenus accroissent les capitaux propres et les dépenses les diminuent.

b. Étant donné que, durant l'exercice, le comptable se contente d'inscrire ces augmentations et ces diminutions dans les comptes de revenus et de dépenses plutôt que dans le compte du propriétaire, il devient nécessaire à la fin de l'exercice de virer, dans ce compte, l'augmentation ou la diminution nette provenant des revenus, des dépenses et des prélèvements de l'exercice.

Les écritures de fermeture : un exemple

■ Le tableau 4–5 reproduit les comptes de capitaux propres de La Maison de Courtage Immobilier Ouellet, Enr. Les soldes de ces comptes ont été déterminés après avoir comptabilisé toutes les opérations du mois et les régularisations de fin d'exercice mais avant d'avoir passé les écritures de fermeture. (Étant donné que les comptes du tableau 4–5, et des tableaux qui suivent, n'indiquent pas la nature de leur solde, nous avons ajouté les mots « crédit » ou « débit » dans la colonne Solde et les chiffres sont composés en caractères gras afin d'aider l'étudiant à se rappeler la nature du solde de chaque catégorie de comptes.)

Laurent Ouellet — Propriétaire

Date	Explications	Débit	Crédit	Solde *Crédit*
Juil. 1			5,000	**5,000**

Laurent Ouellet — Prélèvements

Date	Explications	Débit	Crédit	Solde *Débit*
Juil. 26		200		**200**

Sommaire des revenus et dépenses

Date	Explications	Débit	Crédit	Solde

Commissions gagnées

Date	Explications	Débit	Crédit	Solde *Crédit*
Juil. 12			850	**850**

Revenus — Honoraires de gestion

Date	Explications	Débit	Crédit	Solde *Crédit*
Juil. 31			45	**45**

Salaires

Date	Explications	Débit	Crédit	Solde *Débit*
Juil. 12		100		100
26		100		200
31		30		**230**

Téléphone

Date	Explications	Débit	Crédit	Solde *Débit*
Juil. 31		20		**20**

Dépenses d'automobile

Date	Explications	Débit	Crédit	Solde *Débit*
Juil. 31		25		**25**

Publicité

Date	Explications	Débit	Crédit	Solde *Débit*
Juil. 31		60		**60**

Loyer

Date	Explications	Débit	Crédit	Solde *Débit*
Juil. 31		100		**100**

Fournitures de bureau utilisées

Date	Explications	Débit	Crédit	Solde *Débit*
Juil. 31		15		**15**

Amortissement — Automobile

Date	Explications	Débit	Crédit	Solde *Débit*
Juil. 31		35		**35**

Amortissement — Matériel de bureau

Date	Explications	Débit	Crédit	Solde *Débit*
Juil. 31		10		**10**

Tableau
4–5

Remarquez que le solde du compte Henri Ouellet — Propriétaire, dans le tableau 4–5, a le même solde qu'au 1er juillet, soit $5,000. Comme le solde de ce compte est certainement différent au 31 juillet, les écritures de fermeture sont nécessaires pour le déterminer.

Remarquez aussi, dans le tableau 4–5, le compte Sommaire des revenus et dépenses dont le comptable ne se sert qu'à la fin d'un exercice pour résumer les revenus et les dépenses de l'exercice et pour fermer les comptes.

LA FERMETURE DES COMPTES DE REVENUS

Comme les comptes de revenus ont, avant la fermeture, un solde créditeur, il faut, pour les fermer, porter leur solde au débit de chaque compte de revenus et inscrire le total des revenus au crédit du compte Sommaire des revenus et dépenses. La Maison de Courtage Immobilier Ouellet, Enr. a deux comptes de revenus que le comptable ferme en passant au journal l'écriture composée suivante :

Juil.	31	Commissions gagnées	850.00	
		Revenus — Honoraires de gestion	45.00	
		Sommaire des revenus et dépenses		895.00
		Pour fermer les comptes de revenus.		

Les effets du report de cette écriture sont illustrés dans le tableau 4–6.

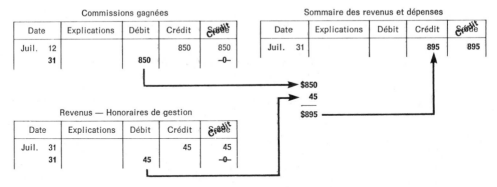

Tableau
4–6

Remarquez que l'écriture de fermeture précédente a un double effet : (1) elle annule les soldes des comptes de revenus et (2) elle vire le total des revenus au crédit du compte Sommaire des revenus et dépenses.

LA FERMETURE DES COMPTES DE DÉPENSES

Étant donné que les comptes de dépenses ont, avant la fermeture, un solde débiteur, il faut, pour les fermer, porter leur solde au crédit de chaque compte de dépenses et inscrire le total des dépenses au débit du compte Sommaire des revenus et dépenses. La Maison de Courtage

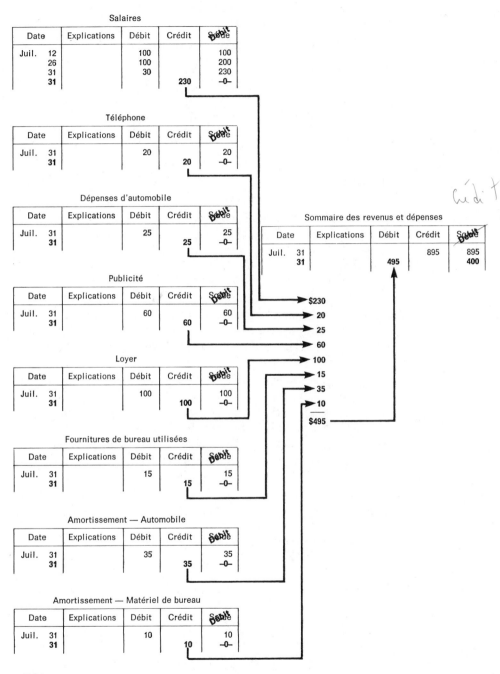

Salaires

Date		Explications	Débit	Crédit	Solde
Juil.	12		100		100
	26		100		200
	31		30		230
	31			230	–0–

Téléphone

Date		Explications	Débit	Crédit	Solde
Juil.	31		20		20
	31			20	–0–

Dépenses d'automobile

Date		Explications	Débit	Crédit	Solde
Juil.	31		25		25
	31			25	–0–

Publicité

Date		Explications	Débit	Crédit	Solde
Juil.	31		60		60
	31			60	–0–

Loyer

Date		Explications	Débit	Crédit	Solde
Juil.	31		100		100
	31			100	–0–

Fournitures de bureau utilisées

Date		Explications	Débit	Crédit	Solde
Juil.	31		15		15
	31			15	–0–

Amortissement — Automobile

Date		Explications	Débit	Crédit	Solde
Juil.	31		35		35
	31			35	–0–

Amortissement — Matériel de bureau

Date		Explications	Débit	Crédit	Solde
Juil.	31		10		10
	31			10	–0–

Sommaire des revenus et dépenses

Date		Explications	Débit	Crédit	Solde
Juil.	31			895	895
	31		495		400

$230
20
25
60
100
15
35
10
$495

Tableau
4–7

Immobilier Ouellet, Enr. a huit comptes de dépenses que le comptable ferme en passant au journal l'écriture composée suivante :

Juil.	31	Sommaire des revenus et dépenses	495.00	
		Salaires		230.00
		Téléphone		20.00
		Dépenses d'automobile		25.00
		Publicité		60.00
		Loyer		100.00
		Fournitures de bureau utilisées		15.00
		Amortissement — Automobile		35.00
		Amortissement — Matériel de bureau		10.00
		Pour fermer les comptes de dépenses.		

Les effets du report de cette écriture sont illustrés dans le tableau 4–7. En résumé, les comptes de dépenses ont maintenant un solde nul et le total des dépenses de l'exercice figure au débit du compte Sommaire des revenus et dépenses.

LA FERMETURE DU COMPTE SOMMAIRE DES REVENUS ET DÉPENSES

Le solde du compte Sommaire des revenus et dépenses, après la fermeture des comptes de revenus et de dépenses, représente le bénéfice net ou la perte nette. Lorsque le compte Sommaire des revenus et dépenses a un solde créditeur, les revenus l'emportent sur les dépenses et il en résulte un bénéfice net. En revanche, une perte nette se produit lorsque les dépenses sont supérieures aux revenus. (Dans ce dernier cas, le compte Sommaire des revenus et dépenses a un solde débiteur.) Cependant, quelle que soit la nature du solde de ce compte, il faut le virer dans le compte du propriétaire.

La Maison de Courtage Immobilier Ouellet, Enr. a réalisé, au cours de juillet, un bénéfice net de $400 que le comptable vire dans le compte Laurent Ouellet — Propriétaire en passant au journal l'écriture suivante :

Juil.	31	Sommaire des revenus et dépenses	400.00	
		Laurent Ouellet — Propriétaire		400.00
		Pour fermer le compte Sommaire des revenus et dépenses.		

Les effets du report de cette écriture sont illustrés dans les comptes suivants :

Sommaire des revenus et dépenses

Date	Débit	Crédit	Solde
Juil. 31		895	895
31	495		400
31	400		–0–

Laurent Ouellet — Propriétaire

Date	Débit	Crédit	Solde
Juil. 1		5,000	5,000
31		400	5,400

Remarquez de nouveau que cette écriture a un double effet : (1) elle ferme le compte Sommaire des revenus et dépenses et (2) elle permet d'inscrire le bénéfice net de juillet dans le compte Laurent Ouellet — Propriétaire.

LA FERMETURE DU COMPTE PRÉLÈVEMENTS

À la fin d'un exercice, le solde débiteur du compte Prélèvements représente une diminution des capitaux propres provenant de sommes d'argent ou d'autres biens prélevés par le propriétaire pour son usage personnel. La fermeture du compte Prélèvements s'effectue en passant au journal l'écriture qui suit :

Juil.	31	Laurent Ouellet — Propriétaire	200.00	
		Laurent Ouellet — Prélèvements		200.00
		Pour fermer le compte Laurent Ouellet —		
		Prélèvements		

Les effets du report de cette écriture sont illustrés dans les comptes suivants :

Laurent Ouellet — Prélèvements

Date		Débit	Crédit	Solde Débit
Juil.	26	200		200
	31		200	—0—

Laurent Ouellet — Propriétaire

Date		Débit	Crédit	Solde Crédit
Juil.	1		5,000	5,000
	31		400	5,400
	31	200		5,200

Remarquez que tous les comptes de revenus et de dépenses ont maintenant un solde nul et (2) que le compte du propriétaire reflète l'effet des revenus, des dépenses et des prélèvements de l'exercice.

La fermeture des comptes : source des informations

■ Après avoir reporté au grand livre les écritures de régularisation, les comptes de revenus et de dépenses fournissent toutes les informations dont le comptable a besoin pour fermer les comptes. Cependant, le travail de fermeture des comptes est grandement simplifié si le comptable se sert du chiffrier. Étudions, par exemple, le chiffrier de La Maison de Courtage Immobilier Ouellet, Enr. du tableau 4–4. Tous les comptes figurant au débit de la section État des revenus et dépenses ont un solde débiteur dans le grand livre et doivent être crédités au moment de la fermeture des comptes. Les montants inscrits dans cette colonne, le total de ces montants ($495) et les noms des comptes constituent toutes les informations dont le comptable a besoin pour fermer les comptes. Remarquez que si l'on se sert du chiffrier pour fermer les comptes, il n'est même pas nécessaire d'additionner les montants portés au crédit ou au débit des écritures de fermeture, car ces calculs ont déjà été effectués sur le chiffrier.

Nous pouvons donc conclure que le chiffrier fournit tous les renseignements nécessaires à la préparation des écritures composées que la fermeture des comptes de revenus et de dépenses demande de passer au journal.

■ Le tableau 4–8 donne tous les comptes du grand livre de La Maison de Courtage Immobilier Ouellet, Enr., après y avoir reporté toutes les écritures de régularisation et de fermeture. Remarquez que les soldes

Caisse — COMPTE N° 1

DATE		EXPLICATIONS	FO-LIO	DÉBIT	CRÉDIT	SOLDE
1976 juil.	1		1	5 000 00		5 000 00
	1		1		300 00	4 700 00
	3		1		3 000 00	1 700 00
	3		1		1 000 00	700 00
	9		1	100 00		800 00
	11		1	50 00		850 00
	11		1		175 00	675 00
	12		2	850 00		1 525 00
	12		2		100 00	1 425 00
	16		2	75 00		1 500 00
	26		2		100 00	1 400 00
	26		2		200 00	1 200 00
	31		2		20 00	1 180 00
	31		2		25 00	1 155 00
	31		2		60 00	1 095 00

Comptes à recevoir — COMPTE N° 2

DATE		EXPLICATIONS	FO-LIO	DÉBIT	CRÉDIT	SOLDE
1976 juil.	9		1	50 00		50 00
	11		1		50 00	- 0 -
	31		3	20 00		20 00

Loyer payé d'avance — COMPTE N° 3

DATE		EXPLICATIONS	FO-LIO	DÉBIT	CRÉDIT	SOLDE
1976 juil.	1		1	300 00		300 00
	31		3		100 00	200 00

Tableau
4–8

Fournitures de bureau   COMPTE Nº 4

DATE		EXPLICATIONS	FO-LIO	DÉBIT	CRÉDIT	SOLDE
1976 juil.	5		1	6 0 00		6 0 00
	31		3		1 5 00	4 5 00

Automobile   COMPTE Nº 5

DATE		EXPLICATIONS	FO-LIO	DÉBIT	CRÉDIT	SOLDE
1976 juil.	3		1	3 0 0 00		3 0 0 00

Amortissement accumulé - Automobile   COMPTE Nº 6

DATE		EXPLICATIONS	FO-LIO	DÉBIT	CRÉDIT	SOLDE
1976 juil.	31		3		3 5 00	3 5 00

Matériel de bureau   COMPTE Nº 7

DATE		EXPLICATIONS	FO-LIO	DÉBIT	CRÉDIT	SOLDE
1976 juil.	3		1	1 0 0 0 00		1 0 0 0 00
	5		1	3 5 0 00		1 3 5 0 00
	9		1		1 5 0 00	1 2 0 0 00

Amortissement accumulé - Matériel de bureau   COMPTE Nº 8

DATE		EXPLICATIONS	FO-LIO	DÉBIT	CRÉDIT	SOLDE
1976 juil.	31		3		1 0 00	1 0 00

Comptes à payer   COMPTE Nº 9

DATE		EXPLICATIONS	FO-LIO	DÉBIT	CRÉDIT	SOLDE
1976 juil.	5		1		4 1 0 00	4 1 0 00
	11		1	1 7 5 00		2 3 5 00

Tableau
4–8
(suite)

Salaires courus à payer   COMPTE N° 10

DATE		EXPLICATIONS	FO-LIO	DÉBIT	CRÉDIT	SOLDE
1976 Juil.	31		3		30 00	30 00

Honoraires de gestion reçus d'avance   COMPTE N° 11

DATE		EXPLICATIONS	FO-LIO	DÉBIT	CRÉDIT	SOLDE
1976 Juil.	16		2		75 00	75 00
	31		3	25 00		50 00

Laurent Ouellet – Propriétaire   COMPTE N° 12

DATE		EXPLICATIONS	FO-LIO	DÉBIT	CRÉDIT	SOLDE
1976 Juil.	1		1		5 000 00	5 000 00
	31		3		400 00	5 400 00
	31		3	200 00		5 200 00

Laurent Ouellet – Prélèvements   COMPTE N° 13

DATE		EXPLICATIONS	FO-LIO	DÉBIT	CRÉDIT	SOLDE
1976 Juil.	26		2	200 00		200 00
	31		3		200 00	- 0 -

Sommaire des revenus et dépenses   COMPTE N° 14

DATE		EXPLICATIONS	FO-LIO	DÉBIT	CRÉDIT	SOLDE
1976 Juil.	31		3		895 00	895 00
	31		3	495 00		400 00
	31		3	400 00		- 0 -

Tableau
4–8
(suite)

Commissions gagnées   COMPTE N° 15

DATE		EXPLICATIONS	FO-LIO	DÉBIT	CRÉDIT	SOLDE
1976 juil	12		2		850 00	850 00
	31		3	850 00		-0-

Revenus - Honoraires de gestion   COMPTE N° 16

DATE		EXPLICATIONS	FO-LIO	DÉBIT	CRÉDIT	SOLDE
1976 juil	31		3		45 00	45 00
	31		3	45 00		-0-

Salaires   COMPTE N° 17

DATE		EXPLICATIONS	FO-LIO	DÉBIT	CRÉDIT	SOLDE
1976 juil	12		2	100 00		100 00
	26		2	100 00		200 00
	31		3	30 00		230 00
	31		3		230 00	-0-

Téléphone   COMPTE N° 18

DATE		EXPLICATIONS	FO-LIO	DÉBIT	CRÉDIT	SOLDE
1976 juil	31		2	20 00		20 00
	31		3		20 00	-0-

Dépenses d'automobile   COMPTE N° 19

DATE		EXPLICATIONS	FO-LIO	DÉBIT	CRÉDIT	SOLDE
1976 juil	31		2	25 00		25 00
	31		3		25 00	-0-

Tableau
4–8
(suite)

Publicité — COMPTE N° 20

DATE	EXPLICATIONS	FO-LIO	DÉBIT	CRÉDIT	SOLDE
1976 juil. 31		2	6 00		6 00
31		3		6 00	- 0 -

Loyer — COMPTE N° 21

DATE	EXPLICATIONS	FO-LIO	DÉBIT	CRÉDIT	SOLDE
1976 juil. 31		3	1 0 0 00		1 0 0 00
31		3		1 0 0 00	- 0 -

Fournitures de bureau utilisées — COMPTE N° 22

DATE	EXPLICATIONS	FO-LIO	DÉBIT	CRÉDIT	SOLDE
1976 juil. 31		3	1 5 00		1 5 00
31		3		1 5 00	- 0 -

Amortissement - Automobile — COMPTE N° 23

DATE	EXPLICATIONS	FO-LIO	DÉBIT	CRÉDIT	SOLDE
1976 juil. 31		3	3 5 00		3 5 00
31		3		3 5 00	- 0 -

Amortissement - Matériel de bureau — COMPTE N° 24

DATE	EXPLICATIONS	FO-LIO	DÉBIT	CRÉDIT	SOLDE
1976 juil. 31		3	1 0 00		1 0 00
31		3		1 0 00	- 0 -

Tableau
4–8
(fin)

des comptes d'actif, de passif et de capitaux propres correspondent aux chiffres qui font partie du bilan dressé au 31 juillet. Remarquez également que les comptes de revenus et de dépenses ont un solde nul et peuvent de nouveau servir pour y inscrire les opérations du prochain exercice.

■ Étant donné que des erreurs peuvent facilement se produire lors de la régularisation et de la fermeture des comptes, il est bon de dresser une *balance de vérification après la fermeture* afin de s'assurer que les comptes sont toujours en équilibre. Cette nouvelle balance de vérification est illustrée dans le tableau 4–9.

La Maison de Courtage Immobilier Ouellet, Enr.
Balance de vérification après la fermeture
au 31 juillet 1976

Caisse	$1,095	
Comptes à recevoir	20	
Loyer payé d'avance	200	
Fournitures de bureau	45	
Automobile	3,000	
Amortissement accumulé — Automobile		$ 35
Matériel de bureau	1,200	
Amortissement accumulé — Matériel de bureau		10
Comptes à payer		235
Salaires courus à payer		30
Honoraires de gestion reçus d'avance		50
Laurent Ouellet — Propriétaire		5,200
Total	$5,560	$5,560

Tableau
4–9

Remarquez que les seuls comptes figurant dans cette balance de vérification sont les comptes d'actif, de passif et de capitaux propres car, ainsi que l'indique le tableau 4–8, les comptes de revenus et de dépenses ont un solde nul après la fermeture des comptes.

■ On donne aux comptes de revenus et de dépenses ainsi qu'aux comptes Prélèvements et Sommaire des revenus et dépenses le nom de *comptes de résultats*. On les appelle parfois aussi *comptes temporaires* parce qu'ils se rapportent à un exercice seulement. À la fin de chaque exercice, ces comptes sont fermés et leur solde est viré dans le compte du propriétaire.

Quant aux comptes figurant dans le bilan, on dit qu'ils sont *permanents* et on les appelle *comptes de valeurs* parce qu'ils servent à refléter les mouvements de l'actif, du passif et des capitaux propres de plusieurs exercices.

■ La durée d'une entreprise est répartie en exercices comptables. Chaque exercice donne lieu à un cycle comptable qui débute par l'inscription des opérations dans le journal et se termine par l'établissement de la balance de vérification après la fermeture. Le cycle comptable comprend huit étapes dont nous avons discuté dans le présent chapitre et le chapitre précédent. Il est important de bien comprendre la nature de chaque étape et la relation qui existe entre chacune. Revoyons maintenant, dans l'ordre, ces étapes :

1. *Inscription dans le journal* .... Analyse des opérations et inscription dans le journal.

2. *Report au grand livre* ..... Report au grand livre des sommes inscrites dans le journal.

3. *Établissement de la balance de vérification* ..... Liste des comptes avec leur solde pour s'assurer de l'égalité entre les débits et les crédits inscrits dans le grand livre.

4. *Établissement du chiffrier* .... Régularisation des comptes sans passer au journal les écritures elles-mêmes. Distinction à établir entre les comptes du bilan et les comptes de revenus et de dépenses et détermination du bénéfice net ou de la perte nette de l'exercice.

5. *Établissement des états financiers* .... Données du chiffrier présentées dans un état des revenus et des dépenses et un bilan.

6. *Inscription des écritures de régularisation* .... Régularisations déjà inscrites dans le chiffrier passées au journal et reportées au grand livre afin de déterminer le solde réel des comptes.

7. *Fermeture des comptes* .... Inscription, dans le journal, des écritures de fermeture, report de ces écritures au grand livre et virement du bénéfice net ou de la perte nette dans le compte du propriétaire.

8. *Établissement de la balance de vérification après la fermeture* .... Balance à dresser afin de prouver que l'égalité des débits et des crédits subsiste toujours après la fermeture des comptes.

La durée d'un exercice et l'exercice cyclique
■ Généralement, les exemples et les problèmes que renferment les manuels de comptabilité ne couvrent qu'une période d'un mois, car cette période suffit pour expliquer le processus comptable. En pratique, il est rare que les exercices aient une durée d'un mois. Certaines entreprises dressent parfois des états financiers trimestriels ou semestriels mais la majorité ont un exercice dont la durée est d'un an.

Un exercice a généralement une période de douze mois consécutifs se terminant très souvent avec la fin de l'année civile. Certaines entreprises ont toutefois un exercice appelé *exercice cyclique* parce qu'il commence et se termine au moment où l'exploitation est à son niveau le plus bas. Ainsi, l'exercice cyclique d'un marchand d'automobiles commence le 1er octobre et se termine le 30 septembre suivant, immédiatement avant que les nouveaux modèles soient mis en vente. Les entreprises qui adoptent l'exercice cyclique ferment leurs livres au moment où les stocks sont faibles et l'activité moins grande.

Questions

1. Dites pourquoi les comptes ayant trois colonnes de chiffres dont une est intitulée « Solde » sont plus utiles ques les comptes en forme de T.

2. Un chiffrier est un instrument de travail qui aide le comptable à exécuter trois tâches. Lesquelles ?

3. Est-il possible de dresser les états financiers, de régulariser les comptes et de les fermer sans établir un chiffrier ? Quels avantages procure un chiffrier ?

4. À quel moment du cycle comptable doit-on établir un chiffrier ?

5. D'où proviennent les montants inscrits dans la section du chiffrier intitulée Balance de vérification ?

6. Pourquoi se sert-on de lettres dans la section Régularisations du chiffrier pour identifier les régularisations ?

7. Quels résultats obtient-on en combinant les soldes des comptes de la balance de vérification avec les montants inscrits dans la section Régularisations du chiffrier ?

8. Pourquoi faut-il étudier attentivement la nature des soldes des comptes figurant dans la balance de vérification régularisée ?

9. Quels effets auraient les erreurs suivantes : (*a*) le report d'une dépense au débit de la section Bilan; (*b*) le report d'un élément du passif au crédit de la section État des revenus et dépenses; (*c*) le report d'un revenu au débit de la section Bilan ? L'addition des chiffres inscrits dans les diverses colonnes du chiffrier permet-elle de découvrir automatiquement ces erreurs ? Quelles sont les caractéristiques des erreurs susceptibles d'être découvertes automatiquement ? Pourquoi ?

10. Pourquoi les comptes de revenus et de dépenses sont-ils des comptes temporaires ? des comptes de résultats ?

11. À quoi servent les écritures de fermeture ?

12. Énumérez les comptes qui font l'objet d'écritures de fermeture ? Quelles sont les caractéristiques des comptes qui, au contraire, ne sont jamais fermés ?

13. Quelle différence y a-t-il entre les écritures de régularisation et les écritures de fermeture ?

14. Quel est l'objet de l'état des revenus et dépenses ?

15. Pourquoi faut-il dresser une balance de vérification après la fermeture ?

16. Quelle conclusion pouvez-vous tirer de ce que la balance de vérification après la fermeture qu'a dressée un étudiant renferme le poste Amortissement — Bâtiment, $672 ?

Exercice 4–1

Les soldes des comptes suivants disposés par ordre alphabétique font partie de la balance de vérification L'Atelier de Réparations Rapido, Enr., au 31 décembre 1976. Reconstituez la balance de vérification de cette entreprise.

Amortissement accumulé—Équipement de l'atelier	$ 1,120
Assurances payées d'avance	215
Caisse	855
Comptes à payer	250
Comptes à recevoir	270
David Hallé — Prélèvements	5,200
David Hallé — Propriétaire	3,425
Équipement de l'atelier	4,220
Fournitures de réparations	1,550
Loyer	960
Publicité	225
Revenus — Réparations	13,475
Salaires	4,775

Exercice 4–2

Les montants ci-dessous sont extraits de la section Régularisations d'un chiffrier dressé au 31 décembre 1976.

	Régularisations	
	Débit	*Crédit*
Assurances payées d'avance		(*a*) 360
Fournitures de bureau		(*b*) 180
Amortissement accumulé—Matériel de bureau		(*c*) 115
Amortissement accumulé—Équipement de livraison		(*d*) 2,210
Salaires des commis de bureau .... (*e*) 30		....
Salaires des camionneurs .... (*e*) 265		....
Assurances — Matériel de bureau .... (*a*) 65		....
Assurances — Équipement de livraison .... (*a*) 295		....
Fournitures de bureau utilisées .... (*b*) 180		....
Amortissement — Matériel de bureau .... (*c*) 115		....
Amortissement — Équipement de livraison .... (*d*) 2,210		....
Salaires courus à payer		(*e*) 295
Total	3,160	3,160

Travail à faire :
Passez au journal les écritures de régularisation auxquelles ces informations donnent lieu.

Exercice 4–3

Les postes suivants figurent dans la section État des revenus et dépenses du chiffrier d'un atelier de réparations exploité par Charles Dalpin. Passez au journal les écritures de fermeture des comptes de revenus et de dépenses et des comptes Sommaire des revenus et dépenses et Prélèvements à la fin de l'exercice terminé le 31 décembre 1976. Les prélèvements de M. Dalpin effectués au cours de l'exercice pour son usage personnel se sont élevés à $7,200.

	État des revenus et dépenses	
	Débit	Crédit
Revenus — Services rendus	. . . . . .	15,485
Salaires	4,800	. . . . . .
Loyer	960	. . . . . .
Publicité	225	. . . . . .
Assurances	165	. . . . . .
Fournitures de réparations utilisées	1,170	. . . . . .
Amortissement — Équipement de l'atelier	650	. . . . . .
	7,970	15,485
Bénéfice net	7,515	
	15,485	15,485

Exercice 4–4

Les comptes ci-dessous sont extraits d'une balance de vérification. Les soldes sont donnés en milliers de dollars afin de faciliter votre travail. En revanche, les comptes figurent par ordre alphabétique afin que vous distinguiez vous-même les comptes de revenus et de dépenses des comptes du bilan.

Amortissement accumulé —		Fournitures d'atelier en main.	$ 4
Équipement de l'atelier	$ 3	Pierre Picard — Prélèvements .	2
Assurances payées d'avance . .	3	Pierre Picard — Propriétaire . .	10
Billets à payer	2	Publicité	1
Caisse	5	Revenus reçus d'avance	3
Comptes à payer	2	Revenus — Services rendus . . .	19
Comptes à recevoir	4	Salaires	8
Équipement de l'atelier	10	Téléphone et électricité	2

Travail à faire :

1. Établissez un chiffrier sur du papier ordinaire et transcrivez en premier lieu, par ordre alphabétique, les comptes donnés ci-dessus avec leur solde.
2. Complétez le chiffrier demandé en 1, compte tenu des régularisations suivantes :
    a. Amortissement du coût de l'équipement de l'atelier : $2.
    b. Primes d'assurances échues : $1.
    c. Coût des fournitures d'atelier en main au 31 décembre : $1.
    d. Une partie du solde du compte Revenus reçus d'avance, soit $2, a été effectivement gagnée au cours de l'exercice.
    e. Salaires courus à payer : $1.

Problème 4–1

Voici la balance de vérification de TV Éclair, Enr. dressée au 30 novembre 1976, date de la fin de son exercice :

TV Éclair, Enr.
Balance de vérification
au 30 novembre 1976

Caisse	$ 975	
Assurances payées d'avance	240	
Fournitures de réparations	1,425	
Équipement de l'atelier	7,215	
Amortissement accumulé — Équipement de l'atelier		$ 1,050
Comptes à payer		260
Thomas Gagné — Propriétaire		4,535
Thomas Gagné — Prélèvements	5,200	
Revenus — Réparations		15,135
Salaires	4,760	
Loyer	900	
Publicité	265	
Total	$20,980	$20,980

Travail à faire :
1. Établissez le chiffrier de TV Éclair, Enr. pour l'exercice terminé le 30 novembre 1976, compte tenu des régularisations suivantes :
   a. Primes d'assurances échues au cours de l'exercice : $185.
   b. Coût des fournitures de réparations non utilisées au 30 novembre : $310.
   c. Amortissement du coût de l'équipement de l'atelier pour l'exercice : $725.
   d. Salaires non inscrits et impayés au 30 novembre : $80.
2. Dressez, à l'aide du chiffrier, un état des revenus et dépenses et un bilan.
3. Passez au journal les écritures de régularisation et les écritures de fermeture.

Problème 4–2

Le 1er novembre 1976, Jean Huard a ouvert une cordonnerie à laquelle il a donné la raison sociale La Cordonnerie Excello, Enr. Voici les opérations du premier mois d'exploitation :

Nov. 1 Retrait de $1,000 du compte en banque de M. Huard et dépôt de cette somme dans un compte ouvert au nom de l'atelier.

1 Versement du loyer de l'atelier pour le mois de novembre : $100.

1 Paiement de la prime d'une police d'assurance ayant une durée d'un an : $96.

2 Signature d'un bail portant sur l'installation d'une machine utilisée dans l'atelier et paiement du loyer de $40 pour un mois.

Nov. 4 Achat à crédit d'une vitrine et de chaises à Standex, Limitée : $500.

5 Achat au comptant de fournitures de réparations : $90.

8 Paiement d'un message radiophonique publicitaire : $25.

15 Réparations de chaussures effectuées au comptant du 1er au 15 novembre : $72.

20 Acompte de $100 versé à Standex, Limitée.

30 Réparations de chaussures effectuées au comptant au cours des deux dernières semaines : $134.

Travail à faire :

1. Ouvrez les comptes suivants : Caisse, Assurances payées d'avance, Fournitures de réparations, Ameublement, Amortissement accumulé — Ameublement, Comptes à payer, Jean Huard — Propriétaire, Jean Huard — Prélèvements, Sommaire des revenus et des dépenses, Revenus — Réparations de chaussures, Loyer de l'atelier, Loyer de l'équipement, Publicité, Assurances, Fournitures de réparations utilisées et Amortissement — Ameublement.

2. Inscrivez au journal les opérations de novembre et reportez-les au grand livre.

3. Établissez le chiffrier de La Cordonnerie Excello, Enr. pour le mois de novembre, compte tenu des informations suivantes :

   a. Un mois s'est écoulé depuis la date d'entrée en vigueur de la police d'assurance.

   b. Un inventaire matériel a révélé que les fournitures de réparations non utilisées ont un coût de $40.

   c. L'amortissement du coût de l'ameublement s'élève à $10 pour le mois.

4. Dressez un état des revenus et dépenses pour le mois de novembre et un bilan au 30 novembre.

5. Passez au journal les écritures de régularisation et de fermeture et reportez-les au grand livre.

6. Dressez une balance de vérification après la fermeture.

Au cours de décembre, l'atelier a poursuivi son exploitation et a effectué les opérations suivantes :

Déc. 1 Versement du loyer de l'atelier pour le mois : $100.

1 Versement du loyer de l'équipement pour décembre : $40.

4 Acheté à crédit d'autres chaises à Standex, Limitée : $125.

8 Acheté comptant des fournitures de réparations : $160.

15 Réparations de chaussures effectuées au comptant du 1er au 15 décembre : $280.

18 Paiement d'une annonce parue dans les journaux : $40.

23 Acompte de $400 versé à Standex, Limitée.

30 Prélèvement de $200 effectué par M. Huard pour son usage personnel.

31 Réparations de chaussures effectuées au comptant du 16 au 31 décembre : $305.

Travail à faire :

1. Passez au journal les opérations de décembre et reportez-les au grand livre.

2. Établissez le chiffrier de La Cordonnerie Excello, Enr. pour le mois de décembre, compte tenu des informations suivantes :

a. Deux mois se sont écoulés depuis la date d'entrée en vigueur de la police d'assurance.

b. Un inventaire matériel a révélé que le coût des fournitures de réparations non utilisées s'élève, au 31 décembre, à $65.

c. L'amortissement du coût de l'ameublement s'élève à $12 pour le mois.

3. Dressez un état des revenus et dépenses pour le mois de décembre et un bilan au 31 décembre.

4. Passez au journal les écritures de régularisation et de fermeture et reportez-les au grand livre.

5. Dresser une balance de vérification après la fermeture.

Problème 4–3

(*Omettez ce problème si vous ne vous êtes pas procuré les feuilles de travail qui accompagnent ce manuel.*)

Vous trouverez, parmi les feuilles de travail accompagnant ce manuel, la balance de vérification du Service de Livraison Rapido, Enr. dressée au 31 décembre 1976, date de la fiin de son exercice.

Travail à faire :

1. Établissez le chiffrier du Service de Livraison Rapido, Enr. pour l'exercice terminé le 31 décembre 1976, compte tenu des régularisations suivantes :

    a. Les primes d'assurances échues au cours de l'exercice s'élèvent à $60 pour le matériel de bureau et à $420 pour l'équipement de livraison.

    b. Le coût des fournitures de bureau non utilisées au 31 décembre s'élève à $110.

    c. L'amortissement du coût du matériel de bureau applicable à l'exercice est de $125.

    d. L'amortissement du coût de l'équipement de livraison applicable à l'exercice est de $2,125.

    e. Trois magasins ont des contrats avec le Service de Livraison Rapido, Enr. en vertu desquels ils s'engagent à verser une somme fixe pour les services de livraison qui leur seront rendus. Les deux premiers magasins ont versé d'avance des sommes qui ont été portées au crédit du compte Revenus reportés — Service de livraison. Une étude des contrats de ces deux magasins révèle que le montant de $450 versé d'avance comprend un revenu de $250 gagné au cours de l'exercice terminé le 31 décembre 1976. Le contrat conclu avec le troisième magasin l'oblige à verser, à la fin de chaque mois, une somme de $100 pour les services rendus au cours du mois. Ce dernier contrat ne fut signé que le 15 décembre dernier et le comptable n'a encore inscrit aucun revenu pour les services rendus du 15 au 31 décembre.

    f. Les salaires impayés des commis de bureau et ceux des camionneurs s'élèvent respectivement à $60 et à $320 au 31 décembre 1976.

2. Dressez un état des revenus et dépenses pour l'exercice terminé le 31 décembre 1976 et un bilan à la même date.

3. Passez au journal les écritures de régularisation et de fermeture et reportez-les au grand livre.

4. Dressez une balance de vérification après la fermeture.

Problème 4–4

Voici la balance de vérification du Service d'Entretien d'Immeubles, Enr. au 31 décembre 1976, date de la fin de son exercice.

Service d'Entretien d'Immeubles, Enr.
Balance de vérification
au 31 décembre 1976

Caisse	$ 650	
Comptes à recevoir	210	
Assurances payées d'avance	525	
Loyer payé d'avance	150	
Fournitures de nettoyage	815	
Matériel de nettoyage	2,750	
Amortissement accumulé — Matériel de nettoyage		$ 1,410
Camions	6,680	
Amortissement accumulé — Camions		1,790
Comptes à payer		110
Revenus reportés — Entretien d'immeubles		225
Jacques Giguère — Propriétaire		6,435
Jacques Giguère — Prélèvements	6,600	
Revenus — Entretien d'immeubles		18,245
Salaires	8,650	
Loyer	400	
Essence, huile et réparations	785	
Total	$28,215	$28,215

Travail à faire :

1. Établissez le chiffrier du Service d'Entretien d'Immeubles, Enr. pour l'exercice terminé le 31 décembre 1976, compte tenu des régularisations suivantes :

   a. Primes d'assurances échues au cours de l'exercice : $395.

   b. Le Service d'Entretien d'Immeubles, Enr. occupe un bâtiment loué. Le solde du compte Loyer payé d'avance qui représente le loyer de trois mois n'a pas changé depuis le 1er janvier 1976. Le loyer des mois d'avril à novembre inclusivement fut versé au début de chacun de ces mois et porté au débit du compte Loyer. Le loyer de décembre n'a pas encore été acquitté ni inscrit à la fin de l'exercice.

   c. Un inventaire matériel a révélé que le coût des fournitures de nettoyage en main au 31 décembre est de $145.

   d. L'amortissement du coût de l'équipement de nettoyage, applicable à l'exercice s'élève à $320.

   e. L'amortissement du coût des camions applicable à l'exercice s'élève à $845.

   f. Le 1er novembre, Le Service d'Entretien d'Immeubles, Enr. s'est engagé par contrat à s'occuper de l'entretien d'un immeuble appartenant à Acme, Ltée, moyennant un paiement mensuel de $75. Le client a versé d'avance une somme correspondant à trois mois de service que le comptable a porté au crédit du compte Revenus reportés — Service d'entretien. Un contrat semblable fut signé le 15 décembre par L'Agence de Courtage Cactus, Enr. Cependant, ce client n'a pas encore acquitté la somme de $50 exigée pour les travaux de nettoyage effectués du 15 au 31 décembre et le comptable n'a pas encore inscrit le revenu correspondant.

    g. Les salaires que le comptable n'a pas encore inscrits s'élèvent, au 31 décembre, à $115.

2. Dressez, à l'aide du chiffrier, un état des revenus et dépenses pour l'exercice et un bilan au 31 décembre 1976.

3. Passez au journal les écritures de régularisation et de fermeture et reportez-les au grand livre.

Autres Problèmes

Problème 4–1A

    La balance de vérification suivante a été tirée du grand livre de Déménagement Allaire, Enr. au 31 octobre 1976 :

Déménagement Allaire, Enr.
Balance de vérification
au 31 octobre 1976

Caisse	$ 1,855	
Comptes à recevoir	515	
Assurances payées d'avance	1,280	
Fournitures de bureau	225	
Matériel de bureau	1,480	
Amortissement accumulé — Matériel de bureau		$ 310
Camions	14,200	
Amortissement accumulé — Camions		2,720
Bâtiment	34,800	
Amortissement accumulé — Bâtiment		10,400
Terrain	6,000	
Comptes à payer		345
Revenus reportés — Entreposage		630
Hypothèque à payer		15,000
Théodore Mercier — Propriétaire		20,735
Théodore Mercier — Prélèvements	9,600	
Revenus — Déménagement		41,880
Revenus — Entreposage		3,120
Salaires des commis de bureau	4,250	
Publicité	365	
Salaires des camionneurs	17,940	
Essence, huile et réparations	2,630	
Total	$95,140	$95,140

Travail à faire :

1. Établissez le chiffrier de Déménagement Allaire, Enr. pour l'exercice terminé le 31 octobre 1976, compte tenu des régularisations suivantes :
    a. Primes d'assurances échues au cours de l'exercice : $865.
    b. Coût des fournitures de bureau non utilisées au 31 octobre : $85.

c. Amortissement du coût du matériel de bureau applicable à l'exercice : $125.

d. Amortissement du coût des camions applicable à l'exercice : $2,640.

e. Amortissement du coût du bâtiment applicable à l'exercice : $1,500.

f. Le comptable porte les sommes reçues d'avance des clients au crédit du compte Revenus reportés — Entreposage. Une étude révèle que le solde de ce compte comprend des revenus de $445 gagnés au cours de l'exercice. De plus, le comptable n'a pas encore inscrit des revenus de $135 provenant de services rendus durant l'exercice.

g. Le solde du compte Publicité comprend une somme de $100 versée pour imprimer plusieurs centaines de calendriers reçus le 20 octobre. Ces calendriers seront distribués à la clientèle à compter du 1er décembre suivant.

h. Les salaires impayés des camionneurs que le comptable n'a pas encore inscrits au 31 octobre s'élèvent à $160.

2. Dressez, à l'aide du chiffrier, un état des revenus et dépenses et un bilan.

3. Passez au journal les écritures de régularisation et de fermeture.

Problème 4–3A

(Omettez ce problème si vous ne vous êtes pas procuré les feuilles de travail qui accompagnent ce manuel.)

Vous trouverez, parmi les feuilles de travail qui accompagnent ce manuel, la balance de vérification du Service de Livraison à Gogo, Enr., dressée au 31 décembre 1976, date de la fin de son exercice.

Travail à faire :

1. Établissez le chiffrier du Service de Livraison à Gogo, Enr. pour l'exercice terminé le 31 décembre, compte tenu des régularisations suivantes :

a. Trois magasins ont des contrats avec le Service de Livraison à Gogo, Enr. en vertu desquels ils s'engagent à verser une somme fixe pour les services de livraison qui leur sont rendus. Le premier contrat, signé le 10 décembre, comporte un paiement mensuel de $90 payable le 10e jour de chaque mois. Le 31 décembre, le Service de Livraison à Gogo, Enr. a gagné un revenu de $60 que le comptable n'a pas inscrit. En revanche, les deux autres magasins ont versé d'avance des sommes qui ont été portées au crédit du compte Revenus reportés — Service de livraison. Une étude des contrats qu'ont signés ces deux magasins révèlent que le solde de $450 du compte Revenus reportés — Service de livraison comprend des revenus de $175 gagnés au cours de l'exercice.

b. Les primes d'assurances échues au cours de l'exercice s'élèvent à $50 pour le matériel de bureau et à $510 pour l'équipement de livraison.

c. Le coût des fournitures de bureau non utilisées s'élèvent à $85.

d. L'amortissement du coût du matériel de bureau applicable à l'exercice est de $150.

e. L'amortissement du coût de l'équipement de livraison applicable à l'exercice est de $2,350.

f. Les salairres impayés des commis de bureau et des camionneurs s'élèvent respectivement à $50 et à $300 au 31 décembre.

2. Dressez un état des revenus et dépenses pour l'exercice terminé le 31 décembre 1976 et un bilan à la même date.

3. Passez au journal les écritures de régularisation et de fermeture et reportez-les au grand livre.
4. Dressez une balance de vérification après la fermeture.

Problème 4–4A

Le Service d'Entretien Mirabel, Enr. a un exercice qui se termine le 31 décembre. Voici la balance de vérification tirée de son grand livre, le 31 décembre 1976 :

Le Service d'Entretien Mirabel, Enr.
Balance de vérification
au 31 décembre 1976

Caisse	$ 1,080	
Comptes à recevoir	515	
Fournitures de nettoyage	645	
Assurances payées d'avance	720	
Matériel de nettoyage	3,235	
Amortissement accumulé — Matériel de nettoyage		$ 1,470
Camions	7,395	
Amortissement accumulé — Camions		2,115
Comptes à payer		165
Revenus reportés — Entretien d'immeubles		200
Joseph Jessop — Propriétaire		6,940
Joseph Jessop — Prélèvements	7,200	
Revenus — Entretien d'immeubles		22,895
Salaires	11,850	
Publicité	335	
Essence, huile et réparations	695	
Dépenses diverses	115	
Total	$33,785	$33,785

Travail à faire :

1. Établissez le chiffrier du Service d'Entretien Mirabel, Enr. pour l'exercice terminé le 31 décembre 1976, compte tenu des régularisations suivantes :
   a. Un inventaire matériel révèle que le coût des fournitures de nettoyage au 31 décembre 1976 s'élève à $125.
   b. Les primes d'assurances échues au cours de l'exercice s'élèvent à $515.
   c. L'amortissement du coût du matériel de nettoyage s'élève à $345 pour l'exercice.
   d. L'amortissement du coût des camions s'élève à $1,225 pour l'exercice.
   e. Au cours de décembre, Le Service d'Entretien Mirabel, Enr. s'est engagé par contrat à entretenir des immeubles. En vertu d'un premier contrat signé le 1er décembre, un client doit verser mensuellement une somme de $100. Effectivement, ce client a payé d'avance, le 1er décembre, une somme de $200 que le comptable a portée au crédit du compte Revenus reportés — Entretien d'immeubles. Un contrat semblable fut signé le 15 décembre. Dans ce dernier cas, le prix

demandé par mois est de $150 et doit être payé une fois le service rendu. Des services ont été rendus du 15 au 31 décembre, mais le revenu gagné n'a pas encore été comptabilisé.

f. Les salaires impayés et non encore inscrits au 31 décembre s'élèvent à $125.

g. Le solde de $335 du compte Publicité provient, en partie d'une somme de $235 versée pour des annonces parues dans un journal. Le reste, soit $100, représente le coût de stylos à bille sur lesquels on a imprimé la raison sociale de l'entreprise. Ces stylos seront distribués à la clientèle au cours des prochains mois.

2. Dressez, à l'aide du chiffrier, un état des revenus et dépenses et un bilan.
3. Passez au journal les écritures de régularisation et de fermeture.

Cas 4–1
M. Net
Le comptable du Service d'entretien M. Net, Enr. est tombé malade juste au moment où il dressait les états financiers de l'exercice terminé le 31 décembre 1976. Henri Colin, le propriétaire de cette entreprise, pense que son comptable a déjà établi le chiffrier ainsi que l'état des revenus et dépenses et le bilan. Il a effectivement en sa possession l'état des revenus et dépenses, mais il n'a pu trouver le chiffrier ni le bilan. Il a, toutefois, la balance de vérification tirée du grand livre. Il vous demande de passer au journal les écritures de régularisation et de fermeture à l'aide de la balance de vérification et de l'état des revenus et dépenses donnés ci-dessous. Il veut aussi que vous dressiez un bilan au 31 décembre 1976.

Service d'Entretien M. Net, Enr.
Balance de vérification
au 31 décembre 1976

Caisse	$ 895	
Assurances payées d'avance	425	
Fournitures de nettoyage	815	
Matériel de nettoyage	2,980	
Amortissement accumulé — Matériel de nettoyage		$ 1,435
Camions	6,110	
Amortissement accumulé — Camions		2,565
Bâtiment	11,500	
Amortissement accumulé — Bâtiment		3,475
Terrain	3,500	
Comptes à payer		115
Revenus reportés — Entretien d'immeubles		250
Henri Colin — Propriétaire		14,455
Henri Colin — Prélèvements	6,500	
Revenus — Entretien d'immeubles		26,635
Salaires	14,995	
Publicité	285	
Essence, huile et réparations	775	
Taxes foncières	150	
Total	$48,930	$48,930

Service d'Entretien M. Net, Enr.
État des revenus et dépenses
pour l'exercice terminé le 31 décembre 1976

Revenus
Entretien d'immeubles $26,785
Dépenses d'exploitation
Salaires $15,135
Publicité 285
Essence, huile et réparations 775
Taxes foncières 180
Assurances 295
Fournitures de nettoyage 630
Amortissement — Matériel de nettoyage 315
Amortissement — Camions 850
Amortissement — Bâtiment 300
    Total des dépenses d'exploitation 18,765
Bénéfice net .... $ 8,020

Cas 4–2
Le Service
de TV
Excello, Enr.

Walter Nadeau a, le 1er janvier 1976, commencé l'exploitation d'un atelier de réparations de téléviseurs auquel il a donné la raison sociale Le Service de TV Excello, Enr. Il désire maintenant que vous l'aidiez à établir la situation financière de son entreprise au 31 décembre 1976. Il vous dit que les affaires ont été passablement bonnes au cours de l'année. Cependant, depuis quelque temps, la banque n'honore plus ses chèques et ses créanciers ne cessent de reclamer leur dû. M. Nadeau ne comprend vraiment pas ce qui lui arrive.

Vous découvrez que les livres ont été tenus par Mme Nadeau qui n'a jamais suivi un cours de comptabilité. Cependant, elle a dressé l'état des recettes et des déboursés suivant :

Le Service de TV Excello, Enr.
État des recettes et déboursés
pour l'exercice terminé le 31 décembre 1976

Recettes
Capital investi .... $ 5,000
Argent reçu des clients 27,250 $32,250
Déboursés
Loyer .... $ 1,300
Équipement de l'atelier 3,000
Assurances 350
Camions 4,250
Fournitures et pièces 5,900
Salaires 17,500   32,300
Découvert de banque .... $ (50)

Un étude attentive révèle que cet état ne renferme pas d'erreurs mais vous permet de découvrir les faits suivants :

1. Des clients doivent encore $600 pour des réparations effectuées à crédit.
2. L'atelier utilisé par M. Nadeau est loué pour une période de cinq ans moyennant un loyer mensuel de $100. Le bail stipule que le loyer du premier et du 60e mois doit être payé d'avance. Tous les loyers furent payés à temps.
3. L'équipement de réparations a coûté $3,000, a une durée d'utilisation de cinq ans et n'aura aucune valeur de récupération à la fin de cette période.
4. M. Nadeau a signé deux polices d'assurance ayant respectivement une durée d'un an et de trois ans. Les primes qui s'élèvent dans le premier cas à $80 et à $270 dans le deuxième cas ont été payées le 1er janvier.
5. Le déboursé de $4,250 comprend le prix du camion ($3,600) acheté le 1er janvier et des dépenses courantes s'élevant à $650 pour l'essence, l'huile et les réparations. M. Nadeau estime que la durée d'utilisation du camion sera de quatre ans et que la valeur de reprise qu'il en obtiendra lorsqu'il le changera contre un camion neuf sera de $800.
6. M. Nadeau a payé $5,900 pour des pièces et des fournitures achetées au cours de l'exercice. Il doit toutefois $700 pour d'autres pièces qui ont été livrées peu de temps avant la fin de l'exercice. Le coût des fournitures non encore utilisées au 31 décembre s'élève à $1,500.
7. Le déboursé de $17,500 figurant dans l'état des recettes et des déboursés comprend le salaire de $7,100 versé à un employé et des sommes de $200 prélevées chaque semaine par M. Nadeau pour son usage personnel. Les salaires impayés de l'employé de l'atelier s'élèvent, au 31 décembre, à $50.

Dressez le bilan du Service de TV Excello, Enr. au 31 décembre ainsi qu'un état des revenus et dépenses qui résumera les résultats de la première année d'exploitation de cette entreprise.

5

La comptabilité des entreprises commerciales

■ Les registres et les états financiers illustrés dans les chapitres précédents sont ceux d'une entreprise qui appartient au secteur des services. Appartiennent également à ce secteur d'autres entreprises, comme les buanderies, les hôtels, les salons de coiffure, les théâtres, les clubs de golf, etc. Toutes ces entreprises rendent des services moyennant rémunération. Le bénéfice net, dans ce cas, est égal à l'excédent des revenus gagnés sur les dépenses d'exploitation.

En revanche, une entreprise commerciale gagne un revenu en vendant en gros ou au détail des marchandises. Le bénéfice net est alors égal à l'excédent des ventes sur le coût des marchandises vendues et les dépenses d'exploitation, ainsi que l'illustre l'état sommaire des revenus et dépenses suivant :

M. Marchand
État sommaire des revenus et dépenses
pour l'exercice terminé le 31 décembre 1976

Ventes	$10,000
Coût des marchandises vendues	6,000
Bénéfice brut	$ 4,000
Dépenses d'exploitation	3,000
Bénéfice net	$ 1,000

Dans l'exemple précédent, les marchandises vendues à un prix de $10,000 ont coûté $6,000, ce qui laisse un bénéfice brut de $4,000 et un bénéfice net de $1,000 après avoir déduit des dépenses d'exploitation de $3,000.

Le calcul du bénéfice brut, c'est-à-dire le bénéfice réalisé compte non tenu des dépenses d'exploitation, comprend des éléments dont la comptabilisation pose des problèmes différents de ceux des entreprises qui rendent des services.

Le bénéfice brut se trouve en déduisant des ventes le coût des marchandises vendues. Bien entendu, ce calcúl ne peut être effectué avant d'avoir déterminé les deux chiffres qu'il faut déduire l'un de l'autre.

Les ventes ■ Par ventes, on entend généralement les ventes brutes moins les rendus et rabais sur ventes et les escomptes de caisse. Voici comment présenter ces éléments dans l'état des revenus et dépenses :

La Quincaillerie Nelson, Enr.
État des revenus et dépenses
pour l'exercice terminé le 31 décembre 1976

Revenus :		
Ventes brutes		$78,750
Moins : Rendus et rabais sur ventes	$650	
Escomptes sur ventes	750	1,400
Ventes nettes		$77,350

LES VENTES BRUTES

Le poste Ventes brutes de l'état partiel des revenus et dépenses qui précède est égal au total des ventes au comptant et des ventes à crédit effectuées au cours de l'exercice. Les ventes au comptant sont enregistrées sur le ruban d'une caisse enregistreuse qui fournit à la fin de chaque jour les renseignements pour passer au journal l'écriture suivante :

Nov.	3	Caisse	205.00	
		Ventes		205.00
		Pour inscrire les ventes au comptant de la journée.		

Une écriture semblable est nécessaire pour inscrire les ventes à crédit :

Nov.	3	Comptes à recevoir	45.00	
		Ventes		45.00
		Pour inscrire les ventes à crédit de la journée.		

Le chiffre des ventes brutes, soit $78,750, provient de ces écritures et comprend les ventes à crédit et les ventes au comptant effectuées au cours de l'exercice.

LES RENDUS ET LES RABAIS SUR VENTES

La plupart des entreprises commerciales permettent aux clients de retourner les marchandises dont ils ne sont pas satisfaits. En d'autres circonstances, ils peuvent garder ces marchandises et obtenir un rabais qui a pour effet de réduire le montant déjà porté à leur compte. Étant donné que les rabais et les rendus sont un signe de l'insatisfaction du client, il est important que la direction étudie attentivement le compte Rendus et rabais sur ventes dans lequel le comptable inscrit, de la façon suivante, les notes de crédit accordées aux clients :

Nov.	4	Rendus et rabais sur ventes	20.00	
		Comptes à recevoir (ou Caisse)		20.00
		Pour inscrire les marchandises retournées par un client insatisfait.		

LES ESCOMPTES SUR VENTES

Les entreprises qui vendent à crédit font connaître clairement le montant dû et la date d'échéance. Les conditions de règlement figurent habituellement sur la facture et dépendent des habitudes propres à chaque établissement. Dans certains cas, le règlement doit se faire dix jours après la fin du mois où la vente a lieu. Les factures font alors mention de ces conditions de la façon suivante : « n/10 FDM ». Dans d'autres cas, les comptes doivent être réglés 30 jours après la date de la facture. Le symbole utilisé alors est « n/30 » ce qui signifie que le montant net doit être acquitté au plus tard 30 jours à compter de la date de la facture.

Quelques entreprises accordent à leurs clients des escomptes sur ventes pour accélérer le recouvrement des comptes. Cette pratique qui diminue le capital investi dans les comptes à recevoir a aussi tendance à réduire les pertes attribuables aux mauvaises créances. Les conditions pourraient, par exemple, être « 2/10, n/60 ». Dans ce cas, le délai de règlement est de 60 jours mais le client peut enlever 2% du montant dû s'il règle son compte dans les dix jours qui suivent la date de la facture. Cette période de 10 jours porte le nom de « délai d'escompte ».

Étant donné que l'on ne sait pas, au moment de la vente, si le client réglera son compte à temps pour bénéficier de l'escompte, il est préférable d'attendre pour le comptabiliser. Supposons, par exemple que La Quincaillerie Nelson, Enr. vend à crédit, le 12 novembre, $100 de marchandises aux conditions 2/10, n/60. Cette opération sera inscrite de la façon suivante :

Nov.	12	Comptes à recevoir	100.00	
		Ventes		100.00
		Vente de marchandises aux conditions 2/10, n/60.		

Lors de l'achat de ces marchandises, le client peut opter pour régler son compte avant le 22 novembre et ne payer que $98 ou il peut décider d'attendre 60 jours, soit jusqu'au 11 janvier, et verser $100. S'il préfère régler son compte le 22 novembre, il doit remettre $98 à La Quincaillerie Nelson, Enr. qui lui accordera alors un escompte de $2. On devra, dans ce cas, passer au journal l'écriture suivante :

Nov.	22	Caisse	98.00	
		Escomptes sur ventes	2.00	
		Comptes à recevoir		100.00
		Pour inscrire le règlement de la vente du 12 novembre.		

Les escomptes sur ventes sont comptabilisés dans le compte Escomptes sur ventes et ils sont déduits du chiffre des ventes dans l'état des revenus et dépenses. Cette solution est acceptable car les escomptes sur ventes représentent une diminution du prix de vente initial accordée en vue d'accélérer le paiement des comptes.

Le coût des marchandises vendues

■ Étant donné qu'un marchand d'automobiles, par exemple, effectue chaque jour, un nombre restreint de ventes, il peut facilement consulter ses registres au moment de la vente et inscrire le coût des automobiles vendues. En revanche, il serait difficile dans le cas d'un drug-store de procéder de cette façon. Si, par exemple, le propriétaire d'un drug-store vendait à un client une boîte d'aspirine, un tube de dentifrice et un magazine, il enregistrerait facilement cette vente au moyen d'une caisse enregistreuse. Cependant, il éprouverait de la difficulté à inscrire quotidiennement le coût des articles vendus. Ceci explique pourquoi ces entreprises et bien d'autres, comme les épiceries, les quincailleries, etc., ne comptabilisent pas le coût des marchandises vendues au moment de la vente. Toutes ces entreprises préfèrent attendre à la fin de l'exercice pour déterminer globalement le coût des marchandises vendues.

Le résultat du dénombrement qu'il faut faire des articles en main, à la fin d'un exercice, en vue de déterminer le coût des marchandises vendues s'appelle *inventaire matériel* et le système adopté par ces entreprises est connu sous le nom *d'inventaire périodique*. Quant au système en usage chez un marchand d'automobiles ou un marchand d'accessoires électriques, il porte le nom de *système d'inventaire permanent*. Nous discuterons en détail de ce système au chapitre 10 mais disons, dès maintenant, qu'il est nécessaire, dans ce cas, de tenir un compte constant des articles en main ainsi que des articles achetés et vendus.

L'inventaire périodique

■ Ainsi que nous l'avons dit précédemment, un établissement qui utilise la méthode de l'inventaire périodique ne tente nullement de déterminer, au moment de la vente, le coût des marchandises vendues. On préfère plutôt attendre à la fin de l'exercice et calculer globalement, à ce moment-là, le coût des marchandises vendues durant l'exercice tout entier. Pour trouver ce dernier chiffre, il faut avoir les informations suivantes : (1) le coût des marchandises en main au début de l'exercice, (2) le coût des marchandises achetées durant l'exercice et (3) le coût des marchandises en main ou vendues à la fin de l'exercice. Connaissant ces informations, on calcule le coût des marchandises vendues durant un exercice de la façon suivante :

Coût des marchandises en main au début de l'exercice	$ 2,000
Coût des marchandises achetées durant l'exercice	28,000
Coût des marchandises à vendre	$30,000
Coût des marchandises en main à la fin de l'exercice	1,000
Coût des marchandises vendues durant l'exercice	$29,000

L'établissement qui a effectué les calculs précédents avait, au début de l'exercice, des marchandises coûtant $2,000. Étant donné que d'autres marchandises ont été achetées au cours de l'exercice à un prix de $28,000, le coût total des marchandises à vendre durant l'exercice s'élève à $30,000. Cependant, comme à la fin de l'exercice, des marchandises coûtant $1,000 n'ont pas encore été vendues, le coût des marchandises vendues durant l'exercice est de $29,000.

Les calculs précédents démontrent que la détermination du coût des marchandises vendues demande de tenir compte de trois éléments : (1) le coût des marchandises en main au début d'un exercice, (2) le coût des marchandises achetées durant l'exercice et (3) le coût des marchandises encore en main à la fin de l'exercice. L'addition des deux premiers chiffres donne le coût total des marchandises à vendre. Si, de ce dernier résultat, on soustrait le coût des marchandises encore en main à la fin de l'exercice, on trouve le coût des marchandises vendues durant l'exercice.

LE STOCK DE MARCHANDISES

Les marchandises en main au début et à la fin d'un exercice portent respectivement le nom de *Stock au début* et de *Stock à la fin*. De plus, étant donné que deux exercices qui se suivent sont reliés l'un à l'autre, le stock à la fin d'un exercice devient le stock au début de l'exercice suivant.

Quand une entreprise utilise la méthode de l'inventaire périodique, le coût des marchandises en main à la fin d'un exercice est déterminé : (1) en dénombrant les articles entreposés ou gardés en magasin, (2) en multipliant le nombre de chaque sorte d'articles par leur coût et (3) en additionnant les résultats obtenus en (2).

Le coût du stock de marchandises à la fin d'un exercice figure dans la section Coût des marchandises vendues de l'état des revenus et dépenses et est porté au débit du compte Stock de marchandises où il demeurera sans changement durant l'exercice suivant. Il est à noter que le solde de ce compte représente à la fois le stock à la fin de l'exercice qui vient de se terminer et le stock au début de l'exercice suivant.

Il faut insister ici sur le fait que le compte Stock de marchandises n'est débité ou crédité qu'à la fin d'un exercice lors de la comptabilisation des écritures de fermeture. De plus, le solde de ce compte ne représente plus après un certain temps le coût des marchandises en main en raison des nombreux achats et des nombreuses ventes effectuées régulièrement. Nous pouvons donc dire que le solde du compte Stock de marchandises est « historique » en ce sens qu'il représente le coût des marchandises en main à un moment donné, plus précisément à la fin de l'exercice précédent ou au début de l'exercice en cours.

LE COÛT DES MARCHANDISES ACHETÉES

Un établissement qui utilise la méthode de l'inventaire périodique détermine le coût des marchandises achetées en soustrayant, des achats, les escomptes, les rendus et les rabais, et en ajoutant le fret à l'achat. Avant d'étudier plus en détail ces calculs, il est préférable d'expliquer la façon de comptabiliser les différents éléments qui entrent dans le calcul du coût des marchandises achetées.

Le coût des marchandises achetées en vue de les revendre est, dans un système d'inventaire périodique, porté au débit du compte *Achats* :

Nov.	5	Achats	1,000.00	
		Comptes à payer		1,000.00
		Achat de marchandises à crédit aux conditions 2/10, n/30.		

Le compte Achats sert uniquement à déterminer les achats de marchandises d'un exercice. Ce compte n'indique nullement si les marchandises achetées ont ou n'ont pas été vendues. Le solde de ce compte n'a donc aucune relation directe avec les marchandises en main à un moment donné.

Si les achats effectués à crédit donnent droit à un escompte de caisse, le règlement du compte à payer avant la fin du délai d'escompte donne lieu à une écriture dans laquelle le compte *Escomptes sur achats* est crédité :

Nov.	12	Comptes à payer	1,000.00	
		Escomptes sur achats		20.00
		Caisse		980.00
		Règlement de l'achat du 5 novembre moins l'escompte.		

Une entreprise qui a effectué un achat donnant droit à un escompte doit s'efforcer de payer la somme due avant l'expiration du délai d'escompte. En revanche, une bonne gestion de l'encaisse exige qu'une entreprise ne règle ses comptes qu'à la toute fin du délai d'escompte. La direction doit donc, d'une part, s'assurer qu'elle ne perd pas d'escomptes et, d'autre part, prendre les mesures voulues pour ne pas régler un compte avant l'échéance du délai d'escompte. Elle peut atteindre ces deux objectifs en classant les factures à payer par ordre de date de règlement de sorte que le trésorier ou le caissier puisse automatiquement connaître la date ultime de règlement des comptes. La meilleure façon de procéder est d'avoir un échéancier comprenant 31 chemises, une pour chaque jour du mois. Après avoir inscrit une facture dans le journal, on la place dans la chemise qui correspond à la date ultime de règlement. Ainsi, supposons qu'une facture datée du 2 novembre stipule que les conditions de règlement sont 2/10, n/30. Comme cette facture doit être réglée au plus tard le 12 novembre, on la classe dans la chemise n° 12. Le jour du règlement, soit le 12 novembre, le caissier prend cette facture ainsi que toutes celles qui se trouvent dans la chemise n° 12 et les règle ou, exceptionnellement, les classe à nouveau si l'on décide de retarder la date du règlement.

Parfois, les marchandises achetées ne conviennent pas pour diverses raisons et doivent être retournées ou gardées mais à la condition que le fournisseur accorde un rabais. Lorsqu'une entreprise retourne des marchandises, le fournisseur lui accorde une note de crédit. Cependant, il faut aussi se préoccuper des problèmes administratifs auxquels donnent lieu ces opérations. L'achat de marchandises entraîne des coûts. Ainsi, il faut commander les marchandises, les recevoir et les inspecter. Afin de réduire le plus possible ces coûts, il importe d'avoir des informations sur les marchandises retournées. C'est pour cette raison que le comptable inscrit les rendus sur achats dans un compte distinct intitulé *Rendus et rabais sur achats*. Voici un exemple de l'écriture qu'il faudrait passer au journal pour inscrire des marchandises retournées le 8 novembre :

Nov.	8	Comptes à payer	65.00	
		Rendus et rabais sur achats		65.00
		Marchandises endommagées retournées au fournisseur.		

Le fournisseur (un fabricant ou grossiste) acquitte lui-même parfois les frais de transport des marchandises qu'il vend. Dans ce cas, le prix d'achat des marchandises est le montant que l'acheteur doit verser au fournisseur. En revanche, il arrive souvent que l'acheteur ait à payer les frais de transport et le fret à l'achat. Ces frais font partie du coût des marchandises achetées et devraient être portés au débit du compte Achats. Cependant, l'information est meilleure si l'on inscrit les frais de transport dans un compte distinct appelé *Fret à l'achat* ainsi que l'illustre l'exemple suivant :

Nov.	24	Fret à l'achat	22.00	
		Caisse		22.00
		Paiement des frais de transport des marchandises reçues aujourd'hui.		

Voici de quelle façon il faut présenter les divers éléments dont nous venons de discuter dans la section de l'état des revenus et dépenses où l'on calcule les *achats nets* :

```
Achats  ...........................................  $48,650
   Moins : Rendus et rabais sur achats  ...........  $275
           Escomptes sur achats  ................    550    825
                                                           $47,825
   Plus : Fret à l'achat  .............................   1,100
Achats nets  ......................................          $48,925
```

LE COÛT DES MARCHANDISES VENDUES

Le dernier poste dans le tableau précédent s'intitule Achats nets et représente le coût des marchandises achetées au cours de l'exercice. Quant au coût des marchandises vendues, on le trouve en ajoutant le stock au début aux achats nets et en retranchant le stock à la fin, ainsi que le démontre l'exemple suivant :

```
Coût des marchandises vendues :
   Stock au 1er janvier 1976  ...................       $ 7,750
   Achats  ....................................  $48,650
      Moins : Rendus et rabais sur achats ..  $275
              Escomptes sur achats  ......    550    825
                                                    $47,825
      Plus : Fret à l'achat  ...................   1,100
   Achats nets  ...............................        48,925
   Coût des marchandises à vendre  ..........        $56,675
   Stock au 31 décembre 1976  ...............          8,950
      Coût des marchandises vendues  ........               $47,725
```

LES PERTES DE MARCHANDISES

Le coût des marchandises vendues d'un établissement qui utilise l'inventaire périodique comprend aussi les pertes de marchandises attribuables aux vols à l'étalage, aux rebuts, etc. Prenons, par exemple, le cas d'un magasin de détail dont les vols à l'étalage lui font subir annuellement une perte de $500. Par suite de cette perte, le stock à la fin de l'exercice est plus faible de $500 qu'il ne l'aurait été si ces marchandises avaient été comptées lors de la prise d'inventaire. Dans ce cas, le coût des marchandises vendues se trouve automatiquement accru de $500.

Certains établissements se préoccupent avec raison des vols à l'étalage. Bien que la méthode de l'inventaire périodique donne un coût des marchandises vendues qui comprend automatiquement les pertes de cette nature, il est souvent important de savoir à combien elles s'élèvent. C'est là un sujet que nous reprendrons au chapitre 10.

L'état des revenus et dépenses des entreprises commerciales

■ L'état des revenus et dépenses des entreprises commerciales comprend trois sections : (1) la section Revenus, (2) la section Coût des marchandises vendues et (3) la section Dépenses d'exploitation. Nous avons déjà discuté des deux premières sections qui, dans le tableau 5–1, sont groupées et donnent un résultat communément appelé *bénéfice brut*.

La Quincaillerie Nelson, Enr.
État des revenus et dépenses
pour l'exercice terminé le 31 décembre 1976

Revenus :			
Ventes brutes			$78,750
Moins : Rendus et rabais sur ventes		$ 650	
Escomptes sur ventes		750	1,400
Ventes nettes			$77,350
Coût des marchandises vendues :			
Stock au 1er janvier 1976		$ 7,750	
Achats	$48,650		
Moins : Rendus et rabais sur achats . $275			
Escomptes sur achats 550	825		
	$47,825		
Plus : Fret à l'achat	1,100		
Achats nets		48,925	
Coût des marchandises à vendre		$56,675	
Stock au 31 décembre 1976		8,950	
Coût des marchandises vendues			47,725
Bénéfice brut			$29,625
Dépenses d'exploitation :			
Frais de vente :			
Salaires	$ 8,200		
Loyer — Service des ventes	4,800		
Publicité	900		
Fret à la vente et dépenses de livraison . . .	1,350		
Fournitures de magasin	425		
Amortissement — Équipement du magasin	775		
Total des frais de vente		$16,450	
Frais d'administration :			
Salaires	$ 3,100		
Loyer — Administration générale	600		
Assurances	65		
Fournitures de bureau	125		
Amortissement — Matériel de bureau	160		
Total des frais d'administration		4,050	
Total des dépenses d'exploitation . . .			20,500
Bénéfice net			$ 9,125

Tableau 5–1

Remarquez, dans le tableau 5–1, que les dépenses d'exploitation sont de deux sortes : les frais de vente et les frais d'administration.

Les frais de vente comprennent les dépenses d'entreposage, de promotion et de livraison. Quant aux frais d'administration, ils comprennent les dépenses des services d'administration générale, de comptabilité, du personnel et du crédit.

Parfois, il est nécessaire de ventiler une dépense entre le service des ventes et le service d'administration générale. Ainsi, La Quincaillerie Nelson, Enr. a ventilé le loyer du magasin. Par contre, le tableau 5–1 indique que l'on n'a pas ventilé les assurances parce que le montant en question ($65) est trop faible et que l'exactitude plus grande qui en résulterait ne justifie pas le supplément de travail que cette ventilation occasionnerait.

Lorsqu'une dépense (par exemple le loyer, l'électricité et le chauffage) n'est pas ventilée, on l'inclut dans les frais de vente si l'espace occupé par le service des ventes est plus grand ou dans les frais d'administration, dans le cas contraire. Ainsi, l'on inclut les frais de loyer non ventilés dans les frais de vente si le service des ventes occupe un plus grand espace que le service d'administration générale.

Le chiffrier des entreprises commerciales

■ Les entreprises commerciales, tout comme celles qui rendent exclusivement des services, accumulent dans un chiffrier toutes les informations nécessaires à l'établissement de l'état des revenus et dépenses et du bilan. De plus, ainsi que nous l'avons déjà dit, le chiffrier aide à passer au journal les écritures de régularisation et de fermeture. Le lecteur trouvera dans le tableau 5–2 un exemple illustrant le chiffrier d'une entreprise commerciale, en l'occurence La Quincaillerie Nelson, Enr.

Les différences entre le chiffrier du tableau 5–2 et celui du tableau 4–4 au chapitre précédent sont mises en évidence par l'usage de caractères gras. Étant donné que tous les éléments du chiffrier du tableau 5–2 ne diffèrent pas de ceux que nous avons étudiés jusqu'à présent, à l'exception des données ayant trait aux marchandises, il suffit actuellement d'expliquer la façon de traiter ces données.

LA SECTION BALANCE DE VÉRIFICATION

Les soldes des comptes de La Quincaillerie Nelson, Enr. figurant dans la section Balance de vérification du chiffrier proviennent du grand livre. Les données qui nous intéressent plus particulièrement sont les suivantes :

1. Le stock de marchandises au 1ᵉʳ janvier 1976 est de $7,750.
2. Le chiffre des ventes de l'exercice est de $78,750.
3. Les rendus sur ventes de l'exercice s'élèvent à $650.
4. Les escomptes sur ventes accordés au cours de l'exercice s'élèvent à $750.
5. Les achats effectués du 1ᵉʳ janvier au 31 décembre 1976 se chiffrent à $48,650.
6. Les rendus sur achats de l'exercice s'élèvent à $275.

La Quincaillerie Nelson, Enr.
Chiffrier pour l'exercice terminé le 31 décembre 1976

Comptes	Balance de vérification Dt	Balance de vérification Ct	Régularisations Dt	Régularisations Ct	Balance de vérification régularisée Dt	Balance de vérification régularisée Ct	État des revenus et dépenses Dt	État des revenus et dépenses Ct	Bilan Dt	Bilan Ct
Caisse	2,400				2,400				2,400	
Comptes à recevoir	3,300				3,300				3,300	
Stock de marchandises	**7,750**				**7,750**		**7,750**	**8,950**	**8,950**	
Assurances payées d'avance	195			(a) 65	130				130	
Fournitures d'emballage	590			(b) 425	165				165	
Fournitures de bureau	185			(c) 125	60				60	
Équipement du magasin	7,910				7,910				7,910	
Amort. accumulé — Équipement du magasin		3,200		(d) 775		3,975				3,975
Matériel de bureau	1,590				1,590				1,590	
Amortissement accumulé — Mat. de bureau		250		(e) 160		410				410
Comptes à payer		1,700				1,700				1,700
Georges Nelson — Propriétaire		14,095				14,095				14,095
Georges Nelson — Prélèvements	4,800				4,800				4,800	
Ventes		**78,750**				**78,750**		**78,750**		
Rendus et rabais sur ventes	650				650		650			
Escomptes sur ventes	750				750		750			
Achats	**48,650**				**48,650**		**48,650**			
Rendus et rabais sur achats		275				275		275		
Escomptes sur achats		550				550		550		
Fret à l'achat	**1,100**				**1,100**		**1,100**			
Salaires des vendeurs	8,200				8,200		8,200			
Loyer — Service des ventes	4,800				4,800		4,800			
Publicité	900				900		900			
Fret à la vente	1,350				1,350		1,350			
Salaires des commis de bureau	3,100				3,100		3,100			
Loyer — Administration générale	600				600		600			
Assurances			(a) 65		65		65			
Fournitures d'emballage utilisées			(b) 425		425		425			
Fournitures de bureau utilisées			(c) 125		125		125			
Amortissement — Équipement du magasin			(d) 775		775		775			
Amortissement — Matériel de bureau			(e) 160		160		160			
	98,820	98,820	1,550	1,550	99,755	99,755	79,400	88,525	29,305	20,180
Bénéfice net							9,125			9,125
							88,525	88,525	29,305	29,305

Tableau
5-2

7. Les escomptes sur achats dont La Quincaillerie Nelson, Enr. a bénéficié au cours de l'exercice s'élève à $550.
8. Le coût du fret à l'achat pour l'exercice est de $1,000.

LES SECTIONS RÉGULARISATIONS ET BALANCE DE VÉRIFICATION RÉGULARISÉE

En règle générale, les comptes Ventes et Achats et les comptes connexes n'ont pas besoin d'être régularisés. C'est pour cette raison qu'aucun montant ne figure dans la section Régularisations pour changer le solde de ces comptes. La détermination des montants de la balance de vérification régularisée se fait comme auparavant, c'est-à-dire en groupant les chiffres de la section Régularisations avec les soldes des comptes de la balance de vérification initiale.

LA SECTION ÉTAT DES REVENUS ET DÉPENSES

L'état des revenus et dépenses de toute entreprise comprend les montants qui figurent dans la section du chiffrier intitulée « État des revenus et dépenses ». Dans le cas du chiffrier des entreprises commerciales, il s'agit essentiellement : (1) des revenus, (2) du coût des marchandises vendues et (3) des dépenses d'exploitation. (Il est inutile de revenir actuellement sur la façon de traiter les dépenses d'exploitation puisque nous avons discuté en détail de ce sujet au chapitre précédent.)

Les comptes de revenus. Les ventes sont la principale source de revenus d'une entreprise commerciale. Étant donné qu'au cours de l'exercice, on porte au crédit du compte Ventes le prix de vente des marchandises vendues, ce compte a toujours, à la fin de l'exercice, un solde créditeur que l'on reporte au crédit de la section État des revenus et dépenses du chiffrier.

Les rendus et les rabais sur ventes et les escomptes sur ventes ont un effet qui est exactement l'inverse de celui des ventes. Au cours de l'exercice, les rendus et les rabais sur ventes ainsi que les escomptes sur ventes sont toujours portés au débit des comptes servant à inscrire ces éléments. Il s'ensuit qu'à la fin de l'exercice ces deux comptes ont un solde débiteur qu'il faut reporter au débit de la section État des revenus et dépenses du chiffrier, ce qui a le même effet que si on les soustrayait du chiffre des ventes. C'est indirectement ce résultat que l'on obtient lorsque le total des montants figurant au débit de cette section du chiffrier est soustrait du total des montants figurant au crédit en vue de trouver le bénéfice net.

Le coût des marchandises vendues. Dans le chiffrier d'une entreprise commerciale, on reporte : (1) au débit de la section État des revenus et dépenses, le solde débiteur des comptes Stock, Achats et Fret à l'achat, et (2) au crédit de la même section, le solde créditeur des comptes Rendus et rabais sur achats et Escomptes sur achats. Quant au stock à la fin de l'exercice, on l'inscrit directement au crédit de la section État des revenus et dépenses et au débit de la section Bilan sur la ligne où figure le stock au début de l'exercice.

L'on reporte le solde débiteur des comptes Stock, Achats et Fret à l'achat au débit de la section État des revenus et dépenses parce qu'ils font partie des calculs à effectuer pour trouver le bénéfice net. Quant aux comptes Rendus et rabais sur achats et Escomptes sur achats, on les reporte au crédit de la même section parce qu'ils sont effectivement des comptes de contrepartie du compte Achats qui a un solde débiteur. Cependant, la façon de traiter le stock à la fin n'est pas aussi facile à saisir et nécessite les explications suivantes :

(1) Remarquez, en premier lieu, que l'on doit inscrire sur le chiffrier le stock déterminé à deux dates différentes : le stock au début de l'exercice et le stock à la fin de l'exercice.

(2) À la fin de l'exercice, avant la fermeture des livres, le chiffre qui figure au débit du compte Stock de la balance de vérification est celui du stock au début, et c'est le même chiffre que l'on reporte aussi bien au débit de la balance de vérification régularisée qu'au débit de la section État des revenus et dépenses.

(3) Avant la fermeture des livres, le stock à la fin de l'exercice ne figure nulle part car on ne le détermine qu'après avoir dressé la balance de vérification : (a) en dénombrant les articles encore en main ou invendus, (b) en multipliant le nombre d'articles de chaque sorte par leur coût unitaire et (c) en additionnant les résultats obtenus en (b).

(4) Après avoir trouvé le stock à la fin de l'exercice, on l'inscrit directement dans le chiffrier au crédit de la section État des revenus et dépenses et au débit de la section Bilan. On procède de cette façon pour les trois raisons suivantes : (a) après avoir inscrit, dans la section État des revenus et dépenses, tous les autres éléments (y compris les dépenses d'exploitation) dont il faut tenir compte pour déterminer le bénéfice net, il faut inscrire le stock à la fin de l'exercice, sinon la différence entre le total des deux colonnes de la section État des revenus et dépenses ne donnerait pas le bénéfice net ou la perte nette de l'exercice; (b) par suite de l'inscription du stock à la fin au crédit de la section État des revenus et dépenses du chiffrier, l'écriture de fermeture des comptes de revenus comprend un débit au compte Stock de marchandises, ce qui permet de comptabiliser le stock à la fin de l'exercice (nous discutons davantage un peu plus loin des écritures de fermeture des entreprises commerciales); (c) étant donné, finalement, que le stock à la fin de l'exercice est un élément d'actif qui doit figurer au bilan, il est nécessaire de l'inscrire au débit de la section Bilan du chiffrier.

COMMENT TERMINER LE CHIFFRIER

Après avoir analysé les soldes des comptes particuliers à une entreprise commerciale et les avoir reportés correctement dans l'une ou l'autre des deux dernières sections du chiffrier, on additionne les montants inscrits dans chaque colonne et on termine le chiffrier de la façon habituelle.

Les états financiers et les écritures de régularisation

■ Nous avons déjà fait remarquer que le chiffrier est une façon commode d'accumuler les informations dont le comptable a besoin pour dresser les états financiers. Cette observation vaut tout autant pour les entreprises commerciales. Les chiffres qui figurent dans les deux dernières sections du chiffrier suffisent pour dresser l'état des revenus et dépenses et le bilan. C'est là un travail qui ne diffère pas essentiellement de ce que nous avons fait antérieurement.

De même, l'inscription au journal des écritures de régularisation et leur report au grand livre ne suscitent aucune difficulté particulière. Chacune des régularisations fait l'objet d'une écriture de journal distincte et demande d'être reportée au grand livre de la façon habituelle.

Les écritures de fermeture

■ La section État des revenus et dépenses du chiffrier renferme toutes les informations dont le comptable a besoin pour fermer les comptes. À ce point de vue, il n'y a pas de différence entre les entreprises commerciales et celles qui rendent des services. Une étude des écritures de fermeture suivantes et du chiffrier du tableau 5–2 démontre la justesse de cette observation. En résumé, on débite le compte Sommaire des revenus et dépenses du total des montants figurant au débit de la section État des revenus et dépenses et on crédite chacun des comptes de cette section ayant un solde débiteur. De la même façon, on doit débiter les comptes ayant un solde créditeur et porter le total de tous ces soldes au crédit du compte Sommaire des revenus et dépenses. Quant aux deux dernières écritures de fermeture, il faut procéder de la même façon qu'au chapitre 4.

Déc.	31	Sommaire des revenus et dépenses	79,400.00	
		Stock de marchandises		7,750.00
		Rendus et rabais sur ventes		650.00
		Escomptes sur ventes		750.00
		Achats		48,650.00
		Fret à l'achat		1,100.00
		Salaires des vendeurs		8,200.00
		Loyer — Service des ventes		4,800.00
		Publicité		900.00
		Fret à la vente		1,350.00
		Salaires des commis de bureau		3,100.00
		Loyer — Administration générale		600.00
		Assurances		65.00
		Fournitures de magasin utilisées		425.00
		Fournitures de bureau utilisées		125.00
		Amortissement — Équipement du magasin		775.00
		Amortissement — Matériel de bureau		160.00
		Pour fermer les comptes temporaires ayant un solde débiteur.		

Déc.	31	Stock de marchandises	8,950.00	
		Ventes	78,750.00	
		Rendus et rabais sur achats	275.00	
		Escomptes sur achats	550.00	
		Sommaire des revenus et dépenses		88,525.00
		Pour fermer les comptes temporaires ayant un solde créditeur et pour inscrire le stock au 31 décembre.		
	31	Sommaire des revenus et dépenses	9,125.00	
		Georges Nelson — Propriétaire		9,125.00
		Pour fermer le compte Sommaire des revenus et dépenses.		
	31	Georges Nelson—Propriétaire	4,800.00	
		Georges Nelson — Prélèvements		4,800.00
		Pour fermer le compte Prélèvements.		

La fermeture des comptes et le stock

■ Bien que les écritures de fermeture des entreprises commerciales ne présentent pas de difficultés particulières, il y a lieu tout de même d'étudier leurs effets sur le compte Stock de marchandises.

Avant la fermeture des comptes, le solde de $7,750 du compte Stock de marchandises représente le stock au 31 décembre 1975.[1]

			Stock de marchandises	COMPTE N°	*114*		
DATE		EXPLICATIONS	FO-LIO	DÉBIT	CRÉDIT	SOLDE	
1975 Déc.	31		63	7 7 5 0 00		7 7 5 0 00	

Après avoir reporté la première écriture de fermeture, le compte Stock de marchandises a un solde nul puisque l'on a éliminé le solde débiteur de $7,750 qu'il avait depuis le début de l'exercice.

			Stock de marchandises	COMPTE N°	*114*		
DATE		EXPLICATIONS	FO-LIO	DÉBIT	CRÉDIT	SOLDE	
1975 Déc.	31		63	7 7 5 0 00		7 7 5 0 00	
1976 Déc.	31		77		7 7 5 0 00	- 0 -	

La deuxième écriture de fermeture a pour effet de porter au débit du compte Stock de marchandises le résultat de l'inventaire périodique,

[1]La première écriture est datée du 31 décembre 1975, ce qui indique clairement que le stock au début de 1976 a été effectivement comptabilisé à la fin de l'exercice précédent.

soit \$8,950. Le compte Stock de marchandises a maintenant un solde débiteur qui représente le stock au 31 décembre 1976 ou au 1er janvier 1977. Il est à noter que ce solde demeurera sans changement jusqu'au moment où les livres seront fermés de nouveau, soit le 31 décembre 1977.

DATE		EXPLICATIONS	FO-LIO	DÉBIT		CRÉDIT		SOLDE	
1975 Déc.	31		63	7 7 5 0 00				7 7 5 0 00	
1976 Déc.	31		77			7 7 5 0 00		- 0 -	
	31		77	8 9 5 0 00				8 9 5 0 00	

Stock de marchandises — COMPTE N° 114

L'inventaire matériel

■ Nous avons dit plus tôt que la méthode de l'inventaire périodique exige de déterminer le coût du stock (1) en dénombrant les articles en main à la fin d'un exercice, (2) en multipliant le nombre d'articles de chaque sorte par leur coût à l'unité et (3) en additionnant les résultats obtenus en (2).

Dénombrer les articles en main c'est aussi dresser un *inventaire matériel*. Cette tâche est souvent difficile et si l'on n'y prend garde, le dénombrement sera incomplet ou certains articles seront comptés deux fois. Afin d'éviter ces erreurs, le comptage s'effectue le soir ou le dimanche. Il arrive parfois aussi que l'on ferme le magasin pour faciliter la prise d'inventaire.

On confie généralement ce travail à des commis qui sont au courant des articles gardés en magasin. Avant de commencer le dénombrement, il importe de bien ranger les marchandises sur les étagères. On évite plus facilement un double comptage des articles si l'on se sert de fiches prénumérotées semblables à celle du tableau 5–3. Dans ce cas, l'on distribue, au moment où commence le dénombrement, un nombre suffisant de fiches (au moins une pour chaque sorte d'articles gardés en magasin) à chacun des services ou rayons du magasin. Lors du dénombrement, un commis compte les quantités de chaque article, il détermine le prix de vente, le coût et la date d'achat des articles, puis il transcrit ces détails sur une fiche. Finalement, il appose ses initiales sur la fiche qu'il attache aux articles comptés. Le directeur du service ou un autre responsable vérifie le travail exécuté et compte lui-même une autre fois un certain nombre d'articles pour s'assurer de l'exactitude du dénombrement. Après que les commis ont terminé le dénombrement des articles de chaque service, on vérifie s'il n'exite pas d'articles qui n'ont pas été comptés. Une fiche d'inventaire matériel doit être attachée à tous les articles. S'il existe des articles sans fiche, c'est un indice qu'ils n'ont pas été dénombrés. Lorsque le dénombrement est terminé, quelqu'un

```
FICHE D'INVENTAIRE
ARTICLE Nº          786

Article

Quantité dénombrée  ┌──────────┐
                    │          │
Prix de vente    $  │          │
                    │          │
Coût à l'unité   $  │          │
                    │          │
Date d'achat        └──────────┘

Dénombré par _____

Vérifié par _____
```

Tableau
5–3

ramasse toutes les fiches d'inventaire matériel et les envoie au service de la comptabilité où on les classe par ordre numérique.

Par la suite, un commis du service de la comptabilité dresse une liste de tous les articles en magasin et détermine leur coût en multipliant le nombre d'articles par leur coût à l'unité. Le coût du stock est alors déterminé en additionnant les résultats obtenus pour chacun des articles.

Très souvent, le stock est évalué au *plus bas du coût et du coût de remplacement*. Par coût, l'on entend le prix payé lors de l'achat d'un article. Quant au coût de remplacement, il désigne le prix que l'on

STOCK - FEUILLE SOMMAIRE

Article	Quantité en main	Date d'achat	Prix de vente		Coût à l'unité		Coût de remplacement		Valeur attribuée au stock	
Marteaux Ajax	4	12-12	1	50	1	00	1	25	4	00
Scies Sharp	2	3-11	4	50	3	00	2	90	5	80
Niveaux Danley	2	14-9	5	50	3	50	3	50	7	00

Tableau
5–4

paierait le même article le jour où les stocks sont dénombrés. Dans le tableau 5–4, les marteaux Ajax sont évalués au coût, soit $1, parce que ce prix est inférieur au coût de remplacement, $1.25. Par contre, les scies Sharp sont évaluées au coût de remplacement parce que ce dernier chiffre, $2.90, est inférieur au coût, $3.

Les articles à inclure dans le stock de marchandises

■ Le stock d'une entreprise doit comprendre toutes les marchandises qu'elle possède en vue de les revendre quel que soit l'endroit où ces marchandises se trouvent au moment de la prise d'inventaire. L'application de cette règle ne suscite généralement aucun problème car, pour la plupart des articles, il suffit de s'assurer qu'ils ont été dénombrés et qu'aucun n'a été compté deux fois. Cependant, les marchandises en circulation, les marchandises en consignation, les marchandises vendues mais non encore livrées et les articles endommagés ou devenus désuets sont susceptibles de causer certaines difficultés.

Les marchandises en circulation à la fin d'un exercice, doivent être comptabilisées et incluses dans le stock de l'acquéreur si celui-ci en est le propriétaire. Voici la règle à suivre pour déterminer le propriétaire de marchandises en circulation : si l'acquéreur assume la responsabilité de payer les frais de transport des marchandises achetées, il en devient propriétaire au moment où le fournisseur les remet à la compagnie de transport. En revanche, si le fournisseur doit lui-même acquitter les frais de transport, elles n'appartiennent vraiment à l'acheteur que lorsqu'elles parviennent à destination.

Des marchandises sont parfois expédiées par un consignateur (le propriétaire) à un consignataire qui assume la responsabilité de les vendre. Ces marchandises expédiées en consignation appartiennent au consignateur et doivent être incluses dans le stock de ce dernier.

Les marchandises endommagées ou désuètes ne doivent pas faire partie du stock s'il est impossible de les vendre. Si ces marchandises peuvent encore être vendues mais à un prix réduit, il faut les inclure dans le stock à leur valeur nette de réalisation (le prix de vente moins les frais de vente). Dans ce cas, la perte est imputée aux revenus de l'exercice au cours duquel les marchandises sont devenues désuètes ou ont été endommagées.

Les notes de débit ou de crédit

■ Une entreprise peut recevoir des marchandises qui ne lui conviennent pas ou qu'elle n'a pas commandées. De même, certaines marchandises peuvent têre avariées en cours de livraison et d'autres peuvent être livrées en quantités inexactes. Toutes ces questions ainsi que les erreurs notées sur la facture elle-même doivent faire l'objet d'un règlement entre l'acheteur et le fournisseur. Parfois l'acheteur peut apporter lui-même les corrections qui s'imposent. Dans d'autres cas, il faut qu'il s'entende avec le fournisseur. L'acheteur peut, par exemple, corriger lui-même des erreurs de calcul. Il doit alors envoyer une *note de débit* ou une *note de crédit* pour informer le fournisseur de ce qu'il a fait.

Note de débit

LE MAGASIN SALEM, ENR.
Montréal, Québec

À: La Société de Fabrication Eugène, Limitée
2590, rue Chartier
Victoriaville, Québec   **Date:**   5 décembre 1976

Nous avons débité votre compte pour la raison suivante:

Erreur d'addition—Facture N° C-113
Le total aurait dû être
$75 et non $85 . . . . $10.00

LE MAGASIN SALEM, ENR.

François Hotte
_____
Directeur du service des achats

Tableau
5–5

Supposons, par exemple, que Le Magasin Salem, Enr. a découvert une erreur sur une facture reçue de la Société de Fabrication Eugène, Limitée. Le montant inscrit sur la facture s'élève à $85 alors qu'il n'aurait dû être que de $75. Étant donné que ce genre d'erreurs n'exige aucune négociation entre les deux parties en cause, Le Magasin Salem, Enr. informe son fournisseur de l'erreur en lui postant la note de débit du tableau 5–5. Cette note de débit a pour effet de réduire la dette de l'acheteur de $10 et, par le fait même, les comptes à payer.

Lors de l'achat de ces marchandises, Le Magasin Salem, Enr. pourrait d'abord porter $85 au débit du compte Achats et au crédit du compte Comptes à payer. Puis, lors de l'émission de la note de débit, Il inscrirait $10 au débit de Comptes à payer et au crédit de Achats. Cependant, il est préférable de corriger la facture elle-même, de joindre la note de débit à la facture et de passer au journal l'écriture suivante :

Déc.	5	Achats	75.00	
		Comptes à payer		75.00
		Pour inscrire l'achat de marchandises à la Société de Fabrication Eugène, Limitée, compte tenu d'une erreur de $10.		

Lorsque l'acheteur reçoit des marchandises en mauvais état ou des marchandises qu'il n'a pas commandées, il ne peut corriger le montant de la facture sans consulter le fournisseur. Dans ces circonstances, l'acheteur peut comptabiliser le plein montant de la facture et demander au fournisseur un rabais ou solliciter la permission de retourner les marchandises qui font l'objet du litige. Si le fournisseur acquiesce à la requête de son client, il lui fait parvenir une note de crédit. Il s'agit d'une note de *crédit,* parce que cette note qui provient du fournisseur a pour effet de réduire le solde du compte de son client. Supposons, par exemple, que Le Magasin Salem, Enr. a acheté un certain nombre d'articles à La Librairie Pom Pom, Enr. coûtant au total $100. En déballant le colis, le préposé à la réception constate que cinq statuettes en porcelaine sont endommagées en raison d'un mauvais emballage. À ce moment, Le Magasin Salem, Enr. a comptabilisé quand même cet achat en débitant Achats et en créditant Comptes à payer de $100, mais il a entrepris immédiatement des démarches auprès de La Librairie Pom Pom, Enr. Quelques jours plus tard, le fournisseur a fait parvenir au Magasin Salem, Enr. la note de crédit du tableau 5–6.

NOTE DE CRÉDIT

La Librairie Pom Pom, Enr.
Trois-Rivières, Québec

L-364

Date *12 décembre 1976*

À Magasin Salem, Enr.
  1451, rue Vigneault
  Montréal, Québec

Nous avons crédité votre compte pour la raison suivante:

5 statuettes en porcelaine endommagées dans le transport et retournées	$18.00

T. Brière
Directeur du service des ventes

Tableau
5–6

Lors de la réception de cette note de crédit, Le Magasin Salem, Enr. doit passer au journal l'écriture suivante :

Déc.	14	Comptes à payer	18.00	
		Rendus et rabais sur achats		18.00
		Pour inscrire la note de crédit reçue de		
		La Librairie Pom Pom, Enr.		

Une note de débit ou de crédit peut être émise par l'acheteur ou le fournisseur. Le nom exact à attribuer au document dépend de celui qui l'a émis. Si l'auteur de la note doit débiter ses livres (comptes à payer ou à recevoir), il émet une note de débit. Si au contraire, il doit créditer ses livres, il émet une note de crédit.

Le chiffrier sans la section Balance de vérification régularisée

■ Jusqu'à présent, les chiffriers que nous avons illustrés avaient une section intitulée Balance de vérification régularisée. L'usage de cette section était destiné à simplifier les explications. En pratique, le comptable expérimenté omet le plus souvent cette section afin de consacrer le moins de temps possible à l'établissement du chiffrier. Dans ce cas, il suffit, après avoir effectué les régularisations, de grouper les soldes de la balance de vérification initiale avec les régularisations et de reporter directement les résultats obtenus dans les deux dernières sections du chiffrier.

Numérotation des comptes du grand livre

■ Nous nous sommes contentés, dans les chapitres précédents, de numéroter consécutivement les comptes du grand livre. Cette façon de procéder suffit pour une petite entreprise. Cependant, lorsque le système comptable est plus complexe, on identifie les comptes du grand livre au moyen d'un code qui décrit en même temps la nature des comptes. Ainsi, on peut utiliser un code formé de trois chiffres ayant chacun une signification spéciale. Le premier chiffre, par exemple, indique une section particulière du bilan ou de l'état des revenus et dépenses. Dans l'exemple donné, les numéros 111 à 199 servent à désigner les comptes d'actif alors que les numéros 211 à 299 désignent les éléments du passif. En résumé, on attribue aux comptes les numéros suivants :

111 à 199 — Les comptes d'actif.
211 à 299 — Les comptes de passif.
311 à 399 — Les comptes de capitaux propres.
411 à 499 — Les comptes de revenus y compris le compte Ventes.
511 à 599 — Le compte Coût des marchandises vendues et les autres comptes connexes.
611 à 699 — Les comptes de dépenses (dépenses d'exploitation).
711 à 799 — Les autres comptes de revenus et de dépenses.

Lorsqu'on attribue aux comptes un code composé de plusieurs chiffres, chacun des chiffres a une signification particulière. Dans le *plan comptable* décrit ci-dessus, le premier chiffre sert pour distinguer les comptes du bilan des comptes de l'état des revenus et dépenses. Quant au deuxième et au troisième chiffres, ils permettent de classer les comptes d'une façon plus précise ainsi que le démontrent les exemples suivants :

111 à 199 — Les comptes d'actif
    111 à 119 — Les éléments de l'actif à court terme (deuxième chiffre du code — chiffre 1)
    121 à 129 — Les participations permanentes ou les placements à long terme (deuxième chiffre du code — chiffre 2)
    131 à 139 — Les éléments de l'actif immobilisé (deuxième chiffre du code — chiffre 3)
    141 à 149 — Les éléments de l'actif incorporel (deuxième chiffre du code — chiffre 4)

211 à 299 — Les comptes de passif
    211 à 219 — Les éléments du passif à court terme (deuxième chiffre du code — chiffre 1)
    221 à 229 — Les éléments du passif à long terme (deuxième chiffre du code — chiffre 2)

611 à 699 — Les dépenses d'exploitation
    611 à 629 — Les frais de vente (le deuxième chiffre du code, c'est-à-dire les chiffres 1 et 2)
    631 à 649 — Les frais de livraison (le deuxième chiffre du code, c'est-à-dire les chiffres 3 et 4)
    651 à 669 — Les frais d'administration (le deuxième chiffre du code, c'est-à-dire les chiffres 5 et 6)

Le troisième chiffre permet de pousser encore plus loin le classement des comptes. Ainsi, dans le plan comptable décrit ci-dessus, on classe les frais de vente de la façon suivante :

611 à 699 — Les dépenses d'exploitation
    611 à 629 — Les frais de vente
        611 — Les salaires des vendeurs (troisième chiffre du code — chiffre 1)
        612 — La publicité (troisième chiffre du code — chiffre 2)
        613 — Amortissement — Équipement du magasin (troisième chiffre du code — chiffre 3)

Questions   1. D'où proviennent les revenus d'une entreprise commerciale ?
             2. Qu'entend-on par bénéfice brut ?

3. Qu'entend-on par escompte de caisse ? Si les conditions de règlement sont 2/10, n/60, quelle est la longueur du délai de règlement ? Quelle est la longueur du délai d'escompte ?

4. Quand et de quelle façon un magasin qui utilise la méthode de l'inventaire périodique détermine-t-elle le coût des marchandises vendues ?

5. Se peut-il qu'une entreprise subisse une perte même si le prix de vente des marchandises vendues est supérieur à leur prix d'achat ? Expliquez.

6. Pourquoi un établissement commercial doit-il compiler des informations portant sur les rendus et rabais sur ventes ?

7. Puisque, dans l'état des revenus et dépenses, l'on déduit les rendus et rabais sur ventes du chiffre des ventes, pourquoi ne les comptabiliserait-on pas en les portant directement au débit du compte Ventes ?

8. Si une entreprise peut obtenir une note de crédit pour la valeur totale des marchandises qu'elle retourne, pourquoi doit-elle se préoccuper du total des rendus sur achats d'un exercice ?

9. Laquelle des opérations suivantes demande de débiter le compte Achats d'une épicerie : (*a*) l'achat d'une caisse enregistreuse, (*b*) l'achat de papier d'emballage, (*c*) la publication d'une annonce dans les journaux et (*d*) l'achat de 48 caisses de soupe aux tomates ?

10. Quel chiffre figure dans la balance de vérification à la fin d'un exercice : le stock au début ou le stock à la fin de cet exercice ?

11. Pourquoi inscrit-on le stock à la fin d'un exercice au crédit de la section État des revenus et dépenses du chiffrier ? Pourquoi l'inscrit-on au débit de la section Bilan ?

12. Quel effet ont les écritures de fermeture sur le compte Stock de marchandises ?

13. Pourquoi utilise-t-on des fiches d'inventaire matériel pour dénombrer les articles en magasin ?

14. Le stock est souvent évalué au plus bas du coût et du coût de remplacement. Que signifient les mots (*a*) coût et (*b*) coût de remplacement ? Donnez un exemple de la façon de mettre en application cette méthode d'évaluation.

15. Au cours d'un exercice, une entreprise a acheté des marchandises coûtant $22,000. Quel est le coût des marchandises vendues dans les cas suivants :
    a. Le stock au début et le stock à la fin sont nuls ?
    b. Le stock au début s'élève à $10,000 et le stock à la fin est nul ?
    c. Le stock au début et le stock à la fin s'élèvent respectivement à $8,000 et à $9,500 ?
    d. Le stock au début est nul et le stock à la fin s'élève à $7,000 ?

16. Lors de la prise d'inventaire matériel à la fin d'un exercice, un commis a oublié de dénombrer les articles placés sur une étagère. Quel est l'effet de cette omission sur (*a*) le bilan et (*b*) l'état des revenus et dépenses si le coût de ces articles est de $100 ?

17. Supposez que personne n'a découvert l'omission dont il est question ci-dessus. Quel serait l'effet de cette omission sur le bilan et l'état des revenus et dépenses dressés à la fin de l'exercice suivant ?

18. Lorsque, pour classer les comptes du grand livre, on se sert d'un code semblable à celui que nous avons illustré, quel est le chiffre du code qui a le plus d'importance ?

Exercice 5–1

Rouleau Sport, Enr. a acheté pour $1,200 de marchandises aux conditions 2/10, n/60 à la Société Setco, Limitée. La facture fut réglée à temps pour bénéficier de l'escompte. (*a*) Passez au journal les écritures pour inscrire l'achat et le règlement subséquent dans les livres de Rouleau Sport, Enr. (*b*) Passez au journal les écritures pour inscrire la vente et le recouvrement subséquent dans les livres de la Société Setco, Limitée.

Exercice 5–2

Voici les montants qui figurent dans la section État des revenus et dépenses du chiffrier de La Librairie Universelle, Enr. établi pour l'exercice terminé le 31 décembre 1976. Les frais de vente et les frais d'administration ne sont pas donnés en détail afin de simplifier le problème.

	État des revenus et dépenses	
	Débit	*Crédit*
Stock de marchandises	10,000	9,000
Ventes		60,000
Rendus et rabais sur ventes	500	
Escomptes sur ventes	1,000	
Achats	34,500	
Rendus et rabais sur achats		300
Escomptes sur achats		700
Fret à l'achat	1,500	
Frais de vente	8,000	
Frais d'administration	6,000	
	61,500	70,000
Bénéfice net	8,500	
	70,000	70,000

Travail à faire :

Dressez l'état des revenus et dépenses de La Librairie Universelle, Enr. pour l'exercice terminé le 31 décembre 1976.

Exercice 5–3

Première partie. Passez au journal les écritures de fermeture de La Librairie Universelle, Enr. (voir le problème précédent) propriété de Gérard Faucher.

Deuxième partie. Ouvrez le compte Stock de marchandises, inscrivez-y le stock au 1er janvier 1976 et reportez les éléments des écritures de fermeture qui ont trait à ce compte. Reportez d'abord le montant à créditer qui a pour effet d'éliminer de ce compte le stock au 1er janvier 1976.

Exercice 5–4

Refaites le tableau suivant et remplissez les espaces laissés en blanc. Chaque série de chiffres disposés horizontalement constitue un problème distinct.

Ventes	Stock au début	Achats nets	Stock à la fin	Coût des marchandises vendues	Bénéfice brut	Dépenses d'exploitation	Bénéfice net ou perte nette
85,000	50,000	40,000	?	55,000	?	20,000	?
90,000	35,000	?	45,000	50,000	?	25,000	15,000
125,000	50,000	?	40,000	?	55,000	35,000	20,000
?	40,000	70,000	35,000	?	40,000	35,000	?
100,000	40,000	65,000	?	60,000	?	25,000	?
70,000	30,000	?	35,000	40,000	?	?	10,000
?	40,000	50,000	30,000	?	40,000	?	—5,000
85,000	?	50,000	35,000	?	30,000	?	10,000

Exercice 5–5

Voici la liste des comptes de la balance de vérification d'une entreprise. Les soldes sont donnés en milliers de dollars afin de faciliter votre travail. En revanche, les comptes figurent par ordre alphabétique afin que vous distinguiez vous-même les comptes de revenus et de dépenses des comptes du bilan.

Comptes de la balance de vérification avec leur solde

Achats	$10	Fourniture d'emballage	$ 3
Amortissement accumulé —		Fret à l'achat	1
Équipement du magasin	2	Gérard Grolier — Propriétaire	13
Assurances payées d'avance	3	Gérard Grolier — Prélèvements	2
Caisse	2	Publicité	4
Comptes à payer	2	Rendus sur ventes	2
Comptes à recevoir	3	Salaires	5
Équipement du magasin	9	Stock de marchandises	4
Escomptes sur achats	1	Ventes	30

Travail à faire :

Établissez le chiffrier de cette entreprise sur du papier ordinaire, compte tenu des régularisations suivantes : (transcrivez les comptes ci-dessus sans changer leur ordre) :

a. Amortissement du coût de l'équipement du magasin applicable à l'exercice : $1.

b. Stock de marchandises à la fin de l'exercice : $2.

c. Primes d'assurances échues durant l'exercice : $2.

d. Salaires courus à payer : $3.

e. Stock de fournitures de magasin à la fin de l'exercice : $1.

Problème 5–1

Passez au journal les écritures pour inscrire les opérations suivantes :

Oct. 1 Achat de marchandises à crédit, $750; conditions de règlement : 2/10, n/30.

1 Paiement des frais de transport de l'achat précédent : $35.

5 Vente de marchandises à crédit : $300; conditions : 2/10, 1/15, n/60.

8 Achat à crédit d'une nouvelle machine à écrire pour le bureau : $225; conditions de règlement : n/10 FDM.

9 Achat à crédit de marchandises à la Société Phoenix, Limitée : $600; conditions : 2/10, n/60.

11 Note de crédit de $50 reçue de la Société Phoenix, Limitée, pour des marchandises achetées le 9 et retournées le lendemain.

12 Vente au comptant de marchandises : $45.

15 Achat à crédit de fournitures de bureau : $85; conditions : n/10 FDM.

16 Note de crédit de $25 reçue pour des fournitures de bureau endommagées achetées le 15 et retournées le même jour.

17 Vente à crédit de marchandises à M. Poulin : $425; conditions : 2/10, 1/15, n/60.

18 Note de crédit de $25 accordée à M. Poulin qui a retourné une partie des marchandises vendues le 17 octobre.

19 Règlement de l'achat effectué le 9 octobre, moins les rendus et l'escompte.

20 Le client à qui l'on a vendu des marchandises le 5 octobre est venu au magasin régler sa facture moins l'escompte auquel il a droit.

27 Règlement par M. Poulin de sa facture du 17, compte tenu des marchandises retournées et de l'escompte.

31 Règlement de la facture du 1er octobre.

Problème 5–2

(Omettez ce problème si vous ne vous êtes pas procuré les feuilles de travail qui accompagnent ce manuel.)

Vous trouverez parmi les feuilles de travail qui accompagnent ce manuel, le chiffrier, terminé en partie seulement, de Paul Vallée, marchand de fourrures.

Travail à faire :

1. Reportez les soldes de la balance de vérification régularisée dans les sections État des revenus et dépenses et Bilan du chiffrier. Inscrivez le stock de marchandises à la fin au crédit de la section État des revenus et dépenses, et au débit de la section Bilan. Terminez le chiffrier.

2. Dressez, à l'aide du chiffrier, un état des revenus et dépenses, sans toutefois, aller au-delà du chiffre du bénéfice brut.

3. Passez au journal les écritures de fermeture.

4. Reportez au grand livre les éléments des écritures de fermeture qui ont trait au stock de marchandises. Reportez d'abord le montant à créditer qui a pour effet d'éliminer de ce compte le stock de marchandises au début de l'exercice.

Problème 5–3

Voici la balance de vérification de La Bijouterie De Luxe, Enr. au 31 décembre1976 :

La Bijouterie De Luxe, Enr.
Balance de vérification
au 31 décembre 1976

Caisse	$ 1,525	
Comptes à recevoir	1,115	
Stock de marchandises	14,540	
Fournitures d'emballage	675	
Assurances payées d'avance	220	
Équipement du magasin	9,890	
Amortissement accumulé — Équipement du magasin		$ 3,210
Comptes à payer		2,225
Émile Danis — Propriétaire		17,045
Émile Danis — Prélèvements	7,800	
Ventes		74,415
Rendus et rabais sur ventes	310	
Escomptes sur ventes	1,145	
Achats	41,320	
Rendus et rabais sur achats		435
Escomptes sur achats		790
Fret à l'achat	565	
Salaires des vendeurs	11,435	
Loyer	6,000	
Publicité	815	
Électricité et chauffage	765	
Total	$98,120	$98,120

Travail à faire :

1. Établissez le chiffrier de La Bijouterie De Luxe, Enr. pour l'exercice terminé le 31 décembre 1976, compte tenu des informations suivantes :
    a. Fournitures d'emballage en main au 31 décembre 1976 : $145.
    b. Primes d'assurances échues : $120.
    c. Amortissement du coût de l'équipement du magasin pour l'exercice : $910.
    d. Salaires courus à payer : $165.
    e. Stock de marchandises au 31 décembre 1976 : $16,040.
2. Dressez un état des revenus et dépenses sans, toutefois, aller au-delà du chiffrier du bénéfice brut.
3. Passez au journal les écritures de fermeture.
4. Ouvrez le compte Stock de marchandises, inscrivez-y le solde au début, $14,540, puis reportez les éléments des écritures de fermeture ayant trait au stock de marchandises. Reportez d'abord le montant à créditer qui a pour effet d'éliminer de ce compte le stock de marchandises au début de l'exercice.

Problème 5–4

Voici la balance de vérification de La Boutique Moderne, Enr. au 31 décembre 1976 :

La Boutique Moderne, Enr.
Balance de vérification
au 31 décembre 1976

Caisse	$ 1,190	
Stock de marchandises	12,655	
Fournitures d'emballage	780	
Fournitures de bureau	145	
Assurances payées d'avance	235	
Équipement du magasin	9,835	
Amortissement accumulé — Équipement du magasin		$ 3,370
Matériel de bureau	1,775	
Amortissement accumulé — Matériel de bureau		750
Comptes à payer		4,145
Laurent Durand — Propriétaire		20,550
Laurent Durand — Prélèvements	5,400	
Ventes		67,705
Rendus et rabais sur ventes	1,510	
Achats	40,235	
Rendus et rabais sur achats		515
Escomptes sur achats		245
Fret à l'achat	915	
Salaires des vendeurs	12,230	
Loyer — Service des ventes	4,950	
Publicité	830	
Salaire des commis de bureau	3,910	
Loyer — Administration générale	550	
Téléphone	135	
Total	$97,280	$97,280

Travail à faire :

1. Établissez le chiffrier de La Boutique Moderne, Enr. pour l'exercice terminé le 31 décembre 1976, compte tenu des informations suivantes :
   a. Fournitures d'emballage en main au 31 décembre 1976 : $135.
   b. Fournitures de bureau en main au 31 décembre 1976 : $55.
   c. Primes d'assurances échues au cours de l'exercice : $120.
   d. Amortissement du coût de l'équipement du magasin applicable à l'exercice : $990.
   e. Amortissement du coût du matériel de bureau applicable à l'exercice : $215.
   f. Salaires courus à payer :
        Vendeurs — $205
        Commis de bureau — $45
   g. Le loyer est ventilé entre le service des ventes (90%) et l'administration générale (10%). Le loyer de décembre n'a pas encore été réglé ni inscrit au 31 décembre 1976.
   h. Stock de marchandises au 31 décembre 1976 : $11,610.

2. Dressez, en bonne et due forme, l'état des revenus et dépenses de La Boutique Moderne, Enr. au 31 décembre 1976.

3. Passez au journal les écritures de fermeture.

4. Ouvrez le compte Stock de marchandises, inscrivez-y le solde au début de l'exercice, puis reportez les éléments des écritures de fermeture qui ont trait au stock. Reportez d'abord le montant à créditer qui a pour effet d'éliminer de ce compte le stock de marchandises au début de l'exercice.

Problème 5–5

Voici la balance de vérification du Joli Bambin, Enr. au 31 décembre 1976 :

Le Joli Bambin, Enr.
Balance de vérification
au 31 décembre 1976

Caisse	$ 1,275	
Stock de marchandises	13,145	
Fournitures d'emballage	820	
Fournitures de bureau	275	
Assurances payées d'avance	315	
Matériel de bureau	1,850	
Amortissement accumulé — Matériel de bureau		$ 645
Équipement du magasin	9,780	
Amortissement accumulé — Équipement du magasin		3,135
Comptes à payer		1,540
Charles Huot — Propriétaire		14,185
Charles Huot — Prélèvements	8,400	
Ventes		77,385
Rendus et rabais sur ventes	960	
Achats	41,480	
Rendus et rabais sur achats		365
Escomptes sur achats		915
Fret à l'achat	570	
Salaires des vendeurs	9,245	
Loyer — Service des ventes	4,320	
Publicité	575	
Livraison	240	
Électricité et chauffage	885	
Salaire des commis de bureau	3,555	
Loyer — Administration générale	480	
Total	$98,170	$98,170

Travail à faire :

1. Établissez le chiffrier du Joli Bambin, Enr. pour l'exercice terminé le 31 décembre 1976, compte tenu des informations suivantes :
   a. Fournitures d'emballage en main au 31 décembre 1976 : $185.
   b. Fournitures de bureau en main au 31 décembre 1976 : $125.
   c. Primes d'assurances échues au cours de l'exercice : $245.

d. Amortissement du coût du matériel de bureau applicable à l'exercice : $210.

e. Amortissement du coût de l'équipement du magasin applicable à l'exercice : $970.

f. Salaires courus à payer au 31 décembre 1976 :
    Salaires des vendeurs — $165
    Salaires des commis de bureau — $45.

g. Stock de marchandises au 31 décembre 1976 : $14,750.

2. Dressez un état des revenus et dépenses et un bilan.

3. Passez au journal les écritures de régularisation et de fermeture.

4. Ouvrez le compte Stock de marchandises, inscrivez-y le stock de marchandises au début de l'exercice, $13,145, et reportez les éléments des écritures de fermeture qui ont trait au stock.

Autres problèmes

Problème 5–1A

Passez au journal les écritures pour inscrire les opérations suivantes :

Oct. 1 Achat à crédit de marchandises : $650; conditions : 1/10, n/30.

3 Vente au comptant de marchandises : $60.

6 Achat à crédit de matériel de bureau : $150; conditions : n/10 FDM.

8 Achat à crédit de marchandises à la Société ABC, Limitée : $585; conditions : 2/10, n/60.

8 Paiement des frais de transport des marchandises achetées aujourd'hui : $40.

12 Note de crédit de $35 reçue de la Société ABC, Limitée pour une partie des marchandises achetées le 8 et retournées le lendemain.

13 Vente à crédit de marchandises à M. Conrad Gélin : $400; conditions : 2/10, 1/15, n/60.

15 Achat à crédit de fournitures de bureau : $65; conditions : n/10 FDM.

16 Vente à crédit de marchandises à M. Denis Pouliot : $545; conditions : 2/10, 1/15, n/60.

17 Note de crédit de $15 reçue pour des fournitures achetées le 15 octobre et retournées en raison d'une erreur commise par le fournisseur.

18 Note de crédit de $45 accordée à M. Pouliot qui a retourné une partie des marchandises achetées le 16 octobre.

18 Règlement de la facture du 8 octobre, compte tenu des marchandises retournées et de l'escompte.

26 Règlement par M. Denis Pouliot de la facture du 16 octobre, compte tenu de la note de crédit du 18 octobre et de l'escompte accordé.

28 M. Conrad Gélin vient au magasin et règle sa facture du 13 octobre, moins l'escompte.

31 Règlement de l'achat effectué le 1er octobre.

Problème 5–3A

Voici la balance de vérification de La Librairie Populaire, Enr. au 31 décembre 1976 :

La Librairie Populaire, Enr.
Balance de vérification
au 31 décembre 1976

Caisse	$ 870	
Stock de marchandises	14,540	
Fournitures d'emballage	810	
Assurances payées d'avance	295	
Équipement du magasin	8,865	
Amortissement accumulé — Équipement du magasin		$ 3,340
Comptes à payer		4,110
Paul Ross — Propriétaire		20,805
Paul Ross — Prélèvements	6,000	
Ventes		69,225
Rendus et rabais sur ventes	725	
Escomptes sur ventes	1,225	
Achats	42,540	
Rendus et rabais sur achats		385
Escomptes sur achats		210
Fret à l'achat	885	
Salaires des vendeurs	12,560	
Loyer	7,200	
Publicité	925	
Services publics	635	
Total	$98,075	$98,075

Travail à faire :

1. Établissez le chiffrier de La Librairie Populaire, Enr. pour l'exercice terminé le 31 décembre 1976, compte tenu des informations suivantes :
   a. Fournitures d'emballage en main au 31 décembre 1976 : $175.
   b. Primes d'assurances échues : $180.
   c. Amortissement du coût de l'équipement du magasin applicable à l'exercice : $980.
   d. Salaires courus à payer : $215.
   e. Stock de marchandises au 31 décembre 1976 : $12,990.

2. Dressez un état des revenus et dépenses sans, toutefois, aller au-delà du chiffre du bénéfice brut.

3. Passez au journal les écritures de fermeture.

4. Ouvrez le compte Stock de marchandises, inscrivez-y le solde au début de l'exercice, puis reportez les éléments des écritures de fermeture qui ont trait au stock. Reportez d'abord le montant à créditer qui a pour effet d'éliminer de ce compte le stock de marchandises au 1er janvier 1976.

Problème 5–4A

Voici la balance de vérification de La Boutique pour Hommes, Enr. au 31 décembre 1976 :

La Boutique pour Hommes, Enr.
Balance de vérification
au 31 décembre 1976

Caisse	$ 2,215	
Stock de marchandises	12,655	
Fournitures d'emballage	795	
Fournitures de bureau	170	
Assurances payées d'avance	345	
Équipement du magasin	9,140	
Amortissement accumulé — Équipement du magasin		$ 1,320
Matériel de bureau	1,490	
Amortissement accumulé — Matériel de bureau		265
Comptes à payer		2,590
Gérard Hallé — Propriétaire		16,135
Gérard Hallé — Prélèvements	7,800	
Ventes		75,810
Rendus et rabais sur ventes	810	
Achats	40,980	
Rabais et rendus sur achats		315
Escomptes sur achats		785
Fret à l'achat	720	
Salaires des vendeurs	9,155	
Loyer — Service des ventes	5,400	
Publicité	785	
Salaires des commis de bureau	4,160	
Loyer — Administration générale	600	
Total	$97,220	$97,220

Travail à faire :

1. Établissez le chiffrier de La Boutique pour Hommes, Enr. pour l'exercice terminé le 31 décembre 1976, compte tenu des informations suivantes :
   a. Fournitures d'emballage en main au 31 décembre 1976 : $155.
   b. Fournitures de bureau en main au 31 décembre 1976 : $60.
   c. Primes d'assurances échues : $215.
   d. Amortissement du coût de l'équipement du magasin pour l'exercice : $875.
   e. Amortissement du coût du matériel de bureau pour l'exercice : $145.
   f. Salaires courus à payer au 31 décembre 1976
      Salaires des vendeurs : $110.
      Salaires des commis de bureau : $35.
   g. Le loyer est ventilé entre le service des ventes (90%) et le service d'administration générale (10%). Le bail stipule que le loyer annuel

doit être égal à 9% du chiffre des ventes. Une clause prévoit, toutefois, que le locataire doit verser un loyer mensuel d'au moins $500 par mois. Le comptable a déjà inscrit mensuellement un loyer de $500 mais il n'a pas encore comptabilisé le loyer couru à payer.

   h. Le stock de marchandises au 31 décembre 1976 s'élève à $13,880.

2. Dressez l'état des revenus et dépenses de La Boutique pour Hommes, Enr. pour l'exercice terminé le 31 décembre 1976.

3. Passez au journal les écritures de fermeture.

4. Ouvrez le compte Stock de marchandises, inscrivez-y le stock au début de l'exercice et reportez les éléments de l'écriture de fermeture qui ont trait à ce compte.

Cas 5–1
L'Atelier
Populaire,
Enr.

Première Partie. Vous êtes depuis quelques jours le comptable de L'Atelier Populaire, Enr., un magasin appartenant à M. Raymond Houle. Une étude sommaire des registres comptables vous permet de découvrir que votre patron ne bénéficie jamais des escomptes de caisse que lui accordent ses fournisseurs dont les conditions de règlement sont 2/10, n/60. M. Houle refuse d'agir autrement, car il ne veut pas emprunter en permanence à la banque. Les achats et les ventes sont étalés sur l'exercice tout entier. Voici l'état sommaire des revenus et dépenses de L'Atelier Populaire, Enr. pour le dernier exercice :

Ventes	$250,000
Coût des marchandises vendues	150,000
Bénéfice brut	$100,000
Frais d'exploitation	80,000
Bénéfice net	$ 20,000

Dressez un état qui fera ressortir l'augmentation du bénéfice que M. Houle obtiendrait s'il empruntait à 6% une somme suffisamment élevée pour bénéficier de tous les escomptes de caisse.

Deuxième partie. Supposez que M. Houle a convenu de se prévaloir de tous les escomptes de caisse accordés par ses fournisseurs. Cependant, vous découvrez que le comptable qui vous a précédé avait l'habitude de classer toutes les factures dans une seule chemise portant le titre « Factures à régler ». Par la suite, il cherchait, chaque jour, dans cette chemise, les factures qui devaient être réglées. Vous estimez que ce système ne peut faire connaître toutes les factures à acquitter à une date donnée surtout si l'objectif poursuivi est de régler ces factures à la toute fin du délai d'escompte. Il est trop facile avec le système en usage actuellement d'omettre de retirer de la chemise une facture le jour où elle doit être réglée. M. Houle vous demande de lui décrire un système de classement des factures qui assurera que les factures seront réglées au moment opportun.

M. Roméo Paquet, propriétaire du Magasin Joli-Cœur, Enr. a dressé pour son usage personnel, l'état des revenus et dépenses suivant avant que les livres ne soient fermés :

Le Magasin Joli-Cœur, Enr.
État des revenus et dépenses
pour l'exercice terminé le 31 décembre 1976

Ventes		$268,350
Coût des marchandises vendues :		
Stock au 1er janvier 1976	$ 17,550	
Achats nets	182,400	
Coût des marchandises à vendre	$199,950	
Stock au 31 décembre 1976	18,800	
Coût des marchandises vendues		181,150
Bénéfice brut		$ 87,200
Dépenses d'exploitation		61,000
Bénéfice net		$ 26,200

Il n'y eut ni rendus ni rabais sur achats ou sur ventes au cours de l'exercice, mais le vérificateur a découvert les erreurs suivantes :

1. Une facture d'achat de $500 datée du 27 décembre et reçue le 31 décembre a été inscrite aux livres. Les marchandises furent expédiées le 27 décembre. Le Magasin Joli-Cœur, Enr. a acquitté les frais de transport, le 2 janvier, soit le jour où les marchandises sont arrivées à destination. M. Paquet a tenu compte du prix d'achat de ces marchandises et du fret à l'achat qui s'y rapporte lors du calcul des achats nets. Les marchandises en question ne font pas toutefois partie du stock, car elles n'avaient pas encore été reçues lors de la prise d'inventaire.

2. Des marchandises coûtant $350 reçues le 31 décembre font partie du stock. Cependant, le comptable n'a inscrit ces marchandises que le 2 janvier, au moment où il a reçu la facture. Le fournisseur avait accepté de régler les frais de transport.

3. Une facture de $750 datée du 28 décembre et reçue le 2 janvier n'a pas encore été inscrite. Le Magasin Joli-Cœur, Enr. était responsable des frais de transport qui ont été réglés et inscrits lors de la réception de la facture le 2 janvier. Les marchandises ne font pas partie du stock au 31 décembre, car elles étaient en circulation au moment de la prise d'inventaire.

4. On a inscrit une facture de vente de $1,350 datée du 31 décembre. C'est au Magasin Joli-Cœur, Enr. qu'il revient de régler les frais de transport. Les marchandises vendues coûtent $900. Elles ont été mises de côté dans l'entrepôt le 31 décembre, mais n'ont pas été dénombrées lors de la prise d'inventaire et n'ont pas encore été expédiées.

5. Le comptable n'a pas encore inscrit une facture de $1,200 datée du 31 décembre. Le Magasin Joli-Cœur, Enr. a expédié les marchandises

vendues le 31 décembre et a payé d'avance les frais de transport sans les inscrire. Ces marchandises dont le coût est de $850 ne font pas partie du stock et sont parvenues à destination le 2 janvier.

6. Le comptable a par erreur inclus dans le stock et porté au débit du compte Achats, du matériel de bureau coûtant $600 reçu le 31 décembre.

7. Une erreur de calcul commise lors du dénombrement des articles en magasin a eu pour effet de sous-évaluer de $200 le stock à la fin de l'exercice dans l'état préliminaire des revenus et dépenses.

Dites lesquels des éléments précédents doivent être exclus (ou inclus) des ventes et des achats de l'exercice, ainsi que du stock au 31 décembre 1976. Indiquez la façon de corriger chaque erreur et dressez un état révisé des revenus et dépenses pour l'exercice terminé le 31 décembre 1976.

6

Les journaux spéciaux et les grands livres auxiliaires

■ Le journal général dont nous avons parlé jusqu'à présent peut servir pour inscrire toutes les opérations, quelles qu'elles soient. Cependant, il serait très peu pratique d'inscrire toutes les opérations dans ce livre, car il faudrait reporter séparément tous les montants qui y sont inscrits.

Réduction du travail de report au grand livre

■ On peut réduire le travail de report de plusieurs façons. Il est possible, en particulier, de tirer parti de ce que des opérations identiques sont toujours portées au débit et au crédit des mêmes comptes. Ainsi, toutes les ventes à crédit se ressemblent et font l'objet d'une écriture comptable qui consiste à débiter le compte Comptes à recevoir et à créditer le compte Ventes. Pour réduire le travail de tenue des livres, il suffit, dans ce cas, d'inscrire les ventes d'un mois dans un livre semblable à celui du tableau 6–1 et de ne reporter, à la fin du mois, que le total des ventes, au débit du compte Comptes à recevoir et au crédit du compte Ventes.

Le journal des ventes du tableau 6–1 ne comprend que sept ventes à crédit. Il pourait y en avoir 700. Le travail de tenue des livres est considérablement réduit si le comptable n'a qu'à reporter le total des ventes au lieu d'avoir à débiter 700 fois le compte Comptes à recevoir et à créditer le même nombre de fois le compte Ventes.

Journal des ventes

Date		Comptes à débiter	N° de facture	F°	Montant
Oct.	1	Jacques Henri	307	✓	200.00
	7	Albert Smith	308	✓	100.00
	12	Jean Vachon	309	✓	150.00
	15	Paul Royer	310	✓	225.00
	22	Samuel Moore	311	✓	125.00
	25	François Boucher	312	✓	50.00
	28	Samuel Moore	313	✓	175.00
	31	Dt – Comptes à recevoir; Ct – Ventes			1,025.00
					(113/411)

Ce total est reporté à la fin du mois

Comptes à recevoir   113

Date	Débit	Crédit	Solde
Oct. 31	1,025.00		1,025.00

Ventes   411

Date	Débit	Crédit	Solde
Oct. 31		1,025.00	1,025.00

Tableau
6–1

Le journal des ventes du tableau 6–1 a plusieurs colonnes qui servent à inscrire la date, le nom du client, le numéro de la facture et le montant de chaque vente. On donne à un journal de ce genre le nom de *journal auxiliaire*. Le journal des ventes ne sert que pour inscrire quotidiennement les ventes à crédit. Les détails qu'il faut inscrire sur chaque ligne proviennent de la facture établie au moment de la vente. Avant de traiter davantage du journal des ventes, nous allons dire un mot des *grands livres auxiliaires*.

Les grands livres auxiliaires

■ Le compte Comptes à recevoir dont nous nous sommes servi jusqu'à présent n'indique pas clairement les ventes effectuées à chacun des clients en particulier, les sommes qu'ils ont versées et le solde dû par chacun d'eux à un moment donné. Pour connaître ces détails, il est nécessaire d'ouvrir un compte au nom de chacun des clients à qui l'entreprise vend à crédit. Ces comptes qui ne remplacent pas le compte Comptes à recevoir font partie d'un *grand livre auxiliaire* qu'il ne faut pas confondre avec le grand livre général. Le *grand livre auxiliaire des comptes à recevoir* ne renferme que les comptes des clients alors que le *grand livre général* comprend tous les comptes du bilan et de l'état des revenus et dépenses.

La distinction qu'il faut établir entre les comptes du grand livre général et ceux du grand livre auxiliaire des comptes à recevoir est illustrée dans le tableau 6–2. Il faut bien comprendre qu'il s'agit effectivement de deux livres distincts.

Remarquez également que le tableau 6–2 indique clairement que les comptes du grand livre auxiliaire des comptes à recevoir ne remplacent pas le compte Comptes à recevoir dont il a été question jusqu'à présent. Ce dernier compte continue de faire partie du grand livre général et est nécessaire pour : (1) faire connaître le total des sommes dues par les clients, (2) indiquer que le total des soldes débiteurs des comptes du grand livre général est égal au total des soldes créditeurs et (3) permettre de vérifier l'exactitude des soldes des comptes du grand livre des comptes à recevoir. Nous discutons plus particulièrement des deux derniers points dans le présent chapitre.

Le report des écritures du journal des ventes

■ Quand une entreprise utilise un journal des ventes semblable à celui du tableau 6–2, elle doit reporter quotidiennement chacune des ventes dans l'un ou l'autre des comptes du grand livre auxiliaire des comptes à recevoir. Ces reports quotidiens permettent de connaître le solde de chacun des comptes des clients. Le chef du service du crédit doit avoir des informations portant sur le montant dû par les clients et sur le moment où ils règlent leur compte afin d'évaluer la solvabilité de chacun d'eux. Ces renseignements lui sont donnés par les comptes du grand livre des comptes à recevoir qui, pour cette raison, doivent être continuellement mis à jour.

Remarquez le signe (✔) dans la colonne Folio du journal des ventes. Ce signe indique que le montant de chacune des ventes a été porté au compte du client dans le grand livre des comptes à recevoir. Le signe (✔) est utilisé au lieu de numéros parce que l'on n'attribue généralement pas de numéros aux comptes des clients que l'on préfère classer par ordre alphabétique. Le classement par ordre numérique ne serait pas pratique en raison du nombre de clients qui est appelé à changer constamment.

À la fin de chaque mois, on additionne les montants figurant au journal des ventes et on reporte le total obtenu au débit du compte Comptes à recevoir et au crédit du compte Ventes du grand livre général. Le montant crédité permet d'inscrire les ventes à crédit du mois alors que le montant débité accroît le solde du compte Comptes à recevoir. Comme les deux comptes en question font partie du grand livre général, il est nécessaire de reporter le total du journal des ventes deux fois afin de maintenir l'égalité entre le total des soldes débiteurs et le total des soldes créditeurs des comptes du grand livre général.

La taxe de vente

■ La plupart des provinces du Canada prescrivent aux détaillants de percevoir une taxe de vente dont le taux est de 3% à 8% du prix de vente. Le montant complet de la taxe doit être remis au gouvernement à périodes fixes. Étant donné qu'une vente donne alors lieu à deux

Journal des ventes

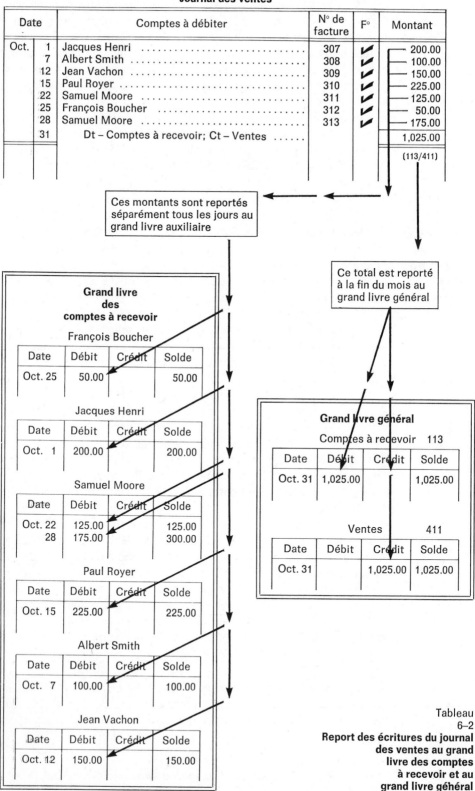

Date		Comptes à débiter	N° de facture	F°	Montant
Oct.	1	Jacques Henri	307	✔	200.00
	7	Albert Smith	308	✔	100.00
	12	Jean Vachon	309	✔	150.00
	15	Paul Royer	310	✔	225.00
	22	Samuel Moore	311	✔	125.00
	25	François Boucher	312	✔	50.00
	28	Samuel Moore	313	✔	175.00
	31	Dt – Comptes à recevoir; Ct – Ventes			1,025.00
					(113/411)

Ces montants sont reportés séparément tous les jours au grand livre auxiliaire

Ce total est reporté à la fin du mois au grand livre général

Grand livre des comptes à recevoir

François Boucher

Date	Débit	Crédit	Solde
Oct. 25	50.00		50.00

Jacques Henri

Date	Débit	Crédit	Solde
Oct. 1	200.00		200.00

Samuel Moore

Date	Débit	Crédit	Solde
Oct. 22	125.00		125.00
28	175.00		300.00

Paul Royer

Date	Débit	Crédit	Solde
Oct. 15	225.00		225.00

Albert Smith

Date	Débit	Crédit	Solde
Oct. 7	100.00		100.00

Jean Vachon

Date	Débit	Crédit	Solde
Oct. 12	150.00		150.00

Grand livre général

Comptes à recevoir   113

Date	Débit	Crédit	Solde
Oct. 31	1,025.00		1,025.00

Ventes   411

Date	Débit	Crédit	Solde
Oct. 31		1,025.00	1,025.00

Tableau
6–2
Report des écritures du journal des ventes au grand livre des comptes à recevoir et au grand livre géhéral

crédits, on ne peut se servir d'un journal à colonne simple. Il faut, dans ce cas, utiliser un journal semblable à celui du tableau 6–3.

Journal des ventes

Date	Comptes à débiter	N° de facture	F°	Débit comptes à recevoir	Crédit Taxe de vente à payer	Crédit Ventes
Déc. 1	Denis Huard	7-1698		108.00	8.00	100.00

Tableau 6–3

Au cours du mois, on reporte séparément au grand livre des comptes à recevoir les montants inscrits dans la colonne Débit — Comptes à recevoir. Quant au total de cette colonne, il faut le reporter à la fin du mois au débit du compte Comptes à recevoir. Les montants figurant sous les rubriques Taxes de vente à payer et Ventes ne sont pas reportés individuellement. Cependant, à la fin du mois le total de ces deux colonnes doit être reporté respectivement au crédit des comptes Taxes de vente à payer et Ventes.

Une entreprise qui effectue des ventes au comptant peut inscrire la taxe de vente applicable à ces ventes dans le journal de caisse-recettes dont nous discutons un peu plus loin.

Les factures de vente et le journal des ventes

■ Plusieurs entreprises n'inscrivent pas les ventes à crédit dans un livre spécial. Pour économiser du temps, elles préfèrent inscrire directement chaque facture dans le grand livre des comptes à recevoir. Par la suite, les factures sont classées par ordre numérique. À la fin du mois, on calcule le total des ventes et on passe au journal général une écriture dans laquelle on débite le compte Comptes à recevoir et on crédite le compte Ventes du total obtenu. Dans ce cas, les factures du mois remplacent le livre des ventes. Cette façon de procéder dispense le comptable d'avoir à inscrire chaque facture dans un journal des ventes.

Les comptes de contrôle

■ Le compte Comptes à recevoir du grand livre général auquel correspondent les comptes des clients dans le grand livre des comptes à recevoir porte le nom de *compte de contrôle* ou *compte collectif*. Après avoir terminé le travail de report, le solde de ce compte doit être égal au total des soldes des comptes du grand livre des comptes à recevoir si, bien entendu, aucune erreur n'a été commise.

Les comptes de contrôle et les grands livres auxiliaires

■ Pour que le solde d'un compte de contrôle soit égal au total des soldes des comptes des clients, il est nécessaire de reporter, au compte de contrôle, des montants dont le total est égal à la somme des montants débités ou crédités dans les comptes du grand livre auxiliaire. De cette façon, le solde du compte de contrôle est égal au total des soldes des comptes du grand livre auxiliaire à la condition, toutefois, qu'aucune erreur n'ait été commise.

Vérification de l'exactitude des comptes des grands livres auxiliaires

■ La discussion qui précède nous permet de conclure que l'on peut vérifier l'exactitude des comptes d'un grand livre auxiliaire en comparant le total des soldes de ces comptes avec le solde du compte de contrôle. Si ces deux chiffres concordent, il est permis de supposer que les comptes du grand livre auxiliaire ne renferment pas d'erreurs. Ainsi, pour vérifier l'exactitude du grand livre auxiliaire des comptes à recevoir, on dresse une liste des comptes des clients avec leur solde (voir le tableau 6–4). Si le total obtenu en additionnant les soldes de ces comptes est identique au solde du compte Comptes à recevoir, on peut conclure qu'aucune erreur n'a été commise.

Tableau 6–4

La Boutique aux Cadeaux, Enr.
Liste des comptes à recevoir
au 31 décembre 1976

Adélard Dion	$ 75
François Faucher	125
Thomas Johnson	250
Charles Nadeau	160
Jean Roy	100
Samuel Veilleux	140
Total	$850

La liste des comptes à recevoir dressée à la fin d'un exercice comprend le nom de chaque client et la somme due par chacun d'eux. Le ruban d'une machine à additionner sur lequel figure uniquement les soldes des comptes peut parfois remplacer une liste dressée en bonne et due forme en vue de vérifier l'exactitude des soldes des comptes d'un grand livre auxiliaire.

Autres journaux auxiliaires

■ Seules les ventes à crédit peuvent être inscrites dans le journal des ventes dont il a été question jusqu'à présent. L'entreprise qui désire simplifier le plus possible l'inscription d'opérations identiques utilise plusieurs journaux auxiliaires en plus du journal des ventes. Ces autres journaux sont : le journal de caisse-recettes, le journal des achats, le journal de caisse-déboursés et, parfois, d'autres livres comme le journal des rendus et rabais sur ventes, le journal des billets à recevoir, etc. Cependant, l'utilisation de ces journaux auxiliaires n'élimine pas le journal général dans lequel on inscrit certaines opérations spéciales ainsi que les écritures de régularisation, de fermeture et de correction.

Le journal de caisse-recettes

■ Si l'on veut réduire le plus possible le travail de report, il est nécessaire que le journal de caisse-recettes ait de multiples colonnes. En effet, toutes les recettes, quelles qu'elles soient sont portées au débit d'un seul compte (le compte Caisse) alors qu'elles peuvent être portées au crédit de nombreux comptes selon leur source. Effectivement, les recettes d'une entreprise commerciale proviennent de trois sources différentes : (1) l'argent recouvré des clients, (2) l'argent provenant de ventes au comptant et (3) l'argent provenant de diverses autres sources. Le journal de caisse-recettes du tableau 6–5 comprend cinq colonnes de chiffres dont les trois premières servent pour identifier la provenance des recettes (les montants à créditer) et les deux dernières pour inscrire les escomptes sur ventes et l'argent encaissé.

L'ARGENT RECOUVRÉ DES CLIENTS

Quand un client règle son compte, on inscrit la somme reçue dans le journal de caisse-recettes (voir le tableau 6–5) sous les rubriques « Crédit — Comptes à recevoir », « Débit — Escomptes sur ventes » et « Débit — Caisse ».

La colonne « Crédit — Comptes à recevoir » ne doit comprendre que les montants à reporter séparément tous les jours aux comptes du grand livre des comptes à recevoir. Quant au total des montants figurant dans cette colonne, il faut le reporter mensuellement au crédit du compte Comptes à recevoir du grand livre général. C'est de cette façon qu'il faut inscrire l'argent recouvré et effectuer le travail de report lorsqu'une entreprise utilise un grand livre auxiliaire auquel correspond un compte de contrôle dans le grand livre général. En résumé, on inscrit les opérations dans un journal auxiliaire, on reporte séparément chacun des montants aux comptes d'un grand livre auxiliaire et, finalement, on reporte le total de ces montants à un compte de contrôle du grand livre général. Remarquez qu'à la suite de ce travail, le solde du compte de contrôle demeure égal au total des soldes des comptes du grand livre auxiliaire correspondant.

LES VENTES AU COMPTANT

Le plus souvent, on se sert de caisses enregistreuses pour inscrire les ventes au comptant. À la fin d'une journée, le total des rubans des caisses enregistreuses est porté au débit du compte Caisse et au crédit du compte Ventes.

Lorsque l'on se sert d'un journal caisse-recettes semblable à celui du tableau 6–5, il suffit d'inscrire les ventes au comptant dans la colonne « Débit — Caisse » et dans la colonne « Crédit — Ventes » et de reporter à la fin du mois le total de ces deux colonnes aux comptes Caisse et Ventes du grand livre général. (Bien qu'en pratique, les ventes soient inscrites quotidiennement dans le journal de caisse-recettes au moyen des rubans des caisses enregistreuses, nous nous contentons, dans le tableau 6–5 d'écritures hebdomadaires afin de simplifier l'illustration.)

Après avoir inscrit les ventes au comptant quotidiennement dans le journal de caisse-recettes, certains comptables mettent le signe (✔) dans la colonne Folio pour indiquer que les montants en question ne

Journal de caisse-recettes

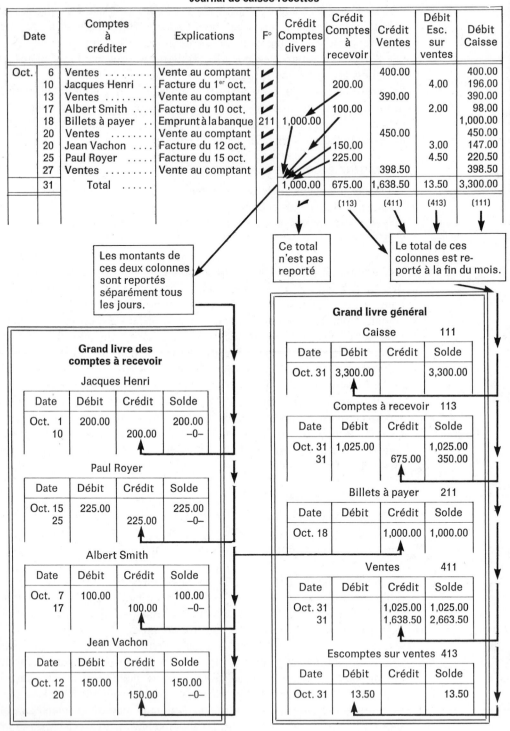

Date		Comptes à créditer	Explications	F°	Crédit Comptes divers	Crédit Comptes à recevoir	Crédit Ventes	Débit Esc. sur ventes	Débit Caisse
Oct.	6	Ventes	Vente au comptant	✓			400.00		400.00
	10	Jacques Henri ..	Facture du 1er oct.	✓		200.00		4.00	196.00
	13	Ventes	Vente au comptant	✓			390.00		390.00
	17	Albert Smith	Facture du 10 oct.	✓		100.00		2.00	98.00
	18	Billets à payer ..	Emprunt à la banque	211	1,000.00				1,000.00
	20	Ventes	Vente au comptant	✓			450.00		450.00
	20	Jean Vachon	Facture du 12 oct.	✓		150.00		3.00	147.00
	25	Paul Royer	Facture du 15 oct.	✓		225.00		4.50	220.50
	27	Ventes	Vente au comptant	✓			398.50		398.50
	31	Total			1,000.00	675.00	1,638.50	13.50	3,300.00
					✓	(113)	(411)	(413)	(111)

Les montants de ces deux colonnes sont reportés séparément tous les jours.

Ce total n'est pas reporté

Le total de ces colonnes est reporté à la fin du mois.

Grand livre des comptes à recevoir

Jacques Henri

Date	Débit	Crédit	Solde
Oct. 1	200.00		200.00
10		200.00	–0–

Paul Royer

Date	Débit	Crédit	Solde
Oct. 15	225.00		225.00
25		225.00	–0–

Albert Smith

Date	Débit	Crédit	Solde
Oct. 7	100.00		100.00
17		100.00	–0–

Jean Vachon

Date	Débit	Crédit	Solde
Oct. 12	150.00		150.00
20		150.00	–0–

Grand livre général

Caisse   111

Date	Débit	Crédit	Solde
Oct. 31	3,300.00		3,300.00

Comptes à recevoir   113

Date	Débit	Crédit	Solde
Oct. 31	1,025.00		1,025.00
31		675.00	350.00

Billets à payer   211

Date	Débit	Crédit	Solde
Oct. 18		1,000.00	1,000.00

Ventes   411

Date	Débit	Crédit	Solde
Oct. 31		1,025.00	1,025.00
31		1,638.50	2,663.50

Escomptes sur ventes 413

Date	Débit	Crédit	Solde
Oct. 31	13.50		13.50

Tableau
6–5

Report des écritures du journal de caisse-recettes au grand livre des comptes à recevoir et au grand livre général

doivent pas être reportés séparément. D'autres préfèrent mettre une double coche (✔✔) afin de distinguer ces montants de ceux qui doivent être reportés aux comptes du grand livre des comptes à recevoir.

LES RECETTES DIVERSES

La plupart des recettes proviennent des clients. Cependant, il existe des recettes qui proviennent d'autres sources. Ainsi, une entreprise pourrait vendre un bien dont elle n'a plus besoin ou elle pourrait emprunter une somme d'argent à une banque. L'inscription de ces recettes se fait dans la colonne du journal de caisse-recettes intitulé « Crédit — Comptes divers ».

Le report des écritures du journal de caisse-recettes

■ Nous avons déjà dit que tous les montants inscrits dans la colonne « Crédit — Comptes à recevoir » du journal de caisse-recettes doivent être reportés au crédit des comptes des clients dans le grand livre des comptes à recevoir. Il faut reporter quotidiennement ces montants afin que les comptes des clients reflètent le solde réel à recouvrer.

Le plus souvent, les montants figurant sous la rubrique « Crédit — Comptes divers » sont peu nombreux et font l'objet d'un report distinct au grand livre général. Il est préférable d'effectuer ce travail quotidiennement afin de n'oublier aucun report et de n'avoir, à la fin du mois, qu'à reporter le total des autres colonnes, soit les colonnes « Crédit — Comptes à recevoir», Crédit — Ventes», « Débit — Escomptes sur ventes » et « Débit — Caisse ».

Le total des montants débités dans un journal auxiliaire doit être égal au total des montants qui y sont crédités. Pour s'assurer de cette égalité, il suffit d'additionner respectivement le total de chacune des colonnes débitrices et le total de chacune des colonnes créditrices, puis de comparer les résultats obtenus. Ainsi, il faut, dans le cas du journal de caisse-recettes du tableau 6–5, effectuer les calculs suivants :

Colonnes débitrices		Colonnes créditrices	
Débit — Escomptes sur ventes	$ 13.50	Crédit — Comptes divers ..	$1,000.00
Débit — Caisse	3,300.00	Crédit — Comptes à recevoir	675.00
		Crédit — Ventes	1,638.50
Total	$3,313.50	Total	$3,313.50

Étant donné que ces deux résultats sont identiques, on peut conclure que le total des montants débités est égal au total des montants crédités.

Ce n'est qu'après avoir effectué ce travail qu'il convient de reporter le total de chaque colonne au grand livre. On débitera alors le compte Caisse de $3,300 et le compte Escomptes sur ventes de $13.50. De même, il faudra porter au crédit du compte Ventes la somme de $1,638.50 et au crédit du compte Comptes à recevoir la somme de $675. Étant donné que les sommes inscrites dans la colonne « Crédit — Comptes divers » sont reportés au grand livre quotidiennement, il ne faut pas reporter le total de cette colonne. Le tableau 6–5 illustre la façon d'effectuer ce travail de report.

Le fait de reporter quotidiennement les montants de la colonne « Crédit — Comptes divers » alors que le total de la colonne « Débit — Caisse » n'est reporté qu'à la fin du mois amène un déséquilibre, au grand livre, entre le total des débits et le total des crédits. Cependant, ce déséquilibre n'est que temporaire, car le total de la colonne « Débit — Caisse » sera reporté au grand livre avant d'établir la balance de vérification à la fin d'un mois ou d'un exercice.

La colonne Folio ne sert que lors du report quotidien des montants inscrits dans la colonne « Crédit — Comptes divers » et « Crédit — Comptes à recevoir ». Les numéros de comptes inscrits sous la rubrique Folio indiquent les comptes où les montants de la colonne « Crédit — Comptes divers » ont été reportés. Par ailleurs, le signe (✔) indique que les montants en question n'ont pas été reportés (les ventes au comptant) ou ont été reportés aux comptes des clients du grand livre des comptes à recevoir (les sommes recouvrées des clients). Étant donné qu'il ne faut pas reporter le total de la colonne « Crédit — Comptes divers », il suffit de mettre le signe (✔) au-dessous de ce total. Quant au total des colonnes « Crédit — Comptes à recevoir », « Débit — Escomptes sur ventes » et « Débit — Caisse », il faut les reporter au grand livre et indiquer entre parenthèses le numéro des comptes appropriés ainsi que l'illustre le tableau 6–5.

Montants divers portés au crédit du compte Comptes à recevoir

■ Lorsqu'un client retourne des marchandises qui lui ont été vendues à crédit, il faut créditer le compte Comptes à recevoir. Si les rendus sur ventes ne sont pas nombreux, on peut les comptabiliser en passant au journal général l'écriture suivante :

Oct.	17	Rendus et rabais sur ventes	412	17.50	
		Comptes à recevoir — Georges Boulet	113/✔		17.50
		Marchandises défectueuses retournées			
		par Georges Boulet.			

On reporte cette écriture en débitant le compte Rendus et rabais sur ventes et en créditant à la fois le compte de contrôle Comptes à recevoir et le compte du client. Remarquez le numéro du compte suivi du signe (✔) dans la colonne Folio sur la ligne où est inscrit le compte à créditer. Ceci signifie que l'on a porté le montant de $17.50 au crédit du compte Comptes à recevoir du grand livre général et au crédit du compte de Georges Boulet dans le grand livre des comptes à recevoir.

Plusieurs étudiants qui ont à reporter une écriture comme celle-ci, pensent que le fait de reporter au crédit le même montant deux fois (une fois au compte Comptes à recevoir et une fois au compte de Georges Boulet) a pour effet de rompre l'égalité entre le total des débits et celui des crédits de la balance de vérification parce que le même montant n'est porté qu'au débit d'un seul compte, soit le compte Rendus et rabais sur ventes. Cependant, il n'en est pas ainsi parce que le compte de Georges Boulet ne fait pas partie de la balance de vérification. Ce compte figure dans la liste des comptes des clients et il faut le créditer du coût des marchandises retournées pour que le total des soldes des comptes du grand livre des comptes à recevoir soit égal au solde du compte de contrôle Comptes à recevoir.

Lorsque les rendus sur ventes sont nombreux, il est possible de réduire le travail de report en les inscrivant dans un journal spécial semblable à

Journal des rendus et rabais sur ventes

Date		Comptes à créditer	Explications	N° de la note de crédit	F°	Montant
Oct.	7	Robert Moore . . .	March. défectueuses . . .	203	✓	10.00
	14	Jacques Vachon .	March. défectueuses . . .	204	✓	12.00
	18	Maurice Jean . . .	March. non commandées	205	✓	6.00
	23	Roger Smith	March. défectueuses . . .	206	✓	18.00
	31	Débit — Rendus et rabais sur ventes; Crédit — Comptes à recevoir				46.00
						412/113

Tableau 6–6

celui du tableau 6–6. L'utilisation de ce journal est justifiée, comme pour tout autre journal auxiliaire, par un nombre suffisamment élevé d'opérations semblables.

Lorsque l'on inscrit les rendus sur ventes dans un journal spécial, les montants qui y figurent sont reportés séparément tous les jours au grand livre des comptes à recevoir. Quant au total des montants inscrits dans le journal des rendus et rabais sur ventes, on doit le reporter au débit du compte Rendus et rabais sur ventes et au crédit du compte de contrôle Comptes à recevoir.

Il arrive parfois qu'un client soit incapable de régler son compte. Certains clients, dans ce cas, donnent à leur fournisseur un billet à ordre afin de reporter à plus tard le règlement des sommes dues. Le billet n'éteint pas la dette, mais le client en le signant s'engage formellement à acquitter le montant dû à l'échéance. Nous savons déjà que la somme due par un client qui ne s'est pas engagé formellement à acquitter sa dette est inscrite dans le compte Comptes à recevoir. En revanche, les sommes que le client s'est formellement engagé à acquitter doivent être inscrites dans un compte distinct, soit le compte Billets à recevoir. On inscrit un billet reçu en vue d'obtenir une prolongation du délai de règlement en passant au journal l'écriture suivante :

Oct.	19	Billets à recevoir	112	239.50	
		Comptes à recevoir — Denis Racine ..	113/✔		239.50
		Billet à 60 jours reçu de Denis Racine.			

Les comptes à payer

■ Comme dans le cas des comptes à recevoir, le seul compte Comptes à payer du grand livre général ne permet pas de connaître le montant dû à chacun des créanciers. On peut obtenir cette information en ouvrant un compte distinct au nom de chaque créancier dans un autre grand livre auxiliaire appelé Grand livre des comptes à payer auquel correspond le compte de contrôle Comptes à payer du grand livre général. Toutes les explications précédentes s'appliquent aussi au grand livre des comptes à payer, au journal des achats, au journal de caisse-déboursés et au journal des rendus et rabais sur achats. Il faut noter que ces derniers journaux sont également des journaux auxiliaires où l'on inscrit des opérations identiques en vue de réduire le travail de report.

Le journal des achats et le report des montants qui y sont inscrits

■ Le journal des achats du tableau 6–7 ressemble au journal des ventes dont nous avons discuté précédemment. Les renseignements que donne le journal des achats comprennent la date de chaque écriture, le nom du fournisseur, la date de la facture, les conditions de règlement et le coût des marchandises achetées. Ces renseignements qui proviennent tous de la facture d'achat sont très utiles. En particulier, la date d'achat et les conditions de règlement permettent de connaître la date où la facture doit être réglée.

Le report des montants inscrits dans le journal des achats s'effectue de la même façon que pour le journal des ventes. En résumé : (1) les montants sont reportés séparément tous les jours au grand livre auxiliaire des comptes à payer et (2) le total des montants est reporté à la fin du mois au débit du compte Achats et au crédit du compte de contrôle Comptes à payer. Le tableau 6–7 illustre la façon d'effectuer ces reports.

Le journal de caisse-déboursés et le report des montants qui y sont inscrits

■ Le journal de caisse-déboursés, comme le journal de caisse-recettes, a de multiples colonnes qui ont pour objet de simplifier le travail de report au grand livre général. Le règlement d'un compte s'inscrit toujours de la même façon, c'est-à-dire en débitant la colonne « Débits — Comptes à payer » et en créditant la colonne « Crédit — Caisse » et la colonne « Crédit — Escomptes sur achats » s'il y a lieu. Comme il est plutôt rare qu'une entreprise effectue des achats au comptant, il n'est pas nécessaire d'avoir une colonne Achats dans le journal de caisse-déboursés. Le tableau 6–8 (voir ligne 2) illustre la façon d'inscrire un achat au comptant. Il faut toutefois noter qu'il est préférable d'avoir une colonne

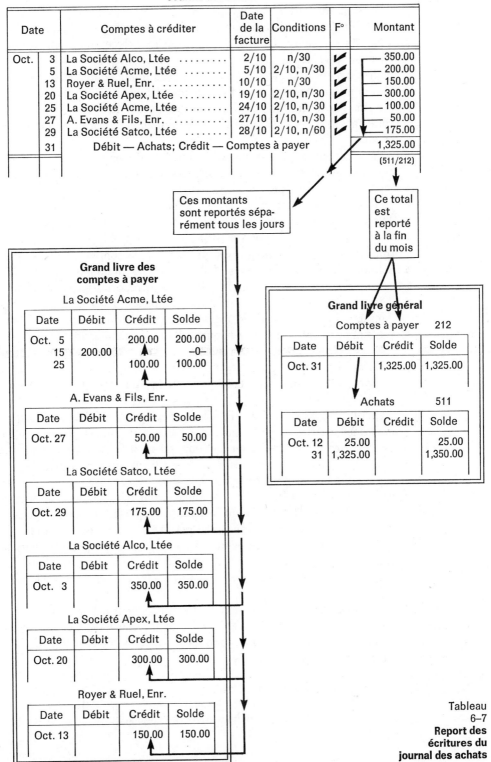

Journal des achats

Date		Comptes à créditer	Date de la facture	Conditions	F°	Montant
Oct.	3	La Société Alco, Ltée	2/10	n/30	✔	350.00
	5	La Société Acme, Ltée	5/10	2/10, n/30	✔	200.00
	13	Royer & Ruel, Enr.	10/10	n/30	✔	150.00
	20	La Société Apex, Ltée	19/10	2/10, n/30	✔	300.00
	25	La Société Acme, Ltée	24/10	2/10, n/30	✔	100.00
	27	A. Evans & Fils, Enr.	27/10	1/10, n/30	✔	50.00
	29	La Société Satco, Ltée	28/10	2/10, n/60	✔	175.00
	31	Débit — Achats; Crédit — Comptes à payer				1,325.00
						(511/212)

Ces montants sont reportés séparément tous les jours

Ce total est reporté à la fin du mois

Grand livre des comptes à payer

La Société Acme, Ltée

Date	Débit	Crédit	Solde
Oct. 5		200.00	200.00
15	200.00		–0–
25		100.00	100.00

A. Evans & Fils, Enr.

Date	Débit	Crédit	Solde
Oct. 27		50.00	50.00

La Société Satco, Ltée

Date	Débit	Crédit	Solde
Oct. 29		175.00	175.00

La Société Alco, Ltée

Date	Débit	Crédit	Solde
Oct. 3		350.00	350.00

La Société Apex, Ltée

Date	Débit	Crédit	Solde
Oct. 20		300.00	300.00

Royer & Ruel, Enr.

Date	Débit	Crédit	Solde
Oct. 13		150,00	150.00

Grand livre général

Comptes à payer   212

Date	Débit	Crédit	Solde
Oct. 31		1,325.00	1,325.00

Achats   511

Date	Débit	Crédit	Solde
Oct. 12	25.00		25.00
31	1,325.00		1,350.00

Tableau
6–7
Report des écritures du journal des achats

spéciale dans le journal de caisse-déboursés si les achats au comptant sont suffisamment nombreux.

Le journal de caisse-déboursés du tableau 6–8 a une colonne intitulée « N° du chèque ». L'entreprise qui désire exercer un contrôle sur son encaisse doit régler tous ces comptes par chèques (à l'exception des petites dépenses qui sont réglées au moyen d'une petite caisse dont il sera question au chapitre 8). Les chèques doivent être prénumérotés et inscrits par ordre numérique dans le journal de caisse-déboursés. De cette façon, il est facile de se rendre compte si l'on a omis d'inscrire des chèques.

Souvent, pour des raisons évidentes, l'on donne le nom de *registre des chèques* au journal de caisse-déboursés qui a une colonne servant à inscrire le numéro des chèques.

Voici la façon de reporter les montants inscrits dans un journal de caisse-déboursés ou un registre des chèques semblable à celui du tableau 6–8. Les montants figurant sous la rubrique « Débit — Comptes divers » sont reportés séparément tous les jours aux comptes inscrits dans la colonne « Comptes à débiter ». De même, les montants figurant sous la rubrique « Débit — Comptes à payer » sont reportés quotidiennement au débit des comptes du grand livre des comptes à payer dont le nom figure dans la colonne « Comptes à débiter ». À la fin du mois, on additionne les montants inscrits dans chaque colonne et on s'assure que les débits sont égaux aux crédits. On reporte ensuite : (1) le total de la colonne « Débit — Comptes à payer » au débit du compte de contrôle Comptes à payer; (2) le total de la colonne « Crédit — Escomptes sur achats » au crédit du compte Escomptes sur achats; et (3) le total de la colonne « Crédit — Caisse » au crédit du compte Caisse. Étant donné que les montants inscrits dans la colonne « Débit — Comptes divers » ont tous été reportés individuellement au cours du mois, on n'a pas à en reporter le total. Le tableau 6–8 illustre la façon d'effectuer ce travail de report.

Lorsqu'une entreprise utilise plusieurs journaux auxiliaires, il est nécessaire d'indiquer, dans la colonne Folio des comptes, le nom et la page du journal d'où provient le montant reporté. On identifie généralement les journaux au moyen de lettres. Ainsi, on utilisera la lettre « D » pour le journal de caisse-déboursés, la lettre « R » pour le journal de caisse-recettes, la lettre « V » pour le journal des ventes, la lettre « A » pour le journal des achats et les lettres «JG» pour le journal général.

Montants divers portés au débit du compte Comptes à payer	■ Une entreprise qui doit retourner fréquemment des marchandises peut utiliser un journal semblable à celui du tableau 6–6. Cependant, si les rendus sur achats sont peu nombreux, on les inscrit au journal général en passant l'écriture suivante :

Oct.	8	Comptes à payer — Gensen, Ltée	212/✔	32.00	
		Rendus et rabais sur achats	512		32.00
		Marchandises défectueuses retournées.			

Journal de caisse-déboursés

Date	Ch. N°	Bénéficiaire	Comptes à débiter	F°	Débit Comptes divers	Débit Comptes à payer	Crédit Esc. sur achats	Crédit Caisse
Oct. 3	105	Direct Motors ..	Fret à l'achat ..	514	18.50			18.50
12	106	Talbot & Roy, Enr.	Achats	511	25.00			25.00
15	107	Acme, Ltée	Acme, Ltée ...	✔		200.00	4.00	196.00
15	108	Gérard Houle ..	Salaires	611	86.00			86.00
20	109	Alco, Ltée	Alco, Ltée	✔		75.00		75.00
29	110	Apex, Ltée	Apex, Ltée	✔		300.00	6.00	294.00
31		Total			129.50	575.00	10.00	694.50
					(✔)	(212)	(513)	(111)

Les montants des deux premières colonnes sont reportés séparément tous les jours.

Le total de ces colonnes est reporté à la fin du mois.

Grand livre des comptes à payer

La Société Acme, Ltée

Date	Débit	Crédit	Solde
Oct. 5		200.00	200.00
15	200.00		–0–
25		100.00	100.00

La Société Alco, Ltée

Date	Débit	Crédit	Solde
Oct. 3		350.00	350.00
20	75.00		275.00

La Société Apex, Ltée

Date	Débit	Crédit	Solde
Oct. 20		300.00	300.00
29	300.00		–0–

Grand livre général

Caisse 111

Date	Débit	Crédit	Solde
Oct. 31	3,300.00		3,300.00
31		694.50	2,605.50

Comptes à payer 212

Date	Débit	Crédit	Solde
Oct. 31		1,325.00	1,325.00
31	575.00		750.00

Achats 511

Date	Débit	Crédit	Solde
Oct. 12	25.00		25.00
31	1,325.00		1,350.00

Escomptes sur achats 513

Date	Débit	Crédit	Solde
Oct. 31		10.00	10.00

Fret à l'achat 514

Date	Débit	Crédit	Solde
Oct. 3	18.50		18.50

Salaires 611

Date	Débit	Crédit	Solde
Oct. 15	86.00		86.00

Tableau 6–8
Report des écritures du journal de caisse-déboursés

Parfois, une entreprise peut signer un billet en vue d'obtenir d'un créancier une prolongation du délai de règlement. Ce billet, qui change la nature de la dette, est inscrit au journal général en passant l'écriture suivante :

Oct.	24	Comptes à payer — Romex, Ltée	212/✔	500.00	
		Billets à payer	211		500.00
		Billet à 30 jours portant intérêt à 6%.			

L'achat et la vente de biens nécessaires à l'exploitation

■ Lorsqu'une entreprise utilise un journal des achats et un journal des ventes à simple colonne, on ne peut y inscrire que les achats et les ventes de marchandises parce que le total de la colonne Achats et celui de la colonne Ventes de ces deux journaux sont reportés respectivement aux comptes Achats et Ventes du grand livre général. Cependant, toute entreprise doit acheter des biens pour les fins de son exploitation. De même, elle vend ces biens lorsqu'elle n'en a plus besoin. Si ces achats ou ces ventes sont effectués au comptant, on peut les inscrire dans l'un ou l'autre des journaux de caisse. En revanche, si ces opérations sont effectuées à crédit, il faut les inscrire dans le journal général ou dans un journal des achats à multiples colonnes (lorsqu'il s'agit d'achats) semblable à celui du tableau 6–9.

Journal des achats

Date		Comptes à créditer	F°	Crédit Comptes à payer	Débit Achats	Débit Fourn. de bureau	Débit Fourn. d'emballage
Oct.	2	Gerco, Ltée		154.10	154.10		
	2	Standex, Ltée		18.75		18.75	

Tableau 6–9

L'utilisation d'un journal des achats à multiples colonnes peut réduire le travail de report. Le journal du tableau 6–9 a quatre colonnes. Il pourrait y en avoir davantage. La colonne « Crédit — Comptes à payer » sert à inscrire les montants à porter au crédit des comptes de chaque créancier. Quant aux trois autres colonnes, elles servent pour inscrire les montants à débiter selon la nature des biens achetés.

Les entreprises qui utilisent un journal des achats à simple colonne doivent inscrire au journal général les achats de biens nécessaires à l'exploitation en passant une écriture semblable à celle-ci :

Oct.	29	Fournitures de bureau	19	23.75	
		Comptes à payer — ABC, Ltée	212/✔		23.75
		Achat de fournitures de bureau.			

1. De quelle façon les journaux auxiliaires réduisent-ils le travail de report ?
2. Comment les journaux auxiliaires tiennent-ils compte de ce que les opérations de même nature s'inscrivent en débitant et en créditant toujours les mêmes comptes ?
3. Quel est le rôle du compte de contrôle Comptes à recevoir ?
4. Pourquoi les ventes à crédit et les sommes recouvrées des clients doivent-elles être inscrites et reportées quotidiennement ?
5. Une entreprise a différentes sortes de comptes dont le nombre est donné ci-dessous :
   a. Comptes d'actif, y compris le compte Comptes à recevoir mais non les comptes des clients 25
   b. Comptes des clients 500
   c. Comptes de passif, y compris le compte Comptes à payer mais non les comptes des fournisseurs 10
   d. Comptes des fournisseurs 20
   e. Comptes de capitaux propres, y compris les comptes de revenus et de dépenses 20
   Total du nombre de comptes 575
   Combien de comptes font partie de la balance de vérification de cette entreprise ? Comment est-il possible de vérifier l'exactitude des soldes des comptes de contrôle de cette entreprise ?
6. De quelle façon dresse-t-on une liste des comptes à payer ? Comment cette liste peut-elle servir pour vérifier l'exactitude des soldes des comptes des fournisseurs ? Par quoi serait-il possible de remplacer une liste dressée en bonne et due forme ?
7. Comment est-il possible de maintenir une égalité constante entre le solde d'un compte de contrôle et les soldes des comptes du grand livre auxiliaire correspondant ?
8. Expliquez de quelle façon les factures de vente peuvent parfois remplacer le journal des ventes ?
9. Après avoir terminé le travail de report, le solde du compte de contrôle Comptes à recevoir n'est pas égal au total des soldes des comptes du grand livre des comptes à recevoir. Où se situe probablement l'erreur si la balance de vérification est en équilibre ?
10. De quelle façon vérifie-t-on l'exactitude d'un journal auxiliaire ? Pourquoi faut-il additionner horizontalement les totaux des colonnes d'un journal auxiliaire ?
11. Comment est-il possible de connaître le journal d'où provient un montant reporté à un compte du grand livre général ?
12. Quand on inscrit les rendus sur ventes dans le journal général, il faut reporter deux fois le montant crédité. Est-ce que cette façon de procéder rompt l'équilibre qui doit exister entre le total des débits et le total des crédits ? Pourquoi ?
13. On doit reporter séparément les montants inscrits dans les colonnes « Crédit — Comptes divers » et « Crédit — Comptes à recevoir » d'un journal de caisse-recettes semblable à celui du tableau 6–5. N'y aurait-il pas lieu d'inscrire ces montants dans une seule colonne afin de simplifier davantage le journal de caisse-recettes ?

Exercice 6-1

Une entreprise utilise un journal des ventes, un journal des achats, un journal de caisse-recettes, un journal de caisse-déboursés et un journal général. Indiquez dans quel journal chacune des opérations suivantes doit être inscrite :

a. Achat de marchandises à crédit.

b. Achat de fournitures de bureau à crédit.

c. Achat de matériel de bureau au comptant.

d. Marchandises retournées à un fournisseur.

e. Vente de marchandises au comptant.

f. Vente de marchandises à crédit.

g. Note de crédit émise en faveur d'un client qui avait acheté des marchandises à crédit.

h. Recouvrement d'un compte.

i. Règlement d'une facture d'achat.

j. Salaires versés aux employés.

k. Inscription des écritures de régularisation et de fermeture.

Exercice 6-2

Voici le journal des ventes de la Société ABC, Limitée à la fin de novembre :

Journal des ventes

Date		Comptes à débiter	N° de facture	F°	Montant
Nov.	2	Jean Marceau	345		300.00
	9	Gérard David	346		250.00
	16	Gustave Boulet	347		200.00
	27	Jean Marceau	348		100.00
	30	Total			850.00

Le comptable a aussi passé au journal l'écriture suivante pour inscrire des marchandises retournées par un client :

Nov.	18	Rendus et rabais sur ventes	50.00	
		Comptes à recevoir — Gustave Boulet		50.00
		Marchandises retournées par M. Boulet.		

Travail à faire :

1. Ouvrez les comptes du grand livre auxiliaire des comptes à recevoir de la Société ABC, Limitée. Reportez, aux comptes de ce grand livre, les écritures passées au journal des ventes et au journal général.

2. Ouvrez les comptes Ventes, Rendus et rabais sur ventes et Comptes à recevoir du grand livre général. Reportez le total des montants inscrits dans le journal des ventes et l'écriture passée au journal général.

3. Vérifiez l'exactitude du solde du compte de contrôle en dressant une liste des comptes des clients.

Exercice 6-3

La Société Sierra, Limitée, qui inscrit directement les ventes dans les comptes des clients au moyen des factures, a effectué les ventes suivantes au cours du mois d'octobre :

Oct.	3	Robert Hallé	$ 800
	6	Charles Ferland	1,100
	11	Thiéry Gauthier	1,600
	18	Charles Ferland	2,200
	21	Thiéry Gauthier	700
	27	Raoul Scott	1,500
		Total	$7,900

Travail à faire :

1. Ouvrez les comptes des clients du grand livre auxiliaire des comptes à recevoir de la Société Sierra, Limitée et inscrivez-y les ventes effectuées en octobre.

2. Passez au journal général l'écriture pour inscrire le total des ventes du mois d'octobre.

3. Ouvrez les comptes Ventes et Comptes à recevoir du grand livre général et reportez l'écriture de journal général demandée en 2.

4. Verifiez l'exactitude du solde du compte de contrôle Comptes à recevoir en dressant une liste des comptes des clients.

Exercice 6-4

La Société Alma, Limitée inscrit les ventes à crédit dans un journal des ventes et les rendus et rabais sur ventes dans le journal général. Le préposé aux écritures a commis les erreurs suivantes :

a. Il a inscrit correctement une facture de $75 dans le journal des ventes, mais il a reporté une somme de $750 au compte du client.

b. Il s'est trompé en additionnant les montants inscrits dans le journal des ventes.

c. Il a reporté le prix de marchandises retournées au débit du compte Rendus et rabais sur ventes et au crédit du compte Comptes à recevoir, mais il a oublié de créditer le compte du client qui avait retourné les marchandises.

d. Il s'est trompé en calculant le solde du compte d'un client.

Travail à faire :

Dites à quel moment chacune de ces erreurs sera probablement découverte.

Exercice 6–5

Voici les journaux auxiliaires d'une entreprise commerciale. Les rubriques sont incomplètes en ce sens qu'elles n'indiquent pas si les montants inscrits dans chaque colonne sont des débits ou des crédits.

Journal des ventes

Compte	Montant
A. Anger	1,000
B. Bienvenu ..	1,500
C. Cartier ...	2,000
	4,500

Journal des rendus et rabais sur ventes

Compte	Montant
A. Anger	300
C. Cartier ...	200
	500

Journal des achats

Compte	Montant
A, Ltée	1,200
B, Ltée	1,400
C, Ltée	1,600
	4,200

Journal général

Nov.	18	Comptes à payer — C, Ltée	300.00	
		Rendus sur achats		300.00
		Pour inscrire les marchandises retournées à C, Ltée.		

Journal de caisse-recettes

Comptes	Comptes divers	Comptes à recevoir	Ventes	Escomptes sur ventes	Caisse
A. Anger	....	1,000	....	20	980
Ventes au comptant	....	....	1,450	....	1,450
Billets à payer	2,000	....	....	....	2,000
Ventes au comptant	....	....	1,650	....	1,650
C. Cartier	....	1,500	....	30	1,470
Équipement du magasin ...	150	....	....	....	150
	2,150	2,500	3,100	50	7,700

Journal de caisse-déboursés

Comptes	Comptes divers	Comptes à payer	Escomptes sur achats	Caisse
Assurances payées d'avance	100	....	....	100
B, Ltée	....	1,400	28	1,372
C, Ltée	....	1,300	26	1,274
Équipement du magasin	500	....	....	500
	600	2,700	54	3,246

Travail à faire :

1. Ouvrez les comptes suivants du grand livre général, du grand livre auxiliaire des comptes à recevoir et du grand livre auxiliaire des comptes à payer :

Comptes du grand livre général

Caisse
Comptes à recevoir
Assurances payées d'avance
Équipement du magasin
Billets à payer
Comptes à payer
Ventes
Rendus sur ventes
Escomptes sur ventes
Achats
Rendus sur achats
Escomptes sur achats

Comptes du grand livre auxiliaire
des comptes à recevoir

A. Anger
B. Bienvenu
C. Cartier

Comptes du grand livre auxiliaire
des comptes à payer

A, Limitée
B, Limitée
C, Limitée

2. Reportez les montants inscrits dans les journaux ci-dessus aux comptes de l'un ou l'autre des trois grands livres, sans consulter les exemples donnés dans ce chapitre.

Problèmes

Problème 6–1

La Société Norco, Limitée a effectué les opérations suivantes au cours du mois d'octobre :

Oct. 1 Chèque n° 516 émis à l'ordre de Alpha, Limitée en règlement du loyer d'octobre : $600.

2 Marchandises reçues de la Société Talco, Limitée : $975; conditions : 2/10, n/60, date de la facture : 30 septembre.

4 Marchandises reçues de la Manufacture du Nord, Limitée : $1,050; conditions : 2/10, n/60; date de la facture : 1er octobre.

5 Achat de matériel de magasin à Trecor, Limitée aux conditions : n/10 FDM : $350.

6 Note de crédit de $125 reçue de la Société Talco, Limitée pour des marchandises défectueuses reçues le 2 et retournées le même jour.

9 Chèque n° 517 émis à l'ordre de la Société Talco, Limitée en règlement de la facture du 30 septembre, moins les marchandises retournées et l'escompte.

10 Note de crédit de $25 reçue de Trecor, Limitée pour du matériel de magasin de mauvaise qualité reçu le 5 octobre et retourné le lendemain.

10 Vente à crédit de marchandises à David Houle : $550; conditions : 2/10, n/60; facture n° 905.

11 Vente à crédit de marchandises à Walter Nadeau : $800; facture n° 906; conditions: 2/10, n/30.

11 Chèque n° 518 émis à l'ordre de la Manufacture du Nord, Limitée en règlement de la facture du 1er octobre moins l'escompte.

14 Marchandises reçues de Mesa, Limitée : $775; conditions : 1/10, n/30; date de la facture : 10 octobre.

Oct. 15 Ventes au comptant du 1ᵉʳ au 15 octobre : $2,165. (En pratique, les ventes au comptant sont inscrites quotidiennement. Cependant, on ne les inscrit ici que deux fois par mois afin de simplifier le problème.)

15 *Reportez séparément les montants inscrits dans les journaux aux comptes des grands livres auxiliaires des clients et des fournisseurs et aux comptes du grand livre général s'il y a lieu.*

18 Ventes à crédit de marchandises à Thomas Bédard : $865; facture n° 907.

19 Ventes à crédit de marchandises à David Houle : $650; facture n° 908; conditions: 2/10, n/30.

20 Recouvrement de $539 de David Houle en règlement de la facture n° 905.

21 Recouvrement de $784 de Walter Nadeau en règlement de la facture n° 906.

23 Vente au comptant d'une machine utilisée dans le magasin : $25 (prix coûtant).

24 Marchandises reçues de la Manufacture du Nord, Limitée : $950; conditions : 2/10, n/30; date de la facture : 21 octobre.

25 Emprunt de $2,000 à la Banque Royale contre un billet à 90 jours portant intérêt à 6%.

28 Ventes à crédit de marchandises à Walter Nadeau : $565; facture n° 909.

29 Recouvrement de $637 de David Houle en règlement de la facture n° 908.

31 Chèque n° 519 émis à l'ordre de la Manufacture du Nord, Limitée en règlement de la facture du 21 octobre moins l'escompte.

31 Chèque n° 520 émis pour acquitter les salaires des vendeurs pour le mois : $1,250.

31 Ventes au comptant du 16 au 31 octobre : $2,230.

31 *Reportez séparément les montants inscrits dans les journaux aux comptes des grands livres auxiliaires des comptes à recevoir et des comptes à payer et aux comptes du grand livre général s'il y a lieu.*

31 *Additionnez les montants figurant dans chaque colonne des journaux auxiliaires et reportez, s'il y a lieu, les résultats obtenus.*

Travail à faire :

1. Ouvrez les comptes suivants du grand livre général : Caisse, Comptes à recevoir, Matériel de magasin, Billets à payer, Comptes à payer, Ventes, Escomptes sur ventes, Achats, Rendus et rabais sur achats, Escomptes sur achats, Salaires des vendeurs et Loyer.

2. Ouvrez les comptes suivants du grand livre auxiliaire des comptes à recevoir : Thomas Bédard, David Houle et Walter Nadeau.

3. Ouvrez les comptes suivants du grand livre auxiliaire des comptes à payer : Mesa, Limité, la Manufacture du Nord, Limitée, Trécor, Limitée et la Société Talco, Limitée.

4. Établissez un journal des ventes, un journal des achats, un journal de caisse-recettes, un journal de caisse-déboursés et un journal général semblable à ceux du présent chapitre.

5. Inscrivez les opérations du mois d'octobre dans ces journaux et reportez-les selon les instructions données le 15 et le 31 octobre.

6. Dressez une balance de vérification partielle des comptes du grand livre général et vérifiez l'exactitude des grands livres auxiliaires en établissant une liste des comptes à recevoir et une liste des comptes à payer.

Problème 6–2

La Société Unique, Limitée a effectué les opérations à crédit suivantes au cours de décembre.

Déc. 3 Achat de marchandises à Mesa, Limitée : $935.
    5 Achat de fournitures de bureau à T. J. Moore, Limitée : $75.
    9 Achat de marchandises à Boulanger et Bédard, Enr. : $1,245.
  11 Achat de fournitures d'emballage, $120, et de marchandises, $650, à la Société Phœnix, Limitée.
  15 Achat d'un bureau et d'une chaise à T. J. Moore, Limitée : $225.
  19 Achat de marchandises à la Société Phœnix, Limitée : $985.
  23 Achat de fournitures d'emballage, $110, et de fournitures de bureau, $65, à T. J. Moore, Limitée.
  26 Achat de marchandises à Boulanger et Bédard, Enr. : $450.
  28 Achat de marchandises à Mesa, Limitée : $735.

Travail à faire :

1. Établissez un journal général et un journal des achats à multiples colonnes semblables à celui du tableau 6–9 et inscrivez-y les opérations de décembre.
2. Ouvrez les comptes du grand livre général et du grand livre des comptes à payer et reportez les opérations inscrites dans les journaux.

Problème 6–3

A. W. Webster a effectué les opérations suivantes au cours de février.

Fév. 2 Marchandises reçues de la Société Globe, Limitée : $1,535; conditions : 2/10, n/30; date de la facture : 30 janvier.
    3 Achat d'un comptoir pour le magasin à Équipement Ryan, Enr. : $585; conditions : n/10 FDM.
    3 Marchandises vendues à crédit à Rivard & Fils, Enr. : $950; conditions : 2/10, n/60; n° de la facture : 617.
    4 Marchandises vendues à crédit à Talbot et Vanasse, Enr. : $1,265; conditions : 2/10, n/60; n° de la facture : 618.
    5 Marchandises reçues de F. M. Paré : $1,960; conditions : 1/10, n/60; date de la facture : 3 février.
    6 Note de crédit de $135 reçue de la Société Globe, Limitée pour des marchandises de mauvaise qualité reçues le 2 février et retournées le lendemain.
    7 Note de crédit de $60 reçue de Équipement Ryan, Enr. pour un comptoir reçu le 3 février et retourné le jour même.
    7 Marchandises vendues au comptant du 1er au 7 février : $1,445.
    7 *Reportez séparément les montants inscrits dans les journaux aux comptes des grands livres des clients et des fournisseurs et aux comptes du grand livre général, s'il y a lieu. (En pratique, on*

reporte quotidiennement ces montants. Cependant, le report se fait ici une fois par semaine afin de simplifier le problème.)

Fév. 9   Note de crédit n° 102 au montant de $115 émise en faveur de Talbot et Vanasse, Enr. pour des marchandises avariées vendues le 4 février et retournées par la suite.

9   Chèque n° 312 émis à l'ordre de la Société Globe, Limitée en règlement de la facture du 30 janvier, compte tenu des marchandises retournées et de l'escompte.

11   Marchandises vendues à crédit à Bernard Savard : $1,595; conditions : 2/10, n/60; n° de la facture : 619.

12   Chèque reçu de Rivard & Fils, Enr. en règlement de la facture n° 617, moins l'escompte.

13   Chèque reçu de Talbot et Vanasse, Enr. en règlement de la facture n° 618, compte tenu des marchandises retournées et de l'escompte.

14   Marchandises reçues de Gensen, Limitée : $1,850; conditions : 2/10, n/60; date de la facture : 11 février.

14   Chèque n° 313 émis pour acquitter la paye de la première partie du mois : $815.

14   Marchandises vendues au comptant du 8 au 14 février : $1,395.

14   *Reportez séparément les montants inscrits dans les journaux aux comptes des grands livres des clients et des fournisseurs et aux comptes du grand livre général s'il y a lieu.*

16   Note de crédit n° 103, au montant de $45, émise en faveur de Bernard Savard pour des marchandises avariées vendues le 11 février et retournées par ce dernier.

17   Marchandises reçues de Gensen, Limitée : $1,450; conditions : 2/10, n/60; date de la facture : 14 février.

18   Marchandises reçues de F. M. Paré : $435; conditions : 2/10, n/60; date de la facture : 16 octobre.

18   Marchandises vendues à crédit à Rivard & Fils, Enr. : $650; conditions : 2/10, n/60; n° de la facture : 16 février.

21   Chèque reçu de Bernard Savard en règlement de la facture n° 619, compte tenu des marchandises retournées et de l'escompte.

21   Chèque n° 314 émis à l'ordre de Gensen, Limitée en règlement de la facture du 11 février, moins l'escompte.

21   Marchandises vendues au comptant du 15 au 21 février : $1,425.

21   *Reportez séparément les montants inscrits dans les journaux aux comptes des grands livres des clients et des fournisseurs et aux comptes du grand livre général s'il y a lieu.*

24   Chèque n° 315 émis à l'ordre de Gensen, Limitée en règlement de la facture du 14 février, moins l'escompte.

25   Emprunt de $4,000 à la Banque de Montréal contre un billet à 60 jours portant intérêt à 6%.

26   Marchandises vendues à crédit à Bernard Savard : $915; conditions : 2/10, n/60; n° de la facture : 621.

27   Marchandises vendues à crédit à Talbot et Vanasse, Enr. : $1,085; conditions : 2/10, n/60; n° de la facture : 622.

28   Chèque n° 316 émis à l'ordre de Le Soleil, Limitée pour des annonces parues au cours du mois : $375.

Fév. 28 Chèque n° 317 émis pour acquitter les salaires de la deuxième partie du mois : $815.

28 Chèque reçu de Rivard & Fils, Enr. en règlement de la facture n° 620, moins l'escompte.

28 Marchandises vendues au comptant du 22 au 28 février : $1,345.

28 *Reportez séparément les montants inscrits dans les journaux aux comptes des grands livres des clients et des fournisseurs et aux comptes du grand livre général s'il y a lieu.*

28 *Additionnez les montants figurant dans chaque colonne des journaux auxiliaires et reportez, s'il y a lieu, les résultats obtenus.*

Travail à faire :

1. Ouvrez les comptes suivants du grand livre général : Caisse, Comptes à recevoir, Équipement du magasin, Billets à payer, Comptes à payer, Ventes, Rendus et rabais sur ventes, Escomptes sur ventes, Achats, Rendus et rabais sur achats, Escomptes sur achats, Publicité et Salaires des vendeurs.

2. Ouvrez les comptes suivants du grand livre des comptes à recevoir : Bernard Savard, Rivard & Fils, Enr. et Talbot et Vanasse, Enr.

3. Ouvrez les comptes suivants du grand livre des comptes à payer : la Société Globe, Limitée, F. M. Paré, Équipement Ryan, Enr. et Gensen, Limitée.

4. Établissez un journal des ventes, un journal des achats à simple colonne, un journal des rendus et rabais sur ventes, un journal de caisse-recettes, un journal de caisse-déboursés et un journal général semblables à ceux du présent chapitre.

5. Inscrivez les opérations de février dans ces journaux et reportez-les à la fin de chaque semaine.

6. Dressez une balance de vérification partielle ainsi que la liste des comptes à recevoir et celle des comptes à payer.

Problème 6–4

(Omettez ce problème si vous ne vous êtes pas procuré les feuilles de travail qui accompagnent ce manuel.)

Supposez que l'exercice cyclique de la Société Bella, Limitée se termine le 31 janvier. Le 21 février de l'exercice en cours, cette compagnie vous offre le poste de commis aux écritures. Votre prédécesseur a passé au journal les opérations des trois premières semaines de février et a reporté séparément les montants figurant dans les journaux. Un examen des livres au 22 février permet de vous rendre compte que ce travail a été bien fait.

Les opérations suivantes ont été effectuées au cours de la dernière semaine de février :

Fév. 23 Marchandises reçues de la Ferme Québécoise, Limitée : $900; conditions : 2/10, n/60; date de la facture : 20 février.

23 Marchandises vendues à crédit à Albert Gauthier : $850; conditions : 2/10, n/60; n° de la facture : 716.

25 Chèque reçu de Albert Gauthier en règlement de la vente effectuée le 16 février, moins l'escompte usuel de 2%.

26 Achat à crédit de fournitures d'emballage à Bristol, Limitée : $85; conditions : n/60 FDM.

Fév. 27   Chèque n° 723 émis à l'ordre de Sandrex, Limitée en règlement de la facture du 17 février, moins l'escompte.

28   Chèque n° 724 émis à l'ordre de Denis Mercier, propriétaire, pour son usage personnel : $150.

28   Chèque n° 725 émis à l'ordre de l'Hydro-Québec en règlement du compte d'électricité reçu aujourd'hui : $113.

28   Chèque n° 726 émis pour acquitter la paye des deux dernières semaines du mois : $345.

28   Marchandises vendues au comptant du 15 au 28 février : $715. (Les ventes au comptant qui sont habituellement comptabilisées tous les jours ne sont inscrites que deux fois par mois pour ne pas avoir à traiter un trop grand nombre d'opérations de même nature.)

Travail à faire à la fin de février :

1. Comptabilisez les opérations de la dernière semaine de février.
2. Reportez séparément les montants inscrits dans les journaux aux comptes des grands livres des clients et des fournisseurs et aux comptes du grand livre général s'il y a lieu. (Généralement, on effectue ce travail de report tous les jours. Cependant, le report ne se fait ici que toutes les deux semaines afin de simplifier le problème.)
3. Reportez, s'il y a lieu, le total des colonnes des journaux auxiliaires aux comptes du grand livre général.
4. Dressez une balance de vérification au 28 février ainsi qu'une liste des comptes à recevoir et une liste des comptes à payer.
5. Réglez les journaux auxiliaires afin que vous puissiez y inscrire les opérations du mois de mars.

La Société Bella, Limitée, a effectué les opérations suivantes au cours du mois de mars :

Mars   2   Chèque n° 727 émis à l'ordre de Apex, Limitée pour acquitter le loyer de mars : $250.

2   Chèque n° 728 émis à l'ordre de Albert & Fils, Enr. en règlement de la facture du 20 février, moins l'escompte.

3   Chèque reçu de Robert Johnson en règlement de la vente effectuée le 21 février, moins l'escompte.

5   Chèque reçu de Albert Gauthier en règlement de la facture n° 716 moins l'escompte.

6   Marchandises vendues à crédit à Georges Morin : $650; conditions : 2/10, n/60; n° de la facture : 717.

7   Marchandises achetées à crédit à la Société de l'Ouest, Limitée : $450; conditions : 2/10, n/60; date de la facture : 4 mars.

9   Papier d'emballage vendu au comptant au Y.M.C.A. de l'endroit : $18 (prix coûtant).

10   Chèque n° 729 émis à l'ordre de Bristol, Limitée en règlement de la facture du 26 février.

11   Marchandises reçues de la Société du Sud, Limitée : $750; conditions : 2/10, n/60; date de la facture : 9 mars.

12   Marchandises vendues à crédit à Robert Johnson : $950; conditions : 2/10, n/60; n° de la facture : 718.

14   Chèque n° 730 émis à l'ordre de la Société de l'Ouest, Limitée en règlement de la facture du 4 mars, moins l'escompte.

Mars 14 Chèque n° 731 émis pour acquitter la paye des deux premières semaines du mois : $320.

14 Marchandises vendues au comptant du 1er au 14 mars : $765.

14 *Reportez séparément les montants inscrits dans les journaux aux comptes des grands livres des clients et des fournisseurs et aux comptes du grand livre général s'il y a lieu.*

16 Chèque reçu de Georges Morin en règlement de la facture n° 717, moins l'escompte.

19 Chèque n° 732 émis à l'ordre de la Société du Sud, Limitée en règlement de la facture du 9 mars, moins l'escompte.

21 Chèque reçu de Robert Johnson en règlement de la facture n° 718, moins l'escompte.

23 Marchandises vendues à crédit à Jacques Scott : $865; conditions : 2/10, n/60; n° de la facture : 719.

24 Marchandises vendues à crédit à Georges Morin : $985; conditions : 2/10, n/60; n° de la facture : 720.

26 Marchandises reçues de la Société de l'Ouest, Limitée : $915; conditions : 2/10, n/60; date de la facture : 23 mars.

28 Chèque n° 733 émis pour acquitter la paye des deux dernières semaines : $320.

29 Note de crédit de $111 reçue de la Société de l'Ouest, Limitée pour des marchandises avariées reçues le 26 et retournées le lendemain.

31 Chèque n° 734 émis à l'ordre de l'Hydro-Québec en règlement du compte d'électricité de mars : $112.

31 Marchandises vendues au comptant du 15 au 31 mars : $820.

31 *Reportez les montants inscrits dans les journaux aux comptes des grands livres auxiliaires des clients et des fournisseurs et aux comptes du grand livre général s'il y a lieu.*

31 *Reportez les totaux des journaux auxiliaires au grand livre général.*

Travail à faire à la fin de mars :

1. Inscrivez les opérations précédentes dans les journaux auxiliaires selon les instructions données les 14 et 31 mars.

2. Dressez une balance de vérification au 31 mars ainsi qu'une liste des comptes à recevoir et une liste des comptes à payer.

Problème 6–5

Vous trouverez à la page suivante le journal à multiples colonnes de la Société Excello, Limitée. (Comme ce journal diffère de tous ceux qui ont été illustrés jusqu'à présent, vous pourrez vous rendre compte si vous maîtrisez bien la technique des journaux auxiliaires et le travail de report à effectuer.)

Travail à faire :

1. Ouvrez les comptes suivants du grand livre général : Caisse, Fournitures d'emballage, Équipement du magasin, Comptes à payer, Achats, Rendus sur achats, Escomptes sur Achats, Salaires des vendeurs et Loyer.

2. Ouvrez les comptes suivants du grand livre auxiliaire des comptes à payer : la Société Hornet, Limitée, la Société Lego, Limitée et la Société Surex, Limitée.

Journal des achats, des rendus et rabais sur achats et de caisse-déboursés

Débits					Date	Comptes et explications	F°	Crédits			
Fournitures d'emballage	Salaires des vendeurs	Achats	Comptes à payer	Comptes divers				Comptes divers	Comptes à payer	Escomptes sur achats	Caisse
...	...	...	...	500.00	Déc. 1	Loyer		...	...	...	500.00
75.00	...	525.00	...	...	2	La Société Hornet, Ltée		...	600.00	...	...
...	...	850.00	...	...	5	La Société Lego, Limitée		...	850.00	...	...
...	...	...	600.00	...	10	La Société Hornet, Ltée		...	...	12.00	588.00
...	...	...	100.00	...	13	La Société Lego, Limitée—Rendus sur achats		100.00	...	...	...
...	...	...	750.00	...	14	La Société Lego, Limitée		...	...	15.00	735.00
...	...	1,200.00	...	...	15	La Société Surex, Limitée		...	1,200.00	...	...
...	750.00	...	...	...	15	Salaires du 1er au 15 décembre		...	...	...	750.00
...	...	...	...	175.00	18	Équipement du magasin		...	...	...	175.00
50.00	...	1,100.00	...	...	23	La Société Hornet, Ltée		...	1,150.00	...	...
...	...	...	1,200.00	...	24	La Société Surex, Limitée		...	...	24.00	1,176.00
...	750.00	...	...	...	31	Salaires du 16 au 31 décembre		...	...	...	750.00
125.00	1,500.00	3,675.00	2,650.00	675.00				100.00	3,800.00	51.00	4,674.00

3. Reportez les montants inscrits dans le journal à multiples colonnes, dressez une balance de vérification partielle des comptes du grand livre général et vérifiez l'exactitude du grand livre auxiliaire en établissant la liste des comptes à payer. (Le compte Caisse aura un solde créditeur dans la balance de vérification.)

Autres problèmes

Problème 6–1A

Le Magasin Populaire, Enr. a effectué les opérations suivantes au cours du mois d'octobre 1976 :

Oct. 2 Marchandises vendues à crédit à Théodore Bélanger : $850; n° de la facture : 671; conditions de règlement de toutes les ventes à crédit : 2/10, n/60.

3 Marchandises reçues de Mesa, Limitée : $1,150; conditions : 2/10, n/60; date de la facture : 2 octobre.

4 Emprunt de $2,500 à la Banque Provinciale contre un billet à 60 jours portant intérêt à 6%.

5 Achat à crédit de matériel de magasin à Trecor, Limitée : $545; conditions : n/10 FDM.

6 Marchandises vendues à crédit à David Houle : $600; n° de la facture : 672.

8 Note de crédit de $135 reçue de Trécor, Limitée pour du matériel de magasin de mauvaise qualité reçu le 5 octobre et retourné le même jour.

9 Marchandises reçues de la Société Talco, Limitée : $1,285; conditions : 2/10, n/60; date de la facture : 6 octobre.

11 Marchandises vendues à crédit à Walter Nadeau : $750; n° de la facture : 673.

12 Chèque de $833 reçu de Théodore Bélanger en règlement de la facture n° 671.

12 Chèque n° 922 émis à l'ordre de Mesa, Limitée en règlement de la facture du 2 octobre, moins l'escompte.

13 Note de crédit de $85 reçue de la Société Talco, Limitée pour des marchandises de mauvaise qualité reçues le 9 octobre et retournées le 10.

15 Chèque n° 923 émis à l'ordre de La Maison de Courtage Hallé, Enr. en règlement du loyer du mois d'octobre : $500.

15 Chèque n° 924 émis pour acquitter la paye des deux premières semaines du mois : $550.

15 Marchandises vendues au comptant du 1er au 15 octobre : $2,115. (En pratique, les ventes au comptant sont inscrites quotidiennement. Cependant, on ne les inscrit ici que deux fois par mois afin de simplifier le problème.)

15 *Reportez séparément les montants inscrits dans les journaux aux comptes des grands livres auxiliaires des clients et des fournisseurs et aux comptes du grand livre général s'il y a lieu.*

16 Chèque n° 925 émis à l'ordre de la Société Talco, Limitée en règlement de la facture du 6 octobre, compte tenu des marchandises retournées et de l'escompte.

Oct. 17 Marchandises vendues à crédit à Théodore Bélanger : $700; n° de la facture : 674.

20 Recouvrement de $735 de Walter Nadeau en règlement de la facture n° 673.

21 Marchandises reçues de Mesa, Limitée : $900; conditions : 2/10, n/60; date de la facture : 18 octobre.

22 Vente au comptant d'une machine utilisée dans le magasin : $35 (prix coûtant).

24 Marchandises reçues de la Manufacture du Nord, Limitée : $615; conditions 2/10, n/60; date de la facture : 22 octobre.

27 Recouvrement de $686 de Théodore Bélanger en règlement de la facture n° 674.

27 Vente à crédit à Walter Nadeau : $495; n° de la facture : 675.

28 Chèque n° 926 émis à l'ordre de Mesa, Limitée en règlement de la facture du 18 octobre, moins l'escompte.

21 Chèque n° 927 émis pour acquitter la paye des deux dernières semaines du mois : $550.

31 Marchandises vendues au comptant du 16 au 31 octobre : $2,295.

31 *Reportez séparément les montants inscrits dans les journaux aux comptes des grands livres des clients et des fournisseurs et aux comptes du grand livre général s'il y a lieu.*

31 *Additionnez les montants figurant dans chaque colonne des journaux auxiliaires et reportez, s'il y a lieu, les résultats obtenus aux comptes du grand livre général.*

Travail à faire :

1. Ouvrez les comptes suivants du grand livre général : Caisse, Comptes à recevoir, Matériel de magasin, Billets à payer, Comptes à payer, Ventes, Escomptes sur ventes, Achats, Rendus et rabais sur achats, Escomptes sur achats, Salaires des vendeurs et Loyer.

2. Ouvrez les comptes suivants du grand livre auxiliaire des comptes à recevoir : Théodore Bélanger, David Houle et Walter Nadeau.

3. Ouvrez les comptes suivants du grand livre auxiliaire des comptes à payer : Mesa, Limitée, la Manufacture du Nord, Limitée, Trécor, Limitée et la Société Talco, Limitée.

4. Établissez un journal des ventes, un journal des achats à colonne simple, un journal de caisse-recettes, un journal de caisse-déboursés et un journal général semblables à ceux du présent chapitre.

5. Inscrivez les opérations d'octobre dans ces journaux et reportez-les selon les instructions données le 15 et le 31 octobre.

6. Dressez une balance de vérification partielle au 31 octobre et vérifiez l'exactitude des grands livres auxiliaires en établissant la liste des comptes à recevoir et celle des comptes à payer.

Problème 6–2A

Voici les opérations effectuées à crédit par Harold Gonthier au cours du mois de novembre 1976 :

Nov. 3 Achat de marchandises à Bédard et Bédard, Enr. : $1,175.

8 Achat de fournitures d'emballage, $110, et de marchandises, $845, à Mesa, Limitée.

Nov. 12 Achat de marchandises, $360, de fournitures d'emballage, $85, et de fournitures de bureau, $20, à la Société Phœnix, Limitée.

15 Achat de deux machines à écrire pour le bureau à Équipement de bureau, Limitée : $560.

18 Achat de fournitures de bureau, $90, et de fournitures d'emballage, $60, à Mesa, Limitée.

25 Achat de marchandises à Bédard et Bédard, Enr. : $2,110.

28 Achat de fournitures de bureau à Équipement de bureau, Limitée : $45.

Travail à faire :

1. Établissez un journal général et un journal des achats à multiples colonnes semblable à celui du tableau 6–9.

2. Ouvrez les comptes du grand livre général et du grand livre des comptes à payer auxquels seront reportées les opérations inscrites dans les livres d'écritures originaires.

Problème 6–3A

La Maison Raoul Marceau & Fils, Enr. a effectué les opérations suivantes au cours de février.

Fév. 2 Marchandises vendues à crédit à Talbot & Vanasse, Enr. : $1,250. (Les conditions de règlement de toutes les ventes à crédit sont 2/10, n/30 et la première facture du mois porte le numéro 758.)

2 Marchandises vendues à crédit à Bernard Savard : $1,500.

3 Marchandises reçues de la Société Globe, Limitée : $2,800; conditions 2/10, n/60; date de la facture : 31 janvier.

4 Chèque n° 522 émis à l'ordre du Journal de Québec en règlement d'une annonce parue plusieurs fois en janvier : $185.

5 Équipement pour le magasin reçu de Équipement Ryan, Enr. : $650; conditions : n/10 FDM; date de la facture : 3 février.

7 Marchandises vendues au comptant du 1er au 7 février : $1,200.

7 *Reportez séparément les montants inscrits dans les journaux aux comptes des grands livres des clients et des fournisseurs et aux comptes du grand livre général s'il y a lieu. (En pratique, on reporte quotidiennement ces montants. Cependant, le report se fait ici une fois par semaine afin de simplifier le problème.)*

8 Note de crédit n° 123 émise en faveur de Bernard Savard pour des marchandises défectueuses vendues le 2 février et retournées par la suite : $400.

9 Vente au comptant d'une balance dont M. Marceau n'avait plus besoin : $140 (prix coûtant).

10 Marchandises vendues à crédit à Rivard & Fils, Enr. : $800

10 Marchandises reçues de Gensen, Limitée : $1,850; conditions : 1/10, n/60; date de la facture : 6 février.

10 Chèque n° 523 émis à l'ordre de la Société Globe, Limitée en règlement de la facture du 31 janvier, moins l'escompte.

12 Chèque reçu de Talbot et Vanasse, Enr. en règlement de la vente du 2 février, moins l'escompte.

12 Chèque reçu de Bernard Savard en règlement de la facture du 2 février, compte tenu des marchandises retournées et de l'escompte.

Fév. 14 Marchandises vendues au comptant du 8 au 14 février : $1,450.

14 *Reportez séparément les montants inscrits dans les journaux aux comptes des grands livres auxiliaires des clients et des fournisseurs et aux comptes du grand livre s'il y a lieu.*

15 Marchandises vendues à crédit à Rivard & Fils, Enr. : $900.

15 Chèque n° 524 émis pour acquitter la paye de la première partie du mois : $600.

17 Note de crédit n° 124 émise en faveur de Rivard & Fils, Enr. pour des marchandises défectueuses vendues le 15 février et retournées par la suite : $150.

18 Marchandises vendues à crédit à Bernard Savard : $1,300.

18 Marchandises reçues de F.M. Paré : $3,500; conditions : 2/10, n/30; date de la facture : 15 février.

20 Chèque reçu de Rivard & Fils, Enr. en règlement de la facture du 10 février, moins l'escompte.

20 Marchandises vendues au comptant du 15 au 21 février : $1,550.

21 *Reportez séparément les montants inscrits dans les journaux aux comptes des grands livres auxiliaires des clients et des fournisseurs et aux comptes du grand livre général s'il y a lieu.*

22 Marchandises reçues de Gensen, Limitée : $1,250; conditions 1/10, n/60; date de la facture : 18 février.

22 Marchandises reçues de la Société Globe, Limitée : $2,650; conditions 2/10, n/60; date de la facture : 18 février.

23 Note de crédit de $350 reçue de F.M. Paré pour des marchandises retournées parce qu'elles n'étaient pas conformes à celles que M. Marceau avait commandées.

24 Chèque reçu de Rivard & Fils en règlement de la facture du 15 février, compte tenu des marchandises retournées et de l'escompte.

24 Chèque n° 525 émis à l'ordre de F.M. Paré en règlement de la facture du 15 février, compte tenu des marchandises retournées et de l'escompte.

25 Marchandises vendues à crédit à Talbot & Vanasse, Enr. : $1,175.

27 Emprunt de $5,000 à la Banque de Montréal contre un billet à 60 jours portant intérêt à 6%.

28 Chèque n° 526 émis à l'ordre de la Société Globe, Limitée en règlement de la facture du 18 février, moins l'escompte.

28 Chèque n° 527 émis pour acquitter la paye de la deuxième partie du mois : $600.

28 Marchandises vendues au comptant du 22 au 28 février : $1,225.

28 *Reportez séparément les montants inscrits dans les journaux aux comptes des grands livres auxiliaires des clients et des fournisseurs et aux comptes du grand livre général s'il y a lieu.*

28 *Additionnez les montants figurant dans chaque colonne des journaux auxiliaires et reportez, s'il y a lieu, les résultats obtenus.*

Travail à faire :

1. Ouvrez les comptes suivants du grand livre général : Caisse, Comptes à recevoir, Équipement du magasin, Billets à payer, Comptes à payer, Ventes, Rendus et rabais sur ventes, Escomptes sur ventes, Achats,

Rendus et rabais sur achats, Escomptes sur achats, Publicité et Salaires des vendeurs.

2. Ouvrez les comptes suivants du grand livre auxiliaire des comptes à recevoir : Bernard Savard, Rivard & Fils, Enr. et Talbot & Vanasse, Enr.

3. Ouvrez les comptes suivants du grand livre auxiliaire des comptes à payer : la Société Globe, Limitée, F.M. Paré, Équipement Ryan, Enr. et Gensen, Limitée.

4. Établissez un journal des ventes, un journal des rendus et rabais sur ventes, un journal des achats, un journal de caisse-recettes, un journal de caisse-déboursés et un journal général semblables à ceux du présent chapitre.

5. Inscrivez les opérations de février dans ces journaux et reportez-les à la fin de chaque semaine.

6. Dressez une balance de vérification partielle ainsi que la liste des comptes à recevoir et celle des comptes à payer.

**Cas 6-1
Darveau
& Frères
Enr.**

Le commis aux écritures de Darveau & Frères, Enr. fut transporté inconscient à l'hôpital le 12 juillet dernier après avoir été victime d'un accident d'automobile. Le lendemain, M. Darveau vous a demandé de l'aider à établir la déclaration trimestrielle portant sur la taxe de vente qu'il devait remettre au ministère du Revenu le 15 juillet.

M. Darveau exploite son entreprise dans une province où la loi oblige les marchands à percevoir une taxe de vente de 3% sur toutes les ventes au détail à l'exception des ventes effectuées à certains organismes, comme les municipalités et les conseils scolaires. La taxe doit être remise le 15 du mois qui suit la fin de chaque trimestre. La loi oblige le marchand à combler l'écart lorsque le montant perçu est inférieur à 3% des ventes nettes imposables.

Un examen des livres de Darveau & Frères, Enr. permet d'établir le solde des comptes suivants au 31 mars et au 30 juin :

	31 mars	*30 juin*
Taxes de vente à payer	$ 1,843.60	$ 1,999.25
Ventes	64,568.40	71,214.80
Rendus et rabais sur ventes	1,472.65	1,582.25
Taxe de vente — Dépense	19.25	19.25

Un double de la déclaration postée le 14 avril indique que la taxe de vente remise au gouvernement s'élève à $1,862.85. Le préposé aux écritures a alors passé au journal général l'écriture suivante :

Avril	14	Taxe de vente — Dépense	19.25	
		Taxe de vente à payer		19.25

Les registres fournissent aussi les informations suivantes portant sur les ventes non imposables :

	Premier trimestre	Deuxième trimestre
Ventes	$1,216.30	$2,615.65
Rendus et rabais sur ventes	215.55	238.10

Présentez dans un tableau les calculs à effectuer pour déterminer la taxe de vente à payer pour le deuxième trimestre et l'écart entre le montant perçu et la taxe à remettre. Passez au journal général les écritures pour inscrire la taxe à payer et l'écart entre ce montant et les taxes perçues.

Cas 6–2
Romex
Construction,
Enr.

Carol Émond travaillait dans un bureau de poste à St-Donat depuis 20 ans lorsqu'il hérita de $40,000 d'une de ses tantes. Après avoir réfléchi quelque temps sur l'usage qu'il ferait de sa petite fortune, il décida d'ouvrir, il y a six mois, un commerce de matériaux de construction auquel il donna la raison sociale Romex Construction, Enr. À ce moment-là, comme il n'existait aucun commerce de ce genre à St-Donat, M. Émond était sûr de tirer un bon profit de son entreprise.

Le 1er juin, il investit $25,000 dans un compte en banque ouvert au nom de Romex Construction, Enr. Le même jour, il affecta une partie de cet argent à l'achat d'équipement coûtant $4,000. Selon M. Émond, cet équipement aurait une durée d'utilisation de dix ans et une valeur de récupération nulle après ce temps. Il acheta aussi au comptant des marchandises coûtant $15,000 et il versa $1,500 pour acquitter le loyer de six mois à compter du 1er juin.

Il estimait que les magasins semblables situés dans des municipalités avoisinantes vendaient leurs marchandises à un prix représentant 140% du coût. En d'autres mots, un article coûtant $10 se vendait $14. Afin d'être assuré d'atteindre, dès le début, un chiffre d'affaires raisonnable, il décida de se contenter d'une marge bénéficiaire de 35%, ce qui, d'après lui, donnerait un bénéfice net égal à 10% du coût des marchandises vendues.

Étant donné que St-Donat est un village agricole, M. Émond accorde à ses clients des conditions de règlement généreuses car il est sûr qu'il recouvrera les sommes qui lui sont dues à l'époque des récoltes. En revanche, les conditions de règlement de ses fournisseurs l'obligent à acquitter ses factures trente jours après la date de celles-ci.

Six mois après l'ouverture de son magasin, soit le 1er décembre, M. Émond est venu vous consulter. Il estime que ses affaires vont bien. Il a réglé tous les comptes de ses fournisseurs au moment convenu et il ne leur doit actuellement que $8,500 pour des achats effectués au cours des trente derniers jours. Le stock a été renouvelé quatre fois au cours des six derniers mois. Dans l'état des revenus et dépenses qu'il a dressé, le bénéfice brut s'élève à $21,000 et le bénéfice net à $6,800. Cependant, vous remarquez qu'il n'a pas comptabilisé l'amortissement du coût de l'équipement. Il vous dit que le stock de marchandises a un coût de $15,000 et que ses clients lui doivent $20,500. Il a acquitté au comptant des dépenses s'élevant à $12,700 en plus d'avoir payé d'avance le loyer de six mois le 1er juillet.

Malgré tout, M. Émond a des doutes quant à la justesse du chiffre du bénéfice brut et de celui du bénéfice net. En effet, l'encaisse ne s'élève plus qu'à $800 et il doit $8,500 à ses fournisseurs.

Estimez-vous que M. Émond a obtenu le bénéfice net qu'il désirait réaliser ? Si votre réponse est affirmative, expliquez comment il se fait que l'encaisse diminue constamment alors que le bénéfice net est satisfaisant. Dressez, pour appuyer vos explications, un état des revenus et dépenses pour les six mois terminés le 1er décembre. Dressez également un bilan au 1er décembre et un état expliquant la raison pour laquelle le solde de l'encaisse au 1er décembre ne s'élève qu'à $800.

7

Le contrôle interne

■ Le propriétaire d'une petite entreprise contrôle lui-même ses affaires en exerçant une supervision personnelle et en participant activement à l'exploitation de son entreprise. Ainsi, il voit lui-même à obtenir les biens et les services nécessaires à l'exploitation, il achète les marchandises, il engage son personnel qu'il supervise étroitement, il négocie tous les contrats et il signe tous les chèques. En procédant de cette façon, il sait (par exemple, lorsqu'il signe des chèques) qu'il a effectivement reçu les biens ou les services dont il acquitte le coût. Cependant, au fur et à mesure qu'une entreprise prend de l'expansion, il devient de plus en plus difficile de la gérer d'une façon aussi personnelle. Le propriétaire doit alors partager ses responsabilités avec d'autres personnes et exercer un contrôle en mettant en application des *techniques de contrôle interne* qui le dispensent de superviser lui-même tous les travaux effectués.

Le contrôle interne

■ Un *système de contrôle interne* comprend, par définition, l'ensemble des méthodes et des procédés en usage dans une entreprise en vue de contrôler son exploitation. Un système de contrôle interne est satisfaisant s'il incite le personnel à respecter les directives administratives et à obtenir un bon rendement, et s'il fournit une information financière sûre. Un bon système de contrôle exige aussi d'adopter des mesures destinées à prévenir les fraudes, les vols et les pertes.

Les mesures de contrôle interne varient selon la nature de l'exploitation et la taille de l'entreprise. Cependant, il existe des principes généraux de contrôle interne que nous allons résumer dans les sections suivantes.[1]

L'ATTRIBUTION DES RESPONSABILITÉS

Un bon système de contrôle interne demande d'établir clairement les responsabilités de chacun. Il importe donc de désigner le responsable de chaque tâche, sinon il devient difficile d'attribuer les résultats obtenus à quelqu'un en particulier. Si, par exemple, il manque de l'argent dans une caisse où l'on dépose l'argent reçu des ventes effectuées par deux commis, il est difficile de désigner le commis qui a détourné des fonds. Chacun aura tendance à accuser l'autre et aucun des deux ne pourra prouver son innocence. Il y aurait lieu, dans ce cas, d'utiliser une caisse différente pour chaque commis ou de confier à un seul commis la responsabilité de déposer l'argent des ventes dans la caisse et de remettre la monnaie aux clients.

LA TENUE DES LIVRES

Une bonne tenue des livres permet d'exercer un meilleur contrôle sur les biens d'une entreprise. En revanche, un mauvais système comptable facilite les fraudes et, si l'on n'y prend garde, les employés malhonnêtes ne manqueront pas de tirer parti de la faiblesse du système.

NÉCESSITÉ D'ASSURER LES BIENS D'UNE ENTREPRISE ET LES EMPLOYÉS

Il est nécessaire d'assurer les biens d'une entreprise contre les pertes possibles. De même, les employés qui manipulent de l'argent et des biens négociables doivent faire l'objet d'une assurance cautionnement. Cette dernière assurance permet de recevoir une indemnité en cas de vol et prévient indirectement les vols car les employés sont moins portés à détourner des fonds pour leur usage personnel s'ils savent qu'ils feront l'objet d'une enquête de la part d'une compagnie d'assurances.

DISTINCTION À ÉTABLIR ENTRE LA FONCTION « TENUE DES LIVRES » ET LA GARDE DES BIENS EUX-MÊMES

Un principe fondamental de contrôle interne exige que la personne qui a accès à un bien ou qui en est responsable ne doit pas s'occuper de la comptabilisation des opérations relatives à ce bien. Si ce principe est mis en application, le responsable de la garde d'un bien peut difficilement s'approprier ce bien ou l'utiliser à mauvais escient quand il sait que la fonction « tenue des livres » relève d'une autre personne. Une fraude ne pourra vraiment être commise que s'il y a collusion entre les deux personnes en question.

---

[1]*Internal Control* (New York: American Institute of Certified Public Accountants, 1959), p. 6.

LA RÉPARTITION DES TÂCHES CONNEXES

Il est nécessaire, dans la mesure du possible, de confier à des personnes différentes ou à des services différents la responsabilité de s'occuper d'une série d'opérations connexes ou de tâches qui sont reliées les unes aux autres. La mise en application de ce principe permet à une personne de vérifier l'exactitude du travail effectué précédemment par une autre personne. Cette façon de procéder n'exige pas que le travail soit fait deux fois. Chaque employé ou service effectue un travail qui n'a pas été fait auparavant et vérifie en même temps l'exactitude du travail effectué jusqu'à ce moment-là. Ainsi, on ne devrait pas confier à une seule personne ou à un seul service la responsabilité de passer des commandes, de recevoir les marchandises commandées et de régler les fournisseurs. Si l'on procédait de cette façon, l'inspection des marchandises reçues et la vérification de l'exactitude des factures seraient moins rigoureuses. De plus, un tel système incite les employés à s'approprier des biens pour leur usage personnel et à acquitter des factures fictives.

LA ROTATION DU PERSONNEL

Dans la mesure du possible, les employés ne devraient pas effectuer toujours les mêmes tâches. La rotation des employés offre plusieurs avantages. En premier lieu, un employé est davantage soigneux et évite de commettre intentionnellement une fraude ou une erreur s'il sait qu'un autre qui le remplacera pourra découvrir les erreurs ou les fraudes qu'il a commises. En second lieu, un employé qui a exécuté diverses tâches dans le service où il travaille est davantage en mesure de mieux connaître les diverses tâches dont son service s'occupe. Enfin, le service continuerait de fonctionner même si un employé tombait malade car un autre employé pourrait facilement prendre sa place.

L'UTILISATION DE PROCÉDÉS MÉCANIQUES

Il est avantageux d'utiliser des procédés mécaniques. Ainsi, on pourrait utiliser des caisses enregistreuses, des horodateurs, des machines comptables, etc. Une caisse enregistreuse avec ruban gardé sous clé facilite l'inscription des ventes au comptant. L'utilisation d'une machine qui imprime le montant et perfore le chèque en même temps rend impossible le changement du montant. De même, un horodateur inscrit automatiquement l'heure où un employé arrive et l'heure à laquelle il termine sa journée.

NÉCESSITÉ DE BIEN INFORMER LES EMPLOYÉS

Un système de contrôle interne ne fonctionnera d'une façon satisfaisante que si les employés font preuve de coopération et accomplissent leur tâche du mieux qu'ils le peuvent. Les employés qui ne comprennent pas la raison d'être des procédés en usage ou qui les jugent inutiles ne s'y soumettront pas et nuiront au bon fonctionnement du système. Il importe donc, lors de l'établissement d'un système de contrôle interne, d'informer les employés de la raison d'être des procédés prescrits et ne pas leur demander d'exécuter des tâches inutiles ou suceptibles de les embarrasser sans raison.

RÉVISION PÉRIODIQUE DU SYSTÈME

On ne peut s'attendre à ce qu'un système de contrôle interne fonctionne bien si on ne se préoccupe pas de le réviser constamment. La vérification des comptes ou une étude particulière peut permettre de découvrir que des employés négligent de mettre en application certains procédés. De même, on peut découvrir que le contrôle serait meilleur ou que le rendement serait plus satisfaisant si l'on modifiait certains procédés. Les grandes entreprises ont généralement un service de vérification interne qui effectue une révision constante du système de contrôle interne afin de s'assurer qu'il fonctionne d'une façon satisfaisante et que les employés suivent fidèlement les directives qui leur sont données.

Nécessité du contrôle interne

■ Les mesures de contrôle interne doivent couvrir toutes les phases de l'exploitation d'une entreprise et s'appliquer à tous ses éléments d'actif. Cependant, ces mesures sont particulièrement importantes pour contrôler les opérations relatives à l'encaisse et aux achats de biens et de services. Nous discutons, dans ce chapitre, du contrôle à exercer sur les achats et les déboursés et nous aborderons dans le chapitre suivant seulement la discussion des mesures de contrôle interne se rapportant aux recettes.

Pour démontrer qu'il est nécessaire d'exercer un bon contrôle sur les achats et les déboursés, supposons que chaque employé d'un grand magasin est autorisé à acheter des marchandises et que la direction n'utilise aucun document comptable pour tenir compte des achats effectués. Un tel système susciterait énormément de confusion et l'entreprise ne serait nullement en mesure de connaître exactement les marchandises qu'elle a commandées et celles qu'elle a reçues. Ce système engendrerait aussi une foule d'erreurs : il y aurait du travail effectué plus d'une fois, des marchandises manqueraient, on acquitterait le coût de marchandises non encore reçues et les employés malhonnêtes auraient l'occasion de frauder leur employeur en demandant des pots-de-vin à certains fournisseurs ou en faisant régler à leur profit des comptes fictifs.

Le contrôle des achats d'un grand magasin

■ Un grand magasin doit répartir les responsabilités associées à l'achat de marchandises et d'autres biens. Cette répartition est nécessaire en raison de l'importance des tâches à exécuter et du contrôle qu'il faut exercer sur les opérations confiées aux services suivants : les services d'où provient la demande d'achat (le service demandeur), le service des achats, le service de la réception et le service de la comptabilité. Il est aussi nécessaire de coordonner les activités de ces services au moyen de documents. Les explications portant sur chaque document et l'usage que l'on doit en faire démontrera comment un grand magasin peut contrôler ses achats.

Document	Provenance	Destination
1. La demande d'achat	Le service demandeur	Le service des achats
2. La commande	Le service des achats	Le fournisseur et le service de la comptabilité
3. La facture	Le fournisseur	Le service de la comptabilité
4. L'avis de réception	Le service de la réception	Le service des achats, le service de la comptabilité et le service demandeur
5. L'avis d'approbation de la facture	Le service de la comptabilité	Le service de la comptabilité qui l'attache à la facture

LA DEMANDE D'ACHAT

Un grand magasin est généralement réparti en rayons et en services auxiliaires à la tête desquels se trouve un directeur. Le rôle des services auxiliaires est de fournir des services. Ainsi, le service des achats a la responsabilité d'effectuer les achats pour le compte de tous les autres services.

Étant donné que le service des achats ne connaît pas d'avance les marchandises dont ont besoin les autres services, il appartient habituelle-

---

Demande d'achat	Nº	2613
	Date	

Service des achats
Prière d'acheter les articles suivants:

Indiquer le nom du fournisseur

Quantité	Nombre	Description

Usage	À remplir par le service des achats
	Date de livraison_____ Commande nº _____
Demandé pour le _____ 1976	De

| Service demandeur _____ Approuvé par _____ |

Tableau
7–1

ment au directeur de chaque rayon de déterminer les quantités à acheter. Cependant, il ne lui est pas permis d'acheter lui-même les marchandises parce que si le directeur de chaque rayon pouvait transiger directement avec les grossistes et les fabricants, il serait impossible d'exercer un contrôle sur les marchandises achetées et les dettes qui en résultent. Un bon système de contrôle interne exige donc que les directeurs de rayons passent leurs commandes par l'intermédiaire du service des achats en lui faisant parvenir une demande d'achat semblable à celle du tableau 7–1. Ce document est généralement rempli en trois exemplaires dont deux sont envoyés au service des achats et le troisième gardé par le service demandeur.

LA COMMANDE

La commande (voir le tableau 7–2) est un document dont se sert le service des achats pour autoriser le fournisseur à livrer les marchandises commandées. La commande doit fournir les détails suivants : la quantité et la description des articles désirés, le prix convenu et les conditions de règlement.

COMMANDE	N° 4238
LA SOCIÉTÉ DE FABRICATION EUGÈNE, LTÉE	Date_____
2590, rue Lavigerie, Rimouski, Québec	F.A.B._____
	Expédié par_____
	Conditions_____

À	Expédier à

Prière d'expédier les articles suivants: Demandé pour le

Quantité	✓	Description	Prix	Unité ou douz.	Montant

IMPORTANT
Indiquer le n° de la commande sur la correspondance et les envois.

Commandé par_____

Tableau
7–2

Après aboir reçu la demande d'achat, le service des achats établit la commande en quatre exemplaires qui servent aux fins suivantes :

1ᵉʳ exemplaire : Le premier exemplaire, c'est-à-dire l'original, est envoyé au fournisseur afin de l'autoriser à expédier les marchandises commandées.

2ᵉ exemplaire : Le deuxième exemplaire, auquel on joint un exemplaire de la demande d'achat, est envoyé au service de la comptabilité qui l'attache à la facture au moment où elle est réglée.

3ᵉ exemplaire : Le troisième exemplaire est envoyé au service demandeur pour l'informer que la marchandise a été commandée.

4ᵉ exemplaire : Le service des achats garde le quatrième exemplaire qu'il classe par ordre numérique dans le dossier des commandes en cours tant que les marchandises n'ont pas été livrées.

FACTURE			Nº 3216
LA SOCIÉTÉ DE FABRICATION EUGÈNE, LTÉE			Date_____
2590, rue Lavigerie, Rimouski, Québec			Votre Commande Nº _____
			Notre Commande Nº _____

Vendu à

Livré à

F.A.B.	Conditions	Date de livraison	Livraison par	Vendeur		
Quantité commandée	Quantité livrée	Description		Prix	Unité ou douz.	Montant

Tableau
7–3

LA FACTURE

La facture est un document qui indique le détail des marchandises achetées ou vendues. Pour l'acheteur qui l'établit, il s'agit d'une *facture de vente,* mais le même document reçu par l'acheteur est une *facture d'achat.* Les factures qu'utilisent les commerçants ressemblent à celle du tableau 7–3.

Lorsque le fabricant ou le grossiste reçoit une commande, il expédie les marchandises commandées à l'acheteur et lui fait parvenir par la poste un exemplaire de la facture. Les marchandises sont expédiées au service de la réception de l'acheteur alors que la facture est envoyée directement au service de la comptabilité.

L'AVIS DE RÉCEPTION

La plupart des grandes entreprises ont un service spécial dont la tâche est de recevoir les marchandises achetées. Après avoir dénombré et vérifié tous les articles reçus, le service de la réception établit un avis de réception (voir le tableau 7–4) en quatre exemplaires. Le premier exemplaire (l'original) est destiné au service de la comptabilité, le

<table>
<tr><td colspan="3" align="center">Avis de réception</td></tr>
<tr><td>Reçu de</td><td colspan="2">N°   4383</td></tr>
<tr><td></td><td colspan="2">Date</td></tr>
<tr><td></td><td colspan="2">Commande N°</td></tr>
<tr><td></td><td colspan="2">Facture N°</td></tr>
<tr><td></td><td colspan="2">Livraison par</td></tr>
<tr><td>Quantité</td><td>Description</td><td>Bon ou mauvais état</td></tr>
<tr><td></td><td></td><td></td></tr>
<tr><td colspan="3">Dénombré et inspecté par</td></tr>
</table>

Tableau
7–4

deuxième et le troisième exemplaires sont respectivement envoyés au service demandeur et au service des achats et, finalement, le quatrième exemplaire est gardé par le service de la réception. L'avis de réception a aussi l'avantage d'informer le service des achats et le service demandeur que les articles commandés sont arrivés.

L'AVIS D'APPROBATION DE LA FACTURE

Après avoir reçu l'avis de réception, le service de la comptabilité a en main un exemplaire des documents suivants :

1. La demande d'achat sur laquelle figure la liste des articles désirés.
2. La commande qui renferme la liste des articles commandés.
3. La facture qui décrit les articles expédiés par le fournisseur et fait connaître les quantités, le prix à l'unité et le prix total de chacun des articles.
4. L'avis de réception sur lequel figure la liste des articles reçus et l'état dans lequel ils étaient au moment de la réception.

Tableau 7–5

```
┌─────────────────────────────────────────┐
│               AVIS                       │
│      D'APPROBATION DE FACTURE            │
│                                          │
│  Commande n° _____    │
│           VÉRIFICATION                   │
│  Demande d'achat_____     │
│  Commande_____      │
│  Avis de réception_____      │
│  Facture                                 │
│      Prix_____      │
│      Calculs_____      │
│      Conditions_____      │
│                                          │
│  Règlement approuvé par                  │
│           _____    │
└─────────────────────────────────────────┘
```

Ces documents fournissent au service de la comptabilité toute l'information nécessaire à l'approbation du règlement de la facture et à son inscription aux livres. L'approbation de la facture exige de vérifier et de comparer toutes les informations que renferment les documents énumérés ci-dessus. Afin de faciliter l'exécution de ce travail, le service de la comptabilité utilise un document (voir le tableau 7–5) intitulé : « Avis d'approbation de facture ». Ce document peut être distinct de la facture à laquelle il est annexé par la suite, mais certaines entreprises préfèrent inscrire directement les mêmes informations sur la facture au moyen d'un tampon.

Le préposé à la vérification des documents inscrit ses initiales sur l'avis d'approbation de facture à la fin de chacune des étapes du travail de vérification que l'on peut résumer de la façon suivante:

1. Vérification de la
   demande d'achat..........Les articles facturés sont identiques à ceux que le service demandeur a inscrits sur la demande d'achat.
2. Vérification de la commande...Les articles facturés ne diffèrent pas des articles commandés.
3. Vérification de l'avis
   de réception..............Les articles facturés ne diffèrent pas de ceux qui figurent sur l'avis de réception.
4. Vérification de la facture:
   L'approbation des prix......Les prix demandés sont conformes aux prix convenus.
   Les calculs...............Les calculs sont exacts.
   Les conditions............Les conditions de règlement sont conformes aux conditions convenues.

L'INSCRIPTION DE LA FACTURE

Après avoir effectué le travail de vérification décrit ci-dessus et avoir approuvé la facture, on joint à celle-ci tous les autres documents, on en approuve le règlement et on l'inscrit aux livres. Avant d'aborder ces deux derniers points, nous discuterons en premier lieu du *système de pièces justificatives*.

Le système de pièces justificatives

■ Le système de pièces justificatives a pour objet d'exercer un contrôle sur les activités qui donnent naissance à des obligations dont le règlement doit s'effectuer en espèces. Une petite entreprise, c'est-à-dire une entreprise dont le propriétaire signe tous les chèques et voit lui-même à n'émettre des chèques que pour des marchandises ou des services qu'il a effectivement reçus, n'a pas besoin d'un tel système. Cependant, comme il est impossible qu'une grande entreprise procède de cette façon, il faut établir un système efficace de contrôle interne (le système de pièces justificatives, par exemple) afin de faire connaître la raison d'être du paiement à celui qui a la responsabilité de signer les chèques.

Nature des pièces justificatives

■ Une pièce justificative est un document qui atteste qu'une opération a vraiment eu lieu. Ce document permet non seulement de résumer l'opération et d'en vérifier l'exactitude, mais il en facilite aussi la comptabilisation et le règlement.

Les pièces justificatives varient d'une entreprise à l'autre mais, le plus souvent, il s'agit d'un feuillet à l'intérieur duquel on peut placer la facture et tous les autres documents qui l'accompagnent. Ce genre de pièces justificatives facilite le classement de tous les documents.

Pièce justificative n° ___767___

CRESCO, LTÉE
Montréal, Québec

Date _1er octobre 1976_

Beaulieu & Fils, Enr.

Québec   Province _Québec_

Date de la facture	Conditions	Numéro de la facture et autres détails	Montant
Sept. 30, 19--	2/10, n/60		800.00
			16.00
			784.00

Règlement approuvé par

Nelson Royer
_____
Vérificateur

Tableau
7–6
L'endroit d'une pièce justificative

Les tableaux 7–6 et 7–7 illustrent les deux faces d'une pièce justificative. Toutes les informations qui y figurent sont inscrites au moment où la pièce justificative est établie, à l'exception, toutefois, de la date de paiement et du numéro du chèque que l'on n'inscrit qu'au moment où la pièce justificative est effectivement réglée.

Le système de pièces justificatives et le contrôle

■ Le système de pièces justificatives permet d'exercer un contrôle sur les déboursés pour les raisons suivantes: (1) selon ce système, seules certaines personnes (ou certains services) sont autorisées à contracter des engagements qui entraînent plus tard des déboursés; (2) ce système détermine la façon de contracter des obligations, de les vérifier, de les approuver et de les comptabiliser; et (3) selon ce système, on ne peut émettre un chèque que lorsque l'opération a été vérifiée, approuvée et comptabilisée. De plus, il faut comptabiliser les engagements au moment où l'entreprise les a contractés et traiter chaque achat séparément même si l'on peut effectuer un grand nombre d'achats à un même fournisseur durant un mois ou durant toute autre période.

L'entreprise qui utilise un système de pièces justificatives exerce un contrôle dès le moment où elle contracte un engagement qui l'amènera à effectuer plus tard un déboursé. Seulement un petit nombre de personnes ou de services sont autorisés à contracter ce genre d'obligations

Pièce justificative n° ___767___

Comptes à débiter	Montant
Achats	800.00
Fret à l'achat	
Fournitures d'emballage	
Fournitures de bureau	
Salaires des vendeurs	

Date de règlement ___10 octobre 1976___

Bénéficiaire ___Beaulieu & Fils, Enr.___
Ville ___Québec___
Province ___Québec___

Crédit – Pièces justificatives à payer	800.00

Sommaire:
Somme débitée ___800.00___
Escompte ___16.00___
Déboursé net ___784.00___

Règlement:
Pièce réglée le _____
Chèque n° _____

Tableau
7–7
**L'envers
d'une pièce
justificative**

dont la nature est déterminée d'une façon très précise. Ainsi, il n'y a que le service des achats qui a la responsabilité d'acheter des marchandises, des fournitures et, parfois, d'autres biens ayant une valeur minime.

Le contrôle est encore plus strict lorsque l'on établit une routine plus ou moins rigide que les personnes ou les services en cause doivent respecter. Ainsi, on exigera de remplir des documents à chaque étape d'une opération, on déterminera la façon d'assembler ces documents et de les vérifier et on s'en servira pour approuver la comptabilisation et le règlement de l'opération.

Prenons, par exemple, le cas d'un achat de marchandises. Nous avons déjà dit que le directeur du service demandeur doit remplir une demande d'achat et l'envoyer au service des achats. Ce dernier service passe alors une commande à un fournisseur qui expédie les marchandises au service de la réception et envoie la facture au service de la comptabilité de l'acheteur. Par la suite, le service de la réception dénombre et examine les articles reçus et établit un avis de réception. À ce stade, le service de la comptabilité a les documents suivants en sa possession:

1. Un exemplaire de la demande d'achat où figure la liste des articles désirés.
2. Un exemplaire de la commande indiquant les articles commandés.
3. Une facture où figure la liste des articles expédiés par le fournisseur.
4. Un avis de réception donnant la liste des articles reçus.

Ayant toutes ces informations, le service de la comptabilité est en mesure de faire approuver la comptabilisation et le règlement de la facture. L'approbation de la facture exige qu'un commis du service de la comptabilité vérifie et compare les informations figurant sur tous les documents et appose ses initiales sur l'avis d'approbation au fur et à mesure qu'il exécute son travail de vérification. L'étape suivante est l'établissement d'une pièce justificative. Cette tâche est relativement simple puisqu'il suffit de transcrire sur la pièce justificative certaines informations figurant sur la facture et des documents connexes. Par la suite, tous ces documents sont joints à la pièce justificative et envoyés au contrôleur ou au vérificateur interne qui les vérifie de nouveau et approuve la façon de comptabiliser l'opération.

Un commis comptabilise alors la pièce justificative et la classe dans un échéancier par ordre de date de paiement. Plus tard, à la date de règlement, la pièce justificative est envoyée au bureau du caissier ou au service qui a la responsabilité d'effectuer les déboursés. La personne qui émet les chèques étudie la pièce justificative et tous les documents qui l'accompagnent pour s'assurer que le compte à régler est réel. Ainsi, la demande d'achat et la commande lui disent si l'achat a été autorisé; l'avis de réception lui apprend si l'on a bien reçu les articles facturés; et l'avis d'approbation l'informe si l'on a vérifié tous les détails de l'opération. Avec ce système, la probabilité qu'une fraude soit commise est faible à moins que des documents n'aient été volés et des signatures forgées ou à moins qu'il n'y ait eu collusion.

Le compte Pièces justificatives à payer

■ Une entreprise qui utilise un système de pièces justificatives remplace le compte de contrôle Comptes à payer dont il a été question précédemment par le compte Pièces justificatives à payer. Ainsi, une pièce justificative établie à l'occasion d'un achat de marchandises sera portée au débit du compte Achats et au crédit du compte Pièces justificatives à payer. De même, lors de l'achat d'un élément d'actif immobilisé, on débite un compte d'actif et on crédite le compte Pièces justificatives à payer. En revanche, lors du règlement d'une pièce justificative, on doit débiter le compte Pièces justificatives à payer et créditer le compte Caisse.

Le système de pièces justificatives et les dépenses

■ Le fait de remplacer l'appellation « Comptes à payer » par celle de « Pièces justificatives à payer » est relativement peu important. Cependant, ce qui est plus important c'est que le nouveau compte sert aussi à inscrire les dettes relatives aux dépenses comme les salaires, le téléphone, l'électricité, etc. Pour bien saisir ce changement, rappelons qu'un système de pièces justificatives a pour objet d'exercer un contrôle sur tous les déboursés. Cet objectif ne sera atteint que si le règlement d'un compte, quel qu'il soit, est approuvé et comptabilisé à titre de dette, dans le compte Pièces justificatives à payer, au moment où l'obligation est contractée. Ainsi, lors de la réception du compte de téléphone, un commis le vérifie (particulièrement les appels interurbains) puis établit une pièce justificative à laquelle il attache le compte à régler. La pièce justificative est alors inscrite de la même façon que s'il s'agissait d'un achat de marchandises, à l'exception du compte à débiter qui est le compte Téléphone au lieu du compte Achats. Par la suite, un commis émet un chèque pour régler la pièce justificative.

Le fait d'exiger qu'une dépense soit approuvée et inscrite sur une pièce justificative garantit que tous les déboursés relatifs aux dépenses sont approuvés par qui de droit. Souvent une entreprise reçoit certaines factures après le moment où les travaux (des réparations, par exemple) ont été effectués. Si l'on ne comptabilisait pas le coût des réparations avant de recevoir la facture, il serait difficile de vérifier l'exactitude du montant facturé. Un employé malhonnête pourrait s'entendre avec un fournisseur pour que l'entreprise règle deux fois le même compte ou verse des sommes trop élevées. De même, l'entreprise pourrait être amenée à verser des sommes pour des marchandises qu'elle n'a pas reçues ou pour des services qui ne lui ont pas été rendus.

L'inscription des pièces justificatives

■ Les pièces justificatives sont d'abord inscrites dans un livre appelé le *Journal des pièces justificatives* qui est effectivement un journal des achats plus détaillé puisque l'on y inscrit non seulement les achats mais aussi toutes les dépenses qui entraînent des déboursés. Le journal des pièces justificatives remplace effectivement le journal des achats dont nous avons parlé au chapitre précédent.

Chaque entreprise a une forme de journal des pièces justificatives qui lui est propre. Le plus souvent, toutefois, le journal des pièces justificatives a de nombreuses colonnes servant à inscrire la date, le nom du créancier, le numéro de la pièce, la date de règlement et le numéro du chèque. Les montants à créditer sont inscrits dans la colonne Pièces justificatives à payer et les montants à débiter figurent dans des colonnes dont le nombre varie d'un établissement à l'autre. Le livre des pièces justificatives d'une entreprise commerciale a toujours une colonne intitulée Achats et un certain nombre d'autres colonnes débitrices afin de réduire le plus possible le travail de report. Quant aux autres comptes à débiter moins souvent, on les inscrit dans une colonne intitulée Comptes divers.

Toutes les informations relatives à une pièce justificative sont inscrites dans le registre des pièces justificatives dès le moment où la pièce est établie, à l'exception toutefois des détails relatifs au règlement (date de paiement et numéro du chèque) que l'on n'inscrit que plus tard, c'est-à-dire au moment où la pièce est réglée.

Certaines entreprises qui utilisent un registre des pièces justificatives semblable à celui du tableau 7–8 tiennent des grands livres auxiliaires auxquels correspondent des comptes de contrôle. Dans ce cas, le report aux grands livres auxiliaires et au grand livre général ne diffère pas de celui que nous avons illustré au chapitre précédent.

Lorsque l'on reporte séparément les montants inscrits dans les colonnes Frais de vente et Frais d'administration (voir le tableau 7–8), il est nécessaire, lors de l'inscription d'une pièce justificative, d'indiquer le nom du compte du grand livre auxiliaire où le montant sera reporté. Il est toujours possible d'inscrire ce nom dans une colonne particulière. Cependant, comme cette solution ne convient généralement pas en raison du manque d'espace, on se contente d'inscrire le numéro des comptes au lieu de leur nom. (Il serait bon de revoir à ce moment-ci les explications données au chapitre 5 sur la façon de numéroter les comptes.) Il va de soi que l'on doit noter le numéro du compte dans le registre des pièces justificatives au moment même où la pièce elle-même est inscrite.

Le travail de report des montants inscrits dans un registre des pièces justificatives semblable à celui du tableau 7–8 s'effectue de la façon suivante. À la fin de chaque mois, il faut trouver le total des montants inscrits dans chaque colonne et vérifier l'égalité des débits et des crédits. On reporte respectivement le total de la colonne Pièces justificatives à payer au crédit du compte Pièces justificatives et celui des colonnes Achats et Fret à l'achat au débit de ces comptes. On ne doit pas reporter séparément les montants figurant sous ces trois rubriques.

Le total des colonnes Frais de vente et Frais d'administration est respectivement reporté au débit des comptes de contrôle portant le même nom dans le grand livre général. Quant aux montants figurant

Date	N°	N° des pièces justificatives	Bénéficiaire	Règlement		Crédit pièces justificatives à payer		Débit Achats		Débit Fret à l'achat		
				Date	N° des chèques							
19– Oct.	1	767	Beaulieu & Fils, Enr.	9/10	753	800	00	800	00			1
	1	768	Le Soleil, Limitée	9/10	754	53	00					2
	2	769	Corpex, Ltée	12/10	756	235	00	155	00	10	00	3
	6	770	Georges Smith	6/10	734	65	00					4
	6	771	François Jobin	6/10	735	52	00					5
	6	772	Georges Royer	6/10	736	70	00					6
	30	998	Banque de Montréal	30/10	972	505	00					33
												34
	30	999	Bell Canada	30/10	973	18	00					35
	31	1000	Gensen, Limitée			235	00	235	00			36
	31	1001	Standex, Ltée	31/10	974	195	00					37
						5,079	00	2,435	00	156	00	38
						(213)		(511)		(514)		39
												40
												41

Tableau
7–8

dans ces colonnes, on les reporte séparément aux comptes de chacun des grands livres auxiliaires selon les numéros inscrits dans les colonnes Numéro de compte.

On doit reporter séparément les montants figurant sous la rubrique Comptes divers mais il ne faut pas reporter le total de cette colonne. Si l'on veut que le livre des pièces justificatives prenne moins d'espace, il y aurait lieu d'inscrire dans la colonne Comptes divers le numéro des comptes au lieu de leur nom.

Le classeur des pièces justificatives à payer

■ Il arrive souvent qu'une entreprise règle certaines pièces justificatives au moment même où elle les comptabilise. Quant aux autres pièces, elle les classe dans un échéancier jusqu'au moment où elle devra les régler. Ce classement permet à l'entreprise de bénéficier de tous les escomptes de caisse parce que le préposé au règlement des pièces justificatives les règle automatiquement le jour où elles doivent l'être. Il est très rare, avec ce système, que l'entreprise perde des escomptes pour la seule raison qu'elle a oublié la date de règlement des pièces justificatives.

Dans un système de pièces justificatives, le compte Pièces justificatives à payer et le classeur des pièces non réglées remplacent le compte de contrôle Comptes à payer et le grand livre auxiliaire des comptes à payer. En réalité, le classeur des pièces justificatives à payer est un grand livre auxiliaire des comptes des créanciers. De même, le compte

	Frais de vente			Frais d'administration			Débit — Comptes divers		
	N° de compte	Folio	Débit Montant	N° de compte	Folio	Débit Montant	Compte	Folio	Débit Montant
1									
2	612	✔	53 00						
3							Fourn. d'emballage	117	70 00
4				651	✔	65 00			
5	611	✔	62 00						
6	611	✔	70 00						
33							Billets à payer	211	500 00
34							Intérêts	721	5 00
35				655	✔	18 00			
36									
37							Matériel de bureau	134	195 00
38			837 00			716 00			935 00
39			(600)			(650)			(✔)
40									
41									

Pièces justificatives à payer est lui-même un compte de contrôle dont le solde doit être égal à la fois au total des montants inscrits sur les pièces incluses dans le classeur des pièces non réglées et au total des montants figurant sur les pièces non encore réglées inscrites dans le registre des pièces justificatives.

On peut vérifier chaque mois cette égalité (après avoir terminé le travail de report) en comparant le solde du compte Pièces justificatives à payer avec le total des montants inscrits sur les pièces justificatives incluses dans le classeur des pièces non réglées. De même, on compare les pièces non réglées de ce classeur avec les pièces qui, d'après le registre des pièces justificatives n'ont pas encore été réglées, c'est-à-dire les pièces pour lesquelles on n'a pas encore inscrit le numéro du chèque et la date de règlement dans le registre lui-même. Si aucune erreur n'a été commise, le total des pièces non réglées sera le même aussi bien dans le registre des pièces justificatives que dans le classeur des pièces non réglées.

Le registre des chèques

■ Lorsqu'un système de pièces justificatives est en usage, les chèques émis pour régler les pièces sont inscrits dans un registre des chèques qui ressemble à un journal simplifié de caisse-déboursés. Le registre des chèques est très simple parce que tous les chèques émis sont portés au débit du compte Pièces justificatives à payer et au crédit du compte Caisse. Cette remarque ne s'applique, bien entendu, que si les deux conditions suivantes sont remplies: (1) on ne règle un compte qu'après avoir établi une pièce justificative et (2) on n'émet aucun chèque si ce n'est pour régler une pièce justificative. Quant aux escomptes sur achats dont l'entreprise peut bénéficier, on les inscrit aussi dans le registre des chèques, ce qui fait que ce livre a, au plus, trois colonnes de chiffres (voir le tableau 7–9).

Registre des chèques

Date		Bénéficiaire	N° des pièces justificatives	N° des chèques	Débit Pièces justificatives à payer	Crédit Escomptes sur achats	Crédit Caisse
19–							
Oct.	1	Canadien National	765	728	14.00		14.00
	3	François Meunier	766	729	73.00		73.00
	3	Ajax, Ltée	753	730	250.00	5.00	245.00
	4	La Librairie Langlais, Enr.	747	731	100.00	2.00	98.00
	5	Thomas Mercier	763	732	43.00		43.00
	6	Gamma, Ltée	759	733	342.00		342.00
	6	Georges Smith	770	734	65.00		65.00
	6	François Jobin	771	735	62.00		62.00
	30	Banque de Montréal	998	972	505.00		505.00
	30	Bell Canada	999	973	18.00		18.00
	31	Standex, Ltée	1001	974	195.00		195.00
					6,468.00	28.00	6,440.00
					(213)	(512)	(111)

Tableau
7–9

Si un système de pièces justificatives simplifie le registre des chèques, le travail de report s'effectue aussi beaucoup plus facilement. Aucun montant n'est reporté séparément. Il suffit, à la fin du mois, de reporter le total des trois colonnes en débitant le compte Pièces justificatives à payer et en créditant les comptes Escomptes sur achats et Caisse.

Les rendus sur achats ■ Une entreprise dont le service des achats fonctionne bien n'établit des pièces justificatives qu'après avoir retourné les marchandises qui ne lui conviennent pas. Il peut arriver toutefois qu'elle retourne un article après avoir inscrit une pièce justificative établie lors de la réception des marchandises. Il faut alors passer au journal général l'écriture suivante pour inscrire les marchandises retournées:

Nov.	5	Pièces justificatives à payer	15.00	
		Achats		15.00
		Marchandises défectueuses retournées au fournisseur.		

Après avoir passé cette écriture, il est aussi nécessaire de noter ce retour de marchandises dans la colonne « Règlement » du livre des pièces justificatives, sur la ligne où la pièce en question a été inscrite. La note doit être brève (par exemple, voir J.G. p. 33) pour que l'on puisse plus tard inscrire sur la même ligne le numéro du chèque et la date de paiement. Le montant du rendu sur achat doit aussi être soustrait du montant inscrit sur la pièce justificative et on doit joindre à la pièce la note de crédit reçue du fournisseur et tous les documents relatifs aux articles retournés. Lors du règlement, un chèque s'élevant au montant révisé est émis et inscrit de la façon habituelle.

Remarquez, dans l'écriture précédente, que le coût des articles retournés a été porté au crédit du compte Achats. Cette façon de procéder est bonne, mais on aurait pu aussi créditer le compte Rendus et rabais sur achats. Cependant, si les rendus sur achats sont peu nombreux, on peut opter pour les porter directement au crédit du compte Achats.

Autres mesures de contrôle interne
■ Une entreprise doit exercer un bon contrôle sur toutes les phases de son exploitation: les achats, les ventes, les recettes, les déboursés. Elle doit aussi exercer un contrôle sur son actif immobilisé. Nous discuterons plus tard des mesures de contrôle interne applicables à toutes ces opérations. Il est bon, toutefois, de discuter dès maintenant du contrôle à exercer sur les escomptes sur achats.

Rappelons, en premier lieu, que l'achat de marchandises et le règlement de la facture d'achat s'inscrivent en passant au journal les écritures suivantes:

Nov.	2	Achats	1,000.00	
		Comptes (ou pièces justificatives) à payer		1,000.00
		Achat de marchandises; conditions de règlement : 2/10, n/60.		
	12	Comptes (ou pièces justificatives) à payer . . .	1,000.00	
		Escomptes sur achats		20.00
		Caisse		980.00
		Règlement de la facture du 2 novembre.		

La facture précédente a été inscrite au prix brut, soit $1,000, comme cela se fait généralement en pratique. Cependant, les entreprises qui ont une bonne gestion financière s'efforcent de bénéficier de tous les escomptes de caisse et inscrivent très souvent les achats au prix net. Ainsi, selon cette méthode, il faudrait comptabiliser l'achat précédent comme suit dans le registre des pièces justificatives:

Nov.	2	Achats	980.00	
		Pièces justificatives à payer		980.00
		Achat de marchandises à crédit.		

Si le règlement de la pièce justificative a lieu avant la fin de l'expiration du délai d'escompte (comme cela devrait normalement se passer), on inscrira le chèque dans le registre des chèques en débitant Pièces justificatives à payer et en créditant Caisse du même montant, soit $980. Cependant, si le règlement est effectué plus tard, l'escompte est perdu. Il faudra alors passer au journal général l'écriture suivante quand la pièce sera réglée :

Déc.	31	Escomptes perdus	20.00	
		Pièces justificatives à payer		20.00
		Pour inscrire l'escompte perdu sur la facture du 1er novembre réglée en retard.		

Au même moment, un commis note l'escompte perdu dans la colonne « Règlement » du registre des pièces justificatives, sur la ligne où figure la pièce en question. Cette note pourrait se lire comme suit: « Voir J.G. p. 35 ». Si, par la suite, quelqu'un examine le registre des pièces justificatives, il saura qu'il doit consulter le journal général pour retracer l'opération toute entière. Il est aussi nécessaire de noter la perte d'escompte sur la pièce justificative elle-même. Au moment du règlement, il faudra émettre un chèque au montant de $1,000 et l'inscrire dans le registre des chèques.

AVANTAGES DE LA MÉTHODE DU PRIX NET

Lorsque les factures sont inscrites au prix brut, il faut, dans l'état des revenus et dépenses, soustraire les escomptes accordés effectivement par le fournisseur du chiffre des achats afin de déterminer le coût des marchandises achetées au cours de l'exercice. Cependant, l'inscription des achats au prix brut ne permet pas de faire connaître à la direction le montant des escomptes perdus par négligence ou pour toute autre raison. En revanche, lorsqu'une entreprise inscrit ses achats au prix net, les escomptes qui lui ont été effectivement accordés ne figurent pas aux états financiers, mais la direction est mise au courant des escomptes perdus ainsi que le démontre l'état sommaire des revenus et dépenses du tableau 7–10.

La Compagnie XYZ, Limitée
État des revenus et dépenses
pour l'exercice terminé le 31 décembre 1976

Ventes	$100,000
Coût des marchandises vendues	60,000
Bénéfice brut	$ 40,000
Dépenses d'exploitation	28,000
Bénéfice d'exploitation	$ 12,000
Autres revenus et autres dépenses :	
Escomptes perdus	150
Bénéfice net de l'exercice	$ 11,850

Tableau
7–10

La méthode du prix net donne sûrement à la direction de meilleures informations que la méthode du prix brut. Ainsi, la direction est informée des escomptes perdus par oubli, par négligence ou pour toute autre raison. De plus, la méthode du prix net donne à la direction la possibilité d'exercer un meilleur contrôle sur le travail de ceux qui ont la responsabilité de régler les comptes à temps. Si l'entreprise perd des escomptes, le responsable doit en donner les raisons. Ceci explique que très peu d'escomptes sont perdus par négligence lorsque la méthode du prix net est en usage.

La méthode du prix net simplifie le registre des chèques qui n'a alors qu'une seule colonne de chiffres parce que le fait de ne pas comptabiliser directement les escomptes amène le préposé aux écritures à inscrire le même montant, soit le montant du chèque, au débit du compte Pièces justificatives à payer et au crédit du compte Caisse.

Les escomptes d'usage

■ Les escomptes de caisse dont nous venons de discuter ont pour objet d'accélérer le règlement des comptes. Tel n'est pas le cas des escomptes d'usage ou des escomptes pour revendeurs dont l'objet est de déterminer le prix de vente réel des marchandises annoncées dans un catalogue à un prix différent. Les fabricants et les grossistes utilisent ce genre d'escomptes pour éviter de publier de nouveaux catalogues chaque fois que les prix de vente changent. En effet, il suffit, lors d'un changement de prix, de publier les escomptes qui s'appliquent aux prix annoncés dans le catalogue.

Les escomptes d'usage peuvent être représentés par un pourcentage unique ou par une série de pourcentages. Ainsi, une entreprise peut accorder un escompte de 40% ou des escomptes successifs de 20%, 10% et 10%. Dans le premier cas, on calcule le prix de vente comme suit:

Prix courant ou de catalogue	$1,000
Moins : escompte de 40%	400
Prix de vente	$ 600

Le prix de vente, dans le cas d'escomptes successifs de 20%, 10% et 10%, est de $648 et est calculé de la façon suivante:

Prix courant ou de catalogue	$1,000
Moins : 1er escompte de 20%	200
	$ 800
Moins : 2e escompte de 10%	80
	$ 720
Moins : 3e escompte de 10%	72
Prix de vente	$ 648

Les escomptes d'usage ou les escomptes pour revendeurs ne sont jamais comptabilisés. Le seul chiffre qu'il convient d'inscrire est le prix de vente réel. Ainsi, l'entreprise qui a accordé les escomptes successifs dont il est question ci-dessus passerait au journal l'écriture suivante:

Déc.	10	Comptes à recevoir — ABC, Limitée	648.00	
		Ventes		648.00
		Vente de marchandises à crédit.		

Le fret à l'achat et le fret à la vente

■ La facture d'achat ou de vente, selon le cas, précise généralement si les frais de transport sont à la charge du fournisseur ou du client. Les expressions communément utilisées sont F.A.B., point d'expédition ou F.A.B., point de livraison. (Les lettres F.A.B. signifient « Franco à bord ».)

F.A.B., POINT D'EXPÉDITION

Les conditions de transport « F.A.B., point d'expédition » indiquent que le fournisseur confie l'expédition des marchandises à une compagnie de transport qui doit livrer les marchandises et recouvrer du client les frais d'expédition.

Le client règle les frais de transport au moment où il reçoit les marchandises. Étant donné que les frais de transport de marchandises qui sont expédiées F.A.B., point d'expédition sont à la charge du client, il doit, lorsqu'il les acquitte, débiter le compte Fret à l'achat et créditer le compte Caisse.

Le fournisseur règle lui-même les frais de transport. Il arrive parfois que le fournisseur règle les frais de transport même si les marchandises sont expédiées F.A.B., point d'expédition. Dans ce cas, le fournisseur ajoute les frais de transport au prix de vente des marchandises. Si l'expédition se fait par la poste, il est impossible de procéder autrement. Si, en d'autres circonstances, le fournisseur règle lui-même les frais de transport, il le fait pour rendre service à son client. Supposons, par exemple, que la Société Trenton, Limitée expédie des marchandises F.A.B., point d'expédition à Robert & Fils, Enr. Le prix de vente convenu est de $1,000 et les conditions de règlement sont 2/10, n/60. Supposons aussi que pour rendre service à son client, la Société Trenton, Limitée règle d'avance les frais de transport s'élevant à $75. Si Robert & Fils, Enr. inscrit les achats au prix brut et n'a pas de système de pièces justificatives, il faut passer l'écriture de journal suivante pour inscrire l'opération:

Nov.	3	Achats	1,000.00	
		Fret à l'achat	75.00	
		Comptes à payer — La Société Trenton, Ltée		1,075.00
		Achat de marchandises à crédit.		

Si le fournisseur accorde un escompte, il va de soi que l'escompte ne s'applique qu'au prix de vente des marchandises. Dans l'exemple précédent, le préposé aux écritures doit passer au journal général l'écriture suivante pour inscrire le règlement de la facture avant la fin du délai d'escompte.

Nov.	9	Comptes à payer — La Société Trenton, Ltée ..	1,075.00	
		Escomptes sur achats		20.00
		Caisse		1,055.00
		Règlement de la facture du 3 novembre.		

F.A.B., POINT DE LIVRAISON

Cette expression signifie que le fournisseur doit assumer les frais de transport.

Le fournisseur règle les frais de transport. Si les conditions de transport sont F.A.B., point de livraison et que le fournisseur règle les frais de transport, l'acheteur n'a qu'à comptabiliser le coût des marchandises au moment où il les reçoit et à régler la facture à la date convenue.

Le fournisseur ne règle pas d'avance les frais de transport. Lorsque les marchandises sont expédiées F.A.B., point de livraison et que le fournisseur ne règle pas les frais de transport comme il le devrait, l'acheteur doit les régler au moment où les marchandises lui parviennent et les soustraire du montant dû au fournisseur. Supposons, par exemple, que Robert & Fils, Enr. achète $1,000 de marchandises à Phoenix, Limitée. Les conditions de règlement sont 2/10, n/60 et les conditions de transport F.A.B., point de livraison. Si le fournisseur ne règle pas les frais de transport de $50 au moment où les marchandises sont expédiées, Robert & Fils, Enr. doit passer au journal général les écritures suivantes pour inscrire l'achat et le paiement des frais de transport.

Nov.	3	Achats	1,000.00	
		Comptes à payer — Phoenix, Limitée		1,000.00
		Achat de marchandises à crédit.		
	3	Comptes à payer — Phoenix, Limitée	50.00	
		Caisse		50.00
		Pour inscrire les frais de transport des marchandises achetées à Phoenix, Limitée.		

Étant donné que les escomptes de caisse sont calculés sur le coût des marchandises achetées (compte tenu des rendus et des rabais sur ventes s'il y a lieu), Robert & Fils, Enr. doit passer au journal général l'écriture suivante pour inscrire le règlement de la facture du 3 novembre:

Nov.	9	Comptes à payer — Phoenix, Limitée	950.00		
		Escomptes sur achats		20.00	
		Caisse		930.00	
		Règlement de la facture du 3 novembre, moins l'escompte.			

---

1. Dites à quelle étape de l'évolution d'une entreprise un bon système de contrôle interne est particulièrement important.

2. Énumérez quelques-uns des principes fondamentaux d'un bon système de contrôle interne.

3. Pourquoi le commis qui s'occupe de la comptabilisation d'un élément d'actif doit-il être différent de celui qui en a la garde ?

4. Pourquoi faut-il répartir les responsabilités relatives à des opérations connexes entre divers services ou diverses personnes ?

5. Dans une petite entreprise, il est parfois impossible de confier à des personnes différentes la comptabilisation et la garde d'un bien. De même, il peut être difficile de répartir les responsabilités relatives à des opérations connexes. Comment peut-on, sans ces mesures, exercer un contrôle interne efficace ?

6. Pourquoi interdit-on aux directeurs des divers services d'un grand magasin de communiquer directement avec les fournisseurs ?

7. Quelle est la responsabilité du directeur d'un rayon d'un grand magasin qui doit renouveler ses stocks ?

8. Nommez les personnes ou les services qui établissent et reçoivent chacun des documents suivants et décrivez l'utilité de chaque document.

   a. Une demande d'achat.   *d.* Un avis de réception.

   b. Une commande.   *e.* Un avis d'approbation de facture.

   c. Une facture.   *f.* Une pièce justificative.

9. Toutes les entreprises ont-elles besoin d'un système de pièces justificatives ? À quel stade de l'évolution d'une entreprise recommanderiez-vous l'adoption d'un tel système ?

10. Quand le préposé à l'émission des chèques d'une grande entreprise signe un chèque, il lui est impossible de découvrir directement si les biens dont il s'agit de régler le coût ont été reçus ou si leur achat a été approuvé. Énumérez les documents à consulter pour s'assurer que les achats ont été dûment autorisés et que le service demandeur a reçu les biens commandés.

11. Dites quel livre remplace le journal des achats à simple colonne dans un système de pièces justificatives.

12. Par quoi une entreprise qui utilise un système de pièces justificatives remplace-t-elle le grand livre auxiliaire des comptes à payer ?

13. Pourquoi, dans un système de pièces justificatives, comptabilise-t-on une dépense de la même façon qu'un achat de marchandises ?

14. Quelles informations importantes la direction peut-elle tirer de la comptabilisation des achats au prix net ? Peut-elle obtenir cette information aussi facilement lorsque les achats sont comptabilisés au prix brut ?

15. Quelle distinction y a-t-il entre les escomptes de caisse et les escomptes d'usage ? Doit-on porter les escomptes d'usage accordés sur les marchandises achetées au crédit du compte Escomptes sur achats ?

Exercices

Exercice 7–1

Première partie. Le 5 novembre, une entreprise qui comptabilise ses achats au prix brut reçoit une facture de $100 datée du 3 novembre. Les conditions de règlement sont 2/10, n/30. Le même jour, elle établit une pièce justificative qu'elle classe par ordre de date de règlement. Le 13 novembre, un chèque est émis pour régler le montant dû. Passez au journal général les écritures pour inscrire la pièce justificative et le règlement effectué quelques jours plus tard.

Deuxième partie. Le 6 décembre, la même entreprise reçoit un compte de téléphone s'élevant à $30. Elle établit le jour même une pièce justificative et émet un chèque de $30. Passez au journal général les écritures pour inscrire la pièce justificative et le chèque émis à l'ordre de Bell Canada.

Exercice 7–2

Voici certaines opérations effectuées par Johnson & Johnson, Enr. du 5 novembre au 4 décembre 1976 :

Nov. 5 Facture de $1,200 reçue de Bêta, Limitée pour des marchandises commandées le 1er novembre. Date de la facture : 3 novembre; conditions : 2/10, n/30. Le service de la comptabilité a établi la pièce justificative n° 334, l'a inscrite et l'a classée pour la régler avant l'expiration du délai d'escompte.

10 Note de crédit de $200 reçue de Bêta, Limitée pour des marmarchandises retournées après avoir inscrit la pièce justificative n° 334. Le service de la comptabilité a soustrait le montant crédité du montant figurant sur la pièce et a joint à celle-ci la note de crédit après l'avoir inscrite dans le journal général.

20 Perte de l'escompte offert par Bêta, Limitée parce que la pièce justificative n° 334 a été mal classée. Un commis la classe de nouveau pour qu'elle soit réglée le dernier jour du délai de règlement.

Déc. 3 Chèque émis pour régler la pièce justificative n° 334.

Travail à faire :

1. Passez au journal les écritures pour comptabiliser les opérations précédentes si Johnson & Johnson, Enr. inscrit les achats au prix brut.
2. Passez de nouveau au journal les écritures pour comptabiliser les opérations précédentes en supposant cette fois que les achats sont inscrits au prix net.

Exercice 7–3

Le 15 décembre 1976, une compagnie a acheté à Alpha, Limitée des marchandises au prix courant de $1,000 moins des escomptes successifs de 20%, 10% et 5%. Le même jour, Alpha, Limitée a acheté à Bêta, Limitée des marchandises au prix courant de $1,000 moins un escompte d'usage de 35%. Passez au journal les écritures pour inscrire ces deux opérations. Posez l'hypothèse que la compagnie a un système de pièces justificatives.

Exercice 7–4

Passez au journal général les écritures pour inscrire les opérations suivantes effectuées par une compagnie qui a un système de pièces justificatives et qui comptabilise ses achats au prix brut :

Nov. 6 Marchandises reçues de Gamma, Limitée; montant de la facture : $600; conditions de règlement : 2/10, n/60; date de la facture : 4 novembre; conditions de transport : F.A.B., point d'expédition. Gamma, Limitée a réglé d'avance les frais de transport de $50 et les a ajoutés au montant de la facture.

8 Note de crédit de $100 reçue de Gamma, Limitée pour des marchandises de mauvaise qualité retournées après avoir inscrit la pièce justificative établie le 6 novembre.

14 Chèque émis à l'ordre de Gamma, Limitée en règlement de la facture du 4 novembre, compte tenu des marchandises retournées et de l'escompte de caisse.

Problèmes   **Problème 7–1**

L'Atelier Romex, Enr. a obtenu les soumissions suivantes de Alpha, Limitée et de Bêta, Limitée :

De Alpha, Limitée : Prix courant : $1,000, moins des escomptes successifs de 20%, 10% et 10%; conditions de transport : F.A.B., point d'expédition; conditions de règlement : 1/10, n/30.

De Bêta, Limitée : Prix courant : $1,000, moins un escompte de 35%; conditions de transport : F.A.B., point d'expédition; conditions de règlement : 2/10, n/30.

La direction de L'Atelier Romex, Enr. a accepté la meilleure offre (compte tenu de l'escompte de caisse) et a effectué les opérations suivantes :

Nov. 3 Marchandises reçues aujourd'hui; date de la facture : 1er novembre. Le fournisseur a réglé d'avance les frais de transport de $50 pour rendre service à son client et a ajouté ce montant au prix de vente des marchandises. Le service de la comptabilité a établi la pièce justificative n° 567, l'a inscrite et l'a classée pour la régler le dernier jour du délai d'escompte.

9 Note de crédit de $100 reçue pour des marchandises retournées après avoir inscrit la pièce justificative n° 567. Le service de la comptabilité a soustrait la somme de $100 du montant figurant sur la pièce et a joint à celle-ci la note de crédit après avoir passé une écriture au journal général.

Déc. 1 La pièce justificative n° 567 a été mal classée, ce qui a empêché L'Atelier Romex, Enr. de se prévaloir de l'escompte offert. Chèque émis pour le montant dû.

Travail à faire :

1. Passez au journal général les écritures pour inscrire les opérations précédentes si les achats sont inscrits au prix brut.
2. Comptabilisez les mêmes opérations en supposant cette fois-ci que L'Atelier Romex, Enr. inscrit ses achats au prix net.
3. Posez l'hypothèse que la pièce justificative n° 567 a été classée de façon à ce que le règlement ait lieu le dernier jour du délai d'escompte, soit le 11 novembre. Passez de nouveau au journal les écritures demandées en (1) et (2) ci-dessus, compte tenu de cette dernière hypothèse.

Problème 7–2

Le 31 octobre 1976, le compte Ventes de Kenton, Limitée avait un solde créditeur de $12,000 par suite des ventes effectuées en octobre. Le coût du stock de marchandises au 1er et au 31 octobre était respectivement de $6,500 et de $7,000. Les dépenses d'exploitation du mois se sont élevées à $3,610. Voici quelques opérations effectuées par Kenton, Limitée au cours d'octobre :

Oct. 3 Pièce justificative n° 111 établie au nom de Basset, Limitée pour des marchandises reçues aujourd'hui. Montant de la facture : $2,800; conditions : 2/10, n/30; date de la facture : 1er octobre.

8 Pièce justificative n° 112 établie au nom de Oréo, Limitée pour des marchandises reçues aujourd'hui. Montant de la facture : $2,000; conditions : 2/10, n/30; date de la facture : 6 octobre.

9 Note de crédit de $300 reçue de Basset, Limitée pour des marchandises inscrites sur la facture accompagnant la pièce justificative n° 111 et retournées subséquemment. (Les rendus sur achats de Kenton, Limitée sont très peu nombreux.)

14 Pièce justificative n° 113 établie au nom de Coleco, Limitée pour des marchandises reçues aujourd'hui. Montant de la facture : $3,500; conditions : 2/10, n/30; date de la facture : 12 octobre.

16 Chèque n° 115 émis en règlement de la pièce justificative n° 112, moins l'escompte.

22 Chèque n° 118 émis en règlement de la pièce justificative n° 113, moins l'escompte.

31 On découvre que la pièce justificative n° 111 a été mal classée. Chèque n° 123 émis en faveur de Basset, Limitée.

Travail à faire :

1. Posez l'hypothèse que Kenton, Limitée inscrit toutes ses factures au prix brut.
   a. Passez au journal général les écritures pour inscrire les opérations précédentes.
   b. Dressez un état des revenus et dépenses pour le mois d'octobre.
2. Posez maintenant l'hypothèse que Kenton, Limitée inscrit toutes ses factures au prix net et effectuez le même travail que celui qui vous est demandé en (*a*) et (*b*) ci-dessus.

Problème 7-3

Huron, Limitée a effectué en novembre les opérations suivantes :

Nov. 1 Pièce justificative n° 911 établie au nom de Driscol, Enr. pour des marchandises reçues aujourd'hui. Montant de la facture : $750; date de la facture : 28 octobre; conditions de transport : F.A.B., point de livraison; conditions de règlement : 2/10, n/30.

5 Pièce justificative établie au nom de Hill & Hill, Enr. pour des marchandises reçues aujourd'hui. Montant de la facture : $1,150; date de la facture : 3 novembre; conditions de transport : F.A.B., point d'expédition; conditions de règlement : 2/10, n/60. Le fournisseur a réglé d'avance les frais de transport de $50 et les a ajoutés au montant de la facture.

6 Note de crédit de $250 reçue pour des marchandises inscrites sur la facture accompagnant la pièce justificative n° 911 et retournées subséquemment.

10 Pièce justificative n° 913 établie au nom du Royal Trust pour acquitter le loyer de novembre. Montant du loyer : $700 dont une partie, $600, doit être portée au débit du compte n° 611 (Loyer — Service des ventes) et le reste, $100, au compte n° 651, (Loyer — Bureau). Chèque n° 910 émis pour régler cette pièce justificative.

13 Chèque n° 911 émis en règlement de la pièce justificative n° 912.

18 Pièce justificative n° 914 établie au nom de Acme, Limitée pour l'achat de matériel de bureau coûtant $250. Conditions de règlement : n/10 FDM.

22 Pièce justificative n° 915 établie au nom de la Librairie Dussault, Enr. pour des fournitures de bureau coûtant $100. Date de la facture : 21 novembre; conditions de règlement : n/10 FDM.

25 Pièce justificative n° 916 établie au nom de Brunswick, Limitée pour des marchandises ayant un coût de $850. Date de la facture : 22 novembre; conditions de transport : F.A.B., point d'expédition; conditions de règlement : 2/10, n/60. Le fournisseur a réglé d'avance les frais de transport de $30 et les a ajoutés au montant de la facture.

27 Perte de l'escompte de caisse offert par Driscol, Enr. parce que la pièce justificative n° 911 a été mal classée. Chèque n° 912 émis en règlement de cette pièce, compte tenu des marchandises retournées.

30 Pièce justificative n° 917 établie pour régler la paye du mois. Cette paye s'élève à $1,350 et représente, en partie les salaires des vendeurs, $900, (Compte n° 612) et, en partie, les salaires des employés de bureau, $450, (Compte n° 652). Chèque n° 913 émis pour verser aux employés leur salaire.

Travail à faire :

1. Posez l'hypothèse que les achats sont inscrits au prix brut.
   a. Inscrivez les opérations précédentes dans le registre des pièces justificatives, le registre des chèques et, s'il y a lieu, le journal général.
   b. Ouvrez le compte Pièces justificatives à payer et reportez les opérations inscrites en (*a*).

c. Démontrez que le solde du compte Pièces justificatives à payer est exact en dressant la liste des pièces non réglées au 30 novembre.

2. Posez l'hypothèse que les achats sont inscrits au prix net et effectuez le même travail qu'en (*a*), (*b*) et (*c*) ci-dessus.

Problème 7–4

La Société Orlando, Limitée a un système de pièces justificatives et inscrit tous ses achats au prix brut. Au cours de novembre, elle a effectué les opérations suivantes :

Nov. 1   Pièce justificative n° 801 établie au nom de Robert Faucher pour des marchandises reçues aujourd'hui; montant de la facture : $800; conditions : 2/10, n/60.

     2   Pièce justificative n° 802 établie au nom de Le Soleil, Limitée pour des annonces parues en octobre. Coût des annonces : $60; n° du compte Publicité : $618. Chèque n° 801 émis pour régler immédiatement cette pièce justificative.

     5   Pièce justificative n° 803 établie au nom de Montréal Trust pour acquitter le loyer de novembre. Montant du loyer : $950 dont une partie $500, doit être débitée au compte n° 611 (Loyer — Service des ventes), et le reste, $450, au compte n° 651 (Loyer — Bureau). Chèque n° 802 émis pour régler cette pièce justificative.

     8   Chèque n° 803 émis pour régler la pièce justificative n° 801, moins l'escompte.

    10   Pièce justificative n° 804 établie au nom de Romex, Enr. pour un achat de fournitures d'emballage. Montant de la facture : $75; conditions de règlement : n/10 FDM.

    13   Pièce justificative n° 805 établie au nom de Xérès, Limitée pour des marchandises reçues aujourd'hui. Montant de la facture : $1,000; conditions de règlement : 2/10, n/60.

    17   Pièce justificative n° 806 établie au nom de Standex, Limitée pour du matériel de bureau acheté récemment. Montant de la facture : $400; conditions de règlement : n/10 FDM.

    20   Chèque n° 804 émis en règlement de la pièce justificative n° 805, moins l'escompte.

    23   Pièce justificative n° 807 établie au nom de la Société du Nord, Limitée pour des marchandises reçues aujourd'hui. Montant de la facture : $650; conditions de transport : F.A.B., point d'expédition; conditions de règlement : 2/10, n/60.

    23   Pièce justificative n° 808 établie au nom de Dumont Transport pour régler les frais de transport des marchandises reçues aujourd'hui : $40. Chèque n° 805 émis en règlement de cette pièce justificative.

    30   Pièce justificative n° 809 établie pour régler la paye du mois. Cette paye s'élève à $1,100 et représente, en partie, les salaires des vendeurs, $750, (Compte n° 612) et, en partie, les salaires des employés du bureau, $350, (Compte n° 652). Chèque n° 806 émis pour verser aux employés leur salaire.

Travail à faire :

1. Établissez un registre des pièces justificatives et un registre des chèques semblables à ceux des tableaux 7–8 et 7–9 de ce chapitre.

2. Ouvrez les comptes suivants du grand livre général :
   111 Caisse
   115 Fournitures d'emballage
   137 Matériel de bureau
   212 Pièces justificatives à payer
   511 Achats
   513 Escomptes sur achats
   514 Fret à l'achat
   600 Frais de vente
   650 Frais d'administration
3. Ouvrez les comptes suivants du grand livre auxiliaire des frais de vente :
   611 Loyer — Service des ventes
   612 Salaires des vendeurs
   618 Publicité
4. Ouvrez les comptes suivants du grand livre auxiliaire des frais d'administration :
   651 Loyer — Bureau
   652 Salaires des employés du bureau
5. Inscrivez les opérations précédentes dans le registre des pièces justificatives et le registre des chèques et effectuer le travail de report aux différents grands livres.
6. Vérifiez l'exactitude du solde du compte Pièces justificatives à payer en dressant une liste des pièces non réglées au 30 novembre. Vérifiez l'exactitude du solde du compte Frais de vente et du compte Frais d'administration au moyen d'une liste des frais de vente et des frais d'administration.

Problème 7–5

La Société Cesco, Limitée qui inscrit ses achats au prix net a effectué les opérations suivantes au cours du mois d'octobre :

Oct. 1 Pièce justificative n° 611 établie au nom de Lamontagne & Fils, Enr. pour des marchandises reçues aujourd'hui. Montant de la facture : $1,400; date de la facture : 27 septembre; conditions de transport : F.A.B., point de livraison; conditions de règlement : 2/10, n/30.

3 Pièce justificative n° 612 établie au nom du Trust Royal pour acquitter le loyer d'octobre. Montant du loyer $600 dont une partie, $500, doit être portée au débit du compte n° 611 (Loyer — Service des ventes) et le reste, $100, au débit du compte n° 651 (Loyer — Bureau). Chèque n° 608 émis pour régler cette pièce justificative.

5 Pièce justificative n° 613 établie au nom de Alpha, Limitée pour des fournitures d'emballage. Montant de la facture : $50; date de la facture : 5 octobre; conditions de règlement : 2/10, n/30.

6 Note de crédit de $200 reçue pour des marchandises inscrites sur la facture accompagnant la pièce justificative n° 611 et retournées par la suite.

10 Pièce justificative n° 614 établie au nom du Journal de Québec, Limitée pour des annonces parues dans ce journal. Montant de la facture : $75; n° du compte Publicité : 618. Chèque n° 609 émis en règlement de cette pièce justificative.

Oct. 11 Pièce justificative n° 615 établie au nom de Adanac, Limitée pour des marchandises reçues aujourd'hui. Montant de la facture : $1,250; date de la facture : 9 octobre; conditions de transport : F.A.B., point d'expédition; conditions de règlement : 2/10, n/60. Le fournisseur a réglé d'avance les frais de transport de $40 qu'il a ajoutés au montant de la facture.

14 Pièce justificative n° 616 établie au nom de Standex, Limitée pour du matériel de bureau acheté récemment. Montant de la facture : $350; conditions de règlement : n/10 FDM.

15 Chèque n° 610 émis en règlement de la pièce justificative n° 613.

19 Chèque n° 611 émis en règlement de la pièce justificative n° 615.

24 Pièce justificative n° 617 établie au nom de Excello, Limitée pour des marchandises reçues récemment. Montant de la facture : $800; date de la facture : 22 octobre; conditions de transport : F.A.B., point d'expédition; conditions de règlement : 2/10, n/60. Le fournisseur a réglé d'avance les frais de transport, $25, qu'il a ajoutés au montant de la facture.

27 Perte de l'escompte de caisse offert par Lamontagne & Fils, Enr. parce que la pièce justificative n° 611 a été mal classée. Chèque n° 612 émis en règlement de cette pièce, compte tenu des marchandises retournées.

31 Pièce justificative n° 618 établie pour régler la paye du mois. Cette paye s'élève à $1,300 et représente, en partie, les salaires des vendeurs, $800, (Compte n° 612) et, en partie, les salaires des employés du bureau, $500, (Compte n° 652). Chèque n° 613 émis pour verser aux employés leur salaire.

Travail à faire :

1. Établissez un registre des pièces justificatives semblables à celui du tableau 7-8, un registre des chèques avec une seule colonne pour les montants et un journal général.

2. Ouvrez les comptes suivants du grand livre général :
   - 111 Caisse
   - 115 Fournitures d'emballage
   - 137 Matériel de bureau
   - 212 Pièces justificatives à payer
   - 511 Achats
   - 514 Fret à l'achat
   - 600 Frais de vente
   - 650 Frais d'administration
   - 711 Escomptes perdus

3. Ouvrez les comptes suivants du grand livre auxiliaire des frais de vente :
   - 611 Loyer — Service des ventes
   - 612 Salaires des vendeurs
   - 618 Publicité

4. Ouvrez les comptes suivants du grand livre auxiliaire des frais d'administration :
   - 651 Loyer — Bureau
   - 652 Salaires des employés du bureau

5. Inscrivez les opérations précédentes dans le journal général et les autres registres, et effectuez le travail de report aux différents grands livres.

6. Vérifiez l'exactitude du compte Pièces justificatives à payer en dressant une liste des pièces non réglées au 31 octobre. Vérifiez l'exactitude du solde du compte Frais de vente et du compte Frais d'administration au moyen d'une liste des frais de vente et des frais d'administration.

Autres problèmes

Problème 7–1A

Coleco, Limitée a obtenu les soumissions suivantes de Gamma, Limitée et de Delta, Limitée :

De Gamma, Limitée : Prix courant : $1,000, moins des escomptes successifs de 20%, 20% et 10%; conditions de transport : F.A.B., point d'expédition; conditions de règlement : 2/10, n/60.

De Delta, Limitée : Prix courant : $1,000, moins des escomptes successifs de 40% et de 5%; conditions de transport : F.A.B., point d'expédition; conditions de règlement : 1/10, n/60.

La direction de Coleco, Limitée a accepté la meilleure offre (compte tenu de l'escompte de caisse) et a effectué les opérations suivantes :

Oct. 10 Marchandises reçues aujourd'hui; date de la facture : 8 octobre. Le fournisseur a réglé d'avance les frais de transport de $40 pour rendre service à son client a ajouté ce montant au prix de vente des marchandises. Le service de la comptabilité a établi la pièce justificative n° 789, l'a inscrite et l'a classée pour la régler le dernier jour du délai d'escompte.

15 Note de crédit de $50 reçue pour des marchandises retournées après avoir inscrit la pièce justificative n° 789. Le service de la comptabilité a soustrait la somme de $50 du montant figurant sur la pièce et a joint à celle-ci la note de crédit après avoir passé une écriture au journal général.

18 Chèque émis pour régler la pièce justificative n° 789.

Travail à faire :

1. Passez au journal général les écritures pour inscrire les opérations précédentes si les achats sont inscrits au prix brut.
2. Comptabilisez les mêmes opérations en supposant cette fois-ci que Coleco, Limitée inscrit ses achats au prix net.
3. Posez l'hypothèse que la pièce justificative n° 789 a été mal classée, ce qui a empêché Coleco, Limitée de se prévaloir de l'escompte offert. Passez de nouveau au journal les écritures demandées en (1) et en (2) ci-dessus, compte tenu de cette dernière hypothèse.

Problème 7–2A

Le 31 octobre 1976, le compte Ventes de Zest, Limitée avait un solde créditeur de $12,000 par suite des ventes effectuées en octobre. Le coût du stock de marchandises au 1er et au 31 octobre était respectivement de $6,000 et de $5,000. Les dépenses d'exploitation du mois se sont élevées à $3,590. Voici les opérations effectuées par Zest, Limitée au cours d'octobre :

Oct. 2 Pièce justificative n° 201 établie pour inscrire l'achat de marchandises reçues aujourd'hui. Montant de la facture : $2,500; date de la facture : 1er octobre; conditions de règlement : 2/10, n/30.

6 Note de crédit de $500 reçue pour des marchandises inscrites sur la facture accompagnant la pièce justificative n° 201 et retournées subséquemment. Les rendus sur achats de Zest, Limitée sont peu nombreux.

8 Pièce justificative n° 202 établie pour inscrire l'achat de marchandises reçues aujourd'hui. Montant de la facture : $3,000; date de la facture : 6 octobre; conditions de règlement : 2/10, n/30.

14 Pièce justificative n° 203 établie pour inscrire une facture de $1,500; date de la facture : 13 octobre; conditions de règlement : 2/10, n/30.

16 Chèque n° 206, émis en règlement de la pièce justificative n° 202, moins l'escompte.

23 Chèque n° 210 émis en règlement de la pièce justificative n° 203, moins l'escompte.

31 Le service de la comptabilité découvre que la pièce justificative n° 201 a été mal classée. Chèque n° 215 émis pour régler cette pièce justificative.

Travail à faire :
1. Posez l'hypothèse que Zest, Limitée inscrit toutes ses factures au prix brut.
   a. Passez au journal les écritures pour inscrire les opérations précédentes.
   b. Dresser un état des revenus et dépenses pour le mois d'octobre.
2. Posez maintenant l'hypothèse que Zest, Limitée inscrit toutes ses factures au prix net et effectuez le même travail que celui qui vous est demandé en (*a*) et (*b*) ci-dessus.

Problème 7–4A

La Société Aruba, Limitée, utilise un système de pièces justificatives et inscrit tous ses achats au prix brut. Au cours de novembre, elle a effectué les opérations suivantes :

Nov. 1 Pièce justificative n° 751 établie au nom de Télémac, Limitée pour des marchandises reçues aujourd'hui. Montant de la facture : $1,200; conditions de transport : F.A.B., point d'expédition; conditions de règlement : 2/10, n/60. Le fournisseur a réglé d'avance les frais de transport de $50 qu'il a ajoutés au montant de la facture.

4 Pièce justificative n° 752 établie au nom du poste de radio CJRP pour deux messages publicitaires diffusés au cours du dernier mois. Montant du compte : $100; numéro du compte Publicité : 618. Chèque n° 748 émis en règlement de la pièce justificative n° 752.

8 Chèque n° 749 émis en règlement de la pièce justificative n° 751, moins l'escompte.

12 Pièce justificative n° 753 établie au nom de Alpha, Limitée pour des fournitures d'emballage. Montant de la facture : $65; conditions de règlement : n/10 FDM.

16 Pièce justificative n° 754 établie au nom de Standex, Limitée pour du matériel de bureau acheté récemment. Montant de la facture : $500; conditions de règlement : n/10 FDM.

20 Pièce justificative n° 755 établie au nom de Mesa, Limitée pour des marchandises reçues aujourd'hui. Montant de la facture : $650; conditions de règlement : 2/10, n/60; conditions de transport : F.A.B., point de livraison.

24 Pièce justificative n° 756 établie au nom du Trust Royal pour régler le loyer du mois de novembre. Montant du loyer : $450 dont une partie, $400, doit être portée au débit du compte n° 611 (Loyer — Service des ventes) et le reste, $50, au débit du compte n° 651 (Loyer — Bureau). Chèque n° 750 émis en règlement de la pièce justificative n° 756.

26 Pièce justificative n° 757 établie au nom de Omega, Limitée pour des marchandises reçues aujourd'hui. Montant de la facture : $1,000; conditions de règlement : 2/10, n/60; conditions de transport : F.A.B., point d'expédition.

Nov. 26 Pièce justificative n° 758 établie au nom du Canadien National pour régler les frais de transport, $35, des marchandises achetées à Omega, Limitée. Chèque n° 751 émis en règlement de cette pièce justificative.

27 Chèque n° 752 émis en règlement de la pièce justificative n° 755, moins l'escompte.

30 Pièce justificative n° 759 établie pour régler la paye du mois. Cette paye s'élève à $1,000 et représente, en partie, les salaires des vendeurs, $600, (Compte n° 612) et, en partie, les salaires des employés du bureau, $400, (Compte n° 652). Chèque n° 753 émis pour verser aux employés leur salaire.

Travail à faire :

1. Établissez un registre des pièces justificatives et un registre des chèques semblables à ceux des tableaux 7–8 et 7–9 de ce chapitre.

2. Ouvrez les comptes suivants du grand livre général :
   111 Caisse
   115 Fournitures d'emballage
   137 Matériel de bureau
   212 Pièces justificatives à payer
   511 Achats
   513 Escomptes sur achats
   514 Fret à l'achat
   600 Frais de vente
   650 Frais d'administration

3. Ouvrez les comptes suivants du grand livre auxiliaire des frais de vente :
   611 Loyer — Service des ventes
   612 Salaires des vendeurs
   618 Publicité

4. Ouvrez les comptes suivants du grand livre auxiliaire des frais d'administration :

651 Loyer — Bureau

652 Salaires des employés du bureau

5. Inscrivez les opérations précédentes dans le registre des pièces justificatives et le registre des chèques et effectuez le travail de report aux différents grands livres.

6. Vérifiez l'exactitude du solde du compte Pièces justificatives à payer en dressant une liste des pièces non réglées au 30 novembre. Vérifiez l'exactitude du solde du compte Frais de vente et du compte Frais d'administration au moyen d'une liste des frais de vente et d'une liste des frais d'administration.

Problème 7–5A

La Société Newport, Limitée, qui inscrit ses achats au prix net, a effectué les opérations suivantes au cours de novembre :

Nov. 1 Pièce justificative n° 501 établie pour régler la paye du mois dernier. Cette paye s'élève à $1,200 et représente, en partie, les salaires des vendeurs, $750, (Compte n° 612) et, en partie, les salaires des employés du bureau, $450, (Compte n° 652). Chèque n° 501 émis pour verser aux employés leur salaire.

2 Pièce justificative n° 502 établie au nom de Dale, Inc. pour des marchandises reçues aujourd'hui. Montant de la facture : $950; date de la facture : 31 octobre; conditions de transport : F.A.B., point de livraison; conditions de règlement : 2/10, n/30.

4 Pièce justificative n° 503 établie au nom de La Presse pour des annonces parues récemment. Montant de la facture : $80; numéro du compte Publicité : 618. Chèque n° 502 émis en règlement de cette pièce justificative.

8 Pièce justificative n° 504 établie au nom de Bêta, Limitée pour des fournitures d'emballage coûtant $100. Date de la facture : 7 novembre; conditions de règlement : 2/10, n/30.

9 Note de crédit de $150 reçue pour des marchandises inscrites sur la facture accompagnant la pièce justificative n° 502 et retournées par la suite.

12 Pièce justificative n° 505 établie au nom de Standex, Limitée pour du matériel de bureau acheté récemment. Prix de la facture : $250; conditions de règlement : n/10 FDM.

15 Pièce justificative n° 506 établie au nom de Gamma, Limitée pour des marchandises ayant un coût de $1,100. Date de la facture : 13 novembre; conditions de transport et de règlement : F.A.B., point d'expédition et 2/10, n/60. Le fournisseur a réglé d'avance les frais de transport de $35 et les a ajoutés au montant de la facture.

15 Pièce justificative n° 507 établie au nom du Trust Général du Canada pour régler le loyer de novembre. Montant du loyer : $750 dont une partie, $650, doit être portée au débit du compte n° 611 (Loyer — Service des ventes) et le reste, $100, au débit du compte n° 651 (Loyer — Bureau). Chèque n° 503 émis en règlement de la pièce justificative n° 507.

17 Chèque n° 504 émis en règlement de la pièce justificative n° 504.

23 Chèque n° 505 émis en règlement de la pièce justificative n° 506.

Nov. 25 Pièce justificative n° 508 établie au nom de Gamma, Limitée pour des marchandises reçues aujourd'hui. Montant de la facture : $1,000; date de la facture : 21 novembre; conditions de transport et de règlement : F.A.B., point d'expédition et 2/10, n/60. Le fournisseur a réglé les frais de transport, $45, qu'il a ajoutés au montant de la facture.

30 Perte de l'escompte de caisse offert par Dale, Inc. parce que la pièce justificative n° 502 a été mal classée. Chèque n° 506 émis en règlement de cette pièce, compte tenu des marchandises retournées et de l'escompte perdu.

Travail à faire :

1. Établissez un registre des pièces justificatives semblables à celui du tableau 7–8, un registre des chèques avec une seule colonne pour les montants et un journal général.
2. Ouvrez les comptes suivants du grand livre général :
   111 Caisse
   115 Fournitures d'emballage
   137 Matériel de bureau
   212 Pièces justificatives à payer
   511 Achats
   514 Fret à l'achat
   600 Frais de vente
   650 Frais d'administration
   711 Escomptes perdus
3. Ouvrez les comptes suivants du grand livre auxiliaire des frais de vente :
   611 Loyer — Service des ventes
   612 Salaires des vendeurs
   618 Publicité
4. Ouvrez les comptes suivants du grand livre auxiliaire des frais d'administration :
   651 Loyer — Bureau
   652 Salaires des employés du bureau
5. Inscrivez les opérations précédentes dans le journal général et les autres registres, et effectuez le travail de report aux différents grands livres.
6. Vérifiez l'exactitude du compte Pièces justificatives à payer en dressant une liste des pièces non réglées au 30 novembre. Vérifiez l'exactitude du solde du compte Frais de vente et du compte Frais d'administration au moyen d'une liste des frais de vente et des frais d'administration.

Cas 7–1
Garon &
Fils, Enr.

Le 1er janvier 1976, Raoul Garon prit la direction de Garon & Fils, Enr. quelque temps après le décès de son père. Raoul Garon avait à ce moment-là une connaissance très limitée de la comptabilité car il n'avait suivi qu'un cours de comptabilité élémentaire alors qu'il poursuivait ses études au CGEP de Sainte-Foy. Ainsi, il estimait que si l'encaisse d'une entreprise augmente, les résultats d'exploitation sont nécessairement satisfaisants. Il était donc très heureux de constater que l'encaisse de Garon & Fils, Enr. était passée de $3,200 à $17,500 durant les douze mois écoulés depuis le moment où il avait succédé à son père. Aussi, sa surprise fut grande lorsqu'il apprit que l'entreprise avait subi une perte nette de $4,000 ainsi que le laisse voir l'état des revenus et dépenses suivant :

Garon & Fils, Enr.
État des revenus et dépenses
pour l'exercice terminé le 31 décembre 1976

Revenus :		
Ventes		$228,000
Coût des marchandises vendues :		
Stock au 1er janvier 1976	$ 29,000	
Achats	159,000	
Coût total des marchandises à vendre	$188,000	
Stock au 31 décembre 1976	25,000	
Coût des marchandises vendues		163,000
Bénéfice brut		$ 65,000
Dépenses d'exploitation :		
Salaires	$ 59,900	
Publicité	1,200	
Fournitures	400	
Amortissement — Équipement	5,000	
Amortissement — Bâtiment	2,500	
Total des dépenses d'exploitation		69,000
Perte nette		$ (4,000)

M. Raoul Garon sait que vous êtes comptable et il désire que vous lui expliquiez pourquoi son entreprise a subi une perte de $4,000 alors que l'encaisse a augmenté de $14,300. Il vous dit que les comptes à recevoir ont diminué de $6,500 au cours de l'exercice mais que le total des comptes à payer n'a pas changé. Le solde du compte Salaires courus à payer était nul au début de l'exercice mais le poste Salaires de l'état des revenus et dépenses comprend des salaires de $300 non encore réglés au 31 décembre 1976. Les frais de publicité ont été réglés au comptant. Le solde du compte Fournitures en main au 31 décembre 1976 est le même qu'au début de l'exercice. Donnez à M. Garon les explications qu'il sollicite et dressez un état de l'augmentation de l'encaisse survenue au cours de l'exercice.

Cas 7–2
L'Aciérie
Québécoise,
Limitée

L'Aciérie Québécoise, Limitée fabrique des poutres d'acier qui entrent dans la construction des ponts et des bâtiments. Elle achète à d'autres aciéries de l'acier qu'elle entrepose dans une cour qui est sous la surveillance d'un gardien. La direction exerce un contrôle satisfaisant sur les achats. Le service de la comptabilité tient compte, dans un registre, du nombre de tonnes d'acier acheté et entreposé en se servant des factures des fournisseurs et des avis de réception. De plus, lorsque l'usine a besoin d'acier, elle doit remplir un bon de sortie qui doit être signé par le directeur de l'usine ou un contremaître. Le bon de sortie indique la sorte d'acier dont l'usine a besoin et le numéro de la commande du client pour qui le travail doit être exécuté. Le préposé à la cour d'entreposage envoie l'acier demandé à l'usine après l'avoir pesé et noté le poids sur le bon de sortie. Ce document est alors envoyé au service de la comptabilité qui inscrit le coût de l'acier sur la fiche de fabrication, crédite le compte Stock du même montant et note la diminution du nombre de tonnes entreposées.

L'acier envoyé à l'usine est coupé en pièces de différentes dimensions et sert à fabriquer les poutres commandées par les clients. Le directeur de l'usine est responsable des rebuts. Des études démontrent que, dans des usines similaires, les rebuts s'élèvent en moyenne à 8% en raison de la nécessité de couper l'acier en pièces de dimensions anormales. L'Aciérie Québécoise, Limitée accumule ses rebuts à l'arrière de l'usine jusqu'au moment où le directeur de l'usine demande à un marchand de venir les chercher. Celui-ci pèse alors la ferraille qu'il emporte et envoie plus tard un chèque que le trésorier endosse et dépose à la banque.

Les registres de l'usine indiquent qu'elle a reçu 21,000 tonnes d'acier pour remplir des commandes. Les registres d'expédition font voir que des poutres d'acier pesant 18,655 tonnes ont été expédiées aux clients. Finalement, le service de la comptabilité vous apprend que la compagnie a encaissé $45,150 provenant de la vente de 1,505 tonnes de ferraille.

Indiquez les pratiques qui dénotent un manque de contrôle interne et précisez les mesures que la direction devrait adopter pour exercer un meilleur contrôle. Vous semble-t-il que les registres sont incomplets et que l'entreprise subit des pertes qui ne sont pas comptabilisées ? Si votre réponse est affirmative, calculez le montant des ces pertes et expliquez d'où elles proviennent.

8

L'encaisse et les comptes à recevoir

■ L'utilité de l'argent, qui existe sous la forme de billets de banque de diverses coupures ne portant aucun signe qui permettrait d'identifier leur propriétaire, est reconnue universellement. C'est en raison de ces caractéristiques de l'argent qu'une entreprise doit adopter des mesures spéciales pour contrôler les opérations relatives à l'encaisse. Il importe également de contrôler le travail effectué par les employés afin de vérifier l'exactitude de leur travail et s'assurer de leur honnêteté.

Le contrôle interne relatif à l'encaisse

■ Un système de contrôle interne relatif à l'encaisse ne peut être efficace si on n'y incorpore pas des mesures portant à la fois sur les recettes et les déboursés. Les procédés en usage qui peuvent différer selon les entreprises reposent sur les trois principes suivants. En premier lieu, il faut répartir les tâches afin que les employés responsables des recettes et des déboursés ne s'occupent pas également de l'inscription des données relatives à l'encaisse. En second lieu, il est essentiel de déposer, chaque jour, à la banque, tout l'argent reçu. Enfin, tous les comptes doivent être réglés par chèques, à l'exception des petites dépenses acquittées au moyen d'une petite caisse dont nous expliquons le fonctionnement un peu plus loin dans ce chapitre.

Le premier des principes que nous venons de mentionner est important parce qu'un vol ou un détournement de fonds n'est possible dans une entreprise qui l'observe que s'il y a collusion entre deux ou plusieurs personnes. Le second principe, qui exige de déposer quotidiennement tout l'argent reçu, empêche un employé d'utiliser de l'argent à des fins personnelles pendant quelques jours avant de le déposer. De plus, le fait de déposer tout l'argent et de régler tous les comptes par chèques offre à une entreprise l'avantage de vérifier l'exactitude de ses registres en les comparant avec ceux de la banque.

Étant donné que les mesures précises de contrôle interne portant sur les recettes varient selon la taille de l'entreprise, le nombre d'employés, la provenance des recettes, etc., nous nous contenterons de discuter ci-dessous des mesures les plus souvent en usage.

LES VENTES AU COMPTANT

On se sert généralement d'une caisse enregistreuse pour inscrire les ventes au comptant au moment où elles ont lieu. Pour s'assurer que les commis s'acquittent bien de leur tâche, la caisse enregistreuse doit être placée de façon à ce que les clients puissent vérifier l'enregistrement des montants avant que la marchandise soit emballée. De plus, chaque caisse enregistreuse doit avoir un ruban gardé sous clé sur lequel sont imprimés le montant de chaque vente et le total des ventes.

Ainsi que nous l'avons déjà dit, il est important de confier à des personnes différentes la responsabilité de manipuler l'argent et celle de tenir les livres. Dans le cas des ventes au comptant, ce principe exige que le commis qui inscrit les ventes au moyen d'une caisse enregistreuse ne doit pas avoir accès au ruban gardé sous clé. À la fin de chaque jour, le commis doit compter le contenu du tiroir-caisse et remettre l'argent à un autre employé. Étant donné que ce dernier manipule aussi l'argent, il ne doit pas non plus avoir accès au ruban de la caisse enregistreuse ou à tout autre registre comptable. Un troisième employé, qui travaille généralement dans le service de la comptabilité, va chercher le ruban gardé sous clé, compare le total qui y figure avec l'argent remis au deuxième employé et se sert des informations obtenues pour comptabiliser les ventes au comptant.

L'employé qui a accès au ruban de la caisse enregistreuse ne peut se rendre coupable de malversation, car il ne touche pas à l'argent lui-même. De même, les deux personnes qui touchent à l'argent ne peuvent détourner des fonds sans que l'on s'en aperçoive, car ils n'ont pas accès au ruban de la caisse enregistreuse.

LE CONTRÔLE DE L'ARGENT REÇU PAR LA POSTE

Le contrôle de l'argent reçu par la poste exige d'abord que le préposé au dépouillement du courrier dresse une liste, en trois exemplaires, des recettes encaissées de cette façon. Cette liste doit comprendre le nom de la personne de qui vient l'argent, la raison pour laquelle l'argent a été versé et le montant reçu. Le préposé au courrier garde un exemplaire de cette liste, en envoie un au caissier avec l'argent et fait parvenir le troisième exemplaire au commis aux écritures. Le caissier dépose l'argent à la banque et le commis aux écritures se sert de la liste qu'il a reçue pour inscrire le montant qui y figure dans le livre de caisse-recettes. Avec un tel système, un quatrième employé, qui a la tâche de concilier le compte en banque (dont il est question un peu plus loin dans ce chapitre), découvrira les fraudes ou les erreurs qu'aurait pu commettre l'une ou l'autre des trois premières personnes. Il sera possible de découvrir les erreurs parce que la somme déposée doit être égale à celle qui a été comptabilisée. Une fraude n'est possible que s'il y a collusion. Le préposé au dépouillement du courrier doit remettre tout l'argent reçu, autrement les clients s'informeraient de la raison pour laquelle on n'a pas crédité leur compte de l'argent qu'ils ont remis. Le caissier doit déposer intégralement toutes les recettes car le solde du compte en banque doit être identique au solde du compte Caisse déterminé par le préposé aux écritures. Quant à ce dernier et à l'employé chargé de concilier le compte en banque, ils ne peuvent détourner des fonds car ils n'ont pas accès à l'argent lui-même.

LES DÉBOURSÉS

Le contrôle des déboursés exige de régler tous les comptes par chèques à l'exception des menues dépenses. Si le propriétaire confie à quelqu'un la responsabilité de signer les chèques, cette personne ne doit pas avoir accès aux livres comptables afin d'éviter qu'un déboursé effectué frauduleusement ne soit dissimulé.

Les chèques doivent être prénumérotés et inscrits par ordre numérique dans le registre des chèques ou le journal de caisse-déboursés afin de découvrir plus facilement si l'on a omis d'inscrire des chèques. Plusieurs entreprises inscrivent également les chèques annulés en raison d'une erreur commise en les émettant; on inscrira alors les mots « chèque annulé » sous la rubrique « Nom du bénéficiaire » et aucun montant ne figurera dans la colonne « Montants ». Le chèque lui-même porte la mention « Annulé » et est attaché à la souche du chèque ou est classé avec les chèques oblitérés retournés par la banque.

Le propriétaire d'une petite entreprise signe lui-même tous les chèques et sait directement qu'il a reçu les articles figurant sur les factures à régler. Comme il est impossible de procéder de cette façon dans une grande entreprise, il faut adopter des mesures de contrôle interne semblables à celles dont nous avons discuté au chapitre précédent afin d'informer la personne qui signe les chèques que les engagements contractés sont réels.

La petite caisse ■ On ne règle pas par chèques les menues dépenses, comme l'achat de timbres ou de petits articles, le paiement de télégrammes et de certains frais d'expédition, etc., parce qu'il est plus pratique de les régler au moyen d'une petite caisse. Le règlement de ces dépenses par chèques prendrait beaucoup de temps et occasionnerait des frais inutiles.

Lors de l'établissement d'une petite caisse: (1) on tente de déterminer le total des dépenses qu'il faut régler de cette façon au cours d'un mois, (2) on émet un chèque s'élevant à ce total et (3) on porte au débit du compte Petite caisse le montant en question. Le chèque est alors encaissé et l'argent remis au responsable de la petite caisse qui le garde sous clé dans une caisse ou un tiroir.

Chaque fois que l'on règle un compte au moyen de la petite caisse, le responsable établit une *pièce justificative de petite caisse* (voir le tableau 8–1). Cette pièce sert en même temps de reçu que doit signer la personne à qui l'argent est versé. Les pièces justificatives de petite caisse servent aussi à inscrire les sommes déboursées dans le *registre de la petite caisse* (voir le tableau 8–3) et sont par la suite placées avec le reste de l'argent dans le tiroir ou la caisse. Selon ce système, le tiroir-caisse comprend des pièces justificatives et de l'argent qui, au total, doivent correspondre au montant initial du fonds.

<table>
<tr><td>N° <u>1479</u></td><td>$ <u>1.65</u></td></tr>
<tr><td colspan="2">PETITE CAISSE – REÇU</td></tr>
<tr><td colspan="2">DATE <u>3 nov.</u> 19<u>76</u></td></tr>
<tr><td colspan="2">Pour <u>Un télégramme</u></td></tr>
<tr><td colspan="2">Débiter à <u>Frais divers</u></td></tr>
<tr><td>Approuvé par
<u>aB</u></td><td>Reçu par
<u>Robert Taché</u></td></tr>
</table>

Tableau 8–1

Tout déboursé réduit l'argent déposé dans le tiroir-caisse et augmente le total des montants inscrits sur les pièces justificatives. Lorsqu'il reste peu d'argent dans la petite caisse, il faut rétablir le montant qu'elle contenait au départ. Pour reconstituer le fonds de petite caisse, le responsable doit remettre toutes les pièces justificatives au caissier qui les annule. Celui-ci émet alors un chèque s'élevant à un montant égal au total des déboursés. Le responsable de la petite caisse touche alors le chèque et dépose l'argent dans la caisse.

La petite caisse: un exemple

■ Afin d'éviter l'émission d'un trop grand nombre de chèques s'élevant à un montant minime, une entreprise a établi un fonds de petite caisse et a désigné un de ses commis de bureau, Alice, pour en assumer la responsabilité. On a émis alors un chèque de $20 dont le produit a été remis à Alice. L'établissement de la petite caisse a, à ce moment, fait l'objet d'une écriture (voir le tableau 8–2) dont l'objet est de virer une somme de $20 du compte Caisse au compte Petite caisse.

Le compte Petite caisse est débité au moment où l'on établit le fonds mais on ne doit porter aucun autre montant au débit ou au crédit de ce compte à moins que le montant du fonds ne soit modifié. Si le fonds est épuisé et qu'il devienne nécessaire de le reconstituer trop souvent, il faut l'accroître, ce qui demande de porter le montant de l'augmentation au débit du compte Petite caisse et au crédit du compte Caisse. Si, au contraire, le fonds était trop élevé, il y aurait lieu de passer aux livres une écriture pour le réduire.

Journal de caisse-déboursés

Date	N° du ch.	Bénéficiaire	Comptes à débiter	F°	Débit Comptes divers	Crédit Caisse
Nov. 1	58	Alice Smith, caissière	Petite caisse ...		20.00	20.00

Tableau
8–2

Alice a effectué les déboursés suivants au cours du mois qui a suivi l'établissement du fonds:

Nov. 3 Télégramme à frais virés .... $ 1.65
7 Achat de trombones .... .50
12 Fret à l'achat 1.75
18 Timbres-poste 1.80
19 Repas d'un employé 1.60
20 Timbres-poste 5.00
21 Fret à l'achat 2.80
24 Nettoyage des fenêtres 1.00
27 Réparation d'une machine à écrire 2.50
        Total $18.60

Chaque fois qu'Alice acquitte une dépense, elle fait signer une pièce justificative à la personne qui reçoit l'argent. Elle inscrit alors ces pièces justificatives dans un registre spécial et les place ensuite avec l'argent de la petite caisse. Le registre de petite caisse, après avoir inscrit tous les déboursés effectués en novembre, figure au tableau 8–3.

Le plus souvent, comme c'est le cas ici, le registre de petite caisse est un livre sommaire seulement plutôt qu'un livre d'écritures originaires, c'est-à-dire un livre dont les données sont reportées directement au grand livre général. En revanche, un registre sommaire est un livre dont les données ne sont pas reportées directement, mais inscrites dans un journal auxiliaire.

Dans l'exemple précédent, le 27 novembre, il ne restait plus dans la petite caisse qu'une somme de $1.40 et Alice estimait qu'elle n'aurait pas suffisamment d'argent pour acquitter d'autres dépenses. Aussi, elle a remis au caissier des pièces justificatives s'élevant au total à $18.60 et a obtenu en retour un chèque de $18.60 pour reconstituer le fonds de petite caisse. Alice a alors réglé le registre de petite caisse (voir le

Registre de petite caisse

Date	Explications	N° de la pièce justificative	Recettes	Déboursés	Ventilation des déboursés				
					Timbres-poste	Fret à l'achat	Frais divers	Déboursés divers	
								Compte	Montant
Nov. 1	Établissement du fonds (Ch. 58) ...		20.00						
3	Télégramme à frais virés	1		1.65			165		
7	Achat de trombones	2		.50				Dépenses de bureau ...	.50
12	Fret à l'achat	3		1.75		1.75			
18	Timbres-poste — Livraison	4		1.80					
19	Repas	5		1.60			1.60	Frais de livraison	1.80
20	Achat de timbres-poste	6		5.00	5.00				
21	Fret à l'achat	7		2.80		2.80			
24	Nettoyage des fenêtres	8		1.00			1.00		
27	Réparation d'une mach. à écrire ...	9		2.50			2.50		
27	Total		20.00	18.60	5.00	4.55	6.75		2.30
	Solde			1.40					
	Total		20.00	20.00					
Nov. 27	Solde		1.40						
27	Reconstitution du fonds (Ch. 106) ...		18.60						

Tableau
8-3

tableau 8–3) et a inscrit le solde et le montant du chèque qu'elle a reçu et encaissé par la suite. Le fonds de petite caisse comprenait à ce moment $20 et Alice pouvait acquitter d'autres menues dépenses.

Les informations dont le caissier a besoin pour inscrire le chèque de $18.60 dans le livre de caisse-déboursés du tableau 8–4 proviennent du registre de petite caisse qui, ainsi que nous l'avons déjà dit, est un livre sommaire plutôt qu'un livre d'écritures originaires.

Journal de caisse-déboursés

Date		N° du ch.	Bénéficiaire	Comptes à débiter	F°	Débit Comptes divers	Crédit Caisse
Nov.	1	58	Alice Smith, caissière	Petite caisse		20.00	20.00
Nov.	27	106	Alice Smith, caissière	Timbres-poste		5.00	
				Fret à l'achat		4.55	
				Frais divers		6.75	
				Fourn. de bureau ..		.50	
				Frais de livraison ..		1.80	18.60

Tableau
8–4

Remarquez que les comptes débités dans le journal de caisse-déboursés du tableau 8–4 dépendent de la nature des dépenses réglées au moyen de la petite caisse. Cette écriture est nécessaire afin que les dépenses acquittées de cette façon figurent au grand livre. Ceci explique pourquoi, à la fin d'un exercice, il est nécessaire de reconstituer la petite caisse. Si cela n'était pas fait, le solde du compte Petite caisse serait surévalué alors que celui des comptes de dépenses réglées au moyen de la petite caisse serait sous-évalué.

Il peut arriver que le responsable de la petite caisse oublie de demander un reçu au moment où il règle une dépense. Si plus tard, lors du rétablissement du fonds, il ne se souvient plus de la raison d'être du déboursé effectué, le fonds de la petite caisse sera déficitaire. On doit inscrire dans le registre de petite caisse, sous la rubrique Autres dépenses, le déficit de petite caisse qu'il est impossible d'expliquer. Lors du rétablissement du fonds, ce déficit est inscrit dans un compte intitulé « Surplus et déficit de caisse » dont il est question dans la section suivante.

Surplus et déficit de caisse

■ Il arrive parfois que le responsable de la caisse enregistreuse se trompe en remettant la monnaie. Dans ce cas, le contenu du tiroir-caisse ne sera pas égal au total figurant sur le ruban de la caisse enregistreuse. Si, par exemple, on constate que la caisse contient $557 alors que le montant net des ventes au comptant est de $556, il faut passer au journal l'écriture suivante pour inscrire le surplus de caisse:

Nov.	23	Caisse	557.00	
		Surplus et déficit de caisse		1.00
		Ventes		556.00
		Pour inscrire les ventes de la journée et le surplus de caisse.		

En revanche, s'il existe un déficit de caisse, c'est-à-dire, si le contenu de la caisse est inférieur au total des ventes au comptant, il faut passer au journal l'écriture suivante:

Nov.	24	Caisse	621.00	
		Surplus et déficit de caisse	4.00	
		Ventes		625.00
		Pour inscrire les ventes au comptant de la journée et le déficit de caisse.		

Au cours d'une assez longue période, les surplus de caisse ont tendance à être égaux aux déficits de caisse. Cependant, comme les clients sont davantage enclins à signaler les cas où on ne leur remet pas tout l'argent auquel ils ont droit, les déficits de caisse excèdent généralement les surplus de caisse et le compte Surplus et déficit de caisse a, à la fin d'un exercice, un solde débiteur. Ce solde représente une dépense qui doit figurer à l'état des revenus et dépenses sous un poste distinct ou avec les dépenses diverses si le montant net du déficit est faible. Si, au contraire, à la fin d'un exercice, le compte Surplus et déficit de caisse a un solde créditeur, il s'agit d'un revenu que l'on doit ajouter aux revenus provenant de diverses sources.

Le système de pièces justificatives et la petite caisse

■ Il est encore plus important d'établir un fonds de petite caisse si un système de pièces justificatives est en usage parce que l'émission des chèques est alors plus complexe, prend plus de temps et coûte plus cher. Heureusement, le système de pièces justificatives ne modifie pas grandement le fonctionnement de la petite caisse. Si le fonds est constitué après avoir adopté un tel système, il suffit d'établir une pièce et de l'inscrire dans le registre des pièces justificatives. On émet ensuite un chèque dont le produit est remis au responsable de la petite caisse. Celle-ci fonctionne alors de la façon habituelle jusqu'au moment où le fonds doit être reconstitué. Les comptes à débiter qui doivent figurer sur la pièce justificative établie à ce moment-là proviennent d'une analyse du registre de petite caisse. On inscrit ensuite cette pièce dans le registre des pièces justificatives et on émet un chèque dont le produit est remis au responsable de la petite caisse qui peut de nouveau régler des menues dépenses.

■ La banque fait généralement parvenir chaque mois à ses clients un relevé (voir le tableau 8–5) sur lequel figurent les détails suivants : (1) le solde en banque au début du mois, (2) les chèques et les autres frais débités au cours de cette période, (3) les dépôts crédités au cours du mois et (4) le solde en banque à la fin du mois. Si une entreprise dépose intégralement toutes ses recettes et si elle règle tous ses comptes par chèques, le relevé de banque fournit un moyen de vérifier l'exactitude du journal de caisse-recettes et du journal de caisse-déboursés.

BANQUE DE MONTRÉAL
Verdun, Québec
RELEVÉ DE COMPTE

| SOLDE REPORTÉ | | SOLDE ACTUEL | | CHÈQUES RETOURNÉS |
Date	Solde	Date	Solde	
30/9/75	1,578.00	31/10/75	1,753.00	9

La Quincaillerie Vallée, Enr.
125, 10e Rue
Verdun, Québec

DÉTAIL DES CHÈQUES			DÉPÔTS	DATE	SOLDE	
58 00				2 10	1520	00
120 00		200 00		5 10	1200	00
			240 00	6 10	1440	00
25 00		75 00	150 00	10 10	1490	00
			180 00	18 10	1670	00
10 00		50 00		23 10	1610	00
		135 00	100 00	25 10	1575	00
		20 00		28 10	1555	00
			198 00	30 10	1753	00

Vérifier ce relevé et, en cas d'erreur, aviser le comptable sans délai.

Tableau
8–5

La banque joint au relevé mensuel les notes de débit et de crédit ainsi que les *chèques oblitérés*, c'est-à-dire les chèques tirés sur le compte du client et portant la mention *payé* que la banque a débités au cours du mois. La banque peut aussi porter au débit du compte de ses clients d'autres éléments, comme les frais de banque, les frais d'impression de chèques et les chèques sans provision. Au crédit du relevé de banque figurent les dépôts effectués au cours du mois et les sommes recouvrées par la banque au nom de son client. Le compte en banque peut aussi être débité ou crédité pour corriger des erreurs. Chaque montant figurant sur le relevé de banque en plus des dépôts et des chèques oblitérés fait l'objet d'une note de crédit ou de débit établie par la banque pour son client.

UTILITÉ DE LA CONCILIATION DE BANQUE

Le plus souvent, le solde figurant sur le relevé de la banque ne concorde pas avec le solde du compte Caisse dans les livres de l'entreprise. Pour s'assurer de l'exactitude des registres de l'entreprise et de ceux de la banque, il faut concilier ces deux soldes.

Le solde du compte en banque et celui du compte Caisse peuvent différer pour diverses raisons:

1. *Les chèques en circulation.* Certains chèques peuvent avoir été émis et inscrits par le tireur dans ses propres livres sans que les bénéficiaires les aient encaissés au moment où le relevé de la banque est établi.

2. *Les dépôts en circulation.* Les entreprises effectuent souvent des dépôts à la fin de la journée après la fermeture de la banque. Étant donné que la banque n'inscrit ces dépôts que le jour suivant, les dépôts reçus après le moment où le relevé de la banque est établi ne peuvent figurer sur ce relevé.

3. *Les frais d'administration et les chèques sans provision.* Souvent, la banque porte au débit du compte d'un déposant des sommes pour des services qu'elle a rendus ou des chèques qu'elle n'a pu recouvrer, comme les chèques sans provision. La banque rédige alors une note de débit qu'elle fait parvenir au déposant, le jour même, s'il s'agit d'un montant important. Une entreprise bien administrée devrait inscrire ces notes de débit dans le registre des pièces justificatives ou le journal de caisse-déboursés dès qu'elle les reçoit. Cependant, souvent cela n'a pas été fait quand arrive la fin du mois.

4. *Les sommes recouvrées par la banque.* Parfois, la banque recouvre, pour le compte de ses clients, le produit d'un billet à ordre ou d'un compte, moyennant des frais de recouvrement minimes. Dans ce cas, la banque crédite le compte du déposant et lui envoie une note de crédit. Cette note de crédit devrait immédiatement faire l'objet d'une écriture, mais il se peut qu'à la fin du mois cette écriture n'ait pas encore été passée aux livres.

5. *Les erreurs.* Quelle que soit l'efficacité des systèmes de contrôle en usage, il est toujours possible que la banque et le déposant commettent des erreurs qui faussent le solde du compte en banque et qui ne sont effectivement découvertes qu'à la fin du mois au moment où l'on concilie le compte en banque.

LA CONCILIATION DE BANQUE : ÉTAPES DU TRAVAIL À EFFECTUER

Voici les étapes du travail à effectuer pour établir une conciliation de banque :

1. Comparer les dépôts figurant sur le relevé de la banque avec les dépôts inscrits aux livres. Noter les différences et déterminer qui a raison. Dresser la liste des dépôts en circulation et prendre note des erreurs.

2. Comparer les chèques oblitérés remis par la banque et classés par ordre de date de paiement avec les montants correspondants figurant sur le relevé de la banque. Noter toutes les différences et les erreurs.

3. Placer les chèques oblitérés par ordre numérique. Consulter la liste des chèques en circulation à la fin du mois précédent et déterminer si certains de ces chèques sont encore en circulation. Dresser une liste de ces chèques, s'il y a lieu. Noter aussi les dépôts en circulation à la fin du mois précédent qui ne figureraient pas sur le relevé de la banque du mois courant.

4. Classer par ordre chronologique les notes de débit ou de crédit reçues de la banque avec les chèques oblitérés. Comparer chacun des chèques oblitérés avec les chèques inscrits dans le journal de caisse-déboursés ou le registre des chèques. Noter toutes les différences et dresser la liste des chèques en circulation et la liste des notes de débit ou de crédit non encore inscrites aux livres.

5. Établissez la conciliation (voir le tableau 8–6) du solde du compte en banque avec le solde du compte Caisse.

6. Déterminer les montants débités ou crédités qui figurent sur le relevé de la banque et qui n'ont pas encore été comptabilisés. Passer au journal une écriture pour les comptabiliser.

La conciliation de banque: un exemple

■ Supposons, pour illustrer comment établir une conciliation de banque, que le comptable de La Quincaillerie Vallée, Enr. a compilé les données suivantes portant sur la conciliation du compte en banque au 31 octobre. Le solde figurant sur le relevé de la banque et dans les livres de l'entreprise s'élève respectivement à $1,753 et à $1,370 au 31 octobre. Les chèques n° 124, $150, et n° 126, $200, sont en circulation à cette date. La banque n'a pas encore inscrit une somme de $120 déposée le 31 octobre à 18h. La banque a inclus dans les chèques oblitérés une note de crédit indiquant qu'elle a recouvré au nom de la quincaillerie un billet de $200 moins des frais de recouvrement de $2. La banque a aussi retourné un chèque de $20 parce qu'il était sans provision. La Quincaillerie Vallée, Enr. avait reçu ce chèque de François Jobin le 25 octobre et l'avait inclus dans le dépôt effectué ce jour-là. Le produit du billet et le chèque sans provision ne figurent pas encore aux livres de La Quincaillerie Vallée, Enr. Finalement, un chèque de $25 tiré sur le compte de La Quincaillerie Hallé, Enr. est inclus dans les chèques obltérés. La banque a, par erreur, porté ce chèque au débit du compte de La Quincaillerie Vallée, Enr.

La conciliation du compte en banque de cette entreprise au 31 octobre 1976 qui figure au tableau 8–6 aide à découvrir les erreurs commises dans les livres de la banque ou ceux du déposant; elle permet aussi de déterminer les sommes que la banque n'a pas encore comptabilisées;

La Quincaillerie Vallée, Enr.
Conciliation de banque
au 31 octobre 1976

Solde — nos livres	.....	$1,370	Solde — relevé de la banque	.....	$1,753
Plus :			Plus :		
Produit d'un billet moins			Dépôt du 31 octobre	..... $120	
les frais de recouvrement	.....	198	Erreur — Chèque de		
		$1,568	La Quincaillerie Hallé,		
			Enr.	 25	145
					$1,898
Moins :			Moins :		
Chèque sans provision de F. Jobin	..	20	Chèques en circulation :		
			Chèque n° 124	..... $150	
			Chèque n° 126	 200	350
Solde rectifié	.....	$1,548	Solde rectifié	.....	$1,548

Tableau
8–6

finalement, cette conciliation fait connaître les sommes qui devraient figurer dans les livres du déposant mais qui n'ont pas encore été comptabilisées à la date où le travail de conciliation est effectué. Le solde réel du compte Caisse de La Quincaillerie Vallée, Enr. s'élève à $1,548 et non à $1,370 ainsi que les livres l'indiquent au 31 octobre. Si l'on veut que les livres reflètent le solde réel du compte en banque, il est nécessaire de passer au journal les deux écritures suivantes:

Nov.	2	Caisse	198.00	
		Frais de recouvrement	2.00	
		Billets à recevoir		200.00
		Pour inscrire le produit d'un billet recouvré par la banque.		
Nov.	2	Comptes à recevoir — François Jobin	20.00	
		Caisse		20.00
		Pour imputer au compte de François Jobin le chèque sans provision retourné par la banque.		

La première de ces écritures a pour objet d'inscrire le produit d'un billet recouvré par la banque. Le report de cette écriture aura pour effet d'augmenter l'encaisse et les frais de recouvrement et de diminuer le solde du compte Billets à recevoir.

Quant à la deuxième écriture, elle a pour objet de porter au débit du compte de François Jobin le chèque sans provision que La Quincaillerie Vallée, Enr. a reçu de lui. Étant donné que la banque n'a pas été en mesure de recouvrer le montant de ce chèque, il devient nécessaire d'annuler l'écriture inscrite dans les livres du déposant. Il revient à La Quincaillerie Vallée, Enr. de prendre, par la suite, les mesures qui s'imposent afin de recouvrer ce compte. Si, après un certain temps, on constate qu'il est impossible de le recouvrer, il faudra le radier à titre de créance irrécouvrable.

LES COMPTES À RECEVOIR

■ Nous avons déjà discuté de tous les problèmes que suscite la comptabilisation des comptes à recevoir à l'exception des *mauvaises créances* et de divers autres points dont nous traiterons au cours des pages qui suivent.

Les mauvaises créances

■ Quand une entreprise vend des marchandises à crédit, il se trouve toujours des clients qui ne règlent pas leur compte pour une raison ou pour une autre. Les comptes de ces clients deviennent des mauvaises créances, c'est-à-dire des dépenses occasionnées par les ventes effectuées à crédit.

On pourrait se poser la question: « Pourquoi les entreprises vendent-elles à crédit s'il doit en résulter des mauvaises créances? » La réponse, bien entendu, est que les entreprises vendent à crédit en vue d'accroître leur chiffre des ventes et leurs bénéfices, à la condition toutefois que les mauvaises créances s'élèvent à un montant raisonnable. Les mauvaises créances découlent donc des ventes effectuées à crédit et constituent une dépense susceptible d'accroître le chiffre des ventes. C'est pour cette raison que le principe du rapprochement des revenus et des dépenses exige que les mauvaises créances soient rapprochées du chiffre des ventes auquel elles se rapportent.

Le rapprochement des mauvaises créances et des ventes

■ Une mauvaise créance est le résultat d'une erreur de jugement, c'est-à-dire une erreur commise en effectuant une vente à crédit à un client qui, plus tard, ne règle pas son compte. La perte survient donc au moment où l'on accepte de vendre des marchandises à crédit à ce client. Bien entendu, l'entreprise ignore, à ce moment-là, que le client ne paiera pas son compte plus tard. À vrai dire, elle ne saura avec certitude qu'elle a subi une perte qu'un an plus tard (ou davantage) après avoir épuisé tous les moyens qu'elle peut avoir de recouvrer ce compte. Cependant, même si la perte ne survient effectivement que plus tard, cela ne change rien au moment où il faut la comptabiliser, c'est-à-dire lorsque la vente a lieu.

Si l'on accepte qu'une mauvaise créance influe sur les revenus de l'exercice où la vente a lieu et si l'entreprise ne peut savoir définitivement qu'elle a subi une perte que plus tard, il s'ensuit qu'il est nécessaire d'estimer les mauvaises créances afin d'effectuer un bon rapprochement des revenus et des dépenses. C'est là l'objectif de la méthode dite d'estimation des mauvaises créances.

**Estimation
des
mauvaises
créances
fondée sur
le chiffre
des ventes**

■ On détermine les mauvaises créances en estimant, à la fin de chaque exercice, les créances irrécouvrables qui se rapportent aux ventes de l'exercice. Cette façon d'établir la provision pour mauvaises créances offre deux avantages: (1) la perte estimative est imputée aux revenus de l'exercice où les ventes ont lieu et (2) les comptes à recevoir figurent au bilan à leur valeur estimative de réalisation, ce qui est plus réaliste.

L'ESTIMATION DES MAUVAISES CRÉANCES

L'entreprise qui, à la fin d'un exercice, estime les créances irrécouvrables pose l'hypothèse que « l'histoire se répète ». Ainsi, au cours des derniers exercices, les mauvaises créances de Alpha, Limitée se sont élevées à ½% de ses ventes à crédit. Si « l'histoire se répète » et si les ventes se sont élevées à $300,000 au cours du dernier exercice, la direction peut s'attendre à subir une perte de $1,500 attribuable aux mauvaises créances, soit $300,000 × 0.005.

LA COMPTABILISATION DES MAUVAISES CRÉANCES

On comptabilise les mauvaises créances en passant aux livres une écriture de régularisation. Le montant des mauvaises créances doit aussi figurer dans la section Régularisations du chiffrier. Ainsi, Alpha, Limitée comptabilisera les mauvaises créances calculées dans le paragraphe précédent en passant au journal général l'écriture suivante:

Déc.	31	Mauvaises créances	1,500.00	
		Provision pour mauvaises créances		1,500.00
		Pour inscrire les mauvaises créances de l'exercice.		

Le montant de $1,500 débité au compte Mauvaises créances doit être inclus dans l'état des revenus et dépenses de l'exercice au cours duquel ont eu lieu les ventes qui ont donné naissance à ces mauvaises créances afin de mieux rapprocher cette dépense de $1,500 des revenus de $300,000.

En règle générale, les mauvaises créances figurent dans l'état des revenus et dépenses parmi les frais d'administration plutôt que parmi les frais de vente, parce que le service du crédit ne relevant pas de la responsabilité du service des ventes, on ne peut imputer à ce dernier les pertes attribuables aux mauvaises créances. Le service des ventes n'a pas la responsabilité de juger de la solvabilité des clients car autrement il pourrait vendre à un client dans le seul but d'accroître le chiffre des ventes.

LES COMPTES RELATIFS AUX MAUVAISES CRÉANCES

Si les comptes à recevoir de Alpha, Limitée s'élevaient à $20,000 au moment où on a reporté au grand livre l'écriture précédente, les deux comptes Comptes à recevoir et Provision pour mauvaises créances auraient les soldes suivants:

Comptes à recevoir			Provision pour mauvaises créances	
Déc. 31	20,000		Déc. 31	1,500

L'écriture de régularisation relative aux mauvaises créances a pour effet de réduire la valeur de réalisation des comptes à recevoir. Cette diminution est toutefois inscrite dans un compte de contrepartie, le compte Provision pour mauvaises créances, plutôt que dans le compte de contrôle Comptes à recevoir.

Il est nécessaire de porter les mauvaises créances au crédit d'un compte de contrepartie parce que l'on ignore encore le nom des clients qui effectivement ne régleront pas leur compte. (On peut estimer les mauvaises créances en se fondant sur l'expérience passée, mais il est impossible de connaître exactement le nom des clients qui ne paieront pas leur compte tant qu'on n'aura pas épuisé tous les moyens de recouvrer les comptes en souffrance.) Ne connaissant pas d'une façon définitive les comptes qui ne seront pas réglés, il est impossible de créditer en particulier un ou des comptes du grand livre auxiliaire des comptes à recevoir et c'est pour cette raison qu'il faut créditer un compte de contrepartie plutôt que le compte de contrôle lui-même. Si l'on agissait autrement, le solde du compte de contrôle Comptes à recevoir ne serait plus égal au total des soldes des comptes du grand livre des comptes à recevoir.

PRÉSENTATION DE LA PROVISION POUR MAUVAISES CRÉANCES DANS LE BILAN

Dans le bilan, il faut déduire la provision pour mauvaises créances du poste Comptes à recevoir afin de faire connaître la valeur nette de réalisation de ces comptes ainsi que l'illustre l'exemple suivant:

ACTIF

Actif à court terme :		
Encaisse		$11,300
Comptes à recevoir	$20,000	
Moins : Provision pour mauvaises créances	1,500	18,500
Stock de marchandises		27,200
Dépenses payées d'avance		1,100
Total de l'actif à court terme		$58,100

Il est cependant acceptable de ne faire connaître que la valeur nette de réalisation des comptes à recevoir ainsi que le mentionne le manuel de l'I.C.C.A.[1]

---

[1]*Manuel de l'I.C.C.A.,* Institut Canadien des Comptables Agréés, sept. 1973, paragraphe 3020.01.

LA RADIATION DES CRÉANCES IRRÉCOUVRABLES

L'entreprise qui a établi une provision pour mauvaises créances doit radier les créances irrécouvrables en les imputant au solde du compte où figure cette provision. Ainsi, un an après avoir multiplié les efforts en vue de recouvrer le compte de Georges Valin, la direction de Alpha, Limitée a dû admettre qu'elle avait définitivement perdu cette créance de $100. Voici l'écriture que la radiation de ce compte demande de passer au journal général:

Janv.	23	Provision pour mauvaises créances	100.00	
		Comptes à recevoir — Georges Valin		100.00
		Pour radier le compte en souffrance de Georges Valin.		

Voici les comptes Comptes à recevoir et Provision pour mauvaises créances après le report de cette écriture:

Comptes à recevoir				Provision pour mauvaises créances			
Déc. 31	20,000	Janv. 23	100	Janv. 23	100	Déc. 31	1,500

L'écriture précédente suscite les deux commentaires suivants. En premier lieu, bien que les mauvaises créances constituent une dépense qui découle de ventes effectuées à crédit, les créances irrécouvrables sont portées au crédit du compte Provision pour mauvaises créances et non à un compte de dépenses parce que la perte est comptabilisée au moment où la vente a lieu. En effet, c'est à ce moment-là que la perte est estimée et portée au débit du compte Mauvaises créances.

En second lieu, il convient de remarquer que la radiation d'une créance irrécouvrable ne change en rien la valeur de réalisation des comptes à recevoir de Alpha, Limitée ainsi que le prouve le tableau suivant:

	Avant la radiation	Après la radiation
Comptes à recevoir	$20,000	$19,900
Moins : Provision pour mauvaises créances	1,500	1,400
Valeur estimative de réalisation des comptes à recevoir	$18,500	$18,500

LES CRÉANCES RADIÉES ET LA PROVISION POUR MAUVAISES CRÉANCES

Les créances radiées se rapportant aux ventes d'un exercice donné ne concordent pas, le plus souvent, avec la provision établie auparavant.

Le compte Provision pour mauvaises créances aura, à la fin de l'exercice, un solde créditeur si le total des comptes radiés est inférieur au solde de la provision au début de l'exercice. Dans le cas contraire, le compte Provision pour mauvaises créances aura un solde débiteur que la comptabilisation des mauvaises créances de l'exercice en cours aura pour effet d'éliminer. Ces résultats sont acceptables pourvu que la provision établie soit approximativement égale aux créances irrécouvrables radiées et qu'elle ne soit pas constamment excessive ou insuffisante.

Lorsque les mauvaises créances sont calculées en prenant un pourcentage du chiffre des ventes, il peut s'écouler plusieurs exercices avant que l'on ne se rende compte que le pourcentage utilisé est trop élevé ou trop faible. Si, plus tard, on s'aperçoit que la provision pour mauvaises créances a été mal établie, il importe de changer ce pourcentage.

Le recouvrement de créances radiées antérieurement

■ Il peut arriver qu'une entreprise évalue mal la solvabilité d'un client et qu'elle réussisse à recouvrer, en entier ou en partie, un compte radié antérieurement. Si cela se produit, il faut que le montant recouvré soit inscrit dans le compte du client en question afin d'être en mesure de décider plus tard si on pourra vendre à crédit de nouveau à ce client. La radiation d'un compte nuit à la réputation d'un client et il importe de rectifier les choses si, plus tard, le compte est recouvré. Quand une entreprise recouvre un compte radié antérieurement, elle doit passer au journal deux écritures. La première a pour effet d'annuler la radiation et de porter le montant à recouvrer au compte du client en question. La deuxième écriture a pour objet d'inscrire le montant recouvré.

Si, par exemple, Alpha, Limitée recouvre, le 15 août, le compte de Georges Valin radié le 23 janvier, elle passera au journal les écritures suivantes:

Août	15	Comptes à recevoir — Georges Valin	100.00	
		Provision pour mauvaises créances		100.00
		Pour inscrire de nouveau le compte de Georges Valin radié le 23 janvier.		
	15	Caisse	100.00	
		Comptes à recevoir — Georges Valin		100.00
		Recouvrement du compte de Georges Valin.		

Généralement, le recouvrement d'un compte s'inscrit dans le journal de caisse-recettes. Si nous avons passé une écriture de journal général, c'est afin de simplifier les explications. C'est d'ailleurs ce que nous ferons à partir de maintenant, mais il ne faut pas perdre de vue que l'on passerait le plus souvent les écritures de journal qui vont suivre dans l'un ou l'autre des journaux auxiliaires.

Autres méthodes d'estimation des mauvaises créances

■ Nous avons calculé jusqu'à présent les mauvaises créances en prenant un pourcentage des ventes effectuées à crédit. On pourrait aussi calculer les mauvaises créances en fonction du chiffre global des ventes si la proportion des ventes au comptant et des ventes à crédit ne change pas d'un exercice à l'autre. De même, une entreprise dont le pourcentage des comptes irrécouvrables serait identique chaque année pourrait calculer le chiffre de ses mauvaises créances en prenant un pourcentage du solde du compte de contrôle Comptes à recevoir.

Le classement chronologique des comptes à recevoir

■ Plusieurs entreprises estiment les mauvaises créances d'un exercice en classant les comptes à recevoir par ordre chronologique. Il suffit, dans ce cas, de dresser un tableau (voir le tableau 8–7) où figurent les comptes à recevoir classés en fonction du nombre de jours écoulés depuis la date où les ventes ont eu lieu. Il revient à la direction ou au responsable du crédit d'analyser les données de ce tableau et de déterminer les comptes qui deviendront irrécouvrables. Généralement, la majorité des comptes figurant dans ce tableau ne sont pas en souffrance. La direction les analyse sommairement, mais elle prête une attention beaucoup plus grande aux comptes en souffrance. Plus le temps écoulé depuis le moment de la vente est long, plus les comptes sont susceptibles de devenir irrécouvrables. Après avoir analysé les comptes, on détermine le total des mauvaises créances, et c'est ce montant qui deviendra le nouveau solde du compte Provision pour mauvaises créances.

Classement chronologique des comptes à recevoir					
Nom des clients	Non en souffrance	En souffrance 1 à 30 jours	En souffrance 31 à 60 jours	En souffrance 61 à 90 jours	En souffrance Plus de 90 jours
Charles Labbé	45.00				
François Alain ...	53.00				
Georges Ardoin ..			14.00		
Paul Beaulieu					27.00

Tableau 8–7

Supposons, pour illustrer cette façon de régulariser le compte Provision pour mauvaises créances, qu'un classement chronologique des comptes à recevoir de $60,000 a révélé que les créances irrécouvrables sont susceptibles de s'élever à $1,950. Supposons également que le solde du compte Provision pour mauvaises créances est de $250. Dans ce cas, les mauvaises créances de l'exercice s'élèvent à $1,700, soit $1,950 — $250, et il faut passer au journal l'écriture suivante:

Déc.	31	Mauvaises créances	1,700.00	
		Provision pour mauvaises créances		1,700.00
		Pour régulariser le compte Provision pour		
		mauvaises créances.		

Le montant de $1,700 crédité au compte Provision pour mauvaises créances dans l'écriture précédente augmente le solde de ce compte et le porte à $1,950, soit le montant des mauvaises créances obtenu après avoir analysé les comptes à recevoir. Si le compte Provision pour mauvaises créances avait un solde débiteur de $150 au lieu d'un solde créditeur de $250, il faudrait débiter le compte Mauvaises créances de $2,100, soit $150 + $1,950 afin que le compte Provision pour mauvaises créances ait un solde créditeur de $1,950.

Cette méthode d'estimation des mauvaises créances offre deux avantages. (1) Elle permet de régulariser automatiquement la provision pour mauvaises créances lorsque celle-ci est excessive ou insuffisante. Il devient dès lors impossible que la provision pour mauvaises créances devienne démesurément élevée comme ce peut être le cas lorsqu'on calcule les mauvaises créances en fonction du chiffre des ventes. (2) Le classement chronologique des comptes à recevoir permet de mieux évaluer les comptes à recevoir que l'autre méthode d'estimation des mauvaises créances. Cependant, le rapprochement des revenus et des dépenses est moins bon lorsque l'on calcule les mauvaises créances en classant les comptes à recevoir par ordre chronologique.

La radiation directe des mauvaises créances

■ Étant donné que la comptabilisation par anticipation des mauvaises créances permet de mieux rapprocher les revenus et les dépenses, il faudrait généralement déterminer les mauvaises créances de cette façon. Cependant, il est parfois acceptable de radier directement les mauvaises créances. Selon cette méthode, appelée *radiation directe des mauvaises créances,* une créance est portée directement au débit du compte Mauvaises créances lorsqu'elle devient irrécouvrable ainsi que le démontre l'écriture suivante:

Nov.	23	Mauvaises créances	52.50	
		Comptes à recevoir — David Hallé		52.50
		Pour radier le compte de David Hallé devenu		
		irrécouvrable.		

Cette écriture a pour effet: (1) de réduire le bénéfice net de l'exercice, (2) d'éliminer le compte de Hallé du grand livre des comptes à recevoir et (3) de réduire le solde du compte de contrôle.

Si un compte radié de cette façon est recouvré plus tard, il convient de passer au journal les écritures suivantes:

Mars	11	Comptes à recevoir — David Hallé	52.50	
		Mauvaises créances		52.50
		Pour annuler l'écriture de radiation du 23 novembre.		
	11	Caisse	52.50	
		Comptes à recevoir — David Hallé		52.50
		Recouvrement du compte de David Hallé.		

La première de ces écritures demande de poser deux hypothèses: (1) David Hallé a versé $52.50 au cours d'un exercice qui diffère de celui où son compte a été radié et (2) le compte Mauvaises créances a un solde débiteur provenant d'autres comptes radiés depuis le début de l'exercice en cours. Si ce compte n'avait pas un solde débiteur et si l'on estimait qu'aucun autre compte ne deviendrait irrécouvrable au cours de l'exercice, il y aurait lieu de créditer le recouvrement à un compte de revenu intitulé Recouvrement de mauvaises créances.

LA RADIATION DIRECTE ET LE RAPPROCHEMENT DES REVENUS ET DES DÉPENSES

Étant donné qu'une mauvaise créance provient d'une vente effectuée à un client qui ne réglera pas son compte (ce que l'on apprend que plus tard), il s'ensuit que le rapprochement des revenus et des dépenses est moins bon si les mauvais comptes sont radiés au moment où ils deviennent irrécouvrables. En effet, le revenu provenant de la vente figure alors dans l'état des revenus et des dépenses d'un exercice alors que la perte attribuable aux mauvaises créances est imputée aux revenus d'un exercice subséquent.

CAS OÙ LA RADIATION DIRECTE EST ACCEPTABLE

Bien que la radiation directe ne rapproche pas correctement les revenus et les dépenses, cette méthode de comptabilisation des mauvaises créances est acceptable si elle ne fausse pas outre mesure le bénéfice net. Ce serait le cas, par exemple, si la majorité des ventes sont effectuées au comptant et si les pertes découlant des ventes à crédit sont faibles comparativement au chiffre des ventes et au bénéfice net. On peut alors radier directement les mauvais comptes en vertu du principe comptable qui stipule que l'on ne doit comptabiliser séparément que les postes ou les montants importants. Selon ce principe, on peut déroger à une règle comptable (il s'agit, ici, de la règle du rapprochement des revenus et des dépenses) si le fait de déroger à cette règle ne fausse pas outre mesure le bénéfice net. On peut aussi renoncer à appliquer une règle comptable s'il en résulte de sérieuses difficultés ou des coûts élevés. Il est également permis de déroger à une règle ou à un principe comptable si cette dérogation n'a pas pour effet d'induire en erreur le lecteur des états financiers.

■ LES COMPTES DES CLIENTS AYANT UN SOLDE CRÉDITEUR

Il arrive parfois que des clients ne déduisent pas les escomptes auxquels ils ont droit ou que, pour d'autres raisons, ils versent une somme supérieure à celle qu'ils doivent. Les comptes de ces clients qui ont un solde créditeur ne doivent pas figurer à l'actif du bilan. Le poste Comptes à recevoir ne doit comprendre que le total des soldes débiteurs. Quant aux comptes des clients ayant un solde créditeur, ils doivent figurer dans le passif à court terme.

COMPTES DE CLIENTS QUI SONT EN MÊME TEMPS DES FOURNISSEURS

Une entreprise qui, parfois, s'approvisionne chez un client doit comptabiliser les achats et les ventes dans deux comptes distincts et ne doit pas déduire le solde du premier compte du solde du deuxième ou réciproquement. En d'autres mots, le montant à recevoir doit être inclus dans les comptes à recevoir et le montant à payer doit faire partie des comptes à payer.

AUTRES CRÉANCES

Le poste Comptes à recevoir d'un bilan ne comprend que les sommes à recouvrer des clients à moins que l'on n'indique clairement qu'il en est autrement. Les montants à recevoir des actionnaires, des administrateurs ou des employés doivent être présentés séparément à moins qu'il ne découlent de ventes régulières effectuées aux conditions normales de règlement. Les prêts consentis aux actionnaires, aux administrateurs ou aux employés peuvent être inclus dans l'actif à court terme sous un titre distinct si l'entreprise doit les recouvrer au cours du prochain exercice ou du prochain cycle d'exploitation. Dans le cas contraire, il faut plutôt les inclure dans la section Autres valeurs actives.

Questions

1. Pourquoi un commis aux écritures ne doit-il pas avoir la responsabilité de recevoir de l'argent, de signer des chèques ou de régler des comptes ?
2. Que veut-on dire lorsque l'on affirme qu'une entreprise doit déposer intégralement toutes ses recettes ?
3. Pourquoi est-il important de déposer intégralement tout l'argent reçu ?
4. Pourquoi doit-on effectuer certains déboursés au moyen d'une petite caisse ? Pourquoi tous les comptes ne sont-ils pas réglés par chèques ?
5. Qu'entend-on par pièces justificatives de petite caisse ? Qui doit signer ces pièces justificatives ?
6. Expliquez le fonctionnement d'une petite caisse ?
7. Pourquoi doit-on reconstituer la petite caisse à la fin d'un exercice ?
8. Expliquez ce qui se produit au moment où la petite caisse est reconstituée ?
9. Le registre de petite caisse est-il un livre d'écritures originaires ?
10. Qu'est-ce qu'un relevé de banque ? Quel genre d'informations fournit ce relevé ?

11. Qu'entend-on par conciliation de banque?

12. Pourquoi doit-on concilier le solde du compte Caisse avec le solde figurant sur le relevé de la banque?

13. En quoi consiste le principe du rapprochement des revenus et des dépenses?

14. À quel moment du cycle d'exploitation une mauvaise créance constitue-t-elle une perte?

15. Pourquoi la radiation directe des comptes ne permet-elle pas de bien rapprocher les revenus et les dépenses?

16. George Jacolin a acheté des marchandises coûtant $50 à la Société A, Limitée et d'autres marchandises coûtant le même prix à la Société B, Limitée. Jacolin ayant fait faillite, il a fallu radier, le 28 février, les sommes qu'il devait. Passez au journal les écritures de radiation si la Société A, Limitée radie ses comptes directement alors que la Société B, Limitée établit une provision pour mauvaises créances.

17. Lorsque l'on estime les mauvaises créances, on pose l'hypothèse que « l'histoire se répète ». Cette hypothèse est-elle réaliste?

18. Les ventes à crédit d'une entreprise se sont élevées à $484,000 au cours d'un exercice. À combien peut-on estimer les mauvaises créances découlant de ces ventes si, dans le passé, les pertes attribuables aux mauvaises créances ont représenté 0.25% du chiffre des ventes à crédit?

19. Qu'est-ce qu'un compte de contrepartie? Pourquoi porte-t-on les mauvaises créances estimatives au crédit d'un compte de contrepartie plutôt qu'au compte de contrôle Comptes à recevoir?

20. Indiquez la façon de présenter les comptes suivants dans les états financiers: (a) Comptes à recevoir, (b) Provision pour mauvaises créances et (c) Mauvaises créances.

Exercices **Exercice 8–1**

Le 28 octobre, la direction d'une entreprise a établi une petite caisse de $40. Le fonds qui a servi à acquitter les dépenses suivantes a été reconstitué le 25 novembre:

Fret à l'achat	$18.50
Timbres-poste	10.00
Fournitures de bureau	4.00
Dépenses diverses	5.25

Passez au journal général les écritures pour créer le fonds le 28 octobre et le reconstituer le 25 novembre.

Exercice 8–2

L'Atelier Mécanique, Enr. dépose intégralement toutes ses recettes et règle tous ses comptes par chèques. Le 30 novembre, le compte Caisse avait un solde débiteur de $1,510 alors que le relevé de banque indiquait, à la même date, un solde de $1,299. Conciliez ces deux soldes, compte tenu des informations suivantes:

a. Chèques en circulation: $200.

b. Note de débit pour des frais d'administration incluse avec les chèques oblitérés retournés par la banque : $4.

c. Le chèque n° 512 au montant de $24 a été fait à l'ordre de Bell Canada en règlement du compte de téléphone et est inclus dans les chèques oblitérés retournés par la banque. Le commis aux écritures a inscrit ce chèque dans le livre de caisse-déboursés comme s'il s'agissait d'un montant de $42 au lieu de $24.

d. Les recettes du 30 novembre, soit $425, ont été déposées dans le coffret de nuit de la banque et ne figurent pas sur le relevé que la banque a posté ce jour-là.

Exercice 8–3

Passez au journal général les écritures découlant de la conciliation de banque établie par un commis de L'Atelier Mécanique, Enr. (voir l'exercice précédent).

Exercice 8–4

Le 31 décembre 1976, Rodax, Limitée estime que les mauvaises créances de l'exercice s'élèveront à 1% du chiffre des ventes à crédit de 1976, soit $844,000. Le 7 avril suivant, la direction radie le compte de Henri Bédard dont le solde de $310 est irrécouvrable. Le 10 août 1976, Henri Bédard acquitte son compte en entier.

Travail à faire :
Passez au journal général les écritures pour comptabiliser ces opérations.

Exercice 8–5

À la fin de chaque exercice, D, Ltée classe ses comptes à recevoir par ordre chronologique et redresse le solde du compte Provision pour mauvaises créances. Le 31 décembre 1976, la compagnie estime qu'elle ne pourra recouvrer des créances s'élevant au total à $2,300.

Travail à faire :
a. Passez au journal général l'écriture pour régulariser le compte Provision pour mauvaises créances si ce compte, avant d'estimer les créances irrécouvrables, a un solde créditeur de $150.
b. Répondez à la même question si le compte Provision pour mauvaises créances, avant d'estimer les créances irrécouvrables, a un solde débiteur de $100.

Problèmes   ### Problème 8–1

L'Agence Immobilière Brière, Enr. a effectué les opérations suivantes portant sur la petite caisse au cours de décembre 1976 :

Déc. 3   Chèque n° 135 émis pour établir une petite caisse de $25 dont la gestion est confiée à Julie Houle, un des commis de bureau.

4   Fret à l'achat payé à Beaulieu Transport, Enr. : $3.85.

7   Règlement du compte reçu de L'Imprimerie Populaire pour l'impression de feuillets publicitaires : $8.

8   Somme de $2.50 remise à un étudiant qui a distribué des feuillets publicitaires.

Déc. 11 Achat de timbres-poste : $5.

12 Fret à l'achat payé à Beaulieu Transport, Enr. : $4.25.

12 Chèque n° 152 émis pour reconstituer la petite caisse. Étant donné que le fonds s'était épuisé rapidement, on décide de l'augmenter de $25.

14 Fret à l'achat payé au Canadien National : $5.10.

17 Achat de timbres-poste : $8.

18 Le propriétaire, Jacques Hallé signe une pièce justificative de petite caisse et la caissière lui remet $1 pour régler le coût du café offert à des clients.

20 Somme versée pour la réparation d'une machine à écrire : $5.

23 Argent versé pour un télégramme à frais virés : $1.35.

26 Fret à l'achat payé au Canadien National : $3.80.

28 Achat de timbres-poste : $5.

31 Chèque n° 172 émis pour reconstituer la petite caisse à la fin de l'exercice. Il n'y avait dans la petite caisse que $19.75 et la caissière ne pouvait dire d'où provenait le déficit de caisse.

Travail à faire :

Inscrivez les opérations précédentes dans le registre de petite caisse et, s'il y a lieu, dans le livre de caisse-déboursés. Réglez le registre de petite caisse chaque fois que le fonds est reconstitué. Laissez un espace entre chacune des écritures du journal de caisse-déboursés.

Problème 8–2

Une entreprise a établi une petite caisse et a désigné Marie Plaisance pour s'en occuper. Voici les opérations effectuées en octobre et novembre relativement à cette petite caisse :

Oct. 2 Chèque n° 781 émis à l'ordre de la petite caisse : $25.

3 Somme versée pour le nettoyage des fenêtres du bureau : $5.

8 Fret à l'achat payé à Dubeau Transport, Ltée : $4.65.

11 Achat de papier carbone et de trombones : $3.85.

17 Achat de timbres-poste : $5.

23 Somme versée pour la réparation d'une chaise utilisée dans le bureau : $4.25.

23 Chèque n° 804 émis pour reconstituer la petite caisse : $22.75.

Nov. 1 Fret à l'achat payé au Canadien National : $4.35.

5 Somme versée pour la livraison d'un colis à un client : $1.50.

9 Fret à l'achat payé au Canadien National : $3.95.

14 Somme versée pour la livraison d'un colis à un client : $2.

18 Argent déboursé pour un télégramme à frais virés : $2.25.

24 Achat de timbres-poste : $8.

24 Il ne restait plus que $1.95 dans la petite caisse et la caissière, Marie Plaisance, ne pouvait expliquer d'où provenait le déficit de caisse. Elle a établi alors une pièce justificative de petite caisse s'élevant au montant du déficit, elle l'a fait approuver par son supérieur et elle l'a inscrite dans le registre de petite caisse. Elle a remis ensuite toutes les pièces justificatives qu'elle avait en sa possession et a obtenu, en retour, le chèque n° 852 s'élevant à $23.05 émis en vue de reconstituer la petite caisse.

Travail à faire :

1. Établissez un registre de petite caisse et un journal de caisse-déboursés et ouvrez les comptes en T suivants : Caisse, Petite caisse, Fournitures de bureau, Timbres-poste, Fret à l'achat, Dépenses diverses, Frais de livraison et Surplus et déficit de caisse.
2. Inscrivez le chèque n° 781 dans le registre de petite caisse et dans le journal de caisse-déboursés. Reportez cette écriture au grand livre.
3. Inscrivez les déboursés effectués en octobre dans le registre de petite caisse, réglez ce livre à la fin du mois et inscrivez le chèque n° 804 dans le registre de petite caisse et le journal de caisse-déboursés. Passez une ligne entre les écritures inscrites dans ce dernier journal et reportez celles-ci au grand livre.
4. Comptabilisez les opérations de novembre de la façon décrite en 3.

Problème 8–3

Voici les données dont vous avez besoin pour concilier le solde du compte Caisse de Abbott, Ltée avec le solde figurant sur le relevé de la banque établi le 31 décembre :

a. Le solde du compte Caisse au 31 décembre s'élève à $2,782 alors que le solde figurant sur le relevé de la banque à la même date est de $2,653.60.

b. Parmi les chèques en circulation au 30 novembre, se trouvaient les chèques n°s 722 et 726 s'élevant respectivement à $103.50 et $93.85. Le dernier de ces chèques seulement est inclus dans la liste des chèques oblitérés retournés par la banque en décembre.

c. Les chèques n°s 803 et 805 s'élevant respectivement à $79.75 et à $73.60 ont été inscrits dans le livre de caisse-déboursés en décembre mais ne figurent pas parmi les chèques oblitérés retournés par la banque.

d. La comparaison des chèques émis en décembre avec les montants inscrits dans le journal de caisse-déboursés a permis de découvrir que le chèque n° 751 émis au montant de $183 pour acquitter le coût de fournitures d'emballage a été, par erreur, inscrit dans le livre de caisse comme s'il s'était agi d'un chèque s'élevant à $138.

e. Parmi les documents reçus de la banque se trouvent deux notes de débit et une note de crédit qui n'ont encore fait l'objet d'aucune écriture dans les livres de Abbott, Ltée. La note de crédit indique que la banque a recouvré un billet de $500 au nom de l'entreprise moyennant des frais de recouvrement de $2. À la première note de débit qui s'élève à $32 est attaché un chèque sans provision s'élevant au même montant et reçu d'un client, David Hill, en règlement de son compte. La deuxième note de débit s'élève à $16.75 et couvre le coût de l'impression de chèques demandés par Abbott, Ltée.

f. Les recettes du 31 décembre, soit $789.50, ont été déposées dans le coffret de nuit de la banque et ne figurent pas sur le relevé établi par la banque à cette date.

Travail à faire :

1. Conciliez le solde du compte Caisse de Abbott, Ltée au 31 décembre 1976 avec le solde figurant sur le relevé établi par la banque à la même date.
2. Passez au journal les écritures pour régulariser le solde du compte Caisse au 31 décembre 1976.

Problème 8-4

La Société Aldo, Ltée avait deux chèques en circulation au moment où elle a établi la conciliation de banque au 31 octobre 1976. Ces deux chèques portaient les numéros 716 et 717 et s'élevaient respectivement à $142 et à $275. Voici les informations dont dispose le comptable pour établir la conciliation de banque au 30 novembre 1976 :

La Société Aldo, Ltée 25, rue Faucher		Relevé de compte BANQUE DE MONTRÉAL	
Date	Chèques et autres débits	Dépôts	Solde
Nov. 1	Solde reporté		1,912.00
2	275.00		1,637.00
3	218.00	312.00	1,731.00
5	302.00		1,429.00
9	737.00		692.00
12	75.00 132.00		485.00
14		551.00	1,036.00
18	284.00		752.00
21		512.00	1,264.00
28	343.00	472.00	1,393.00
29	43.00 CSP		1,350.00
30	3.00 FA	995.00 NC	2,342.00
Code : NC Note de crédit ND Note de débit		CSP Chèque sans provision FA Frais d'administration	

Journal de caisse-recettes

Date			Débit caisse
Nov. 3			312.00
14			551.00
21			512.00
28			472.00
30			247.00
30			2,094.00

Journal de caisse-déboursés

N° des chèques			Crédit caisse
718			218.00
719			320.00
720			75.00
721			737.00
722			132.00
723			136.00
724			284.00
725			343.00
726			53.00
			2,298.00

Grand livre général

Date	Explications	F°	Solde	Débit	Crédit
Oct. 31	Solde	✔			1,495.00
Nov. 30		R-8	2,094.00		3,589.00
30		D-9		2,298.00	1,291.00

Le chèque n° 719 a été émis correctement au montant de $302 pour régler un achat de matériel de bureau. Le commis aux écritures a inscrit par erreur la somme de $320 aussi bien dans la colonne « Débit — Comptes divers » que dans la colonne « Crédit — Caisse » du journal de caisse-déboursés.

Le chèque sans provision provient d'un client, William Houde, et ne figure pas encore dans le journal de caisse-déboursés. La note de crédit est le résultat d'un billet de $1,000 recouvré par la banque au nom de la Société Aldo, Ltée moyennant des frais de recouvrement de $5. Le comptable n'a pas encore inscrit le recouvrement de ce billet.

Travail à faire :

1. Conciliez le solde du compte Caisse de la Société Aldo, Ltée avec le solde figurant sur le relevé établi par la banque au 30 novembre.
2. Passez au journal les écritures pour régulariser le solde du compte Caisse au 30 novembre 1976.

Problème 8–5

Le 1er janvier 1976, le compte Provision pour mauvaises créances de la Société Léo, Ltée avait un solde créditeur de $2,050. Cette société a effectué les opérations suivantes au cours de l'exercice :

Fév. 12 Radiation du compte de $315 de Ronéo, Ltée qui est devenue insolvable.

Avril 5 Radiation du compte de $275 de Charles Gagné.

12 Recouvrement imprévu d'une somme de $80 de Robert Nadeau dont le compte avait été radié deux ans plus tôt.

Juil. 7 Recouvrement de 10% du compte de $650 de Georges Houle. Radiation du solde devenu irrécouvrable.

Oct. 14 Recouvrement de $100 de Charles Gagné en règlement partiel du compte radié le 5 avril. M. Gagné fait savoir que ses affaires se sont améliorées et qu'il prévoit être en mesure de régler entièrement son compte dans un avenir rapproché.

Déc. 27 Radiation des comptes suivants : Robert Saucier : $235; André Vachon : $340; Houle et Kelly, Enr. : $410.

31 Accroissement du solde du compte Provision pour mauvaises créances d'un montant égal à 0.5% des ventes à crédit de 1976, soit $438,000.

31 Fermeture du compte Mauvaises créances.

Travail à faire :

1. Ouvrez les comptes Provision pour mauvaises créances, Mauvaises créances et Sommaire des revenus et dépenses.
2. Inscrivez le solde de $2,050 dans le compte Provision pour mauvaises créances, passez au journal général les écritures pour inscrire les opérations décrites ci-dessus et reportez ces écritures aux trois comptes énumérés en 1.
3. Passez au journal les écritures de régularisation pour comptabiliser les mauvaises créances au 31 décembre 1976 si la Société Léo, Ltée avait estimé, en classant les comptes par ordre chronologique, que les créances irrécouvrables s'élèveraient probablement à $1,875.

Problème 8–1A

Donnant suite aux recommandations de son comptable, Albert Héroux, propriétaire de L'Atelier de Réparations Héroux, Enr. a établi une petite caisse. Voici les opérations effectuées en novembre relativement à cette petite caisse :

Nov.   2   Chèque nᵒ 562 émis à l'ordre de Julie Houle, caissière, pour constituer la petite caisse : $50.
         4   Achat de timbres-poste : $8.
         5   Fret à l'achat payé à Dumont Transport, Ltée : $4.35.
         8   Somme de $2.50 versée au livreur de La Blanchisserie Supernet pour le blanchissage de chemises appartenant à M. Héroux.
        11   Somme versée pour la réparation d'une machine à écrire : $5.
        13   Fret à l'achat payé au Canadien National : $3.95.
        15   Somme remise à Mme Albert Héroux pour une course en taxi et pour d'autres dépenses personnelles : $5.
        18   Somme de $2.50 versée au Service de Livraison Rapido, Enr. pour la livraison d'un colis à un client.
        23   Argent versé pour un télégramme à frais virés : $1.85.
        27   Somme versée pour la livraison de marchandises à un client : $4.15.
        30   Chèque nᵒ 591 émis pour reconstituer la petite caisse, compte tenu d'un déficit de caisse de $0.50.

Travail à faire :

Établissez un registre de petite caisse et un journal de caisse-déboursés semblables à ceux des tableaux 8–3 et 8–4 et inscrivez-y les opérations précédentes. Réglez le registre de petite caisse avant d'y inscrire le chèque nᵒ 591. Laissez un espace entre chacune des écritures du journal de caisse-déboursés.

Problème 8–2A

Une entreprise a établi une petite caisse et a désigné Louise Talbot pour s'en occuper. Voici les opérations effectuées en novembre et décembre relativement à cette petite caisse :

Nov.   2   Chèque nᵒ 815 émis à l'ordre de la petite caisse : $30.
         3   Fret à l'achat payé à Rimouski Transport : $3.75.
         7   Somme versée pour la réparation d'une machine à écrire : $4.50.
         8   Somme versée pour la livraison d'un colis à un client : $1.
        11   Somme versée pour le nettoyage des fenêtres du bureau : $5.
        15   Fret à l'achat payé au Canadien National : $6.50.
        21   Achat de timbres-poste : $5.
        25   Achat de papier carbone : $2.50.
        28   Chèque nᵒ 882 émis pour reconstituer la petite caisse : $28.25.
Déc.   2   Somme versée pour la livraison de marchandises à un client : $2.50.
         6   Fret à l'achat payé au Canadien National : $5.25.
        12   Argent versé pour un télégramme à frais virés : $2.75.

Déc. 15 Fret à l'achat payé à Rimouski Transport : $7.50.
     20 Achat de timbres-poste : $10.
     20 Il ne restait plus dans la petite caisse que $1.50 et la caissière, Louise Talbot, ne pouvait expliquer d'où provenait le déficit de caisse. Elle a établi alors une pièce justificative de petite caisse s'élevant au montant du déficit, elle a fait approuver cette pièce par son supérieur et elle l'a inscrite dans le registre de petite caisse. Elle a remis ensuite toutes les pièces justificatives qu'elle avait en sa possession et a obtenu, en retour, le chèque n° 985 s'élevant à $28.50 émis en vue de reconstituer la petite caisse.

Travail à faire :

1. Établissez un registre de petite caisse et un journal de caisse-déboursés et ouvrez les comptes en T suivants : Caisse, Petite caisse, Fournitures de bureau, Timbres-poste, Fret à l'achat, Dépenses diverses, Frais de livraison et Surplus et déficit de caisse.
2. Inscrivez le chèque n° 815 dans le registre de petite caisse et dans le journal de caisse-déboursés. Reportez cette écriture au grand livre.
3. Inscrivez les déboursés effectués en novembre dans le registre de petite caisse, réglez ce livre à la fin du mois et inscrivez le chèque n° 882 dans le registre de petite caisse et le journal de caisse-déboursés. Passez une ligne entre les écritures inscrites dans ce dernier journal et reportez ces écritures au grand livre.
4. Comptabilisez les opérations de décembre de la façon décrite en 3.

Problème 8–3A

Voici les données dont vous avez besoin pour concilier le solde du compte Caisse de Rexo, Ltée avec le solde figurant sur le relevé établi par la banque le 30 novembre :

a. Le solde du compte Caisse au 30 novembre s'élève à $2,614 alors que le solde figurant sur le relevé de la banque à la même date est de $3,240.

b. Parmi les chèques en circulation au 31 octobre se trouvaient les chèques n°ˢ 721 et 726 s'élevant respectivement à $102 et à $197. Le dernier de ces chèques seulement est inclus dans la liste des chèques oblitérés retournés par la banque en novembre.

c. La comparaison des chèques émis en novembre avec les montants inscrits dans le journal de caisse-déboursés a permis de découvrir que le chèque n° 801 émis au montant de $258 pour acquitter le coût du matériel de bureau acheté en novembre a été, par erreur, inscrit dans le livre de caisse comme s'il s'était agi d'un chèque s'élevant à $285.

d. Les chèques n°ˢ 835 et 837 s'élevant respectivement à $125 et à $50 ont été émis en novembre mais ne figurent pas parmi les chèques oblitérés retournés par la banque.

e. Une note de crédit annexée au relevé de la banque indique que la banque a recouvré au nom de Rexo, Ltée un billet de $1,000 ne portant pas intérêt, moyennant des frais de recouvrement de $5.

f. Parmi les chèques oblitérés retournés par la banque se trouve une note de débit à laquelle est joint un chèque sans provision de $126 reçu d'un client, David Green.

g. Une deuxième note de débit annexée au relevé de la banque s'élève à $5 et couvre le coût des services rendus par la banque au cours du mois. Rexo, Ltée n'a encore comptabilisé aucune de ces notes de débit ou de crédit.

h. Les recettes du 30 novembre s'élevant à $542 ont été déposées dans le coffret de nuit de la banque et ne figurent pas sur le relevé établi par la banque à cette date.

Travail à faire :

1. Conciliez le solde du compte Caisse de Rexo, Ltée au 30 novembre 1976 avec le solde figurant sur le relevé établi par la banque à la même date.
2. Passez au journal les écritures pour régulariser le solde du compte Caisse au 30 novembre 1976.

Problème 8–4A

La Société Baxter, Ltée avait deux chèques en circulation au moment où elle a établi la conciliation de banque au 30 novembre 1976. Ces deux chèques portaient les numéros 808 et 813 et s'élevaient respectivement à $262 et $93. Voici les informations dont dispose le comptable pour établir la conciliation de banque au 31 décembre :

La Société Baxter, Ltée 1475, Ranger			Relevé de compte BANQUE DE MONTRÉAL	
Date	Chèques et autres débits		Dépôts	Solde
Déc. 1	Solde reporté			1,834.00
2	262.00			1,572.00
3	225.00		223.00	1,570.00
5	306.00			1,264.00
6	846.00			418.00
12			945.00	1,363.00
15	51.00	117.00		1,195.00
22			649.00	1,844.00
28	321.00		748.00	2,271.00
30	240.00 CSP			2,031.00
31	1.00 FA		498.00 NC	2,528.00
Code : NC Note de crédit ND Note de débit			CSP Chèque sans provision FA Frais d'administration	

Journal de caisse-recettes				**Journal de caisse-déboursés**			
Date			Débit caisse	N° des chèques			Crédit caisse
Déc. 3			223.00	814			306.00
12			945.00	815			225.00
22			649.00	816			846.00
28			748.00	817			51.00
31			319.00	818			117.00
31			2,884.00	819			312.00
				820			129.00
				821			163.00
							2,149.00

Grand livre général
Caisse

Date	Explications	Fº	Débit	Crédit	Solde
Nov. 30	Solde	✔			1,479.00
Déc. 31		R-9	2,884.00		4,363.00
31		D-9		2,149.00	2,214.00

Le chèque nº 819 a été émis correctement au montant de $321 pour régler un achat de matériel de bureau. Le commis aux écritures a inscrit par erreur la somme de $312 aussi bien dans la colonne « Débit — Comptes divers » que dans la colonne « Crédit — Caisse » du journal de caisse-déboursés.

Le chèque sans provision provient d'un client, Gérard Mercier, et ne figure pas encore dans le journal de caisse-déboursés. La note de crédit est le résultat d'un billet de $500 recouvré par la banque au nom de la Société Baxter, Ltée moyennant des frais de recouvrement de $2. Le comptable n'a pas encore inscrit le recouvrement de ce billet.

Travail à faire :

1. Conciliez le solde du compte Caisse de la Société Baxter, Ltée avec le solde figurant sur le relevé établi par la banque le 31 décembre 1976.
2. Passez au journal les écritures pour régulariser le solde du compte Caisse au 31 décembre 1976.

Problème 8–5A

Le 1ᵉʳ janvier 1976, le compte Provision pour mauvaises créances de A, Ltée avait un solde créditeur de $2,115. La Société a effectué les opérations suivantes au cours de l'exercice :

Mars 2 Radiation du compte de $420 de Ernest Hallé qui est devenu insolvable.

Avril 14 Recouvrement imprévu d'une somme de $115 de Henri Kelly dont le compte avait été radié deux ans plus tôt.

Juin 7 Radiation du compte de $165 de David Élie.

Juil. 12 La direction apprend que Laurent Vallée a fait faillite et elle présente au syndic une créance de $750. Le 3 octobre, le syndic fait parvenir un chèque de $75 avec une lettre indiquant clairement que le solde du compte est irrécouvrable.

Oct. 15 Recouvrement de $65 de David Élie en règlement partiel du compte radié le 7 juin. M. Élie fait savoir que ses affaires se sont améliorées et qu'il prévoit être en mesure de régler entièrement son compte dans un avenir rapproché.

Déc. 28 Radiation des comptes suivants : Georges Soucy : $345; Thomas Welby : $435 et Jacques Talbot : $385.

31 Accroissement du solde du compte Provision pour mauvaises créances d'un montant égal à 0.25% des ventes à crédit de l'exercice, soit $864,000.

31 Fermeture du compte Mauvaises créances.

Travail à faire :

1. Ouvrez les comptes Provision pour mauvaises créances, Mauvaises créances et Sommaire des revenus et dépenses.
2. Inscrivez le solde de $2,115 dans le compte Provision pour mauvaises créances, passez au journal général les écritures pour inscrire les opérations décrites ci-dessus et reportez ces écritures aux trois comptes énumérés en 1.
3. Passez au journal les écritures de régularisation pour comptabiliser les mauvaises créances au 31 décembre 1976 si A, Ltée avait estimé, en classant les comptes par ordre chronologique, que les créances irrécouvrables s'élèveraient probablement à $2,255.

**Cas 8–1
Le
comptable
stagiaire
(1)**

Le cabinet de comptables agréés Quenneville, Robert et Associés, vient de vous engager à titre de comptable stagiaire. On vous demande de résoudre les deux problèmes suivants :

Premier problème. Mlle Emma, un commis aux écritures, est sur le point de prendre sa retraite après avoir travaillé pendant 40 ans pour le compte du grand magasin Dawson. Mlle Emma, qui avait été engagée par le père du propriétaire actuel du magasin, a toujours été une employée fidèle et a assumé, au cours de ses années de service, des responsabilités de plus en plus grandes. Actuellement, c'est elle qui, depuis 15 ans, dirige le bureau, tient les livres, vérifie les factures et émet des chèques pour régler ces dernières. Elle signe aussi les chèques lorsque le propriétaire, Georges Dawson, est absent. De plus, à la fin de chaque jour, les commis lui remettent les recettes de la journée. Mlle Emma compte alors ces recettes, compare le résultat obtenu avec les montants inscrits sur les rubans des caisses enregistreuses qu'elle enlève elle-même, passe les écritures au journal de caisse-recettes, dépose l'argent à la banque et concilie le solde du compte Caisse avec le solde figurant sur le relevé de la banque.

Étant donné que M. Dawson ne s'attend pas à ce que le commis aux écritures qui remplacera Mlle Emma fasse autant de travail qu'elle et que, de plus, le chiffre d'affaires n'est pas suffisamment élevé pour justifier l'engagement d'un deuxième employé, il estime qu'il lui faudra exécuter certains travaux dont Mlle Emma est responsable. Déjà, il s'occupe de passer les commandes d'achat de marchandises et de fournitures et supervise étroitement tous ses employés. Pour ces raisons, il ne peut accroître sans raison sa charge de travail.

Discutez des problèmes de contrôle interne auxquels donne lieu la situation décrite ci-dessus et indiquez les tâches dont M. Dawson devrait s'occuper et celles qu'il pourrait confier sans danger au nouveau commis aux écritures.

Deuxième Problème. Gérard Houle est propriétaire du cinéma Vista qu'il dirige tout en remplissant le rôle de projectionniste. Au cours des derniers mois, les revenus du théâtre ont été plutôt maigres. Sa femme qui discutait avec lui des moyens à adopter pour réduire les coûts lui suggère de se dispenser du portier qui a la responsabilité de réclamer des clients les billets vendus par le caissier. Elle dit que le caissier peut très bien exiger le prix d'entrée des clients sans remettre à ceux-ci un billet. Ce changement, selon elle, permettrait de réaliser une double économie : il ne serait plus nécessaire de verser un salaire au portier et il serait possible d'éviter le déboursé qu'occasionne actuellement l'impression des billets prénumérotés.

M. Houle est d'avis qu'il ne peut donner suite à la suggestion de son épouse à moins que celle-ci n'accepte de jouer le rôle de caissière.

Discutez du bien-fondé de la suggestion de Mme Houle et de la réponse qu'y a apportée M. Houle. Quel serait l'effet des changements suggérés sur le système de contrôle interne ? Supposez que le rôle de caissier est confié à un étudiant qui est rarement le même, car ce travail empêche ceux qui le font de rencontrer leurs amies.

Cas 8–2
La Boutique
Mercure,
Enr.

La Boutique Mercure, Enr. est un magasin de mercerie pour hommes exploité depuis cinq ans par son propriétaire, Édouard Mélançon, qui a réussi à accroître constamment sa clientèle. Il y a trois ans, M. Mélançon a accordé à ses clients des conditions de règlement plus généreuses afin d'augmenter le chiffre des ventes. Cette décision a accru effectivement les ventes, mais M. Mélançon étudie actuellement les autres effets de cette nouvelle politique de crédit. Au cours des deux derniers exercices, il a radié un plus grand nombre de comptes (le magasin utilise la méthode dite de « radiation directe des comptes ») et il se demande si l'augmentation du chiffre d'affaires est suffisante pour contrebalancer les mauvaises créances beaucoup plus élevées que des conditions de règlement plus généreuses ont suscitées.

La marge bénéficiaire et les dépenses d'exploitation représentent respectivement 40% et 30% du chiffre des ventes. Voici les données relatives aux ventes et aux mauvaises créances pour les cinq derniers exercices :

Exercice	Ventes à crédit	Mauvaises créances radiées	Mauvaises créances applicables à chaque exercice
1	$ 80,000	$ 80	$ 480
2	90,000	540	450
3	120,000	720	1,920
4	150,000	2,400	2,250
5	160,000	2,400	2,720

Les chiffres de la dernière colonne du tableau précédent représentent les mauvaises créances se rattachant au chiffre des ventes de chaque exercice en vertu du principe du rapprochement des revenus et des dépenses. Ainsi, les mauvaises créances du cinquième exercice s'élèvent à $2,720 et comprennent des créances probablement irrécouvrables de $1,680 incluses dans le solde des comptes à recevoir figurant au bilan dressé à la fin de chaque exercice.

Présentez, dans un tableau, les données suivantes pour chacun des cinq exercices : les ventes à crédit, le coût des marchandises vendues, le bénéfice brut, les dépenses d'exploitation, le bénéfice compte non tenu des mauvaises créances, les mauvaises créances et le bénéfice net. Calculez ensuite le pourcentage du chiffre des ventes que représentent, pour chaque exercice, (*a*) les mauvaises créances radiées et (*b*) les mauvaises créances réelles.

Dans un rapport rédigé à l'intention de M. Mélançon, dites si ce dernier a raison de se soucier des effets de la politique de crédit qu'il a adoptée il y a trois ans et formulez des recommandations portant sur les changements qu'il devrait apporter à la façon de comptabiliser les mauvaises créances.

9

Les billets et
les intérêts

■ Certaines entreprises vendent des marchandises à tempérament en échange de billets à ordre. D'autres entreprises, comme les vendeurs d'outillage agricole, exigent souvent des billets à ordre de leurs clients. Cependant, les opérations donnant lieu à des billets ne sont pas tellement nombreuses, sauf dans le cas des établissements qui accordent à leurs clients de longs délais de règlement. Étant donné que ces établissements acceptent des billets de leurs clients ou en émettent en faveur de leurs fournisseurs, il importe que le comptable ait une connaissance assez précise de ce que l'on entend par *billets à ordre.*

Les billets
à ordre
■ Un billet à ordre est une promesse inconditionnelle faite par écrit de verser une somme d'argent sur présentation ou à une date précise. Dans le billet du tableau 9–1, Hugo Brown promet de payer à François Blanchard ou à son ordre une somme précise d'argent à une date future facile à déterminer. Hugo Brown est le *souscripteur* du billet et François Blanchard en est le *bénéficiaire.* Pour Hugo Brown, le billet en question est un *billet à payer,* c'est-à-dire une dette, tandis que pour François Blanchard il représente un *billet à recevoir,* c'est-à-dire un élément d'actif.

Le billet de Brown porte intérêt à 6%. L'intérêt est le coût de l'utilisation de l'argent. Il est une dépense pour l'emprunteur mais représente un revenu pour le bailleur de fonds ou le prêteur. Un billet peut porter

$ 100.00	*Loretteville, Québec, 9 mars 1976.*
À trente jours **de cette date** *Je* **promets payer à**	
l'ordre de *François Blanchard*	
cent - **dollars**	
Taux d'intérêt: *6%*	
Payable à *la Banque de Montréal, Québec*	

Tableau
9–1

ou ne pas porter intérêt. Si le billet porte intérêt, il faut que le taux d'intérêt soit indiqué sur le billet lui-même. Le plus souvent, les intérêts sont calculés sur le *principal* du billet. Quand un billet ne porte pas intérêt, le bénéficiaire ne peut exiger qu'on lui verse plus que le principal à l'échéance, à moins que le souscripteur ne refuse d'acquitter son billet à l'échéance. Dans ce cas, le bénéficiaire peut exiger des intérêts calculés au taux légal à compter de la date où le billet devient exigible jusqu'à la date de règlement.

La date d'échéance des billets

■ Tous les billets, à l'exception des billets payables sur présentation, sont exigibles trois jours (appelés *jours de grâce*) après la date que le libellé du billet permet de déterminer. La date d'échéance se calcule de différentes façons ainsi que le démontrent les exemples suivants:

1. On peut rédiger un billet en disant: « Je promets payer $500 le 18 décembre ». Dans ce cas, pour déterminer la date d'échéance, il suffit d'ajouter 3 jours au 18 décembre, ce qui donne le 21 décembre.

2. Un billet daté du 10 juin peut être rédigé comme suit: « Quatre-vingt-dix jours après cette date, je promets payer $1,000 ». Dans ce cas, on doit calculer la date où le billet devient exigible en omettant le jour où le billet est émis mais en comptant le jour où il devient exigible. La date d'échéance, dans ce cas, est le 11 septembre et se calcule de la façon suivante:

Nombre de jours en juin	30
Moins le nombre de jours du 1er au 10 juin	10
Nombre de jours où le billet porte intérêt en juin	20
Nombre de jours en juillet	31
Nombre de jours en août	31
Nombre de jours du 10 juin au 31 août	82
Nombre de jours en septembre pour obtenir 93 jours, soit 90 jours plus 3 jours de grâce	11
Total (y compris le jour où le billet devient exigible)	93

La date d'échéance est donc le 11 septembre.

3. Un billet daté du 15 juin peut être rédigé comme suit: « Quatre mois après cette date, je promets payer $800 ». La date d'échéance, dans ce cas, est le 18 octobre, soit le 15 juin, plus quatre mois, plus trois jours de grâce.
4. Un billet daté du 9 août 1975 peut se lire: « Quatre ans après cette date, je promets payer $5,000 ». La date d'échéance de ce billet est le 12 août 1979, soit quatre ans et trois jours après le 9 août 1975.

Parfois un billet est payable sur présentation et est libellé de la façon suivante: « Sur présentation, je promets payer $1,500 ». Ce billet devient exigible le jour où le bénéficiaire le présente au souscripteur pour paiement et le souscripteur ne jouit d'aucun jour de grâce.

Souvent la date d'échéance d'un billet peut survenir le jour d'un congé statutaire. Dans ce cas, le billet devient exigible le premier jour ouvrable suivant. Les jours suivants sont des jours de congé statutaire partout au Canada: les samedis, les dimanches, le Jour de l'an, le Vendredi saint, le Lundi de Pâques, le jour de la fête de la reine Victoria, le jour de la Confédération, le jour de la fête du Travail, le jour de la fête du Souvenir, le jour de l'Action de grâces, le jour de Noël et le jour de la date de naissance de la reine d'Angleterre. L'Épiphanie, l'Ascension, le jour de la fête de la St-Jean-Baptiste, la Toussaint et l'Immaculée conception sont également, au Québec, des jours de congé statutaire. De plus, le lieutenant gouverneur d'une province et le conseil d'une municipalité ont le pouvoir d'adopter une résolution déclarant que tel jour en particulier sera un congé statutaire.

Le calcul des intérêts ■ À moins que le billet ne le stipule clairement, le taux d'intérêt est un taux annuel (365 jours ou 366 jours s'il s'agit d'une année bissextile). Les intérêts se calculent au moyen de la formule suivante:

$$\text{Principal du billet} \times \text{Taux d'intérêt} \times \frac{\text{Nombre de jours}}{365} = \text{Intérêts}$$

Le nombre de jours doit comprendre les jours de grâce. Ainsi les intérêts de 6% que rapporte un billet de $1,000 payable dans un an sont calculés comme suit:

$$\$1,000 \times 0.06 \times \frac{368}{365} = \$60.49$$

De même, les intérêts de 7% que rapporte un billet de $5,000 payable dans 90 jours sont:

$$\$5,000 \times 0.07 \times \frac{93}{365} = \$89.18$$

Finalement, on calcule de la façon suivante les intérêts de 6% que rapporte un billet de $1,000 daté du 5 juin et payable dans trois mois:

Table d'intérêts simples

$$\$1 \times \text{Taux d'intérêt} \times \frac{\text{Jours}}{365}$$

Jours	1%	2%	3%	4%	5%	6%	7%	8%	9%	10%
1	.0000274	.0000548	.0000822	.0001096	.0001370	.0001644	.0001918	.0002192	.0002466	.0002740
2	.0000548	.0001096	.0001644	.0002192	.0002740	.0003288	.0003836	.0004384	.0004932	.0005479
3	.0000822	.0001644	.0002466	.0003288	.0004110	.0004932	.0005753	.0006575	.0007397	.0008219
4	.0001096	.0002192	.0003288	.0004384	.0005479	.0006575	.0007671	.0008767	.0009863	.0010959
5	.0001370	.0002740	.0004110	.0005479	.0006849	.0008219	.0009589	.0010959	.0012329	.0013699
6	.0001644	.0003288	.0004932	.0006575	.0008219	.0009863	.0011507	.0013151	.0014795	.0016438
7	.0001918	.0003836	.0005753	.0007671	.0009589	.0011507	.0013425	.0015342	.0017260	.0019178
8	.0002192	.0004384	.0006575	.0008767	.0010959	.0013151	.0015342	.0017534	.0019726	.0021918
9	.0002466	.0004932	.0007397	.0009863	.0012329	.0014795	.0017260	.0019726	.0022192	.0024658
10	.0002740	.0005479	.0008219	.0010959	.0013699	.0016438	.0019178	.0021918	.0024658	.0027397
11	.0003014	.0006027	.0009041	.0012055	.0015068	.0018082	.0021096	.0024110	.0027123	.0030137
12	.0003288	.0006575	.0009863	.0013151	.0016438	.0019726	.0023014	.0026301	.0029589	.0032877
13	.0003562	.0007123	.0010685	.0014247	.0017808	.0021370	.0024931	.0028493	.0032055	.0035616
14	.0003836	.0007671	.0011507	.0015342	.0019178	.0023014	.0026849	.0030685	.0034521	.0038356
15	.0004110	.0008219	.0012329	.0016438	.0020548	.0024658	.0028767	.0032877	.0036986	.0041096
16	.0004384	.0008767	.0013151	.0017534	.0021918	.0026301	.0030685	.0035068	.0039452	.0043836
17	.0004658	.0009315	.0013973	.0018630	.0023288	.0027945	.0032603	.0037260	.0041918	.0046575
18	.0004932	.0009863	.0014795	.0019726	.0024658	.0029589	.0034521	.0039452	.0044384	.0049315
19	.0005205	.0010411	.0015616	.0020822	.0026027	.0031233	.0036438	.0041644	.0046849	.0052055
20	.0005479	.0010959	.0016438	.0021918	.0027397	.0032877	.0038356	.0043836	.0049315	.0054794
21	.0005753	.0011507	.0017260	.0023014	.0028767	.0034521	.0040274	.0046027	.0051781	.0057534
22	.0006027	.0012055	.0018082	.0024110	.0030137	.0036164	.0042192	.0048219	.0054247	.0060274
23	.0006301	.0012603	.0018904	.0025205	.0031507	.0037808	.0044110	.0050411	.0056712	.0063014
24	.0006575	.0013151	.0019726	.0026301	.0032877	.0039452	.0046027	.0052603	.0059178	.0065753
25	.0006849	.0013699	.0020548	.0027397	.0034247	.0041096	.0047945	.0054794	.0061644	.0068493
26	.0007123	.0014247	.0021370	.0028493	.0035616	.0042740	.0049863	.0056986	.0064110	.0071233
27	.0007397	.0014795	.0022192	.0029589	.0036986	.0044384	.0051781	.0059178	.0066575	.0073973
28	.0007671	.0015342	.0023014	.0030685	.0038356	.0046027	.0053699	.0061370	.0069041	.0076712
29	.0007945	.0015890	.0023836	.0031781	.0039726	.0047671	.0055616	.0063562	.0071507	.0079452
30	.0008219	.0016438	.0024658	.0032877	.0041096	.0049315	.0057534	.0065753	.0073973	.0082192
31	.0008493	.0016986	.0025479	.0033973	.0042466	.0050959	.0059452	.0067945	.0076438	.0084931
32	.0008767	.0017534	.0026301	.0035068	.0043836	.0052603	.0061370	.0070137	.0078904	.0087671
33	.0009041	.0018082	.0027123	.0036164	.0045205	.0054247	.0063288	.0072329	.0081370	.0090411
34	.0009315	.0018630	.0027945	.0037260	.0046575	.0055890	.0065205	.0074521	.0083836	.0093151
35	.0009589	.0019173	.0028767	.0038356	.0047945	.0057534	.0067123	.0076712	.0086301	.0095890
36	.0009863	.0019726	.0029589	.0039452	.0049315	.0059178	.0069041	.0078904	.0088767	.0098630
37	.0010137	.0020274	.0030411	.0040548	.0050685	.0060822	.0070959	.0081096	.0091233	.0101370
38	.0010411	.0020822	.0031233	.0041644	.0052055	.0062466	.0072877	.0083288	.0093699	.0104109
39	.0010685	.0021370	.0032055	.0042740	.0053425	.0064110	.0074795	.0085479	.0096164	.0106849
40	.0010959	.0021918	.0032877	.0043836	.0054795	.0065753	.0076712	.0087671	.0098630	.0109589
41	.0011233	.0022466	.0033699	.0044931	.0056164	.0067397	.0078630	.0089863	.0101096	.0112329
42	.0011507	.0023014	.0034521	.0046027	.0057534	.0069041	.0080548	.0092055	.0103561	.0115068
43	.0011781	.0023562	.0035342	.0047123	.0058904	.0070685	.0082466	.0094247	.0106027	.0117808
44	.0012055	.0024110	.0036164	.0048219	.0060274	.0072329	.0084384	.0096438	.0108493	.0120548
45	.0012329	.0024658	.0036986	.0049315	.0061644	.0073973	.0086301	.0098630	.0110959	.0123287
46	.0012603	.0025205	.0037808	.0050411	.0063014	.0075616	.0088219	.0100822	.0113424	.0126027
47	.0012877	.0025753	.0038630	.0051507	.0064384	.0077260	.0090137	.0103014	.0115890	.0128767
48	.0013151	.0026301	.0039452	.0052603	.0065753	.0078904	.0092055	.0105205	.0118356	.0131507
49	.0013425	.0026849	.0040274	.0053699	.0067123	.0080548	.0093973	.0107397	.0120822	.0134246
50	.0013699	.0027397	.0041096	.0054794	.0068493	.0082192	.0095890	.0109589	.0123288	.0136986

Tableau
9–2

Table d'intérêts simples

$$\$1 \times \text{Taux d'intérêt} \times \frac{\text{Jours}}{365}$$

Jours	1%	2%	3%	4%	5%	6%	7%	8%	9%	10%
51	.0013973	.0027945	.0041918	.0055890	.0069863	.0083836	.0097808	.0111781	.0125753	.0139726
52	.0014247	.0028493	.0042740	.0056986	.0071233	.0085479	.0099726	.0113972	.0128219	.0142466
53	.0014521	.0029041	.0043562	.0058082	.0072603	.0087123	.0101644	.0116164	.0130685	.0145205
54	.0014795	.0029589	.0044384	.0059178	.0073973	.0088767	.0103562	.0118356	.0133151	.0147945
55	.0015068	.0030137	.0045205	.0060274	.0075342	.0090411	.0105479	.0120548	.0135616	.0150685
56	.0015342	.0030685	.0046027	.0061370	.0076712	.0092055	.0107397	.0122740	.0138082	.0153425
57	.0015616	.0031233	.0046849	.0062466	.0078082	.0093699	.0109315	.0124931	.0140548	.0156164
58	.0015890	.0031781	.0047671	.0063562	.0079452	.0095342	.0111233	.0127123	.0143014	.0158904
59	.0016164	.0032329	.0048493	.0064657	.0080822	.0096986	.0113151	.0129315	.0145479	.0161644
60	.0016438	.0032877	.0049315	.0065753	.0082192	.0098630	.0115068	.0131507	.0147945	.0164383
61	.0016712	.0033425	.0050137	.0066849	.0083562	.0100274	.0116986	.0133698	.0150411	.0167123
62	.0016986	.0033973	.0050959	.0067945	.0084931	.0101918	.0118904	.0135890	.0152877	.0169863
63	.0017260	.0034521	.0051781	.0069041	.0086301	.0103562	.0120822	.0138082	.0155342	.0172603
64	.0017534	.0035068	.0052603	.0070137	.0087671	.0105205	.0122740	.0140274	.0157808	.0175342
65	.0017808	.0035616	.0053425	.0071233	.0089041	.0106849	.0124657	.0142466	.0160274	.0178082
66	.0018082	.0036164	.0054247	.0072329	.0090411	.0108493	.0126575	.0144657	.0162740	.0180822
67	.0018356	.0036712	.0055068	.0073425	.0091781	.0110137	.0128493	.0146849	.0165205	.0183561
68	.0018630	.0037260	.0055890	.0074521	.0093151	.0111781	.0130411	.0149041	.0167671	.0186301
69	.0018904	.0037808	.0056712	.0075616	.0094520	.0113425	.0132329	.0151233	.0170137	.0189041
70	.0019178	.0038356	.0057534	.0076712	.0095890	.0115068	.0134246	.0153424	.0172603	.0191781
71	.0019452	.0038904	.0058356	.0077808	.0097260	.0116712	.0136164	.0155616	.0175068	.0194520
72	.0019726	.0039452	.0059178	.0078904	.0098630	.0118356	.0138082	.0157808	.0177534	.0197260
73	.0020000	.0040000	.0060000	.0080000	.0100000	.0120000	.0140000	.0160000	.0180000	.0200000
74	.0020274	.0040548	.0060822	.0081096	.0101370	.0121644	.0141918	.0162192	.0182466	.0202740
75	.0020548	.0041096	.0061644	.0082192	.0102740	.0123288	.0143836	.0164384	.0184931	.0205479
76	.0020822	.0041644	.0062466	.0083288	.0104109	.0124931	.0145753	.0166575	.0187397	.0208219
77	.0021096	.0042192	.0063288	.0084384	.0105479	.0126575	.0147671	.0168767	.0189863	.0210959
78	.0021370	.0042740	.0064110	.0085479	.0106849	.0128219	.0149589	.0170959	.0192329	.0213698
79	.0021644	.0043288	.0064931	.0086575	.0108219	.0129863	.0151507	.0173151	.0194794	.0216438
80	.0021918	.0043836	.0065753	.0087671	.0109589	.0131507	.0153425	.0175342	.0197260	.0219178
81	.0022192	.0044384	.0066575	.0088767	.0110959	.0133151	.0155342	.0177534	.0199726	.0221918
82	.0022466	.0044931	.0067397	.0089863	.0112329	.0134794	.0157260	.0179726	.0202192	.0224657
83	.0022740	.0045479	.0068219	.0090959	.0113698	.0136438	.0159178	.0181918	.0204657	.0227397
84	.0023014	.0046027	.0069041	.0092055	.0115068	.0138082	.0161096	.0184109	.0207123	.0230137
85	.0023288	.0046575	.0069863	.0093151	.0116438	.0139726	.0163014	.0186301	.0209589	.0232876
86	.0023562	.0047123	.0070685	.0094247	.0117808	.0141370	.0164931	.0188493	.0212055	.0235616
87	.0023836	.0047671	.0071507	.0095342	.0119178	.0143014	.0166849	.0190685	.0214520	.0238356
88	.0024110	.0048219	.0072329	.0096438	.0120548	.0144657	.0168767	.0192877	.0216986	.0241096
89	.0024384	.0048767	.0073151	.0097534	.0121918	.0146301	.0170685	.0195068	.0219452	.0243835
90	.0024658	.0049315	.0073973	.0098630	.0123287	.0147945	.0172603	.0197260	.0221918	.0246575
91	.0024931	.0049863	.0074794	.0099726	.0124657	.0149589	.0174520	.0199452	.0224383	.0249315
92	.0025205	.0050411	.0075616	.0100822	.0126027	.0151233	.0176438	.0201644	.0226849	.0252055
93	.0025479	.0050959	.0076438	.0101918	.0127397	.0152877	.0178356	.0203835	.0229315	.0254794
94	.0025753	.0051507	.0077260	.0103014	.0128767	.0154520	.0180274	.0206027	.0231781	.0257534
95	.0026027	.0052055	.0078082	.0104109	.0130137	.0156164	.0182192	.0208219	.0234246	.0260274
96	.0026301	.0052603	.0078904	.0105205	.0131507	.0157808	.0184109	.0210411	.0236712	.0263013
97	.0026575	.0053151	.0079726	.0106301	.0132877	.0159452	.0186027	.0212603	.0239178	.0265753
98	.0026849	.0053699	.0080548	.0107397	.0134246	.0161096	.0187945	.0214794	.0241644	.0268493
99	.0027123	.0054247	.0081370	.0108493	.0135616	.0162740	.0189863	.0216986	.0244109	.0271233
100	.0027397	.0054794	.0082192	.0109589	.0136986	.0164383	.0191781	.0219178	.0246575	.0273972

Tableau
9–2
(suite)

1. La date d'échéance de ce billet est le 8 septembre, soit le 5 juin, plus trois mois et plus trois jours de grâce.
2. Le nombre de jours au cours desquels le billet porte intérêt est calculé comme suit:

Nombre de jours en juin 30
Moins : jours écoulés du 1ᵉʳ juin jusqu'à la date du billet 5
Nombre de jours où le billet porte intérêt en juin 25
Nombre de jours en juillet 31
Nombre de jours en août 31
Nombre de jours du 1ᵉʳ septembre jusqu'au 8 septembre inclusivement ... 8
Total 95

3. Les intérêts s'élèvent à $15.62, soit:

$$\$1,000 \quad \times \quad 0.06 \quad \times \quad \frac{95}{365} \quad = \quad \$15.62$$

Les tables d'intérêts ■ Le calcul des intérêts est plus simple lorsque l'on se sert de tables semblables à celle du tableau 9–2. Cette table donne les intérêts que rapporte un capital de $1 placé à divers taux d'intérêt au cours d'une période allant de 1 jour à 100 jours. Voici des exemples qui illustrent la façon d'utiliser cette table:

1. Déterminer les intérêts d'un billet de $1,000 payable dans 30 jours à un taux d'intérêt de 6%.
   a. La durée du billet, y compris les jours de grâce, est de 33 jours.
   b. Le facteur que donne la table dans la colonne 6% sur la rangée 33 jours est .0054247.
   c. Il suffit, pour trouver les intérêts que rapporte le billet, de multiplier ce facteur par le principal du billet, $1,000, ce qui donne un intérêt de $5.42.
2. Déterminer les intérêts d'un billet de $1,250 payable dans 60 jours à un taux d'intérêt de 7½%.
   a. La durée du billet, y compris les jours de grâce, est de 63 jours.
   b. Étant donné que l'on ne trouve pas le taux de 7½% dans la table, on calcule les intérêts par interpolation de la façon suivante:

Intérêts d'un capital de $1 placé à 7% pendant 63 jours $0.01208220
Intérêts d'un capital de $1 placé à ½% pendant 63 jours
   (ces intérêts sont égaux à 1/10 du facteur trouvé dans
   la colonne 5% sur la rangée 63 jours) 0.00086301
Intérêts d'un capital de $1 placé à 7½% pendant 63 jours $0.01294521

   c. Finalement, il suffit de multiplier ce dernier facteur, soit 0.01294521, par $1,250 pour trouver les intérêts que rapporte un billet de $1,250 portant intérêt à 7½% pendant 63 jours. La réponse est: $1,250 × 0.01294521 = $16.18.

La table d'intérêts du tableau 9–2 donne directement les intérêts pour les billets ayant une durée de 100 jours et moins. Si l'on veut se servir de cette table pour calculer les intérêts d'un billet qui échoit, disons dans 123 jours, on additionne aux intérêts trouvés pour 100 jours les intérêts que rapporte un capital de $100 pendant 23 jours. De même, pour calculer les intérêts de 6% que rapporte un billet payable dans un an, il faut multiplier le principal du billet par 6% et ajouter, au résultat obtenu, les intérêts calculés à 6% pour les trois jours de grâce.

LES BILLETS À PAYER

■ Les billets à payer sont émis lors de l'achat d'un bien ou en vue d'obtenir d'un fournisseur une prolongation du délai de règlement. Le plus souvent, cependant, les billets à payer découlent d'emprunts effectués à la banque.

Achat d'un bien en échange d'un billet

■ Il n'est pas rare qu'une entreprise émette un billet lorsqu'elle acquiert un bien. Cela se produit surtout lorsque le coût du bien est élevé et que le délai de règlement s'étend sur une longue période. L'achat d'un bien effectué de cette façon demande de passer au journal général l'écriture suivante:

Oct.	14	Équipement de magasin	1,600.00	
		Billets à payer		1,600.00
		Pour inscrire l'achat d'un réfrigérateur en échange d'un billet payable dans un an et portant intérêt à 6%.		

Généralement, on inscrit tous les billets à payer dans un seul compte intitulé Billets à payer. Si l'on a émis plusieurs billets, on peut les distinguer les uns des autres en notant le nom du bénéficiaire dans la colonne Explications du compte Billets à payer au moment où le billet est émis et au moment où il est payé. Une entreprise qui émet de nombreux billets (ce qui est rare) peut en tenir compte dans un registre spécial intitulé Livre des billets à payer dans lequel elle note les détails relatifs à chaque billet.

Billet émis en vue d'obtenir d'un créancier une prolongation du délai de règlement

■ Une entreprise peut émettre un billet en vue d'obtenir d'un fournisseur une prolongation du délai de règlement. Ainsi, Georges Brochu, qui ne peut payer à Ajax, Ltée le montant de $350 qu'il lui doit, émet, avec l'assentiment de son créancier, un billet à 60 jours portant intérêt à 6%. Brochu doit passer au journal général l'écriture suivante pour inscrire ce billet:

Août	23	Comptes à payer — Ajax, Ltée	350.00	
		Billets à payer		350.00
		Pour inscrire un billet à 60 jours portant intérêt à 6%.		

Le billet émis par Brochu n'éteint pas sa dette qui, à l'avenir, figurera dans le compte Billets à payer. Ajax, Ltée a accepté le billet de Brochu parce que si, à l'échéance, celui-ci n'honore pas son billet, elle aura une preuve irréfutable que Brochu a une dette à son égard et pourra plus facilement engager contre lui des poursuites judiciaires.

À l'échéance, Brochu émet un chèque de $353.62 et passe au journal général l'écriture suivante:

Oct.	25	Billets à payer	350.00	
		Intérêts débiteurs	3.62	
		Caisse		353.62
		Pour inscrire le règlement du billet fait à l'ordre de Ajax, Ltée.		

Comptabilisation des emprunts de banque

■ Les banques qui prêtent de l'argent établissent une distinction entre les *emprunts* proprement dits et les *billets escomptés*. Dans les deux cas, la banque prête de l'argent. La différence consiste en ce que, dans le premier cas, la banque perçoit les intérêts lors du remboursement de l'emprunt alors que dans le deuxième cas, elle les déduit au moment où elle prête la somme demandée. Pour expliquer cette différence, prenons l'exemple d'Henri Groulx qui désire emprunter $1,000 à 6% pour 60 jours.

LES EMPRUNTS

Supposons que la Banque de Montréal accepte de prêter $1,000 à Henri Groulx moyennant un billet rédigé comme suit: « À soixante jours de cette date, je promets payer $1,000 plus les intérêts calculés à 6% par année. » La comptabilisation de ce billet dans les livres de Groulx demande de passer l'écriture suivante:

Sept.	10	Caisse	1,000.00	
		Billets à payer		1,000.00
		Pour inscrire le billet à 60 jours émis en faveur de la Banque de Montréal.		

Lors du règlement du billet le 12 novembre, Groulx passera l'écriture qui suit:

Nov.	12	Billets à payer	1,000.00	
		Intérêts débiteurs	10.36	
		Caisse		1,010.36
		Pour inscrire le règlement du billet à 60 jours portant intérêt à 6% daté du 10 sept.		

Remarquez que, dans ce cas, le souscripteur verse les intérêts au moment où il rembourse le prêt.

LES BILLETS ESCOMPTÉS

Parfois la banque déduit l'intérêt au moment où elle reçoit le billet de l'emprunteur. On dit alors qu'elle *escompte* le billet fait à son ordre. Ainsi, dans le cas précédent, la banque pourrait escompter le billet de Groulx et lui remettre $989.64. Cette somme représente le *produit* du billet escompté et se trouve en déduisant de la valeur nominale, $1,000, l'escompte calculé à 6% pour 63 jours. Cet escompte s'élève à $10.36 et porte plus précisément le nom d'*escompte de banque*. Groulx inscrira la somme reçue de la façon suivante:

Sept.	10	Caisse	989.64	
		Intérêts débiteurs	10.36	
		Billets à payer		1,000.00
		Pour inscrire un billet de $1,000 escompté par la banque à un taux de 6%.		

À l'échéance, Groulx ne versera à la banque que la valeur nominale, $1,000, et passera au journal général l'écriture suivante:

Nov.	12	Billets à payer	1,000.00	
		Caisse		1,000.00
		Pour inscrire le remboursement du billet escompté par la banque le 10 septembre.		

Étant donné que la banque déduit les intérêts applicables à un billet escompté au moment même de l'emprunt, le souscripteur doit indiquer clairement dans le libellé de son billet qu'il ne remboursera à l'échéance que la valeur nominale. Groulx pourrait, par exemple, écrire ce qui suit: « À soixante jours de cette date, je promets payer uniquement la somme de $1,000. » Il s'agit apparemment d'un billet qui ne porte pas intérêt. Cependant, tel n'est pas le cas, car les banques ne font aucun prêt sans exiger des intérêts. Les intérêts, dans le cas d'un billet escompté, sont représentés par l'escompte que la banque déduit du capital emprunté au moment où le souscripteur lui remet son billet. Rien n'empêche toutefois l'emprunteur de préciser qu'il ne versera pas à l'échéance des intérêts supplémentaires. Évidemment, on pourrait aussi dire que la banque a perçu, à l'échéance, des intérêts de $10.36 pour avoir prêté $989.64 pendant 63 jours. Cette interprétation nous porte à conclure que le taux réel d'intérêt est supérieur à 6% et est effectivement de 6.06%, soit $(10.36 \times 100 \times 365) \div (989.64 \times 63)$.

LES BILLETS À RECEVOIR

■ Les seules entreprises qui acceptent des billets sont celles qui vendent à tempérament ou celles qui accordent un long délai de règlement. Dans ce dernier cas, les billets sont utiles car l'entreprise qui les reçoit peut les vendre à une banque. Une autre raison, pour préférer parfois les billets, c'est que le client qui remet un billet à son créancier reconnaît par écrit l'existence de la dette et le montant dû. Finalement, les billets offrent l'avantage de rapporter des intérêts.

Comptabilisation des billets à recevoir

■ On inscrit généralement les billets à recevoir dans un seul compte intitulé *Billets à recevoir.* Pour identifier chaque billet, il suffit de noter le nom du souscripteur dans la colonne Explications du compte Billets à recevoir au moment où le bénéficiaire reçoit le billet et au moment où il le recouvre. Un seul compte suffit parce que le bénéficiaire a en sa possession les billets qu'il peut consulter pour connaître le nom du souscripteur, le taux d'intérêt, la date d'échéance, etc. Cependant, si les billets étaient très nombreux, il serait utile de tenir un registre spécial dans lequel on noterait les détails relatifs à chacun des billets. Ce registre supplémentaire s'intitule Livre des billets à recevoir et ne change en rien la façon d'inscrire les billets dans le journal général et le grand livre.

Voici l'écriture que le comptable doit passer au journal général pour inscrire une vente de marchandises en échange d'un billet:

Déc.	5	Billets à recevoir	650.00	
		Ventes		650.00
		Pour inscrire la vente de marchandises en échange d'un billet à 6 mois portant intérêt à 6%.		

L'entreprise, qui accepte un billet de la part d'un client dont le compte est en souffrance, tente, de cette façon, de recouvrer une partie de la somme qui lui est due. Dans ce cas, la dette est réduite du montant du billet que le créancier consent à accepter. Supposons, par exemple, que Simplex, Ltée recouvre, de Joseph Cook, une somme de $232 et accepte un billet à 60 jours s'élevant à $500 et portant intérêt à un taux de 6% pour régler un compte en souffrance s'élevant à $732. Voici l'écriture que Simplex, Ltée devra passer au journal général:

Oct.	5	Caisse	232.00	
		Billets à recevoir	500.00	
		Comptes à recevoir — Joseph Cook		732.00
		Pour inscrire l'argent et le billet reçus de J. Cook en règlement de son compte.		

Remarquez que l'écriture précédente a pour effet de virer une partie de la créance de Cook ($500) du compte de contrôle Comptes à recevoir au compte Billets à recevoir.

Lors du recouvrement du billet de Cook, il faut passer au journal général l'écriture suivante:

Déc.	7	Caisse	505.18	
		Billets à recevoir		500.00
		Intérêts créditeurs		5.18
		Pour inscrire le recouvrement du billet de Joseph Cook.		

Les billets non honorés à l'échéance

■ Il arrive parfois que le souscripteur d'un billet ne puisse ou ne veuille le régler à l'échéance. Le souscripteur qui n'honore pas son billet n'est pas relevé de son obligation et le bénéficiaire peut entamer des procédures judiciaires pour recouvrer son dû.

Le solde du compte Billets à recevoir ne doit comprendre que les billets non encore échus. C'est pourquoi, un billet en souffrance doit être éliminé du compte Billets à recevoir et porté directement au débit du compte du souscripteur dans le grand livre des comptes à recevoir. Supposons, par exemple, que Simplex, Ltée a reçu un billet à 60 jours de Georges Jobin s'élevant à $700 et portant intérêt à 6%. Si Georges Jobin refuse de régler son billet à l'échéance, il faut passer au journal général l'écriture suivante:

Oct.	14	Comptes à recevoir — Georges Jobin	707.25	
		Intérêts créditeurs		7.25
		Billets à recevoir		700.00
		Pour porter au débit du compte de Georges Jobin le billet qu'il a refusé d'honorer.		

Cette écriture est nécessaire pour deux raisons. En premier lieu, il faut éliminer les billets échus et non réglés du compte Billets à recevoir et les porter au débit du compte du souscripteur. Il importe, en second lieu, que le compte de ce client indique clairement le billet non réglé afin que le créancier soit en mesure de tenir compte de ce fait si jamais il lui vend plus tard d'autres marchandises.

Remarquez, dans l'écriture précédente, que l'on crédite le compte Intérêts créditeurs même si le billet n'a pas été honoré à l'échéance. En effet, comme Georges Jobin doit à la fois le principal et les intérêts, il faut porter au débit de son compte le montant total dû au bénéficiaire.

Les billets à recevoir escomptés

■ Plusieurs entreprises acceptent volontiers des billets de leurs clients parce qu'elles peuvent les vendre à la banque, c'est-à-dire demander à celle-ci de les escompter afin d'obtenir le produit du billet avant la date d'échéance. La banque qui escompte un billet demande au bénéficiaire de l'endosser et de le lui remettre en échange d'une somme d'argent. Plus tard, à l'échéance, la banque recouvre elle-même, du souscripteur, le billet.

Une banque accepte généralement d'escompter un billet si l'endosseur jouit d'un bon crédit parce qu'elle peut toujours recouvrer, de ce dernier, le produit du billet si le souscripteur n'honore pas son billet. Ceci signifie que l'endosseur est conjointement et solidairement responsable du paiement du billet. Cette responsabilité donne lieu à une *dette éventuelle* qui n'existera réellement que si le souscripteur n'honore pas son billet à l'échéance. Étant donné que des dettes éventuelles peuvent devenir des dettes réelles, étant donné aussi qu'elles peuvent influer sur le crédit de l'endosseur, il est nécessaire de comptabiliser les billets escomptés et d'en faire mention dans le bilan de l'endosseur.

Si ce n'était de cette dette éventuelle, on pourrait dire qu'il n'y a pas de différence entre faire escompter le billet d'un client ne portant pas intérêt et demander à la banque d'escompter un billet à payer, parce que le souscripteur d'un billet sans intérêt n'est pas tenu de verser des intérêts au bénéficiaire à l'échéance. Dans ce cas, la banque ne peut recouvrer à l'échéance que la valeur nominale du billet et c'est pour cette raison qu'elle calcule l'escompte sur le principal du billet.

Supposons, pour donner un exemple, que Simplex, Ltée a reçu de François Brûlé un billet de $800 à 60 jours, daté du 5 avril et ne portant pas intérêt. Ce billet, qui devient exigible le 7 juin, a été escompté par la banque le 20 avril. Le temps qui s'écoule entre ces deux dernières dates s'appelle *période d'escompte* et comprend 48 jours:

Nombre de jours en avril	30
Date d'escompte	20 avril
Jours d'escompte en avril	10
Jours d'escompte en mai	31
Jours d'escompte en juin, y compris les trois jours de grâce	7
Total	48 jours

La banque recouvrera donc $800 de François Brûlé au bout de 48 jours. Si le taux d'escompte est de 6%, elle déduit $6.31 de la valeur nominale de $800 et remet le reste (appelé *produit du billet*), $793.69, à Simplex, Ltée. L'escompte de $6.31 représente des frais financiers pour cette dernière entreprise qui passera au journal l'écriture suivante:

Avril	20	Caisse	793.69	
		Intérêts débiteurs	6.31	
		Billets à recevoir escomptés		800.00
		Pour inscrire le produit du billet de F. Brûlé.		

Le montant crédité au compte Billets à recevoir escomptés dans l'écriture précédente fait ressortir la dette éventuelle contractée par Simplex, Ltée. Voici les deux comptes Billets à recevoir et Billets à recevoir escomptés, après le report de cette écriture:

Billets à recevoir	Billets à recevoir escomptés
Billet de Brûlé 800	Billet de Brûlé 800
Billet de Jobin 500	

Si l'on devait dresser un bilan avant la date d'échéance du billet de Brûlé, on pourrait présenter ces deux comptes de la façon suivante:

Actif à court terme :
Encaisse $2,500
Billets à recevoir $1,300
    Moins : Billets à recevoir escomptés 800   500
Comptes à recevoir 4,000
Stock de marchandises 8,000
    Total de l'actif à court terme $15,000

Ce mode de présentation des billets à recevoir et des billets à recevoir escomptés indique aux lecteurs des états financiers que l'endosseur a une dette éventuelle. On peut aussi révéler l'existence de ce genre de dettes dans une note jointe au bilan. Dans ce cas, le poste Billets à recevoir s'élèverait à $500 et serait suivi d'un astérisque renvoyant le lecteur à une note qui pourrait être rédigée comme suit: « Simplex, Ltée a une dette éventuelle de $800 résultant d'un billet à recevoir escompté ».

Règlement par le souscripteur d'un billet escompté
■ Quand la banque escompte un billet, elle prend possession du billet en échange de l'argent qu'elle verse au bénéficiaire. Étant donné qu'elle détient le billet, il lui revient, à l'échéance, de demander au souscripteur de le régler. Si celui-ci accepte, le premier bénéficiaire du billet (dans notre exemple, Simplex, Ltée) n'a qu'à radier de ses livres la dette éventuelle au moyen de l'écriture suivante:

Juin	7	Billets à recevoir escomptés	800.00	
		Billets à recevoir		800.00
		Pour radier la dette éventuelle à laquelle avait donné lieu le billet de Brûlé.		

Voici les comptes Billets à recevoir et Billets à recevoir escomptés après le report de cette écriture:

Billets à recevoir		Billets à recevoir escomptés	
Billet de Brûlé 800	Billet de Brûlé 800	Billet de Brûlé 800	Billet de Brûlé 800
Billet de Jobin 500			

Les billets à recevoir escomptés non honorés à l'échéance
■ La banque qui, à l'échéance, a recouvré un billet escompté n'a pas besoin d'en avertir l'endosseur. En revanche, elle ne tarde pas à communiquer avec l'endosseur si le souscripteur d'un billet escompté n'honore pas son billet à l'échéance.

Elle s'empresse alors de *protester* le billet et demande à l'endosseur de le régler. Ce dernier n'est responsable du règlement du billet que si, comme l'exige la loi, le billet est protesté, c'est-à-dire si le bénéficiaire (la banque) envoie à l'endosseur un *avis de protêt*. Cet avis dressé par un notaire atteste que le billet a été présenté pour paiement au souscripteur qui a refusé de l'honorer. L'établissement d'un avis de protêt entraîne des frais que l'endosseur doit régler mais qui doivent être assumés par le souscripteur du billet.

Supposons, par exemple, que Brûlé refuse d'honorer le billet de $800 dont il a été question précédemment. Dès que la banque apprend que Brûlé ne veut pas honorer son billet, elle envoie à Simplex, Ltée un avis de protêt et une lettre dans laquelle elle demande de lui verser la valeur nominale du billet plus les frais de protêt. Si ces frais s'élèvent à $3, Simplex, Ltée doit verser à la banque une somme de $803 que Brûlé devra un jour rembourser ainsi que le démontre l'écriture suivante:

Juin	8	Comptes à recevoir — François Brûlé	803.00	
		Caisse		803.00
		Pour inscrire le paiement à la banque du billet de Brûlé escompté et non réglé à l'échéance.		

Brûlé n'ayant pas honoré son billet, la dette éventuelle qu'avait Simplex Ltée est devenue une dette réelle éteinte immédiatement par le versement à la banque d'une somme de $803. L'écriture précédente a pour effet d'inscrire le règlement de la dette réelle. L'écriture qui suit est nécessaire pour radier la dette éventuelle inscrite au moment où la banque a escompté le billet de Brûlé :

Juin	8	Billets à recevoir escomptés	800.00	
		Billets à recevoir		800.00
		Pour radier la dette éventuelle à laquelle a donné lieu le billet de Brûlé.		

La banque retourne le billet de Brûlé à Simplex, Ltée après avoir recouvré la somme de $803. Il va de soi que la direction multipliera les démarches afin de recouvrer, de Brûlé, la valeur du billet à l'échéance, les frais de protêt et les intérêts sur la somme de $803 à compter de la date d'échéance du billet jusqu'à la date de règlement. Si, après avoir épuisé tous les recours juridiques, il s'avère impossible de recouvrer le compte de Brûlé, il faut le radier. Cependant, lorsque cela se produit, on ne comptabilise généralement pas les intérêts après la date d'échéance.

Les billets à recevoir escomptés: les billets portant intérêt
■ Les calculs effectués pour déterminer l'escompte applicable à un billet portant intérêt diffèrent quelque peu parce que la banque qui escompte un tel billet recouvre du souscripteur le principal du billet et l'intérêt, c'est-à-dire la valeur du billet à l'échéance que l'on appelle aussi *valeur définitive*. Il s'ensuit que la banque calcule l'escompte sur la valeur à l'échéance au lieu de le calculer sur la valeur nominale. Supposons, pour

donner un exemple, que Simplex, Ltée demande à la banque d'escompter à 6% un billet de $600 à 90 jours portant intérêt à 4%, daté du 20 août et signé par Charles Soucy.

La valeur à l'échéance de ce billet est de $606.12.

Principal du billet	$600.00
Intérêts de $600 pour 93 jours à 4%	6.12
Valeur à l'échéance	$606.12

Si la banque escompte ce billet le 19 septembre, la période d'escompte est de 63 jours ainsi que le démontrent les calculs suivants :

Durée du billet		93 jours
Moins : Nombre de jours que Simplex, Ltée a eu le billet en sa possession :		
Nombre de jours en août	31	
Date du billet	20 août	
Nombre de jours au cours desquels Simplex, Ltée a gardé le billet en août	11	
Nombre de jours au cours desquels Simplex, Ltée a gardé le billet en septembre	19	30
Durée de la période d'escompte		63 jours

Cette méthode de calcul diffère de celle que nous avons expliquée précédemment. Elle donne des résultats identiques et est tout aussi bonne que l'autre.

Le produit du billet que la banque remettra à Simplex, Ltée s'élève à $599.84 et se calcule de la façon suivante :

Valeur à l'échéance du billet	$606.12
Escompte calculé sur la valeur à l'échéance : $606.12 × 6% × 63/365	6.28
Produit du billet	$599.84

Remarquez que le produit du billet, dans ce cas particulier, est inférieur de $0.16 à la valeur nominale du billet. Simplex, Ltée inscrira le résultat de ces calculs en passant au journal général l'écriture suivante :

Sept.	19	Caisse	599.84	
		Intérêts débiteurs	0.16	
		Billets à recevoir escomptés		600.00
		Pour inscrire le produit du billet de Soucy escompté par la banque à 6% pour 63 jours.		

L'escompte de $6.28 a pour effet d'annuler les intérêts de $6.12 que Simplex, Ltée aurait reçus si elle avait gardé le billet de Soucy jusqu'à l'échéance. La différence représente des intérêts débiteurs de $0.16 ainsi que le démontre l'écriture précédente.

Dans l'exemple que nous venons de donner, le produit du billet escompté est inférieur à la valeur nominale. Si le contraire se produisait, il en résulterait des intérêts créditeurs. Si, par exemple, le billet de Soucy était escompté à 6% le 19 octobre au lieu du 19 septembre, la période d'escompte serait de 33 jours seulement, l'escompte s'élèverait à $3.29 et le produit du billet serait de $602.83.

Valeur du billet à l'échéance $606.12
Moins : Escompte calculé sur $606.12 à 6% pour 33 jours 3.29
Produit du billet $602.83

Dans ce cas, le produit du billet excède la valeur nominale et il faudrait le comptabiliser de la façon suivante :

Oct.	19	Caisse	602.83	
		Billets à recevoir escomptés		600.00
		Intérêts créditeurs		2.83
		Pour inscrire le produit du billet de Soucy escompté par par banque à 6% pour 33 jours.		

Quelle que soit la date où la banque escompte un billet, elle recouvre à l'échéance la valeur nominale plus les intérêts calculés depuis la date d'émission du billet jusqu'à la date d'échéance. Si, un ou deux jours après la date d'échéance, l'endosseur (Simplex, Ltée) n'a pas reçu d'avis de protêt de la banque, il y a lieu de supposer que le souscripteur a honoré son billet et il faut passer une écriture pour radier la dette éventuelle.

Les billets portant intérêt escomptés et non honorés à l'échéance

■ Si, dans l'exemple précédent, Soucy n'honore pas son billet à l'échéance, la banque envoie un avis de protêt à Simplex, Ltée et lui demande de rembourser la somme de $608.62 calculée comme suit :

Valeur à l'échéance du billet :
Principal $600.00
Intérêts 6.12 $606.12
Frais de protêt 2.50
Total $608.62

Simplex, Ltée doit verser à la banque la somme de $608.62 et passer aux livres une écriture semblable à celle de la page 282. Elle doit de plus radier la dette éventuelle.

Lorsque l'endosseur reçoit de la banque le billet que le souscripteur n'a pas honoré, il doit s'efforcer de recouvrer de ce dernier une somme comprenant la valeur définitive du billet, les frais de protêt et les intérêts gagnés entre la date d'échéance et la date de recouvrement du billet. Si, par exemple, Charles Soucy paie son billet 30 jours après la date d'échéance, il versera à Simplex, Ltée une somme de $610.62 calculée de la façon suivante :

Valeur à l'échéance	$606.12
Frais de protêt	2.50
Intérêts après la date d'échéance : $608.62 × 4% × 30/365	2.00
Total	$610.62

Voici l'écriture que Simplex, Ltée doit passer au journal général pour inscrire ce recouvrement :

Déc.	21	Caisse	610.62	
		Comptes à recevoir — Charles Soucy		608.62
		Intérêts créditeurs		2.00
		Pour inscrire le recouvrement du billet de Charles Soucy.		

Les intérêts de $2.00 dans l'écriture précédente sont calculés à 4%, ce qui est le taux stipulé sur le billet. En certains cas, on calcule cet intérêt au taux légal, quel que soit le taux dont le billet fasse mention.

Recouvrement d'un billet signé par un souscripteur demeurant dans une autre ville

■ Un billet à ordre est un *effet négociable,* c'est-à-dire un effet qui peut changer de main, le plus souvent en l'endossant, mais parfois aussi en le remettant simplement à une autre personne. Il est facile de céder ou d'acquérir un effet négociable parce que la loi qui régit les effets négociables, soit la *Loi de la lettre de change,* a pour objet, en particulier, de faciliter les transferts d'effets négociables. Ce n'est pas notre intention de discuter en détail ici des aspects juridiques de cette question comme on le fait dans un manuel de droit. Il suffit pour l'instant de signaler que le *détenteur régulier* d'un effet négociable, ou celui qui, en certaines circonstances, a reçu un effet négociable du détenteur régulier, a le droit de recouvrer le montant figurant sur cet effet sans être tenu de prouver qu'une dette existe réellement. Le détenteur régulier est celui qui a cédé un bien pour obtenir un effet négociable avant l'échéance sans être au courant du vice de forme qui pouvait exister auparavant à l'égard de cet effet.

Ces aspects juridiques suscitent parfois un problème lors du recouvrement des billets. Le détenteur d'un billet ne s'en départira pas sans en avoir obtenu le paiement, car il ne veut pas perdre le document qui prouve l'existence de la dette que le souscripteur du billet a envers lui. De même, ce dernier ne réglera pas son billet sans qu'on le lui remette parce qu'il pourrait être tenu de le payer une autre fois si le détenteur originaire du billet le cédait, même après en avoir reçu le paiement, à un détenteur régulier ou à une autre personne qui jouirait des mêmes droits.

Le règlement d'un billet ne suscite pas de difficultés lorsque les deux parties demeurent dans la même ville. Dans ce cas, le détenteur du billet peut le présenter directement au souscripteur afin d'en obtenir le règlement. Cependant, lorsque les deux parties demeurent dans des villes différentes, l'échange du billet contre une somme d'argent soulève un problème que l'on résout le plus souvent en demandant à une banque de jouer le rôle d'agent de recouvrement. Supposons, par exemple, que Simplex, Ltée, une entreprise située à Québec possède un billet de $1,000 à 60 jours portant intérêt à 6%, signé par Samuel Small de Winnipeg. À l'échéance, Simplex, Ltée remet le billet de Small à sa banque et lui demande de le recouvrer. Celle-ci envoie le billet à une de ses succursales à Winnipeg qui se charge de demander à Small d'honorer son billet. Le souscripteur verse la somme due à la succursale de Winnipeg qui lui remet alors le billet et envoie la somme recouvrée à la succursale de Québec. Finalement, cette dernière crédite le compte de Simplex, Ltée du produit du billet moins les frais de recouvrement.

Il suffit de passer au journal général une seule écriture pour comptabiliser le recouvrement d'un billet par une banque. On ne doit passer aucune écriture au moment où on le remet à la banque, parce que l'on ne sait pas à ce moment-là si le souscripteur honorera son billet.

Comme aucun changement ne survient entre les parties en cause avant le jour où le billet est honoré, le bénéficiaire ne doit passer aux livres une écriture que lorsque la banque lui fait connaître le montant recouvré et les frais de recouvrement. Ainsi, lorsque Samuel Small paie son billet, la banque avertit Simplex, Ltée qu'elle a porté au crédit de son compte le produit du billet moins les frais de recouvrement. Au moment où Simplex, Ltée reçoit l'avis de la banque, elle passe au journal général l'écriture suivante:

Oct.	17	Caisse	1,008.36	
		Frais de recouvrement	2.00	
		Billets à recevoir		1,000.00
		Intérêts créditeurs		10.36
		Pour inscrire le produit du billet de Small recouvré par la banque.		

Régularisations de fin d'exercice

■ **LES INTÉRÊTS COURUS SUR LES BILLETS À PAYER**

Étant donné que les intérêts s'accumulent en fonction du temps écoulé, il est nécessaire à la fin d'un exercice, de calculer les intérêts courus et de les comptabiliser. Ainsi, le 13 décembre, une entreprise a emprunté $5,000 à une banque pour 60 jours à 6%. Si l'exercice de cette entreprise se termine le 31 décembre, les intérêts courus à cette date s'élèvent à $14.79, soit $5,000 × 6% × 18/365. On inscrit ce montant dans la section Régularisations du chiffrier et dans le journal général au moyen de l'écriture suivante:

Déc.	31	Intérêts débiteurs	14.79	
		Intérêts courus à payer		14.79
		Pour inscrire les intérêts courus sur le billet émis le 13 décembre.		

Cette écriture de régularisation a pour effet d'accroître de $14.79 les intérêts débiteurs de l'exercice. Il s'agit effectivement d'une dépense découlant de l'usage de l'argent emprunté pendant 18 jours. Cette écriture accroît également le passif à court terme du même montant.

Le paiement des intérêts courus à payer comptabilisés antérieurement. Lorsque le billet précédent deviendra exigible au cours de l'exercice suivant, il faudra passer au journal général l'écriture suivante:

Fév.	14	Billets à payer	5,000.00	
		Intérêts débiteurs	36.99	
		Intérêts courus à payer	14.79	
		Caisse		5,051.78
		Pour inscrire le remboursement de l'emprunt de banque effectué le 13 décembre.		

La somme de $14.79 portée au débit du compte Intérêts courus à payer est comprise dans le déboursé de $5,051.78, mais il s'agit d'une dépense du dernier exercice réglée le 14 février suivant.

L'ESCOMPTE SUR LES BILLETS À PAYER

Quand une entreprise demande à une banque d'escompter son propre billet, on calcule les intérêts sur la valeur nominale du billet. On déduit ensuite ces intérêts du principal et on les comptabilise à titre de dépense. De plus, étant donné que ces billets sont faits à 30, 60 ou 90 jours, l'escompte en question est vraiment une dépense de l'exercice en cours. Cependant, si la durée d'un billet chevauche sur deux exercices, il est nécessaire de passer une écriture de régularisation. Ainsi, le 11 décembre 1976, une entreprise qui a demandé à la banque d'escompter à 6% son propre billet de $6,000 fait à 60 jours a passé au journal général l'écriture suivante:

1976				
Déc.	11	Caisse	5,937.86	
		Intérêts débiteurs	62.14	
		Billets à payer		6,000.00
		Pour inscrire notre billet à 60 jours escompté par la banque à 6%.		

Si l'exercice de cette entreprise se termine le 31 décembre, la somme de $62.14 représente, en partie, des intérêts (soit $19.73 ou 20 jours d'intérêts) applicables à l'exercice en cours et, en partie, des intérêts (soit $42.41 ou 43 jours d'intérêts) applicables à l'exercice suivant. Pour mieux rapprocher les revenus et les dépenses, il est nécessaire, le 31 décembre 1976, de passer au journal général l'écriture suivante:

1976					
Déc.	31	Escompte sur billets à payer	42.41	
		Intérêts débiteurs		42.41
		Pour régulariser le compte Intérêts débiteurs.		

Cette écriture a pour effet de réduire de $42.41 le solde du compte Intérêts débiteurs parce que les frais réels d'intérêt de l'exercice ne s'élèvent qu'à $19.73. C'est d'ailleurs cette dernière somme qui doit figurer dans l'état des revenus et dépenses de 1976. En revanche, l'escompte de $42.41 fait partie de la section Passif à court terme du bilan et doit être déduit du poste Billets à payer de la façon suivante :

```
Passif à court terme :
    Billets à payer ......................................  $6,000.00
    Moins : Escompte sur billets à payer ...................     42.41   $5,957.59
```

Ce mode de présentation a pour effet d'attribuer au billet escompté une valeur égale au produit du billet plus les intérêts courus jusqu'à la date du bilan. Ainsi, le billet de $6,000 dont le produit était de $5,937.86 a, dans le bilan dressé au 31 décembre 1976, une valeur de $5,957.59, soit $5,937.86 + $19.73. Cette valeur représente ce que l'emprunteur doit effectivement à la banque le 31 décembre 1976.

Même si nous préférons traiter l'escompte sur billets à payer de la façon décrite ci-dessus, certains auteurs le traitent comme s'il s'agissait d'intérêts payés d'avance qui, selon eux, doivent figurer dans l'actif à court terme du bilan. Il faut dire, toutefois, que cette interprétation est erronée car l'emprunteur qui paie d'avance les intérêts réduit effectivement le montant emprunté et augmente le taux réel d'intérêt de l'emprunt.

Comptabilisation de l'escompte au cours de l'exercice subséquent. Les intérêts de $42.41 traités comme un escompte sur billets à payer dans les paragraphes précédents doivent être imputés aux revenus de 1977. Il faut donc tôt ou tard virer cette somme du compte Escompte sur billets à payer au compte Intérêts débiteurs. Certains comptables effectuent ce virement au moyen d'une écriture de réouverture datée du premier jour du nouvel exercice. Voici cette écriture de réouverture:

1977					
Janv.	1	Intérêts débiteurs	42.41	
		Escompte sur billets à payer		42.41
		Pour annuler l'écriture de régularisation		
		passée au 31 décembre 1976.		

Remarquez que cette écriture de réouverture est exactement l'inverse de l'écriture de régularisation. Notez aussi que la somme de $42.41 figure maintenant dans un compte de dépenses et, comme telle, fera partie de l'état des revenus et dépenses de 1977 sans qu'il soit nécessaire de régulariser les comptes de nouveau.

Quelques comptables préfèrent oublier l'écriture de réouverture et attendent jusqu'à la fin de l'exercice pour régulariser les livres en passant l'écriture suivante:

1977					
Déc.	31	Intérêts débiteurs	42.41	
		Escompte sur billets à payer		42.41
		Pour virer à un compte de dépenses l'escompte sur un billet daté du 11 décembre 1976.		

Remarquez que l'écriture de réouverture et l'écriture de régularisation précédentes sont identiques. Il n'y a que la date qui diffère. On peut donc procéder d'une façon ou l'autre puisque les résultats sont les mêmes.

En pratique, les comptables établissent d'abord un chiffrier, dressent les états financiers, passent au journal général les écritures de régularisation et de fermeture et établissent une balance de vérification après la fermeture. Quelques-uns étudient ensuite le chiffrier et annulent, au moyen d'écritures de réouverture, certaines écritures de régularisation en vue de simplifier la tenue des livres au cours de l'exercice suivant. Dans l'exemple donné, l'écriture de réouverture effectuée évite au comptable, à la fin de 1977, d'avoir à étudier les livres afin de découvrir qu'un escompte de $42.41 sur billets à payer est devenu une dépense imputable aux revenus de l'exercice en cours.

LES INTÉRÊTS COURUS SUR LES BILLETS À RECEVOIR

Les billets reçus des clients rapportent généralement des intérêts. Si, à la fin d'un exercice, une entreprise possède des billets, elle doit calculer les intérêts courus qui s'y rapportent et les comptabiliser. Supposons, par exemple, qu'une entreprise accepte, le 11 décembre 1976, un billet de $3,000 à 60 jours portant intérêt à 6%, d'un client qui désire obtenir une prolongation du délai de règlement de son compte. À la fin de l'exercice, le 31 décembre, les intérêts courus sur ce billet s'élèvent à $9.86 et font l'objet d'une écriture de régularisation aussi bien dans le chiffrier que dans le journal général:

1976					
Déc.	31	Intérêts courus à recevoir	9.86	
		Intérêts créditeurs		9.86
		Pour inscrire les intérêts courus sur un billet reçu le 11 décembre.		

Cette écriture de régularisation a un double effet: (1) les intérêts courus de $9.86 figurent dans l'état des revenus et dépenses de l'exercice où ils ont été gagnés; (2) ils font partie de l'actif à court terme du bilan dressé au 31 décembre 1976.

Recouvrement des intérêts courus. Lors du recouvrement du billet précédent, on passera au journal général l'écriture suivante:

1977 Fév.	12	Caisse	3,031.07	
		Intérêts créditeurs		21.21
		Intérêts courus à recevoir		9.86
		Billets à recevoir		3,000.00
		Pour inscrire le recouvrement du billet reçu le 11 décembre.		

Le montant de $9.86 porté au crédit du compte Intérêts courus à recevoir correspond au recouvrement des intérêts comptabilisés à la fin de l'exercice précédent au moyen d'une écriture de régularisation.

L'ESCOMPTE SUR BILLETS À RECEVOIR

Quand une banque escompte le billet d'un client, elle déduit les intérêts d'avance. Étant donné que la majorité des billets à recevoir sont à court terme, les intérêts qui s'y rapportent sont généralement gagnés avant que ne se termine l'exercice financier. Ceci explique pourquoi la banque qui escompte un billet porte les intérêts au compte Intérêts créditeurs:

1976 Déc.	16	Billets à recevoir	4,000.00	
		Intérêts créditeurs		41.42
		Caisse		3,958.58
		Pour inscrire un billet escompté à 6% pour 63 jours.		

Si l'exercice de la banque se termine le 31 décembre, les intérêts de $41.42 comprennent deux éléments à cette date: (1) les intérêts gagnés en 1976 (soit $9.86) qui doivent figurer dans l'état des revenus et dépenses de l'exercice terminé le 31 décembre 1976 et (2) un escompte de $31.56 sur billets à recevoir qui ne sera effectivement gagné qu'en 1977. Il faut, dans ce cas, passer au journal général l'écriture suivante:

Déc. 1976	31	Intérêts créditeurs	31.56	
		Escompte sur billets à recevoir		31.56
		Pour régulariser le compte Intérêts créditeurs.		

Dans les états financiers dressés au 31 décembre 1976, les intérêts de $9.86 font partie de l'état des revenus et dépenses et l'escompte de $31.56 est déduit, dans le bilan, du poste Billets à recevoir.

Étant donné que la banque reçoit plusieurs billets, elle passe géné-ralement, au début de l'exercice suivant, une écriture de réouverture qui a pour effet de virer au compte Intérêts créditeurs le solde du compte Escompte sur billets, soit, dans ce cas-ci, un montant de $31.56.

Présentation des billets et des inté-rêts dans les états financiers

■ Les billets à recevoir font généralement l'objet d'un poste distinct qui doit faire partie de l'actif à court terme. De même, les billets à payer sont inclus dans le passif à court terme à moins que leur échéance ne soit lointaine.

Quant aux intérêts et aux frais de recouvrement, on les inclut dans la section de l'état des revenus et dépenses intitulée Autres revenus et autres dépenses. Étant donné que ces autres revenus ou dépenses ne sont pas reliés directement à l'exploitation, on les retrouve à la fin de l'état des revenus et dépenses après avoir déterminé le bénéfice d'exploitation ainsi que l'illustre le tableau 9–3.

Les Peintures E-Z, Limitée
État des revenus et dépenses
pour l'exercice terminé le 31 décembre 1976

Ventes		$410,000
Coût des marchandises vendues :		.
Bénéfice d'exploitation		51,500
Autres revenus et autres dépenses :		
Intérêts créditeurs	$1,200	
Intérêts débiteurs et frais de recouvrement	900	300
Bénéfice net de l'exercice		$ 51,800

Tableau 9–3

Questions

Note : Posez l'hypothèse, pour toutes les questions, les exercices et les problèmes de ce chapitre, que l'année où les billets ont été émis ou deviennent échus n'est pas une année bissextile.

1. Dites ce qu'on entend par :

   a. Billet à ordre.
   b. Bénéficiaire d'un billet.
   c. Date d'échéance.
   d. Billet non honoré.
   e. Avis de protêt.
   f. Détenteur régulier.
   g. Période d'escompte.
   h. Souscripteur d'un billet.
   i. Principal d'un billet.
   j. Valeur à l'échéance.
   k. Dette éventuelle.
   l. Frais de protêt.

2. Quelle distinction y a-t-il entre un emprunt effectué à la banque et un billet escompté par la banque en faveur de son souscripteur ?

3. Quelle différence y a-t-il entre un escompte de banque et un escompte de caisse ?

4. Déterminez la date où les billets suivants deviennent exigibles :

   a. Billet à soixante jours daté du 14 juin.

b. Billet à quatre-vingt-dix jours daté du 14 juin.

c. Billet à trois mois daté du 14 juin.

5. Calculez les intérêts que rapportent les billets suivants :

    a. Billet de $5,000 à 30 jours, daté du 5 octobre portant intérêt à 7%.

    b. Billet de $2,000 à 90 jours, daté du 6 novembre portant intérêt à 6%.

    c. Billet de $2,000 à 3 mois, daté du 6 novembre portant intérêt à 6%.

6. Jacques Talbot a emprunté de l'argent à deux banques différentes en échange de billets. Le premier billet, qui est à 60 jours, porte intérêt à 6% et s'élève à $1,000. Quant au deuxième billet, il a été escompté par la banque mais il s'élève aussi à $1,000 et est également payable 60 jours après la date d'émission.

    a. Passez au journal général les écritures pour inscrire ces deux emprunts dans les livres de Talbot.

    b. Passez au journal général les écritures pour inscrire le règlement de ces emprunts à l'échéance.

    c. Lequel de ces modes d'emprunt est plus avantageux pour la banque ?

7. Bernard Léger a acheté des marchandises coûtant $500 à Mesa, Ltée. Les conditions de règlement étaient 2/10, n/30. Léger ne pouvant régler son compte au moment où il est devenu exigible a demandé à Mesa, Ltée une prolongation du délai de règlement en retour d'un billet de $500 à 60 jours portant intérêt à 6%. Léger a entièrement réglé sa dette à l'échéance. Inscrivez les opérations précédentes dans des comptes en T (*a*) dans les livres de Léger et (*b*) dans les livres de Mesa, Ltée.

8. Le 10 décembre, Albert Saucier a reçu d'un client un billet de $1,200 à 60 jours daté du 8 décembre portant intérêt à 5%. Le 26 décembre, il a fait escompter ce billet par la banque à 6%. Le billet n'a pas été protesté à l'échéance. Passez au journal général les écritures pour inscrire ces opérations dans les livres de Saucier.

9. Les comptes suivants font partie du grand livre général de Paul Lavertu :

Billets à recevoir	Billets à recevoir escomptés
Solde 8,500	Solde 5,200

    a. Quelle est la valeur des billets que Lavertu a en sa possession ?

    b. Quelle est la valeur des billets escomptés ?

    c. À combien s'élève le passif éventuel de Lavertu ?

Exercices   **Exercice 9–1**

    Première partie. Le 5 octobre, Pierre Julien a emprunté $5,000 à la Banque de Montréal en échange d'un billet à 60 jours portant intérêt à 6%. M. Julien a remboursé son emprunt le 7 décembre. Passez au journal les écritures pour inscrire ces opérations.

    Deuxième partie. Le 8 décembre, Pierre Julien a emprunté $5,000 à la Banque Royale qui a escompté à 6% son billet à 60 jours ne portant pas intérêt. M. Julien a remboursé la banque le 9 février. Passez au journal les écritures pour inscrire l'emprunt et le remboursement.

Exercice 9–2

Passez au journal général les écritures pour inscrire les opérations suivantes :

Juin 10   Marchandises vendues à Gérard Houle : $950; conditions de règlement : 2/10, n/60.

Août 15   Recouvrement de $150 et billet de $800 à 60 jours reçu de Houle. Ce billet est daté du 14 août et porte intérêt à 6%. Le créancier accepte le billet de Houle et consent à lui accorder une prolongation du délai de règlement du solde de son compte.

26   Billet de Houle escompté par la banque à 6%.

Oct. 19   Étant donné que la banque n'a pas protesté le billet de Houle, le créancier suppose que ce dernier l'a honoré à l'échéance et il radie la dette éventuelle de ses livres.

Exercice 9–3

Passez au journal général les écritures pour inscrire les opérations suivantes :

Août 15   Prolongation du délai de règlement accordée à David Malo en retour d'un billet de $2,400 à 60 jours portant intérêt à 5% daté du 13 août.

19   Billet de David Malo escompté par la banque à 6%.

Oct. 16   Avis de protêt reçu de la banque relativement au billet de Malo. Remboursement à la banque de la valeur du billet à l'échéance plus les frais de protêt de $2. Radiation de la dette éventuelle.

Nov. 11   Chèque reçu de David Malo couvrant la valeur à l'échéance de son billet, les frais de protêt et les intérêts à 5% calculés sur ces deux montants pour les 30 jours écoulés depuis la date d'échéance.

Exercice 9–4

Passez au journal général les écritures pour inscrire les opérations suivantes :

Mars 4   Prolongation du délai de règlement accordée à Ernest Lépine en échange d'un billet de $5,000 à 60 jours portant intérêt à 6% daté du 4 mars.

Mai 6   Ernest Lépine refuse d'honorer son billet.

Déc. 27   Radiation du compte de Lépine après avoir épuisé tous les moyens de recouvrer ce compte.

Exercice 9–5

Le 12 juillet, Xénon, Ltée a vendu à Robert Thériault des marchandises ayant un prix courant de $1,500. Xénon, Ltée a offert à Thériault des escomptes successifs de 20% et de 5% et lui a accordé, par surcroît, des conditions de règlement de 2/10, n/60. Thériault fut malheureusement incapable de régler son compte à la fin du délai de règlement, mais il a obtenu de Xénon, Ltée une prolongation de ce délai en retour d'un billet à 60 jours portant intérêt à 6% daté du 15 septembre. Xénon, Ltée a gardé le billet de Thériault jusqu'au 9 octobre, date à laquelle elle a demandé à la banque de l'escompter à 6%. Répondez aux questions suivantes si, à l'échéance, le billet n'a pas été protesté :

1.   À combien s'élève l'escompte spécial accordé à Robert Thériault ?

2. À combien s'élève l'escompte sur ventes que Xénon, Ltée a consenti à accorder à son client ?
3. À quelle date le billet de Thériault devient-il exigible ?
4. Quelle est la longueur de la période d'escompte ?
5. À combien s'élève l'escompte de banque ?
6. Quel est le produit du billet remis par la banque à Xénon, Ltée ?
7. Passez au journal général de Xénon, Ltée les écritures relatives à la vente effectuée à Robert Thériault et au recouvrement subséquent du billet par la banque.

Problèmes

Problème 9-1

Première partie. Le 7 septembre, Rollex, Ltée a vendu des marchandises coûtant $3,600 à Charles Aubé aux conditions de règlement 2/10, n/60. Plus tard, Rollex, Ltée a accordé à Aubé une prolongation du délai de règlement en retour d'un billet de $3,600 à 60 jours portant intérêt à 6% daté du 10 novembre. Le 25 novembre, Rollex, Ltée a fait escompter ce billet à 6% par la banque. Aubé a honoré son billet à l'échéance.

Travail à faire :
Passez au journal général les écritures pour inscrire ces opérations (*a*) dans les livres de Rollex, Ltée et (*b*) dans les livres de Charles Aubé.

Deuxième partie. Le 4 décembre, Rollex, Ltée a accordé une prolongation du délai de règlement à Charles Marceau, en retour d'un billet de $1,800 à 60 jours portant intérêt à 5% daté du 2 décembre. Le 8 décembre, la direction a fait escompter à 6% le billet de Marceau par la banque. Plus tard, le 4 février, la banque envoie un avis à Rollex, Ltée lui annonçant que Marceau n'a pas honoré son billet. Rollex, Ltée rembourse alors à la banque la valeur du billet plus les frais de recouvrement de $3. Finalement, le 7 mars, Rollex, Ltée reçoit de Charles Marceau, un chèque couvrant la valeur à l'échéance du billet, les frais de recouvrement et les intérêts à 5% calculés sur le total de ces deux montants pour 30 jours, soit le temps écoulé depuis la date d'échéance jusqu'à la date du chèque.

Travail à faire :
Passez au journal les écritures de journal pour inscrire ces opérations (*a*) dans les livres de Rollex, Ltée et (*b*) dans les livres de Charles Marceau.

Problème 9-2

Passez au journal général les écritures pour inscrire les opérations suivantes :

Janv. 3 Marchandises vendues à Gérard Soucy : $1,450; conditions de règlement : 2/10, n/30.

Fév. 6 Recouvrement de $250 et acceptation d'un billet de $1,200 à 60 jours portant intérêt à 5% daté du 6 février et signé par Gérard Soucy, en règlement de son compte en souffrance.

12 Billet de Soucy escompté par la banque à 6%.

Avril 12 Radiation de la dette éventuelle résultant du billet de Soucy escompté par la banque, puisque celle-ci n'a pas protesté le billet.

Mai 19   Prolongation du délai de règlement accordé à Alfred Green dont le compte était en souffrance en retour d'un billet de $1,800 à 60 jours portant intérêt à 6% daté du 17 mai.

     29   Billet de Green escompté par la banque à 6%.

Juil. 20   Avis de protêt reçu de la banque relativement au billet de Green. Somme remboursée à la banque : la valeur du billet à l'échéance plus les frais de recouvrement de $2. Radiation de la dette éventuelle.

Août 19   Chèque reçu de Alfred Green couvrant la valeur de son billet à l'échéance, les frais de recouvrement et les intérêts calculés à 6% sur le total de ces deux derniers montants pour les 30 jours écoulés depuis la date d'échéance.

Oct.   5   Prolongation du délai de règlement accordée à Jacques Cardin en retour d'un billet de $1,500 à 60 jours portant intérêt à 6% daté du 4 octobre.

Nov. 27   Billet de Cardin confié à la Banque de Montréal qui doit en effectuer le recouvrement.

Déc.   8   Note de crédit reçue de la Banque de Montréal confirmant que le billet de Cardin a été recouvré. Frais de recouvrement : $2.

Problème 9–3

Passez au journal général les écritures pour inscrire les opérations suivantes :

Déc.   4   Recouvrement de $2,500 et acceptation d'un billet de $1,400 à 60 jours portant intérêt à 6% daté du 2 décembre en règlement du compte en souffrance de David Toupin.

     7   Prolongation du délai de recouvrement accordée à Édouard Brown en retour d'un billet de $2,100 à 60 jours portant intérêt à 6% daté du 7 décembre.

   10   Emprunt à la Banque Royale en échange d'un billet à payer dans 60 jours escompté à 6%. Valeur nominale du billet qui ne porte pas intérêt : $6,000.

   14   Billet de David Toupin escompté par la banque à 6%.

   16   Emprunt de $4,000 à la Banque Provinciale en échange d'un billet à payer dans 60 jours portant intérêt à 6%.

   31   Écriture de régularisation passée au journal pour inscrire les intérêts courus se rapportant au billet d'Édouard Brown.

   31   Écriture de régularisation passée au journal pour inscrire les intérêts courus se rapportant au billet fait à l'ordre de la Banque Provinciale.

   31   Écriture de régularisation passée au journal pour virer, du compte Intérêts débiteurs au compte Escompte sur billet, les intérêts sur le billet fait à l'ordre de la Banque Royale. (Ces intérêts ne deviendront des dépenses qu'au cours de l'exercice suivant.)

Janv.   1   Écriture de réouverture passée au journal pour éliminer l'écriture précédente, c'est-à-dire pour virer l'escompte sur billets à payer dans le compte Intérêts débiteurs.

   30   Billet d'Édouard Brown confié à la Banque Royale en vue d'en obtenir le recouvrement.

Fév.   4   Avis de protêt reçu de la banque relativement au billet de David Toupin. Remboursement à la banque de la valeur du billet à l'échéance plus des frais de protêt de \$3. Radiation de la dette éventuelle.

Fév. 11 Remboursement du billet escompté le 10 décembre.

11 Note de crédit reçue de la banque confirmant que le billet de Brown a été recouvré. Frais de recouvrement : \$3.

17 Remboursement à la Banque Provinciale de l'emprunt effectué le 16 décembre plus les intérêts.

Mars 5 Chèque reçu de David Toupin en règlement de la valeur de son billet à l'échéance, des frais de recouvrement et des intérêts calculés à 6% sur le total de ces deux derniers montants pour les 30 jours écoulés depuis la date d'échéance.

Problème 9–4

Passez au journal général les écritures pour inscrire les opérations suivantes :

Oct. 4 Marchandises vendues à Ernest Potvin : \$2,025; conditions de règlement : 2/10, n/30.

Nov. 5 Recouvrement de \$225 de Ernest Potvin et acceptation d'un billet de \$1,800 à 60 jours daté du 5 novembre portant intérêt à 5% en règlement de la vente du 4 octobre.

7 Prolongation du délai de règlement accordée à Walter Nash, dont le compte est en souffrance, en retour d'un billet de \$1,600 à 60 jours portant intérêt à 6% daté du 5 novembre.

11 Billet de Ernest Potvin escompté par la banque à 6%.

25 Emprunt de \$4,000 à la Banque de la Nouvelle-Écosse en échange d'un billet à payer dans 60 jours portant intérêt à 6%.

Déc. 7 Prolongation du délai de règlement accordée à François Nadeau, dont le compte est en souffrance, en retour d'un billet de \$500 à 60 jours portant intérêt à 6% daté du 7 décembre.

11 Billet de Walter Nash escompté par la banque à 6%.

16 Emprunt à la Banque Royale en échange d'un billet à payer dans 60 jours escompté à 6%; valeur nominale du billet : \$4,000.

31 Écriture de régularisation passée au journal pour inscrire les intérêts courus se rapportant au billet fait à l'ordre de la Banque de la Nouvelle-Écosse le 25 novembre.

31 Écriture de régularisation passée au journal pour inscrire les intérêts courus se rapportant au billet de François Nadeau.

31 Écriture de régularisation passée au journal pour virer, du compte Intérêts débiteurs au compte Escompte sur billets, les intérêts sur le billet fait à l'ordre de la Banque Royale. (Ces intérêts ne deviendront des dépenses qu'au cours de l'exercice suivant.)

Janv. 1 Écriture de réouverture passée au journal pour éliminer l'écriture de régularisation précédente, c'est-à-dire pour virer l'escompte sur billet dans le compte Intérêts débiteurs.

8 Avis de protêt reçu de la banque relativement au billet de Walter Nash escompté par la banque le 11 décembre. Remboursement à la banque de la valeur du billet à l'échéance plus les frais de recouvrement de \$3. Radiation de la dette éventuelle.

9 Ernest Potvin règle son billet à l'échéance. Radiation de la dette éventuelle.

27 Remboursement du billet fait à l'ordre de la banque le 25 novembre.

Fév. 8 François Nadeau n'honore pas son billet de $500 dont les intérêts courus ont été comptabilisés le 31 décembre. Écritures passées au journal pour inscrire les intérêts courus depuis cette date et porter au débit du compte de Nadeau la somme totale due par ce dernier.

13 Chèque reçu de Walter Nash en règlement de la valeur de son billet à l'échéance, des frais de protêt et des intérêts calculés à 6% sur le total de ces deux derniers montants pour les 36 jours écoulés depuis la date d'échéance.

17 Remboursement du billet à payer escompté le 16 décembre.

Déc. 31 Radiation du compte de François Nadeau.

Autres problèmes

Problème 9–1A

Première partie. Le 5 juillet, Collin, Ltée a vendu des marchandises coûtant $1,475 à Charles Léger aux conditions de règlement 2/10, n/60. Charles Léger ne pouvant régler entièrement son compte à l'expiration du délai de règlement a versé un acompte de $275 et remis un billet de $1,200 à 60 jours portant intérêt à 6% daté du 10 semptembre. Collin, Ltée a, le 28 décembre, demandé à la banque d'escompter ce billet à 6%. Léger a honoré son billet à l'échéance.

Deuxième partie. Le 22 octobre, Collin, Ltée a vendu des marchandises coûtant $1,500 à Robert Grégoire aux conditions de règlement 2/10, n/60. Comme, à l'expiration du délai de règlement, Robert Grégoire n'était pas en mesure de régler son compte, il a remis à Collin, Ltée un billet de $1,500 à 60 jours portant intérêt à 6% en vue de retarder le règlement de son compte. Le 6 mars, Robert Grégoire a refusé d'honorer son billet et Collin, Ltée a entrepris sans succès des démarches pour recouvrer son dû. Le 28 décembre, le compte de Grégoire a été jugé irrécouvrable et radié.

Travail à faire :

1. Passez au journal général les écritures pour inscrire les opérations décrites dans la première partie de ce problème (*a*) dans les livres de Collin, Ltée et (*b*) dans les livres de Charles Léger.
2. Passez au journal général les écritures pour inscrire les opérations décrites dans la deuxième partie de ce problème (*a*) dans les livres de Collin, Ltée et (*b*) dans les livres de Robert Grégoire.

Problème 9–2A

Passez au journal général les écritures pour inscrire les opérations suivantes :

Janv. 2 Marchandises vendues à Larry Davis : $2,650; conditions 2/10 n/30.

Fév. 6 Recouvrement de $250 et acceptation d'un billet de $2,400 à 60 jours portant intérêt à 5% daté du 6 février et signé par Larry Davis en règlement de la vente du 2 janvier.

12 Billet de Larry Davis escompté par la Banque Provinciale à 6%.

Avril 10 Radiation de la dette éventuelle résultant du billet escompté de Davis et honoré par ce dernier à l'échéance.

Mai 18 Prolongation du délai de règlement accordée à David Hall, dont le compte était en souffrance, en retour d'un billet de $1,600 à 60 jours portant intérêt à 6% daté du 17 mai.

Juin 1 Billet de David Hall escompté par la Banque Provinciale à 6%.

Juil. 20 Avis de protêt reçu de la banque relativement au billet de David Hall. Somme remboursée à la banque : la valeur nominale du billet plus les frais de protêt de $3. Radiation de la dette éventuelle.

Août 25 Chèque reçu de David Hall en règlement de la valeur de son billet à l'échéance, des frais de protêt et des intérêts calculés à 6% sur le total de ces deux derniers montants pour les 36 jours écoulés depuis la date d'échéance.

Sept. 5 Prolongation du délai de règlement accordée à Denis Evans en retour d'un billet de $2,500 à 30 jours portant intérêt à 6% daté du 3 septembre.

Oct. 4 Billet de Evans confié à la Banque Provinciale qui doit en effectuer le recouvrement.

8 Note de crédit reçue de la Banque Provinciale confirmant que le billet de Evans a été recouvré. Frais de recouvrement : $2.

Problème 9–3A

Passez au journal général les écritures pour inscrire les opérations suivantes :

Nov. 8 Prolongation du délai de règlement accordée à Denis Baker en retour d'un billet de $1,600 à 60 jours portant intérêt à 6% daté du 8 novembre.

17 Prolongation du délai de règlement accordée à Alfred Haché en retour d'un billet de $2,600 à 60 jours portant intérêt à 6% daté du 17 novembre.

26 Billet de Denis Baker escompté par la banque à 6%.

29 Billet de Alfred Haché escompté par la banque à 6%.

Déc. 7 Emprunt de $5,000 à la Banque Canadienne Nationale en échange d'un billet à payer dans 60 jours portant intérêt à 6%.

11 Emprunt à la Banque Royale en échange d'un billet à payer dans 60 jours escompté à 6%. Valeur nominale du billet qui ne porte pas intérêt : $4,500.

31 Écriture de régularisation passée au journal pour inscrire les intérêts courus se rapportant au billet fait à l'ordre de la Banque Canadienne Nationale.

31 Écriture de régularisation passée au journal pour virer, du compte Intérêts débiteurs au compte Escompte sur billets, les intérêts sur le billet fait à l'ordre de la Banque Royale. (Ces intérêts ne deviendront des dépenses qu'au cours de l'exercice suivant.)

Janv. 1 Écriture de réouverture pour éliminer l'écriture précédente, c'est-à-dire pour virer l'escompte sur billets à payer dans le compte Intérêts débiteurs.

11 Avis de protêt reçu de la banque relativement au billet de Denis Baker. Remboursement à la banque de la valeur du billet à l'échéance plus les frais de protêt de $3. Radiation de la dette éventuelle.

22 Radiation de la dette éventuelle découlant du billet d'Alfred Haché à la banque, puisque le billet de ce dernier n'a pas été protesté.

Fév.   8   Règlement du billet fait à l'ordre de la Banque Canadienne Nationale le 7 décembre.

12   Règlement du billet à payer escompté par la Banque Royale le 11 décembre.

21   Chèque reçu de Denis Baker en règlement de la valeur de son billet à l'échéance, des frais de recouvrement et des intérêts calculés à 6% sur le total de ces deux derniers montants pour les 42 jours écoulés depuis la date d'échéance.

Problème 9–4A

Passez au journal général les écritures pour inscrire les opérations suivantes :

Janv.   5   Marchandises vendues à James Bond : $750; conditions de règlement : 2/10, n/60.

15   Emprunt à la banque en échange d'un billet à payer dans 30 jours escompté à 6%; valeur nominale du billet : $3,000.

17   Marchandises vendues à Alfred Soucy : $1,500; conditions de règlement : 2/10, n/60.

Fév. 17   Règlement du billet escompté le 15 janvier.

Mars 15   Recouvrement de $250 de James Bond et acceptation d'un billet de $500 à 60 jours portant intérêt à 6% daté du 14 mars en règlement de la vente du 5 janvier.

16   Marchandises vendues à Henri Bélanger : $1,700; conditions de règlement : 2/10, n/60.

25   Prolongation du délai de règlement accordée à Alfred Soucy, dont le compte est en souffrance, en retour d'un billet de $1,500 à 60 jours portant intérêt à 6% daté du 24 mars.

26   Billet de James Bond escompté par la banque à 6%.

Avril 17   Billet de Alfred Soucy escompté par la banque à 6%.

18   Emprunt de $2,500 à la Banque Royale en échange d'un billet à payer dans 60 jours portant intérêt à 6%.

Mai 20   Radiation de la dette éventuelle résultant du billet escompté de James Bond honoré à l'échéance.

27   Avis de protêt reçu de la banque relativement au billet de Soucy escompté le 17 avril. Somme remboursée à la banque : la valeur à l'échéance du billet plus les frais de protêt de $3. Radiation de la dette éventuelle.

27   Prolongation du délai de règlement accordée à Henri Bélanger en retour d'un billet de $1,700 à 60 jours portant intérêt à 6% daté du 25 mai.

31   Billet de Henri Bélanger escompté par la banque à 6%.

Juin 20   Remboursement du billet fait à l'ordre de la banque le 18 avril.

26   Chèque reçu de Alfred Soucy en règlement de son billet à l'échéance, des frais de protêt et des intérêts calculés à 6% sur le total de ces deux derniers montants pour les 30 jours écoulés depuis la date d'échéance.

Juil. 28   Avis de protêt reçu de la banque relativement au billet de Henri Bélanger escompté le 31 mai. Somme remboursée à la banque : la valeur du billet à l'échéance plus les frais de protêt de $4. Radiation de la dette éventuelle.

Déc. 28   Radiation du compte de Henri Bélanger.

La Société Darmon, Ltée fabrique toute une gamme de machines agricoles qu'elle vend par l'intermédiaire d'un réseau de détaillants indépendants. La société a été fondée il y a quelques années seulement et elle s'efforce de soutenir la concurrence que lui font d'autres fabricants de machines agricoles dont la réputation n'est plus à faire.

Comme les machines fabriquées par Darmon, Ltée sont moins grosses et moins compliquées que celles de ses concurrents, elles se vendent à un prix moindre. Cependant, le prix reste élevé et il faut offrir aux concessionnaires des conditions généreuses de crédit, comme le font d'ailleurs les concurrents. Les concessionnaires des produits fabriqués par Darmon, Ltée doivent verser, au moment de l'achat, 10% du montant facturé et le reste, soit 90%, trois mois après la date de la vente. Les concessionnaires accordent à leurs clients des conditions de règlement à peu près identiques. Cependant, comme il leur faut souvent accorder aux fermiers une prolongation du délai de règlement de leurs comptes allant jusqu'à neuf mois, Darmon, Ltée doit aussi accepter de retarder la date de règlement des comptes des concessionnaires.

Dernièrement, Darmon, Ltée a éprouvé d'autres difficultés financières. Les administrateurs aimeraient étaler la production sur toute l'année, mais ils peuvent difficilement obtenir les fonds dont ils ont besoin pour atteindre cet objectif, parce que les ventes sont saisonnières et que les rentrées de fonds sont très inégales d'un mois à l'autre. Les concessionnaires soutiennent également que s'ils veulent venir à bout de la concurrence, il faut qu'ils accordent à leurs clients des conditions de crédit encore plus généreuses. Ils estiment que les ventes augmenteraient de 20% s'ils accordaient aux fermiers neuf mois pour régler leurs comptes.

Voici les ventes effectuées par Darmon, Ltée au cours du dernier exercice :

Janvier	$30,000	Mai	$90,000	Septembre	$20,000
Février	40,000	Juin	70,000	Octobre	10,000
Mars	60,000	Juillet	50,000	Novembre	10,000
Avril	80,000	Août	40,000	Décembre	20,000

Lors d'une rencontre qui eut lieu en décembre, Thomas Darmon, le fondateur et le principal actionnaire de Darmon, Ltée a fait aux détaillants les propositions suivantes :

1. Les concessionnaires demanderont à leurs clients des billets pour le solde dû après avoir versé 10% du prix exigé. Ces billets ne porteront pas intérêt et auront une durée de neuf mois à compter de la date de la vente.
2. Les concessionnaires endosseront ces billets en faveur de Darmon, Ltée.
3. Par la suite, Darmon, Ltée fera escompter ces billets à 6% par la banque.

Rédigez, à l'intention de Thomas Darmon, un rapport dans lequel vous lui direz ce que vous pensez de ses propositions. Répondez en particulier aux questions suivantes :

1. Les nouvelles conditions de règlement proposées aux concessionnaires sont-elles préférables à celles qui étaient en vigueur auparavant ? Les

fermiers jugeront-ils que ces conditions sont acceptables ? La banque acceptera-t-elle d'escompter les billets des fermiers lorsque Darmon, Ltée le lui demandera ?

2. Supposez que les nouvelles conditions de règlement auront pour effet d'accroître les ventes de 20% et que l'argent dont la direction a besoin pour financer les coûts de production et d'autres frais d'exploitation représente 60% du chiffre des ventes. Calculez les fonds dont Darmon, Ltée aura alors besoin chaque mois si la production doit être étalée sur l'exercice tout entier.

3. Recommanderiez-vous aux administrateurs de Darmon, Ltée d'adopter les propositions de Thomas Darmon ? Expliquez.

10

Les stocks et le coût des marchandises vendues

■ Le revenu des entreprises commerciales provient de la vente de marchandises. Ces entreprises ont généralement un *stock de marchandises,* c'est-à-dire des biens qu'elles possèdent en vue de les revendre au cours de l'exercice suivant. Le stock de marchandises est donc une valeur active et c'est généralement l'élément le plus important de l'actif à court terme des entreprises commerciales.

Le rapprochement du coût des marchandises vendues et des revenus

■ Voici, selon l'Institut Canadien des Comptables Agréés, la façon d'établir le coût des stocks: « Le coût des stocks doit être établi suivant la méthode qui permet le meilleur rapprochement des revenus et des dépenses. »[1] Nous avons déjà traité du principe du rapprochement des revenus et des dépenses dont il est question dans cette citation. Dans le cas des marchandises, ce principe consiste, en premier lieu, à déterminer la partie du coût total des marchandises à vendre qu'il faut déduire du chiffre des ventes et, en second lieu, à évaluer le coût du stock, c'est-à-dire le coût des marchandises que l'on imputera aux revenus d'un exercice futur.

Les livres comptables permettent de déterminer le coût des marchandises à vendre durant un exercice. Il suffit, pour trouver ce chiffre,

---

[1]*Manuel de l'I.C.C.A.,* L'Institut Canadien des Comptables Agréés, Toronto, Sept. 1973, par. 3030.09, p. 1083.

d'additionner le coût du stock au début et le coût net des marchandises achetées durant l'exercice. Étant donné, toutefois, que la plupart des entreprises ne comptabilisent pas en détail le coût des articles vendus durant un exercice, le coût total des marchandises vendues ne peut être déterminé au moyen des livres comptables. On détermine effectivement ce chiffre en répartissant les *marchandises à vendre* en deux groupes: les *marchandises vendues* et les *marchandises invendues*.

Le principal problème auquel donne lieu ce travail de répartition consiste à attribuer un coût aux marchandises non encore vendues, soit le stock à la fin de l'exercice. Cependant, il importe de ne pas perdre de vue que la détermination du coût des stocks entraîne automatiquement la détermination du coût des marchandises vendues. En effet, quelle que soit la portion du coût des marchandises à vendre attribuée aux stocks le reste représente le coût des marchandises vendues.

Détermination du coût des stocks à la fin d'un exercice

■ La détermination du coût des stocks à la fin d'un exercice demande: (1) de trouver la quantité de chacun des articles en main et (2) d'attribuer à ces articles un coût.

On trouve généralement la quantité de chacun des articles en main à la fin d'un exercice au moyen d'un inventaire matériel. Comme nous avons discuté de ce sujet au chapitre 5, il suffit de rappeler que la prise d'inventaire est un travail qui demande de dénombrer, de peser ou de mesurer les marchandises en magasin afin de trouver le nombre d'unités, de livres, de gallons, de pieds, etc. qu'une entreprise peut avoir en main à un moment donné.

Après avoir effectué ce travail, il faut attribuer un prix aux articles en magasin. Généralement, les stocks sont évalués au prix coûtant.[2] Cependant, il est parfois nécessaire de renoncer au prix coûtant lorsque les articles en main sont désuets ou endommagés. De même, il faut aussi renoncer au coût d'acquisition lorsque le coût de remplacement des articles en main est moindre que leur coût d'acquisition. Nous discutons de ce dernier point un peu plus loin dans une section intitulée « Évaluation au plus bas du coût d'acquisition et du coût de remplacement ».

Évaluation des stocks au coût d'acquisition

■ Il n'est pas difficile d'évaluer les stocks au prix coûtant lorsque celui-ci ne change pas. Cependant, lorsque plusieurs unités d'un même article ont été achetées au cours d'un même exercice à des prix différents, il faut déterminer les prix qui s'appliquent aux unités en main et ceux qui s'appliquent aux articles vendus. Il existe quatre méthodes de déterminer le coût des stocks à la fin d'un exercice et le coût des marchandises vendues: (1) la méthode du coût distinct, (2) la méthode du coût moyen pondéré, (3) la méthode de l'épuisement successif (FIFO) et (4) la méthode de l'épuisement à rebours (LIFO).

---

[2]*Ibid,* p. 1081.

Supposons, pour illustrer ces méthodes, qu'une entreprise a en magasin, à la fin d'un exercice, 12 unités du produit X. Voici le nombre d'unités que cette entreprise avait en main au début de l'exercice et celles qu'elle a achetées durant l'exercice:

Janv. 1	Stock au début	10 unités @ $10.00	=	$100.00
Mars 13	Achat	15 unités @ 11.50	=	172.50
Août 17	Achat	20 unités @ 12.50	=	250.00
Nov. 10	Achat	10 unités @ 12.00	=	120.00
	Total	55 unités		$642.50

MÉTHODE DU COÛT DISTINCT

Quand il est possible de déterminer le coût de chaque unité en main au moyen des factures d'achat, on peut attribuer le prix réel payé aux unités en magasin et aux unités vendues. Si, par exemple, 6 des 12 unités stockées au 31 décembre proviennent de l'achat effectué le 10 novembre et que les 6 autres ont été achetées le 17 août, on détermine comme suit le coût des marchandises vendues et le coût du stock selon la méthode du coût distinct:

Coût total des 55 unités à vendre		$642.50
Moins : Coût des unités en magasin au 31 décembre :		
6 unités provenant de l'achat de novembre et évaluées à $12.00 chacune	$72.00	
6 unités provenant de l'achat d'août et évaluées à $12.50 chacune	75.00	
Coût des unités en magasin au 31 décembre		147.00
Coût des marchandises vendues		$495.50

MÉTHODE DU COÛT MOYEN PONDÉRÉ

Selon cette méthode, on détermine le coût moyen de tous les articles à vendre en établissant une moyenne des prix des unités en main au début de l'exercice et des unités achetées durant l'exercice compte tenu du nombre d'unités. Voici un exemple illustrant la façon d'effectuer ces calculs:

10 unités @ $10.00	=	$100.00
15 unités @ 11.50	=	172.50
20 unités @ 12.50	=	250.00
10 unités @ 12.00	=	120.00
55 unités		$642.50

Coût moyen pondéré par unité = $642.50 ÷ 55 = $11.682

Après avoir déterminé le coût moyen pondéré, on calcule le coût du stock et le coût des unités vendues de la façon suivante:

Coût total des 55 unités à vendre	$642.50
Coût des unités en main au 31 décembre :	
12 articles à $11.682 chacune	140.18
Coût des marchandises vendues	$502.32

LA MÉTHODE DE L'ÉPUISEMENT SUCCESSIF (FIFO)

Dans une entreprise commerciale, on tend à vendre d'abord les marchandises les plus anciennes. Dans ce cas, l'écoulement des marchandises se fait dans l'ordre où elles ont été achetées. Quand on pose l'hypothèse que l'on vend d'abord les marchandises achetées en premier lieu, on calcule le coût des stocks à la fin d'un exercice en leur attribuant le coût des unités achetées en dernier lieu. En revanche, le coût des unités vendues, selon cette méthode, est évalué aux prix payés en premier lieu. Voici un exemple qui illustre cette méthode d'évaluation des stocks :

Coût total des 55 unités à vendre		$642.50
Moins : Stock à la fin de l'exercice :		
10 unités achetées en novembre @ $12.00 chacune ...	$120.00	
2 unités achetées en août @ $12.50 chacune	25.00	
Coût des 12 unités en main au 31 décembre		145.00
Coût des marchandises vendues		$497.50

LA MÉTHODE DE L'ÉPUISEMENT À REBOURS (LIFO)

Selon la méthode de l'épuisement à rebours, communément appelé LIFO, on rapproche le coût des marchandises achetées en dernier lieu du chiffre des ventes. Les résultats obtenus avec cette méthode se justifient par le fait qu'une entreprise en exploitation doit sans cesse avoir des marchandises en magasin. Après avoir effectué une vente, elle doit refaire ses stocks. Selon cette théorie, il faut, pour rapprocher correctement les dépenses et les revenus, associer le coût de remplacement des articles achetés aux ventes qui ont donné lieu à de nouveaux achats.

Voici, selon cette méthode, le coût que l'on attribuerait aux 12 unités en main et aux 43 unités vendues dont il a été question précédemment:

Coût total des 55 unités à vendre		$642.50
Moins : Stock à la fin de l'exercice :		
10 unités incluses dans le stock au début de l'exercice et évaluées à $10.00 chacune	$100.00	
2 unités achetées en mars à un coût de $11.50 chacune	23.00	
Coût des 12 unités en main au 31 décembre		123.00
Coût des marchandises vendues		$519.50

COMPARAISON ENTRE LES RÉSULTATS DES DIVERSES MÉTHODES D'ÉVALUATION DES STOCKS

Dans une économie stable, c'est-à-dire lorsque les prix ne fluctuent pas, la méthode choisie pour évaluer les stocks importe peu car les résultats seront les mêmes. Cependant, lorsque les prix fluctuent à la hausse ou à la baisse, les résultats sont susceptibles de différer selon les méthodes utilisées. C'est ce que l'on peut d'ailleurs constater si l'on résume les résultats de la détermination du coût des 43 unités vendues dont il est question ci-dessus.

Méthode du coût distinct	$495.50
Méthode du coût moyen pondéré	502.32
Méthode de l'épuisement successif	497.50
Méthode de l'épuisement à rebours	519.50

On utilise en pratique ces quatre méthodes d'évaluation et chacune offre des avantages dans certaines circonstances. Ainsi, la méthode du coût distinct rapproche mieux que toute autre les revenus et les coûts; la méthode du coût moyen pondéré a pour effet de niveler les fluctuations; la méthode de l'épuisement successif reflète l'objectif d'une entreprise commerciale de vendre en premier lieu les marchandises les plus anciennes; finalement, la méthode de l'épuisement à rebours effectue un meilleur rapprochement des coûts et des revenus lorsque les prix fluctuent à la hausse comme cela s'est produit depuis la fin de la deuxième Guerre mondiale. Étant donné que le coût des marchandises vendues et que la valeur attribuée aux stocks peuvent varier sensiblement selon les méthodes, une entreprise doit faire connaître, dans une note jointe à ses états financiers, la méthode utilisée. De plus, les comptables sont d'avis qu'une entreprise doit adopter la méthode qui lui convient le mieux.

Le principe de continuité

■ Une entreprise, ainsi que nous l'avons déjà dit, est libre de choisir la méthode d'évaluation des stocks qui lui permet de mieux calculer son bénéfice net. Étant donné, par ailleurs, qu'elle peut accroître ou réduire ce dernier chiffre en changeant tout simplement de méthode d'évaluation des stocks, les associations comptables professionnelles insistent pour que les entreprises utilisent la même méthode d'évaluation d'un exercice à l'autre.

Le comptable qui doit inscrire une opération ou résoudre un problème a souvent le choix entre diverses méthodes. Ainsi, on peut évaluer les stocks ou encore calculer l'amortissement de plusieurs façons. Les associations comptables professionnelles sont d'avis que les entreprises peuvent, dans ces cas, adopter la méthode qui leur convient le mieux à deux conditions: (1) la méthode choisie doit permettre de déterminer correctement le bénéfice net et (2) il est nécessaire de suivre la même pratique comptable subséquemment. C'est là l'essence même du principe de *continuité* qui est un principe comptable fondamental. Les comptables tiennent à ce que les entreprises observent ce principe afin que les états financiers soient vraiment comparables d'un exercice à l'autre.

Même si le principe de continuité est important, cela ne veut pas dire qu'il n'est jamais permis de changer de méthode ou de pratique comptable. Un changement de pratique comptable est désirable lorsque l'objectif poursuivi est une meilleure détermination du bénéfice net. On doit toutefois, dans ce cas, faire connaître, aux lecteurs des états financiers, le changement apporté ainsi que les effets qu'il peut avoir sur les états financiers.

Éléments du coût des stocks

■ L'Institut Canadien des Comptables Agréés formule la recommandation suivante relativement aux éléments qu'il faut inclure dans le coût des stocks: « Le coût des marchandises achetées à l'état fini et celui des matières premières correspondent au coût en magasin. »[3] Ceci

---

[3]*Ibid.*, p. 1082.

signifie que le coût d'un article en magasin doit comprendre le prix de la facture, moins les escomptes de caisse, plus les frais engagés directement ou indirectement pour amener cet article à l'endroit et dans l'état où il est au moment de la vente. Ces autres frais, que l'on appelle aussi *faux frais,* comprennent notamment les droits de douane, les frais de transport et de livraison, les frais d'entreposage, les primes versées pour assurer les marchandises entreposées et tous les autres frais qui se rapportent aux stocks comme le seraient, par exemple, les frais découlant d'un processus de vieillissement.

Tous les frais mentionnés dans le précédent paragraphe doivent normalement faire partie du coût des stocks. Cependant, la plupart des entreprises ne suivent pas cette règle et considèrent que le coût des stocks n'est constitué que des éléments figurant sur la facture d'achat. Quant aux autres éléments, on les impute immédiatement aux revenus de l'exercice en cours à titre de dépenses d'exploitation.

Même si cette façon de procéder est théoriquement fausse, on considère qu'elle est acceptable et qu'elle donne des résultats satisfaisants. En théorie, il faudrait imputer à chacun des articles en magasin une partie de tous les faux frais à titre de coûts incorporables. Ceux-ci ne seraient imputés aux revenus que plus tard, c'est-à-dire au moment de la vente des articles stockés. Cependant, les avantages de cette façon de procéder ne justifient généralement pas les coûts qui en résultent. En pratique, les entreprises considèrent que les résultats ne diffèrent pas tellement et optent, le plus souvent, pour la solution la plus simple qui consiste à imputer tous les faux frais aux revenus de l'exercice en cours.

Évaluation des stocks au plus bas du coût d'acquisition et du coût de remplacement

■ Traditionnellement, les stocks sont évalués « au plus bas du coût d'acquisition et du coût de remplacement ». L'acceptation de cette règle était générale auparavant parce qu'elle avait pour effet d'attribuer une valeur moindre aux stocks figurant au bilan.

On favorise parfois cette règle sous prétexte que le prix de vente baisse lorsque le coût de remplacement d'un article est inférieur à son coût d'acquisition. Étant donné que cette situation peut donner lieu à une perte, on préfère anticiper cette perte et la comptabiliser au cours de l'exercice où la baisse de prix s'est produite. C'est là un argument valable. Mais comme les prix de vente ne fluctuent pas aussi rapidement que les coûts, l'application de la règle du plus bas du coût d'acquisition et du coût de remplacement a souvent pour résultat de fausser à la fois le bénéfice net de l'exercice où la baisse de prix est survenue et celui de l'exercice où la vente a lieu. Supposons, pour donner un exemple, qu'une entreprise a acheté des marchandises coûtant $1,000 avec l'intention de les revendre à un prix de $1,500; supposons, de plus, qu'elle a déjà vendu la moitié de ces marchandises. Voici comment calculer le bénéfice brut réalisé sur les marchandises déjà vendues:

Ventes	$750
Coût des marchandises vendues	500
Bénéfice brut	$250

Si, toutefois, le coût de remplacement des articles non encore vendus est de $450 à la fin de l'exercice, voici l'état partiel des revenus et dépenses qu'il faudrait dresser par suite de la comptabilisation immédiate de la perte résultant de la baisse des prix:

Ventes		$750
Coût des marchandises vendues :		
Achats	$1,000	
Moins : Stock au 31 décembre	450	550
Bénéfice brut		$200

Dans ce cas, on n'attribue au stock figurant au bilan qu'une valeur de $450. Cependant, si l'on vend ces marchandises plus tard au prix initial prévu, le bénéfice net sera faussement accru de $50 ainsi que le démontre le tableau suivant:

Ventes	$750
Coût des marchandises vendues :	
Stock au 1ᵉʳ janvier	450
Bénéfice brut	$300

Les hommes d'affaires n'aiment pas réduire les prix de vente. Ils s'efforcent, si possible, de vendre leurs marchandises à un prix qui leur permet de réaliser tout le bénéfice anticipé lors de l'achat des marchandises. L'exemple que nous venons de donner est très réaliste. C'est pour cette raison qu'au cours des dernières années on a modifié de la façon suivante l'application de la règle du plus bas du coût d'acquisition et du coût de remplacement:

1. Il faut évaluer les stocks au coût d'acquisition même si leur coût de remplacement est plus faible, lorsque le prix de vente n'a pas baissé et que l'on ne s'attend pas à ce qu'il baisse.
2. On doit parfois évaluer les stocks à un prix inférieur à leur coût d'acquisition mais supérieur à leur coût de remplacement. Supposons, par exemple, qu'un article qui coûte généralement $20 et qui se vend $30 coûte maintenant $16 et qu'il se vend $27. On estime de plus que le bénéfice brut normal découlant de la vente de cet article est égal au tiers de son prix de vente. Après la baisse de prix, le bénéfice normal sur la vente de cet article s'élève à $9. Comme le prix de vente de $27 moins le bénéfice de $9 est inférieur au coût d'acquisition mais supérieur au nouveau coût de remplacement, il faut attribuer à cet article en magasin une valeur de $18.
3. Parfois, il convient d'évaluer les stocks à un prix inférieur à leur coût de remplacement. Ainsi, supposons que l'on ne peut vendre

qu'à un prix de $18.50 l'article dont il est question dans le paragraphe précédent. Supposons de plus que les frais de vente de cet article seront probablement de $3. Dans ce cas, il y aurait lieu d'attribuer à cet article en magasin une valeur de $15.50, soit $0.50 de moins que le nouveau coût de remplacement, $16.

Le conservatisme

■ L'établissement de bilans conservateurs était auparavant une pratique comptable fondamentale. Par bilan conservateur, on entendait alors l'attribution de la valeur la plus basse possible à tous les postes du bilan. Cette pratique n'était pas essentiellement mauvaise, mais les comptables étaient alors incités à dévaluer démesurément les éléments de l'actif, ce qui avait pour effet de fausser le bilan et l'état des revenus et dépenses. Si, par exemple, l'on reprend le sujet abordé dans les paragraphes précédents, l'application aveugle de la règle du plus bas du coût d'acquisition et du coût de remplacement lorsque les prix baissaient, avaient pour effet d'attribuer aux stocks une valeur moindre ou conservatrice. Cependant, l'application de cette règle pouvait aussi occasionner le report du revenu à un exercice ultérieur et, par le fait même, fausser l'état des revenus et dépenses de deux exercices. De la même manière, un amortissement trop rapide des biens amortissables (ce qui était fréquent antérieurement afin d'en arriver à un bilan conservateur) ne faussait pas uniquement les valeurs attribuées aux éléments de l'actif mais avait pour effet de surévaluer les dépenses et de fausser l'état des revenus et dépenses. Pour toutes ces raisons, les comptables admettent aujourd'hui que le conservatisme suscite des inconvénients qui ne contrebalancent pas les avantages qui peuvent en résulter. Actuellement, les comptables favorisent l'emploi de pratiques comptables qui ont pour effet de déterminer correctement le bénéfice net de chaque exercice.

Les erreurs relatives à l'évaluation des stocks

■ Des stocks mal évalués à la fin d'un exercice ont pour effet de fausser le coût des marchandises vendues, le bénéfice net, l'actif à court terme et les capitaux propres. De plus, comme les stocks à la fin d'un exercice deviennent les stocks au début de l'exercice suivant, l'erreur a pour effet de fausser également le coût des marchandises vendues, le bénéfice brut et le bénéfice net de cet exercice. Ces erreurs, qui sont souvent dissimulées, peuvent être importantes, car les chiffres en question sont généralement élevés.

Pour illustrer les effets d'une erreur portant sur l'évaluation des stocks, supposons que le chiffre des ventes d'une entreprise a été de $100,000 pour chacun des exercices terminés respectivement le 31 décembre 1975, 1976 et 1977. Si les stocks de cette entreprise, au cours de toute cette période, se sont maintenus à $20,000 et si le chiffre des achats de chacun des exercices s'est élevé à $60,000, le bénéfice brut annuel est censé être de $40,000. Supposons maintenant que cette entreprise a, au 31 décembre 1975, évalué ses stocks à $18,000 au lieu de $20,000. Le tableau 10–1 illustre les effets de cette erreur.

	1975	1976	1977
Ventes	$100,000	$100,000	$100,000
Coût des marchandises vendues :			
Stocks au début	$20,000	$18,000*	$20,000
Achats	60,000	60,000	60,000
Coût des marchandises à vendre	$80,000	$78,000	$80,000
Stocks à la fin	18,000*	20,000	20,000
Coût des marchandises vendues	62,000	58,000	60,000
Bénéfice brut	$ 38,000	$ 42,000	$ 40,000

*Le coût du stock est effectivement de $20,000.

Tableau
10–1

Remarquez que la sous-évaluation de $2,000 des stocks au 31 décembre 1975 a causé une surévaluation du coût des marchandises vendues de 1975 et une sous-évaluation du bénéfice brut et du bénéfice net. De plus, comme les stocks à la fin de 1975 deviennent les stocks au début de 1976, le coût des marchandises vendues de ce deuxième exercice est sous-évalué de $2,000 et le bénéfice brut ainsi que le bénéfice net sont surévalués du même montant. L'erreur n'a, toutefois, aucun effet sur les états financiers de 1977.

Dans le tableau 10–1, les stocks au 31 décembre 1975 sont sous-évalués. Si, au contraire, ils avaient été surévalués, l'erreur aurait eu des effets opposés. En particulier, le bénéfice net de 1975 aurait été surévalué et celui de 1976 aurait été sous-évalué.

On dit parfois qu'une erreur commise lors de la prise d'inventaire à la fin d'un exercice n'est pas trop sérieuse parce que l'effet qu'elle produit sur le bénéfice net de cet exercice est automatiquement contrebalancé par une erreur ayant un effet opposé sur le bénéfice net de l'exercice suivant. Cette façon de raisonner est mauvaise parce que, ce faisant, on oublie de considérer que les fluctuations du bénéfice net influent grandement sur les décisions des administrateurs, des créanciers et des investisseurs. Il est donc nécessaire d'éviter ce genre d'erreurs en adoptant des procédés semblables à ceux que nous avons décrits au chapitre 5 quand nous avons discuté de l'inventaire matériel.

L'inventaire permanent

■ Les entreprises qui vendent un petit nombre d'articles ayant une valeur relativement élevée tiennent généralement des registres d'inventaire permanent. De même, les entreprises qui ont une comptabilité électronique ou un système comptable à cartes perforées tiennent souvent ce genre de registres.

Un inventaire permanent tenu à la main demande d'établir pour chaque produit en main, une carte ou une fiche d'inventaire sur laquelle on inscrit le nombre d'unités achetées et vendues au moment même où les achats et les ventes ont lieu. Il faut aussi calculer, après chaque opération, le nouveau solde. (Le tableau 10–2 illustre la façon de tenir une fiche d'inventaire.) Étant donné que chaque fiche d'inventaire indique le solde en main (coût et quantité) à n'importe quelle date, les stocks (l'inventaire comptable) à une date quelconque se trouvent en additionnant le solde figurant sur chacune des fiches.

La vente effectuée le 10 janvier et inscrite sur la fiche du tableau 10-2 indique que l'on a suivi la méthode de l'épuisement successif (FIFO) car les unités vendues sont les plus anciennes, c'est-à-dire celles que l'on a achetées en premier lieu. Selon cette méthode, lors d'une vente, on suppose que l'on vend les articles dans l'ordre où on les a achetés.

Date	Entrées			Sorties			Solde		
	Unités	Coût	Total	Unités	Coût	Total	Unités	Coût	Solde
1/1							10	10.00	100.00
5/1				5	10.00	50.00	5	10.00	50.00
8/1	20	10.50	210.00				5	10.00	
							20	10.50	260.00
10/1				3	10.00	30.00	2	10.00	
							20	10.50	230.00

Article *Moteurs ¼ H.P.* Lieu d'entreposage *Case n° 18*

Maximum 25 Minimum 5

Tableau
10-2

Une entreprise qui a un système d'inventaire permanent dénombre, une fois par année, les articles en magasin afin de vérifier si l'inventaire comptable correspond à l'inventaire matériel.

Un système d'inventaire permanent n'a pas uniquement pour objet de faire connaître à un moment quelconque les marchandises en main. Un tel système aide également à exercer un contrôle sur les stocks. Chaque fiche d'inventaire indique généralement la quantité maximale et minimale qu'il faut stocker. De cette façon, on évite plus facilement les excédents ou les pénuries de stocks.

Comparaisons entre la méthode d'inventaire périodique et la méthode d'inventaire permanent

■ La façon de comptabiliser les stocks exposée au chapitre 5 est connue sous le nom de *méthode d'inventaire périodique*. Dans ce cas, on détermine le coût des marchandises vendues en ajoutant les achats nets de l'exercice aux stocks au début et en déduisant du total obtenu les stocks à la fin de l'exercice. La détermination du coût des marchandises vendues selon cette méthode exige de prendre un inventaire matériel à la fin de l'exercice.

En revanche, avec la méthode de l'inventaire permanent, les registres comptables suffisent pour déterminer le coût des marchandises vendues et les stocks à la fin d'un exercice. Dans ce cas, on remplace les deux comptes Stocks et Achats par un seul compte de contrôle (le compte Marchandises) auquel correspondent toutes les fiches d'inventaire dont il a été question dans la section précédente.

Une entreprise qui utilise un système d'inventaire permanent inscrit les achats de marchandises de la façon suivante:

Janv.	8	Marchandises	210.00	
		Comptes à payer — Lebleu & Fils, Enr. ...		210.00
		Pour inscrire un achat de marchandises à crédit.		

On doit aussi inscrire les articles achetés sur les fiches d'inventaire dans la colonne Entrées ainsi que l'illustre le tableau 10–2.

Lors d'une vente, il est possible de comptabiliser en même temps le montant de la vente et le coût des marchandises vendues, car les fiches d'inventaire indiquent le coût de chaque article vendu. Si, par exemple, des marchandises dont le coût est de $30 d'après les fiches d'inventaire sont vendues $50, on passera au journal général l'écriture composée suivante:

Janv.	10	Comptes à recevoir — Georges Boucher	50.00	
		Coût des marchandises vendues	30.00	
		Ventes		50.00
		Marchandises		30.00
		Pour inscrire une vente à crédit.		

Après avoir passé cette écriture aux livres, le comptable doit inscrire le coût des marchandises vendues dans la colonne « Sorties » des fiches d'inventaire.

Étant donné que l'on débite le compte Coût des marchandises vendues chaque fois qu'une vente a lieu, le solde de ce compte à la fin de l'exercice représente le coût de toutes les marchandises vendues durant l'exercice.

Quant au compte Marchandises, comme on le débite du coût des marchandises achetées et qu'on le crédite du coût des marchandises vendues, son solde à la fin de l'exercice représente les stocks à cette date.

Le système d'inventaire permanent demande de modifier quelque peu le journal des ventes en y ajoutant une colonne qui sert à inscrire le coût des marchandises vendues en même temps que leur prix de vente.

Les établissements commerciaux ont généralement un système d'inventaire périodique. Cependant, il n'est pas rare que les entreprises qui vendent des articles ayant un prix élevé aient plutôt un système d'inventaire permanent.

■ LA MÉTHODE DE L'INVENTAIRE AU DÉTAIL

Pour gérer efficacement une entreprise, il est nécessaire de dresser des états financiers plus souvent qu'une fois par année. Souvent, pour cette raison, on dresse des états financiers mensuels ou trimestriels qui portent le nom de *rapports financiers intérimaires* parce que ce sont des états financiers dressés avant la date régulière de fin d'exercice. Un des problèmes que suscite l'établissement de rapports intérimaires consiste à déterminer le chiffre des stocks à la fin de chaque mois ou de chaque trimestre. Comme la prise d'inventaire dans un magasin de détail coûte cher et prend beaucoup de temps, plusieurs grands magasins estiment la valeur des stocks à la fin d'un mois ou d'un trimestre au moyen de la *méthode de l'inventaire au détail.*

Estimation des stocks au moyen de la méthode de l'inventaire au détail. Un magasin qui estime la valeur des stocks au moyen de la méthode de l'inventaire au détail doit connaître à la fois le *coût* et le *prix de détail* des stocks au début de l'exercice. Par « prix de détail des stocks » on entend le prix figurant sur les étiquettes apposées sur les articles en magasin.

Pour appliquer la méthode de l'inventaire au détail, il faut aussi connaître les ventes nettes de l'exercice, c'est-à-dire les ventes moins les escomptes sur ventes, et les achats effectués au cours de l'exercice évalués à la fois au coût et au prix de détail. Possédant toutes ces informations, on peut estimer le coût des stocks de la façon suivante: (1) on trouve d'abord le coût et le prix de vente de tous les articles susceptibles d'être vendus au cours de l'exercice; (2) on divise ensuite le coût des articles à vendre par leur prix de détail, ce qui donne le *ratio du coût au prix de détail;* (3) puis l'on déduit le chiffre des ventes du prix de détail des articles à vendre afin de trouver la valeur des stocks à la fin de l'exercice au prix de détail; (4) finalement, on multiplie ce dernier résultat par le ratio du coût au prix de détail afin de trouver les stocks à la fin de l'exercice évalués au prix coûtant. Le tableau 10–3 illustre la façon de présenter ces calculs.

En résumé, le tableau 10–3 renferme les informations suivantes: (1) le prix de détail des marchandises à vendre durant l'exercice, soit $100,000; (2) le ratio du coût de ces marchandises à leur prix de

		Prix coûtant	Prix de détail
(1)	Marchandises à vendre :		
	Stocks au début	$20,500	$ 34,500
	Achats nets	39,500	65,500
	Marchandises à vendre	$60,000	$100,000
(2)	Ratio du coût au prix de détail ($60,000 ÷ $100,000 = 60%)		
(3)	Ventes de l'exercice		70,000
	Stocks à la fin de l'exercice au prix de détail		$ 30,000
(4)	Stocks à la fin de l'exercice au prix coûtant ($30,000 × 60%)	$18,000	

Tableau 10–3

détail, soit 60%; (3) les ventes effectuées au cours de l'exercice, $70,000, et le prix de détail des marchandises non encore vendues à la fin de l'exercice, $30,000; et (4) le coût des stocks, soit $18,000, trouvé en multipliant les stocks évalués au prix de détail, $30,000, par 60%.

Les stocks à la fin d'un exercice calculés de la façon précédente représentent une estimation trouvée en déduisant les marchandises vendues des marchandises à vendre. Les résultats obtenus en estimant les stocks de cette manière sont satisfaisants pour dresser des rapports financiers intérimaires. Cependant, il est nécessaire pour mieux établir les états financiers annuels de prendre un inventaire matériel, c'est-à-dire de dénombrer les articles en main à la fin de l'exercice.

La méthode de l'inventaire au détail et l'inventaire matériel. Les articles en vente dans un magasin de détail portent généralement des étiquettes où figure le prix de détail. C'est pour cette raison qu'un magasin de détail évalue au prix de détail les résultats d'un inventaire matériel et trouve par la suite le coût des articles en magasin en multipliant le chiffre de l'inventaire matériel par le ratio du coût au prix de détail. On procède de cette façon parce que l'on connaît déjà les prix de détail et parce que l'utilisation du ratio du coût au prix de détail évite d'avoir à examiner les factures d'achat pour y retracer le coût de chacun des articles en magasin.

Supposons, par exemple, que le magasin dont il est question dans le tableau 10–3 prend un inventaire matériel des articles en magasin en plus d'estimer leur prix de détail. Supposons, de plus, que l'inventaire matériel a révélé que le prix de détail des articles en magasin est de $29,600. Dans ce cas, on peut trouver le coût des articles en magasin sans examiner les factures d'achat en multipliant simplement les résultats de l'inventaire au prix de détail, soit $29,600, par le ratio du coût au prix de détail:

$$\$29,600 \times 60\% = \$17,760$$

On peut conclure que ce chiffre de $17,760, qui représente le coût des articles en magasin à la fin de l'exercice, convient pour dresser les états financiers.

Évaluation du coût des marchandises perdues ou volées. Les stocks déterminés de la façon illustrée dans le tableau 10–3 représentent une estimation du coût des marchandises que le magasin devrait avoir en main à un moment donné. Cependant, cette méthode ne révèle pas les marchandises que le magasin a pu perdre ou qu'il s'est fait voler, parce que l'on se contente de déduire les marchandises vendues des marchandises à vendre. Cependant, on peut trouver le coût de ces marchandises perdues ou volées en comparant les résultats de l'inventaire matériel avec ceux de l'inventaire comptable.

Ainsi, l'inventaire comptable établi dans le tableau 10–3, évalué au prix de détail, s'élève à $30,000. Cependant, un inventaire matériel a révélé que le prix de détail des articles vraiment en magasin à la même date n'est que de $29,600. Les articles perdus ou volés ont donc un prix de détail de $400 ($30,000 — $29,600) et un coût de $240, soit $400 X 60%.

Les majorations et les démarquages. Parfois, le calcul du ratio du coût au prix de détail n'est pas aussi simple que le tableau 10–3 le laisse voir parce que de nombreux magasins modifient le prix de détail initial en le majorant on en le démarquant. Le prix de détail initial est égal au prix coûtant plus la marge bénéficiaire normale qui représente un certain pourcentage du prix d'achat. Si, par exemple, la marge bénéficiaire normale d'un magasin est de 50% du prix d'achat, le prix de détail d'un article qui a coûté $10 sera de $15, soit $10 + 50% de $10. Lorsque l'on calcule le ratio du coût au prix de détail, on peut déterminer la marge bénéficiaire normale en soustrayant le chiffre des achats nets du prix de détail de ces mêmes achats.

Les *majorations* sont des augmentations apportées au prix de détail initial. Souvent, les magasins augmentent le prix de détail de certains articles de luxe lorsqu'ils réalisent que le client acceptera de payer davantage pour ces articles. En revanche, les *démarquages* représentent des diminutions apportées au prix de détail initial lors d'une vente à rabais destinée à écouler certains articles qui se vendent moins bien.

Un magasin qui majore le prix de détail de ses marchandises ou qui le démarque doit tenir compte, dans un registre, des majorations ou des démarquages, afin d'avoir les informations nécessaires à l'estimation de la valeur des stocks ainsi que l'illustre le tableau 10–4.

	Prix coûtant	Prix de détail
Marchandises à vendre :		
Stocks au début	$18,000	$27,800
Achats nets	34,000	50,700
Majorations		1,500
Marchandises à vendre	$52,000	$80,000
Ratio du coût au prix de détail ($52,000 ÷ $80,000 = 65%)		
Ventes		$54,000
Démarquages		2,000
Total des ventes et des démarquages		$56,000
Stocks à la fin évalués au prix de détail ($80,000—$56,000)		$24,000
Stocks à la fin évalués au coût ($24,000 × 65%)	$15,600	

Tableau 10–4

Remarquez, dans cet exemple, que le prix de détail des marchandises à vendre a été réduit de $56,000, soit de $54,000, le chiffre des ventes, plus $2,000, le total des démarquages. (Pour bien comprendre la nature des démarquages, prenons l'exemple suivant. Le magasin dont il est question dans le tableau 10–4 a mis en vente un article à un prix de détail de $25. Comme cet article se vendait mal, le directeur du magasin a décidé de réduire son prix de $5. Le nombre d'articles dont il faut réduire le prix de détail étant de 400, le total des démarquages s'élève à $2,000, ce qui explique la provenance du chiffre figurant dans le tableau 10–4.) Après avoir déduit du prix de détail des marchandises à vendre, $80,000, le chiffre des ventes, $54,000, et les démarquages, $2,000, on trouve le prix de détail des articles en main à la fin de l'exercice, soit $24,000. Étant donné que le ratio du coût au prix de détail est de 65%, le coût des stocks à la fin de l'exercice est de $15,600.

On remarque, dans le tableau 10–4, que l'on inclut les majorations dans le calcul du ratio du coût au prix de détail alors qu'on en exclut les démarquages. C'est là une pratique qui est très ancienne et qui se justifie par l'objectif d'évaluer les stocks à un prix qui se rapproche de celui que donnerait l'application de la règle du plus bas du coût d'acquisition et du coût de remplacement. On discute davantage de la méthode de l'inventaire au détail dans un manuel de comptabilité intermédiaire.

LA MÉTHODE D'ESTIMATION DES STOCKS FONDÉE SUR LA PERMANENCE DES MARGES BÉNÉFICIAIRES

Souvent, une entreprise n'a pas toutes les informations nécessaires pour estimer le coût de ses stocks en calculant l'inventaire au détail. Elle peut, dans ce cas, utiliser une autre méthode d'estimation dite *méthode fondée sur la permanence des marges bénéficiaires.* Pour appliquer cette méthode, il faut avoir les informations suivantes: la marge bénéficiaire exprimée en pourcentage du prix de vente, les stocks au début de l'exercice, les achats nets, le fret à l'achat, le chiffre des ventes et les rabais et rendus sur ventes.

Supposons, par exemple, que le 27 mars, un incendie a détruit l'entrepôt de la Société ABC, Ltée. Le pourcentage moyen de bénéfice brut réalisé au cours des cinq derniers exercices est égal à 30% du chiffre des ventes nettes. Voici le solde de certains comptes le jour où le feu a éclaté:

Ventes	$31,500
Rendus et rabais sur ventes	1,500
Stocks au 1er janvier 1976	12,000
Achats nets	20,000
Fret à l'achat	500

Étant donné que les stocks ont été entièrement détruits le 27 mars, il est nécessaire d'estimer le coût des stocks à cette date afin de réclamer une indemnité à la compagnie d'assurances. Le tableau 10–5 illustre la façon de faire cette estimation.

Pour comprendre les calculs effectués dans le tableau 10–5, il faut se rappeler que le coût des marchandises vendues se trouve en déduisant les stocks à la fin d'un exercice du total des marchandises à vendre.

Marchandises à vendre :
Stocks au 1er janvier 1976		$12,000
Achats nets	$20,000	
Fret à l'achat	500	20,500
Marchandises à vendre		$32,500
Moins le coût approximatif des marchandises vendues :		
Ventes	$31,500	
Rendus et rabais sur ventes	1,500	
Ventes nettes	$30,000	
Moins : Bénéfice brut estimatif (30% de $30,000)	9,000	
Coût approximatif des marchandises vendues		21,000
Coût approximatif des stocks au 27 mars 1976		$11,500

Tableau
10–5

Dans le tableau 10–5, on fait ces calculs à rebours en ce sens que l'on déduit le coût des marchandises vendues du chiffre des marchandises à vendre pour trouver les stocks à la fin d'un exercice ou à une date quelconque.

La méthode d'estimation des stocks fondée sur la permanence des marges bénéficiaires ne sert pas uniquement pour estimer le coût des marchandises perdues, mais aussi pour vérifier l'exactitude des résultats d'un inventaire matériel déterminé de la façon habituelle.

Questions

1. Que veut-on dire par l'énoncé suivant : "La période de rotation des stocks est de 60 jours" ?

2. Pourquoi peut-on dire que les stocks à la fin d'un exercice et le coût des marchandises vendues sont deux éléments qui forment un tout ?

3. Donnez la signification des expressions ou des termes suivants lorsqu'on les applique aux stocks :

   a. Épuisement successif.
   b. FIFO.
   c. Épuisement à rebours.
   d. LIFO.
   e. Coût d'acquisition.
   f. Coût de remplacement.
   g. Le plus bas du coût d'acquisition et du coût de remplacement.
   h. Inventaire permanent.
   i. Inventaire matériel.
   j. Inventaire comptable.

4. La méthode de l'épuisement successif donne-t-elle un bénéfice net plus élevé que la méthode de l'épuisement à rebours lorsque les prix fluctuent à la hausse ?

5. Une entreprise peut-elle changer à volonté de méthode d'évaluation des stocks ?

6. Pourquoi les comptables considèrent-ils que le principe de continuité est important ?

7. Quels éléments font partie du coût des stocks ?

8. Pourquoi n'inclut-on pas généralement les faux frais dans le coût des stocks ?

9. Que veut-on dire lorsque l'on affirme que les erreurs relatives aux stocks "se corrigent d'elles-mêmes " ?

10. Si les erreurs relatives aux stocks "se corrigent d'elles-mêmes" pourquoi s'en soucier ?

11. Qu'entend-on par "marge bénéficiaire normale", "majoration" et "démarquage".

Exercices   **Exercice 10–1**

Voici les achats du produit Z effectués par A, Ltée au cours d'un exercice :

Janv.	1	Stock au début ...	10 unités @	$ 9.20	=	$ 92
Fév.	5	Achat	40 unités @	10.00	=	400
Juin	8	Achat	20 unités @	10.60	=	212
Août	3	Achat	30 unités @	11.20	=	336
Déc.	9	Achat	20 unités @	11.60	=	220
		Total	120 unités			$1,260

L'inventaire matériel a révélé que A, Ltée a en main, à la fin de l'exercice, 30 unités, dont 10 proviennent de l'achat du 9 décembre, 10 de l'achat du 3 août et 10 de l'achat du 8 juin.

Travail à faire :
Déterminez le coût des unités vendues et le coût des unités en main au 31 décembre selon chacune des méthodes suivantes : (*a*) la méthode du coût distinct, (*b*) la méthode du coût moyen pondéré, (*c*) la méthode de l'épuisement successif et (*d*) la méthode de l'épuisement à rebours.

Exercice 10–2

Le chiffre des ventes d'un magasin s'est élevé à $78,000 au cours de 1976. Les renseignements suivants sont tirés des livres de ce magasin :

	Prix coûtant	Prix de détail
Stocks au début	$15,000	$21,000
Achats nets	55,000	74,000
Majorations		5,000
Démarquages		2,000

Déterminez le coût des stocks de ce magasin au 31 décembre 1976.

Exercice 10–3

Posez l'hypothèse qu'un inventaire matériel a révélé que les stocks du magasin dont il est question dans le problème précédent ont un prix de détail de $19,500. Déterminez : (*a*) le coût des articles en main au 31 décembre et (*b*) la perte de marchandises provenant de diverses sources, aussi bien au prix de détail qu'au prix coûtant.

Exercice 10–4

Les stocks d'un magasin évalués au prix coûtant s'élevaient à $17,000 au 1er janvier 1976. Les achats du premier trimestre de 1976 se sont élevés à

$65,000, les rendus sur achats à $500 et le fret à l'achat à $3,500. Au cours des derniers exercices, le pourcentage moyen de la marge bénéficiaire a été de 35%. Si les ventes du trimestre se sont élevées à $100,000, calculez le coût aproximatif des stocks au 31 mars 1976.

Exercice 10–5

Les ventes d'une entreprise se sont maintenues à $80,000 au cours de chacun des exercices terminés le 31 décembre 1974, 1975 et 1976. Les achats effectués au cours de chacun des trois exercices se sont élevés à $50,000 et les stocks sont constamment demeurés les mêmes, soit $10,000. Cependant, l'entreprise a mal évalué ses stocks à la fin de 1974 et elle a dressé ses états financiers en y inscrivant des stocks de $11,000 au lieu de $10,000.

Travail à faire :
1. Calculez le bénéfice brut réel de chacun des trois exercices.
2. Dressez un tableau semblable au tableau 10–1 dans lequel vous ferez ressortir l'effet de l'erreur commise sur le coût des marchandises vendues et le bénéfice brut de chacun des exercices.

Problèmes √ **Problème 10–1**

Une entreprise avait en magasin, au début d'un exercice, 300 unités, coûtant $50 chacune, du seul produit qu'elle vend. Elle a effectué, au cours de l'exercice, les achats suivants :

Fév. 2 400 unités @ $60 chacune
Mai 14 500 unités @ 70 chacune
Août 2 400 unités @ 80 chacune
Oct. 7 400 unités @ 60 chacune

L'entreprise a encore en magasin, au 31 décembre, 500 unités.

Travail à faire :
1. Calculez le total des unités à vendre au cours de l'exercice et leur coût total.
2. Calculez le coût des marchandises de l'exercice et le coût du stock au 31 décembre selon chacune des méthodes suivantes : (*a*) méthode de l'épuisement successif, (*b*) méthode de l'épuisement à rebours et (*c*) méthode du coût moyen pondéré.

√ **Problème 10–2**

Une entreprise qui a un système d'inventaire permanent a effectué, en janvier, les opérations suivantes relativement à l'article ABX :

Janv. 1 Solde : 12 unités coûtant $6 chacune.
       4 Achat de 20 unités à un prix de $7 chacune.
       9 Vente de 10 unités.
      15 Vente de 15 unités.
      19 Achat de 20 unités à un prix de $8 chacune.
      24 Vente de 5 unités.
      29 Vente de 16 unités à Henri Héroux.

Travail à faire :

1. Inscrivez les opérations précédentes sur une fiche d'inventaire semblable à celle du tableau 10–2. Posez l'hypothèse que l'entreprise vend d'abord les unités achetées en premier lieu (méthode de l'épuisement successif).
2. Répondez à la même question si l'entreprise utilise la méthode de l'épuisement à rebours.
3. Passez au journal général l'écriture pour inscrire la vente à $12 l'unité et le coût des 16 unités vendues à Henri Héroux le 29 janvier si la méthode utilisée est la méthode de l'épuisement à rebours.

Problème 10–3

Apex, Ltée ne distribue qu'un seul produit qu'elle a vendu $10 l'unité au cours de l'exercice qui vient de se terminer. Le nombre d'unités vendues s'est élevé à 8,500. Le coût des stocks au début de l'exercice et les achats effectués durant l'exercice sont les suivants :

Janvier 1er Stock .... 1,000 unités @ $5.60 chacune
Achats de l'exercice :
   Février 5 .... 1,000 unités @ $6.00 chacune
   Avril 28 .... 3,000 unités @ $6.20 chacune
   Août 22 .... 4,000 unités @ $6.50 chacune
   Octobre 15 .... 1,000 unités @ $7.00 chacune

Les frais d'exploitation de l'exercice découlant de la mise en marché des 8,500 unités vendues ont été de $2 l'unité.

Travail à faire :

Dressez trois états des revenus et dépenses distincts dans lesquels le stock à la fin de l'exercice sera évalué : (*a*) selon la méthode de l'épuisement successif, (*b*) selon la méthode de l'épuisement à rebours et (*c*) selon la méthode du coût moyen pondéré.

Problème 10–4

La Boutique Excello, Enr. prend un inventaire matériel des articles en magasin au prix de détail et calcule ensuite le coût de ces articles afin de trouver le chiffre des stocks qui doit figurer aux états financiers. Elle estime aussi le coût des stocks au moyen de la méthode de l'inventaire au détail et compare les deux résultats obtenus afin de connaître les pertes de marchandises attribuables aux vols à l'étalage ou à d'autres causes. Les renseignements suivants sont tirés des registres comptables :

	Prix coûtant	Prix de détail
Ventes		$117,340
Rendus sur ventes		1,870
Stocks au 1er janvier	$12,210	18,100
Achats..	83,385	119,900
Rendus sur achats	1,415	1,950
Majorations		2,450
Démarquages		1,530
Stocks au 31 décembre d'après l'inventaire matériel ..		20,950

Travail à faire :

1. Déterminez le coût approximatif des stocks au 31 décembre.
2. Déterminez le coût des articles réellement en magasin au 31 décembre.
3. Calculez les pertes de marchandises, tant au prix de détail qu'au coût.

Problème 10–5

Le matin du 12 novembre 1976, le gérant du magasin Zénon, Ltée a découvert que des voleurs avaient pénétré dans le magasin et volé toutes les marchandises qui s'y trouvaient. Les données suivantes se rapportent à la période écoulée du 1er janvier au 11 novembre :

Ventes	$139,550
Rendus sur ventes	1,050
Achats	92,240
Rendus sur achats	510
Fret à l'achat	870

Les stocks au 1er janvier avaient un coût de $32,600 et Zénon, Ltée a réalisé une marge bénéficiaire moyenne de 32% du chiffre des ventes au cours des cinq derniers exercices.

Travail à faire :

Calculez le coût des marchandises volées le 12 novembre.

Problème 10–6

Une entreprise qui ne vend qu'un produit avait, au début de 1974, un stock de 200 unités ayant un coût de $50 chacune. Le stock n'a pas varié au cours des années 1974, 1975 et 1976 et il était toujours de 200 unités à la fin de chacun de ces trois exercices. Voici les ventes effectuées au cours de cette période :

Ventes de 1974 : 1,000 unités à un prix moyen de $115 l'unité
Ventes de 1975 : 1,000 unités à un prix moyen de $133 l'unité
Ventes de 1976 : 1,000 unités à un prix moyen de $138 l'unité

Voici maintenant le détail des achats effectués en 1974, 1975 et 1976 :

Achats de 1974			*Achats de 1976*		
200 unités @ $55 =	$11,000		200 unités @ $70 =	$14,000	
200 unités @ 50 =	10,000		400 unités @ 65 =	26,000	
300 unités @ 60 =	18,000		200 unités @ 65 =	13,000	
300 unités @ 65 =	19,500		200 unités @ 75 =	15,000	
1,000	$58,500		1,000	$68,000	

Achats de 1975		
500 unités @ $60 =	$30,000	
300 unités @ 70 =	21,000	
200 unités @ 70 =	14,000	
1,000	$65,000	

Travail à faire :

1. Dressez deux états des revenus et dépenses pour chacun des trois exercices dans lesquels vous calculerez le coût des marchandises vendues

et le bénéfice brut : (*a*) selon la méthode de l'épuisement successif et (*b*) selon la méthode de l'épuisement à rebours. Présentez les deux états pour chacun des exercices l'un à côté de l'autre sur une même feuille.

2. Répondez aux questions suivantes : (*a*) Quelle méthode d'évaluation des stocks donne un bénéfice annuel moindre ? (*b*) Quelle méthode rapproche mieux les revenus et les dépenses ?

Autres problèmes

Problème 10–1A

Première partie. Les informations suivantes sont tirées des registres d'un magasin :

	Prix coûtant	Prix de détail
Ventes de l'exercice		$221,560
Rendus sur ventes		2,345
Stocks au 1er janvier	$ 21,540	32,950
Achats	146,490	219,735
Rendus sur achats	980	1,470
Majorations		5,785
Démarquages		1,285

Travail à faire :
Trouvez le coût des stocks à la fin de l'exercice

Deuxième partie. Les informations suivantes sont tirées des registres d'un magasin :

Stocks au 1er janvier, au prix coûtant	$ 42,850
Achats	123,900
Rendus sur achats	1,200
Fret à l'achat	2,680
Ventes	189,900
Rendus sur ventes	3,400
Marge bénéficiaire moyenne exprimée en pourcentage du prix de vente	32%

La marge bénéficiaire exprimée en pourcentage provient des résultats d'exploitation des cinq derniers exercices. Toutes les autres données se rapportent à l'exercice commencé le 1er janvier 1976 et terminé le 30 juin 1976.

Travail à faire :
Trouvez le coût approximatif des stocks au 30 juin.

Problème 10–2A

Une entreprise, qui a un système d'inventaire permanent, a effectué, en janvier, les opérations suivantes relativement à l'article XYZ :

Janv. 1 Solde : 5 unités coûtant $5 chacune.
2 Achat de 10 unités à un prix de $5 chacune.
6 Vente de 3 unités.
10 Vente de 8 unités.
14 Achat de 8 unités à un prix de $6 chacune.
18 Vente de 3 unités.
28 Vente de 4 unités à Léo Hallé.

Travail à faire :
1. Inscrivez les opérations précédentes sur une fiche d'inventaire semblable à celle du tableau 10–2. Posez l'hypothèse que l'entreprise vend d'abord les marchandises achetées en premier lieu (méthode de l'épuisement successif).
2. Répondez à la même question si l'entreprise utilise la méthode de l'épuisement à rebours.
3. Passez au journal l'écriture pour inscrire la vente et le coût des 4 unités vendues à Léo Hallé si la méthode utilisée est la méthode de l'épuisement à rebours.

Problème 10–3A

Alpha, Ltée ne distribue qu'un seul produit qu'elle a vendu $200 l'unité au cours de l'exercice qui vient de se terminer. Le nombre d'unités vendues s'est élevé à 850. Le coût du stock au début de l'exercice et les achats effectués durant l'exercice sont les suivants :

Janvier 1er, Stock .... 100 unités @ $121 chacune
Achats :
   Janvier 28 .... 300 unités @ $120 chacune
   Avril 29 .... 200 unités @ 125 chacune
   Juillet 27 .... 300 unités @ 129 chacune
   Décembre 2 .... 100 unités @ 132 chacune

Travail à faire :
Dressez trois états des revenus et dépenses distincts dans lesquels le stock à la fin de l'exercice sera évalué : (*a*) selon la méthode de l'épuisement successif, (*b*) selon la méthode de l'épuisement à rebours et (*c*) selon la méthode du coût moyen pondéré.

Problème 10–4A

Les informations suivantes sont tirées des registres de la Coopérative Étudiante Laval à la fin de l'exercice en cours :

	Prix coûtant	*Prix de détail*
Stocks au 1er janvier	$ 18,500	$ 28,450
Achats	143,880	217,180
Rendus sur achats	1,180	1,820
Majorations		4,190
Démarquages		2,110
Ventes		220,120
Rendus sur ventes		1,830

La Coopérative Étudiante Laval prend annuellement un inventaire matériel des articles en magasin au prix de détail et calcule ensuite le coût de ces articles afin de trouver le chiffre des stocks qui doit figurer aux états financiers. Les stocks au 31 décembre, d'après l'inventaire matériel, s'élèvent à $27,200. La Coopérative Étudiante Laval estime aussi le coût des stocks au moyen de la méthode de l'inventaire au détail et compare ensuite les résultats obtenus pour déterminer les pertes de marchandises.

Travail à faire :
1. Déterminez le coût approximatif des stocks au 31 décembre.
2. Calculez le coût des articles réellement en magasin au 31 décembre.
3. Calculez les pertes de marchandises, tant au prix de détail qu'au coût.

Problème 10–5A

Le bâtiment qu'occupait Aldo, Ltée a passé au feu le 23 avril. Tout a été détruit, à l'exception des registres comptables qui étaient gardés dans une voûte à l'épreuve du feu. Le président vous a demandé de calculer le montant de l'indemnité qu'il pourra réclamer à la compagnie d'assurances pour les marchandises entreposées à ce moment-là. Les renseignements suivants sont tirés des registres comptables :

Stocks au 1ᵉʳ janvier	$23,400
Ventes du 1ᵉʳ janvier au 23 avril	94,730
Marchandises retournées par les clients au cours de la même période	2,230
Achats du 1ᵉʳ janvier au 23 avril	61,520
Marchandises retournées aux fournisseurs au cours de la même période	1,260
Fret à l'achat du 1ᵉʳ janvier au 23 avril	2,660
Marge bénéficiaire moyenne réalisée au cours des quatre dernières années	34%

Travail à faire :
Calculez le coût des marchandises entreposées et détruites le 23 avril.

Cas 10–1
La Boutique aux Souliers, Enr.

La Boutique aux Souliers, Enr. a subi des dommages causés par l'eau et la fumée dans la nuit du 27 octobre. M. Lamoureux, un représentant de la compagnie d'assurances est venu, dès le lendemain, visiter les lieux. Après avoir terminé sa visite, il réussit à convaincre M. Kelly, le propriétaire du magasin, que les marchandises endommagées pourraient être vendues à un cinquième de leur coût à une entreprise qui se spécialise dans l'écoulement des articles endommagés par le feu. M. Lamoureux offrit alors à M. Kelly une indemnité de $20,000 en règlement complet des dommages que les stocks avaient subis. Pour tenter de persuader M. Kelly d'accepter cette offre, il lui annonça qu'il avait l'autorité d'émettre, sur le champ, à son ordre, un chèque de $20,000. Il lui fit aussi remarquer qu'un règlement rapide de cette affaire lui donnerait les fonds pour renouveler immédiatement ses stocks en prévision des ventes du temps de Noël.

M. Kelly estimait que la perte pouvait excéder $20,000, mais il pensait que s'il n'acceptait pas l'offre de la compagnie d'assurances, il devrait prendre un inventaire matériel et examiner chacun des articles en magasin pour mieux évaluer la perte. Tout ce travail prendrait un temps énorme et il était davantage intéressé à préparer les ventes du temps de Noël qui, selon lui, lui rapporteraient des bénéfices élevés. Il hésitait, toutefois, à accepter un règlement qui lui occasionnerait une perte importante. Aussi, il demanda et obtint un délai de 24 heures pour étudier l'offre de la compagnie d'assurances. Après le départ de M. Lamoureux, il étudia ses registres comptables et en tira les informations suivantes :

		Au prix coûtant	*Au prix de détail*
a.	Stocks au 1ᵉʳ janvier	$ 28,400	$ 45,600
	Achats du 1ᵉʳ janvier au 27 octobre	173,100	279,100
	Ventes nettes du 1ᵉʳ janvier au 27 octobre		281,300

b. Le 10 mars, M. Kelly a démarqué des bottes et des chaussures d'hiver dont le prix de détail était de $10,000 et il a décidé de les vendre en solde à $8,000. Il a réussi à vendre les trois quarts de ces marchandises et a annulé les démarquages sur le reste qui, par la suite, a été mis en vente au prix de détail initial.

c. Au cours de juin, il a constaté qu'une gamme spéciale de souliers italiens plaisaient beaucoup à ses clients. Aussi, il a majoré de $20 à $25 le prix de 80 paires de ces souliers. Il a réussi à en vendre 60 paires au prix de $25 et, le 1ᵉʳ août, il a annulé la majoration sur les 20 autres paires qui, par la suite, ont été mises en vente au prix de détail initial.

d. Entre le 1ᵉʳ janvier et le 27 octobre, il a inscrit des démarquages s'élevant au total à $1,200.

Rédigez un rapport pour le compte de M. Kelly dans lequel vous lui recommanderez d'accepter ou de rejeter la somme offerte par M. Lamoureux. Présentez, en bonne forme, tous vos calculs.

Cas 10–2
Au Mobilier
Élégant,
Enr.

Le Magasin au Mobilier Élégant, Enr. existe depuis quatre ans et a réalisé, au cours de cette période, une marge bénéficiaire moyenne de 34% du chiffre des ventes. Il y a deux jours, soit le 3 juin 1976, un sérieux incendie a détruit tout le stock. Joseph Green, le propriétaire du magasin, a demandé une indemnité de $53,320 à la compagnie d'assurances pour le dédommager de la perte des marchandises entreposées. Lorsque le représentant de la compagnie d'assurances lui demanda d'expliquer d'où venait ce chiffre, il répondit que la journée précédente, il avait réduit de 20% le prix de détail de chaque article en vue de la vente annuelle d'été au rabais et que ce travail l'avait amené à dénombrer tous les articles qu'il avait alors en magasin. De plus, dit-il au représentant : « C'est une perte très lourde, mais comme dit le proverbe, « à toute chose, malheur est bon », du moins pour vous, mes amis, car c'est vous qui tirez avantage des démarquages apportés à mes marchandises ».

Quand la compagnie d'assurances fit savoir à M. Green qu'il aurait à prouver le bien-fondé de sa réclamation non seulement avec des paroles mais aussi avec des données précises, il communiqua les informations suivantes tirées des registres comptables qui, heureusement, étaient gardés dans un coffre-fort à l'épreuve du feu.

1. Les livres ont été fermés le 31 décembre 1975.
2. Le 3 juin, après avoir inscrit toutes les opérations, les comptes relatifs au marchandises avaient les soldes suivants :

Ventes	$193,970
Rendus sur ventes	5,470
Achats	123,900
Rendus sur achats	1,250
Fret à l'achat	2,730
Stock de marchandises au 1er janvier	42,920

3. Le prix de détail des marchandises entreposées le 2 juin était de $66,650.

Déterminez, au moyen des informations précédentes, le montant de la perte causée par l'incendie du 3 juin 1976. Présentez les calculs que M. Green a dû effectuer pour trouver le montant de l'indemnité réclamée. Peut-on se servir du chiffre du stock déterminé le 2 juin pour calculer la perte résultant des marchandises détruites ? Justifiez votre réponse.

11

Les immobilisations corporelles

■ ⟨Les biens d'une durée relativement longue utilisés pour fabriquer un produit, vendre des marchandises ou rendre des services⟩ figurent au bilan dans une section intitulée ⟨*immobilisations* ou *actif immobilisé.*⟩ On peut aussi donner à cette section du bilan un titre plus descriptif comme « Terrain, bâtiments et équipement ».

Étant donné que les immobilisations corporelles servent à l'exploitation, elles diffèrent des stocks et des placements. Une machine qu'un concessionnaire garde en vue de la revente est un élément des stocks de ce concessionnaire. De même, un terrain acheté en vue d'une expansion future doit figurer dans la section Placements à long terme du bilan ou sous le titre de Autres valeurs actives. Ces biens ne doivent pas faire partie des immobilisations parce qu'ils ne servent pas à fabriquer un produit, à vendre des marchandises ou à rendre des services.

Le fait que ⟨les immobilisations ont une durée qui excède la durée d'un exercice⟩ les distingue des fournitures qui sont imputées aux revenus de l'exercice au cours duquel on les utilise. Quant aux fournitures non encore utilisées à la fin d'un exercice, elles représentent des dépenses payées d'avance qu'il faut inclure dans l'actif à court terme. Étant donné que la durée des immobilisations corporelles est toujours supérieure à un an, il faut répartir leur coût sur les exercices où on les utilise afin de bien rapprocher les revenus et les dépenses.

Le coût des immobilisations corporelles

■ Le coût d'une immobilisation corporelle comprend toutes les dépenses qu'il faut normalement effectuer afin de mettre cette immobilisation en état de servir et l'amener à l'endroit où elle servira. Ainsi, le coût d'une machine servant à fabriquer un produit comprend le prix de la facture, moins les escomptes de caisse, plus les frais de transport et d'installation. Le coût d'une machine comprend aussi le coût des fondations en béton, des connexions électriques et de toutes les modifications qu'il est nécessaire d'effectuer pour mettre la machine en état de marche. En résumé, le coût d'une immobilisation comprend tous les coûts qu'il est normal, nécessaire ou raisonnable d'engager pour qu'elle puisse servir.

Un coût anormal ou non nécessaire au bon fonctionnement d'un bien ne doit pas être inclus dans le coût de ce bien. Ainsi, si l'on endommage une machine en l'installant, on ne doit pas inclure dans le coût de cette machine les frais imprévus découlant des réparations effectuées. De même, on ne doit pas capitaliser une amende payée à une municipalité pour avoir négligé de demander un permis. Cependant, dans ce dernier cas, il serait normal de capitaliser le coût du permis accordé par la municipalité si l'on en a demandé un.

Après avoir acheté un bien mais avant de s'en servir, il est parfois nécessaire de le réparer ou de le remettre à neuf afin qu'il convienne à l'acquéreur. Ces coûts font partie intégrante du coût du bien et il faut les capitaliser. Quant à l'amortissement, il n'y a pas lieu de le comptabiliser tant que le bien n'est pas en état de servir.

Lorsqu'une entreprise construit ou fabrique un bien pour elle-même, le coût de ce bien doit comprendre le coût des matériaux, la main-d'oeuvre et une juste part des frais généraux ou des dépenses indirectes, comme les dépenses de chauffage et d'électricité et l'amortissement du coût des machines utilisées pour fabriquer ou construire ce bien. Le coût d'acquisition, dans ce cas, comprend également le coût des devis et des permis de construction ainsi que les primes d'assurances versées durant la construction. On inclut les primes d'assurances parce que cette dépense est nécessaire pour que le bien construit soit en état de servir. Point n'est besoin de dire que les primes d'assurances représentent une dépense d'exploitation après la mise en service d'un bien.

Le coût d'un terrain acheté pour y ériger un bâtiment ou construire une usine comprend le prix du terrain, les commissions versées à l'agence immobilière, les frais juridiques, les frais d'examen du titre de propriété et toutes les taxes foncières accumulées jusqu'à la date d'achat et acquittées par l'acquéreur. Le coût d'un terrain doit aussi comprendre les frais d'arpentage, de nivellement, de drainage et d'embellissement. Il faut également porter au débit du compte Terrain les taxes spéciales levées au moment de l'achat pour l'ouverture de rues ainsi que le coût de l'installation des conduites d'eau, de la construction de trottoirs, etc., puisque ces éléments augmentent la valeur du terrain d'une façon plus ou moins permanente.

Sur les terrains achetés pour y construire un bâtiment, se trouve parfois un vieux bâtiment qu'il faut démolir. Il faut alors inclure dans le coût du terrain le coût du bâtiment à démolir. Quant au coût de démolition, il faut aussi le porter au débit du compte Terrain après avoir toutefois déduit le produit de la vente des matériaux tirés du bâtiment démoli.

Le terrain acquis en vue d'y construire un bâtiment a une durée illimitée et c'est pour cette raison que l'on ne doit pas en amortir le coût. Cependant, les bâtiments et les améliorations apportées au terrain, comme la construction de voies d'accès, de parcs de stationnement et de clôtures, de même que l'installation de lampadaires, sont des biens amortissables qu'il faut comptabiliser dans des comptes distincts. On comptabilise généralement ces éléments dans le compte Améliorations apportées au terrain.

Souvent, une entreprise achète à un prix forfaitaire un terrain et un bâtiment. Dans ce cas, il faut répartir, de façon équitable, le prix payé. Une base équitable de répartition pourrait être la valeur imposable des biens ou les valeurs obtenues à la suite d'une expertise. Supposons, par exemple, que les valeurs d'expertise d'un terrain et d'un bâtiment acquis à un prix global de $90,000 sont respectivement de $30,000 et de $70,000. On pourrait alors répartir le coût de $90,000 de la façon suivante:

	Valeur d'expertise	% du total	Coût attribué à chacun des biens
Terrain	$ 30,000	30%	$27,000
Bâtiment	70,000	70%	63,000
Total	$100,000	100%	$90,000

La nature de l'amortissement

■ L'entreprise qui achète une immobilisation corporelle acquiert effectivement les services que cette immobilisation rendra au cours de sa durée d'utilisation. Étant donné que la durée de tout bien est limitée (à l'exception des terrains), ces services cesseront un jour et auront perdu toute valeur à la fin de la durée d'utilisation. De plus, un bien se déprécie en raison de l'usage que l'on en fait et des dommages qu'il peut subir. Le comptable reconnaît ces faits au moyen de l'amortissement qui consiste essentiellement à répartir le coût d'un bien sur sa durée d'utilisation.

Si, par exemple, une entreprise achète une automobile pour un de ses représentants, elle achète effectivement des services, soit un moyen de transport pour le représentant. Le coût de ces services est le coût de l'automobile moins ce que l'on réussira à en retirer lors de son aliénation à la fin de la durée d'utilisation. L'amortisement du coût de cette automobile que l'on imputera aux revenus de chaque exercice provient de la répartition systématique du coût des services qu'elle procurera sur toute la période où le représentant s'en servira. Ainsi qu'on peut le constater, l'amortissement ne consiste pas à évaluer la détérioration matérielle de l'automobile ni non plus la diminution de sa valeur marchande.

Ce que nous venons de dire de l'amortissement est conforme à la définition de l'amortissement donnée par l'Institut Canadien des Comptables Agréés: (« L'amortissement est un processus comptable selon lequel le coût d'un bien, ou toute autre valeur comptable, moins sa valeur de récupération, est réparti sur toute sa durée d'utilisation d'une manière systématique et rationnelle. Il s'agit d'un processus de répartition et non d'un processus d'évaluation. »[1])

La durée économique d'un bien

■ La durée économique est le temps au cours duquel un bien sert pour fabriquer un produit, vendre des marchandises ou rendre des services. La durée économique peut être différente de la durée du bien lui-même. Ainsi, les machines à écrire ont généralement une durée de 10 à 12 ans. Cependant, si une entreprise estime qu'il est plus sage de n'utiliser les machines à écrire que trois années afin de réduire les frais d'entretien et, en même temps, avoir un meilleur service, on peut dire que la durée économique des machines à écrire pour cette entreprise n'est que de trois ans. L'amortissement annuel, dans ce cas, sera égal à la différence entre le coût des machines à écrire (les services qu'elles sont appelées à rendre) et leur valeur de reprise, divisée par trois.

Lors de l'acquisition d'un bien, il est nécessaire d'en estimer la durée économique afin de répartir équitablement le coût de ce bien sur les exercices au cours desquels il servira. L'estimation de la durée économique d'un bien suscite des problèmes parce qu'il faut tenir compte de nombreux facteurs. La durée d'utilisation totale d'un bien dépend généralement de facteurs comme l'usure et l'action des éléments de la nature. Cependant, il importe aussi de considérer deux autres facteurs, soit l'*insuffisance* et la *désuétude*. Une entreprise qui acquiert un bien se demande d'abord si le bien lui conviendra toujours ou suffira pour répondre à ses besoins. Il peut arriver, toutefois, qu'une entreprise prenne de l'expansion plus rapidement qu'elle ne l'avait prévu. Le bien qu'elle s'est procuré peut alors ne plus convenir avant que ne se termine sa durée d'utilisation. On dit alors que le bien ne suffit plus. L'insuffisance est un facteur qui est difficile à prévoir. Quant à la désuétude, c'est aussi un facteur que l'on peut difficilement anticiper parce qu'il est impossible de prédire le moment précis où des biens plus perfectionnés seront mis sur le marché. Il arrive souvent tout de même qu'un bien devienne désuet, ce qui oblige l'entreprise à le mettre au rancart avant qu'il ne soit usé.

Une entreprise qui a déjà possédé une certaine catégorie de biens peut se servir de son expérience pour estimer la durée d'utilisation d'un bien de même nature. Si cette expérience fait défaut, la direction peut tirer parti de l'expérience d'autres entreprises ou des résultats d'études techniques. Mais, c'est bien souvent, avant tout, une question de jugement.

---

[1]*Terminology for Accountants, Revised Edition,* Toronto, L'Institut Canadien des Comptables Agréés, 1962, p. 25.

La valeur de récupération

■ Quand un bien a une valeur de récupération, le coût des services que procurera ce bien est égal au coût d'acquisition moins sa valeur de récupération.

La valeur de récupération d'un bien est la partie du coût que l'entreprise peut récupérer à la fin de sa durée économique. Certains biens, comme les machines à écrire, les camions et les automobiles sont changés pour des biens de même nature à la fin de leur durée économique. La valeur attribuée par le concessionnaire à ces biens s'appelle *valeur de reprise*. D'autres biens peuvent n'avoir aucune valeur de reprise et leur valeur de rebut peut être nulle ou à peu près. Ainsi, certaines machines, à la fin de leur durée d'utilisation, sont généralement mises à la ferraille.

Quand l'aliénation d'un bien entraîne des coûts, par exemple lors de la démolition d'un bâtiment, (la valeur de récupération est le produit net de la vente du bien, c'est-à-dire le montant reçu lors de la vente, moins les frais de vente ou d'aliénation.)

Évidemment, lors de l'acquisition d'un bien, il est difficile d'estimer exactement la valeur de récupération. Il faut toutefois tenter d'estimer cette valeur afin de calculer l'amortissement avec plus d'exactitude.

Les méthodes d'amortissement

■ Il existe plusieurs façons de répartir le coût d'une immobilisation sur sa durée d'utilisation. Les quatre méthodes les mieux connues et les plus en usage sont: la *méthode de l'amortissement linéaire* ou la *méthode de l'amortissement constant*, la *méthode de l'amortissement proportionnel à l'utilisation*, la *méthode de l'amortissement dégressif à taux constant* et la *méthode de l'amortissement proportionnel à l'ordre numérique renversé des années*.

LA MÉTHODE DE L'AMORTISSEMENT LINÉAIRE

La méthode de l'amortissement linéaire consiste à calculer l'amortissement en divisant le coût du bien à amortir moins sa valeur de récupération par le nombre prévu d'exercices au cours desquels ce bien sera en usage. Si, par exemple, une machine, qui coûte $550, a une durée d'utilisation prévue de cinq ans et une valeur de récupération estimative de $50, l'amortissement annuel, selon la méthode de l'amortissement linéaire, est de $100:

$$\frac{\text{Coût} - \text{Valeur de récupération}}{\text{Durée d'utilisation (Nombre d'exercices)}} = \frac{\$550 - \$50}{5} = \$100$$

Cette méthode donne des résultats identiques pour chaque exercice et c'est pour cette raison qu'on l'appelle aussi « Méthode de l'amortissement constant ».

LA MÉTHODE DE L'AMORTISSEMENT PROPORTIONNEL À L'UTILISATION

L'objet principal de l'amortissement comptable est d'imputer une partie raisonnable du coût d'un bien aux revenus de chacun des exercices au cours desquels ce bien est utilisé. La méthode de l'amortissement linéaire impute une fraction du coût qui est toujours la même d'un exercice à l'autre. Cette méthode produit des résultats satisfaisants lorsque l'utilisation que l'on fait des immobilisations est sensiblement toujours la même. Cependant, il existe des entreprises qui utilisent leurs immobilisations d'une façon irrégulière. Ainsi, un entrepreneur peut utiliser une certaine machine durant un mois et ne pas l'utiliser ensuite pendant plusieurs mois. Étant donné que le revenu découlant de l'utilisation de cette machine varie d'un exercice à l'autre, le bénéfice net est mieux déterminé si l'on en répartit le coût proportionnellement à l'utilisation qu'on en fait.

(Lorsqu'on utilise la méthode d'amortissement proportionnel à l'utilisation, on divise le coût du bien à amortir par le nombre prévu d'unités que ce bien produira au cours de sa durée d'utilisation.) Le résultat obtenu est l'amortissement par unité produite. (L'amortissement d'un exercice en particulier, selon cette méthode, est égal au nombre d'unités produites multiplié par l'amortissement à l'unité.) Par unités, on peut entendre les produits eux-mêmes ou toute autre unité de mesure, comme le nombre d'heures d'utilisation ou le nombre de milles parcourus s'il s'agit d'une automobile. Supposons, pour donner un exemple, qu'un camion a coûté \$4,800 et a une valeur de récupération estimative de \$800. Si l'on estime que le nombre de milles parcourus au cours de la période où on l'utilisera sera de 50,000, l'amortissement par mille parcouru, ou l'amortissement par « unité produite », est de \$0.08 ainsi que le démontrent la formule et les calculs suivants:

$$\text{Amortissement par unité produite} = \frac{\text{Coût} - \text{Valeur de récupération}}{\text{Nombre prévu d'unités}}$$

ou

$$\$0.08 \text{ le mille} = \frac{\$4,800 - \$800}{50,000}$$

Si ces prévisions sont exactes et si le camion parcourt 20,000 milles au cours de la première année d'utilisation, l'amortissement du premier exercice sera de \$1,600, c'est-à-dire \$0.08 X 20,000. Si, au cours de l'exercice suivant, le camion parcourt 15,000 milles, l'amortissement sera de \$1,200, soit \$0.08 X 15,000.

LA MÉTHODE DE L'AMORTISSEMENT DÉGRESSIF À TAUX CONSTANT

Certaines méthodes d'amortissement donnent des frais décroissants d'un exercice à l'autre. La méthode de l'amortissement du solde dégressif est une de ces méthodes. Selon la méthode de l'amortissement du solde dégressif à taux constant, le taux utilisé est environ le double de celui de l'amortissement linéaire. (Dans ce cas, on calcule l'amortissement annuel de la façon suivante: (1) on détermine d'abord le taux d'amortissement linéaire du coût du bien à amortir, compte non tenu de la valeur de récupération; (2) on double ce taux; et (3) on calcule l'amortissement de chaque exercice en multipliant la valeur comptable du bien à amortir par le taux trouvé en (2).)(On entend par valeur comptable, le coût d'une immobilisation moins l'amortissement accumulé qui s'y rapporte.)

Pour expliquer comment calculer l'amortissement au moyen de cette méthode, supposons qu'un bien qui a coûté $10,000 a une durée d'utilisation prévue de 5 ans et une valeur estimative de récupération nulle. Il faut d'abord, déterminer le taux d'amortissement linéaire en divisant 100% par 5 ans, ce qui donne un taux de 20%. On multiplie ensuite ce taux par deux. Finalement, on calcule l'amortissement de la façon illustrée dans le tableau suivant:

Année	Calcul de l'amortissement annuel	Amortissement annuel	Valeur comptable à la fin de chaque exercice
1	40% de $10,000	$4,000.00	$6,000.00
2	40% de 6,000	2,400.00	3,600.00
3	40% de 3,600	1,440.00	2,160.00
4	40% de 2,160	864.00	1,296.00
5	40% de 1,296	518.40	777.60

Étant donné que, selon cette méthode, la valeur comptable du bien à amortir ne peut jamais atteindre zéro, il faut tenir compte de cette valeur pour déterminer le gain ou la perte résultant de la vente, de l'échange ou de la mise au rancart d'une immobilisation.

Il est bon de noter que si un bien a une valeur de récupération, il ne faut pas que la valeur comptable de ce bien devienne inférieure à sa valeur de récupération. Si, par exemple, le bien dont il a été question ci-dessus avait une valeur de récupération de $1,000, l'amortissement de la cinquième année ne serait pas supérieur à $296, soit le montant dont il faut réduire la valeur comptable à la fin de la quatrième année pour obtenir $1,000, c'est-à-dire la valeur de récupération du bien.

LA MÉTHODE D'AMORTISSEMENT PROPORTIONNEL À L'ORDRE NUMÉRIQUE RENVERSÉ DES ANNÉES

Selon cette méthode, il faut additionner les années au cours desquelles un bien rendra service. Si, par exemple, la durée d'utilisation est de cinq ans, on additionne les chiffres 1, 2, 3, 4, 5, ce qui donne un total de 15. Ce total devient alors le dénominateur des fractions utilisées pour calculer l'amortissement annuel. Le numérateur de ces fractions est le chiffre des années pris dans l'ordre inverse. Ainsi, dans l'exemple précédent, les fractions utilisées pour chacun des cinq exercices sont, dans l'ordre, 5/15, 4/15, 3/15, 2/15 et 1/15. Si l'on suppose que le coût d'un bien amorti de cette façon s'élève à $7,000 et a une valeur possible de récupération de $1,000, on calcule l'amortissement de chacun des exercices de la façon suivante:

Année	Calcul de l'amortissement annuel	Amortissement annuel
1	5/15 de $6,000	$2,000
2	4/15 de 6,000	1,600
3	3/15 de 6,000	1,200
4	2/15 de 6,000	800
5	1/15 de 6,000	400
		$6,000

Une entreprise qui utilise la méthode de l'amortissement du solde dégressif ou la méthode de l'amortissement proportionnel à l'ordre numérique renversé des années doit effectuer des calculs spéciaux pour répartir correctement le coût d'une immobilisation qu'elle a achetée ou vendue au cours d'un exercice. Ainsi, supposons que l'on a acheté, le 1er avril 1976, le bien dont il a été question dans l'exemple précédent. Supposons aussi que l'exercice se termine le 31 décembre. Étant donné que le bien ne sera en usage que pendant neuf mois au cours de l'exercice terminé le 31 décembre 1976, l'amortissement imputable aux revenus de cet exercice sera de $1,500, soit 3/4 de $2,000. De même, l'amortissement imputable aux revenus de l'exercice suivant sera de $1,700, c'est-à-dire (1/4 X 2,000) + (3/4 X 1,600). Il est nécessaire d'effectuer des calculs identiques pour tous les exercices au cours desquels le bien acheté le 1er avril 1976 sera en usage.

Plusieurs comptables estiment que la méthode de l'amortissement du solde dégressif et la méthode de l'amortissement proportionnel à l'ordre numérique renversé des années ont pour effet de mieux répartir le coût d'une immobilisation que les autres méthodes. On fait remarquer, par exemple, que les frais d'entretien et les réparations augmentent avec le temps. Étant donné que les méthodes d'amortissement à frais décroissants produisent un amortissement plus faible au cours des dernières années d'utilisation d'un bien, le total des frais relatifs à une immobilisation tend à être mieux réparti si l'on tient compte des frais d'entretien et du coût des réparations. Il en résulte, estime-t-on, un meilleur rapprochement des revenus et des dépenses. De plus, au fur et à mesure qu'un bien vieillit, il est susceptible de générer des revenus moindres. Ainsi, les loyers que rapporte un immeuble d'habitation sont généralement plus élevés lorsque l'immeuble est neuf. Souvent, ils diminuent lorsque l'immeuble cesse d'être attrayant ou n'est plus moderne. Il serait sûrement normal, dans un cas comme celui-là, d'imputer un amortissement plus élevé aux revenus des premiers exercices.

Les arguments invoqués dans les paragraphes précédents favorisent l'utilisation des méthodes d'amortissement qui donnent des frais décroissants. Cependant, si beaucoup d'entreprises utilisent ces méthodes, c'est plutôt parce qu'elles procurent un avantage fiscal. Il est, en réalité, difficile de justifier leur utilisation au strict point de vue comptable. L'avantage fiscal que procure l'emploi de la méthode d'amortissement du solde dégressif provient de ce que l'on impute aux revenus un amortissement plus élevé au cours des premières années d'utilisation d'un bien. Cette façon de procéder réduit le revenu imposable et les impôts à payer. Les réductions d'impôt représentent effectivement des « prêts sans intérêt » consentis par le gouvernement au cours des exercices où les impôts auraient été plus élevés si l'on avait utilisé une autre méthode d'amortissement, par exemple, la méthode de l'amortissement linéaire ou constant. Bien entendu, l'entreprise doit, plus tard, rembourser ces « prêts sans intérêt » en payant des impôts plus élevés au cours des dernières années d'utilisation des immobilisations.

L'amortissement et l'impôt sur le revenu

■ Depuis 1949, la Loi de l'impôt sur le revenu permet d'utiliser la méthode du solde dégressif pour déterminer le revenu imposable. Les biens amortissables sont groupés en classes auxquelles correspond un taux d'amortissement fixé par la loi. Un contribuable peut inclure dans le calcul de son revenu imposable l'amortissement maximum permis par la loi ou un montant plus faible s'il le désire. Il n'est nullement obligatoire que l'amortissement fiscal ou, ainsi que l'appelle la loi, l'allocation du coût en capital, soit égal à l'amortissement comptable figurant aux états financiers. Ainsi, un contribuable peut calculer l'amortissement comptable au moyen de la méthode de l'amortissement linéaire et inclure dans le calcul de son revenu imposable une allocation du coût en capital déterminée au moyen de la méthode de l'amortissement du solde dégressif.

Comptabilisation de l'amortissement

■ L'amortissement applicable aux différents éléments de l'actif immobilisé fait l'objet, à la fin de chaque exercice, d'écritures de régularisation. Ce point ayant été abordé plus tôt (voir le chapitre 4), il n'est pas nécessaire d'en discuter de nouveau ici.

Présentation de l'amortissement dans le bilan

■ Afin de donner tous les renseignements portant sur les immobilisations d'une entreprise, le bilan comprend à la fois le coût des immobilisations classées d'après leur nature et l'amortissement accumulé qui s'y rapporte. On pourrait, par exemple, présenter ces données de la façon suivante:

Actif immobilisé :
Équipement de magasin	$ 4,000	
Moins : Amortissement accumulé	1,500	$ 2,500
Matériel de bureau	$ 1,800	
Moins : Amortissement accumulé	600	1,200
Bâtiment	$16,000	
Moins : Amortissement accumulé	1,820	14,180
Terrain		3,000
Total de l'actif immobilisé		$20,880

Ce mode de présentation permet au lecteur des états financiers de connaître à la fois le coût et l'amortissement accumulé de chaque sorte d'immobilisations. L'information est alors meilleure que si l'on ne présentait dans le bilan que la valeur comptable des immobilisations. Le lecteur des états financiers qui étudie un bilan où figurent le coût et l'amortissement accumulé des immobilisations peut avoir une meilleure idée de leur état matériel. Ainsi, des biens ayant coûté $50,000 et ayant un amortissement accumulé de $45,000 ont une valeur comptable identique à celle de biens à l'état neuf dont le coût est de $5,000. Pourtant, la situation est loin d'être la même.

Certaines personnes qui n'ont jamais étudié la comptabilité pensent parfois que l'amortissement accumulé figurant au bilan représente des fonds accumulés en vue de remplacer les immobilisations. \Cependant, le lecteur averti des états financiers sait que l'amortissement accumulé ne représente effectivement que la partie du coût des immobilisations imputée aux revenus au cours de leur durée d'utilisation. Il sait aussi que les comptes d'amortissement accumulé sont des comptes de contrepartie dont le solde créditeur n'indique nullement si l'entreprise a des fonds pour acheter de nouveaux biens.\Si de tels fonds étaient disponibles, ils feraient partie de l'encaisse.

La valeur comptable des immobilisations

■ Les explications données jusqu'à présent nous portent à conclure que l'amortissement n'a pas pour objet de déterminer la valeur des immobilisations. C'est plutôt, ainsi que nous l'avons déjà dit, un processus de répartition du coût des immobilisations sur leur durée d'utilisation. Étant donné que l'amortissement n'est pas un processus d'évaluation, la section « Immobilisations » du bilan n'indique que leur valeur comptable ou leur coût non encore amorti et non leur valeur marchande.

Certains étudiants sont très surpris lorsqu'ils découvrent que le bilan n'indique pas la valeur marchande des immobilisations. Et pourtant, ils ne devraient pas l'être. Au moment où l'on dresse le bilan d'une entreprise, il n'est généralement pas question de vendre les immobilisations qui y figurent. Dans ce cas, la valeur marchande des éléments de l'actif immobilisé n'a pas tellement d'importance. Le comptable qui dresse un bilan tient compte du *principe de la permanence de l'entreprise* selon lequel une entreprise sera en exploitation assez longtemps pour recouvrer le coût de ses immobilisations. C'est là un principe que le lecteur des états financiers doit avoir à l'esprit lorsqu'il interprète les données d'un bilan.

Le recouvrement du coût des immobilisations

■ Une entreprise qui réalise un bénéfice net ou qui, du moins, atteint son seuil de rentabilité (dans ce cas, les revenus sont égaux aux dépenses) recouvre graduellement le coût de ses immobilisations. L'état sommaire des revenus et dépenses suivant illustre comment cela peut se produire: Cette entreprise dont le bénéfice net est nul a quand même recouvré une partie du coût de ses immobilisations, soit $5,000. En effet, les ventes de $100,000 représentent des rentrées de fonds qui n'ont nécessité des sorties de fonds que de $95,000 pour le coût des marchandises

Tableau
11–1

La Boutique aux Mille Trésors, Enr.
État des revenus et dépenses
pour l'exercice terminé le 31 décembre 1976

Ventes		$100,000
Coût des marchandises vendues	$60,000	
Loyer	10,000	
Salaires	25,000	
Amortissement	5,000	
Total		100,000
Bénéfice net		$ 0

vendues, le loyer et les salaires. Comme l'amortissement n'a suscité aucune sortie de fonds, on peut dire que les ventes effectuées au cours de l'exercice ont permis à La Boutique aux Mille Trésors de recouvrer une partie du coût de ses immobilisations, soit $5,000. Si, au cours des années d'utilisation de ces immobilisations, l'entreprise réalise un bénéfice net ou même se contente d'atteindre son seuil de rentabilité, elle aura recouvré le coût entier des immobilisations à la fin de leur durée d'utilisation.

On pourrait alors poser la question suivante: « Où se trouve la somme recouvrée de $5,000? » Il se peut que cet argent soit à la banque. Si c'est le cas, le solde du compte Banque s'est accru de $5,000 au cours de l'exercice. Cependant, on a pu utiliser cet argent pour accroître les stocks, acheter d'autres immobilisations ou régler des dettes. Il se peut aussi que le propriétaire ait prélevé cet argent à des fins personnelles. En résumé, l'argent peut être encore à la banque, ou l'entreprise a pu l'utiliser à une fin quelconque que seule une comparaison des bilans dressés respectivement à la fin et au début de l'exercice peut permettre de découvrir.

L'aliénation des immobilisations

■ Tôt ou tard un bien s'use, devient désuet ou ne convient plus. Il faut alors songer à le vendre, le changer ou le mettre au rancart. Si l'on a bien estimé la durée d'utilisation et la valeur de récupération, on vendra une immobilisation à un prix égal à la valeur de récupération prévue. Si, par exemple, l'on amortit, à raison de $200 par année, le coût d'une machine de $900 ayant une durée d'utilisation prévue de quatre ans et une valeur de récupération estimative de $100, cette machine aura, à la fin de la quatrième année, une valeur comptable de $100, ainsi que l'indiquent les deux comptes suivants:

Équipement		Amortissement accumulé Équipement	
Janv. 2 — 1973 900		Déc. 31 — 1973	200
		Déc. 31 — 1974	200
		Déc. 31 — 1975	200
		Déc. 31 — 1976	200

Le 2 janvier 1976, lors de la vente de cette machine à un prix égal à sa valeur comptable, il faut passer au journal général l'écriture suivante:

Janv.	2	Caisse	100.00	
		Amortissement accumulé — Équipement	800.00	
		Équipement		900.00
		Pour inscrire la vente d'une machine à sa valeur comptable.		

Les montants portés au débit du compte Amortissement accumulé — Équipement et au crédit du compte Équipement ont pour objet d'éliminer des livres les données relatives à la machine vendue.

Étant donné qu'il n'est pas facile d'estimer exactement la durée d'utilisation et la valeur de récupération d'un bien, la vente d'un élément de l'actif immobilisé se fait souvent à gain ou à perte. Si, par exemple, l'on vend $60 la machine dont il a été question dans la section précédente, il en résulte une perte de $40 puisque la valeur comptable est de $100. Il faudra alors passer au journal général l'écriture suivante:

Janv.	2	Caisse	60.00	
		Perte sur vente d'équipement	40.00	
		Amortissement accumulé — Équipement	800.00	
		Équipement		900.00
		Pour inscrire la vente d'une machine à un prix inférieur à sa valeur comptable.		

En revanche, on pourrait vendre la machine $125. Dans ce cas, il en résulte un gain de $25 que l'on doit comptabiliser de la façon suivante:

Janv.	2	Caisse	125.00	
		Amortissement accumulé — Équipement	800.00	
		Équipement		900.00
		Gain sur vente d'équipement		25.00
		Pour inscrire la vente d'une machine à un prix supérieur à sa valeur comptable.		

Il se peut aussi que l'on se soit trompé en estimant la durée d'utilisation de cette machine et que l'on doive la vendre à la fin de la troisième année au lieu d'attendre au 2 janvier 1977. Le 31 décembre 1975, la machine a une valeur comptable de $300, soit le coût, $900, moins l'amortissement accumulé de $600. Si le prix de vente de la machine à la fin de la troisième année correspond à la valeur de récupération prévue de $100, il en résulte une perte de $200 ainsi que le démontre l'écriture suivante:

Janv.	2	Caisse	100.00	
		Perte sur vente d'équipement	200.00	
		Amortissement accumulé — Équipement	600.00	
		Équipement		900.00
		Pour inscrire la vente d'une machine à un prix inférieur à sa valeur comptable.		

Si, par contre, l'erreur a consisté à prévoir une durée d'utilisation trop courte, la machine sera toujours en usage après la fin de la durée d'utilisation prévue. Dans ce cas, il convient de ne plus imputer d'amortissement aux revenus des exercices suivants et de ne pas modifier la valeur comptable qui est alors égale à la valeur de récupération. Lorsque, plus tard, l'on vendra cette machine, il en résultera un gain ou une perte selon que le prix de vente sera supérieur ou inférieur à la valeur de récupération.

Présentation des gains ou des pertes résultant de l'aliénation de biens

■ La vente des immobilisations entraîne généralement un gain ou une perte que l'on comptabilise dans des comptes distincts au moment de la vente. À la fin de l'exercice, ces comptes sont fermés de la façon habituelle et virés dans le compte Sommaire des revenus et dépenses. Quant à la façon de présenter ces éléments dans l'état des revenus et dépenses, il faut d'abord déterminer s'il s'agit d'un poste extraordinaire. Le Comité des recherches en comptabilité de l'I.C.C.A. définit de la façon suivante un poste extraordinaire: « Les postes extraordinaires sont les gains et les pertes qui découlent de circonstances qui, de par leur nature, ne sont pas caractéristiques de l'exploitation normale de l'entreprise, qui ne sont pas tenues pour susceptibles de se répéter fréquemment sur un certain nombre d'exercices et dont on ne tiendrait pas normalement compte dans l'évaluation de l'exploitation ordinaire de l'entreprise. »[2] Selon cette définition, un gain ou une perte sur vente d'immobilisations ne serait un poste extraordinaire que si l'entreprise abandonnait un secteur important de son exploitation. Le manuel de l'I.C.C.A. recommande de présenter les postes extraordinaires dans une section spéciale de l'état des revenus et dépenses après avoir déterminé le bénéfice, compte non tenu des postes extraordinaires.

Lorsque, la vente d'une immobilisation n'amène pas un gain ou une perte extraordinaire, il faut inclure ces gains ou ces pertes dans le calcul de la détermination du bénéfice d'exploitation.

La mise au rancart de biens endommagés

■ Parfois un accident ou un incendie peut causer des dommages à un bien et le rendre inutilisable avant la fin de sa durée d'utilisation. Si une entreprise n'est pas assurée et que le feu détruise une de ses machines, il en résultera une perte qu'il faut comptabiliser de la façon suivante:

---

[2]*Manuel de l'I.C.C.A.*, Toronto, L'Institut Canadien des Comptables Agréés, 1971, par. 3480.04.

Janv.	3	Perte attribuable à un feu	500.00	
		Amortissement accumulé — Équipement	400.00	
		Équipement		900.00
		Pour inscrire la destruction d'une machine.		

Si la perte est en partie couverte par une compagnie d'assurances, on porte l'indemnité reçue au débit du compte Caisse, ce qui a pour effet de réduire la perte ainsi que le démontre l'écriture suivante:

Janv.	3	Caisse	350.00	
		Perte attribuable à un feu	150.00	
		Amortissement accumulé — Équipement	400.00	
		Équipement		900.00
		Pour inscrire la destruction d'une machine et l'indemnité reçue de la compagnie d'assurances.		

Le calcul de l'amortissement pour une partie d'exercice

■ Dans les exemples donnés jusqu'à présent, nous avons supposé que l'acquisition et l'aliénation des immobilisations avaient lieu à la fin ou au début d'un exercice. En pratique, il en est tout autrement. Les entreprises acquièrent des immobilisations au moment où elles en ont besoin et elles les vendent ou les mettent au rancart lorsqu'elles ne sont plus utiles ou sont devenues inutilisables. Ceci explique pourquoi il est souvent nécessaire de calculer l'amortissement pour une fraction d'année. Ainsi, un camion acheté le 8 octobre 1973 a coûté $2,600. On a prévu lors de son acquisition que la durée d'utilisation serait de cinq ans et la valeur de récupération de $600. Si l'exercice se termine le 31 décembre, il faut imputer aux revenus de l'exercice terminé le 31 décembre 1973 un amortissement pour trois mois calculé de la façon suivante:

$$\frac{\$2,600 - \$600}{5} \times \frac{3}{12} = \$100$$

Dans cet exemple, on a calculé un amortissement pour trois mois même si le camion n'a été acheté que le 8 octobre. L'amortissement n'étant qu'une estimation, il suffit de tenir compte, dans les calculs, d'un nombre exact de mois. Ceci signifie que l'amortissement est calculé pour un mois tout entier dans le cas des biens acquis avant le 15 du mois. En revanche, on ne calcule aucun amortissement pour le mois où un bien a été acheté si l'acquisition a lieu après le 15 du mois.

Voici l'écriture qu'il faut passer au journal général pour inscrire, le 31 décembre 1973, l'amortissement applicable au coût du camion acheté le 8 octobre 1973:

Déc.	31	Amortissement — Camion de livraison	100.00	
		Amort. accumulé — Camion de livraison ..		100.00
		Pour inscrire l'amortissement du coût du camion acheté le 8 octobre.		

À la fin de chacun des quatre exercices suivants, on comptabilise un amortissement calculé pour 12 mois et on passe au journal général l'écriture suivante:

Déc.	31	Amortissement — Camion de livraison	400.00	
		Amort. accumulé — Camion de livraison ..		400.00
		Pour inscrire l'amortissement annuel du coût du camion acheté le 8 octobre 1973.		

Voici les comptes Camion de livraison et Amortissement accumulé — Camion de livraison après avoir inscrit l'amortissement pour l'exercice terminé le 31 décembre 1977:

Camion de livraison	Amortissement accumulé — Camion de livraison
Oct. 8 — 1973 2,600	Déc. 31 — 1973 100
	Déc. 31 — 1974 400
	Déc. 31 — 1975 400
	Déc. 31 — 1976 400
	Déc. 31 — 1977 400

Si l'on vend le camion en 1978, il faut passer aux livres deux écritures pour inscrire cette vente. La première écriture est nécessaire pour comptabiliser l'amortissement calculé à compter du 1er janvier 1978 jusqu'à la date de la vente. Quant à la deuxième écriture, elle a pour objet d'inscrire la vente elle-même. Supposons, par exemple, que l'on vend le camion, $900, le 24 juin 1978. Il faut d'abord passer au journal général une écriture pour inscrire l'amortissement calculé pour six mois:

Juin	24	Amortissement — Camion de livraison	200.00	
		Amort. accumulé — Camion de livraison ..		200.00
		Pour inscrire l'amortissement pour six mois.		

On comptabilise ensuite la vente du camion au moyen de l'écriture suivante:

Juin	24	Caisse	900.00	
		Amort. accumulé — Camion de livraison	1,900.00	
		Camion de livraison		2,600.00
		Gain sur la vente d'un camion		200.00
		Pour inscrire la vente d'un camion.		

Le registre des immobilisations

■ Les entreprises classent généralement leurs immobilisations selon leur nature ou leur fonction et tiennent des comptes distincts d'actif et d'amortissement accumulé pour chaque classe d'immobilisations. Ainsi, un magasin a une double série de comptes: Équipement de magasin et Amortissement accumulé — Équipement de magasin, d'une part, et Matériel de bureau et Amortissement accumulé — Matériel de bureau, d'autre part. En résumé, une entreprise a généralement un compte d'actif immobilisé et un compte d'amortissement accumulé pour chaque sorte de biens qu'elle possède. De plus, toutes les opérations relatives à chaque sorte de biens sont comptabilisées dans le même compte d'actif et le même compte d'amortissement accumulé, s'il y a lieu. Ainsi, l'acquisition, l'amortissement et la vente de matériel de bureau fait l'objet d'écritures inscrites dans le compte Matériel de bureau ou le compte Amortissement accumulé — Matériel de bureau ou dans les deux à la fois.

Il y a un certain nombre d'années, la majorité des entreprises se contentaient de tenir compte de leurs immobilisations dans divers comptes d'actif immobilisé et dans des comptes d'amortissement accumulé correspondants, selon la nature des immobilisations. Cependant, les entreprises doivent maintenant, pour se conformer aux règlements du ministère du Revenu, démontrer d'où provient l'amortissement inclus dans le calcul du revenu imposable ainsi que la perte ou le gain découlant de la vente d'un bien. On n'exige pas de tenir des registres d'un genre particulier mais, le plus souvent, chaque compte d'actif immobilisé et chaque compte d'amortissement accumulé qui s'y rapporte sont effectivement des comptes de contrôle auxquels correspondent des grands livres auxiliaires. Ainsi, les comptes Équipement de magasin et Amortissement accumulé — Équipement de magasin sont des comptes de contrôle auquel correspond un grand livre auxiliaire où figurent tous les détails relatifs à chacun des éléments de l'équipement de magasin. De même, le matériel de bureau peut faire l'objet d'un grand livre auxiliaire semblable. Le plus souvent, ce sont des cartes qui constituent chacun de ces grands livres auxiliaires.

Supposons, pour illustrer en quoi consistent ces cartes, que le matériel de bureau d'un magasin ne comprend qu'un bureau et une chaise. On comptabilise globalement ces biens dans deux comptes de contrôle du grand livre général, soit les comptes Matériel de bureau et Amortissement accumulé — Matériel de bureau. Étant donné que, dans le cas présent, il n'y a que deux biens, deux cartes seulement constituent le grand livre auxiliaire correspondant. Le tableau 11–2 indique les éléments qui doivent figurer dans chacun des deux comptes du grand livre général et sur les deux cartes elle-mêmes.

Les renseignements que donnent les cartes d'un grand livre auxiliaire des immobilisations sont clairs. Remarquez d'abord que le solde du compte Matériel de bureau du grand livre général correspond au total des soldes figurant sous la rubrique « Coût » des deux cartes. De même, le solde du compte Amortissement accumulé du grand livre général est égal au total des soldes figurant sous la rubrique « Amortissement » des deux cartes. La section de la carte intitulée « Aliénation » sert pour décrire ce que l'entreprise fait du bien au moment où elle cesse de s'en servir. On écrira, par exemple, que le bien a été vendu, changé pour un autre ou, tout simplement, mis au rancart. On retire ensuite du grand livre auxiliaire la carte et on la classe ailleurs pour y référer plus tard s'il y a lieu.

Matériel de bureau						COMPTE Nº	132

DATE	EXPLICATIONS	FO-LIO	DÉBIT	CRÉDIT	SOLDE
1974 Juil. 2	Bureau et chaise	J.1.	1 8 5 00		1 8 5 00

Amortissement accumulé—Matériel de bureau						COMPTE Nº	132A

DATE	EXPLICATIONS	FO-LIO	DÉBIT	CRÉDIT	SOLDE
1974 Déc. 31				4 50	4 50
1975 Déc. 31				9 00	1 3 50
1976 Déc. 31				9 00	2 2 50

Tableau
11–2

Nº ___1___

**GRAND LIVRE AUXILIAIRE DES
IMMOBILISATIONS**

Article: *Chaise* Compte: *Matériel de bureau*
Description: *Chaise pour le bureau*
Nº de série: Acheté à: *Standex, Ltée*
Responsable: *Directeur du bureau*
Durée prévue: *12 ans* Valeur de récupération: *$4.00*
Amort. annuel: *$3.00* mensuel: *$0.25*

Date	Explications	Fº	Coût			Amortissement		
			Dt	Ct	Solde	Dt	Ct	Solde
Juil. 2, '74		*J 1*	40.00		40.00			
Déc. 31, '74		*J 23*					1.50	1.50
Déc. 31, '75		*J 42*					3.00	4.50
Déc. 31, '76		*J 65*					3.00	7.50

Aliénation:			

Tableau
11–2
(suite)

Comptabilisation des biens de faible valeur

■ Étant donné que la tenue du registre des immobilisations coûte cher, plusieurs entreprises établissent une limite inférieure, disons $25, et ne tiennent pas compte des biens ayant une valeur moindre sur des cartes semblables à celles du tableau 11–2. Dans ce cas, on impute directement le coût entier de ces biens aux revenus dès la date d'acquisition. Cette solution est acceptable si les sommes affectées à l'acquisition de biens de ce genre ne varient pas tellement d'un exercice à l'autre.

GRAND LIVRE AUXILIAIRE DES
IMMOBILISATIONS

Article: *Bureau*   Compte: *Matériel de bureau*
Description: *Idem*
N° de série:_____   Acheté à: *Standex, Ltée*
Responsable: *Directeur du bureau*
Durée prévue: *20 ans*   Valeur de récuperation: *$25.00*
Amort. annuel: *$6.00*   mensuel: *$0.50*

Date	Explications	F°	Coût			Amortissement		
			Dt	Ct	Solde	Dt	Ct	Solde
Juil. 2, '74		*J 1*	145.00		145.00			
Déc. 31, '74		*J 23*					3.00	3.00
Déc. 31, '75		*J 42*					6.00	9.00
Déc. 31, '76		*J 65*					6.00	15.00

Aliénation: _____

Tableau
11–2
(fin)

Questions

1. Quelles sont les caractéristiques d'un bien figurant au bilan sous la rubrique « Actif immobilisé » ?

2. Où doit-on classer dans le bilan un terrain acheté en vue d'une expansion future ? Pourquoi n'inclut-on pas ce terrain dans l'actif immobilisé ?

3. Que comprend le coût d'une immobilisation ?

4. Une entreprise a demandé à plusieurs ateliers mécaniques de lui présenter des soumissions relativement à la fabrication d'une machine spéciale. Le prix du plus bas soumissionnaire étant de $12,500, la direction a décidé de fabriquer la machine, ce qui a entraîné des déboursés de $10,000. Le comptable a alors passé au journal général une écriture dans laquelle il a débité le compte Équipement de $12,500 et crédité respectivement les comptes Caisse et Gain sur fabrication d'une machine de $10,000 et de $2,500. Cette écriture est-elle acceptable ? Discutez.

5. Quel est l'objectif de l'amortissement comptable ?

6. La comptabilisation de l'amortissement du coût des immobilisations a-t-elle pour résultat d'évaluer les immobilisations figurant au bilan à leur valeur marchande ? Pourquoi ?

7. Est-il possible qu'une entreprise adopte une politique d'entretien des immobilisations qui la dispense d'avoir à en amortir le coût ?

8. Une entreprise vient d'acheter une machine qui a une durée d'utilisation prévue de 15 ans. Cependant, la direction estime que l'on mettra, dans huit ans, sur le marché une machine qui l'obligera à remplacer celle

qu'elle vient d'acheter. Sur quelle période convient-il de répartir le coût de cette machine ? Pourquoi ?

9. Un bâtiment a coûté $85,000 et a une durée prévue de 30 ans. On estime que le coût de démolition du bâtiment à la fin de cette période sera de $1,000 et que le produit de la vente des matériaux provenant de la démolition sera de $2,000. Quel sera l'amortissement annuel si on utilise la méthode de l'amortissement linéaire ?

10. Donnez le sens que les termes suivants ont si on les applique aux immobilisations :

   a. Valeur de reprise.   d. Valeur de récupération.
   b. Valeur marchande.   e. Insuffisance.
   c. Valeur comptable.   f. Désuétude.

11. Le solde du compte Amortissement accumulé — Équipement représente-t-il des fonds accumulés en vue de remplacer l'équipement au moment où il ne sera plus en état de servir ? Expliquez, en vos propres mots, la nature du solde de ce compte.

12. Qu'entend-on essentiellement par « Principe de la permanence de l'entreprise » ?

13. Expliquez comment une entreprise qui atteint son seuil de rentabilité recouvre le coût des immobilisations ? Où se trouvent les fonds ainsi recouvrés ?

14. La méthode de l'amortissement linéaire impute une partie égale du coût d'un bien aux revenus de chacun des exercices au cours desquels ce bien est en usage. Donnez un cas où ce mode de répartition du coût d'un bien serait mauvais et indiquez une méthode qui conviendrait mieux à la situation que vous avez décrite.

Exercices **Exercice 11–1**

Une entreprise a acheté une machine à un coût de $2,500. Les conditions de règlement étaient 2/10, n/60 et les conditions de transport, F.A.B., point d'expédition. La facture a été réglée avant la fin du délai d'escompte et l'on a acquitté les frais de transport de $135. L'installation de la machine a nécessité la construction d'une base en béton et des connexions électriques qui ont coûté $265. De plus, il a fallu débourser $170 pour assembler la machine et la mettre en état de marche. Finalement, on a utilisé des matières coûtant $50 pour s'assurer que la machine fabriquerait un produit de qualité satisfaisante. Les produits fabriqués au cours de la période où l'on a procédé à la mise au point de la machine étaient invendables. Calculez le coût de cette machine.

Exercice 11–2

Une entreprise a acquis trois machines à un prix de $8,600 lors d'une vente aux enchères. Les frais de transport de ces machines jusqu'à l'usine se sont élevés à $400. La machine n° 1 était deux fois plus grosse et pesait aussi deux fois plus que chacune des deux autres machines qui étaient de même grosseur et avaient un poids identique. Voici les valeurs d'expertise et les frais d'installation de chacune des trois machines :

	Machine n° 1	Machine n° 2	Machine n° 3
Valeur d'expertise	$5,000	$4,000	$3,000
Frais d'installation	300	200	150

Déterminez le coût de chacune de ces trois machines.

Exercice 11–3

L'installation d'une machine a coûté $16,500. Au moment de son acquisition, on a estimé que sa durée d'utilisation serait de cinq ans et que le nombre d'unités qu'elle produirait serait de 50,000. On prévoyait aussi à cette date que la valeur de reprise serait de $1,500. Au cours de la deuxième année d'utilisation, on a fabriqué 12,000 unités. Calculez l'amortissement pour la deuxième année selon chacune des méthodes suivantes : (*a*) la méthode de l'amortissement linéaire; (*b*) la méthode de l'amortissement proportionnel à l'utilisation; (*c*) la méthode de l'amortissement du solde dégressif à un taux égal à deux fois celui de l'amortissement linéaire; et (*d*) la méthode de l'amortissement proportionnel à l'ordre numérique renversé des années.

Exercice 11–4

On a installé une machine coûtant $2,000 et ayant une durée d'utilisation prévue de quatre ans et une valeur de reprise estimative de $200. Déterminez le montant annuel d'amortissement si l'on utilise la méthode de l'amortissement du solde dégressif à un taux égal à deux fois celui de l'amortissement linéaire.

Exercice 11–5

Une machine achetée le 6 janvier 1975 a coûté $4,800. Au moment de son acquisition, on a estimé que la durée d'utilisation serait de quatre ans et que la valeur de récupération après cette date serait nulle. On a imputé aux revenus de chacun des exercices terminés le 31 décembre 1975, 1976 et 1977 un amortissement calculé au moyen de la méthode de l'amortissement linéaire. On a cessé de se servir de cette machine le 31 mars 1978. (*a*) Passez au journal général l'écriture pour inscrire l'amortissement applicable au temps écoulé entre le 1er janvier 1978 et le 31 mars suivant. Passez également au journal général les écritures pour inscrire l'aliénation de cette machine selon chacune des hypothèses indépendantes suivantes : (*b*) le prix de vente de la machine a été de $1,000; (*c*) le prix de vente de la machine a été de $850; et (*d*) un feu a détruit la machine et la compagnie d'assurances a versé une indemnité de $750.

Problèmes   **Problème 11–1**

Première partie. On a installé une machine coûtant $17,000. Lors de l'acquisition de cette machine, on a estimé qu'elle aurait une durée d'utilisation de quatre ans, que sa valeur de reprise serait de $2,000 et qu'elle pourrait servir pour fabriquer 75,000 unités. Voici le nombre réel d'unités produites au cours de chacune des quatre années d'utilisation de cette machine : année 1, 16,000 unités; année 2, 21,000 unités; année 3, 20,000 unités; et année 4, 18,000 unités.

Travail à faire :

Calculez l'amortissement du coût de cette machine pour chacun des quatre exercices au cours desquels elle a été utilisée. Présentez les résultats de vos calculs dans le tableau suivant :

Année	Méthode de l'amortissement linéaire	Méthode de l'amortissement proportionnel à l'utilisation	Méthode de l'amortissement du solde dégressif*	Méthode de l'amortissement proportionnel à l'ordre numérique renversé des années
1				
2				
3				
4				
Total				

*Utilisez un taux égal à deux fois celui de l'amortissement linéaire.

Deuxième partie. Le 12 mars 1975, on a acheté un camion d'occasion à un prix de $1,950. On a versé $135 le jour suivant pour installer des étagères dans le camion et $130 pour un nouveau jeu de pneus. Les pneus coûtaient $142, mais le marchand a consenti à attribuer une valeur de reprise de $12 aux vieux pneus. Passez au journal général les écritures pour inscrire l'acquisition du camion, l'installation des étagères et l'achat du nouveau jeu de pneus.

Troisième partie. Lors de l'achat du camion dont il est question ci-dessus. on a estimé que l'on pourrait encore parcourir 30,000 milles au cours des quatre années suivantes. La valeur de reprise prévue après cette période est de $415. Du 12 mars 1975 au 31 décembre de la même année, le nombre de milles parcourus a été de 7,000 alors qu'il fut de 9,000 du 1er janvier 1976 au 10 octobre suivant, date à laquelle on a cessé de l'utiliser. Passez au journal général les écritures pour inscrire l'alinéation du camion selon chacune des hypothèses indépendantes suivantes : (*a*) le camion a été vendu le 10 octobre 1976 à un prix de $1,300; (*b*) le conducteur du camion a eu un accident. Il s'en est tiré indemne mais le camion a été une perte totale. La compagnie d'assurances a versé au propriétaire une somme de $1,000 en règlement complet de la réclamation qui lui avait été adressée.

Problème 11–2

X, Ltée et Y, Ltée sont deux entreprises tout à fait identiques. Elles ont acheté toutse deux, le 2 janvier 1976 (date de constitution des deux sociétés), de l'équipement de magasin coûtant $25,000 et ayant une durée d'utilisation de 10 ans et une valeur de récupération de $5,000. Aucune d'elles n'a acheté d'autres machines au cours de l'exercice. Voici les achats de marchandises effectués par X, Ltée et Y, Ltée :

Janv. 2.............................. 100 unités @ $50 chacune
Mars 17.............................. 200 unités @ 48 chacune
Juin 29.............................. 300 unités @ 55 chacune
Oct. 10.............................. 200 unités @ 58 chacune
Déc. 18.............................. 100 unités @ 60 chacune

Les informations suivantes sont tirées du grand livre des deux entreprises à la fin de l'exercice :

	X, Ltée	Y, Ltée
Ventes	$80,000	$80,000
Salaires	15,000	15,000
Loyer	3,000	3,000
Autres dépenses	500	500

X, Ltée a décidé d'utiliser la méthode de l'amortissement du solde dégressif à un taux égal à deux fois celui de l'amortissement linéaire alors que Y, Ltée a opté pour la méthode de l'amortissement linéaire. De plus, X, Ltée a évalué les 150 unités en magasin à la fin de l'exercice selon la méthode de l'épuisement à rebours alors que Y, Ltée, qui a le même stock, a utilisé la méthode de l'épuisement graduel.

Travail à faire :
1. Dressez l'état des revenus et dépenses de chaque entreprise pour l'exercice terminé le 31 décembre 1976.
2. Expliquez d'où provient la différence entre le bénéfice net des deux entreprises.

Problème 11–3

Oméga, Ltée a acheté cinq machines du 1er janvier 1975 au 31 décembre 1977 et a amorti le coût de ces machines, selon le cas, de quatre façons différentes. Voici certaines données se rapportant à ces machines :

Machine n°	Date d'achat	Coût	Durée d'utilisation prévue	Valeur de récupération estimative	Méthode d'amortissement
1	2 oct. 1975	$ 6,000	8 ans	$ 400	Amortisement linéaire
2	28 juin 1975	20,000	8 ans	2,000	Amort. prop. à l'ordre numérique renversé des années
3	12 avril 1976	36,000	60,000 unités	3,000	Amort. prop. à l'utilisation
4	29 août 1976	24,000	8 ans	4,000	Amortissement dégressif
5	30 juin 1977	?	10 ans	2,000	Amortissement dégressif

Le taux de l'amortissement dégressif est égal au double de celui de l'amortissement linéaire. Le nombre d'unités fabriquées avec la machine n° 3 en 1976 et en 1977 a été respectivement de 6,000 et de 8,400. Le prix de facture de la machine n° 5 était de $29,500, les conditions de règlement, 2/10, n/60 et les conditions de transport, F.A.B., point d'expédition. La direction a réglé la facture le dernier jour du délai d'escompte, soit le 29 juin, mais elle a dû emprunter à ce moment-là $20,000 pour 90 jours à 8% afin de régler ce compte. L'emprunt a été remboursé le 30 septembre. Les frais de transport de la machine n° 5 se sont élevés à $240 et il a fallu construire une base en béton dont le coût a été de $475. La machine fut assemblée et installée par les ouvriers de Oméga, Ltée qui ont reçu pour ce travail des salaires s'élevant à $375. On a réglé, le 2 juillet, les frais de transport, le coût de la base en béton et les salaires des employés qui ont travaillé à l'installation de la machine.

Travail à faire :

1. Complétez le tableau suivant :

Machine n°	Coût à amortir	Amortissement pour 1975	Amortissement pour 1976	Amortissement pour 1977
1				
2				
3				
4				
5				
Total				

2. Passez au journal général les écritures pour inscrire toutes les données relatives à l'acquisition de la machine n° 5, y compris l'emprunt de $20,000 et le remboursement subséquent.

3. Passez au journal général l'écriture pour inscrire l'amortissement imputable aux revenus de l'exercice terminé le 31 décembre 1977.

Problème 11–4

Le Marché Luxor, Enr. a effectué les opérations suivantes du 1er janvier 1975 au 31 décembre 1976 :

1975

Janv. 3 Achat à crédit d'une balance portant le n° de série B-23452 à Alpha, Ltée : $265; durée d'utilisation prévue : 10 ans; valeur de reprise estimative : $25.

5 Achat à crédit d'un réfrigérateur portant le n° de série 00-23234 à Coldaire, Ltée : $3,200; durée d'utilisation prévue : 8 ans; valeur de reprise estimative : $800.

Avril 7 Achat à crédit d'une caisse enregistreuse portant le n° de série 3-32564 à Regal, Ltée : $323; durée d'utilisation prévue : 8 ans; valeur de reprise estimative : $35.

Déc. 31 Inscription de l'amortissement du coût de l'équipement de magasin pour l'exercice.

1976

Oct. 28 Vente au comptant de la caisse enregistreuse achetée le 7 avril 1975 : $250.

28 Achat à crédit d'une nouvelle caisse enregistreuse portant le n° de série XXX-12345 à Bêta, Ltée : $360; durée d'utilisation prévue : 10 ans; valeur de reprise estimative : $48.

31 Inscription de l'amortissement du coût de l'équipement de magasin pour l'exercice.

Travail à faire :

1. Ouvrez les comptes suivants du grand livre général : Équipement de magasin et Amortissement accumulé — Équipement de magasin. Établissez les cartes du grand livre auxiliaire des immobilisations du Marché Luxor, Enr.

2. Passez au journal général les écritures pour inscrire les opérations décrites ci-dessus et reportez-les au grand livre général et au grand livre auxiliaire des immobilisations.

3. Démontrez l'égalité des soldes des comptes Équipement de magasin et Amortissement accumulé — Équipement de magasin au 31 décembre 1976 avec le total des soldes des cartes du grand livre auxiliaire des immobilisations en dressant une liste de tous les biens que possède Le Marché Luxor, Enr. le 31 décembre 1976.

Problème 11-5

La Scierie Rexco, Ltée a été établie le 3 janvier 1976. Lors de la vérification des livres de cette entreprise, vous avez découvert que le comptable a inscrit au débit du compte « Terrain, bâtiment et équipement » des sommes se rapportant, selon lui, au coût de la nouvelle usine. Ce compte qui a un solde débiteur de $761,225 comprend les éléments suivants :

Coût du terrain sur lequel se trouvait un vieux bâtiment (la valeur d'expertise du terrain et du vieux bâtiment était respectivement de $100,000 et de $10,000)	$105,000
Frais juridiques engagés pour faire vérifier l'existence du titre de propriété du terrain	500
Coût de démolition du vieux bâtiment	4,000
Coût engagé pour niveler le terrain	500
Honoraires versés à l'architecte qui a établi les plans de la nouvelle usine	16,500
Coût de la nouvelle usine. (Le prix du contrat était de $372,000 mais l'entrepreneur a consenti à accepter, à la place de l'argent, des obligations achetées à titre de placements temporaires par la Société Rexco, Ltée en attendant que la construction soit terminée. Le comptable avait porté le coût de ces obligations, $380,000, au débit du compte Placements temporaires. La juste valeur de ces obligations était de $372,000 au moment où elles ont été remises à l'entrepreneur	380,000
Coût des travaux d'embellissement du terrain	9,000
Coût de construction d'un trottoir et d'un parc de stationnement	5,400
Coût de l'installation de lampadaires sur le parc de stationnement	900
Coût de l'équipement acheté pour l'usine, y compris le coût d'une machine de $1,700 devenue inutilisable par suite des dommages subis en la déchargeant d'un wagon	216,300
Amende versée à la municipalité pour avoir transporté de l'équipement lourd sans permis	200
Permis payé, par la suite, à la municipalité pour transporter de l'équipement lourd	25
Frais d'installation de l'équipement	21,200
Coût de remplacement de la machine endommagée	1,700
Total	$761,225

Un examen des registres de la paye a révélé qu'au cours de l'exercice on a porté au débit d'un compte intitulé « Supervision » une somme de $12,500 versée au directeur de l'usine engagé le 1er mars. Du 1er mars au 31 août, le directeur de l'usine s'est occupé de superviser les travaux de construction alors que du 1er septembre au 31 octobre, il a supervisé l'installation de l'équipement.

De plus, le comptable a ouvert un compte intitulé « Revenus divers » dans lequel il a crédité les sommes de $25 et de $500 recouvrées respectivement lors de la vente de la machine détruite et des matériaux provenant de la démolition du vieux bâtiment.

Travail à faire :

1. Sur une feuille à quatre colonnes intitulées respectivement : Terrain, Améliorations apportées au terrain, Bâtiments et Équipement, inscrivez les sommes se rapportant à chacun de ces comptes. Posez l'hypothèse que l'exploitation de la scierie a commencé le 1er novembre. Si le montant doit être déduit du solde d'un compte, inscrivez-le entre parenthèses. Trouvez le total des montants inscrits dans chaque colonne.

2. Passez au journal général l'écriture pour redresser les livres au 31 décembre 1976. Posez l'hypothèse que les livres n'ont pas encore été fermés.

3. Passez au journal général l'écriture pour inscrire l'amortissement des deux mois de l'exercice où la scierie a été en exploitation. Posez l'hypothèse que l'usine et les améliorations apportées au terrain ont une durée d'utilisation de 30 ans et une valeur de récupération nulle. En revanche, l'équipement a une durée d'utilisation prévue de 12 ans et une valeur de récupération égale à 10% de son coût.

Autres problèmes

Problème 11–1A

Première partie. On a installé dans une usine une machine coûtant $4,600. Lors de l'acquisition de cette machine, on a estimé qu'elle aurait une durée d'utilisation de quatre ans, que sa valeur de récupération serait de $400 et qu'elle pourrait servir pour fabriquer 60,000 unités au cours de sa durée. Voici le nombre réel d'unités produites au cours de chacune des quatre années d'utilisation de cette machine : année 1, 12,000; année 2, 17,000; année 3, 18,000; et année 4, 13,000.

Travail à faire :

Calculez l'amortissement du coût de cette machine pour chacun des quatre exercices au cours desquels elle sera utilisée. Présentez les résultats de vos calculs dans le tableau suivant :

Année	Méthode de l'amortissement linéaire	Méthode de l'amortissement proportionnel à l'utilisation	Méthode de l'amortissement du solde dégressif*	Méthode de l'amortissement proportionnel à l'ordre numérique renversé des années
1				
2				
3				
4				
Total				

*Utilisez un taux égal à deux fois celui de l'amortissement linéaire.

Deuxième partie. On a acheté une machine d'occasion à un prix de $1,845 le 2 janvier 1975. Le jour suivant, on a réparé et repeint cette machine à un coût de $210 et on l'a installée sur une base en béton coûtant $125. On a estimé que la machine en question aurait une durée de trois ans et une valeur de récupération de $380. On a cessé d'utiliser la machine le 27 juin 1976.

Travail à faire :

1. Passez au journal général les écritures pour inscrire l'achat de la machine, les frais engagés pour la réparer et la peindre, et les frais d'installation. Posez l'hypothèse que, dans chaque cas, le règlement s'est effectué par chèque.

2. Passez au journal général les écritures pour inscrire l'amortissement linéaire du coût de cette machine pour 1975 et 1976.

3. Passez au journal général l'écriture pour inscrire l'aliénation de cette machine selon les deux hypothèses indépendantes suivantes : (*a*) La machine a été vendue à un prix de $1,350; (*b*) Un incendie a totalement détruit la machine et la compagnie d'assurances a versé $1,200 en règlement complet de la réclamation qui lui avait été adressée.

Problème 11–3A

Une entreprise a acheté cinq machines, du 1er janvier 1975 au 31 décembre 1976. La machine n° 1, achetée le 3 octobre 1975, a coûté $26,500. On a estimé à cette époque qu'elle aurait une durée d'utilisation de six ans et une valeur de récupération de $2,500. Le coût de cette machine est amorti selon la méthode de l'amortissement linéaire. On a acheté la machine n° 2 le 12 novembre 1975 à un coût de $20,000 que l'on a décidé d'amortir proportionnellement à l'utilisation qui en serait faite. Lors de l'acquisition de cette machine, on a estimé qu'elle pourrait servir pour fabriquer 90,000 unités au cours des huit années suivantes. La valeur prévue de récupération après cette période est de $2,000. Le nombre d'unités produites en 1975, 1976 et 1977 s'est élevé respectivement à 1,200, 8,200 et 19,500. On a acheté les machines nᵒˢ 3, 4 et 5 à l'occasion d'une vente aux enchères à un prix global de $85,000 versé en argent le 5 mars 1976. On a commencé à utiliser ces trois machines le 2 avril suivant. Voici d'autres données portant sur ces machines :

Machine n°	Valeur d'expertise	Valeur de récupération	Durée d'utilisation prévue	Frais d'installation	Méthode d'amortissement
3	$40,000	$4,000	8 ans	$ 800	Méthode de l'amort. dégressif*
4	25,000	2,000	10 ans	500	Méthode de l'amort. dégressif*
5	45,000	3,000	6 ans	1,500	Méthode de l'amort. prop. à l'ordre numérique renversé des années

*Le taux de l'amortissement dégressif est égal au double de celui de l'amortissement linéaire.

Travail à faire :

1. Complétez le tableau suivant :

Machine n°	Coût à amortir	Amortissement pour 1975	Amortissement pour 1976	Amortissement pour 1977
1				
2				
3				
4				
5				
Total				

2. Passez au journal général les écritures pour inscrire l'acquisition et l'installation des machines n°s 3, 4 et 5. Posez l'hypothèse que le règlement a été effectué au comptant le jour où l'on a commencé à se servir de ces machines.

3. Passez au journal général l'écriture pour inscrire l'amortissement imputable aux revenus de l'exercice terminé le 31 décembre 1977.

Problème 11–4A

Corona, Ltée a effectué les opérations suivantes du 1er janvier 1975 au 31 décembre 1976 :

1975

Janv. 7 Achat à crédit d'une calculatrice portant le n° de série X2X345 à Zippo, Ltée : $720; durée d'utilisation prévue : 8 ans; valeur de reprise estimative : $144.

9 Achat à crédit d'une machine à écrire portant le n° de série MMM-0156 à Malpec, Ltée : $435; durée d'utilisation prévue : 5 ans; valeur de reprise estimative : $135.

Mars 27 Achat à crédit d'une machine à additionner portant le n° de série STM-1176 à Malpec, Ltée : $385; durée d'utilisation prévue : 8 ans; valeur de reprise estimative : $97.

Déc. 31 Inscription de l'amortissement du coût du matériel de bureau pour l'exercice.

1976

Juin 3 Vente au comptant de la machine à écrire achetée le 9 janvier 1975 : $365.

4 Achat à crédit d'une nouvelle machine à écrire portant le n° de série MO7781 à Paul Doyon & Fils, Enr. : $350; durée d'utilisation prévue : 5 ans; valeur de reprise estimative : $80.

Déc. 31 Inscription de l'amortissement du coût du matériel de bureau pour l'exercice.

Travail à faire :

1. Ouvrez les comptes suivants du grand livre général : Matériel de bureau et Amortissement accumulé — Matériel de bureau. Établissez les cartes du grand livre auxiliaire des immobilisations de Corona, Ltée.

2. Passez au journal général les écritures pour inscrire les opérations décrites ci-dessus et reportez-les au grand livre général et au grand livre auxiliaire des immobilisations.

3. Démontrez l'égalité des soldes des comptes Matériel de bureau et Amortissement accumulé — Matériel de bureau au 31 décembre 1976 avec le total des soldes des cartes du grand livre auxiliaire des immobilisation en dressant une liste de tous les biens que possède Corona, Ltée le 31 décembre 1976.

Problème 11–5A

Posez l'hypothèse que vous vérifiez pour la première fois les livres de Hollex, Ltée, une entreprise établie depuis le début de janvier de l'exercice en cours. Au cours de votre travail de vérification, vous avez découvert que le comptable a porté au débit du compte « Terrain, Bâtiments et Équipement » des sommes qui, d'après lui, sont des éléments du coût de la nouvelle usine. Ce compte qui a un solde débiteur de $822,000 comprend les éléments suivants :

Coût du terrain sur lequel se trouvait un vieux bâtiment (la valeur d'expertise du terrain et du vieux bâtiment était respectivement de $80,000 et de $10,000)	$ 85,500
Frais juridiques afférents à l'achat du terrain	900
Coût de démolition du vieux bâtiment	2,000
Frais d'arpentage et de nivellement	1,600
Coût d'un mur de soutènement et de travaux de draînage	1,200
Coût de la nouvelle usine. (Le prix du contrat était de $381,900, mais l'entreprise a consenti à accepter un règlement comptant de $79,400 plus 300 obligations ayant une valeur nominale de $300,000. Hollex, Ltée a acheté ces obligations à titre de placements temporaires au moment où la construction a commencé. Les obligations qui ont coûté $300,000 avaient une juste valeur de $302,500 au moment où l'entrepreneur en a pris possession) .	379,400
Honoraires versés à l'architecte qui a établi les plans de la nouvelle usine	23,100
Coût des travaux de pavage du parc de stationnement	8,600
Coût du système d'éclairage du parc de stationnement	400
Coût des travaux d'embellissement du terrain	2,700
Coût de l'équipement acheté pour l'usine, y compris le coût d'une machine de $800 devenue inutilisable par suite des dommages subis en la déchargeant d'un wagon	312,500
Amende versée à la municipalité pour avoir transporté de l'équipement lourd sans permis	250
Permis payé, par la suite, à la municipalité pour transporter de l'équipement lourd	50
Coût du transport de l'équipement jusqu'à l'usine	3,000
Coût de remplacement de la machine endommagée	800
Total	$822,000

Un examen des registres de la paye a révélé qu'au cours de l'exercice, on a porté au débit d'un compte intitulé « Supervision » une somme de $15,000 versée au directeur de l'usine engagé le 1er mars. Du 1er mars au 31 août, le directeur de l'usine s'est occupé de superviser les travaux de construction alors que, du 1er septembre au 30 novembre, il a supervisé l'installation de l'équipement.

De plus, le comptable a ouvert un compte intitulé : « Revenus divers » dans lequel il a crédité les sommes de $50 et de $300 recouvrées respectivement lors de la vente de la machine détruite et des matériaux provenant de la démolition du vieux bâtiment.

Travail à faire :

1. Sur une feuille à quatre colonnes intitulées respectivement : Terrain, Améliorations apportées au terrain, Bâtiments et Équipement, inscrivez les sommes se rapportant à chacun de ces comptes. Posez l'hypothèse que l'exploitation de l'usine a commencé le 1er décembre. Si le montant doit être déduit du solde d'un compte, inscrivez-le entre parenthèses. Trouvez le total des montants inscrits dans chaque colonne.
2. Passez au journal général l'écriture pour redresser les livres au 31 décembre 1976. Posez l'hypothèse que les livres n'ont pas encore été fermés.
3. Passez au journal général l'écriture pour inscrire l'amortissement pour le seul mois de l'exercice où l'usine a été en exploitation. Posez l'hypothèse que l'usine et les améliorations apportées au terrain ont une durée d'utilisation de 30 ans et une valeur de récupération nulle. En revanche, l'équipement a une durée d'utilisation prévue de 12 ans et une valeur de récupération égale à 10% de son coût.

Cas 11–1
L'Éclaireur,
Ltée

L'Éclaireur, Ltée possède 20 camions qui lui servent pour distribuer le journal qu'elle publie quotidiennement. Elle achète 10 camions neufs tous les deux ans et les comptabilise par groupes dans deux comptes distincts selon leur sorte. Elle a l'habitude de remplacer chaque groupe de 10 camions tous les quatre ans.

L'Éclaireur, Ltée vient d'acheter 10 camions de marque DM coûtant $4,800 chacun. Voici les données relatives au dernier groupe de camions DM que l'entreprise possédait :

Année	Nombre de milles parcourus*	Frais d'entretien et réparations*
1	20,000	$100
2	18,000	300
3	15,000	500
4	12,000	600

*Ces chiffres représentent des moyennes par camion.

La direction estime que ces données conviennent pour le nouveau groupe de camions. Le nombre de milles parcourus diminue avec les années parce que l'on utilise généralement les camions neufs pour livrer les journaux dans les endroits les plus éloignés. De plus, on n'utilise les plus vieux camions que pour faire des tournées imprévues. Après quatre ans, on ne change pas les vieux camions mais on les cède à des vendeurs d'automobiles et de camions usagés à un prix moyen égal à 12½% de leur coût d'acquisition.

Dans le passé, L'Éclaireur, Ltée a utilisé la méthode de l'amortissement linéaire. Récemment, le contrôleur vous a demandé d'étudier les résultats que donneraient d'autres méthodes d'amortissement et de faire des comparaisons en vue de déterminer la méthode qui répartirait le mieux le coût des camions, compte tenu des frais d'entretien, des réparations et des avantages que la compagnie retire de l'utilisation des camions. Posez l'hypothèse que, dans ce cas, le nombre de milles parcourus par les camions mesure d'une façon satisfaisante les services qu'ils rendent.

Travail à faire :

1. Inscrivez les données suivantes dans un tableau à colonnes (une pour chacune des années d'utilisation des camions) : (*a*) l'amortissement calculé selon la méthode de l'amortissement linéaire; (*b*) les frais d'entretien et le coût des réparations; (*c*) le total de l'amortissement, des frais d'entretien et du coût des réparations. Puis sur une ligne distincte du tableau, inscrivez (d) le pourcentage que représente le coût total trouvé pour chaque année par rapport au coût total pour les quatre années; et, finalement, sur une dernière ligne, (*e*) indiquez le pourcentage que représente le nombre de milles parcourus par année par rapport au total des milles parcourus pour l'ensemble des quatre années d'utilisation.

2. Dressez des tableaux identiques au tableau précédent utilisant tour à tour la méthode de l'amortissement proportionnel à l'utilisation, la méthode de l'amortissement dégressif à un taux égal au double de celui de l'amortissement linéaire et la méthode de l'amortissement proportionnel à l'ordre numérique renversé des années.

3. Comparez les divers pourcentages figurant dans les tableaux que vous avez dressés et interprétez sommairement ces résultats en ayant soin de recommander la méthode d'amortissement qui conviendrait le mieux à L'Éclaireur, Ltée. Justifiez vos conclusions.

Cas 11–2
Le comptable
stagiaire (II)

Vous allez terminer vos études dans un an et vous travaillez actuellement à temps partiel dans un cabinet de comptables agréés. Lors du travail de vérification des livres d'une entreprise, vous avez analysé le compte Terrain et bâtiments dans lequel on a débité et crédité les éléments suivants :

Débits

Janv.	3	Coût du terrain et du bâtiment qui s'y trouvait acquis en vue de construire une nouvelle usine	$ 50,000
	10	Frais juridiques afférents à l'achat du terrain	500
	27	Coût de démolition du vieux bâtiment	5,000
Fév.	1	Primes d'assurances afférentes au nouveau bâtiment	1,500
Juin	30	Somme versée à l'entrepreneur à la fin des travaux de construction de la nouvelle usine	225,250
Juil.	1	Somme versée à l'architecte qui avait établi les plans de la nouvelle usine	13,500
	3	Taxes imposées par la ville relativement à des améliorations apportées aux rues	3,500
	14	Coût des travaux d'embellissement	2,000
			$301,250

Janv. 25   Produit de la vente des matériaux provenant de la démolition
du vieux bâtiment .... $ 1,000
Juil.   3   Ristourne de la compagnie d'assurances (prime d'un mois)   250
Déc. 31   Amortissement calculé à 2½ % par année   3,750
     31   Solde 296,250
                                                         $301,250

      Le chef de votre équipe de vérification, M. Pelletier, que vous avez consulté est d'avis qu'il est raisonnable d'estimer que le bâtiment aura une durée de 40 ans et qu'il n'aura aucune valeur de récupération à la fin de cette période. M. Pelletier vous demande alors d'inscrire les données relatives au compte Terrain et bâtiments dans un tableau à diverses colonnes intitulées respectivement : Explications, Montant total, Terrain, Bâtiments et Comptes divers. Il vous conseille d'inscrire entre parenthèses les sommes à créditer et il vous prie de passer au journal général les écritures de correction. Posez les hypothèses que les livres n'ont pas encore été fermés et que l'on a crédité l'amortissement de $3,750 dans un compte intitulé Amortissement — Terrain et bâtiments.

12

Les immobilisations corporelles (suite) et les immobilisations incorporelles

■ Nous avons discuté au chapitre précédent de quelques problèmes auxquels donne lieu la comptabilisation des immobilisations corporelles. Dans le présent chapitre, nous poursuivons cette discussion et nous abordons le sujet des immobilisations incorporelles.

Comptabilisation des petits outils

■ Les petits outils tels que les marteaux, les clés anglaises et les perceuses mécaniques ont individuellement un coût minime et peuvent facilement être perdus, volés ou brisés. On impute généralement le coût de ces biens aux revenus des exercices où on les acquiert ou bien on les inscrit dans un compte d'actif dont on détermine la valeur au moyen d'un inventaire matériel à la fin de chaque exercice. On adopte l'une ou l'autre de ces deux solutions parce qu'il est peu pratique d'amortir le coût des petits outils et de tenir des registres détaillés pour chacun d'eux. Lorsqu'une entreprise affecte chaque année des sommes égales à l'achat de petits outils pour remplacer ceux qui ont été perdus, volés ou brisés, il est acceptable d'imputer leur coût aux revenus de l'exercice où on en fait l'acquisition. Cependant, si les sommes affectées à l'achat des petits outils varient grandement d'un exercice à l'autre, il est préférable de les comptabiliser dans un compte d'actif dont on déterminera la valeur au moyen d'un inventaire matériel.

Dans ce dernier cas, le compte Petits outils, au début d'un exercice, a un solde débiteur qui représente le coût des outils en main à ce moment-là. Au cours de l'exercice, on porte à ce compte le coût des nouveaux petits outils. Plus tard, c'est-à-dire à la fin de l'exercice, on dénombre les outils en main et on détermine leur coût que l'on déduit du solde du compte Petits outils pour trouver le coût des outils perdus, volés ou brisés au cours de l'exercice. Il faut alors passer au journal général l'écriture de régularisation suivante:

Déc.	31	Petits outils perdus, volés ou brisés	200.00	
		Petits outils		200.00
		Pour inscrire le coût des petits outils perdus,		
		volés ou brisés.		

Le montant de $200 débité dans l'écriture précédente a pour effet d'inscrire, dans un compte de dépenses, le coût des petits outils perdus, volés ou brisés au cours de l'exercice. En revanche, le crédit de $200 réduit le solde du compte d'actif qui, après le report de cette écriture, représente le coût des outils que l'entreprise a effectivement en main à la fin de l'exercice.

Étant donné que la durée d'utilisation des petits outils est relativement courte, on évalue généralement au prix coûtant les petits outils encore utilisables lors du dénombrement effectué à la fin d'un exercice.

Biens changés pour d'autres biens ■ Une entreprise vend parfois certaines immobilisations à la fin de leur durée d'utilisation. Dans d'autres cas, surtout lorsqu'il s'agit de machines, d'automobiles et de matériel de bureau, il est préférable de les changer pour des biens de même nature à l'état neuf. Ces opérations ne suscitent aucun problème lorsque le prix courant du bien à l'état neuf est le même que le prix demandé par le marchand ou le concessionnaire lors d'une vente au comptant. Dans ce cas, le marchand accorde une valeur de reprise égale à la valeur marchande du bien à l'état usagé. Cette valeur de reprise représente effectivement, pour les fins comptables, le prix de vente du bien cédé. Cette opération donne lieu à un gain ou à une perte lorsque la valeur comptable du bien cédé diffère de la valeur de reprise qui lui est attribuée.

Supposons, par exemple, qu'une entreprise a une machine ayant un coût de $4,500, un amortissement accumulé de $3,000 et une valeur comptable de $1,500. Supposons, de plus, qu'un concessionnaire a attribué à cette machine une valeur de reprise de $1,400 moyennant l'achat d'une machine neuve ayant un prix courant de $5,000, soit le même prix que si l'opération était effectuée entièrement au comptant. Si l'entreprise accepte l'offre et paie en espèces la différence entre le prix courant et la valeur de reprise, elle passera au journal général l'écriture suivante:

Janv.	5	Équipement	5,000.00	
		Perte sur aliénation d'immobilisations	100.00	
		Amortissement accumulé — Équipement	3,000.00	
		Équipement		4,500.00
		Caisse		3,600.00
		Machine usagée changée pour une machine neuve.		

Si, dans l'exemple précédent, la valeur de reprise avait été supérieure à la valeur comptable de $1,500, la différence aurait représenté un gain au lieu d'une perte.

Parfois, le prix courant d'un bien à l'état neuf est supérieur au prix d'une opération réglée au comptant. Dans le cas des automobiles, par exemple, le prix courant est plus élevé car le concessionnaire offre à ses clients une valeur de reprise supérieure à la valeur marchande de l'automobile usagée. Dans ce cas, il ne faut pas comptabiliser l'automobile neuve à son prix courant. Il faut plutôt s'efforcer de déterminer sa valeur marchande (le prix comptant) et comptabiliser cette valeur.

Supposons, par exemple, que Corpex, Ltée a un camion de livraison ayant un coût de $4,200, un amortissement accumulé de $3,200 et une valeur comptable de $1,000. Un concessionnaire a attribué à ce camion une valeur de reprise de $1,500. Le camion neuf qu'acquerra Corpex, Ltée a un prix courant de $4,800 mais ce prix ne serait que de $4,350 si l'opération était réglée entièrement au comptant. Si Corpex, Ltée accepte l'offre du concessionnaire, le comptable passera au journal général l'écriture suivante:

Janv.	10	Équipement de livraison	4,350.00	
		Amort. accumulé — Équipement de livraison ..	3,200.00	
		Équipement de livraison		4,200.00
		Gain sur aliénation d'immobilisations		50.00
		Caisse		3,300.00
		Camion usagé changé pour un camion neuf.		

Parfois, lors d'une opération de cette nature, il est impossible d'établir la valeur marchande du bien cédé ou celle du bien acquis. Dans ces cas, il peut être nécessaire de comptabiliser le bien à une valeur égale à son prix courant même si cette solution n'est pas conforme au principe comptable selon lequel il faut inscrire les éléments d'actif d'une entreprise au prix coûtant. Cependant, si le prix courant est exagérément élevé, il serait préférable de comptabiliser le bien acquis à une valeur égale au total de la valeur comptable du bien à l'état usagé et de l'argent versé pour acquérir le bien à l'état neuf. Si on calcule de cette façon le coût du camion neuf dont il a été question ci-dessus, nous trouverons les résultats suivants:

Valeur comptable du camion usagé $1,000
Argent versé 3,300
Total $4,300

Il y aura lieu alors de passer au journal général l'écriture suivante:

Janv.	10	Équipement de livraison	4,300.00	
		Amort. accumulé — Équipement de livraison ..	3,200.00	
		Équipement de livraison		4,200.00
		Caisse		3,300.00
		Camion usagé changé pour un camion neuf.		

Lorsqu'un bien à l'état usagé est changé pour un bien à l'état neuf, il en résulte généralement un gain ou une perte que le comptable n'inscrit pas lorsqu'il choisit d'attribuer au bien acquis une valeur égale au total de la valeur de reprise du bien cédé et du montant versé au concessionnaire. Cette solution est acceptable si les gains ou les pertes sont minimes. Autrement, il est préférable de comptabiliser ces gains ou ces pertes afin d'éviter que la valeur attribuée au bien acquis ne comprenne un élément qui effectivement se rattache au bien cédé.

Avant de terminer cette discussion, il convient de noter que, quelle que soit la valeur attribuée à un bien acquis, cette valeur devient le coût à amortir. De plus, c'est aussi ce chiffre qui, à la fin de la durée d'utilisation, sert à déterminer si la cession d'un bien entraîne un gain ou une perte.

Révision des taux d'amortissement

■ Il est normal que l'on se trompe parfois en estimant la durée d'utilisation d'un élément de l'actif immobilisé. En règle générale, lorsque l'on découvre une telle erreur, on la corrige en répartissant la valeur comptable du bien à ce moment-là sur la durée d'utilisation non écoulée. Ainsi, une entreprise a acheté une machine il y a sept ans à un coût de $12,500. On a estimé, à cette époque, que la durée d'utilisation serait de dix ans et que la valeur de récupération serait de $500. L'amortissement annuel a été pendant ces sept années de $1,200 soit ($12,500 — $500) ÷ 10. La valeur comptable de cette machine, au début de la huitième année, était de $4,100 ainsi que le démontrent les calculs suivants:

Coût de la machine $12,500
Moins : Amortissement accumulé au cours des sept premières années ... 8,400
Valeur comptable .... $ 4,100

Si, au début de la huitième année, on estime que cette machine servira encore cinq ans, on calculera l'amortissement comme suit:

$$\frac{\text{Valeur comptable} - \text{Valeur de récupération}}{\text{Durée d'utilisation non écoulée}} = \frac{\$4,100 - \$500}{5} = \$720 \text{ par année}$$

On passera alors au journal l'écriture suivante à la fin de la huitième année et à la fin de chacun des exercices où la machine sera encore en usage:

Déc.	31	Amortissement — Équipement	720.00	
		Amortissement accumulé — Équipement ..		720.00
		Pour inscrire l'amortissement au taux révisé.		

Si l'amortissement annuel du coût de cette machine est de $1,200 pendant sept ans et de $720 par la suite, les dépenses seront surévaluées au cours des sept premières années mais elles seront sous-évaluées au cours des dernières années d'utilisation de la machine. Si, toutefois, une entreprise possède plusieurs immobilisations, elle surestimera la durée d'évaluation d'un certain nombre et elle la sous-estimera pour un certain nombre d'autres. Dans ce cas, les erreurs auront tendance à s'annuler et elles influeront très peu sur le bénéfice net. C'est pour cette raison que l'on corrige généralement les erreurs d'estimation portant sur la durée des immobilisations de la façon décrite ci-dessus.

Cependant, même si, en pratique, la méthode que nous venons de décrire est généralement en usage, il existe une meilleure façon de corriger ce genre d'erreurs. Cette autre méthode consiste à corriger le solde du compte Amortissement accumulé de façon à ce qu'il soit égal au montant que l'on aurait obtenu si l'on avait connu, dès le début, la durée d'utilisation révisée des immobilisations.

Ainsi, dans l'exemple précédent, l'amortissement imputé aux revenus des sept premiers exercices a été de $1,200 par année. Par la suite, la durée d'utilisation a été portée de 10 à 12 ans. Si l'on avait utilisé cette dernière durée dès le début, l'amortissement imputé aux revenus des sept premiers exercices aurait été de $1,000 par année, soit ($12,500 — $500) ÷ 12. La sous-estimation de la durée d'utilisation a donc eu pour effet de surévaluer l'amortissement de $200 par exercice, ce qui, pour les sept années, donne une surévaluation totale de $1,400. Il y aurait lieu alors de passer au journal général l'écriture suivante pour corriger l'effet de cette erreur:

Déc.	31	Amortissement accumulé — Équipement	1,400.00	
		Amortissement imputé aux revenus des		
		exercices antérieurs		1,400.00
		Pour corriger les livres à la suite d'une		
		révision apportée à la durée d'utilisation		
		d'une machine.		

Si l'on passe aux livres l'écriture précédente, l'amortissement pour les cinq derniers exercices sera de $1,000 par année et sera calculé de la façon habituelle.

Il est facile de saisir pourquoi, dans l'écriture précédente, on a porté $1,400 au débit du compte Amortissement accumulé. Cette somme provient de ce que l'on a inscrit, dans ce compte, $200 de trop par année pendant sept ans. Quant au compte crédité, il est nécessaire de donner les explications suivantes:

1. L'imputation aux revenus d'un amortissement de $1,200 au lieu de $1,000 a eu pour effet de surévaluer de $200 par année l'amortissement comptabilisé à la fin de chacune des sept premières années de la durée d'utilisation de la machine.

2. Cette surévaluation de l'amortissement a faussé le bénéfice net en le sous-évaluant de $200 annuellement.

3. La correction de $1,400 apportée à l'amortissement accumulé doit figurer dans l'état des revenus et dépenses du huitième exercice (voir le tableau 12–1), ce qui a pour effet d'accroître le bénéfice net de cet exercice d'un montant de $1,400. Le manuel de l'I.C.C.A. recommande effectivement ce qui suit: « Les gains ou les pertes provenant de redressements attribuables à une nouvelle évaluation de la vie utile des immobilisations doivent être inclus dans l'état des revenus et dépenses et doivent faire l'objet d'un poste distinct ou d'une note aux états financiers ».[1] Il faut fermer le compte « Amortissement imputé aux revenus des exercices antérieurs » en virant son solde de $1,400 au crédit du compte « Sommaire des revenus et dépenses » afin d'éliminer l'effet de la surévaluation de l'amortissement comptabilisé précédemment.

Technik, Ltée
État des revenus et dépenses
pour l'exercice terminé le 31 décembre 1976

Ventes			$215,000
Coût des marchandises vendues			129,000
Bénéfice brut			$ 86,000
Frais d'exploitation :			
Amortissement pour l'exercice	$8,600		
Moins : Surévaluation de l'amortissement inscrit antérieurement	1,400	$7,200	64,000
Bénéfice net			$ 22,000

Tableau 12–1

Ainsi que nous l'avons dit plus tôt, les comptables corrigent généralement une erreur commise lors de l'estimation de la durée d'utilisation d'un bien, en répartissant la valeur comptable de ce bien au moment où l'erreur est découverte sur la durée d'utilisation non encore écoulée. Cependant, cette méthode amène parfois une surévaluation ou une sous-

---

[1]*Manuel de l'I.C.C.A.,* Toronto, L'Institut Canadien des Comptables Agréés, 1971, par. 3480.11 et 3480.12.

estimation importante de l'amortissement des exercices qui suivent la date où les taux ont été révisés. Dans ce cas, il est préférable de redresser le solde du compte Amortissement accumulé.

Les réparations et les remplacements ■ Il existe deux sortes de réparations et de remplacements: (1) les réparations et les remplacements ordinaires et (2) les réparations et les remplacements extraordinaires.

LES RÉPARATIONS ET LES REMPLACEMENTS ORDINAIRES

Pour qu'un bien soit en bon état de fonctionnement, il est nécessaire d'effectuer régulièrement des réparations et des remplacements. Ainsi, il faut peindre un bâtiment et en réparer le toit. De même, une machine doit être remise en bon état et il est nécessaire de remplacer de temps à autre certaines pièces. Toutes les dépenses ordinaires qui ont pour objet de maintenir un bien en état de marche sont des dépenses d'exploitation qu'il faut imputer aux revenus de l'exercice en cours.

Les frais d'entretien, comme les frais découlant de la mise au point d'une machine, sont aussi des dépenses normales d'exploitation. Le plus souvent, on comptabilise les frais d'entretien dans le même compte que les réparations et les remplacements ordinaires.

LES RÉPARATIONS ET LES REMPLACEMENTS EXTRAORDINAIRES

Par définition, les réparations et les remplacements extraordinaires ont pour objet de prolonger la durée d'utilisation prévue plutôt que de maintenir un bien en bon état de marche. En règle générale, il convient de porter le coût de ces réparations et de ces remplacements au débit du compte Amortissement accumulé parce qu'il en résulte généralement une prolongation de la durée d'utilisation et un accroissement du bénéfice des exercices futurs. Supposons, par exemple, qu'une entreprise a prévu qu'une machine coûtant $8,000 aurait une durée d'utilisation de huit ans et une valeur de récupération nulle. À la fin de la sixième année, cette machine aurait une valeur comptable de $2,000.

Coût de la machine	$8,000
Moins : Amortissement accumulé à la fin de la sixième année	6,000
Valeur comptable	$2,000

Supposons, qu'au début de la septième année, on procède à une mise au point extraordinaire qui a pour effet de prolonger de trois ans la durée d'utilisation. Pour inscrire cette mise au point qui a coûté $2,100, il faut passer au journal général l'écriture suivante:

Janv.	12	Amortissement accumulé — Équipement	2,100.00	
		Caisse ou comptes à payer		2,100.00
		Pour inscrire le coût de réparations extraordinaires.		

Cette écriture change l'amortissement du coût de la machine pour le reste de la durée d'utilisation ainsi que le démontrent les calculs suivants:

Valeur comptable avant les réparations extraordinaires $2,000
Coût des réparations extraordinaires 2,100
   Total $4,100
Amortissement annuel subséquent ($4,100 ÷ 5 ans) .... $ 820

Si l'on utilise cette machine pendant cinq autres années après la mise au point extraordinaire, l'amortissement imputé aux revenus au cours de cette période ($820 X 5) sera égal à la nouvelle valeur comptable, compte tenu du coût des réparations extraordinaires.

Les améliorations

■ On peut définir une amélioration comme le remplacement d'un bien actuellement en usage, ou une partie de ce bien, par un bien ou un article de qualité supérieure. Le plus souvent, le coût du remplacement excède grandement le coût de l'article remplacé. Voici des exemples d'améliorations: le remplacement des contrôles manuels d'une machine par des contrôles mécaniques, le remplacement d'un moteur usagé par un moteur neuf plus puissant et la réfection d'un toit avec des matériaux de meilleure qualité. Le plus souvent, un bien amélioré est plus efficace mais les améliorations apportées n'ont pas nécessairement prolongé sa durée d'utilisation.

On doit porter au débit d'un compte d'actif le coût des améliorations et amortir ce coût sur le reste de la durée d'utilisation. Il importe également, dans ce cas, de radier le coût du bien remplacé et l'amortissement accumulé qui s'y rapporte. Ainsi, si l'on remplace un moteur usagé par un autre plus puissant, on doit porter au débit du compte Équipement ou Camions, selon le cas, le coût du moteur neuf et on doit radier des livres le coût du moteur usagé et l'amortissement accumulé qui s'y rapporte.

Le réarrangement de l'équipement

■ On doit débiter à un compte d'actif le coût du réarrangement de l'équipement effectué en vue d'accroître le rendement si ce coût est important et si le nouvel arrangement permet d'accroître les revenus des exercices subséquents. Le plus souvent, on comptabilise ce coût à titre de *frais reportés* que l'on amortit sur les exercices futurs, un peu comme les dépenses payées d'avance. Si, par exemple, le réarrangement des machines d'une usine a coûté $10,000, on passera au journal général l'écriture suivante:

Janv.	7	Réarrangement de l'équipement	10,000.00	
		Caisse ou comptes à payer		10,000.00
		Pour inscrire le coût du réarrangement des machines.		

Si l'on devait tirer des avantages de ce réarrangement au cours des cinq exercices suivants (y compris l'exercice où le travail a été effectué), il faudrait passer au journal général l'écriture suivante à la fin de chacun de ces exercices pour amortir le coût du réarrangement:

Déc.	31	Dépense relative au réarrangement de l'équipement	2,000.00	
		Réarrangement de l'équipement		2,000.00
		Pour amortir le coût du réarrangement à raison de 20% par année.		

Les frais reportés sont en réalité des dépenses payées d'avance à long terme. Ils doivent figurer à l'actif du bilan sous le titre de « Frais reportés », le plus souvent à la toute fin de la liste des éléments de l'actif.

Les dépenses en capital et les dépenses d'exploitation

■ Une *dépense d'exploitation* est une dépense qu'il faut imputer aux revenus de l'exercice où on l'a effectuée. Les réparations ordinaires, le loyer et les salaires sont des exemples de dépenses d'exploitation.

En revanche, les dépenses, comme les réparations extraordinaires, qui ont pour effet de prolonger la durée d'utilisation d'un bien sont des *dépenses en capital* qui doivent figurer à l'actif du bilan parce qu'elles procureront à l'entreprise des avantages au cours d'un certain nombre d'exercices à venir.

Il importe d'établir une distinction nette entre les dépenses d'exploitation et les dépenses en capital, car les erreurs commises en les inscrivant faussent les états financiers d'un certain nombre d'exercices. Si, par exemple, l'on traite comme une dépense d'exploitation le coût d'une amélioration qu'il faudrait effectivement *capitaliser,* l'on commet une erreur qui a pour effet de surévaluer les dépenses et de sous-évaluer le bénéfice net de l'exercice où les améliorations ont été effectuées. De plus, comme l'état des revenus et dépenses des exercices subséquents devrait comprendre l'amortissement du coût de ces améliorations, l'amortissement de chacun de ces exercices est sous-évalué et le bénéfice net est surévalué.

Les richesses naturelles

■ Les richesses naturelles, comme les forêts, les mines et les gisements pétrolifères sont des biens qui *s'épuisent*. La caractéristique principale de ces biens consiste en ce que l'on peut les convertir en produits. Les réserves forestières, par exemple, sont effectivement un stock de bois non coupé. Ce bois, une fois coupé, devient un produit que l'on peut vendre pour en tirer un revenu. Dans ce cas, l'élément le plus important du coût du produit est le coût des arbres eux-mêmes. Cependant, tant que l'on n'a pas abattu ces arbres, ils représentent un élément d'actif à long terme. Quant aux gisements miniers ou pétrolifères, ils constituent un problème identique et on doit aussi les inclure dans l'actif à long terme sous un titre distinct.

Les richesses naturelles doivent figurer dans le bilan au coût d'acquisition moins l'épuisement accumulé que l'on calcule annuellement en fonction de la production effectuée. Si, par exemple, le coût d'une mine qui contient 500,000 tonnes de minerai est de $500,000, on l'amortira à raison de $1 par tonne de minerai. Si l'on suppose que l'on a extrait 85,000 tonnes de minerai au cours du premier exercice, la dépense qui s'appelle *épuisement* sera de $85,000 et il faudra passer au journal général l'écriture suivante:

Déc.	31	Épuisement — Gisement minier	85,000.00	
		Épuisement accumulé — Gisement minier .		85,000.00
		Pour inscrire l'épuisement provenant de l'extraction de 85,000 tonnes de minerai.		

Dans le bilan dressé à la fin de la première année d'exploitation, le gisement figurera au prix coûtant, $500,000, moins l'épuisement accumulé de $85,000.

Si l'entreprise minière a vendu les 85,000 tonnes de minerai, l'épuisement de $85,000 figurera dans l'état des revenus et dépenses sous le titre de « Coût du minerai extrait et vendu ». Cependant, si l'on n'a pas, au 31 décembre, vendu en entier les 85,000 tonnes de minerai, il faut inclure, dans l'actif à court terme du bilan dressé à cette date, la partie de l'épuisement de $85,000 incorporée au coût du minerai non encore vendu.

Souvent, une entreprise qui exploite des richesses naturelles doit installer des machines et construire des bâtiments à l'endroit où elle exploite ces richesses. Il convient, dans ce cas, de comptabiliser, dans des comptes distincts, le coût de ces immobilisations et de l'amortir sur la durée de la richesse à exploiter en proportion des quantités extraites par rapport aux quantités à extraire, de la même façon que l'épuisement. Si, par exemple, l'on a installé une machine ayant une durée d'utilisation de 10 ans près d'une mine qui sera épuisée dans six ans, il convient d'amortir le coût de cette machine sur une période de six ans. De plus, si l'on a extrait, au cours du premier exercice, un huitième du gisement minier, l'amortissement sera égal au huitième du coût de la machine et il faudra considérer cet amortissement comme un élément du coût du minerai extrait.

Les immobilisations incorporelles

■ Les immobilisations incorporelles n'ont aucune valeur en elle-mêmes, car elles tirent leur valeur des droits à long terme que confère leur propriété ou leur possession. Les biens incorporels les plus connus sont: les brevets d'invention, les droits d'auteur, les améliorations locatives, les marques de commerce, les frais de constitution et l'achalandage. Les billets et les comptes à recevoir sont aussi des biens qui ont une nature incorporelle, mais on les inclut dans l'actif à court terme plutôt que dans la section Immobilisations incorporelles.

On comptabilise tous les biens incorporels au coût d'acquisition. Une entreprise peut posséder certains de ces biens, comme l'achalandage et les marques de commerce, sans qu'elle ait eu à verser quoi que ce soit pour les acquérir. Dans ce cas, ces biens ne figurent pas au bilan, même s'ils ont une très grande valeur.

On distingue, en comptabilité, deux sortes de biens incorporels: (1) les biens ayant une durée limitée en raison de leur nature, d'un règlement, d'une loi ou d'un contrat; et (2) ceux dont la durée est, en principe, illimitée. Les brevets d'invention, les droits d'auteur, les améliorations locatives sont des biens de la première catégorie alors que l'achalandage, les marques de commerce, les brevets d'invention et les frais de constitution ont plutôt une durée illimitée. En principe, on ne doit amortir que le coût des biens incorporels dont la durée est limitée de la même façon que l'on amortit le coût des immobilisations corporelles.

LES BREVETS D'INVENTION

Les brevets d'invention sont accordés par le gouvernement fédéral pour susciter de nouvelles inventions et promouvoir le progrès technologique. Un brevet d'invention donne à son détenteur le droit exclusif de fabriquer et de vendre pendant 17 ans une machine ou un produit breveté. Tous les coûts engagés pour obtenir un brevet d'invention doivent être portés au débit d'un compte d'actif appelé Brevets d'invention. Étant donné que les brevets n'ont souvent une valeur réelle que s'ils ont, avec succès, fait l'objet d'une poursuite judiciaire, on doit aussi inscrire au débit du compte Brevets d'invention les frais juridiques auxquels une poursuite de ce genre donne lieu.

Bien qu'un brevet donne à son détenteur un droit exclusif qu'il peut exercer pendant 17 ans, il est parfois nécessaire d'amortir le coût de cet élément d'actif sur une période plus courte si l'on estime que la durée du brevet sera inférieure à 17 ans. Si, par exemple, un brevet ayant coûté \$25,000 n'a qu'une durée de dix ans, on passera au journal général l'écriture suivante à la fin de chaque exercice pendant dix ans:

Déc.	31	Amortissement — Brevets d'invention	2,500.00	
		Brevets d'invention		2,500.00
		Pour amortir le coût des brevets à raison de 10% par année.		

Le montant porté au débit de l'écriture précédente est un élément du coût des produits que le brevet a permis de fabriquer et il doit faire partie de l'état des revenus et dépenses de l'exercice. En revanche, le même montant porté au crédit du compte Brevets d'invention a pour effet de réduire le solde de ce compte. (En règle générale, on préfère créditer directement cette somme dans le compte Brevets d'invention plutôt que de l'inscrire dans un compte d'amortissement accumulé.)

LES FRAIS DE RECHERCHE

Plusieurs entreprises ont un laboratoire de recherche dont le rôle est de découvrir de nouveaux produits, de vérifier la qualité des matières utilisées et des produits fabriqués par l'entreprise ou ses concurrents et, parfois, d'entreprendre des travaux de recherche scientifique. Les coûts engagés pour vérifier la qualité des produits de même que les coûts des recherches scientifiques doivent être imputés aux revenus de l'exercice en cours. En revanche, on peut porter, au débit du compte Brevets d'invention ou d'un compte semblable, les coûts qu'entraîne la mise au point de nouveaux produits. Cependant, il est aussi acceptable d'imputer directement ces coûts aux revenus.

Certaines entreprises débitent, dans des comptes de dépenses, tous les coûts d'un laboratoire de recherche quelle que soit la nature des travaux effectués. Cette solution est bonne quand les frais de recherche ont tendance à être égaux d'un exercice à l'autre comme c'est généralement le cas parce qu'il s'agit de coûts que l'entreprise ne peut réduire si elle désire lutter efficacement contre ses concurrents. D'autres entreprises ont recours à des techniques de prix de revient pour ventiler le coût d'un laboratoire de recherche sur les divers travaux effectués. Elles capitalisent ensuite le coût des travaux qui ont permis de découvrir de nouveaux produits et imputent immédiatement aux revenus le coût des travaux infructueux. Les deux méthodes donnent des résultats acceptables.

LES DROITS D'AUTEUR

Un droit d'auteur est accordé par le gouvernement fédéral et donne à son détenteur le droit exclusif de publier et de vendre une œuvre musicale, littéraire ou artistique pendant une période de 28 ans. Cependant, comme on peut demander le renouvellement de ce droit pour une autre période de 28 ans, la durée maximale d'un droit d'auteur est de 56 ans. Bien entendu, la plupart des droits d'auteur ont une durée beaucoup plus courte. Dans ce cas, il faut les amortir plus rapidement. Souvent, le coût d'un droit d'auteur ne consiste que dans la somme versée au gouvernement. Étant donné que ce coût est minime, on l'impute directement aux revenus de l'exercice où le droit d'auteur a été acquis.

LES BAUX

Un bail est un contrat qui donne le droit d'occuper une propriété louée. La personne ou l'entreprise qui possède le bien loué porte le nom de *bailleur* alors que l'on appelle *locataire* la personne qui acquiert le droit d'utiliser la propriété louée.

Certains baux peuvent ne pas exiger que le locataire verse d'avance le loyer convenu. Souvent, cependant, ce dernier devra verser mensuellement le montant du loyer. Dans ce cas, il suffit d'imputer directement aux revenus le loyer mensuel. Parfois, le locataire qui a signé un bail à long terme doit verser, dès la signature du bail, le loyer de la dernière année du bail. Le locataire doit alors comptabiliser ce montant dans le compte Loyer payé d'avance à long terme. Le solde de ce compte, qui demeure sans changement jusqu'à la fin du bail, sera imputé aux revenus de l'exercice au cours duquel le bail prendra fin.

Souvent un bail à long terme dont la durée est de 20 ou de 25 ans acquiert après quelques années une grande valeur parce que les loyers exigés sont sensiblement inférieurs à ceux qu'il faudrait verser si l'on avait à signer un bail du même genre. Il ne convient pas, dans ce cas, de comptabiliser la plus-value du bail parce que le locataire n'a à verser aucune somme supplémentaire pour jouir de cette plus-value. Cependant, si le locataire sous-loue la propriété louée et que le sous-locataire verse à l'ancien locataire une somme pour jouir des privilèges auxquels donne droit le premier bail, le sous-locataire doit inscrire cette somme dans un compte d'actif à long terme et l'amortir sur le reste de la durée du bail. Dans ce cas, la dépense annuelle du sous-locataire sera égale au loyer payé au propriétaire plus l'amortissement de la somme versée au locataire initial.

LES AMÉLIORATIONS LOCATIVES

Des clauses d'un bail à long terme obligent parfois le locataire à modifier à ses frais la propriété louée ou à y apporter des améliorations. On peut, par exemple, installer de nouvelles cloisons ou améliorer la devanture d'un magasin. En règle générale, il convient de débiter ces dépenses dans un compte intitulé Améliorations locatives. Étant donné que ces améliorations font partie intégrante de la propriété et n'appartiennent pas au locataire à la fin du bail, il convient d'amortir leur coût sur la durée du bail ou la durée des améliorations elles-mêmes, selon la période la plus courte des deux. L'écriture à passer au journal consiste essentiellement à débiter le compte Loyer et à créditer le compte Améliorations locatives.

L'ACHALANDAGE

On dit d'une entreprise qu'elle a de l'achalandage lorsqu'elle est dirigée de manière à donner satisfaction aux clients qui non seulement seront amenés à transiger de nouveau avec elle mais inciteront de nouveaux clients à venir s'approvisionner chez elle.

La définition que nous venons de donner de l'achalandage est plutôt restrictive puisque l'on assimile cet élément d'actif à la clientèle. En comptabilité, on préfère définir l'achalandage d'une façon plus générale. Ainsi, on dit qu'une entreprise a de l'achalandage lorsque les gains futurs qu'elle prévoit réaliser sont plus élevés que ceux que les autres entreprises du même genre réalisent normalement. L'exemple suivant illustre les éléments principaux de cette définition plus générale de l'achalandage.

	A, Ltée	B, Ltée
Actif net (à l'exception de l'achalandage)	$100,000	$100,000
Taux de rendement normal	10%	10%
Rendement normal	$ 10,000	$ 10,000
Bénéfice net réel	10,000	15,000
Excédent du bénéfice net sur le rendement normal	$ 0	$ 5,000

B, Ltée a un bénéfice net supérieur à la normale, et c'est pour cette raison qu'elle jouit d'un achalandage qui, comme dans toute autre entreprise, est attribuable à de bonnes relations avec ses clients, à l'endroit où elle est située, à l'efficacité de son processus de fabrication, à un monopole, à des relations excellentes avec ses employés, à la compétence de la direction et, le plus souvent, à une combinaison de deux ou plusieurs de ces facteurs. Cependant, quelles que soient les conditions qui ont donné lieu à l'achalandage, un investisseur acceptera de payer un prix supérieur pour B, Ltée s'il estime que la compagnie continuera de réaliser des gains supérieurs à la normale. Ainsi, l'achalandage est un bien qui a une valeur réelle parce qu'il est susceptible d'accroître le prix auquel une entreprise peut être vendue.

Les comptables s'accordent pour dire qu'il ne faut pas comptabiliser l'achalandage à moins qu'il ne découle de l'achat d'une entreprise ou de la formation d'une nouvelle société résultant de l'admission d'un nouvel associé. Dans ces cas, on peut évaluer l'achalandage de plusieurs façons ainsi que le démontrent les exemples suivants :

1. L'acquéreur et le vendeur peuvent déterminer arbitrairement la valeur de l'achalandage d'une entreprise qui est sur le point d'être vendue. Ainsi, le vendeur peut accepter de vendre $115,000 une entreprise qui réalise des gains supérieurs à la normale. Si l'acquéreur accepte ce prix et si la juste valeur de l'actif net de l'entreprise acquise, à l'exception de l'achalandage, est de $100,000, ce dernier bien a effectivement une valeur de $15,000.

2. On peut attribuer à l'achalandage une valeur égale à un certain nombre de fois l'excédent du bénéfice net d'une entreprise sur le bénéfice net normal des entreprises du même genre. Si, par exemple, on s'attend à ce qu'une entreprise réalise chaque année des gains excédentaires de $5,000, on pourrait évaluer son achalandage en multipliant ce chiffre par un certain facteur, disons quatre. Dans ce cas, l'achalandage aurait une valeur de $20,000, soit l'excédent du bénéfice net prévu pour les quatre prochains exercices sur le bénéfice net normal. Bien que certains auteurs soutiennent le contraire, cette méthode de détermination de la valeur de l'achalandage est aussi arbitraire.

3. On pourrait, en troisième lieu, déterminer la valeur de l'achalandage en capitalisant à un taux donné les gains excédentaires. Si, par ex-

emple, on s'attend à ce qu'une entreprise continue de réaliser annuellement des gains excédentaires de $5,000 et si le taux de rendement normal du capital investi dans ce genre d'entreprises est de 10%, on pourrait capitaliser ces gains excédentaires à 10%, ce qui donnerait à l'achalandage une valeur de $50,000, soit $5,000 ÷ 10%. Remarquez que ceci veut dire que la valeur attribuée à l'achalandage devra rapporter annuellement des gains excédentaires de $5,000, c'est-à-dire $50,000 × 10%. Cette façon de déterminer la valeur de l'achalandage donne des résultats satisfaisants si l'on estime que l'entreprise réalisera indéfiniment des gains supérieurs à la normale. Cependant, comme cette hypothèse peut ne pas être exacte, on capitalise souvent les gains excédentaires à un taux de rendement plus élevé. On pourrait, par exemple, utiliser un taux qui serait le double du taux normal. Dans ce cas, les gains excédentaires de $5,000 dont il a été question précédemment seraient capitalisés à un taux de 20%, ce qui donnerait à l'achalandage une valeur de $25,000, soit $5,000 ÷ 20%.

Il existe d'autres façons de déterminer la valeur de l'achalandage. Mais, dans tous les cas, la valeur attribuée à l'achalandage sera un chiffre inclus dans le prix que l'acquéreur d'une entreprise accepte de payer et aussi dans celui que le propriétaire lui-même est disposé à accepter lors de la vente de son entreprise.

L'amortissement de l'achalandage. On admet, d'une manière générale, que les avantages que procure l'achalandage disparaissent graduellement. Ceci explique pourquoi le Comité des recherches en comptabilité de l'I.C.C.A. recommande que le montant comptabilisé à titre d'achalandage lors de l'acquisition d'une entreprise soit amorti, par imputation aux revenus, selon la méthode de l'amortissement linéaire, sur une période correspondant à l'estimation de la vie utile de cet élément d'actif. Le Comité ajoute, toutefois, que cette période ne doit pas être supérieure à 40 ans.[2] L'étudiant trouvera une discussion plus détaillée de cette question dans un manuel de comptabilité intermédiaire.

LES MARQUES DE COMMERCE

Pour être propriétaire d'une marque de commerce, il suffit d'avoir utilisé cette marque de commerce auparavant. Cependant, il est préférable de faire enregistrer les marques de commerce afin qu'il n'y ait aucun doute quant au titre de propriété. Comme les marques de commerce ont une durée illimitée, on n'amortit généralement pas le coût d'acquisition de cet élément d'actif.

L'état des revenus et dépenses

■ Nous avons discuté d'un nombre de postes de l'état des revenus et dépenses depuis que nous avons illustré la façon de dresser cet état au

---

[2]*Manuel de l'I.C.C.A.,* Toronto, L'Institut Canadien des Comptables Agréés, 1973, par. 1580.58.

chapitre 5. L'état des revenus et dépenses ci-joint (voir le tableau 12–2) a pour objet d'indiquer à l'étudiant la façon de présenter dans cet état les nombreux postes dont il a été question au cours des derniers chapitres.

Rexor, Enr.
État des revenus et dépenses
pour l'exercice terminé le 31 décembre 1976

Revenus :			
Ventes			$114,750
Moins : Rendus sur ventes		$ 1,250	
Escomptes sur ventes		1,330	2,580
Ventes nettes			$112,170
Coût des marchandises vendues :			
Stock de marchandises au 1er janvier 1976		$12,530	
Achats	$69,370		
Moins : Rendus sur achats	$765		
Escomptes sur achats	980	1,745	
		$67,625	
Plus : Fret à l'achat		1,840	
Coût net des achats		69,465	
Coût des marchandises à vendre		$81,995	
Stock de marchandises au 31 décembre 1976		10,135	
Coût des marchandises vendues			71,860
Bénéfice brut			$ 40,310
Dépenses d'exploitation :			
Frais de vente :			
Salaires	$12,450		
Paye — Contributions de l'employeur	620		
Loyer	4,800		
Fret à la vente	500		
Publicité	2,370		
Fournitures d'emballage	345		
Assurances	215		
Amortissement — Équipement de magasin	835		
Total des frais de vente		$22,135	
Frais d'administration :			
Salaires	$ 3,600		
Paye — Contributions de l'employeur	180		
Loyer	600		
Mauvaises créances	1,155		
Fournitures de bureau	175		
Assurances	25		
Amortissement — Matériel de bureau	195		
Total des frais d'administration		5,930	
Total des dépenses d'exploitation			28,065
Bénéfice d'exploitation			$ 12,245
Autres revenus et autres dépenses :			
Intérêts créditeurs		$ 185	
Moins : Intérêts débiteurs	$ 60		
Déficit de caisse	10	70	
Somme à ajouter au bénéfice d'exploitation			115
Bénéfice net			$ 12,360

Tableau
12–2

1. Pourquoi doit-on prendre un inventaire matériel des petits outils à la fin d'un exercice ?

2. Lorsque l'on change un bien pour un autre, il en résulte généralement un gain ou une perte. Pourquoi doit-on comptabiliser séparément ce gain ou cette perte ? Quand est-il acceptable d'incorporer ce gain ou cette perte au coût d'acquisition du nouveau bien ?

3. Si, lorsque l'on change un bien pour un autre, il est impossible de connaître le prix d'achat comptant du bien à l'état neuf et la valeur marchande du bien usagé, de quelle façon pourrait-on déterminer la juste valeur du nouveau bien ?

4. Comment corrige-t-on généralement une erreur portant sur l'estimation de la durée d'utilisation d'un bien ? Existe-t-il une autre façon de corriger cette erreur ?

5. Quelle différence y a-t-il entre, d'une part, les réparations et les remplacements ordinaires et, d'autre part, les réparations et les remplacements extraordinaires ?

6. Comment doit-on comptabiliser les réparations ordinaires ? Les réparations extraordinaires ?

7. Qu'entend-on par améliorations ? Comment doit-on comptabiliser le coût des améliorations ?

8. Quelle différence y a-t-il entre les dépenses d'exploitation et les dépenses en capital ?

9. Quelles sont les caractéristiques d'un bien incorporel ?

10. De quelle façon doit-on généralement comptabiliser les immobilisations incorporelles ?

11. Définissez les termes suivants : (a) bail, (b) bailleur, (c) droit d'occuper une propriété louée et (d) améliorations locatives.

12. Quand peut-on dire, en comptabilité, qu'une entreprise possède un achalandage ?

Exercices

Exercice 12–1

Le solde du compte Petits outils d'une entreprise qui comptabilise cet élément d'actif selon la méthode de l'inventaire périodique était de $825 au début d'un exercice. Le 1er mai, on a acheté des petits outils coûtant $445. Un inventaire matériel a révélé, à la fin de l'exercice, que le coût des petits outils en main était de $795. (a) Passez au journal général l'écriture pour inscrire le coût des petits outils achetés le 1er mai. (b) Passez au journal général l'écriture pour inscrire, au 31 décembre, le coût des petits outils perdus, volés ou brisés. (c) Quelle valeur attribuera-t-on au poste Petits outils dans le bilan dressé au 31 décembre ? (d) À combien s'élève le coût des petits outils inscrits dans l'état des revenus et dépenses de l'exercice ?

Exercice 12–2

Une entreprise qui avait un camion ayant un coût de $4,600 et un amortissement accumulé de $3,200 l'a changé, le 2 juin, pour un camion neuf dont le prix courant était de $5,200. Le concessionnaire a attribué au vieux camion une valeur de reprise de $1,800 et a demandé de régler comptant le solde du prix convenu. Déterminez : (a) la valeur comptable du vieux camion et (b) la somme d'argent que l'acquéreur a dû verser. (c) Passez au journal général l'écriture pour inscrire l'acquisition du camion neuf si le prix courant de ce camion est égal à son prix de vente au comptant. (d) Passez au journal général l'écriture pour inscrire l'acquisition du camion neuf si le prix de vente au comptant de ce camion est de $4,850. (e) Passez au journal général l'écriture pour inscrire l'acquisition du camion neuf s'il est impossible de connaître à la fois la juste valeur du camion usagé et le prix de vente au comptant du camion neuf.

Exercice 12–3

On a amorti le coût d'une machine, soit $12,000, pendant six ans, selon la méthode de l'amortissement linéaire après avoir estimé, à la date d'acquisition, que cette machine aurait une durée d'utilisation de huit ans et une valeur de reprise de $2,000. Au début de la septième année, on a estimé que cette machine pourrait servir encore pendant quatre ans et qu'elle aurait toujours à la fin de cette période une valeur de reprise de $2,000.

a. Déterminez la valeur comptable de cette machine à la fin de la sixième année.
b. Calculez le coût à imputer aux revenus des dernières années d'utilisation.
c. Passez au journal général l'écriture pour inscrire l'amortissement à la fin de la septième année si l'on ne corrige pas l'amortissement accumulé au début de la septième année.
d. Passez au journal général l'écriture pour corriger l'erreur relative à l'estimation de la durée de l'utilisation de la machine si l'on doit régulariser le compte Amortissement accumulé au début de la septième année.
e. Passez au journal général l'écriture pour inscrire l'amortissement à la fin de la septième année si l'on a passé aux livres l'écriture dont il est question en (d) ci-dessus.

Exercice 12–4

Le bâtiment que possède une entreprise a coûté $246,000 et a un amortissement accumulé de $205,000. On a estimé, à la date d'acquisition, que la durée d'utilisation de ce bâtiment serait de 30 ans et que sa valeur de récupération serait nulle. La méthode d'amortissement en usage est la méthode de l'amortissement linéaire. Durant la première semaine de janvier de l'exercice en cours, on a effectué des réparations extraordinaires qui ont coûté $64,000. Ces réparations n'ont pas rendu le bâtiment plus utile mais ont eu pour effet de prolonger de dix ans la durée initiale d'utilisation. (a) Depuis combien de temps cette entreprise possède-t-elle ce bâtiment? (b) Passez au journal général l'écriture pour inscrire le coût des réparations. (c) Calculez la valeur comptable du bâtiment après avoir inscrit le coût des réparations. (d) Passez au journal général l'écriture pour inscrire l'amortissement à la fin de l'exercice où les réparations ont été effectuées.

Exercice 12–5

Il y a six ans, la société Rexcor, Ltée a versé $1,000,000 pour acquérir le droit d'exploiter une mine renfermant 1,000,000 de tonnes de minerai.

Subséquemment, elle a investi une autre somme de $1,000,000 pour obtenir l'équipement nécessaire à l'extraction du minerai. On prévoit que la mine sera épuisée au bout de dix ans. Au cours des cinq premières années, Rexcor, Ltée a extrait et vendu à profit 500,000 tonnes de minerai. Le nombre de tonnes extraites au cours de la sixième année fut de 100,000. Cependant, cette année-là, la vente du minerai a entraîné une perte de $1 la tonne par suite des changements technologiques que les clients ont apportés à leur processus de fabrication.

Travail à faire :

Devrait-on fermer la mine ou continuer de l'exploiter à perte ? Posez l'hypothèse que l'on pourra extraire le reste du minerai au cours des quatre prochaines années à raison de 100,000 tonnes par année et que la perte continuera de s'élever à $1 par tonne de minerai. Présentez vos calculs.

Problèmes **Problème 12–1**

Une entreprise dont l'exercice se termine le 31 décembre possède les machines suivantes :

Machine No	Date d'acquisition	Prix payé	Durée d'utilisation prévue	Valeur de récupération	Méthode d'amortissement	Données relatives à l'aliénation des quatre machines
5	2/5/69	$3,500	5 ans	$500	Amortissement linéaire	Machine changée pour la machine n° 6 le 5/1/71. Valeur de reprise : $2,000.‡
6	5/1/71	$4,800 moins la valeur de reprise de la machine n° 5	5 ans	$600	Amortissement proportionnel à l'ordre numérique renversé des années	Machine vendue à un prix de $800 le 7/10/75.
7	9/1/71	$6,400	4 ans	$400	Amortissement dégressif*	Machine changée pour la machine n° 8 le 4/1/75. Valeur de reprise : $900.‡
8	4/1/75	$6,500 moins la valeur de reprise de la machine n° 7	Production de 12,000 unités	$500	Amortissement proportionnel à l'utilisation†	Machine vendue à un prix de $4,000 le 3/6/76.

* À un taux égal au double de celui de l'amortissement linéaire.

† Nombre d'unités produites : 2,500 en 1975 et 500 du 1/1/76 au 3/6/76.

‡ La valeur marchande de cette machine ne diffère pas de sa valeur de reprise.

Travail à faire :

Passez au journal général les écritures pour inscrire : (1) l'acquisition de chaque machine; (2) l'amortissement à la fin de la première année d'utilisation de chacune des machines; (3) l'aliénation des quatre machines. Posez l'hypothèse que les gains ou les pertes sur l'aliénation de ces machines sont importantes.

Problème 12–2

Le 4 janvier 1968, Pablo, Ltée a acheté une machine qui devait lui servir pendant dix ans et dont la valeur de récupération serait nulle au bout de ce temps. Le coût de cette machine est de $15,000 et l'on calcule l'amortissement selon la méthode de l'amortissement linéaire. Le 27 décembre 1971, on a ajouté à la machine un équipement spécial coûtant $600 qui a eu pour effet d'accroître de 25% la production de la machine. Cet équipement n'a pas modifié la durée d'utilisation prévue ni la valeur de récupération. Au cours de la première semaine de janvier 1975, on a procédé à une mise au point complète dont le coût de $4,500 fut réglé le 11 janvier. Cette mise au point a eu pour effet de prolonger de trois ans la durée d'utilisation mais n'a pas changé la valeur de récupération prévue. Le 3 juillet 1976, un incendie a entièrement détruit la machine et, quelque temps plus tard, la compagnie d'assurances a versé à Pablo, Ltée une indemnité de $5,000.

Travail à faire :

Passez au journal général les écritures pour inscrire : (*a*) l'achat de la machine; (*b*) l'amortissement pour l'exercice terminé le 31 décembre 1968; (*c*) l'installation de l'équipement additionnel; (*d*) l'amortissement pour l'exercice terminé le 31 décembre 1972; (*e*) le coût de la mise au point de la machine; (*f*) l'amortissement pour l'exercice terminé le 31 décembre 1975; (*g*) la perte subie le 3 juillet 1976 et l'indemnité reçue de la compagnie d'assurances.

Problème 12–3

Première partie. Le 4 janvier 1970, la Société Tudor, Ltée a acheté la machine n° 345 à un coût de $12,400 qu'elle a amorti selon la méthode de l'amortissement linéaire de 1970 à 1973 inclusivement, compte tenu de la durée d'utilisation prévue de dix ans et de la valeur de récupération estimative de $2,400. Avant de calculer l'amortissement applicable à l'exercice terminé le 31 décembre 1974, Tudor, Ltée a estimé que la durée d'utilisation non écoulée serait de quatre au lieu de six ans et que la valeur de récupération serait de $2,000 et non de $2,400. Cependant, on n'a nullement modifié à ce moment-là l'amortissement comptabilisé antérieurement. Le 27 mars 1976, après avoir inscrit l'amortissement pour les années 1974, 1975 et 1976 (du 1er janvier au 27 mars), la compagnie a changé la machine n° 345 pour la machine n° 542 dont le prix était de $14,100. Le concessionnaire a attribué à la machine qu'il prenait en compte une valeur de reprise de $2,800 et a demandé à Tudor, Ltée de régler le solde au comptant. Lors de l'acquisition de la machine n° 542, on a estimé que sa durée d'utilisation serait de six ans et sa valeur de reprise de $2,300. Le 31 décembre 1976, on a comptabilisé un amortissement calculé selon la méthode de l'amortissement linéaire.

Travail à faire :

Passez au journal général les écritures pour inscrire : (*a*) l'achat de la machine n° 345, (*b*) l'amortissement pour l'exercice terminé le 31 décembre 1970, (*c*) l'amortissement pour l'exercice terminé le 31 décembre 1974, (*d*) l'acquisition de la machine n° 542 et (*e*) l'amortissement du coût de la machine n° 542 pour l'exercice terminé le 31 décembre 1976.

Deuxième partie. Yale, Ltée a acquis, à un coût de $500,000, un gisement minier renfermant approximativement deux millions de tonnes de minerai. Comme le gisement doit être exploité à ciel ouvert, on estime que le terrain n'aura, par le suite, aucune valeur. On a installé, près de la mine, un équipement coûtant $160,000 ayant une durée d'utilisation prévue de 10 ans et aucune valeur de récupération. On estime que l'extraction du minerai durera huit ans. Au cours des six premiers mois d'exploitation, c'est-à-dire du 1er juillet 1976 au 31 décembre 1976, Yale, Ltée a extrait 80,000 tonnes de minerai.

Travail à faire :

Passez au journal général les écritures pour inscrire : (*a*) l'achat du gisement minier; (*b*) l'installation de l'équipement; (*c*) l'épuisement; et (*d*) l'amortissement du coût de l'équipement pour les six mois terminés le 31 décembre 1976.

Problème 12–4

Première partie. Le 1er janvier 1968, David Soucy a loué un magasin pour 20 ans. Le loyer annuel, en vertu du bail, est de $6,000 et doit être versé le 1er janvier de chacune des années du bail. Une clause du bail oblige le locataire à faire lui-même les frais de toutes les améliorations locatives. Quelques années plus tard, comme l'endroit où se trouvait cette propriété était plus achalandé, le bail a acquis une valeur insoupçonnée. Aussi, M. Soucy a décidé de tirer partie de cette situation en sous-louant son magasin à Gerco, Ltée, le 1er janvier 1976, moyennant le versement d'une somme de $24,000 pour obtenir le droit d'occuper la propriété louée. De plus, Gerco, Ltée s'est engagée à verser directement au propriétaire le loyer annuel de $6,000 et a entrepris à ses frais, au début de janvier, la réfection de la devanture du magasin. Ce travail, qui fut terminé le 12 janvier, a coûté $8,400. On estime que les améliorations apportées à la devanture auront une durée égale au reste de la durée du magasin loué, soit 28 ans.

Travail à faire :

Passez au journal général les écritures pour inscrire la somme de $24,000 versée par Gerco, Ltée, le versement du loyer annuel le 1er janvier 1976 et le règlement du coût de la réfection de la devanture du magasin. Passez aussi au journal général les écritures pour régulariser les comptes Droit d'occuper le magasin loué et Améliorations locatives au 31 décembre 1976.

Deuxième partie. Une entreprise a effectué les opérations suivantes portant sur l'achat et l'utilisation d'un camion d'occasion :

1973

Janv. 7 Achat d'un camion d'occasion au comptant : $2,650; durée d'utilisation prévue : 3 ans; valeur de reprise estimative : $410.

Janv. 7 Achat d'un jeu de pneus pour le camion d'occasion : $135; mise au point du moteur : $25.

Déc. 31 Inscription de l'amortissement pour l'exercice selon la méthode de l'amortissement linéaire.

1974

Janv. 12 Installation d'un chargeur mécanique à un coût de $500. Augmentation de la valeur de récupération du camion résultant de cette installation : $100.

Déc. 31 Inscription de l'amortissement pour l'exercice.

1975

Oct. 3 Camion d'occasion changé pour un camion neuf ayant un prix de $4,400. Valeur de reprise attribuée au camion usagé : $800. Règlement en espèces du solde de la facture. Durée d'utilisation prévue du camion neuf : 4 ans; valeur de reprise estimative : $1,000. (Posez l'hypothèse que le gain résultant de l'opération est sans importance.)

Déc. 31 Inscription de l'amortissement (méthode de l'amortissement linéaire) pour l'exercice.

Travail à faire :

Passez au journal général les écritures pour inscrire les opérations précédentes et les régularisations de fin d'exercice.

Problème 12–5

Édouard Hallé désire acheter une entreprise déjà en exploitation. Il a le choix entre acheter X, Ltée ou Y, Ltée qui existent toutes les deux depuis cinq ans exactement. Au cours de cette période, X, Ltée et Y, Ltée ont réalisé respectivement un bénéfice net moyen de $11,835 et de $14,250. Cependant, ces résultats ne sont pas comparables car les deux entreprises ne suivent pas les mêmes pratiques comptables. Voici les bilans sommaires de X, Ltée et de Y, Ltée :

	X, Ltée	*Y, Ltée*
Encaisse	$ 6,700	$ 8,200
Comptes à recevoir	51,600	58,500
Provision pour mauvaises créances	(3,200)	–0–
Stock de marchandises	71,300	86,100
Équipement de magasin	28,800	25,600
Amortissement accumulé — Équipement du magasin	(24,000)	(16,000)
Total de l'actif	$131,200	$162,400
Passif à court terme	$ 62,400	$ 68,900
Avoir des actionnaires	68,800	93,500
Total du passif et de l'avoir des actionnaires	$131,200	$162,400

X, Ltée crédite, à la fin de chaque exercice, le compte Provision pour mauvaises créances de 1% du chiffre des ventes de l'exercice. Cependant, le solde actuel de ce compte est excessif car une étude des comptes à recevoir a révélé que les mauvaises créances irrécouvrables atteindront au plus $1,500. Par ailleurs, Y, Ltée radie directement les créances irrécouvrables. On estime actuellement que les mauvaises créances de cette dernière entreprise s'élèveront à $3,000.

Étant donné que X, Ltée a toujours évalué ses stocks selon la méthode de l'épuisement à rebours, leur valeur comptable actuelle est inférieure de $12,000 à leur coût de remplacement. En revanche, Y, Ltée a toujours utilisé la méthode de l'épuisement successif pour évaluer ses stocks dont la valeur au bilan reflète le coût de remplacement.

Les deux entreprises ont estimé que leur équipement aurait une durée d'utilisation de huit ans et n'aurait, à la fin de cette période, aucune valeur de récupération. X, Ltée utilise la méthode de l'amortissement proportionnel à l'ordre numérique renversé des années alors que Y, Ltée utilise la méthode de l'amortissement linéaire. M. Hallé estime que la méthode d'amortissement utilisée par Y, Ltée a donné à l'équipement une valeur comptable qui se rapproche de la juste valeur des biens en question. Il pense que X, Ltée aurait obtenu les mêmes résultats si elle avait utilisé la même méthode.

M. Hallé est prêt à payer un prix égal à la juste valeur des éléments de l'actif, à l'exclusion de l'encaisse, mais compte tenu d'un achalandage égal à quatre fois l'excédent du bénéfice net moyen sur 15% de la juste valeur de l'actif corporel net. Selon M. Hallé, l'actif corporel net est égal au total de tous les éléments de l'actif, y compris les comptes à recevoir, moins le passif. M. Hallé prendra à sa charge le passif de l'entreprise qu'il achètera et il versera à son propriétaire une somme égale à la différence entre le total des éléments de l'actif achetés et le passif qu'il assumera.

Travail à faire :
Préparez les tableaux suivants : (a) un tableau où figureront les éléments de l'actif corporel net des deux entreprises, compte tenu des valeurs marchandes que M. Hallé attribue aux éléments de l'actif, (*b*) un tableau dans lequel vous calculerez le bénéfice net révisé des deux entreprises si toutes deux évaluent leur stock selon la méthode de l'équipement successif et utilisent la méthode de l'amortissement linéaire, (*c*) un tableau dans lequel vous calculerez la valeur de l'achalandage et (*d*) un tableau indiquant le prix que M. Hallé accepterait de payer pour chaque entreprise.

Autres problèmes

Problème 12–1A

L'exercice de Gamma, Ltée qui possède les machines suivantes se termine le 31 décembre :

Machine n° 63. Gamma, Ltée a acheté cette machine le 25 mars 1969 à un coût de $5,400, y compris les frais d'installation. On a estimé à cette date que cette machine aurait une durée d'utilisation de quatre ans et une valeur de reprise de $600. Le 31 décembre 1969 et 1970, on a inscrit un amortissement calculé selon la méthode de l'amortissement linéaire. Le 27 juin 1971, cette machine fut changée pour la machine n° 92.

Machine n° 92. Cette machine achetée le 27 juin 1971 à un prix de $6,700 (y compris les frais d'installation), moins une valeur de reprise de $3,000 attribuée par le concessionnaire à la machine n° 63, avait une durée d'utilisation prévue de cinq ans et une valeur de reprise estimative de $700. Gamma Ltée, qui a inscrit à la fin de chaque exercice un amortissement proportionnel à l'ordre numérique renversé des années, a vendu cette machine le 4 janvier 1976 à un prix de $1,000.

Machine n° 89. Gamma, Ltée a acheté cette machine le 5 janvier 1971 à un coût de $5,000, y compris les frais d'installation. On a estimé, à la date d'acquisition, que la machine n° 89 aurait une durée d'utilisation de cinq ans et une valeur de reprise de $500. Le 31 décembre 1971, 1972, 1973 et 1974, on a inscrit un amortissement dégressif calculé à un taux égal au double de celui de l'amortissement linéaire. Le 26 septembre 1975, cette machine fut changée pour la machine n° 127.

Machine n° 127. Cette machine acquise le 26 septembre 1975 à un prix de $6,000 (y compris les frais d'installation) moins la valeur de reprise de $700 attribuée par le concessionnaire à la machine n° 89 avait une capacité de production de 90,000 unités et une valeur de reprise estimative de $600. Gamma, Ltée, qui a calculé l'amortissement du coût de cette machine proportionnellement à l'utilisation qui en a été faite, a produit 12,000 unités au cours des trois derniers mois de 1975 et 10,000 autres unités entre le 1er janvier 1976 et le 12 avril 1976, date à laquelle la machine a été vendue à un prix de $4,000.

Travail à faire :

Passez au journal général les écritures pour inscrire : (*a*) l'acquisition de chaque machine, (*b*) l'amortissement à la fin de la première année d'utilisation de chacune des machines et (*c*) l'aliénation de chaque machine. Posez l'hypothèse que les gains ou les pertes sur l'aliénation de ces machines sont importantes.

Problème 12–2A

Passez au journal général les écritures pour inscrire les opérations suivantes :

1971

Janv. 6   Achat de la machine n° 321. Durée d'utilisation prévue : six ans; valeur de récupération estimative : 0; coût de la machine, y compris la base en béton et les connexions électriques : $18,000.

1971

Déc. 31   Inscription de l'amortissement du coût de la machine n° 321 pour l'exercice. L'entreprise utilise la méthode de l'amortissement linéaire.

1972

Fév. 18   Machine n° 321 nettoyée, vérifiée, lubrifiée et repeinte après avoir fonctionné d'une façon satisfaisante pendant 13 mois. Coût de ce travail : $215.

Déc. 31   Inscription de l'amortissement du coût de la machine n° 321 pour 1972.

1973

Juin 28   Coût de l'installation d'un nouvel équipement destiné à accroître du tiers le rendement de la machine n° 321 : $700. On prévoit que ce nouvel équipement ne modifiera pas la durée d'utilisation de la machine ni sa valeur de récupération.

Déc. 31   Inscription de l'amortissement du coût de la machine n° 321 pour 1973.

1974

Déc. 31   Inscription de l'amortissement du coût de la machine n° 321 pour 1974.

1975

Janv. 9 Coût de la mise au point de la machine n° 321 : $4,000. Cette somme comprend le coût des réparations ordinaires, $400, et le coût des réparations extraordinaires, $3,600. Cette mise au point aura pour effet de prolonger de deux ans la durée d'utilisation initiale.

Déc. 31 Inscription de l'amortissement du coût de la machine n° 321 pour 1975.

1976

Juil. 9 Un incendie a détruit la machine n° 321. Indemnité versée par la compagnie d'assurances : $5,000.

Problème 12–3A

Première partie. Le 1er janvier 1966, Gérard Huard a loué, pour 20 ans, un magasin situé sur la 1ère Avenue à Québec. Le loyer annuel, en vertu du bail, est de $7,200 et doit être versé le 1er janvier de chacune des années du bail. Une clause du bail oblige le locataire à acquitter lui-même le coût de toutes les améliorations locatives. La construction récente d'un nouveau centre commercial de l'autre côté de la rue a contribué à donner au bail une plus-value qui a incité M. Huard à sous-louer ce magasin à Édouard Hill pour le reste de la durée du bail. Le sous-locataire a alors versé à M. Huard, le 1er janvier 1976, la somme de $30,000 pour jouir du droit d'occuper le magasin loué et il s'est engagé à payer lui-même au propriétaire le loyer annuel prévu de $7,200. Au cours des dix jours qui ont suivi la signature du contrat de sous-location, M. Hill a refait la devanture du magasin loué à un coût de $10,000. Il estime que les améliorations apportées à la devanture auront une durée égale au reste de la durée du magasin, soit 30 ans. M. Hill a réglé le coût des améliorations locatives le 14 janvier 1976.

Travail à faire :

Passez au journal général les écritures pour inscrire la somme de $30,000 versée par M. Hill à M. Huard, le versement du loyer annuel au propriétaire du magasin le 1er janvier 1976 et le règlement du coût de la réfection de la devanture du magasin. Passez aussi au journal général les écritures pour régulariser les comptes Droit d'occuper le magasin loué et Améliorations locatives au 31 décembre 1976.

Deuxième partie. Le 12 mars 1976, Alpha, Ltée a acquis, à un coût de $800,000, un gisement minier renfermant approximativement 4 millions de tonnes de minerai. Alpha, Ltée a installé près de la mine, un équipement coûtant $120,000 ayant une durée d'utilisation prévue de douze ans et une valeur de récupération nulle. L'extraction du minerai a commencé le 5 juillet et le coût de l'équipement a été réglé trois jours plus tard. Le nombre de tonnes extraites au cours des six premiers mois d'exploitation de la mine a été de 165,000.

Travail à faire :

Passez au journal général les écritures pour inscrire : (*a*) l'achat du gisement, (*b*) l'installation de l'équipement, (*c*) l'épuisement pour les six premiers mois si le terrain aura une valeur nulle lorsque l'on aura terminé l'extraction du minerai et (*d*) l'amortissement du coût de l'équipement pour la période allant du 5 juillet au 31 décembre 1976.

Problème 12–4A

Passez au journal général les écritures pour inscrire les opérations suivantes :

1973
Janv. 5 Achat d'un camion d'occasion à un prix de $2,850; durée d'utilisation prévue : 3 ans; valeur de reprise estimative : $800.

      7 Sommes versées au Garage Apex, Enr. :

Mise au point du moteur	$20
Batterie neuve	30
Essence et huile	8
Total	$58

Déc. 31 Inscription de l'amortissement du coût du camion (méthode de l'amortissement linéaire).

1974
Janv. 14 Installation d'un chargeur mécanique : $450. Augmentation de la valeur de récupération du camion résultant de cette installation : $50.

Juin 27 Sommes versées au Garage Apex, Enr. :

Mise au point du moteur	$ 25
Essence et huile	6
Pneus neufs	115
Total	$146

Oct. 21 Réparations effectuées au chargeur mécanique à la suite d'un accident attribuable à une maladresse du conducteur : $65.

Déc. 31 Inscription de l'amortissement du coût du camion.

1975
Janv. 11 Coût de réparations extraordinaires : $200; augmentation de la durée d'utilisation découlant de ces réparations : un an; diminution probable de la valeur de reprise si le camion est utilisé un an de plus : $550.

Déc. 31 Inscription de l'amortissement du coût du camion.

1976
Juil. 2 Camion usagé changé pour un camion neuf; somme versée : $4,000 moins une valeur de reprise de $750 attribuée au camion usagé. (Posez l'hypothèse que la perte attribuable à cette opération n'est pas importante.)

Cas 12–1
André
Beaulieu

André Beaulieu a l'intention d'acheter l'une ou l'autre des sociétés A, Ltée; B, Ltée ou C, Ltée. Ces trois entreprises qui existent depuis exactement quatre ans ont réalisé le bénéfice net moyen suivant : A, Ltée, $13,125; B, Ltée, $11,912; et C, Ltée, $20,970. Cependant, ces résultats ne sont pas comparables car les trois sociétés suivent des pratiques comptable différentes. Voici les bilans qui ne sont pas non plus comparables pour la même raison :

	A, Ltée	B, Ltée	C, Ltée
Encaisse	$ 9,800	$ 12,500	$ 19,400
Comptes à recevoir	82,500	93,400	97,600
Provision pour mauvaises créances	(6,500)	(1,800)	–0–
Stock de marchandises	94,700	75,600	92,100
Équipement	27,500	30,000	26,000
Amortissement accumulé — Équipement	(17,000)	(17,712)	(10,400)
Bâtiment	110,000	98,000	105,000
Amortissement accumulé — Bâtiment	(11,000)	(9,800)	–0–
Terrain	20,000	20,000	20,000
Achalandage			2,500
Total de l'actif	$310,000	$300,188	$352,200
Passif à court terme	$ 80,000	$ 95,000	$ 85,000
Hypothèque à payer	85,000	80,000	90,000
Avoir des actionnaires	145,000	125,188	177,200
Total du passif et de l'avoir des actionnaires	$310,000	$300,188	$352,200

A, Ltée a ajouté, chaque année, au solde du compte Provision pour mauvaises créances, un montant égal à 1% du chiffre des ventes. Il semble que ces montants aient été excessifs car une analyse des comptes à recevoir, à la date du bilan, a révélé que les comptes irrécouvrables atteindraient tout juste $2,000. Quant à la provision pour mauvaises créances de B, Ltée, il semble qu'elle ne soit ni excessive, ni insuffisante. La troisième société, C, Ltée, a radié directement les créances irrécouvrables et a ainsi sous-estimé grandement les mauvaises créances à la date du bilan. Une analyse des comptes à recevoir de C, Ltée a révélé que les créances irrécouvrables s'élèveront probablement à $8,500.

Le stock de marchandises de B, Ltée évalué au moyen de la méthode de l'épuisement à rebours a un coût de remplacement de $90,600. Quant à A, Ltée et à C, Ltée, leur stock de marchandises reflète le coût de remplacement parce que ces deux entreprises ont utilisé la méthode de l'épuisement successif.

Les trois sociétés n'ont pas acheté d'autres immobilisations depuis le moment où elles ont été établies, il y a quatre ans. Elles ont toutes trois estimé que l'équipement acheté aurait une durée d'utilisation de dix ans et une valeur de récupération nulle. Cependant, A, Ltée utilise la méthode de l'amortissement proportionnel à l'ordre numérique renversé des années; B, Ltée, la méthode de l'amortissement dégressif à un taux égal au double de celui de l'amortissement linéaire; et C, Ltée la méthode de l'amortissement linéaire.

Les bâtiments que possèdent ces trois entreprises sont en béton et sont sensiblement identiques. A, Ltée et B, Ltée ont estimé que ces bâtiments auraient une durée de 40 ans et une valeur de récupération nulle à l'expiration de cette période. Quant à C, Ltée, elle n'a inscrit aucun amortissement parce que les bâtiments sont en béton et ont, selon son président, une durée indéfinie.

M. Beaulieu est d'avis que si les trois sociétés avaient amorti le coût de leur équipement et de leurs bâtiments au moyen de la méthode de l'amortissement linéaire, ces biens auraient une valeur comptable qui ne différeraient pas tellement de leur valeur marchande.

L'achalandage figurant au bilan de C, Ltée provient de la capitalisation des dépenses de publicité effectuées au cours de la première année d'exploitation.

M. Beaulieu se propose d'acquérir tout l'actif de l'une des trois entreprises, à l'exclusion de l'encaisse, à un prix correspondant à la juste valeur des biens acquis. Il prendra à sa charge le passif de l'entreprise acquise et il versera pour l'achalandage une somme égale à quatre fois l'excédent du bénéfice net moyen annuel sur 10% de l'actif corporel net, y compris les comptes à recevoir.

Calculez le montant que M. Beaulieu accepterait de verser pour chacune de ces entreprises. Présentez les tableaux suivants : (a) un tableau indiquant l'actif corporel net de chacune des entreprises, (b) un tableau dans lequel vous déterminerez le bénéfice net révisé de A, Ltée, de B, Ltée et de C, Ltée et (c) un tableau où figureront les calculs effectués pour déterminer la valeur de l'achalandage. Évaluez le stock de marchandises des trois sociétés selon la méthode de l'équipement successif et déterminez la valeur comptable des immobilisations en fonction de la méthode de l'amortissement linéaire.

Cas 12–2
Les immobilisations incorporelles

Première partie. La Société Halo, Ltée a consacré 10 ans à faire connaître la marque de commerce du café qu'elle vend. Elle a, en particulier lancé diverses campagnes de publicité et s'est efforcée d'entretenir de bonnes relations avec sa clientèle. Cependant, elle n'a aucunement tenté, au cours des années, de déterminer l'effet de la publicité sur le chiffre des ventes et sur sa marque de commerce. Une autre société, Rexco, Ltée, a acquis récemment une entreprise dont l'exploitation consiste à distribuer un café connu à travers le pays. Le coût d'acquisition de cette entreprise comprenait une somme de $500,000 versée pour avoir le droit exclusif d'utiliser la marque de commerce de ce café.

Quelle est la nature de l'élément d'actif dont il est question ci-dessus ? Posez l'hypothèse que la valeur de cet élément d'actif est la même pour les deux entreprises et dites de quelle façon elles doivent le présenter dans leur bilan respectif. Le lecteur des états financiers qui étudie le bilan de Halo, Ltée et de Rexco, Ltée risque-t-il d'être induit en erreur ? Justifiez votre réponse.

Deuxième partie. Les statistiques suivantes sont tirées des états financiers d'une entreprise que M. Henri Boulet songe à acheter :

Actif (à l'exclusion de l'achalandage) $135,000
Passif 55,000
Bénéfice net actuel et prévu 12,000
Taux de rendement normal des entreprises du même genre . . 10%

Cette entreprise possède-t-elle un achalandage ? Si votre réponse à cette question est affirmative, déterminez la somme que M. Boulet devrait verser pour cet élément d'actif.

13

Les salaires

■ Étant donné que pour comptabiliser correctement les salaires et établir un système satisfaisant d'information il est nécessaire d'avoir une certaine connaissance des lois qui se rapportent à la paye, nous consacrerons la première partie de ce chapitre à discuter des principaux articles de ces lois.

L'assurance-chômage

■ Pour venir en aide à ceux qui perdent leur emploi, le gouvernement fédéral, en collaboration avec le gouvernement de chaque province, a mis sur pied, en 1940, un régime d'assurance-chômage financé à la fois par les employés et les employeurs. La Loi sur l'assurance-chômage adoptée en 1940 créait la Commission d'assurance-chômage dont la responsabilité était de gérer la caisse d'assurance-chômage. En vertu de cette loi, tout emploi exercé au Canada était assurable à l'exception des emplois expressément exclus. Voici les personnes dont les emplois n'étaient pas assurables à ce moment-là: (1) les militaires; (2) les infirmières privées; (3) les enseignants; (4) les fermiers; (5) les pêcheurs ou les trappeurs; (6) les domestiques; (7) les fonctionnaires; (8) les épouses travaillant pour le compte de leur mari; (9) les agents d'assurances et les courtiers en immeubles et en valeurs mobilières; et (10) les employés dont la rémunération excédait $7,800 par année. En 1971, la loi en vigueur depuis 1940 fut abrogée et le gouvernement fédéral a adopté une nouvelle loi appelée Loi sur l'assurance-chômage de 1971 selon laquelle tous les emplois sont assurables. Il n'y a plus maintenant que les personnes travaillant à leur propre compte qui ne sont pas assujettis à cette loi. On estime qu'environ 95% de la population active participe au nouveau Régime d'assurance-chômage auquel sont maintenant tenus d'adhérer les enseignants, les employés d'hôpitaux et les cadres supérieurs des entreprises commerciales et industrielles.

Le Régime d'assurance-chômage poursuit deux objectifs:

1. Verser des prestations pendant un certain temps aux personnes en chômage qui y ont droit.

2. Aider les personnes en chômage à trouver un emploi et procurer aux employeurs les employés dont ils ont besoin.

Tels étaient les objectifs de la Loi sur l'assurance-chômage depuis le moment de son adoption en 1940 jusqu'au 1er avril 1966, date à laquelle le ministère de la Main-d'œuvre et de l'Immigration a assumé la responsabilité d'aider les personnes en chômage à trouver un emploi. Du 1er avril 1966 au 1er juillet 1971, la Commission d'assurance-chômage a continué: (1) à percevoir et à contrôler les cotisations versées par les employés et les contributions des employeurs et (2) à verser les prestations aux employés en chômage. La première de ces fonctions, soit la perception et le contrôle des cotisations et des contributions a été confiée, le 1er juillet 1971, à la Division des impôts du ministère du Revenu national.

La caisse d'assurance-chômage qui sert à verser des prestations est financée à la fois par les employés et les employeurs. En vertu de l'ancienne loi, les cotisations des employés et les contributions des employeurs s'élevaient au même montant. La loi adoptée en 1971 oblige un employeur à retenir, du salaire de ses employés, 1.4%[1] des gains cotisables, à ajouter une contribution égale à 1.4 fois les sommes retenues des salaires des employés et à remettre le total de ces sommes au Receveur général du Canada. Les gains assurables sont les salaires bruts hebdomadaires moyens compris entre $34 et $170. En d'autres mots, l'employé dont le salaire brut hebdomadaire moyen est inférieur à $34 n'a aucune cotisation à verser au Régime d'assurance-chômage. En revanche, l'employé verse les cotisations les plus élevées lorsque son salaire brut hebdomadaire moyen est de $170. Aucune retenue ne doit être effectuée (du moins en 1974) sur la partie du salaire d'un employé excédant cette somme de $170 par semaine.

Voici les obligations des employeurs en vertu de la Loi sur l'assurance-chômage:

1. Retenir, du salaire de chaque employé, les cotisations au Régime d'assurance-chômage calculées au taux prescrit.

---

[1]Les cotisations que doivent verser certaines catégories d'employés sont calculées à un taux réduit de 1.12%. Ce taux ainsi que le taux régulier de 1.4% s'appliquent aux salaires gagnés en 1974 et peuvent changer annuellement.

2. Verser à la Commission d'assurance-chômage une contribution égale à 1.4 fois le total des retenues effectuées des salaires de tous leurs employés.

3. Remettre périodiquement les retenues des salaires des employés et leurs contributions au Receveur général du Canada. (Nous aborderons ce sujet un peu plus loin dans ce chapitre.)

4. Remettre à un employé qui cesse de travailler un certificat indiquant: (1) le nombre de semaines au cours desquelles cet employé a travaillé durant les 52 dernières semaines, (2) les retenues effectuées au cours des 20 dernières semaines et (3) la raison pour laquelle il a cessé de travailler.

5. Tenir un dossier pour chaque employé dans lequel figurent les gains cotisables et les retenues effectuées. (La loi ne précise pas exactement le genre de registres que l'employeur doit tenir, mais la plupart des employeurs tiennent des registres semblables à ceux qu'illustrent les tableaux 13–2 et 13–5.)

LES PRESTATIONS HEBDOMADAIRES D'ASSURANCE-CHÔMAGE

Le montant des prestations versées aux personnes qui ont perdu leur emploi et satisfont aux conditions stipulées dans la Loi et les Règlements sur l'assurance-chômage dépend de leurs gains cotisables hebdomadaires moyens. Les prestations versées sont égales aux deux tiers de ces gains moyens des huit dernières semaines au cours desquelles un employé en chômage a travaillé. Pour avoir droit à ces prestations, un employé doit avoir travaillé pendant au moins 20 semaines.

Les impôts sur le revenu fédéral et provincial

■ Le gouvernement fédéral ainsi que le gouvernement du Québec perçoivent un impôt sur le revenu des employés. En vertu de la loi, les employeurs doivent retenir les impôts du salaire de leurs employés et les remettre à l'État.

Le gouvernement fédéral a adopté la première loi relative à l'impôt sur le revenu en 1917 mais cette loi ne s'appliquait qu'à un petit nombre de personnes gagnant des revenus très élevés. Ce n'est que plus tard, à l'occasion de la deuxième Guerre mondiale que le gouvernement fédéral a adopté une loi qui obligeait à peu près tous les particuliers à payer des impôts sur le revenu. Étant donné que beaucoup de salariés ne sont pas capables de mettre suffisamment d'argent de côté pour régler leurs impôts à la fin de l'année, la loi stipule que les employeurs doivent les retenir du salaire de leurs employés. En d'autres mots, le gouvernement demande aux employeurs de jouer le rôle d'agents de perception.

Les impôts à retenir du salaire des employés dépendent de leurs salaires et des exemptions auxquelles ils ont droit. Les principales exemptions personnelles accordées aux contribuables canadiens pour 1974, sont les suivantes:

1. Exemption personnelle de base $1,706
2. Exemption de personne mariée ou l'équivalent si le revenu net du conjoint pour l'année ne dépasse pas $314 1,492
3. Exemption pour chaque enfant entièrement à charge :
   Enfants ayant moins de 16 ans à la fin de l'année 320
   Enfants ayant 16 ans ou plus à la fin de l'année 586

L'exemption personnelle de base, $1,706, permet au contribuable de ne pas payer d'impôt sur cette première tranche de son salaire annuel. Il peut aussi, le cas échéant, réclamer les autres exemptions mentionnées ci-dessus. Un contribuable a également droit à d'autres exemptions s'il est âgé de plus de 65 ans, s'il est infirme, s'il a d'autres personnes à charge: père, mère, grands-parents, frères, soeurs, etc.

La Loi de l'impôt sur le revenu du Québec accorde des exemptions personnelles semblables dont le montant, toutefois, diffère quelque peu. De plus, le gouvernement du Québec n'accorde aucune exemption pour les enfants de moins de 16 ans sujets aux allocations familiales.

Les employeurs ont la responsabilité de déterminer le montant des retenues d'impôt et de les déduire de chacune des payes de leurs employés. C'est pour cette raison que chaque employé doit remplir et remettre une déclaration intitulée « Déclaration de l'employé pour la déduction de l'impôt ». Cette déclaration connue sous le nom de TD–1 (TPD–1 au Québec) donne la liste des exemptions auxquelles un employé a droit. La loi oblige les employés à remplir un nouveau formulaire TD–1 (ou TPD–1) chaque fois que leurs exemptions changent au cours d'une année.

L'employeur détermine les impôts qu'il doit retenir du salaire de ses employés au moyen de tables de retenues d'impôts publiées par le ministère du Revenu national et par le ministère du Revenu du Québec. Ces tables indiquent les retenues correspondant à diverses périodes de paye: paye quotidienne, paye hebdomadaire, paye bimensuelle, paye mensuelle, etc., compte tenu des exemptions auxquelles le contribuable a droit. Les retenues d'impôt que donnent les tables publiées par le ministère du Revenu national comprennent l'impôt fédéral et l'impôt provincial, à l'exception des tables en usage au Québec qui ne contiennent que l'impôt fédéral parce que le Québec perçoit directement un impôt sur le revenu gagné dans cette province. Au Québec, les employeurs doivent remettre séparément les impôts retenus au Receveur général du Canada et au ministère du Revenu du Québec, selon le cas.

En plus de déterminer et de retenir les impôts des salaires de chacun de leurs employés, les employeurs ont les obligations suivantes:

1. Remettre une fois par mois les impôts prélevés au Receveur général du Canada ou au ministère du Revenu du Québec dans les quinze jours qui suivent la fin du mois où les retenues ont été effectuées.
2. Remettre à chacun de leurs employés, au plus tard le 28 février, un formulaire appelé T–4 (ou TP–4) où figurent les détails suivants pour chaque employé: (*a*) le salaire de la dernière année, (*b*) les

avantages imposables accordés par l'employeur, (c) les impôts retenus du salaire, (d) les cotisations à un régime approuvé de retraite, (e) les cotisations au Régime de pensions du Canada (ou au Régime de rentes du Québec), (f) les cotisations au Régime d'assurance-maladie du Québec et (g) les cotisations au Régime d'assurance-chômage.

3. Envoyer au Bureau d'impôt régional ou au ministère du Revenu du Québec, le dernier jour de février ou auparavant, un double des T–4 (ou TP–4) remis aux employés plus un sommaire de toutes les informations incluses sur les T–4 (ou TP–4).

Le Régime de rentes du Québec

■ Le Régime de rentes du Québec est entré en vigueur le 1er janvier 1966. Tous les citoyens du Québec qui sont âgés de 18 à 70 ans et qui retirent un revenu de leur travail sont tenus de verser des cotisations à ce régime qui donne droit aux prestations suivantes: la rente de retraite, la rente de veuve, la rente de veuf invalide, la rente d'orphelin, la prestation de décès, la rente d'invalidité et la rente d'enfant d'un cotisant invalide. Dans les autres provinces du Canada, les travailleurs sont tenus de participer au Régime de pensions du Canada.

Les personnes travaillant à leur compte doivent remettre elles-mêmes une fois par mois leurs contributions au ministère du Revenu du Québec. Quant aux salariés, l'employeur est tenu de retenir de leurs salaires les cotisations au Régime de rentes et il doit lui-même verser une contribution égale aux cotisations retenues du salaire de chacun de ses employés.

Les cotisations des salariés sont égales à 1.8% de leur *salaire assujetti au Régime,* c'est-à-dire le salaire compris entre l'exemption générale de $700 et le maximum des gains cotisables. Comme ce maximum s'élève à $6,600 en 1974, la contribution annuelle d'un salarié ne peut dépasser $106.20, soit 1.8% du maximum des gains cotisables, c'est-à-dire $5.900.[2] De plus, étant donné que la contribution de l'employeur s'élève aussi à 1.8% du revenu cotisable, la contribution totale de l'employé et de l'employeur représente 3.6% des gains assujettis au Régime.

Les employeurs ont la responsabilité de prélever, des salaires de leurs employés, les cotisations que ceux-ci doivent verser au Régime et ils doivent remettre ces cotisations et leurs propres contributions une fois par mois au ministère du Revenu du Québec.

Les personnes travaillant à leur compte, doivent, en 1974, verser 3.6% de leurs gains annuels compris entre $700 et $6,600. Ces personnes sont toutefois dispensés de contribuer au Régime si leurs gains sont inférieurs à $900. Ainsi, un contribuable à son compte dont les gains annuels seraient de $899 n'aurait à verser aucune contribution. En revanche,

---

[2]On prévoit que le maximum de gains cotisables sera porté à $7,400 en 1975. Étant donné que l'exemption générale sera toujours de $700, la cotisation annuelle s'élèvera à $120.60, soit 1.8% de $7,400 — $700.

si ses gains sont de $901, il doit verser des contributions égales à 3.6% de $201, soit $901 — $700.

Le Régime d'assurance-maladie du Québec

■ La Loi sur l'assurance-maladie du Québec est entrée en vigueur le 1ᵉʳ novembre 1970. Cette loi a mis sur pied un régime universel d'assurance-maladie qui protège tous les citoyens du Québec. Le Régime d'assurance-maladie du Québec est financé en partie par les particuliers et en partie par les employeurs. La retenue à la source doit être faite sur tous les salaires qui y sont assujettis. Elle est de 0.8% du salaire net de l'employé, jusqu'à concurrence de $125 par année. Le salaire net est le montant brut de la rémunération de l'employé moins les retenues faites par l'employeur à titre de cotisations au Régime de rentes du Québec, à la Commission d'assurance-chômage et à une caisse de retraite approuvée aux termes de la loi de l'impôt provincial sur le revenu. Quant à la contribution de l'employeur, elle est de 0.8% du total des salaires bruts qu'il verse durant le mois.

La Commission des accidents du travail

■ Toutes les provinces ont adopté des lois destinées à accorder des avantages aux employés victimes d'accidents du travail. En vertu de ces lois, ce sont les employeurs qui sont tenus d'assurer leurs employés contre les blessures subies en travaillant. Les primes versées par l'employeur dépendent: (1) des accidents survenus dans chaque industrie et (2) du total de la paye.

Voici comment déterminer le montant des primes et la façon de les régler:

1. Au début de chaque année, l'employeur doit remettre une estimation du total de la paye de l'année à la Commission des accidents du travail.
2. La Commission établit provisoirement le montant des primes en comparant la paye estimative aux prestations qu'elle prévoit verser au cours de l'année. La Commission fait alors parvenir à chaque employeur un avis de prime provisoire.
3. L'employeur doit généralement acquitter cette prime provisoire en un certain nombre de versements.
4. À la fin de l'année, l'employeur fait connaître le chiffre des salaires réels à la Commission qui détermine la prime définitive à payer, compte tenu des salaires réels et des prestations effectivement versées au cours de l'année. Les primes s'élèvent à un certain pourcentage (1% environ) de la paye et doivent être réglées par l'employeur.

La Loi sur le salaire minimum et les contrats de travail

■ Toutes les provinces ont adopté des lois pour fixer le nombre maximum d'heures de travail et le salaire minimum. Ces lois peuvent varier quelque peu d'une province à l'autre, mais le plus souvent un employeur doit rémunérer les *heures supplémentaires* au taux minimum d'une fois et demie le taux horaire régulier à tout employé ayant travaillé plus de 40 heures par semaine. Ainsi, l'employé dont le salaire horaire est de

$3 recevra $4.50 pour chacune des heures de travail excédant 40 heures par semaine. Dans la plupart des entreprises, les employeurs doivent signer, avec les représentants du syndicat des employés, des contrats de travail qui leur accordent très souvent de meilleures conditions de travail. Ainsi, des contrats collectifs peuvent stipuler que l'on déterminera quotidiennement les heures de travail supplémentaires. Dans ce cas, l'employé qui a travaillé plus de huit heures par jour ou qui a travaillé le samedi ou le dimanche reçoit pour ces heures de travail supplémentaires une rémunération égale à une fois et demie le taux régulier. Quand un employeur a signé un contrat collectif qui accorde aux employés des avantages plus grands que ceux que la loi leur confère, il va de soi que le contrat collectif a préséance sur la loi.

Les contrats de travail précisent généralement aussi les cotisations à verser au syndicat. L'employeur doit le plus souvent déduire ces cotisations des salaires et les remettre au syndicat une fois par mois en indiquant le nom des employés et les cotisations retenues au nom de chacun d'eux.

Autres retenues ■ En plus de toutes les retenues dont il a été question jusqu'à présent, il existe d'autres retenues facultatives, c'est-à-dire autorisées par les employés eux-mêmes. Voici des exemples de ce genre de retenues:

1. Les retenues destinées à accumuler des fonds pour acheter des obligations d'épargne du Canada ou du Québec.
2. Les retenues ayant pour objet d'acquitter les primes d'assurance-vie et d'assurance-santé supplémentaires.

Nom: _____

N° d'ass. soc.: _____

Semaine terminée le: _____

CARTE DE POINTAGE

Jour	Heures régulières				Suppl.		Nombre d'heures
	Entrée	Sortie	Entrée	Sortie	Entrée	Sortie	
Jeu.							
Ven.							
Sam.							
Dim.							
Lun.							
Mar.							
Mer.							

	Heures	Taux	Salaire
Rég.			
Suppl.			
Total		Salaire brut	

Tableau 13-1

Employés	N° des cartes de pointage	Heures de travail							Total du nombre d'heures	Heures de travail suppl.	Salaires bruts			
		L	M	M	J	V	S	D			Taux rég.	Paye rég.	Paye suppl.	T
Robert Aubé	105	8	8	8	8	8			40		2.00	80.00		8
Charles Cantin	97	8	8	8	8	8	4		44	4	3.00	132.00	6.00	13
Jean Côté	89	8	8	8	8	8			40		2.50	100.00		10
Henri Huard	112	8	8	0	0	0			16		2.50	40.00		4
Léo Miller	95	8	8	8	8	8			40		2.50	100.00		10
David Soucy	53	8	8	8	8	8			40		2.00	80.00		8
Robert Smith	68	8	8	8	8	8	4		44	4	4.50	198.00	9.00	20
Georges Taillon	74	8	8	8	8	8			40		2.50	100.00		10
Total														84

Tableau
13–2

3. Les retenues effectuées en vue de rembourser un prêt à l'employeur ou à une caisse d'épargne des employés.
4. Les retenues ayant pour objet le règlement du coût des marchandises vendues aux employés.
5. Les retenues représentant des dons à des œuvres de charité.
6. Les saisie-arrêt et les cessions prévues par la loi ou ordonnées par un tribunal.

Calcul du nombre d'heures de travail

■ La rémunération du personnel payé à l'heure exige que l'employeur tienne compte du temps de présence des employés. La façon d'exécuter ce travail varie selon la nature de l'entreprise et le nombre de ses employés. Une très petite entreprise se contentera de noter quotidiennement, dans un registre, les heures de travail de chaque employé. Lorsque le personnel est plus nombreux, on a souvent recours à une horloge enregistreuse (un horodateur) qui sert à imprimer automatiquement sur une carte de pointage l'heure de l'arrivée d'un employé et celle de son départ. On place généralement ces horloges près de la porte d'entrée du bureau, du magasin ou de l'usine. De même, les cartes de pointage sont gardées dans un casier près de l'horloge.

Au début de chaque période de paye, on utilise de nouvelles cartes de pointage semblables à celle du tableau 13–1. Chaque jour, au moment où il arrive à l'usine, l'employé prend sa carte et l'insère dans l'horo-

		Retenues			Salaires nets		Ventilation des salaires		
age	Impôts sur le revenu	Régime de rentes du Québec	Régime d'ass.— maladie du Québec	Total	Montant	N° du chèque	Dépenses de vente	Dépenses de bureau	Dépenses de livraison
12	9.50	1.20	0.62	12.44	67.56	893		80.00	
93	26.70	2.24	1.07	31.94	106.06	894			138.00
40	9.00	1.56	0.78	12.74	87.26	895	100.00		
56	2.10	0.48	0.31	3.45	36.55	896	40.00		
40	9.10	1.56	0.78	12.84	87.16	897	100.00		
12	4.60	1.20 ∙	0.62	7.54	72.46	898		80.00	
38	30.60		1.64	34.62	172.38	899		207.00	
40	15.60	1.56	0.78	19.34	80.66	900	100.00		
31	107.20	9.80	6.60	134.91	710.09		340.00	367.00	138.00

dateur qui, comme nous l'avons déjà dit, imprime automatiquement l'heure de son arrivée. Il remet alors la carte à sa place et commence son travail. Le soir, avant de partir (ou le midi s'il y a lieu), il procède de la même façon pour imprimer l'heure de son départ sur sa carte. De cette façon, à la fin de chaque période de paye, la carte de pointage indique le nombre d'heures de travail de l'employé.

Le livre de paye ■ Le *livre de paye* est un tableau récapitulatif des heures de travail inscrites sur les cartes de pointage. Le tableau 13–2 illustre un livre de paye tenu à la main. La période de paye, dans ce cas, est d'une semaine et l'on inscrit sur une ligne distincte toutes les données relatives à la paye de chaque employé. Comme les rubriques de ce tableau et les données qui y sont inscrites sont claires par elles-mêmes, elles ne nécessitent guère d'explications.

Les colonnes de chiffres portant la rubrique « Heures de travail » servent pour indiquer le nombre quotidien d'heures de travail. Le total des heures de travail de chaque employé figure dans la colonne intitulée « Total du nombre d'heures ». Si l'employé a travaillé plus de 40 heures, on inscrit le nombre d'heures supplémentaires dans une colonne distincte.

Sous la rubrique « Taux régulier », on inscrit le taux régulier payé à chaque employé. Ce taux régulier, multiplié par le total du nombre d'heures, donne la paye régulière; de même, le taux payé pour les heures supplémentaires, multiplié par le nombre d'heures excédant 40 heures, donne la rémunération attribuée pour les heures de travail supplémentaires. Finalement, pour trouver le salaire brut de chaque employé, il suffit d'additionner les résultats de ces deux séries de calculs.

Sous la rubrique « Retenues », on inscrit les différents montants précomptés sur le salaire des employés. La première colonne contient les cotisations au Régime d'assurance-chômage. On détermine ces cotisations en multipliant le salaire brut de chaque employé, à l'exception de celui de Robert Smith, par le taux d'assurance-chômage, soit 1.4%. Pour ce qui est de Robert Smith, comme les gains cotisables se limitent aux salaires n'excédant pas $170, sa cotisation, sera égale à $170 X 1.4%, soit $2.38.

Ainsi que nous l'avons déjà dit, les impôts sur le revenu à retenir du salaire des employés dépendent surtout de leurs exemptions personnelles et sont déterminés au moyen de tables fournies par le ministère du Revenu national et le ministère du Revenu du Québec.

La colonne suivante contient les cotisations au Régime de rentes du Québec. Pour établir ces cotisations, il faut d'abord se rappeler qu'il y a une exemption générale de $700 et que le maximum des gains cotisables est de $6,600 en 1974. La table publiée par le ministère du Revenu du Québec répartit l'exemption de $700 sur l'année tout entière lorsque le salaire brut annuel est inférieur à $6,600. La table des retenues à effectuer d'un salaire hebdomadaire répartit l'exemption de $700 à raison de $13.46 par semaine, soit 1/52 de $700. De cette façon, la cotisation de Robert Aubé dans le tableau 13–2 est égale à son salaire brut, $80, moins $13.46, multiplié par 1.8%, ce qui donne $1.20.

Remarquez, que l'on n'a retenu, du salaire de Robert Smith, aucune cotisation au Régime de rentes du Québec parce que les gains cumulatifs de cet employé, depuis le 1er janvier 1974, excèdent $6,600. Dans ce cas, tous les gains subséquents de Smith ne sont pas cotisables parce que l'employeur a déjà retenu de son salaire le maximum des cotisations qu'il doit verser au Régime de rentes du Québec, soit $106.20.

La colonne intitulée Régime d'assurance-maladie sert pour inscrire les cotisations des employés à ce régime. La cotisation retenue du salaire de Robert Aubé se calcule de la façon suivante:

[Salaire brut − (Cotisation au R.A.C. + Cotisation au R.R.Q.)] × 0.8%

[$80.00 − ($1.12 + $1.20)] × 0.8% = $0.62

Le livre de paye pourrait avoir un plus grand nombre de colonnes pour y inscrire d'autres retenues si la fréquence de celles-ci en justifiait l'utilisation. Ainsi, une entreprise qui effectuerait régulièrement des retenues pour le compte d'un certain nombre d'employés qui désirent acheter des obligations d'épargne du Canada ou du Québec pourrait inscrire ces retenues dans une colonne spéciale.

On détermine ensuite le total des retenues que l'on inscrit dans la colonne intitulée « Total des retenues » et l'on calcule les salaires nets, soit la différence entre les salaires bruts et le total des retenues. Le total de la colonne « Salaires nets » représente le montant à verser aux employés. On émet ensuite les chèques de paye et on inscrit le numéro de chacun d'eux dans la colonne intitulée « N° des chèques ».

Sous la rubrique « Ventilation des salaires », on inscrit les salaires bruts dans trois colonnes distinctes, selon que les employés travaillent dans le service des ventes, le service de la comptabilité ou le service de la livraison.

Comptabi-
lisation de
la paye

■ Le plus souvent, le livre de paye (voir le tableau 13–2) n'est pas un livre d'écritures originaires, car les données qu'il renferme ne sont pas directement reportées au grand livre général. Il faut plutôt passer une écriture de journal général semblable à celle-ci:

Nov.	18	Salaires des employés de bureau	340.00	
		Salaires des vendeurs	367.00	
		Salaires des préposés à la livraison	138.00	
		Cotisations à payer — R.A.C.		11.31
		Retenues à payer — Impôts sur le revenu ..		107.20
		Cotisations à payer — R.R.Q.		9.80
		Cotisations à payer — R.A.M.Q.		6.60
		Salaires courus à payer		710.09
		Pour inscrire la paye de la semaine terminée le 18 novembre 1974.		

Les montants portés au débit et au crédit de cette écriture proviennent directement du livre de paye. Les débits désignent les salaires bruts alors que les crédits représentent les diverses retenues à payer et les salaires nets à verser aux employés.

Le paiement
des salaires

■ La majorité des entreprises paient leurs employés par chèques. Une entreprise qui a peu d'employés tirera les chèques de paye sur le compte en banque régulier. Dans ce cas, on inscrit ces chèques dans le journal de caisse-déboursés ou dans le registre des chèques. Étant donné que chaque chèque doit être porté au débit du compte Salaires courus à payer, il convient, pour réduire le travail de report, d'ajouter, dans le journal de caisse-déboursés ou le registre des chèques, une colonne intitulée « Salaires courus à payer ». Si, par exemple, une entreprise utilise un journal de caisse-déboursés semblable à celui du tableau 6–8, on ajoute la colonne « Salaires courus à payer » ainsi que l'illustre le tableau 13–3.

Bien que la loi ne l'exige pas, la plupart des employeurs joignent au chèque de paye de l'employé un bordereau (voir le tableau 13–4) sur lequel figurent son salaire brut, les diverses retenues qui en ont été prélevées et son salaire net. L'employé conserve ce bordereau qu'il détache avant d'encaisser son chèque.

Registre des chèques

Date		N° du chèque	Bénéficiaire	Comptes à débiter	F°	Débit Comptes divers	Débit Comptes à payer	Débit Salaires courus à payer	Crédit Esc. sur achats	Crédit Caisse
Nov.	18	893	Robert Aubé	Sal. courus à payer				67.56		67.56
	18	894	Charles Cantin	"				106.06		106.06
	18	895	Jean Côté	"				87.26		87.26
	18	896	Henri Huard	"				36.55		36.55
	18	897	Léo Miller	"				87.16		87.16
	18	898	David Soucy	"				72.46		72.46
	18	899	Robert Smith	"				172.38		172.38
	18	900	Georges Taillon	"				80.66		80.66

Tableau
13–3

Employé	40		2.00	80.00		80.00	1.12	9.50	1.20	0.62	12.44	67.56
	Heures rég.	Heures suppl.	Taux rég.	Paye rég.	Paye suppl.	Salaire brut	Ass.-chomage	Impôts	R.R.Q.	R.A.M.Q.	Total des retenues	Salaire net

ÉTAT DU SALAIRE ET DES RETENUES

- -

N° 893

PAYEZ À
L'ORDRE DE   Robert Aubé   DATE   18 nov. 1974 $ 67.56

Soixante-sept dollars et cinquante-six cents -

LA SOCIÉTÉ DE FABRICATION EUGÈNE, LTÉE

Jacques R. Mélançon

Banque de Montréal
Rimouski, Québec

Tableau
13–4

Le compte en banque spécial pour la paye

■ Une entreprise qui a de nombreux employés ouvre généralement un compte en banque spécial pour payer ses employés. Dans ce cas, il suffit de tirer un chèque s'élevant au montant de la paye à acquitter et de le déposer dans un compte intitulé « Banque — Paye ». On tire ensuite, sur ce compte spécial, des chèques au nom des employés. L'utilisation d'un compte de ce genre simplifie grandement la conciliation de banque parce que l'on ne tire qu'un chèque sur le compte en banque régulier. La conciliation peut alors être effectuée sans qu'il soit nécessaire de tenir compte des nombreux chèques de paye encore en circulation. De même, la conciliation du compte Banque — Paye est plus simple parce qu'il suffit de dresser la liste des chèques de paye non encaissés.

Lorsque l'on utilise un compte spécial pour acquitter la paye, il faut procéder de la façon suivante:

1. Inscrire, en premier lieu, de la façon habituelle, les salaires dans un livre de paye et passer une écriture de journal général afin de porter, au crédit du compte Salaires courus à payer, le total des salaires nets à verser aux employés.
2. Tirer un seul chèque payable à « Banque — Paye » et s'élevant au montant de la paye nette. L'inscription de ce chèque dans le registre des chèques a pour effet de porter le total des salaires à verser aux employés au débit du compte Salaires courus à payer et au crédit du compte Banque.
3. Endosser ce chèque et le déposer dans le compte Banque — Paye afin de virer au compte en banque spécial · la somme d'argent nécessaire au paiement des salaires.
4. Tirer un chèque au nom de chaque employé sur le compte Banque — Paye. La remise de ces chèques aux employés annule le solde de ce dernier compte dont les fonds s'épuisent au fur et à mesure que les employés touchent leur chèque.

Les entreprises qui ont un compte en banque spécial pour la paye peuvent aussi tenir un registre des chèques de paye. Cependant, on préfère généralement ne pas utiliser un tel registre et on se contente d'inscrire le numéro du chèque dans le livre de paye.

La fiche individuelle de paye

■ L'employeur doit tenir une fiche de paye pour chacun de ses employés. Le modèle illustré (voir le tableau 13–5) contient un relevé des heures de travail, de la rémunération versée au cours d'une année à Robert Aubé, des retenues effectuées et de son salaire net. De plus, cette fiche sert aux fins suivantes:

1. Donner les informations dont l'employeur a besoin pour remplir les déclarations relatives à la paye qui le concernent.
2. Indiquer à l'employeur le moment où un employé a souscrit le maximum des cotisations qu'il est appelé à verser au Régime des rentes du Québec et au Régime d'assurance-maladie du Québec.
3. Donner à l'employeur les informations dont il a besoin pour établir les T–4 (ou TP–4) qu'il doit remettre à chaque employé au plus tard le 28 février ainsi que l'exige la loi.

Les informations que renferment les fiches individuelles de paye proviennent du livre de paye. Les principales rubriques de la fiche de paye sont disposées dans le même ordre que dans le livre de paye afin de faciliter la transcription des données. On a toutefois ajouté une colonne pour inscrire le salaire brut cumulatif afin de permettre à l'employeur

FICHE INDIVIDUELLE DE PAYE

Robert Aubé   N° Ass. Soc.   307-003-195   Employé N°   105

Adresse   111 rue Pommard   Personne à contac-ter en cas d'urgence   Marie Aubé   Tél.   964-9834

Engagé le   6/7/65   A quitté son emploi le _____   Raison _____

Date de naissance   6/6/1941   Aura 70 ans le   6/6/2011   Homme (X) Marié ( )   Nombre   Femme ( ) Célibataire (X) d'exemptions _____   Taux du salaire $2.00

Occupation   Commis   Endroit   Bureau

Date		Temps perdu			Heures de travail		Paye rég.	Paye suppl.	Sal. brut	A.-C.	Impôts sur le revenu	R.R.Q.	R.A.M.Q.	Cot. syndicales	Total des retenues	Sal. net	N° du chèque	Sal. brut cumulatif
Fin de la pér. de paye	Date de paiement	Hrs	Raison	Total	Suppl.													
8/1	8/1			40			80.00		80.00	1.12	9.50	1.20	0.62		12.44	67.56	173	80.00
15/1	15/1			40			80.00		80.00	1.12	9.50	1.20	0.62		12.44	67.56	201	160.00
22/1	22/1			40			80.00		80.00	1.12	9.50	1.20	0.62		12.44	67.56	243	240.00
29/1	29/1	4	Maladie	36			72.00		72.00	1.01	8.00	1.05	0.56		10.62	61.38	295	312.00
5/2	5/2			40			80.00		80.00	1.12	9.50	1.20	0.62		12.44	67.56	339	392.00
12/2	12/2			40			80.00		80.00	1.12	9.50	1.20	0.62		12.44	67.56	354	472.00
19/2	19/2			40			80.00		80.00	1.12	9.50	1.20	0.62		12.44	67.56	397	552.00
26/2	26/2			40			80.00		80.00	1.12	9.50	1.20	0.62		12.44	67.56	446	632.00
18/11	18/11			40			80.00		80.00	1.12	9.50	1.20	0.62		12.44	67.56	893	3,652.00

Tableau
13–5

de savoir le moment où l'employé a atteint le plafond des cotisations à verser au Régime de rentes du Québec et au Régime d'assurance-maladie du Québec.

Les contributions des employeurs

■ Nous avons déjà dit que la loi oblige les employeurs à verser au Régime de rentes du Québec des sommes égales à celle que doivent verser leurs employés et nous avons expliqué comment calculer les contributions de l'employeur au Régime d'assurance-maladie du Québec. Le plus souvent, on inscrit les contributions des employeurs à ces régimes au moment où la paye qui s'y rapporte est établie. De même, on comptabilise les dettes qui découlent des contributions des employeurs dans les mêmes comptes de passif que les retenues effectuées du salaire des employés, car ces contributions figurent sur la déclaration que les employeurs doivent faire parvenir mensuellement au ministère du Revenu du Québec.

De plus, ainsi que nous l'avons vu précédemment, tout employeur est tenu de verser au Régime d'assurance-chômage des contributions égales à 1.4 fois les cotisations de ses employés.

La plupart des employeurs inscrivent les contributions à ces divers régimes en même temps qu'ils comptabilisent la paye elle-même. Ainsi, les données du livre de paye du tableau 13–2 donnent lieu aux contributions suivantes de l'employeur:

Contributions au Régime de Rentes du Québec	$ 9.80
Contributions au Régime d'assurance-maladie du Québec (0.8% de $845) ...	6.76
Contributions au Régime d'assurance-chômage (1.4 fois 11.31)	15.83
Total	**$32.39**

L'inscription de ces contributions demande de passer au journal général l'écriture suivante:

Nov.	18	Contributions de l'employeur au R.R.Q.	9.80	
		Contributions de l'employeur au R.A.M.Q.	6.76	
		Contributions de l'employeur au R.A.C.	15.83	
		Cotisations à payer — R.R.Q.		9.80
		Cotisations à payer — R.A.M.Q.		6.76
		Cotisations à payer — R.A.C.		15.83
		Pour inscrire les contributions de l'employeur à divers régimes.		

Les trois comptes débités dans cette écriture sont des comptes de dépenses et servent à inscrire des éléments qui s'ajoutent aux salaires bruts inscrits précédemment. En revanche, les trois comptes crédités sont des comptes de passif qui accroissent les sommes que l'employeur doit remettre au ministère du Revenu du Québec ou au Receveur général du Canada.

La remise des retenues et des contributions de l'employeur

■ Les retenues prélevées sur le salaire des employés et les contributions de l'employeur dont il a été question dans la section précédente doivent faire partie du passif à court terme tant qu'elles n'ont pas été remises au ministère du Revenu du Québec ou au Receveur général du Canada. Les employeurs sont tenus de remettre ces sommes au plus tard le 15 du mois qui suit le mois où les employés ont touché leurs salaires. La comptabilisation du règlement de ces dettes s'effectue de la même façon que toute autre dette.

Les salaires courus à payer à la fin d'un exercice

■ Étant donné que les contributions des employeurs aux divers régimes mis sur pied par l'État ne font l'objet d'une dette que lors du paiement des salaires, l'entreprise n'a juridiquement aucune responsabilité à l'égard des contributions se rapportant aux salaires courus à payer à la fin d'un exercice. Cependant, ces salaires ainsi que les contributions qui les accompagnent sont effectivement des dépenses imputables aux revenus de l'exercice où les employés en question ont travaillé. C'est pourquoi il est, en principe, nécessaire de comptabiliser, à la fin d'un exercice, les salaires courus à payer et les contributions qui s'y rapportent. Plusieurs comptables, toutefois, se dispensent de comptabiliser, dans ce cas, les contributions de l'employeur sous prétexte qu'elles varient très peu d'un exercice à l'autre et qu'elles influent très peu sur le bénéfice net de l'exercice.

Mécanisation de la paye

■ Plusieurs petites entreprises établissent leur paye manuellement et tiennent des registres semblables à ceux que nous avons illustrés dans ce chapitre. Cette façon de procéder donne des résultats satisfaisants parce qu'elle permet de répondre à tous les besoins d'une petite entreprise dans ce domaine. Cependant, les entreprises qui ont de nombreux employés établissent généralement leur paye au moyen de diverses machines qui se ressemblent toutes, en ce sens qu'elles tiennent compte de ce que, à chaque période de paye, il faut inscrire les mêmes informations, pour chaque employé, dans le livre de paye, sur sa fiche individuelle et sur son chèque. Lorsque la paye est mécanisée, les machines impriment simultanément sur ces documents toutes les informations relatives à la paye.

Questions

1. Quelles personnes sont tenues de verser des cotisations au Régime de rentes du Québec ?
2. Qui doit payer les primes à la Commission des accidents du travail ?
3. Que retirent les employés en chômage en vertu de la Loi sur l'assurance-chômage ?
4. Qui doit payer des cotisations au Régime d'assurance-chômage ? Quel est le taux de ces cotisations ?
5. Quels sont les objectifs de la Loi sur l'assurance-chômage ?
6. À qui et à quel moment un employeur doit-il remettre les retenues prélevées sur les salaires et ses propres contributions ?
7. Quels facteurs déterminent les impôts sur le revenu à retenir du salaire d'un employé ?
8. À quoi sert une table de retenues d'impôt ?
9. De quelle façon détermine-t-on les cotisations au Régime de rentes du Québec des personnes travaillant à leur compte ?
10. Comment une horloge enregistreuse peut-elle servir à déterminer les heures de travail d'un employé ?
11. De quelle façon une entreprise peut-elle utiliser un compte en banque spécial pour payer ses employés ?
12. À la fin d'un exercice, le compte Banque — Paye a un solde de $162.35 parce que deux employés n'ont pas encore encaissé leur chèque de paye. Faut-il inclure ce montant dans le bilan ? Si votre réponse est affirmative, indiquer la section du bilan où ce montant doit figurer.
13. Quelles informations retrouve-t-on sur la fiche individuelle de paye d'un employé ? Pourquoi faut-il tenir ce genre de fiches ? À quoi servent ces informations ?
14. Quelles contributions l'employeur est-il tenu de verser aux divers régimes d'assurance sociale établis par l'État ? Quelles retenues la loi oblige-t-elle de prélever sur le salaire d'un employé ?

Exercice 13–1

William Smith, un employé de Daphmé, Ltée, vient d'apprendre qu'il perdra son emploi le 19 mai 1974 par suite d'un ralentissement des affaires. Smith était à l'emploi de cette entreprise depuis près d'un an et il était rémunéré à un taux de $4 l'heure. Au cours de 1974, Smith n'a pas manqué une seule journée de travail et il a travaillé régulièrement 8 heures par jour, 5 jours par semaine.

a. Calculez les cotisations que Smith a versées au Régime d'assurance-chômage, du 1er janvier 1974 au 9 mai 1974.

b. Calculez les contributions correspondantes de Daphmé, Ltée au Régime d'assurance-chômage.

c. Calculez les prestations hebdomadaires d'assurance-chômage que Smith retirera après le 19 mai 1974.

Exercice 13–2

Le livre de paye d'une entreprise, à la fin de la première semaine de janvier, révèle que les salaires des vendeurs et ceux des employés de bureau s'élèvent respectivement à $1,500 et $500. Voici les retenues prélevées sur ces salaires : impôts sur le revenu, $185; assurance-chômage, $18, cotisations syndicales, $45; cotisations au Régime d'assurance-maladie du Québec, $75; et cotisations au Régime de rentes du Québec, $26. Passez au journal général l'écriture pour inscrire la paye de la première semaine de janvier.

Exercice 13–3

Passez au journal général l'écriture pour inscrire les contributions que l'employeur doit verser relativement à la paye dont il est question dans l'exercice 13–2.

Exercice 13–4

Les informations suivantes sont tirées du livre de paye d'une entreprise, le 21 décembre 1974 :

Nom des employés	Salaire brut	Salaire brut cumulatif à la fin de la semaine précédente	Impôts sur le revenu	Cotisations au R.A.M.Q.
Jacques Aubé	$125	$2,880	$10.30	$0.97
Jeanne Couture	140	4,085	13.50	1.09
Georges Gilbert	185	8,950	18.30	1.46
Gérard Houle	175	9,010	19.10	1.38
	$625		$61.20	$4.90

Travail à faire :

1. Calculez les cotisations au Régime d'asurance-chômage prélevées sur le salaire des employés.

2. Quels employés ont atteint le plafond des cotisations à verser au Régime de rentes du Québec ?

3. Passez au journal général l'écriture pour inscrire la paye du 21 décembre. Les cotisations au Régime de rentes du Québec prélevées sur le salaire des employés s'élèvent à $4.29. Posez l'hypothèse que tous les employés travaillent dans le service de la comptabilité.
4. Passez au journal général l'écriture pour inscrire les contributions de l'employeur au Régime d'assurance-chômage, au Régime de rentes du Québec et au Régime d'assurance-maladie du Québec.

Problèmes   **Problème 13-1**

Le livre de paye d'une entreprise, à la fin de la première semaine de janvier 1974, révèle que les salaires des vendeurs et ceux des employés de bureau s'élèvent respectivement à $2,000 et à $500. Aucun employé n'a gagné plus de $170 ni moins de $34 au cours de cette semaine de travail. Voici les retenues prélevées sur ces salaires : cotisations au Régime d'assurance-chômage (montant à déterminer); cotisations au Régime de rentes du Québec, $40; impôts sur le revenu, $225; cotisations au Régime d'assurance-maladie du Québec, $38; et cotisations syndicales, $50.

Travail à faire :
1. Calculez le total des cotisations au Régime d'asurance-chômage prélevées sur les salaires de la première semaine de janvier.
2. Passez au journal général l'écriture pour inscrire la paye de la semaine se terminant le 6 janvier.
3. Passez au journal général l'écriture pour inscrire les contributions de l'employeur au Régime d'asurance-chômage, au Régime de rentes du Québec et au Régime d'assurance-maladie du Québec.
4. Passez l'écriture au registre des chèques pour inscrire le chèque n° 815 tiré sur le compte en banque régulier afin de virer dans un compte en banque spécial les fonds nécessaires au paiement des salaires des employés.
5. Après avoir inscrit le chèque de paye et l'avoir reporté au grand livre, est-il nécessaire de passer au journal d'autres écritures pour inscrire les chèques remis aux employés ?

Problème 13-2

Les données suivantes sont extraites du livre de paye d'une entreprise après avoir inscrit la paye de la semaine terminée le 18 décembre :

Nom des employés	N° de la carte de pointage	Heures de travail							Taux régulier	Impôts sur le revenu	Cotisations au R.A.M.Q.	Salaire brut cumulatif à la fin de la semaine précédente
		L	M	M	J	V	S	D				
Paul Beaulieu	11	8	8	8	8	8	0	0	2.50	10.70	0.78	2,275
François Cloutier .	12	8	8	8	8	8	0	0	2.50	8.70	0.78	4,175
David Doyon	13	8	8	8	8	8	4	0	3.50	19.10	1.27	7,825
Walter Mercier ..	14	8	8	8	8	8	0	0	4.50	18.30	1.42	8,950
Marie Pagé	15	8	8	8	8	8	4	0	2.00	11.50	0.72	2,910

1. Inscrivez, dans le livre de paye, les données relatives à la paye du 18 décembre. Les heures supplémentaires de travail (les heures au-delà de 40 heures) sont payées au taux d'une fois et demie le taux régulier. Calculez et inscrivez les retenues relatives à l'assurance-chômage et les cotisations des employés au Régime de rentes du Québec et au Régime d'assurance-maladie du Québec pour tous les employés dont le salaire cumulatif n'a pas atteint le plafond des gains cotisables. Les deux premiers employés travaillent dans le service des ventes, le troisième conduit un camion de livraison et les deux derniers sont des employés de bureau.

2. Passez au journal général l'écriture pour inscrire la paye du 18 décembre.

3. Inscrivez dans le registre des chèques le chèque nº 234 tiré sur le compte en banque régulier pour virer dans un compte en banque spécial les fonds nécessaires au paiement des salaires. Posez l'hypothèse que le premier chèque de paye porte le numéro 668 et inscrivez le numéro des chèques de paye dans le livre de paye.

4. Passez au journal général l'écriture pour inscrire les contributions de l'employeur au Régime d'assurance-chômage, au Régime de rentes du Québec et au Régime d'assurance-maladie du Québec.

Problème 13–3

Une entreprise, qui rémunère les heures supplémentaires de travail (les heures au-delà de 40 heures) au taux d'une fois et demie le taux horaire régulier, a compilé les données suivantes portant sur la paye de la semaine terminée le 15 décembre :

Nom des employés	Nº de la carte de pointage	Heures de travail							Taux régulier	Impôts sur le revenu	Cotisations au R.R.Q.	Cotisations au R.A.M.Q.
		L	M	M	J	V	S	D				
Paul Boulanger ..	22	8	8	8	8	8	0	0	2.90	9.50	1.85	0.90
François Cliche ..	23	8	8	8	8	8	0	0	2.90	11.50	1.85	0.90
Denis Dion	24	0	0	8	8	8	0	0	4.50	5.70	1.70	0.84
Julie Nadeau	25	8	8	8	8	9	3	0	2.25	9.10	1.62	0.80
Lucien Ross	26	8	8	8	9	9	0	0	3.50	11.50	–0–	1.19

Travail à faire :

1. Inscrivez, dans le livre de paye, les données relatives à la paye du 15 décembre. Calculez et inscrivez les retenues relatives à l'assurance-chômage. Posez l'hypothèse que les deux premiers employés sont des vendeurs; les deux suivants, des employés de bureau; et le dernier, le conducteur du camion de livraison.

2. Passez au journal général l'écriture pour inscrire la paye du 15 décembre.

3. Inscrivez, dans le registre des chèques, le chèque nº 567 tiré sur le compte en banque régulier pour virer dans un compte en banque spécial les fonds nécessaires au paiement des salaires. Posez l'hypothèse que le premier chèque de paye porte le numéro 444 et inscrivez le numéro des chèques de paye dans le livre de paye.

4. Passez au journal général l'écriture pour inscrire les contributions de l'employeur au Régime d'assurance-chômage, au Régime de rentes du Québec et au Régime d'assurance-maladie du Québec.

Problème 13–4

Alto, Ltée établit la paye de son personnel tous les mois et avance à ses employés, le 15 de chaque mois, une somme approximativement égale à la moitié de leur salaire net. Voici le solde de certains comptes du grand livre au 30 juin après avoir reporté toutes les écritures relatives à la paye du mois de juin :

a. Cotisations à payer — Régime d'assurance-chômage : $48.
b. Cotisations à payer — Régime de rentes du Québec : $72.
c. Retenues à payer — Impôts sur le revenu : $372.
d. Cotisations à payer — Régime d'assurance-maladie du Québec : $23 (contribution de l'employeur : $12).
e. Salaires courus à payer : $1,061. (L'avance de $900 consentie aux employés le 15 juin a été portée au débit de ce dernier compte.)

Travail à faire :
1. Passez au journal général l'écriture pour inscrire la paye de juin.
2. Passez au journal général l'écriture pour inscrire les contributions de l'employeur au Régime d'assurance-chômage, au Régime de rentes du Québec et au Régime d'assurance-maladie du Québec.
3. Inscrivez, dans le registre des chèques, le chèque n° 747 tiré sur le compte en banque régulier pour virer dans un compte en banque spécial les fonds nécessaires au paiement des salaires le 30 juin.
4. Inscrivez, dans le registre des chèques, les chèques n°s 812 et 813 faits respectivement à l'ordre du Receveur général du Canada et du ministère du Revenu du Québec pour remettre les retenues prélevées sur le salaire des employés et les contributions de l'employeur. Posez l'hypothèse que les impôts prélevés se répartissent également entre l'impôt provincial sur le revenu et l'impôt fédéral sur le revenu.

Autres problèmes

Problème 13–1A

Le 7 janvier 1974, à la fin de la première période de paye de l'année, le livre de paye d'une entreprise révèle que les salaires des employés de bureau s'élèvent à $900, ceux des vendeurs à $1,500 et ceux des préposés à la livraison à $400. On a retenu du salaire de chacun des employés les cotisations qu'ils sont tenus de verser au Régime d'assurance-chômage. Aucun employé n'a gagné plus de $170 ni moins de $34 au cours de cette semaine de travail. Voici les autres retenues prélevées sur ces salaires : cotisations au Régime de rentes du Québec, $45; impôts sur le revenu, $290; cotisations au Régime d'assurance-maladie du Québec, $38; et cotisations syndicales, $24.

Travail à faire :
1. Calculez le total des cotisations au Régime d'assurance-chômage prélevées sur les salaires de la première semaine de janvier.
2. Passez au journal général l'écriture pour inscrire la paye de la semaine se terminant le 6 janvier.

3. Passez au journal général l'écriture pour inscrire les contributions de l'employeur à l'asurance-chômage, au Régime de rentes du Québec et au Régime d'assurance-maladie du Québec.

4. Passez l'écriture au registre des chèques pour inscrire le chèque nº 745 tiré sur le compte en banque régulier afin de virer dans un compte en banque spécial les fonds nécessaires au paiement des salaires des employés.

5. Après avoir inscrit le chèque de paye et l'avoir reporté au grand livre, est-il nécessaire de passer au journal d'autres écritures pour inscrire les chèques remis aux employés ?

Problème 13-2A

Les données suivantes sont extraites du livre de paye d'une entreprise après avoir inscrit la paye de la semaine terminée le 20 décembre :

Nom des employés	Nº de la carte de pointage	Heures de travail							Taux régulier	Impôts sur le revenu	Cotisations au R.A.M.Q.	Salaire brut cumulatif à la fin de la semaine précédente
		L	M	M	J	V	S	D				
David Achard ...	14	8	8	8	8	8	0	0	4.50	20.30	1.42	8,920
Marie Hallé	15	8	8	8	8	8	4	0	2.00	9.50	0.72	4,140
Jean Huot	16	8	8	8	8	8	0	0	2.50	10.30	0.78	2,710
Charles Léger ...	17	8	8	8	8	8	0	0	2.50	12.30	0.78	3,325
Roger Pagé	18	8	8	8	8	8	2	0	4.00	20.70	1.36	8,410

Travail à faire :

1. Inscrivez, dans le livre de paye, les données relatives à la paye du 20 décembre. Les heures supplémentaires de travail (les heures au-delà de 40 heures) sont payées au taux d'une fois et demie le taux régulier. Calculez et inscrivez les retenues relatives à l'assurance-chômage et les cotisations des employés au Régime de rentes du Québec et au Régime d'assurance-maladie du Québec pour tous les employés dont le salaire cumulatif n'a pas atteint le plafond des gains cotisables. Les deux premiers employés travaillent dans le service des ventes, le troisième conduit un camion de livraison et les deux derniers sont des employés de bureau.

2. Passez au journal général l'écriture pour inscrire la paye du 20 décembre.

3. Inscrivez dans le registre des chèques le chèque nº 202 tiré sur le compte en banque régulier pour virer dans un compte en banque spécial les fonds nécessaires au paiement des salaires. Posez l'hypothèse que le premier chèque de paye porte le numéro 653 et inscrivez le numéro des chèques de paye dans le livre de paye.

4. Passez au journal général l'écriture pour inscrire les contributions de l'employeur au Régime d'assurance-chômage, au Régime de rentes du Québec et au Régime d'assurance-maladie du Québec.

Problème 13-3A

Une entreprise, qui rémunère les heures supplémentaires de travail (les heures au-delà de 40 heures) au taux d'une fois et demie le taux horaire régulier, a compilé les données suivantes relatives à la paye de la semaine terminée le 17 décembre 1974 :

Nom des employés	N° de la carte de pointage	Heures de travail							Taux régulier	Impôts sur le revenu	Cotisations au R.R.Q.	Cotisations au R.A.M.Q.
		L	M	M	J	V	S	D				
Marie Aubut	21	8	8	8	8	8	0	0	2.50	9.10	1.56	0.78
Henri Brault	22	8	8	8	8	8	2	0	4.50	21.90	–	1.53
Gérard Huard ...	23	8	8	8	8	8	0	0	2.80	6.50	1.77	0.87
Alex Huot	24	8	8	8	8	8	0	0	2.80	10.70	1.77	0.87
Gérard Saucier ...	25	8	8	8	8	8	4	0	3.00	12.70	–	1.09

Travail à faire :

1. Inscrivez, dans le livre de paye, les données relatives à la paye du 17 décembre. Calculez et inscrivez les retenues relatives à l'assurance-chômage. Posez l'hypothèse que les deux premiers employés sont des employés de bureau; les deux suivants, des vendeurs; et le dernier, le conducteur du camion de livraison.
2. Passez au journal général l'écriture pour inscrire la paye du 17 décembre.
3. Inscrivez, dans le registre des chèques, le chèque n° 789 tiré sur le compte en banque régulier pour virer dans un compte en banque spécial les fonds nécessaires au paiement des salaires. Posez l'hypothèse que le premier chèque de paye porte le numéro 901 et inscrivez le numéro des chèques de paye dans le livre de paye.
4. Passez au journal général l'écriture pour inscrire les contributions de l'employeur au Régime d'assurance-chômage, au Régime de rentes du Québec et au Régime d'assurance-maladie du Québec.

Problème 13–4A

Yogo, Ltée établit la paye de son personnel tous les mois et avance à ses employés, le 15 de chaque mois, une somme approximativement égale à la moitié de leur salaire net. Voici le solde de certains comptes du grand livre au 30 juin après avoir reporté toutes les écritures relatives à la paye du mois de juin :

a. Cotisations à payer — Régime d'assurance-chômage : $120.
b. Cotisations à payer — Régime de rentes du Québec : $136.
c. Retenues à payer — Impôts sur le revenu : $692.
d. Cotisations à payer — Régime d'assurance-maladie du Québec : $44 (contribution de l'employeur : $24).
e. Salaires courus à payer : $2,160. (L'avance de $1,900 consentie aux employés le 15 janvier a été portée au débit de ce dernier compte.)

Travail à faire :

1. Passez au journal général l'écriture pour inscrire la paye de juin.
2. Passez au journal général l'écriture pour inscrire les contributions de l'employeur au Régime d'assurance-chômage, au Régime de rentes du Québec et au Régime d'assurance-maladie du Québec.

3. Inscrivez, dans le registre des chèques, le chèque n° 642 tiré sur le compte en banque régulier pour virer dans un compte en banque spécial les fonds nécessaires au paiement des salaires le 30 juin.

4. Inscrivez, dans le registre des chèques, les chèques n°s 706 et 707 faits respectivement à l'ordre du Receveur général du Canada et du ministère du Revenu du Québec pour remettre les retenues prélevées sur le salaire des employés et les contributions de l'employeur. Posez l'hypothèse que les impôts prélevés se répartissent également entre l'impôt provincial sur le revenu et l'impôt fédéral sur le revenu.

Cas 13–1
Plastilam,
Ltée

Plastilam, Ltée qui fabrique un certain nombre d'articles en plastique engage 300 employés gagnant tous $6,000 par année ou plus.

Récemment, un grand magasin a commandé une quantité importante de jouets pour Noël. Cette commande qui rapportera un bénéfice intéressant est susceptible de se répéter l'an prochain. La direction estime qu'elle peut mouler ces jouets sans engager de nouveaux employés et sans acheter de nouvelles machines. Cependant, elle estime que l'assemblage et l'emballage des jouets l'obligeront à engager 50 ouvrières qui travailleront 40 heures par semaine pendant 10 semaines.

Plastilam, Ltée peut recruter elle-même ces ouvrières et les ajouter sur sa liste de paye ou elle peut demander à une agence spécialisée de les lui fournir. Si Plastilam, Ltée a recours à cette dernière solution, elle versera à l'agence $3.50 par heure de travail. Le personnel obtenu de cette façon serait à l'emploi de l'agence qui verserait elle-même aux ouvrières surnuméraires leurs salaires. En revanche, si Plastilam, Ltée embauche elle-même les ouvrières dont elle a besoin, elle les rémunérera directement au taux de $3 et devra également verser des contributions évaluées au total à $0.30 l'heure au Régime d'assurance-chômage, au Régime de rentes du Québec, au Régime d'assurance-maladie du Québec et à la Commission des accidents du travail. Si Plastilam, Ltée a recours aux services de l'agence spécialisée, elle économisera $800 en frais de publicité et d'interviews des ouvrières qui répondront à l'offre d'emploi. De plus, Plastilam, Ltée évitera le déboursé de $300 que le traitement de la paye de ces ouvrières surnuméraires entraînerait.

La direction de Plastilam, Ltée devrait-elle recourir aux services de l'agence spécialisée ou embaucher elle-même le personnel supplémentaire dont elle a besoin ? Justifiez votre réponse.

14

Le traitement de l'information comptable

■ Le système comptable d'une entreprise comprend non seulement les papiers d'affaires, les registres et les rapports financiers, mais aussi les procédés relatifs à l'inscription des opérations. Le tout commence par l'établissement d'un document: une facture ou un chèque, par exemple. Il faut ensuite analyser les informations que renferme ce document, les inscrire, les classer, les résumer et, finalement, dresser des rapports.

Un système comptable n'est pas autre chose qu'un système de traitement de l'information qui peut être manuel, mécanique ou électronique.

Le traitement manuel de l'information

■ Jusqu'à présent, nous n'avons décrit dans cet ouvrage que des registres tenus à la main et les procédés en usage dans des entreprises qui traitent manuellement l'information comptable. Si les registres comptables tenus de cette façon conviennent pour apprendre les techniques comptables fondamentales. ils ne répondent guère aux besoins des entreprises, à l'exception des très petites entreprises. Cependant, même dans ce dernier cas, il est souvent possible de trouver de meilleures méthodes de tenue des livres.

Pour améliorer un système comptable tenu à la main, il convient d'abord d'éviter la transcription répétée des mêmes données. Ainsi, nous avons vu aux chapitres précédents qu'il faut établir, pour chaque opération, un document de base: un chèque ou une facture, par exemple.

On doit ensuite inscrire dans un journal les informations que contient ce document et, plus tard, les reporter au grand livre. Ce processus, il est vrai, permet d'atteindre l'objectif de tout système comptable, mais il en résulte une perte de temps et un plus grand risque d'erreurs. C'est pour ces raisons qu'un système comptable qui évite la transcription trop fréquente des mêmes informations est préférable.

LES TABLEAUX À CHEVILLES

Les tableaux à chevilles évitent justement la transcriptiton des mêmes informations un trop grand nombre de fois. Il existe plusieurs sortes de tableaux à chevilles, mais ils fonctionnent tous de la même façon. Avec ces tableaux, il suffit d'une seule écriture pour traiter toutes les données d'une opération ou une partie d'entre elles. Ces tableaux tirent leur nom d'une planche à chevilles où l'on place les différents documents sur lesquels les mêmes informations doivent être inscrites.

On peut illustrer le fonctionnement de ce genre de tableaux en prenant l'exemple de la paye. Rappelons d'abord qu'on doit inscrire les heures de travail, le salaire brut, les retenues et le salaire net à trois endroits différents: le livre de paye, la fiche individuelle de paye et le bordereau attaché au chèque de paye. Le tableau 14–1 illustre la façon de disposer ces trois documents sur un tableau à chevilles afin d'y inscrire simultanément toutes les données relatives à la paye.

On place d'abord, sur la planche, le livre de paye que l'on couvre d'une feuille de papier carbone. On place ensuite, sur cette feuille de papier carbone, une pile de chèques de paye accompagnés du bordereau détachable au verso duquel se trouve un autre papier carbone. Remarquez que les chèques sont placés de façon à ce que le bas de chacun d'eux

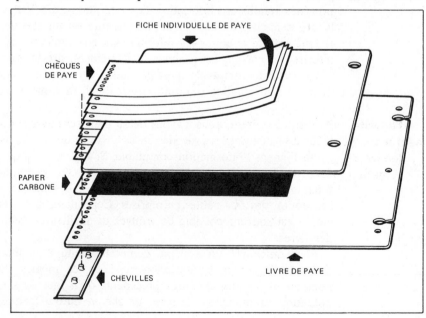

FICHE INDIVIDUELLE DE PAYE

CHÈQUES DE PAYE

PAPIER CARBONE

CHEVILLES

LIVRE DE PAYE

Tableau 14–1

coïncide avec une ligne du livre de paye, un peu comme l'on pose les bardeaux sur un toit. Cette façon de placer les chèques sur le tableau à chevilles permet d'inscrire, sur des lignes différentes du livre de paye, les données transcrites sur le bordereau qui accompagne chaque chèque de paye.

Avant d'inscrire sur le bordereau les informations relatives à la paye d'un employé, on glisse la fiche de paye de cet employé sous le chèque afin que les mêmes informations puissent y figurer.

Après avoir inscrit sur le bordereau les informations relatives à la paye d'un employé, on enlève le chèque et la fiche individuelle de paye et l'on complète le chèque. On reprend ensuite le même travail pour chacun des employés.

Les tableaux à chevilles peuvent aussi servir pour inscrire les ventes, les achats, les recettes et les déboursés. Dans le cas des ventes à crédit, par exemple, une seule écriture suffit pour inscrire une vente dans le livre des ventes, la porter au débit du compte du client et mettre à jour le relevé du compte de ce dernier.

Tous les tableaux à chevilles permettent généralement d'inscrire au même moment toutes les informations relatives à une opération sur le document de base, sur les documents secondaires et dans les registres où ces informations doivent figurer. Idéalement, les informations que l'on retrouve sur plusieurs documents ou registres devraient faire l'objet d'une seule écriture. Il importe aussi d'établir les documents de façon à ce que les informations qui diffèrent selon les registres puissent être inscrites sur chaque registre en même temps que le sont les informations communes à tous les documents ou registres.

Le traitement mécanique de l'information

■ Une ou plusieurs personnes peuvent traiter manuellement d'une façon satisfaisante toutes les informations comptables d'une petite entreprise à condition que cette personne ou ces personnes y mettent le temps nécessaire. Cependant, comme la comptabilisation distincte de chaque opération coûte cher et prend un temps considérable, on utilise généralement des machines lorsque les opérations sont nombreuses afin de réduire les coûts et accélérer le traitement de l'information.

Parmi les machines fréquemment utilisées pour accélérer le traitement de l'information, on peut mentionner les caisses enregistreuses, les machines à additionner et les petites calculatrices. Les caisses enregistreuses permettent d'obtenir le total des ventes au comptant, le chiffre des ventes à crédit, la taxe de vente et le total des recettes provenant des comptes recouvrés. Les machines à additionner et les petites calculatrices accélèrent les calculs arithmétiques et réduisent les erreurs, ce qui contribue à diminuer les coûts et à éviter une foule d'ennuis.

Il existe aussi d'autres machines, comme les machines comptables électroniques et les machines à cartes perforées, mais cet équipement est moins en usage que les machines dont nous discutons dans la section suivante.

LES MACHINES COMPTABLES

Il existe différentes sortes de machines comptables. Quelques-unes de ces machines ne peuvent accomplir qu'une tâche alors que d'autres peuvent en exécuter un grand nombre. Nous ne tenterons pas ici de décrire toutes les machines actuellement en usage. Nous ne parlerons effectivement que d'une machine en particulier afin de démontrer de quelle façon l'utilisation de ce genre de machines réduit le travail de tenue des livres et accélère le traitement de l'information.

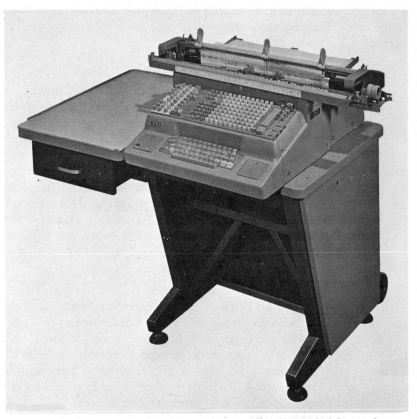

Tableau 14–2

Photo National Cash Register Company

Le tableau 14–2 illustre une machine comptable qui peut servir pour comptabiliser les ventes, les recettes, les déboursés, les achats, la paye, etc. Nous ne décrirons pas comment cette machine peut servir pour comptabiliser chacune de ces opérations. Cependant, à titre d'exemple, nous allons expliquer comment elle facilite la comptabilisation des ventes. Dans ce cas, la machine exécute en même temps les tâches suivantes: elle établit la facture de vente, elle reporte la vente au compte du client, elle met à jour le relevé de compte envoyé au client à la fin du mois et elle inscrit la vente dans le journal des ventes. Nous pourrions donner une foule d'autres opérations que cette machine peut traiter d'une façon aussi efficace.

Pour comptabiliser les ventes, le préposé à la machine y place d'abord une page du journal des ventes puis, pour chaque vente, une facture de vente, le compte du client tiré du grand livre auxiliaire des comptes à recevoir et le relevé de compte du client. Le commis entre alors dans la machine le solde du compte du client, compte non tenu de la vente qu'il doit comptabiliser. Il tape ensuite sur la facture le nom du client, son adresse, les conditions de règlement et les autres détails pertinents. Il inscrit alors les articles vendus et indique le nombre d'unités vendues ainsi que leur prix à l'unité. Après avoir inscrit tous les articles vendus, l'opérateur appuie sur une clé. La machine multiplie automatiquement le nombre d'unités vendues par le prix à l'unité et imprime le résultat des calculs effectués. La machine calcule à ce moment-là le total de la facture, l'imprime sur la facture elle-même, l'inscrit dans le journal des ventes et le porte au compte du client ainsi que sur son relevé de compte. Après avoir effectué toutes ces opérations, le chariot revient automatiquement à gauche et avance d'un cran pour que l'opérateur puisse inscrire la vente suivante sur la première ligne libre du journal des ventes. Finalement, le chariot s'ouvre automatiquement pour dégager la facture, le compte et le relevé de compte.

En plus de tout ce qui précède, la machine imprime, à la fin de la journée, le total des ventes, soit le montant à porter au débit du compte de contrôle Comptes à recevoir et au crédit du compte Ventes. La machine donne aussi, s'il y a lieu, le total à porter au crédit du compte Taxe de ventes à payer. De plus, si les ventes ont été réparties par rayons, il est possible de connaître le total des ventes de chaque rayon.

LES MACHINES À CARTES PERFORÉES

Lorsque les machines à cartes perforées servent pour traiter l'information comptable, il faut inscrire sur des cartes perforées les données extraites d'une facture, d'un chèque, d'une note de crédit ou de tout autre document, au moyen d'une perforatrice semblable à celle que le tableau 14–3 illustre. Une perforatrice a un clavier semblable à celui d'une machine à écrire et fonctionne de la même façon. Les trous des cartes traitées par d'autres machines déclenchent des impulsions électriques qui permettent à ces machines de trier les cartes, de transcrire sur d'autres cartes les données qui y sont inscrites, d'effectuer des calculs arithmétiques, de sélectionner certaines données et d'imprimer automatiquement des rapports comptables. Ainsi, des machines traitent des cartes perforées semblables à celle du tableau 14–6. Elles peuvent, par exemple, trier ces cartes et imprimer une liste de comptes à recevoir classés par ordre chronologique (voir le tableau 8–7). Une trieuse peut trier 1,000 cartes à la minute et une imprimante imprimer automatiquement une liste de comptes classés par ordre chronologique à la vitesse d'environ 140 cartes à la minute.

Tableau
14–3

Photo International Business Machines Corporation

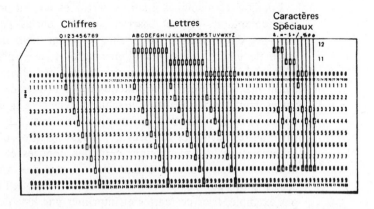

Tableau
14–4

Les machines à cartes perforées demandent d'utiliser des cartes semblables à celle du tableau 14–4. Ces cartes ont 80 colonnes verticales dans lesquelles des trous peuvent être perforés à 12 endroits différents, soit sur 10 lignes numérotées de 0 à 9 et sur deux autres lignes non numérotées placées au haut de la carte. On peut y inscrire à la fois des chiffres et des lettres. Certaines machines impriment les caractères sur les cartes en même temps qu'elles les perforent. On inscrit un chiffre en perforant une des colonnes de la carte sur l'une ou l'autre des douze lignes. Ainsi, le chiffre 5 est inscrit en perforant une des colonnes sur la ligne portant le numéro 5. Par ailleurs, on inscrit une lettre en perforant la carte à deux endroits d'une même colonne. Ainsi, la lettre Z est inscrite en perforant la carte sur la ligne 0 et la ligne 9 de la même colonne. Pour mieux comprendre comment des trous peuvent représenter, sur une carte, des chiffres et des lettres, il est bon d'étudier attentivement la carte du tableau 14–4 et de tenter ensuite d'interpréter la signification des perforations de la carte du tableau 14–5. Si l'on fait ce travail, on constatera que les deux trous de la colonne 18 de la carte du tableau 14–5 représentent un N alors que les deux trous de la colonne 19 représentent un E, etc.

Le tableau 14–5 illustre une carte qu'utilise la Société Radisson, Ltée pour comptabiliser ses ventes. Cette carte représente effectivement une facture de vente et renferme les informations suivantes: le nom du client, le numéro de la succursale, le numéro du vendeur, la date et le numéro de la facture. Cette carte contient aussi les informations suivantes portant sur le premier article vendu: la quantité vendue, le numéro de l'article et le prix de vente des 40 unités vendues. Pour comptabiliser cette vente, il faut perforer cinq autres cartes, soit six au total ou encore une carte pour chaque article vendu. Chacune de ces six cartes renferme les mêmes informations de base, c'est-à-dire le nom du client, le numéro de la succursale, le numéro du vendeur, la date et le numéro de la facture. Les seules différences entre les six cartes portent sur la quantité, le numéro et le prix de vente des articles vendus. En plus de ces six cartes, il faut aussi perforer une carte (voir le tableau 14–6) pour porter au débit du compte de ce client le total de la facture. Une seule opération suffit pour perforer toutes ces cartes. De plus, les informations communes à chacune d'elles sont automatiquement reproduites d'une carte à l'autre.

Les six cartes sur lesquelles l'on a inscrit les données de la facture du tableau 14–5 servent à tenir à jour les registres d'inventaire permanent en réduisant le solde des fiches d'inventaire du nombre d'unités vendues. Ce travail se fait automatiquement. Par la suite, l'on groupe les six cartes dont il est question ci-dessus avec toutes les autres cartes perforées afin de déterminer le chiffre des ventes d'une période (une semaine ou un mois, par exemple) et l'on porte ce chiffre au débit du compte de contrôle Comptes à recevoir et au crédit du compte Ventes.

La carte du client (voir le tableau 14–6) constitue en réalité, une partie du grand livre des comptes à recevoir. Cette carte et toutes les autres cartes du même client où sont inscrites des ventes non encore réglées constituent le compte de ce client.

Il est bon de remarquer que la façon de tenir les livres au moyen de machines à cartes perforées ne diffère pas des méthodes de comptabili-

LA SOCIÉTÉ RADISSON, LTÉE
BAIEVILLE, QUÉBEC

Nº de la commande: 311   Date de la facture: 31-12   Nº de la facture: 12349

Vendu à: Raoul Jobin   Nº du client: 59751
           216, rue Aylmer
           Québec, Québec   Vendeur: Mercier - 67

Expédié à: Idem

Livraison par: Camion, F.A.B.,Québec

Conditions de règlement: 2/10, n/30

Quantité	Nº de l'article	Description	Prix	Montant
40	11202		.83	33.20
75	13102		.84	63.00
5	17203		1.62	8.10
2	32105		3.03	6.06
4	44104		3.51	14.04
40	62110		7.25	290.00
				414.40

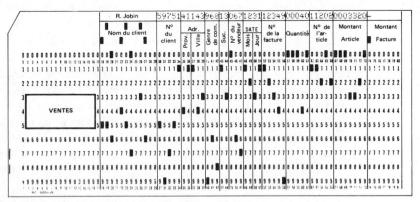

Tableau
14–5

Tableau
14–6

sation décrites aux chapitres précédents. On débite et on crédite les mêmes comptes du grand livre général ou des grands livres auxiliaires et les mêmes règles s'appliquent. Cependant, dans un système à cartes perforées, le travail est effectué par des machines et les cartes elles-mêmes tiennent lieu de registres comptables.

Quand on inscrit les données comptables sur des cartes perforées, il est possible d'obtenir, à un coût raisonnable, des informations que ne donne généralement pas une comptabilité manuelle. Ainsi, les six cartes perforées sur lesquelles l'on a inscrit la vente effectuée à Raoul Jobin renferment des informations concernant les articles vendus, le vendeur, la succursale et le client lui-même. Une trieuse peut alors prendre ces cartes et toutes les autres cartes semblables perforées au cours d'une semaine ou d'un mois et les trier de plusieurs façons afin d'obtenir des rapports portant sur le total des ventes réparties par articles, vendeurs, succursales, régions, villes et clients.

La discussion précédente n'a pour objet que de donner une idée générale de ce qu'est un système comptable à cartes perforées. Ce n'est que dans un cours spécialisé portant sur les systèmes d'information que l'on peut discuter de ce sujet en profondeur. Pour la même raison, nous ne décrirons pas de quelle façon un système comptable à cartes perforées peut servir pour traiter d'autres opérations. Cependant, ce que nous avons dit suffit pour réaliser qu'il existe des méthodes et des machines qui permettent de tenir les livres rapidement et économiquement.

Le traitement électronique de l'information

■ Lorsque l'on utilise une machine comptable électrique, le traitement de l'information s'effectue au moment où l'opérateur appuie sur une ou plusieurs clés. Dans ce cas, la vitesse à laquelle l'information est traitée dépend de l'habileté de l'opérateur et parfois de la machine elle-même. Dans un système à cartes perforées, les trous dans les cartes déclenchent des impulsions électriques qui permettent aux machines de trier, les cartes, d'effectuer des calculs arithmétiques et d'imprimer les résultats obtenus. Dans un tel système, le traitement de l'information s'effectue beaucoup plus rapidement qu'avec les machines comptables ordinaires ou les petites calculatrices. Cependant, un tel système fonctionne lentement si on le compare à un système de traitement électronique de l'information.

Bien que les nouvelles machines à cartes perforées soient en partie électroniques, l'expression « traitement électronique de l'information » signifie que le traitement des données se fait au moyen d'un ordinateur dont le fonctionnement dépend de plusieurs centaines ou même de milliers de transistors ou d'autres pièces électroniques. Un ordinateur, par définition, peut effectuer sans erreur plusieurs centaines, voire même plusieurs milliers d'opérations arithmétiques à la seconde en réponse à des instructions données par la machine elle-même.

CAPACITÉ DE L'ORDINATEUR

Avant d'expliquer comment un ordinateur fonctionne, il serait bon d'avoir une idée du travail que l'ordinateur peut effectuer. Ainsi, sans un ordinateur, l'établissement de la paye et l'émission des chèques de paye d'une entreprise ayant de 10,000 à 12,000 employés pourraient demander entre cinq et six jours de travail même si une centaine de personnes travaillant dans le service de la paye se servaient de petites calculatrices et d'autres machines électriques pour accélérer le travail. Aujourd'hui, avec un ordinateur, quelques heures suffisent pour effectuer tous les calculs, établir la paye et émettre les chèques de paye.

Pour donner un autre exemple, prenons le cas d'un fabricant important d'appareils électro-ménagers qui utilise un ordinateur pour remplir les nombreuses commandes adressées à 53 bureaux situés dans autant de villes différentes. Les marchandises expédiées pour remplir les commandes proviennent de 36 entrepôts différents situés un peu partout au pays. Les commandes reçues par les 53 bureaux sont transmises, par télex, à un ordinateur central qui exécute le reste du travail. Il choisit d'abord l'entrepôt qui peut le mieux remplir la commande du client, compte tenu, en particulier, des stocks de l'entrepôt choisi et de la distance qui le sépare de la ville où demeure le client. L'ordinateur calcule alors le montant de chaque vente, y compris les taxes qui s'y rapportent, et met à jour les fiches d'inventaire. L'ordinateur perfore aussi des cartes pour chacune des opérations comptables, établit les factures de vente et perfore d'autres cartes pour donner à l'entrepôt choisi les instructions à suivre. Ces dernières cartes permettent aussi de fournir à l'entrepôt, par télex, un connaissement, la liste des marchandises expédiées et les étiquettes nécessaires à l'expédition. Avec ce système, il est possible de traiter des commandes venant d'un grand nombre de villes et d'expédier les marchandises, de l'entrepôt choisi, en moins d'une heure.

TRAVAIL EFFECTUÉ PAR UN ORDINATEUR

Un ordinateur est une machine qui ne peut rien faire si l'on ne lui donne pas des instructions détaillées contenues dans ce que l'on appelle un *programme*. Un ordinateur programmé est un système complet de traitement de l'information constitué d'un *organe d'entrée*. Ce système emmagasine les données, les traite au moyen d'un *organe de calcul* et imprime les résultats (par exemple, un bilan) au moyen d'un *organe de sortie*. Pour effectuer tout ce travail et exercer un contrôle satisfaisant, l'ordinateur a un *organe de commande* ou *de contrôle*. Le tableau 14–7 illustre de quelle façon tous ces organes sont reliés les uns aux autres.

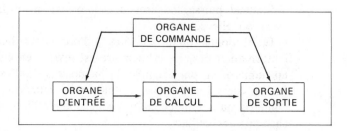

Tableau 14–7

FONCTIONNEMENT D'UN ORDINATEUR

Pour comprendre comment un ordinateur fonctionne, il est nécessaire d'examiner le rôle de chacun de ses organes et du programme.

L'organe d'entrée. L'organe d'entrée permet de communiquer avec l'ordinateur. En d'autres mots, il fournit le moyen d'entrer les données dans l'organe de calcul et il donne à l'ordinateur des instructions portant sur la façon de traiter les données. La communication avec l'ordinateur peut s'établir au moyen d'une machine à écrire électrique reliée à l'ordinateur ou par le truchement de cartes perforées, d'un ruban perforé, d'une bande magnétique ou de documents (des chèques, par exemple) imprimés avec de l'encre magnétique. Cependant, quel que soit le moyen utilisé, la transmission de données ou d'instructions par l'organe de contrôle à l'organe de calcul se fait sous la forme d'impulsions électriques que l'ordinateur peut interpréter.

La vitesse à laquelle les données sont entrées dans l'ordinateur peut varier d'un caractère ou deux par seconde si les données sont transmises au moyen d'une machine à écrire, à plusieurs centaines de milliers de caractères à la seconde si la transmission des données se fait au moyen d'un ruban magnétique.

L'organe de calcul. L'organe de calcul comprend effectivement deux sections: la section « calcul » et la section « mémoire ».

La section « calcul » traite les données emmagasinées dans la mémoire. L'organe de calcul additionne les données, les soustrait, les multiplie, les divise et prend des décisions qui s'expriment par un « oui » ou un « non ». Ainsi, il répond aux questions suivantes. Les deux nombres sont-ils égaux? Est-on rendu à la fin du ruban magnétique? A-t-on perforé un **X** dans la colonne 73? Etc. L'organe de calcul accomplit ces opérations une à la fois et emmagasine les résultats dans la mémoire. Certains ordinateurs effectuent quelques centaines d'opérations à la seconde alors que d'autres, beaucoup plus puissants, peuvent effectuer plusieurs millions d'opérations à la seconde.

La mémoire d'un ordinateur fonctionne un peu comme la mémoire humaine. Il s'agit effectivement d'un endroit où sont emmagasinées les données et les instructions. Cependant, la mémoire d'un ordinateur, à l'encontre de la mémoire humaine, est plutôt un classeur où chaque information est emmagasinée à un endroit précis. De plus, pour qu'un ordinateur puisse localiser une information, il faut lui dire l'endroit exact où elle se trouve.

Étant donné qu'il faut dire à l'ordinateur l'endroit où il trouvera l'information désirée, la mémoire est divisée en cellules portant chacune un numéro. Si, par exemple, la mémoire a 4,000 cellules pour y emmagasiner des données, les cellules sont numérotées de 0000 à 3999, numéros qu'il faut connaître pour obtenir l'information contenue dans chacune des cellules.

Chaque cellule de la mémoire d'un ordinateur peut emmagasiner une information, par exemple un mot ou un nombre composé de plus ou moins de chiffres. Le nombre de cellules de la mémoire d'un ordinateur peut varier entre 1,000 et 100,000 selon la grosseur de l'ordinateur. On peut accroître la capacité d'un ordinateur en ajoutant des mémoires d'appoint à la mémoire principale.

L'organe de sortie. Après avoir traité l'information, l'ordinateur doit communiquer les résultats. Ce travail s'effectue par l'intermédiaire d'une machine à écrire électrique ou d'une imprimante. L'ordinateur peut aussi produire des cartes perforées, un ruban perforé ou une bande magnétique. Une machine à écrire peut imprimer les résultats à raison de 10 caractères à la seconde alors qu'une imprimante peut imprimer jusqu'à 800 lignes de 120 caractères à la minute. Les cartes perforées, le ruban perforé et la bande magnétique obtenus de l'ordinateur ne donneront une information utilisable que si on les traite davantage au moyen d'une autre machine (une imprimante, par exemple).

L'organe de commande. L'organe de commande contrôle le fonctionnement de tous les autres organes de l'ordinateur. Il indique à l'organe d'entrée les informations ou les instructions à emmagasiner et l'endroit (le numéro des cellules) où les emmagasiner. Il fait ensuite une lecture individuelle des données emmagasinées et indique à l'organe de calcul les opérations à effectuer, l'endroit où trouver les informations et les cellules où les résultats doivent être conservés. Finalement, il contrôle l'organe de sortie en lui indiquant les informations à imprimer ou les cartes à perforer et l'endroit où trouver les informations dans la mémoire.

La description qui précède peut sembler irréaliste, mais il faut se rappeler que l'organe de commande ne fait pas autre chose que de suivre, une à la fois, les instructions détaillées qui se trouvent dans la mémoire de l'ordinateur. Ces instructions, ainsi que nous l'avons déjà dit, constituent ce que l'on appelle le *programme*.

Le programme. Le traitement électronique des données demande d'inscrire dans la mémoire de l'ordinateur les données à traiter et le programme à suivre pour les traiter. L'organe de commande va alors chercher dans la mémoire la première instruction et les données nécessaires à l'exécution de cette instruction. Ces données sont alors transmises à l'organe de calcul qui effectue le travail prescrit. L'organe de calcul, selon les instructions reçues, additionne, multiplie, divise ou compare deux nombres puis emmagasine les résultats obtenus dans la mémoire. L'organe de commande prend ensuite l'instruction suivante et les données qui s'y rapportent et les transmet à l'organe de calcul. Le même processus est répété jusqu'à ce que l'organe de commande ait traité toutes les instructions du programme à une vitesse variant entre une centaine et plusieurs millions d'instructions à la seconde.

Nous pourrions, à ce stade, illustrer un programme. Cependant, le lecteur n'y comprendrait pas grand chose car un programme n'est pas autre chose qu'une série d'instructions codées. De plus, un programme contient généralement plusieurs centaines, voire même plusieurs milliers d'instructions. Nous préférons, pour ces raisons, décrire en détail un certain nombre d'instructions en vue de démontrer en quoi consiste un programme.

Posons l'hypothèse qu'un ordinateur a calculé et emmagasiné dans sa mémoire le salaire brut des employés d'une entreprise et le total des retenues. L'étape suivante consiste à soustraire les retenues du salaire brut afin de trouver le salaire net. L'ordinateur ne fait ce travail que si on lui dit en détail comment procéder. Il faut, en particulier, lui dire l'endroit exact où trouver la paye brute et le total des retenues et l'endroit où emmagasiner les résultats obtenus. Supposons que la paye brute d'un employé se trouve dans la cellule 1001 et le total de ses retenues, dans la cellule 1002. Supposons de plus que l'ordinateur devra emmagasiner le salaire net de cet employé dans la cellule 1003. On pourrait rédiger, de la façon suivante, les instructions relatives au calcul du salaire net de cet employé:

1. Entrer dans l'organe de calcul le nombre (le salaire brut) emmagasiné dans la cellule 1001.
2. Soustraire le nombre (le total des retenues) emmagasiné dans la cellule 1002 du nombre qui se trouve dans l'organe de calcul.
3. Emmagasiner les résultats de la soustraction (le salaire net) dans la cellule 1003.

Les instructions précédentes illustrent les détails que comprend un programme. Effectivement, un programme peut contenir un nombre très grand d'instructions que l'ordinateur exécute sans erreur et dans l'ordre, à une vitesse allant de quelques centaines à plusieurs millions d'instructions à la seconde.

Nous pourrions ici nous demander comment un ordinateur peut exécuter plusieurs milliers ou millions d'instructions à la seconde, quand le programme qu'il traite ne renferme que quelques centaines d'instructions. La réponse est que l'ordinateur peut exécuter plusieurs fois la même série d'instructions mais chaque fois avec une nouvelle série de données. Ainsi, l'ordinateur qui traite la paye est programmé de façon à exécuter, aussi souvent que cela est nécessaire, les mêmes instructions mais en prenant chaque fois les données relatives à la paye d'un employé différent.

Il faut établir un programme distinct pour tous les travaux qu'un ordinateur effectue. Pour qu'un ordinateur exécute un travail donné, il suffit d'entrer un nouveau programme dans la mémoire en même temps que les données qu'il doit traiter. Ainsi, pour qu'un ordinateur qui traitait la paye puisse être utilisé pour mettre à jour les registres d'inventaire, il suffit d'entrer dans l'ordinateur le nouveau programme et les opérations à traiter.

Les décisions « oui ou non ». Un des plus grands services que rend un ordinateur est de prendre des décisions s'exprimant par un oui ou un non. Il peut, par exemple, répondre à la question suivante: l'employé a-t-il atteint le plafond des gains cotisables déterminé par le Régime de rentes du Québec? Pour répondre à cette question, l'ordinateur compare le montant des gains accumulés d'un employé avec le maximum des gains cotisables et répond oui ou non. L'importance de cette décision saute aux yeux. Si les gains de l'employé sont inférieurs aux gains cotisables, l'ordinateur calcule et déduit la cotisation au Régime de rentes du Québec. Si, au contraire, les gains accumulés excèdent les gains cotisables, l'ordinateur reçoit l'instruction d'omettre cette étape.

Dire que l'ordinateur peut comparer des nombres et prendre des décisions, c'est dire qu'il peut traiter des données comportant des exceptions comme c'est le cas pour les données relatives au Régime de rentes du Québec. Cependant, nous devons dire que l'ordinateur ne prend pas effectivement de décisions. Il se contente de comparer deux données et il traite par la suite ces données d'une façon ou d'une autre selon le résultat obtenu en les comparant. De plus, pour que l'ordinateur travaille de cette façon, il faut d'abord établir le programme en conséquence. Il revient en particulier au programmeur de déterminer d'avance les exceptions. Il doit ensuite donner des instructions et indiquer à l'ordinateur comment traiter les exceptions. L'ordinateur exécute, par la suite, ces instructions rapidement et exactement. Cependant, s'il se présente une exception que le programmeur n'a pas prévue, l'ordinateur ne peut rien faire d'autre que de la traiter incorrectement ou de cesser de fonctionner.

Importance du programme. La capacité qu'a l'ordinateur d'emmagasiner un grand nombre de données et de prendre des décisions s'exprimant par un oui ou un non est ce qui distingue un ordinateur d'un système à cartes perforées ou de toute autre machine électrique. Il existe effectivement des calculatrices qui peuvent effectuer une division ou une multiplication aussi rapidement qu'un ordinateur. Cependant, malgré cette vitesse, une calculatrice de ce genre ne peut fonctionner beaucoup plus vite qu'une machine à calculer car, sans un programme, la vitesse de la calculatrice dépend d'une personne qui doit appuyer sur des clés pour lui dire quoi faire.

CONCLUSION

Les ordinateurs peuvent traiter l'information avec une vitesse incroyable et une exactitude quasi insurpassée. Cependant, avant qu'un ordinateur ne soit en bon état de fonctionner, il faut qu'une personne lui donne les instructions qui lui permettront de traiter correctement l'information. Il faut, de plus, que le programmeur anticipe toutes les exceptions et donne à l'ordinateur des instructions détaillées sur la façon de les traiter. On peut donc conclure que le bon fonctionnement de l'ordinateur dépend grandement de l'intervention humaine. L'ordinateur n'est pas un cerveau mais une grosse machine qui ne peut rien faire si on ne lui donne pas des instructions détaillées. Il faut se rappeler aussi que ce sont des machines qui peuvent donner plus rapidement des réponses *erronées* si on leur transmet des données incorrectes ou si le programme qu'elles doivent suivre est mal établi.

Problème[1] L'objet de ce problème est de vous permettre d'acquérir une meilleure connaissance du fonctionnement de l'ordinateur. Vous aurez, en premier lieu, à inscrire sur des cartes perforées les données relatives aux 18 opérations de Ajax, Ltée[2] décrites ci-dessous. Après avoir perforé ces cartes, vous demanderez à votre professeur de déterminer le moment où vous pourrez les porter au centre de traitement de l'information de votre université. À cet endroit, on groupera vos cartes avec une autre série de cartes sur lesquelles on a inscrit, d'une part, les comptes de la balance de vérification de Ajax, Ltée au début de l'exercice et, d'autre part, les instructions à suivre pour traiter vos cartes. Un opérateur entrera ensuite les deux séries de cartes dans l'organe de calcul de l'ordinateur par l'intermédiaire de l'organe d'entrée. Après avoir traité vos données, l'ordinateur mettra à jour les soldes des comptes de Ajax, Ltée et imprimera les états financiers pour le mois d'avril, compte tenu des opérations du mois.

Vous trouverez ci-dessous la balance de vérification de Ajax, Ltée au 1er avril 1976. Étant donné que ces données figurent déjà sur une série de cartes

---

[1]Ce problème a été composé par les professeurs Robert Robinson, Jr. de l'Oregon State University et Joseph W. Wilkinson de l'Arizona State University.

[2]Le corrigé mis à la disposition du professeur renferme plusieurs suggestions portant sur la façon de résoudre cette première partie du problème.

qui comprennent également le programme, cette balance de vérification ne nécessite aucun travail de votre part.

Ajax, Ltée

Balance de vérification

au 1er avril 1976

Caisse	$ 1,350	
Comptes à recevoir (Arthur Bélanger)	750	
Stock de marchandises	11,850	
Fournitures d'emballage	150	
Équipement de magasin	9,400	
Amortissement accumulé — Équipement de magasin		$ 3,500
Comptes à payer (Simpson, Ltée)		1,000
Gérard Boulet — Propriétaire		19,000
Total	$23,500	$23,500

Voici les opérations du mois d'avril :

Date	Numéro de l'opération	Opérations
Avril 1	111	Chèque de $350 émis en règlement du loyer d'avril.
3	112	Marchandises vendues à crédit à Alfred Grisé : $1,500. Conditions de règlement de toutes les ventes à crédit : 2/10, n/30.
4	113	Chèque de $735 reçu de Arthur Bélanger en règlement de son compte; escompte accordé : 2%.
5	114	Achat à crédit de fournitures d'emballage au Magasin Ouellet, Enr. : $125; conditions de règlement : n/10 FDM.
8	115	Chèque de $50 émis en règlement du coût d'une annonce publiée dans le journal Le Soleil du 5 avril.
9	116	Achat à crédit de marchandises à Simpson, Ltée : $1,600; conditions de règlement : n/10 FDM.
10	117	Chèque de $1,000 émis à l'ordre de Simpson, Ltée en règlement du montant dû le 1er avril.
13	118	Chèque de $1,470 reçu de Alfred Grisé en règlement de son compte; escompte accordé : 2%.
14	119	Achat à crédit d'équipement de magasin au Magasin Ouellet, Enr. : $750; conditions de règlement : n/10 FDM.
15	120	Marchandises vendues à crédit à Charles David : $800.
15	121	Règlement de la paye bimensuelle : $300.
17	122	Mise au rancart d'une machine ayant un coût de $400 et un amortissement accumulé de $400.
22	123	Marchandises achetées à crédit à Simpson, Ltée : $1,750; conditions de règlement : n/10 FDM.
23	124	Marchandises vendues à crédit à Alfred Grisé : $650.

| | Numéro de | |
Date	l'opération	Opérations
Avril 30	125	Règlement de la paye bimensuelle : $300.
30	126	Ventes au comptant d'avril d'après le ruban des caisses enregistreuses : $3,770.
30	127	Écriture de régularisation passée au journal général pour inscrire les fournitures utilisées au cours d'avril : $100.
30	128	Écriture de régularisation passée au journal général pour inscrire l'amortissement du coût de l'équipement de magasin : $75.
30	129	Stock de marchandises au 30 avril : $10,650. (On a programmé l'ordinateur de façon à ce qu'il tienne compte du stock à la fin du mois. Il suffit d'inclure, dans votre série de cartes, une carte où figureront le numéro de l'opération, 129, le numéro du compte Stock de marchandises, 115, et le chiffre du stock à la fin, $10,650. Lire, à ce sujet, les instructions relatives au codage et à la perforation des cartes ci-dessous.)

Le nombre de comptes de Ajax, Ltée est très restreint ainsi que le laisse voir la liste suivante. Les numéros identifient chacun des comptes et représentent les cellules de la mémoire où ces comptes se trouvent. Remarquez l'absence des comptes de contrôle Comptes à recevoir et Comptes à payer que l'on a omis pour simplifier le problème. Il suffit donc, pour inscrire une vente, de débiter le compte d'un client et de créditer le compte Ventes. De même, on inscrit le règlement du compte d'un client (voir la feuille de codage ci-dessous) en créditant le compte d'un client et en débitant les comptes Caisse et Escomptes sur ventes. On doit comptabiliser de la même façon les comptes à payer mais, dans les deux cas, l'ordinateur est programmé de façon à imprimer le solde des deux comptes de contrôle.

Ajax, Ltée
Plan comptable

111 Caisse	212 Magasin Ouellet, Enr.
112 Arthur Bélanger	311 Gérard Boulet — Propriétaire
113 Charles David	411 Ventes
114 Alfred Grisé	412 Escomptes sur ventes
115 Stock de marchandises	511 Achats
116 Fournitures d'emballage	611 Loyer
121 Équipement de magasin	612 Salaires
112 Amortissement accumulé	613 Publicité
— Équipement de magasin	614 Amortissement
211 Simpson, Ltée	615 Fournitures utilisées

Première partie

Codez les opérations de Ajax, Ltée sur une feuille de codage que vous trouverez dans votre livret de feuilles de travail. Passez une ligne après chaque opération inscrite sur la feuille de codage afin de bien distinguer les opérations les unes des autres.

L'objet de la feuille de codage est de vous aider à analyser les données relatives à chaque opération afin de faciliter la perforation des cartes. (Voir la deuxième partie ci-dessous et rappelez-vous qu'il est important de perforer les bonnes colonnes car le traitement de ces cartes par l'ordinateur dépend de l'endroit où se trouvent les trous.)

Les colonnes de la feuille de codage sont réparties en groupes qui correspondent aux colonnes du journal général. Le travail de codage des opérations de Ajax, Ltée ne diffère pas tellement du travail qui consiste à passer ces opérations au journal général. Remarquez toutefois, la façon de coder la troisième opération dans l'exemple suivant et notez les différences.

Feuille de codage

N° de l'opération			N° du compte							Débit										Crédit														
1	2	3	4	5	6	7	8	9	10	11	12	13	14	15	16	17	18	19	20	21	22	23	24	25	26	27	28	29	30	31	32	33	34	35
1	1	3					1	1	1								7	3	5															
1	1	3					4	1	2																			1	5					
1	1	3					1	1	2																					7	5	0		

Au lieu d'inscrire une date, on entre le numéro de l'opération dans les trois premières colonnes sur les trois lignes où figurent les deux comptes à débiter et le compte à créditer. De même, au lieu d'inscrire le nom des comptes, on identifie les comptes à débiter ou à créditer au moyen de numéros.

Le travail de codage doit être effectué en observant les règles suivantes aussi bien pour les comptes à débiter que les comptes à créditer : (1) Il faut inscrire le numéro de l'opération dans les colonnes 1, 2 et 3. (2) Le numéro des comptes à débiter ou à créditer doit figurer dans les colonnes 8, 9 et 10. (3) La somme à débiter doit être inscrite dans les colonnes 11 à 20 en ayant soin d'inscrire le dernier chiffre dans la colonne 20. (4) Il faut inscrire la somme à créditer dans les colonnes 21 à 30 mais le dernier chiffre doit toujours figurer dans la colonne 30.

Les montants donnés dans ce problème n'ont pas de cents afin de simplifier le travail de codage et la perforation des cartes. N'inscrivez pas deux zéros pour faire voir qu'il n'y a pas de cents. On doit entrer les montants sans inscrire la virgule qui sépare les centaines des milliers de dollars. Finalement, aucune explication n'est nécessaire.

Ainsi que nous l'avons déjà dit, l'objet d'une feuille de codage est de vous aider à entrer les données dans les bonnes colonnes des cartes perforées. Il est bon aussi de faire remarquer que l'on n'utilise pas, en pratique, de feuilles de codage parce qu'un opérateur expérimenté peut facilement inscrire directement, sur les cartes perforées, les informations tirées d'un document de base comme une facture.

Deuxième partie

Après avoir inscrit les opérations sur la feuille de codage, procurez-vous environ 50 cartes IBM et inscrivez-y les informations codées au moyen d'une perforatrice en suivant les règles suivantes : (1) Utilisez une carte distincte pour y inscrire chaque montant à débiter ou à créditer. (2) Perforez les colonnes 1, 2 et 3 de chaque carte pour y inscrire le numéro de l'opération. (3) Perforez les colonnes 8, 9 et 10 pour y inscrire le numéro du compte à débiter ou à créditer. (4) Inscrivez le montant à débiter de façon à ce que le dernier chiffre figure dans la colonne 20. (5) Inscrivez le montant à créditer de façon à ce que le dernier chiffre figure dans la colonne 30.

Troisième partie

Après avoir perforé des cartes pour chacun des montants débités et crédités sur la feuille de codage et après avoir perforé une carte pour y inscrire le stock de marchandises à la fin de l'exercice, perforez deux autres cartes. (1) Inscrivez votre nom sur une carte à partir de la colonne 10. Si le travail se fait en équipe, inscrivez le nom de chaque membre de l'équipe sur des lignes différentes de cette carte. Veuillez placer cette carte d'identification au début de votre série de cartes. (2) Perforez les colonnes 1, 2 et 3 d'une autre carte et inscrivez-y le numéro 999. Placez cette carte à la fin de votre série de cartes.

Quatrième partie

Après avoir perforé toutes vos cartes, veuillez vous entendre avec votre professeur pour déterminer le moment où l'ordinateur pourra les traiter.

15

Les sociétés en nom collectif

■ Le code civil de la province de Québec définit une société en nom collectif de la façon suivante: « La société est une entente ou une convention par laquelle deux ou plusieurs personnes conviennent de former un fonds commun auquel chacune s'oblige à contribuer dans le but de l'exploiter ensemble et de partager les bénéfices qui pourront en résulter. » On peut aussi définir la société en nom collectif comme « une association de deux ou plusieurs personnes qui, par contrat, conviennent de grouper tous leurs biens, ou une partie de leurs biens, et de contribuer par leur travail et leurs talents à l'exploitation d'une entreprise ». Ces deux définitions qui font surtout ressortir les aspects juridiques d'une société en nom collectif sont bonnes, mais nous aurons une meilleure connaissance de cette forme d'organisation des entreprises en étudiant quelques-unes de ses caractéristiques.

Les caractéristiques des sociétés en nom collectif

■ UNE ASSOCIATION VOLONTAIRE

Une société en nom collectif est une association volontaire à laquelle personne ne peut être forcée d'adhérer. Cette caractéristique est essentielle car un associé est responsable des actes administratifs posés par ses associés dans le cadre des affaires qui font l'objet de la société. De plus, un associé est entièrement responsable des dettes de la société dont il fait partie. C'est pour ces raisons que la loi laisse à une personne qui veut fonder une société la liberté de choisir ses associés afin qu'il puisse s'adjoindre des personnes solvables dont le jugement et la compétence ne font pas de doute.

LE CONTRAT DE SOCIÉTÉ

Un des avantages d'une société en nom collectif est la facilité avec laquelle elle peut être établie. En effet, il suffit pour établir une société que deux ou plusieurs personnes acceptent de s'associer. Leur entente fait généralement l'objet d'un contrat écrit dans lequel on tente de prévoir tous les points qui pourraient plus tard faire l'objet de désaccords. Cependant, le contrat de société lie tout autant les associés s'il n'est que verbal.

LA DURÉE D'UNE SOCIÉTÉ

La durée d'une société en nom collectif est toujours limitée. La société prend immédiatement fin lorsqu'un des associés meurt, fait faillite ou devient incapable de contracter. De plus, la société qui repose sur un contrat d'une durée limitée prend fin à l'expiration de la période prévue. Si le contrat ne précise pas la durée de la société, celle-ci se termine quand elle a atteint l'objectif pour lequel elle avait été établie. Même dans les cas où une société pourrait être exploitée indéfiniment, n'importe lequel des associés peut y mettre fin au moment où cela lui plaît.

RESPONSABILITÉ MUTUELLE

Dans une société en nom collectif, la responsabilité des associés est mutuelle. Ceci signifie que tout associé est responsable des actes posés par un autre associé dans le cadre de l'exploitation ordinaire de la société. Ainsi, les associés, membres d'une société commerciale, sont responsables des contrats signés par un associé en vue d'acheter des marchandises, louer un magasin, emprunter de l'argent ou engager des employés parce qu'une entreprise commerciale effectue normalement toutes ces opérations. Par contre, les associés d'un cabinet d'avocats ne seraient pas responsables d'un achat de marchandises effectué par un associé parce qu'un cabinet d'avocats ne s'occupe normalement pas d'opérations commerciales de ce genre.

Les associés peuvent s'entendre entre eux pour restreindre le droit de l'un ou de plusieurs associés à conclure des contrats au nom de la société. Cependant, si cette entente est valide pour les associés et les tiers qui en connaissent l'existence, elle ne peut lier les tiers qui transigent de bonne foi avec l'un ou l'autre des associés. Lorsque des tiers ne sont pas au courant que le contrat de société restreint le droit des associés de transiger au nom de la société, rien ne les empêche de supposer que chaque associé peut rendre les autres associés responsables des engagements contractés au nom de la société.

Le fait que les associés ont une responsabilité mutuelle doit inciter celui qui a l'intention d'établir une société à bien choisir ses associés. Si les associés sont bien choisis, tous en tirent des avantages. En revanche, une société où se retrouve un mauvais associé peut causer des ennuis sérieux à une foule de personnes. Si, la plupart du temps, le nombre d'associés se limite à deux, trois ou quatre, c'est justement parce que les associés ont une responsabilité mutuelle à l'égard les uns des autres et que, de plus, cette responsabilité est illimitée.

RESPONSABILITÉ ILLIMITÉE

Quand une société en nom collectif est insolvable, les créanciers peuvent exiger que les associés règlent les dettes de la société avec leurs biens personnels. De plus, si les biens d'un associé ne suffisent pas pour acquitter sa part des dettes de la société, les créanciers peuvent exiger que les autres associés se servent de leurs biens personnels pour régler les dettes de cet associé insolvable à l'égard de la société. Un associé a donc une responsabilité illimitée en ce sens qu'il peut être tenu de régler toutes les dettes de la société si les autres associés sont incapables de le faire.

Pour illustrer le principe de la responsabilité illimitée, supposons que Aubé et Bédard investissent chacun $1,000 dans une société et qu'ils ont convenu de partager également les gains et les pertes. Aubé n'a pas de biens personnels si ce n'est la somme de $1,000 qu'il a investie dans la société. En revanche, Bédard possède une maison et une ferme en plus de son investissement de $1,000 et il a accumulé des épargnes considérables. Les associés louent un magasin et achètent des marchandises et de l'équipement coûtant $10,000 en retour d'un paiement de $2,000 en espèces et d'une promesse de régler le solde plus tard. Malheureusement un incendie détruit toutes les marchandises et l'équipement la veille du jour où le magasin doit ouvrir ses portes. Étant donné que la société n'a pas pris la précaution de s'assurer, elle n'a plus de biens mais elle doit $8,000. Quand les créanciers apprendront que Aubé n'a pas de biens personnels, ils réclameront leur dû à Bédard qui devra régler entièrement les dettes de la société avec ses biens personnels. Cependant, Bédard pourra réclamer de Aubé la moitié de la somme versée si, plus tard, ce dernier devient solvable.

Les avantages et les inconvénients des sociétés en nom collectif

■ Nous venons de discuter des inconvénients des sociétés en nom collectif. On peut résumer ces inconvénients en disant qu'une société a une durée limitée, que les associés ont une responsabilité mutuelle à l'égard des uns des autres et que leur responsabilité est illimitée. Pourtant, les sociétés en nom collectif ont des avantages que n'ont pas les entreprises individuelles ni les sociétés par actions. Une société en nom collectif peut amasser des capitaux plus élevés qu'une entreprise individuelle et est plus facile à établir qu'une société par actions. De plus, une société en nom collectif n'est pas sujette à une aussi grande supervision de la part du gouvernement que les sociétés par actions qui, par surcroît, doivent payer des impôts spéciaux. Finalement, les associés peuvent agir plus librement que les administrateurs d'une société par actions qui doivent réunir le conseil d'administration et convoquer les actionnaires à des assemblées au moins une fois par année.

La compta-
bilité des
sociétés
en nom
collectif

■ La comptabilité des sociétés en nom collectif ne diffèrent pas de celle des entreprises individuelles, sauf en ce qui a trait aux capitaux propres. En effet, comme les capitaux propres appartiennent à plusieurs personnes, il faut:

1. Ouvrir un compte Capital pour chacun des associés.
2. Ouvrir un compte Prélèvements pour chacun des associés.
3. Répartir correctement le bénéfice net de chaque exercice entre les associés.

Lorsqu'un associé investit des biens dans une société, il faut porter les valeurs investies au débit des différents comptes d'actif et au crédit du compte Capital de cet associé. On porte aussi au crédit de ce dernier compte, à la fin d'un exercice, la part du bénéfice net qui revient à chacun des associés. Quant aux comptes Prélèvements des associés, ils servent pour inscrire les prélèvements effectués par chacun d'eux. Comme cette façon de procéder n'est pas nouvelle, il n'y a pas lieu de s'y arrêter sinon pour constater le plus grand nombre de comptes. Cependant, nous devons discuter davantage du problème auquel donne lieu la répartition du bénéfice net entre les associés.

Nature des
bénéfices
d'une
société
en nom
collectif

■ Étant donné qu'un associé ne peut, à titre de membre d'une société, être en même temps employé et propriétaire, la loi ne lui permet pas, comme dans le cas d'une entreprise individuelle, de signer un contrat de travail avec lui-même. Autrement, l'associé s'engagerait à verser un salaire à lui-même, ce qui est illogique. La loi et la coutume reconnaissent que les associés font partie d'une société en vue d'en tirer des bénéfices et non de recevoir un salaire ou des intérêts sur le capital investi.

Bien que les associés ne puissent exiger que la société leur paie un salaire et leur verse des intérêts, il faut admettre que les bénéfices qui leur sont attribués comprennent à la fois une rémunération pour les services qu'ils ont rendus à la société et des intérêts sur le capital qu'ils y ont investi.

De plus, si l'on veut partager équitablement les bénéfices d'une société, il faut tenir compte des services que les associés ont rendus et des capitaux qu'ils ont investis dans la société. Si, par exemple, le capital investi dans une société par un associé est cinq fois plus élevé que celui d'un autre associé, il serait injuste que l'on ne tienne pas compte de ce fait lors du partage des bénéfices de la société. De même, si un associé rend à la société plus de services qu'un autre, il n'est que raisonnable que l'on en tienne compte lors du partage des bénéfices de la société entre les associés.

Le partage
des bénéfices

■ La loi stipule que les bénéfices d'une société doivent être partagés également entre les associés lorsque le contrat de société ne prévoit pas un autre mode de partage. Ceci signifie que si les associés ne déterminent pas dans le contrat de société la façon de partager les bénéfices, chacun recevra une part égale. Cependant, les associés peuvent convenir, par contrat, de partager les bénéfices comme ils le jugent à propos. Si le contrat ne stipule rien au sujet des pertes, celles-ci doivent être réparties de la même façon que les bénéfices.

Il existe plusieurs modes de partage des bénéfices d'une société. Dans chacun des cas, on tente, d'une façon ou d'une autre, de tenir compte des services que les associés ont rendus et du capital qu'ils ont investi lorsque ces éléments diffèrent d'un associé à l'autre. Nous allons particulièrement discuter des trois points suivants:

1. Le partage des bénéfices fondé sur des pourcentages convenus entre les associés.
2. Le partage des bénéfices en proportion des capitaux investis.
3. L'attribution de salaires et d'intérêts lors du partage des bénéfices.

Le partage des bénéfices fondé sur des pourcentages convenus entre les associés

■ La façon la plus simple de partager les bénéfices est de donner à chacun d'eux un certain pourcentage du total. Le partage, dans ce cas, peut se faire également si le capital investi par chacun des associés est le même et si les services rendus par chacun d'eux s'équivalent. On peut aussi partager les bénéfices également si le capital plus élevé investi par un associé est contrebalancé par des services plus grands rendus par les autres associés. Il se pourrait, toutefois, que le capital plus élevé investi par un associé et les services plus grands rendus par un autre justifient un partage inégal au moyen de pourcentages qui diffèrent d'un associé à l'autre. Tout mode de partage est acceptable à la condition que les associés se soient entendus sur les pourcentages utilisés.

Ainsi, le contrat de société de Marceau et Nadeau, Enr. peut stipuler que les bénéfices seront partagés également; il pourrait cependant stipuler que l'on attribuera 66 2/3% des bénéfices à Marceau et le reste à Nadeau; ou encore 75% à Marceau et 25% à Nadeau. Les associés peuvent déterminer les pourcentages qu'ils désirent, pourvu que le partage des bénéfices soit équitable. Supposons, par exemple, que Marceau et Nadeau ont convenu de partager les bénéfices dans la proportion de 66 2/3% et 33 1/3%. Supposons, de plus, que le bénéfice net, après avoir fermé tous les comptes de revenus et de dépenses, est de $9,000. On fermera alors le compte Sommaire des revenus et dépenses, qui a un solde créditeur de $9,000, en passant au journal général l'écriture suivante:

Déc.	31	Sommaire des revenus et dépenses	9,000.00	
		A. Marceau — Capital		6,000.00
		R. Nadeau — Capital		3,000.00
		Pour fermer le compte Sommaire des revenus et dépenses et partager le bénéfice net entre les deux associés.		

Le partage des bénéfices en proportion des capitaux investis

■ Si la nature de l'exploitation d'une entreprise est telle que les bénéfices proviennent principalement des capitaux investis, il serait équitable de partager les bénéfices en proportion des capitaux investis.

Pour illustrer cette façon de partager les bénéfices, supposons que Chartier, Davis et Fournier ont convenu de partager les bénéfices en proportion du solde de leur compte Capital au début de l'exercice. Supposons de plus que le bénéfice net de l'exercice terminé le 31 décembre 1976 s'élève à $24,000 et que le solde du compte « Capital » de chacun des associés au 1er janvier 1976 était:

Chartier — Capital	$ 50,000
Davis — Capital	30,000
Fournier — Capital	40,000
Total des capitaux investis	$120,000

Voici comment calculer la part du bénéfice net de $24,000 attribuée à chaque associé:

Part attribuée à Chartier : $\dfrac{\$\,50,000}{\$120,000}\times \$24,000 = \$10,000$

Part attribuée à Davis : $\dfrac{\$\,30,000}{\$120,000}\times \$24,000 = \$\,6,000$

Part attribuée à Fournier : $\dfrac{\$\,40,000}{\$120,000}\times \$24,000 = \$\,8,000$

Il faut alors passer au journal général l'écriture suivante:

Déc.	31	Sommaire des revenus et dépenses	24,000.00	
		F. Chartier — Capital		10,000.00
		S. Davis — Capital		6,000.00
		R. Fournier — Capital		8,000.00
		Pour fermer le compte Sommaire des revenus et dépenses et partager le bénéfice net entre les associés.		

L'attribution de salaires et d'intérêts lors du partage des bénéfices

■ Parfois, les capitaux investis par les associés sont inégaux. Souvent aussi, il arrive qu'un associé consacre beaucoup plus de temps à la société. Il se peut également qu'un associé mérite une rémunération plus élevée qu'un autre même si tous les deux travaillent à plein temps pour la société.

Lorsque les capitaux investis sont différents, les associés peuvent convenir de partager les bénéfices en s'attribuant des intérêts afin de tenir compte du fait que leurs investissements diffèrent. Ils peuvent aussi convenir de s'attribuer un salaire lorsque les services rendus par chacun d'eux ont une valeur inégale. De même, ils peuvent s'attribuer à la fois des intérêts et un salaire si les capitaux investis et la valeur des services rendus diffèrent d'un associé à l'autre.

Supposons, par exemple, que Hill et Dion se sont associés pour exploiter une entreprise. Hill est un homme d'affaires expérimenté et pourrait gagner un salaire de $9,000 s'il travaillait pour une entreprise identique. En revanche, Dion est inexpérimenté et ne pourrait obtenir qu'un salaire de $6,000 s'il travaillait ailleurs. De plus, Hill a investi $15,000 dans la société alors que Dion n'a investi qu'une somme de $5,000. Le contrat de société pourrait, dans ce cas, prévoir le mode de partage des bénéfices suivant:

1. Attribution à chacun des associés d'une part du bénéfice net égale à 8% des capitaux investis au moment où la société a été établie.
2. Attribution à Hill et à Dion de salaires s'élevant respectivement à $9,000 et à $6,000.
3. Partage égal du solde du bénéfice net (ou de la perte nette).

Le tableau 15–1 illustre la façon de partager un bénéfice net de $17,700 conformément aux clauses de cette entente:

	Part de Hill	Part de Dion	Bénéfice net réparti ou à répartir
Bénéfice net à répartir			$17,700
Attribution d'intérêts :			
Hill (8% de $15,000)	$ 1,200		
Dion (8% de $5,000)		$ 400	
Intérêts attribués			(1,600)
Solde à répartir après attribution des intérêts .			$16,100
Attribution de salaires :			
Hill	9,000		
Dion		6,000	
Salaires attribués			(15,000)
Solde à répartir après attribution des intérêts et des salaires			$ 1,100
Solde réparti également :			
Hill	550		
Dion		550	
Montant réparti également			(1,100)
Solde à répartir			-0-
Part de chacun des associés	$10,750	$6,950	

Tableau 15–1

Après avoir déterminé la part du bénéfice net de $17,700 que recevra chaque associé, il suffit de passer au journal général une écriture pour fermer le compte Sommaire des revenus et dépenses et créditer le compte Capital de chacun des associés de leur part du bénéfice net. Remarquez que les montants crédités dans l'écriture suivante proviennent des deux premières colonnes du tableau 15–1.

Déc.	31	Sommaire des revenus et dépenses	17,700.00	
		Robert Hill — Capital		10,750.00
		Paul Dion — Capital		6,950.00
		Pour fermer le compte Sommaire des revenus et dépenses et partager le bénéfice net entre les associés.		

Au point de vue juridique, un associé investit de l'argent et travaille en vue de réaliser des bénéfices; on ne peut dire que le capital investi lui procure des intérêts ni que son travail lui donne droit à un salaire. Si le contrat de société prévoit qu'on attribuera aux associés des intérêts et un salaire, il faut bien comprendre que les sommes ainsi attribuées ne représentent ni des intérêts ni un salaire mais seulement une façon de répartir les bénéfices ou les pertes.

Nous avons constaté, dans le tableau 15–1, que le bénéfice net était plus élevé que les intérêts et les salaires attribués. Cependant, Hill et Dion s'y prendraient de la même façon pour partager un bénéfice net moindre ou même une perte nette. Supposons, par exemple, que le bénéfice net de la Société Hill et Dion, Enr. n'a été que de $6,600. Le tableau 15–2 illustre la façon de partager ce bénéfice net entre les deux associés.

	Part de Hill	Part de Dion	Bénéfice net réparti ou à répartir
Bénéfice net à répartir			$ 6,600
Attribution d'intérêts :			
Hill (8% de $15,000)	$ 1,200		
Dion (8% de $5,000)		$ 400	
Intérêts attribués			(1,600)
Solde à répartir après attribution des intérêts ..			$ 5,000
Attribution de salaires :			
Hill	9,000		
Dion		6,000	
Salaires attribués			(15,000)
Solde à répartir après attribution des intérêts et des salaires			($10,000)
Solde réparti également :			
Hill	(5,000)		
Dion		(5,000)	
Montant réparti également			(10,000)
Solde à répartir			-0-
Part de chacun des associés	$ 5,200	$1,400	

Tableau 15–2

Les chiffres entre parenthèses doivent être soustraits. Ce sont des montants négatifs que l'on peut aussi inscrire à l'encre rouge.

Hill et Dion partageraient une perte nette de la même façon que le bénéfice net de $6,600. La seule différence est que l'on aurait un montant négatif au point de départ, ce qui donnerait une perte plus élevée à répartir également.

Le bilan d'une société en nom collectif ne diffère pas de celui d'une entreprise individuelle. Certaines sociétés présentent toutefois, à la fin de l'état des revenus et dépenses, un tableau indiquant la façon dont le bénéfice net est partagé entre les associés. L'état des revenus et dépenses de la société Hill et Dion, Enr. pourrait par exemple, se terminer par une description détaillée du mode de partage du bénéfice net de $6,600 ainsi que l'illustre le tableau 15–3.

Hill et Dion, Enr.
État des revenus et dépenses
pour l'exercice terminé le 31 décembre 1976

Ventes		$123,400
Bénéfice net		$ 6,600
Partage du bénéfice net entre les associés :		
Robert Hill :		
Intérêts à 8% sur le capital investi	$ 1,200	
Salaire attribué	9,000	
Total	$10,200	
Moins la moitié du solde à répartir	(5,000)	
Bénéfice net attribué à Hill		$ 5,200
Roger Dion :		
Intérêts à 8% sur le capital investi	$ 400	
Salaire attribué	6,000	
Total	$ 6,400	
Moins la moitié du solde à répartir	(5,000)	
Bénéfice net attribué à Dion		1,400
Bénéfice net		$ 6,600

Tableau 15–3

La dissolution d'une société en nom collectif

■ Le retrait d'un associé amène automatiquement la dissolution d'une société. Quant un associé se retire, il vend la partie des capitaux propres qui lui appartient soit à un tiers, soit à un autre associé ou à plusieurs autres associés, ou bien il peut demander à la société de lui régler, en espèces ou autrement, la valeur de la part qu'il a dans la société.

LA VENTE DE L'AVOIR D'UN ASSOCIÉ

Supposons que Aubé, Burns et Cantin détiennent des parts égales dans une société ayant le bilan suivant:

ACTIF		AVOIR DES ASSOCIÉS	
Encaisse	$ 3,000	Aubé — Capital	$ 5,000
Stock de marchandises	8,000	Burns — Capital	5,000
Équipement de magasin	4,000	Cantin — Capital	5,000
Total de l'actif	$15,000	Total de l'avoir des associés	$15,000

La part de Cantin dans la société est de $5,000. S'il vend sa part à Davis pour $7,000, il faudra passer au journal général de la société l'écriture suivante:

Fév.	4	Cantin — Capital	5,000.00	
		Davis — Capital		5,000.00
		Pour virer dans le compte de Davis la part de Cantin.		

Le bilan de la nouvelle société après avoir reporté l'écriture précédente s'établit comme suit:

ACTIF		AVOIR DES ASSOCIÉS	
Encaisse	$ 3,000	Aubé — Capital	$ 5,000
Stock de marchandises	8,000	Burns — Capital	5,000
Équipement de magasin	4,000	Davis — Capital	5,000
Total de l'actif	$15,000	Total de l'avoir des associés	$15,000

Cette opération suscite deux commentaires. Remarquez d'abord que la somme de $7,000 versée à Cantin par Davis ne figure pas dans les livres de la nouvelle société. Cantin a vendu sa part dans la société à Davis. L'écriture à passer aux livres pour inscrire cette vente demande de virer le capital de Cantin ($5,000) au compte Davis — Capital. L'écriture ne différerait pas, que Davis ait versé $3,000 ou $70,000 pour acquérir la part de Cantin. La somme de $7,000 est versée directement à Cantin car il s'agit d'une opération qui ne concerne que Cantin et Davis et qui ne change nullement l'actif de la société.

Il faut aussi faire remarquer que les deux autres associés, Aubé et Burns, doivent donner leur consentement pour que cette opération ait lieu. S'il est vrai que Aubé et Burns ne peuvent interdire à Cantin de vendre sa part à Davis, il est aussi vrai de dire que Cantin ne peut forcer Aubé et Burns à s'associer avec Davis. Si Aubé et Burns acceptent Davis, on formera une nouvelle société et il faudra rédiger un nouveau contrat de société qui pourrait prévoir un nouveau mode de partage des bénéfices. Si Cantin vend sa part à Davis et que l'un ou l'autre des deux autres associés refuse de s'associer à Davis, la société est dissoute et l'actif doit être liquidé. Dans ce cas, Davis ne recevra que la part du produit de la liquidation qu'aurait reçue Cantin.

LE RETRAIT D'UN ASSOCIÉ

Pour éviter de nombreuses difficultés, le contrat de société doit prévoir en détail les formalités à respecter lors du retrait d'un associé. Le plus souvent, dans ce cas, on procède à une vérification des livres et à une réévaluation des biens de la société. Ce dernier travail est particulièrement nécessaire si l'on veut que les biens de la société et le compte Capital de l'associé qui se retire reflètent les valeurs courantes. Lorsque le contrat de société exige que les livres soient vérifiés et les biens réévalués lors du retrait d'un associé, il stipule aussi, le plus souvent, que l'on remettra à l'associé qui se retire une somme égale à la valeur comptable révisée de son capital.

Supposons, pour donner un exemple, que Bélanger désire se retirer de la Société Smith, Bélanger et Saucier, Enr. Les associés ont convenu de partager les bénéfices ou les pertes de la façon suivante: Smith, 50%; Bélanger, 25%; et Saucier, 25%. De plus, le contrat de société stipule que les livres doivent être vérifiés et l'actif réévalué lors du retrait d'un associé. Voici le bilan de la société avant la vérification des livres et la réévaluation de l'actif:

Smith, Bélanger et Saucier, Enr.
Bilan
au 31 octobre 1976

ACTIF			AVOIR DES ASSOCIÉS	
Encaisse		$11,000	Smith — Capital	$22,000
Stock de marchandises		16,000	Bélanger — Capital	10,000
Bâtiment	$20,000		Saucier — Capital	10,000
Moins : Amortisse-				
ment accumulé ...	5,000	15,000		
			Total de l'avoir des	
Total de l'actif ...		$42,000	associés	$42,000

Tableau 15–4

La vérification des livres et la réévaluation de l'actif ont permis d'établir que le stock de marchandises est surévalué de $4,000 et que le bâtiment a, à l'état neuf, une valeur de $25,000 et un amortissement accumulé de $8,000. Les écritures suivantes ont pour objet de porter aux livres les résultats de l'expertise:

Oct.	31	Smith — Capital	2,000.00	
		Bélanger — Capital	1,000.00	
		Saucier — Capital	1,000.00	
		Stock de marchandises		4,000.00
		Pour refléter la juste valeur des stocks.		
Oct.	31	Bâtiments	5,000.00	
		Amortissement accumulé — Bâtiment		3,000.00
		Smith — Capital		1,000.00
		Bélanger — Capital		500.00
		Saucier — Capital		500.00
		Pour refléter la juste valeur du bâtiment.		

Les pertes et les gains résultant de la réévaluation de l'actif se partagent de la même façon que les bénéfices et les pertes d'exploitation. Cette règle est équitable car si la société n'était pas dissoute, ces gains ou ces pertes auraient tôt ou tard fait partie de l'état des revenus et dépenses.

Voici le bilan de la Société Smith, Bélanger et Saucier, Enr. après avoir reporté les deux écritures précédentes:

Smith, Bélanger et Saucier, Enr.
Bilan
au 31 octobre 1976

ACTIF			AVOIR DES ASSOCIÉS	
Encaisse		$11,000	Smith — Capital	$21,000
Stock de marchandises		12,000	Bélanger — Capital	9,500
Bâtiment	$25,000		Saucier — Capital	9,500
Moins : Amortisse-				
ment accumulé ...	8,000	17,000		
Total de l'actif		$40,000	Total de l'avoir des associés	$40,000

Tableau
15–5

Si, à ce moment, Bélanger se retire de la société, on lui remettra une somme de $9,500 et on passera au journal général l'écriture suivante:

Oct.	31	Bélanger — Capital	9,500.00	
		Caisse		9,500.00
		Pour inscrire le retrait de Bélanger.		

Il n'est pas essentiel, lors du retrait d'un associé, que le règlement se fasse entièrement en espèces. La société pourrait remettre d'autres biens à l'associé qui se retire ou elle pourrait lui donner un billet à ordre pour le solde impayé.

Point n'est besoin de dire que le retrait d'un associé provoque la dissolution de l'ancienne société et la création d'une nouvelle société. Les nouveaux associés devront rédiger un nouveau contrat de société et déterminer le mode de partage des bénéfices et des pertes de la nouvelle société.

RETRAIT D'UN ASSOCIÉ MOYENNANT LA REMISE D'UNE SOMME INFÉRIEURE À LA VALEUR COMPTABLE DE SON CAPITAL

Parfois, lorsqu'un associé se retire, les autres associés peuvent ne pas consentir à ce que les livres soient vérifiés et l'actif réévalué. Si, dans ce cas, les éléments de l'actif sont surévalués, l'associé qui se retire peut être obligé d'accepter une somme inférieure à la valeur comptable de son capital. Parfois aussi, l'actif peut ne pas être surévalué, mais un des associés désire tellement se retirer qu'il est prêt à accepter, en règlement de sa part, une somme inférieure à la valeur réelle de son capital.

Lorsqu'un associé qui se retire accepte de recevoir une somme inférieure à la valeur comptable de son capital, il laisse effectivement aux autres associés une partie de son capital que ces derniers doivent se partager de la même façon que les bénéfices et les pertes ordinaires. Supposons que Beaupré, Biron et Blais sont des associés qui ont convenu de partager les bénéfices et les pertes dans la proportion de 2:2:1. Voici le bilan de cette société au moment où Biron décide de se retirer de la société:

ACTIF		AVOIR DES ASSOCIÉS	
Encaisse	$ 5,000	Beaupré — Capital	$ 6,000
Stock de marchandises	9,000	Biron — Capital	6,000
Équipement de magasin	4,000	Blais — Capital	6,000
Total de l'actif	$18,000	Total de l'avoir des associés	$18,000

Biron est tellement désireux de mettre fin à son association avec Beaupré et Blais qu'il consent à accepter $4,500 pour la valeur de son capital. Voici l'écriture qu'il faudra passer au journal général si Beaupré et Blais acceptent le règlement suggéré par Biron:

Mars	4	Biron — Capital	6,000.00	
		Caisse		4,500.00
		Beaupré — Capital		1,000.00
		Blais — Capital		500.00
		Pour inscrire le retrait de Biron.		

La différence entre la somme accordée à Biron et la valeur de son capital est répartie entre les deux autres associés selon la proportion en vigueur au moment où Biron faisait encore partie de la société. Comme cette proportion est de 2:1, le capital de Beaupré et de Blais s'accroît respectivement de $1,000 et de $500.

RETRAIT D'UN ASSOCIÉ MOYENNANT UNE SOMME SUPÉRIEURE À LA VALEUR COMPTABLE DE SON CAPITAL

Un associé qui se retire peut recevoir une somme supérieure à la valeur comptable de son capital pour deux raisons principales. En premier lieu, l'actif de la société peut être sous-évalué et, en deuxième lieu, les associés qui demeurent peuvent tellement désirer le départ d'un associé qu'ils sont prêts à lui remettre une somme supérieure à la valeur comptable de son capital.

Lorsque l'actif est sous-évalué ou que certains biens ne figurent pas au bilan de la société, les associés qui ne désirent pas comptabiliser les plus-values d'expertise peuvent s'entendre pour remettre, à un associé qui se retire, une somme supérieure à la valeur comptable de son capital. Dans ce cas, l'associé qui se retire ne reprend pas uniquement son capital mais aussi une partie du capital des autres associés. Ainsi, supposons que Jobin, Thomassin et Ferland sont associés et ont convenu de répartir les bénéfices et les pertes dans la proportion de 3:2:1. Voici le bilan de cette société au moment où Ferland décide de quitter la société:

	ACTIF		AVOIR DES ASSOCIÉS	
Encaisse	$ 5,000	Jobin — Capital	$ 9,000
Stock de marchandises	10,000	Thomassin — Capital	6,000
Équipement de magasin	3,000	Ferland — Capital	3,000
Total de l'actif	$18,000	Total de l'avoir des associés	$18,000

Les associés sont d'accord pour dire que l'actif est sous-évalué, mais ils ne veulent pas modifier les valeurs comptables actuelles. Ils estiment que si l'on réévaluait les biens de la société, le total de l'actif passerait de $18,000 à $24,000, ce qui accroîtrait de $1,000 le capital de Ferland. Ils conviennent donc que la valeur du capital de Ferland est de $4,000 et consentent à lui remettre cette somme. Voici l'écriture qu'il faut passer au journal général pour inscrire le retrait de Ferland:

Mai	7	Ferland — Capital	3,000.00	
		Jobin — Capital	600.00	
		Thomassin — Capital	400.00	
		Caisse		4,000.00
		Pour inscrire le retrait de Ferland.		

Le décès d'un associé

■ Le décès d'un associé met automatiquement fin à une société et celle-ci doit remettre à la succession de l'associé décédé la valeur de son capital. Le contrat de société doit indiquer clairement les formalités à remplir lors du décès d'un associé. Il est nécessaire, en particulier, de prévoir la façon de calculer la valeur courante du capital de l'associé décédé. En règle générale, il faut: (*a*) fermer les livres afin de déterminer le bénéfice net réalisé depuis la fin du dernier exercice jusqu'à la date du décès et (*b*) établir la juste valeur des éléments de l'actif. Lors du décès d'un associé, les associés survivants doivent s'entendre avec les héritiers de l'associé décédé. La part de ce dernier peut être vendue à un tiers ou être remise en argent à la succession. Ce sont là des solutions dont nous avons déjà discuté et qui, par conséquent, ne nécessitent pas de plus amples explications.

La liquidation d'une société en nom collectif

■ Quand on liquide une société, il faut convertir en argent les éléments de l'actif, régler les créanciers et remettre aux associés le reste de l'encaisse. Les cas de liquidation de sociétés sont nombreux mais nous ne nous contenterons d'aborder dans les pages suivantes que trois cas en particulier.

LA LIQUIDATION À PROFIT DES BIENS D'UNE SOCIÉTÉ

Supposons, pour illustrer ce cas, que Olivier, Savard et Parent ont été associés pendant de nombreuses années et qu'ils se partageaient les bénéfices et les pertes dans la proportion de 3:2:1. Comme les conditions d'exploitation sont devenues très mauvaises, les associés ont décidé, d'un commun accord, de liquider la société le 31 décembre 1976. Après avoir fermé ce jour-là les livres de la société et viré le bénéfice net aux comptes Capital des associés, on a établi le bilan suivant:

Olivier, Savard et Parent, Enr.
Bilan
au 31 décembre 1976

ACTIF		PASSIF	
Encaisse	$10,000	Comptes à payer	$ 5,000
Stock de marchandises	15,000		
Autres valeurs actives	25,000	**AVOIR DES ASSOCIÉS**	
		Olivier — Capital $15,000	
		Savard — Capital 15,000	
		Parent — Capital 15,000	45,000
		Total du passif et de l'avoir des	
Total de l'actif	$50,000	associés	$50,000

Tableau 15–6

Toute liquidation entraîne la fin d'une entreprise et la vente des éléments de son actif. Le plus souvent, la liquidation amène un gain ou une perte que les associés doivent se partager de la même façon que les bénéfices ou les pertes d'exploitation. Si, dans l'exemple précédent, la société réussit à vendre les marchandises à un prix de $12,000 et les autres valeurs actives à un prix de $34,000, il faudra passer au journal général les écritures suivantes:

Janv.	12	Caisse	12,000.00	
		Gain ou perte sur liquidation	3,000.00	
		Stock de marchandises		15,000.00
		Pour inscrire la vente à perte du stock de marchandises.		
	15	Caisse	34,000.00	
		Autres valeurs actives		25,000.00
		Gain ou perte sur liquidation		9,000.00
		Pour inscrire la vente à profit des autres valeurs actives.		
	15	Gain ou perte sur liquidation	6,000.00	
		Olivier — Capital		3,000.00
		Savard — Capital		2,000.00
		Parent — Capital		1,000.00
		Pour partager entre les associés le gain net résultant de la liquidation.		

Il convient d'étudier attentivement la dernière de ces trois écritures. Si, lors de la liquidation d'une société, la vente des éléments de l'actif amène un gain ou une perte, il faut répartir ce gain ou cette perte entre les associés de la même façon que les bénéfices et les pertes d'exploitation. Souvent, des étudiants qui ont à résoudre des problèmes portant sur la liquidation d'une société pensent qu'il faut répartir les valeurs attribuées aux éléments de l'actif de la même façon que l'on répartit les bénéfices d'exploitation. Évidemment cette solution est fausse car ce ne sont pas les éléments de l'actif qu'il faut répartir mais bien les gains ou les pertes résultant de la liquidation.

Après avoir vendu les biens de la société et avoir partagé le gain ou la perte qui en découle, l'encaisse de la société doit être exactement égale au total du passif et de l'avoir des associés ainsi que l'illustre le tableau 15-7.

Olivier, Savard et Parent, Enr.
Bilan
au 15 janvier 1977

ACTIF		PASSIF	
Encaisse	$56,000	Comptes à payer	$ 5,000
		AVOIR DES ASSOCIÉS	
		Olivier — Capital $18,000	
		Savard — Capital 17,000	
		Parent — Capital 16,000	51,000
		Total du passif et de l'avoir des	
Total de l'actif	$56,000	associés	$56,000

Tableau 15-7

L'étape suivante consiste à distribuer l'encaisse. Il faut d'abord verser aux créanciers la somme qui leur est due et répartir ensuite le reste de l'argent entre les associés, soit une somme égale à la valeur comptable de leur capital. La distribution de l'encaisse de la Société Olivier, Savard et Parent, Enr. demande de passer aux livres les écritures suivantes:

Janv.	15	Comptes à payer	5,000.00	
		Caisse		5,000.00
		Pour verser aux associés les sommes qui leur sont dues.		
	15	Olivier — Capital	18,000.00	
		Savard — Capital	17,000.00	
		Parent — Capital	16,000.00	
		Caisse		51,000.00
		Pour distribuer aux associés le solde de l'encaisse.		

Remarquez que les associés reçoivent une somme d'argent égale à leur capital puisque le solde du compte Capital de chaque associé après avoir réparti les gains ou les pertes résultant de la liquidation représente la partie de l'actif qui leur revient.

LA LIQUIDATION À PERTE DES BIENS D'UNE SOCIÉTÉ LORSQUE LE SOLDE DU COMPTE CAPITAL DE CHAQUE ASSOCIÉ EXCÈDE LA PERTE ATTRIBUÉE À CHACUN D'EUX

Il arrive parfois, lors de la liquidation d'une société, que les éléments de l'actif soient vendus à perte. Si, par exemple, dans le cas précédent, on avait vendu le stock de marchandises à un prix de $9,000 et les autres éléments de l'actif à un prix de $13,000, il aurait fallu passer au journal général les écritures suivantes:

Janv.	12	Caisse	9,000.00	
		Gain ou perte sur liquidation	6,000.00	
		Stock de marchandises		15,000.00
		Pour inscrire la vente du stock de marchandises.		
	15	Caisse	13,000.00	
		Gain ou perte sur liquidation	12,000.00	
		Autres valeurs actives		25,000.00
		Pour inscrire la vente des autres éléments d'actif.		
	15	Olivier — Capital	9,000.00	
		Savard — Capital	6,000.00	
		Parent — Capital	3,000.00	
		Gain ou perte sur liquidation		18,000.00
		Pour répartir la perte résultant de la liquidation entre chacun des associés.		

Voici le bilan de la société Olivier, Savard et Parent, Enr. après avoir reporté au grand livre les écritures précédentes:

Olivier, Savard et Parent, Enr.
Bilan
au 15 janvier 1977

ACTIF		PASSIF		
Encaisse	$32,000	Comptes à payer		$ 5,000
		AVOIR DES ASSOCIÉS		
		Olivier — Capital	$ 6,000	
		Savard — Capital	9,000	
		Parent — Capital	12,000	27,000
		Total du passif et de l'avoir des		
Total de l'actif	$32,000	associés		$32,000

Tableau 15–8

La distribution de l'encaisse aux créanciers et aux associés demande de passer au journal général les écritures suivantes:

Janv.	15	Comptes à payer	5,000.00	
		Caisse		5,000.00
		Pour verser aux créanciers les sommes qui leur sont dues.		
	15	Olivier — Capital	6,000.00	
		Savard — Capital	9,000.00	
		Parent — Capital	12,000.00	
		Caisse		27,000.00
		Pour distribuer aux associés le solde de l'encaisse.		

Remarquez de nouveau que la somme remise à chacun des associés est égale au solde de leur compte Capital après avoir réparti la perte résultant de la liquidation.

LIQUIDATION À PERTE DES BIENS D'UNE SOCIÉTÉ LORSQUE LE SOLDE DU COMPTE CAPITAL D'UN ASSOCIÉ EST INFÉRIEUR À LA PERTE QUI LUI EST ATTRIBUÉE

Parfois la perte attribuée à un associé, lors de la liquidation des biens d'une société, excède le solde de son compte Capital. Dans ce cas, cet associé doit, s'il le peut, investir dans la société une somme qui éliminera le solde déficitaire de son compte Capital. Si, par exemple, on avait vendu le stock de marchandises de la Société Olivier, Savard et Parent, Enr. à un prix de $3,000 et les autres éléments de son actif à un prix de $4,000, il aurait fallu passer aux livres les écritures suivantes:

Janv.	12	Caisse	3,000.00	
		Gain ou perte sur liquidation	12,000.00	
		Stock de marchandises		15,000.00
		Pour inscrire la vente du stock de marchandises.		
	15	Caisse	4,000.00	
		Gain ou perte sur liquidation	21,000.00	
		Autres valeurs actives		25,000.00
		Pour inscrire la vente des autres éléments d'actif.		
	15	Olivier — Capital	16,500.00	
		Savard — Capital	11,000.00	
		Parent — Capital	5,500.00	
		Gain ou perte sur liquidation		33,000.00
		Pour répartir la perte résultant de la liquidation entre les associés.		

Le compte Olivier — Capital après avoir reporté les écritures précédentes a un solde débiteur de $1,500:

Olivier — Capital

Date		Explications	F°	Débit	Crédit	Solde
Déc.	31	Solde				15,000.00
	15	Perte résultant de la liquidation		16,500.00		(1,500.00)

Étant donné que le contrat de société stipule que le compte de Olivier doit être débité de 50% des pertes, quelles qu'elles soient, le solde de son compte est inférieur à la partie de la perte qui lui est imputée. Olivier doit, s'il le peut, investir dans la société la somme de $1,500 pour annuler le solde déficitaire de son compte. Le versement de cette somme demande de passer au journal général l'écriture suivante:

Janv.	15	Caisse	1,500.00	
		Olivier — Capital		1,500.00
		Pour inscrire l'investissement effectué par Olivier en vue d'annuler le solde déficitaire de son compte Capital.		

Après avoir inscrit la somme de $1,500 versée par Olivier, le solde de l'encaisse est de $18,500. Voici les écritures qu'il faudra passer aux livres pour distribuer cette encaisse:

Janv.	15	Comptes à payer	5,000.00	
		Caisse		5,000.00
		Pour verser aux créanciers les sommes qui leur sont dues.		
	15	Savard — Capital	4,000.00	
		Parent — Capital	9,500.00	
		Caisse		13,500.00
		Pour distribuer aux associés Savard et Parent le solde de l'encaisse.		

Souvent, lorsque la perte imputée à un associé excède le solde de son compte Capital, celui-ci est incapable de combler le déficit qui résulte de cette situation. Dans ce cas, le déficit de cet associé doit être absorbé par les autres associés parce que la responsabilité des associés, ainsi que nous l'avons vu, est illimitée. Si, par exemple, Olivier est incapable de verser la somme de $1,500 représentant le solde déficitaire de son compte Capital, ce solde doit être partagé entre Savard et Parent dans la proportion de 2:1 soit la proportion stipulée dans le contrat de société. Le partage du déficit de $1,500 donne lieu à l'écriture suivante:

		Janv.	15	Savard — Capital		1,000.00	
				Parent — Capital		500.00	
				Olivier — Capital			1,500.00
				Pour imputer aux associés Savard et Parent le solde déficitaire du compte Olivier — Capital.			

Voici le compte Capital des trois associés après avoir reporté l'écriture précédente:

Olivier — Capital

Date		Explications	F°	Débit	Crédit	Solde
Déc.	31	Solde				15,000.00
Janv.	15	Perte résultant de la liquidation		16,500.00		(1,500.00)
	15	Déficit attribué à Savard et Parent			1,500.00	-0-

Savard — Capital

Date		Explications	F°	Débit	Crédit	Solde
Déc.	31	Solde				15,000.00
Janv.	15	Perte résultant de la liquidation		11,000.00		4,000.00
	15	Part du déficit de Olivier		1,000.00		3,000.00

Parent — Capital

Date		Explications	F°	Débit	Crédit	Solde
Déc.	31	Solde				15,000.00
Janv.	15	Perte résultant de la liquidation		5,500.00		9,500.00
	15	Part du déficit de Olivier		500.00		9,000.00

Tableau
15–9

La distribution de l'encaisse demande alors de passer au journal général les écritures suivantes:

		Janv.	15	Comptes à payer		5,000.00	
				Caisse			5,000.00
				Pour verser aux créanciers les sommes qui leur sont dues.			
			15	Savard — Capital		3,000.00	
				Parent — Capital		9,000.00	
				Caisse			12,000.00
				Pour distribuer aux associés Savard et Parent le solde de l'encaisse.			

Il faut noter que si Olivier est incapable de combler le solde déficitaire de son compte Capital, les dettes de $1,000 et de $500 qu'il a respectivement à l'égard de Savard et de Parent ne sont pas éteintes pour autant. Ceux-ci pourront réclamer leur dû dès que Olivier redeviendra solvable.

Le partage du solde déficitaire du compte Capital d'un associé selon la proportion convenue pour partager les bénéfices et les pertes d'exploitation semble équitable. En Angleterre, toutefois, le juge J. Joyce a stipulé, dans la cause Garner et Murray, que le solde débiteur du compte Capital d'un associé insolvable doit être partagé entre les autres associés en proportion du solde de leur compte Capital immédiatement avant la liquidation.

Bien que ce jugement semble être acceptable en droit, on considère généralement que le mode de partage imposé par le juge Joyce n'est pas équitable. Ce jugement ne s'applique que si le contrat de société ne prévoit pas le cas où le solde du compte Capital d'un associé devient déficitaire. De plus, même si ce jugement a été rendu en 1904, on ne l'a jamais appliqué au Canada. Il est d'usage courant de stipuler, dans un contrat de société, que le solde déficitaire du compte Capital d'un associé doit être réparti entre les autres associés de la même façon que les bénéfices et les pertes ordinaires d'exploitation.

Questions

1. Hill et Darveau ont formé une société en nom collectif il y a dix ans. Hill meurt et son fils dit qu'il a le droit de remplacer son père. A-t-il raison ? Expliquez.

2. Albert Gauthier n'a pas juridiquement le droit de signer des contrats. Peut-il devenir un associé ?

3. Si un contrat de société ne mentionne pas la durée de la société, quand la société se termine-t-elle ?

4. Qu'entend-on par « responsabilité mutuelle » des associés les uns à l'égard des autres ?

5. Jacques et Jules ont formé une société en nom collectif pour exploiter un magasin. Jacques, sans avoir consulté Jules, a acheté des marchandises au nom de la société. Jules prétend qu'il n'a pas autorisé cet achat et il refuse d'accepter les marchandises. Le fournisseur poursuit les associés en vue de recouvrer le prix des marchandises. La société est-elle tenue de payer le fournisseur ? Pourquoi ?

6. Votre réponse à la question 5 serait-elle la même si Jacques et Jules étaient associés dans un cabinet d'experts-comptables ?

7. Plusieurs contrats de société restreignent le droit qu'un associé peut avoir de signer des contrats qui engagent les autres associés. Cette clause influe-t-elle sur les relations avec (a) les associés et (b) les tiers ?

8. Qu'entend-on par « responsablité illimitée » des associés ?

9. Kennedy, Plante et Ferland sont associés depuis trois ans. Kennedy veut se retirer de la société que les autres associés ont l'intention de maintenir. Kennedy demande qu'on lui verse un salaire de $18,000 en

compensation des services rendus au cours des trois dernières années. Kennedy a-t-il vraiment le droit d'exiger ce salaire ? Expliquez.

10. Le contrat de société signé par Martin et Talbot stipule que les bénéfices doivent être partagés dans la proportion de 2:1 mais ne dit rien quant au partage des pertes. La société a subi une perte au cours d'un exercice. Martin est d'avis que cette perte doit être partagée également puisque le contrat de société ne prévoit pas la façon de partager les pertes. Qu'en pensez-vous ?

11. A, B et C sont des associés. Le solde du compte Capital de chacun d'eux est de \$6,000. D consent à verser \$7,500 à A pour acquérir sa part dans la société. Le commis aux écritures a alors débité le compte Capital de A et crédité le compte Capital de D de \$6,000. D s'oppose à cette écriture car il soutient que son compte devrait être crédité de \$7,500, soit le montant qu'il a versé à A. Expliquez pourquoi il faut porter \$6,000 au crédit du compte Capital de D.

12. Après avoir liquidé les biens d'une société et réglé les comptes des créanciers, le solde de l'encaisse doit être égal au total des soldes des comptes Capital des associés. Pourquoi ?

13. J. K et L sont associés. Lors de la liquidation de leur société, la perte résultant de la liquidation imputée au compte Capital de J excède le solde qui s'y trouve. Étant donné que J ne peut combler ce déficit avec ses biens personnels, les autres associés doivent se le partager. Est-ce que ce partage dégage J de toute responsabilité ?

Exercices **Exercice 15–1**

Laurin et Moore ont fondé une société en investissant respectivement \$6,000 et \$8,000. Le bénéfice net réalisé au cours du premier exercice a été de \$21,000.

Travail à faire :

1. Établissez un tableau portant les rubriques suivantes :

Mode de partage des bénéfices	Part de Laurin	Part de Moore

2. Complétez ensuite ce tableau en y indiquant dans la première colonne, au moyen d'une lettre, les modes de partage décrits ci-dessous et indiquez la part du bénéfice net de \$21,000 attribuée respectivement à Laurin et à Moore selon chacun des modes de partage.
   a. Les associés n'ont pu s'entendre sur la façon de partager les bénéfices.
   b. Les associés ont convenu de partager les bénéfices proportionelle-ment aux capitaux investis par chacun d'eux.
   c. On a convenu par contrat : (i) d'attribuer un salaire annuel de \$9,000 à Laurin et de \$7,000 à Moore; (ii) d'accorder aux associés un intérêt de 10% sur les capitaux investis par chacun d'eux; et (iii) de répartir le solde également.

Exercice 15-2

Le solde du compte Capital de chacun des associés Marceau, Nadeau et Olson est de $7,500. Après avoir obtenu l'assentiment de Nadeau et de Olson, Marceau vend à Parent sa part dans la société au prix dérisoire de $5. Passez au journal général l'écriture pour inscrire cette vente.

Exercice 15-3

Simard désire se retirer de la société qu'il a établie il y a quelques années avec Royer et Bélanger. Les associés ont toujours partagé les bénéfices dans la proportion de 2:2:1. Voici le solde du compte Capital de chacun des associés avant le retrait de Simard : Roger Simard, $9,000; Jacques Royer, $9,000; et Gérard Bélanger, $6,000.

Travail à faire :
1. Passez au journal les écritures pour inscrire le retrait de Simard dans les trois cas suivants :
    a. La société verse $9,000 à Simard.
    b. La société verse $10,500 à Simard.
    c. La société verse $8,100 à Simard.

Exercice 15-4

Aubé, Bisson et Collins ont formé une société en investissant respectivement $9,000, $6,000 et $3,000. Les associés ont convenu de partager également les bénéfices et les pertes. Comme les affaires ne vont pas tellement bien, ils décident de liquider la société. Après avoir liquidé tous les biens de la société et réglé toutes les dettes, le solde de l'encaisse s'élève à $6,000.

Travail à faire :
Passez au journal général l'écriture pour inscrire la distribution du solde de l'encaisse aux trois associés.

Exercice 15-5

Le contrat de société signé par Ross et Saucier stipule que le partage des bénéfices s'effectuera en attribuant un salaire annuel de $8,000 à Ross et de $6,000 à Saucier. Les associés ont aussi convenu de partager également le reste des bénéfices. À la fin du premier exercice, on découvre, après avoir établi le chiffrier, que le bénéfice net ne s'élève qu'à $5. Saucier suggère alors de verser un boni de $5 au comptable. Étant donné que le bénéfice net serait alors nul, il n'y aurait pas lieu, selon Saucier, de se préoccuper des clauses du contrat de société concernant le partage des bénéfices. Quel est l'associé que cette suggestion favoriserait ? Calculez le gain qu'il en retirerait.

Problèmes **Problème 15-1**

La Société Abel, Brousseau et Cantin, Enr. a réalisé un bénéfice net de $24,300 au cours de la première année d'exploitation.

Travail à faire :
1. Passez au journal général les écritures pour fermer le compte Sommaire

des revenus et dépenses et répartir le bénéfice net entre les associés, compte tenu de chacune des hypothèses suivantes :

  a. Les associés n'ont pu s'entendre sur la façon de partager les bénéfices.

  b. Les associés ont convenu de partager les bénéfices proportionnellement aux capitaux investis par chacun d'eux, c'est-à-dire : Abel, $16,000; Brousseau, $12,000; et Cantin, $8,000.

  c. On a convenu par contrat : (i) d'attribuer un salaire mensuel de $500 à Abel, de $600 à Brousseau et de $800 à Cantin; (ii) d'accorder aux associés un intérêt de 10% sur les capitaux investis par chacun d'eux; et (iii) de répartir le solde également.

2. Dressez la partie de l'état des revenus et dépenses où doit figurer la part du bénéfice net attribuée à chaque associé en vertu de l'hypothèse posée en (*c*) ci-dessus.

Problème 15–2

Robert Héroux et Paul Lortie ont fondé une société à laquelle Lortie consacrera tout son temps et Héroux, la moitié de son temps seulement. Ils ont étudié les modes suivants de partage des bénéfices et des pertes :

a. Partage proportionnel au capital investi par Héroux, $12,000, et par Lortie, $8,000.

b. Partage proportionnel au temps consacré par chaque associé aux affaires de la société.

c. Salaire mensuel de $500 attribué à Lortie et partage du solde proportionnellement aux capitaux investis.

d. Salaire mensuel de $500 attribué à Lortie, intérêts calculés annuellement à un taux de 8% sur les capitaux investis et partage égal du solde.

Travail à faire :

1. Établissez un tableau avec les rubriques suivantes :

Mode de partage des bénéfices	Bénéfice net de $30,000		Bénéfice net de $15,000		Perte nette de $9,000	
	Héroux	Lortie	Héroux	Lortie	Héroux	Lortie

2. Complétez ensuite ce tableau en indiquant dans la première colonne, au moyen d'une lettre, les modes de partage décrits ci-dessus et indiquez la part : (i) du bénéfice net de $30,000; (ii) du bénéfice net de $15,000; et (iii) de la perte nette de $9,000 à attribuer à Héroux et à Lortie selon chacun des modes de partage.

Problème 15–3

Paul Drouin désire se retirer de la Société Drouin, Émond et Fournier Enr. Les associés ont toujours partagé les bénéfices et les pertes dans la proportion de 2:3:1. Le solde du compte Capital de chacun des associés, le jour où Drouin se retire effectivement, est le suivant : Paul Drouin, $12,000; Eugène Émond, $15,000; et Robert Fournier, $10,000. Émond et Fournier désirent demeurer associés et ont, à cet effet, créé une nouvelle société et rédigé un nouveau contrat de société.

Travail à faire :

Passez au journal général les écritures pour inscrire le retrait de Drouin dans chacun des cas suivants :

a. Drouin accepte $2,000 en espèces et un billet à ordre de $10,000 émis par la nouvelle société.

b. La société verse à Drouin $13,600 en espèces.

c. Drouin se retire et accepte pour sa part dans la société $8,000 en espèces et un camion figurant aux livres de la société à un coût de $4,000 moins un amortissement accumulé de $1,000.

d. Drouin vend sa part dans la société à Gaston Guérin avec le consentement de Fournier et Émond. Guérin verse $5,000 à Drouin et lui donne un billet à ordre de $10,000 qu'il s'engage à acquitter dans un an.

e. Drouin cède à Émond les deux tiers de sa part dans la société et à Fournier le reste. En retour, Fournier lui verse $5,000 et Émond lui remet un billet à ordre de $10,000 qu'il s'engage à acquitter dans six mois.

Problème 15–4

Héroux, Pagé et Jacob ont l'intention de liquider leur société. Ils ont toujours partagé les bénéfices et les pertes dans la proportion de 5:3:2. Voici le bilan de la société dressé immédiatement avant la liquidation :

La Société Héroux, Pagé et Jacob, Enr.

Bilan

au 31 mars 1976

Encaisse	$ 3,500	Comptes à payer	$13,500
Autres valeurs actives	45,000	Arthur Héroux — Capital .	10,000
		Fernand Pagé — Capital ..	20,000
		Albert Jacob — Capital ...	5,000
		Total du passif et de	
Total de l'actif	$48,500	l'avoir des associés .	$48,500

Travail à faire :

Passez au journal général les écritures pour inscrire la vente des autres valeurs actives et la distribution de l'encaisse dans chacun des cas suivants :

a. Les autres valeurs actives sont vendues à un prix de $50,500.

b. Les autres valeurs actives sont vendues à un prix de $30,000.

c. Les autres valeurs actives sont vendues à un prix de $22,000. L'associé dont le capital devient déficitaire peut combler son déficit et le comble effectivement.

d. Les autres valeurs actives sont vendues à un prix de $20,000. L'associé dont le capital devient déficitaire n'a pas de biens personnels.

Problème 15–5

Il y a plusieurs années, Jacques Henripin, Robert Lapointe et Paul Mercier ont fondé une société et ils ont convenu de partager les bénéfices et les pertes proportionnellement à la valeur comptable de leur capital. Le 2 mars 1976, Jacques Henripin décède à la suite d'une crise cardiaque. Voici la balance de vérification régularisée que les associés survivants ont dressée en date du 2 mars 1976 :

La Société Henripin, Lapointe et Mercier, Enr.
Balance de vérification régularisée
au 2 mars 1976

Encaisse	$ 4,500	
Comptes à recevoir	10,500	
Provision pour mauvaises créances		$ 500
Stock de marchandise	23,000	
Équipement de magasin	13,500	
Amortissement accumulé — Équipement de magasin ..		3,500
Terrain	4,500	
Bâtiment	50,000	
Amortissement accumulé — Bâtiment		9,500
Comptes à payer		3,000
Hypothèque à payer		10,000
Jacques Henripin — Capital		30,000
Robert Lapointe — Capital		30,000
Paul Mercier — Capital		15,000
Jacques Henripin — Prélèvements	1,000	
Robert Lapointe — Prélèvements	1,000	
Paul Mercier — Prélèvements	1,000	
Revenus		39,000
Dépenses	31,500	
Total	$140,500	$140,500

Travail à faire :

1. Passez au journal général les écritures pour fermer les comptes de revenus et de dépenses, le compte Sommaire des revenus et dépenses et les comptes Prélèvements des associés.
2. Posez l'hypothèse que la succession de Henripin a accepté le terrain et le bâtiment et a pris à sa charge l'hypothèque s'y rapportant en règlement de la part de M. Henripin dans la société. Supposez de plus que Lapointe et Mercier ont l'intention de demeurer associés et de louer le bâtiment de la succession. Passez au journal général l'écriture pour inscrire la cession du terrain et du bâtiment à la succession.
3. Posez l'hypothèse que la succession préfère obtenir un règlement en espèces. Les deux associés survivants sont alors obligés de vendre toute l'entreprise à un concurrent qui offre $68,000 pour l'actif de la société à l'exception de l'encaisse. Ce dernier prend à sa charge l'hypothèque mais non les comptes à payer. Passez au journal général l'écriture pour inscrire la cession des biens de la société à l'exception de l'encaisse au concurrent. Passez également au journal général l'écriture pour inscrire le partage de la perte entre les associés et la distribution de l'encaisse.

Autres problèmes

Problème 15–1A

Robert Ouellet, Thomas Pagé et Jacques Leclerc ont investi respectivement $15,000, $12,000 et $9,000 dans une société. Au cours de la première année d'exploitation, la société a réalisé un bénéfice net de $31,200.

Travail à faire :

1. Passez au journal général les écritures pour fermer le compte Sommaire des revenus et dépenses et répartir le bénéfice net entre les associés, compte tenu de chacune des hypothèses suivantes :

   a. Les associés n'ont pu s'entendre sur la façon de partager les bénéfices.

   b. Les associés ont convenu de partager les bénéfices proportionnellement aux capitaux investis par chacun d'eux.

   c. On a convenu par contrat : (i) d'attribuer un salaire annuel de $8,000 à Ouellet, de $10,000 à Pagé et de $6,000 à Leclerc; (ii) d'accorder aux associés un intérêt de 10% sur les capitaux investis par chacun d'eux; et (iii) de répartir le solde également.

2. Dressez la partie de l'état des revenus et dépenses où doit figurer la part du bénéfice net attribuée à chaque associé en vertu de l'hypothèse posée en (c) ci-dessus.

Problème 15–2A

Robert Prévost et Denis Potvin ont l'intention de fonder une société à laquelle Potvin consacrera tout son temps et Prévost, un tiers de son temps seulement. Ils ont étudié les modes suivants de partage des bénéfices et des pertes :

a. Partage proportionnel au capital investi par Prévost, $6,000, et par Potvin, $9,000.

b. Partage proportionnel au temps consacré par chaque associé aux affaires de la société.

c. Salaire mensuel de $500 attribué à Potvin et partage du solde proportionnellement aux capitaux investis.

d. Salaire mensuel de $500 attribué à Potvin, intérêt calculés annuellement à un taux de 8% sur les capitaux investis et partage égal du solde.

Travail à faire :

1. Établissez un tableau avec les rubriques suivantes :

Mode de partage des bénéfices	Bénéfice net de $24,000		Bénéfice net de $12,000		Perte nette de $8,000	
	Prévost	Potvin	Prévost	Potvin	Prévost	Potvin

2. Complétez ensuite ce tableau en indiquant dans la première colonne, au moyen d'une lettre, les modes de partage décrits ci-dessus et indiquez la part : (i) du bénéfice net de $24,000; (ii) du bénéfice net de $12,000; et (iii) de la perte nette de $8,000 à attribuer à Prévost et à Potvin selon chacun des modes de partage.

Problème 15–3A

Kirby, Lanctôt et Matte sont associés et ils partagent les bénéfices et les pertes de la société dans la proportion 2:2:1. Kirby a l'intention de quitter la société. Voici le solde du compte Capital de chacun des associés avant le retrait de Kirby : Kirby, $10,000; Lanctôt, $12,000; et Matte, $8,000.

Lanctôt et Matte demeurent associés et ont, à cet effet, créé une nouvelle société et rédigé un nouveau contrat de société.

Travail à faire :

Passez au journal général les écritures pour inscrire le retrait de Kirby dans chacun des cas suivants :

a. Kirby vend sa part dans la société à Gaston Nadeau avec le consentement de Lanctôt et de Matte. Nadeau verse $2,000 à Kirby et lui donne un billet à ordre de $10,000 qu'il s'engage à acquitter dans un an.

b. La société verse à Kirby $10,000 en espèces.

c. La société verse à Kirby $10,750 en espèces.

d. Kirby se retire et accepte pour sa part dans la société $6,000 en espèces et un camion figurant aux livres de la société à un coût de $4,000 moins un amortissement accumulé de $1,500.

e. Kirby accepte $1,500 en espèces et un billet à ordre de $10,000 émis par la nouvelle société.

f. Kirby cède à Lanctôt les trois cinquièmes de sa part dans la société et à Matte le reste. En retour, Matte lui verse $4,800 et Lanctôt lui remet un billet à ordre de $7,200 qu'il s'engage à acquitter dans six mois.

Problème 15–4A

Alain, Bérubé et Côté ont l'intention de liquider leur société. Ils ont toujours partagé les bénéfices et les pertes dans la proportion de 2:2:1. Voici le bilan de la société dressé immédiatement avant la liquidation :

La Société Alain, Bérubé et Côté, Enr.
Bilan
au 15 avril 1976

Encaisse .... $ 2,500	Comptes à payer $10,500
Autres valeurs actives 44,000	Pierre Alain — Capital ... 8,000
	Georges Bérubé — Capital . 20,000
	Émile Côté — Capital 8,000
	Total du passif et de
Total de l'actif $46,500	l'avoir des associés . $46,500

Travail à faire :

Passez au journal général les écritures pour inscrire la vente des autres valeurs actives et la distribution de l'encaisse dans chacun des cas suivants :

a. Les autres valeurs actives sont vendues à un prix de $50,000.

b. Les autres valeurs actives sont vendues à un prix de $31,500.

c. Les autres valeurs actives sont vendues à un prix de $21,500. L'associé dont le capital devient déficitaire peut combler son déficit et le comble effectivement.

d. Les autres valeurs actives sont vendues à un prix de $20,250. L'associé dont le capital devient déficitaire n'a pas de biens personnels.

Problème 15–5A

Mercier, Nadeau et Ostiguy sont associés. Mercier consacre tout son temps aux affaires de la société alors que Nadeau et Ostiguy n'y consacrent que très peu de temps. Ils ont convenu de partager les bénéfices et les pertes dans la proportion de 3:1:1. Étant donné que les affaires ne sont pas très prospères, les associés ont décidé de liquider la société. Voici le bilan de la société dressé immédiatement avant que la liquidation ait lieu :

La Société Mercier, Nadeau et Ostiguy, Enr.
Bilan
au 31 octobre 1976

Encaisse		$ 2,500	Comptes à payer	$ 7,000
Comptes à recevoir		9,500	Albert Mercier — Capital	6,000
Stock de marchandises ..		16,000	Robert Nadeau — Capital	12,000
Équipement	$12,000		Donald Ostiguy — Capital	12,000
Moins : Amort.				
accumulé	3,000	9,000		
			Total du passif et de l'avoir des	
Total de l'actif		$37,000	associés	$37,000

On a vendu les éléments de l'actif, réglé les créanciers et distribué le solde de l'encaisse aux dates suivantes :

Nov. 4   Vente des comptes à recevoir à un prix de $6,500.
     8   Vente du stock de marchandises à un prix de $11,000.
   11   Vente de l'équipement à un prix de $5,000.
   12   Règlement des comptes des créanciers.
   12   Distribution du solde de l'encaisse aux associés.

Travail à faire :

1. Passez au journal général les écritures pour inscrire la vente des éléments de l'actif, la répartition de la perte résultant de la liquidation et le règlement des comptes des créanciers.

2. Posez l'hypothèse que l'associé dont le compte devient déficitaire peut combler et comble effectivement son déficit le 12 novembre. Passez au journal général les écritures pour inscrire : (i) l'argent versé à la société et (ii) la distribution de l'encaisse aux deux autres associés.

3. Posez l'hypothèse que l'associé dont le capital devient déficitaire n'a pas de biens personnels. Passez au journal général les écritures : (i) pour répartir le déficit de cet associé entre les deux autres associés et (ii) pour distribuer l'encaisse de la société.

Cas 15–1
Le Centre
Sportif,
Enr.

Paul Léger et Roland Martel se sont associés pour exploiter Le Centre Sportif, Enr., un magasin d'articles de sport. La valeur comptable du capital de Léger et de Martel est respectivement de $45,000 et de $27,000. Ils ont adopté le mode suivant de partage des bénéfices : (i) attribution d'un salaire de $12,000 à Léger et de $10,000 à Martel et (ii) partage du solde dans la proportion de 3:2. Édouard Léger, le fils unique de M. Léger, travaille depuis quelque temps pour la société. Il réussit à attirer une forte clientèle parce qu'il a beaucoup d'amis qu'il a connus au Collège où il a été un athlète remarqué. On peut lui attribuer directement 30% des ventes faites par le Centre Sportif, Enr. et on estime qu'il est également responsable d'une partie du reste du chiffre d'affaires de la société.

Édouard reçoit un salaire mensuel de $700, mais il estime que ce salaire ne le motive nullement à demeurer à l'emploi du Centre Sportif, Enr. Il aime toutefois son travail et il est intéressé à continuer à travailler pour le Centre Sportif, Enr. à la condition qu'il devienne associé.

Son père est d'accord avec cette idée et il lui soumet la proposition suivante :

a. Édouard sera admis comme associé et il aura une part égale à 20% de l'avoir des associés dans la nouvelle société.

b. La moitié de cette part de 20% proviendra de son père qui lui attribuera une partie de son capital dans la nouvelle société. Le reste proviendra de l'apport d'Édouard sous forme d'un billet à ordre portant intérêt à 6% signé par Édouard lui-même et garanti par M. Paul Léger.

c. Les pertes et les bénéfices seront partagés de la façon suivante : (i) on continuera d'attribuer un salaire annuel de $12,000 à M. Paul Léger et de $10,000 à M. Roland Martel; (ii) on attribuera à l'avenir un salaire de $8,400 à Édouard Léger; et (iii) le solde du bénéfice net (ou de la perte nette) sera partagé entre Paul Léger, Roland Martel et Édouard Léger dans la proportion de 2:2:1.

Rédigez un rapport à l'intention de M. Roland Martel dans lequel vous lui direz si la proposition faite à Édouard Léger lui est favorable ou non. Dressez, pour prouver le bien-fondé de vos recommandations, des tableaux dans lesquels figureront les données suivantes : (a) le bénéfice net attribué aux deux associés à la fin des trois exercices précédents si le bénéfice net de ces trois exercices s'est élevé respectivement à $32,000, $36,000 et $38,000; (b) le bénéfice net que l'on aurait attribué aux trois associés si Édouard avait été associé aux conditions stipulées dans la proportion formulée par son père. Dressez aussi un tableau dans lequel vous présenterez l'avoir de chacun des associés après l'admission d'Édouard.

Cas 15–2
La Société
Alain et
Burns,
Enr.

Le contrat de société de la Société Alain et Burns, Enr. stipule que les bénéfices et les pertes doivent être partagés de la façon suivante :

a. Attribution d'un salaire annuel de $15,000 à Alain et de $18,000 à Burns.

b. Intérêts accordés à l'associé dont le solde du compte Capital est le plus élevé au début de l'exercice. Ces intérêts doivent être calculés à un taux de 8% sur la différence entre le solde du compte Capital de cet associé et le solde du compte Capital du deuxième associé.

c. Partage du solde du bénéfice net entre Alain et Burns dans la proportion de 3:1.

Le bénéfice net du dernier exercice a été de $45,000 et le solde du compte Capital de Alain et de Burns au début de l'exercice était respectivement de $70,000 et de $60,000.

Bien que les associés estiment que les résultats du dernier exercice ont été bons, Burns n'est pas satisfait de la part du bénéfice net qui lui a été attribuée. Il est d'avis qu'il devrait avoir une part plus grande du bénéfice net parce qu'il consacre deux fois plus de temps aux affaires de la société que son associé. Étant donné que Alain est d'accord sur ce point avec Burns et estime même que l'augmentation annuelle de 10% du bénéfice net de la société lui est attribuable, il suggère de modifier le mode de partage des bénéfices et des pertes. Il sait que Burns a placé $40,000 dans un compte d'épargne à un taux d'intérêt de 6% par année. Il suggère alors ce qui suit :

a. Burns investira dans la société ses épargnes de $40,000.

b. On attribuera aux associés des intérêts calculés à un taux de 8% sur le capital investi par chacun d'eux, c'est-à-dire Alain, $70,000 et Burns, $100,000.

c. Le salaire annuel des associés sera augmenté de $5,000, ce qui le portera à $20,000 pour Alain et à $23,000 pour Burns.

d. Le solde du bénéfice net (ou de la perte nette) devra être attribué en entier à Burns.

Burns est grandement intéressé à obtenir un taux d'intérêt de 8% sur ses épargnes de $40,000. Il est aussi heureux que son associé Alain songe à lui attribuer un salaire de $23,000 au lieu de $18,000. Finalement, il est quelque peu étonné de la générosité dont Alain fait preuve en lui attribuant l'excédent du bénéfice net sur les salaires et les intérêts attribués lors du partage des bénéfices. Cependant, avant d'accepter l'offre de son associé, il sollicite votre avis. Répondez à Burns et présentez des tableaux de partage des bénéfices pour appuyer le bien-fondé de vos recommandations.

16

Les sociétés par actions: constitution et fonctionnement

■ Les principales sortes d'entreprises sont les entreprises individuelles, les sociétés en nom collectif et les sociétés par actions. De ces trois sortes d'entreprises, les sociétés par actions sont peut-être les moins nombreuses, mais leur chiffre d'affaires excède celui des deux autres formes d'entreprises. De plus, l'intérêt que les particuliers portent aux sociétés par actions parce qu'ils travaillent pour l'une d'elles ou ont acheté des actions demande que l'on comprenne bien le fonctionnement de cette sorte d'entreprises et que l'on étudie les problèmes comptables qui s'y rapportent. Nous allons commencer cette étude par une discussion des avantages et des inconvénients des sociétés par actions.

Les avantages de la société par actions

■ **LA SOCIÉTÉ PAR ACTIONS EST UNE PERSONNE MORALE**

Selon John Marshall, juge en chef de la Cour Supérieure des États-Unis, la société par actions est « un être artificiel, invisible et incorporel qui n'existe qu'en vertu de la loi ». Cette définition donnée en 1818 a amené les juristes à dire que la société par actions est une entité juridique distincte de ses propriétaires. Ceux-ci possèdent les actions mais ils ne sont pas la société par actions elle-même. En d'autres mots, la loi considère la société par actions comme une personne morale qui existe indépendamment de ses propriétaires.

Cette caractéristique est très importante car elle confère à la société par actions tous les droits et les responsabilités d'une personne, à l'exception des droits que seule une personne naturelle peut exercer, comme ceux de voter ou de se marier. C'est parce que la société par actions est une entité juridique, qu'elle peut acheter, vendre et posséder des biens en son nom propre. De même, elle peut s'engager par contrat aussi bien avec ses actionnaires qu'avec des tiers. En résumé, une société par actions peut, par l'intermédiaire de ceux qui la représentent, diriger ses affaires et elle a tous les droits, les responsabilités et les devoirs d'une personne.

RESPONSABILITÉ LIMITÉE DES ACTIONNAIRES

Étant donné que la société par actions est une personne morale, elle est responsable des actes qu'elle pose et des dettes qu'elle contracte. Les actionnaires ne sont aucunement responsables de ce que la société par actions peut faire car leur responsabilité est limitée au versement de la valeur nominale des actions qu'ils détiennent. Cette caractéristique de la société par actions est, pour l'investisseur, l'avantage le plus grand que ce genre d'entreprises comporte.

LE TRANSFERT DES ACTIONS

Le certificat d'actions remis à l'actionnaire est une preuve de l'existence des intérêts qu'il a dans une société par actions. L'actionnaire peut facilement transférer ses actions à une autre personne sans que ce transfert n'influe sur la société elle-même.

DURÉE ILLIMITÉE DE LA SOCIÉTÉ PAR ACTIONS

La mort, l'incapacité ou le retrait d'un actionnaire n'ont aucun effet sur la durée d'une société par actions. Les lettres patentes (le document qui donne naissance à une société par actions) peuvent parfois limiter la durée de la société. Comme, à la fin de l'expiration du terme prévu, les lettres patentes peuvent être renouvelées, on peut dire que la société par actions jouit, en principe, d'une existence indéfinie.

ABSENCE DE RESPONSABILITÉ MUTUELLE

La société par actions n'est nullement tenue de respecter les contrats signés personnellement par ses actionnaires. La participation de ces derniers se limite à l'exercice de leur droit de vote. Étant donné l'absence de toute responsabilité mutuelle, il n'est pas nécessaire de choisir les actionnaires avec le même soin que l'on choisit les associés lors de la formation d'une société en nom collectif.

LA FORMATION DE CAPITAUX

Les avantages que nous venons d'énumérer permettent à la société par actions d'amasser des capitaux plus considérables car il suffit de prouver aux nombreux investisseurs éventuels qu'ils obtiendront un taux de rendement satisfaisant sur les sommes qu'ils se proposent d'investir. C'est là une caractéristique que la société en nom collectif n'a pas car, dans ce cas, la formation des capitaux dépend toujours de la fortune personnelle des associés et de leur nombre, qui ne peut être élevé en raison de la responsabilité mutuelle et illimitée des associés.

Les inconvénients de la société par actions

■ CONTRÔLE ET SUPERVISION EXERCÉS PAR L'ÉTAT

Pour constituer une société par actions, il faut se plier aux exigences de la Loi sur les corporations canadiennes ou de la Loi des compagnies du Québec. Les sociétés par actions sont effectivement des « créatures de l'État » et c'est pour cette raison que le gouvernement exerce sur elles un contrôle plus strict et une supervision plus grande que sur les entreprises individuelles et les sociétés en nom collectif.

De plus, c'est la loi qui détermine les droits, les pouvoirs et les devoirs des sociétés par actions, des actionnaires et des administrateurs. Malheureusement, les lois relatives aux sociétés par actions varient d'une province à l'autre et sont parfois complexes et vagues.

LES IMPÔTS DES SOCIÉTÉS PAR ACTIONS

Souvent l'on dit que le plus grand inconvénient des sociétés par actions est le fardeau fiscal supplémentaire qu'elles doivent supporter. Les sociétés par actions sont d'abord assujetties aux taxes qui frappent les entreprises individuelles et les sociétés en nom collectif et, en plus, à d'autres impôts que n'ont pas à payer ces deux dernières sortes d'entreprises. En particulier, les sociétés par actions doivent payer des impôts sur le revenu provincial et fédéral qui représentent parfois plus de 50 % de leur revenu imposable. Cependant, le fardeau fiscal des propriétaires d'une société par actions ne s'arrête pas là car le revenu d'une société par actions fait l'objet d'un double impôt. La société paie d'abord un impôt sur son revenu et les actionnaires paient eux-mêmes un impôt sur les dividendes qu'elle leur distribue. À ce point de vue, les sociétés par actions diffèrent des entreprises individuelles et des sociétés en nom collectif dont le revenu est imposable seulement à titre de revenu personnel des propriétaires et non à titre de revenu de ces entreprises elles-mêmes parce que la loi ne leur reconnaît pas une existence distincte.

RESPONSABILITÉ LIMITÉE DES ACTIONNAIRES

Parmi les avantages de la société par actions, nous avons mentionné la responsabilité limitée des actionnaires. Cette caractéristique peut aussi être un inconvénient pour les petites sociétés par actions qui ne peuvent, pour cette raison, emprunter des sommes importantes. Les créanciers sont plus prudents parce qu'ils ne peuvent compter que sur les biens de la société par actions pour recouvrer leur dû. Le crédit accordé ne peut donc excéder la valeur des biens que la société par actions peut offrir en garantie. Dans une société en nom collectif, la situation est très différente car si, dans ce cas, l'entreprise fait faillite, les créanciers peuvent exiger que les associés règlent les dettes de la société au moyen de leurs biens personnels. Une société en nom collectif ayant un capital de $50,000 peut, par exemple, effectuer des emprunts plus élevés qu'une société par actions de même taille.

Il arrive souvent, toutefois, qu'un actionnaire fortuné endosse personnellement le billet d'une société par actions afin que celle-ci puisse obtenir des fonds dont elle a besoin. L'actionnaire, dans ce cas, doit être conscient qu'il renonce au privilège de la responsabilité limitée car il s'engage à régler lui-même le billet à ordre souscrit par la société par actions si celle-ci n'est pas en mesure de le faire à l'échéance.

La gestion d'une société par actions

■ Bien que les actionnaires soient les vrais propriétaires de la société dont ils détiennent des actions, la gestion d'une entreprise de ce genre s'exerce par un conseil d'administration dont les membres sont élus par les actionnaires eux-mêmes. Ceux-ci ne participent pas directement à la gestion de la société par actions sinon par l'exercice du droit de vote que leur confèrent les actions qu'ils possèdent.

En règle générale, les actionnaires ne se réunissent qu'une fois par année pour élire les membres du conseil d'administration et discuter d'autres sujets mentionnés dans les règlements de la société par actions. Les actionnaires qui possèdent plus de 50% des actions ou qui contrôlent les votes auxquels ces actions donnent droit, peuvent, en théorie du moins, élire les membres du conseil d'administration et diriger une société par actions. En pratique, il n'est pas toujours nécessaire de détenir 50% des actions émises car de nombreux actionnaires n'assistent pas aux assemblées annuelles. Dans ce cas, les actionnaires signent une *procuration* qui donne à une autre personne le droit de voter en leur nom.

Le conseil d'administration est responsable de la gestion des affaires d'une société par actions. Il s'agit toutefois d'une gestion collective car aucun administrateur ne peut agir seul au nom de la société. Bien que le conseil d'administration ait une autorité décisive sur toutes les affaires d'une société par actions, il ne s'occupe le plus souvent que des questions d'ordre général et il délègue la gestion courante des affaires de la société à un comité exécutif dont il choisit les membres.

Le comité exécutif est dirigé par un président-directeur général qui, au nom du conseil d'administration, a la responsabilité de diriger, contrôler et superviser les affaires de la société par actions. Le président-directeur général est aidé dans sa tâche par un ou plusieurs vice-présidents responsables de tâches précises. Parmi les membres du comité exécutif, on retrouve également le trésorier et le secrétaire. Le premier est responsable de la gestion financière alors que le deuxième rédige les procès-verbaux des assemblées des actionnaires et du conseil d'administration. De plus, le secrétaire d'une petite société est responsable de la tenue du registre des actionnaires et du livre des transferts.

On trouvera, au tableau 16–1, l'organigramme d'une société par actions. Remarquez que l'autorité passe des actionnaires au conseil d'ad-

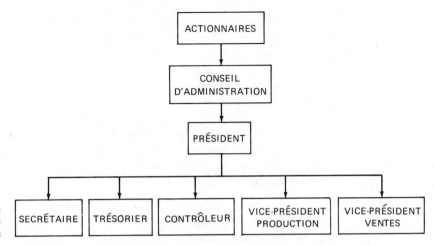

Tableau
16–1
**Organigramme
d'une société
par actions**

ministration et, finalement, au comité exécutif qui est responsable de la gestion courante des affaires de la société.

**Constitution
d'une
société
par actions**

■ Pour constituer une société par actions, il est nécessaire de demander des lettres patentes au gouvernment fédéral ou à l'un ou l'autre des gouvernements provinciaux. Certaines sociétés (par exemple, les sociétés de chemin de fer, les banques, les compagnies d'assurances, etc.) qui s'occupent d'activités particulières doivent être constituées en vertu de lois spéciales adoptées par le gouvernement canadien ou les gouvernements provinciaux.

Pour les sociétés par actions dont l'exploitation ne se limite pas à une province, il est préférable qu'elles obtiennent des lettres patentes du gouvernement fédéral. Cependant, comme les lois sur les sociétés provinciales diffèrent souvent les unes des autres et de la Loi sur les corporations canadiennes, il est parfois préférable d'obtenir des lettres patentes d'une province en particulier pour les deux raisons suivantes : (a) la constitution d'une société en vertu d'une loi provinciale coûte moins cher et (b) il est plus simple de communiquer avec le gouvernement d'une province qu'avec le gouvernement fédéral. Une société par actions constituée dans une province peut cependant poursuivre son exploitation dans d'autres provinces à la condition de se plier aux exigences de ces autres provinces.

Les formalités à remplir pour constituer une société par actions varient d'une province à l'autre mais, dans tous les cas, il est nécessaire de remplir une déclaration en vue d'obtenir des lettres patentes. Cette déclaration doit porter la signature d'au moins trois personnes (les promoteurs) et fournir les informations suivantes :

1. La raison sociale de la société par actions qui doit toujours se terminer par le mot « Limitée » ou l'abréviation de ce mot, « Ltée ».[1]

---

[1]Au Québec, il n'est pas obligatoire que la raison sociale d'une société par actions

2. Les objectifs de la nouvelle société par actions.
3. L'endroit où sera situé son siège social au Canada. Si la société est constituée en vertu d'une loi provinciale, il faut que le siège social soit situé à l'intérieur de la province qui émet les lettres patentes.
4. Le nombre d'actions autorisées et leur valeur nominale s'il y a lieu.
5. Le nombre d'actions de chaque classe, les droits qui y sont attachés ainsi que les restrictions et les conditions relatives à chacune d'elles.
6. Le nom, l'adresse et l'occupation de chacun des promoteurs.
7. Le nom des promoteurs (pas moins de trois) qui occuperont le poste d'administrateurs provisoires jusqu'à la date de la première assemblée des actionnaires.

Le gouvernement émet les lettres patentes après avoir approuvé cette déclaration et reçu les droits exigés. Dans tous les cas, ce sont les lettres patentes qui donnent naissance à la société par actions.

La Loi sur les corporations canadiennes et les lois sur les sociétés de chacune des provinces donnent aux sociétés par actions le statut de sociétés privées ou de sociétés publiques. Les sociétés privées ont essentiellement les mêmes caractéristiques que les sociétés publiques. Cependant, dans le premier cas, (1) le nombre d'actionnaires ne peut dépasser 50, compte non tenu des employés anciens et actuels, (2) le droit de transférer les actions est restreint et (3) les sociétés privées n'ont pas le droit d'offrir en vente au public leurs actions ou leurs obligations. De plus, les règlements imposés par le législateur aux sociétés privées sont moins stricts.

Dès qu'une société par actions est constituée, elle adopte, à l'occasion de la première assemblée de ses actionnaires, des règlements portant sur la conduite de ses affaires. Voici certains des points qui font généralement l'objet de règlements :

1. La façon de répartir les actions entre les actionnaires.
2. L'endroit et le moment où auront lieu les assemblées des actionnaires et du conseil d'administration ainsi que la façon de convoquer ces assemblées et de les diriger.
3. Le nombre d'administrateurs, leurs compétences, leurs devoirs, leurs pouvoirs et la durée de leur mandat.
4. La nomination, les devoirs, la rémunération des membres du comité exécutif et la durée de leur mandat.
5. Les détails relatifs à la direction des affaires de la société par actions.

Le livre des procès-verbaux ■ Une société par actions est tenue de consigner dans un registre les décisions prises au cours des assemblées des actionnaires et des réunions des administrateurs. Le secrétaire qui a la responsabilité d'exécuter cette

comprenne le mot Limitée. On peut aussi lui substituer l'abréviation « Inc. » mise pour « incorporée ». L'Ontario a récemment adopté une loi autorisant l'usage du mot « Incorporated ».

tâche résume les discussions des actionnaires et des administrateurs dans un livre appelé « livre des procès-verbaux ».

Ce livre renferme des données utiles à la fois pour le comptable de la société par actions et pour le vérificateur. Ainsi, étant donné que certaines résolutions adoptées par le conseil d'administration ont un impact financier, le comptable doit consulter le livre des procès-verbaux afin d'obtenir les informations dont il a besoin pour comptabiliser correctement certaines opérations. De la même façon, les vérificateurs consultent les procès-verbaux afin de connaître le montant des dividendes déclarés, la valeur attribuée aux biens acquis en retour d'actions émises par la société, les appointements des membres du comité exécutif, etc. Le livre des procès-verbaux renferme aussi les règlements de la société par actions.

Les frais de constitution

■ Les frais de constitution d'une société par actions, c'est-à-dire les frais juridiques, les sommes versées à l'État pour obtenir les lettres patentes et les frais d'impression des certificats d'actions, doivent être portés au débit d'un compte intitulé « Frais de constitution ». Théoriquement, ces frais donnent naissance à un bien incorporel qui procurera des avantages à la société au cours de toute sa durée. Aussi, ils devraient être amortis de la même façon qu'une dépense payée d'avance. Cependant, comme il est difficile d'estimer la durée d'une société, plusieurs comptables sont d'avis qu'il est préférable d'amortir ces coûts beaucoup plus rapidement. Cette solution n'est nullement justifiée mais, en pratique, on préfère adopter une solution plutôt conservatrice et c'est pour cette raison que l'on amortit les frais de constitution au cours des premières années d'existence (dix ans, par exemple) de la société par actions.

Les frais de constitution non amortis doivent figurer au bilan dans la section Immobilisations incorporelles ou Autres valeurs actives, immédiatement après la section Actif immobilisé.

Les certificats d'actions et le transfert des actions

■ Une personne qui achète des actions d'une société reçoit un certificat ou un titre indiquant le nombre d'actions qu'elle possède. Le tableau 16–2 donne l'exemple d'un certificat de 50 actions. Bien entendu, le nombre d'actions pourrait être plus ou moins élevé. Les grandes sociétés par actions font imprimer d'avance des certificats de 100 actions en plus de ceux où ne figure aucun nombre d'actions. Dans ce dernier cas, le nombre d'actions est inscrit au moment où les actionnaires achètent des actions.

Remarquez que le certificat d'actions du tableau 16–2 mentionne qu'il s'agit de *50 actions ordinaires d'une valeur nominale de $100 chacune*. Quand une société par actions n'émet qu'une classe d'actions, elles portent le nom d'actions ordinaires. (Une société par actions peut émettre plusieurs classes d'actions ainsi que nous le verrons plus tard.) Si Robert Vallée (voir le tableau 16–2) a investi $5,000 dans L'Expansion Collective, Ltée en payant $100 chacune les 50 actions ordinaires qu'il a acquises, il en résulte un accroissement de l'actif et de l'avoir des actionnaires.

Tableau
16–2

L'actionnaire peut transférer à son gré toutes les actions dont le nombre figure sur le certificat ou une partie d'entre elles. Il lui suffit alors d'endosser le certificat d'actions (voir le tableau 16–3) et de l'envoyer au secrétaire ou à l'agent de transfert selon qu'il s'agit d'une petite ou d'une grande société. Ainsi, supposons que Robert Vallée qui détient 50 actions de L'Expansion Collective, Ltée désire vendre 10 de ses actions à William Morris. Pour transférer ces 10 actions, Robert Vallée complète la formule d'endossement figurant au verso du certificat d'actions (voir le tableau 16–3), appose sa signature et envoie le certificat au secrétaire de la société. Celui-ci annule alors l'ancien certificat et en émet deux autres : un certificat de 10 actions en faveur de Morris et un certificat de 40 actions en faveur de Vallée.

LE LIVRE DES CERTIFICATS D'ACTIONS

Une société par actions fait imprimer, au moment de sa constitution, une certaine quantité de certificats d'actions. Dans une petite société, les certificats ont une souche et sont reliés un peu comme les chèques d'un chéquier. Lorsque la société émet un certificat, on inscrit le nom de l'actionnaire, le nombre d'actions émises et la date d'émission à la fois sur le

Pour valeur reçue,_____je_____vend s_____, cèd e_____ et

transport e_____ par les présentes à _____

_____ William Morris _____

_____ Dix (10) _____ actions

du capital-actions représentées par ce certificat, et nomm e_____

et constitu e_____ irrévocablement

_____ Wood Gundy, Limitéé _____ procureur,

pour le transfert desdites actions dans les livres de la Compagnie avec pleins pouvoirs de se substituer un autre procureur s'il y a lieu.

DATE _____ 3 janvier _____ 19 76 _____

En présence de _____ Harold Léger _____ Robert Vallée

AVIS: LA SIGNATURE APPOSÉE À CE TRANSFERT DOIT CORRESPONDRE EXACTEMENT AU NOM INSCRIT À LA FACE DU CERTIFICAT, EN TOUS POINTS, SANS MODIFICATION, ADDITION OU CHANGEMENT QUELCONQUE.

Tableau
16–3

certificat et sur la souche. On détache ensuite le certificat que l'on envoie au nouvel actionnaire après l'avoir fait signer par un administrateur.

Quand le secrétaire reçoit une demande de transfert, il annule l'ancien certificat et l'attache à la souche appropriée du livre des certificats d'actions, puis il émet un ou plusieurs nouveaux certificats pour remplacer l'ancien. De cette façon, le livre des certificats d'actions d'une petite société par actions renferme tous les détails relatifs aux actions que détient chaque actionnaire.

Si une société par actions émet deux classes d'actions, elle utilise deux livres de certificats d'actions différents.

L'AGENT DE TRANSFERT ET L'AGENT D'IMMATRICULATION

Une grande société dont les actions sont inscrites à la Bourse doit avoir un agent de transfert et un agent d'immatriculation dont la responsabilité est de s'occuper des transferts d'actions, de tenir à jour le registre des actionnaires et de dresser la liste des actionnaires qui rcevront des dividendes ou qui seront convoqués à l'assemblée des actionnaires.

Le rôle de l'agent d'immatriculation est de tenir le registre des actionnaires et de s'assurer que le nombre d'actions en circulation ne soit pas supérieur au nombre d'actions émises. Étant donné que les agents de transfert et les agents d'immatriculation sont habituellement des sociétés de fiducie bien établies, il ne fait aucun doute que le registre des actionnaires est toujours bien tenu.

Quand un actionnaire d'une société qui a confié à un registraire et à un agent de transfert la responsabilité de tenir le registre des actionnaires désire transférer ses actions, il complète l'endossement du certificat d'actions et demande à un courtier de faire parvenir son certificat d'actions à l'agent de transfert. Celui-ci annule l'ancien certificat et en émet un autre ou plusieurs autres qu'il envoie à l'agent d'immatriculation. Ce dernier inscrit le transfert dans le registre des actionnaires et envoie le certificat au nouvel actionnaire.

Étant donné que les sociétés de fiducie jouent le rôle d'agent d'immatriculation et d'agent de transfert pour un certain nombre de sociétés par actions, elles exécutent généralement le travail qui leur est confié au moyen de machines à cartes perforées ou d'ordinateurs.

La comptabilité des sociétés par actions

■ Les registres comptables des sociétés par actions sont, en règle générale, semblables à ceux d'une entreprise individuelle ou d'une société en nom collectif de même envergure. La seul différence réside dans la façon de comptabiliser les opérations portant sur les capitaux propres. En particulier, il est essentiel, dans le cas des sociétés par actions, d'établir une distinction entre le capital investi et les bénéfices provenant de l'exploitation.

Comme il n'est pas nécessaire de faire cette distinction pour les entreprises individuelles et les sociétés en nom collectif, on comptabilise alors dans un seul et même compte les capitaux investis et les bénéfices réalisés subséquemment. En revanche, une société par actions comptabilise les capitaux propres dans trois comptes différents: (1) le compte Capital-actions, (2) le compte Surplus d'apport et (3) le compte Bénéfices non répartis. Les deux premiers servent pour inscrire les capitaux investis, tandis que le troisième comprend les bénéfices provenant de l'exploitation.

Les comptes de l'avoir des actionnaires: un exemple

■ Pour illustrer l'usage des comptes Capital-actions et Bénéfices non répartis et pour faire ressortir la différence, à ce point de vue, entre une société par actions et une entreprise individuelle, supposons que, le 5 janvier 1975, Jean Olivier a investi $25,000 dans une entreprise individuelle. Supposons, de plus, que le même jour cinq actionnaires ont décidé de constituer une société par actions en émettant en faveur de chacun d'eux 500 actions d'une valeur nominale de $10 chacune, soit le prix auquel les actions ont été émises. Voici les écritures (à l'exclusion des dates et des explications) qu'il faut passer au journal général pour inscrire l'investissement effectué dans les deux cas:

Entreprise individuelle		Société par actions	
Caisse 25,000		Caisse 25,000	
Olivier — Propriétaire	25,000	Capital-actions	25,000

Voici les comptes Jean Olivier — Propriétaire et Capital-actions après avoir reporté les deux écritures précédentes:

Entreprise individuelle Jean Olivier — Propriétaire					Société par actions Capital-actions			
Date	Dt	Ct	Solde		Date	Dt	Ct	Solde
Janv. 5, '75		25,000	25,000		Janv. 5, '75		25,000	25,000

Expliquons maintenant ce qui se passe lors de la fermeture des comptes. Rappelons d'abord que le solde du compte Sommaire des revenus et dépenses d'une entreprise individuelle est porté directement au crédit du compte du propriétaire. En revanche, le bénéfice net d'une société par actions est viré au compte Bénéfices non répartis. Si, par exemple, les deux entreprises dont il a été question ci-dessus ont, au cours de 1975, réalisé un bénéfice net de $8,000, les comptes de capitaux propres, dans chacun des deux cas, auraient les soldes suivants:

Entreprise individuelle
Jean Olivier — Propriétaire

Date	Dt	Ct	Solde
Janv. 5, '75		25,000	25,000
Déc. 31, '75		8,000	33,000

Société par actions
Capital-actions

Date	Dt	Ct	Solde
Janv. 5, '75		25,000	25,000

Bénéfices non répartis

Date	Dt	Ct	Solde
Déc. 31, '75		8,000	8,000

Voici l'avoir du propriétaire et l'avoir des actionnaires du bilan de chacune des deux entreprises à la fin de 1975:

Entreprise individuelle
AVOIR DU PROPRIÉTAIRE

Solde au 1er janvier 1975 ..... $25,000
Plus : Bénéfice net 8,000
_____
Solde au 31 décembre 1975 ... $33,000

Société par actions
AVOIR DES ACTIONNAIRES

Capital-actions ordinaire
Autorisé et émis :
2,500 actions d'une
valeur nominade de $10 .... $25,000
Bénéfices non répartis 8,000
Avoir des actionnaires $33,000

Supposons maintenant que les deux entreprises ont subi une perte de $11,000 au cours de 1976. Voici les comptes de capitaux propres des deux entreprises à la fin du deuxième exercice si aucun autre changement n'est survenu dans ces comptes au cours de l'exercice:

| Entreprise individuelle |
| Jean Olivier — Propriétaire |

Date	Dt	Ct	Solde
Janv. 5, '75		25,000	25,000
Déc. 31, '75		8,000	33,000
Déc. 31, '76	11,000		22,000

Société par actions
Capital-actions

Date	Dt	Ct	Solde
Janv. 5, '75		25,000	25,000

Bénéfices non répartis

Date	Dt	Ct	Solde
Déc. 31, '75		8,000	8,000
Déc. 31, '76	11,000		(3,000)

Notez que le compte Bénéfices non répartis de la société par actions a un solde débiteur de $3,000. Nous disons, dans ce cas, que la société par actions a un *déficit,* ce qui l'empêche la plupart du temps de distribuer des dividendes.

Voici les sections Avoir du propriétaire et Avoir des actionnaires du bilan de ces deux entreprises à la fin de 1976:

Entreprise individuelle
AVOIR DU PROPRIÉTAIRE

Solde au 1er janvier 1976 .... $33,000
Moins : Perte nette .... (11,000)

Solde au 31 déc. 1976 ...... $22,000

Société par actions
AVOIR DES ACTIONNAIRES

Capital-actions ordinaire
  Autorisé et émis :
  2,500 actions d'une
  valeur nominale de $10 ... $25,000
Moins : Déficit .... (3.000)
Avoir des actionnaires $22,000

Étant donné qu'au cours de 1976, les deux entreprises ont subi une perte de $11,000, les capitaux propres ne s'élèvent plus, dans les deux cas, qu'à $22,000. Remarquez, dans l'exemple précédent, que l'on trouve l'avoir des actionnaires en déduisant le déficit de $3,000 du capital-actions de $25,000.

Le capital-actions autorisé

■ Les lettres patentes émises lors de la constitution d'une société par actions mentionnent le nombre d'actions qu'elle est autorisée à émettre. Une société peut n'émettre qu'une classe d'actions, des actions ordinaires, ou bien elle peut émettre à la fois des actions privilégiées et des actions ordinaires. (Nous discutons des actions privilégiées un peu plus loin dans ce chapitre). Cependant, que la société par actions ait le droit d'émettre une seule classe ou deux classes d'actions, elle ne peut émettre un plus grand nombre d'actions de chaque classe que le nombre stipulé dans ses lettres patentes.

Souvent, une société par actions demande l'autorisation d'émettre un plus grand nombre d'actions qu'elle n'en a besoin au point de départ. De cette façon, elle peut prendre de l'expansion en émettant des actions quand le besoin s'en fait sentir sans qu'elle ait à demander des lettres patentes supplémentaires pour avoir le droit d'émettre un plus grand nombre d'actions. Ainsi, une société par actions, qui a besoin de $300,000 pour commencer son exploitation, peut demander l'autorisation d'émettre des actions ayant une valeur nominale de $500,000. Elle n'émettra d'abord des actions que pour la somme de $300,000 et gardera les autres actions pour les émettre plus tard lorsqu'elle prendra de l'expansion.

Au moment où une société par actions reçoit ses lettres patentes, on décrit brièvement le capital-actions autorisé au haut de chacun des comptes de capital-actions. Si, par exemple, une société par actions est autorisée à émettre 5,000 actions ordinaires ayant une valeur nominale de $100 chacune, on inscrira la note suivante au haut du compte Capital-actions ordinaire: « Autorisation reçue le 1er juin 1976 d'émettre 4,000 actions ordinaires d'une valeur nominale de $100 chacune ». La société par actions qui a aussi l'autorisation d'émettre des actions privilégiées inscrit une note semblable dans le compte Capital-actions privilégié.

L'émission d'actions au comptant

■ Une société qui émet des actions au comptant passe au journal général l'écriture suivante pour inscrire les actions émises:

Juin	5	Caisse	300,000.00	
		Capital-actions ordinaire		300,000.00
		Pour inscrire l'émission de 3,000 actions ordinaires d'une valeur nominale de $100 chacune.		

Si l'on dressait un bilan après cette émission d'actions, il faudrait y indiquer à la fois le capital-actions autorisé et le nombre d'actions émises.

L'émission d'actions en échange de biens corporels ou incorporels

■ Une société par actions émet parfois des actions en échange de biens corporels ou incorporels. Ainsi, l'émission de 400 actions en échange de bâtiments, d'équipement et d'un terrain demande de passer au journal général l'écriture suivante:

Avril	3	Bâtiments	25,000.00	
		Équipement	10,000.00	
		Terrain	5,000.00	
		Capital-actions ordinaire		40,000.00
		Pour inscrire l'émission de 400 actions en échange de divers biens.		

Supposons, pour donner un autre exemple, qu'une société par actions émet des actions en retour des services rendus par ceux qui l'ont établie.

Dans ce cas, la société reçoit un bien corporel en échange des actions émises et il faut passer au journal général l'écriture suivante:

Avril	5	Frais de constitution	5,000.00	
		Capital-actions ordinaires		5,000.00
		Pour inscrire l'émission de 50 actions ordinaires en faveur des promoteurs de la société.		

Quand une société par actions émet des actions en échange de biens corporels ou incorporels, le conseil d'administration a la responsabilité d'attribuer une valeur aux biens qu'elle a reçus. Si la valeur ainsi attribuée est équitable, il est tout à fait acceptable d'émettre des actions de cette façon.

Le capital-actions souscrit

■ Souvent, les sociétés par actions vendent leurs actions au comptant et les émettent au même moment. Il arrive, cependant, que des sociétés par actions, surtout lors de leur constitution, demandent aux investisseurs de souscrire aux actions qu'elles ont l'intention d'émettre. Dans ce cas, l'investisseur qui veut devenir actionnaire signe une formule de *souscription* ou inscrit son nom sur une liste de souscripteurs et s'engage à acheter un certain nombre d'actions qu'il paiera comptant ou en plusieurs versements. La souscription signée par un investisseur et acceptée par la direction de la société par actions devient un contrat que les deux parties en cause doivent respecter.

La société par actions qui accepte la souscription d'un actionnaire éventuel acquiert un élément d'actif, c'est-à-dire le droit de recevoir une somme d'argent, et accroît au même moment l'avoir des actionnaires du montant que ce dernier s'engage à verser. L'accroissement de l'actif et de l'avoir des actionnaires s'inscrit respectivement dans les comptes *Souscriptions à recevoir* et *Capital-actions ordinaire souscrit*. Plus tard, les souscriptions à recevoir augmenteront l'encaisse ou d'autres éléments d'actif lorsque le souscripteur s'acquittera de ses engagements. À ce moment-là, la société émettra les actions et passera une écriture dans laquelle elle débitera le compte Capital-actions ordinaire souscrit et créditera le compte Capital-actions ordinaire. Le plus souvent, l'émission des actions n'a lieu qu'au moment où elles sont entièrement payées.

Une société par actions qui projette d'émettre à la fois des actions privilégiées et des actions ordinaires doit ouvrir des comptes distincts de Souscriptions à recevoir et de Capital-actions souscrit pour chacune des sortes d'actions. Si le nombre de souscripteurs est élevé, les comptes Souscriptions à recevoir deviennent des comptes de contrôle auxquels correspondent les grands livres auxiliaires des comptes des souscripteurs eux-mêmes. La relation entre le compte de contrôle ouvert pour chaque classe d'actions et les comptes du grand livre auxiliaire des souscripteurs correspondant est semblable à celle qui existe entre le compte de contrôle

Comptes à recevoir et le grand livre auxiliaire des comptes à recevoir dont nous avons discuté au chapitre 6.

Étant donné que les souscriptions à recevoir à la fin d'un exercice sont généralement recouvrables à brève échéance, on les inclut généralement dans la section Actif à court terme du bilan sous le titre de « Souscriptions à recevoir — Actions ordinaires » ou « Souscriptions à recevoir — Actions privilégiées ».

Comptabilisation des versements reçus des souscripteurs

■ Les sociétés par actions qui reçoivent des souscriptions peuvent recouvrer le prix de vente des actions en un ou plusieurs versements. Pour illustrer la façon de comptabiliser les versements reçus des souscripteurs, supposons que, le 7 juin 1976, Ajax, Ltée obtient des lettres patentes l'autorisant à émettre 10,000 actions ordinaires ayant une valeur nominale de $10 chacune. Le même jour, elle accepte des souscriptions se rapportant à 5,000 actions offertes en vente à $10. Le prix des actions doit être réglé en partie au comptant (10%) et le reste en deux versements égaux exigibles respectivement dans 30 et 60 jours.

Voici l'écriture à passer au journal général pour inscrire les souscriptions reçues:

Juin	7	Souscriptions à recevoir — Actions ordinaires .	50,000.00	
		Capital-actions ordinaire souscrit		50,000.00
		Pour inscrire les souscriptions se rapportant à 5,000 actions ordinaires offertes en vente à $10.		

Lors du recouvrement du versement comptant et des deux versements subséquents, il faudra passer au journal général les écritures suivantes:

Juin	7	Caisse	5,000.00	
		Souscriptions à recevoir — Actions ordinaires		5,000.00
		Pour inscrire le versement initial exigé des souscripteurs et reçu aujourd'hui.		
Juil.	6	Caisse	22,500.00	
		Souscriptions à recevoir — Actions ordinaires		22,500.00
		Pour inscrire le deuxième versement exigé des souscripteurs et reçu aujourd'hui.		
Août	5	Caisse	22,500.00	
		Souscriptions à recevoir — Actions ordinaires		22,500.00
		Pour inscrire le troisième versement exigé des souscripteurs et reçu aujourd'hui.		

La société émet les actions souscrites au moment même où les souscripteurs ont effectué le dernier versement et passe au journal général l'écriture suivante:

Août	5	Capital-actions ordinaire souscrit	50,000.00	
		Capital-actions ordinaire		50,000.00
		Pour inscrire l'émission de 5,000 actions ordinaires d'une valeur nominale de $10 chacune.		

La plupart du temps, les souscripteurs paient en entier les sommes qu'ils se sont engagés à verser, mais il peut y avoir des exceptions. Lorsqu'un souscripteur ne respecte pas les engagements qu'il a pris, la société par actions peut résilier le contrat qu'elle a conclu avec lui. Si ce souscripteur a auparavant réglé en partie le coût des actions souscrites, la société par actions peut lui remettre la somme qu'il a versée ou émettre en sa faveur un nombre plus petit d'actions. Dans certaines provinces, la loi autorise les sociétés par actions à garder l'argent reçu des souscripteurs pris en défaut à titre de dédommagement pour les pertes que ces derniers ont pu leur causer.

Présentation du capital-actions souscrit dans le bilan

■ La loi sur les sociétés de certaines provinces accorde aux souscripteurs les mêmes droits qu'aux actionnaires dès que leurs souscriptions ont été acceptées. Ainsi que nous l'avons déjà dit, l'acceptation des souscriptions a pour effet d'accroître l'actif et l'avoir des actionnaires. Voici de quelle façon il faut présenter l'avoir des actionnaires d'une société qui a déjà émis 15,000 actions et accepté des souscriptions se rapportant à 5,000 autres actions:

AVOIR DES ACTIONNAIRES

Capital-actions ordinaire
Autorisé, 25,000 actions d'une valeur nominale de $10 chacune
Émis, 15,000 actions $150,000
Souscrit, 5,000 actions 50,000
   Total du capital-actions émis et souscrit $200,000

Les dividendes en espèces et les bénéfices non répartis

■ Un dividende est une distribution de biens faite par la société par actions à ses actionnaires. Les tribunaux ont déjà établi qu'il revient au conseil d'administration de déclarer un dividende s'il le juge à propos. Il existe trois sortes de dividendes: les dividendes en espèces, les dividendes en nature et les dividendes en actions. Le plus souvent, une société par actions distribue des dividendes en espèces qu'elle exprime en nombre de dollars ou de cents par action. Ainsi, une société par actions peut déclarer un dividende de un dollar par action en faveur des actionnaires ordinaires. Dans ce cas, l'actionnaire qui détient 100 actions recevra $100.

Étant donné que les actions peuvent changer de main, on précise, lors de la déclaration d'un dividende, la date de paiement et les actionnaires à qui il sera versé, c'est-à-dire ceux dont le nom figure dans le registre des actionnaires à une date précise. Ainsi, le conseil d'administration peut, le 28 décembre, déclarer un dividende payable le 25 janvier aux actionnaires immatriculés le 20 janvier. Ces trois dates portent respectivement le nom de *date de déclaration, date de paiement* et *date d'immatriculation*. Le décalage entre la date de déclaration et la date de paiement donne à de nouveaux actionnaires la possibilité de faire inscrire à temps leur nom dans le registre des actionnaires pour avoir droit au dividende déclaré.

Un actionnaire ne peut exiger qu'on lui verse un dividende à moins que le conseil d'administration n'ait décidé d'en déclarer un. Cependant, dès qu'un dividende est déclaré, il devient une dette qui doit figurer dans le passif à court terme. Les actionnaires ont même le droit de poursuivre la société par actions qui a déclaré un dividende si celle-ci refuse de le verser. Étant donné que les dividendes déclarés sont payables plus tard, il convient de passer au journal général deux écritures distinctes. La première de ces écritures a pour objet d'inscrire la diminution des bénéfices non répartis et la dette résultant de la déclaration du dividende. Quant à la deuxième écriture, elle est nécessaire pour inscrire le versement du dividende aux actionnaires.

Déc.	28	Bénéfices non répartis	25,000.00	
		Dividende à payer aux actionnaires ordinaires		25,000.00
		Pour inscrire la déclaration d'un dividende de $1 l'action payable aux actionnaires ordinaires.		
Janv.	25	Dividende à payer aux actionnaires ordinaires	25,000.00	
		Caisse		25,000.00
		Pour inscrire le versement du dividende déclaré le 28 décembre.		

Les dividendes: problèmes administratifs et juridiques

■ Étant donné qu'une société par actions existe indépendamment de ses propriétaires, les bénéfices qu'elle réalise lui appartiennent. Les actionnaires sont les propriétaires de la société par actions mais ils n'ont aucunement droit à ses bénéfices tant que le conseil d'administration, qui est le seul juge en cette matière, n'a pas déclaré un dividende, compte tenu des problèmes d'ordre juridique et administratif que cette décision comporte.

Bien que les lois varient d'une province à l'autre, la déclaration d'un dividende n'est généralement pas illégale si ce dernier n'a pas pour effet de réduire l'avoir des actionnaires à un montant inférieur à la valeur nominale des actions émises ou à la somme reçue des actionnaires si les actions émises sont sans valeur nominale. Les administrateurs d'une

société par actions qui violeraient la règle précédente seraient personnellement responsables du dividende déclaré et devraient rembourser
à la société par actions le dividende distribué. Il est donc important que
le conseil d'administration soit prudent et ne déclare pas un dividende
que la loi interdit.

Les administrateurs doivent aussi étudier s'il est préférable de réinvestir les fonds provenant de l'exploitation au lieu de les distribuer
aux actionnaires. La société par actions pourrait utiliser ces fonds pour
prendre de l'expansion et accroître, par le fait même, ses bénéfices futurs.
Plusieurs sociétés versent des dividendes qui représentent environ 60%
des bénéfices réalisés et réinvestissent le reste.

Les droits des action-naires ■ Une société par actions peut n'émettre qu'une classe d'actions auxquelles on donne alors le nom d'*actions ordinaires*. Ces actions confèrent
à leurs détenteurs tous les droits dont font mention les lettres patentes.
Les actionnaires jouissent aussi des droits qu'accorde la loi en vertu
de laquelle la société a été constituée. Les lois varient mais, en règle
générale, un actionnaire ordinaire jouit des droits suivants:

1. Le droit de voter aux assemblées des actionnaires.
2. Le droit de vendre ses actions ou de les céder d'une autre façon.
3. Le droit de recevoir une partie des dividendes déclarés proportion-
    nellement aux actions qu'il possède.
4. Le droit de partager l'actif lors de la liquidation de la société par
    actions s'il reste des biens après avoir réglé les dettes.

Les actions privilégiées ■ Une société par actions peut émettre plus d'une sorte d'actions. Lorsqu'il existe deux classes d'actions, la première porte le nom d'actions
ordinaires et la deuxième, le nom d'*actions privilégiées*. Ces dernières
actions tirent leur nom de ce que leurs détenteurs jouissent de privilèges
portant sur le paiement de dividendes et, parfois, sur le remboursement
de la valeur nominale des actions en cas de liquidation.

Le privilège relatif aux dividendes ne confère pas le droit absolu de
recevoir des dividendes. Ce privilège signifie plutôt que la société par
actions doit d'abord verser aux actionnaires privilégiés le dividende qui
leur revient avant qu'elle puisse en verser un aux actionnaires ordinaires.
Cependant, si les administrateurs décident de ne déclarer aucun dividende,
les actionnaires privilégiés ne peuvent les forcer à changer d'avis, pas
plus d'ailleurs que les actionnaires ordinaires.

Les dividendes sur actions privilégiées sont généralement fixes et déterminés d'avance. Ainsi, une action privilégiée non participante, à
dividende de 6%, d'une valeur nominale de $100 rapporte un dividende
égal à 6% de la valeur nominale, soit un dividende de $6. Dans ce cas,
le dividende versé aux actionnaires privilégiés n'excédera pas $6 l'action.

Si les dividendes versés aux actionnaires privilégiés ne peuvent généralement dépasser un certain montant, tel n'est pas le cas des dividendes
que peuvent recevoir les actionnaires ordinaires. Les seules limites alors

sont le bénéfice net réalisé et la politique adoptée par la direction en matière de dividende.

Bien qu'en règle générale les dividendes versés aux actionnaires privilégiés ne dépassent pas un certain montant fixé d'avance, il existe des actions privilégiées qui donnent le droit de recevoir, en certaines circonstances, des dividendes plus élevés. Ces actions privilégiées, qui portent le nom d'*actions privilégiées participantes,* peuvent être pleinement participantes ou partiellement participantes lorsque le dividende ne peut dépasser un certain montant. Il faut, pour le savoir, étudier attentivement les lettres patentes. Si, par exemple, une société par actions émet des actions privilégiées pleinement participantes, à dividende de 6%, d'une valeur nominale de $100 et des actions ordinaires d'une valeur nominale de $50, les actionnaires privilégiées ont d'abord droit à un dividende annuel de $6 l'action. Le privilège de participation, c'est-à-dire le droit de partager une partie du dividende déclaré avec les actionnaires ordinaires proportionnellement à la valeur nominale de chaque classe d'actions, jouera lorsque ces derniers auront reçu un dividende égal à 6% de la valeur nominale de leurs actions, soit $3 l'action. Si, par exemple, la société en question verse aux actionnaires ordinaires un dividende supplémentaire égal à 2% de la valeur nominale de leurs actions ($1 l'action), elle devra aussi verser aux actionnaires privilégiés un dividende supplémentaire égal à 2% de la valeur nominale de leurs actions, soit $2 l'action.

Souvent les actions privilégiées ne sont pas pleinement participantes. Ainsi, une société par actions peut émettre des actions privilégiées, à dividende de 5%, ayant une valeur nominale de $100 et donnant le droit de partager un dividende supplémentaire. Les lettres patentes stipulent toutefois que le dividende versé aux actionnaires privilégiés ne devra pas dépasser 10% de la valeur nominale de leurs actions. Dans ce cas, les actionnaires privilégiés ont d'abord le droit de recevoir un dividende annuel de 5%, mais ils peuvent en plus recevoir un autre dividende de 5% si les dividendes déclarés sont suffisamment élevés. Le total des dividendes versés aux actionnaires privilégiés au cours d'un exercice pourra atteindre $10 par action mais il ne pourra jamais dépasser ce montant.

Les actions privilégiées peuvent aussi être à *dividende cumulatif* ou *non cumulatif.* Dans le premier cas, un dividende non déclaré une année donnée s'accumule jusqu'à ce qu'il soit versé. En revanche, le détenteur d'une action privilégiée à dividende non cumulatif perd son dividende si le conseil d'administration omet de le déclarer.

Le fait que les dividendes non déclarés s'accumulent en certains cas ne garantit pas aux actionnaires qu'ils en recevront un jour le paiement. Une société par actions ne peut garantir le paiement de dividendes pas plus qu'elle peut être certaine de réaliser des bénéfices. Cependant, lorsqu'une société par actions émet des actions privilégiées à dividende cumulatif, elle convient de verser aux actionnaires privilégiés les dividendes accumulés, appelés *dividendes arriérés,* avant qu'elle ne distribue un dividende aux actionnaires ordinaires.

En plus des privilèges particuliers auxquels donnent droit les actions privilégiées, les détenteurs de ces actions jouissent de tous les droits des actionnaires ordinaires à moins que les lettres patentes ne stipulent le contraire. Le plus souvent, les actionnaires privilégiés ne peuvent voter aux assemblées des actionnaires ainsi que nous l'expliquons dans la section intitulée « Objet des actions privilégiées ».

LES DIVIDENDES ARRIÉRÉS À LA DATE DU BILAN

Une société par actions n'a aucune dette à l'égard des dividendes tant qu'ils n'ont pas été déclarés par le conseil d'administration. De plus, le montant des dividendes n'est pas calculé en fonction du temps écoulé comme le sont les intérêts. Si, par conséquent, les administrateurs ne déclarent pas le dividende devant normalement être versé aux actionnaires qui détiennent des actions privilégiées à dividende cumulatif, le dividende arriéré n'est pas une dette et ne doit pas figurer au passif du bilan. Cependant, s'il existe des dividendes arriérés, il faut communiquer cette information aux actionnaires, le plus souvent au moyen d'une note jointe aux états financiers. Si, par exemple, on a omis de déclarer des dividendes au cours des trois dernières années, on pourrait donner cette information dans une note rédigée comme suit: « Comme aucun dividende n'a été distribué aux actionnaires privilégiés au cours des trois dernières années, les dividendes arriérés s'élèvent à $45,000 ». L'analyste financier qui ne trouve aucune note semblable peut, à juste titre, conclure que la société par actions a versé à ses actionnaires privilégiés tous les dividendes auxquels ils ont droit.

Objet des actions privilégiées
■ Nous pouvons mieux démontrer avec un exemple les deux raisons pour lesquelles une société par actions émet des actions privilégiées. Supposons que trois personnes qui disposent, au total, d'une somme de $100,000 désirent constituer une société par actions dont le capital doit être de $200,000 au point de départ. Si la société par actions émet des actions ordinaires pour une valeur de $200,000, les trois promoteurs n'exerceront pas un contrôle absolu sur l'exploitation. La société peut, toutefois, émettre des actions ordinaires pour une valeur de $100,000 en faveur des trois promoteurs et obtenir le capital additionnel requis en émettant des actions privilégiées à dividende cumulatif de 6% en faveur d'autres personnes. Étant donné que les actions privilégiées ne donnent pas le droit de voter aux assemblées des actionnaires, les trois promoteurs peuvent de cette façon diriger seuls les affaires de la société par actions.

Supposons de plus que le bénéfice net annuel après impôts de cette société par actions est de $20,000. Si elle avait émis uniquement des actions ordinaires, le taux de rendement serait de 10%, soit $20,000 ÷ $200,000. Si, en revanche, elle émet à la fois des actions ordinaires et des actions privilégiées, le taux de rendement des actions ordinaires passe de 10 % à 14 % ainsi que le démontrent les calculs suivants:

Bénéfice net après impôts $20,000
Dividendes sur actions privilégiées (6% de $100,000) 6,000
Part du bénéfice net revenant aux actionnaires ordinaires $14,000

Le taux de rendement des actionnaires ordinaires est de 14%, soit $14,000 ÷ $100,000.

Cet exemple illustre ce que l'on appelle le phénomène du levier (en anglais « leverage »). Les actions ordinaires ont un taux de rendement plus grand parce que les dividendes versés aux actionnaires privilégiés sont moindres que le rendement que la société tire du capital investi par ces actionnaires.

Les actions privilégiées dont il a été question ci-dessus sont à dividende cumulatif. En règle générale, les privilèges accordés aux actionnaires privilégiés ont pour objet de faciliter la vente des actions. Il n'y a pas lieu d'accorder un privilège si, de toute façon, les investisseurs sont désireux d'acheter les actions offertes en vente.

Les diverses valeurs attribuées aux actions

■ On peut dire des actions qu'elles ont quatre valeurs différentes: une valeur nominale, une valeur comptable, une valeur marchande et une valeur de rachat.

LA VALEUR NOMINALE DES ACTIONS

On entend par « valeur nominale » une valeur arbitraire attribuée à une action lors de la constitution d'une société par actions. Les lettres patentes établissent cette valeur que l'on retrouve sur chaque certificat d'actions. La valeur nominale détermine rarement la valeur réelle d'une action. C'est une notion qui est davantage juridique et dont nous discuterons davantage au prochain chapitre.

LA VALEUR COMPTABLE DES ACTIONS

La valeur comptable des actions correspond à la partie de l'actif qui représente l'avoir des actionnaires. La valeur comptable des actions d'une société qui n'a émis qu'une classe d'actions est égale au total du capital-actions et des bénéfices non répartis. Dans ce cas, la valeur comptable d'une action se trouve en divisant ce total par le nombre d'actions émises. Supposons, par exemple, que l'avoir des actionnaires d'une société par actions est comme suit:

Capital-actions ordinaire :
  Autorisé et émis : 1,000 actions d'une valeur nominale de $25 .... $25,000
Bénéfices non répartis 6,100
  Total de l'avoir des actionnaires $31,100

La valeur comptable d'une action de cette société est de $31.10, soit $31,100 ÷ 1,000 actions.

Lorsqu'une société a émis à la fois des actions ordinaires et des actions privilégiées, il est nécessaire, en premier lieu, de répartir l'avoir des actionnaires entre les deux classes d'actions. On trouvera ensuite la valeur comptable de chaque classe d'actions en divisant respectivement la partie de l'avoir des actionnaires attribuée à chacune d'elles par le nombre d'actions de chaque classe.

La répartition de l'avoir des actionnaires entre les deux classes d'actions peut être simple ou complexe selon les droits accordés aux actionnaires privilégiés en cas de liquidation. Très souvent, lors de la liquidation d'une société par actions, les actionnaires privilégiés ont le droit de recouvrer le remboursement de la valeur nominale de leurs actions plus les dividendes arriérés, s'il y a lieu. Supposons, par exemple, qu'une société par actions a l'avoir des actionnaires suivant:

Capital-actions privilégié :
  Autorisé et émis : 1,000 actions non participantes, à dividende cumulatif
  de 7%, d'une valeur nominale de $100 .... $100,000
Capital-actions ordinaire :
  Autorisé et émis : 20,000 actions d'une valeur nominale de $10
  chacune 200,000
Bénéfices non répartis 40,000
    Total de l'avoir des actionnaires $340,000

Si les actionnaires privilégiés peuvent, en cas de liquidation, recouvrer la valeur nominale de leurs actions et les dividendes arriérés, on calcule, de la façon suivante, la partie de l'avoir des actionnaires qui doit leur être attribuée (posez l'hypothèse qu'il n'y a pas de dividendes arriérés) :

Total de l'avoir des actionnaires $340,000
Moins : Portion à attribuer aux actionnaires privilégiés, soit la valeur
        nominale de leurs actions 100,000
Avoir des actionnaires ordinaires $240,000

La valeur comptable de chaque classe d'actions se calcule alors comme suit:

Actions privilégiées : $100,000 ÷   1,000 actions = $100 l'action

Actions ordinaires : $240,000 ÷ 20,000 actions = $12 l'action

Si la société par actions a un déficit ou des dividendes arriérés, les calculs s'effectuent de la même façon mais les résultats diffèrent. Supposons, par exemple, qu'une société par actions dont l'avoir des actionnaires figure ci-dessous n'a pas versé de dividendes à ses actionnaires privilégiés au cours des deux dernières années.

Capital-actions privilégié :
  Autorisé et émis : 1,000 actions non participantes, à dividende cumulatif
  de 7½%, d'une valeur nominale de $100 .... $100,000
Capital-actions ordinaire :
  Autorisé et émis : 50,000 actions d'une valeur nominale de $10 500,000
Déficit .... (25,000)
    Total de l'avoir des actionnaires $575,000

En cas de liquidation, on déterminera l'avoir des actionnaires privilégiés de la façon suivante si, de nouveau, ces actionnaires ont le droit de recouvrer la valeur nominale de leurs actions et les dividendes arriérés:

Total de l'avoir des actionnaires		$575,000
Moins : La portion à attribuer aux actionnaires privilégiés :		
Valeur nominale des actions privilégiées	$100,000	
Dividendes arriérés	15,000	115,000
Avoir des actionnaires ordinaires		$460,000

La valeur comptable de chaque classe d'actions se calcule alors comme suit:

Actions privilégiées : $115,000 ÷ 1,000 actions = $115 l'action

Actions ordinaires : $460,000 ÷ 50,000 actions = $9.20 l'action

Les rapports annuels des sociétés par actions mentionnent parfois l'augmentation de la valeur comptable des actions survenue au cours d'un exercice ou d'un certain nombre d'exercices. Il est aussi souvent question de la valeur comptable des actions dans certains contrats. Ainsi, un actionnaire peut s'engager par contrat à vendre ses actions plus tard à leur valeur comptable. Cependant, il faut éviter de confondre « valeur comptable » et « *valeur de liquidation* » parce que, lors d'une liquidation, le prix auquel l'on peut vendre les biens d'une entreprise est généralement beaucoup plus faible que leur valeur comptable. De plus, la valeur comptable n'est qu'un des éléments dont il faut tenir compte pour déterminer la valeur marchande des actions. Il faut aussi prendre en considération d'autres facteurs plus importants comme les dividendes versés, la rentabilité actuelle et future de l'entreprise, etc. Ainsi, une action ordinaire dont la valeur comptable est de $11 peut avoir une valeur marchande de $25 si les bénéfices réalisés sont élevés et si la société verse régulièrement des dividendes. Mais la valeur marchande des mêmes actions pourrait n'être que de $5 si la société subit des pertes et ne verse aucun dividende à ses actionnaires.

LA VALEUR MARCHANDE DES ACTIONS

La valeur marchande des actions est la valeur à laquelle on peut vendre une action ou l'acheter. Ainsi que nous venons de le dire, plusieurs facteurs influent sur la détermination de la valeur marchande d'une action, notamment: les bénéfices, les dividendes, les gains futurs, la valeur comptable des actions, les projets d'expansion et les conditions économiques.

LA VALEUR DE RACHAT DES ACTIONS

Seules les actions privilégiées ont une valeur de rachat. Souvent, les sociétés par actions se réservent le droit de racheter les actions privilégiées à leur valeur nominale plus une prime au rachat. Le prix auquel une société convient de racheter ses actions privilégiées s'appelle « valeur de rachat » des actions. En règle générale, une société peut, à son gré, racheter ses actions privilégiées ou les laisser en circulation.

Questions

1. Quels sont les avantages et les inconvénients des sociétés par actions ?
2. Que signifie l'énoncé « une société par actions est une personne morale » ?
3. Comment le fait qu'une société par actions est une personne morale influe-t-il sur les engagements qu'une société peut contracter à l'égard de ses actionnaires ? Quel effet cette caractéristique des sociétés par actions a-t-elle sur la responsabilité que les actionnaires peuvent avoir à l'égard des dettes de la société dont ils détiennent des actions ?
4. Comment la responsabilité limitée des actionnaires d'une petite société par actions peut-elle être à la fois un avantage et un inconvénient ?
5. Avant de prêter à une petite société par actions, une banque insiste pour que M. Laurent Laberge, actionnaire majoritaire, endosse le billet de la société par actions. Pourquoi la banque demande-t-elle à M. Laberge d'endosser ce billet ? Lui demanderait-elle d'endosser un tel billet si l'emprunt avait été contracté par une société en nom collectif dont il serait un des associés ?
6. Qu'entend-on par procuration ?
7. Qu'entend-on par frais de constitution ? Dressez une liste de ces frais.
8. Quelles sont les responsabilités d'un agent d'immatriculation et d'un agent de transfert ?
9. Pourquoi exige-t-on que les sociétés dont les actions sont inscrites à la Bourse aient un agent d'immatriculation et un agent de transfert ? Pourquoi, dans ce cas, est-il nécessaire d'avoir deux agents ?
10. Quels sont les droits des actionnaires ?
11. Où doit-on classer, dans le bilan, les postes suivants : (a) Souscriptions à recevoir, (b) Capital-actions ordinaire et (c) Capital-actions souscrit ?
12. Quels sont les deux éléments principaux de l'avoir des actionnaires ? Pourquoi est-il nécessaire de comptabiliser ces deux éléments dans deux comptes distincts ?
13. Qu'entend-on par « déficit d'une société par actions » ?
14. Que signifient les expressions suivantes : (a) actions privilégiées, (b) actions participantes, (c) actions non participantes, (d) actions à dividende cumulatif et (e) actions à dividende non cumulatif ?
15. Qu'entend-on par les expressions suivantes : (a) valeur nominale d'une action, (b) valeur comptable d'une action, (c) valeur marchande d'une action et (d) valeur de rachat d'une action ?

Exercices **Exercice 16–1**

Une société par actions qui a émis 10,000 actions ordinaires ayant une valeur nominale de $25 chacune a réalisé un bénéfice net de $28,500 après impôts au cours du dernier exercice. Le 8 janvier suivant, les administrateurs ont adopté la résolution de verser un dividende de $1.50 l'action payable le 15 février aux actionnaires immatriculés le 20 janvier. Passez au journal général les écritures (*a*) pour fermer le compte Sommaire des revenus et dépenses et pour inscrire (*b*) le dividende déclaré et (*c*) le paiement de ce dividende. Donnez aussi (*d*) les trois dates relatives à la déclaration d'un dividende et expliquez leur raison d'être.

Exercice 16–2

Une société par actions a émis : (*a*) 1,000 actions privilégiées non participantes, à dividende cumulatif de 7%, d'une valeur nominale de $100 chacune et (*b*) 10,000 actions ordinaires d'une valeur nominale de $10 chacune. Au cours des quatre premiers exercices qui ont suivi la date de constitution, la société a versé les dividendes suivants : premier exercice, aucun dividende; deuxième exercice, $12,000; troisième exercice, $29,000; et quatrième exercice, $37,000. Déterminez les dividendes versés à chaque groupe d'actionnaires au cours de chacun des exercices.

Exercice 16–3

Posez l'hypothèse que les actions privilégiées dont il est question dans le problème précédent ne sont pas participantes et sont à dividende non cumulatif, et déterminez les dividendes versés à chaque groupe d'actionnaires au cours de chacun des exercices.

Exercice 16–4

Voici le capital-actions émis d'une société qui a versé régulièrement des dividendes à ses actionnaires privilégiés : (*a*) 1,000 actions privilégiées pleinement participantes, à dividende cumulatif de 7%, d'une valeur nominale de $100 chacune et (*b*) 400,000 actions ordinaires d'une valeur nominale de $1 chacune. Durant l'exercice en cours, les administrateurs ont adopté la résolution de verser aux deux groupes d'actionnaires des dividendes s'élevant au total à $45,000. Déterminez : (i) le pourcentage de la valeur nominale de chaque classe d'actions que représentent les dividendes versés et (ii) le montant par action des dividendes versés à chaque groupe d'actionnaires.

Exercice 16–5

Voici l'avoir des actionnaires de Zorba, Ltée au 31 décembre 1976 :

AVOIR DES ACTIONNAIRES

Capital-actions privilégié :
  Autorisé et émis : 1,500 actions non participantes, à dividende cumulatif de 8%,
  d'une valeur nominale de $100 chacune $150,000
Capital-actions ordinaires :
  Autorisé et émis : 10,000 actions d'une valeur nominale de $25 chacune 96,000
Bénéfices non répartis 250,000
  Total de l'avoir des actionnaires $496,000

Travail à faire :
1. Calculez la valeur comptable de chaque classe d'actions. Posez l'hypothèse que les actionnaires privilégiés ont le droit, en cas de liquidation,

de recouvrer la valeur nominale de leurs actions et les dividendes arriérés. Il n'y a toutefois aucun dividende arriéré.

2. Calculez la valeur comptable de chaque classe d'actions. Posez les mêmes hypothèses que ci-dessus, mais supposez cette fois que la société n'a versé aucun dividende aux actionnaires privilégiés durant l'exercice en cours et les deux exercices précédents.

Exercice 16–6

Les informations suivantes sont tirées des livres des sociétés A, Ltée, B, Ltée et C, Ltée :

	A, Ltée	B, Ltée	C, Ltée
Actif	$232,000	$287,000	?
Passif	41,000	?	$71,000
Capital-actions ordinaire	100,000	200,000	50,000
Bénéfices non répartis ou déficit	?	?	?

Travail à faire :

Trouvez les chiffres qui manquent dans le tableau précédent. Posez l'hypothèse : (1) que les trois sociétés ont émis le même nombre d'actions et (2) que la valeur comptable des actions des trois sociétés est identique.

Problèmes **Problème 16–1**

Les lettres patentes de la Société Hilton, Ltée l'autorisent à émettre 1,500 actions privilégiées non participantes, à dividende cumulatif de 8%, d'une valeur nominale de $100 et 25,000 actions ordinaires d'une valeur nominale de $10. La Société Hilton, Ltée a effectué les opérations suivantes au cours de février 1976 :

Fév. 2 Émission, à la valeur nominale de 10,000 actions ordinaires. Règlement en espèces du prix demandé.

5 Acceptation de souscriptions se rapportant à la vente de 10,000 actions à la valeur nominale. Encaissement de 25% du prix demandé.

10 Émission de 1,000 actions privilégiées en échange d'un terrain et d'un bâtiment ayant respectivement une juste valeur de $20,000 et de $80,000.

14 Émission de 500 actions ordinaires à titre de rémunération versée aux promoteurs de la Société Hilton, Ltée. Valeur attribuée par le conseil d'administration aux services rendus par ces derniers : $5,000.

20 Émission des actions souscrites le 5 février après avoir reçu le solde du prix demandé.

25 Acceptation de souscriptions se rapportant à l'émission, à la valeur nominale, de toutes les actions ordinaires non encore émises. Encaissement de 25% du prix demandé.

Travail à faire :

Passez au journal général les écritures pour inscrire les opérations précédentes et dressez, en bonne forme, le bilan de la Société Hilton, Ltée au 25 février 1976.

Problème 16–2

Les lettres patentes d'une société par actions l'autorisent à émettre 25,000 actions ordinaires d'une valeur nominale de $10. Voici les opérations effectuées du 15 janvier 1974 au 15 février 1976 :

1974

Janv. 15 Émission, à la valeur nominale, de 10,000 actions ordinaires. Règlement en espèces du prix demandé.

Fév. 10 Émission de 10,000 actions ordinaires en échange d'un terrain, d'un bâtiment et de machines ayant respectivement une juste valeur de $18,000, $42,000 et $40,000.

Déc. 10 Acceptation de souscriptions se rapportant à la vente, à la valeur nominale, de toutes les actions ordinaires non encore émises. Encaissement de 20% du prix demandé.

    31 Fermeture du compte Sommaire des revenus et dépenses où figure une perte nette de $8,500.

1975

Janv. 9 Émission des actions souscrites le 10 décembre après avoir reçu le solde du prix demandé.

Déc. 31 Fermeture du compte Sommaire des revenus et dépenses où figure un bénéfice net de $29,900.

1976

Janv. 6 Déclaration d'un dividende de $0.50 l'action payable le 15 février aux actionnaires ordinaires immatriculés le 15 janvier.

Fév. 15 Versement du dividende déclaré le 6 janvier.

Travail à faire :

1. Passez au journal général les écritures pour inscrire les opérations précédentes.
2. Présentez l'avoir des actionnaires au 31 décembre 1974.
3. Présentez l'avoir des actionnaires au 15 février 1976.

Problème 16–3

Première partie. Les actions de la Société Kelly, Ltée avaient, le 31 décembre 1976, une valeur marchande de $7.25. Voici l'avoir des actionnaires tiré du bilan dressé à la même date :

AVOIR DES ACTIONNAIRES

Capital-actions privilégié :
  Autorisé et émis : 10,000 actions non participantes, à dividende
  cumulatif de 7%, d'une valeur nominale de $100. .... $100,000
Capital-actions ordinaire :
  Autorisé et émis : 50,000 actions d'une valeur nominale de $5 250,000
Bénéfices non répartis 84,000
    Total de l'avoir des actionnaires $434,000

Travail à faire :

Répondez aux questions suivantes : (1) Quelle est la valeur marchande des actions ordinaires ? (2) Quelle est la valeur nominale (*a*) des actions privilégiées et (*b*) des actions ordinaires ? (3) Quelle est la valeur comptable des (*a*) actions privilégiées et (*b*) des action ordinaires ? Posez l'hypothèse qu'il n'y a pas de dividendes arriérés. (4) Quelle serait la valeur comptable (*a*) des actions privilégiées et (*b*) des actions ordinaires si les actionnaires privilégiés n'avaient reçu aucun dividende au cours des deux dernières années ? Posez l'hypothèse que les actionnaires privilégiés ont le droit, en cas de liquidation, de recouvrer la valeur nominale de leurs actions plus le montant des dividendes arriérés.

Deuxième partie. Voici l'avoir des actionnaires de trois sociétés par actions :

1. Avoir des actionnaires :
   Capital-actions privilégié :
   Autorisé et émis : 1,000 actions non participantes, à dividende
   cumulatif de 6%, d'une valeur nominale de $100 .... $100,000
   Capital-actions ordinaire :
   Autorisé et émis : 10,000 actions d'une valeur nominale de $25 250,000
   Bénéfices non répartis 64,000
   Total de l'avoir des actionnaires .... $ 414,000

2. Avoir des actionnaires :
   Capital-actions privilégié :
   Autorisé et émis : 500 actions non participantes, à dividende
   cumulatif de 7%, d'une valeur nominale de $100 .... $ 50,000*
   Capital-actions ordinaire :
   Autorisé et émis : 500 actions d'une valeur nominale de $100 50,000
   Bénéfices non répartis 6,000
   Total de l'avoir des actionnaires .... $ 106,000

*Aucun dividende n'a été versé aux actionnaires privilégiés cette année.

3. Avoir des actionnaires :
   Capital-actions privilégié :
   Autorisé et émis : 100,000 actions non participantes, à dividende
   cumulatif de 7%, d'une valeur nominale de $10 .... $1,000,000*
   Capital-actions ordinaire :
   Autorisé et émis : 100,000 actions ordinaires d'une valeur
   nominale de $25 2,500,000
   Total du capital-actions $3,500,000
   Déficit .... (540,000)
   Total de l'avoir des actionnaires $2,960,000

*Aucun dividende n'a été versé aux actionnaires privilégiés au cours des trois dernières années.

Travail à faire :

Calculez la valeur comptable des actions privilégiées et des actions ordinaires de chacune de ces trois sociétés. Posez l'hypothèse que les actionnaires privilégiés ont le droit, en cas de liquidation, de recouvrer la valeur nominale de leurs actions et les dividendes arriérés.

Problème 16–4

Une société a le capital-actions émis suivant : 1,000 actions privilégiées non participantes, à dividende cumulatif de 6%, d'une valeur nominale de $100 et 20,000 actions ordinaires d'une valeur nominale de $10. Elle a distribué les dividendes suivants de 1970 à 1976 :

1970	$18,000
1971	–0–
1972	–0–
1973	16,000
1974	14,000
1975	24,000
1976	30,000

Travail à faire :

1. Complétez le tableau suivant :

Année	Dividendes versés aux actionnaires privilégiés	Dividendes arriérés	Dividendes versés aux actionnaires ordinaires	Dividende par action privilégiée	Dividende par action ordinaire	Dividende exprimé en % de la valeur nominale des actions privilégiées	Dividende exprimé en % de la valeur nominale des actions ordinaires

Inscrivez, dans la première colonne de ce tableau, les années 1970 à 1976 inclusivement puis déterminez, pour chacune des années, les données correspondant à la rubrique de chaque colonne. Indiquez, dans les deux dernières colonnes, le pourcentage que représentent les dividendes versés à chaque groupe d'actionnaires par rapport à la valeur nominale de chacune des deux classes d'actions. Il n'y avait aucun dividende arriéré en 1970. De plus, chaque fois que la société a déclaré un dividende, elle a d'abord réglé les dividendes arriérés avant de distribuer quoi que ce soit aux actionnaires ordinaires.

2. Posez l'hypothèse que les actions privilégiées sont non participantes et à dividende non cumultatif, et complétez un tableau semblable au précédent.

3. Posez l'hypothèse que les actions privilégiées sont pleinement participantes et à dividende cumultatif, et complétez un tableau semblable aux deux premiers.

Problème 16–5

Une société a émis 10,000 actions ordinaires d'une valeur nominale de $10 en faveur de quatre personnes qui constituent en même temps le conseil d'administration. La société projette de prendre de l'expansion et elle a un urgent besoin de capitaux. Étant donné que les actionnaires actuels ne peuvent eux-mêmes fournir ces capitaux, la société offre en vente 1,500 actions privilégiées non participantes, à dividende cumulatif de 7%, d'une valeur nominale de $100. Les administrateurs vous demandent de rédiger un rapport dans lequel vous calculerez le rendement que retireraient les deux classes d'actionnaires dans les cinq cas suivants :

a. Bénéfice avant impôts de $15,000, soit 6% du capital total investi.

b. Bénéfice avant impôts de $30,000, soit 12% du capital total investi.

c. Bénéfice avant impôts de $40,000, soit 16% du capital total investi.

d. Bénéfice avant impôts de $50,000, soit 20% du capital total investi.

e. Bénéfice avant impôts de $60,000, soit 24% du capital total investi.

Travail à faire :

1. Complétez le tableau suivant :

Bénéfice avant impôts	Impôts sur le revenu	Bénéfice après impôts		Dividendes — Actions privilégiées		Dividendes — Actions ordinaires	
		Montant	Taux de rendement sur le capital investi	Dividendes versés	Taux de rendement sur le capital investi par les actionnaires privilégiés	Dividendes versés	Taux de rendement sur le capital investi par les actionnaires ordinaires

   i. Inscrivez le bénéfice avant impôts sur le revenu dans la première colonne de ce tableau.

   ii. Calculez les impôts sur le revenu et inscrivez-les dans la deuxième colonne. (Le taux d'impôt est de 25% du revenu imposable inférieur à $50,000 et de 50% du revenu excédent ce dernier montant. Le taux réduit de 25% ne s'applique pas dans le cas des sociétés qui ont accumulé un revenu imposable supérieur à $400,000. Ainsi, la société qui a un revenu imposable de $60,000 devra payer des impôts s'élevant à $17,500, soit 25% de $50,000 plus 50% de $60,000 − $50,000.)

   iii. Posez l'hypothèse que le bénéfice net après impôts est entièrement distribué aux actionnaires.

2. Expliquez pourquoi le taux de rendement obtenu sur le capital investi par les actionnaires ordinaires est plus élevé que le taux de rendement obtenu sur le capital total lorsque la société réalise un bénéfice avant impôts supérieur à $30,000.

3. Expliquez, au moyen de calculs, d'où provient la différence entre le taux de rendement obtenu sur le capital total et le taux de rendement obtenu sur le capital investi par les actionnaires ordinaires lorsque le bénéfice avant impôts est de $60,000.

Autres problèmes

Problème 16–1A

Les lettres patentes de Treco, Ltée l'autorisent à émettre 2,000 actions privilégiées non participantes, à dividende cumulatif de 7½%, d'une valeur nominale de $50 et 50,000 actions ordinaires d'une valeur nominale de $5. Treco, Ltée a effectué les opérations suivantes au cours de février 1976 :

Fév. 4 Émission, à la valeur nominale, de 10,000 actions ordinaires. Règlement en espèces du prix demandé.

Fév. 8 Acceptation de souscriptions se rapportant à la vente de 20,000 actions ordinaires à la valeur nominale. Encaissement de 20% du prix demandé.

11 Émission de 500 actions ordinaires en faveur des avocats de la société et de 1,500 actions ordinaires en faveur des personnes qui ont lancé Tréco, Ltée. Le conseil d'administration a attribué une valeur de $10,000 aux services rendus par ces personnes.

12 Émission de 2,000 actions privilégiées en échange d'un terrain et d'un bâtiment ayant respectivement une juste valeur de $15,000 et de $85,000.

20 Acceptation de souscriptions se rapportant à la vente de 10,000 actions à la valeur nominale. Encaissement de 20% du prix demandé.

28 Émission des actions souscrites le 8 février après avoir encaissé le solde du prix demandé.

Travail à faire :

Passez au journal général les écritures pour inscrire les opérations précédentes et dressez, en bonne forme, le bilan de Treco, Ltée au 28 février 1976.

Problème 16–2A

Les lettres patentes de Rosco, Ltée l'autorisent à émettre 50,000 actions ordinaires d'une valeur nominale de $5. Voici les opérations effectuées du 12 mars 1974 au 21 février 1976 :

1974

Mars 12 Émission de 15,000 actions ordinaires à la valeur nominale. Règlement en espèces du prix demandé.

18 Émission de 25,000 actions ordinaires en échange d'un terrain, d'un bâtiment et de machines ayant respectivement une juste valeur de $25,000, $50,000, et $50,000.

Déc. 15 Acceptation de souscriptions se rapportant à la vente de 5,000 actions ordinaires à la valeur nominale. Encaissement de 20% du prix demandé.

31 Fermeture du compte Sommaire des revenus et dépenses où figure une perte nette de $9,500.

1975

Janv. 14 Émission des actions souscrites le 15 décembre après avoir reçu le solde du prix demandé.

Déc. 31 Fermeture du compte Sommaire des revenus et dépenses où figure un bénéfice net de $30,000.

1976

Janv. 10 Déclaration d'un dividende de $0.25 l'action payable le 20 février aux actionnaires ordinaires immatriculés le 20 janvier.

Fév. 20 Versement du dividende déclaré le 10 janvier.

Travail à faire :

1. Passez au journal général les écritures pour inscrire les opérations précédentes.
2. Présentez l'avoir des actionnaires au 31 décembre 1974.
3. Présentez l'avoir des actionnaires au 20 février 1976.

Problème 16-3A

Une société a émis les actions suivantes au moment où elle a été constituée : 100,000 actions ordinaires d'une valeur nominale de $5 et 1,000 actions privilégiées à dividende cumulatif de 7%, d'une valeur nominale de $100. Les actionnaires privilégiés n'ont reçu aucun dividende en 1976 ni non plus au cours des deux exercices précédents. Cependant, comme les affaires sont maintenant meilleures, les administrateurs désirent verser un dividende de $0.50 l'action aux actionnaires ordinaires et en même temps régler tous les dividendes arriérés.

Travail à faire :

Calculez les dividendes que la société devra verser aux deux catégories d'actionnaires dans chacun des cas suivants :

a. Les actions privilégiées sont non participantes et à dividende non cumulatif.

b. Les actions privilégiées sont non participantes et à dividende cumulatif.

c. Les actions privilégiées sont pleinement participantes et à dividende cumulatif.

d. Les actions privilégiées sont participantes jusqu'à concurrence de 9% et sont à dividende cumulatif.

Problème 16-4A

Mesa, Ltée a le capital-actions émis suivant : 2,000 actions privilégiées non participantes, à dividende cumulatif, d'une valeur nominale de $100 et 12,000 actions ordinaires d'une valeur nominale de $25. Le conseil d'administration a déclaré les dividendes suivants de 1970 à 1976 :

```
1970 ................................. $30,000
1971 .................................   -0-
1972 .................................   -0-
1973 .................................  30,000
1974 .................................  36,000
1975 .................................  48,000
1976 .................................  42,000
```

Travail à faire :

1. Complétez le tableau suivant :

Année	Dividendes versés aux actionnaires privilégiés	Dividendes arriérés	Dividendes versés aux actionnaires ordinaires	Dividende par action privilégiée	Dividende par action ordinaire	Dividende exprimé en % de la valeur nominale des actions privilégiées	Dividende exprimé en % de la valeur nominale des actions ordinaires

Inscrivez, dans la première colonne de ce tableau, les années 1970 à 1976 inclusivement puis déterminez, pour chacune des années, les données correspondant à la rubrique de chaque colonne. Indiquez, dans les deux dernières colonnes, le pourcentage que représentent les dividendes versés à chaque groupe d'actionnaires par rapport à la valeur nominale de chacune des deux classes d'actions. Il n'y avait aucun dividende arriéré en 1970. De plus, chaque fois que la société a déclaré un dividende, elle a d'abord réglé les dividendes arriérés avant de distribuer quoi que ce soit aux actionnaires ordinaires.

2. Posez l'hypothèse que les actions privilégiées sont non participantes et à dividende non cumulatif, et complétez un tableau semblable au précédent.

3. Posez l'hypothèse que les actions privilégiées sont pleinement participantes et à dividende cumulatif, et complétez un tableau semblable aux deux premiers.

Problème 16-5A

Une société a émis 8,000 actions ordinaires d'une valeur nominale de $25 en faveur de quatre personnes qui constituent en même temps le conseil d'administration. La société projette de prendre de l'expansion et elle a besoin d'un capital de $300,000. Étant donné que les actionnaires actuels ne peuvent fournir eux-mêmes ce capital, la société offre en vente 3,000 actions privilégiées non participantes, à dividende cumulatif de 7%, d'une valeur nominale de $100. Les administrateurs vous demandent de rédiger un rapport dans lequel vous calculerez le rendement que retireraient les deux classes d'actionnaires dans les cinq cas suivants :

a. Bénéfice avant impôts de $30,000, soit 6% du capital total investi.
b. Bénéfice avant impôts de $60,000, soit 12% du capital total investi.
c. Bénéfice avant impôts de $80,000, soit 16% du capital total investi.
d. Bénéfice avant impôts de $100,000, soit 20% du capital total investi.
e. Bénéfice avant impôts de $120,000, soit 24% du capital total investi.

Travail à faire :

1. Complétez le tableau suivant :

Bénéfice avant impôts	Impôts sur le revenu	Bénéfice après impôts		Dividendes — Actions privilégiées		Dividendes — Actions ordinaires	
		Montant	Taux de rendement sur le capital investi	Dividendes versés	Taux de rendement sur le capital investi par les actionnaires privilégiés	Dividendes versés	Taux de rendement sur le capital investi par les actionnaires ordinaires

i. Inscrivez le bénéfice avant impôts sur le revenu dans la première colonne de ce tableau.

ii. Calculez les impôts sur le revenu et inscrivez-les dans la deuxième colonne. (Le taux d'impôt est de 25% du revenu imposable inférieur à $50,000 et de 50% du revenu excédant ce dernier montant. Le taux réduit de 25% ne s'applique pas dans le cas des sociétés qui ont accumulé un revenu imposable supérieur à $400,000. Ainsi, la société qui a un revenu imposable de $70,000 devra payer des impôts s'élevant à $22,500, soit 25% de $50,000 plus 50% de $70,000 − $50,000.)

iii. Posez l'hypothèse que le bénéfice net après impôts est entièrement distribué aux actionnaires.

2. Expliquez pourquoi le taux de rendement obtenu sur le capital investi par les actionnaires ordinaires est plus élevé que le taux de rendement obtenu sur le capital total lorsque la société réalise un bénéfice avant impôts supérieur à $60,000.

3. Expliquez, au moyen de calculs, d'où provient la différence entre le taux de rendement obtenu sur le capital total et le taux de rendement obtenu sur le capital investi par les actionnaires ordinaires lorsque le bénéfice avant impôts est de $100,000.

**Cas 16–1
Roger et
Robert**

Il y a huit ans, Roger a commencé à travailler pour un constructeur de maisons à prix modiques. Cinq ans plus tard, il a quitté son employeur pour s'établir à son compte. Bien que son entreprise ne fonctionne que depuis trois ans, elle n'a aucune dette et a des capitaux propres de $12,000. Roger ne possède aucun autre bien personnel.

Tout dernièrement, il a mis au point certains projets qui, selon lui, sont susceptibles d'apporter un renouveau dans le domaine de la construction résidentielle. Il estime, en particulier, qu'il sera en mesure de construire des maisons à un coût ne représentant que 90% celui de ses concurrents. Pour réaliser son projet, il a besoin d'un capital additionnel de $10,000. Étant donné qu'il n'a pas lui-même cet argent, il demande à un de ses amis, Robert Ouellet, qui vient d'hériter d'une somme de plusieurs milliers de dollars, de la lui prêter. Robert veut aider son ami, mais il est d'avis que la réalisation du projet envisagé nécessitera beaucoup plus que $10,000.

Quelques jours plus tard, Robert estime préférable de s'associer à Roger plutôt que de lui prêter l'argent dont il a besoin. Roger étudie sérieusement l'offre qui lui est faite et décide de l'accepter. Robert fournira tout le capital nécessaire mais consacrera très peu de temps à l'exploitation de la nouvelle entreprise. Roger et Robert ne peuvent décider toutefois s'il est préférable de former une société en nom collectif ou de constituer une société par actions.

Rédigez un rapport à l'intention de Roger et Robert dans lequel vous exposerez les points qu'ils devraient considérer avant de décider de former une société en nom collectif ou de constituer une société par actions.

**Cas 16–2
Paul Dorval**

Paul Dorval a dernièrement décidé de vendre sa maison et de demeurer dans un immeuble d'habitation. La vente de sa maison lui a procuré une somme de $15,000 qu'il songe à utiliser pour acheter des actions de la Société Ajax, Ltée ou de la Société Luxor, Ltée. Ces deux sociétés sont identiques en ce sens qu'elles fabriquent les mêmes produits et qu'elles existent depuis à peu près le même nombre d'années (quatre ans pour Ajax, Ltée et cinq ans pour Luxor, Ltée.) De plus, l'avoir des actionnaires des deux sociétés s'élève à peu près au même montant ainsi que le démontrent les deux tableaux suivants :

La Société Ajax, Ltée

Capital-actions ordinaire :
Autorisé : 200,000 actions d'une valeur nominale de $5.
Émis : 100,000 actions $500,000
Bénéfices non répartis 100,000

Total de l'avoir des actionnaires $600,000

La Société Luxor, Ltée

Capital-actions privilégié :
Autorisé et émis : 1,000 actions non participantes à dividende
cumulatif de 7%, d'une valeur nominale de $100 .... $100,000*
Capital-actions ordinaire :
Autorisé et émis : 50,000 actions d'une valeur nominale de $10 500,000
Bénéfices non répartis 15,000

Total de l'avoir des actionnaires $615,000

*Aucun dividende n'a été distribué aux actionnaires privilégiés au cours des deux derniers exercices.

Le Société Ajax, Ltée n'a versé aucun dividende à ses actionnaires au cours de la première année d'exploitation. Cependant, elle a, au cours des trois derniers exercices, versé un dividende annuel de $0.25 l'action. Les actions ont présentement une valeur marchande de $7.80. En revanche, les actions privilégiées de la Société Luxor, Ltée ont une valeur marchande de $91. M. Dorval préfère les actions privilégiées de cette dernière société car non seulement, selon lui, les dividendes sont garantis mais la valeur marchande de ces actions est présentement de $30 plus faible que leur valeur comptable. Il estime également que la valeur marchande des actions de la Société Ajax, Ltée est exagérée car elle excède de 30% leur valeur comptable et de 56% leur valeur nominale. De plus, dit-il, le dividende versé n'est que de $0.25 l'action.

a. Est-il vrai que la valeur marchande des actions de Luxor, Ltée est de $30 plus faible que leur valeur comptable ? Est-il vrai aussi que la valeur marchande des actions de Ajax, Ltée excède de 30% leur valeur comptable et de 56% leur valeur nominale ?

b. Analysez l'avoir des actionnaires des deux sociétés et donnez votre opinion sur la valeur d'un placement en actions de Luxor, Ltée et de Ajax, Ltée.

17

Les sociétés par actions: autres opérations portant sur les capitaux propres

■ Nous avons discuté, au chapitre précédent, de la constitution d'une société par actions et d'un certain nombre de problèmes que l'émission des actions suscite. Nous discuterons, au cours du présent chapitre, d'autres opérations portant sur les capitaux propres. Nous expliquerons d'abord ce que l'on entend par « capital légal » puis nous traiterons de la prime et de l'escompte sur actions.

La valeur au pair et le capital légal

■ Ainsi que nous l'avons déjà dit, la valeur nominale est une valeur artificielle et arbitraire attribuée à une action lors de la constitution d'une société. La valeur nominale peut, en principe, être n'importe quel montant mais le plus souvent, elle s'élève à $100, $50, $25, $10, $5 ou $1. Anciennement, les lois sur les sociétés exigeaient que les actions aient une valeur nominale mais, aujourd'hui, toutes les sociétés peuvent, si elles le désirent, émettre des actions sans valeur nominale.

Lorsqu'une action a une valeur nominale, cette valeur figure sur les certificats d'actions et détermine le montant qu'il faut porter au crédit du compte Capital-actions. La plupart des lois sur les sociétés stipulent que la valeur nominale des actions émises constituent le *capital légal minimum*. Si, par exemple, une société émet 1,000 actions de $100 chacune, le capital légal minimum est de $100,000.

La loi exige que les actionnaires investissent, dans la société dont ils achètent des actions, un capital ayant, au moins, une valeur égale au capital légal. Autrement, ils sont responsables personnellement à l'égard des créanciers du capital qu'ils étaient tenus d'investir. En d'autres mots, la loi oblige les actionnaires à verser une somme au moins égale à la valeur nominale des actions achetées sinon ils peuvent être forcés, un jour, de remettre à la société la différence entre la valeur nominale des actions et le montant qu'ils ont déjà versé. La loi, dans ce cas, précise également qu'une société ne peut, sans être dans l'illégalité, verser une dividende qui aurait pour effet de réduire l'avoir des actionnaires à un montant inférieur au capital légal minimum.

Les lois qui établissent le capital légal minimum des sociétés par actions ont pour objet de protéger les créanciers. Comme les créanciers ne peuvent obtenir leur dû que si la société possède des biens d'une valeur satisfaisante, il est important que les actionnaires investissent des sommes qui sont au moins égales au capital légal minimum et que, par la suite, la société ne remette pas ces sommes aux actionnaires d'une façon ou d'une autre avant d'avoir acquitté toutes ses dettes.

Bien que la valeur nominale des actions détermine le capital légal minimum et soit portée au crédit du compte Capital-actions, elle ne correspond pas à la valeur réelle des actions ni au prix auquel les actions peuvent être émises. Si les investisseurs acceptent de payer plus que la valeur nominale des actions, une société est libre d'émettre ses actions à un prix plus élevé. De la même manière, la loi peut exceptionnellement permettre d'émettre des actions à un prix inférieur à leur valeur nominale si les investisseurs ne sont pas prêts à verser une somme aussi élevée que cette valeur nominale. Le rendement qu'une société par actions peut obtenir et le marché des capitaux sont des facteurs qui, le plus souvent, déterminent si les actions seront émises à la valeur nominale, à un prix moindre ou à un prix plus élevé.

La prime et l'escompte sur actions

■ **LA PRIME SUR ACTIONS**

Quand une société par actions émet des actions à un prix supérieur à leur valeur nominale, on dit que les actions sont émises à *prime*. Par définition, une prime est l'excédent du prix payé sur la valeur nominale des actions émises. Si, par exemple, une société émet à $109 des actions dont la valeur nominale est de $100, la prime est de $9. Cette prime, toutefois, ne représente pas un profit pour la société émettrice mais plutôt une partie du capital investi par les actionnaires qui ont acheté leurs actions à un prix plus élevé que la valeur nominale. Étant donné qu'une société qui émet des actions à prime reçoit plus que le capital légal minimum, il y a lieu de comptabiliser la prime dans un compte distinct de celui où figure la valeur nominale des actions émises.

Certaines lois permettent aux sociétés de distribuer plus tard aux actionnaires la prime reçue de ces derniers. C'est là une forme particulière de dividende. Certains comptables refusent toutefois de donner à cette distribution le nom de « dividende » parce qu'il s'agit plutôt d'un remboursement de capital. Donner à ce remboursement le nom de « dividende » peut induire en erreur les actionnaires qui ont raison de supposer que les sommes distribuées proviennent des bénéfices d'exploitation.

L'ESCOMPTE SUR ACTIONS

Certaines provinces interdisent l'émission d'actions à un prix moindre que la valeur nominale.[1] Quand une société émet des actions à un prix moindre que leur valeur nominale, on dit que les actions sont émises à *escompte*. Si, par exemple, une société émet à un prix de $89 des actions qui ont une valeur nominale de $100, l'escompte est de $11. L'escompte est donc égal à l'excédent de la valeur nominale sur le prix d'émission des actions. La société qui émet des actions à escompte ne subit aucune perte car l'escompte signifie simplement que les actionnaires ont versé un prix inférieur au capital légal minimum. La plupart du temps, les actionnaires ont une responsabilité à l'égard de cet escompte puisqu'ils pourront être éventuellement appelés à combler l'écart entre la valeur nominale et le prix versé.

La loi de certaines provinces dégage explicitement les actionnaires des sociétés minières de cette responsabilité éventuelle. Cependant, si l'on ne respecte pas toutes les exigences de la loi, les actionnaires qui ont acheté des actions à escompte pourraient contracter une dette à l'égard des créanciers de la société par actions.

Étant donné que l'escompte sur actions représente l'excédent de la valeur nominale sur le prix payé pour les actions, il faut le comptabiliser dans un compte distinct de celui où figure la valeur nominale elle-même.

Comptabilisation des actions émises à prime

■ Une société qui émet des actions ordinaires à prime doit passer au journal général l'écriture suivante si les actionnaires règlent immédiatement en espèces le prix convenu:

Déc.	1	Caisse	110,000.00	
		Capital-actions		100,000.00
		Prime sur actions ordinaires		10,000.00
		Pour inscrire l'émission de 1,000 actions d'une valeur nominale de $100 à un prix de $110 l'action.		

Dans les cas où une société accepte des souscriptions se rapportant à une vente d'actions à prime, il y a lieu de passer au journal général les écritures suivantes pour inscrire les souscriptions, l'encaissement du prix convenu et l'émission des actions:

---

[1]Au Nouveau-Brunswick, toutes les sociétés par actions peuvent émettre des actions à escompte pourvu qu'elles respectent les exigences de la loi. En revanche, seules les sociétés minières peuvent émettre des actions à escompte dans les provinces suivantes: Alberta, Colombie canadienne, Manitoba, Ontario, Québec et Saskatchewan.

Déc.	2	Souscriptions à recevoir — Actions ordinaires .	10,250.00	
		Capital-actions ordinaire souscrit		10,000.00
		Prime sur actions ordinaires		250.00
		Pour inscrire les souscriptions se rapportant à 100 actions ordinaires d'une valeur nominale de $100 offertes en vente à un prix de $102.50 l'action.		
Janv.	2	Caisse	10,250.00	
		Souscriptions à recevoir —		
		Actions ordinaires		10,250.00
		Pour inscrire l'encaissement du prix des actions souscrites le 2 décembre.		
	2	Capital-actions ordinaire souscrit	10,000.00	
		Capital-actions ordinaire		10,000.00
		Pour inscrire l'émission des actions souscrites le 2 décembre.		

Remarquez que l'on débite le compte Souscriptions à recevoir d'un chiffre qui comprend à la fois la valeur nominale des actions et la prime parce que c'est la somme que les souscripteurs ont consenti à verser. Remarquez aussi que, dans la même écriture, on porte la valeur nominale au crédit du compte Capital-actions ordinaire souscrit et la prime au crédit du compte Prime sur actions ordinaires dès que les actions sont souscrites.

Comptabilisation de l'escompte sur actions

■ Une société qui émet des actions ordinaires à escompte doit passer au journal général l'écriture suivante si les actionnaires règlent immédiatement en espèces le prix convenu:

Mars	5	Caisse	8,900.00	
		Escompte sur actions ordinaires	1,100.00	
		Capital-actions ordinaire		10,000.00
		Pour inscrire l'émission de 100 actions d'une valeur nominale de $100 à un prix de $89 l'action.		

Dans les cas où une société accepte des souscriptions se rapportant à une vente d'actions à escompte, il y a lieu de passer au journal général les écritures suivantes pour inscrire les souscriptions, l'encaissement du prix demandé et l'émission des actions:

Mars	5	Souscriptions à recevoir — Actions ordinaires .	950.00	
		Escompte sur actions	50.00	
		Capital-actions ordinaire souscrit		1,000.00
		Pour inscrire les souscriptions se rapportant à 10 actions ordinaires d'une valeur nominale de $100 offertes en vente à $95 l'action.		

Avril	10	Caisse	950.00	
		Souscriptions à recevoir —		
		Actions ordinaires		950.00
		Pour inscrire l'encaissement du prix des actions souscrites le 5 mars.		
	10	Capital-actions ordinaire souscrit	1,000.00	
		Capital-actions ordinaire		1,000.00
		Pour inscrire l'émission des actions souscrites le 5 mars.		

Présentation de la prime, de l'escompte et du capital-actions souscrit dans le bilan

■ Étant donné qu'il faut tenir compte de la prime et de l'escompte sur actions pour déterminer le capital investi par les actionnaires, on ajoute généralement, dans le bilan, la prime à la valeur nominale du capital-actions privilégié ou ordinaire, selon le cas, et on en déduit l'escompte ainsi que l'illustre le tableau 17–1.

AVOIR DES ACTIONNAIRES

Capital-actions privilégié :
Autorisé : 2,500 actions non participantes, à dividende
cumulatif de 6%, d'une valeur nominale de $100.
Émis : 1,500 actions $150,000
Plus : Prime sur actions privilégiées 7,500 $157,500
Capital-actions ordinaire :
Autorisé : 25,000 actions d'une valeur nominale de $10.
Émis : 20,000 actions $200,000
Souscrit : 5,000 actions 50,000
Capital-actions ordinaire émis et souscrit $250,000
Plus : Prime sur actions ordinaires 20,000
Moins : Escompte sur actions ordinaires .... (2,500) 267,500
Total du capital investi par les actionnaires $425,000
Bénéfices non répartis 123,000
Total de l'avoir des actionnaires $548,000

Tableau
17–1

Les actions sans valeur nominale

■ Il y a une cinquantaine d'années, il fallait que toutes les actions aient une valeur nominale. Cependant, aujourd'hui, toutes les lois, sans exception, autorisent l'émission d'actions *sans valeur nominale*. Voici les avantages de cette sorte d'actions:

1. Les actions sans valeur nominale peuvent être émises à n'importe quel prix.
2. Le fait d'imprimer une valeur au pair (par exemple $100) sur un certificat d'actions peut amener une personne mal informée à penser que les actions valent $100 alors qu'elles peuvent avoir une valeur

réelle beaucoup plus faible. Ainsi, l'élimination de la valeur au pair incite un actionnaire à analyser les facteurs qui donnent vraiment de la valeur à une action, c'est-à-dire, les gains futurs, les dividendes distribués dans le passé, les projets d'expansion, etc.

3. Lorsque les actions n'ont pas de valeur nominale, la direction est davantage portée à attribuer une valeur réelle aux biens corporels ou incorporels acquis en échange d'actions émises. La loi qui stipule expressément qu'une société ne peut demander un prix inférieur à la valeur nominale des actions peut être facilement contournée en émettant des actions en échange de biens et en attribuant une valeur exagérée à ces biens. L'usage d'actions sans valeur nominale rend inutile ce subterfuge et incite à attribuer une valeur plus réaliste aux biens acquis en échange d'actions émises.

Il faut comptabiliser une émission d'actions sans valeur nominale de la façon prescrite par la loi. Ainsi, la Loi sur les corporations canadiennes et la Loi des compagnies du Québec exigent toutes deux de porter le montant entier reçu lors d'une émission d'actions au crédit du compte Capital-actions sans valeur nominale ainsi que l'illustre l'écriture suivante:

Août	20	Caisse	32,000.00	
		Capital-actions sans valeur nominale		32,000.00
		Pour inscrire l'émission de 1,000 actions sans valeur nominale à un prix de $32 l'action.		

La Loi sur les corporations canadiennes et la Loi des compagnies du Québec stipulent aussi que le produit entier d'une émission d'actions sans valeur nominale doit faire partie du capital légal de la société qui a émis les actions. Il devient donc, dans ce cas, impossible de distribuer une partie des sommes reçues à moins que la société ne soit réorganisée ou liquidée.

Cependant, la loi de certaines provinces autorise les administrateurs d'une société à attribuer une valeur aux actions sans valeur au pair et à comptabiliser l'excédent du prix reçu sur la *valeur attribuée* dans un compte distinct appelé *Surplus distribuable*.[2] Si, par exemple, la loi d'une province permet de considérer comme du surplus distribuable un pourcentage (généralement pas plus de 25%) du produit de l'émission

---

[2]La Loi sur les corporations canadiennes adoptée en 1965 ainsi que la nouvelle Loi des compagnies du Québec interdisent de considérer qu'une partie du produit de l'émission d'actions sans valeur nominale représente un surplus distribuable. Cependant, l'ancienne Loi des compagnies (Canada et Québec) autorisait la création de ce surplus distribuable. Étant donné que plusieurs sociétés ont été constituées, tant au Canada qu'au Québec, en vertu de cette loi, il ne faut pas se surprendre si, dans le bilan de certaines sociétés, on retrouve encore le poste Surplus distribuable. (Nous discutons davantage des divers usages du terme « surplus » au chapitre suivant.)

d'actions sans valeur nominale, il y aura lieu de passer au journal général l'écriture suivante pour inscrire l'émission de 1,000 actions sans valeur nominale à un prix de $32 l'action:

Août	20	Caisse	32,000.00	
		Capital-actions sans valeur nominale		25,000.00
		Surplus distribuable		7,000.00
		Pour inscrire l'émission de 1,000 actions sans valeur nominale à un prix de $32 l'action. La valeur attribuée à ces actions par la direction est de $25.		

L'écriture précédente laisse voir clairement que la comptabilisation des actions sans valeur nominale auxquelles on a attribué une valeur ne diffère pas de la comptabilisation des actions qui ont une valeur nominale, puisque la valeur attribuée se compare à la valeur nominale. Il est bon de noter aussi que la valeur attribuée (la valeur portée au crédit du compte Capital-actions) devient le capital légal minimum et que la partie du produit de l'émission créditée au compte Surplus distribuable peut être distribuée aux actionnaires. Cependant, les comptables s'opposent à ce que l'on donne à ces distributions le nom de « dividendes » parce qu'il s'agit effectivement d'un remboursement de capital et non d'une distribution de bénéfices.

Le rachat par une société de ses propres actions

■ Les sociétés peuvent parfois racheter leurs propres actions.[3] Une société peut, par exemple, racheter un certain nombre de ses actions sur le marché et les distribuer à ses employés. En d'autres circonstances, une société rachète ses actions afin d'accroître leur valeur marchande. Les actionnaires d'une société dont la situation financière est mauvaise peuvent lui remettre, à titre gratuit, leurs actions ou une partie d'entre elles. On donne parfois le nom d'*actions du trésor* aux actions qu'une société obtient de l'une ou l'autre de ces façons. Il s'agit, en général, d'actions déjà émises par une société et rachetées plus tard par elle ou obtenues à titre gratuit. Il faut exclure de cette catégorie d'actions les actions d'une autre société acquises en vue d'effectuer un placement. Il ne faut pas confondre non plus les actions non encore émises avec les actions déjà émises et rachetées par la suite. Cette dernière distinction est importante parce qu'une société peut revendre à n'importe quel prix les actions déjà émises qu'elle a rachetées plus tard. Même si ces actions ont une valeur nominale, il n'y a aucune objection à ce qu'on les revende à un prix inférieur à cette valeur nominale.

Les actions rachetées doivent figurer dans l'avoir des actionnaires et non à l'actif du bilan. On les traite effectivement de la même façon que

---

[3]La Loi sur les sociétés de l'Ontario adoptée en 1970 permet aux sociétés par actions de cette province de racheter leurs propres actions et de les revendre à une date ultérieure.

les actions non émises en ce sens qu'on ne les inclut pas dans le nombre d'actions en circulation. Il va de soi que les dividendes déclarés ne s'appliquent pas aux actions rachetées et que personne ne peut se prévaloir du droit de vote qui s'y rattache.

**Comptabi-
lisation
des actions
rachetées[4]**

■ Quand une société rachète ses propres actions, elle réduit effective-ment l'actif et l'avoir des actionnaires. Supposons, pour donner un exemple, que le bilan de Gamma, Ltée au 1er mai 1976 était le suivant:

Gamma, Ltée
Bilan
au 1er mai 1976

ACTIF		AVOIR DES ACTIONNAIRES	
Encaisse	$ 30,000	Capital-actions ordinaire	
Autres valeurs actives	95,000	Autorisé et émis : 1,000	
		actions d'une valeur no-	
		minale de $100	$100,000
		Bénéfices non répartis	25,000
		Total de l'avoir des	
Total de l'actif	$125,000	actionnaires	$125,000

Tableau
17-2

Le 1er mai 1976, Gamma, Ltée rachète 100 actions à un prix de $115 l'action. Voici l'écriture à passer au journal général pour inscrire cette opération.

Coût des actions rachetées

Mai	1	Actions ordinaires de Gamma, Ltée	11,500.00	
		Caisse		11,500.00
		Pour inscrire le rachat de 100 actions à $115 l'action.		

La somme de $11,500 débitée au compte Actions ordinaires de Gamma, Ltée équivaut à une réduction de l'avoir des actionnaires; par ailleurs, la même somme portée au crédit du compte Caisse a pour objet d'inscrire une diminution de l'actif. Le tableau 17-3 donne le bilan de Gamma, Ltée après avoir comptabilisé cette opération.

Remarquez que l'on déduit le coût des actions rachetées du total du capital-actions et des bénéfices non répartis. Une comparaison de ce bilan avec celui du tableau 17-2 permet de constater que le rachat des actions réduit à la fois le total de l'actif et l'avoir des actionnaires.

---

[4]On peut comptabiliser de plusieurs façons le rachat effectué par une société de ses propres actions. Nous discuterons ici de la méthode la plus en usage, c'est-à-dire celle qui consiste à considérer le rachat et la revente de ces actions comme ne consti-tuant qu'une seule opération. Voir à ce sujet le chapitre 3240 du *Manuel de l'I.C.C.A.*

Gamma, Ltée
Bilan
au 1er mai 1976

ACTIF		AVOIR DES ACTIONNAIRES	
Encaisse	$ 18,500	Capital-actions ordinaire	
Autres valeurs actives	95,000	Autorisé et émis : 1,000 actions (y compris 100 actions rachetées) d'une valeur nominale de $100	$100,000
		Bénéfices non répartis*	25,000
		Total	$125,000
		Moins : Coût des actions rachetées	11,500
Total de l'actif	$113,500	Total de l'avoir des actionnaires	$113,500

Tableau
17–3
*Les bénéfices non répartis comprennent une somme de $11,500 qui ne peut être distribuée aux actionnaires en raison du rachat de 100 actions à un coût de $11,500.

Remarquez aussi que le capital-actions dans le deuxième bilan s'élève toujours à $100,000 car le fait d'avoir racheté 100 actions ne change pas le nombre d'actions émises. Cependant, le nombre d'*actions en circulation* est passé, après le rachat, de 1,000 à 900 actions.

Il ne faut pas confondre « actions émises » et « actions en circulation ». Des actions émises peuvent être on ne pas être en circulation. Il n'y a que les actions en circulation qui comptent. Leurs détenteurs seulement peuvent recevoir des dividendes et voter aux assemblées des actionnaires. De plus, ce sont les seules actions qu'il faut prendre en considération lors du calcul de la valeur comptable des actions.

RESTRICTION DES BÉNÉFICES NON RÉPARTIS RÉSULTANT DU RACHAT PAR UNE SOCIÉTÉ DE SES PROPRES ACTIONS

Le rachat par une société de ses propres actions a pour effet de réduire l'actif et l'avoir des actionnaires, tout comme un dividende en espèces. Quand une société rachète ses propres actions ou qu'elle déclare un dividende en espèces, elle cède une partie de son actif à ses actionnaires, ce qui a pour effet de réduire à la fois l'actif et l'avoir des actionnaires. C'est pour cette raison que la loi sur les sociétés de l'Ontario impose une limite au rachat des actions, de la même manière qu'elle restreint le paiement de dividendes. Selon cette loi, une société ne peut racheter ses actions que dans la mesure où elle a des bénéfices non répartis. La loi stipule aussi que le rachat d'actions a pour effet de restreindre le paiement de dividendes jusqu'à concurrence du coût des actions rachetées. En résumé: (1) seule une société qui a des bénéfices non répartis susceptibles d'être distribués aux actionnaires peut racheter ses propres actions et (2) une société peut utiliser ses bénéfices non répartis pour racheter ses propres actions ou distribuer des dividendes, mais elle ne peut faire les deux à la fois. En d'autres mots, une société ne peut racheter ses propres actions en utilisant des bénéfices non répartis qu'elle pourrait distribuer à ses actionnaires et déclarer par la suite des dividendes provenant des mêmes bénéfices non répartis.

Remarquez, dans le tableau 17–3, que l'on fait connaître au moyen d'une note, la restriction des bénéfices non répartis que le rachat des actions a entraînée.

Certaines sociétés passent aussi au journal général une écriture pour inscrire la restriction des bénéfices non répartis attribuables au rachat d'actions. Cette écriture n'est pas nécessaire car si la loi restreint la distribution des bénéfices non répartis, cette restriction est réelle, que les livres en fassent mention ou non. Si Gamma, Ltée dont il a été question précédemment comptabilisait l'affectation des bénéfices non répartis à laquelle donne lieu le rachat de ses propres actions, elle passerait au journal général l'écriture suivante:

Mai	1	Bénéfices non répartis	11,500.00	
		Bénéfices non répartis affectés par suite du rachat d'actions		11,500.00
		Pour inscrire les bénéfices affectés résultant du rachat de 100 actions ordinaires.		

Lorsque la société revend les actions qu'elle a rachetées, les bénéfices non répartis ne sont plus restreints et on peut passer au journal général une écriture pour annuler l'écriture précédente.

La revente des actions rachetées

■ La société qui a racheté une partie de ses propres actions peut les revendre au prix qu'elle les a payées, à un prix inférieur ou à un prix supérieur.

LA REVENTE À UN PRIX ÉGAL AU COÛT D'ACQUISITION

On comptabilise la revente des actions rachetées à un prix égal au coût d'acquisition en passant au journal général une écriture qui a pour effet d'annuler les sommes inscrites lors du rachat des actions. Si, par exemple, Gamma, Ltée revend, à un prix de $115 l'action, 10 des 100 actions qu'elle a rachetées plus tôt, il faut passer au journal général l'écriture suivante:

Mai	27	Caisse	1,150.00	
		Actions ordinaires de Gamma, Ltée		1,150.00
		Pour inscrire la revente de 10 actions de Gamma, Ltée à un prix de $115 l'action.		

Remarquez que le produit de la vente accroît proportionnellement l'actif et l'avoir des actionnaires de Gamma, Ltée d'un montant identique à celui dont ces éléments avaient été réduits lors du rachat des actions.

LA REVENTE À UN PRIX SUPÉRIEUR AU COÛT D'ACQUISITION

Souvent une société revend les actions qu'elle a rachetées à un prix supérieur ou inférieur au coût d'acquisition. Dans le premier cas, on porte généralement l'excédent du prix reçu sur le coût d'acquisition au crédit d'un compte intitulé « Surplus d'apport — Revente d'actions rachetées ». Ainsi, on comptabilisera, de la façon suivante, la revente de 10 actions de Gamma, Ltée à un prix de $120 l'action, soit $5 au-dessus du coût d'acquisition:

Juin	3	Caisse	1,200.00	
		Actions ordinaires de Gamma, Ltée		1,150.00
		Surplus d'apport — Revente d'actions		
		rachetées		50.00
		Pour inscrire la vente de 10 actions de		
		Gamma, Ltée à un prix de $120 l'action.		

LA REVENTE À UN PRIX INFÉRIEUR AU COÛT D'ACQUISITION

Avant de comptabiliser la revente d'actions rachetées à un prix inférieur au coût d'acquisition, il faut vérifier si le compte « Surplus d'apport — Revente d'actions rachetées » a un solde créditeur par suite d'opérations précédentes portant sur des actions rachetées. Il faut, le cas échéant, porter au débit de ce compte l'excédent du coût d'acquisition sur le prix auquel les actions rachetées sont revendues. Si, par exemple, Gamma, Ltée vend 10 de ses propres actions à un prix de $110 l'action après avoir inscrit la revente des 10 actions à $120 l'action dont il a été question ci-dessus, il faudra passer au journal général l'écriture suivante:

Juil.	7	Caisse	1,100.00	
		Surplus d'apport — Revente d'actions		
		rachetées	50.00	
		Actions ordinaires de Gamma, Ltée		1,150.00
		Pour inscrire la revente de 10 actions de		
		Gamma, Ltée à un prix de $110 l'action.		

Si le compte « Surplus d'apport — Revente d'actions rachetées » a un solde nul, il faut porter au débit du compte Bénéfices non répartis l'excédent du coût d'acquisition sur le prix auquel les actions rachetées sont revendues. Si, par exemple, Gamma, Ltée qui a déjà revendu 30 des 100 actions qu'elle avait rachetées revend les 70 autres à un prix de $110 l'action, il faut passer au journal général l'écriture suivante:

Juil.	10	Caisse	7,700.00	
		Bénéfices non répartis	350.00	
		Actions ordinaires de Gamma, Ltée		8,050.00
		Pour inscrire la revente de 70 actions		
		ordinaires de Gamma, Ltée à un prix de		
		$110 l'action.		

■ Une société peut racheter ses propres actions et les annuler dès qu'elle en prend possession pourvu, toutefois, que cette opération ne nuise ni aux créanciers ni aux autres actionnaires.

Lorsqu'une société annule des actions rachetées, elle doit éliminer des comptes tous les éléments qui s'y rapportent. Si cette opération donne lieu à un « gain », il faut porter ce « gain » au crédit du compte Surplus d'apport. Si, en revanche, cette opération donne lieu à une « perte », on doit porter cette « perte » au débit du compte Bénéfices non répartis parce que l'annulation des actions produit le même effet que si l'on distribuait aux actionnaires une partie des bénéfices non répartis.

Supposons, pour donner un exemple, qu'une société a émis, à $12, des actions ordinaires ayant une valeur nominale de $10. Supposons de plus que l'on a porté la prime de $2 au crédit du compte Prime sur actions. Si, plus tard, cette société rachète 1,000 actions, en vue de les annuler, à un prix égal au prix d'émission, elle passera au journal général cette écriture:

Avril	12	Capital-actions ordinaire	10,000.00	
		Prime sur actions ordinaires	2,000.00	
		Caisse		12,000.00
		Pour inscrire l'annulation de 1,000 actions ordinaires rachetées à $12 l'action.		

Si le prix du rachat était de $11 au lieu de $12, il faudrait comptabiliser le rachat des 1,000 actions de la façon suivante:

Avril	12	Capital-actions	10,000.00	
		Prime sur actions ordinaires	2,000.00	
		Caisse		11,000.00
		Surplus d'apport — Rachat et annulation d'actions ordinaires		1,000.00
		Pour inscrire l'annulation de 1,000 actions ordinaires à $11 l'action.		

Finalement, si le prix du rachat était de $15, il faudrait passer au journal général cette écriture:

Avril	12	Capital-actions	10,000.00	
		Prime sur actions ordinaires	2,000.00	
		Bénéfices non répartis	3,000.00	
		Caisse		15,000.00
		Pour inscrire l'annulation de 1,000 actions ordinaires rachetées à $15 l'action.		

Lorsqu'une entreprise éprouve des difficultés financières, il arrive que ses actionnaires acceptent de lui fournir à titre gratuit les fonds dont elle a besoin. Dans ce cas, l'actif et l'avoir des actionnaires s'accroissent ainsi que le démontre l'écriture suivante:

Oct.	5	Caisse	10,000.00	
		Surplus d'apport — Apport des actionnaires		10,000.00
		Pour inscrire le capital additionnel investi		
		par les actionnaires.		

En d'autres circonstances, des actionnaires remettent à titre gratuit, une partie de leurs actions que la société revendra plus tard afin d'obtenir les fonds dont elle a besoin.

Étant donné qu'une société qui reçoit, à titre gratuit, des actions de ses actionnaires n'a rien à débourser, l'actif ne diminue pas et l'avoir des actionnaires reste sans changement. En revanche, la revente de ces actions a pour effet d'accroître à la fois l'actif et l'avoir des actionnaires.

Supposons, pour illustrer ce qui précède, que Bell, Ltée éprouve des difficultés financières par suite des nombreuses pertes qu'elle a subies. Seuls ses actionnaires peuvent la sauver du désastre. Aussi, ceux-ci acceptent de lui remettre un certain nombre de leurs actions afin qu'elle puisse obtenir les fonds dont elle a besoin en revendant ces actions plus tard. Voici le bilan de Bell, Ltée avant que les actionnaires lui remettent, à titre gratuit, une partie de leurs actions :

Bell, Ltée
Bilan
au 1er juin 1976

ACTIF		AVOIR DES ACTIONNAIRES	
Encaisse .... $ 1,000		Capital-actions ordinaire	
Autres valeurs actives 103,000		Autorisé et émis : 10,000	
		actions d'une valeur no-	
		minale de $10	$100,000
		Bénéfices non répartis	4,000
		Total de l'avoir des	
Total de l'actif $104,000		actionnaires	$104,000

Tableau 17-4

Si les actionnaires remettent à la société 1,000 actions, il faut noter ce don dans le journal général de la façon suivante:

Juin	1	Les actionnaires ont remis à la société, à titre gratuit,		
		1,000 actions ordinaires d'une valeur nominale de $10.		

On ne peut, bien entendu, reporter cette écriture au grand livre, mais il est bon d'ouvrir un compte intitulé Actions-ordinaires de Bell, Ltée et d'y noter les actions reçues à titre gratuit.

Voici de quelle façon l'on doit présenter au bilan les actions reçues des actionnaires:

Bell, Ltée
Bilan
au 1ᵉʳ juin 1976

ACTIF		AVOIR DES ACTIONNAIRES	
Encaisse	$ 1,000	Capital-actions ordinaire	
Autres valeurs actives	103,000	Autorisé et émis : 10,000	
		actions d'une valeur	
		nominale de $10 dont	
		1,000 ont été remises	
		à la société par les	
		actionnaires	$100,000
		Bénéfices non répartis	4,000
		Total de l'avoir des	
Total de l'actif	$104,000	actionnaires	$104,000

Tableau
17–5

Si l'on compare le bilan du tableau 17–4 avec celui du tableau 17–5, on constate que les actions que la société a reçues à titre gratuit de ses actionnaires ne change aucunement l'actif et l'avoir des actionnaires. Cependant, la revente de ces actions aura pour effet d'accroître ces deux éléments du bilan. Si, par exemple, le 7 juin 1976, Bell, Ltée revend à $9.20 l'action, les 1,000 actions qu'elle a reçues de ses actionnaires, l'actif et l'avoir des actionnaires s'accroîtront de $9,200. L'écriture suivante a pour objet de comptabiliser la revente des 1,000 actions :

Juin	7	Caisse	9,200.00	
		Surplus d'apport — Revente d'actions		
		reçues à titre gratuit		9,200.00
		Pour inscrire la revente de 1,000 actions de		
		Bell, Ltée à $9.20 l'action.		

Voici le bilan de Bell, Ltée après avoir reporté l'écriture précédente :

Bell, Ltée
Bilan
au 7 juin 1976

ACTIF		AVOIR DES ACTIONNAIRES	
Encaisse	$ 10,200	Capital-actions ordinaire	
Autres valeurs actives	103,000	Autorisé et émis : 10,000	
		actions d'une valeur	
		nominale de $10	$100,000
		Surplus d'apport — Revente	
		d'actions reçues à titre	
		gratuit	9,200
		Bénéfices non répartis	4,000
		Total de l'avoir des	
Total de l'actif	$113,200	actionnaires	$113,200

Tableau
17–6

Remarquez que la revente des actions reçues à titre gratuit a accru de \$9,200 l'actif et l'avoir des actionnaires. En effet, la revente des 1,000 actions a augmenté l'encaisse et le surplus d'apport de \$9,200.

Les biens reçus à titre gratuit par une société

■ Parfois une société reçoit des biens à titre gratuit de personnes autres que les actionnaires. Ainsi, une ville peut offrir gratuitement un terrain à une société pour l'inciter à y construire une usine. Dans ce cas, l'actif et l'avoir s'accroissent d'un montant égal à la valeur des biens reçus à titre gratuit. L'accroissement de l'avoir des actionnaires s'inscrit dans un compte intitulé « Surplus d'apport — Biens reçus à titre gratuit ».

Supposons, pour donner un exemple, que la Chambre de Commerce de Louisville offre gratuitement un terrain à Romulex, Ltée. Si Romulex, Ltée accepte le don, il faut passer au journal général l'écriture suivante:

Avril	17	Terrain	22,000.00	
		Surplus d'apport — Biens reçus à titre gratuit		22,000.00
		Pour inscrire un terrain reçu à titre gratuit de la Chambre de Commerce de Louisville.		

Le surplus d'apport

■ Les sujets abordés dans les sections précédentes nous ont permis de constater qu'il faut ouvrir plusieurs comptes pour inscrire le surplus d'apport provenant de diverses sources. Il faut un compte distinct pour chaque sorte de surplus d'apport et il est bon aussi de présenter séparément, dans le bilan, tous les éléments du surplus d'apport ainsi que l'illustre le tableau 18–2 du chapitre 18.

Les dividendes en actions

■ Un dividende en actions consiste à distribuer aux actionnaires des actions non encore émises sans exiger quoi que ce soit en retour. La société, qui distribue ainsi des actions, désire favoriser ses actionnaires sans réduire son encaisse ou toute autre valeur active. Cela se produit surtout lorsqu'une société prend de l'expansion et a, par le fait même, besoin de toutes ses ressources. Il importe de distinguer le dividende en actions du dividende en espèces. Dans le dernier cas, la société distribue une partie de son encaisse, ce qui amène une diminution de l'actif et de l'avoir des actionnaires. En revanche, la distribution d'un dividende en actions n'entraîne aucune diminution de l'actif et de l'avoir des actionnaires.

Un dividende en actions n'a aucun effet sur l'actif et le total de l'avoir des actionnaires parce que l'émission des actions ainsi distribuées ne comporte que le virement d'une partie des bénéfices non répartis au capital-actions et au surplus d'apport. Prenons pour illustrer ce dernier point, le cas de Rodnar, Ltée dont l'avoir des actionnaires est le suivant:

Capital-actions ordinaire :
  Autorisé : 1,500 actions d'une valeur nominale de $100.
  Émis : 1,000 actions $100,000
Surplus d'apport — Prime sur actions ordinaires 8,000
  Total du capital investi par les actionnaires $108,000
Bénéfices non répartis 35,000
  Total de l'avoir des actionnaires $143,000

Supposons maintenant que, le 28 décembre 1975, le conseil d'administration de Rodnar, Ltée déclare un dividende en actions de 10% distribuable le 20 janvier 1976 aux actionnaires immatriculés le 15 janvier.

Voici les écritures qu'il faudra passer au journal général pour inscrire ce dividende si la valeur marchande des actions de Rodnar, Ltée est de $150 le 28 décembre 1975:

Déc.	28	Bénéfices non répartis 15,000.00	
		Dividende distribuable en actions	10,000.00
		Prime sur actions ordinaires	5,000.00
		Pour inscrire la déclaration d'un dividende en actions de 10%.	
Janv.	20	Dividende distribuable en actions ordinaires ... 10,000.00	
		Capital-actions ordinaire	10,000.00
		Pour inscrire la distribution d'un dividende en actions déclaré le 28 décembre.	

Il est bon de noter que les écritures précédentes ont pour effet de virer une somme de $15,000 du compte Bénéfices non répartis aux comptes Capital-actions et Surplus d'apport. En d'autres mots, Rodnar, Ltée a capitalisé une partie de ses bénéfices non répartis égale à la valeur marchande des actions émises, soit $150 × 100 = $15,000.

Ainsi que nous l'avons déjà dit, un dividende en actions ne modifie pas l'actif de la société qui le déclare car celle-ci ne distribue effectivement aucune de ses ressources. De la même manière, le dividende en actions ne change pas l'avoir des actionnaires ni la quote-part de chacun d'eux. Supposons, pour illustrer ces deux derniers points, que Robert Johnson détient dix actions de Rodnar, Ltée au moment où le conseil d'administration déclare le dividende en actions dont il est question ci-dessus. La valeur comptable des dix actions de Johnson est de $1,430 ainsi que les calculs suivants le démontrent:

Capital-actions (1,000 actions) $100,000
Prime sur actions ordinaires 8,000
Bénéfices non répartis 35,000
  Total de l'avoir des actionnaires $143,000

Valeur comptable d'une action : $143,000 ÷ 1,000 actions = $143
Valeur comptable des dix actions de Johnson : $143 × 10 = $1,430

Le dividende en actions de 10% donne aux actionnaires une nouvelle action lorsqu'ils en possèdent dix, deux lorsqu'ils en possèdent vingt, etc. Johnson qui possède exactement dix actions en aura donc une de plus lorsque Rodnar, Ltée distribuera le dividende en actions. Voici l'avoir des actionnaires de Rodnar, Ltée et la valeur comptable des 11 actions de Johnson au 20 janvier 1976:

Capital-actions ordinaire (1,100 actions)	$110,000
Prime sur actions ordinaires	13,000
Bénéfices non répartis	20,000
Total de l'avoir des actionnaires	$143,000

Valeur comptable d'une action : $143,000 ÷ 1,100 actions émises = $130
Valeur comptable des actions de Robert Johnson : $130 × 11 = $1,430

Avant la déclaration du dividende en actions, Johnson possédait dix actions sur un total de 1,000 actions (1% des actions de Rodnar, Ltée) et la valeur comptable de ses actions était de $1,430. Après la déclaration du dividende en actions, il possède 11 actions sur un total de 1,100 actions (soit encore 1% des actions de Rodnar, Ltée) et la valeur comptable de ses actions est toujours de $1,430. En d'autres mots, la valeur comptable des actions de Robert Johnson est la même, qu'il ait 11 ou 10 actions. De la même manière, le seul effet que le dividende en actions a sur l'avoir des actionnaires est de virer une somme de $15,000 du poste Bénéfices non répartis aux postes Capital-actions et Surplus d'apport. Le dividende en actions n'a donc aucun effet sur le total de l'avoir des actionnaires et sur la valeur comptable des actions.

OBJET DES DIVIDENDES EN ACTIONS

Si le seul effet d'un dividende en actions est d'accroître le nombre d'actions sans changer leur valeur comptable, on peut se poser la question: « Pourquoi déclarer un dividende en actions? » Voici deux raisons qui effectivement justifient la déclaration d'un dividende en actions:

1. « . . . un dividende en actions a pour objet de démontrer aux actionnaires qu'ils ont droit à une partie des bénéfices non répartis d'une société même si celle-ci ne leur distribue pas de ressources parce qu'elle en a besoin pour son exploitation. »[5]
2. Les actionnaires peuvent tirer avantage d'un dividende en actions même si le pourcentage des actions qu'ils détiennent après avoir reçu le dividende en actions n'a pas changé. L'émission d'un petit nombre d'actions n'influe pas ou influe très peu, en courte période, sur la valeur marchande des actions. Si tel est le cas, les actions de l'actionnaire qui a reçu un dividende en actions auront, au total, une valeur marchande plus grande qu'auparavant.

---

[5]*Accounting Research and Terminology Bulletins, Édition finale* (New York : American Institute of Certified Public Accountants, 1961), p. 49.

Beaucoup d'analystes financiers s'opposent à la distribution d'un dividende en actions pour les raisons suivantes:

1. Les dividendes en actions ne favorisent pas les actionnaires car ceux-ci doivent inclure dans le calcul de leur revenu imposable un montant égal à la valeur marchande des actions reçues.
2. Il est erroné de distribuer un dividende en actions. En effet, celui-ci ne favorise pas réellement les actionnaires. Seuls les actionnaires mal informés se laisseront prendre à ce jeu.

Il est difficile de se prononcer sur le bien-fondé des arguments précédents mais la plupart des actionnaires estiment qu'un dividende en actions leur procure des avantages.

LES BÉNÉFICES NON RÉPARTIS À CAPITALISER

Dans l'écriture passée au journal général pour inscrire le dividende en actions déclaré par Rodnar, Ltée, on a porté au débit du compte Bénéfices non répartis une somme égale à la valeur marchande des actions distribuées aux actionnaires. Pour justifier cette solution, nous reproduisons ci-dessous un extrait de l'American Institute's Committee on Accounting Procedure:

« ... Un dividende en actions ne change nullement l'actif de la société qui le déclare ni la valeur comptable des actions que détient chaque actionnaire. Cependant, on ne doit pas perdre de vue que plusieurs actionnaires considèrent qu'un dividende en actions équivaut à un dividende régulier (ainsi que le décrivent les avis publiés pour le faire connaître aux actionnaires) ou à une distribution de bénéfices s'élevant à un montant égal à la valeur marchande des actions reçues. De plus, cette réaction des actionnaires s'explique encore mieux lorsque (comme cela se produit dans la plupart des cas) le nombre d'actions émises est si faible comparativement aux actions déjà émises que la valeur marchande des actions ne change guère après la déclaration du dividende en actions. Aussi, le Comité estime que, dans ces cas, la société qui a déclaré un dividende en actions doit comptabiliser cette opération en virant, du compte Bénéfices non répartis aux comptes Capital-actions et Surplus d'apport, un montant égal à la juste valeur des nouvelles actions émises. Cette solution s'impose parce qu'autrement les bénéfices non répartis comprendraient une somme qui, d'après les actionnaires, a déjà été distribuée mais qui apparemment pourrait, de nouveau, faire l'objet d'autres dividendes plus tard, à moins que la loi ne s'y oppose. »[6]

« Le Comité considère qu'un faible dividende en actions est celui où le nombre d'actions distribuées n'excède pas 20% ou 25% des actions émises auparavant. »[7]

---

[6]*Accounting Research and Terminology Bulletins, Édition finale* (New York: American Institute of Certified Public Accountants, 1961), pp. 51-52.

[7]*Ibid.*, p. 52.

LES DIVIDENDES EN ACTIONS CONSIDÉRABLES

Si un faible dividende en actions n'influe pas ou influe peu sur la valeur marchande des actions, l'effet des dividendes en actions considérables est tout autre. Voici ce que dit à ce sujet l'American Institute's Committee on Accounting Procedure:

« Lorsque le nombre d'actions émises auquel donne lieu un dividende en actions est si élevé qu'il réduit grandement la valeur marchande des actions ou est susceptible normalement de la réduire, le Comité estime que les caractéristiques décrites au paragraphe précédent n'existent vraisemblablement pas et que l'opération équivaut effectivement à un fractionnement d'actions ... » « Aussi, le Comité considère que, dans ces circonstances, une société n'est pas justifiée de capitaliser des bénéfices non répartis supérieurs à ceux que la loi exige de porter au crédit du compte Capital-actions ».[8]

Cette dernière recommandation équivaut à dire que l'on doit comptabiliser un dividende en actions considérable en capitalisant des bénéfices non répartis égaux à la valeur nominale des actions parce que c'est ce que les diverses lois sur les sociétés exigent de porter au crédit du compte Capital-actions.

PRÉSENTATION DES DIVIDENDES EN ACTIONS DANS LE BILAN

Étant donné qu'un dividende en actions est « payable » en actions plutôt qu'en espèces, la société qui l'a déclaré n'a aucune dette à cet égard. Si l'on dresse un bilan entre la date de déclaration du dividende et la date où les actions seront émises, il faut présenter les actions qui seront distribuées plus tard dans la section Capital-actions du bilan (voir le tableau 18–2 du chapitre 18).

Les fractionnements d'actions

■ Lorsque la valeur marchande des actions est élevée, la société peut demander à ses actionnaires de lui remettre leurs actions pour les remplacer par un nombre d'actions deux, trois, quatre ou cinq fois plus élevé. Ainsi, une société dont les actions d'une valeur nominale de $100 se vendent à un prix de $375 peut remplacer chaque action émise par deux actions d'une valeur nominale de $50, 4 actions d'une valeur nominale de $25, 10 actions d'une valeur nominale de $10 ou n'importe quel nombre d'actions sans valeur au pair. Cette opération qui porte le nom de *fractionnement d'actions* a généralement pour objet de réduire la valeur marchande des actions et de favoriser leur écoulement sur le marché.

Un fractionnement d'actions ne modifie nullement le total de l'avoir des actionnaires, la valeur comptable des actions de chaque actionnaire et le solde de l'un ou l'autre des comptes de l'avoir des actionnaires. Aussi, il suffit, pour comptabiliser un fractionnement d'actions, de noter, dans le compte Capital-actions, le changement apporté au nombre d'actions et à leur valeur nominale. Cette note pourrait se lire comme suit:

[8]*Ibid.*, p. 52.

« Chaque action d'une valeur nominale de $100 a été remplacée par 10 actions d'une valeur nominale de $10. »

Comptabi-lisation des impôts sur le revenu des sociétés par actions

■ Des trois principales formes d'entreprises, il n'y a que la société par actions qui est assujettie aux impôts fédéral et provincial sur le revenu. Les entreprises individuelles et les sociétés en nom collectif ne paient comme telles aucun impôt sur le revenu car le revenu de ces entreprises devient, d'après les lois ficales, le revenu imposable du propriétaire ou de chacun des associés.

Les impôts sur le revenu des sociétés représentent en un sens, une dépense pour celles-ci. Cependant, en pratique, on ne classe pas les impôts parmi les dépenses mais on les inscrit à la fin de l'état des revenus et dépenses ainsi que l'illustre le tableau 17–7.

La Société Excel, Ltée
État des revenus et dépenses
pour l'exercice terminé le 31 décembre 1976

Ventes	$310,000

Bénéfice avant impôts sur le revenu	$ 78,700
Moins : Provision pour impôts sur le revenu	32,600
Bénéfice net de l'exercice	$ 46,100

Tableau 17–7

Les impôts sur le revenu font généralement l'objet d'une écriture de régularisation que l'on inscrit dans la section « Régularisations » du chiffrier (voir le tableau 22–3 au chapitre 22). Voici l'écriture de régularisation qu'il faut passer au journal général pour inscrire les impôts sur le revenu:

Déc.	31	Provision pour impôts sur le revenu	32,600.00	
		Impôts sur le revenu à payer		32,600.00
		Pour inscrire les impôts sur le revenu de l'exercice.		

Questions

1. La loi n'impose aucune limite aux prélèvements des associés. En revanche, les lois sur les sociétés par actions restreignent les sommes que les actionnaires peuvent retirer sous forme de dividendes. Pourquoi cette différence existe-t-elle ?

2. Qu'entend-on par « prime sur actions » ? Par « escompte sur actions » ?

3. Quelle différence y a-t-il entre un escompte sur actions et l'escompte prélevé par la banque sur un billet fait à son ordre ?

4. Une société réalise-t-elle un gain en émettant des actions à prime ? Subit-elle une perte en émettant des actions à escompte ?

5. Pourquoi les lois sur les sociétés par actions rendent-elles les actionnaires qui ont acheté des actions à escompte responsables du montant de l'escompte ? À l'égard de qui ces actionnaires pourront-ils éventuellement contracter une dette ?

6. Quels sont les avantages des actions sans valeur nominale ?

7. Qu'entend-on par actions rachetées ? Comment peut-on dire que ces actions ressemblent aux actions non encore émises et qu'en même temps ils en diffèrent ? Quelle est l'importance de cette différence au point de vue juridique ?

8. Alpha, Ltée a acheté 1,000 actions de Bêta, Ltée. S'agit-il-d'actions rachetées ?

9. Quel est l'effet d'un rachat d'actions sur l'actif et sur l'avoir des actionnaires ? De quelle manière les actions reçues par une société à titre gratuit influent-elles sur l'actif et l'avoir des actionnaires ?

10. Quelle distinction y a-t-il entre des actions émises et des actions en circulation ?

11. Pourquoi les lois sur les sociétés restreignent-elles le rachat, par une société, de ses propres actions ?

12. Quel effet ont sur l'actif et l'avoir des actionnaires la déclaration et la distribution : (a) d'un dividende en espèces et (b) d'un dividende en actions ?

13. Quelle différence y a-t-il entre un dividende en actions et un fractionnement d'actions ?

14. Comment faut-il présenter : (a) un dividende en espèces et (b) un dividende en actions dans un bilan dressé entre la date de déclaration et la date de distribution de chacune de ces deux sortes de dividende ?

Exercices   **Exercice 17–1**

Le 15 février, une société a accepté des souscriptions se rapportant à 100,000 actions d'une valeur nominale de $1 offertes en vente à $1.10 l'action. Les souscripteurs sont tenus de verser, lors de la signature de leurs souscriptions, un cinquième du prix convenu et ils doivent régler le solde au plus tard le 15 mars suivant. Passez au journal général les écritures pour inscrire : (a) les souscriptions, (b) le premier versement, (c) l'encaissement du solde le 15 mars et (d) l'émission des actions.

Exercice 17–2

Le 28 janvier, une société a accepté des souscriptions se rapportant à 1,000 actions privilégiées d'une valeur nominale de $100 offertes en vente à $97 l'action. Les souscripteurs sont tenus de verser, lors de la signature de leurs souscriptions, 10% du prix convenu et ils doivent régler le solde dans 30 jours. Passez au journal général les écritures pour inscrire : (a) les souscriptions, (b) le premier versement, (c) l'encaissement du solde 30 jours plus tard et (d) l'émission des actions.

Exercice 17–3

Le 14 février, une société a émis 1,000 actions de son capital-actions ordinaire sans valeur nominale en retour d'une somme de $31,500. (*a*) Passez au journal général l'écriture pour inscrire cette émission. (*b*) Passez au journal général l'écriture pour inscrire cette émission si les administrateurs ont attribué une valeur de $25 aux actions sans valeur nominale.

Exercice 17–4

Voici la section Avoir des Actionnaires du bilan d'une société dressé au 31 janvier 1976 :

AVOIR DES ACTIONNAIRES

Capital-actions ordinaire :
Autorisé et émis : 10,000 actions d'une valeur nominale de $25 .... $250,000
Bénéfices non répartis 85,000
    Total de l'avoir des actionnaires $335,000

Le même jour, la société a racheté 1,000 de ses propres actions à un prix de $35 l'action. Passez au journal général l'écriture pour inscrire le rachat de ces actions et présentez la section Avoir des actionnaires du bilan immédiatement après le rachat.

Exercice 17–5

Le 15 février 1976, la société dont il est question à l'exercice précédent a revendu, à un prix de $37 l'action, 500 des actions qu'elle avait rachetées. Le 1er mars suivant, elle a revendu le reste de ces actions à un prix de $32 l'action. Passez au journal général les écritures pour inscrire ces opérations.

Exercice 17–6

Voici l'avoir des actionnaires de Lasco, Ltée au 5 mars 1976 :

AVOIR DES ACTIONNAIRES

Capital-actions ordinaire :
Autorisé : 100,000 actions d'une valeur nominale de $10.
Émis : 80,000 actions $800,000
Prime sur actions ordinaires 64,000
    Total du capital investi par les actionnaires $864,000
Bénéfices non répartis 110,400
    Total de l'avoir des actionnaires $974,400

Le même jour, alors que les actions avaient une valeur marchande de $12.50 l'action, les administrateurs ont déclaré un dividende en actions distribuable le 1er avril aux actionnaires immatriculés le 15 mars. Il semble que ce dividende n'a pas influé sur la valeur marchande des actions car elles se vendent toujours à un prix de $12.50 le 1er avril 1976.

Travail à faire :

1. Passez au journal général les écritures pour inscrire la déclaration et la distribution du dividende en actions.
2. Gérard Léger, un actionnaire qui détenait 100 actions le 5 mars, a reçu, le 1er avril, les actions auxquelles il avait droit. Calculez la valeur comptable et la valeur marchande des actions de Léger le 5 mars et le 1er avril suivant après la distribution du dividende en espèces. (Ne tenez pas compte des bénéfices réalisés entre le 5 mars et le 1er avril 1976.)

Problèmes **Problème 17–1**

Duplain, Ltée est une société par actions qui vient d'être constituée en vue d'acquérir une société industrielle. Ses lettres patentes l'autorisent à émettre 2,500 actions privilégiées non participantes, à dividende cumulatif de 7%, d'une valeur nominale de $100 et 250,000 actions ordinaires d'une valeur nominale de $5. Voici les opérations effectuées après la date de constitution :

1976

Fév. 7 Acceptation de souscriptions se rapportant à 100,000 actions ordinaires offertes en vente à un prix de $5.50 l'action. Encaissement de 20% du prix convenu.

10 Émission de 50,000 actions ordinaires en échange d'un terrain et d'une usine évalués respectivement à $75,000 et $200,000.

12 Acceptation de souscriptions se rapportant à 1,500 actions privilégiées offertes en vente à $105 l'action. Encaissement d'un premier versement de $15,750.

12 Émission de 500 actions ordinaires en faveur des avocats de la société pour les services qu'ils ont rendus au moment où celle-ci a été constituée. Les administrateurs ont attribué une valeur de $5.50 à chacune des 500 actions émises et ont convenu aussi de verser une somme de $1,250 aux avocats.

Mars 9 Émission des actions ordinaires souscrites le 7 février après avoir recouvré le solde du prix convenu.

14 Émission des actions privilégiées souscrites le 12 février après avoir recouvré le solde du prix des actions.

31 Acceptation de souscriptions se rapportant à 20,000 actions ordinaires offertes en vente à un prix de $4.75 l'action. Encaissement de 20% du prix convenu.

Travail à faire :

1. Passez au journal général les écritures pour inscrire les opérations précédentes.
2. Présentez la section Avoir des actionnaires du bilan dressé à la fin de l'exercice clos le 31 mars 1976.

Problème 17–2

Voici les opérations effectuées par Prodic, Ltée :

a. Obtention de lettres patentes autorisant Prodic, Ltée à émettre 25,000 actions ordinaires d'une valeur nominale de $10.

b. Acceptation de souscriptions se rapportant à 20,000 actions offertes en vente à un prix de $11.25 l'action.

c. Terrain évalué à $10,000 reçu à titre gratuit de la ville de Beauport pour inciter Prodic, Ltée à y construire une usine.

d. Émission des actions souscrites [voir (b)] après avoir recouvré le prix convenu.

e. Émission de 1,000 actions en faveur de l'entrepreneur qui a construit l'usine sur le terrain cédé par la ville de Beauport. L'entrepreneur avait convenu de construire cette usine moyennant un prix de $62,000, mais il a consenti à accepter les actions et la somme de $50,250 en règlement complet du montant dû par Prodic, Ltée.

f. Acquisition d'équipement au comptant : $125,000.

g. Ventes au comptant de l'exercice : $585,400; total des dépenses d'exploitation de l'exercice : $510,200.

h. Inscription de l'amortissement. Usine : $1,100; Équipement : $12,100. (Débitez le compte de contrôle Dépenses d'exploitation.)

i. Inscription de la provision pour impôts sur le revenu de l'exercice : $30,000.

j. Fermeture des comptes Ventes, Dépenses d'exploitation, Provision pour impôts sur le revenu et Sommaire des revenus et dépenses.

k. Déclaration d'un dividende trimestriel de $0.10 l'action.

l. Déclaration d'un dividende en actions de 5% au moment où la valeur marchande des actions est de $12.

m. Versement du dividende en espèces.

n. Distribution du dividende en actions.

o. Rachat par Prodic, Ltée de 1,000 de ses propres actions à $12 l'action.

p. Revente, à un prix de $12.50, de 500 des 1,000 actions rachetées.

q. Règlement des impôts à payer.

r. Déclaration d'un dividende trimestriel de $0.10 l'action.

Travail à faire :

1. Ouvrez les comptes en T suivants : Caisse, Souscriptions à recevoir — Actions ordinaires, Équipement, Amortissement accumulé — Équipement, Bâtiment, Amortissement accumulé — Bâtiment, Terrain, Impôts sur le revenu à payer, Dividendes à payer, Capital-actions ordinaire, Prime sur actions ordinaires, Capital-actions souscrit, Surplus d'apport — Rachat d'actions, Surplus d'apport — Terrain reçu à titre gratuit, Bénéfices non répartis, Dividende distribuable en actions, Actions ordinaires rachetées par Prodic, Ltée, Sommaire des revenus et dépenses, Ventes, Dépenses d'exploitation et Provision pour impôts sur le revenu.

2. Inscrivez directement les opérations précédentes dans les comptes en T et identifiez les montants au moyen de la lettre qui précède la description de chaque opération.

3. Présentez la section Avoir des actionnaires du bilan de Prodic, Ltée dressé après avoir comptabilisé toutes les opérations précédentes. (Voir le tableau 18–2.)

Problème 17–3

Voici l'avoir des actionnaires de Odéra, Ltée au 31 décembre 1975 et au 31 décembre 1976 :

AVOIR DES ACTIONNAIRES
au 31 décembre 1975

Capital-actions ordinaire :
Autorisé : 250,000 actions d'une valeur nominale de $5.

Émis : 200,000 actions	$1,000,000
Prime sur actions ordinaires	200,000
Total du capital investi par les actionnaires	$1,200,000
Bénéfices non répartis	975,800
Total de l'avoir des actionnaires	$2,175,800

AVOIR DES ACTIONNAIRES
au 31 décembre 1976

Capital-actions ordinaire :
Autorisé : 250,000 actions d'une valeur nominale de $5.

Émis : 219,800 actions, y compris 2,000 actions rachetées	$1,099,000
Prime sur actions ordinaires	338,600
Total du capital investi par les actionnaires	$1,437,600
Bénéfices non répartis	785,300
Total	$2,222,900
Moins : Coût des actions rachetées	21,000
Total de l'avoir des actionnaires	$2,201,900

Le 15 février, le 17 mai, le 14 août et le 15 novembre 1976, le conseil d'administration a déclaré un dividende de $0.15 l'action. Le 23 juillet, Odéra, Ltée a racheté 2,000 actions et, le 14 août, elle a déclaré un dividende en actions de 10% distribuable le 15 septembre. La valeur marchande des actions, le 14 août, était de $12.

Travail à faire :
Calculez le bénéfice net de Odéra, Ltée pour l'exercice terminé le 31 décembre 1976. Posez l'hypothèse qu'aucune autre opération, à l'exception de celles dont il est question dans le paragraphe précédent, n'a modifié les bénéfices non répartis au cours de l'exercice. Présentez tous vos calculs.

Problème 17–4
Voici l'avoir des actionnaires de Phoenix, Ltée au 31 décembre 1975 :

AVOIR DES ACTIONNAIRES

Capital-actions privilégié :
Autorisé : 2,500 actions non participantes, à dividende cumulatif de 6%, d'une valeur nominale de $100.

Émis : 1,000 actions		$100,000

Capital-actions ordinaire :
Autorisé : 100,000 actions d'une valeur nominale de $10.

Émis : 50,000 actions	$500,000	
Prime sur actions ordinaires	75,000	575,000
Total du capital investi par les actionnaires		$675,000
Bénéfices non répartis		225,000
Total de l'avoir des actionnaires		$900,000

Phoenix, Ltée a effectué, au cours de l'exercice, les opérations suivantes portant sur les capitaux propres :

1976

Mars 25 Déclaration de dividendes semestriels de $3 l'action et de $0.50 l'action payables respectivement aux actionnaires privilégiés et aux actionnaires ordinaires.

Avril 20 Versement des dividendes déclarés le 25 mars aux actionnaires immatriculés le 10 avril.

    30 Acceptation de souscriptions se rapportant à 10,000 actions ordinaires offertes en vente à $17.50 l'action. Encaissement de 10% du prix convenu.

Mai 30 Émission des actions souscrites le 30 avril après avoir recouvré le solde du prix convenu.

Sept. 24 Déclaration de dividendes semestriels de $3 l'action et de $0.50 l'action payables respectivement aux actionnaires privilégiés et aux actionnaires ordinaires.

Oct. 20 Versement des dividendes déclarés le 24 septembre aux actionnaires immatriculés le 10 octobre 1976.

Déc. 20 Déclaration d'un dividende en actions ordinaires de 10% distribuable le 20 janvier 1977 aux actionnaires immatriculés le 15 janvier. La valeur marchande des actions de Phœnix, Ltée était de $18 le 20 décembre 1976 et les administrateurs ont décidé d'utiliser cette valeur pour comptabiliser le dividende en actions.

    31 Fermeture du compte Sommaire des revenus et dépenses. Le bénéfice net de l'exercice après impôts s'élève à $109,000.

Travail à faire :

1. Passez au journal général les écritures pour inscrire les opérations précédentes.
2. Gérald Pagé, un actionnaire qui détient 100 actions de Phoenix, Ltée reçoit, le 20 janvier 1977, les actions auxquelles le dividende en actions lui donne droit. Calculez la valeur comptable des actions de Pagé le 31 décembre et le 20 janvier suivant après la distribution du dividende en actions. (Ne tenez pas compte des bénéfices réalisés entre le 31 décembre 1976 et le 20 janvier 1977.)

Problème 17–5

Le solde du compte Bénéfice non répartis d'une société par actions s'élevait à $211,800 au 31 octobre 1975. Les lettres patentes de cette société l'autorise à émettre 100,000 actions ordinaires d'une valeur nominale de $10. Le 31 octobre, le nombre d'actions en circulation est de 60,000 et provient d'actions émises à $12 il y a plusieurs années. Voici les opérations effectuées entre le 1er novembre 1975 et le 2 février suivant :

1975

Nov. 1 Déclaration d'un dividende de $0.20 l'action payable le 1er décembre aux actionnaires ordinaires immatriculés le 25 novembre 1975.

Déc. 1 Versement du dividende déclaré le 1er novembre.

   2 Déclaration d'un dividende en actions de 5% distribuable le 30 décembre aux actionnaires immatriculés le 22 décembre 1976. Le 2 décembre, les actions avaient une valeur marchande de $18 et

les administrateurs ont décidé d'utiliser cette valeur pour comptabiliser le dividende en actions.

30   Distribution du dividende déclaré le 2 décembre.

31   Bénéfice net de l'exercice : $94,500.

1976

Janv. 2   Les administrateurs ont proposé de fractionner les actions 2 pour 1 en remplaçant les actions déjà émises par d'autres ayant une valeur nominale de $5. Les actionnaires ont approuvé ce fractionnement et ont autorisé le conseil d'administration à demander des lettres patentes supplémentaires qui permettront à la société de remplacer les 100,000 anciennes actions d'une valeur nominale de $10 par 200,000 nouvelles actions d'une valeur nominale de $5. Les formalités relatives au fractionnement d'actions ont été complétées le 1er février 1976 et la société a distribué les nouvelles actions ce jour-là.

Travail à faire :

1. Passez au journal général les écritures pour inscrire les opérations précédentes et fermer le compte Sommaire des revenus et dépenses le 31 décembre. (Le fractionnement d'actions ne nécessite aucune écriture; il convient, cependant, de noter les changements survenus dans le compte Capital-actions.)

2. Le 31 octobre, Germain Bélanger possédait 500 actions de cette société. Il n'a vendu, ni acheté aucune action entre le 1er novembre 1975 et le 1er février suivant. Calculez et inscrivez dans un tableau la valeur comptable des actions de la société et celle des actions de Germain Bélanger à chacune des dates suivantes : le 31 octobre, le 1er novembre, le 1er décembre, le 30 décembre, le 31 décembre et le 1er février.

3. Présentez l'avoir des actionnaires de cette société au 31 octobre 1975, au 31 décembre 1975 et au 1er février 1976. (Ne tenez pas compte des bénéfices réalisés entre le 31 décembre 1975 et le 1er février 1976.)

Problème 17-6

Les lettres patentes de Arondex, Ltée l'autorisent à émettre 50,000 actions ordinaires d'une valeur nominale de $10 et 2,000 actions privilégiées non participantes, d'une valeur nominale de $100, à dividende cumulatif de 7½% payable à raison de $3.75 par semestre. Le 30 juin de l'année où Arondex, Ltée a obtenu ses lettres patentes, 40,000 actions ordinaires ont été souscrites à un prix de $12.50 l'action. Les souscripteurs ont versé le cinquième du prix convenu au moment où ils ont signé leurs souscriptions et ils ont réglé le solde le 31 juillet, date à laquelle les actions ont été émises.

Arondex, Ltée a émis le même jour, à la valeur nominale, toutes les actions privilégiées en retour d'un règlement en espèces. Les résultats d'exploitation ont été satisfaisants dès le début, ce qui a permis de distribuer des dividendes aux actionnaires ordinaires comme aux actionnaires privilégiés.

Le 10 août 1975, soit près de cinq ans après le début de la société, le compte Bénéfices non répartis a un solde créditeur de $128,000 et les actions ordinaires ont une valeur marchande de $17.50 l'action. Ce jour-là, le conseil d'administration a déclaré un dividende en actions de 10% distribuable le 20 septembre suivant aux actionnaires immatriculés le 15 septembre 1975.

À peu près un an plus tard, soit le 3 octobre 1976, au moment où le solde du compte Bénéfices non répartis était de $93,000, les actions furent fractionnées 2 pour 1 en remplaçant les actions d'une valeur nominale de $10 par un nombre deux fois plus élevé d'actions ayant une valeur nominale de $5.

Peu avant la fin du sixième exercice, soit le 22 décembre 1976, les administrateurs ont déclaré le dividende régulier semestriel de $3.75 en faveur des actionnaires privilégiés et un dividende de $0.10 payable le 31 janvier suivant aux actionnaires immatriculés le 20 janvier 1977.

Travail à faire :

1. Passez au journal général les écritures pour inscrire :
   a. L'émission des actions ordinaires souscrites peu de temps après que Arondex, Ltée eut obtenu ses lettres patentes.
   b. L'émission des actions privilégiées.
   c. La déclaration et la distribution du dividende en actions.
   d. Les dividendes en espèces déclarés et distribués en 1976.
2. Charles Héroux possédait 100 actions ordinaires de Arondex, Ltée au cours du cinquième exercice et avait droit de recevoir les actions distribuées le 20 septembre 1975. Posez l'hypothèse que le dividende en actions n'a pas influé sur la valeur marchande des actions qui était toujours de $17.50 au moment où les actions ont été distribuées. Supposez aussi que Héroux n'a acheté, ni vendu aucune de ses actions au cours de l'année et calculez la valeur comptable et la valeur marchande de ses actions le jour où le dividende en actions a été déclaré et le jour où il a été distribué. (N'oubliez pas que les actionnaires privilégiés ne peuvent recevoir un dividende que si le conseil d'administration décide de le leur verser. Ne tenez pas compte des bénéfices réalisés entre le 10 août et le 20 septembre 1975.)
3. Présentez la section Avoir des actionnaires du bilan de Arondex, Ltée dressé le jour où les actions ordinaires d'une valeur nominale de $5 ont été émises pour remplacer les actions d'une valeur nominale de $10. (Posez l'hypothèse que des lettres patentes supplémentaires autorisent Arondex, Ltée à émettre 100,000 nouvelles actions ordinaires.)

Autres problèmes

Problème 17–1A

Une société par actions constituée en vue de construire un centre commercial a obtenu des lettres patentes l'autorisant à émettre 2,000 actions privilégiées non participantes, à dividende cumulatif de 7½%, d'une valeur nominale de $100 et 100,000 actions ordinaires d'une valeur nominale de $10. Voici les opérations effectuées après la date de constitution :

1976

Fév. 3 Acceptation de souscriptions se rapportant à 60,000 actions ordinaires mises en vente à $11 l'action. Encaissement du tiers du prix convenu.

6 Émission de 1,000 actions ordinaires en faveur des promoteurs de la société à titre de rémunération pour les services qu'ils ont rendus. Les administrateurs ont attribué aux actions émises une valeur de $11.

Fév. 10 Émission de 1,000 actions privilégiées en échange d'un terrain évalué à $105,000.

15 Acceptation de souscriptions se rapportant à 500 actions privilégiées offertes en vente à $105 l'action. Encaissement de 20% du prix demandé.

Mars 5 Émission des actions ordinaires souscrites le 3 février après avoir recouvré le solde du prix convenu.

17 Émission des actions privilégiées souscrites le 15 février après avoir recouvré le solde du prix demandé.

20 Acceptation de souscriptions se rapportant à 500 actions privilégiées offertes en vente à $106 l'action. Encaissement de 20% du prix convenu.

Travail à faire :

1. Passez au journal général les écritures pour inscrire les opérations précédentes.
2. Présentez la section Avoir des actionnaires du bilan dressé au 20 mars 1976.

Problème 17–2A

Après avoir obtenu des lettres patentes l'autorisant à émettre 50,000 actions ordinaires d'une valeur nominale de $5, Pilou, Ltée a effectué les opérations suivantes :

a. Acceptation de souscriptions se rapportant à 15,000 actions ordinaires offertes en vente à $5.50 l'action.

b. Émission de 25,000 actions en échange d'un terrain, d'un bâtiment et de machines évalués respectivement à $17,500, $85,000 et $35,000.

c. Émission des actions souscrites [voir (*a*)] après avoir recouvré le prix convenu.

d. Achat d'autres machines au comptant : $65,000.

e. Ventes au comptant effectuées au cours de la première année d'exploitation : $628,500; dépenses d'exploitation réglées au comptant : $550,300.

f. Inscription de l'amortissement pour l'exercice : équipement, $10,700, et bâtiment, $2,500. (Portez ces sommes au débit du compte de contrôle Dépenses d'exploitation.)

g. Inscription de la provision pour impôts de l'exercice : $25,000.

h. Fermeture des comptes Ventes, Dépenses d'exploitation, Provision pour impôts et Sommaire des revenus et dépenses.

i. Déclaration d'un dividende trimestriel de $0.10 l'action.

j. Versement du dividende précédent.

k. Règlement des impôts à payer.

l. Rachat, par Pilou, Ltée, de 1,000 actions à un prix de $5.75 l'action.

m. Revente, à un prix de $6, de 500 des 1,000 actions rachetées.

n. Déclaration d'un dividende en actions de 10% au moment où la valeur marchande des actions est de $6.

o. Distribution du dividende en actions.

p. Déclaration d'un dividende trimestriel de $0.10 l'action.

q. Terrain situé à proximité de l'usine reçu à titre gratuit de la Chambre de Commerce. Ce terrain a une valeur marchande de $15,000 et servira pour agrandir l'usine actuelle.

Travail à faire :

1. Ouvrez les comptes en T suivants : Caisse, Souscriptions à recevoir — Actions ordinaires, Équipement, Amortissement accumulé — Équipement, Bâtiment, Amortissement accumulé — Bâtiment, Terrain, Impôts sur le revenu à payer, Dividendes à payer, Capital-actions ordinaire, Prime sur actions ordinaires, Capital-actions souscrit, Surplus d'apport — Rachat d'actions, Surplus d'apport — Terrain reçu à titre gratuit, Bénéfices non répartis, Dividende distribuable en actions, Actions ordinaires rachetées par Pilou, Ltée, Sommaire des revenus et dépenses, Ventes, Dépenses d'exploitation et Provision pour impôts sur le revenu.

2. Inscrivez directement les opérations précédentes dans les comptes en T et identifiez les montants au moyen de la lettre qui précède la description de chaque opération.

3. Présentez la section Avoir des actionnaires du bilan de Pilou, Ltée dressé après avoir comptabilisé toutes les opérations précédentes. (Voir le tableau 18–2.)

Problème 17–4A

Le 27 juin 1975 et, de nouveau, le 28 décembre suivant, Mesa, Ltée a déclaré un dividende de $0.60 l'action en faveur des actionnaires ordinaires en plus du dividende régulier semestriel de $3 l'action payable aux actionnaires privilégiés. Mesa, Ltée n'a pas déclaré d'autres dividendes au cours de l'exercice. Les dividendes déclarés le 28 décembre n'avaient pas encore été versés le 31 décembre au moment où l'on a dressé le bilan dans lequel figure l'avoir des actionnaires qui suit :

AVOIR DES ACTIONNAIRES

Capital-actions privilégié :		
Autorisé : 5,000 actions non participantes, à dividende cumulatif de 6%, d'une valeur nominale de $100.		
Émis : 2,500 actions	$250,000	
Plus : Prime sur actions privilégiées	12,500	$ 262,500
Capital-actions ordinaire :		
Autorisé : 100,000 actions d'une valeur nominale de $10.		
Émis : 60,000 actions	$600,000	
Plus : Prime sur actions ordinaires	120,000	720,000
Total du capital investi par les actionnaires		$ 982,500
Bénéfices non répartis		223,000
Total de l'avoir des actionnaires		$1,205,500

Au cours de 1976, Mesa, Ltée a effectué les opérations suivantes portant sur les capitaux propres :

1976

Janv. 20 Versement des dividendes déclarés le 28 décembre précédent aux actionnaires immatriculés le 15 janvier.

Mars 15 Acceptation de souscriptions se rapportant à 10,000 actions ordinaires offertes en vente à $16 l'action. Encaissement de 25% du prix convenu.

Avril 14　Émission des actions souscrites le 15 mars après avoir recouvré le solde du prix demandé.

Juin 26　Déclaration des dividendes réguliers semestriels de $3 l'action et de $0.60 l'action payables respectivement aux actionnaires privilégiés et aux actionnaires ordinaires.

Juil. 20　Versement des dividendes déclarés le 26 juin aux actionnaires immatriculés le 15 juillet.

Oct. 24　Déclaration d'un dividende en actions ordinaires de 10% distribuable le 20 novembre aux actionnaires immatriculés le 15 novembre. La valeur marchande des actions de Mesa, Ltée était de $16.50 le 24 octobre et les administrateurs ont décidé d'utiliser cette valeur pour comptabiliser le dividende en actions.

Nov. 20　Distribution du dividende en actions déclaré le 24 octobre.

Déc. 29　Déclaration des dividendes réguliers semestriels de $3 l'action et de $0.55 l'action payables respectivement aux actionnaires privilégiés et aux actionnaires ordinaires.

Travail à faire :

1. Passez au journal général les écritures pour inscrire les opérations précédentes.
2. Gérard Soucy a acheté 100 actions ordinaires de Mesa, Ltée le 12 juin 1975 et son nom a été inscrit dans le registre des actionnaires le 23 juin. Si, le 29 décembre 1976, il possède encore les actions achetées le 12 juin 1975 recevra-t-il de Mesa, Ltée en 1976 des dividendes en espèces plus élevés que ceux qu'il a reçus en 1975 ? Présentez vos calculs.

Problème 17–5A

Voici l'avoir des actionnaires d'une société au 30 septembre 1975 :

AVOIR DES ACTIONNAIRES

Capital-actions ordinaire :
Autorisé : 10,000 actions d'une valeur nominale de $25.

Émis : 8,000 actions	$200,000
Plus : Prime sur actions ordinaires	40,000
Total du capital investi par les actionnaires	$240,000
Bénéfices non répartis	141,600
Total de l'avoir des actionnaires	$381,600

Le 2 octobre 1975, les administrateurs ont déclaré un dividende de $0.40 l'action payable le 31 octobre aux actionnaires immatriculés le 20 octobre. Le 28 novembre, le conseil d'administration a déclaré un dividende en actions de 10% distribuable le 30 décembre aux actionnaires immatriculés le 20 décembre. La valeur marchande des actions était de $50 le 28 novembre et les administrateurs ont décidé d'utiliser cette valeur pour comptabiliser le dividende en actions. Le bénéfice net s'est élevé à $35,200 au cours de l'exercice où eurent lieu les opérations précédentes. Le 8 janvier 1976, le conseil d'administration a proposé de fractionner les actions 2½ pour 1 en remplaçant les actions déjà émises par d'autres ayant une valeur nominale de $10. Les actionnaires ont approuvé ce fractionnement et ont autorisé le conseil d'administration à demander des lettres patentes supplémentaires permettant à la société de remplacer les 10,000 actions d'une valeur nominale de $25 par 25,000 nouvelles actions d'une valeur nominale de $10. Les formalités relatives au fractionnement ont été complétées le 15 février 1976 et la société a distribué les nouvelles actions ce jour-là.

Travail à faire :

1. Passez au journal général les écritures pour inscrire les opérations précédentes et fermer le compte Sommaire des revenus et dépenses au 31 décembre. (Le fractionnement d'actions ne nécessite aucune écriture; il convient, cependant, de noter les changements survenus dans le compte Capital-actions.)
2. Le 30 septembre, David Hall possédait 500 actions de cette société. Il n'a vendu, ni acheté aucune action entre le 1er octobre et le 15 février suivant. Calculez et inscrivez dans un tableau la valeur comptable des actions de la société et celle des actions de David Hall à chacune des dates suivantes : le 30 septembre, le 2 octobre, le 31 octobre, le 30 décembre, le 31 décembre et le 15 février.
3. Présentez l'avoir des actionnaires de cette société au 31 décembre et au 15 février 1976. (Ne tenez pas compte des bénéfices réalisés entre le 31 décembre et le 15 février 1976.)

Cas 17–1 Apex, Ltée

Paul Hall a acheté 100 actions de Apex, Ltée à un prix de $15 l'action le 1er janvier 1974. Voici l'avoir des actionnaires de cette société à cette date :

AVOIR DES ACTIONNAIRES

Capital-actions ordinaire :
Autorisé : 250,000 actions d'une valeur nominale de $10.

Émis : 200,000 actions	$2,000,000
Prime sur actions ordinaires	250,000
Bénéfices non répartis	560,000
Total de l'avoir des actionnaires	$2,810,000

Depuis la date où M. Hall a acheté ses 100 actions, il n'en a acheté ni vendu aucune. Le 31 décembre de chaque année, il a reçu les dividendes suivants :

31 décembre 1974 : $ 66.00
31 décembre 1975 : $ 82.50
31 décembre 1976 : $110.00

Le 30 juin 1974, au moment où la valeur marchande des actions de Apex, Ltée était de $17.50 l'action, le conseil d'administration a déclaré un dividende en actions de 10% distribué un mois plus tard. Le 15 août 1975, Apex, Ltée a doublé le nombre d'actions autorisées en fractionnant ses actions 2 pour 1. Finalement, le 27 mars 1976, Apex, Ltée a racheté 10,000 actions de ses propres actions à $9 l'action. Ces actions n'ont pas encore été revendues ni annulées à la fin de l'exercice.

Posez l'hypothèse que les actions de Apex, Ltée avaient une valeur comptable de $13.50 au 31 décembre 1974, de $7.20 au 31 décembre 1975 et de $7.70 au 31 décembre 1976.

Travail à faire :

1. Présentez la section Avoir des actionnaires des bilans de Apex, Ltée dressés au 31 décembre 1974, au 31 décembre 1975 et au 31 décembre 1976.

2. Calculez le bénéfice net de chacun des exercices 1974, 1975 et 1976 si les seuls changements survenus dans les bénéfices non répartis proviennent des bénéfices et des dividendes.

Cas 17–2
Texcor,
Ltée

Voici l'avoir des actionnaires de Texcor, Ltée au 3 novembre 1976 :

AVOIR DES ACTIONNAIRES

Capital-actions ordinaire :
Autorisé : 150,000 actions d'une valeur nominale de $10.
Émis : 100,000 actions $1,000,000
Prime sur actions ordinaires 150,000
Bénéfices non répartis 650,000
    Total de l'avoir des actionnaires $1,800,000

Le 13 novembre 1976, au moment où la valeur marchande des actions était de $20, les administrateurs de Texcor, Ltée ont déclaré un dividende en actions de 20% distribuable le 1er décembre aux actionnaires immatriculés le 25 novembre. Le 12 novembre, les administrateurs ont approuvé la déclaration d'un dividende de $0.85 l'action payable le 20 décembre aux actionnaires immatriculés le 15 décembre. Les actionnaires furent très déçus de ce dernier dividende, car Texcor, Ltée avait distribué au cours des exercices précédents un dividende de $1 l'action.

Georges Hallé, qui détenait 1,000 actions de Texcor, Ltée achetées plusieurs années auparavant, a reçu, le 25 novembre 1976, les actions auxquelles il avait droit. Comme il possédait toujours ces actions le 20 décembre, il a reçu le dividende en espèces déclaré le 12 novembre. M. Hallé a remarqué que la valeur marchande des actions qui était de $20 le 3 novembre est tombée à $17.50 le 25 novembre.

Passez au journal général les écritures pour inscrire les dividendes déclarés en novembre et le règlement de ces dividendes en décembre, puis répondez aux questions suivantes :

a. Quelle était la valeur comptable des 1,000 actions de Georges Hallé le 3 novembre ? Qu'est devenue cette valeur comptable le 1er décembre après la distribution du dividende en actions ? Ne tenez pas compte des bénéfices réalisés entre le 3 novembre et le 1er décembre.)

b. Quelle fraction de l'avoir des actionnaires Georges Hallé détenait-il le 3 novembre ? Le 1er décembre ?

c. Quelle est la valeur marchande des 1,000 actions de Georges Hallé le 3 novembre ? Qu'est devenue cette valeur marchande le 25 novembre ?

d. Quels avantages le dividende en actions a-t-il procurés à Georges Hallé ?

18

Les sociétés par actions: les bénéfices non répartis et les états financiers consolidés

■ Les bénéfices non répartis désignent la partie de l'avoir des actionnaires qui correspond aux biens provenant de l'exploitation qu'une société par actions n'a pas distribués. Les bénéfices non répartis eux-mêmes comprennent les bénéfices d'exploitation et les gains réalisés lors de la vente de placements ou de biens servant à l'exploitation.

On entend souvent dire à tort que le solde du compte Bénéfices non répartis doit être égal au solde du compte Caisse. L'encaisse est un élément qui figure à l'actif du bilan comme toutes les autres valeurs actives. En revanche, les bénéfices non répartis sont un élément de l'avoir des actionnaires auquel ne correspond qu'une partie de l'actif. Il est également erroné de considérer que le solde des bénéfices non répartis est, par définition, le montant qui permet d'équilibrer le total de l'actif avec le total du passif, compte tenu des autres éléments de l'avoir des actionnaires. « Les bénéfices non répartis représentent l'accumulation des bénéfices d'exploitation, déduction faite des dividendes. Si ce montant est négatif, le terme « déficit » suffit à le désigner. »[1] De plus, comme le compte Bénéfices non répartis résume les résultats d'exploitation et est en même temps un poste du bilan, il permet d'établir un lien entre l'état des revenus et dépenses et le bilan.

[1]*Manuel de l'I.C.C.A.* (Toronto, l'Institut Canadien des Comptables Agréés, 1968), par. 3250.05.

Les bénéfices non répartis peuvent être distribués sans restriction ou ils peuvent être « affectés » à une fin quelconque. Seuls les bénéfices non répartis non affectés peuvent être distribués aux actionnaires. Dans ce cas, le compte Bénéfices non répartis doit avoir une solde créditeur duquel l'on déduit les dividendes versés aux actionnaires.

Comme les dividendes sont généralement versés en espèces, ils diminuent à la fois l'encaisse et l'avoir des actionnaires. Ainsi que nous l'avons déjà vu, la loi permet à une société par actions de distribuer des dividendes lorsque le solde du compte Bénéfices non répartis est créditeur. Cependant, il est essentiel qu'une entreprise ait de l'argent lorsqu'elle désire distribuer un dividende en espèces. Les administrateurs estiment généralement qu'il est préférable de ne pas distribuer un dividende lorsque les liquidités font défaut. Il arrive d'ailleurs souvent qu'une société par actions dont les bénéfices non répartis sont élevés ne puisse distribuer un dividende car elle doit conserver ses liquidités pour les fins de son exploitation.

Les réserves

■ Bien qu'une société ait le droit de distribuer tous les bénéfices non répartis, il n'est généralement pas sage de le faire. Une société par actions ne distribue normalement à ses actionnaires qu'une partie des biens provenant de son exploitation car elle doit conserver ses ressources pour prendre de l'expansion, parer aux éventualités et distribuer des dividendes lorsque le bénéfice d'un exercice est inférieur aux dividendes habituellement versés. La première des raisons invoquées est sans contredit la plus importante. Une société peut croître en émettant des actions pour obtenir des capitaux plus élevés; cependant, elle peut croître aussi en conservant les fonds que les résultats d'exploitation lui ont procurés. Ford Motor Company, par exemple, est une entreprise qui a pris de l'expansion en réinvestissant ses bénéfices. Le capital initial de cette société qui s'élevait à peine à $100,000 s'est accru considérablement grâce au réinvestissement des bénéfices d'exploitation.

Une entreprise qui réinvestit ses bénéfices augmente ses immobilisations, ses stocks, ses comptes à recevoir, etc., et a, par le fait même, moins de liquidités pour distribuer des dividendes. Plusieurs actionnaires ont de la difficulté à saisir ce dernier point. En effet, lorsqu'une société a des bénéfices non répartis élevés, ils insistent pour qu'elle leur distribue des dividendes qu'elle ne peut toutefois leur verser puisque les fonds provenant de l'exploitation ont été réinvestis.

Bien que ce ne soit plus tellement le cas actuellement, plusieurs sociétés, dans le passé, créaient des réserves afin d'informer les actionnaires qu'une partie des bénéfices ne pouvaient leur être distribués. Les réserves dont la création dépend d'une résolution du conseil d'administration font l'objet d'une écriture comptable et figurent dans le bilan ainsi que l'illustre le tableau 18–1.

Le terme « réserve » doit servir exclusivement à désigner les bénéfices non répartis affectés. Il faut éviter d'utiliser le terme « réserve » pour

Capital-actions ordinaire :
Autorisé et émis : 5,000 actions d'une
valeur nominale de $1 .... $5,000,000
Bénéfices non répartis :
Bénéfices affectés :
Réserve pour expansion $200,000
Réserve pour fonds de roulement 250,000
Réserve pour rachat d'obligations 75,000
Total des bénéfices affectés $525,000
Bénéfices non affectés 350,000
Total des bénéfices non répartis 875,000
Total de l'avoir des actionnaires ... $5,875,000

Tableau
18–1

désigner par exemple, une obligation réelle ou la dépréciation d'une valeur active.[2]

LES RÉSERVES FACULTATIVES, LES RÉSERVES STATUTAIRES ET LES RÉSERVES CONTRACTUELLES

Les réserves peuvent être facultatives, statutaires ou contractuelles. Les réserves facultatives sont celles qui sont créées à la discrétion de la direction comme la réserve pour expansion et la réserve pour fonds de roulement. Ces réserves ont pour objet d'indiquer que des bénéfices non répartis ont été réinvestis, d'une part, en immobilisations et, d'autre part, dans le fonds de roulement. (On entend par « fonds de roulement » l'excédent de l'actif à court terme sur le passif à court terme.) Les deux réserves précédentes sont facultatives, c'est-à-dire que le conseil d'administration peut les créer ou les éliminer à sa discrétion.

Quant aux réserves statutaires et contractuelles, elles ont pour objet de donner suite à une disposition de la loi, aux règlements de l'entreprise, à un acte de fiducie ou à un contrat quelconque. C'est le cas par exemple des réserves pour fonds d'amortissement et des réserves pour rachat d'actions privilégiées.

LA CRÉATION DE RÉSERVES : UN EXEMPLE

Pour illustrer la façon de créer une réserve, supposons que les administrateurs de Coleraine, Ltée estiment que, dans cinq ans, il faudra construire une nouvelle usine dont le coût sera de $1,000,000. La direction envisage deux modes de financement. En premier lieu, on pourrait attendre jusqu'au moment de la construction et émettre à ce moment-là des actions additionnelles pour obtenir les capitaux nécessaires. En second lieu, il serait possible d'obtenir les fonds requis en réinvestissant chaque année pendant cinq ans une somme de $200,000. Étant donné que les bénéfices annuels excéderont probablement ce mon-

---

[2]*Ibid.*, par. 3260.01.

tant, la direction juge que le deuxième mode de financement est préférable et décide de l'adopter.

Les administrateurs sont conscients qu'il ne sera possible de réinvestir annuellement une somme de $200,000 que si l'on évite de distribuer cette somme aux actionnaires. Cependant, ils savent aussi que si les dividendes distribués sont moindres, les bénéfices non répartis ne cesseront de croître, ce qui incitera les actionnaires à réclamer des dividendes plus élevés. Aussi, pour éviter tout malentendu, le conseil d'administration décide de créer une réserve pour expansion en virant annuellement une somme de $200,000 du compte Bénéfices non répartis au compte Réserve pour expansion. Voici l'écriture qu'il faudra passer au journal général à la fin de chacun des cinq prochains exercices:

Déc.	28	Bénéfices non répartis	200,000.00	
		Réserve pour expansion		200,000.00
		Pour inscrire la création d'une réserve pour expansion.		

Cette écriture réduit le solde du compte Bénéfices non répartis mais ne réduit pas le total de ces bénéfices. En effet, si la création d'une réserve diminue les bénéfices non affectés, elle augmente les bénéfices affectés.

Avant de poursuivre, il faut noter que le virement de $200,000 du compte Bénéfices non répartis au compte Réserve pour expansion ne fournit pas en soi les fonds dont la société aura besoin pour réaliser son projet de construction. Les bénéfices eux-mêmes ont procuré des fonds qui ont pu être utilisés à diverses fins. La création d'une réserve pour expansion n'a pas d'autre objet que d'informer les actionnaires que le conseil d'administration a l'intention de restreindre les dividendes en vue de faciliter le financement d'un projet d'expansion.

ÉLIMINATION DES RÉSERVES

La raison pour laquelle une réserve a été créée peut ne plus exister après un certain temps. Lorsqu'une réserve est éliminée, il faut la restituer en entier aux bénéfices non répartis. Ainsi, après avoir remboursé des obligations à l'échéance, la réserve pour fonds d'amortissement n'est plus nécessaire et doit être virée aux bénéfices non répartis.

Présentation détaillée de l'avoir des actionnaires

■ Au cours de ce chapitre et des chapitres précédents, nous avons donné de nombreux exemples illustrant la façon de présenter les divers éléments de l'avoir des actionnaires. Le tableau 18–2 résume tous les éléments étudiés jusqu'à présent et a aussi pour objet d'aider l'étudiant à en mieux saisir la nature.

Le deuxième élément de l'avoir des actionnaires du tableau 18–2 s'intitule « Excédent du capital investi par les actionnaires privilégiés sur la valeur nominale des actions émises ». Il s'agit effectivement de la prime sur actions privilégiées. Lors de l'émission de ces actions, on a probablement crédité le compte Prime sur actions privilégiées mais il est préférable, parfois, d'utiliser un titre plus descriptif ainsi que nous le faisons dans le tableau 18–2.

AVOIR DES ACTIONNAIRES

Capital-actions privilégié :
Autorisé : 2,000 actions non participantes, à dividende cumulatif de 7%, d'une valeur nominale de $100.

Émis : 1,000 actions		$100,000	
Excédent du capital investi par les actionnaires privilégiés sur la valeur nominale des actions émises		4,000	
Total du capital investi par les actionnaires privilégiés			$104,000

Capital-actions ordinaire :
Autorisé : 50,000 actions d'une valeur nominale de $10.

Émis : 20,000 actions, y compris 1,000 actions rachetées		$200,000	
Souscrit : 5,000 actions		50,000	
Dividende en actions : 1,900 actions		19,000	
Total de la valeur nominale des actions ordinaires émises ou à émettre		$269,000	
Excédent du capital investi par les actionnaires ordinaires sur la valeur nominale des actions émises ou à émettre		52,000	
Moins : Escompte sur actions ordinaires		(6,000)	
Total du capital investi par les actionnaires ordinaires			315,000
Total du capital investi par les actionnaires			$419,000

Surplus d'apport :

Terrain reçu à titre gratuit		$ 40,000	
Opérations portant sur des actions rachetées		2,000	42,000
Total du capital-actions et du surplus d'apport			$461,000

Bénéfices non répartis :

Réserve pour expansion		$175,000	
Réserve pour rachat d'actions		15,000	
Bénéfices non affectés		115,000	
Total des bénéfices non répartis			305,000
Total du capital-actions et des bénéfices non répartis			$766,000
Moins : Coût des actions rachetées			(15,000)
Total de l'avoir des actionnaires			$751,000

Tableau
18–2

Le surplus ■ Les termes « Surplus d'apport » et «Bénéfices non répartis » sont en usage depuis une quinzaine d'années. Avant les années 60, l'avoir des actionnaires comprenait deux sections principales: (1) Le capital-actions et (2) le surplus. Sous le titre de « Capital-actions », on indiquait le nombre d'actions émises multiplié par leur valeur nominale ou leur valeur attribuée. Le reste de l'avoir des actionnaires était inclus sous le titre « Surplus ».

Le « surplus » était alors défini comme étant « la partie de l'avoir des actionnaires ne représentant pas la valeur nominale ou la valeur attribuée des actions en circulation. » De plus, l'on divisait le surplus en « surplus gagné », soit les bénéfices non distribués aux actionnaires et en « surplus de capital », c'est-à-dire le surplus provenant de toutes autres sources. Chacune de ces catégories de surplus comprenait généralement des subdivisions qui donnaient, d'une part, l'emploi que la société avait l'intention de faire des bénéfices non distribués et, d'autre part, les diverses sources du surplus de capital. Cette présentation est illustrée dans le tableau 18–3 où l'on trouvera un schéma donnant d'abord le mode actuel de présentation et ensuite celui qui était en usage dans le passé.

L'étudiant est prié d'examiner attentivement le tableau 18–3 afin de bien comprendre la nature des termes « surplus », « surplus de capital », « surplus versé» et « surplus gagné ». Il est important de bien saisir la nature de ces termes pour trois raisons: (1) l'emploi du mot « surplus » est acceptable dans certains cas, selon l'Institut Canadien des Comptables Agréés; (2) les termes énumérés ci-dessus se retrouvent encore dans la littérature comptable et occasionnellement dans des rapports annuels; et (3) les juristes et les analystes financiers utilisent encore généralement ces termes. L'emploi du terme « surplus gagné » tend toutefois à disparaître ainsi que le prouvent les statistiques suivantes:[3]

	Nombre de sociétés				Pourcentage			
	1972	1971	1970	1969	1972	1971	1970	1969
Bénéfices non répartis	287	289	288	276	88	89	89	85
Déficit	15	11	10	6	5	4	3	2
Surplus gagné	8	11	14	29	2	3	4	9
Autres	15	14	13	14	5	4	4	4
	325	325	325	325	100	100	100	100

C'est une bonne chose que le terme « surplus gagné » ne soit plus utilisé parce que ce terme évoque l'idée d'un excédent dont l'entreprise pourrait se passer. Il est certain que si l'on a utilisé le terme « surplus » ce n'est pas parce que l'on voulait évoquer l'idée que l'entreprise avait un excédent de capital, d'argent ou de biens. Ce terme, accompagné de qualificatifs désignait et désigne encore les sources des biens d'une société par actions.

En plus des termes qui précèdent, l'étudiant pourrait inclure dans son vocabulaire le terme « surplus indivis » que l'on rencontre parfois dans les bilans des établissements financiers. Ce terme désigne effectivement les bénéfices non répartis que ces établissements ne peuvent distribuer parce qu'ils ont été réinvestis.

---

[3]*Financial Reporting in Canada* (Toronto, L'Institut Canadien des Comptables Agréés, 10e édition, 1973), p. 95. [*Note du traducteur*: Ces statistiques ne s'appliquent pas aux termes français eux-mêmes mais aux termes anglais correspondants.]

NOUVELLES SUBDIVISIONS DE L'AVOIR DES ACTIONNAIRES ET TERMINOLOGIE ACTUELLEMENT EN USAGE

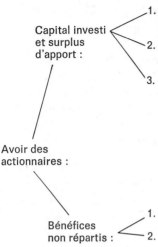

Avoir des actionnaires :

Capital investi et surplus d'apport :

1. Capital-actions : Valeur nominale ou valeur attribuée des actions émises.

2. Excédent du capital investi par les actionnaires sur la valeur nominale ou la valeur attribuée des actions émises.

3. Surplus d'apport :
   a. Versements reçus d'actionnaires dont les actions sont tombées en déchéance.
   b. Gains provenant d'opérations portant sur le rachat et la revente d'actions.
   c. Apports supplémentaires des actionnaires.
   d. Actions et biens reçus à titre gratuit des actionnaires.
   e. Biens reçus à titre gratuit — exemple : un terrain cédé par une ville à une société pour l'inciter à y construire une usine.

Bénéfices non répartis :

1. Bénéfices non affectés.

2. Bénéfices affectés :
   a. Réserve pour expansion.
   b. Réserve pour éventualités.
   c. Réserve pour dépréciation éventuelle des stocks.
   d. Réserve pour rachat d'obligations.

ANCIENNES SUBDIVISIONS DE L'AVOIR DES ACTIONNAIRES ET TERMINOLOGIE ANCIENNEMENT EN USAGE

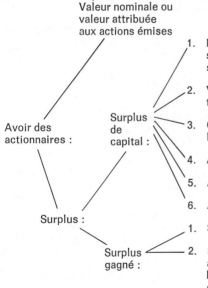

Avoir des actionnaires :

Capital-actions : Valeur nominale ou valeur attribuée aux actions émises

Surplus :

Surplus de capital :

1. Prime et escompte sur actions et excédent des sommes reçues sur la valeur attribuée aux actions sans valeur nominale.

2. Versements reçus d'actionnaires dont les actions sont tombées en déchéance.

3. Gains provenant d'opérations portant sur le rachat et la revente d'actions.

4. Actions et biens reçus à titre gratuit des actionnaires.

5. Autres biens reçus à titre gratuit.

6. Apports supplémentaires des actionnaires.

Surplus gagné :

1. Surplus gagné non affecté.

2. Surplus gagné affecté :
   a. Réserve pour expansion.
   b. Réserve pour éventualités.
   c. Autres réserves.

Tableau
18–3

Comme les termes « surplus gagné » et « surplus indivis » sont susceptibles d'induire en erreur, il est heureux que l'on ait réussi à convaincre les sociétés par actions d'utiliser des termes plus descriptifs ainsi que l'attestent les statistiques de la page 540.

L'état des bénéfices non répartis

■ À la fin de chaque exercice, une société dresse un état des bénéfices non répartis en plus du bilan et de l'état des revenus et dépenses. L'état des bénéfices non répartis met en évidence les éléments qui ont modifié le solde du compte Bénéfices non répartis au cours de l'exercice. Le tableau 18-4 illustre la façon de présenter cet état dont les données proviennent des deux comptes suivants:

Bénéfices non répartis

Date		Explications	Débit	Crédit	Solde
1976					
Janv.	1	Solde			180,250
Mars	24	Dividende trimestriel	3,000		177,250
Juin	21	Dividende trimestriel	3,000		174,250
Sept.	27	Dividende trimestriel	3,000		171,250
Déc.	20	Dividende trimestriel	3,000		168,250
Déc.	20	Dividende en actions	20,000		148,250
Déc.	20	Réserve pour expansion	25,000		123,250
Déc.	31	Bénéfice net après impôts		53,400	176,650

Réserve pour expansion

Date		Explications	Débit	Crédit	Solde
1975					
Déc.	22			25,000	25,000
1976					
Déc.	20			25,000	50,000

Boisbrûlé, Ltée
État des bénéfices non répartis
pour l'exercice terminé le 31 décembre 1976

Bénéfices non affectés :			
Solde au 1er janvier 1976			$180,250
Plus : Bénéfice net			53,400
Total			$233,650
Moins : Dividendes trimestriels en espèces	$12,000		
Dividende en actions	20,000		
Réserve pour expansion	25,000		57,000
Solde au 31 décembre 1976			$176,650
Bénéfices affectés :			
Réserve pour expansion — Solde au 1er janvier 1976 . . .	$25,000		
Augmentation de la réserve au cours de 1976	25,000		
Réserve pour expansion — Solde au 31 décembre 1976			50,000
Total des bénéfices non répartis au 31 décembre 1976 . . .			$226,650

Tableau
18-4

L'état des bénéfices non répartis du tableau 18–4 ne comprend effectivement que les données inscrites au cours de l'exercice dans les comptes Bénéfices non répartis et Réserve pour expansion.

Les postes extra-ordinaires

■ Les postes extraordinaires sont des gains et des pertes qui (1) découlent de circonstances qui, de par leur nature, ne sont pas caractéristiques de l'exploitation normale de l'entreprise, (2) qui ne sont pas tenues pour susceptibles de se répéter fréquemment sur un certain nombre d'exercices et (3) dont on ne tiendrait normalement pas compte dans l'évaluation de l'exploitation ordinaire de l'entreprise. Voici quelques exemples de circonstances qui pourraient donner lieu à la création de postes extra-ordinaires:

a. La vente ou l'abandon d'une usine ou d'un secteur important de l'entreprise.
b. La vente de participations permanentes.
c. Les mesures prises par les pouvoirs publics: expropriation, réévaluation de devises, etc.
d. Les réductions d'impôt attribuables à un report de pertes d'exercices antérieurs.

Avant 1969, le traitement des postes extraordinaires variait grandement d'une entreprise à l'autre. Certaines entreprises incluaient ces postes dans l'état des revenus et dépenses et en tenaient compte pour déterminer le bénéfice net de l'exercice. D'autres les portaient plutôt à l'état des bénéfices non répartis sans égard à la similitude des circonstances. Pourtant, malgré la diversité des pratiques, le bénéfice net était toujours censé présenter fidèlement les résultats d'exploitation de l'exercice.

Supposons, pour donner un exemple, que deux sociétés par actions ont obtenu, au cours de 1968, un bénéfice d'exploitation de $1,000,000. Cependant, chacune a subi une perte de $1,500,000 provenant de la nationalisation d'une usine située dans un pays étranger. Supposons, de plus, que l'une des sociétés a inscrit cette perte extraordinaire dans l'état des revenus et dépenses alors que l'autre l'a portée directement à l'état des bénéfices non répartis. Dans ce cas, la perte nette figurant à l'état des revenus et dépenses de la première société sera de $500,000 alors que l'autre société aura un bénéfice net de $1,000,000.

Pour combler cette lacune sérieuse qui empêchait de faire des comparaisons valables, le Comité des recherches en comptabilité de l'Institut Canadien des Comptables Agréés a recommandé, en 1969, que l'état des revenus et dépenses doit, pour refléter correctement les résultats d'exploitation d'un exercice, englober tous les gains et toutes les pertes de nature ordinaire ou extraordinaire constatés au cours de l'exercice.[4] Le Comité des recherches en comptabilité recommande aussi de présenter séparément les postes extraordinaires dans l'état des revenus et dépenses avec les

---

[4]*Manuel de l'I.C.C.A.*, chap. 3480, pp. 2001–2003.

impôts sur le revenu qui s'y rapportent de façon à ce que le lecteur des états financiers puisse se rendre compte de la nature des circonstances dont ils découlent et juger de l'effet de ces postes sur le bénéfice net de l'exercice. Le tableau 18–5 illustre la façon de présenter les postes extraordinaires.

Deco, Ltée
État des revenus et dépenses
pour les exercices terminés le 31 décembre 1975 et 1976

	1976	1975
Ventes	$8,500,000	$7,600,000
Autres revenus	8,000	9,000
Total des revenus	$8,508,000	$7,609,000
Dépenses :		
Coût des marchandises vendues	$6,000,000	$5,400,000
Dépenses de vente et d'administration	500,000	450,000
Intérêts	10,000	10,000
Autres dépenses	8,000	7,000
Total des dépenses	$6,518,000	$5,867,000
Bénéfice avant impôts compte non tenu des postes extraordinaires	$1,990,000	$1,742,000
Provision pour impôts	940,000	842,000
Bénéfice compte non tenu des postes extraordinaires	$1,050,000	$ 900,000
Postes extraordinaires :		
Gain sur vente de participations permanentes		50,000
Perte attribuable à la vente d'immobilisations	(25,000)	
Bénéfice net de l'exercice	$1,025,000	$ 950,000

Tableau
18–5

Remarquez, dans le tableau 18-5, que l'on indique, pour chaque exercice, le bénéfice provenant de l'exploitation courante, soit $1,050,000 et $900,000. Ce n'est qu'après que l'on doit présenter les postes extraordinaires en indiquant leur nature. Il faut aussi faire connaître, s'il y a lieu, l'impôt attribuable à chaque poste. Cependant, le plus souvent, ce renseignement figure dans une note jointe aux états financiers.

Les postes exceptionnels

■ En plus de recommander de présenter séparément les postes extraordinaires dans l'état des revenus et dépenses, ainsi que l'illustre le tableau 18–5, le Comité des recherches en comptabilité de l'I.C.C.A. traite de certains postes qui, tout en résultant de l'exploitation normale de l'entreprise, découlent de circonstances inhabituelles et prennent des proportions exceptionnelles. Malgré les circonstances inhabituelles dont ces postes découlent, on ne peut les considérer comme des postes extraordinaires parce qu'ils résultent de situations qui, de par leur nature, relèvent de l'exploitation normale de l'entreprise. En voici quelques exemples:

a. Les redressements attribuables à une révision de la durée d'utilisation des immobilisations.

b. Les pertes ou provisions pour pertes (si élevées soient-elles) sur les créances et sur les stocks.

c. Les pertes attribuables à la radiation des frais de mise en valeur.

Le Comité recommande que ces postes soient inclus dans l'état des revenus et dépenses avant le poste « Bénéfice compte non tenu des postes extraordinaires ». Si, par exemple, une entreprise est incapable de recouvrer une créance importante, elle doit inclure la perte qui en résulte avec les mauvaises créances ordinaires parmi les dépenses d'administration. De même, si les stocks d'une entreprise subissent une forte dépréciation, il faut inclure la perte qui en résulte dans la section de l'état des revenus et dépenses où l'on calcule le bénéfice brut. Il importe, dans ces deux cas, de présenter ces pertes séparément et d'expliquer leur provenance dans une note jointe aux états financiers.

Les redressements apportés aux bénéfices des exercices antérieurs

■ Le Comité des recherches en comptabilité de l'I.C.C.A. établit une distinction entre les postes extraordinaires et les gains et les pertes se rapportant à des exercices antérieurs et désignés par l'expression « Redressements apportés aux bénéfices des exercices antérieurs ». Ces redressements doivent, selon le Comité des recherches en comptabilité, présenter les quatre caractéristiques suivantes:[5]

a. être reliés directement à l'exploitation d'un exercice passé déterminé;

b. ne pas être attribuables à des facteurs économiques (par exemple, la désuétude) survenus après la clôture de l'exercice;

c. résulter essentiellement de la volonté et des agissements de tiers (c'est-à-dire de personnes qui ne sont ni propriétaires, ni membres de la direction); et

d. ne pas avoir été susceptibles d'estimation raisonnable avant la matérialisation des actes dont ils résultent.

Voici des exemples de situations qui, à condition de présenter ces quatre caractéristiques, donnent lieu au redressement des résultats d'un exercice antérieur:

a. La régularisation ou le règlement définitif d'une question d'impôt sur le revenu.

b. Le règlement d'un litige.

Le montant du redressement apporté aux bénéfices des exercices antérieurs doit, selon le Comité, être appliqué au solde à l'ouverture des bénéfices non répartis et faire l'objet d'un poste distinct qui suit le solde à l'ouverture déjà établi et qui précède le solde redressé. Voici un exemple du mode de présentation recommandé:

---

[5]*Ibid.,* chap. 3600, pp. 2201–2202.

La Société Smith, Ltée
État des bénéfices non répartis
pour l'exercice terminé le 31 décembre 1976

Bénéfices non répartis au 1er janvier 1976	$87,000
Redressement découlant du règlement d'un litige	(30,000)
Solde redressé	$57,000
Bénéfice net de l'exercice	26,000
Total	$83,000
Dividendes déclarés en 1976	10,000
Bénéfices non répartis au 31 décembre 1976	$73,000

Tableau
18–6

L'état comparatif des revenus et dépenses à groupements simples

■ Le tableau 18–5 illustre la présentation d'*états comparatifs des revenus et dépenses à groupements simples*. Ces états comparatifs que le Comité des recherches en comptabilité de l'I.C.C.A.[6] recommande de présenter permettent au lecteur des états financiers de comparer les résultats de deux exercices. Ces états sont aussi des « états à groupements simples » parce que le classement des postes est beaucoup plus simple. Les états des revenus et dépenses que nous avons illustrés précédemment étaient des *états à groupements multiples* parce que l'on passe par diverses étapes avant de trouver le bénéfice net de l'exercice. Ce dernier mode de présentation semble indiquer que les dépenses que l'on déduit en premier lieu des revenus sont plus importantes que d'autres. Ainsi, le coût des marchandises vendues serait plus important que les dépenses d'exploitation parce qu'on le déduit en premier lieu du chiffre des ventes. Le plus souvent, les états des revenus et dépenses des sociétés publiques sont des états à groupements simples parce que l'on veut éviter de donner une plus grande importance à certaines dépenses. Ces états pourraient être très détaillés mais on les présente généralement aux actionnaires sous une forme sommaire ainsi que l'illustre le tableau 18–5.

Les participations dans des filiales

■ Très souvent, une société par actions possède des actions d'autres sociétés sur lesquelles elle exerce un contrôle. Si, par exemple, Alpha, Ltée possède plus de 50% des actions donnant droit de vote de Bêta, Ltée, elle peut élire les administrateurs de Bêta, Ltée et, par le fait même, exercer un contrôle sur les activités et les ressources de cette dernière société. Dans ce cas, Alpha, Ltée est une société participante ou une *société-mère* alors que Bêta, Ltée est une société émettrice ou une *filiale*.

Lorsqu'une société par actions détient toutes les actions d'une filiale, elle peut prendre possession de tous les biens de cette dernière société et annuler ses actions pour ne laisser subsister qu'une société. Cependant, il est souvent avantageux, au point de vue financier, juridique et fiscal, de laisser subsister la filiale et d'exploiter les deux sociétés comme si elles étaient indépendantes l'une de l'autre. Au Canada, la plupart des grandes sociétés sont des sociétés-mères qui détiennent les actions d'une ou de plusieurs filiales.

---

[6]*Ibid.*, chap. 1500, pp. 201–203.

Lorsqu'une société-mère est exploitée indépendamment de ses filiales, il faut que chaque société tienne des registres comptables distincts. De plus, chaque société constitue une entité distincte qui jouit de tous les droits et qui doit assumer les responsabilités que la loi reconnaît à toute société. Il faut admettre, toutefois, que si une société-mère et ses filiales ont une même direction et participent aux mêmes activités, elles ne forment effectivement qu'un tout. C'est pour cette raison qu'il est généralement préférable, dans ces circonstances, de dresser des états financiers consolidés, c'est-à-dire un bilan et un état des revenus et dépenses dans lesquels on groupe, d'une part, l'actif et le passif des sociétés et, d'autre part, les revenus et les dépenses comme s'il n'existait qu'une seule société.

Le bilan consolidé

■ **PRINCIPES DE CONSOLIDATION**

Lorsque l'on consolide le bilan d'une société-mère avec celui d'une filiale, il faut éliminer les éléments qui se retrouvent dans les deux bilans afin que l'actif, le passif et l'avoir des actionnaires du bilan consolidé reflètent vraiment la situation financière globale des deux sociétés. Ainsi, la participation dans une filiale figure ordinairement au coût d'acquisition dans le bilan de la société-mère. Comme ce coût représente la quote-part de l'actif net de la filiale que détient la société-mère, le bilan consolidé comprendrait deux fois les mêmes valeurs si on y incluait l'actif et le passif de la filiale sans éliminer le coût des actions de cette filiale.

De même, une entreprise ne peut avoir de dettes envers elle-même. Un étudiant, par exemple, ne peut emprunter \$20 d'un fonds constitué à même ses économies en vue de régler des dépenses qu'il effectuera au cours du prochain trimestre et dresser ensuite un bilan où figurerait cette somme de \$20 à la fois parmi les comptes à recevoir et parmi les comptes à payer. C'est afin d'éviter que le bilan consolidé ne comprenne les mêmes montants à deux endroits différents que l'on élimine les comptes inter-sociétés lors de l'établissement du bilan consolidé.

ÉTABLISSEMENT DU BILAN CONSOLIDÉ À LA DATE D'ACQUISITION

L'établissement d'un bilan consolidé est plus simple lorsque l'on se sert d'un chiffrier semblable à celui du tableau 18–7. Dans ce chiffrier, on consolide les comptes de la société-mère et ceux de sa filiale à la date où la société-mère a acquis 80% des actions de la filiale. Le chiffrier comprend deux écritures d'élimination que l'on peut expliquer de la façon suivante:

Écriture (*a*). Le jour même où elle a acquis les actions de sa filiale, la société-mère lui a prêté \$15,000. Étant donné que cette dette inter-sociétés provient d'un simple virement de fonds et qu'elle n'a ni augmenté, ni diminué l'actif net de l'entité économique, il faut l'éliminer ainsi que le billet à recevoir correspondant au moyen de l'écriture (*a*).

Écriture (*b*). Il faut, dans un chiffrier de consolidation, éliminer le compte Participation dans la filiale et l'avoir des actionnaires de la filiale parce que ces deux éléments représentent la même chose, c'est-à-dire l'actif net de la filiale. L'écriture d'élimination est très simple lorsque la société-mère a acquis 100% des actions de la filiale à un prix égal à leur valeur comptable car l'investissement effectué par la société-mère dans la filiale est alors exactement égal à l'avoir des actionnaires de cette dernière société.

La Société-mère et sa filiale
Chiffrier de consolidation
au 31 décembre 1976

	Société-mère	Filiale	Éliminations		Bilan consolidé
			Débit	Crédit	
ACTIF					
Encaisse	6,000	17,000			23,000
Billets à recevoir de la filiale	15,000			(a) 15,000	
Comptes à recevoir	20,000	12,000			32,000
Stocks	45,000	23,000			68,000
Participation dans la filiale	100,000			(b) 100,000	
Terrain	25,000	9,000			34,000
Bâtiments et équipement	106,000	72,000			178,000
Excédent du coût sur la valeur comptable des actions de la filiale			(b) 12,000		12,000
	317,000	133,000			347,000
PASSIF ET AVOIR DES ACTIONNAIRES					
Comptes à payer	17,000	8,000			25,000
Billets à payer par la filiale		15,000	(a) 15,000		
Capital-actions — Société-mère	250,000				250,000
Bénéfices non répartis — Société-mère	50,000				50,000
Capital-actions — Filiale		100,000	(b) 100,000		
Bénéfices non répartis—Filiale		10,000	(b) 10,000		
Participation minoritaire				(b) 22,000	22,000
	317,000	133,000	137,000	137,000	347,000

Tableau
18–7

Dans le tableau 18–7, toutefois, la société-mère (1) *n'a pas acquis les actions de la filiale à un prix égal à leur valeur comptable* et (2) *n'a pas acheté 100% des actions de la filiale.* Dans ce cas, l'écriture d'élimination est un peu plus complexe parce qu'il faut tenir compte, d'une part, de l'excédent du coût d'acquisition sur la valeur comptable des actions acquises et, d'autre part, de la participation minoritaire.

Excédent du coût d'acquisition sur la valeur comptable des actions. Au moment où la société-mère a acheté 80% des actions de sa filiale, cette dernière avait 10,000 actions émises ayant une valeur nominale de $10 et une valeur comptable de $11. Comme la société-mère a acheté 8,000 actions à un coût de $12.50 l'action, l'excédent du coût d'acquisition sur la valeur comptable des 8,000 actions acquises est de $12,000 ainsi que le démontrent les calculs suivants:

Coût d'acquisition des actions (8,000 actions à $12.50) $100,000
Valeur comptable des actions (8,000 actions à $11 l'action) 88,000
    Excédent du coût d'acquisition des actions sur leur valeur comptable .. $ 12,000

Remarquez de quelle manière l'on inscrit sur le chiffrier cet excédent au moment où l'on passe l'écriture d'élimination (*b*). Notez aussi la façon de présenter cet excédent dans le bilan consolidé (voir le tableau 18–8). La direction de la société-mère a estimé que la juste valeur de l'actif net de la filiale était supérieure à sa valeur comptable ou elle a jugé que l'exploitation future de la filiale justifie le prix de $100,000 payé pour acquérir 80% des actions de cette société. Quelle que soit l'hypothèse posée, il y a lieu de présenter à l'actif du bilan consolidé cet excédent du coût d'acquisition sur la valeur comptable des actions acquises.

Souvent l'on présente l'excédent du coût d'acquisition des actions de la filiale sur leur valeur comptable sous le titre de « Achalandage provenant de la consolidation ». Effectivement une partie seulement de cet excédent représente l'achalandage de la filiale. Cependant, la discussion de cette question serait à ce stade beaucoup trop complexe.

Il peut arriver qu'une société-mère acquiert les actions d'une filiale à un prix moindre que leur valeur comptable. Dans ce cas, il faut, dans le

La Société-mère et sa filiale
Bilan consolidé
à la date d'acquisition

ACTIF

Actif à court terme :
  Encaisse .... $ 23,000
  Comptes à recevoir 32,000
  Stocks 68,000
    Total de l'actif à court terme $123,000
Actif immobilisé :
  Terrain .... $ 34,000
  Bâtiments et équipement, moins l'amortissement
    accumulé 178,000
    Total de l'actif immobilisé 212,000
Excédent du coût d'acquisition des actions de la filiale
  sur leur valeur comptable 12,000
    Total de l'actif $347,000

PASSIF ET AVOIR DES ACTIONNAIRES

Passif à court terme :
  Comptes à payer .... $ 25,000
Participation minoritaire 22,000
Avoir des actionnaires :
  Capital-actions $250,000
  Bénéfices non répartis 50,000
    Total de l'avoir des actionnaires 300,000
    Total du passif et de l'avoir des actionnaires ... $347,000

Tableau
18–8

chiffrier, porter la différence au crédit du compte Excédent de la valeur comptable des actions de la filiale sur leur coût d'acquisition. Auparavant, on présentait ce poste au bilan en le déduisant du total de l'actif. Voici, selon le Comité des recherches en comptabilité de l'I.C.C.A., la façon de traiter cet excédent: « Lorsque la part de la société acheteuse dans les justes valeurs attribuables aux biens acquis identifiables, déduction faite des dettes prises en charge, est supérieure au coût d'acquisition, on doit réduire ces justes valeurs de façon à annuler cet excédent.[7]

La participation minoritaire. Quand une société-mère contrôle une autre société, on dit qu'elle détient une participation majoritaire. Cependant, si une société-mère détient moins de 100% des actions d'une filiale, cette dernière a des actionnaires qui détiennent une participation minoritaire dans son actif et ses bénéfices. Dans ce cas, il est nécessaire d'inscrire la participation minoritaire au moment où l'on élimine les comptes de l'avoir des actionnaires de la filiale ainsi que l'illustre l'écriture (*b*) du tableau 18–7. Dans cet exemple, la participation minoritaire représente 20% de l'avoir des actionnaires de la filiale, soit 20% de $100,000 + $10,000 = $22,000. La participation minoritaire doit figurer au bilan consolidé (voir le tableau 18–8) entre le passif à long terme et l'avoir des actionnaires.

Après avoir terminé le chiffrier du tableau 18–7, on se sert des chiffres inscrits dans la dernière colonne pour dresser le bilan consolidé.

LE BILAN CONSOLIDÉ DRESSÉ APRÈS LA DATE D'ACQUISITION

Au cours des années qui suivent la date où une société-mère a fait l'acquisition des actions d'une filiale, cette dernière distribue normalement une partie des bénéfices réalisés après la date d'acquisition et réinvestit le reste. La société-mère qui reçoit un dividende d'une filiale le comptabilise généralement en débitant le compte Caisse et en créditant le compte Dividendes. Ce dernier compte est fermé à la fin de l'exercice en reportant son solde au crédit du compte Sommaire des revenus et dépenses et, subséquemment, au crédit du compte Bénéfices non répartis. Ainsi, les bénéfices qu'une filiale distribue augmentent l'actif et les bénéfices non répartis de la société-mère et représentent des sommes que cette dernière peut distribuer à ses propres actionnaires.

Lorsqu'une filiale réinvestit une partie des bénéfices qu'elle a réalisés après la date d'acquisition, elle accroît son actif net et ses bénéfices non répartis. Dans ce cas, l'actif net et les bénéfices non répartis des sociétés affiliées s'accroissent et il en va de même de la valeur comptable de la participation minoritaire et de la participation que la société-mère détient dans la filiale. Il importe d'avoir une idée précise de toutes ces augmentations afin de bien saisir la nature des bilans consolidés.

Considérons en premier lieu, l'augmentation de l'actif net. Si l'exploitation de la filiale a amené une augmentation de son actif net, on ajou-

---

[7]*Ibid.*, par. 1580.43.

tera un chiffre plus élevé à l'actif net de la société-mère et des autres sociétés affiliées, s'il y a lieu. On peut donc dire qu'un accroissement de l'actif net d'une filiale augmente le total de l'actif net des sociétés affiliées.

Pour expliquer la nature des autres augmentations, supposons qu'une filiale a réalisé un bénéfice net de $15,000 au cours de l'exercice qui a suivi la date d'acquisition de ses actions par la société-mère. Supposons, de plus, que la filiale a distribué $10,000 à ses actionnaires et qu'elle a réinvesti le reste, soit $5,000. Cette augmentation de $5,000 des bénéfices non répartis de la filiale a accru la valeur comptable de ses actions de $0.50 l'action et a augmenté aussi la valeur comptable de la participation de la société-mère. Étant donné que cette dernière comptabilise sa participation dans la filiale au coût d'acquisition, il faut inscrire les données suivantes sur le chiffrier pour éliminer l'avoir des actionnaires de la filiale et le compte Participation dans la filiale, un an après la date d'acquisition:

	Élimination	
	Débit	Crédit
Participation dans la filiale		(b) 100,000
Excédent du coût sur la valeur comptable des actions acquises	(b) 12,000	
Bénéfices non répartis — Société-mère		(b) 4,000
Capital-actions — Filiale	(b) 100,000	
Bénéfices non répartis — Filiale	(b) 15,000	
Participation minoritaire		(b) 23,000

Tableau 18–9

Si l'on compare cette écriture avec l'écriture (b) du tableau 18–7, on note les points suivants:

Le solde des comptes Capital-actions de la filiale et Participation dans la filiale sont les mêmes dans les deux cas. De la même façon, le montant de l'excédent du coût d'acquisition sur la valeur comptable des actions acquises n'a pas fluctué. Effectivement, le solde du compte Participation dans la filiale est le même parce que la société-m·re comptabilise cette participation au coût d'acquisition.

Cependant, le solde du compte Bénéfices non répartis de la filiale est supérieur de $5,000 à ce qu'il était à la date d'acquisition en raison des bénéfices réinvestis. Étant donné que cette augmentation des bénéfices non répartis a accru de $1,000 (20% de $5,000) la participation minoritaire, celle-ci s'établit à $23,000 au lieu de $22,000. Finalement, il faut ajouter $4,000 aux bénéfices non répartis de la société-mère parce que les bénéfices de $5,000 réinvestis par la filiale depuis la date d'acquisition ont contribué à accroître le total des bénéfices non répartis des sociétés affiliées de la quote-part de la société-mère dans les bénéfices réinvestis de la filiale, soit 80% de $5,000 ou $4,000.

Autres états financiers consolidés

■ Les sociétés affiliées dressent aussi des états consolidés des revenus et dépenses et des états consolidés des bénéfices non répartis. L'établissement de ces états est complexe et relève davantage d'un manuel de comptabilité spécialisée. Cependant, il n'est pas nécessaire de savoir en détail comment dresser ces états financiers pour saisir en quoi ils consistent. Il suffit de comprendre, pour l'instant, qu'il est nécessaire d'éliminer toutes les opérations intersociétés pour déterminer correctement le bénéfice net consolidé.

Utilité des états financiers consolidés

■ Les états financiers consolidés ne sont nullement utiles aux actionnaires minoritaires qui n'ont effectivement besoin que des états financiers de la filiale dont ils détiennent des actions. De la même manière, les créanciers de la filiale n'ont que faire des états financiers consolidés pour savoir si les droits que leur reconnaît la loi seront respectés.

En revanche, les actionnaires de la société-mère et les administrateurs de celle-ci ont un réel besoin des états financiers consolidés. Les actionnaires de la société-mère bénéficient de l'augmentation de l'actif ainsi que de la stabilité financière et des bénéfices que les états financiers consolidés révèlent. De même, ils subissent les inconvénients résultant de la perte qu'a subie une filiale. Quant aux administrateurs de la société-mère, ils ont besoin des états financiers consolidés car ils sont responsables de la gestion de toutes les ressources sur lesquelles ils exercent un contrôle directement ou indirectement.

Questions

1. En examinant le bilan d'une société par actions, un homme d'affaires a fait remarquer que les divers éléments de l'avoir des actionnaires indiquent la provenance des ressources d'une entreprise. Cette observation est-elle exacte?

2. Expliquez de quelle façon les bénéfices augmentent à la fois l'actif d'une société par actions et l'avoir des actionnaires.

3. Donnez la signification des termes suivants: (a) surplus, (b) surplus gagné, (c) surplus de capital et (d) surplus versé.

4. Pourquoi les comptables estiment-ils qu'il est préférable de ne pas utiliser le terme « surplus » pour décrire certains éléments de l'avoir des actionnaires?

5. Quels sont les titres donnés actuellement aux diverses subdivisions de l'avoir des actionnaires?

6. Pourquoi une société par actions crée-t-elle parfois des réserves?

7. Le fait de créer une réserve pour expansion future donne-t-il à une société par actions les fonds dont elle a besoin pour réaliser cette expansion? De quelle manière la création d'une réserve aide-t-elle à accumuler des fonds?

8. De quelle façon une société par actions qui a créé une réserve pour expansion future doit-elle l'éliminer?

9. Qu'entend-on par (*a*) une société-mère, (*b*) une filiale et (*c*) un bilan consolidé?

10. Lorsque l'on dresse un bilan consolidé, il faut éliminer les dettes inter-sociétés. Pourquoi?

11. Un bilan consolidé renferme le poste « Achalandage résultant de la consolidation ». Que représente ce poste?

12. On voit souvent dans un bilan consolidé le poste « Participation minoritaire ». Quelle est la nature de ce poste?

Exercices   **Exercice 18–1**

Rosco, Ltée a obtenu ses lettres patentes le 1er décembre 1976 et a effectué les opérations suivantes au cours de décembre:

a. Émission au comptant de 1,200 actions à leur valeur nominale, soit $10.

b. Achat d'équipement au comptant: $10,000.

c. Services rendus à crédit: $30,000.

d. Recouvrement de comptes à recevoir: $27,000.

e. Paiement de dépenses: $25,000.

f. Achat d'équipement additionnel coûtant $7,000 moyennant un versement initial de $4,000 et une promessse de payer le solde, $3,000, dans 60 jours.

g. Fermeture des comptes Revenus provenant de services rendus, Dépenses d'exploitation et Sommaire des revenus et dépenses.

Travail à faire:

1. Ouvrez les comptes en T suivants : Caisse, Comptes à recevoir, Équipement, Billets à payer, Capital-actions ordinaire, Bénéfices non répartis, Sommaire des revenus et dépenses, Revenus provenant de services rendus et Dépenses d'exploitation.

2. Inscrivez directement les opérations précédentes dans les comptes en T.

3. Répondez aux questions suivantes:

   a. Rosco, Ltée a-t-elle des bénéfices non répartis?

   b. A-t-elle de l'argent en main?

   c. Si Rosco, Ltée a des bénéfices non répartis, pourquoi n'a-t-elle pas aussi de l'argent en main?

   d. La direction a-t-elle le droit de distribuer des dividendes?

   e. Peut-elle effectivement distribuer des dividendes?

   f. Quelle relation y a-t-il entre le solde du compte Billets à payer et l'actif?

   g. Quelle relation y a-t-il entre le solde du compte Capital-actions ordinaire et l'actif?

   h. Quelle relation y a-t-il entre le solde du compte Bénéfices non répartis et l'actif?

Exercice 18–2

Le 4 janvier 1976, les administrateurs ont décidé de créer une réserve pour expansion future en virant une somme de $50,000 du compte Bénéfices non répartis au compte Réserve pour expansion future. Comme c'était la cinquième fois qu'une somme de $50,000 était ainsi affectée au projet d'expansion, le compte Réserve pour expansion future avait, après cette écriture, un solde de $250,000. Le même jour, la direction a signé un contrat de construction d'une usine à un coût de $247,500. Le 3 décembre suivant, à la fin des travaux de construction, on a versé le prix convenu à l'entrepreneur. Passez au journal général les écritures pour inscrire les bénéfices non répartis affectés le 4 janvier et le montant versé à l'entrepreneur le 3 décembre.

Exercice 18–3

Voici le compte Bénéfices non répartis de Nordic, Ltée au 31 décembre 1976 après la fermeture des livres:

Bénéfices non répartis

Juin 27	Dividende en espèces	$ 6,000	Janv.	1	Solde	$103,000
Déc. 29	Dividende en espèces	6,000	Déc.	31	Bénéfice net	31,800
29	Dividende en actions	17,500				

Travail à faire:

Dressez un état des bénéfices non répartis pour l'exercice terminé le 31 décembre 1976.

Exercice 18–4

Voici l'avoir des actionnaires de Y, Ltée au 30 juin 1976:

Capital-actions ordinaire:
Autorisé et émis: 10,000 actions d'une valeur nominale de $10................ $100,000
Bénéfices non répartis... 25,000
Total de l'avoir des actionnaires................................. $125,000

Le même jour, X, Ltée a acheté 8,000 actions de Y, Ltée à un prix de $15 l'action et a établi un chiffrier en vue de consolider le bilan des deux sociétés. Passez au journal général l'écriture pour éliminer l'avoir des actionnaires de Y, Ltée et le poste Participation dans Y, Ltée au 30 juin 1976.

Exercice 18–5

Au cours des six mois qui ont suivi l'acquisition des actions de Y, Ltée par X, Ltée (voir l'exercice 18–4), Y, Ltée a distribué à ses actionnaires une partie du bénéfice net de $5,000, soit $3,000, et elle a réinvesti le reste. Passez au journal général l'écriture pour éliminer l'avoir des actionnaires de Y, Ltée et le poste Participation dans Y, Ltée au 31 décembre 1976.

Exercice 18–6

Présentez la section Avoir des actionnaires de Rodec, Ltée en effectuant un meilleur classement des éléments qui en font partie et en utilisant une terminologie plus moderne. Le surplus donné provient d'un terrain reçu à titre gratuit.

Rodec, Ltée

CAPITAL-ACTIONS ET SURPLUS

Capital-actions ordinaire :
Autorisé : 100,000 actions d'une valeur nominale de $5.
Émis : 80,000 actions $400,000

Surplus de capital :
Prime sur actions ordinaires .... $ 40,000
Surplus provenant d'actions rachetées 5,000
Surplus donné 25,000
Total du surplus de capital .... $ 70,000

Surplus gagné :
Surplus affecté :
Réserve pour expansion future $100,000
Surplus non affecté 150,000
Total du surplus gagné 250,000
Total du surplus 320,000
Total du capital-actions et du surplus $720,000

Problèmes **Problème 18–1**

Voici l'avoir des actionnaires de Réo, Ltée au 31 décembre 1975 :

Capital-actions ordinaire :
Autorisé : 500,000 actions d'une valeur nominale
de $5.
Émis : 400,000 actions $2,000,000

Bénéfices non répartis :
Réserve pour expansion future $200,000
Bénéfices non affectés 185,000   385,000
Total de l'avoir des actionnaires $2,385,000

Voici les opérations effectuées en 1976 :

Janv. 5   Les administrateurs ont approuvé le virement d'une somme de $50,000 du compte Bénéfices non répartis au compte Réserve pour expansion future.

Nov. 2   La société a versé $237,500, soit le prix convenu, à l'entrepreneur qui a construit l'usine pour laquelle on avait créé la réserve pour expansion future.

15   Les administrateurs ont décidé de restituer au compte Bénéfices non répartis le solde entier du compte Réserve pour expansion future et ont, de plus, approuvé la distribution d'un dividende en actions. La valeur attribuée aux nouvelles actions que l'on projette d'émettre sera égale à la valeur marchande des actions, soit

$6.25 l'action, et on émettra un nombre d'actions correspondant à la réserve restituée au compte Bénéfices non répartis.

Déc. 28   Distribution du dividende en actions déclaré le 15 novembre.

Travail à faire :

1. Passez au journal général les écritures pour inscrire les opérations précédentes.
2. Présentez l'avoir des actionnaires au 31 décembre 1976. (Ne tenez pas compte des bénéfices réalisés au cours de 1976.)

Problème 18–2

Voici l'avoir des actionnaires de Hall & Poulin, Ltée au 1er janvier 1976 :

Capital-actions ordinaire :
Autorisé : 100,000 actions d'une valeur nominale de $5.
Émis : 50,000 actions $250,000
Prime sur actions ordinaires 25,000
Bénéfices non répartis 70,000
     Total de l'avoir des actionnaires $345,000

Voici les opérations portant sur les capitaux propres effectuées au cours de l'exercice :

Avril 14   Rachat par Hall & Poulin, Ltée de 5,000 de ses propres actions à $7.50 l'action.

Mai 10   Terrain adjacent à l'usine reçu à titre gratuit de la ville de Ste-Foy. La Société Hall & Poulin, Ltée a l'intention de construire une nouvelle usine sur ce terrain qui a une valeur marchande de $12,500.

Juin 23   Déclaration d'un dividende en espèces de $0.10 l'action payable le 20 juillet aux actionnaires immatriculés le 15 juillet.

Juil. 20   Versement du dividende déclaré le 23 juin.

Août 18   Revente, à un prix de $8 l'action, de 3,000 des actions rachetées le 14 avril.

Nov. 12   Revente, à un prix de $7.25 l'action, du reste des actions rachetées le 14 avril.

Déc. 18   Déclaration d'un dividende en actions de 4% distribuable le 20 janvier aux actionnaires immatriculés le 15 janvier. Valeur marchande des actions : $7.50.

    31   Fermeture du compte Sommaire des revenus et dépenses dont le solde est de $28,000.

Travail à faire :

1. Passez au journal général les écritures pour inscrire les opérations précédentes.
2. Dressez l'état des bénéfices non répartis pour l'exercice terminé le 31 décembre 1976 et présentez la section Avoir des actionnaires au 31 décembre 1976.

Problème 18-3

Voici l'avoir des actionnaires de Pélado, Ltée au 31 décembre 1975 :

Capital-actions ordinaire :
Autorisé : 50,000 actions d'une valeur nominale de $10.
Émis : 45,000 actions, y compris 3,000 actions rachetées ... $450,000
Prime sur actions ordinaires 22,500
Bénéfices non répartis, y compris une somme de $40,500 qui
ne peut être distribuée aux actionnaires par suite du
rachat de 3,000 actions 164,000
Coût des actions rachetées .... (40,500)
       Total de l'avoir des actionnaires $596,000

Le 10 août 1976, on a revendu, à un prix de $15 l'action, les 3,000 actions rachetées. Pélado, Ltée a versé à ses actionnaires un dividende trimestriel de $0.20 l'action en mars, juin et septembre. Le 23 décembre, les administrateurs ont déclaré un dividende en espèces de $0.20 l'action et un dividende en actions de 2% payable ou distribuable, selon le cas, le 25 janvier suivant aux actionnaires immatriculés le 15 janvier 1977. La valeur marchande des actions était de $15 le 23 décembre 1976.

Voici l'état des revenus et dépenses dressé par le trésorier pour lui-même pour l'exercice clos le 31 décembre 1976 :

Pélado, Ltée

État des revenus et dépenses
pour l'exercice clos le 31 décembre 1976

Ventes $750,000
Gain sur vente d'un terrain 5,000
Gain sur vente d'actions rachetées 4,500 $759,500

Moins :
Coût des marchandises vendues $457,000
Dépenses de vente et d'administration 160,000
Intérêts 8,000
Perte résultant de dommages causés par une
  tempête 10,000
Dividendes déclarés 48,300
Impôts sur le revenu 55,000   738,300
Bénéfice net .... $ 21,200

Travail à faire :

Présentez en bonne forme : (*a*) l'état des revenus et dépenses à groupements simples de Pélado, Ltée pour l'exercice clos le 31 décembre 1976, (*b*) l'état des bénéfices non répartis pour l'exercice terminé à la même date et (*c*) l'avoir des actionnaires de Pélado, Ltée au 31 décembre 1976.

Problème 18-4

Voici l'avoir des actionnaires de Zoom, Ltée au 31 décembre 1975 :

Capital-actions ordinaire :
Autorisé : 100,000 actions d'une valeur
nominale de $5.
Émis : 80,000 actions, y compris 5,000 actions
rachetées $400,000
Prime sur actions ordinaires 40,000
   Total du capital investi par les actionnaires . $440,000
Bénéfices non répartis :
Réserve pour expansion future .... $ 25,000
Bénéfices ne pouvant être distribués aux
actionnaires par suite du rachat de 5,000 actions . 31,250
Bénéfices non affectés 115,300   171,550
                 $611,550

Moins :
Coût des actions rachetées ....   (31,250)
   Total de l'avoir des actionnaires $580,300

Voici maintenant le compte Bénéfices non répartis au 31 décembre 1976 :

Bénéfices non répartis

Date		Explications	Débit	Crédit	Solde
1976					
Janv.	1	Solde			115,300
Mai	12	Bénéfices affectés — Rachat d'actions		31,250	146,550
Juin	10	Dividende en espèces payable le 23 juillet 1976	8,000		138,550
Déc.	15	Dividende en espèces payable le 23 janvier 1977	8,000		130,550
	15	Dividende en actions distribuable le 23 janvier 1977	28,000		102,550
	15	Réserve pour expansion future	25,000		77,550
	31	Bénéfice net		73,400	150,950

Le 12 mai 1976, on a vendu, à un prix de $7 l'action, les actions rachetées et on a versé le 23 juillet 1976 le dividende en espèces déclaré le 10 juin. De plus, on doit distribuer un dividende en actions de 5%, le 23 janvier 1977, aux actionnaires immatriculés le 10 janvier précédent.

Travail à faire :

1. Passez au journal général les écritures pour inscrire les opérations comptabilisées dans le compte Bénéfices non répartis. Passez aussi les écritures pour inscrire la revente des actions rachetées et le versement du dividende en espèces déclaré le 10 juin.
2. Dressez l'état des bénéfices non répartis de Zoom, Ltée pour l'exercice terminé le 31 décembre 1976 et présentez l'avoir des actionnaires de Zoom, Ltée au 31 décembre 1976.

Problème 18–5

Le 2 janvier 1976, A, Ltée a acheté 17,000 actions de B, Ltée à $6.50 l'action. Les actions acquises ont une valeur nominale de $5. Voici le bilan de chacune de ces deux sociétés au 2 janvier 1976, après l'achat des actions de B, Ltée par A, Ltée :

ACTIF	A, Ltée	B, Ltée
Encaisse	$ 7,500	$ 11,000
Billet à recevoir — B, Ltée	10,000	
Comptes à recevoir	28,000	24,000
Stocks	42,000	35,000
Participation dans B, Ltée	110,500	
Équipement (valeur comptable nette)	80,000	70,000
Bâtiments (valeur comptable nette)	85,000	
Terrain	20,000	
Total de l'actif	$383,000	$140,000

AVOIR DES ACTIONNAIRES		
Comptes à payer	$ 21,000	$ 10,000
Billet à payer — A, Ltée		10,000
Capital-actions ordinaire	250,000	100,000
Bénéfices non répartis	112,000	20,000
Total du passif et de l'avoir des actionnaires .	$383,000	$140,000

Au moment où A, Ltée a acheté les actions de B, Ltée, cette dernière société a emprunté $10,000 en retour d'un billet fait à l'ordre de la société-mère. De plus, le même jour, A, Ltée a vendu, au prix coûtant, une machine à sa filiale. La société-mère a porté le prix de vente, soit $2,000, au débit du compte Comptes à recevoir. On a dressé les bilans précédents après avoir comptabilisé ces deux opérations.

Travail à faire :

1. Établissez le chiffrier en vue de consolider les comptes de A, Ltée avec ceux de B, Ltée et dressez un bilan consolidé au 2 janvier 1976.
2. Posez l'hypothèse que le bénéfice net de B, Ltée pour 1976 s'est élevé à $10,000. Supposez, de plus, que la filiale a distribué un dividende de $6,000 et qu'elle a réinvesti le reste, soit $4,000. Passez au journal général l'écriture pour éliminer l'avoir des actionnaires de B, Ltée et le poste Participation dans B, Ltée au 31 décembre 1976.

Autres problèmes

Problème 18—1A

Le 12 janvier de l'exercice en cours, les administrateurs d'une société ont décidé de virer une partie des bénéfices non répartis, soit $40,000 dans le compte Réserve pour expansion future. C'était la cinquième fois que la société effectuait un tel virement. Voici l'avoir des actionnaires après avoir inscrit cette opération :

Capital-actions ordinaire :

Autorisé : 200,000 actions d'une valeur nominale de $10.	
Émis : 150,000 actions	$1,500,000
Prime sur actions ordinaires	37,500
Réserve pour expansion future	200,000
Bénéfices non répartis non affectés	60,000
Total de l'avoir des actionnaires	$1,797,500

Le 21 octobre, la société a versé le prix convenu, soit $193,500, à l'entrepreneur qui a construit l'usine pour laquelle on avait créé la réserve pour expansion future.

Le 10 novembre, les administrateurs ont décidé de restituer au compte Bénéfices non répartis le solde entier du compte Réserve pour expansion future et ont approuvé la distribution d'un dividende en actions. La valeur attribuée aux actions que l'on projette d'émettre sera égale à la valeur marchande des actions, soit $12.50 l'action, et on émettra un nombre d'actions correspondant à la réserve restituée au compte Bénéfices non répartis.

Travail à faire :

1. Passez au journal général les écritures pour inscrire : (1) l'augmentation de la réserve le 12 janvier, (2) la somme versée à l'entrepreneur, (3) la restitution de la réserve aux bénéfices non répartis, (4) la déclaration du dividende en actions et (5) la distribution du dividende en actions le 20 décembre.
2. Présentez l'avoir des actionnaires au 20 décembre. (Ne tenez pas compte des bénéfices réalisés au cours de l'exercice.)

Problème 18–2A

Voici l'avoir des actionnaires de Bosco, Ltée au 1er janvier 1976 :

Capital-actions ordinaire :
Autorisé : 15,000 actions d'une valeur nominale de $15.

Émis : 12,000 actions	$300,000
Prime sur actions ordinaires	45,000
Bénéfices non répartis	115,000
Total de l'avoir des actionnaires	$460,000

La société a effectué les opérations suivantes au cours de l'exercice :

Mai 10 Terrain adjacent à l'usine reçu à titre gratuit de la ville de Rowden. Bosco, Ltée a l'intention de construire une nouvelle usine sur ce terrain qui a une valeur marchande de $15,000.

Juin 15 Rachat par Bosco, Ltée de 1,000 de ses propres actions à $40 l'action.

23 Déclaration d'un dividende en espèces de $0.50 l'action payable le 25 juillet aux actionnaires immatriculés le 20 juillet.

Juil. 25 Versement du dividende déclaré le 23 juin.

Août 3 Revente, à un prix de $45 l'action, de 500 des actions rachetées le 15 juin.

Oct. 12 Revente, à un prix de $38 l'action, du reste des actions rachetées le 15 juin.

Déc. 15 Déclaration d'un dividende en espèces de $0.50 l'action payable le 20 janvier aux actionnaires immatriculés le 15 janvier 1977.

15 Déclaration d'un dividende en actions de 2% distribuable le 30 janvier aux actionnaires immatriculés le 20 janvier 1977. La valeur marchande des actions, le 15 décembre 1976, est de $40.

31 Fermeture du compte Sommaire des revenus et dépenses dont le solde est de $31,000.

Travail à faire :

1. Passez au journal général les écritures pour inscrire les opérations précédentes.
2. Dressez l'état des bénéfices non répartis pour l'exercice terminé le 31 décembre 1976 et présentez la section Avoir des actionnaires à la même date.

Problème 18–3A

Voici l'avoir des actionnaires de Zoro, Ltée au 31 décembre 1975 :

Capital-actions ordinaire :
Autorisé : 25,000 actions d'une valeur nominale de $25.

Émis : 20,000 actions, y compris 1,000 actions rachetées ...	$500,000
Prime sur actions ordinaires	40,000
Bénéfices non répartis, y compris une somme de $31,500 qui ne peut être distribuée aux actionnaires par suite du rachat de 1,000 actions	135,000
Coût des actions rachetées	(31,500)
Total de l'avoir des actionnaires	$643,500

Le 20 août 1976, on a revendu, à un prix de $35 l'action, les 1,000 actions rachetées. Zoro, Ltée a versé à ses actionnaires un dividende en espèces de $0.25 l'action en avril, juillet et octobre. Le 21 décembre, les administrateurs ont déclaré un dividende en espèces de $0.25 l'action et un dividende en actions de 5% payable ou distribuable, selon le cas, le 25 janvier 1977 aux actionnaires immatriculés le 18 janvier. La valeur marchande des actions était de $35 le 21 décembre 1976.

Voici l'état des revenus et dépenses dressé par le trésorier pour l'exercice clos le 31 décembre 1976 :

Zoro, Ltée
État des revenus et dépenses
pour l'exercice clos le 31 décembre 1976

Ventes	$650,000	
Gain sur vente d'un terrain	15,000	
Gain sur vente d'actions rachetées	3,500	$668,500
Moins :		
Coût des marchandises vendues	$410,000	
Dépenses de vente et d'administration	125,000	
Intérêts	8,500	
Perte attribuable à un incendie	10,000	
Dividendes déclarés	54,500	
Impôts sur le revenu	48,700	656,700
Bénéfice net		$ 11,800

Travail à faire :
Présentez en bonne forme : (*a*) l'état des revenus et dépenses à groupements simples de Zoro, Ltée pour l'exercice clos le 31 décmbre 1976, (*b*)

l'état des bénéfices non répartis pour l'exercice terminé à la même date et
(*c*) l'avoir des actionnaires de Zoro, Ltée au 31 décembre 1976.

Problème 18–5A

Le 2 janvier 1976, X, Ltée a acheté 3,600 actions de Y, Ltée à $35
l'action. Les actions de Y, Ltée ont une valeur nominale de $25. Voici les
bilans de ces deux sociétés dressés au 2 janvier 1976 après l'achat des
actions de Y, Ltée par X, Ltée :

ACTIF

	X, Ltée	Y, Ltée
Encaisse	$ 8,000	$ 12,000
Billet à recevoir — Y, Ltée	5,000	
Comptes à recevoir	37,000	22,000
Stocks	35,000	32,000
Participation dans Y, Ltée	126,000	
Équipement (valeur comptable nette)	75,000	70,000
Bâtiments (valeur comptable nette)	100,000	
Terrain	25,000	
Total de l'actif	$411,000	$136,000

AVOIR DES ACTIONNAIRES

	X, Ltée	Y, Ltée
Billet à payer à X, Ltée		$ 5,000
Comptes à payer	$ 24,000	11,000
Capital-actions ordinaire	300,000	100,000
Prime sur actions ordinaire	30,000	5,000
Bénéfices non répartis	57,000	15,000
Total du passif et de l'avoir des actionnaires .	$411,000	$136,000

Au moment où X, Ltée a acheté les actions de Y, Ltée la société-mère a
accepté un billet de Y, Ltée en retour d'une machine qu'elle lui a cédée au
prix coûtant, soit $5,000. De plus, la société-mère a vendu à crédit, à sa
filiale, des marchandises à leur prix coûtant de $2,000. On a dressé les deux
bilans précédents après avoir comptabilisé ces deux opérations.

Travail à faire :
1. Établissez le chiffrier en vue de consolider les comptes de X, Ltée avec
   ceux de Y, Ltée et dressez un bilan consolidé au 2 janvier 1976.
2. Posez l'hypothèse que le bénéfice net de Y, Ltée pour 1976 s'set élevé
   à $9,600. Supposez, de plus, que la filiale a distribué un dividende de
   $5,600 et qu'elle a réinvesti le reste, soit $4,000. Passez au journal
   général l'écriture pour éliminer l'avoir des actionnaires de Y, Ltée et
   le poste Participation dans Y, Ltée au 31 décembre 1976.

Cas 18–1
Terminologie
comptable

Première partie — Dolan, Ltée. À la fin de chacun des six derniers exercices, les administrateurs de Dolan, Ltée ont approuvé le virement de la
moitié du bénéfice net dans un compte intitulé : « Réserve pour expansion

future ». Le solde de ce compte est actuellement de $2,000,000. Durant tout ce temps, Dolan, Ltée a mis à exécution certains projets d'expansion et de modernisation qui ont coûté jusqu'à présent $3,500,000 et qui ont été financés au moyen d'emprunts. Le coût de ces travaux n'a nullement modifié le solde du compte Réserve pour expansion future puisque le comptable n'inscrivait dans ce compte que l'augmentation annuelle de la réserve. Lors de la dernière réunion du conseil d'administration, le trésorier a proposé d'effectuer un emprunt additionnel de $1,000,000 pour financer d'autres projets d'expansion. Au cours de la discussion qui suivit, un des administrateurs admit qu'il ne pouvait s'expliquer pourquoi il fallait contracter un nouvel emprunt lorsque l'on voyait dans le bilan une somme de $2,000,000 affectée justement à cette fin. Le trésorier blêmit quelque peu, avala sa salive et déclara qu'il rédigerait un rapport dans lequel il expliquerait la nature de la réserve pour expansion future et donnerait les raisons pour lesquelles Dolan, Ltée devait quand même contracter un emprunt. Il retourna alors à son bureau et vous demanda de rédiger le rapport qu'il avait promis au conseil d'administration. Rédigez ce rapport.

Deuxième partie — La Société de Fiducie de la Mauricie. Jeanne Sauvé possède 100 actions ordinaires de la Société de Fiducie de la Mauricie que son père lui a données il y a plusieurs années. Les actions rapportent un dividende trimestriel de $0.50 qui est demeuré inchangé depuis dix ans. Même si ce dividende n'est pas élevé, il représente quand même un taux de rendement de 5% par rapport à la valeur courante des actions. Néanmoins, Mlle Sauvé n'est pas satisfaite du dividende qu'elle reçoit et admet qu'elle a conservé ces actions parce qu'elle avait toujours espéré que les dividendes seraient un jour plus élevés. La Société de Fiducie de la Mauricie, selon elle, est en mesure de verser de meilleurs dividendes parce que son bilan comprend un surplus assez élevé, une réserve pour éventualités considérable et un surplus indivis très élevé. Elle estime que même si l'on tient compte des éventualités, la société a plus d'argent qu'elle n'en a besoin et qu'elle est en mesure d'accroître les dividendes versés annuellement.

La Société de Fiducie de la Mauricie, qui effectue des opérations bancaires et gère les biens qui lui sont confiés, utilise, dans son bilan, des termes comptables qui ont certainement induit en erreur Mlle Sauvé. Expliquez à Mlle Sauvé, en termes clairs et non techniques, la nature réelle des éléments qu'elle mentionne dans ses critiques à l'égard de la Société de Fiducie de la Mauricie. Donnez une liste de termes que les actionnaires comprendraient mieux et trouvez des raisons qui justifient la décision prise par les administrateurs de ne pas accroître les dividendes même s'il existe des bénéfices non répartis très élevés.

Cas 18–2 Gamma, Ltée et Oméga, Ltée Le 3 octobre 1976, Gamma, Ltée a acheté 80% des actions de Oméga, Ltée. Cette dernière société doit à Gamma, Ltée $2,000 pour des marchandises qui lui ont été vendues à crédit et une somme de $10,000 que Gamma, Ltée lui a prêtée en retour d'un billet à ordre quelques jours avant d'acheter les actions. Voici le bilan de la société-mère et celui de sa filiale au 3 octobre 1976 :

Gamma, Ltée et Oméga, Ltée
Bilans
au 3 octobre 1976

ACTIF

	Gamma, Ltée	Oméga, Ltée
Encaisse	$ 5,000	$ 13,000
Billets à recevoir	10,000	
Comptes à recevoir	32,000	29,000
Stocks	42,000	30,000
Participation dans Oméga, Ltée	96,000	
Équipement (valeur comptable nette)	75,000	60,000
Bâtiments (valeur comptable nette)	80,000	
Terrain	20,000	
	$360,000	$132,000

PASSIF ET AVOIR DES ACTIONNAIRES

Comptes à payer	$ 30,000	$ 7,000
Billets à payer		10,000
Capital-actions ordinaire	250,000	100,000
Bénéfices non répartis	80,000	15,000
	$360,000	$132,000

Dressez le bilan consolidé de Gamma, Ltée et de sa filiale au 3 octobre 1976. Énumérez les principes de consolidation et donnez brièvement les raisons pour lesquelles on dresse des états financiers consolidés.

19

Le passif à long terme

■ Une entreprise peut obtenir les fonds dont elle a besoin pour une durée relativement longue en contractant un emprunt hypothécaire ou en émettant des obligations ou des billets à long terme.

Les emprunts hypothécaires

■ Une entreprise peut emprunter de l'argent en hypothéquant en partie ou en totalité les éléments de son actif immobilisé. Pour hypothéquer des biens, il faut effectivement deux documents: un *billet hypothécaire* garanti par une *hypothèque* et un *contrat hypothécaire*. Le billet hypothécaire est une promesse écrite en vertu de laquelle la personne qui hypothèque ses biens s'engage à rembourser les fonds empruntés. En revanche, le contrat hypothécaire oblige le débiteur à s'acquitter d'une foule de responsabilités. Il doit, par exemple, entretenir la propriété hypothéquée, l'assurer, verser les intérêts hypothécaires et effectuer des versements pour réduire graduellement la dette hypothécaire. Le contrat hypothécaire qui décrit toutes ces responsabilités accorde aussi des droits au détenteur de l'hypothèque. Celui-ci peut en particulier faire forclore le bien hypothéqué si jamais le débiteur ne respecte pas les engagements qu'il a contractés de verser les intérêts hypothécaires, de garder la propriété en bon état et de voir à ce qu'elle soit suffisamment assurée. La forclusion amène généralement une cour de justice à saisir la propriété hypothéquée au nom des créanciers hypothécaires et à ordonner qu'elle soit vendue.

Dans ce cas, le produit de la vente sert à acquitter les frais juridiques et à remettre au créancier hypothécaire le montant qui lui est dû. Le propriétaire du bien hypothéqué ne reçoit que le solde du prix de vente après que toutes les dettes découlant de l'emprunt hypothécaire ont été réglées.

Un emprunt hypothécaire implique la signature d'un contrat entre, d'une part, l'entreprise qui emprunte et, d'autre part, le prêteur, c'est-à-dire une banque ou une compagnie d'assurances. Comme les grandes sociétés ne peuvent généralement emprunter à un seul établissement financier les fonds dont elles ont besoin, elles renoncent à effectuer un emprunt hypothécaire et émettent plutôt des obligations qu'un grand nombre de petits investisseurs peuvent acheter.

Les obligations
■ Les dettes résultant d'une émission d'obligations ne diffèrent pas essentiellement des emprunts hypothécaires. La seule différence consiste en ce que, dans le premier cas, on émet plusieurs obligations d'une valeur nominale de $1,000 alors que, dans le deuxième cas, on ne signe qu'un billet pour le total du montant emprunté. Chaque obligation est effectivement un billet à ordre émis par l'emprunteur qui s'engage à verser une somme précise au détenteur de l'obligation ou à l'obligataire immatriculé à une date future déterminée d'avance. Les obligations rapportent des intérêts comme les billets et elles sont souvent garanties comme le sont les emprunts hypothécaires. Cependant, elles diffèrent des billets à ordre parce qu'on n'y retrouve pas le nom de leur bénéficiaire qui peut changer souvent au cours de la durée où elles sont en vigueur.

Quand une société par actions émet des obligations garanties par une hypothèque, elle les vend généralement à un établissement financier, connu sous le nom de *souscripteur à forfait* qui, à son tour, les vend au public. En plus de vendre les obligations à un souscripteur à forfait, la société qui les émet doit choisir un fiduciaire dont le rôle est de représenter les obligataires. Le plus souvent, le fiduciaire est une société de fiducie qui a la responsabilité de voir à ce que la société émettrice respecte les clauses du contrat hypothécaire appelé *acte de fiducie*. Le fiduciaire doit aussi faire saisir le bien hypothéqué si la société émettrice manque à ses engagements.

Qui peut émettre des obligations?
■ La plupart des grandes entreprises sont constituées en sociétés par actions. Si ces dernières émettent fréquemment des obligations, ce ne sont pas les seuls organismes qui peuvent en émettre. En effet, le gouvernement fédéral, le gouvernement de chaque province, les municipalités et les conseils scolaires émettent très souvent des obligations pour financer leurs dépenses. Nous ne traitons ici toutefois que des obligations émises par les entreprises à but lucratif.

Les diverses sortes d'obligations
■ Étant donné qu'il existe une multitude de sortes d'obligations ayant chacune des caractéristiques différentes, il est impossible de les classer d'une seule façon. On peut, en particulier, classer les obligations des deux

façons suivantes: (1) classement en fonction du mode de règlement du principal et des intérêts; (2) classement en fonction des garanties offertes aux obligataires.

CLASSEMENT DES OBLIGATIONS EN FONCTION DU MODE DE RÈGLEMENT DU PRINCIPAL ET DES INTÉRÊTS

Les obligations classées en fonction du mode de règlement du principal sont de deux sortes: les *obligations émises en série* et les *obligations à fonds d'amortissement*. Une entreprise qui émet des obligations en série s'engage à les racheter graduellement au cours d'un certain nombre d'années. Ainsi, une société par actions qui émet des obligations en série d'une valeur globale de $5,000,000 peut s'engager à les racheter annuellement par tranche de $500,000. En revanche, la société qui émet des obligations à fonds d'amortissement s'engagent à créer un fonds d'amortissement en vue de racheter les obligations à l'échéance. Nous discutons davantage de cette dernière sorte d'obligations un peu plus loin dans ce chapitre.

Une entreprise peut aussi émettre des obligations sans qu'elle soit obligée de les racheter graduellement ou de créer un fonds d'amortissement. Ces obligations deviennent exigibles à l'échéance et parfois on les rachète au moyen de fonds provenant de l'émission de nouvelles cbligations.

Selon le mode de règlement des intérêts, les obligations peuvent être de deux sortes: les *obligations immatriculées* et les *obligations à coupons*. Les obligations immatriculées offrent une certaine protection contre le vol parce que le nom de leur propriétaire est consigné dans les registres du fiduciaire. On cède ou transfère ces obligations de la même façon que les actions. Dans ce cas, les intérêts sont versés par chèques faits à l'ordre des obligataires immatriculés. Cependant, le plus souvent, les obligations qui sont immatriculées le sont quant au principal mais non quant aux intérêts. Les obligations non immatriculées sont payables au porteur et il suffit, pour les transférer, de les céder à une autre personne.

Les obligations à coupons tirent leur nom des coupons qui y sont attachés et sur lesquels figure le montant d'intérêt qui doit être versé à chaque date d'intérêt. L'obligataire détache les coupons au moment où ils deviennent exigibles et les remet à une banque qui s'occupe de les recouvrer de la même manière que le produit du billet d'un souscripteur demeurant dans une ville éloignée.

CLASSEMENT EN FONCTION DES GARANTIES OFFERTES AUX OBLIGATAIRES

Les obligations peuvent être garanties ou elles peuvent ne pas l'être. Les obligations non garanties portent en anglais le nom de *debentures*. Dans ce cas, les obligataires ne peuvent compter que sur le crédit et la solvabilité de la société qui les a émises. Lorsque les obligations sont garanties, elles le sont par une hypothèque ou elles donnent droit à certains biens de la société émettrice. On classe souvent les obligations garanties selon le genre de biens donnés en garantie. On distingue principalement les *obligations garanties par une hypothèque sur immeubles,* les *obligations garanties par une hypothèque sur l'équipement* et les *obligations gagées par le nantissement de valeurs mobilières.* Les obligations hypothécaires sont garanties par une hypothèque sur toutes les immobilisations de la société émettrice ou une partie d'entre elles. Les obligations garanties par une hypothèque sur l'équipement sont généralement émises par des sociétés de chemin de fer qui offrent en garantie une hypothèque sur le matériel roulant. Quant aux obligations gagées par le nantissement de valeurs mobilières, la société émettrice remet des actions, des obligations ou d'autres titres négociables au fiduciaire pour garantir le remboursement des obligations et le versement des intérêts.

Pourquoi émettre des obligations?
■ Une entreprise qui a besoin de fonds pour une longue période peut les obtenir en émettant des actions ordinaires, des actions privilégiées ou des obligations. Chacun de ces modes de financement offre des avantages et des inconvénients.

Les actionnaires sont les propriétaires d'une société par actions alors que les obligataires en sont les créanciers. L'émission de nouvelles actions ordinaires dilue le contrôle qu'exercent certains actionnaires et oblige la société à répartir les bénéfices entre, peut-être, un plus grand nombre de personnes. Les obligataires, parce qu'ils sont des créanciers ne participent pas à la gestion et n'ont aucun droit au bénéfice net. De plus, le montant des intérêts est fixé d'avance et ne peut changer.

Quant aux actionnaires, ils ne reçoivent des dividendes que si la société a réalisé des bénéfices suffisamment élevés. Lorsque les bénéfices sont trop faibles, les actionnaires ne reçoivent aucun dividende et doivent attendre que les résultats d'exploitation soient meilleurs. La situation est différente pour les obligataires. Les intérêts doivent être versés aux obligataires au moment où ils deviennent exigibles, que les bénéfices soient élevés ou non. Autrement, les obligataires peuvent faire saisir les biens donnés en garantie.

À notre époque où les impôts sont élevés, il importe de tenir compte des effets fiscaux résultant d'une émission d'actions ou d'obligations. Les intérêts sur obligations sont des dépenses que la loi permet d'inclure dans le calcul du revenu imposable. Par ailleurs, les dividendes ne peuvent être traités de la même façon, car ils représentent effectivement des bénéfices distribués aux actionnaires. Souvent, l'aspect fiscal est le facteur le plus important à prendre en considération avant d'émettre des actions ou des obligations. Le tableau 19–1 dans lequel on étudie les résultats de trois modes de financement différents met en évidence l'importance de ce facteur.

Souvent une entreprise opte pour une émission d'actions ou, à l'inverse, pour une émission d'obligations après avoir estimé les gains futurs et leur

	Bénéfice d'exploitation de $600,000			Bénéfice d'exploitation de $70,000		
	1er mode de financement	2e mode de financement	3e mode de financement	1er mode de financement	2e mode de financement	3e mode de financement
Capital-actions émis — 20,000 actions	$2,000,000	$2,000,000	$2,000,000	$2,000,000	$2,000,000	$2,000,000
Émission de 20,000 nouvelles actions ordinaires	2,000,000			2,000,000		
Émission de 20,000 actions privilégiées		2,000,000			2,000,000	
Émission d'obligations portant intérêt à 6%			2,000,000			2,000,000
Total du capital investi	$4,000,000	$4,000,000	$4,000,000	$4,000,000	$4,000,000	$4,000,000
Bénéfice avant impôts sur le revenu	$ 600,000	$ 600,000	$ 600,000	$ 70,000	$ 70,000	$ 70,000
Moins : Intérêts sur obligations			120,000			120,000
Bénéfice (perte) avant impôts, compte tenu des intérêts sur obligations	$ 600,000	$ 600,000	$ 480,000	$ 70,000	$ 70,000	$ (50,000)
Moins : Provision pour impôts — 50%	300,000	300,000	240,000	35,000	35,000	
Bénéfice net (perte nette) de l'exercice	$ 300,000	$ 300,000	$ 240,000	$ 35,000	$ 35,000	$ (50,000)
Dividendes versés aux actionnaires privilégiés		140,000			140,000	
Quote-part du bénéfice (de la perte nette) revenant aux actionnaires ordinaires	$ 300,000	$ 160,000	$ 240,000	$ 35,000	$ (105,000)	$ (50,000)
Bénéfice (perte) par action ordinaire	$7.50	$8.00	$12.00	$0.875	$(5.25)	$(2.50)

Tableau
19–1

stabilité. Si l'on prévoit que le taux de rendement du capital investi sera stable et plus élevé que le taux d'intérêt ou le taux du dividende versé aux actionnaires privilégiés, il est généralement plus avantageux, pour les actionnaires ordinaires, d'émettre des obligations ou des actions privilégiées. En revanche, si l'on prévoit que le taux de rendement sur le capital investi sera moindre que le taux d'intérêt sur obligations ou le taux du dividende versé aux actionnaires privilégiés, le taux de rendement dont bénéficieront les actionnaires ordinaires sera plus élevé si l'on émet des actions ordinaires au lieu d'émettre des obligations ou des actions privilégiées.

Supposons, par exemple, que Apex, Ltée, qui a un capital-actions ordinaire émis de 20,000 actions d'une valeur nominale de $100, a l'intention d'obtenir des capitaux additionnels de $2,000,000 pour réaliser un projet d'expansion. Le tableau 19–1 illustre les résultats que donnerait chacun des trois modes de financement envisagés. On pose l'hypothèse, dans ce tableau, que le bénéfice d'exploitation est d'abord de $600,000 par année, puis de $70,000. Le premier mode de financement consiste à émettre 20,000 nouvelles actions ordinaires. On suppose, en deuxième lieu (2ᵉ mode de financement), que Apex, Ltée émet 20,000 actions privilégiées participantes, à dividende cumulatif de 7%, d'une valeur nominale de $100. Finalement, le troisième mode de financement consiste à émettre 2,000 obligations de $1,000 portant intérêt à 6%. Ce dernier mode de financement favorise les actionnaires ordinaires lorsque les gains sont suffisamment élevés. Cependant, lorsque les gains réalisés sont inférieurs aux intérêts versés aux obligataires, le premier mode de financement procure un meilleur rendement aux actionnaires ordinaires.

Remarquez les effets des impôts sur le revenu sur les trois modes de financement. Étant donné que le taux d'impôt est de 50%, la décision consiste essentiellement à choisir entre une émission d'actions ordinaires et une émission d'obligations. Une société peut toujours émettre des actions privilégiées, mais elle ne doit généralement le faire que si elle prévoit qu'elle obtiendra, au cours de la durée des obligations, un bénéfice net plus faible que les intérêts à verser aux obligataires. Si, dans ces circonstances, la société émettait des actions privilégiées, elle pourrait ne pas verser de dividendes au cours des exercices où les bénéfices réalisés sont insuffisants.

Comptabilisation des opérations relatives aux obligations

■ Il revient au conseil d'administration de prendre la décision d'émettre des obligations. Souvent, toutefois, les lettres patentes stipulent que les actionnaires doivent approuver cette décision.

Lorsque la décision a été prise d'émettre des obligations, il faut faire imprimer les certificats d'obligations, rédiger l'acte de fiducie et choisir un fiduciaire. L'acte de fiducie précise toujours la valeur des obligations que la société est autorisée à émettre. Au moment où le fiduciaire approuve l'acte de fiducie, il faut noter au journal général l'émission d'obligations de la façon suivante:

| Déc. | 21 | La Société de fiducie de l'Est a approuvé aujourd'hui l'acte de fiducie qui autorise Simplex, Ltée à émettre 1,000 obligations de $1,000 d'une durée de 10 ans, portant intérêt à 6% payable le 1er juillet et le 1er janvier de chaque année. |

En plus de cette écriture pour mémoire inscrite dans le journal général, il y a lieu aussi de noter le nombre d'obligations autorisées dans le compte Obligations à payer du grand livre général.

Souvent, une société est autorisée à émettre plus d'obligations qu'elle a l'intention d'en émettre immédiatement. Une entreprise qui n'a besoin à un moment donné que de $750,000 pourrait être autorisée par l'acte de fiducie à émettre des obligations pour un montant de $1,000,000 si la propriété hypothéquée a une valeur qui excède ce montant. On n'émettrait d'abord que 750 obligations de $1,000 en vue d'obtenir les capitaux dont on a besoin immédiatement et on garderait les 250 autres obligations afin de les émettre plus tard. Si cette entreprise n'avait été autorisée qu'à émettre 750 obligations de $1,000, elle aurait été obligée, plus tard, pour obtenir $250,000 de plus, d'offrir le même immeuble en deuxième hypothèque lors de l'émission de la deuxième série d'obligations. Cette façon de procéder n'est pas satisfaisante car les premiers créanciers hypothécaires auraient priorité sur les seconds. De plus, la société émettrice serait obligée d'accorder un taux d'intérêt plus élevé aux obligataires dont les obligations sont garanties par une hypothèque de second rang.

Les obligations peuvent être émises dès que le fiduciaire a approuvé l'acte de fiducie. Voici, par exemple, l'écriture que Simplex, Ltée doit passer au journal général pour inscrire l'émission de 750 obligations à leur valeur nominale de $1,000:

Janv.	1	Caisse	750,000.00	
		Obligations à payer		750,000.00
		Pour inscrire la vente de 750 obligations portant intérêt à 6%.		

Le bilan d'une société qui a émis des obligations doit faire connaître la valeur des obligations autorisées et celle des obligations émises. Voici le bilan de Simplex, Ltée dressé immédiatement après avoir inscrit les obligations émises le 1er janvier:

Passif à long terme :
Obligations garanties par une première hypothèque, portant intérêt à 6%, remboursables
le 31 décembre 1985 :

Obligations autorisées	$1,000,000	
Obligations non émises	250,000	
Obligations émises		$750,000

Quand le bilan indique à la fois la valeur des obligations autorisées et celle des obligations émises, les obligataires sont en mesure de juger si les garanties offertes sont suffisantes.

Une société peut émettre, au moment où elle le juge opportun, les obligations autorisées et non émises. Si, par exemple, Simplex, Ltée a besoin de fonds additionnels, elle émettra les 250 dernières obligations et passera au journal général l'écriture suivante:

Juil.	1er	Caisse	250,000.00	
		Obligations à payer		250,000.00
		Pour inscrire l'émission du reste des obligations autorisées portant intérêt à 6%.		

Après avoir passé aux livres cette écriture, le compte Obligations à payer a un solde créditeur de $1,000,000. Par la suite, Simplex, Ltée passera au journal général l'écriture suivante pour inscrire les intérêts versés le 1er janvier et le 1er juillet de chaque année :

Janv.	1er	Intérêts débiteurs	30,000.00	
		Caisse		30,000.00
		Pour inscrire les intérêts sur obligations versés aujourd'hui.		

Voici l'écriture que la société passera au journal général, à l'échéance, lorsqu'elle remboursera les obligations:

Déc.	31	Obligations à payer	1,000,000.00	
		Caisse		1,000,000.00
		Pour inscrire le remboursement des obligations à l'échéance.		

Les obligations émises entre deux dates d'intérêt

■ Les certificats d'obligations indiquent clairement les intérêts que la société émettrice doit verser et les dates où elle doit les verser. Le plus souvent, les obligations sont émises à l'une ou l'autre de ces dates. Dans le cas contraire, la société émettrice demande à l'obligataire de verser les intérêts courus depuis la dernière date d'intérêt parce que ces intérêts courus seront inclus dans les intérêts versés à la date d'intérêt suivante. Supposons, par exemple, que le 1er mars, une société émet 100 obligations de $1,000 portant intérêt à 6% payable semi-annuellement le 1er janvier et le 1er juillet. Voici comment comptabiliser cette émission d'obligations:

Mars	1er	Caisse	101,000.00	
		Obligations à payer		100,000.00
		Intérêts débiteurs		1,000.00
		Pour inscrire l'émission de 100 obligations de $1,000 et les intérêts courus.		

Quatre mois plus tard, le 1er juillet, la société émettrice verse en entier aux obligataires les intérêts du dernier semestre, soit les intérêts que les obligataires ont gagnés à partir du 1er mars les intérêts courus entre le 1er janvier précédent et le 1er mars, date à laquelle les obligations ont été émises. Le versement des intérêts, le 1er juillet, demande de passer au journal général l'écriture suivante:

Juil.	1er	Intérêts débiteurs	3,000.00	
		Caisse		3,000.00
		Pour inscrire le versement des intérêts sur obligations.		

Le compte Intérêts débiteurs, après avoir reporté l'écriture précédente, a un solde de $2,000, soit les intérêts calculés à 6% sur $100,000 pour les quatre mois écoulés entre le 1er mars et le 1er juillet.

Intérêts débiteurs
Juil. 1 (Versement des int.) 3,000.00	Mars 1 (Int. courus à payer) 1,000.00

Il peut sembler curieux de demander aux obligataires de verser des intérêts courus qui leur seront remboursés à la date d'intérêt suivante. En pratique, toutefois, les obligations se vendent toujours à un prix qui comprend les intérêts courus afin que la société émettrice n'ait pas à tenir compte des différentes dates auxquelles les obligations sont émises. Si la société émettrice avait émis les obligations sans exiger les intérêts courus, elle pourrait difficilement verser aux obligataires les intérêts qu'ils ont réellement gagnés. Lorsque des obligations sont émises entre deux dates d'intérêt à un prix qui comprend les intérêts courus, la société émettrice n'a pas à noter le nom des obligataires et la date où ils ont acquis leurs obligations car elle verse à tous les détenteurs d'obligations les intérêts semi-annuels réguliers. Les obligataires reçoivent alors une somme qui comprend les intérêts qu'ils ont effectivement gagnés et ceux qu'ils ont dû verser lors de l'achat des obligations.

Les taux d'intérêt applicables aux obligations

■ Le taux d'intérêt que rapportent les obligations dépend du *taux courant d'intérêt* et des risques que les obligataires sont prêts à courir. Les sociétés dont la réputation de crédit n'est pas très bonne et celles qui exploitent des affaires très risquées doivent payer un taux d'intérêt élevé. Le taux courant d'intérêt est le taux que les emprunteurs consentent à verser et celui que les investisseurs estiment suffisamment élevé pour les inciter à prêter leur argent. Ce taux varie quotidiennement selon les fluctuations du marché des capitaux.

Lorsqu'une société émet des obligations, elle précise, dans l'acte de fiducie, le taux d'intérêt qu'elle versera. De plus, ce taux d'intérêt qui porte le nom de *taux contractuel* ou *taux de coupon* figure sur chaque titre. En règle générale, lorsque les administrateurs autorisent une émission d'obligations, ils estiment le taux d'intérêt que les investisseurs accepteront et ils choisissent un taux contractuel égal au taux d'intérêt du marché. Cependant, il y a toujours un décalage entre le moment où les administrateurs décident d'émettre des obligations et le moment où celles-ci sont effectivement émises. Comme les taux d'intérêt peuvent fluctuer dans l'intervalle, il arrive souvent que le taux contractuel ne concorde pas avec le taux du marché.

Les obligations émises à escompte

■ Les obligations dont le taux d'intérêt du coupon est inférieur au taux courant du marché ne peuvent être émises qu'à escompte. Ainsi, supposons qu'une société désire émettre 100 obligations de $1,000 d'une durée de 10 ans portant intérêt à 6% payable semi-annuellement. De plus, comme le jour où les obligations sont mises en vente, le taux d'intérêt courant applicable à des obligations de même nature est quelque peu supérieur à 6%, aucun courtier n'est intéressé à acheter ces obligations à un prix supérieur à, disons $99,000. Si la société accepte cette offre et émet les obligations, elle passera au journal général l'écriture suivante:

Janv.	1	Caisse	99.000.00	
		Escompte sur obligations	1,000.00	
		Obligations à payer		100,000.00
		Pour inscrire l'émission de 100 obligations de $1,000 à un prix de 99.		

La société émettrice reçoit une somme de $99,000 qu'elle peut utiliser pendant dix ans. En revanche, elle s'engage à rembourser $100,000 et à verser des intérêts de $6,000 par année pendant dix ans. En d'autres mots, le coût de l'utilisation des fonds obtenus est égal à la différence entre le montant reçu et le montant total à débourser, soit:

Sommes à verser :	
Valeur nominale des obligations	$100,000
Intérêts (6% par année pendant 10 ans)	60,000
Total	$160,000
Somme reçue	99,000
Coût de l'argent emprunté pour 10 ans	$ 61,000

Si l'on répartit également cette somme de $61,000 sur dix ans, le coût annuel de l'emprunt est de $6,100, ce qui, en fonction de la somme empruntée de $99,000, représente un taux d'intérêt de 6.16%, soit ($6,100 × 100) ÷ $99,000. Il devient alors évident que le taux réel des obligations émises à escompte est supérieur au taux contractuel.

La société, dans l'exemple précédent, reçoit $99,000 pour les obligations qu'elle a émises, mais elle doit rembourser $100,000 au bout de 10 ans. L'escompte de $1,000 est effectivement une partie du coût de l'utilisation de la somme de $99,000 et il n'est que raisonnable de répartir ce coût sur la durée totale des obligations car la société tirera chaque année un avantage de l'utilisation des fonds empruntés.

Le processus comptable que nous venons de décrire s'appelle *l'amortissement* et consiste à imputer une partie de l'escompte aux revenus des exercices au cours desquels les obligations seront en circulation. Il existe plusieurs façons d'amortir l'escompte sur obligations mais la plus connue est la méthode de l'amortissement linéaire qui consiste à répartir également l'escompte sur la durée des obligations. Ainsi, on répartirait l'escompte dont il a été question précédemment à raison de $100 par année ou de $50 par semestre pendant dix ans. Voici l'écriture qu'il faut passer au journal général pour comptabiliser l'escompte amorti et les intérêts versés le 1er juillet:

Juil.	1	Intérêts débiteurs	3,050.00	
		Caisse		3,000.00
		Escompte sur obligations		50.00
		Pour inscrire les intérêts versés et amortir l'escompte de $1,000 à raison de $50 par semestre.		

L'escompte amorti de $50 à chaque date d'intérêt a pour effet d'accroître les intérêts débiteurs semi-annuels. Il est à remarquer que le solde du compte Escompte sur obligations sera nul au bout de dix ans.

Les obligations émises à prime

■ Quand une entreprise émet des obligations à un taux d'intérêt contractuel supérieur au taux du marché, les investisseurs doivent verser un prix plus élevé que la valeur nominale. On dit alors que les obligations sont vendues à prime. Supposons, par exemple, qu'une société désire émettre, pour 10 ans, des obligations portant intérêt à 6½% payable semi-annuellement. Étant donné que le taux d'intérêt courant que rapportent des obligations de même nature est inférieur à 6½%, la société peut obtenir $102,000, soit la valeur nominale plus une prime de $2,000. Voici comment comptabiliser cette opération:

Janv.	1	Caisse	102,000.00	
		Prime sur obligations		2,000.00
		Obligations à payer		100,000.00
		Pour inscrire l'émission d'obligations à prime.		

Dans cet exemple, la société émettrice a reçu un capital de $102,000 dont le coût d'utilisation est égal à la différence entre la somme reçue et les sommes qu'elle devra débourser :

Sommes à verser :
Valeur nominale des obligations $100,000
Intérêts (6½% par année pendant dix ans) 65,000
Total $165,000
Somme reçue 102,000
Coût de l'argent emprunté pour 10 ans .... $ 63,000

Si l'on répartit également cette somme de $63,000 sur les dix années au cours desquelles les obligations seront en vigueur, le coût annuel de l'emprunt est de $6,300 et représente un taux de 6.18% par année, soit $6,300 × 100 ÷ $102,000. Le taux d'intérêt réel des obligations émises à prime ainsi que nous pouvons le constater est toujours inférieur au taux d'intérêt du coupon.

Quand une société par actions émet des obligations à prime, il faut amortir celle-ci sur la durée de l'émission afin que le coût d'utilisation de l'argent emprunté soit réparti équitablement sur chacun des exercices au cours desquels les obligations sont en circulation. Si l'on utilise la méthode de l'amortissement linéaire, le coût de l'emprunt sera le même d'un exercice à l'autre. Si, par exemple, l'on amortit la prime de $2,000 dont il a été question ci-dessus, la prime amortie sera de $200 par année et de $100 par semestre. Voici l'écriture qu'il faut passer au journal général pour inscrire les intérêts versés le 1er juillet :

Juil.	1	Intérêts débiteurs	3,150.00	
		Prime sur obligations	100.00	
		Caisse		3,250.00
		Pour inscrire les intérêts versés et amortir la prime à raison de $100 par semestre.		

Remarquez, dans l'écriture précédente, que les intérêts débiteurs imputés aux revenus sont inférieurs aux intérêts versés en raison de la prime amortie.

Les intérêts courus à payer

■ Parfois, les dates d'intérêt stipulées dans l'acte de fiducie ne correspondent pas à la date de clôture de l'exercice de la société qui a émis les obligations. Dans ce cas, il est nécessaire, à la fin de chaque exercice, d'inscrire les intérêts courus depuis la dernière date d'intérêt. Supposons, par exemple, qu'une société dont la date de clôture est le 31 décembre a émis, le 1er mars 1976, 100 obligations de $1,000 à un prix de $98,800. Les obligations ont une durée de vingt ans et elles portent intérêt à 6% payable le 1er mars et le 1er septembre de chaque année. Le versement des intérêts le 1er septembre demande de passer au journal général l'écriture suivante :

Sept.	1	Intérêts débiteurs	3,030.00	
		Escompte sur obligations		30.00
		Caisse		3,000.00
		Pour inscrire les intérêts versés et amortir l'escompte à raison de $30 par semestre.		

Le 31 décembre 1976, quatre mois se sont écoulés depuis la dernière date d'intérêt et il en sera de même au 31 décembre de chacun des vingt exercices subséquents. Même si ces intérêts courus ne sont exigibles que le 1er mars, il faut, à la date de clôture, passer au journal général l'écriture suivante:

Déc.	31	Intérêts débiteurs	2,020.00	
		Escompte sur obligations		20.00
		Intérêts courus à payer		2,000.00
		Pour inscrire les intérêts courus du 1er septembre au 31 décembre.		

Plus tard, le 1er mars, la société émettrice verse les intérêts semestriels et passe au journal général l'écriture suivante:

Mars	1	Intérêts débiteurs	1,010.00	
		Intérêts courus à payer	2,000.00	
		Escompte sur obligations		10.00
		Caisse		3,000.00
		Pour inscrire les intérêts versés le 1er mars comptabilisés en partie le 31 décembre.		

L'escompte ou la prime sur obligations émises entre deux dates d'intérêt

■ Les obligations émises entre deux dates d'intérêt ne demeurent pas en circulation durant tout le temps prévu. Supposons, par exemple, que le 1er novembre 1975 une société a obtenu l'autorisation d'émettre, pour vingt ans, 1,000 obligations d'une valeur nominale de $1,000 datées du 1er mars 1976. Supposons, de plus, que les intérêts sont payables semi-annuellement le 1er janvier et le 1er juillet. Les obligations ont effectivement été émises le 1er mars 1976 à un prix de $952,400 compte non tenu des intérêts courus.

Entre le 1er janvier 1976 et le 1er janvier 1996, il y a exactement 240 mois, mais il n'y a que 238 mois entre le 1er mars 1976 et le 1er janvier 1996. Étant donné que les obligations ne seront en circulation qu'au cours de 238 mois, il faut amortir l'escompte de $47,600 ($1,000,000 — $952,400) sur cette dernière période. Ainsi, lorsque la société émettrice versera les intérêts convenus le 1er juillet 1976, il faudra radier quatre mois d'escompte, soit $800 = $47,600 × 4/238. De même, le 1er janvier 1977 et à chacune des dates d'intérêt subséquentes, l'escompte amorti sera de $1,200 soit $47,600 × 6/238.

Les frais d'émission d'obligations

■ L'émission d'obligations entraîne certains frais comme des frais juridiques, les frais d'impression des certificats d'obligations, etc. Ces frais, qui peuvent parfois être élevés, sont effectivement des dépenses payées d'avance qu'il faudrait comptabiliser dans un compte distinct et amortir au cours de la durée des obligations. Cependant, on ajoute généralement ces frais à l'escompte sur obligations ou on les déduit de la prime sur obligations. Bien que cette solution ne soit pas théoriquement bonne, elle est très en usage et donne les mêmes résultats que si on comptabilisait séparément ces frais.

Le rachat des obligations

■ Souvent, l'acte de fiducie stipule que les obligations peuvent être rachetées à prime avant l'échéance si la société émettrice le désire. On donne à ces obligations le nom d'*obligations rachetables*. Lorsque les taux d'intérêt baissent, il peut être avantageux de racheter les obligations au moyen du produit de l'émission d'autres obligations portant intérêt à un taux moindre.

Lorsque l'acte de fiducie ne donne pas le droit à la société émettrice de racheter les obligations par anticipation, il est quand même possible de racheter, sur le marché, un certain nombre d'entre elles. Un tel rachat est avantageux lorsque la société émettrice a un excédent de fonds et lorsque le prix du marché des obligations est inférieur à leur valeur nominale plus la prime non amortie ou moins l'escompte non amorti. Supposons, par exemple, que le solde des comptes Obligations à payer et Prime sur obligations est respectivement de $1,000,000 et de $12,000 au 1er avril, soit une des deux dates d'intérêt. Voici l'écriture qu'il faut passer au journal général pour inscrire le rachat de 10% des obligations en circulation dont la valeur marchande courante est égale à 98½% de leur valeur nominale.

Avril	1	Obligations à payer	100,000.00	
		Prime sur obligations	1,200.00	
		Gain sur rachat d'obligations		2,700.00
		Caisse		98,500.00
		Pour inscrire le rachat de 100 obligations.		

Le gain résultant du rachat est de $2,700 et est égal à la différence entre la valeur comptable des obligations (la valeur nominale des obligations plus la prime non amortie qui s'y rapporte) et le prix du rachat.

Nous avons dit, dans l'exemple précédent, que la valeur marchande des obligations était égale à 98½% de leur valeur nominale. C'est généralement de cette façon, mais sans le signe % qu'on exprime le prix d'une obligation. Ainsi, on dira qu'une obligation a un prix de 101¼. Ceci signifie que cette obligation se vend à 101¼% de sa valeur nominale plus les intérêts courus s'il y a lieu.

Les obligations convertibles

■ Afin de rendre une émission d'obligations plus attrayante, la société émettrice peut accorder aux obligataires le droit de convertir leurs obligations en un certain nombre d'actions de la même société. Ces obligations qui portent le nom d'*obligations convertibles* offrent, au début, les garanties que désirent obtenir les obligataires et leur permettent, par la suite, de participer à la prospérité de la société émettrice en échangeant leurs obligations pour des actions. C'est toujours aux obligataires eux-mêmes qu'il revient de décider s'il est avantageux de convertir leurs obligations en actions.

Lorsque l'obligataire cède ses obligations pour obtenir en retour des actions, il cesse d'être un créancier et il devient un actionnaire. La valeur attribuée aux actions émises en faveur des obligataires est généralement égale à la valeur comptable des obligations. Posons, pour donner un exemple, les hypothèses suivantes: (1) une société a 1,000 obligations émises ayant une valeur comptable de $992,000, (2) les obligations sont convertibles à raison de 18 actions ordinaires d'une valeur nominale de $50 pour une obligation et (3) les obligataires désirent convertir 100 obligations en actions ordinaires. Voici l'écriture qu'il faut passer au journal général pour inscrire la conversion des obligations en actions.

Mai	1	Obligations à payer	100,000.00	
		Escompte sur obligations		800.00
		Capital-actions ordinaire		90,000.00
		Prime sur actions ordinaires		9,200.00
		Pour inscrire la conversion de 100 obligations en 1,800 actions ordinaires.		

Remarquez dans l'écriture précédente, que la valeur comptable des obligations, soit $99,200, détermine la valeur qu'il convient d'attribuer aux actions ordinaires émises en faveur des obligataires qui ont converti leurs obligations en actions. Le plus souvent, lorsque des obligations sont convertibles, les obligataires n'exercent pas leur privilège de conversion à moins que la valeur marchande des actions, compte tenu des dividendes ordinaires versés aux actionnaires, ne soit suffisamment élevée pour leur permettre d'en tirer un avantage.

Les obligations à fonds d'amortissement

■ Bien que les obligations rapportent un taux de rendement inférieur à celui des actions privilégiées ou des actions ordinaires, elles représentent un bon placement pour les investisseurs en raison des garanties qu'elles leur procurent. Les obligataires attachent une grande importance aux garanties qui leur sont offertes. Une entreprise qui émet des obligations offrent généralement aux investisseurs des garanties en hypothéquant certains de ses biens. Souvent, elle leur accordera des garanties additionnelles en convenant, dans l'acte de fiducie, de créer un *fonds d'amortissement*, c'est-à-dire un fonds constitué en vue de rembourser le montant convenu aux obligataires à l'échéance.

Quand une société par actions émet des obligations amortissables, elle s'engage généralement à créer un fonds en versant périodiquement à un fiduciaire des sommes d'argent déterminées d'avance. C'est le devoir de ce dernier de gérer le fonds d'amortissement, d'effectuer de bons placements et d'ajouter les intérêts et les dividendes au fonds d'amortissement. À l'échéance, le fiduciaire a généralement aussi la responsabilité de vendre les placements du fonds d'amortissement et d'affecter le produit de cette vente au rachat des obligations. Le fiduciaire qui gère le fonds d'amortissement peut être le même que celui qui représente les obligataires.

Le montant qu'il convient de déposer dans le fonds d'amortissement afin d'obtenir à l'échéance les fonds nécessaires au rachat des obligations dépend du taux net d'intérêt que les fonds investis peuvent rapporter. Ce taux est un taux composé car le fiduciaire réinvestit continuellement les gains que rapporte le fonds d'amortissement. C'est aussi un taux net car le fiduciaire impute au fonds les honoraires auxquels il a droit pour les services rendus.

Supposons, pour illustrer le fonctionnement d'un fonds d'amortissement, qu'une société par actions, qui a émis, pour 10 ans, 1,000 obligations de $1,000, s'est engagée à remettre une somme à un fiduciaire à la fin de chaque année, pendant 10 ans, en vue d'accumuler les fonds nécessaires au rachat des obligations à l'échéance. Si le fiduciaire peut investir les fonds qui lui sont remis et en obtenir un taux de rendement net de 5%, la société devra verser chaque année une somme de $79,504 ainsi que l'illustre le tableau 19–2.

Année	Montant versé au fiduciaire	Intérêts créditeurs	Solde au 31 décembre, compte tenu du dépôt de l'année et des revenus du fonds
1	$79,504	–0–	$ 79,504
2	79,504	$ 3,975	162,983
3	79,504	8,149	250,636
4	79,504	12,532	342,672
5	79,504	17,134	439,310
6	79,504	21,966	540,780
7	79,504	27,039	647,323
8	79,504	32,366	759,193
9	79,504	37,960	876,657
10	79,504	43,839*	1,000,000

Tableau 19–2

*Ces chiffres ont été arrondis au dollar le plus près.

L'étudiant apprendra dans un cours plus avancé la façon de calculer le montant que la société émettrice doit verser chaque année au fiduciaire en vue de constituer une somme qui, compte tenu des intérêts, permettra de racheter les obligations à l'échéance. Il suffit, pour l'instant, de connaître la nature d'un fonds d'amortissement.

Voici l'écriture qu'il faut passer annuellement au journal général pour inscrire l'argent remis au fiduciaire.

Déc.	31	Fonds d'amortissement	79,504.00	
		Caisse		79,504.00
		Pour inscrire l'argent remis au fiduciaire chargé de gérer le fonds d'amortissement.		

Par la suite, le fiduciaire investit les sommes qu'on lui a confiées, perçoit les revenus que le fonds rapporte et informe la société émettrice du montant net dont s'est accru le fonds. Si, par exemple, la somme investie à la fin de la première année a rapporté $3,975 (voir le tableau 19–2), la société émettrice passera au journal général l'écriture suivante pour inscrire les revenus du fonds d'amortissement:

Déc.	31	Fonds d'amortissement	3,975.00	
		Revenus du fonds d'amortissement		3,975.00
		Pour inscrire le revenu qu'a rapporté le fonds d'amortissement au cours de l'exercice.		

Les revenus du fonds d'amortissement figurent généralement dans la section « Autres revenus et autres dépenses » de l'état des revenus et dépenses. Quant au fonds d'amortissement lui-même, c'est-à-dire les sommes versées au fiduciaire et les revenus qui en découlent, il représente, pour la société émettrice, un élément d'actif qui doit figurer dans la section Placements à long terme ainsi que l'illustre le bilan du tableau 19–3.

À l'échéance, le fiduciaire a généralement la responsabilité de liquider le fonds d'amortissement et de racheter les obligations. Si le produit du fonds correspond exactement à la valeur nominale des obligations, le fiduciaire en informe la société émettrice qui passe alors au journal général l'écriture suivante:

Janv.	3	Obligations à payer	1,000,000.00	
		Fonds d'amortissement		1,000,000.00
		Pour inscrire le rachat des obligations par le fiduciaire.		

Cependant, le plus souvent, la liquidation du fonds d'amortissement procure une somme légèrement plus élevée ou plus faible que celle dont le fiduciaire a besoin pour racheter les obligations. Si le produit de la liquidation du fonds d'amortisement est supérieur à la somme dont le fiduciaire a besoin pour racheter les obligations, il remet cet excédent à la société émettrice qui doit alors passer au journal général l'écriture suivante:

Janv.	3	Caisse	3,105.00	
		Fonds d'amortissement		3,105.00
		Pour inscrire l'excédent du fonds d'amortissement retourné par le fiduciaire après avoir racheté les obligations.		

Si, au contraire, le fiduciaire n'a pas toute la somme dont il a besoin pour racheter les obligations, la société émettrice doit lui verser l'argent qui manque et passer au journal général l'écriture suivante:

Janv.	3	Fonds d'amortissement	1,382.20	
		Caisse		1,382.20
		Pour inscrire la somme additionnelle versée au fiduciaire en vue de combler le déficit du fonds d'amortissement.		

Les obligations en circulation et les dividendes

■ Une société par actions qui distribuerait à ses actionnaires tous les bénéfices qu'elle a réalisés et qui, en plus, déposerait annuellement des sommes dans un fonds d'amortissement, n'aurait pas, après un certain nombre d'années, les biens dont elle a besoin pour son exploitation et ne serait probablement plus en mesure de distribuer des dividendes ou de verser des sommes dans le fonds d'amortissement. Afin d'éviter que cela ne se produise, l'acte de fiducie exige parfois que la société émettrice restreigne les dividendes distribués aux actionnaires au cours de la période où les obligations sont en circulation.

L'acte de fiducie peut, par exemple, stipuler que la société émettrice ne pourra verser des dividendes que dans la mesure où les bénéfices réalisés excèdent les sommes qu'elle doit verser annuellement au fiduciaire. On peut aussi atteindre le même objectif en exigeant que la société émettrice crée une réserve pour fonds d'amortissement en y affectant chaque année des sommes égales à celles qu'elle doit verser au fiduciaire. L'objet de cette réserve est de réduire les dividendes qui pourraient être versés aux actionnaires.

Supposons, pour illustrer ce dernier point, que la société qui doit verser au fiduciaire les sommes figurant au tableau 19–2 est aussi tenue de créer une réserve pour fonds d'amortissement en y affectant annuellement des montants égaux aux sommes qu'elle doit verser au fiduciaire plus les revenus tirés du fonds d'amortissement. Dans ce cas, il faudra, à la fin de la première année, passer au journal général l'écriture suivante pour inscrire la somme affectée à la réserve pour fonds d'amortissement:

Déc.	31	Bénéfices non répartis	79,504.00	
		Réserve pour fonds d'amortissement		79,504.00
		Pour inscrire le virement, à un compte de réserve, d'une somme égale à l'accroissement du fonds d'amortissement.		

À la fin de la première année, il suffit d'affecter à la réserve pour fonds d'amortissement une somme égale à celle que la société a remise au fiduciaire parce que cette somme n'a encore rapporté aucun revenu. Cependant, à la fin de la deuxième année, il faudra créditer le compte Réserve pour fonds d'amortissement d'une somme de $83,479, soit la somme versée à la fin de cette année-là au fiduciaire, $79,504, plus $3,975, c'est-à-dire les intérêts qu'a rapportés au cours de l'année le capital de $79,504 remis au fiduciaire un an plus tôt. De même, à la fin de la troisième année, le montant porté au crédit du compte Réserve pour fonds d'amortissement sera de $87,653, soit ($79,504 + $8,149).

À l'échéance, le remboursement des obligations a pour effet d'annuler le solde du Fonds d'amortissement. Quant au solde du compte Réserve pour fonds d'amortissement, qui est à ce moment-là de $1,000,000, il faut le restituer aux Bénéfices non répartis en passant au journal général l'écriture suivante:

Janv.	15	Réserve pour fonds d'amortissement	1,000,000.00	
		Bénéfices non répartis		1,000,000.00
		Pour restituer aux bénéfices non répartis la réserve pour fonds d'amortissement.		

L'EMPLOI DU TERME « RÉSERVE »

Les bénéfices affectés au rachat des obligations figurent généralement dans un compte intitulé Réserve pour rachat d'obligations. Cette terminologie peut induire en erreur le lecteur des états financiers qui s'imagine que cette réserve représente des fonds. C'est pourtant la terminologie que recommande le Comité des recherches en comptabilité de l'I.C.C.A. qui formule la recommandation suivante: « Le terme « réserve » doit servir exclusivement à désigner les montants affectés à même les bénéfices non répartis et les autres postes du surplus. Les réserves n'ont pas pour objet de constater une obligation réelle ou reconnue ni la dépréciation d'une valeur active en date du bilan ».[1] Il faut dire, toutefois, que le terme « Réserve » est de moins en moins en usage et que les sociétés par actions préfèrent maintenant, au lieu de créer des réserves, d'expliquer dans une note les raisons pour lesquelles elles ne peuvent distribuer aux actionnaires tous les bénéfices non répartis.

Les billets à long terme ■ Souvent, lorsque les taux d'intérêt sont trop élevés, les entreprises préfèrent émettre des billets échéant dans deux, trois ou cinq ans, à l'ordre de banques ou de compagnies d'assurances. Les entreprises émettent aussi des billets échéant dans 10 ou 20 ans afin d'éviter les frais

---

[1]*Manuel de l'I.C.C.A.* (Toronto, L'Institut Canadien des Comptables Agréés, 1968), par. 3260.01, p. 1571.

Aldo, Ltée
Bilan
au 31 décembre 1976
ACTIF

Actif à court terme :
Encaisse		$ 15,000	
Actions de ABC, Ltée		5,000	
Comptes à recevoir	$ 50,000		
Moins : Provision pour mauvaises créances	1,000	49,000	
Stock de marchandises		115,000	
Souscriptions à recevoir — actions ordinaires		15,000	
Dépenses payées d'avance		1,000	
Total de l'actif à court terme			$200,000

Placements à long terme :
Fonds d'amortissement	$ 15,000	
Participation dans Toledo, Ltée	5,000	
Total des placements à long terme		20,000

Actif immobilisé :
Terrain		$ 28,000	
Bâtiments	$190,000		
Moins : Amortissement accumulé	30,000	160,000	
Équipement de magasin	$ 85,000		
Moins : Amortissement accumulé	20,000	65,000	
Total de l'actif immobilisé			253,000

Actif incorporel :
Achalandage	23,000

Frais reportés :
Frais de déménagement non amortis	4,000
Total de l'actif	$500,000

PASSIF

Passif à court terme :
Billets à payer	$ 10,000		
Comptes à payer	24,000		
Impôts sur le revenu à payer	16,000		
Total du passif à court terme		$ 50,000	

Passif à long terme :
Obligations hypothécaires, 6%, remboursables en 1972	$100,000		
Moins : Escompte non amorti	2,000	98,000	
Total du passif			$148,000

AVOIR DES ACTIONNAIRES

Capital-actions ordinaire :
Autorisé : 2,500 actions d'une valeur nominale de $100			
Émis : 2,000 actions		$200,000	
Souscrit : 250 actions		25,000	
Excédent du prix payé par les actionnaires sur la valeur nominale des actions émises		33,000	
Total du capital investi par les actionnaires		$258,000	

Bénéfices non répartis :
Bénéfices affectés :			
Réserve pour fonds d'amortissement	$15,000		
Réserve pour expansion future	10,000	$ 25,000	
Bénéfices non affectés		69,000	
Total des bénéfices non répartis		94,000	
Total de l'avoir des actionnaires			$352,000
Total du passif et de l'avoir des actionnaires			$500,000

Tableau
19–3

qu'entraîne une émission d'obligations et afin de ne pas avoir à communiquer avec des milliers d'obligataires.

Les billets à long terme sont généralement garantis par une hypothèque. De plus, si ces billets ne doivent échoir que dans 10 ans ou plus, la société qui les a signés est souvent tenue de créer un fonds d'amortissement. Les billets à long terme offrent donc des caractéristiques qui ressemblent à celles des obligations. Ils diffèrent de ces dernières en ce que le nombre de prêteurs est plus petit. De plus, les billets à long terme ne sont émis ni à prime ni à escompte et ne suscitent aucun problème comptable particulier.

Le bilan d'une société par actions

■ Le bilan d'une société par actions est généralement plus long et plus complexe que celui d'une entreprise individuelle ou celui d'une société en nom collectif. Au cours de ce chapitre et au cours des chapitres précédents nous avons illustré certaines sections du bilan des sociétés par actions. Afin de donner une vue d'ensemble de tous les points dont nous avons discuté précédemment, nous reproduisons le bilan de Aldo, Ltée dans le tableau 19–3.

Remarquez en particulier, dans ce bilan, la façon de traiter le fonds d'amortissement. Ce fonds appartient à Aldo, Ltée et doit figurer dans la section Placements à long terme du bilan. Remarquez aussi la façon de présenter l'escompte sur obligations qui doit être déduit de la valeur nominale des obligations. Si les obligations avaient été émises à prime, on aurait ajouté la prime à la valeur nominale des obligations.

Questions

1. Quels sont les deux documents qu'une société par actions qui contracte un emprunt hypothécaire doit obtenir ? À quoi sert chacun de ces deux documents ?
2. Quelle différence y a-t-il entre une action et une obligation ?
3. Qu'entend-on par acte de fiducie ? Quelles clauses renferme généralement un acte de fiducie ?
4. Qu'entend-on par : (a) obligations immatriculées, (b) obligations à coupons, (c) obligations en série, (d) obligations à fonds d'amortissement, (e) obligations rachetables, (f) obligations convertibles et (g) obligations non garanties (debentures) ?
5. Pourquoi l'entreprise qui émet des obligations entre deux dates d'intérêt exige-t-elle que les investisseurs versent une somme incluant à la fois le prix des obligations et les intérêts courus ?
6. Qu'entend-on par (a) taux d'intérêt contractuel d'une obligation et (b) taux d'intérêt du marché ?
7. Quels facteurs déterminent le taux d'intérêt contractuel d'une obligation ?
8. A, Ltée a émis, pour 10 ans, 1,000 obligations de $1,000 à 95, portant intérêt à 6%. B, Ltée a aussi émis, pour 10 ans, 1,000 obligation à 105, portant intérêt à 7%. Quelle émission d'obligations comporte le taux d'intérêt effectif le plus élevé ?

9. Pourquoi les investisseurs considèrent-ils que les obligations convertibles représentent un bon placement ?

10. Si une obligation de $1,000 se vend à 98¼, quel est son prix de vente ? Si une obligation se vend à 101½, quel est son prix de vente ?

11. Si une obligation se vend à 97¾, ce prix inclut-il les intérêts courus ?

12. Quel est l'objet de la création d'un fonds d'amortissement ?

13. Dans quelle section du bilan doit-on classer un fonds d'amortissement ?

14. Pourquoi exige-t-on parfois que la société qui a émis des obligations crée une réserve égale aux montants versés au fiduciaire plus les revenus du fonds d'amortissement ?

Exercices

Exercice 19–1

Le 1er mars 1976, une entreprise a vendu, à la valeur nominale plus les intérêts courus, 1,000 obligations de $1,000 portant intérêt à 6.6% payable le 1er janvier et le 1er juillet de chaque année. (a) Passez au journal général l'écriture pour inscrire cette émission d'obligations. (b) Passez au journal général l'écriture pour inscrire les intérêts versés le 1er juillet 1976. (c) Ouvrez le compte Intérêts débiteurs et reportez-y les montants portés au débit ou au crédit de ce compte dans les deux écritures précédentes. (d) Quel était le nombre de mois d'intérêts courus le 1er mars 1976 ? (e) Pour combien de mois la société émettrice a-t-elle versé des intérêts le 1er juillet 1976 ? (f) Quel est le solde du compte Intérêts débiteurs après avoir reporté l'écriture du 1er juillet 1976 ? (g) Quel nombre de mois d'intérêts ce solde représente-t-il ? (h) À combien de mois d'intérêts correspondent les intérêts gagnés par les obligataires, le 1er juillet 1976 ?

Exercice 19–2

Le 1er mars 1976, une entreprise a émis, pour 10 ans, 1,000 ~~actions~~ obli- de $1,000 portant intérêt à 6½% payable le 1er mars et le 1er septembre de chaque année. (a) Passez au journal général les écritures pour inscrire l'émission des obligations et les intérêts versés le 1er septembre suivant si les obligations ont été vendues à 99. (b) Passez au journal général les écritures pour inscrire l'émission des obligations et les intérêts versés le 1er septembre suivant si les obligations ont été vendues à 101.

Exercice 19–3

Le 1er mars 1976, une entreprise a émis, pour 10 ans, 1,000 obligations de $1,000 portant intérêt à 6% payable le 1er janvier et le 1er juillet de chaque année. Les obligations ont été vendues à un prix de $994,100 plus les intérêts courus. Passez au journal général les écritures pour inscrire (a) l'émission des obligations, (b) les intérêts versés le 1er juillet 1976 et (c) les intérêts versés le 1er janvier 1977.

Exercice 19–4

Le 1er février 1976, une entreprise a émis, pour 10 ans, 1,000 obligations de $1,000 à 101, portant intérêt à 6½% payable le 1er février et le 1er août. Cinq ans plus tard, le 1er février 1981, la société émettrice verse les intérêts puis rachète 200 obligations sur le marché à 98. Passez au journal général l'écriture pour inscrire le rachat et l'annulation des 200 obligations.

Exercice 19–5

Posez l'hypothèse que les obligations dont il est question dans l'exercice précédent sont convertibles en actions ordinaires d'une valeur nominale de $5 chacune à raison de 185 actions pour une obligation de $1,000. Passez au journal général l'écriture pour inscrire la conversion de 100 obligations le 1er février 1981 après que la société émettrice aura versé les intérêts exigibles à cette date.

Problèmes

Problème 19–1

Voici l'avoir des actionnaires de Durano, Ltée au 31 décembre 1976 :

AVOIR DES ACTIONNAIRES

Capital-actions ordinaire :
Autorisé : 50,000 actions sans valeur nominale.

Émis : 25,000 actions	$700,000
Bénéfices non répartis	225,000
Total de l'avoir des actionnaires	$925,000

Durano, Ltée a besoin de $1,000,000 pour réaliser un projet d'expansion qui est susceptible de lui rapporter des bénéfices de $400,000 par année compte non tenu des intérêts débiteurs qu'une émission d'obligations entraînerait. La direction songe aux trois modes de financement suivants :

1er mode de financement : Émission de 25,000 actions ordinaires sans valeur nominale à $40 l'action.

2e mode de financement : Émission, à la valeur nominale, de 10,000 actions privilégiées non participantes, à dividende cumulatif de 7%, d'une valeur nominale de $100.

3e mode de financement : Émission, pour 20 ans, à la valeur nominale, de 1,000 obligations de $1,000 portant intérêt à 6%.

Travail à faire :
1. Calculez le bénéfice par action ordinaire selon chacun des trois modes de financement. (Posez l'hypothèse que le taux d'impôt sur le revenu est de 50%.)
2. Le bénéfice net revenant aux actionnaires ordinaires s'accroît de $40,000 par année lorsque Durano, Ltée émet des obligations au lieu d'émettre des actions privilégiées. Expliquez pourquoi ce bénéfice s'accroît de $40,000 alors que la différence entre les intérêts sur obligations et les dividendes sur actions privilégiées n'est que de $10,000 annuellement.

Problème 19–2

La Société Alma, Ltée a effectué les opérations suivantes :

1976

Fév. 1 Émission, pour dix ans, de 2,000 obligations de $1,000 portant intérêt à 6.3% payable le 1er février et le 1er août.

Août 1 Versement des intérêts semi-annuels.

Déc. 31 Inscription des intérêts courus sur obligations.

1977

Fév. 1 Versement des intérêts semi-annuels.

Travail à faire :

1. Passez au journal général les écritures pour inscrire les opérations précédentes si les obligations ont été émises à 99¼.

2. Passez au journal général les écritures pour inscrire les opérations précédentes si les obligations ont été émises à 101½.

Problème 19–3

L'acte de fiducie signé par Dalco, Ltée, le 20 mars 1972, l'autorise à émettre, pour 20 ans, 2,000 obligations de $1,000 portant intérêt à 6% payable le 1er avril et le 1er octobre de chaque année. Voici les opérations effectuées par la suite :

1972

Juin 1 Émission de toutes les obligations au prix de $1,976,200 plus les intérêts courus.

Oct. 1 Versement des intérêts semi-annuels.

Déc. 31 Inscriptions des intérêts courus sur obligations.

1973

Avril 1 Versement des intérêts semi-annuels.

1976

Oct. 1 Versement des intérêts semi-annuels puis achat de 10% des obligations à 98.

Déc. 31 Inscription des intérêts courus sur obligations.

1977

Avril 1 Versement des intérêts semi-annuels.

Travail à faire :

Passez au journal général les écritures pour inscrire les opérations précédentes. Posez l'hypothèse que le commis aux écritures a inscrit correctement toutes les opérations effectuées entre le 1er avril 1973 et le 1er octobre 1976.

Problème 19–4

Le 14 février 1972, une société par actions a signé un acte de fiducie l'autorisant à émettre, pour 20 ans, 1,000 obligations convertibles d'une valeur nominale de $1,000 portant intérêt à 6.6% payable le 1er mars et le 1er septembre. Les obligataires ont le droit de convertir leurs obligations avant le 1er avril 1977 à raison de 150 actions ordinaires d'une valeur nominale de $5 pour chaque obligation de $1,000. Voici les opérations effectuées entre le 1er avril 1972 et le 2 mars 1976 :

1972

Avril 1 Émission de toutes les obligations au prix de $1,011,950 plus les intérêts courus.

Sept. 1 Versement des intérêts semi-annuels.

Déc. 31 Inscription des intérêts courus sur obligations.

1973

Mars 1 Versement des intérêts semi-annuels.

Sept. 1 Versement des intérêts semi-annuels.

1975

Mars 1 Versement des intérêts semi-annuels puis rachat de 20% des obligations à un prix de $196,000.

Sept. 1 Versement des intérêts semi-annuels.

1976

Mars 1 Versement des intérêts semi-annuels et conversion de 100 obligations en actions ordinaires.

Travail à faire :

Passez au journal général les écritures pour inscrire les opérations précédentes.

Problème 19–5

Le 10 décembre 1976, Bêta, Ltée a signé un acte de fiducie l'autorisant à émettre, pour 4 ans, 1,000 obligations de $1,000 portant intérêt à 6% payable semi-annuellement le 1er janvier et le 1er juillet. (Le nombre d'années au cours desquelles ces obligations seront en vigueur n'est que de quatre afin que l'étudiant puisse passer au journal général toutes les écritures relatives à un fonds d'amortissement.)

L'acte de fiducie oblige Bêta, Ltée à remettre annuellement au fiduciaire une somme de $230,300. On prévoit que les sommes déposées dans le fonds d'amortissement rapporteront un taux de rendement annuel de 5½% et suffiront, à l'échéance, pour racheter les obligations ainsi que l'indique le tableau suivant :

Année	Somme versée au fiduciaire	Intérêts créditeurs	Solde au 31 décembre, compte tenu du dépôt de l'année et des revenus du fonds
1973	$230,300	–0–	$ 230,300
1974	230,300	$12,700	473,300
1975	230,300	26,000	729,600
1976	230,300	40,100	1,000,000

L'acte de fiducie oblige aussi Bêta, Ltée à virer chaque année, dans le compte Réserve pour fonds d'amortissement, des bénéfices égaux à la somme remise au fiduciaire plus les intérêts portés au crédit du fonds au cours de l'exercice.

Voici les opérations effectuées de 1973 à 1977 :

1973

Janv. 1 Émission des 1,000 obligations à la valeur nominale.

Déc. 31 Versement au fiduciaire de la somme de $230,300.

31 Virement, au compte Réserve pour fonds d'amortissement, d'une somme égale à l'accroissement du fonds d'amortissement survenu au cours de l'exercice.

1974

Déc. 31 Versement au fiduciaire de la somme de $230,300.

31 Intérêts portés au crédit du fonds d'amortissement par le fiduciaire : $12,700.

31 Virement, au compte Réserve pour fonds d'amortissement, d'une somme égale à l'accroissement du fonds d'amortissement survenu au cours de l'exercice.

1975

Déc. 31 Versement au fiduciaire de la somme de $230,300.

31 Intérêts portés au crédit du fonds d'amortissement par le fiduciaire : $26,250. (Bien que ce montant soit différent des intérêts prévus, $26,000, la différence n'est pas assez grande pour modifier le montant versé annuellement au fiduciaire.)

31 Virement, au compte Réserve pour fonds d'amortissement, d'une somme égale à l'accroissement du fonds d'amortissement survenu au cours de l'exercice.

1976

Déc. 31 Versement au fiduciaire de la somme de $230,300.

31 Intérêts portés au crédit du fonds d'amortissement par le fiduciaire : $40,050.

31 Virement, au compte Réserve pour fonds d'amortissement, d'une somme égale à l'accroissement du fonds d'amortissement survenu au cours de l'exercice.

1977

Janv. 15 Chèque de remboursement reçu du fiduciaire en même temps qu'un rapport indiquant qu'il a racheté toutes les obligations.

22 Le conseil d'administration décide de restituer aux bénéfices non répartis le solde du compte Réserve pour fonds d'amortissement.

Travail à faire :

Passez au journal général les écritures pour inscrire les opérations précédentes.

Problème 19–6

Voici, par ordre alphabétique, les postes figurant au bilan de Oméga, Ltée au 31 décembre 1976 :

Amortissement accumulé — Bâtiments	$ 235,000
Amortissement accumulé — Équipement	140,000
Bâtiments	1,750,000
Bénéfices non répartis non affectés	213,400
Billets à recevoir	10,000
Brevets d'invention	25,000
Caisse	85,600
Capital-actions émis (valeur nominale de $5)	1,500,000
Capital-actions souscrit	125,000
Comptes à payer	90,500
Comptes à recevoir	115,700
Dépenses payées d'avance	5,000
Équipement	875,000
Escompte sur obligations	11,500

Fonds d'amortissement	163,500
Frais de constitution	12,500
Impôts retenus du salaire des employés	1,500
Impôts sur le revenu à payer	42,600
Obligations hypothécaires portant intérêt à 6% remboursables en 1990	1,000,000
Prime sur actions ordinaires	75,000
Provision pour mauvaises créances	11,200
Réserve pour fonds d'amortissement	163,500
Souscriptions à recevoir	165,000
Stock de marchandises au plus bas du coût d'acquisition et du coût de remplacement	241,400
Terrain	137,500

Travail à faire :
Dressez en bonne et due forme le bilan de Oméga, Ltée. Posez l'hypothèse que les lettres patentes de Oméga, Ltée l'autorisent à émettre 500,000 actions ordinaires et 1,000 obligations ayant respectivement une valeur nominale de $5 et de $1,000.

Autres problèmes

Problème 19–1A

Voici l'avoir des actionnaires de Santo, Ltée dont le taux de rendement avant impôts (calculé sur l'avoir des actionnaires) est de 20%.

AVOIR DES ACTIONNAIRES

Capital-actions ordinaire :	
Autorisé : 200,000 actions d'une valeur nominale de $10.	
Émis : 100,000 actions	$1,000,000
Prime sur actions ordinaires	200,000
Bénéfices non répartis	300,000
Total de l'avoir des actionnaires	$1,500,000

Les administrateurs estiment que si Santo, Ltée pouvait obtenir des capitaux additionnels s'élevant à $2,000,000, son taux de rendement sur ces nouveaux capitaux serait de 20%, compte non tenu des intérêts sur obligations et des impôts, soit le même taux de rendement obtenu actuellement sur l'avoir des actionnaires de $1,500,000. La direction songe aux trois modes de financement suivants :

1er mode de financement : Émission de 100,000 actions ordinaires à $20 l'action.

2e mode de financement : Émission, à la valeur nominale, de 20,000 actions privilégiées non participantes, à dividende cumulatif de 7½%, d'une valeur nominale de $100.

3e mode de financement : Émission, pour 20 ans, à 100, de 2,000 obligations d'une valeur nominale de $1,000 portant intérêt à 6½%.

Travail à faire :

1. Calculez le bénéfice par action ordinaire selon chacun des trois modes de financement. (Posez l'hypothèse que le taux d'impôt sur le revenu est de 50%.)
2. Le bénéfice net revenant aux actionnaires ordinaires s'accroît de $85,000 par année lorsque Santo, Ltée émet des obligations au lieu d'émettre des actions privilégiées. Expliquez pourquoi ce bénéfice s'accroît de $85,000 alors que la différence entre les intérêts sur obligations et les dividendes sur actions privilégiées n'est que de $10,000 annuellement.

Problème 19–2A

L'acte de fiducie signé par Taillon, Ltée, le 17 mars 1976, l'autorise à émettre, pour 10 ans, 1,000 obligations d'une valeur nominale de $1,000, portant intérêt à 6½%, payable semi-annuellement le 1er avril et le 1er octobre. Voici les opérations effectuées par la suite :

1976
Avril 1   Émission de toutes les obligations.
Oct. 1   Versement des intérêts semi-annuels.
Déc. 31   Inscription des intérêts courus sur obligations.
1977
Avril 1   Versement des intérêts semi-annuels.

Travail à faire :

1. Passez au journal général les écritures pour inscrire les opérations précédentes si les obligations ont été émises à 99.
2. Passez au journal général les écritures pour inscrire les opérations précédentes si les obligations ont été émises à 100¾.

Problème 19–3A

Le 18 avril 1972, une société par actions a signé un acte de fiducie qui l'autorise à émettre, pour 20 ans, 3,000 obligations d'une valeur nominale de $1,000, portant intérêt à 6½%, payable le 1er mars et le 1er novembre. Voici les opérations effectuées par la suite :

1972
Juin 1   Émission de toutes les obligations au prix de $3,047,800 plus les intérêts courus.
Nov. 1   Versement des intérêts semi-annuels.
Déc. 31   Inscription des intérêts courus sur obligations.
1973
Mai 1   Versement des intérêts semi-annuels.
1976
Nov. 1   Versement des intérêts semi-annuels, puis rachat de 20% des obligations à 97½.
Déc. 31   Inscription des intérêts courus sur obligations.
1977
Mai 1   Versement des intérêts semi-annuels.

Travail à faire :

Passez au journal général les écritures pour inscrire les opérations précédentes. Posez l'hypothèse que le commis aux écritures a inscrit correctement toutes les opérations effectuées entre le 1er mai 1973 et le 1er novembre 1976.

Problème 19–4A

Le 12 avril 1973, une société par actions a signé un acte de fiducie qui l'autorise à émettre, pour 20 ans, 2,000 obligations d'une valeur nominale de $1,000 portant intérêt à 6% payable semi-annuellement le 1er mai et le 1er novembre. Les obligataires ont le droit de convertir leurs obligations avant le 1er mai 1978 à raison de 80 actions d'une valeur nominale de $10 pour chaque obligation de $1,000. Voici les opérations effectuées du 1er août 1973 au 2 mai 1976 :

1973
Avril 1 Émission de toutes les obligations au prix de $1,976,300 plus les intérêts courus.
Nov. 1 Versement des intérêts semi-annuels.
Déc. 31 Inscription des intérêts courus sur obligations.
1974
Mai 1 Versement des intérêts semi-annuels.
Nov. 1 Versement des intérêts semi-annuels.
1975
Nov. 1 Versement des intérêts semi-annuels, puis conversion de 20% des obligations en actions ordinaires.
Déc. 31 Inscription des intérêts courus sur obligations.
1976
Mai 1 Versement des intérêts semi-annuels, puis rachat de 100 obligations sur le marché à 98.

Travail à faire :
Passez au journal général les écritures pour inscrire les opérations précédentes.

Cas 19–1
Électra, Ltée

Voici l'avoir des actionnaires de Électra, Ltée tiré du bilan dressé au 31 décembre de l'année 0 :

AVOIR DES ACTIONNAIRES

Capital-actions ordinaire :
Autorisé : 300,000 actions d'une valeur nominale de $12.50.
Émis : 200,000 actions $2,500,000
Excédent du prix d'émission des actions sur leur
valeur nominale 500,000
Bénéfices non répartis 800,000
Total de l'avoir des actionnaires $3,800,000

Électra, Ltée projette d'accroître son chiffre d'affaires de 50%. Comme elle a besoin d'un capital additionnel de $2,000,000 pour atteindre cet objectif, les administrateurs ont songé à l'obtenir de l'une ou l'autre des façons suivantes :
1. Émission de 100,000 actions ordinaires à un prix de $20 l'action.

2. Émission (après avoir obtenu des lettres patentes supplémentaires) de 20,000 actions privilégiées non participantes, à dividende cumulatif de 7½%, d'une valeur nominale de $100.

3. Émission, pour 10 ans, à la valeur nominale, de 2,000 obligations de $1,000 portant intérêt à 6½%.

Électra, Ltée a réalisé un bénéfice avant impôts de $420,000 au cours du dernier exercice. Voici le bénéfice, compte tenu des intérêts et des impôts, que la direction prévoit réaliser au cours des 10 prochaines années si l'on donne suite au projet d'expansion envisagé : Année 1, $1,582,000; Année 2, $648,000; Année 3, $720,000; Année 4, $798,000; Année 5, $882,000; Année 6, $972,000; Année 7, $1,062,000; Année 8, $8,158,000; Année 9, $1,254,000; et Année 10, $1,350,000.

Les administrateurs désirent adopter le mode de financement qui favorisera le plus les actionnaires ordinaires et ils vous demandent de les conseiller à ce sujet. Rédigez un rapport dans lequel vous discuterez des avantages et des inconvénients de chacun des modes de financement énumérés ci-dessus. Joignez à votre rapport un tableau dans lequel figurera le bénéfice annuel par action ordinaire résultant de chacun de ces modes de financement. (Posez l'hypothèse que le taux d'impôt est de 50%.)

**Cas 19–2
Humbo, Ltée**

Voici l'avoir des actionnaires de Humbo, Ltée au moment où elle songe à racheter ses actions privilégiées à dividende cumulatif de 8% :

AVOIR DES ACTIONNAIRES

Capital-actions privilégié à dividende cumulatif de 8% :	
Autorisé et émis : 20,000 actions non participantes, d'une valeur nominale de $100, rachetables à la valeur nominale plus les dividendes arriérés	$2,000,000
Capital-actions privilégié à dividende cumulatif de 7% :	
Autorisé et émis : 40,000 actions non participantes, d'une valeur nominale de $50, rachetables à la valeur nominale plus les dividendes arriérés	2,000,000
Capital-actions ordinaire :	
Autorisé : 500,000 actions d'une valeur nominale de $10.	
Émis : 200,000 actions	2,000,000
Bénéfices non répartis	1,000,000
Total de l'avoir des actionnaires	$7,000,000

Le bénéfice annuel moyen avant impôts des cinq derniers exercices a été de $900,000 et on ne s'attend pas à ce qu'il change beaucoup dans l'avenir.

La direction songe à obtenir les fonds nécessaires au rachat des actions privilégiés à dividende cumulatif de 8% de l'une ou l'autre des façons suivantes : (1) Émettre, pour 20 ans, à la valeur nominale, 2,000 obligations de $1,000 portant intérêt à 6%; et (2) Offrir aux actionnaires ordinaires le droit d'acheter, à la valeur nominale, une nouvelle action pour chaque action détenue actuellement.

Les administrateurs vous demandent de faire ressortir, dans un tableau, les effets des changements envisagés sur le bénéfice revenant aux actionnaires ordinaires et sur le bénéfice par action ordinaire. Si l'un ou l'autre des deux projets proposés présente des avantages pour les actionnaires ordinaires, ils convoqueront une assemblée des actionnaires en vue d'obtenir de ceux-ci l'approbation du projet susceptible de leur convenir davantage.

Dressez le tableau demandé par les administrateurs et expliquez pourquoi le bénéfice par action ordinaire peut augmenter de $0.50 en remplaçant les actions privilégiées par des obligations alors que ce changement n'apporte qu'une économie de $40,000, soit la différence entre les dividendes de $160,000 versés aux actionnaires privilégiés et les intérêts de $120,000 versés aux obligataires. Posez l'hypothèse que le taux d'impôt sur le revenu est de 50%.

20

Les principes comptables et les placements

■ La comptabilité, telle que nous la connaissons actuellement est le fruit d'une évolution lente et progressive qui a commencé avec l'invention de la tenue des livres en partie double par Luca Pacioli et par les marchands italiens des 13e et 14e siècles. Depuis ce temps, l'objet de la comptabilité a été et est toujours de fournir des informations sur la situation financière d'une entreprise et les résultats de son exploitation.

Les entreprises modernes sont des petites entreprises individuelles ou des sociétés importantes dont les actions sont détenues par des milliers, voire même des centaines de milliers d'actionnaires. Les personnes qui ont besoin d'informations comptables appartiennent à deux groupes: (1) les administrateurs qui peuvent ne détenir qu'un petit nombre d'actions et (2) tous ceux qui ne participent pas à la gestion mais particulièrement les actionnaires, les créanciers, les investisseurs éventuels, les syndicats ouvriers, le gouvernement et le public en général.

Le présent chapitre discute surtout des besoins de ce deuxième groupe de personnes qui ne peuvent généralement obtenir des informations qu'en étudiant les états financiers dressés en conformité avec les principes comptables généralement reconnus.

Nature des principes comptables ■ Qu'entend-on par principes comptables? D'où tirent-ils leur origine? Qui les a formulés? Existe-t-il une liste des principes comptables? Quelle est l'utilité des principes comptables? Voilà autant de questions qui, si on y répond, peuvent aider à connaître la nature des principes comptables et la raison pour laquelle on les a formulés.

NATURE DES PRINCIPES COMPTABLES

Les principes comptables sont des règles portant sur la façon de comptabiliser les opérations d'une entreprise et de dresser les rapports financiers destinés aux actionnaires, aux créanciers, aux investisseurs et à toute personne qui ne participe pas à la gestion.

ORIGINE DES PRINCIPES COMPTABLES

Les principes comptables proviennent des comptables eux-mêmes dont l'attitude est susceptible de changer par suite des besoins de la direction, du gouvernement, des syndicats, des actionnaires, des investisseurs et du public en général. Pour répondre à ces besoins, on a esquissé et continue d'esquisser diverses théories comptables. Certaines de ces théories ont été acceptées, d'autres ont été rejetées, mais le critère d'acceptation générale a été jusqu'à présent le critère prédominant en vertu duquel une théorie est acceptée ou rejetée.

RESPONSABILITÉ RELATIVE À LA FORMULATION DES PRINCIPES COMPTABLES

Les associations comptables professionnelles assument la responsabilité exclusive de formuler des principes comptables. Ces principes ne sont pas des lois comme le sont les lois de la nature et personne n'a encore réussi à en dresser une liste complète et reconnue universellement. On les retrouve tout de même dans la littérature comptable et dans les recommandations formulées par l'Institut Canadien des Comptables Agréés, l'American Institute of Certified Public Accountants, l'American Accounting Association et le Financial Accounting Standards Board.

NÉCESSITÉ DES PRINCIPES COMPTABLES

Ainsi que nous venons de le dire, les principes comptables sont des règles générales portant sur la comptabilisation des opérations d'une entreprise et sur l'établissement des rapports financiers destinés à diverses personnes. Les principes comptables ont pour objet de communiquer aux lecteurs des états financiers une information sûre pouvant se comparer d'une entreprise à l'autre. Les rapports financiers n'auraient aucune utilité pour ceux qui ne participent pas à la gestion si les comptables ne s'entendaient pas, d'une manière générale au moins, sur les normes de présentation des états financiers et sur la façon de comptabiliser les revenus et les dépenses ainsi que les divers postes de l'actif, du passif et des capitaux propres.

Les postulats comptables
■ On ne peut saisir la nature des principes comptables sans discuter de quatre postulats se rapportant à l'essence même de la comptabilité et aux facteurs économiques qui l'entourent. Ces quatre postulats, qui

ne tiennent compte toutefois que des facteurs économiques les plus importants, sont: (1) la notion d'entité comptable, (2) la notion de permanence de l'entreprise, (3) la notion de monnaie stable et (4) la notion de périodicité. Même si nous avons déjà discuté précédemment de ces postulats, il est bon d'en discuter ici plus en détail.

LA NOTION D'ENTITÉ COMPTABLE

En comptabilité, toute entreprise constitue une entité distincte de son (ou de ses) propriétaire(s). Chaque entité, au point de vue comptable, possède les ressources qu'elle utilise et a des « dettes » à l'égard des créanciers et des propriétaires qui lui ont fourni ces ressources. La comptabilité s'intéresse avant tout à l'entité plutôt qu'à son (ou ses) propriétaire(s).

La société par actions est effectivement une personne morale mais tel n'est pas le cas pour la société en nom collectif et l'entreprise individuelle auxquelles la comptabilité attribue arbitrairement une existence distincte. Étant donné qu'au point de vue comptable chaque entreprise constitue une entité distincte, il faut tenir des registres comptables et dresser des états financiers se rapportant exclusivement à cette entité. C'est pourquoi, il ne faut jamais fausser la situation financière d'une entreprise et les résultats d'exploitation en incluant dans les états financiers des éléments d'actif d'une autre entreprise et des biens qui appartiennent en propre à son (ou à ses) propriétaire(s) ou en comptabilisant des opérations qui ne concernent que ce (ou ces) dernier(s). Ainsi, l'automobile qui appartient en propre au propriétaire d'une entreprise ou au président d'une société par actions ne doit pas figurer au bilan de cette entreprise ou de cette société par actions et il ne faut pas non plus inclure, dans l'état des revenus et dépenses, les dépenses relatives à l'utilisation de cette automobile: essence, réparations, assurances, amortissement, etc. Procéder autrement aurait pour effet de fausser sérieusement la situation financière et les résultats d'exploitation des entreprises en question.

LA NOTION DE PERMANENCE DE L'ENTREPRISE

La notion de « permanence de l'entreprise » signifie que le comptable (à moins d'indications contraires) pose l'hypothèse qu'une entreprise existe pour une durée indéfinie et qu'elle réalisera un bénéfice net raisonnable au cours d'une période plus longue que la durée d'utilisation prévue de n'importe lequel de ses biens. En d'autres mots, le comptable pose l'hypothèse que la durée de l'entreprise sera suffisamment longue pour réaliser des revenus qui lui permettront de recouvrer le coût de ses éléments d'actif.

L'état des revenus et dépenses figurant à la page 600 explique de quelle façon une entreprise peut recouvrer le coût de ses éléments d'actif. Au cours de l'exercice, Excel, Ltée a recouvré tous les coûts engagés pour vendre ses produits. Il lui reste même un excédent de $10,000. Parmi les coûts recouvrés, se trouve un amortissement de $5,000. Étant donné

Excel, Ltée
État des revenus et dépenses
pour l'exercice terminé le 31 décembre 1976

Revenus	$100,000
Coût des produits vendus, salaires, fournitures et autres dépenses (y compris un amortissement de $5,000 du coût de l'équipement)	90,000
Bénéfice net de l'exercice	$ 10,000

que cette dépense n'a suscité aucune sortie de fonds, l'entreprise a recouvré une partie du coût de son équipement, soit $5,000, en réalisant un chiffre d'affaires de $100,000 au cours de l'exercice.

L'établissement du bilan et le calcul du bénéfice net d'un exercice dépendent étroitement de l'application du principe de la permanence de l'entreprise. Ainsi, c'est en vertu de ce principe que les éléments de l'actif immobilisé figurent au coût moins l'amortissement accumulé, c'est-à-dire à la partie du coût qui sera imputée aux exercices futurs. C'est aussi en vertu de ce principe que des biens, comme les fournitures de bureau et le papier imprimé au nom de l'entreprise, figurent dans le bilan au coût, même si leur valeur de revente est nulle. Dans tous les cas, l'idée qui prédomine c'est que les biens figurant au bilan sont nécessaires à l'exploitation. Comme il n'est pas question de revendre la plupart de ces biens, il ne convient pas de les inscrire au bilan à leur valeur marchande ou à leur valeur de réalisation.

C'est en vertu du principe de la permanence de l'entreprise que l'on attache plus d'importance à l'état des revenus et dépenses et que l'on insiste pour bien rapprocher les revenus et les dépenses. Dans ce cas, le bilan n'a qu'une importance secondaire car on considère que l'on peut mieux déterminer la valeur d'une entreprise en tenant compte avant tout du rendement qu'on tire de ses ressources.

Bien que le principe de la permanence de l'entreprise s'applique dans la majorité des cas, il faut admettre que ce principe ne convient pas pour l'entreprise qui est sur le point d'être liquidée. Seules, dans ce cas, les valeurs de liquidation ont quelque importance.

LA NOTION DE MONNAIE STABLE

Une des notions comptables les plus importantes est celle qui consiste à dire que les comptes doivent être tenus en monnaie dont la valeur ne fluctue pas. En vertu de ce concept, on reconnaît que l'objet de la comptabilité n'est pas de mesurer la valeur mais plutôt: (1) de comptabiliser les « dollars investis » et les « dollars empruntés », (2) de tenir compte de l'utilisation de ces « dollars de capital » au moment où l'entreprise les affecte à l'acquisition de ressources, (3) de mesurer le recouvrement de ces « dollars de capital » en « dollars de revenu » (revenu brut) et (4) de considérer tout excédent des revenus sur les dépenses comme des « dollars de bénéfice » (bénéfice net).

En vertu de cette notion, on admet que la valeur, comme la beauté, dépend beaucoup de l'impression qu'on peut en avoir et, par le fait même, ne peut être déterminée que subjectivement. On admet aussi que la valeur (le pouvoir d'achat) de l'unité de mesure en usage (le dollar) change constamment. Il s'ensuit qu'un bilan dressé en conformité avec cette notion ne fait voir que le nombre de dollars reçus de toutes sources (propriétaires, créanciers et bénéfices réinvestis) et la façon dont ces dollars ont été utilisés (comptes à recevoir, stocks, dépenses payées d'avance, immobilisations et argent non encore utilisé). Selon cette façon de concevoir le bilan, le lecteur des états financiers ne peut dire que le nombre de dollars attribués aux éléments d'actif représente leur valeur. Au contraire, les montants figurant au bilan n'indiquent que le nombre de dollars affectés à différents biens. Quant à la valeur de ces mêmes biens, elle ne dépend que d'un jugement subjectif porté sur le rendement que l'entreprise en tirera dans l'avenir.

LA NOTION DE PÉRIODICITÉ

Les entreprises doivent verser annuellement des impôts sur le revenu et elles sont tenues d'informer annuellement, et même parfois trimestriellement, leurs actionnaires. De plus, la direction a souvent recours à des états financiers dressés mensuellement. Étant donné qu'une entreprise doit communiquer régulièrement une information comptable satisfaisante, il est nécessaire de répartir sa durée en courtes périodes et de mesurer les changements survenus dans sa valeur au cours de ces périodes.

Pourtant, on admet généralement qu'il est impossible de déterminer d'une manière précise le bénéfice net d'une courte période. Effectivement, on ne peut connaître exactement les bénéfices qu'une entreprise a réalisés qu'au moment où elle liquide tous ces biens. Néanmoins, les circonstances obligent une entreprise à subdiviser sa durée en exercices dont la longueur n'excède pas un an afin d'évaluer les progrès accomplis au cours de chaque exercice. De plus, on peut utiliser sans danger les états financiers dressés périodiquement lorsque les revenus et les dépenses sont déterminés en conformité avec les principes comptables généralement reconnus même si le comptable doit estimer certains chiffres.

Les principes comptables

■ On dit habituellement qu'un principe est « une règle d'action s'appuyant sur un jugement de valeur et constituant un modèle, une règle ou un but ». Les principes comptables sont justement des règles d'action, adoptées par les associations comptables professionnelles, portant sur la comptabilisation des opérations et l'établissement des états financiers.

Nous allons maintenant discuter brièvement des principes comptables les plus importants.

LE PRINCIPE DU COÛT ORIGINAIRE

Le principe du coût originaire est peut être celui qui influe le plus sur la façon de comptabiliser les opérations d'une entreprise et celle d'établir ses états financiers. En vertu de ce principe, il faut comptabiliser, au coût, les biens qu'une entreprise acquiert, les services qui lui sont rendus et tous les facteurs de production. De plus, tous ces éléments doivent figurer au coût dans les comptes jusqu'au moment où l'entreprise les vend ou les utilise d'une manière ou d'une autre.

C'est ce principe qui incite le comptable à accepter que l'objet de la comptabilité n'est pas de déterminer la « valeur » des différents éléments dont l'entreprise se sert pour son exploitation. Selon ce principe, il faut comptabiliser ces éléments au coût et ne pas lui substituer une autre valeur. Cependant, il est nécessaire d'attribuer à un exercice le coût (ou une partie de ce coût) des éléments qu'il a fallu vendre ou utiliser en vue de réaliser les revenus de cet exercice.

En vertu de ce principe, le bilan n'indique que les coûts non « amortis » des différents facteurs de production, c'est-à-dire la partie du coût qui n'a pas encore été imputée aux revenus. Le bilan ne donne pas la « valeur » des biens car la valeur comme la beauté fait l'objet d'une évaluation subjective. De plus, le coût des éléments figurant au bilan est exprimé en dollars de diverses valeurs parce que le pouvoir d'achat du dollar change constamment d'un exercice à l'autre.

Le principe du coût demande de déterminer le coût des biens acquis comme si les opérations avaient lieu au comptant. Si la contrepartie cédée lors de l'acquisition d'un bien est de l'argent, le coût de ce bien est égal à la somme totale déboursée pour l'acquérir et le mettre en bon état de fonctionnement. Si la contrepartie cédée n'est pas une somme d'argent, le coût du bien acquis est la valeur en argent de la contrepartie cédée ou la juste valeur (la valeur équivalente exprimée en espèces) du bien acquis selon le chiffre le plus évident ou le plus facile à déterminer.[1]

Le principe du coût ne convient pas toutefois pour les biens reçus à titre gratuit qu'il faut comptabiliser à leur juste valeur. Il est nécessaire, dans ce cas, de renoncer au principe du coût car il importe davantage de comptabiliser toutes les ressources d'une entreprise, quelle que soit leur provenance, afin d'évaluer correctement le rendement obtenu.

Le principe du coût s'applique autant aux éléments du passif et de l'avoir du propriétaire qu'aux éléments de l'actif. Il importe, en effet, de comptabiliser correctement les éléments de l'actif, du passif et de l'avoir du propriétaire et de présenter ces éléments au bilan en conformité avec le principe du coût originaire.

LE PRINCIPE DU RAPPROCHEMENT DES REVENUS ET DES DÉPENSES

Un des objectifs principaux de la comptabilité est de déterminer correctement le bénéfice net d'un exercice en effectuant un bon rapprochement des revenus et des dépenses. Étant donné que le « flux » des revenus d'une entreprise ne cesse jamais, il est nécessaire pour bien rapprocher

---

[1]*Basic Concepts and Accounting Principles Underlying Financial Statements* (New York, American Institute of Certified Public Accountants, 1970), p. 72.

les revenus et les dépenses: (1) d'établir le temps d'arrêt des comptes à la fin d'un exercice, (2) de mesurer les revenus réalisés au cours de l'exercice, (3) de déterminer les coûts engagés en vue de réaliser ces revenus et (4) de trouver le bénéfice net de l'exercice en déduisant ces coûts du total des revenus.

Les coûts comprennent: (1) le coût des marchandises vendues et des services rendus, (2) le coût des biens et des services utilisés en vue de réaliser un revenu, (3) le coût des biens qui ont cessé d'avoir de la valeur au cours de l'exercice, (4) les pertes résultant d'un sinistre comme un incendie, une tempête, etc. et (5) le coût des éléments de l'actif à long terme que l'entreprise a vendus. Par ailleurs, les revenus amènent un accroissement de l'actif provenant aussi bien de services rendus que de la vente de marchandises et de biens non destinés à la revente, comme des placements et des immobilisations dont l'entreprise n'a plus besoin. Les revenus peuvent aussi venir du règlement avantageux d'une dette. Un bénéfice net, toutefois, n'existe que si le total des revenus est supérieur aux dépenses effectuées en vue de gagner ces revenus, compte tenu des pertes fortuites et des pertes extraordinaires.

La réalisation du revenu. Le principe du rapprochement des revenus et des dépenses demande de rattacher les revenus à un exercice et de déterminer le moment où ces revenus sont réalisés. En pratique, on détermine ce moment de trois façons: (1) en fonction des ventes, (2) en fonction des sommes recouvrées (la comptabilité de caisse) et (3) en fonction de la production.

La réalisation du revenu en fonction des ventes. Le plus souvent, on considère qu'un revenu est réalité au moment où une vente a lieu. Cependant, pour inscrire un revenu, il faut que le vendeur obtienne de l'argent ou une promesse du client de verser une somme d'argent en retour de services rendus ou de marchandises livrées à ce dernier.

Théoriquement, un revenu est gagné graduellement, mais il n'est pas possible d'en déterminer le montant avant que le vendeur et l'acheteur aient convenu d'un prix et qu'une vente ait effectivement eu lieu. Ainsi, un fabricant gagne une partie de son revenu au cours de chacune des étapes suivantes: (1) la fabrication de marchandises, (2) la mise en marché des produits fabriqués et (3) la livraison des marchandises vendues. Pourtant, le fabricant n'a aucun droit de recouvrer une somme d'argent avant la dernière de ces étapes. Lorsque l'on détermine le revenu en fonction des ventes, ce n'est que lorsque la livraison a lieu que l'on mesure le revenu réalisé et qu'on le comptabilise.

La comptabilité de caisse. Une entreprise qui a des doutes sérieux quant à la possibilité de recouvrer le produit d'une vente peut ne comptabiliser le revenu réalisé qu'au moment où elle recouvre la somme d'argent exigée lors de la vente. C'est là une des caractéristiques de la comptabilité de caisse qui convient particulièrement pour comptabiliser le revenu des ventes à tempérament. Dans ce cas, le bénéfice brut n'est inscrit que lorsque le client effectue les versements exigés, ce qui a pour effet de répartir le revenu sur la période au cours de laquelle le produit de la vente est recouvré.

On dit parfois que la comptabilité de caisse convient aux docteurs, aux dentistes et à tous ceux qui exercent une profession parce que, la plupart du temps, ces professionnels ont peu de comptes à recouvrer. Étant donné toutefois que le ministère du Revenu national rejette la comptabilité de caisse, excepté pour les fermiers et les pêcheurs, les professionnels sont tenus maintenant de comptabiliser les revenus gagnés dès que le service est rendu. D'ailleurs, les professionnels n'utilisaient auparavant la comptabilité de caisse qu'en raison de sa simplicité et de la tradition établie.

La réalisation du revenu en fonction de la production. Parfois, la comptabilisation du revenu au moment où une vente a lieu ne permet pas d'inscrire le revenu au cours des exercices où il est effectivement réalisé. Ainsi, un entrepreneur exécute des travaux de construction qui, souvent, s'échelonnent sur deux ou plusieurs exercices. Si un entrepreneur qui exécute un contrat d'une durée de trois ans comptabilisait le revenu en fonction des ventes, il n'inscrirait le revenu résultant de ce contrat que lorsque les travaux seraient entièrement terminés. Pourtant, cet entrepreneur a réalisé un revenu au cours de chacun des trois exercices durant lesquels les travaux ont été exécutés. De plus, si un entrepreneur n'exécute que quelques contrats à la fois, il se peut qu'il ne termine aucun de ces contrats durant un exercice donné même si l'activité a pu être très intense. Dans ce cas, il est acceptable de comptabiliser progressivement le revenu en fonction du degré d'achèvement des travaux de construction de manière à répartir le revenu sur chacun des exercices au cours desquels les travaux sont exécutés.

Supposons, pour illustrer cette façon de comptabiliser le revenu, qu'un entrepreneur construit un barrage dont le coût prévu est de $75,000,000 et le prix du contrat, $80,000,000. Au fur et à mesure que les travaux progressent, les coûts engagés sont portés au débit du compte « Contrats en cours ». Ces coûts comprennent les matériaux, la main-d'œuvre, les fournitures, l'amortissement du coût de l'équipement, les assurances et toutes les autres dépenses qu'entraîne l'exécution des travaux. Si les coûts engagés au cours du premier exercice pour exécuter ce contrat s'élèvent à $15,000,000, on passera au journal l'écriture suivante pour inscrire le revenu réalisé depuis le début des travaux jusqu'à ce jour:

| Déc. | 31 | Montant à recevoir non facturé ....
 Revenu — Contrats en cours .....
 Pour inscrire le revenu réalisé au <br> cours de l'exercice découlant de la <br> construction d'un barrage. | 16,000,000.00 | 16,000,000.00 |

Le revenu de $16,000,000 représente 20% du prix du contrat, soit le pourcentage trouvé en comparant les coûts engagés au cours de l'exercice, $15,000,000, au coût total prévu du contrat, $75,000,000. Étant donné que le prix du contrat est de $80,000,000, le revenu au cours du premier exercice est de $16,000,000, soit 20% de $80,000,000.

À la fin des exercices suivants, on procédera de la même façon pour inscrire le revenu réalisé. Il va de soi que le revenu de l'exercice où le contrat est terminé est égal au revenu total (le prix du contrat) moins les revenus comptabilisés précédemment.

Parfois, les coûts réels de construction diffèrent des coûts prévus. Dans ce cas, il y a lieu de redresser les revenus déjà comptabilisés si l'écart est suffisamment important.

La détermination des coûts. *Le Bulletin n° 13 de l'A.I.C.P.A.* recommande d'imputer aux revenus tous les coûts, les dépenses et les pertes qui s'y rapportent dans la mesure où il est possible de les déterminer et de les attribuer à un exercice avec une exactitude raisonnable. Ainsi, la détermination du bénéfice net d'un exercice demande d'imputer aux revenus de cet exercice tous les coûts qui s'y rapportent, c'est-à-dire les coûts des ressources et des services qui vraisemblablement ont été « consumés » au cours de l'exercice où les revenus en question ont été réalisés.

Voici les circonstances qui permettent d'identifier les coûts se rapportant aux revenus d'un exercice donné:

1. Une relation étroite existe entre les revenus réalisés et les coûts. C'est le cas, par exemple, du coût des marchandises vendues durant l'exercice, des commissions versées aux vendeurs, etc.

2. Il existe une relation indirecte entre les revenus réalisés et certains coûts comme le salaire des employés de bureau et le loyer d'un immeuble.

3. On considère généralement, en comptabilité, que l'on doit, lors de la détermination du bénéfice net, tenir compte de la perte de valeur qu'a subie le capital investi. C'est pour cette raison, qu'il faut imputer, aux revenus, des coûts qui ne s'y rapportent pas ni directement ni indirectement avant qu'on puisse dire qu'un bénéfice net a été réalisé. Ainsi, le calcul du bénéfice net doit tenir compte des pertes attribuables à un incendie, à une tempête ou à la vente d'immobilisations.

Le calcul des coûts imputables aux revenus d'un exercice en particulier est, en partie, précis mais dépend également d'estimations établies de la même manière d'un exercice à l'autre. Voici la façon de comptabiliser les coûts imputables aux revenus d'un exercice:

1. *Les coûts imputables en entier aux revenus d'un exercice.* La détermination de ces coûts, qui sont comptabilisés en conformité avec le principe du coût originaire, se fait d'une manière précise. Certains d'entre eux (le coût des biens et des services « consumés » au cours d'un exercice, par exemple), sont imputables aux revenus de cet exercice. Les autres coûts de cette nature sont généralement imputables aux revenus des exercices futurs au cours desquels ils seront

convertis en biens et en services que l'on vendra ou utilisera plus tard. On retrouve généralement ces autres coûts dans les stocks.

2. *Les coûts des biens et des services « consumés » progressivement au cours de deux ou plusieurs exercices.* On comptabilise aussi les coûts de cette nature en conformité avec le principe du coût originaire, mais il est nécessaire de les répartir d'une façon rationnelle pour distinguer la partie applicable à l'exercice courant et la partie applicable aux exercices futurs. Cette répartition doit se faire au moyen de méthodes convenant à l'entreprise en question. Il importe aussi d'appliquer toujours de la même façon ces méthodes fondées sur l'expérience et l'avis des experts. Souvent, on détermine d'abord la partie des coûts qui sont vraisemblablement imputables aux exercices futurs et l'on déduit ces frais reportés du total pour déterminer le montant qu'il convient d'imputer aux revenus de l'exercice en cours.

On n'impute aux revenus d'un exercice que les coûts qu'il est possible de déterminer avec une exactitude raisonnable. Il est important d'imputer aux revenus d'un exercice tous les coûts qui s'y rapportent. Cependant, lorsque le comptable estime qu'il ne peut déterminer avec une exactitude raisonnable les coûts imputables aux revenus de l'exercice en cours, il ne doit pas les inclure dans l'état des revenus et dépenses de cet exercice. Ainsi, une entreprise qui met sur le marché une nouvelle machine peut estimer que les clients qui l'utiliseront découvriront, au cours de la première année, des imperfections qu'il sera nécessaire de corriger à un coût très élevé. Cependant, on ne possède actuellement aucune donnée permettant d'estimer avec une exactitude raisonnable les coûts qui pourraient résulter d'une telle éventualité. Dans ce cas, il y a lieu de faire connaître, au moyen d'une note jointe aux états financiers, le coût approximatif des réparations qu'il faudra apporter plus tard aux machines déjà vendues. Cette note met en évidence le fait que le bénéfice net est un chiffre approximatif. Ce coût figurera, bien entendu, dans l'état des revenus et dépenses de l'exercice où il sera possible de le déterminer. Dans le cas où ce coût serait tellement élevé qu'il fausserait le bénéfice net, il y aurait lieu de reporter le revenu lui-même jusqu'au moment où il sera possible de mieux déterminer tous les coûts qui s'y rapportent.

LE PRINCIPE D'OBJECTIVITÉ

En vertu de ce principe, on ne doit changer le solde d'un compte que si des faits le justifient. On ne peut, en comptabilité, modifier des chiffres par fantaisie ou pour tenir compte d'une opinion de la direction qui affirmerait, par exemple, que tel bien a une valeur supérieure à son prix d'achat. L'information comptable ne sera vraiment utile que si elle est fondée sur des faits.

On ne peut être vraiment sûr de la valeur attribuée à une opération que si cette opération a été effectuée entre deux parties indépendantes et que s'il existe des documents rédigés par des tiers. Cependant, il peut être parfois nécessaire d'accepter un chiffre découlant d'une opinion ou d'une estimation. C'est le cas, par exemple, de l'amortissement et des mauvaises créances. Dans ces circonstances, le comptable doit quand même tenter de fonder ses estimations ou son opinion sur des faits. Ainsi, il pourrait déterminer les mauvaises créances d'un exercice en tenant compte des mauvaises créances des exercices précédents.

Il peut arriver parfois qu'on ne puisse estimer des coûts ou des revenus parce que l'on manque d'informations objectives. Dans ce cas, il ne faut pas comptabiliser le résultat de ces estimations mais plutôt les faire connaître par voie de notes jointes aux états financiers.

LE PRINCIPE DE CONTINUITÉ

Souvent, on peut évaluer un poste du bilan de deux ou plusieurs façons. Ainsi, il existe plusieurs méthodes d'amortissement. De même, l'on peut calculer le coût des stocks de plusieurs manières. Selon les circonstances, une méthode peut être meilleure qu'une autre pour une entreprise en particulier. Cependant, même s'il existe des cas où différentes méthodes peuvent être acceptables, il est nécessaire de procéder de la même façon d'un exercice à l'autre. Autrement, il deviendrait impossible de comparer les données financières d'un exercice avec celles d'un autre. Le principe de continuité exige aussi de faire connaître les changements apportés aux pratiques comptables ainsi que les effets de ces changements.

Le principe de continuité permet aux lecteurs des rapports financiers de poser l'hypothèse, à moins d'indications contraires, que les états financiers ont été dressés en conformité avec les principes comptables généralement reconnus appliqués de la même manière qu'au cours de l'exercice précédent. Si tel n'était pas le cas, il serait impossible de faire des comparaisons valables entre les données des états financiers d'une même entreprise d'un exercice à l'autre.

PRÉSENTATION FIDÈLE ET COMPLÈTE DES ÉTATS FINANCIERS

Les états financiers, ainsi que les notes et les tableaux qui les accompagnent doivent présenter toutes les informations importantes portant sur la situation financière et les résultats d'exploitation d'une entreprise. Ceci ne veut pas nécessairement dire que les informations doivent être détaillées à l'extrême, car trop de détails seraient une source de confusion pour le lecteur des états financiers. Il suffit de fournir toutes les informations nécessaires pour évaluer correctement la situation d'une entreprise mais il importe de donner des informations claires et précises et de ne pas dissimuler aucune information importante.

Les états financiers ne doivent pas uniquement donner les informations figurant aux livres. Voici quelques-unes des informations qui ne sont pas comptabilisées mais qui, si elles sont pertinentes, doivent faire l'objet de notes jointes aux états financiers.

Les engagements contractuels. Une entreprise qui a signé un bail à long terme dont le loyer annuel est élevé doit le mentionner même si l'on n'a comptabilisé aucune dette à cet égard. Il est nécessaire aussi de révéler les garanties accordées en retour d'un emprunt effectué à la banque.

Le passif éventuel. Il importe de faire connaître le passif éventuel découlant de billets endossés, d'impôts supplémentaires, de poursuites judiciaires en suspens et de garanties accordées lors de la vente de certains produits.

Les pratiques comptables. Lorsqu'il existe plusieurs façons de traiter un poste du bilan ou de l'état des revenus et dépenses, l'entreprise doit indiquer la pratique suivie, surtout s'il s'agit d'une pratique qui influe considérablement sur le calcul du bénéfice net. De plus, si au cours d'un exercice, l'entreprise a changé de pratiques comptables, elle doit révéler non seulement le changement apporté mais aussi les effets que ce changement a sur le bénéfice net et les postes du bilan.

Les événements survenus après la date de clôture. Il importe de signaler les événements survenus après la date de clôture s'ils sont susceptibles d'influer sensiblement sur la situation financière et le bénéfice net. C'est ainsi que l'on doit faire connaître les pertes fortuites importantes, le règlement d'une poursuite judiciaire, la vente d'un secteur important de l'entreprise, etc.

LE CONSERVATISME

Les estimations et les opninons relatives à des événements futurs ainsi que les pratiques comptables choisies influent sur les états financiers. Le comptable doit faire preuve de conservatisme ou être prudent dans ses estimations, dans ses opinions et dans le choix des pratiques comptables. Son objectif doit être de ne pas fausser la situation financière et les résultats d'exploitation.

Comme les administrateurs ont généralement tendance à évaluer d'une façon optimiste l'entreprise qu'ils dirigent, il faut apporter un contrepoids à leur attitude afin d'être en mesure d'évaluer correctement les projets futurs et les risques qu'ils comportent. Le comptable est très souvent appelé à jouer ce rôle de catalyseur en adoptant une attitude neutre et prudente. C'est un peu, en somme, l'attitude de quelqu'un qui attend des preuves pour agir.

Auparavant le conservatisme était considéré comme l'un des principes comptables les plus importants parce que l'on désirait avant tout dresser des bilans conservateurs, c'est-à-dire des bilans dont les divers éléments d'actif réflétaient les moins-values mais jamais les plus-values. C'était là un objectif valable en soi mais cette attitude s'est vite transformée en conservatisme poussé à l'extrême dont les effets furent: (1) une sous-évaluation de l'actif et de l'avoir des actionnaires, (2) une surévaluation des dépenses de l'exercice où les éléments d'actif étaient dévalués et (3) une sous-évaluation des dépenses de chacun des exercices subséquents au cours desquels les biens dévalués étaient utilisés. Les comptables admettent actuellement qu'un bilan conservateur est mauvais s'il fausse la situation financière de l'entreprise. L'objectif des états financiers consiste maintenant à n'omettre aucune information susceptible de mieux renseigner ceux à qui ils sont destinés.

L'IMPORTANCE DES POSTES ET DES MONTANTS

On admet généralement qu'il n'est pas nécessaire de se conformer strictement aux principes comptables généralement reconnus lorsque les postes ou les sommes sont sans importance. Le comptable doit donc toujours comparer les coûts et le travail supplémentaire que la conformité aux principes comptables entraîne avec les avantages qui peuvent en découler. Si le fait de se conformer aux principes comptables occasionne des coûts relativement élevés et des avantages minimes, il est souvent préférable de renoncer à l'application de ces principes. Si, par exemple, on a acheté une corbeille à papier à un coût de \$2.50, il vaut mieux imputer ce coût aux revenus de l'exercice en cours que de le capitaliser et de l'amortir durant cinq ans parce que la plus grande exactitude qui en résulterait ne justifie pas les efforts et les coûts supplémentaires que la capitalisation de cet article entraînerait.

Il n'y a pas de distinction précise entre ce qui est important et ce qui ne l'est pas et l'on peut dire qu'aucun poste n'est en soi important ou non important. Il faut étudier chaque poste séparément pour juger de son importance et établir des comparaisons avec d'autres postes. Ainsi, un poste s'élevant à \$1,000 dans un état des revenus et dépenses dont le bénéfice net est de \$1,000,000 peut ne pas être important. En revanche, ce même poste pourrait être important si le bénéfice net était de \$10,000. Le plus souvent, on considère qu'un poste est important s'il est susceptible d'avoir un effet sur les décisions que les lecteurs des états financiers doivent prendre.

Les principes comptables et le vérificateur

■ Ce sont généralement les employés d'une entreprise qui inscrivent les opérations d'un exercice et qui établissent les états financiers. Puisque les employés sont tenus de suivre les directives de leurs employeurs, il n'y aurait pas moyen de s'assurer que l'entreprise a respecté les principes comptables généralement reconnus si un tiers n'intervenait pas pour vérifier le travail effectué. En d'autres mots, pour mieux renseigner les utilisateurs des états financiers qui ne participent pas à la gestion, il est nécessaire qu'une personne indépendante examine les registres comptables et attestent que l'état des revenus et dépenses reflète fidèlement les résultats d'exploitation, que le bilan renferme la liste complète des éléments de l'actif et du passif, que l'avoir du propriétaire est bien déterminé et que, d'une manière générale, les états financiers sont dressés en conformité avec les principes comptables généralement reconnus.

Il revient à l'expert-comptable ou au vérificateur de jouer ce rôle dont l'importance est plus grande lorsque les actions d'une entreprise sont vendues au public. Dans ce cas, la loi exige qu'un expert-comptable indépendant vérifie les livres avant que les actions ne soient offertes en vente et chaque année par la suite. La vérification des livres s'impose également lorsqu'une société par actions a l'intention d'émettre des obligations.

Lors de la vérification des comptes d'une entreprise, le vérificateur étudie le système de contrôle interne et examine les registres comptables afin d'être en mesure d'exprimer une opinion sur la sincérité des états financiers. Lorsqu'il a terminé son travail, le vérificateur rédige un rapport que l'entreprise doit joindre à ses états financiers. Voici de quelle façon se lit généralement ce rapport:

Aux actionnaires de _____

J'ai examiné le bilan de _____
au _____ 19___ainsi que l'état des revenus et dépenses, l'état des bénéfices non répartis et l'état de la provenance et de l'utilisation des fonds de l'exercice terminé à cette date. Mon examen a comporté une revue générale des procédés comptables ainsi que les sondages des registres comptables et autres preuves à l'appui que j'ai jugés nécessaires dans les circonstances.

À mon avis, ces états financiers présentent fidèlement la situation financière de _____ au _____19___ainsi que les résultats de son exploitation et la provenance et l'utilisation de ses fonds pour l'exercice terminé à cette date, conformément aux principes comptables généralement reconnus, lesquels ont été appliqués de la même manière qu'au cours de l'exercice précédent.

(Signature) _____
Comptable agréé

Ville
Date

Remarquez que le vérificateur dit qu'il a fait des sondages qu'il a jugés nécessaires dans les circonstances. Comme le vérificateur n'examine généralement qu'une partie des registres comptables, la taille de l'échantillon choisi dépend de la confiance qu'il a dans le système de contrôle interne de l'entreprise.

Si le vérificateur n'est pas d'accord avec les pratiques comptables suivies par l'entreprise ou si le système de contrôle interne est déficient, il doit se récuser ou exprimer une opinion avec réserve.

LES PLACEMENTS EN ACTIONS ET EN OBLIGATIONS

Nous avons discuté précédemment des actions et des obligations du point de vue de la société émettrice. Nous allons, dans le reste de ce chapitre, discuter de nouveau des mêmes sujets mais, cette fois-ci, du point de vue des investisseurs.

Quand une société par actions émet des actions ou des obligations, l'opération se passe entre, d'une part, cette société et, d'autre part, le souscripteur à forfait qui achète les actions ou les obligations pour les revendre au public. Cependant, les opérations quotidiennes portant sur les actions et les obligations s'effectuent généralement d'une façon différente. En effet, ce sont, le plus souvent, les investisseurs eux-mêmes qui s'adressent à un courtier pour vendre leurs obligations ou leurs actions ou en acheter.

Les courtiers achètent et vendent des actions, au nom de leurs clients, moyennant une commission, par l'intermédiaire des bourses de valeurs comme la Bourse de Montréal. Quant aux obligations, les courtiers les achètent en leur nom personnel et les revendent à leurs clients à un prix plus élevé. Chaque jour, des millions d'actions changent de main. Le volume des obligations achetées et vendues au cours d'une journée est plus faible mais il est quand même élevé. Les journaux publient chaque jour les prix des valeurs mobilières. Le prix des actions est indiqué en dollars avec les fractions exprimées en huitièmes. Ainsi, les cotes de 46⅛ et de 25½ signifient que les actions en question se vendent respectivement $46.125 et $25.50. Quant aux obligations, on les émet généralement en coupures de $1,000 et leur prix est exprimé en pourcentage (sans toutefois le signe %) de la valeur nominale. Ainsi, des obligations de $1,000 dont la cote est de 98⅛ et 86¼ se vendent respectivement $981.25 et $862.50.

Les placements temporaires et les placements permanents

■ Dans le bilan on classe les placements en *placements temporaires* et en *placements permanents* selon que les titres sont négociables à court ou à long terme, compte tenu de l'intention de la direction de l'entreprise qui les a acquis.

LES PLACEMENTS TEMPORAIRES

Les titres achetés par une entreprise et négociables à brève échéance que la direction a l'intention de ne détenir que temporairement sont des placements temporaires.

Ce sont surtout les entreprises sujettes à des variations saisonnières qui investissent des fonds temporairement. À certaines périodes de l'exercice, ces entreprises ont un fonds de roulement constitué principalement de stocks et de comptes à recevoir. En revanche, durant les saisons mortes, ces stocks et ces comptes à recevoir sont convertis en argent que la direction investit en titres négociables afin de réaliser un revenu supplémentaire.

En plus de ces titres, certaines sociétés par actions détiennent des « fonds de réserve » qui renferment des obligations d'épargne ou des actions de première qualité qui peuvent être facilement liquidées en cas d'urgence. Ces valeurs mobilières sont aussi des placements temporaires.

Dans le bilan, les placements temporaires, évalués généralement au plus bas du coût et du marché, doivent faire partie de l'actif à court terme, immédiatement après l'encaisse. Cependant, il convient de faire connaître à la fois le prix coûtant et la valeur du marché de la façon suivante :

Actif à court terme :
Encaisse $23,000
Placements temporaires, au prix coûtant (valeur marchande
   de $14,700) 13,250
Billets à recevoir 2,500

Pour déterminer le plus bas du coût du marché de plusieurs placements, il suffit de déterminer le coût et la valeur du marché de l'ensemble du portefeuille et de choisir le plus bas des deux chiffres plutôt que de faire un choix entre le coût et la valeur du marché de chacun des titres.

LES PLACEMENTS À LONG TERME

Les placements à long terme, c'est-à-dire ceux qu'une entreprise a l'intention de garder longtemps, comprennent les fonds créés à des fins particulières (comme un fonds d'amortissement et l'argent mis de côté en vue d'un projet d'expansion), les propriétés immobilières et d'autres éléments de l'actif à long terme qui ne servent pas à l'exploitation courante. Les placements à long terme comprennent aussi les participations dans d'autres sociétés par actions en vue de contrôler ces dernières, d'établir des relations d'affaires avec un client ou un fournisseur, etc.

Les placements à long terme doivent figurer dans une section du bilan intitulée « Placements à long terme » placée immédiatement après l'actif à court terme. Comme il n'est pas question de vendre à brève échéance ces placements, on les inscrit au prix coûtant ou, dans le cas des obligations, au prix coûtant plus l'escompte amorti ou moins la prime déjà amortie.

Comptabilisation des placements en actions ■ Il faut comptabiliser l'achat d'actions au prix total payé, y compris la commission versée au courtier. Cette solution convient, que le placement soit à court terme ou à long terme. Supposons, pour donner un exemple, qu'une société par actions a acheté 1,000 actions ordinaires de Luminex, Ltée à 23¼ plus une commission de $300. Voici la façon de comptabiliser cette opération :

Sept.	10	Placement en actions de Luminex, Ltée	23,550.00	
		Caisse		23,550.00
		Pour inscrire l'achat de 1,000 actions à un prix de $23.25 l'action plus une commission de $300.		

Remarquez dans l'écriture précédente qu'il n'est pas question de prime ou d'escompte car ces deux éléments ne sont comptabilisés que dans les livres de la société émettrice. Aucun escompte, ni prime ne peuvent exister lorsque des achats ou des ventes ont lieu entre des investisseurs.

Lorsque l'entreprise qui possède des actions reçoit un dividende, il faut passer au journal général l'écriture suivante, qu'il s'agisse de placements temporaires ou de placements permanents:

Oct.	5	Caisse	1,000.00	
		Dividendes créditeurs		1,000.00
		Pour inscrire le dividende de $1 l'action reçu de Luminex, Ltée.		

Étant donné que l'actionnaire ne gagne pas un dividende en fonction du temps écoulé, il n'y a pas lieu d'inscrire les dividendes courus à la fin d'un exercice. Si, toutefois, l'on dresse un bilan entre la date de déclaration et la date de paiement d'un dividende, on peut passer une écriture dans laquelle on porte le dividende au débit du compte Dividendes à recevoir et au crédit du compte Dividendes créditeurs. Néanmoins, on ne comptabilise généralement ces dividendes qu'au moment où on les touche.

Comme un dividende en actions ne procure aucun revenu à son bénéficiaire, il faut éviter de le comptabiliser, mais il convient de noter le nombre de nouvelles actions dans le compte Placements en actions. Le dividende en actions change toutefois le coût unitaire des actions. Si, par exemple, une entreprise qui a déjà 100 actions qu'elle a payées $1,500 en reçoit 20 autres lors de la déclaration d'un dividende en actions de 20%, elle attribuera aux 120 actions qu'elle détient un coût de $12.50, au lieu de $15, soit $1,500 ÷ 120.

Lorsqu'une entreprise vend un placement en actions, il en résulte généralement un gain ou une perte. Si le produit de la vente des actions moins la commission versée au courtier et les taxes est supérieur au coût du placement, il en découle un gain. Ainsi, la vente à 25¾ moins une commission et des taxes s'élevant à $315, des actions de Luminex Ltée acquises à un prix de $23,550 procure un gain de $1,885. Voici l'écriture qu'il faut alors passer au journal général :

Janv.	7	Caisse	25,435.00	
		Placements en actions de Luminex, Ltée ..		23,550.00
		Gain sur vente de placements		1,885.00
		Pour inscrire la vente de 1,000 actions de Luminex, Ltée à 25¾ moins des frais de vente de $315.		

La vente des actions à un prix inférieur à leur coût, compte tenu des frais de vente, produit une perte. Ainsi, on comptabiliserait de la façon suivante la perte de $1,345 provenant de la vente des actions de Luminex, Ltée à 22½ moins une commission et des taxes s'élevant à $295 :

Janv.	7	Caisse	22,205.00	
		Perte sur vente de placements	1,345.00	
		Placement en actions de Luminex, Ltée ...		23,550.00
		Pour inscrire la vente de 1,000 actions de Luminex, Ltée à 22½ moins des frais de vente de $295.		

Les revenus de placements (les intérêts et les dividendes) ainsi que les gains et les pertes sur vente de placements doivent figurer dans la section « Autres revenus et autres dépenses » de l'état des revenus et dépenses.

■ Les obligations comme les actions représentent des placements pour les investisseurs. Au chapitre 19, nous avons mentionné que toutes les opérations relatives aux obligations s'effectuent à un prix auquel il faut ajouter les intérêts courus. Si, par exemple, la cote d'une obligation est de 101½, le prix de vente de cette obligation est de $1,015 plus les intérêts courus. Le vendeur reçoit les intérêts courus de l'acquéreur qui, à son tour, exigera des intérêts courus si, plus tard, il vend les mêmes obligations entre deux dates d'intérêt.

LES PLACEMENTS TEMPORAIRES EN OBLIGATIONS

Le coût d'un placement temporaire en obligations ne comprend que le prix des obligations. Au Canada, l'investisseur ne verse, dans ce cas, aucune commission au courtier qui tire son profit de la vente des obligations à un prix plus élevé qu'il ne les a payées. Si, les obligations sont acquises entre deux dates d'intérêt, il faut comptabiliser les intérêts courus dans un compte distinct. Supposons, pour donner un exemple, que Tudor, Ltée a acheté à 102½ plus les intérêts courus six obligations de $1,000 de Zoom, Ltée, portant intérêt à 6½% payable semi-annuellement le 1er janvier et le 1er juillet. Comme le coût des obligations est de $6,150 ($1,025 × 6) et les intérêts courus de $130 ($6,000 × 0.065 × 4/12), il faut passer au journal l'écriture suivante :

Mai	1	Placement en obligations de Zoom, Ltée	6,150.00	
		Intérêts créditeurs	130.00	
		Caisse		6,280.00
		Pour inscrire l'achat de six obligations à 102½ plus les intérêts courus.		

Remarquez, dans l'écriture précédente, que l'on inscrit, dans un compte distinct, les intérêts courus mais que l'on incorpore la prime sur obligations au coût du placement au lieu de l'inscrire séparément.

Si, le 1er juillet suivant, Tudor, Ltée possède encore les obligations de Zoom Ltée, elle touchera des intérêts s'élevant à $195 représentant en partie, le remboursement des intérêts courus de $130 versés lors de l'achat et, en partie, des intérêts de $65 gagnés depuis le 1er mai. Tudor, Ltée doit comptabiliser comme suit les intérêts semestriels reçus le 1er juillet :

Juil.	1	Caisse	195.00	
		Intérêts créditeurs		195.00
		Pour inscrire les intérêts semestriels reçus de Zoom, Ltée.		

Après avoir reporté au grand livre les deux écritures précédentes, le solde du compte Intérêts créditeurs est de $65 et représente les intérêts gagnés par la Société Tudor, Ltée depuis la date où elle a fait l'acquisition des obligations de Zoom, Ltée.

Remarquez que le calcul des intérêts comptabilisés le 1er juillet ne comprend pas l'amortissement de la prime à l'achat. C'est là la pratique généralement en usage pour les placements à court terme car on estime que l'on ne conservera pas les obligations assez longtemps pour qu'il vaille la peine d'amortir l'escompte ou la prime à l'achat.

Si Tudor, Ltée vend le 1er août suivant les obligations de Zoom, Ltée à 101½ plus les intérêts courus, il faut passer au journal général l'écriture suivante :

Août	1	Caisse	6,122.50	
		Perte sur vente de placements	60.00	
		Intérêts créditeurs		32.50
		Placements en obligations de Zoom, Ltée ..		6,150.00
		Pour inscrire la vente des obligations de Zoom, Ltée à 101½ plus les intérêts courus.		

Comme le prix de vente des obligations est de $6,090 par rapport au coût d'acquisition de $6,150, il en résulte une perte de $60 mais la somme reçue est de $6,122.50 puisqu'il faut ajouter au prix de vente les intérêts courus de $32.50.

Si le prix de vente des obligations avait été supérieur à $6,150, l'opération aurait produit un gain égal à la différence entre le prix de vente et le coût d'acquisition des obligations.

LES PLACEMENTS PERMANENTS EN OBLIGATIONS

On doit comptabiliser de la façon décrite ci-dessus les obligations achetées pour une longue période à l'exception de ce qui a trait au calcul des intérêts créditeurs. En effet, si l'acquéreur a l'intention de conserver les obligations jusqu'à l'échéance, il faut amortir l'escompte et la prime sur obligations à chaque date d'intérêt.

Supposons, pour donner un exemple, que Mannix, Ltée a acheté à 98½, le 1er janvier, 15 ans avant la date d'échéance, 10 obligations de $1,000 de Zest, Ltée, portant intérêt à 6%. Le coût des obligations est de $9,850 (il n'y a pas d'intérêts courus) et on comptabilise celles-ci en passant au journal l'écriture suivante :

Janv.	1	Placement en obligations de Zest, Ltée	9,850.00	
		Caisse		9,850.00
		Pour inscrire l'achat de 10 obligations de Zest, Ltée à 98½.		

Ainsi que nous l'avons déjà dit, les obligations diffèrent des actions en ce sens que la société émettrice doit, à l'échéance, les racheter à la valeur nominale. Si Mannix, Ltée garde jusqu'à l'échéance les obligations de Zest, Ltée, elles rapporteront chaque année des intérêts calculés à

6% plus une partie du gain de $150 que Mannix, Ltée recevra au bout de 15 ans, soit la différence entre la valeur nominale des obligations, $10,000, et le prix d'achat de ces obligations, $9,850. Cet excédent qui porte le nom d'escompte doit être amorti et ajouté aux intérêts. Ainsi, on comptabiliserait, de la façon suivante, les intérêts créditeurs et l'escompte amorti le 1er juillet, soit six mois après la date d'achat des obligations :

Juil.	1	Caisse	300.00	
		Placements en obligations de Zest, Ltée	5.00	
		Intérêts créditeurs		305.00
		Pour inscrire les intérêts reçus de Zest, Ltée et pour amortir 1/30 de l'escompte sur obligations.		

Remarquez que, dans l'écriture précédente, l'escompte amorti porté au débit du compte Placement en obligations de Zest, Ltée a pour effet d'en accroître la valeur comptable. Voici ce compte après avoir reporté l'écriture précédente :

Placements en obligations de Zest, Ltée

Date		Explications	Débit	Crédit	Solde
1973 Janv.	1	Achat	9,850.00		9,850.00
Juil.	1	Amortissement de l'escompte	5.00		9,855.00

Si Mannix, Ltée garde ces obligations jusqu'à l'échéance, le solde du compte Placement en obligations de Zest, Ltée augmentera de $5 à chaque date d'intérêt pour devenir $10,000 à l'échéance.

Bien entendu, ces obligations peuvent être revendues avant l'échéance. Si Mannix, Ltée revendait les obligations de Zest, Ltée à un prix de $9,975 trois ans après les avoir achetées, elle réaliserait un gain de $95, soit la différence entre le prix de vente et la valeur comptable des obligations ($9,880) déterminée dans le compte suivant :

Placements en obligations de Zest, Ltée

Date		Explications	Débit	Crédit	Solde
1973 Janv.	1	Achat	9,850.00		9,850.00
Juil.	1	Amortissement de l'escompte	5.00		9,855.00
1974 Janv.	1	Amortissement de l'escompte	5.00		9,860.00
Juil.	1	Amortissement de l'escompte	5.00		9,865.00
1975 Janv.	1	Amortissement de l'escompte	5.00		9,870.00
Juil.	1	Amortissement de l'escompte	5.00		9,875.00
1976 Janv.	1	Amortissement de l'escompte	5.00		9,880.00

Voici l'écriture qu'il faut passer au journal général pour inscrire la vente des obligations de Zest, Ltée, le 1er janvier 1976 :

Janv.	1	Caisse	9,975.00	
		Placements en obligations de Zest, Ltée ...		9,880.00
		Gain sur vente de placements		95.00
		Pour inscrire la vente des obligations de		
		Zest, Ltée à 99¾.		

On peut aussi acheter des obligations à un prix supérieur à la valeur nominale. Dans ce cas, il faut comptabiliser les obligations au prix coûtant et amortir la prime, c'est-à-dire l'excédent du coût d'acquisition sur la valeur nominale des obligations.

En pratique, bien des entreprises n'amortissent pas l'escompte ou la prime sur obligations. On préfère souvent attendre à l'échéance et inscrire à ce moment-là le gain ou la perte attribuable à la différence entre la valeur nominale des obligations et leur coût d'acquisition.

Questions

1. À qui les états financiers sont-ils destinés ?
2. Qu'entend-on par « principes comptables » ? Pourquoi ces principes sont-ils nécessaires ?
3. Qu'entend-on par « notion d'entité comptable » ?
4. Qu'entend-on par « principe de la permanence de l'entreprise » ?
5. Expliquez de quelle manière une entreprise dont les dépenses sont égales aux revenus peut quand même recouvrer le coût de ses immobilisations après un certain nombre d'années.
6. Les montants attribués aux éléments de l'actif figurant dans un bilan reflètent-ils la valeur réelle des ressources d'une entreprise ?
7. Qu'entend-on par « périodicité des états financiers » ?
8. Une entreprise a construit pour elle-même, à un coût de $10,000, une machine qu'un concessionnaire lui offrait à un prix de $15,000. Le comptable a débité le compte Machine de $15,000 et crédité le compte Gain sur construction de machine de $5,000. Cette façon de comptabiliser le coût de la nouvelle machine est-elle acceptable ? Quel principe comptable s'applique dans ce cas ?
9. Un concessionnaire estime que la valeur marchande de l'automobile usagée d'un client est de $800. Cependant, il est prêt à attribuer à cette automobile usagée une valeur de reprise de $1,000 si le client achète une automobile neuve ayant un prix courant de $4,000. (a) À quel montant le client doit-il comptabiliser l'automobile neuve s'il accepte la proposition du concessionnaire ? (b) Quel revenu le concessionnaire tirera-t-il de la vente de l'automobile neuve ?
10. Quand doit-on inscrire le revenu dans les trois cas suivants : (a) le revenu est comptabilisé en fonction des ventes; (b) le revenu est comptabilisé en fonction des sommes recouvrées (comptabilité de caisse); et (c) le revenu est comptabilisé en fonction de la production.

11. Qu'entend-on par « principe d'objectivité » ?
12. D'où le comptable tire-t-il les montants des écritures passées aux livres ?
13. La direction d'une entreprise peut-elle changer à volonté sa façon d'évaluer les stocks ? Si elle le fait, quel principe comptable viole-t-elle ?
14. Quel inconvénient résulterait-il d'un changement trop fréquent de pratiques comptables ?
15. Qu'entend-on par « présentation fidèle et complète des états financiers » ?
16. Pour quelle raison le comptable impute-t-il immédiatement aux revenus le coût d'une corbeille à papier plutôt que de le porter au débit d'un compte d'actif et de l'amortir par la suite ?
17. Quels facteurs déterminent le nombre d'opérations qu'un vérificateur doit examiner pour être en mesure d'exprimer une opinion sur les états financiers qu'il vérifie ?
18. De quelle façon doit-on classer dans le bilan : (*a*) les placements à court terme ? (*b*) les placements à long terme ? (*c*) Comment peut-on distinguer les placements à court terme des placements à long terme ?

Exercices   **Exercice 20–1**

Une maison qui vend par correspondance et dont l'exercice se termine le 31 octobre distribue annuellement son catalogue à la fin du mois d'août Les clients se servent de ce catalogue pour passer leurs commandes durant toute une anné, soit jusqu'au moment où ils reçoivent le nouveau catalogue le 1ᵉʳ septembre suivant. Les frais d'impression et d'expédition du dernier catalogue se sont élevés à $1,500,000 et le comptable a, comme à l'ordinaire, porté cette somme au débit d'un compte de dépenses.

Travail à faire :

Le comptable de cette entreprise a-t-il comptabilisé le coût des catalogues en conformité avec les principes comptables généralement reconnus ? Y a-t-il une autre façon acceptable de comptabiliser ce coût ? Justifiez vos réponses.

Exercice 20–2

Passez au journal général les écritures pour inscrire les opérations suivantes :

Janv. 3   Achat de 500 actions ordinaires de Vallée, Ltée à 16¼ plus une commission de $115.
Fév. 24   Dividende régulier de $0.20 l'action reçu de Vallée, Ltée.
Mars 27   Vente des actions de Vallée, Ltée à 20½ moins une commission de $135.

Exercice 20–3

Passez au journal général les écritures pour inscrire les opérations suivantes :

Fév. 4   Achat de 800 actions ordinaires (valeur nominale de $10) de Corex, Ltée à 15½ plus une commission de $200.
Avril 15   Dividende de $0.25 l'action reçu de Corex, Ltée.
Juil. 18   Dividende en actions de 12½ % (100 actions) reçu de Corex, Ltée.
       21   Vente des 100 actions reçues de Corex, Ltée le 18 juillet à 15¼ moins une commission de $25.

Oct. 17 Vente du reste des actions de Corex, Ltée à 13½ moins une commission de $170.

Exercice 20–4

Passez au journal général les écritures pour inscrire les opérations suivantes :

Mars 1 Achat à 102½ plus les intérêts courus de six obligations de $1,000 émises pour 25 ans par Porto, Ltée portant intérêt à 6½% payable semi-annuellement le 1er janvier et le 1er juillet. La direction a l'intention de ne garder ces obligations que quelques mois seulement.

Juil. 1 Intérêts semi-anuels reçus de Porto, Ltée.

Nov. 1 Vente des obligations de Porto, Ltée à 102 plus les intérêts courus.

Exercice 20–5

Passez au journal général les écritures pour inscrire les opérations suivantes :

1971

Janv. 1 Achat à 97¼, à titre de placement à long terme, de 10 obligations de $1,000 émises par Balon, Ltée pour 20 ans portant intérêt à 6%, 10 ans avant la date d'échéance.

Juil. 1 Intérêts semi-annuels reçus de Balon, Ltée et amortissement de l'escompte.

1976

Janv. 1 Intérêts semi-annuels reçus de Balon, Ltée et amortissement de l'escompte.

1 Vente des obligations à 99½.

Problèmes ### Problème 20–1

Dans quelques-uns des cas suivants, on a négligé de se conformer à un ou plusieurs principes comptables. Identifiez ces principes comptables et expliquez de quelle façon on aurait dû les appliquer. Dans les cas où vous estimez que l'on a suivi les principes comptables généralement reconnus, justifiez la solution adoptée.

a. Robert Héroux, sa femme et son fils possèdent toutes les actions de Rexco, Ltée, une entreprise industrielle. M. Héroux est président-directeur général de l'entreprise, son fils est étudiant et Mme Héroux ne participe aucunement à la gestion de Rexco, Ltée. Cependant, au cours de l'année dernière, Rexco, Ltée a loué une automobile pour l'usage personnel de Mme Héroux. On lui a aussi remis une carte de crédit émise au nom de Rexco, Ltée pour régler le coût de l'essence, de l'huile et des réparations.

b. Il y a 10 ans, une entreprise a acheté, à un prix de $15,000, un terrain et l'a comptabilisé au prix coûtant qui n'a pas été modifié depuis. Au cours du mois de mars de l'année en cours, un expert en évaluation a attribué une valeur de $50,000 à ce terrain. En juin, on a dépensé $40,000 pour niveler le terrain et l'asphalter en vue d'en faire un parc de stationnement. Le comptable a alors passé au journal l'écriture suivante :

Juin	27	Améliorations apportées au terrain ...	90,000.00	
		Placements à long terme — Terrain		15,000.00
		Gain sur placements		35,000.00
		Caisse		40,000.00

c. Une entreprise a reçu à titre gratuit, d'un de ses actionnaires, un terrain évalué à $5,000. Pour obtenir le titre de propriété, l'entreprise a dû acquitter des taxes en souffrance de $450 et régler d'autres dépenses s'élevant à $50. Le comptable a alors inscrit le terrain au prix coûtant en portant $500 au débit du compte Terrain et au crédit du compte Caisse.

d. Au cours du mois d'août 1974, un concurrent a intenté une poursuite pour contrefaçon s'élevant à $1,000,000 contre Zest, Ltée. Le comptable n'a passé aucune écriture aux livres en 1974 et en 1975 parce que la cause ne devait être entendue qu'en 1976. De plus, la direction de Zest, Ltée estime que la poursuite n'est nullement fondée et que le concurrent ne peut avoir gain de cause.

e. Désirant réduire les frais de tenue des livres, une entreprise impute immédiatement aux revenus le coût de toute machine achetée à un prix inférieure à $100.

f. Une expertise a révélé que le coût de remplacement d'une usine est de $300,000 et que l'amortissement accumulé représente le tiers de ce chiffre. L'usine figure actuellement aux livres à une valeur comptable de $125,000, soit le coût originaire de $200,000 moins l'amortissement accumulé de $75,000 qui s'y rapporte. La direction a ordonné au comptable d'inscrire les résultats de l'expertise en portant la plus-value au débit du compte Usine et au crédit d'un compte intitulé Surplus d'apport — Réévaluation de l'usine. Le comptable était réticent mais il trouva plus sage de se conformer aux ordres reçus.

Problème 20–2

Clairefontaine, Ltée a obtenu un contrat de $4,500,000 portant sur l'exécution des travaux d'irrigation parce que sa soumission était la plus basse. Les travaux ont commencé en 1974 et ils devaient être terminés au début de 1976. En vertu du contrat, le client doit verser à l'entrepreneur une somme de $1,500,000 à la fin de 1974, à la fin de 1975 et au moment où les travaux seront terminés. L'entrepreneur estime que le coût des travaux exécutés en 1974, 1975 et 1976 sera respectivement de $1,080,000, $2,700,000 et $270,000.

Les coûts engagés en 1974 concordent avec les coûts prévus, soit $1,080,000. Le client a versé la somme convenue de $1,500,000 le 31 décembre 1974. On demande alors au comptable de dresser l'état des revenus et dépenses de Clairefontaine, Ltée pour 1974 ainsi que des états prévisionnels des revenus et dépenses pour 1975 et 1976.

Travail à faire :

1. Dressez trois séries d'état des revenus et dépenses, compte tenu des trois hypothèses suivantes :

   a. le revenu est comptabilisé au moment où les travaux sont terminés;

b. le revenu est comptabilisé en fonction des sommes recouvrées (comptabilité de caisse);

c. le revenu est comptabilisé progressivement en fonction du degré d'achèvement des travaux.

Indiquez, dans chaque état, les revenus, les coûts et le bénéfice net de chacun des exercices. (Utilisez les chiffres réels pour 1974 et les chiffres prévus pour les deux derniers exercices.)

2. Analysez les états que vous avez dressés et indiquez la méthode de détermination du revenu qui permet le mieux de rapprocher les revenus et les dépenses.

Problème 20–3

Première partie. Phœnix, Ltée, une société établie depuis un an seulement, vend à tempérament à un prix de $250, une machine dont le coût est de $150. Les données suivantes sont tirées des livres de Phœnix, Ltée au 31 décembre 1976 :

Ventes (ventes à tempérament seulement) $375,000

Comptes à recevoir (à recouvrer par versements) 283,000

Dépenses (y compris les commissions aux vendeurs) 60,000

Travail à faire :

Calculez le bénéfice net de Phœnix, Ltée avant impôts compte tenu des deux hypothèses suivantes:

a. le revenu est comptabilisé au moment où la vente a lieu;

b. le revenu est comptabilisé en fonction des sommes recouvrées; les commissions qui s'élèvent à $25 par machine vendue, ou à 10% du prix de vente, sont imputées aux revenus en proportion des revenus comptabilisés.

Deuxième partie. Marc Favreau a entrepris l'exécution de trois contrats de construction en 1974. Il a terminé le contrat nᵒ 1 en 1975 et les contrats nᵒ 2 et nᵒ 3 en 1976. Voici des informations relatives à chacun de ces contrats :

Nᵒ du contrat	Prix du contrat	Coûts prévus	Coûts engagés en 1974	Coûts engagés en 1975	Coûts engagés en 1976
1	$2,500,000	$2,250,000	$1,800,000	$ 504,000	
2	4,000,000	3,600,000	1,080,000	945,000	$1,610,000
3	3,000,000	2,700,000	72,000	1,440,000	1,117,000
Total	$9,500,000	$8,550,000	$2,952,000	$2,889,000	$2,727,000

Travail à faire :

Déterminez les revenus que M. Favreau comptabilisera en 1974, 1975 et 1976, compte tenu des hypothèses suivantes : (1) le revenu est comptabilisé au moment où les travaux sont terminés et (2) le revenu est comptabilisé progressivement en fonction du degré d'achèvement des travaux.

Problème 20-4

Cascade, Ltée a, en 1974, 1975 et 1976, comptabilisé ses revenus au moment où les travaux étaient terminés. Voici l'état sommaire des revenus et dépenses de chacun de ces exercices :

Cascade, Ltée
État sommaire des revenus et dépenses
pour les exercices terminés les 31 décembre 1974, 1975 et 1976

	1974	1975	1976	Total
Revenus de travaux de construction	$340,000	$465,000	$565,000	$1,370,000
Coût des travaux	433,200	426,000	374,000	1,233,200
Bénéfice net ou (perte nette) .	$(93,200)	$ 39,000	$191,000	$ 136,800

De 1974 à 1976 inclusivement, Cascade, Ltée a entrepris l'exécution de trois contrats de construction. Le contrat n° 1 a été commencé et terminé en 1974, le contrat n° 2 a été commencé en 1974 et terminé en 1975; finalement, le contrat n° 3 commencé en 1975 n'a été terminé qu'en 1976. Voici d'autres informations relatives à ces trois contrats :

N° du contrat	Prix du contrat	Coûts prévus	Coûts engagés en 1974	Coûts engagés en 1975	Coûts engagés en 1976
1	$ 340,000	$ 306,000	$307,200		
2	465,000	418,500	126,000	$291,000	
3	565,000	508,500		135,000	$374,000
Total	$1,370,000	$1,233,000	$433,200	$426,000	$374,000

Travail à faire :

Dressez un état de revenus et dépenses pour 1974, 1975 et 1976 dans lequel figureront les revenus, les coûts et le bénéfice net de chacun des exercices. Posez l'hypothèse que les revenus sont comptabilisés progressivement, c'est-à-dire en fonction du degré d'achèvement des travaux.

Problème 20-5

Passez au journal général les écritures pour inscrire les opérations suivantes:

1974

Janv. 8 Achat, à titre de placement à long terme, de 1,000 actions ordinaires de Silver, Ltée, d'une valeur nominale de $10, à 24¼ plus une commission de $280.

Mars 1 Dividende trimestriel de $0.30 l'action reçu de Silver, Ltée.

Juin 1 Reçu un dividende en actions de 10% (100 actions ordinaires) de Silver, Ltée.

2 Vente des 100 actions reçues le 1er juin à 23½ moins une commission de $25.

Juil. 1 Achat, à titre de placement temporaire, de 200 actions ordinaires de Golden, Ltée, à 42¾ plus une commission de $80.

Août 28 Vente des actions ordinaires de Golden, Ltée à 36 moins une commission de $75.

Sept. 1 Achat, à titre de placement temporaire, de 10 obligations de $1,000 émises pour 20 ans par Cooper, Ltée, portant intérêt à 6% payable semi-annuellement le 1ᵉʳ novembre et le 1ᵉʳ mai. Prix d'achat : 97 plus quatre mois d'intérêts courus.

Nov. 1 Intérêts semi-anuels reçus de Cooper, Ltée.

1975

Janv. 1 Vente des obligations de Cooper, Ltée à 98¼ plus deux mois d'intérêts courus.

Mars 1 Achat à 102¾, à titre de placement à long terme, de 10 obligations de $1,000 émises pour 20 ans par Iris, Ltée, portant intérêt à 6½% payable semi-annuellement le 1ᵉʳ mars et le 1ᵉʳ septembre. Nombre d'années avant l'échéance : 10 ans.

Sept. 1 Intérêts semi-annuels reçus de Iris, Ltée et amortissement de l'escompte sur obligations.

1976

Mars 1 Intérêts semi-annuels reçus de Iris, Ltée et amortissement de l'escompte sur obligations.

Mars 1 Vente des obligations de Iris, Ltée à 101½.

Autres problèmes

Problème 20–1A

Dans quelques-uns des cas suivants, on a négligé de se conformer à un ou plusieurs principes comptables. Identifiez ces principes comptables et expliquez de quelle façon on aurait dû les appliquer. Dans les cas où vous estimez que l'on a suivi les principes comptables généralement reconnus, justifiez la solution adoptée.

a. Flint, Ltée a fait l'acquisition, au début de l'exercice en cours, de l'actif d'une entreprise qui avait éprouvé des difficultés financières sérieuses au cours des dernières années. Le coût des biens acquis a été réglé en émettant 100,000 actions et en versant $250,000 pour acquitter un compte de taxes foncières en souffrance. Le comptable a inscrit cette opération à la valeur comptable des 100,000 actions émises, laquelle était égale à 80% de leur valeur marchande le jour où l'opération a eu lieu. Quant à la somme versée pour acquitter le compte de taxes en souffrance, le comptable l'a portée au débit du compte Taxes foncières.

b. Le 10 janvier 1976, une tornade a frappé l'usine de Zoom, Ltée et causé des dommages évalués à $500,000. Zoom, Ltée avait le droit de réclamer une indemnité de la compagnie d'assurances, mais elle ne pouvait aucunement être indemnisée pour la perte de revenu occasionnée par la fermeture de l'usine pendant un mois pour y effectuer des réparations. La direction s'attendait à ce que le bénéfice par action fût de $1 pour les trois premiers mois de 1976. Mais, à la suite de la fermeture de l'usine, elle espérait tout au plus réaliser des revenus s'élevant au total des dépenses. Les états financiers dressés pour l'exercice terminé le 31 décembre

1975 et envoyés aux actionnaires au début de février ne faisaient nullement mention des dommages subis car, d'après les administrateurs, ils
n'influaient nullement sur l'actif du bilan dressé au 31 décembre 1975.

c. On a porté au débit du compte Matériel de bureau l'achat d'une brocheuse qui a coûté $8. Cette brocheuse a une durée d'utilisation prévue
de 10 ans et une valeur estimative de récupération nulle. On a inscrit
le coût de la brocheuse sur une carte du grand livre auxiliaire des immobilisations et on y a reporté un amortissement de $0.80 à la fin de
chacune des premières années de la durée d'utilisation. Au cours de la
cinquième année, comme la brocheuse était introuvable, on a imputé
aux revenus le solde du coût non amorti.

d. Une entreprise a ouvert une nouvelle succursale dans un bâtiment loué.
Le bail, qui est de 25 ans, n'a nécessité aucun déboursé au moment où
il a été signé. Chaque année, on se contente de porter le loyer de $36,000
au débit du compte Loyer.

e. Une entreprise ayant éprouvé des difficultés financières en 1975, le président a donné l'ordre au service de la comptabilité de ne fermer le
compte Ventes que le 15 janvier 1976 et d'y inscrire les ventes des deux
premières semaines de janvier comme si elles avaient eu lieu avant la
date de clôture de l'exercice, soit le 31 décembre 1975. Comme le
commis aux écritures craignait de perdre son emploi, il acquiesça à la
requête du président.

f. X, Ltée a décidé, en 1976, d'adopter la méthode d'évaluation des stocks
dite « de l'épuisement à rebours » à la place de la méthode de l'épuisement successif. Ce changement a influé considérablement sur la détermination du bénéfice net de 1976. X, Ltée a clairement expliqué le
changement de méthode dans une note jointe aux états financiers dressés
en date du 31 décembre 1976, en indiquant ce qu'aurait été le bénéfice
net si elle avait continué d'utiliser la méthode de l'épuisement successif.
De plus, elle a calculé de nouveau le bénéfice net des cinq exercices
précédents comme si elle avait toujours utilisé la méthode de l'épuisement
à rebours.

Problème 20–2A

On a confié à Alpha, Ltée la construction d'un pont au prix de $3,600,000,
la direction estime que les travaux dureront deux ans et demi et entraîneront
les coûts suivants: 1974, $1,125,000; 1975, $1,755,000, et 1976, $360,000.
En vertu du contrat, le client doit verser à Alpha, Ltée une somme de
$1,200,000 à la fin de 1974, à la fin de 1975 et au moment où les travaux
seront terminés. Alpha, Ltée n'a pas d'autres travaux à exécuter présentement
et ne prévoit pas en accepter d'autres tant qu'elle n'aura pas terminé le
présent contrat.

On vous a demandé, à titre de comptable de Alpha, Ltée d'établir un état
prévisionnel des revenus et dépenses pour chacun des trois exercices au cours
desquels le pont sera construit.

Travail à faire :

1. Dressez trois séries d'états des revenus et dépenses, compte tenu des trois
hypothèses suivantes :

   a. le revenu est comptabilisé au moment où les travaux sont terminés;

b. le revenu est comptabilisé en fonction des sommes recouvrées (comptabilité de caisse);

c. le revenu est comptabilisé progressivement en fonction du degré d'achèvement des travaux.

Indiquez, dans chaque état, les revenus, les coûts et le bénéfice net de chacun des exercices.

2. Analysez les états que vous avez dressés et indiquez la méthode de détermination du revenu qui permet le mieux de rapprocher les revenus et les dépenses.

Problème 20–4A

Oméga, Ltée a, en 1974, 1975 et 1976, comptabilisé ses revenus au moment où les travaux étaient terminés. Voici l'état sommaire des revenus et dépenses de chacun de ces exercices :

Oméga, Ltée

État sommaire des revenus et dépenses

pour les exercices terminés les 31 décembre 1974, 1975 et 1976

	1974	*1975*	*1976*	*Total*
Revenu de travaux de construction	$260,000	$465,000	$620,000	$1,345,000
Coût des travaux	452,800	381,300	374,100	1,208,800
Bénéfice net ou (perte nette)	$(192,800)	$ 83,700	$245,900	$ 136,800

De 1974 à 1976 inclusivement, Oméga, Ltée a entrepris l'exécution de trois contrats de construction. Le contrat n° 1 a été commencé et terminé en 1974; le contrat n° 2 a été commencé en 1974 et terminé en 1975; finalement, le contrat n° 3 commencé en 1975 n'a été terminé qu'en 1976. Voici d'autres informations relatives à ces trois contrats :

N° du contrat	Prix du contrat	Coûts prévus	Coûts engagés en 1974	Coûts engagés en 1975	Coûts engagés en 1976
1	$ 260,000	$ 234,000	$235,000		
2	465,000	418,500	217,800	$198,600	
3	620,000	558,000		182,700	$374,100
Total	$1,345,000	$1,210,500	$452,800	$381,300	$374,100

Travail à faire :

Dressez un état des revenus et dépenses pour 1974, 1975 et 1976 dans lequel figureront les revenus, les coûts et le bénéfice net de chacun des exercices. Posez l'hypothèse que les revenus sont comptabilisés progressivement, c'est-à-dire en fonction du degré d'achèvement des travaux.

Problème 20–5A

Passez au journal général les écritures pour inscrire les opérations suivantes :

1975

Fév. 1 Achat à 101¾, à titre de placement permanent, de 10 obligations de $1,000 émises pour 20 ans par Familex, Ltée, portant intérêt à 6½% payable semi-annuellement le 1er février et le 1er août. Nombre d'années avant l'échéance : 5 ans.

Mars 12 Achat, à titre de placement temporaire, de 500 actions ordinaires de Ash, Ltée à 35½ plus une commission de $195.

Avril 1 Achat, à titre de placement temporaire, de 10 obligations de $1,000 émises par Pardec, Ltée pour 20 ans, portant intérêt à 6% payable semi-annuellement le 1er février et le 1er août. Prix payé : 98¼ plus deux mois d'intérêts courus.

Mai 5 Dividende de $0.40 l'action reçu de Ash, Ltée.

Août 1 Intérêts semi-annuels reçus de Familex, Ltée et amortissement de l'escompte sur obligations.

1 Intérêts semi-annuels reçus de Pardec, Ltée.

4 Dividende en actions de 20% (100 actions ordinaires) reçu de Ash, Ltée.

5 Vente des 100 actions de Ash, Ltée reçues le 4 août à 32 moins une commission de $35.

Oct. 15 Vente du reste des actions de Ash, Ltée à 28 moins une commission de $185.

17 Achat, à titre de placement à long terme, de 1,000 actions ordinaires de Elm, Ltée à 20 plus une commission de $270.

Déc. 1 Vente des obligations de Pardec, Ltée à 99½ plus quatre mois d'intérêts courus.

1976

Fév. 1 Intérêts semi-annuels reçus de Familex, Ltée et amortissement de la prime sur obligations.

1 Vente des 10 obligations de Familex, Ltée à 99½.

Cas 20–1
La Société
de fiducie
du Nord

Il y a un an, un cadre supérieur de La Société de Fiducie du Nord a annoncé qu'il se retirerait bientôt. Comme ce poste était très convoité, la direction estimait qu'elle pourrait le combler facilement mais elle hésitait entre deux de ses employés actuels : David Veilleux et Gérard Léger. Ces deux employés étaient très jeunes et ne travaillaient pour la Société de Fiducie du Nord que depuis un an. Ils avaient tous les deux la même formation et étaient aussi doués l'un que l'autre. La direction décida alors de confier à chacun d'eux un capital de $100,000 qu'ils auraient à investir. Il fut convenu que l'on évaluerait plus tard le rendement obtenu par chacun d'eux et que l'on accorderait le poste vacant à celui qui obtiendrait les meilleurs résultats.

Un an plus tard, l'heure était venue de faire un choix. Les deux hommes avaient travaillé fort durant toute l'année et il semblait qu'ils avaient obtenu les mêmes résultats. Cependant, une comparaison attentive des deux portefeuilles permit de découvrir que les intérêts crédités au portefeuille de Gérard Léger étaient de $6,790, soit 0.8% de plus que les intérêts du portefeuille de David Veilleux. Cette constatation réjouit Léger car il estimait que cela suffisait pour obtenir le poste convoité.

Voici les portefeuilles de Veilleux et de Léger. Toutes les obligations qui s'y trouvent ont été acquises un an plus tôt et le nombre d'années à courir avant l'échéance a été compté à partir de la date d'acquisition :

Portefeuille de David Veilleux	Coût	Intérêts reçus
20 obligations de $1,000 de Prodec, Ltée portant intérêt à 5½%, achetées 10 ans avant la date d'échéance	$ 18,000	$1,100
30 obligations de $1,000 de Atlantique, Ltée portant intérêt à 5%, achetées 5 ans avant la date d'échéance	27,800	1,500
27 obligations de $1,000 de Flamidor, Ltée portant intérêt à 6%, achetées 7 ans avant la date d'échéance	25,600	1,620
30 obligations de $1,000 de L'Aciérie Québécoise, Ltée portant intérêt à 6½%, achetées 14 ans avant l'échéance	28,600	1,950
	$100,000	$6,170

Rendement du capital investi: $6,170 ÷ $100,000 = 6.170%

Portefeuille de Gérard Léger	Coût	Intérêts reçus
46 obligations de $1,000 de Homex, Ltée portant intérêt à 7½%, achetées 10 ans avant la date d'échéance	$ 50,000	$3,450
44 obligations de $1,000 de Azur, Ltée portant intérêt à 8%, achetées 10 ans avant la date d'échéance	50,000	3,520
	$100,000	$6,970

Rendement du capital investi: $6,970 ÷ $100,000 = 6.970%

Si l'on ne tient compte que du rendement des deux portefeuilles, lequel des deux employés devrait être promu ? Justifiez votre réponse et présentez, pour appuyer vos conclusions, un tableau dans lequel vous comparerez les gains de chacun des portefeuilles.

Cas 20–2
Le Comptable
Stagiaire (III)

Vous venez de commencer votre stage dans un cabinet d'experts-comptables et on vous demande de résoudre les problèmes suivants :

Premier problème. Adamo, Ltée est une entreprise qui construit des barrages et des ponts. Les travaux de construction ne durent jamais moins de 18 mois mais peuvent durer parfois trois ans. Jusqu'à présent, Adamo, Ltée a attendu que les travaux soient terminés pour comptabiliser les revenus. Cependant, un administrateur qui vient d'acheter un nombre élevé d'actions est d'avis que cette pratique est mauvaise.

Discutez des problèmes de comptabilisation des revenus de Adamo, Ltée et précisez les circonstances où il serait acceptable d'attendre jusqu'à la fin des travaux pour comptabiliser les revenus.

Deuxième problème. Bêta, Ltée a fait l'acquisition d'un terrain de H. Fournier en retour de 10,000 actions émises en sa faveur. Les actions ont une valeur nominale de $5 et elles avaient une valeur marchande de $6.25 le jour où elles ont été émises. M. Fournier aurait accepté un paiement comptant de $62,000 pour ce terrain auquel des experts en évaluation attribuaient une valeur de $64,000. Les membres du conseil d'administration de Bêta, Ltée diffèrent d'avis quant à la valeur qu'il convient d'attribuer à ce terrain. Voici les quatre chiffres proposés : (*a*) la valeur nominale des actions, $50,000; (*b*) la valeur marchande des actions, $62,500; (*c*) le prix demandé si l'achat avait été effectué au comptant, soit $62,000; et (*d*) la valeur d'expertise du terrain, $64,000.

Quelle valeur faut-il attribuer au terrain acheté à M. Fournier. Justifiez votre réponse.

Troisième problème. Le 31 décembre 1976, Dalmont, Ltée a acheté à un prix de $30,000 le stock entier de marchandises d'un concurrent qui avait fait faillite. Comme le coût de ces marchandises aurait été de $50,000 si Dalmont, Ltée les avait achetées de ses fournisseurs habituels, le comptable les a inscrites en portant $50,000 au débit du compte Stock et en créditant le compte Caisse de $30,000 et le compte Gain sur achat de marchandises de $20,000.

On prévoit que le prix de vente de ces marchandises sera le même que si elles avaient coûté $50,000. Dalmont, Ltée a vendu toutes ces marchandises au cours de l'année qui a suivi la date de leur achat sans les démarquer.

Quel principe comptable n'a pas été respecté lors de la comptabilisation de l'achat de ces marchandises? Expliquez de quelle façon il aurait fallu comptabiliser cette opération.

21

La comptabilité sectorielle et notions de contrôle administratif

■ On peut, pour des fins administratives, répartir une entreprise en secteurs ou en services à la tête desquels se trouve un directeur qui, dans des conditions idéales, est à la fois responsable de la production de son service et des ressources qui y sont affectées. On peut mesurer la production d'un service en fonction du nombre de produits fabriqués, des ventes effectuées ou des services rendus. Les ressources affectées à un service sont principalement les marchandises vendues, les matières premières utilisées, les salaires versés aux employés et les installations qui donnent naissance à des dépenses comme l'amortissement, l'éclairage, le chauffage, etc. Idéalement, une entreprise devrait être en mesure de fabriquer un produit ou de fournir un service en y affectant le moins de ressources possible.

Pour que la direction d'une entreprise puisse évaluer correctement le rendement d'un service ou d'un secteur, il est nécessaire que le système comptable fournisse des informations sectorielles portant sur la production de chaque secteur et sur les ressources qui y sont affectées. Cette comptabilité est connue sous le nom de *comptabilité sectorielle* ou de *comptabilité par services*.

L'infor-mation sectorielle destinée à la direction

■ Avant d'étudier en détail la comptabilité sectorielle, il convient de mentionner que, dans la majorité des cas, l'information sectorielle est destinée exclusivement à la direction qui peut, à l'aide de cette information, exercer un meilleur contrôle de l'exploitation, évaluer le rendement obtenu, répartir les ressources entre les divers secteurs et adopter les mesures de correction qui s'imposent. Si, par exemple, la direction constate qu'un ou plusieurs secteurs sont plus rentables que d'autres, elle s'efforcera de les exploiter davantage. De même, lorsqu'un secteur obtient de mauvais résultats, elle sera en mesure d'apporter les correctifs nécessaires si elle connaît les revenus, les coûts et les dépenses de ce secteur.

Les services producteurs et les services auxiliaires

■ Toute entreprise exploite deux sortes de services: les *services producteurs* et les *services auxiliaires*. Dans une usine, les services producteurs sont ceux qui fabriquent les produits eux-mêmes, alors que dans une entreprise commerciale, le rôle des services producteurs est de vendre les articles en magasin. Dans les deux sortes d'entreprises, les services auxiliaires s'occupent de l'entretien, de l'administration générale, de la publicité, des approvisionnements, du personnel, de l'établissement de la paye, etc. Les services auxiliaires tirent leur nom de ce qu'ils ont pour objet de venir en aide aux services producteurs.

Les services producteurs d'une usine, auxquels on donne aussi le nom de *sections de fabrication,* sont plus ou moins nombreux selon le nombre de procédés de fabrication ou de produits fabriqués. En revanche, dans un magasin, le nombre de services producteurs, appelés aussi *rayons,* dépend de la nature des articles vendus.

La marge bénéficiaire des rayons d'un grand magasin

■ Le directeur d'un rayon, dans un grand magasin, prend constamment des décisions en vue d'accroître la marge bénéficiaire de son rayon. Bien entendu, il ne néglige pas non plus les dépenses d'exploitation car son objectif est de maximiser le bénéfice net du rayon dont il a la responsabilité. Cependant, les facteurs qui influent sur la marge bénéficiaire font l'objet d'une attention particulière parce qu'ils relèvent davantage de la responsabilité des directeurs de rayons.

La marge bénéficiaire d'un rayon dépend du chiffre des ventes et du pourcentage de majoration. Pour exercer un bon contrôle sur la marge bénéficiaire, il est nécessaire de compiler des informations portant sur les ventes, les achats et le stock de marchandises de chacun des rayons. On peut obtenir ces informations de différentes façons, selon la taille du magasin, les marchandises vendues et le nombre de rayons.

On obtient généralement les informations requises pour calculer la marge bénéficiaire de chaque rayon: (1) en tenant des comptes distincts pour chaque rayon et (2) en analysant les données comptables par rayons.

COMPTABILISATION PAR RAYONS

Un magasin qui n'a que quelques rayons peut tenir des comptes distincts pour chacun d'eux dans le grand livre général. Si tel est le cas, le comptable compile, dans ces comptes, les informations relatives aux ventes, aux rabais sur ventes, aux achats et aux rendus sur achats de chacun des rayons. À la fin de l'exercice, il suffit de prendre un inventaire matériel dans chaque rayon puis de calculer le coût des marchandises vendues et la marge bénéficiaire de chaque rayon au moyen des informations comptabilisées au cours de l'exercice.

ANALYSE DES DONNÉES COMPTABLES PAR RAYONS

Bien qu'un magasin n'ayant qu'un petit nombre de rayons puisse ouvrir dans le grand livre une série de comptes pour chacun d'eux, il serait impossible pour un grand magasin de procéder de cette façon car le grand livre prendrait alors des proportions démesurées. C'est pour cette raison qu'un magasin ayant un très grand nombre de rayons accumule plutôt sur des feuilles spéciales les données relatives aux ventes, aux rendus sur ventes, aux achats et aux rendus sur achats.

Quand on analyse les données comptables de cette façon, il suffit de tenir une seule série de comptes dans le grand livre général pour y inscrire les données relatives aux marchandises vendues dans le magasin tout entier comme si celui-ci n'était pas subdivisé en rayons. Cependant, en plus d'inscrire ces données dans les comptes du grand livre général, on les résume et on les classe par rayons sur des feuilles spéciales. Ainsi, un grand magasin qui désire analyser les résultats de son exploitation comptabilise d'abord les ventes à crédit dans le journal des ventes, puis trie les factures de ventes par rayons et inscrit le total dans la colonne qui convient sur une feuille semblable à celle du tableau 21–1. De même, le magasin détermine les ventes au comptant par rayons, les comptabilise globalement de la façon habituelle dans le livre de caisse-recettes et les inscrit par rayons sur une feuille sommaire. De cette façon, la direction peut connaître, à la fin de chaque mois ou de toute autre période, les

Analyse des ventes par rayons

Date		Sorte de ventes	Vêtements pour hommes	Vêtements pour enfants	Chaussures pour hommes	Chapeaux pour hommes	Vêtements pour dames
Mars	1	Ventes au comptant	257.00	110.00	155.00	37.00	197.00
		Ventes à crédit	102.00	82.00	58.00	76.00	105.00
	2	Ventes au comptant	138.00	97.00	127.00	58.00	222.00
		Ventes à crédit	127.00	103.00	82.00	62.00	189.00
	3	Ventes au comptant	152.00	72.00	97.00	73.00	205.00

Tableau
21–1

ventes effectuées dans chacun des rayons. Bien entendu, le total des ventes de tous les rayons doit être égal au total des ventes figurant au compte Ventes du grand livre général.

Des feuilles d'analyse semblables à celle du tableau 21–1 permettent de connaître, à la fin d'un mois, le total des ventes par rayons de même que le total des rendus sur ventes, des achats et des rendus sur achats de chaque rayon.

Comptabilisation des opérations par rayons

■ Ainsi que nous venons de le voir, les grands magasins tiennent des séries de comptes distincts pour chacun des rayons ou bien ils analysent les données comptables sur des feuilles spéciales en vue de déterminer les chiffres se rapportant à chaque rayon. La compilation de toutes ces informations peut se faire manuellement lorsque les opérations sont peu nombreuses ou, dans le cas contraire, au moyen de machines comptables électriques ou de machines à cartes perforées ou à rubans perforés.

LES REGISTRES TENUS MANUELLEMENT

Lorsque les registres comptables sont tenus manuellement, il suffit d'accroître le nombre de colonnes de chaque journal afin d'obtenir des informations par rayons. Le tableau 21–2 illustre le journal des achats d'un magasin qui aurait trois rayons. Dans ce journal, on inscrit une facture par ligne et le total de la facture qui figure sous la rubrique Crédit — Comptes à payer est réparti entre chacun des rayons selon la nature des articles achetés. On doit reporter quotidiennement le total de chaque facture au grand livre auxiliaire des comptes à payer alors que l'on reporte une fois par mois seulement au grand livre général le total des achats du mois et le coût des articles achetés par chacun des rayons.

Journal des achats

					Débit — Achats		
Date		Fournisseurs	F°	Crédit Comptes à payer	Vêtements pour hommes	Vêtements pour enfants	Chaussures pour hommes
Fév.	1	Acme, Ltée		275.00	200.00	75.00	
	1	Calex, Ltée		250.00	250.00		
	2	Bendix & Horn, Ltée ...		110.00			110.00

Tableau 21–2

Il va de soi que la technique que nous venons de décrire s'applique à d'autres journaux, comme le journal des ventes, le registre des pièces justificatives, etc.

LES MACHINES COMPTABLES ÉLECTRIQUES

Le tableau 14–2, au chapitre 14, illustre une machine comptable moderne qui peut servir pour inscrire les ventes, les achats, les recettes, etc. Avec cette machine, on peut aussi: (1) établir les factures de vente,

(2) reporter le montant des ventes aux comptes Clients, (3) mettre à jour le relevé de compte des clients et (4) inscrire les ventes dans le journal des ventes. Les machines comptables de ce genre peuvent également, si l'on appuie sur les bonnes clefs, ventiler le chiffre des ventes par rayons et donner le total des ventes de chaque rayon à la fin d'une journée. On peut obtenir le même genre d'informations pour d'autres opérations comme les achats, les rendus sur ventes, les recettes, etc.

LES MACHINES À CARTES PERFORÉES

Le tableau 21–3 illustre la sorte d'étiquettes perforées que plusieurs grands magasins utilisent. Ces étiquettes qui font voir le prix de détail des articles sont essentielles pour exercer un bon contrôle sur les stocks car elles permettent d'avoir des informations portant sur les ventes, les rendus, la couleur, la grandeur et le fabricant de chacun des articles ainsi que sur la valeur des articles entreposés et vendus dans chaque rayon.

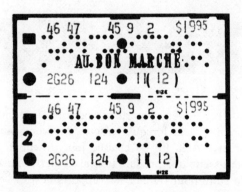

Tableau 21–3

Les étiquettes perforées ont des trous de la grosseur d'une épingle qui peuvent fournir des informations sur le prix des articles ainsi que sur leur couleur, leur grandeur, etc. La machine qui perfore les étiquettes imprime également les informations qu'elles renferment.

Lorsqu'un commis vend un article, il détache la partie inférieure de l'étiquette qu'il garde près de la caisse enregistreuse et laisse la partie supérieure attachée à l'article vendu. À la fin de chaque jour, le service de la comptabilité reçoit les étiquettes de chacun des rayons et les passe dans un convertisseur qui transcrit les informations qu'elles contiennent sur des cartes perforées de grandeur normale semblables à celles que nous avons illustrées au chapitre 14. Une machine trie ensuite les cartes perforées afin d'obtenir toutes sortes d'informations par rayons.

Si un client retourne des marchandises, il doit rapporter la partie de l'étiquette qui y était attachée au moment de la vente. À la fin de chaque jour ces étiquettes sont elles-mêmes traitées par le convertisseur qui produit les cartes perforées dont on se servira pour comptabiliser les rendus sur ventes.

LES RUBANS PERFORÉS

Certains grands magasins se servent d'un ruban perforé pour obtenir les informations relatives aux articles achetés et vendus dans chaque rayon. Ce ruban, qui a environ un pouce de large (voir le tableau 21–4), est perforé par la caisse enregistreuse au moment où le commis y inscrit une vente.

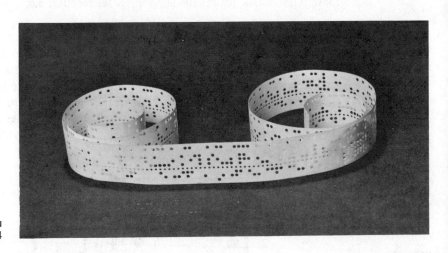

Tableau
21–4

Pour obtenir ce ruban perforé, le commis n'a qu'à appuyer sur les bonnes clefs lorsqu'il inscrit une vente au moyen d'une caisse enregistreuse. À la fin de chaque jour, le ruban perforé est traité par un convertisseur qui produit les cartes perforées ordinaires dont on se sert par la suite pour obtenir les rapports désirés.

L'état des revenus et dépenses dressé par rayons
■ Ainsi que nous venons de le voir, il est relativement facile d'obtenir les informations dont un grand magasin a besoin pour déterminer la marge bénéficiaire par rayons. Cependant, la détermination du bénéfice net de chaque rayon est beaucoup plus complexe. C'est pour cette raison d'ailleurs que plusieurs grands magasins se contentent de calculer la marge bénéficiaire ou le bénéfice brut de chaque rayon ainsi que l'illustre l'état des revenus et dépenses du tableau 21–5. Cet état donne le bénéfice brut de chaque rayon et le bénéfice brut global duquel l'on déduit les frais non ventilés en vue de déterminer le bénéfice net du magasin.

Dans le tableau 21–5, on ne donne pas seulement les marges bénéficiaires en dollars mais on les exprime aussi en pourcentage du chiffre des ventes nettes afin de faciliter les comparaisons entre les résultats de chacun des rayons.

Ventilation du fret à l'achat
■ Le fret à l'achat est un élément dont il faut tenir compte pour déterminer le coût des marchandises vendues. Lorsque cela est possible, il faut analyser les frais de transport et les imputer à chacun des rayons

Au Meuble Moderne, Enr.
État des revenus et dépenses
pour l'exercice terminé le 31 décembre 1976

	Vêtements pour hommes	Vêtements pour enfants	Chaussures	Total
Ventes	$46,000	$34,000	$20,000	$100,000
Moins : rendus	750	425	350	1,525
Ventes nettes	$45,250	$33,575	$19,650	$ 98,475
Coût des marchandises vendues				
Stock au 1er janvier ...	$ 7,400	$ 4,200	$ 3,350	$14,950
Achats	30,000	21,700	11,800	63,500
Fret à l'achat	150	125	75	350
Marchandises à vendre	$37,550	$26,025	$15,225	$78,800
Stock au 31 décembre	8,100	3,500	4,150	15,750
Coût des marchandises vendues	29,450	22,525	11,075	63,050
Bénéfice brut	$15,800	$11,050	$ 8,575	$ 35,425
Bénéfice brut en pourcentage	(34.9%)	(32.9%)	(43.5%)	(36.0%)

Dépenses d'exploitation :
Frais de vente :

Salaires	$ 7,000	
Commissions	5,000	
Publicité	550	
Amortissement — Équipement de magasin	200	
Fournitures d'emballage	700	
Total des frais de vente		$13,450

Frais d'administration :

Salaires	$ 3,800	
Fournitures de bureau	250	
Assurances	300	
Mauvaises créances	210	
Amortissement — Matériel de bureau	150	
Amortissement — Bâtiment	1,200	
Taxes foncières	900	
Total des frais d'administration	6,810	
Total des dépenses d'exploitation		20,260
Bénéfice net		$ 15,165

Tableau
21–5

en vue de trouver des marges bénéficiaires plus précises. Cependant, comme les marchandises reçues à un moment donné peuvent être destinées à plusieurs rayons, il est nécessaire de ventiler les frais de transport entre les rayons en fonction, par exemple, du poids des articles reçus ou de leurs dimensions.

Ventilation des dépenses

■ Si un magasin désire déterminer le bénéfice net de chacun des rayons, il faut imputer à chacun d'eux les *frais directs* qui s'y rapportent et ventiler tous les *frais indirects*. On entend par « frais directs », les frais qui se rapportent à un rayon en particulier. C'est le cas, par exemple, du salaire d'un employé qui travaille dans un seul rayon. En revanche, les frais indirects procurent un avantage à plus d'un rayon. Ainsi, le loyer, le chauffage et l'éclairage sont des frais indirects. Il faut imputer entièrement les frais directs aux rayons auxquels ils se rapportent. Quant aux frais indirects, il faut les ventiler d'une façon raisonnable, en fonction, par exemple, de la superficie de chacun des rayons.

La meilleure base de ventilation des frais indirects est celle qui tient compte des avantages que ces frais ont procurés à chacun des rayons. Ainsi, une bijouterie qui confie l'entretien du magasin à une entreprise externe peut répartir les frais d'entretien entre ses trois rayons en fonction de leur superficie. Supposons les données suivantes:

Frais d'entretien du magasin	<u>$140</u>
Superficie de chaque rayon :	
Bijouterie	250 pi. car.
Réparations — montres, horloges, etc.	125
Argenterie	<u>500</u>
Total	<u>875</u> pi. car.

Voici, dans ce cas, la quote-part des frais d'entretien de chaque rayon:

$$\text{Bijouterie :} \quad \frac{250}{875} \times \$140 = \$40$$

$$\text{Réparations de montres :} \; \frac{125}{875} \times \$140 = \$20$$

$$\text{Argenterie :} \quad \frac{500}{875} \times \$140 = \$80$$

Modes de ventilation des dépenses

■ Dans les paragraphes suivants nous discutons de différents modes de ventilation des frais indirects. Nous ne donnons aucune règle précise parce que la ventilation des frais indirects demande de tenir compte de nombreux facteurs dont l'importance peut varier d'un cas à l'autre. La ventilation des frais indirects est avant tout une question de jugement et ne relève pas de l'application de règles précises.

LES SALAIRES

Le salaire d'un employé peut être une dépense directe ou une dépense indirecte. Si un employé travaille toujours dans un même rayon, son salaire est un coût direct de ce rayon. En revanche, le salaire d'un employé qui travaille dans plusieurs rayons est un coût indirect qui doit être ventilé entre les rayons en fonction des heures qu'il a consacrées à chaque rayon.

Un préposé à la supervision s'occupe, parfois, de plus d'un rayon. Dans ce cas, le temps consacré à chaque rayon convient pour ventiler son salaire. Cependant, il peut arriver que le temps consacré dans chaque rayon soit difficile à déterminer parce que le superviseur passe souvent d'un rayon à un autre. Dans ce cas, certaines entreprises ventilent le salaire de cet employé en fonction du nombre d'employés travaillant dans chaque rayon. D'autres entreprises répartissent les salaires indirects proportionnellement au chiffre des ventes de chaque rayon. La ventilation du salaire d'un superviseur en fonction du nombre d'employés de chaque rayon convient lorsque le travail consiste à superviser des employés et que le temps consacré à chaque rayon dépend du nombre d'employés qui y travaillent. Par contre, lorsque l'on répartit le salaire d'un employé en fonction du chiffre des ventes, on pose l'hypothèse que le temps consacré à chaque rayon par cet employé dépend de la productivité des rayons.

LE LOYER

Le loyer est une dépense qu'il convient normalement de ventiler en fonction de la superficie des rayons, compte tenu de l'endroit où ils sont situés.

Étant donné que tous les clients qui entrent dans un magasin passent par le rez-de-chaussée et que bon nombre d'entre eux ne vont pas ailleurs, le rez-de-chaussée occupe un espace qui a plus de valeur que tout autre. De même, l'espace adjacent à la porte d'entrée a plus de valeur qu'un espace occupé par un rayon situé dans un coin du rez-de-chaussée. Pourtant, on ne peut déterminer exactement la valeur d'un espace par rapport à celle d'un autre. La détermination de cette valeur est avant tout une question de jugement. Néanmoins, il est possible de ventiler le loyer avec suffisamment de précision si l'on dispose de statistiques portant sur les allées et venues des clients et si l'on fait appel à des experts dont le rôle est de déterminer les valeurs locatives des rayons d'un grand magasin.

LA PUBLICITÉ

Bien des clients d'un grand magasin s'y rendent à la suite d'annonces qu'ils ont écoutées à la radio, lues dans les journaux ou regardées à la télévision. Cependant, comme ils ne se contentent pas d'acheter les produits annoncés, on peut dire que les dépenses de publicité sont des dépenses indirectes qui procurent des avantages à tous les rayons. Le plus souvent, on répartit ces dépenses proportionnellement au chiffre des ventes de chaque rayon. Si, par exemple, les ventes d'un rayon représentent 15% des ventes du magasin tout entier, on imputera à ce rayon 15% des frais de publicité.

Certains grands magasins traitent les frais de publicité comme des frais directs et les imputent directement aux rayons qui en ont bénéficié. Dans ce cas, il faut: (1) analyser chaque annonce, (2) déterminer le coût du temps (annonces télévisées ou radiodiffusées) ou de l'espace (annonces publiées dans les journaux) consacré aux produits vendus dans un rayon et (3) imputer les résultats obtenus aux ventes de ce rayon.

Étant donné que certains magasins imputent directement les dépenses de publicité aux revenus des rayons alors que d'autres les ventilent en fonction du chiffre des ventes de chaque rayon, nous illustrons ces deux façons de procéder dans les problèmes de ce chapitre.

L'AMORTISSEMENT

L'amortissement du coût d'une machine utilisée exclusivement dans un rayon est un coût direct qui doit être imputé aux revenus de ce rayon.

Les données inscrites sur les cartes du grand livre auxiliaire des immobilisations peuvent aider grandement à imputer correctement l'amortissement. Si les registres sont mal tenus ou font défaut, on traite l'amortissement comme un coût indirect que l'on répartit en fonction de la valeur de l'équipement utilisé dans chaque rayon.

Lorsque l'entreprise possède le bâtiment où se trouve le magasin, on ventile généralement l'amortissement du coût du bâtiment de la même façon que le loyer.

LES TAXES ET LES ASSURANCES

Les taxes et les assurances sont des frais indirects qu'il convient de ventiler en fonction de la valeur des biens imposables ou assurés de chacun des rayons. On doit répartir les assurances et les taxes se rapportant au bâtiment de la même façon que le loyer.

L'ÉCLAIRAGE

Les dépenses d'éclairage sont des dépenses indirectes que l'on ventile généralement en fonction du nombre et de la force des ampoules électriques utilisées dans chaque rayon ainsi que du temps où elles sont allumées.

LE CHAUFFAGE

On ventile souvent les dépenses de chauffage par étages en fonction du nombre de calorifères qui s'y trouvent. Ordinairement, on impute au premier étage une partie plus grande des frais de chauffage en raison de la chaleur perdue lorsque les clients entrent dans le magasin ou en sortent. Par la suite, les dépenses de chauffage réparties par étages sont imputées à chaque rayon en fonction de la superficie des rayons.

LES FRAIS DE LIVRAISON

Les frais de livraison dépendent du nombre, du poids et des dimensions des colis livrés. Comme il est généralement impossible de trouver une formule de ventilation qui tienne compte de ces trois éléments à la fois, on ne retient généralement que le facteur le plus important. On néglige parfois de tenir compte du poids, du nombre et des dimensions des colis livrés et on répartit les frais de livraison proportionnellement au chiffre des ventes. Ce mode de ventilation peut être acceptable lorsqu'il y a une relation étroite entre, d'une part, les ventes et, d'autre part, le nombre, le poids et les dimensions des colis.

À quel moment ventiler les dépenses? ■ Il serait possible, dans la majorité des cas, d'analyser les dépenses indirectes et de les ventiler au moment même où elles sont effectuées ou réglées. Cependant, on procède rarement de cette façon parce que le travail de ventilation serait trop long et trop onéreux. On préfère inscrire les frais directs et indirects dans des comptes du grand livre général et on attend à la fin de l'exercice pour les ventiler au moyen d'une feuille de ventilation des dépenses semblable à celle du tableau 21–6 dont nous discuterons en détail bientôt.

Ventilation des frais des sections auxiliaires

■ Pour que les rayons puissent bien fonctionner, ils ont besoin de l'aide que leur apportent les services auxiliaires tout comme ils ont besoin d'espace, de chaleur et de lumière. On peut donc dire que les frais des services auxiliaires sont, pour les rayons, des frais indirects qu'il faut ventiler si l'objectif est de trouver le bénéfice net de chacun des rayons. Voici une liste des services auxiliaires et le mode de ventilation suggéré pour chacun d'eux.

Services	Mode de ventilation
Service de l'administration générale ...	Le chiffre des ventes ou le nombre d'employés de chaque rayon.
Service du personnel	Nombre d'employés de chaque rayon.
Service de la paye	Nombre d'employés de chaque rayon.
Service de la publicité	Le chiffre des ventes ou imputation directe à chaque rayon.
Service des achats	Le chiffre des achats ou le nombre de factures d'achat.
Service de l'entretien	La superficie de chaque rayon.

La feuille de ventilation des dépenses

■ Ainsi que nous l'avons déjà dit, il est possible d'imputer aux rayons la plupart des dépenses indirectes au moment où elles sont effectuées ou réglées. On procède rarement de cette façon, car on préfère inscrire d'abord ces dépenses dans des comptes du grand livre général. Plus tard, à la fin d'un exercice, on les analyse au moyen d'une feuille de ventilation (voir le tableau 21–6) en vue d'imputer aux rayons non seulement les dépenses indirectes mais aussi les frais des services auxiliaires.

L'établissement d'une feuille de ventilation des dépenses indirectes demande d'inscrire, dans la première colonne, les noms des dépenses à ventiler ainsi que les noms des services auxiliaires. On inscrit ensuite le mode de ventilation dans la deuxième colonne et les montants à ventiler dans la troisième colonne. Puis, l'on répartit chaque dépense en fonction du mode de ventilation choisi et on inscrit les résultats dans les dernières colonnes. Finalement, on trouve le total de chacune des colonnes et l'on ventile le coût total des services auxiliaires sur chacun des rayons ou des services producteurs.

Après avoir complété la feuille de ventilation des dépenses indirectes, on se sert des résultats obtenus pour dresser un état des revenus et dépenses où figure le bénéfice net de chacun des rayons. Le tableau 21–7 illustre l'état des revenus et dépenses du rayon des appareils électroménagers dont il est question dans la dernière colonne du tableau 21–6.

La Quincaillerie Harris, Enr.
Feuille de ventilation des dépenses indirectes
pour l'exercice terminé le 31 décembre 1976

Dépenses indirectes et services auxiliaires	Mode de ventilation	Montant à ventiler	Service de l'administration générale	Service des achats	Entretien et réparations	Montants ventilés		
						Rayon de la quincaillerie	Rayon des articles ménagers	Rayon des accessoires électro-ménagers
Salaires	Imputation directe	$39,050	$7,250	$6,400	$3,000	$10,200	$ 4,800	$ 7,400
Loyer	Valeur et superficie de l'espace occupé	7,200	360	360	40	3,200	814	2,426
Publicité	Chiffres des ventes	2,070				920	460	690
Assurances	Valeur des biens assurés	320	50	30	12	132	24	72
Amortissement — Équipement	Imputation directe	1,200	200	125	50	350	175	300
Éclairage	Nombre d'ampoules	226	18	18	5	90	40	55
Chauffage	Superficie de l'espace occupé	960	48	48	8	424	144	288
Fournitures	Imputation directe	625	102	63	125	133	54	148
Total		$51,651	$8,028	$7,044	$3,240	$15,449	$ 6,511	$11,379
Ventilation des frais des services auxiliaires :								
Service de l'administration générale	Chiffre des ventes		8,028			3,568	1,784	2,676
Service des achats	Chiffre des achats			7,044		3,166	1,761	2,117
Réparations et entretien	Superficie de l'espace occupé				3,240	1,605	545	1,090
Total des dépenses imputées aux rayons		51,651				$23,788	$10,601	$17,262

Tableau
21-6

La Quincaillerie Harris, Enr.
État des revenus et dépenses
Rayon des accessoires électroménagers
pour l'exercice terminé le 31 décembre 1976

Ventes		$84,464
Coût des marchandises vendues		59,321
Bénéfice brut		$25,143
Dépenses d'exploitation :		
Salaires des vendeurs	$7,400	
Loyer	2,426	
Publicité	690	
Assurances	72	
Amortissement — Équipement	300	
Éclairage	55	
Chauffage	288	
Fournitures utilisées	148	
Quote-part des frais du service de l'administration générale ...	2,676	
Quote-part des frais du service des achats	2,117	
Quote-part — réparations et entretien	1,090	
Total des dépenses d'exploitation		17,262
Bénéfice net du rayon des accessoires électroménagers		$ 7,881

Tableau
21–7

Élimination d'un rayon ou d'un service non rentable

■ La direction d'un grand magasin qui dresse un état des revenus et dépenses où figure le bénéfice net de chaque rayon constate souvent que certains rayons fonctionnent à perte. Dans ce cas, la direction se demande s'il ne serait pas préférable de discontinuer l'exploitation de ces rayons. Il importe, pour prendre une sage décision, de distinguer les dépenses qui peuvent être éliminées de celles qui ne peuvent l'être.

M. Joseph Hardy
État des revenus et dépenses
pour l'exercice terminé le 31 décembre 1976

	Rayon A	Rayon B	Total
Ventes	$42,100	$63,150	$105,250
Coût des marchandises vendues	31,400	37,800	69,200
Bénéfice brut	$10,700	$25,350	$ 36,050
Dépenses d'exploitation :			
Frais de vente :			
Salaires	$ 6,000	$10,000	$16,000
Publicité	600	900	1,500
Fourniture d'emballage	150	280	430
Amortissement — Matériel de magasin	240	410	650
Loyer	1,600	3,200	4,800
Total des frais de vente	$ 8,590	$14,790	$23,380
Frais d'administration :			
Assurances	$ 200	$ 350	$ 550
Mauvaises créances	150	225	375
Quote-part des frais du service de l'administration ...	2,580	3,870	6,450
Total des frais d'administration	$ 2,930	$ 4,445	$ 7,375
Total des dépenses d'exploitation	11,520	19,235	30,755
Bénéfice net ou (perte nette)	$ (820)	$ 6,115	$ 5,295

Tableau
21–8

Les premières dépenses sont celles que l'élimination du service non rentable ferait disparaître. Quant aux dépenses qu'il est impossible d'éliminer, elles continueraient de subsister même après l'abandon du service non rentable. Ainsi, M. Hardy, propriétaire d'une quincaillerie dont l'état des revenus et dépenses figure au tableau 21–8 songe à discontinuer l'exploitation du rayon A qui a subi une perte nette de $820 au cours du dernier exercice.

Une analyse des dépenses du rayon A révèle ce qui suit:

	Dépenses éliminées par l'abandon du rayon A	Dépenses non éliminées par l'abandon du rayon A
Salaires	$6,000	
Publicité	600	
Fournitures d'emballage	150	
Amortissement — Équipement		$ 240
Loyer		1,600
Assurances (marchandises et équipement)	180	20
Mauvaises créances	150	
Quote-part des frais du service de l'administration générale	350	2,230
Total	$7,430	$4,090

Si l'on discontinue l'exploitation du rayon A, le bénéfice net du rayon B diminuera de $4,090 car il faudra lui imputer les dépenses qui subsisteront même après l'élimination du rayon A. A moins que la perte du rayon A ne dépasse $4,090 ou à moins que l'on ne remplace le rayon A par un autre qui sera plus rentable, M. Hardy ne doit pas prendre la décision de discontinuer l'exploitation du rayon A qui apparemment est non rentable.

Une autre raison pour ne pas discontinuer l'exploitation des rayons non rentables est que ces rayons contribuent souvent à une augmentation du chiffre des ventes des rayons rentables.

La marge brute et les frais généraux

■ Plusieurs personnes, mais surtout les directeurs des services, dont le salaire dépend du rendement obtenu estiment qu'on ne leur rend pas justice lorsque des décisions les concernant sont fondées sur le bénéfice net réalisé par leur service ou leur rayon. Leur insatisfaction provient du fait que la détermination du bénéfice net d'un rayon dépend souvent de la façon de ventiler les dépenses indirectes.

La direction qui désire prendre de bonnes décisions doit tenir compte de la *marge brute,* c'est-à-dire la marge trouvée avant de déduire les frais généraux. Par définition, la marge brute est égale aux revenus d'un exercice moins les frais directs qui s'y rapportent. La marge brute mesure la contribution qu'un service apporte au recouvrement des frais généraux d'une entreprise et est de plus un indice du rendement obtenu par un service. L'état des revenus et dépenses du tableau 21–9 met en évidence la marge brute des trois rayons de Côté & Côté, Enr.

Côté & Côté, Enr.
État des revenus et dépenses par rayons
pour l'exercice terminé le 31 décembre 1976

	Vêtements pour hommes	Vêtements pour enfants	Chaussures	Total
Ventes	$100,000	$ 40,000	$ 20,000	$160,000
Coût des marchandises vendues	65,000	24,000	12,000	101,000
Bénéfice brut	$ 35,000	$ 16,000	$ 8,000	$ 59,000
Frais directs :				
Salaires	$ 18,000	$ 8,500	$ 3,500	$ 30,000
Publicité	1,000	500	300	1,800
Amortissement	700	400	300	1,400
Fournitures	300	200	100	600
Total des frais directs	$ 20,000	$ 9,600	$ 4,200	$ 33,800
Marge brute	$ 15.000	$ 6,400	$ 3,800	$ 25,200
Frais indirects :				
Loyer			$ 6,000	
Chauffage et éclairage			800	
Taxes et assurances			1,200	
Total des frais indirects			$ 8,000	
Quote-part des frais des services auxiliaires			10,500	18,500
Bénéfice net				$ 6,700

Tableau
21–9

L'évaluation du rendement des services

■ Certains grands magasins évaluent le rendement des directeurs de rayons en comparant le bénéfice net de chacun des rayons. Dans d'autres cas, la direction préfère évaluer le rendement obtenu en considérant les marges brutes. Mais on peut se demander si ces deux façons d'évaluer le rendement d'un rayon sont satisfaisantes. Certains estiment qu'elles ne le sont pas. En effet, disent-ils, on ne peut se servir ni du bénéfice net, ni de la marge brute pour évaluer le rendement d'un service ou d'un rayon car trop de dépenses qui entrent dans le calcul de ces deux chiffres échappent au contrôle du directeur du service ou du rayon en question.

Ceux qui s'opposent à ce que l'on se serve du bénéfice net ou de la marge brute d'un service pour évaluer le rendement obtenu affirment que l'on devrait plutôt ne tenir compte que des *coûts et des dépenses contrôlables,* c'est-à-dire les coûts et les dépenses qui peuvent fluctuer par suite du comportement de la personne qui en est responsable. Les coûts contrôlables diffèrent des frais directs qui, par définition, désignent les sommes que l'on peut imputer directement à un service. Mais cela ne veut pas dire que le directeur du service en question est en mesure de contrôler ces frais. Ainsi, un directeur de service ne peut généralement prendre aucune décision portant sur l'équipement dont il a besoin mais il peut exercer un contrôle sur le travail effectué par son personnel.

Quand les administrateurs évaluent l'efficacité d'un service en ne tenant compte que des coûts contrôlables, ils établissent des statistiques portant sur la relation entre la production du service et les coûts contrôlables qui s'y rapportent. Ces statistiques ne comprennent pas nécessairement le chiffre du bénéfice net ou la marge brute.

On pourrait ici se poser la question suivante: « Laquelle des trois mesures permet de mieux évaluer le rendement d'un service: le bénéfice net, la marge brute ou les coûts contrôlables? » La réponse est qu'aucune de ces trois mesures n'est applicable sans discernement; chacune est utile et peut convenir dans des cas particuliers.

Les coûts communs
■ Les coûts communs que l'on retrouve dans les entreprises industrielles ressemblent aux frais indirects. Un coût commun est un coût se rapportant à deux ou plusieurs produits différents. Ainsi, le coût d'un porc qu'achète une salaison est un coût commun parce que cet animal fournit du bacon, du jambon et une variété d'autres produits dans des proportions toujours identiques. De même, le coût d'une bûche de bois qu'une scierie transforme en planches de diverses qualités est un coût commun. Le problème, dans ces deux cas, est de déterminer le coût de différents produits retirés d'une même matière première.

On peut répartir parfois un coût commun en fonction du nombre de livres, de pieds carrés ou de gallons que l'on retrouve dans chaque produit par rapport au total de livres, de pieds carrés ou de gallons que renferme la matière première. Cette méthode de répartition est peu en usage car les résultats obtenus peuvent ne pas correspondre du tout à la valeur marchande de chaque produit. Avec cette méthode, certains produits seraient vendus à profit alors que d'autres le seraient constamment à perte.

On préfère généralement répartir un coût commun en fonction de la valeur marchande des produits au moment où il est possible de les distinguer les uns des autres (le point de séparation). Ainsi, une scierie achète des billes de bois à un coût de $30,000 desquelles elle tirera 1,000,000 de pieds de bois de quatre catégories. Voici les quantités obtenues de chaque catégorie et la valeur marchande de chacune d'elles:

Produits	Pieds de bois	Prix par mille pieds de bois	Valeur marchande de chaque produit	Ratio de la valeur de chaque produit au total de la valeur de la production
Poutres	100,000	$120	$12,000	12/50
Planches — 1ʳᵉ qualité	300,000	60	18,000	18/50
Planches — 2ᵉ qualité	400,000	40	16,000	16/50
Planches — 3ᵉ qualité	200,000	20	4,000	4/50
	1,000,000		$50,000	

Si l'on se sert des fractions données dans la dernière colonne du tableau précédent pour répartir le coût commun de $30,000, on obtient les résultats suivants:

Poutres :	$30,000	×	12/50	=	$ 7,200
Planches — 1ʳᵉ qualité :	$30,000	×	18/50	=	10,800
Planches — 2ᵉ qualité :	$30,000	×	16/50	=	9,600
Planches — 3ᵉ qualité :	$30,000	×	4/50	=	2,400
					$30,000

Remarquez que le nombre de pieds de planches de 3ᵉ qualité représente les 2/10 du total, soit 200,000 ÷ 1,000,000. Si l'on avait réparti le coût commun de $30,000 en fonction des quantités, on aurait attribué un coût de $6,000 ($30,000 × 2/10) aux planches de 3ᵉ qualité. Comme ce chiffre est supérieur à la valeur marchande de $4,000, la vente de ces planches aurait toujours entraîné une perte.

En revanche, si l'on répartit le coût commun de $30,000 en fonction de la valeur marchande des quatre produits, le coût imputé aux planches de 3ᵉ qualité est de $2,400, ce qui par rapport à la valeur marchande de ce produit, $4,000, laisse une marge de $1,600 pour recouvrer les autres coûts et obtenir probablement un profit.

L'information sectorielle destinée aux actionnaires

■ Les entreprises diversifient de plus en plus leurs activités, elles se lancent dans différentes industries, s'adressent à différents marchés et s'intéressent à plusieurs régions. Jusqu'à présent, les renseignements contenus dans les rapports financiers traditionnels ne portaient, en général, que sur l'entreprise considérée dans sa totalité. Il est fréquent cependant, qu'à l'intérieur d'une même entreprise le taux de rentabilité et les possibilités de croissance varient d'un secteur à l'autre. Aussi, bien souvent, les informations financières globales ne permettent pas au lecteur de se faire une idée valable de l'ensemble de l'entreprise et de ses perspectives d'avenir.

Pour évaluer correctement une entreprise, il est fort utile de connaître sa composition et ses secteurs d'activité. La présentation d'informations sectorielles est souhaitable chaque fois qu'elle répond aux besoins des actionnaires.

Par informations sectorielles, on entend les informations présentées par industries, par marchés, par régions, etc. Le Comité des recherches en comptabilité de l'I.C.C.A. recommande de faire le découpage en fonction des secteurs industriels dans lesquels l'entreprise exerce ses activités. Si la direction juge préférable d'adopter une autre division sectorielle, elle doit donner la raison de ce choix.[1]

L'information sectorielle destinée aux actionnaires doit comprendre, pour chaque secteur, les renseignements suivants: le chiffre des ventes, les frais propres à chaque secteur et la marge sectorielle. Pour pallier autant que possible aux difficultés provenant de la ventilation des frais communs, on peut arrêter l'analyse au niveau de la marge sectorielle. On

---

[1]*Manuel de l'I.C.C.A.,* L'Institut Canadien des Comptables Agréés (Toronto, Août 1971), chapitre 1700.

obtient cette dernière en déduisant des ventes ou du revenu brut d'un secteur les frais qui lui sont imputables sans tenir compte des frais communs. Il convient de donner les marges sectorielles car ce sont elles qui montrent le mieux la rentabilité des secteurs et permettent de prévoir quel serait l'effet de l'addition ou de la suppression d'un secteur particulier sur les résultats d'exploitation.

Questions

1. Pourquoi subdivise-t-on une entreprise en services ?
2. Quelle distinction y a-t-il entre les services producteurs et les services auxiliaires ?
3. Énumérez plusieurs services auxiliaires d'un grand magasin.
4. Quels sont les services producteurs : (*a*) d'une usine, (*b*) d'un grand magasin ?
5, À quoi sert la feuille d'analyse des ventes par rayons ?
6. Qu'entend-on par étiquettes perforées ? De quelle façon ces étiquettes servent-elles à déterminer les ventes de chacun des rayons d'un grand magasin ?
7. De quelle façon peut-on utiliser un ruban perforé pour déterminer les ventes de chacun des rayons d'un grand magasin ?
8. Quelle différence y a-t-il entre les dépenses directes et les dépenses indirectes ?
9. Suggérez un mode de ventilation des dépenses suivantes : (*a*) le salaire d'un superviseur, (*b*) le loyer, (*c*) le chauffage, (*d*) l'éclairage, (*e*) les frais d'entretien d'un bâtiment, (*f*) la publicité, (*g*) les assurances et (*h*) les taxes.
10. À quoi sert la feuille de ventilation de dépenses d'un grand magasin ?
11. Dans quelle mesure le bénéfice net trouvé pour chaque rayon après avoir réparti les dépenses d'exploitation est-il exact ?
12. Qu'entend-on par coûts que l'abandon d'un rayon peut éliminer ? par coûts qu'il est impossible d'éliminer ?
13. Comment détermine-t-on la marge brute d'un rayon ?
14. Qu'entend-on par coûts contrôlables d'un rayon ?
15. Qu'entend-on par coûts communs ? De quelle façon répartit-on généralement ces coûts ?

Exercices **Exercice 21–1**

Une entreprise dispose des données suivantes pour répartir le loyer de $30,000 qu'elle verse annuellement :

	Superficie	*Étage*
Rayon A	2,000 pi. car.	Rez-de-chaussée
Rayon B	1,000 pi. car.	Rez-de-chaussée
Rayon C	600 pi. car.	1er étage
Rayon D	800 pi. car.	1er étage
Rayon E	1,600 pi. car.	1er étage

On attribue 60% du coût du loyer au rez-de-chaussée et le reste au premier étage, puis l'on ventile les sommes obtenues selon la superficie de chaque rayon. Déterminez la partie du loyer de $30,000 qu'il convient d'attribuer à chaque rayon.

Exercice 21–2

Un magasin paie $7,200 par année pour louer un petit bâtiment. Voici la superficie des trois rayons du magasin :

Rayon A : situé au rez-de-chaussée : 2,500 pi. car.
Rayon B : situé au rez-de-chaussée : 1,500 pi. car.
Rayon C : situé au premier étage : 4,000 pi. car.

Déterminez la partie du loyer à attribuer à chacun des rayons. Posez l'hypothèse que le coût de l'espace des rayons situés au rez-de-chaussée est deux fois plus élevé que celui des rayons situés au premier étage.

Exercice 21–3

Valmont Denis est à l'emploi du grand magasin Zest, Ltée et travaille tantôt dans le rayon des chaussures pour hommes, tantôt dans le rayon des vêtements pour hommes. Son travail consiste à répondre aux clients qui visitent chaque rayon et à remettre en place, si nécessaire, la marchandise montrée aux clients. Son salaire annuel de $4,000 doit être réparti entre les deux rayons où il travaille. L'année dernière, le comptable a réparti son salaire en se fondant sur un échantillon du temps que Denis avait passé dans chacun des deux rayons. Pour obtenir cet échantillon, on a observé au cours de plusieurs jours de l'année le temps qu'il passait dans chaque rayon et le travail qu'il y accomplissait. Voici le résultat de ces observations :

Travail effectué	*Nombre de minutes consacrées à chaque travail*
Ventes dans le rayon des chaussures pour hommes	1,850
Remise en place de la marchandise dans le rayon des chaussures pour hommes	350
Ventes dans le rayon des vêtements pour hommes	1,425
Remise en place de la marchandise dans le rayon des vêtements pour hommes	375
Temps perdu en raison de clients trop peu nombreux . . .	250

Travail à faire :
Calculez la part du salaire de Valmont Denis qu'il convient d'attribuer à chacun des deux rayons dans lesquels il travaille.

Exercice 21–4

Le Magasin Prado, Ltée est réparti en deux services auxiliaires, le service de la comptabilité et le service des achats, et deux rayons, le rayon n° 1 et le rayon n° 2. Les frais directs du dernier exercice sont les suivants : service de la comptabilité, $3,800; service des achats, $2,800; rayon n° 1, $10,000; et rayon n° 2, $7,000. Voici la superficie de chaque service ou rayon : service de la comptabilité, 600 pi. car.; service des achats, 400 pi. car.; rayon n° 1, 1,200 pi. car.; et rayon n° 2, 800 pi. car. Le chiffre des ventes du rayon n° 1 est deux fois plus élevé que celui du rayon n° 2. De plus, au cours de l'exercice, le service des achats a passé deux fois plus de commandes pour le rayon n° 1 que pour le rayon n° 2.

Travail à faire :

Inscrivez sur une feuille de ventilation de dépenses les frais directs de Prado, Ltée et le loyer de $6,000. Ventilez : (*a*) le loyer en fonction de la superficie de chaque service, (*b*) les dépenses du service de la comptabilité en fonction du chiffre des ventes et (*c*) les dépenses du service des achats en fonction du nombre de commandes d'achat.

Exercice 21-5

La Société immobilière Delco, Ltée offre en vente 15 lots, les dix premiers à $3,000 chacun et les 5 derniers à $4,000 chacun. Ces terrains ont coûté au total $12,500 et il a fallu dépenser $27,500 en améliorations diverses. Déterminez le coût à attribuer à chaque catégorie de lots. Posez l'hypothèse que le coût du terrain et des améliorations qu'on y a apportées sont des coûts communs qu'il convient d'attribuer aux 15 lots.

Problèmes **Problème 21-1**

Le magasin Rusco, Ltée occupe en entier un bâtiment de deux étages. Les dépenses suivantes ont été portées, au cours de l'année, au débit du compte Coûts relatifs au bâtiment :

Amortissement	$12,000
Intérêts hypothécaires	17,500
Taxes foncières	5,400
Chauffage	1,700
Éclairage	600
Entretien	12,000
Total	$49,200

La superficie de chacun des deux étages du bâtiment est de 6,000 pieds carrés et le comptable a calculé que l'utilisation du bâtiment entraîne des coûts s'élevant à $4.10 le pied carré, soit $49,200 ÷ 12,000.

Édouard Simard, directeur d'un rayon situé au premier étage et ayant une superficie de 2,000 pieds carrés, se plaint de ce que l'on a imputé à son rayon une somme de $8,200, soit $4.10 × 2,000. Il mentionne qu'il a récemment pris connaissance d'une étude qui établissait, de la façon suivante, les coûts d'utilisation d'un bâtiment incluant le chauffage mais excluant l'éclairage et l'entretien :

Rez-de-chaussée .... $4.50 le pi. car.

Premier étage .... $3.00 le pi. car.

Travail à faire :
Calculez le coût de l'espace occupé par le rayon de Édouard Simard.

Problème 21–2

Le magasin Onyx, Enr. est réparti en trois rayons, les rayons A, B et C, et en deux services auxiliaires, le service de l'administration générale et le service des achats. Voici la balance de vérification régularisée de Onyx, Enr. au 31 décembre 1976 :

Onyx, Enr.
Balance de vérification régularisée
au 31 décembre 1976

Caisse	$ 7,875	
Stock de marchandises — Rayon A	9,300	
Stock de marchandises — Rayon B	18,200	
Stock de marchandises — Rayon C	14,500	
Fournitures en main	620	
Équipement	36,940	
Amortissement accumulé — Équipement		$ 10,135
Gérard Collin — Propriétaire		72,925
Gérard Collin — Prélèvements	9,000	
Ventes — Rayon A		52,400
Ventes — Rayon B		104,200
Ventes — Rayon C		68,400
Achats — Rayon A	34,400	
Achats — Rayon B	79,300	
Achats — Rayon C	41,700	
Salaires	36,855	
Loyer	7,500	
Publicité	5,625	
Assurances	500	
Chauffage et éclairage	1,200	
Amortissement — Équipement	1,820	
Fournitures utilisées	1,125	
Entretien du bâtiment loué	1,600	
Total	$308,060	$308,060

Travail à faire :
1. Répartissez les dépenses de Onyx, Enr. sur une feuille de ventilation, compte tenu des informations suivantes :

a. Les salaires, les fournitures et l'amortissement sont des frais imputables directement à chacun des services. Les renseignements suivants sont tirés du livre de paye, du livre des achats et du registre des immobilisations :

	Salaires	*Fournitures utilisées*	*Amortissement du coût de l'équipement*
Administration générale ..	$10,295	$ 145	$ 250
Service des achats	7,040	130	220
Rayon A	4,660	275	425
Rayon B	8,320	315	615
Rayon C	6,540	260	310
	$36,855	$1,125	$1,820

b. Toutes les autres dépenses sont des dépenses indirectes qu'il faut répartir comme suit :

(1) Loyer : en fonction de la valeur de la superficie de l'espace occupé. La superficie du bureau (administration générale) est de 600 pieds carrés et celle du service des achats est de 400 pieds carrés. Étant donné que l'espace occupé par ces deux services n'a pas autant de valeur que l'espace consacré aux trois rayons, on impute $500 à chacun des deux premiers services et le reste du loyer aux rayons en fonction de leur superficie. Voici la superficie de chacun des rayons : Rayon A, 2,000 pi. car. ; Rayon B, 3,500 pi. car.; et Rayon C, 1,500 pi. car.

(2) Publicité : en fonction du chiffre des ventes.

(3) Assurances : en fonction de la valeur comptable de l'équipement utilisé dans chaque service ou rayon : Administration générale, $2,500; Service des achats, $2,000; Rayon A, $6,500; Rayon B, $9,500; et Rayon C, $4,500.

(4) Éclairage, chauffage et entretien du bâtiment loué : en fonction de la superficie de chaque service ou rayon.

c. Le coût du Service de l'administration générale et celui du Service des achats sont imputés aux trois rayons en fonction des ventes dans le premier cas et en fonction des achats de l'exercice dans le deuxième cas.

2. Dressez un état des revenus et dépenses par rayons dans lequel figureront le chiffre des ventes, le coût des marchandises vendues et le bénéfice net de chaque rayon et du magasin tout entier. Les stocks de marchandises de chacun des rayons, au 31 décembre 1976, sont : Rayon A, $11,600; Rayon B, $23,400; et Rayon C, $13,400.

3. Dressez un autre état des revenus et dépenses dans lequel figurera la marge brute de chaque rayon et le bénéfice net global.

Problème 21–3

Topaze, Ltée, une société fondée l'année dernière, exploite deux rayons et a un service d'administration générale. Voici les résultats obtenus au cours de l'exercice terminé le 31 décembre 1976 :

Topaze, Ltée
État des revenus et dépenses par rayons
pour l'exercice terminé le 31 décembre 1976

	Rayon nº 1	Rayon nº 2	Total
Ventes	$120,000	$60,000	$180,000
Coût des marchandises vendues	84,000	36,000	120,000
Bénéfice brut	$ 36,000	$24,000	$ 60,000
Frais directs :			
Salaires des vendeurs	$ 12,500	$ 7,200	$ 19,700
Publicité	1,125	750	1,875
Fournitures d'emballage	600	300	900
Amortissement — Équipement	1,025	550	1,575
Total des frais directs	$ 15,250	$ 8,800	$ 24,050
Frais indirects :			
Loyer	$ 5,400	$ 3,600	$ 9,000
Éclairage et chauffage	1,080	720	1,800
Quote-part des dépenses du service de l'administration générale	7,000	3,500	10,500
Total des frais indirects	$ 13,480	$ 7,820	$ 21,300
Total des dépenses	$ 28,730	$16,620	$ 45,350
Bénéfice net	$ 7,270	$ 7,380	$ 14,650

Topaze, Ltée a l'intention d'ouvrir un troisième rayon dont le chiffre des ventes sera probablement de $40,000 et la marge bénéficiaire de 35%. Voici les dépenses directes probables du futur rayon : Salaires, $4,500; publicité, $450; fournitures d'emballage, $250; et amortissement du coût de l'équipement, $525.

Lorsque Topaze, Ltée a ouvert ses portes, elle a loué un magasin plus grand qu'elle n'avait besoin. Le coût de l'espace non utilisé a été réparti entre les rayons nº 1 et nº 2. On prévoit que le rayon nº 3 occupera un tiers de la superficie actuelle du rayon nº 1 et un sixième de celle du rayon nº 2. La réduction de la superficie des rayons nᵒˢ 1 et 2 n'influera nullement sur leur exploitation.

On ventile le coût du service de l'administration générale sur les rayons en fonction du chiffre des ventes. On s'attend à ce que l'ouverture du nouveau rayon accroisse de $950 les dépenses de ce service.

La direction de Topaze, Ltée estime que l'ouverture du troisième rayon attirera de nouveaux clients qui, en plus d'y faire des achats, achèteront suffisamment de marchandises dans les deux autres rayons pour accroître de 5% les ventes de ceux-ci. On estime que cet accroissement du chiffre des ventes ne modifiera pas le pourcentage de la marge bénéficiaire des rayons nº 1 et nº 2 ni les frais directs à l'exception des fournitures qui augmenteront proportionnellement aux ventes.

Travail à faire :

Posez l'hypothèse que Topaze, Ltée ouvrira un troisième rayon et dressez un état prévisionnel des revenus et dépenses par rayons.

Cooper, Ltée songe à éliminer le rayon B qui, l'an dernier, a subi une perte de $355. Voici l'état des revenus et dépenses dressé pour l'exercice terminé le 31 décembre 1976 :

Cooper, Ltée
État des revenus et dépenses par rayons
pour l'exercice terminé le 31 décembre 1976

	Rayon A	Rayon B	Total
Ventes	$76,500	$45,900	$122,400
Coût des marchandises vendues	46,750	34,325	81,075
Bénéfice brut	$29,750	$11,575	$ 41,325
Dépenses d'exploitation :			
Frais directs :			
Publicité	$ 1,175	$ 895	$ 2,070
Fournitures d'emballage	325	215	540
Amortissement — Équipement	850	215	1,325
Total des frais directs	$ 2,350	$ 1,585	$ 3,935
Frais indirects :			
Salaire des vendeurs	$11,050	$ 6,630	$ 17,680
Loyer	2,626	1,575	4,200
Salaires des employés de bureau	380	230	610
Assurances	2,600	1,560	4,160
Dépenses diverses	200	150	350
Assurances	325	200	525
Total des frais indirects	$17,180	$10,345	$ 27,525
Total des dépenses	$19,530	$11,930	$ 31,460
Bénéfice net (Perte nette)	$10,220	$ (355)	$ 9,865

Renseignements complémentaires :

1. Cooper, Ltée engage un commis de bureau qui gagne $80 par semaine ou $4,160 par année et quatre vendeurs gagnant chacun $85 par semaine ou $4,420 par année. À l'heure actuelle, on impute les cinq huitièmes des salaires des quatre vendeurs au Rayon A et le reste au Rayon B. La direction estime qu'elle pourra congédier deux vendeurs si on discontinue l'exploitation du Rayon B. Les deux autres vendeurs continueraient de travailler dans le Rayon A et seraient aidés par le commis de bureau. On estime que ce commis qui ne consacre pas actuellement la moitié de son temps à faire le travail de bureau qu'occasionne le Rayon B pourra agir comme vendeur pour répondre aux besoins du Rayon A si l'on discontinue l'exploitation du Rayon B.

2. Le bail du magasin est à long terme et ne peut être résilié. Il faudra donc attribuer au Rayon A l'espace occupé par le Rayon B. De même, le Rayon A tentera de tirer la meilleure partie possible de l'équipement du Rayon A car cet équipement n'a aucune valeur de revente.

3. La discontinuation du Rayon B éliminera aussi les mauvaises créances de ce rayon, les fournitures d'emballage qu'il utilise et les frais de publicité qui lui sont attribués. De même, si l'on discontinue l'exploitation

du Rayon B, les assurances et les dépenses diverses seront réduites respectivement de 80% et de 25% des sommes qui lui sont présentement imputées.

Travail à faire :

1. Dressez, dans deux colonnes distinctes, une liste des coûts que l'abandon du Rayon B éliminera et de ceux qui ne seront pas éliminés.
2. Dressez un état des revenus et dépenses qui fera ressortir les bénéfices net que Cooper, Ltée retirera du Rayon A après avoir discontinué l'exploitation du Rayon B. Posez l'hypothèse que le chiffre des ventes et le bénéfice brut du Rayon A ne changeront pas après avoir cessé l'exploitation du Rayon B.

Problème 21–5

Joseph Leclerc cultive des pommes de terre. L'an dernier, après avoir dressé l'état des revenus et dépenses suivant, il a fait remarquer à sa femme qu'il aurait évité la perte subie sur la vente des pommes de terre de troisième qualité s'il les avait données en pâtures aux porcs.

Joseph Leclerc
État des revenus et dépenses
pour l'exercice terminé le 31 décembre 1976

| | Résultats par qualités | | | Total |
	N° 1	N° 2	N° 3	
Ventes par qualités				
N° 1, 300,000 lb @ $0.045 la lb ...	$13,500			
N° 2, 500,000 lb @ $0.04 la lb		$20,000		
N° 3, 200,000 lb @ $0.03 la lb			$6,000	
Total				$39,500
Coût :				
Préparation du sol, plantation et sarclage @ $0.01422 la lb	$ 4,266	$ 7,110	$2,844	$14,220
Récolte, triage et classement @ $0.01185 la lb	3,555	5,925	2,370	11,850
Mise en marché @ $0.00415 la lb	1,245	2,075	830	4,150
Total	$ 9,066	$15,110	$6,044	$30,220
Bénéfice net ou (perte nette)	$ 4,434	$ 4,890	$ (44)	$ 9,280

Dans l'état précédent, les coûts ont été répartis en fonction du nombre de livres de chacune des qualités de pommes de terre. Ce mode de répartition, selon M. Leclerc, s'imposait parce que ses registres ne lui fournissent les coûts qu'en total à l'exception des frais de mise en marché. Ces frais qui s'élèvent à $4,150 se rapportent en partie, $4,020, à la mise en poche des pommes de terre de première et deuxième qualités ainsi qu'au transport des poches jusqu'à l'entrepôt de l'acheteur. Ce coût de $4,020 doit être ventilé en fonction des ventes des pommes de terre des deux premières qualités. Le reste des frais de mise en marché, $130, représente le coût du chargement des pommes de terre de troisième qualité dans les camions d'un fabricant de fécule qui les avait achetées en vrac et était venu les chercher à la ferme.

Travail à faire :

Dressez un état des revenus et dépenses qui donnera une meilleure idée des résultats de la vente des pommes de terre récoltées par Joseph Leclerc.

Autres
Problèmes

Problème 21–1A

Zénon, Ltée est un grand magasin dont le grand livre général renferme un compte intitulé « Frais relatifs au bâtiment loué ». Voici le détail des sommes portées au débit de ce compte :

Loyer	$54,000
Éclairage	2,000
Entretien	10,000
Total	$66,000

Le magasin occupe tout le bâtiment. Les rayons sont situés sur trois étages ayant chacun une superficie de 5,000 pieds carrés : le sous-sol, le rez-de-chaussée et le premier étage. Le commis a divisé le coût de $66,000 par 15,000 pieds carrés et il a imputé un coût uniforme de $4.40 le pied carré à tous les rayons.

Thomas Savard, le directeur d'un rayon situé au sous-sol et ayant une superficie de 1,500 pieds carrés, se plaint de ce que l'on a imputé à son rayon une somme de $6,600, soit $4.40 × 1,500. Il mentionne qu'il a récemment pris connaissance d'une étude qui établissait, de la façon suivante, le coût d'utilisation d'un bâtiment incluant le chauffage mais excluant l'éclairage et l'entretien.

Sous-sol	$2 le pi. car.
Rez-de-chaussée	$6 le pi. car.
Premier étage	$4 le pi. car.

Travail à faire :
Calculez le coût de l'espace occupé par le rayon de Thomas Savard.

Problème 21–2A

Le Magasin Rollex, Ltée est réparti en trois rayons, les rayons A, B et C, et en deux services auxiliaires, le service de l'administration générale et le service des achats. Voici les informations recueillies par le comptable en vue de dresser les états financiers au 31 décembre 1976 :

Ventes, achats et stocks :

	Rayon X	Rayon Y	Rayon Z
Ventes	$95,400	$51,200	$73,400
Achats	67,900	35,300	41,800
Stocks au 1er janvier 1976	12,300	8,500	10,200
Stocks au 31 décembre 1976	14,500	9,400	7,300

Frais directs :

Les salaires, les fournitures et l'amortissement sont des frais imputables directement à chacun des services. Les renseignements suivants sont tirés du livre de paye, du livre des achats et du registre des immobilisations :

	Salaires	Fournitures utilisées	Amortissement du coût de l'équipement
Administration générale	$ 9,345	$ 235	$ 625
Service des achats	6,160	195	375
Rayon A	10,360	385	850
Rayon B	5,510	215	450
Rayon C	8,140	295	500
	$39,515	$1,325	$2,800

Frais indirects :

Loyer	$6,600
Publicité	5,500
Assurances	750
Chauffage et éclairage	1,750
Entretien du bâtiment loué	2,100

Ces frais indirects sont ventilés comme suit :

a. Loyer : en fonction de la valeur de la superficie de l'espace occupé. Étant donné que le service de l'administration générale et le service des achats sont siués à l'arrière du magasin et occupent un espace qui a moins de valeur, on a imputé à ces deux services une somme de $600 en proportion de la superficie de chacun de ces deux services. Le reste du loyer, $6,000, a été imputé aux rayons en fonction de leur superficie. Voici la superficie des services auxiliaires et des trois rayons : Service de l'administration générale, 600 pieds carrés; Service des achats, 400 pieds carrés; Rayon X, 3,000 pieds carrés; Rayon Y, 1,500 pieds carrés; et Rayon Z, 1,500 pieds carrés.

b. Publicité : en fonction du chiffre des ventes.

c. Assurances : en fonction de la valeur comptable de l'équipement utilisé dans chaque service, soit : Administration générale, $3,500; Service des achats, $2,000; Rayon X, $9,000; Rayon Y, $5,000; et Rayon Z, $5,500.

d. Éclairage, chauffage et entretien du bâtiment loué : en fonction de la superficie de chaque service.

Frais des services auxiliaires :

Le coût du Service de l'administration générale est réparti en fonction des ventes et celui du Service des achats en fonction des achats de l'exercice.

Travail à faire :

1. Répartissez, sur une feuille de ventilation, les dépenses de Zénon, Ltée entre ses deux services auxiliaires et ses trois rayons.
2. Dressez un état des revenus et dépenses par rayons dans lequel figureront le chiffre des ventes, le coût des marchandises vendues et le bénéfice net (i) de chaque rayon et (ii) du magasin tout entier.

3. Dressez un autre état des revenus et dépenses dans lequel figurera la marge brute de chaque rayon et le bénéfice net global.

Problème 21–3A

Le magasin Rocard, Ltée, une société fondée l'année dernière, exploite deux rayons et a un service d'administration générale. Voici les résultats obtenus au cours de l'exercice terminé le 31 décembre 1976:

Rocard, Ltée
État des revenus et dépenses par rayons
pour l'exercice terminé le 31 décembre 1976

	Rayon A	Rayon B	Total
Ventes	$80,000	$50,000	$130,000
Coût des marchandises vendues	52,000	30,000	82,000
Bénéfice brut	$28,000	$20,000	$ 48,000
Frais directs:			
Salaires des vendeurs	$10,500	$ 6,000	$ 16,500
Publicité	900	675	1,575
Fourniture d'emballage	400	200	600
Amortissement — Équipement	1,075	575	1,650
Total des frais directs	$12,875	$ 7,450	$ 20,325
Frais indirects:			
Loyer	$ 4,800	$ 2,400	$ 7,200
Éclairage et chauffage	1,200	600	1,800
Quote-part des dépenses du service de l'administration générale	4,800	3,000	7,800
Total des frais indirects.............	$10,800	$ 6,000	$ 16,800
Total des dépenses	$23,675	$13,450	$ 37,125
Bénéfice net	$ 4,325	$ 6,550	$ 10,875

Rocard, Ltée a l'intention d'ouvrir un troisième rayon dont le chiffre des ventes sera probablement de $30,000 et la marge bénéficiaire de 35%. Voici les dépenses directes probables du futur rayon: Salaires, $4,500; publicité, $450; fournitures d'emballage, $175; et amortissement du coût de l'équipement, $350.

Lorsque Rocard, Ltée a ouvert ses portes, elle a loué un magasin plus grand qu'elle n'avait besoin. Le coût de l'espace non utilisé a été réparti entre les rayons A et B. On prévoit que le Rayon C occupera un quart de la superficie actuelle du rayon A et un sixième de celle du rayon B. La réduction de la superficie des rayons A et B n'influera nullement sur leur exploitation.

On ventile le coût du service de l'administration générale sur les rayons en fonction du chiffre des ventes. On s'attend à ce que l'ouverture du nouveau rayon accroisse de $525 les dépenses de ce service.

La direction de Rocard, Ltée estime que l'ouverture du troisième rayon attirera de nouveaux clients qui, en plus d'y faire des achats, achèteront suffisamment de marchandises dans les deux autres rayons pour accroître de 5% les ventes de ceux-ci. On estime que cet accroissement du chiffre des ventes ne modifiera pas le pourcentage de la marge bénéficiaire des rayons A et B ni les frais directs à l'exception des fournitures qui augmenteront proportionnellement aux ventes.

Travail à faire :

Posez l'hypothèse que Rocard, Ltée ouvrira un troisième rayon et dressez un état prévisionnel des revenus et dépenses par rayons.

Problème 21–5A

Édouard Bourdage a récolté et vendu 500,000 livres de pommes au cours de l'exercice terminé le 31 décembre 1976. Voici l'état des revenus et dépenses qu'il a dressé pour cet exercice :

Édouard Bourdage
État des revenus et dépenses
pour l'exercice terminé le 31 décembre 1976

	Résultats par qualités			Total
	N° 1	N° 2	N° 3	
Ventes par qualités				
N° 1, 200,000 lb @ $0.11 la lb	$22,000			
N° 2, 200,000 lb @ $0.07 la lb		$14,000		
N° 3, 100,000 lb @ $0.04 la lb			$ 4,000	
Total				$40,000
Coûts :				
Émondage des arbres et entretien @ $0.021 la lb	$ 4,200	$ 4,200	$ 2,100	$10,000
Cueillette, triage et classement @ $0.0252 la lb	5,040	5,040	2,520	12,600
Mise en marché @ $0.0084 la lb . . .	1,680	1,680	840	4,200
Total	$10,920	$10,920	$ 5,460	$27,300
Bénéfice net ou (perte nette)	$11,080	$ 3,080	$(1,460)	$12,700

Après avoir dressé cet état des revenus et dépenses, Bourdage se demande s'il n'aurait pas mieux fait de laisser les pommes de troisième qualité tomber de l'arbre et les enfouir. Il estime que cette décision lui aurait permis d'éviter la perte de $1,460 résultant de la vente de ces pommes.

L'état des revenus et dépenses de M. Bourdage laisse voir que tous les coûts ont été ventilés en fonction du poids des pommes de chaque qualité. Les frais de mise en marché qui s'élèvent à $4,200 se rapportent en partie, $3,960, à la mise en boîte des pommes de première et de deuxième qualités ainsi qu'au transport de ces boîtes jusqu'à l'entrepôt de l'acheteur. Ce coût de $3,960 doit être ventilé en fonction des ventes de pommes des deux premières qualités. Le reste des frais de mise en marché, $240, représente le coût du chargement des pommes de troisième qualité dans les camions d'un fabricant de cidre qui les avait achetées en vrac et était venu les chercher à la ferme de M. Bourdage.

Travail à faire :

Dressez un état des revenus et dépenses qui donnera une meilleure idée des résultats de la vente des pommes récoltées par M. Bourdage.

Cas 21–1
La Société
Nadeau,
Olivier et
Parent, Enr.

Alfred Nadeau qui vient d'hériter d'un lopin de terre s'est associé, pour le mettre en valeur, à Jean Olivier, un investisseur, et à David Parent, un agent immobilier. Nadeau a investi dans la société son lopin de terre dont la valeur marchande était de $15,000, alors que Olivier et Parent ont investi respectivement $13,000 et $2,000 en argent. Les associés ont convenu de partager également les gains et les pertes. Immédiatement après la formation de la société, on a ouvert des rues et installé des tuyaux d'aqueduc à un coût de $15,000. On a alors réparti le lopin de terre en 14 lots auxquels on a attribué les prix de vente suivants : lots 1, 2, 3 et 4, $3,000 chacun; lots 5, 6, 7, 8, 9, 10, 11 et 12, $3,500 chacun; et lots 13 et 14, $4,000 chacun. Les associés ont convenu de laisser à Parent le lot n° 13 pour son usage personnel. On a vendu les autres lots et liquidé la société. Déterminez la somme que chaque associé a reçue lors de la liquidation de la société.

Cas 21–2
La Société
Bolo, Ltée

La Société Bolo, Ltée a dressé l'état des revenus et dépenses suivant le 31 mars 1976 :

La Société Bolo, Ltée
État des revenus et dépenses
pour le mois terminé le 31 mars 1976

	Produit A	Produit B	Total
Ventes	$ 40,000	$ 60,000	$100,000
Coût des marchandises vendues	28,600	42,900	71,500
Bénéfice brut	$ 11,400	$ 17,100	$ 28,500
Dépenses d'entreposage	$ 2,950	$ 2,950	$ 5,900
Dépenses de vente	5,600	6,100	11,700
Frais d'administration	1,525	1,525	3,050
Total des dépenses	$ 10,075	$ 10,575	$ 20,650
Bénéfice net	$ 1,325	$ 6,525	$ 7,850

La Société Bolo, Ltée vend en gros les produits A et B. Le président-directeur général estime que l'état précédent ne reflète pas correctement le profit découlant de la vente des deux produits. Il vous demande d'en dresser un autre et d'y joindre, s'il y a lieu, des tableaux complémentaires. Les informations suivantes sont tirées des livres de la Société Bolo, Ltée.

1. Bolo, Ltée a vendu 500 unités de A et 400 unités de B au cours du mois de mars. Le commis aux écritures a imputé d'une façon arbitraire aux deux produits le coût des produits vendus en mars. Le produit B coûte effectivement deux fois plus que le produit A.

2. Les deux produits ont à peu près le même poids et le même volume. Cependant, les quantités en magasin du produit B sont égales à 150% de celles du produit A parce qu'il existe trois modèles du produit B contre seulement deux modèles du produit A.

3. L'espace du bâtiment occupé par Bolo, Ltée se répartit comme suit :

	Superficie	Valeur de l'espace occupé
Entrepôt	80%	60%
Service des ventes du produit A	5%	10%
Service des ventes du produit B	5%	10%
Administration générale	10%	20%

4. Les frais d'entreposage, en mars, ont été les suivants :

Salaires	$3,000
Amortissement du coût du bâtiment	2,000
Éclairage et chauffage	500
Amortissement du coût de l'équipement utilisé dans l'entrepôt	400
Total	$5,900

Le commis aux écritures a porté, au débit du compte Frais d'entreposage, l'amortissement du coût du bâtiment ainsi que le coût du chauffage et de l'éclairage.

5. Les dépenses de vente de $11,700 se répartissent comme suit :

	Produit A	Produit B
Salaires des vendeurs	$4,000	$4,500
Publicité	1,500	1,500
Amortissement du coût de l'équipement	100	100
Total	$5,600	$6,100

On a imputé aux deux produits les salaires des vendeurs et l'amortissement figurant ci-dessus. Les dépenses de publicité ont été réparties en fonction du chiffre des ventes figurant dans le budget établi pour l'exercice tout entier.

6. Les frais d'administration se répartissent de la façon suivante :

Salaires	$2,800
Amortissement du coût du matériel de bureau	200
Diverses dépenses de bureau	50
Total	$3,050

22
La comptabilité industrielle

■ Jusqu'à présent, nous avons traité particulièrement des problèmes comptables des entreprises commerciales et des entreprises engagées dans le secteur des services. Nous discuterons, au cours de ce chapitre, des problèmes des entreprises industrielles.

Les entreprises industrielles ressemblent aux entreprises commerciales parce que toutes deux tirent leurs revenus de la vente d'un ou plusieurs biens ou produits. Cependant, elles diffèrent les unes des autres parce que les entreprises commerciales achètent, pour les revendre, des marchandises à l'état fini, alors que les entreprises industrielles achètent des matières premières qu'elles transforment en produits qu'elles écoulent ensuite sur le marché. Ainsi, un magasin de chaussures achète des chaussures qu'il revend dans le même état qu'il les avait achetées; par contre, un fabricant achète du cuir, du tissu, de la colle, des clous et de la teinture et utilise toutes ces matières pour fabriquer des chaussures qu'il vendra probablement plus tard à des magasins de détail.

La comptabilité industrielle et la comptabilité commerciale

■ La principale différence entre la comptabilité industrielle et la comptabilité commerciale provient de ce que, comme nous venons de le mentionner, le marchand achète des marchandises qu'il revend dans le même état alors que le fabricant doit transformer des matières premières pour en tirer un produit. Le marchand peut facilement déterminer le coût des marchandises à vendre en examinant le compte Achats, mais le fabricant ne peut calculer le coût des produits à vendre sans analyser de nombreux comptes, notamment les comptes Matières premières, Main-d'œuvre directe et Frais généraux de fabrication.

Voici, pour faire ressortir cette différence, la section Coût des marchandises vendues de chacune des deux sortes d'entreprises:

Entreprise commerciale

Coût des marchandises vendues :	
Stock de marchandises au début ..	$14,200.00
Achats nets	34,150.00
Coût total des marchandises à vendre	$48,350.00
Stock de marchandises à la fin	12,100.00
Coût des marchandises vendues ..	$36,250.00

Entreprise industrielle

Coût des produits vendus :	
Stock de produits finis au début ..	$ 11,200.00
Coût des produits fabriqués (voir l'état du coût de fabrication) ..	170,500.00
Coût total des produits à vendre ..	$181,700.00
Stock de produits finis à la fin ...	10,300.00
Coût des produits vendus	$171,400.00

Remarquez que, dans le cas d'une entreprise industrielle, l'on remplace le terme « marchandises » par le terme « produits ». De même, le chiffre des achats d'une entreprise commerciale devient le coût des produits fabriqués lorsqu'il s'agit d'une entreprise industrielle. Ces différences proviennent de ce qu'une entreprise commerciale revend dans le même état les marchandises qu'elle achète alors qu'une entreprise industrielle doit fabriquer les produits qu'elle vend.

Les mots « voir l'état du coût de fabrication » renvoient le lecteur à un tableau distinct intitulé « État du coût de fabrication » (voir le tableau 21–1) où figurent les coûts de fabrication des produits fabriqués au cours de l'exercice. La façon de comptabiliser ces coûts constitue la caractéristique principale de la comptabilité industrielle.

Les systèmes comptables des entreprises industrielles

■ Une entreprise industrielle peut utiliser un système dit « de comptabilité générale » ou un système de prix de revient. Un système de comptabilité générale tient compte des stocks de matières premières, de produits en cours et de produits finis en vue de déterminer le coût total des produits fabriqués durant un exercice. En revanche, un système de prix de revient a principalement pour objet de déterminer le coût unitaire de fabrication d'un produit. Nous discutons dans ce chapitre du système de comptabilité générale et nous traiterons au cours des deux chapitres suivants des différents systèmes de prix de revient.

Les éléments du coût de fabrication

■ Les éléments du coût de fabrication sont les *matières premières,* la *main-d'œuvre directe* et les *frais généraux de fabrication.*

LES MATIÈRES PREMIÈRES

Les matières premières sont toutes les matières qui entrent dans la fabrication d'un produit et en font partie intégrante. Ainsi, le cuir, la teinture, le tissu, les clous et la colle sont des matières premières qui entrent dans la fabrication d'une paire de chaussures. Par définition, le coût des matières premières est directement imputable aux produits fabriqués et diffère à ce point de vue des *matières indirectes* ou des fournitures de fabrication comme les détergents, l'huile et la graisse utilisées pour lubrifier les machines, etc. Les matières indirectes comprennent aussi le coût des matières premières qu'il n'est pas économique d'incorporer directement au coût des produits fabriqués. Les matières indirectes font partie des frais généraux de fabrication.

Les matières premières ne sont pas toujours à l'état brut. Ainsi, le cuir provient de peaux; les clous, de l'acier; et le tissu, du coton. Le cuir, les clous et le tissu sont des matières premières pour le fabricant de chaussures mais ce sont des produits finis pour l'entreprise qui les a fabriqués.

LA MAIN-D'ŒUVRE

La main-d'œuvre directe désigne le travail effectué manuellement ou à l'aide de machines sur les matières premières pour les transformer en produits finis. Il importe de distinguer la main-d'œuvre directe et la *main-d'œuvre indirecte,* c'est-à-dire, dans le deuxième cas, le travail exécuté par les superviseurs, les contremaîtres, les préposés à l'entretien des machines, les ingénieurs et toutes les autres personnes qui participent indirectement seulement à la fabrication. Le travail effectué par toutes ces personnes est indispensable mais ne se rapporte pas aux produits eux-mêmes. La main-d'œuvre indirecte est, comme les matières indirectes, un élément des frais généraux de fabrication.

Dans un système de comptabilité générale, on porte au débit du compte Main-d'œuvre directe la paye des ouvriers qui participent directement à la fabrication. De même, on inscrit les salaires des autres ouvriers de la manufacture dans un ou plusieurs autres comptes. À la fin de l'exercice, il faut aussi comptabiliser les salaires courus dans chacun de ces comptes. Ce qui précède nous porte à dire que la paye d'une entreprise industrielle se comptabilise de la même façon que celle d'une entreprise commerciale. En effet, lorsqu'un système de prix de revient n'est pas en vigueur, il suffit pour comptabiliser la paye d'une manufacture d'ouvrir deux comptes pour y inscrire, d'une part, la main-d'œuvre directe et, d'autre part, la main-d'œuvre indirecte.

LES FRAIS GÉNÉRAUX DE FABRICATION

Les frais généraux de fabrication comprennent tous les éléments du coût de fabrication à l'exception des matières premières et de la main-d'œuvre directe. Voici quelques-uns de ces éléments:

Main-d'œuvre indirecte	Chauffage, éclairage et force motrice
Fournitures de fabrication	Amortissement — Usine et matériel de fabrication
Réparations — Usine et matériel de fabrication	Amortissement — Brevets d'invention
Assurances — Usine et matériel de fabrication	Petits outils
Taxes — Usine et matériel de fabrication	Assurances — Accidents du travail
Supervision	Contributions de l'employeur — Paye des employés de la manufacture

Il ne faut pas inclure les frais de vente et les dépenses d'administration dans les frais généraux de fabrication parce que ces éléments ne sont pas reliés au fonctionnement de l'usine ni à la fabrication des produits eux-mêmes.

On comptabilise les frais généraux de fabrication dans des comptes dont le nom varie d'une entreprise à l'autre selon la nature du produit fabriqué et l'information désirée. Ainsi, on peut utiliser un seul compte Assurances — Usine et matériel de fabrication ou en avoir autant qu'il y a de sortes de biens servant à la fabrication. Cependant, quels que soient le titre des comptes et leur nombre, on doit inscrire les frais généraux de fabrication de la même façon que les frais de vente et les dépenses d'administration. Certains éléments, comme le chauffage, l'éclairage et la force motrice, sont inscrits dans le livre des pièces justificatives ou le journal de caisse-déboursés, puis reportés au grand livre général. D'autres frais généraux de fabrication sont comptabilisés au moment où les comptes sont régularisés.

Les comptes propres à une entreprise industrielle

■ Étant donné la nature de son exploitation, le grand livre d'une entreprise industrielle renferme généralement plus de comptes que celui d'une entreprise commerciale. Les deux sortes d'entreprises utilisent des comptes identiques: Caisse, Comptes à recevoir, Ventes et plusieurs comptes de dépenses de vente et d'administration. Cependant, les comptes suivants sont propres à une entreprise industrielle: Fournitures de fabrication, Stock de matières premières, Achats de matières premières, Stock de produits en cours, Stock de produits finis et Sommaire des frais de fabrication. Nous discutons ci-dessous de quelques-uns de ces comptes.

LE COMPTE ACHATS DE MATIÈRES PREMIÈRES

L'entreprise industrielle qui utilise un système de comptabilité générale porte le coût des matières achetées au débit du compte Achats de matières premières. Souvent, l'on ajoute une colonne spéciale dans le journal des pièces justificatives pour y inscrire séparément ces achats.

LE COMPTE STOCK DE MATIÈRES PREMIÈRES

Une entreprise industrielle qui n'a pas un système d'inventaire permanent doit prendre un inventaire matériel pour déterminer le coût du stock de matières premières à la fin d'un exercice. Ce coût est porté au débit du compte Stock de matières premières comme l'on fait pour le stock de marchandises d'une entreprise commerciale.

LE COMPTE STOCK DE PRODUITS EN COURS

Toutes les entreprises industrielles, à moins que la production ne soit instantanée ont, à tout moment, des produits inachevés connus sous le nom de *produits en cours*. Ces produits, qui sont en voie de fabrication, peuvent comprendre toutes les matières nécessaires à leur fabrication ou une partie d'entre elles. Cependant, le travail de transformation (main-d'œuvre directe et frais généraux de fabrication) n'est qu'en partie terminé.

L'entreprise industrielle qui utilise un système de comptabilité générale doit, à la fin d'un exercice, prendre un inventaire matériel des produits en cours et porter le résultat obtenu au débit du compte Stock de produits en cours.

LE COMPTE STOCK DE PRODUITS FINIS

Les produits finis d'une entreprise industrielle correspondent aux marchandises d'une entreprise commerciale. La seule différence consiste en ce que les produits finis découlent du processus de fabrication alors que les marchandises d'une entreprise commerciale ont été achetées à l'état fini.

L'entreprise industrielle qui n'utilise pas un système d'inventaire permanent doit prendre un inventaire matériel des produits finis en main et comptabiliser le résultat obtenu dans le compte Stock de produits finis à la fin d'un exercice.

Les stocks de matières premières, de produits en cours et de produits finis doivent figurer au bilan dans la section Actif à court terme.

L'état des revenus et dépenses d'une entreprise industrielle ■ L'état des revenus et dépenses d'une entreprise industrielle ne diffère pas de celui d'une entreprise commerciale. Pour constater la justesse de cet énoncé, il suffit de comparer l'état des revenus et dépenses de La Quincaillerie Nelson, Enr. du tableau 5–1 avec celui de La Société de Fabrication Excel, Ltée du tableau 22–1. Remarquez que les sections Revenus, Frais de vente et Dépenses d'administration sont identiques. Cependant, la section Coût des marchandises vendues du tableau 5–1 diffère de la section Coût des produits vendus du tableau 22–1. En effet, on a remplacé le terme « marchandises » par « produits », le terme « Achats » par l'expression « Coût des produits fabriqués » et l'expression « Stock de marchandises » par « Stock de produits finis ». Cependant, tous ces changements sont plus apparents que réels.

Remarquez, dans la section « Coût des produits vendus » du tableau 22–1, que l'on se contente de donner le chiffre du coût des produits fabriqués durant l'exercice. On aurait pu donner, dans l'état des revenus et dépenses, tous les éléments dont il faut tenir compte pour déterminer ce chiffre. Cependant, comme cette solution aurait pour effet de rallonger indûment l'état des revenus et dépenses, on préfère dresser un état distinct dans lequel on calcule le coût des produits fabriqués au cours de l'exercice.

L'état du coût de fabrication ■ L'état du coût de fabrication met en évidence les trois éléments du coût de fabrication, soit les matières premières, la main-d'œuvre directe et les frais généraux de fabrication. La première section du tableau 22–2 est intitulée Matières premières utilisées et on y retrouve des éléments comparables à ceux que renferme la section Coût des marchandises

La Société de Fabrication Excel, Ltée
État des revenus et dépenses
pour l'exercice terminé le 31 décembre 1976

Revenus :			
Ventes			$310,000
Coût des produits vendus :			
Stock de produits finis au 1ᵉʳ janvier 1976		$ 11,200	
Coût des produits fabriqués (voir l'état du coût de fabrication)		170,500	
Coût des produits à vendre		$181,700	
Stock de produits finis au 31 décembre 1976		10,300	
Coût des produits vendus			171,400
Bénéfice brut			$138,600
Dépenses d'exploitation :			
Dépenses de vente :			
Salaires des vendeurs	$18,000		
Publicité	5,500		
Salaires des préposés à la livraison	12,000		
Fournitures d'emballage	250		
Assurances — Équipement de livraison	300		
Amortissement — Équipement de livraison	2,100		
Total des dépenses de vente		$ 38,150	
Dépenses d'administration :			
Salaires des employés de bureau	$15,700		
Dépenses diverses	200		
Mauvaises créances	1,250		
Fournitures de bureau	100		
Amortissement — Matériel de bureau	200		
Total des dépenses d'administration		17,750	
Total des dépenses d'exploitation			55,900
Bénéfice d'exploitation			$ 82,700
Frais financiers :			
Intérêts sur obligations			4,000
Bénéfice avant impôts sur le revenu			$ 78,700
Impôts sur le revenu			32,600
Bénéfice net de l'exercice			$ 46,100

Tableau
22–1

vendues de l'état des revenus et dépenses d'une entreprise commerciale.

Le coût de la main–d'œuvre directe et les éléments des frais généraux de fabrication figurent respectivement dans les deuxième et troisième sections de l'état du coût de fabrication. Si les éléments des frais généraux ne sont pas trop nombreux, on peut en donner la liste dans l'état du coût de fabrication ainsi que l'illustre le tableau 22–2. Si, par contre, ces éléments étaient nombreux, il y aurait lieu de n'en donner que le total dans l'état du coût de fabrication et de joindre à ce dernier une annexe où on les donnerait en détail.

Dans la dernière section de l'état du coût de fabrication, on calcule le coût des produits fabriqués au cours de l'exercice. Il faut, pour ce faire, trouver d'abord le coût total des produits traités durant l'exercice en ajoutant le chiffre du stock de produits en cours au début au total des frais

La Société de Fabrication Excel, Ltée
État du coût de fabrication
pour l'exercice terminé le 31 décembre 1976

Matières premières utilisées :			
Stock de matières premières au 1er janvier 1976		$ 8,000	
Achats de matières premières	$85,000		
Fret à l'achat	1,500		
Prix de revient des matières premières achetées		86,500	
Coût des matières premières à utiliser		$ 94,500	
Stock de matières premières au 31 décembre 1976		9,000	
Matières premières utilisées			$ 85,500
Main-d'œuvre directe			60,000
Frais généraux de fabrication :			
Main-d'œuvre indirecte		$ 9,000	
Supervision		6,000	
Énergie électrique		2,600	
Réparations et entretien		2,500	
Taxes foncières		1,900	
Fournitures de fabrication		500	
Assurances — Usine		1,200	
Petits outils		200	
Amortissement — Matériel de fabrication		3,500	
Amortissement — Usine		1,800	
Brevets d'invention		800	
Total des frais généraux de fabrication			30,000
Total des frais de fabrication			$175,500
Plus : Stock de produits en cours au 1er janvier 1976			2,500
Coût total des produits traités durant l'exercice			$178,000
Moins : Stock de produits en cours au 31 décembre 1976			7,500
Coût des produits fabriqués			$170,500

Tableau
22–2

de fabrication de l'exercice. Puis, l'on trouve le coût des produits fabriqués en déduisant le chiffre du stock de produits en cours à la fin du coût total des produits traités durant l'exercice.

On dresse généralement l'état du coût de fabrication au moyen des chiffres figurant dans la section Coût de fabrication du chiffrier. En effet, tous les éléments du coût de fabrication se trouvent dans cette section du chiffrier et il suffit de les disposer convenablement dans un état du coût de fabrication dressé en bonne et due forme.

Le chiffrier d'une entreprise industrielle

■ Le chiffrier de La Société de Fabrication Excel, Ltée du tableau 22–3 n'a pas de section intitulée Balance de vérification régularisée. En pratique, le comptable omet cette section pour épargner du temps. C'est là un point dont nous avons d'ailleurs déjà discuté au chapitre 5.

Pour bien comprendre le chiffrier du tableau 22–3, il faut se rappeler que le chiffrier est un instrument de travail dont le comptable se sert en vue d'atteindre les trois objectifs suivants:

1. Déterminer les soldes régularisés des comptes avant de passer au journal général les écritures de régularisation.

La Société de Fabrication Excel, Ltée
Chiffrier
pour l'exercice terminé le 31 décembre 1976

Nom des comptes	Balance de vérification Dt	Balance de vérification Ct	Régularisations Dt	Régularisations Ct	Coût de fabrication Dt	Coût de fabrication Ct	Revenus et dépenses Dt	Revenus et dépenses Ct	Bilan Dt	Bilan Ct
Caisse	11,000								11,000	
Comptes à recevoir	32,000								32,000	
Provision pour mauvaises créances		300		(a) 1,550						1,850
Stock de matières premières	8,000				8,000	9,000			9,000	
Stock de produits en cours	2,500				2,500	7,500			7,500	
Stock de produits finis	11,200						11,200	10,000	10,300	
Fournitures de bureau	150			(b) 100					50	
Fournitures d'emballage	300			(c) 250					50	
Fournitures de fabrication	750			(d) 500					250	
Assurances payées d'avance	1,800			(e) 1,500					300	
Petits outils	1,300			(f) 200					1,100	
Équipement de livraison	9,000								9,000	
Amortissement accumulé — Équipement de livraison		2,400		(g) 2,100						4,500
Matériel de bureau	1,700								1,700	
Amortissement — Matériel de bureau		1,200		(h) 200						1,400
Matériel de fabrication	132,000								132,000	
Amortissement accumulé — Matériel de fabrication		15,000		(i) 3,500						18,500
Usine	190,000								190,000	
Amortissement accumulé — Usine		18,000		(j) 1,800						19,800
Terrain	9,500								9,500	
Brevets d'invention	12,000			(k) 800					11,200	
Comptes à payer		14,000								14,000
Obligations hypothécaires à payer		100,000								100,000
Capital-actions		150,000								150,000
Bénéfices non répartis		33,660								33,660
Ventes		310,000						310,000		
Achats de matières premières	85,000				85,000					
Fret à l'achat de matières premières	1,500				1,500					
Main-d'œuvre directe	59,600		(l) 400		60,000					
Main-d'œuvre indirecte	8,940		(l) 60		9,000					

Supervision	6,000				6,000					
Force motrice	2,600				2,600					
Réparations et entretien	2,500				2,500					
Taxes foncières — Usine	1,900				1,900					
Salaires des vendeurs	18,000						18,000			
Publicité	5,500						5,500			
Salaires — Livraison	11,920		(l) 80				12,000			
Salaires — Bureau	15,700						15,700			
Dépenses diverses	200						200			
Intérêts débiteurs	2,000		(m) 2,000				4,000			
	644,560	644,560								
Mauvaises créances			(a) 1,550				1,550			
Fournitures de bureau utilisées			(b) 100				100			
Fournitures d'emballage utilisées			(c) 250				250			
Fournitures de fabrication utilisées			(d) 500		500					
Assurances échues — Usine			(e) 1,200		1,200					
Assurances échues — Équipement de livraison			(e) 300				300			
Petits outils			(f) 200		200					
Amortissement — Équipement de livraison			(g) 2,100				2,100			
Amortissement — Matériel de bureau			(h) 200				200			
Amortissement — Matériel de fabrication			(i) 3,500		3,500					
Amortissement — Usine			(j) 1,800		1,800					
Amortissement — Brevets d'invention			(k) 800		800					
Salaires courus à payer				(l) 540						540
Intérêts courus à payer				(m) 2,000						2,000
Provision pour impôts			(n) 32,600				32,600			
Impôts sur le revenu à payer				(n) 32,600		16,500				32,600
			47,640	47,640	187,000	170,500				
Coût des produits fabriqués durant l'exercice						170,500	274,200		320,300	378,850
Bénéfice net					187,000	187,000	46,100	320,300	424,950	46,100
							320,300	320,300	424,950	424,950

Tableau
22-3

2. Classer les soldes des comptes dans diverses sections selon les états financiers où ils doivent figurer.
3. Calculer le bénéfice net et en vérifier l'exactitude.

Le chiffrier d'une entreprise industrielle diffère peu de celui d'une entreprise commerciale. La façon de traiter les régularisations ne varie pas, ni non plus la manière de déterminer le bénéfice net. Le chiffrier d'une entreprise industrielle comprend tout de même une section supplémentaire, la section Coût de fabrication, où doivent figurer tous les éléments du coût de fabrication.

Établisse-ment du chiffrier d'une entreprise industrielle

■ On établit le chiffrier d'une entreprise industrielle de la même façon que celui d'une entreprise commerciale. En premier lieu, il faut inscrire la balance de vérification dans la première section du chiffrier. On doit ensuite accumuler les informations relatives aux régularisations et les inscrire dans la section Régularisations. Voici les régularisations inscrites dans le chiffrier du tableau 22–3:

a. Mauvaises créances estimatives: ½ % des ventes, soit $1,550.
b. Fournitures de bureau utilisées: $100.
c. Fournitures d'emballage: $250.
d. Fournitures de fabrication utilisées: $500.
e. Assurances échues — Usine: $1,200; Équipement de livraison: $300.
f. Petits outils en main au 31 décembre 1976: $1,100.
g. Amortissement — Équipement de livraison: $2,100.
h. Amortissement — Matériel de bureau: $200.
i. Amortissement — Matériel de fabrication: $3,500.
j. Amortissement — Usine: $1,800.
k. Amortissement — Brevets d'invention: $800.
l. Salaires courus à payer: Main-d'œuvre directe, $400; Main-d'œuvre indirecte, $60; livraison, $80. Tous les autres employés reçoivent leurs salaires une fois par mois, le dernier jour du mois.
m. Intérêts courus sur obligations à payer: $2,000.
n. Provision pour impôts: $32,600.

Après avoir inscrit les régularisations, on groupe les montants inscrits avec ceux de la balance de vérification et on reporte les soldes régularisés dans l'un ou l'autre des trois dernières sections du chiffrier, c'est-à-dire Coût de fabrication, Revenus et dépenses et Bilan selon l'état financier auquel ils appartiennent.

Pour reporter correctement les soldes redressés, il suffit de se poser les deux questions suivantes: (1) Le solde à répartir est-il débiteur ou créditeur? et (2) Dans quel état chacun des postes doit-il figurer? La première question est nécessaire car il faut reporter respectivement un solde débiteur et un solde créditeur au débit ou au crédit de l'une ou l'autre des sections du chiffrier. Quant à la deuxième question il faut s'y arrêter, car l'établissement du chiffrier demande d'identifier correctement la nature des comptes. Les comptes d'actif, du passif et des capitaux propres doivent figurer dans la section Bilan. Le poste Stock de produits finis ainsi que les revenus, les dépenses de vente, les dépenses d'administration et les frais financiers doivent être reportés dans la section Revenus et dépenses. Finalement, le stock de matières premières, le stock de produits en cours, la main-d'oeuvre directe et les frais généraux de fabrication sont des éléments qu'il faut reporter dans la section Coût de fabrication.

Après avoir reporté tous les soldes régularisés dans l'une ou l'autre des sections du chiffrier, on inscrit les stocks à la fin de l'exercice. Étant donné que le stock de matières premières et le stock de produits en cours font partie de l'état du coût de fabrication, il faut les inscrire au crédit de la section Coût de fabrication en même temps qu'au débit de la section Bilan. On doit les inscrire au crédit de la section Coût de fabrication afin que la différence entre le total des deux colonnes de cette section donne le coût des produits fabriqués au cours de l'exercice. De la même manière, il faut inscrire ces chiffres au débit de la section Bilan car les stocks de matières et de produits en cours à la fin d'un exercice sont des éléments d'actif qui doivent figurer au bilan.

Le stock de produits finis à la fin d'un exercice équivaut au stock de marchandises d'une entreprise commerciale et doit être traité de la même manière dans le chiffrier. Il faut donc inscrire ce chiffre au crédit de la section Revenus et dépenses et au débit de la section Bilan. L'inscription au crédit de la section Revenus et dépenses est nécessaire afin de trouver le bénéfice net de l'exercice. De plus, comme le stock de produits finis est un élément d'actif, il faut l'inscrire au débit de la section Bilan.

Après avoir inscrit les stocks à la fin de l'exercice, on additionne les chiffres des deux colonnes de la section Coût de fabrication et on soustrait les deux totaux l'un de l'autre pour trouver le coût des produits fabriqués. On inscrit alors ce chiffre au crédit de la section Coût de fabrication (les deux totaux de cette section sont alors identiques) et au débit de la section Revenus et dépenses, soit la même colonne que celle où figure, dans le chiffrier d'une entreprise commerciale, le total des achats d'un exercice. On complète, par la suite, le chiffrier de la façon habituelle.

Établissement des états financiers

■ Le chiffrier sert pour établir les états financiers et passer au journal général les écritures de fermeture. On dresse respectivement l'état du coût de fabrication, l'état des revenus et dépenses et le bilan au moyen des informations que renferment les trois dernières sections du chiffrier. Il ne reste plus ensuite qu'à passer au journal général les écritures de régularisation et de fermeture et à les reporter au grand livre général.

Les écritures de régularisation

■ On passe au journal général une écriture pour chacune des régularisations inscrites dans la section Régularisations du chiffrier. La façon de procéder ne diffère nullement de celle que nous avons déjà exposée aux chapitres 3 et 4.

Les écritures de fermeture

■ Étant donné que les soldes des comptes qui figurent dans la section Coût de fabrication du chiffrier représentent les frais de fabrication d'un exercice en particulier, il faut les virer dans un compte intitulé Sommaire des coûts de fabrication dont le résultat est lui-même viré dans le compte Sommaire des revenus et dépenses. Ces écritures ont évidemment pour effet de fermer tous les comptes de fabrication.

Voici les écritures de fermeture des comptes de fabrication de la Société de Fabrication Excel, Ltée :

Déc.	31	Sommaire des coûts de fabrication	187,000.00	
		Stock de matières premières		8,000.00
		Stock de produits en cours		2,500.00
		Achats de matières premières		85,000.00
		Fret à l'achat des matières premières ..		1,500.00
		Main-d'œuvre directe		60,000.00
		Main-d'œuvre indirecte		9,000.00
		Supervision		6,000.00
		Énergie électrique		2,600.00
		Réparations et entretien		2,500.00
		Taxes foncières — Usine		1,900.00
		Fournitures de fabrication		500.00
		Assurances — Usine		1,200.00
		Petits outils		200.00
		Amortissement — Matériel de fabrication		3,500.00
		Amortissement — Usine		1,800.00
		Amortissement — Brevets d'invention ..		800.00
		Pour fermer les comptes de fabrication ayant un solde débiteur.		
	31	Stock de matières premières	9,000.00	
		Stock de produits en cours	7,500.00	
		Sommaire des coûts de fabrication		16,500.00
		Pour inscrire les stocks de matières premières et de produits en cours à la fin de l'exercice.		

Les données nécessaires à la comptabilisation des écritures précédentes sont tirées du chiffrier du tableau 22–3. Comparez les chiffres de la première de ces écritures avec ceux figurant au débit de la section Coût de fabrication du chiffrier. Remarquez que le montant porté au débit du compte Sommaire des coûts de fabrication correspond au total des soldes des comptes inscrits au débit de la section Coût de fabrication et que chacun des soldes est crédité dans la première écriture de fermeture. Remarquez aussi que la deuxième écriture a pour effet de soustraire les stocks de matières premières et de produits en cours à la fin de l'exercice des coûts de fabrication inscrits au débit de la section Coût de fabrication du chiffrier.

Après avoir reporté les deux écritures précédentes, le compte Sommaire des coûts de fabrication a un solde débiteur de $170,500, soit le coût des produits fabriqués durant l'exercice. On ferme le compte Sommaire des coûts de fabrication en virant le solde de $170,500 au compte Sommaire des revenus et dépenses avec les soldes de tous les autres comptes de dépenses qui se trouvent au débit de la section Revenus et dépenses du chiffrier. Voici l'écriture de fermeture de tous ces comptes :

Déc.	31	Sommaire des revenus et dépenses	274,200.00	
		Stock de produits finis		11,200.00
		Salaires des vendeurs		18,000.00
		Publicité		5,500.00
		Salaires des préposés à la livraison		12,000.00
		Salaires des employés de bureau		15,700.00
		Dépenses diverses		200.00
		Intérêts sur obligations		4,000.00
		Mauvaises créances		1,550.00
		Fournitures de bureau		100.00
		Fournitures d'emballage		250.00
		Assurances — Équipement de livraison..		300.00
		Amortissement — Équipement de livraison		2,100.00
		Amortissement — Matériel de bureau ..		200.00
		Provision pour impôts		32,600.00
		Sommaire des coûts de fabrication		170,500.00
		Pour fermer les comptes de dépenses.		

On ferme ensuite les comptes de revenus et le compte Sommaire des revenus et dépenses au moyen des deux écritures suivantes :

Déc.	31	Stock de produits finis	10,300.00	
		Ventes	310,000.00	
		Sommaire des revenus et dépenses		320,300.00
		Pour fermer le compte Ventes et inscrire le stock de produits finis à la fin de l'exercice.		
	31	Sommaire des revenus et dépenses	46,100.00	
		Bénéfices non répartis		46,100.00
		Pour fermer le compte Sommaire des revenus et dépenses.		

L'évaluation des stocks d'une entreprise industrielle

■ L'entreprise industrielle qui utilise un système de comptabilité générale doit attribuer une valeur aux stocks de matières premières, de produits en cours et de produits finis. L'évaluation du stock de matières premières ne suscite aucun problème particulier car les articles en main n'ayant pas changé de forme, on peut les évaluer au coût d'acquisition ou au coût de remplacement. Cependant, l'évaluation des stocks de produits en cours et de produits finis n'est pas aussi simple parce qu'il faut tenir compte du coût de la main-d'œuvre directe et des frais généraux de fabrication. Étant donné que les articles en main au début de l'exercice ont changé de forme, le prix payé pour les matières ne convient pas pour déterminer leur valeur car on doit tenir compte des trois éléments du coût de fabrication : les matières premières, la main-d'œuvre directe et les frais généraux de fabrication.

Le plus souvent, l'évaluation du coût des matières premières que renferment les produits en voie de fabrication ou à l'état fini ne suscite pas de difficultés sérieuses. De même, on peut assez facilement déterminer le coût de la main-d'œuvre directe applicable à un produit si l'on connaît le degré d'achèvement de ce produit. En revanche, l'estimation des frais généraux applicables à un article soulève plusieurs problèmes que l'on résout le plus souvent en posant l'hypothèse qu'il y a une relation directe entre les frais généraux de fabrication et le coût de la main-d'œuvre directe. Le plus souvent, cette hypothèse est raisonnable car il existe une relation étroite entre le coût de la main-d'œuvre directe et des éléments comme la supervision, l'énergie motrice, les réparations, etc. Cependant, lorsque l'on impute les frais généraux de fabrication en fonction du coût de la main-d'œuvre directe, on pose aussi l'hypothèse que la relation entre les frais généraux applicables à un produit et le coût de la main-d'œuvre qui s'y rapporte est la même que celle qui existe entre le total des frais généraux de fabrication et le total du coût de la main-d'œuvre directe de l'exercice.

Ainsi, l'état du coût de fabrication de La Société de Fabrication Excel, Ltée (voir le tableau 22–2) indique que le coût de la main-d'œuvre directe de l'exercice s'est élevé à $60,000 alors que les frais généraux de fabrication ont été de $30,000. On peut donc dire que le coût de la main-d'œuvre directe représente deux fois les frais généraux engagés au cours de l'exercice ou encore que les frais généraux représentent 50% du coût de la main-d'œuvre directe :

Frais généraux, $30,000 ÷ Main-d'œuvre directe, $60,000 = 50%

La Société de Fabrication Excel, Ltée peut donc poser l'hypothèse que les frais généraux de fabrication imputables aux produits en voie de fabrication et aux produits finis représentent 50% du coût de la main-d'œuvre directe de chacun de ces produits parce que justement le total des frais généraux est égal à 50% du coût total de la main-d'œuvre directe.

Si, par exemple, le nombre d'unités en voie de fabrication au 31 décembre 1976 de l'article X est de 1,000 et si le coût des matières premières et le coût de la main-d'œuvre directe applicables à ces unités sont respectivement de $3.75 et de $2.50, on attribuera une valeur de $7,500 à ce stock de produits en cours ainsi que l'illustre le tableau 22–4.

Produit	Matières premières	Main-d'œuvre directe	Frais généraux de fabrication (50% du coût de la main-d'œuvre dir.)	Coût unitaire prévu	Nombre d'unités	Valeur attribuée aux articles en main
Article X	$3.75	$2.50	$1.25	$7.50	1,000	$7,500.00

Tableau
22–4

La détermination du coût du stock de produit finis au 31 décembre 1976 demande d'effectuer des calculs identiques.

Questions.

1. Quelle différence y a-t-il entre l'état des revenus et dépenses d'une entreprise industrielle et l'état des revenus et dépenses d'une entreprise commerciale ?
2. Quels sont les trois éléments du coût de fabrication ?
3. Qu'entend-on par : (*a*) main-d'œuvre directe, (*b*) main-d'œuvre indirecte, (*c*) matières premières, (*d*) matières indirectes ou fournitures de fabrication et (*e*) frais généraux de fabrication ?
4. Énumérez plusieurs éléments des frais généraux de fabrication.
5. Énumérez plusieurs comptes que l'on retrouve à la fois dans le grand livre d'une entreprise industrielle et dans le grand livre d'une entreprise commerciale. Énumérez plusieurs comptes qui sont propres à une entreprise industrielle.
6. Quels sont les trois comptes de stock d'une entreprise industrielle ?
7. De quelle façon traite-t-on les stocks de matières premières, de produits en cours et de produits finis dans le chiffrier d'une entreprise industrielle ?
8. Quel stock d'une entreprise industrielle traite-t-on de la même façon que le stock de marchandises d'une entreprise commerciale ?
9. Quels stocks d'une entreprise industrielle font partie de l'état du coût de fabrication ? Lequel doit-on inclure dans l'état des revenus et dépenses ?
10. Quels comptes vire-t-on (*a*) dans le compte Sommaire des frais de fabrication, (*b*) dans le compte Sommaire des revenus et dépenses ?
11. Quels éléments du coût de fabrication met-on en évidence dans l'état du coût de fabricattion ?
12. Quels comptes doit-on reporter dans la section Coût de fabrication d'un chiffrier ? Lesquels faut-il reporter dans la section Revenus et dépenses ? Lesquels y a-t-il lieu de reporter dans la section Bilan ?
13. Pourquoi reporte-t-on à la fois le coût des produits fabriqués au débit de la section Coût de fabrication du chiffrier d'une entreprise industrielle et au crédit de la section Revenus et dépenses ?
14. Peut-on se servir des prix payés lors de l'achat des matières premières pour évaluer le stock de matières premières à la fin d'un exercice ? Pourquoi ? Peut-on déterminer de la même façon le coût des stocks de produits en cours et de produits finis ? Pourquoi ?
15. Standard, Ltée impute les frais généraux de fabrication à raison de 70% du coût de la main-d'œuvre directe. Quel est le coût de la main-d'œuvre directe de l'exercice si les frais généraux de fabrication se sont élevés à $84,700 ?

Exercices   Les données suivantes sont tirées des sections Coût de fabrication et Revenus et dépenses du chiffrier de Héroux, Ltée établi au 31 décembre 1976 :

Nom des comptes	Coût de fabrication		Revenus et dépenses	
	Débit	Crédit	Débit	Crédit
Stock de matières premières	13,000	14,000	......	......
Stock de produits en cours	15,000	12,000	......	......
Stock de produits finis	......	......	16,000	17,000
Ventes	......	......	......	210,000
Achats de matières premières	44,000	......	......	......
Main-d'œuvre directe	52,000	......	......	......
Main-d'œuvre indirecte	12,000	......	......	......
Force motrice	5,000	......	......	......
Réparations — Usine	2,000	......	......	......
Loyer — Usine	6,000	......	......	......
Frais de vente	......	......	38,000	......
Dépenses d'administration	......	......	22,000	......
	149,000	26,000	......	......
Coût des produits fabriqués		123,000	123,000	......
	149,000	149,000	199,000	227,000
Bénéfice net			28,000	
			227,000	227,000

Exercice 22–1

Dressez l'état du coût de fabrication de Héroux, Ltée pour l'exercice terminé le 31 décembre 1976.

Exercice 22–2

Dressez l'état des revenus et dépenses de Héroux, Ltée pour l'exercice terminé le 31 décembre 1976.

Exercice 22–3

Passez au journal général les écritures pour fermer les livres de Héroux, Ltée pour l'exercice terminé le 31 décembre 1976.

Exercice 22–4

Voici les frais de fabrication d'une entreprise industrielle qui impute les frais généraux de fabrication aux produits en cours et aux produits finis en fonction de la relation existant entre le coût de la main-d'œuvre directe et les frais généraux de fabrication : Matières premières, $95,000; Main-d'œuvre directe, $80,000; et frais généraux de fabrication, $160,000. (a) Calculez le coefficient d'imputation des frais généraux de fabrication. (b) Calculez le coût des matières premières que renferme le stock de produits en cours de $12,500 si le coût de la main-d'œuvre directe qui y est inclus s'élève à $3,000. (c) Calculez le coût de la main-d'œuvre directe et les frais généraux que renferme le stock de produits finis de $17,000 si le coût des matières premières qui en fait partie s'élève à $5,000.

Exercice 22–5

Vous trouverez ci-dessous la balance de vérification de Rettalack, Ltée dressée au 31 décembre 1976. Les données sont exprimées en nombre de deux chiffres au plus afin de simplifier le problème.

Travail à faire :

Établissez le chiffrier de Rettalack, Ltée, compte tenu des informations suivantes :

a. Stocks au 31 décembre 1976 :
   Matières premières : $3.
   Produits en cours : $5.
   Produits finis : $2.
   Fournitures de fabrication : $1.
b. Mauvaises créances de l'exercice : $2.
c. Assurances échues — Usine : $1.
d. Amortissement — Matériel de fabrication : $3.
e. Salaires courus à payer :
   Main-d'œuvre directe : $4.
   Main-d'œuvre indirecte : $2.
   Salaires des employés de bureau : $1. (Portez cette somme au débit du compte Dépenses d'administration.)

Rettalack, Ltée
Balance de vérification
au 31 décembre 1976

Caisse	$ 4	
Comptes à recevoir	5	
Provision pour mauvaises créances		$ 1
Stock de matières premières	2	
Stock de produits en cours	4	
Stock de produits finis	3	
Fournitures de fabrication	3	
Assurances payées d'avance — Usine	4	
Matériel de fabrication	23	
Amortissement accumulé — Matériel de fabrication		2
Capital-actions ordinaire		20
Bénéfices non répartis		5
Ventes		81
Achats de matières premières	15	
Fret à l'achat de matières premières	1	
Main-d'œuvre directe	12	
Main-d'œuvre indirecte	3	
Énergie électrique	5	
Réparations — Matériel de fabrication	2	
Loyer — Usine	8	
Frais de vente	9	
Dépenses d'administration	6	
	$109	$109

Problème 22–1

Les données suivantes sont extraites des sections Coût de fabrication et Revenus et dépenses du chiffrier de Tic Tac, Ltée établi au 31 décembre 1976 :

Nom des comptes	Coût de fabrication		Revenus et dépenses	
	Débit	Crédit	Débit	Crédit
Stock de matières premières	12,600	12,100	......	......
Stock de produits en cours	14,800	12,900	......	......
Stock de produits finis	......	......	16,100	18,800
Ventes	......	......	......	361,500
Achat de matières premières	59,000	......	......	......
Escomptes sur achats de matières premières	......	800	......	......
Main-d'œuvre directe	90,000	......	......	......
Main-d'œuvre indirecte	13,800	......	......	......
Supervision — Usine	12,000	......	......	......
Énergie électrique et chauffage	18,400	......	......	......
Réparations — Usine	4,500	......	......	......
Loyer — Usine	7,200	......	......	......
Entretien — Usine	1,700	......	......	......
Frais de vente	......	......	30,800	......
Dépenses d'administration	......	......	28,900	......
Assurances échues — Usine	2,400	......	......	......
Fournitures de fabrication utilisées	6,100	......	......	......
Amortissement — Matériel de fabrication	10,500	......	......	......
Petits outils	400	......	......	......
Amortissement — Brevets d'invention ...	2,500	......	......	......
Provision pour impôts	......	......	29,500	......
	255,900	25,800	......	......
Coût des produits fabriqués	......	230,100	230,100	......
	255,900	255,900	335,400	380,300
Bénéfice net			44,900	......
			380,300	380,300

Travail à faire :
1. Dressez l'état du coût de fabrication et l'état des revenus et dépenses de Tic Tac, Ltée pour l'exercice terminé le 31 décembre 1976.
2. Passez au journal général les écritures pour fermer les comptes de Tic Tac, Ltée.

Problème 22–2

Les données suivantes sont extraites de la section Coût de fabrication du chiffrier de Casto, Ltée établi au 31 décembre 1976 :

	Coût de fabrication	
	Débit	Crédit
Stock de matières premières	21,200	19,300
Stock de produits finis	17,800	?
Achats de matières premières	81,400	
Main-d'œuvre directe	100,000	
Main-d'œuvre indirecte	16,900	
Supervision — Usine	12,000	
Chauffage, éclairage et force motrice	8,600	
Réparations — Matériel de fabrication	6,300	
Loyer — Usine	7,200	
Entretien — Usine	1,900	
Assurances échues — Usine	3,300	
Fournitures de fabrication	7,400	
Amortissement — Matériel de fabrication ..	16,900	
Petits outils	500	
	301,400	?
Coût des produits fabriqués		?
	301,400	301,400

Les données précédentes comprennent les régularisations de fin d'exercice mais on n'a pas encore déterminé le coût du stock de produits en cours au 31 décembre 1976 ni le coût des produits fabriqués durant l'exercice.

Casto, Ltée ne fabrique qu'un produit appelé Casto. Le stock de produits en cours au 31 décembre 1976 comprend 5,000 unités de Casto coûtant chacune $0.80 en matières premières et $2 en main-d'œuvre directe.

Travail à faire :

1. Calculez le ratio des frais généraux de fabrication au coût de la main-d'œuvre directe de l'exercice et servez-vous de ce ratio pour déterminer le coût total des produits en voie de fabrication au 31 décembre 1976.

2. Déterminez le coût des produits fabriqués durant l'exercice terminé le le 31 décembre 1976.

3. Dressez l'état du coût de fabrication de Casto, Ltée, pour l'exercice terminé le 31 décembre 1976.

4. Passez au journal général les écritures de fermeture des comptes de fabrication de Casto, Ltée, y compris le compte Sommaire des frais de fabrication.

Problème 22–3

Voici la balance de vérification de Varex, Ltée dressée au 31 décembre 1976 :

Varex, Ltée
Balance de vérification
au 31 décembre 1976

Caisse	$ 32,300	
Comptes à recevoir	36,200	
Provision pour mauvaises créances		$ 200
Stock de matières premières	37,100	
Stock de produits en cours	34,400	
Stock de produits finis	48,700	
Assurances payées d'avance — Usine	4,100	
Fournitures de fabrication	13,100	
Matériel de fabrication	227,500	
Amortissement accumulé — Matériel de fabrication ...		78,400
Comptes à payer		25,300
Capital-actions		100,000
Bénéfices non répartis		94,900
Ventes		692,500
Achats de matières premières	185,100	
Main-d'œuvre directe	159,500	
Main-d'œuvre indirecte	36,600	
Chauffage, éclairage et force motrice	13,600	
Réparations — Matériel de fabrication	9,400	
Frais de vente	81,200	
Dépenses d'administration	72,500	
Total	$991,300	$991,300

Renseignements complémentaires :

a. Mauvaises créances de l'exercice : $1,700. (Débitez le compte Dépenses d'administration.)

b. Assurances échues durant l'exercice : $3,100.

c. Fournitures de fabrication utilisées durant l'exercice : $9,700.

d. Amortissement du coût du matériel de fabrication : $31,300.

e. Salaires courus à payer :
   Main-d'œuvre directe : $500.
   Main-d'œuvre indirecte : $300.

f. Stocks au 31 décembre 1976 :
   (1) Matières premières : $36,700.
   (2) Produits en cours : 3,200 unités coûtant respectivement $3.65 et $4 chacune en matières premières et en main-d'œuvre directe.
   (3) Produits finis : 3,000 unités coûtant respectivement $7.50 et $6 chacune en matières premières et en main-d'œuvre directe.

Travail à faire :

1. Calculez le ratio des frais généraux de fabrication au coût de la main-d'œuvre directe de l'exercice et servez-vous de ce ratio pour calculer le coût total des produits en voie de fabrication et le coût du stock de produits finis au 31 décembre 1976.

2. Établissez le chiffrier de Varex, Ltée au 31 décembre 1976.

3. Dressez l'état du coût de fabrication et l'état des revenus et dépenses de Varex, Ltée pour l'exercice terminé le 31 décembre 1976.
4. Passez au journal général les écritures de fermeture.

Problème 22–4

Voici la balance de vérification de Sarcos, Ltée dressée au 31 décembre 1976 :

Sarcos, Ltée
Balance de vérification
au 31 décembre 1976

Caisse	$ 14,800	
Stock de matières premières	13,700	
Stock de produits en cours	12,500	
Stock de produits finis	15,100	
Assurances payées d'avance — Usine	3,600	
Fournitures de fabrication en main	6,800	
Matériel de fabrication	168,200	
Amortissement accumulé — Matériel de fabrication ...		$ 31,300
Petits outils	4,100	
Brevets d'invention	6,700	
Capital-actions ordinaire		100,000
Bénéfices non répartis		16,700
Ventes		370,000
Achat de matières premières	62,000	
Escomptes sur achats de matières premières		1,200
Main-d'œuvre directe	98,400	
Main-d'œuvre indirecte	12,100	
Supervision — Usine	11,700	
Chauffage, éclairage et force motrice	17,900	
Réparations — Matériel de fabrication	4,200	
Loyer — Usine	6,000	
Entretien — Usine	1,700	
Frais de vente	31,400	
Dépenses d'administration	28,300	
Total	$519,200	$519,200

Renseignements complémentaires :
1. Assurances échues — Usine : $2,400.
2. Fournitures de fabrication utilisées : $5,900.
3. Amortissement du coût du matériel de fabrication : $10,200.
4. Coût radié des petits outils : $500.
5. Amortissement du coût des brevets d'invention : $1,400.
6. Salaires courus à payer.
   a. Main-d'œuvre directe : $1,600.
   b. Main-d'œuvre indirecte : $700.
   c. Supervision — Usine : $300.
7. Stocks au 31 décembre 1976 :
   a. Matières premières : $13,200.
   b. Produits en cours : 2,500 unités coûtant respectivement $1.10 et $2 chacune en matières premières et en main-d'œuvre directe.

> c. Produits finis : 2,000 unités coûtant respectivement $2.60 et $3.60 chacune en matières et en main-d'œuvre directe.
>
> 8. Provision pour impôts sur le revenu de l'exercice : $30,000.
>
> *Travail à faire :*
>
> 1. Calculez le ratio des frais généraux de fabrication au coût de la main-d'œuvre directe de l'exercice et servez-vous de ce ratio pour calculer les frais généraux imputables aux stocks de produits en cours et de produits finis au 31 décembre 1976. Déterminez ensuite le coût total de ces stocks.
> 2. Établissez le chiffrier de Sarcos, Ltée au 31 décembre 1976.
> 3. Dressez l'état du coût de fabrication et l'état des revenus et dépenses de Sarcos, Ltée pour l'exercice terminé le 31 décembre 1976.
> 4. Passez au journal général les écritures de fermeture.

Problème 22–5

Les stocks de La Sucrerie Leclerc, Ltée étaient les suivants au 1er janvier 1976 : Matières premières, $9,200; Produits en cours, $10,300; et Produits finis, $12,500. Le cœfficient d'imputation des frais généraux de fabrication est égal au total des frais généraux de fabrication divisé par le coût de la main-d'œuvre de l'exercice. Voici les coûts inclus dans les stocks au 31 décembre 1976 :

	Matières premières	Produits en cours	Produits finis
Matières premières	$ 8,600	$ 2,800	$ 4,500
Main-d'œuvre directe	–0–	3,600	5,600
Frais généraux de fabrication	–0–	?	7,000
	$ 8,600	$?	$17,100

Les informations suivantes sont tirées des livres de La Sucrerie Leclerc, Ltée :

Total des frais généraux de fabrication de l'exercice	$ 82,500
Coût des produits fabriqués durant l'exercice	198,400

Travail à faire :

Dressez l'état du coût de fabrication de La Sucrerie Leclerc, Ltée pour l'exercice terminé le 31 décembre 1976, compte tenu des informations précédentes.

Autres problèmes

Problème 22–1A

Les postes suivants, donnés par ordre alphabétique, sont tirés de l'état du coût de fabrication et de l'état des revenus et dépenses de Dulac, Ltée pour l'exercice terminé le 31 décembre 1976 :

Achats de matières premières	51,500	Amortissement — Matériel de fabrication	2,100
Amortissement — Équipement de livraison	600	Chauffage, éclairage et force motrice	2,000
Amortissement — Matériel de bureau	500	Dépenses diverses de fabrication ..	500

Escomptes sur ventes 3,400
Fournitures de fabrication 1,100
Fret à l'achat de
    matières premières 1,500
Loyer — Bureau 1,400
Loyer — Service des ventes 1,600
Loyer — Usine 4,800
Main-d'œuvre directe 38,800
Main-d'œuvre indirecte 3,500
Provision pour impôts 8,100
Publicité 1,200
Réparations — Matériel de
    fabrication 1,800
Salaires des employés de bureau . . 4,200
Salaires des vendeurs 17,500

Stocks :
    Matières premières au
        1er janvier 1976 9,800
    Matières premières au
        31 décembre 1976 10,100
    Produits en cours au
        1er janvier 1976 8,200
    Produits en cours au
        31 décembre 1976 7,500
    Produits finis au
        1er janvier 1976 10,500
    Produits finis au
        31 décembre 1976 8,400
    Supervision — Usine 7,200
    Ventes 180,100

Travail à faire :

Dressez l'état des coûts de fabrication et l'état des revenus et dépenses de Dulac, Ltée pour l'exercice terminé le 31 décembre 1976.

Problème 22–2A

Les données suivantes sont extraites de la section Coût de fabrication du chiffrier de Victor, Ltée au 31 décembre 1976 :

	Coût de fabrication	
	Débit	Crédit
Stock de matières premières	12,300	13,500
Stock de produits en cours	14,700	?
Achat de matières premières	54,300	
Main-d'œuvre directe	90,000	
Main-d'œuvre indirecte	35,600	
Chauffage, éclairage et force motrice	16,900	
Réparations — Matériel de fabrication	5,200	
Loyer — Usine	12,000	
Entretien — Usine	3,200	
Assurances — Usine	2,600	
Fournitures de fabrication utilisées	6,100	
Amortissement — Matériel de fabrication	15,300	
Amortissement — Brevets d'invention	2,100	
	270,300	?
Coût des produits fabriqués		?
	270,300	270,300

Les données précédentes comprennent les régularisations de fin d'exercice mais on n'a pas encore déterminé le coût du stock de produits en cours au 31 décembre 1976 ni le coût des produits fabriqués durant l'exercice.

Victor, Ltée ne fabrique qu'un produit appelé Victor. Le stock de produits en cours au 31 décembre 1976 comprend 3,000 unités de Victor coûtant chacune $1.05 en matières premières et $1.50 en main-d'œuvre directe.

Travail à faire :

1. Calculez le ratio des frais généraux de fabrication au coût de la main-d'œuvre directe de l'exercice et servez-vous de ce ratio pour déterminer le coût total des produits en voie de fabrication au 31 décembre 1976.
2. Déterminez le coût des produits fabriqués durant l'exercice terminé le 31 décembre 1976.
3. Dressez l'état du coût de fabrication de Victor, Ltée pour l'exercice terminé le 31 décembre 1976.
4. Passez au journal général les écritures de fermeture des comptes de fabrication de Victor, Ltée, y compris le compte Sommaire des frais de fabrication.

Problème 22–4A

Voici la balance de vérification de Texco, Ltée dressée au 31 décembre 1976 :

Texco, Ltée
Balance de vérification
au 31 décembre 1976

Caisse	$ 17,500	
Stock de matières premières	13,300	
Stock de produits en cours	15,300	
Stock de produits finis	16,600	
Assurances payées d'avance — Usine	4,200	
Fournitures de fabrication en main	6,400	
Matériel de fabrication	175,500	
Amortissement accumulé — Matériel de fabrication		$ 28,800
Petits outils	3,700	
Brevets d'invention	4,500	
Capital-actions ordinaire		100,000
Bénéfices non répartis		34,400
Ventes		359,700
Achats de matières premières	61,800	
Escomptes sur achats de matières premières		1,000
Main-d'œuvre directe	89,100	
Main-d'œuvre indirecte	13,300	
Supervision — Usine	11,800	
Chauffage, éclairage et force motrice	17,900	
Réparations — Matériel de fabrication	4,400	
Loyer — Usine	7,200	
Entretien — Usine	800	
Frais de vente	31,400	
Dépenses d'administration	29,200	
Total	$523,900	$523,900

Renseignements complémentaires :

1. Assurances échues — Usine : $2,200.
2. Fournitures de fabrication utilisées : $6,300.
3. Amortissement du coût du matériel de fabrication : $9,900.
4. Coût radié des petits outils : $700.

5. Amortissement du coût des brevets d'invention : $1,300.
6. Salaires courus à payer :
   a. Main-d'œuvre directe : $900.
   b. Main-d'œuvre indirecte : $500.
   c. Supervision — Usine : $200.
7. Stocks au 31 décembre 1976 :
   a. Matières premières : $12,800.
   b. Produits en cours : 4,000 unités coûtant respectivement $1.40 et $1 chacune en matières premières et en main-d'œuvre directe.
   c. Produits finis : 3,000 unités coûtant respectivement $1.96 et $2.40 chacune en matières premières et en main-d'œuvre directe.
8. Provision pour impôts sur le revenu de l'exercice : $29,000.

Travail à faire :
1. Calculez le ratio des frais généraux de fabrication au coût de la main-d'œuvre directe de l'exercice et servez-vous de ce ratio pour calculer les frais généraux imputables aux stocks de produits en cours et de produits finis au 31 décembre 1976. Déterminez ensuite le coût total de ces stocks.
2. Établissez le chiffrier de Texco, Ltée au 31 décembre 1976.
3. Dressez l'état du coût de fabrication et l'état des revenus et dépenses de Texco, Ltée pour l'exercice terminé le 31 décembre 1976.
4. Passez au journal général les écritures de fermeture.

Problème 22–5A

Les frais de fabrication de Oréo, Ltée qui se sont élevés à $217,200 au cours de l'exercice terminé le 31 décembre 1976 comprennent des frais généraux de fabrication de $93,600. Les stocks au 1er janvier 1976 étaient les suivants : Matières premières, $8,400; Produits en cours, $14,500; et Produits finis, $17,500. Le cœfficient des frais généraux de fabrication est égal au total des frais généraux de fabrication divisé par le coût de la main-d'œuvre directe de l'exercice. Voici les coûts inclus dans les stocks au 31 décembre 1976 :

	Matières premières	Produits en cours	Produits finis
Matières premières	$ 9,200	$ 4,700	$ 5,750
Main-d'œuvre directe	–0–	4,800	5,800
Frais généraux de fabrication	–0–	?	8,700
Total	$ 9,200	$?	$20,250

Travail à faire :
Dressez l'état du coût de fabrication de Oréo, Ltée pour l'exercice terminé le 31 décembre 1976, compte tenu des informations précédentes.

Cas 22–1
Cactus, Ltée

Cactus, Ltée, une entreprise industrielle établie il y a trois ans, ne fabrique qu'un produit. Les ventes ont augmenté graduellement mais les bénéfices sont demeurés stables. M. Gaston Robert, le président de Cactus, Ltée, qui s'y connaît fort bien en production mais ignore tout de la comptabilité, veut que vous analysiez la situation dans laquelle se trouve l'entreprise qu'il dirige. Le commis aux écritures sait comment inscrire les opérations aux livres mais il n'a aucune connaissance théorique de la comptabilité.

Voici l'état des revenus et dépenses des trois derniers exercices :

	1974	1975	1976
Ventes	$250,000	$350,000	$400,000
Coût des produits vendus :			
Stock de produits finis au 1er janvier	$ 0	$ 15,000	$ 45,000
Coût des produits fabriqués	165,000	256,000	280,500
Coût total des marchandises à vendre	$165,000	$271,000	$325,500
Stock de produits finis au 31 décembre	15,000	45,000	60,000
Coût des produits vendus	$150,000	$226,000	$265,500
Bénéfice brut	$100,000	$124,000	$134,500
Dépenses de vente et d'administration	75,000	98,000	108,000
Bénéfice net	$ 25,000	$ 26,000	$ 26,500

Une étude de la situation vous permet d'obtenir les informations suivantes :

a. Cactus, Ltée a vendu 5,000 unités de son produit en 1974, 7,000 en 1975 et 8,000 en 1976. Le prix de vente s'est maintenu à $50 l'unité et on n'a accordé aucun escompte de caisse.

b. Le stock de produits finis à la fin de chacun des trois exercices était le suivant : 1974, 500 unités; 1975, 1,500 unités; et 1976, 2,000 unités.

c. Le coût attribué aux produits finis en magasin a toujours été de 60% du prix de vente, soit $30 l'unité.

Rédigez un rapport à l'intention de M. Robert dans lequel figureront les données suivantes : (1) le nombre d'unités fabriquées chaque année; (2) le coût unitaire des produits fabriqués chaque année; (3) les dépenses de vente et d'administration imputables à chacune des unités vendues en 1974, 1975 et 1976; (4) Dressez aussi un état révisé des revenus et dépenses pour chacun des exercices. Posez l'hypothèse que l'on vend d'abord les produits fabriqués en premier lieu (méthode de l'épuisement successif). (5) Expliquez finalement à M. Robert la raison pour laquelle le bénéfice net n'a pas augmenté même si le chiffre d'affaires s'est accru.

Cas 22–2
L'Atelier
Au Meuble
Moderne,
Enr.

Il y a plusieurs années, Thomas Thomassin a pris la direction de l'atelier de fabrication de meubles fondé par son père. Au début, l'atelier fabriquait surtout des meubles mais, de plus en plus, M. Thomassin fabrique des bateaux sur commande. Cependant, comme cette fabrication est saisonnière, l'activité est considérablement réduite au cours des mois d'octobre, novembre, décembre et janvier.

M. Thomassin a bien tenté d'obtenir plus de commandes durant ces mois, mais la plupart des clients qui visitent son atelier durant cette période de l'année le font surtout par curiosité. Ils s'informent des prix que, le plus souvent, ils trouvent trop élevés. M. Thomassin estime que ses ennuis proviennent de l'application d'une règle établie par son père et qui consiste à déterminer un prix de vente égal à 110% de tous les coûts. Et M. Thomassin, père, insistait pour que l'on prenne soin d'inclure tous les coûts dans ce calcul.

M. Thomas Thomassin estime qu'il est facile de déterminer ce qu'un produit coûte en matières et en main-d'œuvre, mais il n'en est pas de même pour les frais généraux de fabrication. Ces derniers frais incluent particulièrement l'amortissement du coût de l'usine et du matériel de fabrication, le chauffage, l'éclairage, la force motrice, les taxes foncières, etc. qui s'élèvent, au total, à $600 par mois, que l'atelier fabrique des bateaux ou non. De plus, selon son père, il doit imputer des coûts supérieurs à un bateau fabriqué durant la saison morte parce que les frais généraux sont répartis sur un moins grand nombre de commandes. Il estime que cette politique a pour effet d'éloigner la clientèle à un moment de l'année où il lui faudrait un plus grand nombre de commandes. Cependant, il hésite à changer la règle établie par son père, car comme il le dit : « Papa s'en est très bien tiré au cours des années où il dirigeait cet atelier. »

Expliquez avec des chiffres hypothétiques la raison pour laquelle M. Thomassin impute aux bateaux fabriqués en décembre un coût plus élevé qu'à ceux fabriqués en mai, un mois où l'activité est très intense. De quelle façon M. Thomassin pourrait-il mieux déterminer les prix des bateaux qu'il fabrique et respecter en même temps la règle établie par son père ?

23
La comptabilité de prix de revient

■ Dans un système de comptabilité générale semblable à celui que nous avons décrit au chapitre précédent, il est nécessaire de prendre un inventaire matériel à la fin de chaque exercice pour déterminer le coût des produits fabriqués et le coût des produits vendus. De plus, le comptable peut difficilement, dans ce cas, déterminer le coût unitaire des produits fabriqués. En revanche, la comptabilité de prix de revient demande d'établir un système d'inventaire permanent et place davantage l'accent sur le contrôle des coûts et la détermination du coût unitaire d'un produit et de chacun de ses éléments.

Il n'y a que deux systèmes principaux de prix de revient: le prix de revient par commande et le prix de revient à fabrication uniforme et continue. Cependant, ces deux systèmes principaux peuvent revêtir une foule de formes différentes. Nous allons d'abord traiter du système de prix de revient par commande.

LE SYSTÈME DE PRIX DE REVIENT PAR COMMANDE

■ Dans l'expression « prix de revient par commande », une *commande* est un produit (une turbine, une machine, etc.) fabriqué spécialement pour un client. Une commande peut aussi correspondre à un projet de construction exécuté par un entrepreneur. Un lot est une quantité d'articles identiques (par exemple, 500 machines à écrire) fabriqués en même temps en vue de remplir une commande ou d'accroître les stocks. Finalement, on entend par *système de prix de revient par commande* un système qui consiste à accumuler les frais de fabrication par commandes ou par lots.

Ainsi que nous l'avons déjà dit, la principale différence entre un système de prix de revient par commande et un système de comptabilité générale consiste en ce que l'on peut, dans le premier cas, déterminer le coût de chaque commande ou de chaque lot. De plus, dans un système de prix de revient par commande, les trois comptes Stock de matières, Stock de produits en cours et Stock de produits finis sont des comptes de contrôle auxquels correspondent trois grands livres auxiliaires comme c'est le cas pour tout système d'inventaire permanent. Ainsi, dans un système de prix de revient par commande, on inscrit séparément toutes les entrées et toutes les sorties de matières premières sur des fiches d'inventaire (voir le tableau 23–1) et globalement dans le compte de contrôle Stock de matières premières du grand livre général. De la même manière, les comptes Stock de produits en cours et Stock de produits finis sont des comptes de contrôle auxquels correspondent respectivement le grand livre auxiliaire du stock de produits en cours et le grand livre auxiliaire du stock de produits finis.

FICHE D'INVENTAIRE

Article __*Agrafe*__   Stock N° __*C-347*__   Entrepôt __*Boîte 147*__

Maximum __*400*__   Minimum __*150*__   Quantité à commander __*200*__

	Entrées				Sorties				Solde		
Date	N° de l'avis de réception	Quantité	Coût à l'unité	Coût total	N° des bons de sortie	Quantité	Coût à l'unité	Coût total	Quantité	Coût à l'unité	Coût total
1/3									180	1.00	180.00
5/3					4345	20	1.00	20.00	160	1.00	160.00
11/3					4416	10	1.00	10.00	150	1.00	150.00
12/3	C-114	200	1.00	200.00					350	1.00	350.00
25/3					4713	21	1.00	21.00	329	1.00	329.00

Tableau 23–1

Dans un système de prix de revient par commande, on inscrit d'abord les coûts de fabrication dans trois comptes distincts: Matières premières, Paye — Usine et Frais généraux de fabrication. Par la suite, l'on vire ces coûts successivement aux comptes Produits en cours, Produits finis et Coût des produits vendus. Le diagramme du tableau 23–2 illustre la façon de comptabiliser les coûts de fabrication dans un système de prix de revient par commande. Une étude de ce diagramme permet de constater que les éléments du coût de fabrication inscrits dans trois comptes dis-

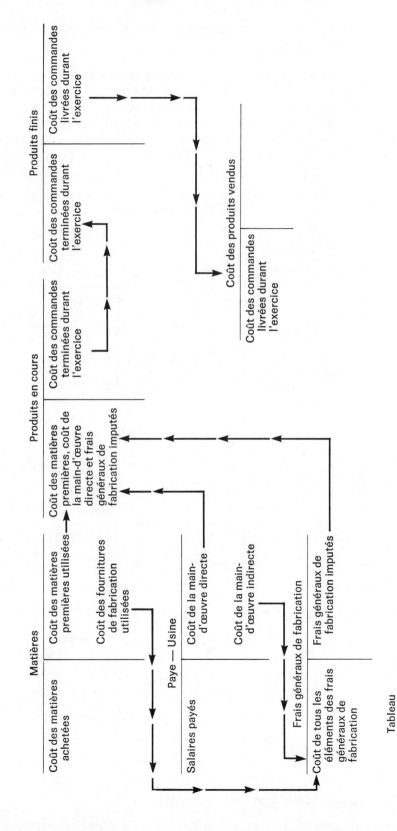

Tableau
23–2
**Description d'un
système de prix
de revient par
commande**

tincts font partie successivement des produits en cours, des produits finis et des produits vendus.

Les fiches de fabrication
■ Le livre essentiel d'un système de prix de revient par commande est le grand livre auxiliaire des *fiches de fabrication* sur lesquelles l'on inscrit les coûts de fabrication par commande. Voici une description sommaire de la façon d'inscrire les coûts sur une fiche de fabrication.

Au moment de commencer à remplir une commande, on place une fiche de fabrication dans le grand livre auxiliaire des fiches de fabrication et on inscrit le nom du client, le numéro de la commande et une des-

FICHE DE FABRICATION

Nom du client ___Pardec, Ltée___ N° de la commande ___7452___
Adresse ___Montréal, Québec___
Article commandé ___1 moteur électrique de 10 H.P.___

Date de livraison 1/4		Date du début des travaux 23/3			Date de la fin des travaux 29/3		

Date	Matières		Main-d'oeuvre		Frais généraux imputés		
	N° des bons de sortie	Montant	N° des bons de travail	Montant	Date	Coefficient d'imputation	Montant
19-- Mars 23	4698	53.00	C-3422	6.00	29/3	150% du coût de la main-d'oeuvre directe	$123.00
24			C-3478	16.00			
			C-3479	6.00			
25	4713	21.00	C-4002	16.00	**Sommaire des coûts**		
26			C-4015	16.00	Matières ___ $ 74.00		
27			C-4032	12.00	Main-d'oeuvre ___ 82.00		
28			C-4044	10.00	Frais généraux ___ 123.00		
					Total ___ 279.00		
					Remarques:		
					Commande terminée et livrée le 29/3		
	Total	74.00	Total	82.00			

Tableau
23–3

cription de l'article commandé. Le numéro de la commande identifie la commande et simplifie les écritures relatives à l'inscription du coût des matières premières, du coût de la main-d'œuvre directe et des frais généraux de fabrication. Au moment où l'usine a besoin de matières pour remplir une commande, on les fait venir du magasin et on inscrit leur coût dans la colonne « Matières » de la fiche de fabrication. De même, on inscrit le coût de la main-d'œuvre directe dans la colonne « Main-d'œuvre directe ». Puis lorsque la commande est terminée, on inscrit les frais généraux qui s'y rapportent dans la colonne Frais généraux imputés. Finalement, on remplit la section Sommaire des coûts afin de trouver le coût total de la commande.

Le compte Produits en cours

■ Le compte Produits en cours est un compte de contrôle du grand livre général auquel correspondent les fiches de fabrication du grand livre auxiliaire des produits en voie de fabrication. La relation entre le compte Produits en cours et le grand livre auxiliaire correspondant est semblable à celle qui existe entre tout autre compte de contrôle et le grand livre auxiliaire qui l'accompagne. On inscrit les éléments du coût de fabrication (matières, main-d'œuvre directe et frais généraux) sur chacune des fiches de fabrication et on les porte globalement ou individuellement au débit du compte Produits en cours. De même, tous les montants inscrits au crédit des fiches de fabrication doivent être portés au crédit du compte Produits en cours.

Le compte Produits en cours est aussi un compte d'inventaire permanent dont on peut décrire le fonctionnement de la façon suivante. Au début d'un exercice, le solde débiteur du compte Produits en cours correspond au coût des commandes en voie de fabrication à cette date. Durant l'exercice, on impute, à la fabrication, des matières, de la main-d'œuvre et des frais généraux que l'on porte de temps à autre au débit du compte Produits en cours (remarquez les trois montants débités le 31 mars au compte Produits en cours ci-dessous). De même, tout le long de l'exercice, on porte au crédit du compte Produits en cours le coût des commandes terminées, soit le total du coût des matières premières, du coût de la main-d'œuvre directe et des frais généraux de fabrication se

Produits en cours

Date		Explications	Débit	Crédit	Solde
Mars	1	Solde			2,850
	10	Commande 7449		7,920	(5,070)
	18	Commande 7448		9,655	(14,725)
	24	Commande 7450		8,316	(23,041)
	29	Commande 7452		279	(23,320)
	29	Commande 7451		6,295	(29,615)
	31	Matières premières utilisées	17,150		(12,465)
	31	Main-d'œuvre directe de l'exercice	10,100		(2,365)
	31	Frais généraux imputés	15,150		12,785

rapportant à ces commandes. Il en résulte que le compte Produits en cours est un compte d'inventaire permanent dont le solde débiteur est égal, après avoir terminé le travail de report, au coût des commandes encore en voie de fabrication. Et remarquez que nul n'est besoin de prendre un inventaire matériel pour obtenir ce résultat. Ainsi, le compte Produits en cours de la page 693 a, le 31 mars, un solde débiteur de $12,785, ce qui représente le coût des commandes non terminées à cette date.

Comptabilisation du coût des matières premières

■ Dans un système de prix de revient par commande, les matières entreposées dans un magasin sous la supervision d'un magasinier n'en sorte que moyennant un bon de sortie de matières (voir le tableau 23–4). Ce système a pour objet d'exercer un contrôle sur cet élément du coût de fabrication. Les bons de sortie servent aussi à imputer le coût des matières aux commandes en voie de fabrication ou au compte Frais généraux de fabrication selon qu'il s'agit de matières premières ou de matières indirectes. Nous décrivons aux paragraphes suivants la façon d'utiliser les bons de sortie de matières.

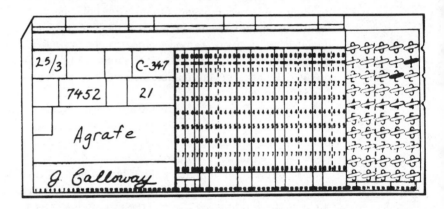

Tableau 23–4

Lorsqu'une section de fabrication a besoin de matières, on établit un bon de sortie de matières que signe un contremaître ou un autre responsable. Le bon de sortie remis au magasinier décrit les matières dont l'atelier de fabrication a besoin et indique le numéro de la commande à laquelle elles sont destinées. À la fin de chaque jour, le magasinier envoie les bons de sortie de matières au service de la comptabilité.

Étant donné que l'acheminement des matières à l'usine diminue le stock de matières entreposées dans le magasin, le service de la comptabilité inscrit les sorties de matières dans la colonne « Sorties » d'une ou plusieurs fiches d'inventaire, selon le cas. Cette écriture a évidemment pour effet de réduire la quantité des matières en main ainsi que l'illustre la fiche d'inventaire du tableau 23–1 sur laquelle on a inscrit les données figurant sur le bon de sortie du tableau 23–4.

Les matières utilisées dans l'usine peuvent servir pour remplir des commandes ou exécuter certains travaux d'ordre général, comme des travaux d'entretien ou des réparations. Ainsi, après avoir utilisé les bons de sortie pour inscrire les matières qui y figurent dans la colonne « Sorties » des cartes d'inventaire, on les classe par commandes ou par éléments de frais généraux de fabrication et on en impute le coût aux commandes en question ou aux comptes appropriés de frais généraux. Le coût des matières entrant dans la fabrication de commandes doit ensuite être inscrit dans la colonne « Matières » des fiches de fabrication. (Remarquez, à ce sujet, la colonne « Matières » de la fiche de fabrication du tableau 23–3 où figure le coût des matières inscrites sur le bon de sortie du tableau 23–4.) Les matières servant à l'exécution de travaux d'ordre général doivent être portées au débit de l'un ou l'autre des comptes de frais généraux de fabrication dans le grand livre général des frais généraux de fabrication. Une entreprise industrielle qui utilise un système de prix de revient par commande comptabilise généralement tous les frais généraux dans un compte de contrôle du grand livre général auquel correspond le grand livre auxiliaire des frais généraux de fabrication où l'on retrouve un compte pour chaque élément des frais généraux: chauffage, éclairage, force motrice, réparations, etc. Ainsi, le coût des ampoules électriques figurant sur un bon de sortie de matières doit être porté au débit du compte Éclairage du grand livre auxiliaire des frais généraux de fabrication.

Les fiches d'inventaire, les fiches de fabrication et les comptes de frais généraux de fabrication constituent trois grands livres auxiliaires distincts auxquels correspondent trois comptes de contrôle du grand livre général. Pour cette raison, les écritures données précédemment ne suffisent pas. Il faut aussi passer des écritures dans les comptes de contrôle eux-mêmes à la fin d'un mois, d'une semaine, etc. Les sommes comptabilisées proviennent du total des montants figurant sur les bons de sorties du mois ou de la semaine. Voici, par exemple, l'écriture qu'il faut passer au journal général si le coût des matières imputé durant le mois de mars aux fiches de fabrication et aux comptes de frais généraux s'élève respectivement à $17,150 et à $320:

Mars	31	Produits en cours	17,150.00	
		Frais généraux de fabrication	320.00	
		Magasin		17,470.00
		Pour inscrire le coût des matières sorties du magasin au cours du mois de mars.		

La somme de $17,150 portée au débit du compte Produits en cours dans l'écriture précédente provient du coût total des matières imputé à différentes fiches de fabrication en mars. De même, la somme de $320 portée au débit du compte Frais généraux de fabrication est égal aux montants débités au cours du mois à divers comptes du grand livre auxiliaire des frais généraux de fabrication. Quant au crédit de $17,470, il représente le total des sommes inscrites au cours du mois dans la colonne « Sorties » des diverses fiches d'inventaire.

■ Une entreprise industrielle utilise des horloges enregistreuses, des cartes de pointage et un livre de paye (voir le chapitre 13) pour déterminer le nombre d'heures de travail et le coût de la main-d'œuvre directe et indirecte. Voici l'écriture qu'il faut passer au journal général pour inscrire la paye des ouvriers de l'usine, compte non tenu toutefois des retenues et des contributions de l'employeur:

Mars	7	Paye — Usine	2,900.00	
		Salaires courus à payer		2,900.00
		Pour inscrire la paye des ouvriers de l'usine.		

Comme on répète cette écriture à la fin de chaque période de paye, le compte Paye — Usine (voir le tableau 23-6) comprend les montants portés au débit de ce compte au cours d'un mois ou de toute autre période.

Les cartes de pointage servent à déterminer quotidiennement le nombre d'heures de travail de chaque ouvrier mais elles ne font pas connaître le temps consacré à chaque tâche et le coût qu'il faut imputer à chaque commande ou porter au débit des comptes de frais généraux.

BON DE TRAVAIL C-3422

Employé

Nom _Georges Labrecque_

Horloge _342_

Commande

Nº _7542_

Description _Bobinage_

Nº de compte de frais généraux _____

Début	Fin	Temps écoulé	Taux	Coût
8 h	10 h	2	3.00	6.00

Georges Labrecque
Employé

Date:

_23/3_   _Jean Chevalier_
Contremaître

Tableau
23-5

Des *bons de travail* semblables à celui du tableau 23-5 fournissent les informations relatives à l'emploi du temps des ouvriers. Il revient à ceux-ci ou aux contremaîtres de remplir un bon de travail pour chaque tâche exécutée au cours d'une journée. Si un ouvrier consacre tout son temps à l'exécution d'une même tâche, un seul bon de travail suffit. En revanche, s'il exécute plus d'une tâche, il remplit un bon de travail chaque fois qu'il change d'occupation. À la fin d'une journée, le contremaître doit envoyer tous les bons de travail au service de la comptabilité.

L'étape suivante consiste à inscrire sur les fiches de fabrication le coût de la main-d'œuvre directe trouvé en compilant les bons de travail d'une journée. Ainsi, le premier chiffre inscrit dans la colonne « Main-d'œuvre » du tableau 23–3 correspond au coût de la main-d'oeuvre compilée sur le bon de travail du tableau 23–5. De même, le service de la comptabilité porte, au débit des comptes de frais généraux, le coût de la main-d'œuvre indirecte qu'une analyse des bons de travail permet de connaître. À la fin du mois ou à la fin de toute autre période, on additionne les sommes figurant sur les bons de travail afin d'obtenir le coût de la main-d'œuvre directe et le coût de la main-d'œuvre indirecte. Voici l'écriture qu'il faut passer au journal général si le coût de la main-d'œuvre directe et celui de la main-d'œuvre indirecte du mois de mars s'élèvent respectivement à $10,100 et à $2,500:

Mars	31	Produits en cours	10,100.00	
		Frais généraux de fabrication	2,500.00	
		Paye — Usine		12,600.00
		Pour inscrire les bons de travail du mois.		

La somme de $10,100 de l'écriture précédente représente le coût de la main-d'œuvre directe imputé aux fiches de fabrication au cours du mois de mars alors que la somme de $2,500 représente le coût de la main-d'œuvre indirecte porté au débit de différents comptes de frais généraux de fabrication. Quant à la somme inscrite au crédit du compte Paye — Usine, elle est égale au total de tous les montants inscrits sur les bons de travail du mois de mars. Remarquez, dans le tableau 23–6, que le compte Paye — Usine a un solde créditeur de $605 après avoir reporté toutes les écritures relatives à la paye. Ce solde créditeur représente à la fois la paye courue à payer au 31 mars et les sommes inscrites sur des bons de travail des trois jours qui ont suivi la fin de la dernière période de paye, soit le 28 mars.

Paye — Usine

Date		Explications	Débit	Crédit	Solde
Mars	7	Paye de la semaine	2,900		2,900
	14	Paye de la semaine	2,950		5,850
	21	Paye de la semaine	3,105		8,955
	28	Paye de la semaine	3,040		11,995
	31	Relevé des bons de travail du mois		12,600	(605)

Tableau 23–6

Comptabilisation des frais généraux de fabrication

■ Dans un système de prix de revient par commande, il est nécessaire de compiler le coût des matières premières, le coût de la main-d'œuvre directe et les frais généraux de fabrication se rapportant à chaque commande. Autrement, il serait impossible de déterminer le coût de chaque commande. Nous venons de voir que les bons de sortie et les bons de travail permettent de connaître le coût des matières premières et le coût de la main-d'œuvre directe se rapportant à chaque commande. Les frais généraux toutefois ne se rapportent à aucune commande en particulier. Dans ce cas, il est nécessaire d'étudier, par exemple, les relations entre les frais généraux et le coût de la main-d'œuvre directe et d'imputer les frais généraux aux commandes au moyen d'un *coefficient d'imputation déterminé d'avance*.

Voici comment calculer un coefficient d'imputation déterminé d'avance établi en fonction du coût de la main-d'œuvre directe: (1) on estime d'abord au début d'un exercice le total des frais généraux de fabrication de l'exercice; (2) on estime ensuite le coût de la main-d'œuvre directe de l'exercice; et (3) on calcule le pourcentage que représentent les frais généraux prévus de fabrication par rapport au coût prévu de la main-d'œuvre directe. Si. par exemple, l'on estime que les frais généraux de fabrication et le coût de la main-d'œuvre directe seront respectivement de $180,000 et de $120,000 au cours du prochain exercice, on trouve que le coefficient d'imputation des frais généraux est de 150% en appliquant la formule suivante:

$$\frac{\text{Frais généraux de fabrication prévus, \$180,000}}{\text{Coût estimatif de la main-d'œuvre directe, \$120,000}} = 150\%$$

Le coefficient d'imputation déterminé de cette façon sert au cours de l'exercice tout entier pour imputer les frais généraux de fabrication aux commandes au moment où elles sont terminées. Voici comment imputer les frais généraux de fabrication et calculer le coût total d'une commande: (1) Au moment où une commande est terminée, on additionne les montants inscrits respectivement dans les colonnes « Matières » et « Main-d'œuvre »; (2) on calcule ensuite les frais généraux imputables à cette commande en multipliant le coût de la main-d'œuvre directe par le coefficient d'imputation déterminé d'avance et on inscrit le résultat obtenu dans la colonne « Frais généraux imputés » de la fiche de fabrication; (3) finalement, on détermine le coût total de la commande en inscrivant, dans la section Sommaire des coûts, le coût des matières, le coût de la main-d'œuvre directe et les frais généraux imputés et en additionnant ces trois chiffres.

On utilise aussi le coefficient d'imputation des frais généraux de fabrication pour imputer les frais généraux aux produits encore en voie de fabrication à la fin d'un exercice, Par la suite, le total des frais généraux imputés durant l'exercice est porté au débit du compte Produits en cours au moyen de l'écriture suivante:

Mars	31	Produits en cours	15,150.00	
		Frais généraux de fabrication		15,150.00
		Pour inscrire les frais généraux imputés		
		aux produits fabriqués en mars.		

Voici le compte Frais généraux de fabrication après avoir reporté toutes les écritures qui s'y rapportent:

Frais généraux de fabrication

Date		Explications	F°	Débit	Crédit	Solde
Mars	31	Matières indirectes	G24	320		320
	31	Main-d'œuvre indirecte	G24	2,500		2,820
	31	Déboursés divers	D89	3,306		6,126
	31	Frais courus à payer et dépenses				
		payées d'avance	G24	9,056		15,182
	31	Frais généraux imputés			15,150	32

Tableau 23–7

Dans le compte Frais généraux de fabrication du tableau 23–7, les frais généraux réels de mars s'élèvent à $15,182 et comprennent quatre éléments. Les deux premiers ne nécessitent aucune explication; le troisième s'élève à $3,306 et se rapporte à des sommes versées pour régler les comptes de téléphone, d'électricité, etc.; finalement, le quatrième comprend des coûts comme l'amortissement, les taxes foncières, les assurances échues, etc.

Lorsque l'on impute les frais généraux à une commande en particulier au moyen d'un coefficient d'imputation calculé en fonction du coût de la main-d'œuvre directe, on pose l'hypothèse que la relation entre les frais généraux attribuables à une commande et le coût de la main-d'œuvre imputé à cette commande est la même que celle qui existe entre le total des frais généraux de fabrication prévus et le coût total estimatif de la main-d'œuvre directe. Même si cette hypothèse n'est pas toujours fondée, les résultats sont satisfaisants si le rapport entre les frais généraux et le coût de la main-d'œuvre directe est approximativement le même pour toutes les commandes. De toute façon, c'est là un moyen simple et pratique d'imputer les frais généraux de fabrication aux produits fabriqués. Si, cependant, le rapport entre les frais généraux et le coût de la main-d'œuvre directe varie d'une commande à une autre, il faut utiliser une autre base d'imputation des frais généraux, comme le nombre d'heures de main-d'œuvre directe ou le nombre d'heures-machines. Nous ne discuterons pas davantage ici de ce sujet qui relève principalement d'un cours de prix de revient.

**La sur-
imputation
ou la sous-
imputation
des frais
généraux de
fabrication**

■ Le compte Frais généraux de fabrication a rarement un solde nul lorsque l'on impute les frais généraux aux produits fabriqués au moyen d'un coefficient d'imputation déterminé d'avance. Parfois, les frais généraux réels excèdent les frais généraux imputés et parfois c'est le contraire qui se produit. Lorsque le compte Frais généraux de fabrication a un solde débiteur (dans ce cas, les frais généraux réels excèdent les frais généraux imputés), on dit que ce solde représente une *sous-imputation*. En revanche, un solde créditeur représente une *sur-imputation*, c'est-à-dire des frais généraux imputés supérieurs aux frais généraux réels. Souvent, le solde du compte Frais généraux est faible et est tantôt débiteur, tantôt créditeur. Cependant, quel que soit ce solde, il faut l'éliminer à la fin d'un exercice.

Si, à la fin d'un exercice, le solde du compte Frais généraux est élevé, il est acceptable de l'éliminer en le répartissant entre le stock de produits en cours, le stock de produits finis et le coût des produits vendus, ce qui a pour effet d'évaluer ces produits à leur coût réel. Posons, pour donner un exemple, les hypothèses suivantes: (1) le compte Frais généraux d'une entreprise a un solde débiteur de $1,000 (frais généraux sous-imputés) et (2) les frais généraux imputés aux produits encore en voie de fabrication, aux produits finis et aux produits vendus sont respectivement de $10,000, $20,000 et $70,000. Voici l'écriture qu'il faut passer au journal général pour répartir les frais sous-imputés de $1,000:

Déc.	31	Produits en cours	100.00	
		Produits finis	200.00	
		Coût des produits vendus	700.00	
		Frais généraux de fabrication		1,000.00
		Pour éliminer les frais généraux sous-imputés et les répartir entre le stock de produits en cours, le stock de produits finis et le coût des produits vendus.		

Avant de passer au journal général l'écriture précédente, on doit ajouter une partie des frais généraux sous-imputés à chacune des commandes en voie de fabrication à la fin de l'exercice.

Parfois, il est acceptable de porter en entier la sur-imputation ou la sous-imputation des frais généraux (si elle est faible) au compte Coût des produits vendus parce que, de toute façon, elle sera éventuellement portée à ce compte et parce que l'exactitude qui résulte d'une répartition des frais généraux sur-imputés ou sous-imputés n'en vaut pas la peine.

■ Lorsqu'une commande est terminée, on doit virer son coût au compte Produits finis ainsi que l'illustre l'écriture suivante dont le montant est tiré de la fiche de fabrication du tableau 23–3:

Mars	29	Produits finis	279.00	
		Produits en cours		279.00
		Pour virer le coût de la commande n° 7452 au compte Produits finis.		

Après avoir passé au journal général l'écriture précédente il faut retirer la fiche de fabrication du grand livre auxiliaire des produits en cours, inscrire le mot « terminé » sur cette fiche et la classer avec les fiches des produits finis. Ce travail équivaut effectivement à porter au grand livre auxiliaire des produits en cours une somme égale à celle que l'on inscrit au crédit du compte de contrôle Produits en cours.

Comptabili-sation du coût des produits vendus

■ Une entreprise qui utilise un système de prix de revient par commande est en mesure de connaître le coût d'une commande dès qu'elle est terminée. Il s'ensuit qu'il est possible de comptabiliser le coût des produits vendus au moment même de la vente. Si, par exemple, des produits coûtant $279 sont vendus à un prix de $450, il faut passer au journal général l'écriture composée suivante:

Mars	29	Comptes à recevoir — X, Ltée	450.00	
		Coût des produits vendus	279.00	
		Ventes		450.00
		Produits finis		279.00
		Pour inscrire la vente de produits et leur coût correspondant.		

Lorsque l'on inscrit le coût des produits vendus au moment de la vente, le solde du compte Coût des produits vendus à la fin d'un exercice représente effectivement le coût des produits vendus durant cet exercice.

LE PRIX DE REVIENT À FABRICATION UNIFORME ET CONTINUE

■ On entend par « prix de revient à fabrication uniforme et continue » un système de prix de revient qui consiste à accumuler les coûts de fabrication par procédés de fabrication ou par ateliers.

Parmi les entreprises qui utilisent un système de prix de revient à fabrication uniforme et continue, on note les cimenteries, les minoteries et toute autre entreprise qui fabrique des produits à la chaîne ou en série. Dans ces entreprises, on confie à des ateliers la tâche d'exécuter chacune des étapes du processus de fabrication. On accumule les coûts par ateliers et on mesure l'efficacité d'un atelier en comparant sa production avec les coûts qui lui sont imputés.

Accumula-tion des coûts par ateliers

■ L'accumulation des coûts par ateliers, dans un système de prix de revient à fabrication uniforme et continue, demande d'ouvrir un compte distinct de produits en cours pour chaque atelier. Supposons, par exemple, qu'une entreprise fabrique un produit métallique. Un premier atelier découpe le métal, un deuxième atelier le plie et un troisième atelier peint le produit. Dans ce cas, on accumulerait les coûts dans trois comptes de produits en cours (un pour chaque atelier) et les coûts passeraient d'un compte à l'autre de la façon indiquée dans le diagramme du tableau 23–8.

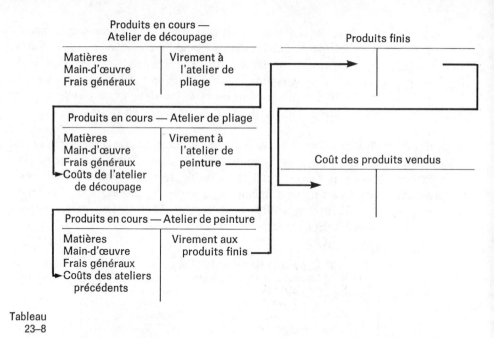

Tableau 23–8

Remarquez, dans le tableau 23–8, que l'on porte, au débit du compte Produits en cours d'un atelier, le coût des matières premières, le coût de la main-d'œuvre directe et les frais généraux de cet atelier. (On pose ici l'hypothèse que l'on a imputé à l'atelier de pliage le coût de certaines fournitures de fabrication.) Remarquez aussi que l'on vire les coûts d'un atelier à un autre au moment où le produit passe lui-même de l'atelier de découpage à l'atelier de pliage et de ce dernier atelier à l'atelier de peinture. Les coûts de l'atelier de découpage sont virés au compte Produits en cours — Atelier de pliage; plus tard on vire le total des coûts des deux premiers ateliers au compte Produits en cours — Atelier de peinture et, finalement, on vire le total des coûts des trois ateliers (ce qui représente le coût total du produit) au compte Produits finis.

Étant donné que dans un système de prix de revient à fabrication uniforme et continue la fabrication se fait en série, la comptabilisation du coût des matières et du coût de la main-d'œuvre directe est beaucoup plus simple que dans un système de prix de revient par commande. Même si l'on peut utiliser des bons de sortie de matières, on les remplace généralement par un rapport dans lequel le magasinier compile le coût des matières envoyées à chaque atelier au cours d'une certaine période. De même, on peut utiliser des bons de travail. Mais comme la plupart des employés travaillent toujours dans le même atelier, on n'a besoin que d'un relevé des salaires établi à la fin d'une période pour déterminer le coût de la main-d'œuvre directe qui doit être porté au débit de chacun des comptes de produits en cours. De plus, il n'est pas nécessaire, comme dans le prix de revient par commande, d'établir une distinction entre, d'une part, la main-d'œuvre directe et la main-d'œuvre indirecte et, d'autre part, entre les matières premières et les fournitures de fabrication. Il suffit d'imputer au bon atelier le coût des matières et celui de la main-d'œuvre, qu'il s'agisse de coûts directs ou de coûts indirects.

La comptabilisation des frais généraux de fabrication est également plus simple dans un système de prix de revient à fabrication uniforme et continue. Étant donné que l'on n'a pas à déterminer le coût d'une commande en particulier, il suffit d'imputer à chaque atelier les frais généraux réels de fabrication, ce qui veut dire qu'il n'est pas nécessaire de calculer des coefficients d'imputation déterminés d'avance.

La production équivalente

■ L'objectif principal de tout système de prix de revient à fabrication uniforme et continue est de déterminer le coût unitaire de chacun des éléments du coût des produits traités dans un atelier. Pour atteindre cet objectif, il faut: (1) accumuler, par ateliers, le coût des matières premières, le coût de la main-d'œuvre directe et les frais généraux de fabrication; (2) tenir compte du nombre d'unités traitées dans chaque atelier au cours d'un exercice; et (3) diviser les coûts dont il est question en (1) par le nombre d'unités traitées. Il faut noter cependant que si un atelier a des produits en voie de fabrication au début et à la fin d'un exercice, on ne peut évaluer correctement la production de cet atelier en ne tenant compte que des unités terminées au cours de l'exercice. Dans ce cas, il faut calculer ce que l'on appelle la *production équivalente* ou le *nombre équivalent d'unités terminées* qu'un atelier a traitées au cours d'un exercice.

Lorsque l'on calcule la production équivalente, on pose l'hypothèse, par exemple, que le temps pris pour fabriquer une unité est équivalent à celui que l'on prendrait pour achever la fabrication de deux unités terminées à 50%. De même, le temps consacré pour fabriquer une unité équivaut à celui que l'on prendrait pour achever la fabrication de trois unités terminées à 33 1/3%. Nous illustrons la façon de calculer la production équivalente dans l'exemple qui suit.

Le système de prix de revient à fabrication uniforme et continue: un exemple

■ Nous allons maintenant illustrer le fonctionnement d'un système de prix de revient à fabrication uniforme et continue en décrivant le système de prix de revient de Delta, Ltée, une entreprise industrielle qui fabrique un médicament appelé Noxall.

Voici de quelle façon Delta, Ltée fabrique le produit Noxall: l'ingrédient A qui est réduit en poudre dans l'atelier de broyage est envoyé dans l'atelier de malaxage où l'on ajoute l'ingrédient B que l'on mélange avec l'ingrédient A pour obtenir le produit fini. On transporte ensuite Noxall de l'atelier de malaxage à l'entrepôt des produits finis. L'ingrédient A est requis dès le moment où le traitement commence dans l'atelier de broyage. En revanche, on ajoute l'ingrédient B uniformément au cours de tout le temps que dure la fabrication dans l'atelier de malaxage. En d'autres mots, on n'a incorporé au produit traité dans cet atelier que le tiers ou les trois quarts de l'ingrédient B lorsqu'un produit n'est terminé qu'à 33 1/3% ou à 75%. Quant à la fraction du coût de la main-d'œuvre et des frais généraux imputés à Noxall dans le deuxième atelier, elle est égale au pourcentage d'achèvement de ce produit.

Voici les comptes de produits en cours des deux ateliers à la fin d'avril après y avoir reporté le coût des matières, le coût de la main-d'œuvre et les frais généraux du mois:

Produits en cours — Atelier de broyage

Date		Explications	Débit	Crédit	Solde
Avril	1	Stock au début			4,250
	30	Ingrédient A	9,900		14,150
	30	Main-d'œuvre	5,700		19,850
	30	Frais généraux	4,275		24,125

Produits en cours — Atelier de malaxage

Date		Explications	Débit	Crédit	Solde
Avril	1	Stock au début			3,785
	30	Ingrédient B	2,040		5,825
	30	Main-d'œuvre	3,570		9,395
	30	Frais généraux	1,020		10,415

Les informations suivantes portant sur les stocks ainsi que sur les unités commencées et finies dans chaque atelier sont tirées des rapports de production établis par le contremaître de chacun des ateliers:

	Atelier de broyage	Atelier de malaxage
Unités en voie de fabrication au début d'avril	30,000	16,000
Pourcentage d'achèvement de ces unités	33⅓%	25%
Unités commencées en avril et finies au cours du mois	70,000	85,000
Total des unités transportéees à l'atelier suivant ou à l'entrepôt des produits finis	100,000	101,000
Unités en voie de fabrication à la fin d'avril	20,000	15,000
Pourcentage d'achèvement de ces unités	25%	33⅓%

Après avoir reçu les rapports de production des deux contremaîtres, le comptable dresse le relevé des coûts de l'atelier de broyage (voir le tableau 23–9). Ce sommaire des coûts est propre aux entreprises industrielles qui fabriquent un produit en série. On dresse un sommaire de ce genre pour chaque atelier de fabrication et on y inclut les détails suivants: (1) les coûts imputés à l'atelier, (2) le coût unitaire de chacun des éléments du coût de fabrication, compte tenu de la production équivalente et (3) les coûts applicables aux stocks de produits en cours et aux produits commencés et terminés durant l'exercice.

Remarquez que le relevé des coûts d'un atelier se répartit en trois sections. La première section intitulée « Coûts imputés à l'atelier » comprend les frais de fabrication de l'atelier pour l'exercice. Ces informations sont tirées du compte Produits en cours de l'atelier ainsi que l'indique la comparaison faite entre les chiffres du compte Produits en cours — Atelier de broyage et ceux de la première section du tableau 23–9.

Delta, Ltée
Relevé des coûts de l'atelier de broyage
pour le mois terminé le 30 avril 1976

COÛTS IMPUTÉS À L'ATELIER :

Ingrédient A	$ 9,900
Main-d'œuvre	5,700
Frais généraux de fabrication	4,275
	$19,875
Coût des unités en voie de fabrication au 1er avril 1976	4,250
Total des coûts	$24,125

CALCUL DE LA PRODUCTION ÉQUIVALENTE ET DES COÛTS UNITAIRES :

	Nombre d'unités	Pourcentage achevé au cours de l'exercice	Production équivalente de l'exercice
Matières :			
Stock au début	30,000	–0–	–0–
Unités commencées et terminées	70,000	100%	70,000
Stock à la fin	20,000	100%	20,000
			90,000

Coût unitaire — Matières : $9,900 ÷ 90,000 = $0.11

	Nombre d'unités	Pourcentage achevé au cours de l'exercice	Production équivalente de l'exercice
Main-d'œuvre et frais généraux de fabrication :			
Stock au début	30,000	66⅔%	20,000
Unités commencées et terminées	70,000	100%	70,000
Stock à la fin	20,000	25%	5,000
			95,000

Coût unitaire — Main-d'œuvre : $5,700 ÷ 95,000 = $0.06
Coût unitaire — Frais généraux de fabrication : $4,275 ÷ 95,000 = $0.045

COÛT DE FABRICATION DE L'EXERCICE :

Unités en voie de fabrication au début d'avril (30,000 unités) :		
Coût de ces unités au 1er avril	$ 4,250	
Coût de l'ingrédient A pour avril	–0–	
Main-d'œuvre (30,000 × 66⅔% × $0.06)	1,200	
Frais généraux de fabrication (30,000 × 66⅔% × $0.045)	900	
Coût total de fabrication des 30,000 unités		$ 6,350
Unités commencées et terminées en avril (70,000 unités) :		
Coût de l'ingrédient A (70,000 @ $0.11)	$ 7,700	
Main-d'œuvre (70,000 @ $0.06)	4,200	
Frais généraux (70,000 @ $0.045)	3,150	
Coût total de fabrication des 70,000 unités		15,050
Coût total des unités traitées dans l'atelier et envoyées à l'atelier de malaxage (100,000 unités @ $0.214 chacune)		$21,400
Unités en voie de fabrication à la fin d'avril (20,000 unités) :		
Coût de l'ingrédient A (20,000 @ $0.11)	$ 2,200	
Main-d'œuvre (20,000 × 25% × $0.06)	300	
Frais généraux de fabrication (20,000 × 25% × $0.045)	225	
Coût des unités en voie de fabrication au 30 avril		2,725
Total des coûts		$24,125

Tableau
23–9

La deuxième section intitulée « Calcul de la production équivalente et des coûts unitaires » contient des informations relatives aux unités et à leur pourcentage d'achèvement provenant du rapport de production établi par le contremaître de l'atelier. Les données portant sur le coût des matières, le coût de la main-d'œuvre et les frais généraux de fabrication proviennent de la première section du relevé des coûts de l'atelier.

Remarquez, dans la deuxième section du tableau 23–9, le double calcul relatif à la détermination du coût unitaire de la production équivalente. Deux calculs sont nécessaires parce que le pourcentage d'achèvement des unités en voie de fabrication au début d'avril n'est pas le même pour tous les éléments du coût de fabrication. Ainsi que nous l'avons déjà dit, l'ingrédient A est incorporé au produit dès le début alors que l'on ajoute graduellement à la production le coût de la main-d'œuvre directe et les frais généraux. Le nombre d'unités équivalentes correspondant à la production de l'exercice n'est donc pas le même pour les matières que pour la main-d'œuvre et les frais généraux de fabrication.

Il est bon de noter que l'on n'ajoute pas l'ingrédient A aux unités en voie de fabrication au début de l'exercice parce que, dans l'atelier de broyage, on a besoin de cet ingrédient dès le début du procédé de fabrication. Comme les 30,000 unités en voie de fabrication ont été commencées en mars, on n'a pas, au cours d'avril à ajouter l'ingrédient A à ces unités.

On divise ensuite le coût de l'ingrédient A imputé à l'atelier de broyage ($9,900) par 90,000 unités équivalentes et l'on trouve un coût unitaire de $0.11 pour l'ingrédient A utilisé par cet atelier au cours d'avril.

Passons maintenant au calcul de la production équivalente pour la main-d'œuvre et les frais généraux. Comme les 30,000 unités en voie de fabrication au début de l'exercice avaient un pourcentage d'achèvement de 33 1/3%, la main-d'œuvre requise pour terminer ces unités correspond au travail qu'il aurait fallu effectuer pour fabriquer en entier 20,000 unités. En d'autres mots, 66 2/3% du travail relatif aux 30,000 unités en voie de fabrication au début d'avril a été effectué en avril. C'est là un point susceptible de susciter des difficultés à certains étudiants qui peuvent se tromper en déterminant la partie du travail à exécuter et le nombre d'unités équivalentes qui y correspond.

Avant d'aller plus loin, il est bon de noter que le calcul de la production équivalente relative à la main-d'œuvre et aux frais généraux consiste essentiellement à dire que le nombre d'unités équivalentes, 95,000, est égal à: (1) 66 2/3% du travail que requiert la production de 30,000 unités, (2) 100% du travail relatif à la production de 70,000 unités et (3) 25% du travail portant sur la production de 20,000 unités. Le coût unitaire de la production équivalente se rapportant à la main-d'œuvre et aux frais généraux se trouve en divisant respectivement le coût de la main-d'œuvre, $5,700, et les frais généraux de fabrication, $4,275, par le nombre d'unités équivalentes, 95,000.

Quand un atelier commence un exercice et le finit avec des produits en voie de fabrication ou partiellement terminés, il est nécessaire de répartir le total des coûts de cet atelier entre les unités en voie de fabrication au début, les unités commencées et terminées durant l'exercice et les unités en voie de fabrication à la fin. Cette répartition s'impose afin de déterminer le coût de toutes les unités terminées dans l'atelier au cours de l'exercice. Nous illustrons la façon de faire ce travail dans la troisième section du relevé des coûts de fabrication de l'atelier de broyage.

Remarquez, dans la troisième section du tableau 23–9, la façon de déterminer le coût des unités en voie de fabrication au début et terminées durant l'exercice. Le coût de ces unités comprend d'abord le coût qui leur était atttribué au 1er avril, soit \$4,250. Ce montant représente 100% du coût de l'ingrédient A et 33 1/3% du coût de la main-d'œuvre et des frais généraux de fabrication. Le plus souvent, on ajoute à ce coût de \$4,250 le coût des matières que nécessite le traitement de ces unités en voie de fabrication. Cependant, il n'y a pas lieu d'ajouter d'autres matières dans l'atelier de broyage parce que le seul ingrédient que nécessite leur fabrication a été incorporé à ces unités en mars. Au coût des unités en voie de fabrication au début de l'exercice, \$4,250, on commence par ajouter le coût de la main-d'œuvre requise pour les terminer, soit \$1,200. On calcule cette somme en multipliant le nombre d'unités équivalentes (2/3 de 30,000 = 20,000) par le coût unitaire de la main-d'œuvre (\$0.06). Finalement, il faut ajouter, aux sommes qui précèdent, une partie des frais généraux de fabrication, soit \$900. Cette somme se trouve de la même façon que le coût de la main-d'œuvre en multipliant le nombre d'unités équivalentes (2/3 de 30,000 = 20,000) par le coût unitaire des frais généraux de fabrication (\$0.045).

Après avoir déterminé le coût total des unités qui étaient en voie de fabrication au début d'avril, on procède de la même manière pour déterminer le coût des unités commencées et terminées au cours du mois. Puis l'on vire aux produits finis le coût total de tous les produits terminés en avril, soit 30,000 unités qui étaient en voie de fabrication au 1er avril et 70,000 unités commencées et terminées durant le mois. Le coût total à virer est de \$21,400 (\$6,350 + \$15,050), ce qui donne un coût unitaire de \$0.214, c'est-à-dire \$21,400 ÷ 100,000 unités.

Avant d'aller plus loin, remarquez que le coût unitaire de la production équivalente calculée sur le relevé des coûts de l'atelier de broyage est de \$0.215, soit \$0.11 pour les matières, \$0.06 pour la main-d'œuvre et \$0.045 pour les frais généraux. La différence entre ce coût unitaire de \$0.215 et celui que l'on a trouvé en divisant \$214,000 par 100,000 unités (\$0.214) provient de ce que les coûts des unités en voie de fabrication à la fin de mars étaient légèrement inférieurs aux coûts de fabrication du mois d'avril.

On complète le relevé des coûts de l'atelier de broyage en déterminant le coût des unités en voie de fabrication à la fin de l'exercice, compte tenu du pourcentage d'achèvement. Après avoir terminé ce travail, il faut passer au journal général l'écriture suivante afin de virer le coût des unités terminées durant le mois au compte Produits en cours — Atelier de malaxage. (Les informations dont le comptable a besoin pour passer cette écriture proviennent de la troisième section du tableau 23–9.)

Avril	30	Produits en cours — Atelier de malaxage	21,400.00	
		Produits en cours — Atelier de broyage ...		21,400.00
		Pour virer le coût de 100,000 unités de Noxall du premier au deuxième atelier.		

Voici les comptes Produits en cours — Atelier de broyage et Produits en cours — Atelier de malaxage après avoir reporté l'écriture précédente :

Produits en cours — Atelier de broyage

Date		Explications	Débit	Crédit	Solde
Avril	1	Stock au début			4,250
	30	Matières	9,900		14,150
	30	Main-d'œuvre	5,700		19,850
	30	Frais généraux	4,275		24,125
	30	Unités envoyées à l'atelier de malaxage		21,400	2,725

Produits en cours — Atelier de malaxage

Date		Explications	Débit	Crédit	Solde
Avril	1	Stock au début			3,785
	30	Matières	2,040		5,825
	30	Main-d'œuvre	3,570		9,395
	30	Frais généraux	1,020		10,415
	30	Unités reçues de l'atelier de broyage	21,400		31,815

Tableau 23–10

Remarquez que l'effet de l'écriture précédente est de virer les coûts de fabrication, d'un compte à un autre, au même moment où les produits passent du premier au deuxième atelier.

De la même manière que l'on a dressé un relevé des coûts de l'atelier de broyage, il faut établir un relevé des coûts de l'atelier de malaxage au moyen des informations tirées du rapport du contremaître et du compte Produits en cours — Atelier de malaxage.

Il convient, en particulier, d'attirer l'attention sur deux points de ce sommaire que l'on retrouve au tableau 23–11. Considérons d'abord le calcul des unités équivalentes terminées au cours de l'exercice. Comme l'on incorpore graduellement tous les éléments du coût de production durant tout le temps que dure la fabrication, un seul calcul suffit pour trouver la production équivalente. Cette situation diffère de celle de l'atelier de broyage où, comme nous l'avons vu, il faut effectuer deux séries de calculs parce que l'ingrédient A est incorporé à la production dès le début alors que le travail se répartit sur toute la durée du processus de fabrication.

Nous désirons ensuite faire remarquer la façon de traiter les coûts de

Delta, Ltée
Relevé des coûts de l'atelier de malaxage
pour le mois terminé le 30 avril 1976

COÛTS IMPUTÉS À L'ATELIER :
Ingrédient B .... $ 2,040
Main-d'œuvre 3,570
Frais généraux de fabrication 1,020
$ 6,630
Coût des unités en voie de fabrication au 1ᵉʳ avril 1976 3,785
Coût des produits reçus de l'atelier de broyage (100,000 unités @ $0.214 chacune) . 21,400
Total des coûts $31,815

CALCUL DE LA PRODUCTION ÉQUIVALENTE ET DES COÛTS UNITAIRES :

	Nombre d'unités	Pourcentage achevé au cours de l'exercice	Production équivalente de l'exercice
Matières, main-d'œuvre et frais généraux de fabrication :			
Stock au début	16,000	75%	12,000
Unités commencées et terminées	85,000	100%	85,000
Stock à la fin de l'exercice	15,000	33⅓%	5,000
			102,000

Coût unitaire — Matières : $2,040 ÷ 102,000 = $0.02
Coût unitaire — Main-d'œuvre : $3,570 ÷ 102,000 = $0.035
Coût unitaire — Frais généraux de fabrication : $1,020 ÷ 102,000 = $0.01

COÛTS DE FABRICATION DE L'EXERCICE :
Unités en voie de fabrication au début d'avril (16,000 unités) :
Coût de ces unités au 1ᵉʳ avril .... $ 3,785
Coût de l'ingrédient B pour avril (16,000 × 75% × $0.02) 240
Main-d'œuvre (16,000 × 75% × $0.035) 420
Frais généraux de fabrication (16,000 × 75% × $0.01) 120
Coût total des 16,000 unités .... $ 4,565
Unités commencées et terminées en avril (85,000 unités) :
Coût des produits reçus de l'atelier de broyage (85,000 @ $0.214) $18,190
Coût de l'ingrédient B (85,000 @ $0.02) 1,700
Main-d'œuvre (85,000 @ $0.035) 2,975
Frais généraux de fabrication (85,000 @ $0.01) 850
Coût total de fabrication de 85,000 unités 23,715
Coût total des unités traitées dans l'atelier et envoyées à
l'entrepôt des produits finis (101,000 unités @ $0.28) $28,280
Unités en voie de fabrication à la fin d'avril (15,000 unités) :
Coût de l'atelier de broyage (15,000 @ $0.214) .... $ 3,210
Coût de l'ingrédient B (15,000 × 33⅓% × $0.02) 100
Main-d'œuvre (15,000 × 33⅓% × $0.035) 175
Frais généraux de fabrication (15,000 × 33⅓% × $0.01) 50
Coût des unités en voie de fabrication au 30 avril 3,535
Total des coûts $31,815

Tableau
23–11

l'atelier de broyage virés à l'atelier de malaxage. Au cours d'avril, l'atelier de malaxage a reçu 100,000 unités coûtant $21,400 de l'atelier de broyage. De ces 100,000 unités, 85,000 ont été terminées au cours de l'exercice et expédiées à l'entrepôt des produits finis et 15,000 sont encore en voie de fabrication à la fin d'avril.

Remarquez, dans la première section du tableau 23–11, que le coût des 100,000 unités reçues de l'atelier de broyage constitue un des éléments du coût total de l'atelier. Comparez les informations que renferme cette section avec les données du compte Produits en cours — Atelier de malaxage.

Remarquez, de nouveau, dans la troisième section du relevé des coûts de l'atelier de malaxage, de quelle façon le coût des unités reçues de l'atelier de broyage ($21,400) est réparti entre les 85,000 unités commencées et terminées en avril et les 15,000 unités encore en voie de fabrication à la fin d'avril. On n'a incorporé aucune partie du coût de $21,400 aux 16,000 unités en voie de fabrication au début de l'exercice parce que l'atelier de malaxage les a reçues de l'atelier de broyage au cours du mois de mars. Les coûts de l'atelier de broyage se rapportant à ces unités font partie du coût de $3,785 des produits en cours au début d'avril.

La troisième section du relevé des coûts de l'atelier de malaxage indique que 101,000 unités coûtant $28,280 ont été terminées au cours d'avril et virées aux produits finis. Ce virement demande de passer au journal général l'écriture suivante:

Avril	30	Produits finis	28,280.00	
		Produits en cours — Atelier de malaxage ..		28,280.00
		Pour virer au compte Produits finis le coût des 101,000 unités terminées par l'atelier de malaxage au cours du mois.		

Voici les comptes Produits en cours — Atelier de malaxage et Produits finis après le report de l'écriture précédente:

Produits en cours — Atelier de malaxage

Date		Explications	Débit	Crédit	Solde
Avril	1	Stock au début			3,785
	30	Matières	2,040		5,825
	30	Main-d'œuvre	3,570		9,395
	30	Frais généraux	1,020		10,415
	30	Unités reçues de l'atelier de broyage	21,400		31,815
	30	Unités expédiées à l'entrepôt des produits finis		28,280	3,535

Produits finis

Date		Explications	Débit	Crédit	Solde
Avril	30	Unités reçues de l'atelier de malaxage	28,280		28,280

Tableau
23–12

Questions

1. Quelles sont les deux principales sortes de systèmes de prix de revient ? Quel système convient le mieux à : (*a*) un fabricant de machines dont les devis sont établis en fonction des besoins des clients, (*b*) un fabricant de machines à additionner par lots de 500 et (*c*) un fabricant de peinture ?

2. Dites ce qu'on entend par :

a. Système de prix de revient par commande.	*d.* Lot.
	e. Fiche de fabrication.
b. Système de prix de revient à fabrication uniforme et continue.	*f.* Bon de travail.
	g. Bon de sortie de matières.
c. Commande.	*h.* Sommaire des coûts de fabrication d'un atelier.

3. Quel grand livre auxiliaire correspond : (*a*) au compte de contrôle Matières et (*b*) au compte de contrôle Produits en cours ?

4. Comment détermine-t-on le stock de produits en cours dans un système de comptabilité semblable à celui que nous décrivons au chapitre 22 ? De quelle façon peut-on déterminer ce stock dans un système de comptabilité de prix de revient ?

5. À qui servent les fiches de fabrication ? Quel nom donne-t-on au grand livre qui contient les fiches de fabrication des commandes qui ne sont pas encore terminées ? Quel est le nom du compte de contrôle correspondant à ce grand livre ?

6. Quels documents sont nécessaires pour inscrire, sur les fiches de fabrication : (*a*) le coût des matières et (*b*) le coût de la main-d'œuvre ?

7. De quelle façon a-t-on déterminé les frais généraux imputés sur la fiche de fabrication du tableau 23–3 ?

8. De quelle manière calcule-t-on un cœfficient d'imputation déterminé d'avance ? Pourquoi utilise-t-on un tel cœfficient pour imputer les frais généraux de fabrication aux commandes ?

9. Pourquoi une entreprise industrielle qui utilise un système de prix de revient par commande a-t-elle des frais généraux sur-imputés ou sous-imputés à la fin d'un exercice ?

10. Le solde débiteur du compte Frais généraux de fabrication à la fin d'un exercice représente-t-il une sur-imputation ou une sous-imputation des frais généraux ?

11. Quelles différences principales y a-t-il entre une entreprise qui utilise un système de prix de revient par commande et une autre qui utilise un système de prix de revient à fabrication uniforme et continue ?

12. Qu'entend-on par production équivalente ?

13. Sur quelle hypothèse repose le calcul de la production équivalente ?

14. Quel est le nombre d'unités équivalentes terminées par un atelier lorsque : (*a*) le stock de produits en cours au début de l'exercice comprend 8,000 unités terminées à 25%, (*b*) le nombre d'unités commencées et terminées durant l'exercice est de 50,000 et (*c*) le stock de produits en cours à la fin de l'exercice comprend 6,000 unités terminées à 33⅓ % ?

15. Quelles sont les informations données dans chacune des trois sections du relevé des coûts d'un atelier ?

Exercices

Exercice 23–1

Première partie. Au cours de décembre 1975, Alpha, Ltée détermine le cœfficient d'imputation des frais généraux pour 1976. On estime alors que les frais généraux de fabrication et le coût de la main-d'œuvre directe de 1976 s'élèveront respectivement à $200,000 et à $160,000. Calculez le cœfficient d'imputation de Alpha, Ltée.

Deuxième partie. En février 1976, Alpha, Ltée a commencé et terminé la commande n° 874. Déterminez le coût de cette commande à laquelle on a imputé le coût des matières et de la main-d'œuvre inscrit sur la fiche de fabrication suivante :

FICHE DE FABRICATION						
Nom du client Carlos & Janos, Ltée			Commande N° 874			
Article commandé 1 moteur de 5 HP						

Date	Matières		Main-d'œuvre		Frais généraux imputés		
	N° des bons de sortie	Montant	N° des bons de travail	Montant	Date	Cœffi-cient	Montant
Fév. 2	1524	68.00	2116	16.00			
3	1527	47.00	2117	20.00			
4	1531	10.00	2122	16.00			

Exercice 23–2

En décembre 1975, Delta, Ltée a calculé de la façon suivante le cœfficient d'imputation des frais généraux de fabrication pour 1976 :

$$\frac{\text{Frais généraux prévus, \$147,000}}{\text{Coût estimatif de la main-d'œuvre directe, \$98,000}} = 150\%$$

Les frais généraux de fabrication de Delta, Ltée, pour 1976, se sont élevés à $149,000. Le coût de la main-d'œuvre directe pour le même exercice est de $100,000 et se répartit comme suit :

Commandes terminées et livrées	$ 85,000
Commandes terminées et non encore livrées	10,000
Commandes encore en voie de fabrication	5,000
Total	$100,000

Travail à faire :

1. Ouvrez le compte Frais généraux de fabrication et inscrivez-y les frais généraux réels et imputés. Dites si le solde de ce compte représente une sur-imputation ou une sous-imputation.

2. Passez au journal général l'écriture pour fermer le compte Frais généraux de fabrication et répartir son solde entre le coût des produits vendus, le stock des produits finis et le coût des produits en voie de fabrication.

Exercice 23–3

Dell, Ltée utilise un système de prix de revient par commande et impute les frais généraux de fabrication en fonction du coût de la main-d'œuvre directe. Voici le compte Produits en cours au 31 décembre 1976 :

Produits en cours

Matières	85,000	Virement aux produits finis 205,500
Main-d'œuvre	60,000	
Frais généraux	75,000	

Travail à faire :
1. Déterminez le cœfficient d'imputation des frais généraux de fabrication. Posez l'hypothèse que les frais généraux réels et le coût réel de la main-d'œuvre directe ne diffèrent pas des prévisions établies en décembre 1975.
2. Calculez le coût de la main-d'œuvre applicable à la commande n° 350 et les frais généraux de fabrication qui y ont été imputés si le coût des matières utilisées pour fabriquer cette commande s'élève à $5,500.

Exercice 23–4

Au cours de mars, un atelier a terminé et envoyé à l'entrepôt des produits finis 56,000 unités dont 16,000 n'étaient terminées qu'à 75% au début du mois. Le nombre d'unités commencées et terminées durant l'exercice a été de 40,000. L'atelier a aussi commencé la fabrication de 12,000 autres unités qui, à la fin de mars, sont terminées à 50% seulement.

Travail à faire :
Calculez le nombre d'unités équivalentes qu'a terminées cet atelier au cours du mois de mars.

Exercice 23–5

Posez l'hypothèse que le coût de la main-d'œuvre directe, pour le mois de mars, de l'atelier dont il est question à l'exercice précédent est de $25,000 et que le travail s'effectue d'une façon uniforme tout le long du processus de fabrication.

Travail à faire :
Calculez le coût de la main-d'œuvre directe à l'unité et déterminez la partie du coût de $25,000 incorporé au stock de produits en cours au début et à la fin de mars ainsi qu'aux unités commencées et terminées au cours de ce mois.

Exercice 23–6

Au cours du mois d'août, un atelier a terminé et envoyé à l'entrepôt des produits finis 48,000 unités dont 12,000 n'étaient terminées qu'à 33⅓% au début du mois. Le nombre d'unités commencées et terminées durant l'exercice a été de 36,000. L'atelier a aussi commencé la fabrication de 10,000 autres unités qui, à la fin d'août, sont terminées à 60%.

Travail à faire :
Calculez le nombre d'unités équivalentes (matières seulement) traitées au cours du mois d'août dans cet atelier, compte tenu des hypothèses indépen-

dantes qui suivent : (*a*) On incorpore les matières aux produits dès le début du processus de fabrication; (*b*) On incorpore graduellement les matières aux produits fabriqués; (*c*) On incorpore aux produits la moitié des matières dès le début du processus de fabrication et on ajoute le reste lorsque les produits sont terminés à 75%.

Problèmes **Problèmes 23–1**

Vers la fin de 1975, Bédard, Ltée a calculé le cœfficient d'imputation des frais généraux pour le prochain exercice. La direction estime alors que 10 ouvriers travailleront chacun durant 2,000 heures rémunérées à raison de $3 l'heure. Elle estime aussi que les frais généraux de fabrication seront constitués des éléments suivants :

Main-d'œuvre indirecte	$20,000
Loyer — Usine	12,000
Amortissement — Matériel de fabrication	15,000
Réparations — Matériel de fabrication	3,000
Chauffage, éclairage et force motrice	6,000
Fournitures de fabrication	1,000
Total	$57,000

Les frais généraux réels de fabrication de 1976 se sont élevés à $58,560. Au cours de l'exercice, Bélair, Ltée a terminé quatre commandes et en a commencé une cinquième. Les frais généraux ont été imputés à la fin des travaux à l'exception de la commande en voie de fabrication (commande n° 5) à laquelle on a imputé, au 31 décembre 1976, les frais généraux qui s'y rapportent. Voici le coût de la main-d'œuvre directe de chacune des commandes :

Commande n° 1 (vendue et livrée)	$12,000
Commande n° 2 (vendue et livrée)	13,000
Commande n° 3 (vendue et livrée)	14,200
Commande n° 4 (non encore livrée)	14,000
Commande n° 5 (encore en voie de fabrication) ...	7,000
Total	$61,000

Travail à faire :

1. Déterminez le cœfficient d'imputation des frais généraux établi en fonction du coût de la main-d'œuvre directe.
2. Calculez le total des frais généraux de fabrication imputés au cours de l'exercice ainsi que le montant des frais sur-imputés ou sous-imputés au 31 décembre 1976.
3. Passez au journal général l'écriture pour éliminer les frais généraux sur-imputés ou sous-imputés en les répartissant entre le coût des produits vendus, le stock des produits finis et le coût des produits en voie de fabrication à la fin de l'exercice.

Problème 23–2

Voici les opérations effectuées par Almo, Ltée au cours du mois de mars :

a. Achat de matières à crédit : $22,000.

b. Paye — Usine : $18,000.

c. Règlement de divers frais généraux de fabrication : $3,000.

d. Le coût des matières imputé aux commandes provient des bons de sortie de matières que l'on accumule jusqu'à la fin du mois. On trouve alors le total des sommes qui y figurent et on passe au journal général une écriture pour inscrire le coût des matières utilisées durant le mois [voir la donnée (j)]. Une analyse des bons de sortie indique que les sommes suivantes ont été imputées à cinq commandes durant le mois. (Ouvrez un compte en T pour chacune des fiches de fabrication et inscrivez-y directement le coût des matières de chaque commande.)

Commande nº 1	$ 4,000
Commande nº 2	4,100
Commande nº 3	3,900
Commande nº 4	4,300
Commande nº 5	800
Total	$15,100

e. Le coût de la main-d'œuvre imputé aux commandes provient des bons de travail que l'on accumule jusqu'à la fin du mois. On trouve alors le total des sommes qui y figurent et on passe au journal général une écriture pour inscrire le coût de la main-d'œuvre [voir la donnée (k)]. Une analyse des bons de travail indique que les sommes suivantes ont été imputées à cinq commandes durant le mois. (Inscrivez directement le coût de la main-d'œuvre dans les comptes en T dont il est question dans la donnée précédente.)

Commande nº 1	$ 3,800
Commande nº 2	2,200
Commande nº 3	4,000
Commande nº 4	3,600
Commande nº 5	400
Total	$14,000

f. Les commandes nᵒˢ 1, 3 et 4 ont été terminées au cours du mois. On a utilisé un cœfficient égal à 200% du coût de la main-d'œuvre directe pour imputer les frais généraux de fabrication aux commandes au moment où elles étaient terminées. (Inscrivez les frais généraux imputés dans les comptes en T, écrivez le mot « terminé » sur la fiche de fabrication et passez au journal général une écriture pour virer le coût de ces commandes au compte Produits finis.)

g. Vente à crédit des commandes nᵒˢ 1 et 4 : $40,000.

h. Imputation des frais généraux aux commandes en voie de fabrication à raison de 200% du coût de la main-d'œuvre directe. (Inscrivez les frais généraux imputés dans les comptes en T du grand livre auxiliaire des commandes en voie de fabrication.)

i. Amortissement — Matériel de fabrication : $6,700; Amortissement — Usine : $6,000; Assurances échues — Usine : $1,200; Paye courue à payer — Usine : $2,000.

j. Analyse des bons de sortie de matières de l'exercice :

Matières premières $15,100
Fournitures de fabrication 4,000

Total $19,100

k. Analyse des bons de travail de l'exercice :

Main-d'œuvre directe $14,000
Main-d'œuvre indirecte 5,000

Total $19,000

l. Comptabilisation du total des frais généraux imputés aux commandes.

Travail à faire :

1. Ouvrez les comptes en T suivants : Matières, Produits en cours, Produits, finis, Paye — Usine, Frais généraux de fabrication et Coût des produits vendus.
2. Ouvrez un compte en T pour chacune des cinq commandes. Posez l'hypothèse que ces comptes représentent les fiches de fabrication du grand livre auxiliaire des produits en courts.
3. Passez au journal général les écritures pour inscrire les informations que renferment les données (*a*), (*b*), (*c*), (*f*), (*g*), (*i*), (*j*), (*k*) et (*l*). Reportez ces écritures au grand livre général.
4. Inscrivez directement les informations données en (*d*), (*e*), (*f*) et (*h*) dans les comptes en T du grand livre auxiliaire des produits en cours.
5. Vérifiez l'exactitude des soldes des comptes Produits en cours et Produits finis avec les données inscrites dans les comptes en T du grand livre auxiliaire des produits en cours.
6. Dressez la liste des comptes du grand livre général et indiquez la nature du solde de chacun d'eux.

Problème 23–3

Omettez ce problème si vous ne vous êtes pas procuré les feuilles de travail qui accompagnent ce manuel.

L'Atelier Roc, Enr. fabrique sur commande une machine appelée Roca. Le 1er janvier 1976, le solde du compte Matières premières était de $2,230 mais celui des comptes Produits en cours et Produits finis était nul. Ce jour-là, l'atelier a entrepris la fabrication de deux machines commandées respectivement par Omega, Ltée (Commande n° 1) et Bêta, Ltée (Commande n° 2). Voici les opérations effectuées en janvier :

1. Achats de matières à crédit. Voici les renseignements figurant sur les factures et les avis de réception :
   Avis de réception n° 1 : Matériau A, 200 unités @ $11 chacune.
   Avis de réception n° 2 : Matériau B, 300 unités @ $5 chacune
   (Ne passez au journal général qu'une seule écriture de journal et reportez-la dans des comptes en T. Servez-vous des numéros donnés aux

opérations pour identifier les montants reportés. Inscrivez les informations relatives aux achats sur les fiches d'inventaire des matériaux A et B.)

2. Matières utilisées au cours du mois :
    Bon de sortie n° 1 pour la commande n° 1 : 100 unités du matériau A.
    Bon de sortie n° 2 pour la commande n° 1 : 120 unités du matériau B.
    Bon de sortie n° 3 pour la commande n° 2 : 80 unités du matériau A.
    Bon de sortie n° 4 pour la commande n° 2 : 100 unités du matériau B.
    Bon de sortie n° 5 pour le matériel de fabrication : 10 pintes de lubrifiant @ $2.

    (Inscrivez le coût des matières premières utilisées sur les fiches d'inventaire et sur les fiches de fabrication. Inscrivez le coût des fournitures de fabrication sur les fiches d'inventaire et dans le compte Fournitures de fabrication du grand livre auxiliaire des frais généraux de fabrication. Posez l'hypothèse que l'on accumule les bons de sortie jusqu'à la fin du mois et qu'on les inscrit à ce moment-là (voir la donnée 8) en passant une écriture au journal général.)

3. Main-d'œuvre de l'exercice :
    Bons de travail n°s 1 à 60 incl. pour la commande n° 1 : $1,000
    Bons de travail n°s 61 à 100 incl. pour la commande n° 2 : $800.
    Bons de travail n°s 101 à 120 incl. pour l'entretien du matériel de fabrication : $375.

    (Inscrivez le coût de la main-d'œuvre directe sur les fiches de fabrication et le coût de la main-d'œuvre indirecte dans le compte Main-d'œuvre indirecte du grand livre auxiliaire des frais généraux de fabrication. Posez l'hypothèse que l'on accumule les bons de travail jusqu'à la fin du mois et qu'on les inscrit à ce moment-là (voir la donnée 9) en passant une écriture au journal général.)

4. Déboursés effectués au cours du mois :
    Paye — Usine : $2,100.
    Frais généraux de fabrication divers : $1,000.

    (Passez au journal général ces données et reportez-les au grand livre général. Inscrivez le paiement des frais généraux de fabrication divers dans le grand livre auxiliaire des frais généraux de fabrication.)

5. Commande n° 1 terminée et envoyée à l'entrepôt des produits finis.
    (L'Atelier Roc, Enr. impute les frais généraux de fabrication au moyen d'un cœfficient déterminé d'avance. Ce cœfficient est égal à 80% du coût de la main-d'œuvre directe. (1) Inscrivez les frais généraux imputés sur la fiche de fabrication n° 1. (2) Complétez la section « Sommaire des coûts » de cette fiche de fabrication. (3) Inscrivez le mot « terminé » sur la fiche de fabrication. (4) Passez au journal général une écriture pour virer le coût de la commande terminée du compte Produits en cours au compte Produits finis.)

6. Écriture passée au journal général pour inscrire la livraison de la commande n° 1. Report de cette écriture au grand livre.
    (Débitez le compte Coût des produits vendus du coût de la commande et portez le montant de la vente, $5,000, au crédit du compte Ventes.)

7. Imputation des frais généraux de fabrication à la commande n° 2 à la fin de janvier.
    (Inscrivez les frais généraux imputés sur la fiche de fabrication n° 2.)

8. Détermination du coût total des matériaux et des fournitures de fabrication utilisées (voir la donnée 2). Écriture passée au journal général pour inscrire les résultats obtenus.

9. Détermination du coût total de la main-d'œuvre directe et de la main-d'œuvre indirecte (voir la donnée 3). Écriture passée au journal général pour inscrire les résultats obtenus.

10. Détermination du total des frais généraux imputés (voir les données 5 et 7). Écriture passée au journal général pour inscrire les résultats obtenus.

Travail à faire :

1. Comptabilisez les opérations précédentes en vous conformant aux instructions données ci-dessus.

2. Complétez les énoncés que vous trouverez dans les feuilles de travail en remplissant les espaces laissés en blanc.

Problème 23–4

Le travail effectué dans l'atelier de sablage d'une entreprise industrielle se répartit uniformément tout le long du processus de fabrication. Au cours de février, l'atelier a terminé et envoyé à l'entrepôt des produits finis 50,000 unités dont 15,000 n'étaient terminées qu'à 20% au début du mois. Le nombre d'unités commencées et terminées durant l'exercice a été de 35,000. L'atelier a aussi commencé 9,000 autres unités qui, à la fin de février, sont terminées à 33⅓%. Le coût de la main-d'œuvre imputé à l'atelier au cours de février s'est élevé à $13,800.

Travail à faire :

1. Déterminez le nombre d'unités équivalentes (main-d'œuvre seulement) traitées au cours du mois dans cet atelier.

2. Calculez le coût de la main-d'œuvre à l'unité.

3. Déterminez la partie du coût de $13,800 incorporé aux unités en voie de fabrication au début et à la fin de février ainsi qu'aux unités commencées et terminées au cours de ce mois.

Problème 23–5

Une entreprise industrielle fabrique un produit qui est traité dans deux ateliers : l'atelier de malaxage et l'atelier de finition. Le processus de fabrication commence dans le premier atelier et se termine dans le deuxième.

Au début de mai, 5,000 unités étaient en voie de fabrication dans l'atelier malaxage et étaient terminées à 60%. On a terminé ces unités en mai et on les a envoyées ensuite à l'atelier de finition. Le nombre d'unités commencées et terminées au cours du mois a été de 23,000. De plus, l'atelier de malaxage a commencé la fabrication de 8,000 autres unités qui, à la fin de mai, sont terminées à 50%.

On peut poser l'hypothèse que tous les éléments du coût de fabrication sont incorporés graduellement aux produits fabriqués.

Voici le compte Produits en cours — Atelier de malaxage au 31 mai après avoir reporté toutes les écritures relatives aux matières, à la main-d'œuvre et aux frais généraux de fabrication :

Produits en cours — Atelier de malaxage

Mai	1	Solde	2,901
	31	Matières	9,280
	31	Main-d'œuvre	12,209
	31	Frais généraux imputés	6,090
			30,480

Travail à faire :

1. Établissez le relevé des coûts de l'atelier de malaxage pour le mois de mai.
2. Passez au journal général l'écriture pour virer au compte Produits en cours — Atelier de finition le coût des unités terminées dans l'atelier de malaxage au cours du mois de mai.

Problème 23–6

La Société Darmon, Ltée fabrique un seul produit qu'elle traite dans deux ateliers. Toutes les matières sont incorporées aux produits dès le début du processus de fabrication. Le produit traité dans l'atelier n° 1 est ensuite envoyé dans l'atelier n° 2 où on le traite davantage.

Voici le compte Produits en cours — Atelier n° 2 après y avoir inscrit le coût de la main-d'œuvre et les frais généraux de l'exercice ainsi que le coût des unités reçues de l'atelier n° 1.

Produits en cours — Atelier n° 2

Date		Explications	Débit	Crédit	Solde
Avril	1	Solde (1,200 unités terminées à 66⅔%)			2,640
	30	Main-d'œuvre	3,500		6,160
	30	Frais généraux	5,400		11,540
	30	12,000 unités reçues de l'atelier n° 1	19,200		30,740
	30	10,200 unités virées aux produits finis		?	?

Travail à faire :

1. Établissez le relevé des coûts de l'atelier n° 2 pour le mois d'avril. Posez les hypothèses suivantes : (*a*) aucune unité n'a été perdue dans l'atelier n° 2 au cours d'avril, (*b*) les unités en voie de fabrication dans l'atelier n° 2 au 30 avril sont terminées à 25% et (*c*) le travail dans l'atelier n° 2 est exécuté uniformément du début jusqu'à la fin du processus de fabrication.
2. Après avoir établi le relevé des coûts de l'atelier n° 2, passez au journal général l'écriture pour virer le coût des unités terminées dans cet atelier au compte Produits finis.

Problème 23–1A

Vers la fin de 1975, Adamo, Ltée a calculé le cœfficient d'imputation
des frais généraux pour le prochain exercice. Elle estime alors que 20 ouvriers
travailleront chacun durant 2,000 heures rémunérées à raison de $3 l'heure.
Elle estime aussi que les frais généraux seront constitués des éléments
suivants :

Main-d'œuvre indirecte	$15,750
Supervision	12,000
Loyer — Usine	7,200
Chauffage, éclairage, force motrice	4,800
Assurances — Usine	3,400
Amortissement — Matériel de fabrication	24,200
Réparations — Matériel de fabrication	3,000
Fournitures de fabrication	1,500
Frais généraux de fabrication divers	1,350
Total	$73,200

Les frais généraux réels de fabrication de 1976 se sont élevés à $73,350.
Au cours de l'exercice, Adamo, Ltée a terminé cinq commandes. Voici le
coût de la main-d'œuvre directe de chacune des commandes : Commande
n° 603, $25,400; commande n° 604, $23,200; commande n° 605, $21,700;
commande n° 606, $22,800; et commande n° 607, $24,900. De plus, l'on
avait commencé la commande n° 608 à laquelle on avait imputé $2,500 en
main-d'œuvre et des frais généraux en proportion de ce dernier coût.

Travail à faire :

1. Déterminez le cœfficient d'imputation des frais généraux établis en
   fonction du coût de la main-d'œuvre directe.
2. Calculez le total des frais généraux de fabrication imputés au cours de
   l'exercice ainsi que le montant des frais sur-imputés ou sous-imputés
   au 31 décembre 1976.
3. Passez au journal général l'écriture pour fermer le compte Frais généraux.
   Posez l'hypothèse que le montant de la sur-imputation ou de la sous-
   imputation des frais généraux est négligeable.

Problème 23–2A

Voici les opérations effectuées par Amico, Ltée au cours du mois de mars :

a. Achat de matières à crédit : $13,000.

b. Paye — Usine : $12,400.

c. Règlement de divers frais généraux de fabrication : $800.

d. Le coût des matières imputé aux commandes provient des bons de sortie
   de matières que l'on accumule jusqu'à la fin du mois. On trouve alors le

total des sommes qui y figurent et on passe au journal général une écriture pour inscrire le coût des matières utilisées durant le mois [voir la donnée (j)]. Une analyse des bons de sortie indique que les sommes suivantes ont été imputées à cinq commandes durant le mois. (Ouvrez un compte en T pour chacune des fiches de fabrication et inscrivez-y directement le coût des matières de chaque commande.)

Commande n° 1	$ 2,600
Commande n° 2	1,300
Commande n° 3	2,800
Commande n° 4	3,000
Commande n° 5	600
Total	$10,300

e. Le coût de la main-d'œuvre imputé aux commandes provient des bons de travail que l'on accumule jusqu'à la fin du mois. On trouve alors le total des sommes qui y figurent et on passe au journal général une écriture pour inscrire le coût de la main-d'œuvre [voir la donnée (k)]. Une analyse des bons de travail indique que les sommes suivantes ont été imputées à cinq commandes durant le mois. (Inscrivez directement le coût de la main-d'œuvre dans les comptes en T dont il est question dans la donnée précédente.)

Commande n° 1	$2,400
Commande n° 2	1,400
Commande n° 3	2,600
Commande n° 4	2,800
Commande n° 5	400
Total	$9,600

f. Les commandes n°ˢ 1, 3 et 4 ont été terminées au cours du mois. On a utilisé un cœfficient égal à 150% du coût de la main-d'œuvre directe pour imputer les frais généraux de fabrication aux commandes au moment où elles étaient terminées. (Inscrivez les frais généraux imputés dans les comptes en T, écrivez le mot « terminé » sur la fiche de fabrication et passez au journal général une écriture pour virer le coût de ces commandes au compte Produits finis.)

g. Vente à crédit des commandes n°ˢ 1 et 3 : $24,000.

h. Imputation des frais généraux aux commandes en voie de fabrication à raison de 150% du coût de la main-d'œuvre directe. (Inscrivez les frais généraux imputés dans les comptes en T du grand livre auxiliaire des commandes en voie de fabrication.)

i. Amortissement — Matériel de fabrication : $4,100; Amortissement — Usine : $2,300; Assurances échues — Usine : $600; Paye courue à payer — Usine : $1,200.

j. Analyse des bons de sortie de matières de l'exercice :

Matière premières $10,300
Fournitures de fabrication 2,300
Total $12,300

k. Analyse des bons de travail de l'exercice :
Main-d'œuvre directe .... $ 9,600
Main-d'œuvre indirecte 3,100
Total $12,700

l. Comptabilisation du total des frais généraux imputés aux commandes :

Travail à faire :
1. Ouvrez les comptes en T suivants : Matières, Produits en cours, Produits finis, Paye — Usine, Frais généraux de fabrication et Coût des produits vendus.
2. Ouvrez un compte en T pour chacune des cinq commandes. Posez l'hypothèse que ces comptes représentent les fiches de fabrication du grand livre auxiliaire des produits en cours.
3. Passez au journal général les écritures pour inscrire les informations que renferment les données (*a*), (*b*), (*c*), (*f*), (*g*), (*i*), (*j*), (*k*) et (*l*). Reportez ces écritures au grand livre général.
4. Inscrivez directement les informations données en (*d*), (*e*), (*f*) et (*h*) dans les comptes en T du grand livre auxiliaire des produits en cours.
5. Vérifiez l'exactitude des soldes des comptes Produits en cours et Produits finis avec les données inscrites dans les comptes en T du grand livre auxiliaire des produits en cours.
6. Dressez la liste des comptes du grand livre général et indiquez la nature du solde de chacun d'eux.

Problème 23–5A

Pommard, Ltée fabrique un produit qu'elle traite dans un seul atelier. Tous les éléments du coût de fabrication sont incorporés graduellement aux produits fabriqués.

Voici le compte Produits en cours au 31 mai après avoir reporté toutes les écritures relatives aux matières, à la main-d'œuvre et aux frais généraux de fabrication :

Produits en cours

Mai	1	Solde	1,362
	31	Matières	5,325
	31	Main-d'œuvre	10,863
	31	Frais généraux imputés	15,194
			32,744

Au début de mai, 9,000 unités étaient en voie de fabrication et étaient terminées à 33⅓%. On a terminé ces unités en mai. Le nombre d'unités commencées et terminées en mai a été de 63,000. De plus, l'atelier a commencé la fabrication de 8,000 autres unités qui, à la fin de mai, sont terminées à 25%.

Travail à faire :
1. Établissez le revelé des coûts de l'atelier de Pommard, Ltée pour le mois de mai.
2. Passez au journal général l'écriture pour virer au compte Produits finis le coût des unités terminées dans l'atelier de Pommard, Ltée au cours du mois de mai.

Problème 23–6A

Delco, Ltée fabrique un seul produit qu'elle traite dans un seul atelier. Toutes les matières sont incorporées aux produits dès le début du processus de fabrication. Le travail effectué se répartit uniformément tout le long du processus de fabrication.

Au cours du mois d'avril, Delco, Ltée a terminé et viré aux produits finis 43,000 unités qui comprenaient 5,000 unités mises en fabrication en mars et achevées à 40% au début d'avril. Les 38,000 autres unités ont été commencées et terminées en avril. De plus, Delco, Ltée a commencé la fabrication de 6,000 unités qui sont terminées à 50% à la fin d'avril. Étant donné que Delco, Ltée n'a qu'un atelier, elle ne tient qu'un seul compte de Produits en cours. Voici ce compte après y avoir inscrit le coût des matières, le coût de la main-d'œuvre et les frais généraux de l'exercice :

Produits en cours

Avril	1	Solde	5,333
	30	Matières	27,060
	30	Main-d'œuvre	9,744
	30	Frais généraux imputés	14,868
			57,055

Travail à faire :
Établissez le relevé des coûts de l'atelier de Delco, Ltée pour le mois d'avril et passez au journal général l'écriture pour virer au compte Produits finis le coût des produits terminés en avril.

Cas 23–1 Dandy, Ltée   Dandy, Ltée fabrique un seul produit, un outil qu'elle vend à des grossistes qui à leur tour le vendent à des quincailleries. L'entreprise utilise un système de prix de revient par commande pour déterminer le coût des outils fabriqués par lots. Dandy, Ltée vend en moyenne 30,000 unités à $20 chacune, ce qui représente une utilisation d'environ 80% de la capacité de production. On estime que l'an prochain, on vendra 30,000 unités fabriquées à un coût de $14 constitué des éléments suivants :

Matières	....	$ 4.00
Main-d'œuvre directe	....	4.00
Frais généraux imputés (150% du coût de la main-d'œuvre directe)..		6.00
Coût unitaire prévu	....	$14.00

Le cœfficient d'imputation des frais généraux de fabrication a été déterminé il y a deux ans par le comptable qui a établi le système de prix de revient de Dandy, Ltée. La direction a l'intention d'utiliser de nouveau, pour le prochain exercice, le même cœfficient d'imputation, soit 150% du coût de la main-d'œuvre directe, parce qu'elle prévoit que les frais généraux de fabrication s'élèveront à $180,000 et que le coût de la main-d'œuvre directe sera de $120,000.

Dandy, Ltée vient tout juste de recevoir, du magasin Aetna, qui vend par correspondance, l'offre d'acheter, à $12.50 l'unité, 6,000 unités qui porteraient sa marque de commerce. Cette commande n'entraînerait aucun coût de nature spéciale à l'exception d'une somme de $0.25 qu'il faudrait débourser pour l'étiquette requise par l'acheteur.

Le président est d'avis que l'offre ne peut être acceptée car dit-il : « Pourquoi fabriquer un produit et le vendre à un prix inférieur au coût ? » Le directeur des ventes n'est pas certain qu'il soit sage de rejeter cette offre. Aussi, il suggère que l'on fasse une analyse des coûts avant de prendre une décision définitive.

On vous a demandé d'entreprendre cette analyse. Votre travail vous permet de déterminer que les frais généraux prévus de fabrication pour l'année suivante comprennent des frais fixes de $150,000 plus des frais variables de $1 par unité. Les frais généraux prévus de $180,000 sont donc égaux aux frais fixes, $150,000, plus les frais variables, soit $1 × 30,000 unités. (Les frais fixes comprennent des éléments comme l'amortissement du coût de l'usine, les impôts fonciers, les assurances, etc. Ils tirent leur nom de ce que leur total ne change pas lorsque le volume de production change. En revanche, le total des frais variables (fournitures de fabrication, énergie électrique, etc.) fluctue avec le nombre d'unités produites.)

Vous découvrez aussi que les dépenses de vente et d'administration comprennent des frais fixes de $100,000 et des frais variables s'élevant à $0.50 par unité. L'acceptation de la commande spéciale n'aura aucun effet sur les frais fixes et ne changera pas non plus le coût à l'unité des matières, de la main-d'œuvre directe et de tout autre coût variable.

Joignez à votre rapport un état sommaire des revenus et dépenses dans lequel figureront les revenus, les coûts et le bénéfice net avant impôts provenant de la vente : (a) de 30,000 unités, (b) des 6,000 unités commandées par le Magasin Aetna et (c) de 36,000 unités. Indiquez séparément le coût des matières, le coût de la main-d'œuvre directe, les frais généraux fixes de fabrication, les frais généraux variables de fabrication, les frais fixes de vente et d'administration et les frais variables de vente et d'administration.

Cas 23–2
Atlas, Ltée   Atlas, Ltée est une entreprise industrielle qui utilise un système de prix de revient par commande. On trouvera ci-dessous quelques comptes du grand

livre de cette entreprise dans lesquels on a reporté, en partie seulement, les opérations effectuées en janvier. Le plus souvent, on n'a reporté que le débit ou le crédit d'une écriture de journal général et on a omis de reporter le crédit ou le débit correspondant. De plus, les sommes reportées représentent des totaux pour le mois. On vous donne aussi les informations suivantes : (1) Atlas, Ltée impute les frais généraux de fabrication au moyen d'un cœfficient égal à 150% du coût de la main-d'œuvre directe; (2) la somme de $17,000 figurant au débit du compte Frais généraux de fabrication représente le total de ces frais pour janvier à l'exclusion de la main-d'œuvre indirecte et des fournitures de fabrication; (3) les salaires courus à payer des ouvriers de l'usine se sont élevés à $3,000 au 31 janvier.

Matières			Paye — Usine	
Janv.				
1 Solde 11,000	12,000		19,000	2,000
15,000				

Produits en cours			Coût des produits vendus	
Janv.				
1 Solde 6,000	48,000			
Matières 10,000				
Main-				
d'œuvre 16,000				

Produits finis			Frais généraux de fabrication	
Janv.				
1 Solde 12,000	50,000		17,000	

Transcrivez les comptes précédents sur une feuille de papier, inscrivez les débits et les crédits qui manquent et identifiez-les au moyen de lettres. Répondez ensuite à ces questions : (1) Quel est le solde du compte Produits finis au 31 janvier ? (2) À combien s'élèvent les salaires versés aux ouvriers en janvier ? (3) Quel est le coût des produits vendus de l'exercice ? (4) À combien s'élèvent les frais généraux réels de fabrication de janvier ? (5) Quel est le total des frais généraux imputés aux produits fabriqués en janvier ? (6) Y a-t-il eu, au cours de janvier, une sur-imputation ou une sous-imputation des frais généraux de fabrication ?

24
Le budget et le prix de revient standard

■ Un *budget* est un plan exprimé en dollars portant sur l'utilisation des ressources d'une entreprise. L'établissement d'un budget exige avant tout de planifier l'exploitation future.

L'objectif principal poursuivi en établissant un budget est de maximiser les bénéfices, mais il en résulte d'autres avantages dont nous discutons dans la section suivante.

Les avantages du budget

■ ÉTUDES ET RECHERCHES

Un budget est essentiellement un plan dont l'établissement demande de nombreuses études et des recherches minutieuses. Non seulement une entreprise obtiendra-t-elle de cette façon le meilleur plan possible mais elle réussira à donner à ses administrateurs l'habitude de ne prendre des décisions qu'après avoir effectué une analyse sérieuse.

CONTRÔLE

Un budget aide à contrôler l'exploitation en exerçant une influence sur l'attitude des personnes en cause. Ainsi, lorsque le directeur d'un service sait que l'on établira des comparaisons entre les dépenses prévues et les dépenses réelles de son service, il s'efforce de maintenir les dépenses à un niveau raisonnable.

COORDINATION

Une bonne coordination exige de considérer que l'entreprise forme un tout plutôt qu'un groupe de services différents les uns des autres. Lors de l'établissement d'un budget, il importe de déterminer d'avance les objectifs de chaque service et de les coordonner. Ainsi, le service de la production doit normalement fabriquer un nombre d'unités à peu près égal à celui que le service des ventes prévoit vendre.

COMMUNICATION

Un budget bien établi devient le moyen par excellence de communiquer à tous les services d'une entreprise les plans que la direction a approuvés et les mesures qu'elle a adoptées.

MOTIVATION

La direction qui a déterminé d'une façon réaliste les objectifs à atteindre s'attend à ce que tout le personnel qui a quelque responsabilité accepte volontiers de multiplier les efforts en vue de les atteindre.

L'exercice budgétaire ■ L'exercice budgétaire ne diffère généralement pas de l'exercice comptable. Ceci signifie que la plupart des entreprises établissent leur budget pour une période de douze mois. Cependant, en plus des budgets annuels, on établit aussi des budgets à long terme dans lesquels on précise les objectifs à atteindre au cours d'une période allant de 3 à 10 ans. Ces budgets à long terme servent généralement de base à l'établissement des budgets annuels.

Bien que l'on établisse généralement des budgets pour une période de douze mois, on répartit souvent les budgets annuels en budgets trimestriels ou mensuels. Ces budgets à court terme aident généralement à faire le point et à déterminer s'il sera possible d'atteindre les résultats prévus pour l'ensemble d'un exercice.

Les budgets mensuels permettent de comparer les résultats réels pour un mois donné avec les résultats prévus pour ce mois ainsi que l'illustre le tableau 24–1.

Le comité du budget ■ L'établissement du budget ne doit relever de la responsabilité d'aucun service en particulier et il ne faut pas que la direction impose un budget qu'elle aurait établi elle-même. Les prévisions budgétaires doivent plutôt venir de tous les services de l'entreprise. Ainsi, le service des ventes doit être consulté lors de l'établissement des prévisions relatives aux ventes. Il en va de même des ateliers de production qui doivent avoir la responsabilité d'établir les prévisions budgétaires les concernant. Autrement, les préposés à la fabrication et aux ventes pourraient ne pas accepter des prévisions établies par des personnes qui ne participent pas directement à ces activités.

Néanmoins, il est nécessaire que le travail de tous ceux qui déterminent les prévisions budgétaires soit coordonné. C'est là une tâche qui incombe

Armco, Ltée
État des revenus et dépenses
pour le mois terminé le 30 avril 1976

	Chiffres réels	Prévisions budgétaires	Écarts
Ventes	$63,500	$60,000	$+3,500
Moins : Rendus et rabais sur ventes	1,800	1,700	+ 100
Escomptes sur ventes	1,200	1,150	+ 50
Ventes nettes	$60,500	$57,150	$+3,350
Coût des marchandises vendues :			
Stock de marchandises au 1er avril 1976	$42,000	$44,000	$−2,000
Achats nets	39,100	38,000	+1,100
Fret à l'achat	1,250	1,200	+ 50
Total des marchandises vendues	$82,350	$83,200	$− 850
Stock de marchandises au 30 avril 1976	41,000	44,100	−3,100
Coût des marchandises vendues	$41,350	$39,100	$+2,250
Bénéfice brut	$19,150	$18,050	$+1,100
Dépenses d'exploitation :			
Dépenses de vente :			
Salaires des vendeurs	$ 6,250	$ 6,000	$+ 250
Publicité	900	800	+ 100
Fournitures d'emballage	550	500	+ 50
Amortissement — Équipement de magasin ...	1,600	1,600	
Total des dépenses de vente	$ 9,300	$ 8,900	$+ 400
Dépenses d'administration :			
Salaires — Bureau	$ 2,000	$ 2,000	
Fournitures de bureau	165	150	$+ 15
Loyer	1,100	1,100	
Assurances	200	200	
Amortissement — Matériel de bureau	100	100	
Total des dépenses d'administration	$ 3,565	$ 3,550	$+ 15
Total des dépenses d'exploitation	$12,865	$12,450	$+ 415
Bénéfice d'exploitation	$ 6,285	$ 5.600	$+ 685

Tableau
24–1

au comité du budget formé des directeurs des différents services et de cadres supérieurs. Le rôle de ce comité est de s'assurer que les prévisions budgétaires sont réalistes. Si les chiffres suggérés par un service ne sont pas satisfaisants, le comité lui demande de les réviser. Le service en question doit alors les modifier ou les justifier. Il ne doit pas changer ses prévisions uniquement pour faire plaisir au comité du budget car il est important que toutes les parties intéressées soient d'accord pour dire que le budget est raisonnable et réaliste.

Établissement du budget

■ Le budget global d'une entreprise, souvent appelé un *budget directeur,* comprend les budgets suivants: le budget des ventes, le budget de production, plusieurs budgets de dépenses par services, le budget des dépenses en capital et le budget de caisse.

LE BUDGET DES VENTES

Le budget des ventes, qui a pour objet de prévoir les marchandises qui seront vendues et les revenus que l'entreprise en tirera, est habituellement le point de départ du processus de budgétisation car l'activité de tous les services est reliée aux ventes et aux revenus qui en découlent.

L'établissement du budget des ventes demande de tenir compte de la situation économique, de la capacité de l'usine et des frais probables de vente comme la publicité, les dépenses de livraison, etc. Dans un grand magasin, il est sage de demander aux directeurs de chaque rayon et aux commis de soumettre leurs prévisions au directeur des ventes car ils auront l'impression d'avoir une certaine responsabilité si on les consulte. Le budget des ventes découle de ces prévisions compte tenu, toutefois, de la situation économique, des frais de vente, etc.

LE BUDGET DES APPROVISIONNEMENTS ET LE BUDGET DE PRODUCTION

Avant d'effectuer une vente, une entreprise commerciale doit acheter des marchandises alors qu'une entreprise industrielle doit les fabriquer. C'est pourquoi, après avoir établi le budget des ventes, il est nécessaire de planifier les achats ou la production.

Le budget des achats de marchandises. Les prévisions budgétaires mensuelles relatives aux ventes sont essentielles pour établir le budget des achats ainsi que l'illustre le tableau 24–2. Le chiffre des ventes dont il est question dans ce tableau représente les ventes prévues pour février. Comme le pourcentage de majoration du rayon A est égal à 40% du chiffre des ventes, le coût des marchandises vendues représente 60% des ventes prévues. On trouve ensuite facilement le chiffre des achats, compte tenu, bien entendu, du stock de marchandises au début et à la fin du mois.

Armco, Ltée
Budget des achats du rayon A
pour le mois de février 1976

Ventes prévues (voir le budget des ventes)	$ 6,800
Achats prévus pour février :	
Coût des marchandises à vendre en février (60% de $6,800)	$ 4,080
Stock de marchandises au 28 février	8,000
Total des marchandises à stocker	$12,080
Stock de marchandises au 1ᵉʳ février	7,600
Achats prévus pour février	$ 4,480

Tableau 24–2

L'établissement du budget des achats pour le magasin tout entier demande d'établir un budget semblable pour chaque rayon puis de consolider tous ces budgets pour déterminer le total des achats prévus. De même, une fois que l'on a établi un budget pour chaque mois, il suffit de consolider tous les budgets mensuels pour en arriver au budget annuel.

Le budget de production et le budget des achats de matières. Le budget de production d'une entreprise industrielle ne diffère pas essentiellement du budget des achats d'une entreprise commerciale. Les deux s'établissent à peu près de la même façon. On doit estimer d'abord le nombre d'unités à fabriquer ainsi qu'on le fait au tableau 24–3.

La Société de Fabrication Paula, Ltée
Budget de production
Estimation de la quantité à fabriquer
pour l'exercice terminé le 31 décembre 1976

Tableau
24–3

Production requise, compte tenu des ventes prévues	62,300
Stock au 31 décembre 1976	8,600
Total du nombre d'unités	70,900
Stock au 1er janvier 1976	8,100
Nombre d'unités à fabriquer	62,800

Après avoir trouvé le nombre d'unités à fabriquer, il faut établir le budget des achats de matières. Pour y arriver, on doit d'abord déterminer les quantités de matières requises pour fabriquer un article. Le tableau 24–4 illustre comment établir le budget des achats de matières premières, compte tenu de ce que la fabrication du produit en question ne nécessite qu'un ingrédient et qu'il faut deux unités de cet ingrédient pour fabriquer un article.

La Société de Fabrication Paula, Ltée
Budget des achats de matières
Estimation de la quantité et du coût de l'ingrédient A
pour l'exercice terminé le 31 décembre 1976

Tableau
24–4

Nombre d'unités requises pour fabriquer 62,800 articles	125,600
Stock au 31 décembre 1976	21,200
Total du nombre d'unités	146,800
Stock au 1er janvier 1976	18,600
Unités à acheter	128,200
Coût unitaire prévu	× \$2
Coût prévu de l'ingrédient A	\$256,400

Après avoir établi le budget des achats, on estime le coût de la main-d'œuvre directe et les frais généraux de fabrication. Par la suite, on obtient le budget du coût de fabrication en groupant toutes ces prévisions.

LE BUDGET DES DÉPENSES

Dès que l'on a estimé le chiffre des ventes, on communique ce chiffre aux directeurs des différents services et on leur demande d'estimer les dépenses de leur service. Pour y arriver, ceux-ci tiennent compte des dépenses de l'exercice précédent, de l'augmentation des salaires et du prix des fournitures ainsi que des services plus ou moins nombreux qu'ils seront appelés à rendre au cours de l'exercice. Le comité du budget doit approuver ces dépenses. Mais il peut aussi les accroître ou les diminuer. Cependant, le fait de demander aux directeurs des services d'établir leur budget de dépenses permet d'obtenir leur collaboration.

LE BUDGET DES DÉPENSES EN CAPITAL

Le budget des dépenses en capital ou le budget des investissements fournit la liste des biens à mettre au rancart ou à acheter si l'on donne suite aux projets d'investissements envisagés. Comme l'achat d'immobilisations exige d'y affecter des fonds, il est plus facile de se procurer ceux-ci si l'on anticipe les projets d'investissement et le moment où on les réalisera.

Parfois, la production prévue peut excéder la capacité de l'usine. L'établissement de budgets permet de prévoir ces cas et d'accroître la capacité de l'usine ou de réviser le calendrier de production.

Nous discuterons davantage au chapitre suivant de la façon d'établir le budget des investissements.

LE BUDGET DE CAISSE

Après avoir établi le budget des ventes, le budget des dépenses, le budget de production et le budget des investissements, il faut établir le budget de caisse. C'est là un budget important car une entreprise doit toujours avoir les fonds nécessaires à son exploitation mais elle doit aussi prévoir le moment où elle aura des excédents afin de les investir et d'en tirer un profit.

Pour établir le budget de caisse, il suffit d'ajouter les recettes prévues au solde au début de l'exercice et de retrancher les déboursés anticipés. Un budget de caisse établi pour l'année est généralement réparti en budgets mensuels semblables à celui du tableau 24–5.

Armco, Ltée
Budget de Caisse
pour le mois de janvier 1976

Solde au 1er janvier 1976		$32,500
Plus : Recettes prévues :		
Ventes au comptant	$43,200	
Recouvrement de comptes à recevoir	18,650	
Intérêts sur placements	750	
Loyer	1,800	64,400
Total des fonds disponibles		$96,900
Moins : Déboursés prévus :		
Comptes à payer	$41,300	
Impôts à payer	2,750	
Paye	8,250	
Réparations — Bâtiment	15,300	
Dividendes	4,000	
Déboursés divers	1,200	72,800
Solde prévu au 31 janvier 1976		$24,100

Tableau 24–5

LE BUDGET DIRECTEUR

Le budget directeur groupe tous les budgets dont il a été question dans les sections précédentes. La direction approuve alors ce budget et le communique à tout le personnel pour l'informer des objectifs de l'entreprise pour le prochain exercice.

Le service de la comptabilité et le budget

■ Étant donné que tous les services d'une entreprise doivent participer à l'établissement du budget, ce n'est pas une tâche qui relève essentiellement du service de la comptabilité. Cependant, c'est à ce service qu'incombe la responsabilité d'exprimer en dollars toutes les prévisions budgétaires. De plus, le service de la comptabilité peut remplir ce rôle à la perfection car il s'occupe de l'inscription des données réelles et de la tenue des registres.

Le service de la comptabilité se sert du budget pour dresser un état prévisionnel des revenus et dépenses et un bilan qui décrira la situation financière à la fin de l'exercice budgétaire si l'on réussit à mettre à exécution les plans établis.

Les états financiers prévision- nels

■ En règle générale, lorsque le service de la comptabilité dresse des états financiers prévisionnels, il le fait un mois ou plus avant que l'exercice auquel ces états s'appliquent ne commence. Ainsi, on peut remettre une copie du budget au service de la comptabilité au cours de la dernière semaine de novembre et lui demander de dresser des états prévisionnels pour l'exercice commençant le 1er janvier suivant.

Étant donné qu'à la fin de novembre, le service de la comptabilité ne sait pas ce que seront les soldes des comptes au 31 décembre ou au 1er janvier suivant, il faut d'abord les estimer.

Après avoir déterminé les soldes des comptes au 31 décembre, on dresse une balance de vérification que l'on transcrit dans la première section d'un chiffrier. Puis l'on inscrit dans la deuxième section de ce chiffrier les prévisions budgétaires de la même façon que l'on inscrit les régularisations sur un chiffrier ordinaire. Si, par exemple, l'on a estimé que le chiffre des ventes à crédit serait de $250,000, on inscrit le nom du compte Ventes dans la colonne intitulée « Nom des comptes » au-dessous des comptes qui y figurent déjà, puis l'on porte la somme de $250,000 au débit du compte Comptes à recevoir et au crédit du compte Ventes dans la deuxième section du chiffrier.

Après avoir inscrit sur le chiffrier toutes les opérations prévues au budget, on groupe les soldes de la balance de vérification avec les opérations figurant dans la deuxième section du chiffrier et on reporte les résultats obtenus dans la section Revenus et dépenses ou la section Bilan du chiffrier. On dresse ensuite les états financiers prévisionnels de la même façon que les états financiers ordinaires.

Le budget fixe et le budget variable

■ Certaines entreprises établissent des budgets fixes alors que d'autres préfèrent établir des budgets variables.

Les budgets dont nous avons discuté jusqu'à présent sont des budgets fixes. Quand on dresse un budget de cette nature, on estime le mieux possible le degré d'activité du prochain exercice et on établit toutes les prévisions budgétaires en fonction de ce degré d'activité. En d'autres mots, lorsqu'on établit un budget fixe, on pose l'hypothèse que le degré d'activité ne variera pas et on estime ce que seront les coûts et les dépenses à ce degré d'activité.

La principale lacune d'un budget fixe est que l'on ne tient pas compte de ce que le degré prévu d'activité peut varier. Pourtant, il arrive que le degré réel d'activité est très différent de l'activité prévue. Lorsque cela se produit, il est nécessaire de modifier les prévisions afin que celles-ci reflètent le degré réel d'activité. Avec un budget fixe, le manque de planification oblige la direction à faire ces changements un peu au hasard. Parfois les résultats seront satisfaisants mais une meilleure planification permet à la direction d'exercer un contrôle plus strict et lui donne de meilleures informations.

Un budget variable diffère d'un budget fixe en ce que l'on établit les prévisions à différents degrés d'activité. Ainsi, une entreprise peut estimer qu'elle vendra entre 100,000 et 160,000 unités d'un produit au cours du prochain exercice selon les conditions économiques qui prévaudront. Le budget des dépenses sera alors établi pour différents niveaux de production 100,000, 110,000, 120,000, 130,000 et ainsi de suite jusqu'à 160,000 unités. En d'autres mots, le budget variable demande de prévoir les dépenses à différents degrés d'activité. À la fin de l'exercice l'on compare les dépenses réelles avec les dépenses prévues pour le degré réel d'activité, et les écarts entre ces deux séries de chiffres indiquent à la direction les points où elle doit intervenir.

LE PRIX DE REVIENT STANDARD

■ Au cours du dernier chapitre, nous avons dit qu'il existe deux sortes de prix de revient, le prix de revient par commande et le prix de revient à fabrication uniforme et continue. Parmi les différentes formes que chacune de ces sortes de prix de revient peut revêtir, il convient de mentionner le *prix de revient standard.*

Les coûts des commandes ou des produits dont il a été question jusqu'à présent étaient les coûts historiques ou réels. Ces coûts sont nécessaires et figurent généralement aux livres. Cependant, si l'on veut évaluer le rendement obtenu, il y a lieu de les comparer avec des coûts standards.

Les coûts standards reflètent ce qu'un produit devrait normalement coûter. On les établit d'avance après avoir effectué des études techniques et comptables et ils deviennent par la suite des normes qui permettent de juger si les coûts réels sont raisonnables. On se sert aussi des coûts standards pour désigner le responsable des écarts entre les coûts réels et les coûts prévus.

Les comptables parlent généralement de *coût standard des matières,* de *coût standard de la main-d'œuvre directe* et de *frais généraux standards* mais il est bon de faire remarquer que ces divers chiffres sont également des prévisions budgétaires.

Détermination des coûts standards

■ Les coûts standards découlent d'études effectuées conjointement par le service de la comptabilité, le service des études techniques, le service du personnel et un certain nombre d'autres services. Ces études portent sur: (1) la nature des coûts, (2) le temps normal requis pour accomplir une certaine tâche ou rendre un service, (3) la meilleure façon d'exécuter la tâche en question, (4) la quantité, la qualité et le coût des matières requises pour fabriquer un produit et (5) les façons de tirer le meilleur rendement possible du matériel de fabrication.

Cependant, même si les normes sont établies avec soin et si on les révise à mesure que les conditions changent, les coûts réels de fabrication différeront des coûts standards. Ces différences sont généralement attribuables à des causes diverses. Ainsi, les quantités ou les prix (ou les deux à la fois) des matières peuvent différer des normes; de même, il peut y avoir des différences entre, d'une part, le temps prévu pour exécuter un travail et le taux standard des salaires et, d'autre part, le temps réel utilisé et le taux réel des salaires. Des différences peuvent aussi exister entre les frais généraux prévus de fabrication et les frais généraux réels.

Les écarts　■ Les différences entre les coûts standards et les coûts réels portent le nom d'*écarts*. Ceux-ci peuvent être favorables ou défavorables. Les écarts sont favorables lorsque les coûts réels sont inférieurs aux coûts standards. Dans le cas contraire, ils sont défavorables.

Lorsqu'un écart se produit, on doit en étudier les causes afin de trouver qui en est responsable et apporter, s'il y a lieu, les mesures de correction qui s'imposent. Si, par exemple, le coût standard des matières qu'il faut utiliser pour fabriquer 2,000 unités du produit A est de $800 et que le coût réel des matières utilisées a été de $840, l'écart est de $40. Une étude pourra révéler que cet écart provient de ce que le prix des matières a été supérieur au prix prévu ou que les quantités utilisées ont été plus grandes qu'on ne l'avait prévu. Bien entendu, l'écart peut être aussi attribuable aux deux causes à la fois. Comme le prix des matières relève de la responsabilité du service des achats, on lui attribue l'écart relatif aux prix des matières premières. En revanche, étant donné que c'est l'atelier qui utilise les matières, c'est le contremaître de ce dernier qui est responsable de l'écart relatif aux quantités de matières utilisées. Cependant, si l'atelier utilise plus de matières parce que leur qualité est mauvaise, le service des achats pourrait être tenu responsable des rebuts plus nombreux que l'utilisation des matières achetées entraîne.

Calcul des écarts relatifs aux matières et à la main-d'œuvre directe　■ Ainsi que nous venons de le dire, lorsque des écarts se produisent, il faut en trouver les causes, déterminer qui en est responsable et adopter, s'il y a lieu, les mesures de correction nécessaires. Supposons, par exemple, que le coût standard du produit que fabrique XL, Ltée est composé des éléments suivants:

Matières (1 livre par unité à $1 la livre)	$1.00
Main-d'œuvre directe (1 heure par unité à $3 l'heure)	3.00
Frais généraux ($2 par heure standard de main-d'œuvre directe)	2.00
Coût standard unitaire	$6.00

ÉCARTS RELATIFS AUX MATIÈRES

Supposons maintenant que XL, Ltée a fabriqué, au cours de mai, 3,500 unités du produit Z. Pour fabriquer ces unités, on a utilisé 3,600 livres de matières coûtant $1.05 la livre. Voici le coût réel et le coût standard des matières:

```
Coût réel :        3,600 livres @ $1.05 la livre ...........................  $3,780
Coût standard : 3,500 livres @ $1.00 la livre ...........................     3,500
      Excédent du coût réel sur le coût standard  .......................  $  280
```

Remarquez que le coût réel des matières excède de $280 leur coût standard. On analyse cet écart global de la façon suivante:

```
ÉCART SUR QUANTITÉ :
    Nombre réel de livres au prix standard   ....  3,600 lb @ $1.00   =  $3,600
    Nombre standard de livres au prix standard..  3,500 lb @ $1.00   =   3,500
        Écart défavorable  ...................   100 lb @ $1.00   =              $100

ÉCART SUR PRIX :
    Nombre réel de livres au prix réel  ........  3,600 lb @ $1.05   =  $3,780
    Nombre réel de livres au prix standard   ....  3,600 lb @ $1.00   =   3,600
        Écart défavorable  ...................  3,600 lb @ $0.05   =              $180
        Excédent du coût réel des matières
        sur leur coût standard  ............                                     $280
```

L'analyse précédente fait ressortir que le coût réel des matières a été supérieur à leur coût standard parce que XL, Ltée a utilisé 100 livres de plus et que le prix des matières s'est accru de $0.05 la livre. La direction se servira de ces informations pour consulter les responsables et obtenir des explications sur ce qui s'est passé.

LES ÉCARTS RELATIFS À LA MAIN-D'ŒUVRE DIRECTE

Le coût de la main-d'œuvre directe est égal au nombre d'heures consacrées à la fabrication d'un produit multiplié par le taux des salaires. Lorsque le coût réel de la main-d'œuvre directe diffère de son coût standard, l'excédent comprend donc deux éléments: l'écart sur temps et l'écart sur taux.

Supposons, par exemple, que XL, Ltée a pris 3,400 heures à $3.10 l'heure pour fabriquer 3,500 unités du produit Z alors qu'elle devait utiliser 3,500 heures à $3.00 l'heure. Voici le coût standard et le coût réel de la main-d'œuvre directe:

```
Coût réel :        3,400 heures à $3.10 l'heure .........................  $10,540
Coût standard : 3,500 heures à $3.00 l'heure .........................     10,500
      Excédent du coût réel sur le coût standard ........................  $     40
```

Dans ce cas, l'écart global n'est que de $40 mais une analyse plus poussée révèle ce qui suit:

ÉCART SUR TEMPS :

Nombre standard d'heures au taux standard	3,500 heures à $3.00 l'heure	=	$10,500
Nombre réel d'heures au taux standard	3,400 heures à $3.00 l'heure	=	10,200
Écart favorable	100 heures à $3.00 l'heure	=	$300

ÉCART SUR TAUX :

Nombre réel d'heures aux taux réel	3,400 heures à $3.10 l'heure	=	$10,540
Nombre réel d'heures au taux standard	3,400 heures à $3.00 l'heure	=	10,200
Écart défavorable	3,400 heures à $0.10 l'heure	=	$340
Excédent du coût de la main-d'œuvre sur son coût standard			$ 40

L'analyse précédente fait ressortir que l'écart sur temps s'élève à $300 et est favorable parce que XL, Ltée a pris 100 heures de moins pour fabriquer 3,500 unités du produit Z. Cependant, cet écart favorable a été entièrement annulé par un taux horaire de $3.10 au lieu de $3.00.

Quand une entreprise engage des ouvriers ayant une plus grande compétence, le contremaître ne doit pas leur confier des tâches qui peuvent être accomplies par un personnel moins bien qualifié. Dans le cas présent, une étude pourrait révéler que l'on n'a pas utilisé pour cette tâche les bons ouvriers pour fabriquer le produit Z. C'est ce qui explique peut-être que ces ouvriers ont pris moins de temps pour fabriquer les 3,500 unités mais, en revanche, il a fallu leur verser un salaire plus élevé.

L'imputation des frais généraux

■ Dans un système de prix de revient standard, on impute les frais généraux de fabrication au moyen d'un coefficient standard déterminé d'avance. Ce taux peut être calculé en fonction du coût standard de la main-d'œuvre directe, du nombre standard d'heures de main-d'œuvre directe, du nombre standard d'heures-machines, etc. Ainsi, les frais généraux de fabrication sont imputés par XL, Ltée au produit Z à raison de $2 par heure standard de main-d'œuvre directe. Étant donné que le nombre standard d'heures de main-d'œuvre directe est de 3,500, on a imputé des frais généraux de $7,000 aux 3,500 unités produites.

Avant de poursuivre, rappelons que l'on a consacré effectivement 3,400 heures à la fabrication de ces unités. Maintenant, remarquez de nouveau que l'on n'impute pas les frais généraux en fonction du nombre réel d'heures de main-d'œuvre mais en fonction du nombre standard d'heures de main-d'œuvre directe. En effet, les frais généraux imputés à la production ne doivent pas être inférieurs au coût standard établi pour la simple raison que le nombre réel d'heures de main-d'œuvre directe a été moindre que le nombre d'heures qu'on aurait dû utiliser. En d'autres mots, les frais généraux imputés ne doivent pas varier uniquement parce que l'on a pris plus ou moins de temps qu'on aurait dû normalement en prendre.

Le budget des frais généraux de fabrication

■ La détermination des frais généraux de fabrication dans un système de prix de revient standard a son point de départ dans l'établissement d'un budget semi-variable. Un tel budget est nécessaire car le volume réel de production peut différer du volume prévu. Lorsque cela se produit, certains frais varient proportionnellement au volume de production alors que d'autres ne changent pas. Le budget semi-variable du tableau 24–6 met en évidence ce dernier point.

Le premier coût fixe du tableau 24–6 est le loyer de l'usine. À moins que le bail ne contienne une clause de proportionalité, le loyer est toujours un *coût fixe,* c'est-à-dire un coût qui ne change pas, que l'usine soit fermée ou qu'elle fonctionne pendant 8, 16 ou 24 heures par jour. En revanche, la force motrice est un *coût variable* dont le montant varie proportionnellement à la production. Les autres frais généraux sont des frais fixes ou des frais variables selon leur nature.

XL, Ltée
Budget semi-variable des frais généraux de fabrication
pour le mois se terminant le 31 mai 1976

	Degré d'activité				
	60%	70%	80%	90%	100%
Production exprimée en unités	3,000	3,500	4,000	4,500	5,000
Nombre standard d'heures de main-d'œuvre directe	3,000	3,500	4,000	4,500	5,000
Frais généraux de fabrication prévus :					
Frais fixes :					
Loyer	$1,000	$1,000	$1,000	$1,000	$1,000
Amortissement — Matériel de fabrication	1,200	1,200	1,200	1,200	1,200
Salaires — Supervision	1,800	1,800	1,800	1,800	1,800
Total	$4,000	$4,000	$4,000	$4,000	$4,000
Frais variables :					
Main-d'œuvre indirecte	$1,200	$1,400	$1,600	$1,800	$2,000
Fournitures de fabrication	900	1,050	1,200	1,350	1,500
Force motrice et éclairage	600	700	800	900	1,000
Entretien	300	350	400	450	500
Total	$3,000	$3,500	$4,000	$4,500	$5,000
Total des frais généraux de fabrication	$7,000	$7,500	$8,000	$8,500	$9,000

Tableau
24–6

Remarquez, dans le tableau 24–6, que XL, Ltée a établi le budget à cinq degrés d'activité différents allant de 60% à 100% de la capacité de production. On établit un budget semi-variable afin de comparer les frais généraux réels avec les frais généraux prévus établis au degré réel d'activité et non pas à un degré quelconque d'activité. Si, par exemple, une usine a fonctionné au cours du mois de mai à 70% de sa capacité, il faut comparer les frais généraux réels avec les frais généraux prévus établis à ce degré d'activité et non à une activité correspondant à 80% ou 90% de la capacité de production.

Après avoir établi le budget des frais généraux de fabrication, la direction doit déterminer le degré d'activité qu'elle s'attend d'atteindre au cours du prochain exercice. Ce degré d'activité peut correspondre à 100% de la capacité de production, mais il est peu probable qu'on atteigne cet objectif en raison d'erreurs commises en établissant le calendrier de production, de bris de machines et de l'impossibilité pour le service des ventes d'écouler tous les produits fabriqués dans une usine qui fonctionnerait à pleine capacité.

Après avoir établi le budget semi-variable des frais généraux et estimé le degré d'activité, on calcule le coefficient d'imputation (en fonction, par exemple des heures de main-d'œuvre directe) dont on se servira au cours de l'exercice pour imputer les frais généraux de fabrication. Ainsi, supposons que XL, Ltée a estimé que le degré d'activité du prochain exercice correspondra à 80% de la capacité de production de l'usine. Elle détermine ensuite un coefficient d'imputation de $2 par heure de main-d'œuvre directe en divisant les frais généraux prévus de $8,000 par 4,000, soit le nombre standard d'heures de main-d'œuvre directe requises pour atteindre le degré d'activité correspondant à 80% de la capacité de production.

<table>
<tr><td>**Les écarts relatifs aux frais généraux**</td><td>■ Ainsi que nous l'avons déjà dit, dans un système de prix de revient standard, on impute les frais généraux de fabrication au moyen d'un coefficient d'imputation déterminé d'avance. Puis, quand arrive la fin d'un exercice, on analyse la différence entre les frais généraux réels et les frais généraux prévus afin de trouver qui en est responsable.</td></tr>
</table>

On peut calculer les écarts relatifs aux frais généraux de fabrication de plusieurs façons. Le plus souvent, on répartit la différence entre les frais généraux réels et les frais généraux imputés en deux écarts: (1) l'écart sur volume et (2) l'écart budgétaire.

L'ÉCART SUR VOLUME

L'écart sur volume provient de la différence entre: (1) *les frais généraux prévus établis au degré réel d'activité* et (2) *les frais généraux standards imputés à la production de l'exercice*. Supposons, pour donner un exemple, que XL, Ltée a fabriqué, au cours de mai, 3,500 unités du produit Z, ce qui représente 70% de sa capacité de production. Voici les calculs qu'il faut effectuer pour déterminer l'écart sur volume:

ÉCART SUR VOLUME :

Frais généraux prévus à 70% de la capacité de production	$7,500
Frais généraux imputés à la production (Nombre standard d'heures de main-d'œuvre directe, 3,500, à raison de $2 l'heure)	7,000
Écart défavorable	$ 500

Pour bien saisir la nature de cet écart, étudions de nouveau le budget semi-variable du tableau 24–6 et remarquons qu'au degré d'activité prévu (80% de la capacité de production), le coefficient d'imputation de $2 comprend deux éléments: un élément fixe ($1 par heure de main-d'œuvre directe) et un élément variable ($1 par heure de main-d'œuvre directe également). Lorsque le volume réel de production ne diffère pas du volume prévu, les frais fixes imputés (4,000 heures × $1) sont égaux aux frais fixes prévus ($4,000). En revanche, si le degré d'activité n'est que de 70%, les frais généraux fixes imputés à raison de $1 l'heure ne s'élèvent qu'à $3,500 alors que les frais généraux prévus sont de $4,000. En d'autres mots, lorsque le degré d'activité n'est que de 70%, le coefficient d'imputation de $2 ne suffit pas pour imputer à la production tous les frais généraux prévus. L'écart sur volume provient donc de ce que l'usine n'a pas atteint le degré d'activité prévu.

Un écart sur volume, s'il est défavorable, indique à la direction que le degré normal d'activité n'a pas été atteint. Si cet écart est élevé, il est nécessaire d'en connaître les causes. Le calendrier de production a pu être mal établi, les machines ont pu se briser ou encore les commandes ont été trop peu nombreuses. Il revient à l'usine de trouver une solution aux deux premiers problèmes. Quant au dernier problème, le service des ventes doit s'efforcer d'obtenir un plus grand nombre de commandes ou il y a lieu de songer à réduire le degré d'activité lors du calcul du coefficient d'imputation pour éviter qu'un écart sur volume ne se produise.

L'ÉCART BUDGÉTAIRE

L'écart budgétaire est la différence entre (1) *les frais généraux réels* et (2) *les frais généraux prévus établis au degré réel d'activité*. Supposons, pour donner un exemple, que les frais généraux réels de XL, Ltée se sont élevés à $7,650 au cours du mois de mai et que l'usine a fonctionné à 70% de sa capacité totale. Dans ce cas, on calculera de la façon suivante l'écart budgétaire:

ÉCART BUDGÉTAIRE :

Frais généraux réels	$7,650
Frais généraux prévus au degré réel d'activité	7,500
Écart défavorable	$ 150

L'écart budgétaire a pour objet d'évaluer la mesure dans laquelle la direction a réussi à contrôler les frais généraux de fabrication. Dans l'exemple cité, les frais généraux réels ont excédé de $150 les frais prévus calculés en fonction d'un degré d'activité correspondant à 70% de la capacité totale.

Bien que l'écart budgétaire soit un bon indice du rendement obtenu, un rapport d'exécution semblable à celui du tableau 24–7 permet de mieux juger les points sur lesquels le contrôle a été bon ou insuffisant.

XL, Ltée
Écarts relatifs aux frais généraux de fabrication
pour le mois se terminant le 31 mai 1976

ÉCART SUR VOLUME :

Degré normal d'activité	80%	de la capacité.
Degré réel d'activité	70%	de la capacité.
Écart sur volume	$ 500	(défavorable)

ÉCART BUDGÉTAIRE : Frais généraux fixes :	Frais prévus	Frais réels	Écarts favorables	Écarts défavorables
Loyer	$1,000	$1,000		
Amortissement — Matériel de fabrication	1,200	1,200		
Salaires — Supervision	1,800	1,800		
Total des frais fixes	$4,000	$4,000		
Frais généraux variables :				
Main-d'œuvre indirecte	$1,400	$1,525		$125
Fournitures de fabrication	1,050	1,025	$ 25	
Énergie électrique — Éclairage	700	750		50
Entretien	350	350		
Total des frais variables	$3,500	$3,650		
Total des écarts			$ 25	$175
Écart net budgétaire (défavorable)			150	
			$175	$175

Tableau
24–7

L'ÉCART GLOBAL RELATIF AUX FRAIS GÉNÉRAUX

Le total de l'écart sur volume et de l'écart budgétaire correspond à la différence entre les frais généraux réels et les frais généraux imputés. Ainsi, l'écart de $650 entre les frais généraux réels de XL, Ltée, $7,650, et les frais généraux imputés de $7,000 pour le mois de mai se compose des éléments suivants:

ÉCART SUR VOLUME

Frais généraux prévus établis au degré réel d'activité	$7,500	
Frais généraux imputés à la production (3,500 heures standards à $2 l'heure)	7,000	
Écart défavorable		$500

ÉCART BUDGÉTAIRE

Frais généraux réels	$7,650	
Frais généraux prévus au degré d'activité	7,500	
Écart défavorable		150
Excédent des frais généraux réels sur les frais généraux imputés à la production		$650

Le prix de revient standard: un instrument de contrôle

■ Étant donné que les résultats d'exploitation dépendent de la façon dont le personnel s'acquitte de ses responsabilités, il est possible de contrôler les revenus, les coûts et les dépenses en exerçant une meilleure supervision. Une entreprise qui établit un budget et utilise un système de prix de revient standard peut exercer un contrôle satisfaisant en adoptant les mesures de corrections nécessaires lorsque les coûts réels diffèrent des coûts standards ou des coûts prévus.

Les divers rapports illustrés dans ce chapitre attirent l'attention de la direction sur les écarts et l'incitent à intervenir. La direction qui étudie un rapport d'exécution met en pratique ce que l'on appelle *la gestion par l'exception* en ce sens qu'elle ne s'arrête qu'aux écarts importants, c'est-à-dire les cas où les coûts réels diffèrent grandement des coûts standards. En d'autres mots, la direction concentre ses efforts sur les situations exceptionnelles et se préoccupent peu des cas où tout fonctionne normalement.

Comptabilisation des coûts standards

■ Les coûts standards peuvent ne servir qu'à dresser les rapports à l'intention de la direction et ne pas être comptabilisés. Cependant, le plus souvent, on comptabilise les coûts standards afin de faciliter la tenue des livres et l'établissement des rapports d'exécution.

Nous n'avons nullement l'intention de décrire en détail ici la façon de comptabiliser les coûts standards. C'est là un sujet qui relève d'un cours de prix de revient. Il suffit de dire, pour l'instant, que l'on comptabilise généralement les coûts standards et les écarts au moyen d'écritures semblables à celle-ci:

Mai	31	Produits en cours	3,500.00	
		Écart sur quantité — Matières	100.00	
		Écart sur prix — Matières	180.00	
		Matières		3,780.00
		Pour imputer à la production le coût standard des matières utilisées.		

Lorsque l'on comptabilise les écarts, on les accumule dans des comptes distincts jusqu'à la fin de l'exercice. Si, à ce moment-là, les écarts sont minimes, on les porte au débit ou au crédit du compte Coût des produits vendus. Si, au contraire, ils sont élevés, il y a lieu de les répartir entre les produits en cours, le stock de produits finis et le coût des marchandises vendues.

Questions

1. Qu'est-ce qu'un budget? Quels avantages tire-t-on de l'établissement d'un budget?

2. Quelle est la durée normale d'un exercice budgétaire?

3. Pourquoi doit-on demander à chaque service d'établir ses propres prévisions budgétaires?

4. Quelles sont les responsabilités du comité du budget?

5. Qu'est-ce qu'un budget des ventes? Un budget de dépenses par services? Un budget de production? Un budget de caisse? Un budget directeur?

6. Une entreprise industrielle aura un stock de 1,700 unités d'un produit lorsqu'elle commencera son prochain exercice budgétaire. Elle prévoit vendre 48,000 unités et estime qu'elle aura en magasin 2,000 unités à la fin de l'exercice. Combien d'unités cette entreprise doit-elle fabriquer

mensuellement si la production doit être répartie uniformément sur tout l'exercice ?

7. Quelle différence y a-t-il entre un budget fixe et un budget variable ?
8. Qu'entend-on par « coût standard » ? À quoi servent les coûts standards ?
9. Qu'entend-on par « écart » dans un système de prix de revient standard ?
10. Pourquoi répartit-on l'écart relatif aux matières en un écart sur prix et un écart sur quantité ? Qui est habituellement responsable des prix payés pour les matières ? Qui est habituellement responsable de la quantité de matières utilisées ?
11. Qu'entend-on par « budget semi-variable des frais généraux » ? Pourquoi utilise-t-on un tel budget dans un système de prix de revient standard ?
12. Qu'est-ce qu'un coût fixe ? Un coût variable ? Les frais fixes à l'unité augmentent-ils, diminuent-ils ou restent-ils stables lorsque le volume de production augmente ?
13. Pourquoi une usine n'utilise-t-elle pas entièrement, parfois, 100% de sa capacité de production ?
14. Qu'entend-on par « écart sur volume » ? Par « écart budgétaire » ?
15. Quelle est la nature d'un écart défavorable sur volume ? À quoi est attribuable un écart budgétaire favorable ?

Exercices   **Exercice 24–1**

Le budget des ventes de Alex, Ltée indique que le Rayon B aura des ventes s'élevant à $8,400 au cours du mois de mars. Le Rayon B s'attend à ce que son stock de marchandises s'élève à $6,700 au début du mois et à $5,500 à la fin du mois. Le coût des marchandises vendues de ce rayon est, en moyenne, égal à 65% du chiffre des ventes.

Travail à faire :

Établissez le budget des achats du rayon B pour le mois de mars.

Exercice 24–2

Luxor, Ltée fabrique le produit Z. La direction estime qu'elle aura en magasin, au 31 mars, 3,800 unités de ce produit. Elle estime également qu'elle vendra 12,500 unités durant le deuxième trimestre et que le nombre d'unités en magasin au début du troisième trimestre sera de 4,000.

Travail à faire :

Établissez le budget de production de Luxor, Ltée pour le deuxième trimestre.

Exercice 24–3

L'Atelier Pique-Nique, Enr. vient de terminer la fabrication de 300 tables à pique-nique. Pour fabriquer ces tables, on a utilisé 14,500 pieds de bois coûtant $3,045. Selon les normes que la direction a établies, l'atelier doit utiliser 50 pieds de bois coûtant $0.20 le pied pour fabriquer une table.

Travail à faire :

Calculez les écarts relatifs au bois utilisé pour fabriquer les 300 tables.

Exercice 24–4

L'atelier dont il est question au problème précédent comptabilise les coûts standards ainsi que les écarts qui peuvent en résulter.

Travail à faire :

1. Passez au journal général l'écriture pour imputer aux produits en cours, le 5 mars, les matières utilisées et pour comptabiliser les écarts qui s'y rapportent.
2. Passez au journal général l'écriture pour éliminer ces écarts au 31 décembre. Posez l'hypothèse que les seuls écarts de l'exercice ont été ceux dont il est question ci-dessus et que, de plus, ils ne sont pas importants.

Exercice 24–5

Voici le coût standard du produit que fabrique une entreprise industrielle :

Matières (1 unité à $5 l'unité) .... $ 5
Main-d'œuvre directe (1 heure à $3 l'heure) 3
Frais généraux de fabrication ($4 par heure
   standard de main-d'œuvre directe) 4
        Coût standard $12

Le coefficient d'imputation des frais généraux de fabrication ($4 par heure standard de main-d'œuvre directe) a été déterminé au degré normal d'activité, c'est-à-dire 80% de la capacité de production. Les informations suivantes sont tirées du budget semi-variable établi pour un mois:

	Degré d'activité		
	75%	80%	85%
Production prévue (nombre d'unités)	7,500	8,000	8,500
Frais généraux prévus :			
Frais fixes	$16,000	$16,000	$16,000
Frais variables	15,000	16,000	17,000

Au cours du dernier mois, l'usine a fonctionné à 75% de sa capacité de production. Les frais généraux réels se sont élevés à $31,250 et se répartissent comme suit :

Frais généraux fixes $16,000
Frais généraux variables 15,250
       Total $31,250

Travail à faire :

Analysez les écarts relatifs aux frais généraux de fabrication.

Problème 24–1

Sandy, Ltée fabrique un produit en acier appelé « Sandox ». La fabrication d'une unité de Sandox demande d'utiliser 80 livres d'acier et ne nécessite qu'une opération, soit l'emboutissage du métal. La direction estime que, le 31 mars de l'exercice en cours, les stocks de matières premières et de produits finis s'élèveront respectivement à 50 tonnes d'acier et à 1,500 unités de Sandox. La direction estime vendre 12,000 unités de Sandox au cours du deuxième trimestre et avoir, au 30 juin, un stock de 150 tonnes d'acier et de 2,000 unités de Sandox afin d'éviter les inconvénients que susciteront une grève probable des aciéries.

Travail à faire :
Établissez le budget de production (nombre d'unités de Sandox) et le budget des achats (nombre de tonnes d'acier) de Sandy, Ltée pour le deuxième trimestre.

Problème 24–2

Apex, Ltée estime que le solde de son encaisse le 31 décembre de l'exercice en cours s'élèvera à $5,800. Elle estime également que le solde des comptes de contrôle Comptes à recevoir et Comptes à payer à cette date, sera respectivement de $35,200 et de $20,900. Voici les prévisions budgétaires relatives aux ventes, aux achats et aux déboursés pour le prochain trimestre :

	Janvier	Février	Mars
Ventes	$24,000	$18,000	$27,000
Achats	14,000	17,300	18,000
Paye	2,400	2,400	2,800
Loyer	1,000	1,000	1,000
Autres dépenses réglées au comptant	1,200	1,600	1,400
Achat de matériel de magasin	...	5,000	...
Dividende trimestriel	...	...	4,000

Toutes les ventes sont à crédit. On sait, par expérience, que le recouvrement des comptes s'effectue de la façon suivante : 85% durant le mois qui suit la date de la vente, 10% au cours du mois suivant et 4% au cours du troisième mois. Si l'on applique ces statistiques aux comptes de $35,200 à recouvrer au 31 décembre, les encaissements de janvier, février et mars s'élèveront respectivement à $28,000, $5,200 et $1,600.

Les achats à crédit sont réglés au cours du mois qui suit la date où on les a effectués. De même, le coût du matériel de magasin que l'on prévoit acheter en février sera réglé en mars.

Travail à faire :
Établissez le budget de caisse pour les mois de janvier, février et mars.

Problème 24–3

Voici le coût standard du produit fabriqué par une entreprise :

Matières (3 lb à $5 la lb)	$15.00
Main-d'œuvre directe (3 heures à $3.50 l'heure) .	10.50
Frais généraux	
de fabrication (3 heures à $3 l'heure)	9.00
Total	$34.50

Le coefficient d'imputation des frais généraux de fabrication ($3 par heure standard de main-d'œuvre directe) a été déterminé au degré normal d'activité, c'est-à-dire 90% de la capacité de production. Les informations suivantes sont tirées du budget semi-variable établi pour le mois de mars :

	Degré d'activité		
	80%	90%	100%
Production prévue (nombre d'unités)	800	900	1,000
Nombre prévu d'heures de			
main-d'œuvre directe	2,400	2,700	3,000
Frais généraux prévus :			
Frais fixes	$4,500	$4,500	$4,500
Frais variables	$3,200	$3,600	$4,000

Au cours de mars, l'usine a fonctionné à 80% de sa capacité de production et on a fabriqué 800 unités dont le coût réel de $28,310 se répartit comme suit :

Matières (2,350 lb à $5.10 la lb)	$11,985
Main-d'œuvre	
directe (2,500 heures à $3.40 l'heure)	8,500
Frais généraux de fabrication fixes	4,500
Frais généraux de fabrication variables	3,325
Total	$28,310

Travail à faire :
Calculez en détail les écarts relatifs aux matières, à la main-d'œuvre directe et aux frais généraux de fabrication.

Problème 24–4

Voici le coût standard du produit fabriqué par Solpar, Ltée :

Matières (4 lb à $0.75 la lb)	$ 3.00
Main-d'œuvre directe (2 heures à $3.50 l'heure) ..	7.00
Frais généraux	
de fabrication (2 heures à $2.50 l'heure)	5.00
Coût standard	$15.00

Le coefficient d'imputation des frais généraux de fabrication ($2.50 par heure standard de main-d'œuvre directe) a été déterminé au degré normal d'activité, c'est-à-dire 80% de la capacité de production. Les informations suivantes sont tirées du budget semi-variable établi pour le mois de mars.

	Degré d'activité		
	75%	80%	85%
Production prévue (nombre d'unités)	1,500	1,600	1,700
Nombre standard d'heures			
de main-d'œuvre directe	3,000	3,200	3,400
Frais généraux prévus :			
Frais fixes :			
Amortissement — Usine	$1,200	$1,200	$1,200
Amortissement — Matériel de fabrication	1,700	1,700	1,700
Taxes et assurances — Usine	300	300	300
Supervision	1,600	1,600	1,600
Total des frais fixes	$4,800	$4,800	$4,800
Frais variables :			
Fournitures de fabrication	$ 750	$ 800	$ 850
Main-d'œuvre indirecte	1,500	1,600	1,700
Force motrice	375	400	425
Entretien	375	400	425
Total des frais variables	$3,000	$3,200	$3,400
Total des frais généraux prévus	$7,800	$8,000	$8,200

Au cours de mars, l'usine a fonctionné à 75% de sa capacité de production et on a fabriqué 1,500 unités dont le coût réel de $22,979 se répartit comme suit :

Matières (5,900 lb à $0.78 la lb)		$ 4,602
Main-d'œuvre directe (3,060 heures à $3.45 l'heure)		10,557
Frais généraux de fabrication :		
Amortissement — Usine	$1,200	
Amortissement — Matériel de fabrication	1,700	
Taxes et assurances — Usine	300	
Supervision	1,600	
Fournitures de fabrication	735	
Main-d'œuvre indirecte	1,560	
Force motrice	385	
Entretien	340	7,820
Total		$22,979

Travail à faire :

1. Calculez les écarts relatifs aux matières premières, à la main-d'œuvre directe et aux frais généraux de fabrication.
2. Dressez un rapport d'exécution portant sur les frais généraux de fabrication dans lequel vous analyserez en détail l'écart sur volume et l'écart budgétaire.

Problème 24–5

Voici le coût standard du produit fabriqué par Silex, Ltée :

Matières (3 lb à $1.25 la lb) $3.75
Main-d'œuvre directe (½ heure à $3 l'heure) 1.50
Frais généraux
    de fabrication (½ heure à $2.60 l'heure) 1.30
    Total $6.55

Le coefficient d'imputation des frais généraux de fabrication ($2.60 par heure de main-d'œuvre directe) a été déterminé au degré normal d'activité, c'est-à-dire 80% de la capacité de production ou 4,000 unités. Cependant, la production varie légèrement d'un mois à l'autre. Chaque fois que la production varie de 1%, le nombre d'unités fabriquées varie lui-même de 50. Voici le budget des frais généraux du mois de mars établi au degré normal d'activité :

Silex Ltéé
Budget des frais généraux de fabrication
pour le mois de mars

Frais fixes :
    Amortissement — Usine $1,000
    Amortissement — Matériel de fabrication 800
    Taxes et assurances — Usine 200
    Supervision 1,200
        Total des frais fixes $3,200
Frais variables :
    Fournitures de fabrication .... $ 800
    Main-d'œuvre indirecte 480
    Force motrice 320
    Réparations et entretien 400
        Total des frais variables 2,000
    Total des frais généraux de fabrication $5,200

Au cours du mois de mars, l'usine a fonctionné à 70% de sa capacité de production et on a fabriqué 3,500 unités dont le coût réel de $22,909 se répartit comme suit :

Matières (10,620 lb) $12,744
Main-d'œuvre directe (1,700 heures) 5,185
Amortissement — Usine 1,000
Amortissement — Matériel de fabrication 800
Taxes et assurances — Usine 200
Supervision 1,200
Fournitures de fabrication 725
Main-d'œuvre indirecte 400
Force motrice 295
Réparations et entretien 360
    Total $22,909

Travail à faire :
1. Établissez en détail le budget semi-variable des frais généraux de fabri-

cation à des degrés d'activité correspondant à 70%, 80% et 90% de la capacité de production.

2. Calculez les écarts relatifs aux matières premières, à la main-d'œuvre directe et aux frais généraux de fabrication.

3. Dressez un rapport d'exécution portant sur les frais généraux de fabrication dans lequel vous analyserez en détail l'écart sur volume et l'écart budgétaire.

Autres problèmes **Problème 24–1A**

Plastica, Ltée vend trois produits, les produits X, Y et Z, qu'elle achète à l'état fini. Les stocks au 1er mars comprennent 3,900 unités de X, 3,750 unités de Y et 6,300 unités de Z. Le président-directeur général s'inquiète de ce que les stocks au 1er mars sont très élevés par rapport aux ventes prévues et il a établi que les quantités stockées à la fin d'un mois ne devaient pas être supérieures à 50% des ventes prévues pour le mois suivant. Voici le budget des ventes de mars, avril, mai et juin :

	Ventes prévues (nombre d'unités)			
	Mars	Avril	Mai	Juin
Produit X	5,000	4,600	5,000	3,800
Produit Y	2,800	2,800	3,400	3,600
Produit Z	6,000	5,400	5,200	5,800

Travail à faire :
Établissez le budget des achats de chacun des trois produits pour les mois de mars, avril et mai.

Problème 24–2A

Vers la fin de février, Thomas Hallé, propriétaire de la Boutique Alex, Enr., a demandé à la banque de lui consentir, le 1er avril, un prêt de $10,000 à 6% d'intérêt remboursable 60 jours plus tard. Il a l'intention d'accroître son stock de $10,000 à la fin de mars et il a besoin d'un prêt afin d'être en mesure de régler ses fournisseurs en avril. Comme la banque veut s'assurer que M. Hallé remboursera la somme prêtée, elle lui demande d'établir ce que sera l'encaisse le 31 mai suivant.

M. Hallé estime que le solde des comptes Caisse, Comptes à recevoir et Comptes à payer le 1er mars sera respectivement de $4,100, $28,000 et $14,600. Voici les prévisions budgétaires relatives aux ventes, aux achats et aux dépenses réglées au comptant pour le prochain trimestre :

	Mars	Avril	Mai
Ventes	$24,000	$25,000	$23,000
Achats de marchandises	25,500	15,000	14,000
Paye	2,400	2,400	2,400
Loyer	1,000	1,000	1,000
Autres dépenses réglées au comptant	1,200	1,100	1,300
Remboursement de l'emprunt bancaire			10,100

Les prévisions relatives aux achats qui précèdent comprennent l'augmentation du stock. Toutes les ventes sont à crédit. On sait, par expérience, que le recouvrement des comptes s'effectue de la façon suivante : 80% durant le mois qui suit la date de la vente, 15% au cours du mois suivant et 4% au cours du troisième mois. Le reste n'est pas recouvré. Si l'on applique ces statistiques aux comptes de $28,000 à recouvrer au début de mars, les recouvrements de mars, avril et mai s'élèveront respectivement à $22,500, $4,000 et $1,000. Tous les achats de marchandises sont réglés au cours du mois qui suit la date où on les a effectués.

Travail à faire :
Établissez un budget de caisse pour le mois de mars, avril et mai. Posez l'hypothèse que M. Hallé remboursera la banque le 31 mai.

Problème 24–3A

Voici le coût standard du produit fabriqué par une entreprise :

Matières (5 lb à $0.50 la lb)	$2.50
Main-d'œuvre directe (1 heure à $3.00 l'heure) . .	3.00
Frais généraux de fabrication (1 heure à $3.25 l'heure)	3.25
Total	$8.75

Le coefficient d'imputation des frais généraux de fabrication ($3.25 par heure standard de main-d'œuvre directe) a été déterminé au degré normal d'activité, c'est-à-dire 90% de la capacité de production. Les informations suivantes sont tirées du budget semi-variable établi pour le mois de juin :

	Degré d'activité		
	80%	90%	100%
Production prévue (nombre d'unités)	1,600	1,800	2,000
Nombre prévu d'heures de main-d'œuvre directe	1,600	1,800	2,000
Frais généraux prévus :			
Frais fixes	$3,600	$3,600	$3,600
Frais variables	2,000	2,250	2,500

Au cours de juin, l'usine a fonctionné à 80% de sa capacité de production et on a fabriqué 1,600 unités dont le coût standard de $14,000 et le coût réel de $14,489 se répartissent comme suit :

Coût standard des 1,600 unités :	
Matières (8,000 lb à $0.50 la lb)	$ 4,000
Main-d'œuvre directe (1,600 heures à $3 l'heure) . .	4,800
Frais généraux de fabrication (1,600 heures à $3.25 l'heure)	5,200
Total	$14,000

Coût réel des 1,600 unités :
Matières (8,100 lb) .... $ 3,969
Main-d'œuvre directe (1,550 heures) 4,805
Frais généraux de fabrication fixes 3,600
Frais généraux de fabrication variables 2,115
Total $14,489

Travail à faire :

Calculez les écarts relatifs aux matières, à la main-d'œuvre et aux frais généraux de fabrication.

Problème 24–4A

Voici le coût standard du produit fabriqué par Surex, Ltée :

Matières (4 lb à $1.50 la lb) .... $ 6.00
Main-d'œuvre directe (3 heures à $3 l'heure) .. 9.00
Frais généraux de
fabrication (3 heures à $1.50 l'heure) 4.50
Total $19.50

Le coefficient d'imputation des frais généraux de fabrication ($1.50 par heure standard de main-d'œuvre directe) a été déterminé au degré normal d'activité, c'est-à-dire 85% de la capacité de production. Les informations suivantes sont tirées du budget semi-variable établi pour le mois de mars :

	Degré d'activité		
	80%	85%	90%
Production prévue (nombre d'unités)	1,600	1,700	1,800
Nombre standard d'heures de main-d'œuvre directe	4,800	5,100	5,400
Frais généraux prévus :			
Frais fixes :			
Loyer — Usine	$1,800	$1,800	$1,800
Amortissement — Matériel de fabrication	1,600	1,600	1,600
Taxes et assurances — Usine	200	200	200
Supervision	1,500	1,500	1,500
Total des frais fixes	$5,100	$5,100	$5,100
Frais variables :			
Fournitures de fabrication	$ 640	$ 680	$ 720
Main-d'œuvre indirecte	1,200	1,275	1,350
Force motrice	320	340	360
Entretien	240	255	270
Total des frais variables	$2,400	$2,550	$2,700
Total des frais généraux prévus	$7,500	$7,650	$7,800

Au cours d'avril, l'usine a fonctionné à 90% de sa capacité de production et on a fabriqué 1,800 unités dont le coût réel de $34,925 se répartit comme suit :

Matières (7,250 lb à $1.48 la lb)	$10,730
Main-d'œuvre	
directe (5,300 heures à $3.10 l'heure)	16,430

Frais généraux de fabrication :

Loyer — Usine	$1,800	
Amortissement — Matériel de fabrication	1,600	
Taxes et assurances — Usine	200	
Supervision	1,500	
Fournitures de fabrication	700	
Main-d'œuvre indirecte	1,310	
Force motrice	355	
Entretien	300	7,765
Total		$34,925

Travail à faire :

1. Calculez les écarts relatifs aux matières premières, à la main-d'œuvre directe et aux frais généraux de fabrication.
2. Dressez un rapport d'exécution portant sur les frais généraux de fabrication dans lequel vous analyserez en détail l'écart sur volume et l'écart budgétaire.

Cas 24–1
Saltex, Ltée

La production de Saltex, Ltée varie d'une saison à l'autre parce que le produit qu'elle fabrique, le produit M, est un produit saisonnier qui ne peut être gardé longtemps en magasin. Le comptable porte les coûts réels de fabrication au débit du compte Produits en cours et il ferme ce compte à la fin de chaque trimestre en virant son solde au compte Produits finis. Voici le rapport de production établi par le directeur de l'usine au 31 décembre 1976 :

Saltex, Ltée
Rapport de production par trimestre
pour l'exercice terminé le 31 décembre 1976

	1er trimestre	*2e trimestre*	*3e trimestre*	*4e trimestre*
Matières	$ 31,200	$ 38,900	$ 15,700	$ 7,900
Main-d'œuvre directe	93,400	116,000	47,000	23,600
Frais généraux fixes	42,000	42,000	42,000	42,000
Frais généraux variables	51,200	63,900	25,900	13,000
Total des frais de fabrication . . .	$217,800	$260,800	$130,600	$ 86,500
Nombre d'unités produites	40,000	50,000	20,000	10,000
Coût unitaire	$5.445	$5.216	$6.530	$8.650

La direction vous demande de lui expliquer pourquoi le coût unitaire du produit M a varié de $5.216 à $8.65 au cours de l'exercice et elle désire que vous lui suggériez une meilleure façon de calculer le coût de ce produit. Comme la direction est d'avis que les rapports financiers intérimaires sont nécessaires pour exercer un contrôle satisfaisant, joignez à votre rapport un état qui indiquera ce que le coût unitaire de chaque élément du coût de fabrication aurait été, par trimestre, si l'on avait tenu compte de vos recommandations.

Cas 24–2
Tamdem,
Ltée

Édouard Houle a été engagé par Tamdem, Ltée il y a neuf ans. Au cours des sept dernières années, il a travaillé dans l'atelier de moulage. Il y a huit mois, il est devenu le contremaître de cet atelier. Depuis qu'il dirige l'atelier de moulage, la production s'est accrue, les employés sont satisfaits de leur travail, le taux d'absentéisme a baissé et les coûts réels des deux derniers mois ont été inférieurs aux coûts standards.

Cependant, il y a quelques jours, Joseph Vachon, un employé travaillant dans l'atelier de moulage a suggéré à Édouard Houle d'installer sur la four-naise un mécanisme de contrôle semblable à celui qu'un concurrent a mis au point. Ce mécanisme de contrôle qui coûterait $15,000 aurait une durée d'utilisation de dix ans et une valeur de récupération nulle. En revanche, la production s'accroîtrait de 10%, le coût de la main-d'œuvre serait réduit de $500 par année et la section pourrait se dispenser des services d'un employé.

Édouard a alors répondu à Joseph : « Oubliez cela. Notre section fonctionne bien et nous n'avons pas besoin d'accroître notre production. De plus, les emplois sont rares de nos jours et nous devrions remercier quelqu'un. Qui sera-ce ? »

Estimez-vous que les coûts standards ont quelque chose à voir avec la suggestion de Joseph et les commentaires d'Édouard ? Justifiez votre réponse. Êtes-vous d'accord avec la réponse d'Édouard ? Est-ce qu'il revient à ce dernier de prendre une décision de ce genre ? Comment la direction peut-elle s'y prendre pour prendre connaissance des suggestions semblables à celle qu'a faite Joseph ?

25

La comptabilité administrative

■ Lorsqu'un administrateur prend une décision, il choisit entre deux ou plusieurs solutions celle qui rapportera le taux de rendement le plus élevé ou celle qui permettra de réaliser les plus grandes économies. Parfois, les administrateurs prennent des décisions intuitivement et ne s'efforcent nullement de connaître les avantages ou les inconvénients de chacune des solutions qu'ils négligent d'étudier en détail. Dans d'autres cas, les informations dont ils disposent sont si sommaires ou approximatives qu'il est inutile d'adopter une approche plus scientifique. De plus, il arrive que des facteurs, comme le prestige, l'opinion publique, etc., sont plus importants que les facteurs quantitatifs. Néanmoins, il est souvent possible de quantifier les conséquences de diverses solutions et de les mesurer systématiquement. Nous nous proposons, au cours de ce chapitre, d'illustrer ce dernier point en étudiant un certain nombre de problèmes administratifs.

Le budget des investissements

■ Le budget des investissements a pour objet de planifier l'acquisition des immobilisations dont une entreprise a besoin. Aussi, on peut planifier l'acquisition de nouveaux bâtiments et de nouvelles machines, la modernisation d'une usine, etc. L'objectif, dans tous les cas, est d'obtenir un rendement satisfaisant sur le capital investi. C'est généralement le domaine où la direction est appelée à prendre des décisions à la fois difficiles et cruciales. Ces décisions sont difficiles parce qu'elles sont fondées sur des estimations et des données incertaines. Elles sont cruciales pour les raisons suivantes: (1) les sommes d'argent en cause sont souvent très élevées; (2) les fonds sont gelés parce qu'ils sont affectés à la réalisation de projets à long terme; et (3) il est souvent difficile et parfois impossible de renoncer à un projet après l'avoir adopté.

L'établissement du budget des investissements exige d'estimer les coûts et les revenus de tous projets envisagés, d'étudier les avantages de chacun d'eux et de choisir ceux qui en valent vraiment la peine. C'est là un sujet très vaste. Nous nous contenterons, dans le présent chapitre, de discuter de trois indices que l'on utilise généralement pour comparer plusieurs projets d'investissement: *la période de récupération, le taux de rendement sur le capital moyen investi* et *le taux de rendement effectif.*

LA PÉRIODE DE RÉCUPÉRATION

On entend par « période de récupération » le temps requis pour recouvrer un investissement au moyen des *rentrées nettes de fonds* découlant de la réalisation d'un projet d'investissement. Supposons, pour donner un exemple, que Murray, Ltée a l'intention de réaliser plusieurs projets d'investissement. La direction désire plus particulièrement acheter une machine en vue de fabriquer un nouveau produit. Cette machine qui coûte $16,000 a une durée d'utilisation prévue de huit ans et une valeur de récupération estimative nulle. Le nombre d'unités vendues du nouveau produit sera de 10,000 par année et accroîtra le benéfice net après impôts de $1,500 ainsi que le démontrent les calculs suivants:

Ventes du nouveau produit par année			$30,000
Moins :			
Coût des matières premières, de la main-d'œuvre directe et des frais généraux, à l'exception de l'amortissement du coût de la nouvelle machine		$15,500	
Amortissement du coût de la nouvelle machine		2,000	
Dépenses additionnelles de vente et d'administration		9,500	27,000
Bénéfice avant impôts			$ 3,000
Impôts sur le revenu (taux d'impôt de 50%)			1,500
Bénéfice net provenant de la vente du nouveau produit			$ 1,500

Tableau 25-1

En vendant 10,000 unités du nouveau produit, Murray, Ltée augmentera ses revenus de $30,000 et son bénéfice net de $1,500. Cependant, les *rentrées nettes annuelles de fonds* qui permettront de recouvrer le coût de la nouvelle machine s'élèveront à $3,500, soit le bénéfice net de $1,500 plus l'amortissement de $2,000 qu'il faut ajouter au bénéfice net parce que l'amortissement est une dépense qui n'entraîne aucune sortie de fonds. Comme les rentrées nettes annuelles de fonds s'élèvent à $3,500, on aura recouvré l'investissement de $16,000 au bout de 4.6 années ainsi que le démontrent les calculs suivants:

$$\frac{\text{Coût de la nouvelle machine : \$16,000}}{\text{Rentrées nettes annuelles de fonds : \$3,500}} = \text{4.6 ans}$$

La division de $16,000 par $3,500 donne effectivement 4.57 mais la réponse donnée, 4.6 ans, est suffisamment précise pour aider la direction à prendre une décision. Étant donné que toutes les données dont on s'est servi pour trouver ce résultat sont approximatives et découlent d'estimations, il est inutile de trouver une réponse avec plus d'une décimale.

La direction qui étudie plusieurs projets d'investissement préfère généralement choisir ceux dont la période de récupération est courte pour les deux raisons suivantes: (1) plus l'on recouvre rapidement le capital investi, plus vite l'on peut réinvestir les fonds recouvrés dans un autre projet; (2) une courte période de récupération permet d'abandonner un projet plus tôt si les conditions changent. Cependant, il ne suffit pas de connaître la période de récupération pour prendre une bonne décision car cet indice ne tient pas compte des revenus tirés d'un projet d'investissement après l'expiration de la période de récupération. Ainsi, un projet dont on peut recouvrer le coût au bout de trois ans peut ne rapporter aucun revenu par la suite alors qu'un autre projet dont la période de récupération est de cinq ans pourrait rapporter des revenus pendant quinze autres années.

LE TAUX DE RENDEMENT SUR LE CAPITAL INVESTI

On calcule le taux de rendement sur le capital investi dans une machine en divisant le bénéfice net après impôts tiré de la vente des produits fabriqués avec cette machine par le capital moyen investi. Ainsi, Murray, Ltée estime qu'elle tirera un bénéfice net après impôts de $1,500 d'une machine qu'elle a l'intention d'acheter à un coût de $16,000. La valeur comptable du capital investi diminuera de $2,000 annuellement, soit d'une somme correspondant à l'amortissement annuel. On peut donc dire que le capital investi, qui est de $16,000 au cours de la première année, deviendra de $14,000 au cours de la deuxième année, de $12,000 au cours de la troisième année et ainsi de suite jusqu'à la fin de la durée d'utilisation. En d'autres mots, on pose l'hypothèse que le capital investi correspond à la valeur comptable de la machine. Si cette hypothèse est acceptable, on peut dire que le capital moyen investi est égal à la moyenne des valeurs comptables, soit $9,000, ainsi que le démontrent les calculs suivants:

Année	Valeur comptable
1	$16,000
2	14,000
3	12,000
4	10,000
5	8,000
6	6,000
7	4,000
8	2,000
Total	$72,000

$$\frac{\$72,000}{8} = 9,000 \quad \begin{array}{c}\text{Valeur comptable moyenne} \\ \text{et} \\ \text{Capital moyen investi}\end{array}$$

Dans les calculs précédents, on a trouvé le capital moyen investi en déterminant la moyenne des valeurs comptables de la machine à la fin de chacune des huit années. Une façon plus simple de trouver les mêmes résultats consiste à calculer la moyenne des valeurs comptables de la machine à la fin de la première année et de la dernière année:

$$\frac{\$16,000 \;+\; \$2,000}{2} \;=\; \$9,000$$

Comme les deux calculs donnent les mêmes résultats, il est préférable d'adopter la deuxième méthode parce qu'elle est plus simple.

Après avoir déterminé le capital moyen investi, on trouve le taux de rendement en divisant bénéfice net après impôts provenant de la vente du nouveau produit par le capital moyen investi: $\$1,500 \div \$90,000 = 16\ 2/3\%$.

On pourrait se demander si un taux de rendement de 16 2/3% est satisfaisant. Tout ce que l'on peut dire c'est que ce taux est préférable à un taux de 12% mais moins bon qu'un taux de 18%. En d'autres mots, ce n'est qu'en comparant un taux à d'autres taux que l'on peut juger s'il est bon ou mauvais. Avant de prendre une décision portant sur la réalisation d'un projet d'investissement, il est bon d'étudier d'autres facteurs, comme le risque. Lorsque l'on se sert du taux de rendement sur le capital moyen investi pour comparer plusieurs projets d'investissement, on choisit généralement le projet le moins risqué dont la période de récupération est la plus courte et le taux de rendement le plus élevé.

Le taux de rendement sur le capital moyen investi est un indice de la rentabilité d'un projet d'investissement. Comme cet indice est facile à calculer et à interpréter, les entreprises l'utilisent depuis longtemps pour comparer divers projets d'investissement. De plus, lorsque les projets à l'étude procurent des rentrées de fonds uniformes, le taux de rendement sur le capital moyen investi suffit pour comparer deux ou plusieurs projets. Il est préférable, toutefois, d'utiliser un meilleur indice (par exemple, le *taux de rendement effectif*) lorsque les rentrées de fonds diffèrent d'un exercice à l'autre.

LE TAUX DE RENDEMENT EFFECTIF

Une entreprise décide de réaliser un projet d'investissement parce qu'elle s'attend à en retirer des fonds au cours des exercices à venir qui lui permettront non seulement de récupérer le capital investi mais aussi de réaliser un bénéfice net satisfaisant. De plus, lorsqu'il faut faire un choix entre divers projets de même envergure comportant les mêmes risques, on choisira celui dont la *valeur actuelle des rentrées de fonds* sera la plus élevée à condition, bien entendu, que cette dernière soit positive, c'est-à-dire supérieure au capital investi.

LA VALEUR ACTUELLE

En règle générale, une entreprise n'investira pas aujourd'hui un dollar à moins d'obtenir plus tard une somme plus élevée, soit le capital investi plus un gain ou des intérêts. De même, si une entreprise doit retirer, dans un an, la somme d'un dollar d'un projet qu'elle réalise aujourd'hui, il faut que la *valeur actuelle* du capital investi soit inférieure à un dollar. L'écart entre la valeur actuelle et la somme retirée au bout d'un an sera plus ou moins élevé selon le taux de rendement que rapporte le capital investi. Si, par exemple, le taux de rendement était de 10%, il faudrait investir aujourd'hui $0.909 pour toucher un dollar au bout d'un an. En d'autres termes, la valeur actuelle d'un dollar reçu dans un an est égale à $0.909 lorsque le taux de rendement est de 10%. Voici comment vérifier cet énoncé : un capital de $0.909 investi aujourd'hui à 10% rapporte $0.0909 en un an, ce qui donne un total de $0.9999 (ou $1) si l'on ajoute ces intérêts au capital investi de $0.909.

On pourrait démontrer de la même façon que la valeur actuelle d'un dollar touché dans deux ans est de $0.826 lorsque le taux d'intérêt est de 10%. En effet, un capital de $0.826 investi aujourd'hui à 10% rapporte $0.0826 au cours de la première année. Comme le capital investi pour la deuxième année devient $0.9086 ($0.826 + $0.0826) et rapporte $0.09086 au cours de la deuxième année, le capital total s'élève, à la fin de la deuxième année à $0.99946 (ou $1), soit $0.9086 + $0.09086.

LES TABLES DE VALEURS ACTUELLES

La valeur actuelle d'un dollar que l'on doit recevoir ou verser à la fin d'un nombre d'années quelconque peut être déterminée au moyen de la formule $\$1/(\$1 + t)^n$, dans laquelle « t » représente le taux d'intérêt et « n » le nombre d'années au bout desquelles on touchera un dollar. Cependant, on peut se dispenser de cette formule car il existe des tables qui donnent la valeur actuelle d'un dollar touché à la fin de « n » années. Voici une partie de l'une de ces tables :

Valeur actuelle d'un dollar reçu à la fin de « n » années

Nombre d'années	6%	8%	10%	12%	14%	15%
1	0.943	0.926	0.909	0.893	0.877	0.870
2	0.890	0.857	0.826	0.797	0.769	0.756
3	0.840	0.794	0.751	0.712	0.675	0.658
4	0.792	0.735	0.683	0.636	0.592	0.572
5	0.747	0.681	0.621	0.567	0.519	0.497
6	0.705	0.630	0.564	0.507	0.456	0.432
7	0.665	0.583	0.513	0.452	0.400	0.376
8	0.627	0.540	0.467	0.404	0.351	0.327
9	0.592	0.500	0.424	0.361	0.308	0.284
10	0.558	0.463	0.386	0.322	0.270	0.247

Tableau 25–2

Les facteurs de cette table ont été arrondis aux millièmes près. Parfois, des facteurs à trois décimales seulement ne seraient pas assez précis mais ils suffisent généralement pour évaluer la rentabilité d'un projet d'investissement.

Remarquez, dans la table du tableau 25–2, que le premier facteur de la colonne 10% est 0.909, soit celui dont nous nous sommes servi précédemment pour expliquer la notion de valeur actuelle. De nouveau, disons que la valeur actuelle d'un dollar touché dans un an est de $0.909 lorsque le taux de rendement est de 10%. De même, le deuxième facteur de la colonne 10% est 0.826 et signifie que la somme d'un dollar escomptée à 10% que l'on s'attend de recevoir dans deux ans a une valeur actuelle de $0.826.

L'utilisation de la table du tableau 25–2 qui donne la valeur actuelle d'un dollar escompté à différents taux ne suscite aucune difficulté. Quelle est par exemple la valeur actuelle de la somme de $1,000 reçue dans cinq ans lorsque le taux d'intérêt est de 8%? Pour trouver la réponse, il suffit de prendre, dans la colonne 8%, le facteur donné pour l'année 5. Comme ce facteur est 0.681, on peut dire que la valeur actuelle d'un dollar touché dans cinq ans et escompté à 8% est de $0.681. La valeur actuelle d'une somme de $1,000 reçue dans cinq ans et escomptée à 8% est donc de $681, soit 0.681 × $1,000.

LA VALEUR ACTUELLE ET LES DÉCISIONS RELATIVES AUX INVESTISSEMENTS

L'entreprise qui utilise la notion de valeur actuelle pour évaluer la rentabilité d'un projet d'investissement compare la valeur actuelle des rentrées futures de fonds avec le capital qu'il faut investir pour obtenir ces fonds. Si, par exemple, la direction de Murray, Ltée désire que les projets d'investissement lui rapportent un taux de rendement de 10%, elle effectuera les calculs suivants pour décider si elle doit acheter la machine de $16,000 dont il a été question plus tôt.

Analyse d'un projet d'investissement

Années	Valeur actuelle d'un dollar escompté à 10%	Rentrées nettes de fonds	Valeur actuelle des rentrées nettes de fonds
1	0.909	$3,500	$ 3,181.50
2	0.826	3,500	2,891.00
3	0.751	3,500	2,628.50
4	0.683	3,500	2,390.50
5	0.621	3,500	2,173.50
6	0.564	3,500	1,974.00
7	0.513	3,500	1,795.50
8	0.467	3,500	1,634.50
Valeur actuelle des rentrées nettes de fonds (Total)			$18,669.00
Coût de la machine ou capital à investir			16,000.00
Valeur actuelle nette			$ 2,669.00

Tableau 25–3

La machine que Murray, Ltée désire acquérir coûtera $16,000 et procurera annuellement des rentrées de fonds de $3,500 représentant, en partie, un amortissement de $2,000 imputé aux revenus de chaque exercice et, en partie, un bénéfice net annuel de $1,500. En d'autres mots, l'achat de cette machine procurera chaque année à Murray, Ltée des rentrées nettes de fonds de $3,500 pendant huit ans. Remarquez maintenant, dans le tableau 25–3, que la valeur actuelle de ces rentrées de fonds excède de $2,669 le capital investi de $16,000. Si la direction de Murray, Ltée estime que le taux de rendement de 10% est satisfaisant, elle peut décider d'acquérir cette machine parce que la vente des produits fabriqués permettra non seulement de récupérer le capital investi, mais de réaliser un rendement de 10% et d'obtenir en plus une somme de $2,669.

Un projet d'investissement est rentable lorsque la valeur actuelle des rentrées de fonds qu'il procure, escomptées à un taux de rendement convenable, est supérieure au capital investi. Cependant, lorsque l'on compare différents projets de même envergure comportant les mêmes risques, il y a lieu de choisir celui dont la valeur actuelle nette des rentrées de fonds est la plus élevée.

LES RENTRÉES DE FONDS INÉGALES D'UN EXERCICE À L'AUTRE

L'analyse qui tient compte de la valeur actuelle est davantage utile lorsque les rentrées de fonds varient d'un exercice à l'autre. Supposons, par exemple, qu'une entreprise doit choisir un seul projet parmi les projets A, B et C. Le capital investi dans chaque cas sera de $12,000 et procurera les rentrées de fonds suivantes :

Années	Rentrées de fonds annuelles		
	Projet A	Projet B	Projet C
1	$ 5,000	$ 8,000	$ 1,000
2	5,000	5,000	5,000
3	5,000	2,000	9,000
	$15,000	$15,000	$15,000

Remarquez que le total des rentrées de fonds est le même pour les trois projets. Cependant, les rentrées de fonds que procure le projet A se répartissent également sur trois années. En revanche, les projets B et C procurent des rentrées de fonds qui vont respectivement en diminuant (projet B) et en augmentant (projet C). Le tableau 25–4 donne les valeurs actuelles des rentrées de fonds, escomptées à 10%, de chacun de ces projets d'investissement.

	Années	Valeur actuelle des rentrées de fonds escomptées à 10%		
		Projet A	Projet B	Projet C
	1	$ 4,545	$ 7,272	$ 909
	2	4,130	4,130	4,130
	3	3,755	1,502	6,759
Valeur actuelle des rentrées de fonds ...		$12,430	$12,904	$11,798
Capital investi		12,000	12,000	12,000
Valeur actuelle nette		+$ 430	+$ 904	−$ 202

Tableau 25–4

Remarquez que la valeur actuelle des rentrées de fonds que procurent le projet A et le projet B excède respectivement de $430 et de $904 le capital investi. En revanche, le capital investi, dans le cas du projet C, excède de $202 la valeur actuelle des rentrées de fonds qui en découlent. Ces résultats nous portent à conclure qu'il faut renoncer au projet C si le taux de rendement obtenu doit être de 10%. En effet, la valeur actuelle nette étant négative, le projet rapporte un taux de rendement insuffisant. Si l'on avait à choisir un seul projet, il faudrait adopter de préférence le projet B car la valeur actuelle nette des rentrées de fonds est la plus élevée.

CHOIX DU TAUX DE RENDEMENT

Le choix du taux de rendement que doit rapporter un projet d'investissement relève de la haute direction. Même s'il existe des formules susceptibles d'aider la direction, ce taux est généralement déterminé d'une façon très arbitraire. La direction décide, par exemple, qu'elle peut trouver un nombre suffisant de projets qui rapporteront un taux de rendement de 10%. Dans ce cas, ce taux devient le taux minimum qu'un projet comportant un risque moyen doit rapporter.

Quel que soit le taux choisi, il doit toujours être supérieur au taux exigé par les créanciers parce que le taux de rendement doit tenir compte non seulement des intérêts mais des risques que la réalisation d'un projet d'investissement comporte. Si, par exemple, le taux d'intérêt courant est de 6%, les entreprises industrielles peuvent généralement accepter des projets d'investissement dont le taux de rendement après impôts est de 10%. Les entreprises de services publics pourraient réaliser des projets dont le taux de rendement est moindre mais les établissements industriels qui ont la responsabilité de réaliser une foule de projets d'investissement et les entreprises qui s'exposent à de plus grands risques pourraient exiger un taux de rendement plus élevé.

LE REMPLACEMENT DES IMMOBILISATIONS

Dans une économie dynamique, les entreprises sont appelées à prendre fréquemment la décision de remplacer leur équipement par des machines plus modernes. Parfois la machine remplacée est encore en bonne condition et peut toujours servir. Cependant, on la remplace quand même parce que la nouvelle machine permettra de réduire sensiblement les frais d'exploitation. Il revient alors à la direction de décider si les économies, compte tenu des impôts plus élevés, justifient le remplacement envisagé.

Étant donné que le calcul des économies nettes que procure une nouvelle machine est relativement complexe, nous préférons ne pas en discuter dans le présent ouvrage.

Acceptation d'une commande spéciale

■ Les coûts que fournit un système de prix de revient sont à la fois des coûts moyens et des coûts historiques. S'ils sont parfois utiles pour déterminer les prix et contrôler l'exploitation, ils ne conviennent généralement pas pour décider s'il est avantageux ou non d'accepter une commande spéciale. Dans ce cas, les coûts pertinents sont les *coûts marginaux* ou les *coûts différentiels*.

Supposons, pour donner un exemple, qu'une entreprise qui fonctionne normalement, c'est-à-dire à 80% de sa capacité de production, fabrique et vend annuellement 100,000 unités d'un produit. Le bénéfice d'exploitation de cette entreprise s'élève alors à $100,000 ainsi que le démontre l'état sommaire suivant :

Ventes (100,000 unités @ $10)		$1,000,000
Matières (100,000 unités @ $3.50)	$350,000	
Main-d'œuvre (100,000 unités @ $2.20)	220,000	
Frais généraux de fabrication (100,000 unités @ $1.10)	110,000	
Frais de vente (100,000 unités @ $1.40)	140,000	
Dépenses d'administration (100,000 unités @ $0.80)	80,000	900,000
Bénéfice d'exploitation		$ 100,000

Le directeur des ventes de cette entreprise vient d'apprendre qu'un exportateur est intéressé à acheter 10,000 unités à un prix de $8.50 chacune. Cette commande est plusieurs fois plus élevée que toutes les autres commandes que l'entreprise a remplies dans le passé. De plus, l'acceptation de cette commande destinée à l'exportation n'aurait aucun effet sur le chiffre d'affaires actuel du fabricant. Pour être en mesure de décider s'il convient d'accepter ou de rejeter la commande spéciale de l'exportateur, il faut calculer le bénéfice net ou la perte nette qui en résulterait. Le service de la comptabilité dresse alors l'état suivant établi en fonction des coûts moyens donnés précédemment :

Ventes (10,000 unités @ $8.50)		$85,000
Matières (10,000 unités @ $3.50)	$35,000	
Main-d'œuvre (10,000 unités @ $2.20)	22,000	
Frais généraux de fabrication (10,000 unités @ $1.10)	11,000	
Frais de vente (10,000 unités @ $1.40)	14,000	
Dépenses d'administration (10,000 unités @ $0.80)	8,000	90,000
Perte d'exploitation		$(5,000)

Si l'on se contentait des données précédentes pour prendre une décision, il faudrait rejeter l'offre. Cependant, avant de donner une réponse à l'exportateur, la direction décide d'étudier la situation de plus près.

Elle obtient alors les informations suivantes : (1) la fabrication des 10,000 unités supplémentaires ne changerait pas le coût unitaire des matières et celui de la main-d'œuvre qui demeureraient respectivement de $3.50 et de $2.20; (2) les frais généraux de fabrication ne s'accroîtraient que d'une somme de $5,000 découlant de l'électricité consommée et des frais plus élevés d'emballage et de manutention; (3) les commissions et les autres dépenses de vente qu'entraîne l'acceptation de la commande spéciale s'élèveraient à $2,000; et (4) les dépenses d'administration s'accroîtraient de $1,000 en raison de travaux supplémentaires que devrait effectuer le personnel du bureau. Le tableau 25–5 fait ressortir les effets de l'acceptation de la commande de l'exportateur, compte tenu de ces renseignements additionnels.

	(1) Résultats actuels		(2) Résultats de l'acceptation de la commande spéciale	(3) Résultats combinés de (1) et (2)
Ventes		$1,000,000	$85,000	$1,085,000
Matières	$350,000		$35,000	$385,000
Main-d'œuvre	220,000		22,000	242,000
Frais généraux	110,000		5,000	115,000
Frais de vente	140,000		2,000	142,000
Dépenses d'administration ...	80,000		1.000	81,000
Total		900,000	65.000	965,000
Bénéfice net ...		$ 100,000	$20,000	$ 120,000

Tableau 25–5

Le tableau 25–5 indique clairement que l'acceptation de la commande spéciale aura pour effet d'accroître le bénéfice net de $20,000 si l'on ne tient compte que des coûts marginaux ou différentiels.

Les coût marginaux ne conviennent que dans des cas particuliers et qu'à un certain moment. Ainsi, l'augmentation du nombre d'unités fabriquées peut accroître ou ne pas accroître l'amortissement. Si la fabrication des unités supplémentaires exige d'acheter de nouvelles machines, l'amortissement s'accroîtra. De même, si l'on se sert des machines actuelles pour fabriquer les unités supplémentaires, l'amortissement pourrait aussi s'accroître parce que l'usure réduirait la durée d'utilisation des machines. Cependant, l'amortissement pourrait, dans ce cas, ne pas augmenter car la durée d'utilisation peut dépendre davantage de la désuétude que de l'usure.

Achat ou fabrication d'une pièce ou d'un produit

■ Les coûts marginaux influent généralement sur la décision que doit prendre une entreprise d'acheter ou de fabriquer une pièce ou un produit. Ainsi, un fabricant a des machines dont il ne se sert pas mais qu'il pourrait utiliser pour fabriquer la pièce 417 qui entre dans la fabrication d'un de ses produits. On achète actuellement cette pièce à un coût de

$1.20 l'unité, y compris les frais de transport. On estime que la fabrication de cette pièce coûterait $0.45 en matière et $0.50 en main-d'œuvre. Le problème consiste surtout à déterminer les frais généraux qu'il faudra inclure dans le coût de la pièce 417. Si l'on calcule ces frais généraux au moyen du cœfficient ordinaire d'imputation (100% du coût de la main-d'œuvre directe), le coût total de la pièce sera de $1.45, soit $0.45 en matières, $0.50 en main-d'œuvre et $0.50 en frais généraux. Si le coût de fabrication était vraiment aussi élevé, il serait préférable de continuer d'acheter la pièce à $1.20 l'unité.

Cependant, un fabricant peut parfois, avec raison, ne pas se servir du cœfficient d'imputation ordinaire pour déterminer le coût d'un produit. Il suffit, dans ces cas, de considérer les coûts additionnels que la fabrication de ce produit peut entraîner. Ces coûts comprennent généralement : l'énergie utilisée pour faire fonctionner des machines qui autrement ne serviraient pas, l'amortissement si la fabrication de la pièce entraîne une augmentation de l'amortissement du coût des machines, etc. Dans notre exemple, le fabricant pourrait, à court terme, décider avantageusement de fabriquer la pièce 417 si les frais généraux additionnels étaient inférieurs à $0.25 l'unité. Cependant, à long terme, il faut incorporer au coût de la pièce 417 tous les frais généraux au moyen du cœfficient d'imputation ordinaire.

Si les frais généraux additionnels sont inférieurs à $0.25 l'unité, le coût de la pièce 417 est inférieur au prix d'achat unitaire de $1.20. Néanmoins, avant de prendre une décision définitive, le fabricant doit considérer d'autres facteurs difficiles à quantifier comme la qualité des pièces, la réaction des fournisseurs et des clients, etc. Après avoir tenu compte de ces autres facteurs, on peut en arriver à la conclusion que le coût moins élevé résultant de la fabrication d'une pièce ou d'un produit est un facteur beaucoup moins important.

Autres sortes de coûts

■ Parmi les coûts que la direction doit étudier avant de prendre une décision, on peut mentionner les *coûts irrécupérables,* les *coûts-déboursés* et les *coûts de renoncement.*

Un coût irrécupérable est un coût résultant d'une décision irrévocable prise antérieurement. Étant donné qu'il est impossible d'éviter ces coûts, il ne faut pas en tenir compte pour prendre une décision ayant un effet sur l'avenir.

Les coûts-déboursés entraînent des déboursés et se rapportent à des éléments comme les matières, les salaires, les fournisseurs, le chauffage et l'énergie. Comme il est généralement possible d'éviter ces coûts, ils influent sur les décisions.

Les coûts dont il a été question jusqu'à présent amènent généralement des déboursés effectués en vue d'acheter des marchandises ou obtenir un service. Cependant, la notion de « coût » peut être élargie pour y inclure les *sacrifices consentis en vue de retirer un avantage.* Si, par exemple, un étudiant renonce à un revenu de $1,200 pour pouvoir s'inscrire à une session d'été, il en résulte un sacrifice auquel on donne le nom de *coût de renoncement.*

Évidemment, les coûts de renoncement ne sont pas des coûts au sens comptable du terme et ils ne figurent pas comme tels dans les livres. Cependant, la direction doit en tenir compte lorsqu'elle prend une décision qui l'amène à sacrifier des projets ou à rejeter des solutions. Ainsi, le choix qu'il faut faire entre mettre au rebut des articles défectueux ou les traiter davantage demande d'étudier un certain nombre de coûts irrécupérables et de coûts de renoncement.

Les articles défectueux

■ Tous les coûts des articles défectueux sont des coûts irrécupérables et il ne faut pas en tenir compte pour décider s'il y a lieu de mettre ces articles au rebut ou les traiter de nouveau. Ainsi, une entreprise pourrait vendre, à $0.40 chacun, 10,000 articles dont le coût est de $1.00 ou les traiter davantage à un coût de $0 80 l'unité pour ensuite les vendre $1.50 chacun. Cette entreprise devrait-elle les vendre immédiatement ou les traiter de nouveau ? Bien entendu, le coût de fabrication de $1 l'unité est un coût irrécupérable et ne convient nullement pour prendre une décision. Si l'on utilise les autres informations données ci-dessus, voici les revenus que procurerait chacune des deux solutions possibles :

	Mettre au rebut	Traiter de nouveau
Vente des articles défectueux	$ 4,000	$15,000
Moins : coût supplémentaire de fabrication		(8,000)
Revenu net	$4,000	$ 7,000

Les calculs précédents indiquent qu'il est préférable de traiter de nouveau les articles défectueux pourvu que cette opération ne nuise pas à l'exploitation courante. Cependant, supposons que pour traiter de nouveau les articles défectueux, l'entreprise doit renoncer à fabriquer 10,000 unités d'un produit dont le coût est de $1 et le prix de vente de $1.50 chacune. Dans ce cas, on calculerait, de la façon suivante, le revenu provenant de la vente des articles défectueux :

	Mettre au rebut	Traiter de nouveau
Vente des articles défectueux	$ 4,000	$15,000
Moins : coût supplémentaire de fabrication		(8,000)
Vente de 10,000 nouvelles unités	15,000	
Moins : coût de fabrication des nouvelles unités	(10,000)	
Revenu net	$ 9,000	$ 7,000

Si l'on vend les articles défectueux tels quels, il est possible de fabriquer 10,000 nouvelles unités et de réaliser un revenu net de $9,000 provenant à la fois de la vente des articles défectueux et des nouvelles unités. Évidemment, cette solution est meilleure que celle qui consiste à traiter de nouveau les articles défectueux et à renoncer à la fabrication de 10,000 nouvelles unités.

On peut aussi analyser le problème précédent en faisant appel à la notion de coût de renoncement car le revenu perdu par suite de la décision prise de ne pas fabriquer les 10,000 nouvelles unités est un coût de renoncement. Ce coût est égal à $5,000, soit la différence entre le revenu de $15,000 tiré de la vente des 10,000 unités moins leur coût de fabrication, $10,000.

Voici de quelle façon l'on présenterait maintenant les résultats de cette analyse :

	Mettre au rebut	Traiter de nouveau
Vente des articles défectueux	$4,000	$15,000
Moins : Coût supplémentaire de fabrication		(8,000)
Coût de renoncement (revenu net perdu en ne fabriquant pas les nouvelles unités)		(5,000)
Revenu net	$4,000	$ 2,000

Il importe peu que l'analyse soit faite d'une manière ou d'une autre parce que, dans les deux cas, la décision de mettre les articles défectueux au rebut accroît le revenu net de $2,000.

Détermination des prix

■ Plusieurs entreprises déterminent le prix de vente de leurs produits en ajoutant un profit raisonnable à leur coût de fabrication. Ces entreprises réussissent par la suite à obtenir le prix désiré parce qu'elles jouissent d'un monopole ou adoptent une politique de publicité et de vente efficace.

La détermination du prix de vente d'un produit demande de tenir compte de nombreux facteurs. Il faut en particulier : (1) vérifier si la demande est élastique (dans ce cas, le nombre d'unités vendues varie proportionnellement au prix de vente); et (2) étudier la nature des coûts qui tantôt varient avec le volume de production et tantôt sont fixes.

Lorsque la demande est élastique, une baisse du prix de vente a pour effet d'augmenter le nombre d'unités vendues alors qu'une augmentation du prix de vente le réduit.

Quant à la nature des coûts, nous en avons déjà discuté au chapitre précédent. Cependant, considérons, pour donner de plus amples explications, les dépenses relatives à une automobile avec laquelle on parcourt 8,000 milles par année :

Dépenses qui varient en fonction du nombre de milles parcourus		Dépenses fixes annuelles	
Essence et huile	$210	Amortissement	$400
Pneus	28	Assurances	72
Lubrification	16	Permis d'immatriculation	10
Réparation	20		
	$274		$482

Si le nombre de milles parcourus était de 12,000 au lieu de 8,000, les dépenses relatives à l'essence, aux pneus, à la lubrification et aux réparations augmenteraient proportionnellement. En revanche, les frais fixes annuels ne changeraient à peu près pas.

De la même façon que les dépenses d'automobile sont tantôt fixes et tantôt variables, les coûts de production peuvent être fixes ou varier proportionnellement au nombre d'unités fabriquées. C'est là un facteur qui influe souvent sur le prix de vente d'un produit.

La direction qui est responsable de la détermination du prix de vente d'un produit désire le vendre à un prix qui lui permettra de réaliser un profit raisonnable, eu égard au prix fixé par les concurrents et à l'intervention toujours possible de l'État. La vente d'un produit rapportera le plus grand profit possible lorsque la *marge brute*, c'est-à-dire la différence entre le prix de vente et les frais variables est la plus élevée. Voici, par exemple, le tableau dressé par Électron, Ltée en vue de déterminer le prix de vente d'un produit dont les frais variables s'élèvent à $10 :

Tableau 25–6

Prix de vente	Quantité	Chiffre des ventes	Frais variables	Marge brute
$20.00	10,000	$200,000	$100,000	$100,000
17.50	30,000	525,000	300,000	225,000
15.00	36,000	540,000	360,000	180,000
12.00	48,000	576,000	480,000	96,000
11.00	60,000	660,000	600,000	60,000

Ainsi qu'on peut le constater le prix de vente qui permet de réaliser la plus forte marge brute est de $17.50 car, à ce prix, Électron, Ltée vendra 30,000 unités et obtiendra une marge brute de $225,000. Le prix de vente de $17.50 permet de recouvrer tous les frais variables et laisse une somme de $225,000 pour récupérer les frais fixes et procurer un profit.

L'entreprise qui fabrique plusieurs produits éprouve plus de difficultés à en déterminer le prix de vente. Elle doit, de plus, tenir compte de la capacité de production de ses installations. Prenons, par exemple, le cas de Taplex, Ltée qui fabrique deux produits : le produit M et le produit S dont les frais de fabrication variables sont respectivement de $12 et $16.

Ces deux produits sont semblables mais n'entrent pas en concurrence l'un avec l'autre. De plus, même si les matières utilisées pour les fabriquer diffèrent, on se sert des mêmes machines et on a recours à des procédés de fabrication quasi identiques. Taplex, Ltée peut fabriquer 10,000 unités de M ou 10,000 unités de S, ou encore un certain nombre de M plus un certain nombre de S mais le total des unités fabriquées ne peut excéder 10,000. On trouvera, dans le tableau 25–7, les données relatives aux ventes des produits M et S à différents prix.

<table>
<tr><td>Prix de vente</td><td>Quantité</td><td>Chiffre des ventes</td><td>Frais variables</td><td>Marge brute</td></tr>
<tr><td colspan="5">Produit M</td></tr>
<tr><td>$25.00</td><td>3,000</td><td>$ 75,000</td><td>$ 36,000</td><td>$39,000</td></tr>
<tr><td>20.00</td><td>5,000</td><td>100,000</td><td>60,000</td><td>40,000</td></tr>
<tr><td>18.00</td><td>6,000</td><td>108,000</td><td>72,000</td><td>36,000</td></tr>
<tr><td>16.00</td><td>8,000</td><td>128,000</td><td>96,000</td><td>32,000</td></tr>
<tr><td>15.00</td><td>10,000</td><td>150,000</td><td>120,000</td><td>30,000</td></tr>
<tr><td colspan="5">Produit S</td></tr>
<tr><td>$30.00</td><td>2,000</td><td>$ 60,000</td><td>$ 32,000</td><td>$28,000</td></tr>
<tr><td>25.00</td><td>5,000</td><td>125,000</td><td>80,000</td><td>45,000</td></tr>
<tr><td>23.00</td><td>7,000</td><td>161,000</td><td>112,000</td><td>49,000</td></tr>
<tr><td>22.00</td><td>8,000</td><td>176,000</td><td>128,000</td><td>48,000</td></tr>
<tr><td>21.00</td><td>9,500</td><td>199,500</td><td>152,000</td><td>47,500</td></tr>
</table>

Tableau 25–7

Une étude des données du tableau 25–7 révèle que Taplex, Ltée obtiendrait la marge brute la plus élevée en vendant 5,000 unités de M à $20 et 7,000 unités de S à $23. Comme le total d'unités qu'il faudrait alors produire s'élève à 12,000 et que l'on ne peut fabriquer plus de 10,000 unités, la direction de Taplex, Ltée choisira de vendre 3,000 unités de M à $25 et 7,000 unités de S à $23.

Bien entendu, les problèmes de détermination des prix sont habituellement plus complexes que les exemples précédents semblent l'indiquer. Ainsi, les deux cas dont nous venons de discuter ne tiennent pas compte de ce que certains coûts ne sont ni fixes, ni variables. Néanmoins, dans tout problème de détermination des prix, il y a lieu d'étudier à la fois la demande et le comportement des coûts auxquels donnent lieu la fabrication et la mise en marché d'un produit. Si la direction a pour objectif de maximiser les profits il faut qu'elle sache distinguer entre les frais fixes et les frais variables de chacune de ces deux fonctions.

Analyse des relations entre le volume et le profit

■ Une entreprise qui a l'intention de mettre un nouveau produit sur le marché ou bien d'accroître ou de diminuer son volume de production analyse généralement les effets qu'un changement de volume peut avoir sur le profit Une telle analyse porte le nom d'*analyse du point mort* car il s'agit de déterminer le volume de production et de vente qu'il faut atteindre pour ne réaliser aucun profit et ne subir aucune perte. Cependant, comme la direction désire dépasser ce point, l'analyse qu'elle fait porte sur les bénéfices qu'elle peut réaliser à différents degrés d'activité.

LE POINT MORT OU LE SEUIL DE RENTABILITÉ

Une entreprise vend, à un prix de $100, un seul produit dont les coûts variables sont de $70 par unité vendue. Si les frais fixes se rapportant à la vente de ce produit s'élèvent à $24,000, l'entreprise atteindra le point mort dès qu'elle aura vendu 800 unités, soit un chiffre de ventes de $80,000. Voici comment déterminer ce point mort :

1. Chaque unité vendue $100 permet de recouvrer les frais variables de $70 et procure une somme de $30 en vue de récupérer les frais fixes.
2. Comme les frais fixes s'élèvent à $24,000, il faut vendre 800 unités pour récupérer en entier les frais fixes ($24,000 ÷ $30 = 800).
3. Finalement, la vente de 800 unités à $100 chacune rapporte un revenu de $80,000.

L'excédent de $30 du prix de vente sur le total des frais variables porte le nom de *marge brute unitaire*, soit la partie du prix de vente qui permet de recouvrer les frais fixes et de réaliser un profit.

On peut aussi exprimer la marge brute en pourcentage du prix de vente. Ainsi, dans l'exemple précédent, la marge brute exprimée en pourcentage est de 30%, soit $30 ÷ $100.

Il existe effectivement deux formules pour calculer le point mort selon que l'on désire trouver un nombre d'unités ou le revenu qu'il est nécessaire de réaliser pour atteindre le seuil de rentabilité :

$$\text{Point mort exprimé en unités} = \frac{\text{Frais fixes}}{\text{Marge brute unitaire}}$$

$$\text{Point mort exprimé en dollars} = \frac{\text{Frais fixes}}{\text{Marge brute exprimée en pourcentage}}$$

Si l'on applique la deuxième formule aux données précédentes on trouvera les résultats suivants :

$$\text{Point mort exprimé en dollars} = \frac{\$24,000}{30\%} = \frac{\$24,000}{0.30} = \$80,000$$

LE DIAGRAMME DU POINT MORT

Le tableau 25–8 illustre le diagramme du point mort. Un tel diagramme permet de voir plus clairement les relations qui existent entre les ventes, les frais fixes, les frais variables et le point mort. Remarquez que la ligne des ventes part du point 0 et se déplace vers le haut. Notez aussi que la ligne représentant le total des frais fixes et variables commence à \$24,000 (les frais fixes) et croise la ligne des ventes au point \$80,000. Ce point de rencontre de la ligne des ventes avec la ligne du coût total est le point mort. Plus les ventes dépassent ce point, plus le profit réalisé est grand ainsi que l'indique la distance entre les deux lignes à compter du chiffre des ventes de \$80,000. Si les ventes sont inférieures à \$80,000, il en résulte une perte.

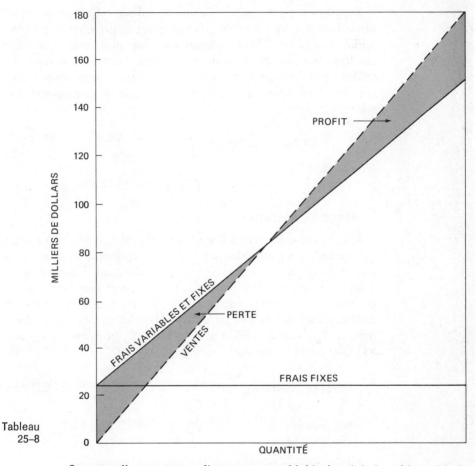

Tableau
25–8

Lorsque l'on trace un diagramme semblable à celui du tableau 28–5, il est préférable que le point mort soit à peu près au centre. Pour y arriver, on calcule d'abord le chiffre d'affaires auquel correspond le point mort et on utilise le double de ce chiffre pour tracer le diagramme. Dans le tableau 28–5, le nombre d'unités qu'il est nécessaire de vendre pour atteindre le point mort (800 unités) est légèrement inférieur à la moitié du volume maximum de 1,800 unités figurant sur le diagramme.

DÉTERMINATION DU CHIFFRE DES VENTES
COMPTE TENU DU BÉNÉFICE NET DÉSIRÉ

Une légère modification apportée à la formule du point mort rend possible la détermination du chiffre des ventes qu'il est nécessaire d'atteindre en vue de réaliser un certain bénéfice net. Voici cette nouvelle formule :

$$\text{Chiffre des ventes} = \frac{\text{Frais fixes} + \begin{array}{c}\text{Bénéfice} \\ \text{net}\end{array} + \begin{array}{c}\text{Impôts sur} \\ \text{le revenu}\end{array}}{\text{Marge brute exprimée en pourcentage}}$$

Supposons, pour illustrer comment utiliser cette formule, que l'entreprise dont il a été question précédemment désire obtenir un bénéfice net après impôts de $20,000. Supposons, de plus, que pour obtenir ces résultats, elle doit réaliser un bénéfice net avant impôts de $28,500. Le chiffre des ventes qu'il est nécessaire d'atteindre pour réaliser un bénéfice net de $20,000 est de $175,000 ainsi que le démontrent les calculs suivants :

$$\text{Chiffre des ventes} = \frac{\$24,000 + \$20,000 + \$8,500}{30\%}$$

$$= \frac{\$52,500}{0.30} = \$175,000$$

MARGE DE SÉCURITÉ

L'écart entre les ventes d'une entreprise et le chiffre des ventes qu'elle doit réaliser pour atteindre le point mort représente sa marge de sécurité, c'est-à-dire le montant dont les ventes pourraient diminuer sans qu'il en résulte une perte. Cette marge de sécurité peut être exprimée en unités, en dollars ou en pourcentage du chiffre des ventes. Si, par exemple, le chiffre actuel des ventes est de $100,000 et si, pour atteindre le point mort, il faut que ce chiffre soit de $85,000, la marge de sécurité est de $15,000 ou 15% du chiffre des ventes :

$$\text{Marge de sécurité} = \frac{\text{Ventes} - \text{Ventes pour atteindre le point mort}}{\text{Ventes}}$$

$$\text{Marge de sécurité} = \frac{\$100,000 - \$85,000}{\$100,000} = 15\%$$

La discussion précédente ne fait que traiter superficiellement des relations qui existent généralement entre le volume et le profit. Nous avons, en particulier, supposé, pour calculer le point mort, que l'entreprise dont il a été question ne vendait qu'un produit. En pratique, les produits vendus sont nombreux et la fabrication entraîne des frais variables et des frais fixes qui diffèrent d'un produit à l'autre. De plus, dans les exemples donnés, nous avons supposé que les coûts étaient fixes ou variables. En réalité, certains coûts sont fixes, d'autres varient proportionnellement au chiffre des ventes et certains fluctuent en fonction des ventes mais pas dans la même proportion. Malgré toutes ces lacunes, les exemples donnés suffisent pour expliquer sommairement en quoi consiste l'analyse des relations entre le volume et le profit. Le lecteur aura l'occasion d'étudier des situations plus complexes dans un ouvrage consacré exclusivement au prix de revient.

1. Qu'entend-on par budget des investissements ? Pourquoi les décisions relatives aux investissements sont-elles importantes ?

2. Si l'amortissement est une dépense, expliquez pourquoi, lorsque l'on vend à profit un produit fabriqué au moyen d'une machine, la portion du coût de la machine recouvrée chaque année comprend à la fois le bénéfice tiré de la vente de ce produit et l'amortissement annuel.

3. Quel est le capital moyen investi dans une machine dont le coût est de $28,000, la durée d'utilisation de cinq ans et la valeur de récupération de $3,000 ?

4. Pourquoi la valeur actuelle d'une somme de $100 reçue dans un an est-elle inférieure à $100 ? Quelle est la valeur actuelle d'une somme de $100 reçue dans un an et escomptée à 8% ?

5. Que peut-on conclure lorsque la valeur actuelle des rentrées nettes de fonds découlant de l'achat d'une machine escomptées à 12% est supérieure au prix d'achat de la machine ? Que faut-il conclure si cette valeur actuelle est inférieure au capital investi ?

6. Une entreprise fabrique et vend, au pays, 250,000 unités d'un produit à $5 chacune. Le coût de fabrication de ce produit est de $3 l'unité. Cette entreprise peut-elle accepter de vendre, à l'étranger, 25,000 unités à $2.75 chacune ?

7. Qu'entend-on par coût irrécupérable ? Par coût-déboursé ? Par coût de renoncement ? Un coût de renoncement est-il un coût au sens comptable du terme ?

8. Qu'entend-on par coût fixe ? Par coût variable ? Par coût semi-variable ?

9. L'augmentation du nombre d'unités produites réduit-elle ou accroît-elle les frais fixes à l'unité ? Pourquoi ?

10. Qu'entend-on par point mort ?

11. Le prix de vente d'un produit est de $80 l'unité. Les frais variables de production et de vente sont de $56 l'unité. Quelle est la marge brute unitaire ? Quelle est la marge brute exprimée en pourcentage ?

Exercice 25–1

La machine A qui coûte $8,000 a une durée d'utilisation prévue de quatre ans et une valeur de récupération estimative nulle. En revanche, la machine B a un coût de $12,000, une durée prévue d'utilisation de cinq ans et une valeur de récupération estimative de $2,000. Calculez le capital moyen investi dans chaque machine. Posez l'hypothèse que l'investissement moyen correspond à la moyenne des valeurs comptables de chacune des deux machines déterminées à la fin de chaque année.

Exercice 25–2

Adamo, Ltée a l'intention d'acheter une nouvelle machine pour fabriquer un nouveau produit. La machine a un coût de $20,000, une durée prévue d'utilisation de quatre ans et une valeur estimative de récupération nulle. L'amortissement annuel est calculé selon la méthode de l'amortissement linéaire. Adamo, Ltée estime qu'elle vendra annuellement 10,000 unités du nouveau produit. Voici l'état prévisionnel des revenus et dépenses indiquant le bénéfice net qu'elle tirera de la vente de ce produit :

Ventes		$50,000
Coûts :		
Matières, main-d'œuvre et frais généraux, à l'exclusion		
de l'amortissement du coût de la nouvelle machine ..	$26,000	
Amortissement — Nouvelle machine	5,000	
Dépenses de vente et d'administration	15,000	46,000
Bénéfice d'exploitation		$ 4,000
Impôts sur le revenu		2,000
Bénéfice net		$ 2,000

Travail à faire :
Calculez (1) la période de récupération et (2) le rendement sur le capital moyen investi dans cette machine.

Exercice 25–3

Calculez la valeur actuelle des rentrées nettes de fonds et l'excédent de cette valeur actuelle sur le capital investi dans la machine dont il est question dans l'exercice 25–2. Posez l'hypothèse que le taux de rendement que Adamo, Ltée désire réaliser sur ses investissements est de 12%.

Exercice 25–4

ABC, Ltée fabrique un certain nombre de produits. Elle vend l'un d'entre eux $80 l'unité. Les frais fixes de fabrication de ce produit sont de $25,000 et les frais variables s'élèvent à $60 l'unité.

Travail à faire :
1. Déterminez le point mort exprimé en unités.
2. Déterminez le point mort exprimé en dollars.
3. Déterminez le chiffre des ventes que ABC, Ltée doit atteindre si elle veut que la vente de ce produit lui permette de réaliser un bénéfice net de $10,000 après impôts (taux d'impôt de 50%).

Exercice 25–5

Le produit Z se vend $25 l'unité. Les frais fixes de fabrication de ce produit sont de $60,000 et les frais variables s'élèvent à $15 l'unité. Calculez le point mort et dressez un état des revenus et dépenses dans lequel figureront le chiffre des ventes, les frais fixes, les frais variables et le point mort.

Problèmes **Problème 25–1**

Mina, Ltée projette de fabriquer un nouveau produit. Pour ce faire, elle devra acheter une nouvelle machine dont le coût est de $45,000, la durée prévue d'utilisation de cinq ans et la valeur estimative de récupération nulle. On vous fournit les renseignements complémentaires suivants :

Ventes annuelles prévues du nouveau produit	$150,000
Coûts prévus :	
Matières	30,000
Main-d'œuvre	40,000
Frais généraux de fabrication, à l'exclusion de	
l'amortissement du coût de la nouvelle machine	38,000
Dépenses de vente et d'administration	25,000
Taux d'impôt sur le revenu	50%

Travail à faire :

Calculez (1) la période de récupération du capital investi dans la nouvelle machine, (2) le taux de rendement sur le capital moyen investi et (3) la valeur actuelle nette des rentrées nettes de fonds escomptées à 12%. Posez l'hypothèse que Mina, Ltée utilise la méthode de l'amortissement linéaire pour amortir le coût de ses immobilisations.

Problème 25–2

Corpex, Ltée a l'intention de réaliser le projet A ou le projet B. Le projet A exige d'acheter une nouvelle machine qui a un coût de $40,000, une durée prévue d'utilisation de cinq ans et une valeur estimative de récupération nulle. Pour réaliser le projet B, il faudra acheter une machine ayant un coût de $35,000, une durée prévue de sept ans et une valeur estimative de récupération nulle. Les produits que chacun des deux projets permettront de fabriquer seront différents, mais Corpex, Ltée estime qu'elle retirera de chacun d'eux un bénéfice net annuel de $3,000.

Travail à faire :

Calculez, pour chacun des projets, la période de récupération, le taux de rendement sur le capital moyen investi et la valeur actuelle nette des rentrées nettes de fonds escomptées à 10%. Identifiez le projet que Corpex, Ltée devrait réaliser. Justifiez votre réponse.

Problème 25–3

Handy, Ltée fabrique un outil qu'elle vend $3 l'unité à des grossistes. Le nombre d'unités fabriquées et vendues annuellement est de 100,000. Voici les frais annuels de fabrication et de vente de ce produit :

Matières	$ 60,000
Main-d'œuvre directe	50,000
Frais généraux de fabrication	75,000
Frais de vente	30,000
Dépenses d'administration	25,000
	$240,000

Une maison qui vend par correspondance a offert d'acheter 10,000 unités à $2.25 qu'elle a l'intention de vendre sous sa propre marque de commerce.

On prévoit que l'acceptation de cette commande ne modifiera pas les ventes actuelles de Handy, Ltée.

Une étude des coûts révèle ce qui suit : (*a*) le coût des matières est entièrement variable; (*b*) le coût de la main-d'œuvre pour les 10,000 unités commandées sera supérieur de 50% au coût normal parce qu'il faudra produire ces unités pendant des heures de travail supplémentaires; (*c*) les frais généraux de fabrication sont fixes pour un volume de production qui va de zéro à 150,000 unités (au-delà de ce volume, le tiers des frais généraux varie proportionnellement au volume de production); (*d*) l'acceptation de la commande spéciale n'aura aucun effet sur les frais de vente, mais les frais d'administration vont augmenter de $1,500.

Travail à faire :

Dressez un état des revenus et dépenses dans lequel figureront : (1) les résultats d'exploitation d'un exercice ordinaire, (2) le revenu et le bénéfice net que retirerait Handy, Ltée de l'acceptation de la commande spéciale et (3) les résultats combinés de (1) et de (2).

Problème 25–4

Zeppro, Ltée a subi une perte de $1,000 au cours du dernier exercice par suite de la vente de 2,000 unités du produit X ainsi que l'indique l'état des revenus et dépenses suivant :

Zeppro, Ltée
État des revenus et dépenses — Produit X
pour l'exercice terminé le 31 décembre 1976

Ventes		$100,000
Frais fixes	$26,000	
Frais variables	75,000	101,000
Perte nette découlant de la vente du produit X		$ (1,000)

La direction de Zeppro, Ltée estime que l'achat d'une nouvelle machine permettrait de réduire de 20% les frais variables de fabrication du produit X en diminuant le coût de la main-d'œuvre et les rebuts. Cependant, la nouvelle machine accroîtrait de $2,400 les frais fixes annuels.

Travail à faire :

1. Calculez le point mort exprimé en dollars pour l'exercice terminé le 31 décembre 1976.
2. Calculez le point mort exprimé en dollars après l'achat de la nouvelle machine.
3. Tracez le diagramme du point mort trouvé en 2. Posez l'hypothèse que la capacité totale de production est de 3,000 unités.
4. Dressez un état des revenus et dépenses dans lequel figureront les résultats prévus pour l'exercice qui se terminera le 31 décembre 1976. Posez les hypothèses suivantes : (*a*) Zeppro, Ltée achètera la nouvelle machine,

(*b*) le prix de vente du produit X demeurera le même, (*c*) le nombre d'unités vendues sera encore de 2,000 et (*d*) le taux d'impôt est de 50%.

5. Déterminez le chiffre des ventes que Zeppro, Ltée devra atteindre pour réaliser un bénéfice net après impôts de $10,000. Posez les hypothèses que Zeppro, Ltée achètera la nouvelle machine et que le prix de vente du produit X demeurera le même. Dressez un état des revenus et dépenses dans lequel figurera un bénéfice net après impôts de $10,000.

Problème 25–5

En 1975, Sandy, Ltée a vendu 20,000 unités de son produit à un prix de $20 chacune. Les frais fixes de fabrication se sont élevés à $100,000 alors que les frais fixes de vente et d'administration étaient de $20,000. Voici ce qu'ont été les frais variables à l'unité :

Matière premières	$8.00
Main-d'œuvre (salaire aux pièces)	3.00
Frais généraux variables de fabrication	0.60
Frais variables de vente et d'administration	0.40

On a récemment découvert un nouvel ingrédient qui aura pour effet de réduire de 50% le coût des matières que Sandy, Ltée utilise pour fabriquer son produit. Le changement que l'on désire apporter n'influera nullement sur la qualité du produit mais il donnera à la direction plus de latitude pour déterminer le prix de vente du produit. (1) Si Sandy, Ltée ne change pas le prix de vente actuel, elle vendra le même nombre d'unités et accroîtra son bénéfice de $4 par unité vendue par suite de l'utilisation du nouvel ingrédient. (2) En revanche, si Sandy, Ltée réduit le prix de vente de son produit de $4 (le montant des économies réalisées par suite de l'utilisation du nouvel ingrédient), elle accroîtra de 60% le nombre d'unités vendues. Dans ce dernier cas, les frais fixes de fabrication, de vente et d'administration demeureront les mêmes, mais les autres frais variables varieront proportionnellement au volume de production et de vente.

Travail à faire :

1. Calculez le point mort correspondant à chacun des deux prix de vente précédents entre lesquels la direction de Sandy, Ltée doit faire un choix.
2. Tracez un diagramme de point mort pour chacun de ces deux prix de vente. Posez l'hypothèse que la capacité totale de production est de 40,000 unités.
3. Dressez des états comparatifs des revenus et dépenses dans lesquels figureront les résultats selon que le prix de vente demeure de $20 ou est réduit de $4. Le taux d'impôt sur le revenu est de 50%.

Autres problèmes

Problème 25–1A

Amphorex, Ltée a l'intention de lancer sur le marché un nouveau produit. Elle estime que le nombre d'unités vendues annuellement s'élèvera à 20,000 si le prix de vente est de $10.

Pour fabriquer ce nouveau produit, il faudra acheter une nouvelle machine dont le coût est de $60,000, la durée prévue d'utilisation de cinq ans et une valeur estimative de récupération nulle. Le nouveau produit coûtera $4 en matières premières et $2 en main-d'œuvre directe. Les frais généraux de fabrication imputables au nouveau produit, à l'exclusion de l'amortissement, s'élèveront à $33,000 annuellement. De plus, on prévoit que les dépenses annuelles de vente et d'administration se rapportant directement au nouveau produit seront de $33,000. Le taux d'impôt sur le revenu est de 50% et Amphorex, Ltée utilise la méthode de l'amortissement linéaire pour amortir le coût de ses immobilisations.

Travail à faire :
Calculez : (1) la période de récupération du capital investi dans la nouvelle machine, (2) le taux de rendement sur le capital moyen investi et (3) la valeur actuelle nette des rentrées nettes de fonds escomptées à 12%.

Problème 25–2A
Atlantique, Ltée a l'intention de réaliser le projet X ou le projet Y. Le projet X exige d'acheter une nouvelle machine ayant un coût de $56,000, une durée prévue d'utilisation de sept ans et une valeur estimative de récupération nulle. Pour réaliser le projet Y, il faudra acheter une machine ayant un coût de $60,000, une durée prévue de cinq ans et une valeur estimative de récupération nulle. Voici les revenus et les coûts prévus de chacun des deux projets d'investissement :

	Projet Y		Projet X	
Ventes		$130,000		$150,000
Coûts :				
Matières premières	$30,000		$36,000	
Main-d'œuvre directe	27,000		35,000	
Frais généraux de fabrication,				
y compris l'amortissement ..	38,000		44,000	
Frais de vente				
et d'administration	25,000	120,000	25,000	140,000
Bénéfice d'exploitation		$ 10,000		$ 10,000
Impôts sur le revenu		5,000		5,000
Bénéfice net		$ 5,000		$ 5,000

Travail à faire :
Calculez, pour chacun des projets, la période de récupération, le taux de rendement sur le capital moyen investi et la valeur actuelle nette des rentrées nettes de fonds escomptées à 12%. Indiquez le projet que Atlantique, Ltée devrait réaliser. Justifiez votre réponse.

Problème 25–3A
Rosco, Ltée fabrique un produit qu'elle vend $10 l'unité. Le nombre d'unités fabriquées et vendues annuellement est de 100,000. Voici les frais annuels de fabrication et de vente de ce produit :

Frais généraux fixes de fabrication	$100,000
Frais fixes de vente	50,000
Frais fixes d'administration	60,000
Frais variables :	
Matières ($2 l'unité)	200,000
Main-d'œuvre ($2.50 l'unité)	250,000
Frais généraux de fabrication ($1.50 l'unité)	150,000
Frais de vente ($0.50 l'unité)	50,000
Frais d'administration ($0.40 l'unité)	40,000

Toute la production est actuellement écoulée au pays. Cependant, un exportateur a passé dernièrement une commande d'achat de 10,000 unités destinées à l'exportation. Le prix que paiera l'exportateur est de $8.90 l'unité, soit un prix inférieur au coût total de fabrication et de vente qui est présentement de $9.

Travail à faire :
Dressez un état des revenus et dépenses dans lequel figureront les détails suivants : (1) les résultats de la vente des 100,000 unités au pays; (2) les revenus et le bénéfice net que retirerait Rosco, Ltée de l'acceptation de la commande de l'exportateur; et (3) les résultats combinés de (1) et (2). (Posez l'hypothèse que l'acceptation de la commande de l'exportateur n'accroîtra pas le total des frais fixes ni les frais variables à l'unité.)

Problème 25–4A
Polydam, Ltée a subi une perte de $4,000 au cours du dernier exercice par suite de la vente de 4,000 unités du produit A ainsi que l'indique l'état des revenus et dépenses suivant :

Polydam, Ltée
État des revenus et dépenses
pour l'exercice terminé le 31 décembre 1976

Ventes		$100,000
Frais fixes	$24,000	
Frais variables	80,000	104,000
Perte nette découlant de la vente du produit A		$ (4,000)

La direction de Polydam, Ltée estime que l'achat d'une nouvelle machine permettrait de réduire de 25% le coût de la main-d'œuvre. Cependant, l'acquisition de la nouvelle machine accroîtrait de $6,400 les frais fixes annuels.

Travail à faire :
1. Calculez le point mort exprimé en dollars pour l'exercice terminé le 31 décembre 1976.
2. Calculez le point mort exprimé en dollars après l'achat de la nouvelle machine.

3. Tracez le diagramme du point mort trouvé en 2. Posez l'hypothèse que la capacité totale de production est de 6,000 unités.
4. Dressez un état des revenus et dépenses dans lequel figureront les résultats prévus pour l'exercice qui se terminera le 31 décembre 1976. Posez les hypothèses suivantes : (*a*) Polydam, Ltée achètera la nouvelle machine, (*b*) le prix de vente du produit A demeurera le même, (*c*) le nombre d'unités vendues sera encore de 4,000 et (*d*) le taux d'impôt est de 50%.
5. Déterminez le chiffre des ventes que Polydam, Ltée devra atteindre pour réaliser un bénéfice net après impôts de $12,000. Posez les hypothèses que Polydam, Ltée achètera la nouvelle machine et que le prix de vente du produit A demeurera le même. Dressez un état des revenus et dépenses dans lequel figurera un bénéfice net après impôts de $12,000.

Problème 25–5A

En 1976, la vente de 50,000 unités du produit M à $1 chacune n'a procuré à Armco, Ltée qu'un rendement de 2.5% après impôts. Armco, Ltée achète le produit M en vrac et le revend après l'avoir emballé. Voici ce qu'ont été les frais d'exploitation au cours du dernier exercice :

Coût du produit M acheté en vrac (50,000 unités) $25,000
Frais d'emballage variables 5,000
Frais fixes 17,500

Le taux d'impôt sur le revenu est de 50%. La direction a estimé qu'elle pourrait vendre deux fois plus d'unités si elle réduisait le prix de vente de 10% et si elle modifiait légèrement l'emballage du produit. Ce dernier changement aurait pour effet d'accroître de 10% les frais d'emballage mais comme le volume des ventes serait doublé, le prix du produit M acheté en vrac serait réduit de 5%. Les changements proposés n'auraient aucun effet sur les frais fixes.

Travail à faire :
1. Calculez le point mort exprimé en dollars (*a*) si le prix de vente est de $1 l'unité et (*b*) si le prix de vente est de $0.90 l'unité.
2. Tracez un diagramme du point mort pour chacun des prix de vente. Posez l'hypothèse que la capacité totale de production est de 100,000 unités.
3. Dressez des états comparatifs des revenus et dépenses dans lesquels figureront les résultats de la vente du produit M à $1 et à $0.90 l'unité.

**Cas 25–1
Alco, Ltée**

Alco, Ltée possède 10 usines de traitement de l'aluminium dont l'une est située à Fabreville. Cette usine n'est guère rentable car elle est éloignée des sources d'approvisionnement. De plus, le coût de l'énergie est très élevé et les installations vétustes. Pour toutes ces raisons, la direction songe à construire une nouvelle usine pour remplacer celle de Fabreville.

L'usine projetée serait située près des sources d'approvisionnement et près d'une centrale d'énergie électrique. Évidemment, la construction de la nouvelle usine entraînerait la fermeture de celle de Fabreville. Le président de Alco,

Ltée favorise ce projet. Mais tel n'est pas le cas de plusieurs membres du conseil d'administration qui estiment que la fermeture de l'usine de Fabreville entraînerait une perte considérable.

Le président vous a demandé de formuler des recommandations portant sur la fermeture de l'usine de Fabreville et la construction d'une nouvelle usine à un autre endroit.

Des recherches vous ont permis d'obtenir les informations suivantes :

Perte résultant de la fermeture de Fabreville. Le terrain, l'usine et le matériel de fabrication de l'usine de Fabreville ont une valeur comptable de $3,800,000. La plus grande partie du matériel de fabrication est inutilisable et doit être mis au rebut. On estime que la vente des installations de Fabreville et l'utilisation que l'on en fera dans la nouvelle usine ne permettront de recouvrer que $800,000 du capital investi à Fabreville. Le reste, soit $3,000,000, sera perdu.

Capital investi dans la nouvelle usine. La nouvelle usine coûtera $12,000,000, y compris la valeur comptable du matériel de fabrication provenant de l'usine de Fabreville. La durée prévue de la nouvelle usine sera de 20 ans. Cette usine permettra de doubler la capacité annuelle de production de l'usine de Fabreville qui est de 25,000 tonnes d'aluminium. La direction estime que les 50,000 tonnes d'aluminium pourront être vendues sans qu'il soit nécessaire de réduire les prix.

Les coûts de fabrication des deux usines. Voici les coûts de fabrication par tonne d'aluminium de chacune des deux usines :

	Ancienne usine (Chiffres réels)	Nouvelle usine (Prévisions)
Matières premières, main-d'œuvre et frais généraux, à l'exclusion de l'amortissement ..	$325	$275
Amortissement	18	12
Coût total par tonne	$343	$287

L'amortissement par tonne attribué à l'ancienne usine est plus élevé parce que le nombre de tonnes produites à cet endroit est moindre.

Rédigez à l'intention de la direction de Alco, Ltée un rapport dans lequel vous analyserez les avantages et les inconvénients découlant de la construction de la nouvelle usine. Posez l'hypothèse que l'usine de Fabreville pourrait encore fonctionner un temps suffisamment long pour recouvrer entièrement le capital qui y est investi. Cependant, l'usine réussirait tout juste à atteindre son seuil de rentabilité en raison des coûts élevés d'exploitation.

Présentez tous les calculs que votre analyse demande d'effectuer.

Cas 25–2
Protex, Ltée

Protex, Ltée fabrique un aliment à base de protéines, destiné au bétail. Voici les résultats obtenus en 1976, au moment où l'usine tournait à peu près au maximum de sa capacité de production :

Ventes (300,000 lb)	$600,000
Coût des produits fabriqués et vendus (frais fixes de $100,000 et frais variables de $240,000)	340,000
Bénéfice brut	$260,000
Frais de vente et d'administration (frais fixes de $80,000 et frais variables de $60,000)	140,000
Bénéfice avant impôts	$120,000

Dernièrement, Export, Ltée a proposé à la direction de Protex, Ltée de signer un contrat de cinq ans en vertu duquel elle s'engagerait à acheter, à $1.20 la lb, 20,000 livres de Protex qu'elle écoulera sur les marchés étrangers. L'acceptation de cette commande exigera d'agrandir l'usine, ce qui aura pour effet de doubler les frais fixes de fabrication. Cependant, les frais fixes et variables de vente et d'administration demeureront sans changement. Quant aux frais variables de fabrication, ils fluctueront avec le volume de production.

La direction de Protex, Ltée hésite à accepter l'offre de Export, Ltée. Aussi, elle vous demande votre avis et désire obtenir les états suivants :

1. Un état prévisionnel des revenus et dépenses pour l'exercice au cours duquel l'usine sera agrandie. Posez l'hypothèse que les ventes faites au pays ne fluctueront pas.

2. Un tableau comparant le point mort avant que l'usine ne soit agrandie et le point mort après avoir rempli la commande de Protex, Ltée. Posez l'hypothèse que, dans ce dernier cas, les ventes, les dépenses et les frais de fabrication (à l'exception des frais fixes de fabrication) seront les mêmes qu'en 1976.

3. Un état prévisionnel des revenus et dépenses après la fin de la période de cinq ans prévue dans le contrat avec Export, Ltée. Posez l'hypothèse que les ventes, à ce moment-là, ainsi que les dépenses et les frais de fabrication (à l'exception des frais fixes de fabrication) seront les mêmes qu'en 1976.

26
Analyse
et interprétation des
états financiers

■ Selon le dictionnaire, l'analyse est une opération qui consiste à décomposer un tout en ses éléments essentiels afin d'en saisir les rapports et de donner un schéma de l'ensemble. De même, on entend par interprétation l'action d'expliquer ou de donner une signification claire à quelque chose. L'analyse et l'interprétation des états financiers consistent donc (1) à décomposer les états financiers en leurs éléments essentiels afin de voir les relations qui existent entre eux ou entre chacun d'eux et l'ensemble et (2) à expliquer les résultats obtenus.

Les objectifs de l'analyse des états financiers

■ Les administrateurs, les propriétaires, les investisseurs, les créanciers et une foule d'autres personnes analysent les états financiers d'une entreprise afin de déterminer sa situation financière et étudier certains aspects de l'exploitation qui présentent un intérêt particulier. Ainsi, les propriétaires d'une entreprise et les investisseurs désirent avoir une vue d'ensemble de la situation d'une entreprise dont ils détiennent des actions ou dont ils ont l'intention d'acheter des actions. Mais ils sont aussi intéressés à connaître les gains qu'elle a déjà réalisés ou qu'elle réalisera éventuellement parce que les dividendes et l'augmentation de la valeur marchande des actions d'une entreprise dépendent étroitement des gains qu'elle a réalisés et de la probabilité que ceux-ci s'accroissent. De même, s'il est vrai que les créanciers désirent connaître la situation financière globale d'une entreprise, ils se préoccupent avant tout de sa solvabilité. On ne peut, bien entendu, dissocier cet aspect de l'ensemble de l'entreprise ou des gains qu'elle réalise, car le règlement d'une dette, surtout une dette à long terme, n'est possible que si l'entreprise réalise des gains.

Les états financiers comparatifs

■ Comme il existe de nombreux livres qui traitent en détail de l'analyse et de l'interprétation des états financiers, nous nous contenterons ici d'étudier les techniques d'analyse les plus importantes.

Nous allons traiter en premier lieu des états financiers comparatifs que la majorité des entreprises dressent en vue de faciliter l'analyse et l'interprétation des données financières. Pour bien comprendre l'importance des états financiers comparatifs, rappelons-nous que le bilan comprend l'actif, le passif et l'avoir des actionnaires à une date précise. En revanche, des bilans comparatifs font connaître la valeur de ces éléments à deux ou plusieurs dates. Il ne fait aucun doute que le lecteur des états financiers peut, dans ce cas, évaluer plus facilement les changements survenus entre deux dates, étudier la source de ces changements et, par le fait même, tirer de meilleures conclusions.

Les bilans comparatifs comprennent généralement les chiffres de deux bilans successifs présentés sur une même feuille afin de pouvoir comparer plus facilement la situation financière à deux dates différentes. Parfois, le lecteur des états financiers peut avoir des difficultés à reconnaître les changements importants. Pour combler cette lacune, on ajoute généralement deux colonnes dans lesquelles on calcule l'augmentation ou la diminution en dollars et en pourcentages ainsi que l'illustre le tableau 26–1.

De cette façon, on peut identifier plus facilement les changements importants car l'attention du lecteur est attirée par les écarts et les pourcentages élevés. Ainsi, on voit clairement, dans le tableau 26–1, que le poste Encaisse s'est grandement accru alors que le poste Billets à recevoir reflète un pourcentage de changement très élevé. Le montant dont l'encaisse s'est accrue, est facile à identifier dans l'avant-dernière colonne du tableau 26–1 et il en va de même de la forte augmentation, exprimée en pourcentage, des billets à recevoir que l'on ne peut manquer de remarquer dans la dernière colonne du tableau 26–1 même si l'augmentation exprimée en dollars est faible.

On dresse des états comparatifs des revenus et dépenses de la même façon que les bilans comparatifs. Ainsi le tableau 26–2 illustre les états comparatifs des revenus et dépenses pour les exercices terminés les 31 décembre 1975 et 1976. De plus, comme pour les bilans comparatifs, on a calculé les augmentations ou diminutions en dollars et en pourcentages.

L'ANALYSE ET L'INTERPRÉTATION DES ÉTATS FINANCIERS COMPARATIFS

Pour bien analyser et interpréter des données comparatives, il faut d'abord identifier celles dont le changement exprimé en dollars ou en pourcentages est important. L'analyste identifie d'abord chacun des chan-

Ansco, Ltée
Bilans comparatifs
au 31 décembre 1976 et au 31 décembre 1975

	31 décembre		Augmentation ou Diminution*	Pourcentage d'augmentation ou de diminution*
	1976	1975		
ACTIF				
Actif à court terme :				
Encaisse	$ 14,000	$ 89,000	$ 75,000*	84.3*
Billets à recevoir	4,000	1,500	2,500	166.7
Comptes à recevoir	68,000	64,000	4,000	6.3
Stock de marchandises	190,000	184,000	6,000	3.3
Dépenses payées d'avance	5,800	6,000	200*	3.3*
Total de l'actif à court terme	$281,800	$344,500	$ 62,700*	18.2*
Placements :				
Terrain non utilisé	–0–	$ 30,000	$ 30,000*	100.0*
Obligations (6%) de Apex, Ltée	–0–	50,000	50,000*	100.0*
Total des placements	–0–	$ 80,000	$ 80,000*	100.0*
Actif immobilisé :				
Matériel de bureau	$ 5,000	$ 5,000		
Moins : Amortissement accumulé	1,500	1,200		
	$ 3,500	$ 3,800	$ 300*	7.9*
Équipement de magasin	$ 24,000	$ 11,000		
Moins : Amortissement accumulé	6,200	4,300		
	$ 17,800	$ 6,700	11,100	165.7
Bâtiments	$210,000	$ 60,000		
Moins : Amortissement accumulé	33,200	32,000		
	$176,800	$ 28,000	148,800	531.4
Terrain	$ 50,000	$ 20,000	30,000	150.0
Total de l'actif immobilisé	$248,100	$ 58,500	$189,600	324.1
Total de l'actif	$529,900	$483,000	$ 46,900	9.7
PASSIF				
Passif à court terme :				
Billets à payer	–0–	$ 10,000	$ 10,000*	100.0*
Comptes à payer	$ 53,400	60,000	6,600*	11.0*
Salaires à payer	800	1,200	400*	33.3*
Total du passif à court terme	$ 54,200	$ 71,200	$ 17,000*	23.9*
Passif à long terme :				
Hypothèque à payer	$ 60,000	$ 10,000	$ 50,000	500.0
Total du passif	$114,200	$ 81,200	$ 33,000	40.6
AVOIR DES ACTIONNAIRES				
Capital-actions (valeur nominale de $10)	$250,000	$250,000		
Bénéfices non répartis	165,700	151,800	$ 13,900	9.2
Total de l'avoir des actionnaires	$415,700	$401,800	$ 13,900	3.5
Total du passif et de l'avoir des actionnaires	$529,900	$483,000	$ 46,900	9.7

Tableau
26–1

Ansco, Ltée
États comparatifs des revenus et dépenses
pour les exercices terminés le 31 décembre 1976 et le 31 décembre 1975

	Exercice terminé le 31 décembre		Augmentation ou diminution*	Pourcentage d'augmentation ou de diminution*
	1976	1975		
Ventes brutes	$973,500	$853,000	$120,500	14.1
Rendus sur ventes	13,500	10,200	3,300	32.4
Ventes nettes	$960,000	$842,800	$117,200	13.9
Coût des marchandises vendues	715,000	622,500	92,500	14.9
Bénéfice brut	$245,000	$220,300	$ 24,700	11.2
Dépenses d'exploitation :				
Frais de vente :				
Publicité	$ 10,000	$ 5,000	$ 5,000	100.0
Salaires	113,500	98,000	15,500	15.8
Fournitures d'emballage	3,200	2,800	400	14.3
Amortissement — Équipement de magasin	1,900	1,700	200	11.8
Livraison	12,800	14,000	1,200*	8.6*
Total des frais de vente	$141,400	$121,500	$ 19,900	16.4
Dépenses d'administration :				
Salaires — Bureau	$ 32,500	$ 31,000	$ 1,500	4.8
Salaires des cadres	24,000	24,000		
Assurances échues	1,300	1,250	50	4.0
Fournitures de bureau	1,600	1,200	400	33.3
Amortissement — Matériel de bureau	300	300		
Amortissement — Bâtiments	1,200	950	250	26.3
Mauvaises créances	2,400	2,200	200	9.1
Total des dépenses d'administration	$ 63,300	$ 60,900	$ 2,400	3.9
Total des dépenses d'exploitation	$204,700	$182,400	$ 22,300	12.2
Bénéfice d'exploitation	$ 40,300	$ 37,900	$ 2,400	6.3
Autres revenus et autres dépenses :				
Intérêts créditeurs	1,300	2,050	750*	36.6*
	$ 41,600	$ 39,950		
Intérêts débiteurs	2,300	1,100	$ 1,200	109.1
Bénéfice avant impôts	$ 39,300	$ 38,850	$ 450	1.2
Provision pour impôts	12,300	12,150	150	1.2
Bénéfice net	$ 27,000	$ 26,700	$ 300	1.1

Tableau
26–2

gements survenus. Il tente ensuite d'en découvrir les raisons en étudiant les relations qui existent entre plusieurs postes et il juge si les changements sont favorables ou défavorables. Interprétons, par exemple, le changement survenu dans l'encaisse de Ansco, Ltée (voir le tableau 26–1). La diminution de $75,000 est importante et semble, à première vue, défavorable. Cependant, si l'on relie cette diminution aux changements survenus dans les postes Placements (diminution), Équipement de magasin (augmentation), Bâtiments (augmentation) et Hypothèque à payer (augmentation), il devient évident que Ansco, Ltée a accru considérablement ses immobilisations au cours de 1976. Une étude plus attentive révèle que cette entreprise a apparemment fait construire une nouvelle usine sur un terrain qui figurait dans la section Placements du bilan dressé au 31 décembre 1975. Ainsi, il semble que Ansco, Ltée a acquitté le coût d'acquisition de sa nouvelle usine en diminuant son encaisse, en vendant les obligations de Apex, Ltée et en contractant une dette hypothécaire de $50,000.

Le poste suivant, Billets à recevoir, s'élève à $4,000 au 31 décembre 1976. L'augmentation exprimée en dollars n'est que de $2,500 mais il y a lieu d'analyser ce poste car le pourcentage d'augmentation est élevé. Cependant, une étude du bilan seulement ne permet pas de découvrir les raisons de cette augmentation.

En règle générale, les états comparatifs des revenus et dépenses sont plus utiles à la direction que les bilans comparatifs. Ainsi, le tableau 26–2 indique que les ventes brutes et les ventes nettes se sont accrues respectivement de 14.1% et de 13.9%. En revanche, les rendus sur ventes ont augmenté de 32.4%, soit un pourcentage d'augmentation beaucoup plus élevé que le pourcentage d'augmentation des ventes. Comme les rendus sur ventes sont un indice du mécontentement des clients et occasionnent des dépenses inutiles, la direction doit en étudier les causes et adopter des mesures pour que cette situation ne se répète plus.

L'étude du tableau 26–2 révèle aussi que le pourcentage d'augmentation du coût des marchandises vendues est supérieur au pourcentage d'augmentation des ventes nettes. C'est là une tendance défavorable qui justifie une attention particulière de la part de la direction.

L'analyse de l'augmentation des ventes de Ansco, Ltée doit tenir compte de l'accroissement des dépenses de publicité et de l'acquisition de nouvelles immobilisations. Une campagne de publicité amène généralement une augmentation du chiffre des ventes. De même, un accroissement des immobilisations doit normalement être accompagné d'une augmentation du chiffre des ventes ou d'une diminution du coût des produits vendus s'il s'agit d'une entreprise industrielle.

LE CALCUL DES POURCENTAGES D'AUGMENTATION OU DE DIMINUTION

Pour calculer un pourcentage d'augmentation ou de diminution, il suffit de diviser l'augmentation ou la diminution exprimée en dollars par le montant figurant dans les états financiers de l'année de base, soit, le

	1976	Année de base 1975	Augmentation ou diminution*	Pourcentage d'augmentation ou de diminution*
Premier poste	$15,000	$10,000	$ 5,000	50
Deuxième poste	5,000	10,000	5,000*	50*
Troisième poste	–0–	10,000	10,000*	100*
Quatrième poste (montant négatif en 1976)	5,000*	10,000	15,000*	150*

Tableau
26–3

plus souvent, l'année précédente. Ces calculs ne suscitent aucune difficulté lorsque les montants de l'année de base sont positifs. Ainsi, dans le tableau 26–3, les montants figurant dans les états financiers de l'année de base sont tous positifs. Cependant, lorsque les montants de l'année de base sont nuls ou négatifs, on ne doit calculer aucun pourcentage de diminution ou d'augmentation, ainsi que l'illustre le tableau 26–4.

	1976	Année de base 1975	Augmentation ou diminution*	Pourcentage d'augmentation ou de diminution*
Premier poste	$ 1,200	–0–	$ 1,200	
Deuxième poste (montant négatif en 1975)	3,500	$500*	4,000	
Troisième poste (montant négatif en 1975 et en 1976)	500*	250*	250*	
Quatrième poste (montant négatif en 1975 et en 1976)	100*	400*	300	

Tableau
26–4

LES TENDANCES EXPRIMÉES EN POURCENTAGES

Afin de mieux comparer les états financiers d'un certain nombre d'années, il est utile de calculer des nombres-indices ou des pourcentages en fonction d'une année de base. Voici comment procéder:

1. On choisit une année de base qui doit être la même pour tous les postes.
2. On attribue à chaque poste de l'année de base un indice de 100.
3. Puis l'on exprime chacun des postes des états financiers des années subséquentes en pourcentage des montants de l'année de base. Pour trouver ces pourcentages, il suffit de diviser les postes de chacune des années par les montants correspondants de l'année de base.

Si, par exemple, dans le tableau 26–5, on choisit comme année de base l'année 1971, les nombres-indices applicables au chiffre des ventes s'obtiennent en divisant par $210,000 le chiffre des ventes de chacune

	1971	1972	1973	1974	1975	1976
Ventes	$210,000	$204,000	$292,000	$284,000	$310,000	$324,000
Coût des marchandises vendues ...	145,000	139,000	204,000	198,000	218,000	229,000
Bénéfice brut	$ 65,000	$ 65,000	$ 88,000	$ 86,000	$ 92,000	$ 95,000

Tableau
26–5

des années suivantes. De même, on trouve les nombres-indices applicables au coût des marchandises vendues et au bénéfice brut en divisant respectivement $145,000 et $65,000 par le coût des marchandises vendues ou le bénéfice brut de chacune des cinq dernières années. Le tableau 26–6 résume les résultats de tous ces calculs et fait ressortir les tendances des postes Ventes, Coût des marchandises vendues et Bénéfice brut.

Tableau
26–6

	1971	1972	1973	1974	1975	1976
Ventes	100	97	139	135	148	154
Coût des marchandises vendues ...	100	96	141	137	150	158
Bénéfice brut	100	100	135	132	142	146

Il est intéressant de constater, dans le tableau 26–6, que les ventes ont augmenté graduellement à partir de 1972. Cependant, le coût des marchandises vendues s'est aussi accru à partir de la même date mais à un taux plus rapide. C'est là une tendance inquiétante que la direction doit surveiller attentivement.

Il importe de faire remarquer que la tendance d'un seul poste ne fournit pas généralement une information suffisante. Cependant, l'étude des tendances de plusieurs postes reliés les uns aux autres peut révéler des faits importants à l'analyste. Ainsi, la situation financière d'une entreprise est moins bonne lorsqu'une diminution des ventes est accompagnée d'une augmentation des stocks, des comptes à recevoir et des mauvaises créances. De même, une entreprise peut éprouver des difficultés si une diminution du chiffre des ventes est accompagnée d'une augmentation du coût des marchandises vendues et des frais de vente. Un analyste peut aussi conclure qu'une augmentation du chiffre des ventes à laquelle correspond un accroissement du stock de marchandises, des comptes à recevoir, des mauvaises créances et des frais de vente n'est pas satisfaisante. En revanche, une entreprise a amélioré sa situation financière si une augmentation constante de ses ventes est accompagnée d'une diminution des comptes à recevoir, du stock et des frais de vente ou d'une augmentation de ces postes mais à un taux moins rapide que le taux d'augmentation du chiffre des ventes.

LES ÉTATS FINANCIERS DRESSÉS EN POURCENTAGES

Les états financiers comparatifs illustrés jusqu'à présent ne font connaître que d'une manière générale les changements survenus dans un poste par rapport à un autre. Pour mieux étudier les relations entre les divers postes des états financiers d'un exercice, on calcule le pourcentage de chacun des postes par rapport à un chiffre de base.

Voici, par exemple, comment dresser un bilan en pourcentages: (1) on attribue au total de l'actif une valeur de 100%; (2) on attribue également au total du passif et de l'avoir des actionnaires une valeur de 100%; (3) on détermine ensuite le pourcentage que représente, d'une part, chacun des postes de l'actif par rapport au total de l'actif et, d'autre part, chacun des postes du passif et de l'avoir des actionnaires par rapport au total de ces deux sections du bilan. On peut effectuer ce genre de

Ansco, Ltée
Bilans comparatifs
au 31 décembre 1976 et au 31 décembre 1975

	31 décembre		Pourcentages du total de l'actif	
	1976	1975	1976	1975
ACTIF				
Actif à court terme :				
Encaisse	$ 14,000	$ 89,000	2.64	18.43
Billets à recevoir	4,000	1,500	0.76	0.31
Comptes à recevoir	68,000	64,000	12.83	13.25
Stock de marchandises	190,000	184,000	35.86	38.10
Dépenses payées d'avance	5,800	6,000	1.09	1.24
Total de l'actif à court terme	$281,800	$344,500	53.18	71.33
Placements :				
Terrain non utilisé	–0–	$ 30,000	–0–	6.21
Obligations (6%) de Apex, Ltée	–0–	50,000	–0–	10.35
Total des placements	–0–	$ 80,000	–0–	16.56
Actif immobilisé :				
Matériel de bureau	$ 5,000	$ 5,000		
Moins : Amortissement accumulé	1,500	1,200		
	$ 3,500	$ 3,800	0.66	0.78
Équipement de magasin	$ 24,000	$ 11,000		
Moins : Amortissement accumulé	6,200	4,300		
	$ 17,800	$ 6,700	3.36	1.39
Bâtiments	$210,000	$ 60,000		
Moins : Amortissement accumulé	33,200	32,000		
	$176,800	$ 28,000	33.36	5.80
Terrain	$ 50,000	$ 20,000	9.44	4.14
Total de l'actif immobilisé	$248.100	$ 58,500	46.82	12.11
Total de l'actif	$529,900	$483,000	100.00	100.00
PASSIF				
Passif à court terme :				
Billets à payer	–0–	$ 10,000	–0–	2.07
Comptes à payer	$ 53,400	60,000	10.08	12.42
Salaires à payer	800	1,200	0.15	0.25
Total du passif à court terme	$ 54,200	$ 71,200	10.23	14.74
Passif à long terme :				
Hypothèque à payer	60,000	10,000	11.32	2.07
Total du passif	$114,200	$ 81,200	21.55	16.81
AVOIR DES ACTIONNAIRES				
Capital-actions (valeur nominale de $10)	$250,000	$250,000	47.18	51.76
Bénéfices non répartis	165,700	151,800	31.27	31.43
Total de l'avoir des actionnaires	$415,700	$401,800	78.45	83.19
Total du passif et de l'avoir des actionnaires	$529,900	$483,000	100.00	100.00

Tableau
26–7

calculs pour plus d'un bilan ainsi que l'illustre le tableau 26–7 où l'on a déterminé ces pourcentages pour les bilans de Ansco, Ltée dressés au 31 décembre 1976 et au 31 décembre 1975.

On dresserait un état des revenus et dépenses en pourcentages à peu près de la même façon. Dans ce cas, on attribue aux ventes nettes une valeur de 100% et l'on exprime chaque poste de l'état des revenus et dépenses en pourcentages du chiffre des ventes nettes.

Les états des revenus et dépenses dressés en pourcentages (voir le tableau 26–8) sont très utiles parce qu'ils fournissent à la direction de nombreuses informations qu'elle n'aurait pas autrement. En particulier,

Ansco, Ltée
États comparatifs des revenus et dépenses
pour les exercices terminés le 31 décembre 1976 et le 31 décembre 1975

	Exercice terminé le 31 décembre		Pourcentages des ventes nettes	
	1976	1975	1976	1975
Ventes brutes	$973,500	$853,000	101.41	101.21
Rendus sur ventes	13,500	10,200	1.41	1.21
Ventes nettes	$960,000	$842,800	100.00	100.00
Coût des marchandises vendues	715,000	622,500	74.48	73.86
Bénéfice brut	$245,000	$220,300	25.52	26.14
Dépenses d'exploitation :				
Frais de vente :				
Publicité	$ 10,000	$ 5,000	1.04	0.59
Salaires	113,500	98,000	11.82	11.63
Fournitures d'emballage	3,200	2,800	0.33	0.33
Amortissement — Équipement de magasin	1,900	1,700	0.20	0.20
Livraison	12,800	14,000	1.33	1.66
Total des frais de vente	$141,400	$121,500	14.72	14.41
Dépenses d'administration :				
Salaires — Bureau	$ 32,500	$ 31,000	3.38	3.68
Salaires des cadres	24,000	24,000	2.50	2.85
Assurances échues	1,300	1,250	0.14	0.15
Fournitures de bureau	1,600	1,200	0.17	0.14
Amortissement — Matériel de bureau	300	300	0.03	0.04
Amortissement — Bâtiments	1,200	950	0.13	0.11
Mauvaises créances	2,400	2,200	0.25	0.26
Total des dépenses d'administration	$ 63,300	$ 60,900	6.60	7.23
Total des dépenses d'exploitation	$204,700	$182,400	21.32	21.64
Bénéfice d'exploitation	$ 40,300	$ 37,900	4.20	4.50
Autres revenus et autres dépenses :				
Intérêts créditeurs	1,300	2,050	0.14	0.24
	$ 41,600	$ 39,950		
Intérêts débiteurs	2,300	1,100	0.24	0.13
Bénéfices avant impôts	$ 39,300	$ 38,850	4.09	4.61
Provision pour impôts	12,300	12,150	1.28	1.44
Bénéfice net	$ 27,000	$ 26,700	2.81	3.17

Tableau
26–8

ce genre d'états indiquent de quelle façon se répartit un dollar de vente. Ainsi, le pourcentage du coût des marchandises vendues de Ansco, Ltée exprimé en fonction du chiffre des ventes (voir le tableau 26–8) est passé de 73.86% en 1975 à 74.48% en 1976. Bien que cette augmentation semble minime, le bénéfice brut de 1976 aurait été plus élevé de $6,000 environ si le pourcentage du coût des marchandises vendues par rapport aux ventes nettes était demeuré le même qu'en 1975. Une étude de l'effet de cette augmentation sur le bénéfice net porte à conclure qu'elle est importante.

Les états financiers dressés en pourcentages sont utiles à la direction parce qu'ils mettent en évidence les résultats obtenus. Prenons, pour donner un exemple, les salaires versés aux vendeurs par Ansco, Ltée. Le pourcentage des salaires par rapport au chiffre des ventes est passé de 11.63% en 1975 à 11.82% en 1976. En revanche, les salaires des employés de bureau par rapport aux ventes nettes donnent un pourcentage de 3.68% en 1975 et de 3.38% en 1976. De plus, même si les mauvaises créances qui étaient de $2,200 en 1975 sont passées à $2,400 en 1976, le pourcentage de ce poste par rapport aux ventes nettes a diminué car il est de 0.25% en 1976 alors qu'il était de 0.26% en 1975.

Analyse du fonds de roulement

■ Le terme *fonds de roulement* désigne l'excédent de l'actif à court terme sur le passif à court terme. Lors de l'analyse des états financiers, il faut attacher une grande importance au fonds de roulement car toute entreprise doit avoir un fonds de roulement satisfaisant pour être en mesure: (1) de s'approvisionner sans difficulté; (2) de régler ses dettes; (3) de tirer avantage des escomptes de caisse; et (4) d'accorder aux clients des conditions de règlement acceptables. La situation financière d'une entreprise dont le fonds de roulement est insuffisant est moins bonne que celle de ses concurrents. De plus, elle peut avoir des problèmes de survie. Beaucoup d'entreprises sont disparues parce qu'elles avaient un fonds de roulement déficitaire même si le total de leur actif était très supérieur au total de leur passif.

Pour déterminer le fonds de roulement dont une entreprise a besoin, il faut prendre en considération plusieurs facteurs. La nature de l'exploitation de l'entreprise est un de ces facteurs. Ainsi, les entreprises de services publics et les autres entreprises dont les stocks ne comprennent que des fournitures de réparations ont besoin d'un fonds de roulement moindre que les entreprises commerciales ou industrielles. De même, les entreprises qui vendent uniquement au comptant n'ont pas besoin d'un fonds de roulement aussi élevé que les entreprises qui vendent à crédit.

LE RATIO DU FONDS DE ROULEMENT

Le fonds de roulement d'une entreprise doit être suffisamment élevé pour lui permettre de régler ses dettes à l'échéance. Cependant, le fonds de roulement n'est pas nécessairement un indice de la solvabilité d'une entreprise ainsi que le démontre l'exemple suivant:

	A, Ltée	B, Ltée
Actif à court terme	$100,000	$ 20,000
Passif à court terme	90,000	10,000
Fonds de roulement	$ 10,000	$ 10,000

L'actif à court terme de A, Ltée est cinq fois plus élevé que celui de B, Ltée même si toutes les deux ont un fonds de roulement de $10,000. Cependant, l'actif à court terme de B, Ltée est deux fois plus grand que son passif à court terme alors que B, Ltée a un actif à court terme qui dépasse à peine son passif à court terme. Même si l'actif à court terme de B, Ltée diminuait de 50%, elle serait toujours en mesure de régler ses dettes. Par contre, si l'actif à court terme de A, Ltée diminue de plus de 10%, elle n'aura pas suffisamment de ressources pour acquitter toutes ses dettes. Ainsi que cet exemple l'indique, le rapport qui existe entre l'actif à court terme et le passif à court terme est un bien meilleur indice de la solvabilité d'une entreprise que le fonds de roulement.

Le résultat obtenu en divisant l'actif à court terme par le passif à court terme porte le nom de *ratio du fonds de roulement*. Le ratio pour B, Ltée est de 2 ainsi que le démontrent les calculs suivants:

$$\frac{\text{Actif à court terme, \$20,000}}{\text{Passif à court terme, \$10,000}} = 2$$

On calcule donc le ratio du fonds de roulement en divisant le total de l'actif à court terme par le total du passif à court terme. Le chiffre trouvé, par exemple 2, signifie que l'actif à court terme est deux fois plus élevé que le passif à court terme ou que l'entreprise possède deux dollars d'actif à court terme pour chaque dollar de passif à court terme ou, tout simplement, que le ratio de l'actif à court terme au passif à court terme est de 2 à 1.

Le ratio du fonds de roulement exprime mathématiquement la relation qui existe entre l'actif à court terme et le passif à court terme. Un ratio élevé révèle que l'actif à court terme est très supérieur au passif à court terme. En règle générale, plus le ratio en question est élevé, plus les liquidités sont élevées et plus il est facile de régler les obligations courantes.

Dans le passé, les analystes financiers estimaient que la situation financière d'une entreprise était bonne si elle avait un ratio du fonds de roulement de 2. On a renoncé depuis quelques années à cette règle car elle ne permet pas d'évaluer correctement la situation financière à court terme d'une entreprise. Avant de dire que le ratio du fonds de roulement est bon ou mauvais, il faut étudier les trois facteurs suivants:

1. La nature de l'exploitation.
2. La composition de l'actif à court terme.
3. La rotation de certains éléments de l'actif à court terme.

La nature de l'exploitation influe sur le fonds de roulement qu'une entreprise doit avoir. Une entreprise de services publics qui, à l'exception des fournitures, n'a aucun stock et qui accorde à ses clients très peu de crédit pourrait n'avoir qu'un ratio de 1 à 1 et être en excellente situation financière. En revanche, une entreprise industrielle qui fabrique des articles de mode pourrait trouver que le ratio de 2 à 1 est insuffisant. La meilleure façon d'évaluer si le ratio du fonds de roulement d'une entreprise est satisfaisant est de le comparer avec le ratio de ses concurrents. Mais ces statistiques font souvent défaut.

LA COMPOSITION DE L'ACTIF À COURT TERME

Pour évaluer correctement la situation financière d'une entreprise, il est important de considérer les éléments qui font partie du fonds de roulement. En règle générale, une entreprise dont l'encaisse est élevée par rapport aux comptes à recevoir, au stock de marchandises et aux autres éléments de l'actif à court terme est davantage en mesure de respecter plus facilement ses engagements. Lorsque l'actif à court terme est constitué principalement du stock et des comptes à recevoir, il faut que ces biens soient convertis en espèces avant que l'entreprise soit en mesure de régler ses dettes. S'il arrive parfois que cette opération entraîne des pertes, il ne faut pas perdre de vue que les marchandises sont inscrites au coût et qu'elles procureront généralement des liquidités plus grandes lorsqu'elles seront vendues.

La composition de l'actif à court terme s'étudie de deux façons. On peut, en premier lieu, dresser un tableau (voir le tableau 26–9) dans lequel on exprime en pourcentages la relation entre chacun des postes l'actif à court terme et le total de ces postes.

	31 décembre 1976		31 décembre 1975	
	Montant	Pourcentage	Montant	Pourcentage
Actif à court terme :				
Encaisse	$ 14,000	4.97	$ 89,000	25.83
Billets à recevoir	4,000	1.42	1,500	.44
Comptes à recevoir	68,000	24.13	64,000	18.58
Stock de marchandises	190,000	67.42	184,000	53.41
Dépenses payées d'avance ...	5,800	2.06	6,000	1.74
Total	$281,800	100.00	$344,500	100.00

Tableau 26–9

La deuxième façon d'étudier la composition de l'actif à court terme consiste à calculer le *ratio de liquidité,* c'est-à-dire le rapport des liquidités au total du passif à court terme. Les liquidités comprennent l'encaisse, les billets à recevoir, les comptes à recevoir et les titres négociables, soit les biens qui peuvent être convertis rapidement en espèces. On considère généralement qu'un ratio de liquidité de 1 à 1 est satisfaisant. Cependant, c'est là une règle qu'il faut appliquer avec prudence. Voici comment calculer le ratio de liquidité de Ansco, Ltée:

Liquidités :		Passif à court terme :	
Encaisse	$14,000	Comptes à payer	$53,400
Billets à recevoir	4,000	Salaires courus à payer	800
Comptes à recevoir	68,000	Total	$54,200
Total	$86,000		

Ratio de liquidité = $86,000 ÷ $54,200 = 1.59.
Le ratio est donc de 1.59 à 1.

LA ROTATION DES COMPTES À RECEVOIR

La rotation de certains éléments de l'actif à court terme influe sur le fonds de roulement. Ainsi, A, Ltée et B, Ltée peuvent effectuer mensuellement des ventes à crédit s'élevant au même montant. Cependant A, Ltée accorde à ses clients un délai de 30 jours pour régler leurs comptes alors que le délai de règlement accordé par B, Ltée est de 60 jours. Même si les deux entreprises recouvrent leurs comptes à la fin du délai de règlement, A, Ltée les recouvre deux fois plus vite que B, Ltée. De plus, par suite de la rotation plus rapide des comptes à recevoir, l'investissement de A, Ltée dans cet élément d'actif est 50% inférieur à celui de B, Ltée.

La rotation des comptes à recevoir se calcule en divisant les ventes nettes d'un exercice par le solde des comptes à recevoir à la fin de cet exercice. Le tableau 26–10 illustre la façon de calculer la rotation des comptes à recevoir de Ansco, Ltée. Étant donné que la rotation des comptes à recevoir en 1976 est de 14.12 alors qu'elle était de 13.16 en 1975, il semble que le recouvrement des comptes s'est effectué plus rapidement en 1976.

	1976	1975
Ventes nettes de l'exercice	$960,000	$842,500
Solde des comptes à recevoir au 31 décembre	68,000	64,000
Rotation des comptes à recevoir (ventes nettes ÷ comptes à recevoir)	14.12	13.16

Tableau 26–10

Normalement, il faudrait exclure de ces calculs les ventes au comptant et ne considérer que les ventes à crédit. De même, il serait préférable de se servir du solde des comptes à recevoir avant d'avoir enlevé la provision pour mauvaises créances. Cependant, l'état des revenus et dépenses n'établit généralement aucune distinction entre les ventes à crédit et les ventes au comptant. De plus, le bilan ne donne souvent que le montant net des comptes à recevoir. Pour ces raisons, on doit, la plupart du temps, calculer la rotation des comptes à recevoir en divisant le total des ventes (à crédit et au comptant) par le solde net des comptes à recevoir.

Si le solde des comptes à recevoir à la fin de l'exercice est plus faible ou plus élevé que durant l'exercice il est préférable d'effectuer les calculs précédents en prenant la moyenne des soldes des comptes à recevoir à la fin de chaque mois de la même façon que l'on procède pour déterminer la rotation du stock de marchandises dont nous traiterons bientôt.

LA PÉRIODE MOYENNE DE RECOUVREMENT DES COMPTES À RECEVOIR

Le coefficient de la rotation des comptes à recevoir est un indice de la rapidité avec laquelle une entreprise recouvre ses comptes. On atteint le même objectif en calculant *la période moyenne de recouvrement des comptes à recevoir*. Pour donner un exemple, prenons le cas d'une entreprise dont les ventes à crédit d'un exercice s'élève à $250,000 et dont le solde des comptes à recevoir à la fin de l'exercice est de $25,000. Au 31 décembre, cette entreprise n'a pas recouvré 10% de ses ventes à crédit ou les ventes à crédit effectuées durant 36.5 jours, soit 1/10 de 365. Voici comment calculer la période de recouvrement des comptes à recevoir:

$$\frac{\text{Comptes à recevoir : \$25,000}}{\text{Ventes à crédit : \$250,000}} \times 365 = 36.5 \text{ jours}$$

Cette période de recouvrement des comptes à recevoir doit s'interpréter à la lumière des conditions de règlement des comptes. En règle générale, il ne faut pas que la période de recouvrement soit supérieure à 133 1/3% du nombre de jours accordés aux clients pour régler leurs comptes si l'entreprise n'accorde pas d'escompte de caisse, et à 133 1/3% du nombre de jours compris dans le délai d'escompte, dans le cas contraire. Si l'entreprise dont il a été question précédemment vend à 30 jours, une période de recouvrement de 36.5 jours est satisfaisante. Cependant, elle ne le serait pas si les conditions de règlement étaient 2/10, n/30.

On se sert parfois de la période de recouvrement des comptes à recevoir pour évaluer la qualité des créances d'une entreprise. Si la période de recouvrement est excessive, on peut poser l'hypothèse que certains comptes à recevoir remontent à une date éloignée et sont probablement irrécouvrables.

LA ROTATION DU STOCK DE MARCHANDISES

On entend par *rotation du stock de marchandises* le nombre de fois qu'une entreprise renouvelle son stock au cours d'un exercice. La rotation du stock permet d'évaluer la politique de commercialisation d'une entreprise. Lorsque le stock est renouvelé fréquemment, l'entreprise ne s'en porte que mieux. De plus, une entreprise dont la rotation du stock est rapide n'a pas besoin d'investir autant dans cet élément d'actif qu'une autre ayant le même chiffre des ventes et un faible coefficient de rotation du stock. On calcule la rotation du stock de marchandises en divisant le coût des marchandises vendues par le stock moyen, c'est-à-dire le coût moyen des marchandises que l'entreprise avait en main au cours d'un exercice. Voici comment calculer la rotation du stock de marchandises de Ansco, Ltée pour 1976:

$$\frac{\text{Coût des marchandises vendues : \$715,000}}{\text{Stock moyen de marchandises : \$187,000}} = 3.82 \text{ fois}$$

Le coût des marchandises vendues de \$715,000 figure dans l'état des revenus et dépenses de 1976. Quant au stock moyen, on le détermine en divisant par deux le stock au 1er janvier 1976, \$184,000, plus le stock au 31 décembre 1976, \$190,000. Lorsque le stock au début et à la fin d'un exercice diffère des quantités stockées au cours d'un exercice, on trouve un résultat plus précis en utilisant la moyenne du stock de marchandises à la fin de chaque mois.

Normes de comparaison
■ Un analyste qui étudie les états financiers au moyen de ratios ou de coefficients de rotation doit décider si les ratios ou les coefficients obtenus sont bons, mauvais ou moyens. Généralement, il prendra une décision en comparant les résultats de ses calculs avec l'une ou l'autre des normes suivantes:

1. Un analyste expérimenté peut comparer mentalement les ratios et les coefficients qu'il a calculés avec des ratios standards que son expérience lui a permis d'établir.
2. Un analyste peut aussi comparer les ratios et les coefficients d'une entreprise particulière avec ceux qu'il déterminerait en étudiant un certain nombre d'entreprises faisant partie de la même industrie.
3. Souvent l'on compare les ratios et les coefficients de rotation d'une entreprise en particulier avec ceux que publient des établissements financiers: Dun & Bradstreet, par exemple.
4. Certaines associations, tant à l'échelle locale que nationale, recueillent des données à l'intention de leurs membres et publient des ratios standards s'appliquant aux secteurs d'activités qui les intéressent. L'analyste peut avantageusement se servir de ces statistiques pour faire des comparaisons.
5. Finalement, l'analyste peut comparer les ratios ou coefficients qu'il a trouvés avec des normes empiriques.

Des cinq normes énumérées ci-dessus, nous pouvons dire que les ratios et les coefficients calculés pour un groupe choisi d'entreprises permettent de faire de meilleures comparaisons. Il importe d'utiliser avec prudence les ratios ou coefficients déterminés empiriquement afin d'éviter de tirer des conclusions erronées.

■ En plus d'étudier le fonds de roulement, l'analyste financier doit aussi considérer les relations qui existent entre plusieurs autres postes du bilan et de l'état des revenus et dépenses. Nous discutons de ces relations dans les pages qui suivent.

LE CAPITAL INVESTI PAR LES ACTIONNAIRES ET LES CRÉANCIERS

L'analyste financier ne manque généralement pas de comparer la part de l'actif provenant des actionnaires avec celle que les créanciers ont fournie. Le tableau 26–11 fournit tous les renseignements relatifs au capital investi par les actionnaires et les créanciers.

	1976	1975
Total du passif	$114,200	$ 81,200
Total de l'avoir des actionnaires	415,700	401,800
	$529,900	$483,000
Part des créanciers (1976 — $114,200 ÷ $529,900)	21.55%	16.81%
Part des actionnaires (1976 — $415,700 ÷ $529,900)	78.45%	83.19%

Tableau
26–11

Les créanciers préfèrent que le rapport de l'avoir des actionnaires au capital total investi soit élevé car, dans ce cas, les risques sont moins grands. Plus l'avoir des actionnaires est élevé par rapport au capital investi par les créanciers, moins ceux-ci sont exposés à subir des pertes.

Si les créanciers préfèrent que l'avoir des actionnaires soit élevé par rapport au passif, il n'en va pas de même pour les actionnaires lorsque l'entreprise peut obtenir, sur les fonds empruntés, un taux de rendement supérieur au taux d'intérêt versé aux créanciers. Une entreprise qui effectue des emprunts utilise les fonds empruntés pour les fins de son exploitation. Quand le rendement obtenu excède le coût des emprunts, les actionnaires en retirent un avantage. Cependant, si les gains fluctuent, cette situation peut susciter des difficultés sérieuses.

LES IMMOBILISATIONS CÉDÉES EN GARANTIE ET LE PASSIF À LONG TERME

Les entreprises émettent des obligations en donnant en garantie certaines de leurs immobilisations. Le ratio de l'actif immobilisé cédé en garantie au passif à long terme est un indice de la sécurité offerte aux créanciers ou aux obligataires. Pour calculer ce ratio, il suffit de diviser la valeur comptable des immobilisations cédées en garantie par le passif à long terme. Le tableau 26–12 donne les résultats de ces calculs pour Ansco, Ltée.

Une règle empirique veut que ce ratio soit au minimum 2 à 1. Les ratios trouvés dans le tableau 26–12 ne sont pas nécessairement précis parce que l'on s'est servi de la *valeur comptable* des immobilisations cédées en garantie pour les calculer. Même si l'on estimait correctement l'amortissement, les valeurs comptables des immobilisations ne refléteraient pas les sommes que l'on en tirerait en cas de liquidation ou de forclusion. Il va de soi que les valeurs estimatives de liquidation ou de forclusion conviennent mieux pour évaluer la protection offerte aux

	1976	1975
Bâtiments	$210,000	$ 60,000
Moins : Amortissement accumulé	33,200	32,000
Valeur comptable des bâtiments	$176,800	$ 28,000
Terrain	50,000	20,000
Valeur comptable des immobilisations cédées en garantie	$226,800	$ 48,000
Hypothèque à payer	$ 60,000	$ 10,000
Ratio des immobilisations cédées en garantie au passif garanti	3.78 à 1	4.8 à 1

créanciers hypothécaires ou aux obligataires. Cependant, il arrive souvent que le rendement d'une entreprise est plus important pour les créanciers à long terme que la valeur des biens cédés en garantie.

LES INTÉRÊTS SUR OBLIGATIONS ET LE BÉNÉFICE NET

On calcule souvent le nombre de fois que les intérêts sur obligations sont gagnés afin d'évaluer si l'entreprise est en mesure de respecter les engagements qu'elle a contractés à l'égard des obligataires. Pour trouver le nombre de fois que les intérêts sont gagnés, il suffit de diviser le bénéfice net avant les intérêts et les impôts par les intérêts versés aux obligataires. On utilise le bénéfice avant les intérêts et les impôts parce que les intérêts font partie du calcul du revenu imposable et parce que l'objectif est de déterminer combien de fois les intérêts à payer aux obligataires sont gagnés. On considère généralement que les créanciers à long terme sont suffisamment protégés si l'emprunteur réalise régulièrement un bénéfice annuel égal à au moins deux fois les intérêts qui doivent leur être versés.

LE TAUX DE RENDEMENT OBTENU SUR LE TOTAL DE L'ACTIF

Le taux de rendement obtenu sur le total de l'actif est un indice de la performance de la direction. Les éléments de l'actif doivent rapporter un profit et la direction est responsable de l'utilisation qui en est faite.

Le chiffre représentant le rendement de l'actif est le bénéfice net après impôts plus les intérêts débiteurs car les intérêts versés aux créanciers représentent un rendement sur les biens que les fonds empruntés ont permis d'acquérir. De même, si le total de l'actif a fluctué au cours de l'exercice, il est préférable d'utiliser l'actif moyen. Le tableau 26–13 illustre les calculs à effectuer pour trouver le taux de rendement obtenu sur le total de l'actif de Ansco, Ltée.

	1976	1975
Bénéfice net après impôts	$ 27,000	$ 26,700
Plus : Intérêts débiteurs	2,300	1,100
Bénéfice net avant les intérêts débiteurs	$ 29,300	$ 27,800
Total de l'actif au début de l'exercice	$483,000	$475,000
Total de l'actif à la fin de l'exercice	529,900	483,000
Actif moyen	$506,450	$479,000
Taux de rendement obtenu sur le total de l'actif	5.79%	5.80%

Tableau
26-13

Le taux du rendement obtenu sur le total de l'actif, dans le cas de Ansco, Ltée, a très peu varié de 1975 à 1976 et il est impossible de dire si ce rendement est satisfaisant si l'on n'a aucun point de repère. On peut comparer les résultats obtenus avec les taux de rendement d'entreprises semblables ou avec le rendement obtenu précédemment.

LE TAUX DE RENDEMENT OBTENU SUR L'AVOIR DES ACTIONNAIRES

Une des principales raisons de l'existence d'une société par actions est de procurer un revenu à ses actionnaires. Le calcul du taux de rendement sur le capital que ces derniers ont investi permet de se rendre compte si l'entreprise a atteint cet objectif.

Le tableau 26–14 indique les calculs à effectuer pour déterminer le taux de rendement obtenu sur l'avoir des actionnaires de Ansco, Ltée.

	1976	1975
Bénéfice net après impôts	$ 27,000	$ 26,700
Avoir des actionnaires au début de l'exercice	$401,800	$390,200
Avoir des actionnaires à la fin de l'exercice	415,700	401,800
Moyenne de l'avoir des actionnaires	$408,750	$396,000
Taux de rendement obtenu sur l'avoir des actionnaires	6.61%	6.74%

Tableau
26–14

Comparez ces taux de rendement avec ceux que l'on a calculés dans le tableau 26–13 et remarquez que le taux de rendement obtenu sur l'avoir des actionnaires est plus élevé pour chacun des deux exercices parce que les fonds empruntés ont rapporté un taux de rendement plus grand que le taux d'intérêt sur les emprunts hypothécaires.

L'utilisation de fonds empruntés en vue d'obtenir un rendement plus élevé peut être favorable ou défavorable pour les actionnaires. Quand le taux moyen d'intérêt est inférieur au taux de rendement obtenu sur le total de l'actif, l'opération procure des avantages aux actionnaires. Cependant, ces derniers sont défavorisés dans le cas contraire.

Lorsqu'une société a émis des actions privilégiées, il faut déduire du bénéfice net les dividendes sur actions privilégiées avant de calculer le taux de rendement obtenu sur l'avoir des actionnaires.

LE BÉNÉFICE PAR ACTION ORDINAIRE

Le bénéfice par action ordinaire est peut-être la statistique que les journaux financiers mettent le plus en évidence. Pour une société par action qui n'a pas d'actions privilégiées émises, on calcule le bénéfice par action en divisant le bénéfice net après impôts par le nombre d'actions ordinaires. En revanche, si l'on a émis des actions privilégiées, il faut déduire du bénéfice net les dividendes sur actions privilégiées avant de calculer le bénéfice par action ordinaire.

Ansco, Ltée a émis 25,000 actions ordinaires mais aucune action privilégiée. Le bénéfice par action ordinaire, dans ce cas, est de $1.07 pour 1975 ($26,700 ÷ 25,000) et de $1.08 pour 1976, ce qui représente une très faible augmentation.

Lorsque l'on fait connaître le bénéfice par action, il importe aussi de mentionner si le nombre d'actions a changé à la suite, par exemple, d'un dividende en actions important ou d'un fractionnement d'actions. De plus, si le bénéfice net comprend des postes extraordinaires, il faut faire connaître l'effet de ces postes sur le calcul du bénéfice par action.

LE RATIO COURS/BÉNÉFICE

On se sert souvent du ratio cours/bénéfice pour comparer les divers placements qu'un investisseur a l'intention d'effectuer. Il suffit, pour calculer ce ratio, de diviser le cours d'une action ou sa valeur marchande par le bénéfice par action. Si, par exemple, les actions de Ansco, Ltée avaient une valeur marchande de $15 à la fin de 1975, on calculerait le ratio cours/bénéfice de la façon suivante:

$$\frac{\text{Valeur marchande des actions : \$15}}{\text{Bénéfice par action : \$1.07}} = 14.02$$

Ce résultat signifie que le ratio cours/bénéfice était de 14.02 à 1 à la fin de 1975 ou encore qu'il fallait, à cette date, investir $14.02 pour acheter $1 de gain réalisé en 1975.

Lorsque l'on compare des ratios cours/bénéfice, il faut se rappeler qu'ils varient d'une industrie à l'autre. Ainsi, dans l'industrie de l'acier, ce ratio est environ de 10 ou 12 à 1 alors que dans les industries en pleine croissance, comme l'industrie chimique ou l'industrie pharmaceutique, il n'est pas rare de voir un ratio de 20 ou de 30 à 1.

La fluctuation des prix

■ L'analyste qui étudie les états financiers d'un certain nombre d'années ne doit pas perdre de vue que les prix fluctuent sans cesse. La fluctuation des prix accroît ou diminue le pouvoir d'achat du dollar. Il importe de tenir compte de ce phénomène afin d'éviter de tirer de mauvaises conclusions. Ainsi, au cours des années 1945 à 1959, le chiffre des ventes de plusieurs entreprises s'est grandement accru même si les quantités vendues n'ont pas changé ou n'ont augmenté que légèrement. Effectivement, cette augmentation du chiffre des ventes était attribuable à la diminution qu'avait subie le pouvoir d'achat du dollar au cours de cette période. En effet, d'année en année, le même dollar permettait d'acheter une quantité de plus en plus faible de marchandises. En d'autres mots, il fallait, d'une année à l'autre, utiliser une plus grande quantité de dollars pour se procurer les mêmes biens.

La fluctuation des prix influe non seulement sur les postes de l'état des revenus et dépenses mais aussi sur les postes du bilan. Ainsi, plusieurs entreprises possèdent actuellement des immobilisations dont le coût de remplacement est plusieurs fois plus élevé que leur valeur comptable. Cette remarque est particulièrement vraie pour les bâtiments achetés ou construits il y a plusieurs années.

Nous n'avons pas l'intention de discuter plus en détail, dans ce manuel, du problème de la fluctuation des prix et de ses effets sur les états financiers. L'étudiant aura l'occasion d'approfondir cette question dans un cours plus avancé mais il doit être au courant de l'existence de ce phénomène.

Autres techniques d'analyse

■ L'analyste peut utiliser plusieurs techniques pour évaluer les divers éléments des états financiers et étudier les relations qui existent entre chacun d'eux. Nous avons discuté dans ce chapitre de quelques-unes de ces techniques: états financiers comparatifs et calculs de ratios ou de coefficients de rotation. Au chapitre précédent, nous avons traité du point mort et au chapitre suivant nous discuterons de l'état de la provenance et de l'utilisation des fonds. Même si toutes ces techniques sont très utiles à l'analyste, elles ne doivent pas l'empêcher de se servir de son jugement. Elles ne sont effectivement que des outils qui lui permettent de mettre en évidence certaines données ou certains faits.

Questions

1. Pourquoi ajoute-t-on parfois à des bilans comparatifs des colonnes où figurent les augmentations et diminutions exprimées en dollars et en pourcentages ?

2. Lorsque l'on étudie l'augmentation ou la diminution du chiffre des ventes, quels autres postes convient-il d'analyser pour mieux évaluer la nature des tendances ?

3. Qu'entend-on par états financiers dressés en pourcentages ?

4. Que représente 100% dans (a) un bilan dressé en pourcentages et (b) un état des revenus et dépenses dressé en pourcentages ?

5. Qu'entend-on par fonds de roulement ?

6. Parmi les opérations suivantes, dites celles qui ont augmenté le fonds de roulement, celles qui l'ont diminué et celles qui n'influent nullement sur le fonds de roulement :

   a. Recouvrement de comptes à recevoir.

    b. Emprunt de banque en échange d'un billet à court terme portant intérêt.

    c. Déclaration d'un dividende en espèces.

    d. Versement d'un dividende déclaré précédemment.

    e. Vente d'immobilisations à leur valeur comptable.

    f. Vente de marchandises à profit.

7. Pourquoi est-il important pour une entreprise d'avoir un fonds de roulement satisfaisant ?

8. Dressez une liste des facteurs qui influent sur le fonds de roulement qu'une entreprise doit maintenir.

9. Une entreprise a un ratio du fonds de roulement de 2 à 1. Dites pourquoi ce ratio peut ne pas être satisfaisant.

10. Expliquez la nature de chacun des ratios ou cœfficients de rotation suivants et indiquez comment les calculer :

    a. Ratio du fonds de roulement.

    b. Ratio de liquidité.

    c. Rotation des comptes à recevoir.

    d. Rotation du stock de marchandises.

    e. Taux de rendement obtenu sur l'avoir des actionnaires.

    f. Ratio des immobilisations cédées en garantie.

11. Comment calcule-t-on la période moyenne de recouvrement des comptes à recevoir ? Quelle est la nature de cette période ?

12. Pourquoi les créanciers préfèrent-ils que l'avoir des actionnaires soit élevé proportionnellement au passif ?

13. À quoi sert le ratio des immobilisations cédées en garantie au passif à long terme ? Pourquoi faut-il interpréter avec prudence ce ratio ?

14. Quelle est l'utilité du taux de rendement obtenu sur le total de l'actif ?

15. Comment peut-on expliquer que les actionnaires peuvent tirer avantage des emprunts effectués par la société dont ils possèdent des actions ?

16. Qu'entend-on par fluctuation des prix ? Pourquoi doit-on considérer les effets de ce phénomène lorsque l'on analyse les états financiers d'un certain nombre d'années ?

Exercices   **Exercice 26–1**

    Calculez, s'il y a lieu, les pourcentages d'augmentation ou de diminution des postes suivants. Les montants entre parenthèses sont des montants négatifs.

	1976	*1975*
Équipement (valeur comptable)	$80,000	$60,000
Billets à recevoir	–0–	3,000
Billets à payer	10,000	–0–
Bénéfices non répartis	(2,400)	12,000
Encaisse	10,000	(1,000)

Exercice 26–2

Calculez des indices (année de base = 1972) pour chacun des trois postes suivants et dites si les tendances sont favorables ou défavorables.

	1972	1973	1974	1975	1976
Ventes	$200,000	$226,000	$238,000	$248,000	$260,000
Coût des marchandises vendues	120,000	144,000	162,000	168,000	180,000
Comptes à recevoir .	20,000	25,000	27,000	28,000	31,000

Exercice 26–3

Dressez les états suivants des revenus et dépenses en pourcentages (voir le tableau 26–8) et dites si les résultats sont favorables ou défavorables.

Camden, Enr.

États comparatifs des revenus et dépenses
pour les exercices terminés le 31 décembre 1975 et 1976

	1976	1975
Ventes	$100,000	$ 90,000
Coût des marchandises vendues	66,800	59,850
Bénéfice brut	$ 33,200	$ 30,150
Dépenses d'exploitation	25,100	22,320
Bénéfice net	$ 8,100	$ 7,830

Exercice 26–4

Voir le états financiers de Bélex, Ltée dressés au 31 décembre 1976 :

Bélex, Ltée

Bilan
au 31 décembre 1976

ACTIF		PASSIF ET AVOIR DES ACTIONNAIRES	
Encaisse	$ 6,000	Passif	
Comptes à recevoir	24,000	Comptes à payer	$ 20,000
Stock de marchandises	28,500	Hypothèque à payer	35,000
Dépenses payées d'avance	1,500	Total du passif	$ 55,000
Immobilisations (valeur comptable)	140,000	Avoir des Actionnaires	
		Capital-actions	$100,000
		Bénéfices non répartis	45,000
		Total de l'avoir des actionnaires	$145,000
		Total du passif et de l'avoir des actionnaires	$200,000
Total de l'actif	$200,000		

Bélex, Ltée

État des revenus et dépenses

pour l'exercice terminé le 31 décembre 1976

Ventes		$365,000
Coût des marchandises vendues :		
Stock au 1er janvier 1976	$ 31,500	
Achats	267,000	
	$298,500	
Stock au 31 décembre 1976	28,500	
Coût des marchandises vendues		270,000
Bénéfice brut		$ 95,000
Dépenses d'exploitation		74,000
Bénéfice d'exploitation		$ 21,000
Intérêts hypothécaires		2,100
Bénéfice avant impôts		$ 18,900
Impôts sur le revenu		4,900
Bénéfice net		$ 14,000

Travail à faire :

Calculez (*a*) le ratio du fonds de roulement, (*b*) le ratio de liquidité, (*c*) la période moyenne de recouvrement des comptes à recevoir, (*d*) le cœfficient de rotation du stock de marchandises, (*e*) le pourcentage de l'avoir des actionnaires par rapport au total du capital investi; (*f*) le ratio des immobilisations cédées en garantie au passif à long terme, (*g*) le nombre de fois que les intérêts hypothécaires ont été gagnés, (*h*) le taux de rendement obtenu sur l'avoir des actionnaires et (*i*) le bénéfice par action. (Posez l'hypothèse que toutes les ventes ont été effectuées à crédit et que l'avoir des actionnaires s'élevait à $135,000 au 1er janvier 1976.)

Exercice 26–5

Voici deux séries de pourcentages se rapportant aux ventes, au coût des marchandises vendues et aux dépenses d'exploitation :

	1974	*1975*	*1976*		*1974*	*1975*	*1976*
Ventes	100.0	100.0	100.0	Ventes	100.0	95.0	90.0
Coût des march. vendues	64.0	63.0	63.0	Coût des march. vendues	100.0	93.5	88.6
Dépenses d'exploitation	28.0	28.0	27.0	Dépenses d'exploitation	100.0	95.0	86.8

Travail à faire :

Prouvez, avec chiffres à l'appui, que le bénéfice net a augmenté au cours de la période allant de 1974 à 1976 inclusivement.

Voici les états financiers de Tiptop, Ltée dressés au 31 décembre 1976 :

Tiptop, Ltée
Bilan
au 31 décembre 1976

Encaisse	$ 12,000	Comptes à payer	$ 19,800
Placements temporaires	8,000	Salaires courus à payer	550
Billets à recevoir	2,500	Impôts sur le revenu à payer	4,650
Comptes à recevoir	23,000	Hypothèque à payer	70,000
Stock de marchandises	36,300	Capital-actions (valeur	
Dépenses payées d'avance	1,200	nominale de $10 l'action)	100,000
Immobilisations (valeur comptable)	168,000	Bénéfices non répartis	56,000
Total de l'actif	$251,000	Total du passif	$251,000

Tiptop, Ltée
État des revenus et dépenses
pour l'exercice terminé le 31 décembre 1976

Ventes		$460,000
Coût des marchandises vendues		
Stock au 1er janvier 1976	$ 33,700	
Achats	300,100	
	$333,800	
Stock au 31 décembre 1976	36,300	
Coût des marchandises vendues		297,500
Bénéfice brut		$162,500
Dépenses d'exploitation		136,850
Bénéfice d'exploitation		$ 25,650
Intérêts hypothécaires		4,500
Bénéfice avant impôts		$ 21,150
Impôts sur le revenu		4,650
Bénéfice net		$ 16,500

Travail à faire :
Calculez : (*a*) le ratio du fonds de roulement, (*b*) le ratio de liquidité, (*c*) la période moyenne de recouvrement des comptes à recevoir, (*d*) le cœfficient de la rotation du stock de marchandises, (*e*) le ratio des immobilisations cédées en garantie au passif à long terme, (*f*) le nombre de fois que les intérêts hypothécaires ont été gagnés, (*g*) le taux de rendement sur le total de l'actif, (*h*) le taux de rendement obtenu sur l'avoir des actionnaires et (*i*) le bénéfice par action. Posez l'hypothèse que toutes les ventes ont été effectuées à crédit et que le total de l'actif et de l'avoir des actionnaires au 1er janvier 1976 était respectivement de $249,000 et de $144,000.

Problème 26–2

Voici les états financiers sommaires de Centurion, Ltée dressés au 31 décembre 1974, 1975 et 1976 :

Centurion, Ltée
États comparatifs des revenus et dépenses
pour les exercices terminés le 31 décembre 1974, 1975 et 1976
(en milliers de dollars)

	1974	1975	1976
Ventes	$8,000	$9,000	$10,000
Coût des marchandises vendues	5,688	6,480	7,150
Bénéfice brut	$2,312	$2,520	$ 2,850
Frais de vente	$1,216	$1,359	$ 1,500
Frais d'administration	784	855	940
Total des dépenses	$2,000	$2,214	$ 2,440
Bénéfice avant impôts	$ 312	$ 306	$ 410
Impôts sur le revenu	152	149	196
Bénéfice net	$ 160	$ 157	$ 214

Centurion, Ltée
Bilans comparatifs
au 31 décembre 1974, 1975 et 1976
(en milliers de dollars)

ACTIF	1974	1975	1976
Actif à court terme	$ 750	$ 615	$ 696
Placements à long terme	50	5	
Usine et équipement	2,400	2,676	2,664
Total de l'actif	$3,200	$3,296	$ 3,360
PASSIF ET AVOIR DES ACTIONNAIRES			
Passif à court terme	$ 250	$ 280	$ 290
Capital-actions ordinaire	2,000	2,100	2,100
Surplus d'apport	50	61	61
Bénéfices non répartis	900	855	909
Total du passif et de l'avoir des actionnaires	$3,200	$3,296	$ 3,360

Travail à faire :

1. Calculez le ratio du fonds de roulement au 31 décembre de chacun des exercices.
2. Dressez les états des revenus et dépenses en pourcentages (voir le tableau 26–8).
3. Dressez des bilans qui feront ressortir les tendances (voir le tableau 26–6).
4. Commentez les résultats de vos calculs.

Problème 26–3

Voici les données extraites des états financiers de deux entreprises qui vendent des produits semblables :

Données extraites des bilans dressés au 31 décembre 1976

	X, Ltée	Y, Ltée
Encaisse	$ 8,500	$ 12,500
Billets à recevoir	3,500	2,000
Comptes à recevoir	30,000	40,000
Stock de marchandises	44,000	54,800
Dépenses payées d'avance	1,200	1,200
Immobilisations (valeur comptable)	165,800	172,500
Total de l'actif	$253,000	$283,000
Passif à court terme	$ 40,000	$ 50,000
Hypothèque à payer	50,000	50,000
Capital-actions ordinaire (valeur nominale de $10)	100,000	100,000
Bénéfices non répartis	63,000	83,000
Total du passif et de l'avoir des actionnaires	$253,000	$283,000

Données extraites des états des revenus et dépenses

Ventes	$480,000	$550,000
Coût des marchandises vendues	377,200	437,400
Intérêts débiteurs	3,000	3,500
Bénéfice net	16,695	18,060

Données au 1er janvier 1976

Stock de marchandises	$ 38,000	$ 52,200
Total de l'actif	247,000	277,000
Total de l'avoir des actionnaires	155,000	178,200

Travail à faire :

1. Calculez, pour les deux entreprises, le ratio du fonds de roulement, le ratio de liquidité, le cœfficient de la rotation du stock de marchandises et la période moyenne de recouvrement des comptes à recevoir. Quelle entreprise, selon vous, comporte le moins de risque pour les créanciers à court terme ? Justifiez votre réponse.

2. Calculez le bénéfice par action, le taux de rendement obtenu sur le total de l'actif et le taux de rendement obtenu sur l'avoir des actionnaires. Posez l'hypothèse que l'on peut acheter les actions de X, Ltée et de Y, Ltée à leur valeur comptable et dites lesquelles représentent le meilleur placement. Justifiez votre réponse.

Problème 26–4

Voici les états financiers sommaires comparatifs de Raynaud, Ltée :

Raynaud, Ltée
États comparatifs des revenus et dépenses
pour les années 1970 à 1976
(en milliers de dollars)

	1970	1971	1972	1973	1974	1975	1976
Ventes	$400	$500	$572	$680	$760	$840	$872
Coût des marchandises vendues ..	250	310	360	430	515	585	604
Bénéfice brut	$150	$190	$212	$250	$245	$255	$268
Dépenses d'exploitation ...	100	110	118	138	197	220	238
Bénéfice avant impôts	$ 50	$ 80	$ 94	$112	$ 48	$ 35	$ 30

Raynaud, Ltée
Bilans comparatifs
au 31 décembre des années 1970 à 1976
(en milliers de dollars)

ACTIF

	1970	1971	1972	1973	1974	1975	1976
Encaisse	$ 20	$ 14	$ 17	$ 15	$ 12	$ 10	$ 4
Comptes à recevoir	40	52	54	62	88	90	92
Stock de marchandises ...	100	118	141	165	204	218	226
Autres éléments de l'actif à court terme ...	2	4	4	6	2	4	2
Placements à long terme .	38	38	38	38			
Actif immobilisé (valeur comptable)	200	198	204	202	446	450	440
Total de l'actif ...	$400	$424	$458	$488	$752	$772	$764

PASSIF ET AVOIR DES ACTIONNAIRES

	1970	1971	1972	1973	1974	1975	1976
Passif à court terme	$ 50	$ 64	$ 82	$ 90	$140	$156	$159
Passif à long terme	40	38	36	34	182	180	178
Capital-actions ordinaire ..	200	200	200	200	250	250	250
Primes sur actions ordinaires	50	50	50	50	60	60	60
Bénéfices non répartis ...	60	72	90	114	120	126	117
Total du passif et de l'avoir des actionnaires ..	$400	$424	$458	$488	$752	$772	$764

Travail à faire :

1. Calculez les pourcentages de chacun des postes des états financiers précédents par rapport à 1970.
2. Exprimez votre opinion sur la situation financière de Raynaud, Ltée.

Problème 26-5

Le ratio du fonds de roulement et le ratio de liquidité d'une entreprise étaient respectivement de 2½ à 1 et de 1¼ à 1 au début de mai alors que son actif à court terme s'élevait à $200,000. Voici les opérations effectuées au cours de mai :

Mai 1 Achat à crédit de marchandises : $20,000. (L'entreprise utilise un système d'inventaire permanent.)

5 Vente à crédit : $10,000; coût des marchandises vendues : $5,000.

7 Recouvrement de comptes : $2,500.

11 Somme versée à un fournisseur : $10,000.

15 Radiation d'une mauvaise créance : $1,500.

18 Déclaration d'un dividende de $1 l'action sur les 10,000 actions ordinaires en circulation.

28 Versement du dividende déclaré le 18.

29 Emprunt de $10,000 à la banque en retour d'un billet à 60 jours portant intérêt à 6%.

30 Emprunt hypothécaire de $25,000 pour 10 ans.

31 Utilisation du produit de l'emprunt hypothécaire pour acheter une nouvelle machine.

Travail à faire :

Présentez, dans un tableau, le fonds de roulement, le ratio du fonds de roulement et le ratio de liquidité après chacune des opérations précédentes. Calculez les ratios à trois décimales près.

Autres problèmes

Problème 26-1A

Voici les états financiers de Del Monaco, Ltée dressés au 31 décembre 1976 :

Del Monaco, Ltée
État des revenus et dépenses
pour l'exercice terminé le 31 décembre 1976

Ventes		$510,000
Coût des marchandises vendues :		
Stock au 1er janvier 1976	$ 37,800	
Achats	320,400	
	$358,200	
Stock au 31 décembre 1976	34,200	
Coût des marchandises vendues		324,000
Bénéfice brut		$186,000
Dépenses d'exploitation		158,700
Bénéfice d'exploitation		$ 27,300
Intérêts hypothécaires		4,200
Bénéfice avant impôts		$ 23,100
Impôts sur le revenu		5,100
Bénéfice net		$ 18,000

Del Monaco, Ltée
Bilan
au 31 décembre 1976

Encaisse	$ 8,600	Comptes à payer	$ 23,800
Placements temporaires	10,000	Salaires courus à payer	1,100
Billets à recevoir	3,000	Impôts sur le revenu à payer	5,100
Comptes à recevoir	25,500	Hypothèque à payer	68,000
Stock de marchandises	34,200	Capital-actions (valeur	
Dépenses payées d'avance	1,200	nominale de $5 l'action)	100,000
Immobilisations (valeur comptable)	170,000	Bénéfices non répartis	54,500
Total de l'actif	$252,500	Total du passif	$252,500

Travail à faire :

Calculez : (*a*) le ratio du fonds de roulement, (*b*) le ratio de liquidité, (*c*) la période moyenne de recouvrement des comptes à recevoir, (*d*) le cœfficient de la rotation du stock de marchandises, (*e*) la ratio des immobilisations cédées en garantie au passif à long terme, (*f*) le nombre de fois que les intérêts hypothécaires ont été gagnés, (*g*) le taux de rendement sur le total de l'actif, (*h*) le taux de rendement obtenu sur l'avoir des actionnaires et (*i*) le bénéfice par action. Posez l'hypothèse que toutes les ventes ont été effectuées à crédit et que le total de l'actif et de l'avoir des actionnaires au 1er janvier 1976 était respectivement de $247,500 et de $145,500.

Problème 26–2A

Voici les états financiers sommaires de Fanny, Ltée dressés au 31 décembre 1974, 1975 et 1976 :

Fanny, Ltée
États comparatifs des revenus et dépenses
pour les exercices terminés le 31 décembre 1974, 1975 et 1976
(en milliers de dollars)

	1974	*1975*	*1976*
Ventes	$5,000	$6,000	$6,500
Coût des marchandises vendues	3,600	4,398	4,745
Bénéfice brut	$1,400	$1,602	$1,755
Frais de vente	$ 700	$ 810	$ 884
Frais d'administration	500	588	637
Total des dépenses	$1,200	$1,398	$1,521
Bénéfice avant impôts	$ 200	$ 204	$ 234
Impôts sur le revenu	90	92	105
Bénéfice net	$ 110	$ 112	$ 129

Fanny, Ltée

Bilans comparatifs

au 31 décembre 1974, 1975 et 1976

(en milliers de dollars)

ACTIF

	1974	1975	1976
Actif à court terme	$ 400	$ 256	$ 240
Usine et équipement	1,200	1,380	1,440
Total de l'actif	$1,600	$1,636	$1,680

PASSIF ET AVOIR DES ACTIONNAIRES

	1974	1975	1976
Passif à court terme	$ 125	$ 131	$ 127
Capital-actions ordinaire	1,000	1,000	1,000
Surplus d'apport	175	175	175
Bénéfices non répartis	300	330	378
Total du passif et de l'avoir des actionnaires	$1,600	$1,636	$1,680

Travail à faire :

Faites le travail demandé à la fin du problème 26–2.

Problème 26–3A

Voici les états financiers sommaires de Corona, Ltée dressés au 31 décembre 1975 et 1976 :

Corona, Ltée

États comparatifs des revenus et dépenses

pour les exercices terminés le 31 décembre 1975 et 1976

	1975	1976
Ventes à crédit	$476,000	$451,000
Coût des marchandises vendues :		
Stock de marchandises au 1er janvier	$ 43,000	$ 41,000
Achats	305,600	273,800
	$348,600	$314,800
Stock de marchandises au 31 décembre	56,000	43,000
Coût des marchandises vendues	$292,600	$271,800
Bénéfice brut	$183,400	$179,200
Dépenses d'exploitation	163,400	156,600
Bénéfice net avant impôts	$ 20,000	$ 22,600

Corona, Ltée
Bilans comparatifs
au 31 décembre 1975 et 1976
ACTIF

	1975	1976
Encaisse	$ 14,000	$ 12,000
Comptes à recevoir	38,000	44,000
Stock de marchandises	56,000	43,000
Immobilisations (valeur comptable)	104,000	102,000
Total de l'actif	$212,000	$201,000

PASSIF ET AVOIR DES ACTIONNAIRES

Comptes à payer	$ 26,000	$ 28,000
Billets à payer	10,000	6,000
Hypothèque à payer (payable en 1983)	40,000	40,000
Capital-actions ordinaire	100,000	100,000
Bénéfices non répartis	36,000	27,000
Total du passif et de l'avoir des actionnaires ...	$212,000	$201,000

Travail à faire :

1. Exprimez en pourcentage du chiffre des ventes chacun des postes des états des revenus et dépenses (voir le tableau 26–8).
2. Calculez le ratio du fonds de roulement, le ratio de liquidité, le cœfficient de la rotation du stock de marchandises et la période moyenne de recouvrement des comptes à recevoir.
3. Exprimez votre opinion sur la situation financière de Corona, Ltée.

Problème 26–5A

Le ratio du fonds de roulement et le ratio de liquidité d'une entreprise, au début de juin 1976, étaient respectivement de 3 à 1 et de 1½ à 1 alors que son fonds de roulement s'élevait à $180,000. Voici les opérations effectuées en juin :

a. Recouvrement de comptes : $2,500.
b. Radiation d'une mauvaise créance : $1,000.
c. Emprunt de $20,000 à la banque en retour d'un billet à 60 jours portant intérêt à 6%.
d. Achat à crédit de marchandises : $10,000. L'entreprise utilise un système d'inventaire permanent.
e. Déclaration d'un dividende de $0.50 l'action. Nombre d'actions ordinaires en circulation : 20,000.
f. Versement du dividende dont il est question en (e).
g. Déclaration d'un dividende en actions de 5%. Valeur marchande des actions ce jour-là : $15.
h. Distribution du dividende en actions [voir (g) ci-dessus].
i. Vente de marchandises : $10,000; coût des marchandises vendues : $5,000.

Présentez, dans un tableau, le fonds de roulement, le ratio du fonds de roulement et le ratio de liquidité après chacune des opérations précédentes. Calculez les ratios à trois décimales près.

Cas 26–1
Bélair, Ltée

Le contrôleur du magasin Bélair, Ltée a calculé les ratios, les coefficients de rotation et les pourcentages suivants afin d'être en mesure de répondre aux questions que lui poseront les administrateurs lors de leur prochaine réunion :

	1976	1975	1974
Ratio du fonds de roulement	2.91/1	2.47/1	2.09/1
Ratio de liquidité	0.88/1	1.07/1	1.48/1
Cœfficient de la rotation du stock de marchandises	9.5 fois	10.1 fois	10.5 fois
Cœfficient de la rotation des comptes à recevoir	6.9 fois	7.4 fois	8.2 fois
Taux de rendement obtenu sur l'avoir des actionnaires	6.11%	6.51%	6.89%
Taux de rendement obtenu sur le total de l'actif	6.20%	6.29%	6.52%
Ratio des ventes aux immobilisations	4.70/1	4.50/1	4.20/1
Indice du chiffre des ventes	124	114	100
Pourcentage des frais de vente par rapport aux ventes nettes	14.65%	14.85%	15.21%

Formulez des réponses que le conrôleur devra apporter à chacune des questions suivantes :

a. Semble-t-il que Bélair, Ltée est davantage en mesure de bénéficier des escomptes de caisse et de régler ses dettes à court terme au moment où elles deviennent exigibles ?

b. Bélair, Ltée recouvre-t-elle plus rapidement ses comptes ?

c. Le capital investi dans les comptes à recevoir diminue-t-il ?

d. Le capital investi dans le stock de marchandises s'accroît-il ?

e. Le capital investi dans les immobilisations augmente-t-il ?

f. Les actionnaires tirent-ils un meilleur rendement de leur investissement ?

g. Bélair, Ltée utilise-t-elle les fonds empruntés pour obtenir un taux de rendement plus élevé sur le capital investi par les actionnaires ?

h. Les frais de vente ont-ils diminué de 1974 à 1976 ?

Cas 26–2
Alpha, Ltée
et
Bêta, Ltée

Alpha, Ltée et Bêta, Ltée sont deux entreprises concurrentes qui ont été établies il y a 10 ans. Le chiffre des ventes de ces deux entreprises est actuellement dix fois plus élevé qu'il ne l'était il y a dix ans. Cependant, cet accroissement n'est pas aussi intéressant qu'il le semble parce que les coûts et les frais de vente des articles vendus ont doublé au cours de la même période. Néanmoins, les ventes de Alpha, Ltée et de Bêta, Ltée ont augmenté et continuent de s'accroître. Les deux entreprises offrent les mêmes conditions de règlement, classent leurs comptes à recevoir par ordre chronologique pour évaluer les mauvaises créances et recouvrent leurs comptes sans trop de difficultés. La seule différence, au point de vue comptable, entre les deux entreprises consiste en ce que Alpha, Ltée détermine le coût des marchandises vendues au moyen de la méthode de l'épuisement à rebours (LIFO) alors que Bêta, Ltée utilise la méthode de l'épuisement successif (FIFO).

Voici les ratios du fonds de roulement des deux entreprises au 31 décembre des quatre derniers exercices :

	Alpha, Ltée	Bêta, Ltée
31 décembre 1973	3.1 à 1	5.4 à 1
31 décembre 1974	3.4 à 1	5.8 à 1
31 décembre 1975	2.8 à 1	6.0 à 1
31 décembre 1976	2.6 à 1	6.1 à 1

Vous êtes directeur de la Banque de Montréal et le trésorier de chacune des deux entreprises est venu solliciter un emprunt à court terme. Une étude des bilans vous permet de découvrir que le cœfficient de la rotation du stock de marchandises de Alpha, Ltée a été le double de celui de Bêta, Ltée en 1973 et 1974 et le triple, en 1975 et 1976. Vous découvrez aussi que le stock de marchandises des deux entreprises s'élève aux sommes suivantes lorsque le passif à court terme est de $10,000 :

	Alpha, Ltée	Bêta, Ltée
31 décembre 1973	$19,000	$44,000
31 décembre 1974	23,000	49,000
31 décembre 1975	16,000	52,000
31 décembre 1976	14,000	54,000

Quelle entreprise a la situation financière à court terme la plus favorable ? Justifiez votre réponse par des calculs. Les cœfficients de la rotation du stock de marchandises des deux entreprises sont-ils comparables ? Expliquez. Laquelle des deux entreprises semble avoir le meilleur cœfficient de rotation ?

27

L'état de la provenance et de l'utilisation des fonds

■ Parfois, la direction d'une entreprise prospère qui étudie l'état des revenus et dépenses fait la remarque suivante: « Notre état des revenus et dépenses fait ressortir un bénéfice net élevé. Pourtant, il semble que nous éprouvons de plus en plus de difficultés à trouver les fonds dont nous avons besoin pour régler nos dettes. Nous nous demandons si nous avons effectivement réalisé un bénéfice net aussi élevé que celui qui figure dans l'état des revenus et dépenses. Si, par ailleurs, nous avons réalisé un tel bénéfice qu'avons-nous fait de tout cet argent? » Pour répondre à cette question, il suffit de dresser un état de la provenance et de l'utilisation des fonds. De cette façon, la direction saura non seulement ce que l'entreprise a fait du bénéfice net qu'elle a réalisé mais aussi des fonds qu'elle a obtenus d'autres sources.

Nature du terme « fonds »

■ Dans l'expression « provenance et utilisation des fonds », le terme « fonds » désigne non seulement l'encaisse mais aussi le fonds de roulement, c'est-à-dire l'excédent de l'actif à court terme sur le passif à court terme.

Lorsque l'on donne au terme « fonds » un sens aussi étendu, il est facile de saisir la raison pour laquelle l'on considère que les éléments de l'actif à court terme représentent des « fonds ». Les éléments les plus importants de l'actif à court terme sont l'encaisse, les comptes à recevoir et les stocks. On leur donne aussi le nom de « biens en circulation » parce qu'ils ne cessent de fluctuer. Ainsi l'on affecte de l'argent à l'achat de marchandises. Par la suite, la vente de ces marchandises donne lieu à des comptes à recevoir qui ne tardent pas à être recouvrés et à devenir de l'argent que l'on peut de nouveau affecter à l'achat de marchandises. Ce cycle recommence indéfiniment. Les comptes à recevoir et les stocks sont, à vrai dire, des éléments qui, dans un avenir rapproché, sont susceptibles d'être convertis en argent.

S'il est assez facile d'expliquer de quelle façon on peut définir les fonds pour y inclure les comptes à recevoir et les stocks, on éprouve certaines difficultés à préciser le rôle que joue le passif à court terme dans cette définition. Cependant, rappelons qu'une entreprise doit être en mesure de régler ses dettes en plus d'avoir une encaisse suffisante et un stock raisonnable de marchandises. Aussi, il est clair que les dettes à court terme doivent être acquittées au moyen de l'actif à court terme. En d'autres mots, les éléments du passif à court terme sont des éléments négatifs du fonds de roulement qu'il faut déduire du total de l'actif à court terme pour déterminer les « fonds nets » que l'entreprise a à sa disposition.

Provenance et utilisation des fonds

■ Une entreprise reçoit constamment des fonds qu'elle utilise pour toutes sortes de raisons. Il faut donc, pour analyser le mouvement des fonds d'une entreprise, étudier à la fois la provenance et l'utilisation des fonds.

LA PROVENANCE DES FONDS

Les opérations qui ont pour effet d'accroître le fonds de roulement sont nombreuses. Nous discutons ci-dessous de quelques-unes d'entre elles.

Les opérations courantes. Les ventes procurent régulièrement des fonds à une entreprise sous la forme d'argent et de comptes à recevoir. En revanche, les marchandises vendues et les dépenses d'exploitation contribuent à diminuer les fonds. Le fonds de roulement s'accroît donc par suite de l'exploitation si les rentrées de fonds provenant des ventes excèdent les sorties qu'occasionnent les dépenses et le coût des marchandises vendues. Pour déterminer les fonds provenant de l'exploitation, il faut étudier l'état des revenus et dépenses. Cependant, même si le bénéfice net est égal à l'excédent des revenus sur les dépenses, il ne représente pas les fonds provenant de l'exploitation parce que certaines dépenses, comme l'amortissement et l'épuisement, n'ont suscité aucune sortie de fonds.

Prenons, par exemple, le cas de Rexel, Ltée (voir le tableau 27–1) dont les rentrées de fonds provenant des ventes se sont élevées à $50,000 au cours de 1976. En revanche, les sorties de fonds sont de $39,200, soit $30,000 pour les marchandises vendues, $8,000 pour les salaires et $1,200 pour le loyer. Quant à l'amortissement du coût de l'équipement, il n'a entraîné aucune sortie de fonds. Les fonds provenant de l'exploitation s'élèvent donc à $10,800, c'est-à-dire le bénéfice net, $9,800, plus l'amortissement du coût de l'équipement, $1,000.

Rexel, Ltée
État des revenus et dépenses
pour l'exercice terminé le 31 décembre 1976

Ventes		$50,000
Coût des marchandises vendues		30,000
Bénéfice brut		$20,000
Dépenses d'exploitation :		
Salaires des vendeurs	$8,000	
Loyer	1,200	
Amortissement — Équipement	1,000	10,200
Bénéfice net		$ 9,800

Tableau
27–1

Les emprunts à long terme. Les opérations qui accroissent le passif à long terme (émission de billets à long terme, d'hypothèques ou d'obligations) accroissent le fonds de roulement et sont, par le fait même, des sources de fonds. Par contre, les emprunts à court terme consentis par la banque ou d'autres créanciers ne constituent pas une source de fonds parce qu'ils n'augmentent pas le fonds de roulement. Si, par exemple, une entreprise emprunte la somme de $10,000 pour une courte période, disons six mois, il en résultera une augmentation de l'actif à court terme et du passif à court terme mais le fonds de roulement lui-même ne changera pas.

La vente d'éléments de l'actif à long terme. Quand une entreprise vend au comptant ou à crédit une immobilisation, un placement à long terme ou tout autre élément de l'actif à long terme, le fonds de roulement augmente du produit de la vente. Ces ventes ont donc pour effet d'accroître les fonds.

L'émission d'actions. L'émission d'actions au comptant accroît l'actif à court terme et constitue une source de fonds. De même, le capital additionnel investi en espèces ou en marchandises par le propriétaire d'une entreprise individuelle ou par un associé représente aussi une source de fonds.

L'UTILISATION DES FONDS

Il y a « utilisation de fonds », selon le sens que nous avons donné au terme « fonds » lorsqu'une entreprise affecte des fonds à une fin quelconque, sauf si c'est pour acquérir des éléments d'actif à court terme ou régler des dettes à court terme. Voici une liste des opérations qui ont pour effet de diminuer les fonds d'une entreprise.

L'achat d'éléments d'actif à long terme. Les achats d'immobilisations et les placements à long terme diminuent le fonds de roulement et représentent, par le fait même, des sorties de fonds.

Le règlement de dettes à long terme. Le règlement d'une dette à long terme (hypothèques, obligations ou billets à long terme) réduit le fonds de roulement et constitue une sortie de fonds. De même, l'affectation de fonds à un fonds de rachat d'obligations (ou d'actions privilégiées), à un fonds d'amortissement ou à tout autre fonds de nature non courante représente aussi une sortie de fonds.

État de la provenance et de l'utilisation des fonds
pour l'exercice terminé le 31 décembre 1976

	31 déc. 1975	31 déc. 1976	Fonds de roulement	
			Augmentation	Diminution
Actif à court terme :				
Encaisse	$ 8,000	$ 5,000		$ 3,000
Billets à recevoir	500	1,200	$ 700	
Comptes à recevoir	12,000	18,000	6,000	
Stock de marchandises	16,000	21,000	5,000	
Dépenses payées d'avance	1,000	800		200
Total de l'actif à court terme	$37,500	$46,000		
Passif à court terme :				
Comptes à payer	$ 9,000	$12,500		3,500
Dividendes à payer	700	1,000		300
Total du passif à court terme	$ 9,700	$13,500		
Fonds de roulement	$27,800	$32,500		
			$11,700	$ 7,000
Augmentation nette du fonds de roulement (voir ci-dessous)				4,700
			$11,700	$11,700

Provenance des fonds :

Fonds provenant de l'exploitation :			
Bénéfice net	$11,600		
Plus : Amortissement — Équipement	800		
Amortissement — Bâtiments ....,.....	900	$13,300	
Émission d'actions		16,500	$29,800
Utilisation des fonds :			
Agrandissement du bâtiment		$14,000	
Achat d'un terrain		3,000	
Remboursement de l'emprunt hypothécaire		5,000	
Dividendes déclarés		3,100	25,100
Augmentation nette du fonds de roulement			$ 4,700

Tableau
27–2

Les dividendes. La déclaration d'un dividende qui doit être réglé en espèces ou au moyen d'autres éléments de l'actif à court terme réduit le fonds de roulement et constitue une sortie de fonds. Remarquez que les fonds diminuent dès que le dividende est déclaré parce que la décision prise par le conseil d'administration a pour effet d'accroître le passif à court terme. Le règlement d'un dividende déjà comptabilisé diminue l'actif à court terme et le passif à court terme d'un montant identique mais ne modifie pas le fonds de roulement lui-même.

L'état de la provenance et de l'utilisation des fonds

■ Pour mieux analyser les mouvements de fonds, il convient de dresser un état communément appelé « État de la provenance et de l'utilisation des fonds ». Remarquez que cet état (voir le tableau 27–2) est dressé pour un exercice. L'objectif d'un tel état est de faire ressortir les changements survenus dans les postes du fonds de roulement et d'expliquer d'où provient l'augmentation ou la diminution nette du fonds de roulement.

Dans la première partie de l'état de la provenance et de l'utilisation des fonds du tableau 27–2, on présente les changements survenus dans chacun des postes du fonds de roulement alors que dans la seconde partie, on analyse l'augmentation nette du fonds de roulement en indiquant les opérations qui ont donné lieu à des rentrées et à des sorties de fonds. Remarquez que les rentrées de fonds qui s'élèvent à $29,800 proviennent, en partie, de l'exploitation et, en partie, d'une émission d'actions. Comme les sorties de fonds se sont élevées à $25,100, le fonds de roulement s'est accru d'un montant net de $4,700 au cours de l'exercice. Si les sorties de fonds avaient été plus élevées que les rentrées de fonds, le fonds de roulement aurait été plus faible à la fin de l'exercice qu'au début.

L'état de la provenance et de l'utilisation des fonds du tableau 27–2 comprend deux sections ainsi que c'est souvent le cas en pratique. Cependant, plusieurs comptables préfèrent dresser deux états distincts, un pour chacune des sections. Dans ce cas, la première section constitue le premier état auquel on donne le nom de « État des changements survenus dans le fonds de roulement » et la deuxième section devient l'état de la provenance et de l'utilisation des fonds. De plus, l'on ne dresse généralement pas le premier de ces états lorsque l'on présente des bilans comparatifs. On omet alors l'état des changements survenus dans le fonds de roulement parce qu'il est facile d'identifier ces changements en étudiant les bilans comparatifs.

Établissement de l'état de la provenance et de l'utilisation des fonds

■ **DÉTERMINATION DES CHANGEMENTS SURVENUS DANS LE FONDS DE ROULEMENT**

Pour déterminer les changements survenus dans le fonds de roulement, on dresse la liste des postes de l'actif et du passif à court terme et on inscrit dans deux colonnes distinctes les montants de chacun de ces postes au début et à la fin de l'exercice. On détermine ensuite le total de l'actif et du passif à court terme et l'on inscrit la différence, soit le fonds de roulement, au-dessous du total du passif à court terme. Les augmentations ou diminutions de chacun des postes sont alors inscrites respectivement dans les troisième et quatrième colonnes. On détermine ensuite le total des augmentations et des diminutions et on inscrit la différence, c'est-à-dire l'augmentation ou la diminution nette dans l'une ou l'autre des deux dernières colonnes avant de reporter le total des augmentations et des diminutions sur la dernière ligne.

DÉTERMINATION DE LA PROVENANCE ET DE L'UTILISATION DES FONDS

Pour déterminer les sources et les emplois de fonds, il faut analyser les écritures comptables à l'exception de celles qui ont un effet sur les postes du fonds de roulement. En règle générale, on établit un chiffrier (voir les tableaux 27–3 et 27–4) pour faciliter cette analyse. Les résultats

Malartic, Ltée

Chiffrier de l'état de la provenance et de l'utilisation des fonds
pour l'exercice terminé le 31 décembre 1976

	1 Solde des comptes au 31 déc. 1975	2 Analyse des opérations Débit	3 Crédit	4 Solde des comptes au 31 déc. 1976
Débits				
Fonds de roulement	27 800 -			32 500 -
Éléments d'actif à long terme:				
Équipement	8 000 -			7 500 -
Bâtiment	31 000 -			45 000 -
Terrain	8 000 -			11 000 -
	74 800 -			96 000 -
Crédits				
Amort. accumulé - Équipement	2 100 -			2 400 -
Amort. accumulé - Bâtiment	8 800 -			9 700 -
Hypothèque à payer	5 000 -			
Capital - Actions ordinaire	35 000 -			50 000 -
Prime sur actions ordinaires				1 500 -
Bénéfices non répartis	15 900 -			20 400 -
Réserve pour expansion	8 000 -			12 000 -
	74 800 -			96 000 -
Provenance des fonds:				
Exploitation:				
Autres sources:				
Utilisation des fonds:				

Tableau
27–3

du chiffrier permettent ensuite de dresser la deuxième partie de l'état de la provenance et de l'utilisation des fonds (voir le tableau 27–2).

Comment établir l'état de la provenance et de l'utilisation des fonds

■ Un chiffrier facilite grandement l'établissement de la provenance et de l'utilisation des fonds parce qu'il est alors possible de grouper, d'une façon ordonnée, sur une seule feuille, toutes les sources et tous les emplois de fonds. Un chiffrier aide aussi à analyser les changements survenus dans tous les comptes entre la date du début et la date de la fin d'exercice, à l'exception de ceux qui font partie du fonds de roulement. On doit analyser ces changements parce qu'ils proviennent d'une opération (1) qui a accru les fonds (une source de fonds), (2) qui les a

Chiffrier de l'état de la provenance et de l'utilisation des fonds
pour l'exercice terminé le 31 décembre 1976

	1 Solde des comptes au 31 déc. 1975	2 Analyse des opérations Débit	3 Crédit	4 Solde des comptes au 31 déc. 1976
Débits				
Fonds de roulement	27 800 -	(k) 4 700 -		32 500 -
Éléments d'actif à long terme:				
Équipement	8 000 -		(a) 500 -	7 500 -
Bâtiment	31 000 -	(b) 14 000 -		45 000 -
Terrain	8 000 -	(c) 3 000 -		11 000 -
	74 800 -			96 000 -
Crédits				
Amort. accumulé - Équipement	2 100 -	(a) 500 -	(d) 800 -	2 400 -
Amort. accumulé - Bâtiment	8 800 -		(e) 900 -	9 700 -
Hypothèque à payer	5 000 -	(f) 5 000 -		
Capital-actions ordinaire	35 000 -		(g) 15 000 -	50 000 -
Prime sur actions ordinaires			(g) 1 500 -	1 500 -
Bénéfices non répartis	15 900 -	(i) 3 100 -	(h) 11 600 -	20 400 -
		(j) 4 000 -		
Réserve pour expansion	8 000 -		(j) 4 000 -	12 000 -
	74 800 -			96 000 -
Provenance des fonds:				
Exploitation:				
Bénéfice net		(h) 11 600 -		
Amortissement - Équipement		(d) 800 -		
Amortissement - Bâtiment		(e) 900 -		
Autres sources:				
Émission d'actions		(g) 16 500 -		
Utilisation des fonds:				
Agrandissement du bâtiment			(b) 14 000 -	
Achat d'un terrain			(c) 3 000 -	
Extinction de l'hypothèque			(f) 5 000 -	
Dividendes			(i) 3 100 -	
Augmentation nette du fonds de roulement			(k) 4 700 -	
		64 100 -	64 100 -	

Tableau
27–4

réduits (un emploi de fonds) ou (3) qui n'a eu aucun effet sur les fonds. Un grand nombre d'opérations accroissent les fonds ou les diminuent. Remarquez, dans le tableau 27–4, que les montants inscrits dans la section Analyse des opérations représentent exactement les changements survenus dans chacun des postes. Remarquez aussi qu'à chaque montant correspond une rentrée ou une sortie de fonds à l'exception des opérations qui n'influent pas sur les fonds dont on retrace toutefois la nature.

Voici la façon d'établir le chiffrier de l'état de la provenance et de l'utilisation des fonds:

1. Il faut, en premier lieu, déterminer le fonds de roulement au début et à la fin de l'exercice et l'inscrire respectivement dans les colonnes intitulées Solde des comptes au 31 décembre 1975 et Solde des comptes au 31 décembre 1976. Le fonds de roulement, ainsi que nous l'avons déjà dit se trouve en déduisant le total du passif à court terme du total de l'actif à court terme.

2. On doit, en deuxième lieu, transcrire la liste de tous les postes des deux bilans (à l'exception de ceux qui font partie du fonds de roulement) dans les colonnes Solde des comptes au 31 décembre 1975 ou Solde des comptes au 31 décembre 1976, selon le cas. Remarquez que l'on inscrit d'abord les soldes débiteurs et les soldes créditeurs ensuite. De cette façon, les comptes d'amortissement accumulé figurent au même endroit que les comptes du passif.

3. Après avoir inscrit les soldes de tous les comptes (à l'exception des postes du fonds de roulement), on additionne, d'une part, les soldes débiteurs avec le fonds de roulement et, d'autre part, les soldes créditeurs. Remarquez que les deux totaux obtenus doivent être égaux ainsi que l'illustre le tableau 27–3.

4. L'étape suivante consiste à analyser les comptes et à inscrire le résultat de cette analyse dans la section Analyse des opérations. Nous expliquons en détail la façon de faire cette analyse dans les pages suivantes.

5. On complète le chiffrier en additionnant les chiffres inscrits dans les deux colonnes de la section Analyse des opérations.

Après avoir terminé le chiffrier (voir le tableau 27–4), on se sert des informations qu'il contient pour dresser en bonne forme l'état de la provenance et de l'utilisation des fonds.

Comme l'on n'établit un chiffrier que pour grouper sur une même feuille toutes les informations relatives à la provenance et à l'utilisation des fonds, il va de soi que les écritures qui y figurent ne sont jamais comptabilisées.

Analyse des opérations ■ L'analyse des opérations que l'établissement du chiffrier demande d'effectuer, a pour objet (1) d'expliquer les changements survenus dans chacun des postes du bilan à l'exception de ceux qui font partie du fonds de roulement et (2) de mettre en évidence les rentrées et les sorties de fonds.

L'analyse des opérations permet de retracer les rentrées et les sorties de fonds parce que toute opération qui a pour effet d'accroître ou de diminuer le fonds de roulement augmente ou diminue l'un ou l'autre des postes de l'actif à long terme, du passif à long terme ou de l'avoir des actionnaires.

INFORMATIONS REQUISES POUR ANALYSER LES OPÉRATIONS

Bien que, le plus souvent, le bilan, l'état des revenus et dépenses et l'état des bénéfices non répartis fournissent toutes les informations requises pour analyser les opérations, il est souvent plus facile de déterminer les causes des changements survenus dans les postes du bilan autres que ceux du fonds de roulement en étudiant les comptes eux-mêmes.

Lorsque le comptable a accès au grand livre, il analyse les comptes avant d'établir le chiffrier, il prend note des opérations particulières survenues au cours de l'exercice et il en détermine les effets.

Dans les cas où le comptable ne peut avoir accès au grand livre, il pose l'hypothèse que les changements survenus dans les comptes proviennent d'opérations qui normalement produisent les effets constatés. Ainsi, on remarque, dans le chiffrier du tableau 27–3, que le poste Terrain s'est accru de $3,000 entre le 1er janvier 1976 et le 31 décembre de la même année. S'il est impossible de consulter le grand livre, il faut conclure que ce changement est attribuable à une opération qui normalement accroît le solde du poste Terrain, soit un achat de terrain au comptant.

ANALYSE DES OPÉRATIONS : L'ORDRE À SUIVRE

Il n'est pas nécessaire d'analyser dans un ordre particulier les opérations qui ont donné lieu à des rentrées ou des sorties de fonds. Plusieurs comptables commencent leur analyse avec le premier compte de la liste et analysent les changements survenus. Ils passent ensuite au deuxième compte et répètent le même processus pour tous les postes du bilan. Les lettres qui identifient les écritures inscrites dans la section « Analyse des opérations » du chiffrier du tableau 27–4 révèlent que l'on a procédé de cette façon.

ANALYSE DES OPÉRATIONS : UN EXEMPLE

Les écritures requises pour analyser les opérations qui ont un effet sur les postes autres que ceux du fonds de roulement sont de trois sortes: (1) les écritures relatives aux opérations qui ont accru les fonds, (2) les écritures relatives aux opérations qui ont diminué les fonds et (3) les écritures relatives à des opérations qui n'influent nullement sur les fonds. Comme les écritures qui permettent de retracer les sorties de fonds sont plus simples, nous allons discuter de celles-ci en premier lieu.

Les écritures relatives aux sorties de fonds. Les écritures (*b*), (*c*), (*f*) et (*i*) du chiffrier du tableau 27-4 analysent les opérations qui ont contribué à réduire les fonds. Voici des explications portant sur chacune d'elles:

(*b*)   Le solde débiteur du compte Bâtiments de Malartic Ltée est passé de $31,000 à $45,000 du 1er janvier 1976 au 31 décembre de la même année. Une analyse de ce compte révèle que cette augmentation provient de la décision prise d'agrandir le bâtiment au cours de l'exercice. Cet agrandissement a amené une sortie de fonds et demande de porter sur le chiffrier l'écriture qui suit:

	Analyse des opérations	
	Débit	Crédit
Bâtiment	(b) 14,000	
Utilisation des fonds :		
Agrandissement du bâtiment		(b) 14,000

(c) Le 23 avril, Malartic, Ltée a acheté un terrain au comptant à un prix de $3,000. La comptabilisation de cette opération a amené une augmentation du solde du compte Terrain qui est passé de $8,000 à $11,000. Cette opération a contribué à réduire les fonds et l'on en tient compte de la façon suivante sur le chiffrier:

	Analyse des opérations	
	Débit	Crédit
Terrain	(c) 3,000	
Utilisation des fonds :		
Achat d'un terrain		(c) 3,000

(f) Le 15 novembre, Malartic, Ltée a réglé le solde de l'emprunt hypothécaire et éliminé ainsi le solde de $5,000 du compte Hypothèque à payer au 1er janvier 1976. Cette opération a réduit les fonds et demande de porter cette écriture sur le chiffrier :

	Analyse des opérations	
	Débit	Crédit
Hypothèque à payer	(f) 5,000	
Utilisation des fonds :		
Extinction de la dette hypothécaire		(f) 5,000

(i) À la fin de chacun des trois premiers trimestres de 1976, le conseil d'administration a déclaré un dividende en espèces de $700. Le 22 décembre, les administrateurs ont déclaré un quatrième dividende trimestriel de $1,000 payable le 15 janvier 1977. Le comptable a inscrit chacun de ses dividendes en débitant le compte Bénéfices non répartis et en créditant le compte Dividendes à payer. La déclaration de ces quatre dividendes a réduit les bénéfices non répartis de $3,100 et demande d'inscrire sur le chiffrier l'écriture qui suit:

	Analyse des opérations	
	Débit	Crédit
Bénéfices non répartis	(i) 3,100	
Utilisation des fonds :		
Dividendes déclarés		(i) 3,100

Étudiez les écritures précédentes et la façon de les porter sur le chiffrier du tableau 27–4. Remarquez que, dans chaque cas, on a débité un compte qui ne fait pas partie du fonds de roulement et l'on a crédité les montants en les faisant précéder de l'expression « Utilisation des fonds » accompagnée d'une description de l'opération qui a donné lieu à une sortie de fonds. Pour vous rappeler les écritures qu'il a fallu passer au journal général pour inscrire ces quatre opérations au cours de l'exercice, nous les répétons ci-dessous:

Mai	12	Bâtiment	14,000.00	
		Caisse		14,000.00
		Pour inscrire le coût de l'agrandissement du bâtiment.		
Avril	23	Terrain	3,000.00	
		Caisse		3,000.00
		Pour inscrire l'achat d'un terrain.		
Nov.	15	Hypothèque à payer	5,000.00	
		Caisse		5,000.00
		Pour inscrire le règlement de la dette hypothécaire.		
		Bénéfices non répartis	3,100.00	
		Dividendes à payer		3,100.00
		Pour inscrire les dividendes déclarés. (Effectivement, on a passé quatre écritures pour inscrire ces dividendes.)		

Remarquez que le compte crédité dans chacune des écritures précédentes est un compte qui fait partie du fonds de roulement parce que toutes ces opérations ont amené une sortie de fonds. Si maintenant vous comparez ces écritures aux quatre écritures inscrites sur le chiffrier, vous constaterez qu'elles sont identiques à l'exception des comptes à créditer que l'on remplace par l'expression « Utilisation des fonds » accompagnée d'une description de l'opération qui a suscité une sortie de fonds.

Les écritures relatives aux rentrées de fonds. Les quatre écritures (*g*), (*h*), (*d*) et (*e*) du chiffrier du tableau 27–4 analysent les opérations qui ont augmenté le fonds de roulement de Malartic, Ltée au cours de l'exercice. Ces quatre écritures se ressemblent parce que le montant figurant au débit est toujours précédé de l'expression « Provenance des fonds » accompagnée d'une description de l'opération qui a amené une rentrée de fonds. En revanche, chaque écriture est différente en ce qui a trait au compte crédité. Voici maintenant ces écritures avec quelques explications.

(*g*)   Le 3 novembre, Malartic, Ltée a émis au comptant, à un prix de $11 l'action, 1,500 actions ayant une valeur nominale de $10. Cette opération a accru le fonds de roulement et a donné lieu à l'écriture suivante:

Nov.	3	Caisse	16,500.00	
		Capital-actions ordinaire		15,000.00
		Prime sur actions ordinaires		1,500,00
		Pour inscrire l'émission de 1,500 actions ordinaires.		

Cette écriture se présente comme suit sur le chiffrier du tableau 27–4 :

	Analyse des opérations	
	Débit	Crédit
Provenance des fonds :		
Émission d'actions ordinaires	(g) 16,500	
Capital-actions ordinaire		(g) 15,000
Prime sur actions ordinaires		(g) 1,500

Remarquez que, dans l'écriture du 3 novembre, on débite le compte Caisse de \$16,500 parce que l'émission d'actions a vraiment procuré des fonds à Malartic, Ltée. L'écriture inscrite sur le chiffrier ne diffère pas de l'écriture du 3 novembre à l'exception du compte Caisse que l'on a remplacé par l'expression « Provenance des fonds ».

(*h*) Le bénéfice net de Malartic, Ltée pour l'exercice terminé le 31 décembre 1976 s'est élevé à \$11,600 et a été viré au compte Bénéfices non répartis. Comme cette augmentation des bénéfices non répartis représente une rentrée de fonds, il faut porter sur le chiffrier l'écriture suivante:

	Analyse des opérations	
	Débit	Crédit
Provenance des fonds :		
Fonds provenant de l'exploitation :		
Bénéfice net	(h) 11,600	
Bénéfices non répartis		(h) 11,600

(*d*) et (*e*) Parmi les dépenses de l'exercice figurent l'amortissement du coût de l'équipement et l'amortissement du coût du bâtiment s'élevant respectivement à \$800 et \$900. Ainsi que nous l'avons déjà expliqué, même si l'amortissement est une dépense dont il faut tenir compte pour déterminer le bénéfice net, il faut l'ajouter à ce dernier chiffre pour trouver le total des fonds provenant de l'exploitation. Il faut donc inscrire sur le chiffrier les écritures suivantes pour tenir compte de l'augmentation du solde des comptes d'amortissement accumulé et pour accroître le bénéfice net déjà inscrit sous le titre de « Fonds provenant de l'exploitation».

Provenance des fonds :	Analyse des opérations	
	Débit	Crédit
Fonds provenant de l'exploitation		
Amortissement — Équipement	(d) 800	
Amortissement — Bâtiment	(e) 900	
Amortissement accumulé — Équipement		(d) 800
Amortissement accumulé — Bâtiment		(e) 900

Les écritures relatives aux opérations n'ayant aucun effet sur les fonds. Ainsi que nous l'avons mentionné précédemment, il y a trois sortes d'écritures qu'il faut inscrire sur le chiffrier destiné à faciliter l'établissement de l'état de la provenance et de l'utilisation des fonds: (1) les écritures relatives aux sorties de fonds, (2) les écritures relatives aux rentrées de fonds et (3) les écritures relatives à des opérations qui n'influent nullement sur les fonds. Voici deux écritures qui se rapportent à cette dernière catégorie d'opérations:

(*a*)   Le 27 août 1976, Malartic, Ltée a mis au rancart une machine dont le coût de $500 avait été entièrement amorti. Voici l'écriture passée au journal général le 27 août:

Août	27	Amortissement accumulé — Équipement ..	500.00	
		Équipement		500.00
		Pour inscrire la mise au rancart d'une machine.		

Étant donné que cette opération n'influe nullement sur les fonds, il suffit de porter sur le chiffrier l'écriture suivante:

	Analyse des opérations	
	Débit	Crédit
Amortissement accumulé — Équipement	(a) 500	
Équipement		(a) 500

Cette écriture est nécessaire afin de concilier le solde des comptes Équipement et Amortissement — Équipement au 1ᵉʳ janvier 1976 avec le solde de ces mêmes comptes au 31 décembre 1976.

(*j*)   Au cours de décembre 1976, le conseil d'administration de Malartic, Ltée a adopté une résolution proposant la création d'une réserve en virant une somme de $4,000 du compte Bénéfices non répartis au compte Réserve pour expansion. Comme cette opération n'a aucun effet sur les fonds, il suffit d'inscrire sur le chiffrier l'écriture suivante afin de tenir compte des changements que la création de cette réserve a suscités:

	Analyse des opérations	
	Débit	Crédit
Bénéfices non répartis	(j) 4,000	
Réserve pour expansion		(j) 4,000

Remarquez que le résultat net des sommes de $3,100 (débit) de l'écriture (*i*), de $11,600 (crédit) de l'écriture (*h*) et de $4,000 (débit) de l'écriture précédente correspond exactement au changement net ($4,500) survenu dans le solde du compte Bénéfices non répartis.

COMMENT COMPLÉTER LE CHIFFRIER

Les écritures précédentes ont permis d'analyser toutes les opérations qui ont suscité des changements dans les postes du bilan qui ne font pas partie du fonds de roulement. Cependant, pour compléter le chiffrier du tableau 27–4, il faut inscrire l'écriture suivante qui reflète l'augmentation nette survenue dans le fonds de roulement au cours de l'exercice:

	Analyse des opérations	
	Débit	Crédit
Fonds de roulement	(h) 4,700	
Augmentation du fonds de roulement		(h) 4,700

Si le fonds de roulement avait diminué au lieu d'augmenter, on aurait modifié l'écriture précédente en débitant un poste intitulé « Diminution du fonds de roulement » et on aurait crédité Fonds de roulement.

Après avoir inscrit l'écriture (*k*), on complète le chiffrier en additionnant les montants figurant dans les deux colonnes de la section intitulée « Analyse des opérations ». Il suffit, par la suite, d'utiliser les informations que contient la partie inférieure du chiffrier pour dresser en bonne forme un état de la provenance et de l'utilisation des fonds semblable à celui du tableau 27–2.

Utilité de l'état de la provenance et de l'utilisation des fonds

■ L'état de la provenance et de l'utilisation des fonds fait non seulement connaître la provenance des fonds et l'utilisation que l'on en a faite mais il fournit aux lecteurs des états financiers des informations sur les fonds et sur l'efficacité avec laquelle la direction a géré le fonds de roulement au cours d'un exercice. De plus, cet état permet aux actionnaires et aux investisseurs de connaître les plans que la direction a l'intention de réaliser.

La direction de Malartic, Ltée a-t-elle bien géré le fonds de roulement de cette société en 1976? Une étude de l'état de la provenance et de l'utilisation des fonds du tableau 27–2 démontre que même si le fonds de roulement s'est accru de $4,700, l'encaisse est passée de $8,000 à $5,000, soit une diminution d'un peu plus de 33⅓%. De même, les comptes à payer ont augmenté d'à peu près le même pourcentage en passant de $9,000 à $12,500. Une étude plus attentive nous fait découvrir que les comptes à recevoir et le stock ont augmenté respectivement de $6,000 et de $5,000, soit des augmentations qui sont à peu près égales au total des changements survenus dans l'encaisse ($3,000), les comptes à payer ($3,500) et le fonds de roulement dans son ensemble ($4,700). Ces changements procurent-ils des avantages à Malartic, Ltée? Probablement pas. On ne sait, par exemple, si l'accroissement du stock provient d'une augmentation des ventes ou d'une mauvaise politique d'approvisionnement. De même, l'augmentation des comptes à recevoir peut être attribuable à un recouvrement moins rapide des comptes, surtout si les ventes à crédit n'ont pas tellement augmenté au cours des dernières semaines de 1976.

L'état de la provenance et de l'utilisation des fonds fait aussi connaître les plans de la direction portant sur l'émission d'actions, l'accroissement de la dette à long terme, la modernisation de l'usine ou l'accumulation des fonds en vue de réaliser plus tard des projets d'investissement, etc.

Les mouvements de l'encaisse

■ Étant donné que le terme « fonds », selon le sens que nous lui avons donné jusqu'à présent, comprend des ressources autres que l'encaisse, nous devons discuter quelque peu des mouvements de la trésorerie lorsque ce terme ne désigne que l'encaisse.

La planification et le contrôle de l'encaisse sont essentiels à la bonne gestion financière d'une entreprise. Les créanciers, les actionnaires et les investisseurs s'intéressent à l'étude des mouvements de la trésorerie qui leur apprend la mesure dans laquelle une entreprise peut régler facilement ses dettes, distribuer des dividendes, remplacer ses immobilisations et prendre de l'expansion.

Nous ne discuterons pas en détail ici des mouvements de la trésorerie mais nous analyserons simplement les différences entre la comptabilité de caisse et la comptabilité d'exercice afin de faire ressortir la nature d'un état des mouvements de l'encaisse.

L'ÉTAT DES MOUVEMENTS DE L'ENCAISSE

Le tableau 27–5 illustre ce qu'est un état des mouvement de l'encaisse. Remarquez que cet état a pour objet d'expliquer à quoi est attribuable l'augmentation ou la diminution de l'encaisse.

Pour établir un état des mouvements de l'encaisse, il convient de se servir d'un chiffrier semblable à celui du tableau 27–4. Nous ne donnons pas ici un exemple de la façon d'établir ce genre de chiffrier car c'est là un travail que l'étudiant apprendra à effectuer lorsqu'il suivra un cours plus avancé.[1] L'état des mouvements de l'encaisse du tableau 27–5 provient d'informations que renferment les tableaux 27–6 et 27–7.

---

[1]Voir G. A. Welsch, C. T. Zlatkovich, J. A. White et M. Zin, *Intermediate Accounting* (Georgetown, Ont., Irwin-Dorsey Limited, 1974).

Une étude du tableau 27–5 révèle que l'encaisse de La Quincaillerie Simplex, Ltée s'est accru de $4,000 au cours de l'exercice. Cette augmentation provient de l'excédent des rentrées de fonds (fonds provenant de l'exploitation, $7,000, et fonds découlant de la vente de placements, $4,500) sur les sorties de fonds (dividendes, $1,000, et achat d'immobilisations, $6,500). Il n'est nullement nécessaire de discuter de ces rentrées et sorties de fonds à l'exception toutefois des fonds provenant de l'exploitation.

La Quincaillerie Simplex, Ltée
État des mouvements de l'encaisse
pour l'exercice terminé le 31 décembre 1976

Solde de l'encaisse au 1er janvier 1976			$2,200
Rentrées de fonds :			
Fonds provenant de l'exploitation :			
Bénéfice net (voir l'état des revenus et dépenses)		$ 1500	
Plus ou moins redressements apportés au bénéfice net : *			
Comptes à recevoir	$ (500)		
Comptes à payer	2,000		
Amortissement	3,500		
Mauvaises créances	200		
Salaires	400		
Autres dépenses	(100)	5,500	
		$ 7,000	
Vente de placements		4,500	
Total des rentrées de fonds		$11,500	
Sorties de fonds :			
Dividendes versés	$1,000		
Achat d'immobilisations	6,500		
Total des sorties de fonds		7,500	
Augmentation nette de l'encaisse			4,000
Solde de l'encaisse au 31 décembre 1976			$6,200

*Ces redressements ont pour objet de déterminer le montant auquel les postes de l'état des revenus et dépenses se seraient élevés s'ils avaient été établis en fonction de la comptabilité de caisse.

Tableau
27–5

FONDS PROVENANT DE L'EXPLOITATION

Une entreprise qui dresserait son état des revenus et dépenses en conformité avec la comptabilité de caisse (voir la section suivante) trouverait un bénéfice net égal aux fonds provenant de l'exploitation. Cependant, étant donné que la majorité des entreprises déterminent le bénéfice net en fonction de la comptabilité d'exercice, il est nécessaire de redresser le bénéfice net pour trouver les fonds provenant de l'exploitation. Voici les explications portant sur les redressements de cette nature que l'on retrouve dans l'état des mouvements de l'encaisse du tableau 27–5:

a. Les ventes effectuées par La Quincaillerie Simplex, Ltée ont accru son encaisse. Cependant, l'encaisse ne s'est pas accrue d'un montant

La Quincaillerie Simplex, Ltée
État des revenus et dépenses
pour l'exercice terminé le 31 décembre 1976

Ventes nettes			$50,000
Coût des marchandises vendues :			
Stock au 1er janvier 1976		$10,000	
Achats nets		32,000	
Total des marchandises à vendre		$42,000	
Stock au 31 décembre 1976		11,000	31,000
Bénéfice brut			$19,000
Dépenses d'exploitation :			
Amortissement		$ 3,500	
Mauvaises créances		200	
Salaires		10,000	
Autres dépenses		3,800	
Total des dépenses d'exploitation			$17,500
Bénéfice net			$ 1,500

Tableau
27–6

Sommaire du compte Caisse de La Quincaillerie Simplex, Ltée

(Débits)		(Crédits)	
Solde au 1er janvier	2,200	Achats au comptant	1,000
Ventes au comptant	20,000	Règlement de comptes de	
Recouvrement de comptes	29,500	fournisseurs	28,000
Vente de placements	4,500	Salaires	9,600
		Autres dépenses	3,900
		Achat d'immobilisations	6,500
		Dividendes versés	1,000
	56,200		50,000

Tableau
27–7

égal au chiffre des ventes, soit $50,000. Effectivement, les fonds provenant des ventes correspondent aux ventes au comptant, $20,000, plus les recouvrements de comptes des clients, $29,500 (voir le tableau 27–7), soit un total de $49,500. Étant donné que les fonds provenant des marchandises vendues sont de $49,500 alors que le chiffre des ventes est de $50,000, il faut déduire $500 de ce dernier chiffre ainsi qu'on le fait dans le tableau 27–5. (Rappelez-vous qu'un montant mis entre parenthèses signifie qu'il doit être déduit d'un autre.)

b. De même, les marchandises vendues n'ont pas entraîné une sortie de fonds de $31,000 car l'on a versé aux fournisseurs une somme de $29,000, soit $1,000 pour des achats au comptant et $28,000 pour les achats à crédit (voir le tableau 27–7). Comme le coût des marchandises vendues est de $31,000 alors que les sorties de fonds ne s'élèvent qu'à $29,000, il faut ajouter $2,000 pour trouver le montant dont il aurait fallu tenir compte pour calculer le bénéfice net si on avait déterminé celui-ci en fonction de la comptabilité de caisse.

c. Étant donné que l'amortissement et les mauvaises créances n'ont entraîné aucune sortie de fonds, il faut les ajouter au bénéfice net.

d. Finalement comme, d'une part, les salaires versés ont été inférieurs de \$400 et, d'autre part, les déboursés relatifs aux autres dépenses supérieurs de \$100 aux montants inscrits dans l'état des revenus et dépenses, il faut, dans le premier cas, ajouter \$400 au bénéfice net et, dans le deuxième cas, en déduire \$100 pour déterminer les sorties de fonds se rapportant à ces deux éléments.

La comptabilité de caisse et la comptabilité d'exercice

■ Il existe deux sortes de comptabilité: la comptabilité de caisse et la comptabilité d'exercice. Selon la comptabilité de caisse, un revenu est gagné lorsqu'il fait l'objet d'un encaissement et une dépense n'est vraiment effectuée qu'au moment où elle entraîne un déboursé. Le bénéfice net dans un tel système est donc égal à la différence entre les recettes d'exploitation et les déboursés d'exploitation. En revanche, selon la comptabilité d'exercice, un revenu est attribué à l'exercice où il est gagné et une dépense est imputée aux revenus de l'exercice où elle est effectuée sans avoir égard au moment où de l'argent est reçu ou déboursé. Le bénéfice net, dans ce dernier cas, est égal à la différence entre les revenus et les dépenses et est, par le fait même, mieux déterminé. C'est d'ailleurs pour cette raison que la majorité des entreprises préfèrent la comptabilité d'exercice à la comptabilité de caisse.

Questions

1. Quel est l'objet de l'état de la provenance et de l'utilisation des fonds ?

2. Quel sens donne-t-on au terme « fonds » lors de l'établissement d'un état de la provenance et de l'utilisation des fonds ?

3. Qu'entend-on par « biens en circulation » et pourquoi leur donne-t-on ce nom ?

4. Énumérez différentes sources de fonds ? Quelle utilisation une entreprise fait-elle généralement de ses fonds ?

5. Le 12 décembre, une entreprise a emprunté \$10,000 en retour d'un billet à 60 jours portant intérêt à 7%. Cette opération doit-elle figurer parmi les sources de fonds dans l'état de la provenance et de l'utilisation des fonds ?

6. Le stock de marchandises d'une entreprise était de \$40,000 à la fin d'un exercice alors qu'il s'élevait à \$45,000 au début de l'exercice. Cette diminution du stock représente-t-elle une rentrée de fonds ?

7. Une entreprise a radié une usine dont on avait amorti entièrement le coût. Quels sont les postes du bilan dont le solde a changé par suite de cette radiation ? Comment faut-il traiter cette opération dans le chiffrier établi pour dresser l'état de la provenance et de l'utilisation des fonds ? Justifiez votre réponse.

8. Expliquez pourquoi des dépenses comme l'amortissement du coût des immobilisations et de l'escompte sur obligations doivent être ajoutées au bénéfice net pour déterminer le montant des fonds provenant de l'exploitation.

9. Quelles sont les trois sortes d'écritures que l'analyse des opérations exige de porter sur le chiffrier établi en vue de dresser l'état de la provenance et de l'utilisation des fonds ?

10. Lors de l'établissement du chiffrier de l'état de la provenance et de l'utilisation des fonds, on doit tenir compte de tous les changements survenus dans les postes qui ne font pas partie du fonds de roulement. Pourquoi ?

11. Quelle différence y a-t-il entre un état des mouvements de l'encaisse et un état de la provenance et de l'utilisation des fonds ?

12. Les emprunts de banque à court terme doivent-ils figurer dans la section Provenance des fonds dans un état de la provenance et de l'utilisation des fonds ? Doivent-ils figurer parmi les rentrées de fonds dans un état des mouvements de l'encaisse ?

Exercices   **Exercice 27–1**

Déterminez les fonds provenant de l'exploitation de Alberto, Ltée dont voici l'état des revenus et dépenses pour l'exercice terminé le 31 décembre 1976 :

Alberto, Ltée
État des revenus et dépenses
pour l'exercice terminé le 31 décembre 1976

Ventes		$800,000
Coût des marchandises vendues		520,000
Bénéfice brut		$280,000
Dépenses d'exploitation :		
Salaires (y compris des salaires courus de $1,000)	$125,000	
Amortissement	15,000	
Loyer	36,000	
Brevets d'invention radiés	3,000	
Mauvaises créances	4,000	183,000
Bénéfice d'exploitation		$ 97,000
Intérêts sur obligations (y compris des intérêts courus de $6,000 et un amortissement d'escompte de $500) .		12,500
Bénéfice net		$ 84,500

Exercice 27–2

Voici les balances de vérification de Oprex, Ltée dressées au 31 décembre 1975 et au 31 décembre 1976 :

	31 décembre 1975	31 décembre 1976
Encaisse	$ 12,000		$ 10,000	
Billets à recevoir	3,000		5,000	
Comptes à recevoir	30,000		25,000	
Stock de marchandises	50,000		55,000	
Dépenses payées d'avance	1,000		2,000	
Équipement	100,000		109,000	
Amortissement accumulé — Équipement		$ 20,000		$ 25,000
Billets à payer		8,000		10,000
Comptes à payer		20,000		18,000
Taxes à payer		5,000		4,000
Salaires à payer		1,000		2,000
Hypothèque à payer (remboursable en 1990) ..		25,000		25,000
Capital-actions		100,000		100,000
Bénéfices non répartis		17,000		22,000
	$196,000	$196,000	$206,000	$206,000

Travail à faire :

Dressez un état des changements survenus dans le fonds de roulement de Oprex, Ltée au cours de l'exercice terminé le 31 décembre 1976.

Exercice 27–3

Voici les bilans comparatifs de Sauriol, Ltée dressés au 31 décembre 1975 et au 31 décembre 1976 :

	31 décembre 1975	31 décembre 1976
Débits		
Encaisse	$ 4,000	$ 5,000
Comptes à recevoir	9,000	8,000
Stock de marchandises	18,000	20,000
Équipement	15,000	19,000
	$46,000	$52,000

	31 décembre 1975	31 décembre 1976
Crédits		
Amortissement accumulé — Équipement	$ 3,000	$ 4,000
Comptes à payer	5,000	7,000
Taxes à payer	2,000	1,000
Capital-actions ordinaire (valeur nominale de $10 l'action)	25,000	27,000
Prime sur actions ordinaires	5,000	6,000
Bénéfices non répartis	6,000	7,000
	$46,000	$52,000

Travail à faire :

Établissez un chiffrier et un état de la provenance et de l'utilisation des fonds, compte tenu des informations suivantes tirées des livres et de l'état des revenus et dépenses de Sauriol, Ltée pour l'exercice terminé le 31 décembre 1976 :

a. Bénéfice net de l'exercice : $6,000.

b. Amortissement du coût de l'équipement inscrit le 31 décembre 1976 : $1,500.

c. Achat d'équipement au cours de l'exercice : $4,500.

d. Mise au rancart d'une machine dont le coût de $500 avait été entièrement amorti.

e. Émission de 200 actions ordinaires à $15 l'action.

f. Déclaration d'un dividende de $5,000 au cours de l'exercice.

Exercice 27–4

Voici l'état des revenus et dépenses et l'état des recettes et déboursés de Hollex, Ltée pour l'exercice terminé le 31 décembre 1976 :

Hollex, Ltée
État des revenus et dépenses
pour l'exercice terminé le 31 décembre 1976

Ventes nettes		$91,000
Coût des marchandises vendues :		
Stock de marchandises au 1er janvier 1976	$12,000	
Achats	50,000	
Coût total des marchandises à vendre	$62,000	
Stock de marchandises au 31 décembre 1976	11,000	
Coût des marchandises vendues		51,000
Bénéfice brut		$40,000
Dépenses d'exploitation :		
Salaires	$12,000	
Loyer	9,000	
Amortissement — Équipement	9,000	
Mauvaises créances	1,000	26,000
Bénéfice net		$14,000

Hollex, Ltée
État des recettes et déboursés
pour l'exercice terminé le 31 décembre 1976

Solde au 1er janvier 1976		$ 8,000
Recettes :		
Ventes au comptant	$40,000	
Recouvrement de comptes	52,000	
Emprunt de banque	5,000	97,000
		$105,000
Déboursés :		
Sommes versées aux fournisseurs	$51,500	
Salaires	11,800	
Loyer	9,000	
Achat d'équipement	12,200	
Dividendes	10,000	94,500
Solde au 31 décembre 1976		$ 10,500

Travail à faire :

Dressez un état des mouvements de l'encaisse pour l'exercice terminé le 31 décembre 1976.

Problèmes **Problème 27-1**

Voici les bilans comparatifs de Branix, Ltée dressés au 31 décembre 1975 et au 31 décembre 1976 :

	31 décembre	
Débits	*1975*	*1976*
Encaisse	$ 4,300	$ 7,500
Comptes à recevoir	10,000	8,000
Stock de marchandises	32,000	31,500
Dépenses payées d'avance	1,200	1,000
Équipement	24,000	30,100
	$71,500	$78,100

Crédits		
Amortissement accumulé — Équipement	$ 4,800	$ 6,100
Comptes à payer	17,900	14,300
Billets à payer	1,500	2,500
Hypothèque à payer	10,000	6,000
Capital-actions ordinaire (valeur nominale de $10 l'action)	25,000	30,000
Prime sur actions ordinaires		2,500
Bénéfices non répartis	12,300	16,700
	$71,500	$78,100

Travail à faire :

Établissez un chiffrier et un état de la provenance et de l'utilisation des fonds, compte tenu des informations suivantes tirées des livres et de l'état des revenus et dépenses de Branix, Ltée pour l'exercice terminé le 31 décembre 1976 :

a. Bénéfice net de l'exercice : $7,400.

b. Amortissement du coût de l'équipement inscrit le 31 décembre 1976 : $2,100.

c. Mise au rancart d'une machine dont le coût de $800 avait été entièrement amorti.

d. Achat d'équipement durant l'exercice : $6,900.

e. Remboursement d'une partie de l'hypothèque : $4,000.

f. Émission de 500 actions ordinaires à $15 l'action.

g. Dividendes déclarés et versés : $3,000.

Problème 27–2

Voici les bilans comparatifs de Coral, Ltée dressés au 31 décembre 1975 et au 31 décembre 1976.

	31 décembre	
Débits	*1975*	*1976*
Encaisse	$ 11,800	$ 12,700
Comptes à recevoir	33,400	34,900
Stock de marchandises	86,700	85,900
Autres éléments de l'actif à court terme	1,800	2,000
Matériel de bureau	6,100	5,400
Équipement de magasin	27,800	31,700
	$167,600	$172,600

Crédits		
Amortissement accumulé — Matériel de bureau	$ 2,400	$ 2,500
Amortissement accumulé — Équipement de magasin .	6,500	7,400
Comptes à payer	20,200	19,500
Billets à payer	5,000	4,500
Impôts sur le revenu à payer	3,300	3,500
Capital-actions ordinaire (valeur nominale de $5 l'action)	100,000	105,000
Prime sur actions ordinaires	5,500	8,500
Bénéfices non répartis	24,700	21,700
	$167,600	$172,600

Les informations suivantes sont tirées des livres et de l'état des revenus et dépenses de Coral, Ltée dressé pour l'exercice terminé le 31 décembre 1976 :

a. Bénéfice net de l'exercice : $15,000.

b. Amortissement du coût du matériel de bureau : $600; amortissement du coût de l'équipement de magasin : $1,500.

c. Vente à un prix de $200 d'une machine à écrire ayant un coût de $700 et un amortissement accumulé de $500.

d. Achat d'équipement de magasin : $4,500.

e. Mise au rancart d'une machine utilisée dans le magasin dont le coût de $600 avait été entièrement amorti.

f. Déclaration de dividendes en espèces au cours de l'exercice : $10,000.

g. Déclaration d'un dividende en actions de 5% au moment où la valeur marchande des actions était de $8.

Travail à faire :

Établissez un chiffrier et un état de la provenance et de l'utilisation des fonds pour l'exercice terminé le 31 décembre 1976.

Problème 27-3

Voici les bilans comparatifs de Hydra, Ltée dressés au 31 décembre 1975 et au 31 décembre 1976 :

	31 décembre	
Débits	*1975*	*1976*
Encaisse	$ 22,300	$ 16,100
Comptes à recevoir	15,600	16,200
Stock de marchandises	51,400	50,200
Dépenses payées d'avance	1,100	1,300
Équipement de magasin	24,300	26,000
Matériel de bureau	4,200	4,400
Terrain		20,000
Bâtiment		100,000
	$118,900	$234,200

Crédits		
Amortissement accumulé — Équipement de magasin	$ 3,600	$ 5,200
Amortissement accumulé — Matériel de bureau	1,300	1,400
Amortissement accumulé — Bâtiment		1,200
Comptes à payer	18,700	17,300
Taxes à payer	4,100	4,400
Hypothèque à payer		80,000
Capital-actions ordinaire (valeur nominale de $10 l'action)	80,000	100,000
Prime sur actions ordinaires		4,000
Bénéfices non répartis	11,200	20,700
	$118,900	$234,200

Les informations suivantes sont tirées des livres et de l'état des revenus et dépenses de Hydra, Ltée dressé pour l'exercice terminé le 31 décembre 1976 :

a. Bénéfice net de l'exercice : $15,500.

b. Amortissement inscrit le 31 décembre 1976 :
   Équipement de magasin : $2,400.
   Matériel de bureau : $400.
   Bâtiment : $1,200.

c. Achat d'équipement de magasin au cours de l'exercice : $2,500.

d. Mise au rancart d'une machine utilisée dans le magasin dont le coût de $800 avait été entièrement amorti.

e. Machine à écrire dont le coût était de $500 et l'amortissement accumulé de $300 changée pour une machine neuve ayant un prix courant de $800. Valeur de reprise accordée par le concessionnaire : $300.

f. Achat du bâtiment loué auparavant moyennant un versement comptant de $40,000 et une hypothèque pour le solde impayé.

g. Emission de 2,000 actions ordinaires à $12 l'action.

h. Dividendes déclarés en 1976 : $6,000.

Travail à faire :

Établissez un chiffrier et un état de la provenance et de l'utilisation des fonds pour l'exercice terminé le 31 décembre 1976.

Problème 27-4

Voici les bilans comparatifs de Pacifique, Ltée dressés au 31 décembre 1975 et au 31 décembre 1976 :

| | 31 décembre | |
Débits	1975	1976
Encaisse	$ 22,900	$ 18,700
Comptes à recevoir	32,100	30,400
Stock de marchandises	56,400	55,100
Dépenses payées d'avance	1,700	1,900
Équipement de magasin	32,800	40,400
Terrain	30,000	30,000
Bâtiment	112,500	181,000
	$288,400	$357,500

Crédits		
Amortissement accumulé — Équipement de magasin .	$ 13,700	$ 16,200
Amortissement accumulé — Bâtiment	20,200	23,600
Comptes à payer	24,600	25,700
Salaires à payer	1,800	2,100
Impôts sur le revenu à payer	4,200	4,100
Intérêts courus à payer sur hypothèque		1,000
Dividendes à payer en espèces	7,500	5,000
Hypothèque à payer		50,000
Capital-actions ordinaire (valeur nominale de $10 l'action)	150,000	150,000
Prime sur actions ordinaires	15,000	18,000
Dividende à distribuer en actions		7,500
Bénéfices non répartis	51,400	54,300
	$288,400	$357,500

Les comptes suivants sont tirés du grand livre de Pacifique, Ltée au 31 décembre 1976 :

Équipement de magasin

Date		Explications	Débit	Crédit	Solde
1976 Janv.	1	Solde			32,800
Avr.	4	Achat d'une machine	8,700		41,500
	7	Machine mise au rancart		1,100	40,400

Amortissement accumulé — Équipement de magasin

Date		Explications	Débit	Crédit	Solde
1976 Janv.	1	Solde			13,700
Avr.	7	Machine mise au rancart	1,100		12,600
Déc.	31	Amortissement de l'exercice		3,600	16,200

Terrain

Date		Explications	Débit	Crédit	Solde
1976					
Janv.	1	Solde			30,000

Bâtiment

Date		Explications	Débit	Crédit	Solde
1976					
Janv.	1	Solde			112,500
Mars	17	Agrandissement	68,500		181,000

Amortissement accumulé — Bâtiment

Date		Explications	Débit	Crédit	Solde
1976					
Janv.	1	Solde			20,200
Déc.	31	Amortissement de l'exercice		3,400	23,600

Hypothèque à payer

Date		Explications	Débit	Crédit	Solde
1976					
Mars	15			50,000	50,000

Capital-actions ordinaire

Date		Explications	Débit	Crédit	Solde
1976					
Janv.	1	Solde			150,000

Prime sur actions ordinaires

Date		Explications	Débit	Crédit	Solde
1976					
Janv.	1	Solde			15,000
Déc.	23	Dividende en actions		3,000	18,000

Dividende à distribuer en actions

Date		Explications	Débit	Crédit	Solde
1976					
Déc.	23	Dividende en actions		7,500	7,500

Bénéfices non répartis

Date		Explications	Débit	Crédit	Solde
1976					
Janv.	1	Solde			51,400
Déc.	23	Dividende en actions	10,500		40,900
	23	Dividende en espèces	5,000		35,900
	31	Bénéfice net		18,400	54,300

Travail à faire :

Établissez un chiffrier et un état de la provenance et de l'utilisation des fonds pour l'exercice terminé le 31 décembre 1976.

Problème 27–5

Voici l'état des revenus et dépenses et l'état des recettes et déboursés de Rodex, Enr. pour l'exercice terminé le 31 décembre 1976 :

Rodex, Enr.
État des revenus et dépenses
pour l'exercice terminé le 31 décembre 1976

Ventes nettes		$125,400
Coût des marchandises vendues :		
Stock de marchandises au 1er janvier 1976	$15,300	
Achats nets	76,600	
Coût total des marchandises à vendre	$91,900	
Stock de marchandises au 31 décembre 1976	16,700	
Coût des marchandises vendues		75,200
Bénéfice brut		$ 50,200
Dépenses d'exploitation :		
Salaires	$26,400	
Loyer	7,200	
Amortissement — Équipement	1,800	
Mauvaises créances	500	
Fournitures d'emballage utilisées	600	
Autres dépenses d'exploitation	1,300	
Total des dépenses d'exploitation		37,800
Bénéfice net		$ 12,400

Rodex, Enr.

État des recettes et déboursés

pour l'exercice terminé le 31 décembre 1976

Solde au 1er janvier 1976		$ 3,900
Recettes		
Ventes au comptant	$27,600	
Recouvrement de comptes	98,700	
Vente d'une machine*	300	
Emprunt de banque	6,000	132,600
Total		$136,500
Déboursés		
Loyer	$ 7,200	
Achats de marchandises	75,900	
Achats de fournitures d'emballage	700	
Salaires	26,300	
Autres déboursés d'exploitation	1,200	
Achat d'une machine neuve	9,800	
Prélèvements	9,000	$130,000
Solde au 31 décembre 1976		$ 6,400

* La machine a été vendue à un prix égal à sa valeur comptable.

Travail à faire :

Dressez un état des mouvements de l'encaisse pour l'exercice terminé le 31 décembre 1976.

Autres Problèmes

Problème 27–2A

Voici les bilans comparatifs de Nordic, Ltée dressés au 31 décembre 1975 et au 31 décembre 1976 :

	31 décembre	
Débits	*1975*	*1976*
Encaisse	$ 12,600	$ 10,200
Comptes à recevoir	32,900	35,100
Stock de marchandises	86,400	85,200
Dépenses payées d'avance	1,800	1,500
Matériel de bureau	5,600	5,000
Équipement de magasin	28,300	29,800
Total	$167,600	$166,800

Crédits		
Amortissement accumulé — Matériel de bureau	$ 2,400	$ 2,600
Amortissement accumulé — Équipement de magasin .	6,500	7,500
Comptes à payer	23,500	22,400
Billets à payer	5,000	10,000
Capital-actions ordinaire (valeur nominale de $10 l'action)	100,000	110,000
Prime sur actions ordinaires	5,500	6,500
Bénéfices non répartis	24,700	7,800
Total	$167,600	$166,800

Travail à faire :

Établissez le chiffrier et l'état de la provenance et de l'utilisation des fonds de Nordic, Ltée pour l'exercice terminé le 31 décembre 1976 compte tenu des informations suivantes :

a. Perte nette de l'exercice : $1,900.

b. Amortissement de l'exercice :
   Matériel de bureau : $500.
   Équipement de magasin : $1,700.

c. Vente à un prix de $300 d'une machine à additionner ayant un coût de $600 et un amortissement accumulé de $300.

d. Achat d'équipement de magasin : $2,200.

e. Mise au rancart d'une machine utilisée dans le magasin dont le coût de $700 avait été entièrement amorti.

f. Déclaration de dividendes en espèces au cours de l'exercice : $4,000.

g. Déclaration et distribution d'un dividende en actions de 10% au moment où les actions avaient une valeur marchande de $11.

Problème 27–3A

Charles Breton exploite une entreprise dont la raison sociale est La Boutique Excello, Enr. Voici les bilans comparatifs dressés au 31 décembre 1975 et au 31 décembre 1976 :

	31 décembre 1975	31 décembre 1976
Débits		
Encaisse	$ 6,400	$ 7,100
Comptes à recevoir	17,200	16,800
Stock de marchandises	33,700	36,400
Autres éléments de l'actif à court terme	800	500
Équipement de magasin	8,400	13,100
Total	$66,500	$73,900
Crédits		
Amortissement accumulé — Équipement de magasin ...	$ 3,200	$ 1,800
Comptes à payer	16,800	14,200
Charles Breton — Propriétaire	46,500	57,900
Total	$66,500	$73,900

Voici maintenant l'état des variations de l'avoir du propriétaire survenues au cours de l'exercice terminé le 31 décembre 1976 :

Avoir du propriétaire au 1er janvier 1976		$46,500
Plus: Capital additionnel investi au cours de 1976		5,000
Total		$51,500
Bénéfice net de l'exercice	$12,400	
Moins: Prélèvements	6,000	
Excédent du bénéfice net sur les prélèvements		6,400
Avoir du propriétaire au 31 décembre 1976		$57,900

Les informations suivantes sont tirées des comptes Équipement de magasin et Amortissement accumulé — Équipement :

1. Amortissement inscrit au 31 décembre 1976 : $1,200.
2. Achat d'équipement : $4,800.
3. Machine dont le coût était de $2,800 et l'amortissement accumulé de $2,400 changée pour une machine neuve ayant un prix comptant de $3,100. Valeur de reprise accordée par le concessionnaire : $600.
4. Mise au rancart d'une machine dont le coût de $200 avait été entièrement amorti.

Travail à faire :

Établissez le chiffrier et l'état de la provenance et de l'utilisation des fonds de La Boutique Excello, Enr. pour l'exercice terminé le 31 décembre 1976.

Problème 27–5A

Voici l'état des revenus et dépenses et l'état des recettes et déboursés de Finnex, Enr. pour l'exercice terminé le 31 décembre 1976 :

Finnex, Enr.
État des revenus et dépenses
pour l'exercice terminé le 31 décembre 1976

Ventes nettes		$113,500
Coût des marchandises vendues :		
Stock de marchandises au 1er janvier 1976	$ 21,200	
Achats nets	79,500	
Coût total des marchandises à vendre	$100,700	
Stock de marchandises au 31 décembre 1976	22,300	
Coût des marchandises vendues		78,400
Bénéfice brut		$ 35,100
Dépenses d'exploitation :		
Loyer	$ 6,000	
Salaires	15,900	
Mauvaises créances	600	
Amortissement — Équipement de magasin	1,400	
Autres dépenses d'exploitation	1,700	
Total des dépenses d'exploitation		$ 25,600
Bénéfice net		$ 9,500

Finnex, Enr.
État des recettes et déboursés
pour l'exercice terminé le 31 décembre 1976

Solde au 1er janvier 1976		$ 4,300
Recettes		
Ventes au comptant	$37,200	
Recouvrement de comptes	75,900	
Vente d'une machine*	200	
Emprunt de banque	5,000	118,300
Total		$122,600

Déboursés
Achats de marchandises $78,300
Loyer 6,500
Salaires 15,700
Autres déboursés d'exploitation 1,600
Achat d'une balance neuve 5,800
Prélèvements 8,400   116,300
Solde au 31 décembre 1976 .... $ 6,300

* La machine a été vendue à un prix égal à sa valeur comptable.

Travail à faire :
Dressez un état des mouvements de l'encaisse pour l'exercice terminé le 31 décembre 1976.

Cas 27–1
Le Paradis
du Sportif
Enr.

Roger David est propriétaire d'un magasin d'articles de sport, Le Paradis du Sportif, Enr. Au cours de 1976, il a modernisé son magasin et remplacé l'équipement usagé, dont le coût de $20,000 avait été entièrement amorti, par un équipement neuf coûtant $25,000. Vers la fin de 1976, M. David a dû emprunté $6,000 à la banque parce qu'il éprouvait des difficultés à régler les dépenses d'exploitation courantes. Comme M. David désire savoir ce qui s'est passé, il demande à son comptable de lui expliquer ce que l'on a fait des fonds de l'entreprise. Le comptable étudie alors les changements survenus dans les comptes en 1976 et dresse l'état de la provenance et de l'utilisation des fonds suivants :

Le Paradis du Sportif, Enr.
État de la provenance et de l'utilisation des fonds
pour l'exercice terminé le 31 décembre 1976

Provenance des fonds :
Bénéfice net $17,700
Amortissement — Équipement de magasin . 5,000
Capital additionnel investi par M. David .. 5,000 $27,700
Utilisation des fonds :
Achat d'équipement neuf :
  Prix coûtant $25,000
  Moins : Solde dû sur contrat 12,500 $12,500
Prélèvements 12,000 24,500
Augmentation nette des fonds .... $ 3,200

Lorsqu'il prit connaissance de cet état, M. David ne pouvait comprendre que les fonds avaient augmenté de $3,200 alors que l'encaisse avait diminué de $8,000 au cours de l'exercice. De plus, il ne pouvait comprendre que l'amortissement figurait parmi les sources de fonds alors que l'emprunt de banque de $6,000 n'y était pas. Donnez à M. David les explications qu'il sollicite et dressez, si nécessaire, un autre état qui lui permettra de mieux comprendre ce qui s'est passé.

Voici les balances de vérification après la fermeture dont le comptable s'est servi pour dresser l'état de la provenance et de l'utilisation des fonds:

Le Paradis du Sportif, Enr.
Balances de vérification après la fermeture

	31 décembre 1975		31 décembre 1976	
Encaisse	$10,500		$ 2,500	
Comptes à recevoir	14,300		17,600	
Provision pour mauvaises créances .		$ 300		$ 500
Stock de marchandises	17,400		29,600	
Dépenses payées d'avance	500		800	
Équipement de magasin	40,000		45,000	
Amortissement accumulé — Équipement de magasin		26,000		11,000
Billets à payer				6,000
Comptes à payer		11,500		10,000
Frais courus à payer		700		600
Hypothèque à payer (remboursable entre 1978 et 1983.				12,500
Roger David — Propriétaire		44,200		54,900
	$82,700	$82,700	$95,500	$95,500

Le Magasin Vancil, Enr.
États comparatifs des revenus et dépenses
pour les exercices terminés le 31 décembre 1975 et 1976

	1975		1976	
Ventes		$250,000		$300,000
Coût des marchandises vendues :				
Stock au 1er janvier	$ 30,000		$ 25,000	
Achats	150,000		190,000	
Coût des marchandises à vendre ..	$180,000		$215,000	
Stock au 31 décembre	25,000		35,000	
Coût des marchandises vendues ...		155,000		180,000
Bénéfice brut		$ 95,000		$120,000
Dépenses d'exploitation :				
Salaires	$ 69,000		$ 76,000	
Amortissement — Usine ...	9,500		12,000	
Assurances et fournitures ..	1,500		2,000	
Total des dépenses d'exploitation ..		80,000		90,000
Bénéfice net		$ 15,000		$ 30,000

Le Magasin Vancil, Enr.
État de la provenance et de l'utilisation des fonds
pour l'exercice terminé le 31 décembre 1976

CHANGEMENTS SURVENUS DANS LE FOND DE ROULEMENT	31 déc. 1975	31 déc. 1976	Fonds	
			Augmentations	Diminutions
Actif à court terme :				
Encaisse	$15,500	$ 3,000		$12,500
Comptes à recevoir	32,000	38,000	$ 6,000	
Stock de marchandises	25,000	35,000	10,000	
Dépenses payées d'avance ..	500	1,000	500	
Total de l'actif à court terme ...	$73,000	$77,000		
Passif à court terme :				
Billets à payer		$ 5,000		$ 5,000
Comptes à payer	$25,000	21,000	4,000	
Salaires à payer	2,000	1,000	1,000	
Total du passif à court terme ...	$27,000	$27,000		
Fonds re roulement	$46,000	$50,000		
			$21,500	$17,500
Augmentation du fonds de roulement				4,000
			$21,500	$21,500

PROVENANCE ET UTISILISATION DES FONDS

Provenance des fonds :
Fonds provenant de l'exploitation :

Bénéfice net	$30,000	
Amortissement — Immobilisations	12,000	
		$42,000

Utilisation des fonds :

Achats d'immobilisations	$20,000	
Remboursement de l'emprunt hypothécaire	6,000	
Prélèvements	12,000	
Total		38,000
Augmentation du fonds de roulement		$ 4,000

Au début de 1977, le comptable du Magasin Vancil, Enr. a dressé pour le propriétaire, M. Édouard Vancil, l'état de la provenance et de l'utilisation des fonds et l'état des revenus et dépenses précédents.

Lorsque M. Vancil prit connaissance de l'état des revenus et dépenses, il fut étonné de constater que le bénéfice net avait doublé. En effet, il ne pouvait s'expliquer que cela ait pu se produire au cours d'un exercice où l'encaisse avait diminué à un point tel qu'il lui avait fallu, en décembre, effectuer un emprunt de banque à court terme de $5,000 afin de régler les dépenses courantes. Son comptable tenta de lui expliquer cette situation en lui mentionnant le contenu de l'état de la provenance et de l'utilisation des fonds. Mais M. Vancil y voyait encore moins clair. Il ne pouvait comprendre que l'amortissement pût être une source de fonds alors qu'un emprunt de banque n'en était pas une. Il ne s'expliquait pas non plus la raison pour laquelle les fonds s'étaient accrus de $4,000 alors que l'encaisse avait diminué de $12,500.

Donnez à M. Vancil les explications qu'il sollicite, calculez les recettes que Le Magasin Vancil, Enr. a retirées de son exploitation en 1976 et dressez un état des mouvements de l'encaisse.

28

Les impôts sur le revenu

■ Comme les impôts sur le revenu étaient auparavant peu élevés, les administrateurs pouvaient alors prendre des décisions sans s'y arrêter outre mesure. Cependant, il ne serait plus sage d'agir de cette façon à une époque où le taux d'impôt atteint 50% du revenu imposable. Les administrateurs d'une entreprise prospère cherchent continuellement à réaliser toutes les économies d'impôt possibles car ils sont conscients que pour obtenir un bénéfice net de un dollar il est nécessaire de réaliser un revenu avant impôts de deux dollars. En d'autres mots, une diminution d'impôts de un dollar équivaut à une réduction de dépenses, quelles qu'elles soient, de deux dollars.

La planification fiscale ■ Par « planification fiscale », on entend l'ensemble des mesures prises par un contribuable en vue de réduire ses impôts. Une bonne planification fiscale exige de déterminer les impôts applicables à chaque décision et de tirer parti de toutes les économies d'impôts. Même s'il est vrai qu'un contribuable peut parfois bénéficier à retardement d'une économie d'impôts, il perd généralement cette économie s'il n'en bénéficie pas au moment où elle se présente.

Étant donné que la planification fiscale ne peut être efficace sans avoir une connaissance approfondie des lois fiscales et des affaires elles-mêmes, l'étudiant ne peut espérer devenir un expert en fiscalité après avoir lu ce chapitre. Notre intention est plutôt de signaler l'importance des problèmes de fiscalité dont la solution doit être laissée à un professionnel ou à un expert en fiscalité.

L'évasion fiscale

■ Lorsque l'on discute de fiscalité, il importe d'établir une distinction nette entre l'évasion fiscale et les procédés auxquels un contribuable peut avoir légalement recours pour réduire ses impôts. Si l'évasion fiscale est illégale et entraîne de fortes pénalités, la loi n'empêche nullement un contribuable d'adopter certaines mesures qui lui permettront de payer moins d'impôts.

Pour atteindre cet objectif, il importe de ne pas contracter des obligations qui ont pour effet d'accroître le revenu imposable. Il existe, par exemple, plusieurs façons reconnues par la loi d'effectuer une opération et d'établir une entreprise. De même, le contribuable peut souvent faire un choix entre diverses formules d'imposition mentionnées dans la Loi de l'impôt sur le revenu. Le procédé utilisé importe peu pourvu qu'il soit légal et qu'il ait pour résultat de réduire les impôts.

En revanche, l'évasion fiscale consiste à dissimuler frauduleusement l'existence d'une obligation fiscale. Ainsi, on évite illégalement de payer des impôts lorsque l'on n'inclut pas dans le revenu imposable des intérêts, des dividendes, des pourboires, des honoraires ou des gains provenant de la vente d'actions, d'obligations ou d'autres biens. On fraude également le fisc lorsque l'on inclut dans le calcul du revenu imposable des dépenses dont la loi n'autorise pas la déduction. Ainsi, un contribuable commettrait une fraude s'il considérait comme une dépense d'exploitation de son entreprise les frais d'une automobile utilisée à des fins personnelles ou s'il incluait dans le calcul de son revenu imposable des dons de charité fictifs. L'évasion fiscale est, bien entendu, interdite par la loi.

Les impôts sur le revenu provinciaux

■ Toutes les provinces lèvent des impôts dont le taux est exprimé en pourcentage de l'impôt fédéral de base (sauf pour le Québec). Le gouvernement fédéral perçoit lui-même ces taxes au nom de toutes les provinces, à l'exception du Québec qui a un système fiscal indépendant. Cependant, comme la Loi de l'impôt sur le revenu de cette province ne diffère pas tellement de la loi fédérale, nous ne discuterons principalement dans ce chapitre que de cette dernière.

Historique et objectif du régime fiscal fédéral

■ Le régime fiscal fédéral remonte à 1917 au moment où le Parlement a adopté la Loi de l'impôt de guerre sur le revenu. Cette loi qui fut amendée de nombreuses fois est demeurée en vigueur jusqu'en 1949 alors que la Loi de l'impôt sur le revenu de 1948 fut promulguée. Les lacunes de notre régime fiscal amenèrent le gouvernement à instituer, en 1962, la Commission royale d'enquête sur la fiscalité qui, dans un rapport publié en 1967, formulait de sérieuses critiques à l'égard de la loi alors en vigueur et proposait d'y apporter des changements fondamentaux.

Comme le besoin d'une refonte complète de la loi devenait évident, le

Gouvernement du Canada soumit, en 1969, un projet destiné à réformer le régime fiscal canadien. Après d'interminables débats, une loi fut proposée le 30 juin 1971 en vue de remplacer celle de 1948, mais ce n'est qu'en décembre 1971 que le Parlement adopta la nouvelle Loi de l'impôt sur le revenu.

L'objectif initial de l'impôt sur le revenu était de procurer des fonds au gouvernement fédéral mais celui-ci poursuit actuellement d'autres objectifs, notamment:

1. Répartir équitablement le fardeau fiscal.
2. Promouvoir une prospérité et une croissance économique ininterrompues.
3. Satisfaire aux besoins sociaux modernes.
4. Ne pas décourager les travailleurs et les investisseurs.
5. Encourager les investisseurs de manière à satisfaire les consommateurs et à répondre aussi aux besoins des autres pays.
6. Faciliter la réalisation de projets comportant des risques exceptionnels.
7. Faire saisir la portée des lois fiscales, obtenir l'acceptation volontaire des contribuables et éviter les abus.
8. Adopter un régime fiscal qui convient aussi bien à chacune des provinces qu'au pays tout entier.

Il n'y a pas que les objectifs qui ont changé au cours des années. Les taux ont également changé et le nombre de contribuables assujettis à l'impôt s'est accru considérablement. En 1917, le taux minimum d'impôt sur le revenu des particuliers était de 4% et le taux maximum de 29%. Aujourd'hui le taux d'impôt minimum (fédéral et provincial) est de 23.7% alors que le taux d'impôt maximum est de 63.7%. De même, le nombre de déclarations d'impôt qui n'était que de quelques milliers en 1917 a largement dépassé 8 millions en 1973.

Sommaire de la Loi de l'impôt sur le revenu
■ Nous donnerons maintenant un aperçu général de la Loi de l'impôt sur le revenu parce qu'une connaissance au moins rudimentaire de la loi est nécessaire pour évaluer correctement la portée des impôts sur les décisions administratives.

LES DIVERSES CATÉGORIES DE CONTRIBUABLES

La loi distingue trois catégories de contribuables: les particuliers, les sociétés par actions et les sociétés de fiducie.

Une entreprise individuelle et une société en nom collectif ne constituent pas des entités fiscales distinctes. Le propriétaire d'une entreprise individuelle doit inscrire le revenu tiré de son entreprise dans sa déclaration personnelle d'impôt. De même, chaque associé doit incorporer à sa déclaration d'impôt la partie du bénéfice net d'une société en nom collectif qui lui a été attribuée. En d'autres mots, le revenu tiré d'une entreprise individuelle ou d'une société en nom collectif est imposé à titre de revenu personnel du propriétaire ou des associés, que ce revenu ait été réinvesti dans l'entreprise ou non.

Cependant, la loi traite différemment les sociétés par actions. En effet, ces entreprises doivent elles-mêmes remplir une déclaration et payer des impôts sur leur revenu imposable. De plus, si une société par actions distribue à ses actionnaires une partie ou la totalité de son bénéfice net après impôts, ceux-ci doivent ajouter les dividendes reçus dans leur déclaration d'impôt. De cette façon, le revenu des sociétés par actions fait l'objet d'un double impôt: le premier payé par la société elle-même et le deuxième par les actionnaires.

L'IMPÔT SUR LE REVENU DES PARTICULIERS

Le montant des impôts que doit payer annuellement un particulier dépend de son revenu brut ainsi que des déductions, des exemptions et des dégrèvements d'impôts auxquels il a droit. Le tableau 28-1 illustre la façon de calculer l'impôt fédéral d'un particulier en 1973.

Revenu brut pour l'année d'imposition		$x,xxx
Moins : Déductions autorisées		x,xxx
Revenu net		$x,xxx
Moins : Exemptions personnelles	$xxx	
Dons de charité	xxx	
Frais médicaux	xxx	x,xxx
Revenu imposable		$x,xxx
Revenu imposable multiplié par le taux d'impôt approprié		$x,xxx
Moins : Dégrèvement pour dividendes		x,xxx
Impôt fédéral de base		$x,xxx
Moins : Réduction égale à 5% du revenu imposable (maximum $500)	$xxx	
Abattement de 24% de l'impôt fédéral de base pour les résidents du Québec	xxx	x,xxx
Impôt fédéral à payer		$x,xxx
Moins : Impôts retenus selon les feuillets T-4	$xxx	
Impôts payés par versements	xxx	x,xxx
Solde dû (ou remboursement)		$x,xxx

Tableau 28-1

Voici quelques explications portant sur certains postes du tableau 28-1.

Revenu brut. Le revenu brut comprend, *les revenus provenant de toutes sources à l'exception des revenus expressément exclus par la loi.* Le revenu brut comprend donc le revenu tiré d'une entreprise, c'est-à-dire le bénéfice net calculé conformément aux principes comptables généralement reconnus, sauf si la loi exige de renoncer à certains d'entre eux, comme c'est le cas pour le calcul de l'allocation du coût en capital dont nous traitons plus loin dans ce chapitre. Le revenu brut comprend aussi les gains provenant de la vente de propriétés, les dividendes, les intérêts, les loyers, les redevances et les revenus tirés d'un emploi comme les salaires, les honoraires, les commissions, les bonis et les pourboires. Il suffit effectivement de répondre aux deux questions suivantes pour déterminer si un revenu est imposable ou non: (1) S'agit-il vraiment d'un revenu? et (2) La loi exclut-elle expressément ce revenu? Si la réponse à la deuxième question est négative, le revenu réalisé est imposable.

Parmi les éléments que la loi exclut expressément, on compte les dons, les héritages, le produit d'une police d'assurance lors du décès de la personne assurée, les bourses d'études n'excédant pas $500, le gain réalisé sur la vente d'une propriété qui sert de résidence principale au contribuable, les gains fortuits (loterie et jeux de hasard, par exemple) et les gains provenant de la vente de certains biens à usage personnel.

Déductions du revenu total. Les déductions du revenu total se répartissent en quatre catégories principales:

1. Les déductions qui ont pour objet de reporter l'imposition des revenus. C'est le cas, par exemple, des cotisations au Régime de rentes du Québec, des cotisations à un régime enregistré de pensions et des primes versées à un régime enregistré d'épargne-retraite.
2. Une déduction de 3% du revenu tiré d'un emploi, jusqu'à concurrence de $150.
3. Les déductions permises en vue d'assurer au contribuable un revenu futur (les frais de scolarité, par exemple) ou encore l'aider à maintenir le revenu qu'il réalise présentement (les cotisations syndicales et professionnelles et les primes d'assurance-chômage, par exemple).
4. Les déductions accordées pour les frais de garde d'enfants. Cependant, ces déductions ne doivent pas excéder $500 par enfant ou $2,000 par famille ni non plus les deux tiers du revenu gagné du contribuable.

Déductions du revenu net. La loi permet de déduire du revenu net les éléments suivants:

1. Les exemptions personnelles.
2. Les frais médicaux du contribuable et des personnes à charge.
3. Les dons de charité.
4. Les pertes autres que les pertes en capital d'autres années.

Les exemptions personnelles de 1974 comprennent une exemption personnelle de base de $1,706, une exemption de personne mariée de $1,492, une exemption en raison d'âge (65 ans ou plus) de $1,066, une exemption pour invalidité de $1,066, une exemption de $320 par enfant âgé de moins de 16 ans et une exemption de $586 par enfant âgé de 16 ans ou plus. Il est à remarquer que ces exemptions personnelles sont indexées depuis 1974 pour tenir compte de l'augmentation constante des prix. Cette remarque ne s'applique pas toutefois aux exemptions personnelles consenties aux contribuables par le gouvernement du Québec.

Une déduction uniforme de $100 est accordée au contribuable pour les frais médicaux et les dons de charité. Si la déduction réclamée à ce titre est supérieure à $100, le contribuable doit annexer les reçus pertinents à sa déclaration d'impôt. Les dons de charité déduits ne doivent pas, toutefois, excéder 20% du revenu net.

Le dégrèvement pour dividendes. Parce que le revenu des sociétés par actions est imposé deux fois et pour d'autres raisons également, la loi accorde un dégrèvement spécial aux particuliers qui reçoivent des dividendes de « corporations canadiennes imposables ». Cependant, ceux-ci doivent d'abord ajouter à leurs autres revenus les dividendes reçus majorés de 33 1/3%. Le taux de dégrèvement accordé par les gouvernements fédéral et provincial est respectivement de 20% et de 11.25% des dividendes majorés. Si, par exemple, un contribuable a reçu un dividende de $600, il doit ajouter $800 à ses autres revenus, soit $600 + 33 1/3% de $600. Les dégrèvements accordés sont de $160 et de $90, c'est-à-dire 20% et 11.25% de $800 et sont déduits respectivement de l'impôt fédéral de base et de l'impôt provincial ainsi que l'illustre le tableau 28–4.

Comme le dégrèvement pour dividendes réduit les impôts des contribuables dont le taux d'impôt est faible ainsi que le démontrent les données du tableau 28–2 où l'on compare les dividendes après impôts avec le revenu disponible d'un contribuable qui tire ses revenus d'autres sources, il ne fait aucun doute que le contribuable a avantage à tirer son revenu de dividendes plutôt que d'un emploi, de loyers, d'intérêts, etc.

	Taux marginal d'impôt			
Revenus tirés de dividendes :	24.4%	26.2%	43.6%	63.7%
Dividendes reçus	$1,500.00	$1,500.00	$1,500.00	$1,500.00
Plus : majoration de 33⅓%	500.00	500.00	500.00	500.00
Revenu imposable	$2,000.00	$2,000.00	$2,000.00	$2,000.00
Impôt de base	$ 488.00	$ 524.00	$ 872.00	$1,274.00
Dégrèvement pour dividendes*	529.00	529.00	529.00	529.00
Impôts à payer	$ (41.00)	$ (5.00)	$ 343.00	$ 745.00
Dividendes reçus	$1,500.00	$1,500.00	$1,500.00	$1,500.00
Moins : Impôts à payer	(41.00)	(5.00)	343.00	745.00
Revenu disponible	$1,541.00	$1,505.00	$1,157.00	$ 755.00
Revenu ordinaire :				
Revenu ordinaire	$1,500.00	$1,500.00	$1,500.00	$1,500.00
Moins : Impôts à payer	366.00	393.00	654.00	955.50
Revenu disponible	$1,134.00	$1,107.00	$ 846.00	$ 544.50

*Le dégrèvement pour dividendes est effectivement égal à 20% de $2,000 moins 24% de $400, plus 11.25% de $2,000. On doit ici faire remarquer que le dégrèvement devrait s'élever à $500, soit le montant de la majoration. Il s'élève à $529 en raison des particularités de la Loi de l'impôt sur le revenu du Québec.

Tableau
28–2

Autres dégrèvements. Pour calculer l'impôt fédéral à payer, les contribuables québécois doivent déduire 24% de l'impôt fédéral de base. Cependant, ces derniers ont à remplir une déclaration d'impôt provincial et à verser directement cet impôt au ministère du Revenu du Québec.

Parmi les autres montants qu'un contribuable peut déduire de l'impôt fédéral à payer, on compte les primes d'assurance-chômage payées en trop. Quant aux cotisations versées en trop au Régime de rentes du Québec, le contribuable québécois doit les réclamer au gouvernement provincial.

Les impôts payés d'avance. Les particuliers doivent payer d'avance leurs impôts au cours de l'année d'imposition. Ils sont aussi tenus de remettre leurs déclarations d'impôt au plus tard le 30 avril qui suit la fin de l'année d'imposition. Ils doivent à ce moment-là acquitter le solde dû ou réclamer le remboursement auquel ils ont droit. Des pénalités sont imposées si les impôts payés au cours de l'année ont été trop faibles.

La façon de verser les impôts par anticipation diffère selon que le contribuable est un employé ou tire son revenu d'autres sources. Nous avons déjà traité au chapitre 13 de l'obligation qu'un employeur a de retenir des salaires de ses employés les impôts que ceux-ci doivent payer. Nous devons toutefois expliquer de quelle façon les contribuables à leur compte ou ceux qui tirent leur revenu d'autres sources que d'un emploi doivent régler leurs impôts.

Les contribuables qui ne tirent pas la majorité de leurs revenus d'un emploi doivent acquitter leurs impôts par versements trimestriels calculés de l'une ou l'autre des deux façons suivantes:

1. En fonction du revenu de l'année d'imposition précédente.
2. En fonction du revenu prévu pour l'année d'imposition en cours.

Après avoir fait son choix, le contribuable détermine le montant des impôts qu'il aura à verser et il en remet le quart au Receveur Général du Canada ou au ministère du Revenu du Québec, selon le cas, à la fin de chaque trimestre, c'est-à-dire le 31 mars, le 30 juin, le 30 septembre et le 31 décembre.

Les taux d'impôt. Par définition, les taux d'impôt sont progressifs en ce sens que plus le revenu imposable est élevé plus les taux eux-mêmes le sont. On peut vérifier ce fait en étudiant les données du tableau 28–3 où figurent les taux d'impôt applicables à chacune des classes de revenu imposable.

On admet généralement que les taux d'impôt sur le revenu, au Canada, sont très progressifs. Plusieurs favorisent cet état de choses car, disent-ils, ce sont les contribuables les plus fortunés qui doivent payer les impôts les plus élevés. En revanche, d'autres soutiennent que des taux élevés d'impôt ont pour effet de tuer toute initiative. Ainsi, un jeune administrateur célibataire dont le revenu imposable est de $25,000 par année peut refuser une promotion parce que l'augmentation de salaire de $5,000 qu'on lui offre ne lui donne pas un revenu accru après impôts suffisamment élevé pour l'inciter à accepter une tâche qui comporte des responsabilités additionnelles.

Impôts sur le revenu des contribuables québécois en 1973

Revenu ordinaire imposable	Impôt fédéral				Impôt provincial		Total des impôts à payer[2]	Taux moyen d'impôt[4]	Taux marginal d'impôts[5]
	Taux d'impôt[1]	Impôt de base[2]	Dégrèvements[3]	Impôt à payer	Taux d'impôt[1]	Impôt à payer[2]			
$ 500 – 1,000	18%	$ 75	$ 100	$ NIL	10%	$ 50	$ 50	10.0%	23.7%
1,000 – 2,000	19	165	140	25	10	100	125	12.5	24.4
2,000 – 3,000	20	355	185	170	11	200	370	18.5	26.2
3,000 – 5,000	21	555	283	272	12	310	582	19.4	28.0
5,000 – 7,000	23	975	484	491	14	550	1,041	20.1	31.5
7,000 – 9,000	25	1,435	694	741	16	830	1,571	22.4	35.0
9,000 – 11,000	27	1,935	914	1,021	18	1,150	2,171	24.1	38.5
11,000 – 14,000	31	2,475	1,094	1,381	20	1,510	2,891	26.3	43.6
14,000 – 24,000	35	3,405	1,317	2,088	22	2,110	4,198	30.0	48.6
24,000 – 39,000	39	6,905	2,157	4,748	24	4,310	9,058	37.7	53.6
39,000 – 60,000	43	12,755	3,561	9,194	26	7,910	17,104	43.9	58.7
60,000 et plus	47	21,785	5,728	16,057	28	13,370	29,427	49.0	63.7

Notes : [1] Les taux donnés dans ces colonnes s'appliquent aux revenus compris entre les limites de chacune des classes.
[2] L'impôt de base fédéral, l'impôt provincial à payer et le total des impôts à payer ont été calculés en fonction de la limite inférieure de chacune des classes.
[3] Les dégrèvements comprennent :
   i. Une réduction de $100 si l'impôt fédéral de base se situe entre $100 et $2,000, ou une réduction de 5% de l'impôt fédéral de base si ce dernier est supérieur à $2,000. En aucun cas, la réduction ne peut excéder $500; et
   ii. Un abattement de 24% de l'impôt fédéral de base accordé aux résidents du Québec.
[4] Le taux moyen a été établi en divisant le total des impôts à payer par la limite inférieure de chaque classe.
[5] Le taux marginal a été calculé en additionnant : (i) le taux marginal d'impôt fédéral (diminué de l'abattement de 24%) et (ii) le taux marginal d'impôt provincial.

Tableau 28-3

La question de savoir si les taux d'impôt sont trop progressifs n'a pas fini d'être débattue. Cependant, tous sont d'avis que c'est là une situation qui incite les contribuables fortunés à chercher des moyens de réduire leurs impôts.

LES GAINS ET LES PERTES EN CAPITAL

Une des caractéristiques les plus importantes du régime fiscal canadien pour le contribuable qui désire réduire ses impôts est la façon spéciale de traiter les gains provenant de la vente de biens ou de propriétés. D'une manière générale, les impôts sur les gains en capital sont égaux à 50% des impôts à payer sur tout autre revenu auquel on donne habituellement le nom de « revenu ordinaire ». C'est pour cette raison que les experts en fiscalité conseillent à leurs clients de planifier leurs affaires de façon à ce que leurs revenus comprennent davantage des gains en capital.

Les gains en capital proviennent de la vente de placements, de biens personnels et, parfois, de biens amortissables servant à l'exploitation d'une entreprise. Voici les règles générales relatives à l'imposition des gains en capital:

1. Le revenu du contribuable doit comprendre 50% des gains en capital qui, par la suite, sont imposés de la même façon que les autres revenus.
2. Le contribuable peut déduire des gains en capital imposables 50% des pertes en capital qu'il a subies au cours d'une année d'imposition. Il peut même déduire 50% des pertes nettes en capital, des autres revenus, jusqu'à concurrence d'une somme de $1,000. Si les pertes nettes en capital admissibles dépassent $1,000, l'excédent peut servir à réduire les gains en capital et les autres revenus de l'année d'imposition précédente et des années à venir jusqu'à ce que ce qu'il soit entièrement absorbé.
3. Les gains en capital deviennent imposables et les pertes en capital admissibles lorsque le contribuable vend un bien, fait don d'un bien ou décède.
4. Le gain en capital réalisé par un contribuable qui vend sa maison n'est pas imposable.
5. Les gains en capital réalisés sur la vente de biens à usage personnel ne sont pas imposables à moins qu'ils n'excèdent $1,000.

Un contribuable réalise un gain en capital lorsqu'il vend un bien à un prix supérieur au *prix de base rajusté* du bien vendu. Il subit une perte en capital dans le cas contraire. Le prix de base rajusté d'un bien amortissable est généralement son coût initial. La vente d'un bien amortissable à un prix supérieur à sa valeur comptable mais inférieure à son coût amène un gain qui représente une récupération d'amortissement. Ce gain doit être inclus dans le revenu de l'année[1] où le bien a été vendu si le

---

[1]La loi prévoit des mesures spéciales d'étalement du revenu dans ce cas.

contribuable ne possède aucun autre bien appartenant à la même catégorie (voir la section intitulée « L'allocation du coût en capital »). La
vente d'un bien amortissable n'amène un gain en capital que si le prix
de vente est supérieur au coût d'acquisition du bien vendu.

Pour illustrer la façon de déterminer le gain en capital pouvant résulter
de la vente d'un bien amortissable, supposons qu'un immeuble d'habitation dont le coût est de $60,000 et l'amortissement accumulé de $8,000
est vendu à un prix de $72,000. Comme le prix de base rajusté de cet
élément d'actif est son coût, soit $60,000, le gain en capital s'élève à
$12,000 ($72,000 − $60,000). La différence de $8,000 entre le coût
de la propriété, $60,000, et sa valeur comptable, $52,000, représente
une « récupération » de déductions déjà accordées et est imposable au
même titre que les autres revenus si le contribuable ne possède pas
d'autres biens de même nature.

Quand un bien est transmis par décès, on considère que le contribuable
décédé a vendu un bien amortissable à un prix correspondant à la moyenne de la juste valeur du bien et de sa valeur comptable. Cette moyenne
sert ensuite pour déterminer si un gain en capital a été réalisé. Pour
donner un exemple, prenons le cas de l'immeuble d'habitation dont il
vient d'être question et supposons que le propriétaire meurt. Si l'on
estime que la juste valeur de la propriété le jour du décès est de $72,000,
on considérera, pour les fins de l'impôt, que le prix de vente est de
$62,000, soit:

$$\frac{\$72,000 \ + \ \$52,000}{2} \ = \ \$62,000.$$

Le gain en capital est alors de $2,000 ($62,000 − $60,000) et la récu-
pération d'amortissement s'élève, comme dans le cas précédent, à $8,000.

On peut illustrer, comme suit, les économies d'impôt résultant de la
façon de traiter les gains en capital. Supposons qu'un contribuable a des
gains et des pertes en capital s'élevant respectivement à $1,400 et à
$400 et que son taux marginal d'impôt est de 35.1%. Ce contribuable
n'est tenu d'ajouter à ses autres revenus qu'un gain de $500 sur lequel
il ne paiera qu'un impôt de $175.50, soit 35.5% de $500. Son taux
effectif d'impôt sur le gain en capital n'est que de 17.55% ($175.50 ÷
$1,000) et est, par le fait même, la moitié de ce qu'il aurait été s'il avait
ajouté $1,000 à ses autres revenus.

CALCUL DE L'IMPÔT SUR LE REVENU DES PARTICULIERS

Le régime fiscal canadien repose, dans une large mesure, sur la coopération des contribuables qui doivent remplir annuellement des déclarations
d'impôt dans lesquelles ils font connaître les revenus qu'ils ont gagnés,
les déductions et les exemptions auxquelles ils ont droit et les impôts
qu'ils doivent verser pour l'année d'imposition en cours.

Le tableau 28–4 illustre la façon de calculer l'impôt sur le revenu des
particuliers et met en évidence les principales caractéristiques du régime

fiscal canadien. Les déclarations d'impôt illustrées sont celles d'un contribuable, M. Jacques Leblanc, un comptable dans la quarantaine, marié et père de deux filles âgées respectivement de 14 et 17 ans. Mme Leblanc est professeur de piano. Voici les revenus que M. et Mme Leblanc ont réalisés en 1973 ainsi que d'autres données nécessaires à l'établissement des déclarations d'impôt de M. Leblanc:

Revenus :

Bénéfice net — Cabinet de comptable agréé	$18,190.00
Dividendes de corporations canadiennes imposables	600.00
Intérêts sur obligations et sur le compte en banque de M. Leblanc	253.00
Honoraires reçus par Mme Leblanc	1,170.00
Avantage imposable tiré de l'usage d'une automobile utilisée principalement par M. Leblanc pour visiter ses clients	400.00
Gain sur la vente d'actions ayant coûté $2,800	950.00
Perte sur la vente d'actions ayant coûté $3,550	350.00

Autres données :

Dons de charité	$ 890.00
Primes versées à un régime enregistré d'épargne-retraite	3,600.00
Contribution au Régime d'assurance-maladie du Québec	100.00
Cotisations au Régime de rentes du Québec	187.20
Impôt fédéral payé par versements	2,000.00
Impôt provincial payé par versements	1,500.00

Calcul des exemptions personnelles :

Exemption personnelle de base			1,600
Exemption de personne mariée :			
Exemption de base	$1,400		
Moins : Revenu de Mme Leblanc	$1,170		
Portion non imposable à déduire	300	870	530
Exemptions pour enfants entièrement à charge :			
Fille de 14 ans		$ 300	
Fille de 17 ans		550	850
Total des exemptions personnelles			$2,980

L'IMPÔT SUR LE REVENU DES SOCIÉTÉS PAR ACTIONS

L'impôt sur le revenu des sociétés par actions se calcule à peu près de la même façon que l'impôt sur le revenu des particuliers sauf en ce qui a trait aux cinq points suivants:

a. Les dividendes reçus par une société publique d'une autre société par actions ne sont pas imposables.

b. Les dividendes reçus par une société privée d'une autre société par actions canadienne font l'objet de deux règles: l'une pour les dividendes reçus d'une filiale, l'autre pour les dividendes provenant de placements de portefeuille. Dans le premier cas, les dividendes ne sont pas imposables. En revanche, les dividendes reçus par une société privée d'autres sociétés qui ne sont pas des filiales sont assujettis à un impôt spécial de 33 1/3% entièrement remboursable à raison de $1 par $3 de dividendes déclarés par la société privée.

M. Jacques Leblanc
Calcul des impôts à payer
pour l'année terminée le 31 décembre 1973

Impôt fédéral à payer

Calcul du revenu total :

Bénéfice net — Cabinet de comptable agréé		$18,190.00
Dividendes majorés de 33⅓%		800.00
Intérêts		253.00
Avantage tiré de l'usage d'une automobile propriété		
du cabinet de comptable agréé		400.00
Gains en capital (50% des gains nets)		300.00
Revenu total		$19,943.00

Moins :

Cotisations au Régime de rentes du Québec	$ 187.20	
Primes versées à un régime enregistré d'épargne-retraite ..	3,600.00	3,787.20
Revenu net		$16,155.80

Moins :

Exemptions personnelles	$ 2,980.00	
Dons de charité	890.00	3,870.00
Revenu imposable		$12,285.80

Impôt sur le revenu imposable

Impôt sur $11,000	$ 2,475.00	
Impôt sur 1,285.80 à 31%	398.54	
	$ 2,873.54	
Moins : Dégrèvement pour dividendes (20% de $800)	160.00	
Impôt fédéral de base		$ 2,713.54

Moins :

Réduction de 5% de l'impôt fédéral de base	$ 135.68	
Abattement pour les résidents du Québec		
(24% de $2,713.54)	651.25	786.93
Impôt fédéral à payer		$ 1,926.61

Moins :

Versements anticipés		2,000.00
Remboursement réclamé		$ 73.39

Impôt provincial à payer

Revenu imposable		$12,735.80*

Impôt sur le revenu imposable

Impôt sur $11,000	$ 1,510.00	
Impôt sur $1,735.80 @ 20%	347.16	$ 1,857.16

Moins :

Dégrèvement pour dividendes (11.25% de $800)		90.00
Impôt à payer		$ 1,767.16

Plus :

Contribution requise au Régime d'assurance-maladie		
du Québec		89.25
		$ 1,856.41

Moins :

Contribution au R.A.M.Q.	$ 100.00	
Impôts payés par versements	1,500.00	1,600.00
Solde à payer		$ 256.41

*Le revenu imposable au provincial est plus élevé de $450 parce que les exemptions personnelles sont différentes.

Tableau
28–4

c.   Les sociétés par actions peuvent déduire les pertes en capital des gains en capital mais pas des autres revenus. Ils peuvent cependant, comme les particuliers, utiliser l'excédent pour réduire les gains en capital de l'année précédente ou des années à venir.

d.   Évidemment, une société par actions n'a pas droit à des exemptions personnelles ni à une déduction pour frais médicaux. Cependant, la règle est la même en ce qui a trait aux dons de charité.

e.   Une dernière différence importante consiste en ce que le taux d'impôt des sociétés par actions n'est pas progressif comme les taux d'impôt sur le revenu des particuliers. Le taux d'impôt des sociétés par actions était de 50% en 1972, de 49% en 1973 et il doit diminuer de 1% par année pour devenir 46% en 1976. Cependant, la loi accorde aux petites sociétés privées une dégrèvement destiné à faciliter leur expansion. Ces sociétés ne paient effectivement qu'un impôt de 25% sur le bénéfice net de $50,000 et moins. Lorsque le bénéfice net annuel excède $50,000, le taux d'impôt sur l'excédent est le même que celui des sociétés publiques. De plus, la loi prévoit que les petites entreprises cessent de jouir du taux réduit d'impôt lorsqu'elles ont accumulé un revenu imposable de $400,000 à compter du 1er janvier 1972.

Les sociétés par actions sont tenues d'acquitter leurs impôts au cours de l'année d'imposition en douze versements mensuels déterminés en fonction du revenu imposable de l'exercice précédent ou du revenu prévu pour l'exercice en cours. Le premier versement doit être effectué au plus tard le dernier jour du troisième mois de l'année d'imposition et, le dernier versement, le dernier jour du deuxième mois qui suit la fin de l'année d'imposition. Ainsi, une société par actions dont l'exercice commence le 1er septembre et se termine le 31 août doit effectuer le premier versement le 31 octobre suivant. De même, une société par actions dont l'exercice commence le 1er janvier doit effectuer le premier versement d'impôt le 31 mars et, le dernier versement, le 28 février de l'année suivante.

Les effets fiscaux de certaines décisions administratives   ■ Les impôts influent sur plusieurs décisions administratives ainsi que le démontre la discussion suivante.

LES DIFFÉRENTES FORMES D'ENTREPRISES

La différence entre les taux d'impôt des particuliers et ceux des sociétés par actions influe sur le choix qu'un administrateur doit faire entre les trois formes différentes d'entreprises: l'entreprise individuelle, la société en nom collectif et la société par actions. L'administrateur doit en particulier tenir compte des deux points suivants:

a.   Ainsi que nous l'avons déjà dit, une société par actions est une entité fiscale dont le revenu est imposé aux taux mentionnés ci-dessus. De plus, les actionnaires doivent payer des impôts sur les dividendes qui leur sont distribués. En revanche, le revenu d'une entreprise individuelle (ou d'une société en nom collectif) n'est imposé qu'une fois, que le propriétaire (ou les associés) ait (aient) retiré ou non les bénéfices sur lesquels il a (ou ils ont) personnellement payé des impôts.

b. De plus, une société par actions peut verser des salaires à ses actionnaires qui sont à son emploi et elle a le droit d'inclure ces salaires dans le calcul de son revenu imposable. Par contre, les salaires versés par une entreprise individuelle ou une société en nom collectif à son ou ses propriétaires ne représentent effectivement qu'une façon de lui ou leur attribuer le bénéfice net en tout ou en partie.

L'homme d'affaires doit se rappeler les deux points précédents et il doit en tenir compte pour déterminer la forme d'entreprises qui lui convient. Supposons, par exemple, que M. A. Richard doit choisir entre former une entreprise individuelle et établir une société par actions. Le revenu brut prévu de la nouvelle entreprise sera de $250,000 et les dépenses, à l'exception du salaire du propriétaire, s'élèveront à $218,000. Supposons de plus que M. Richard recevra de son entreprise un salaire de $12,000 et qu'il prélèvera tous les bénéfices provenant de l'exploitation. Le tableau 28–5 illustre les effets fiscaux de la décision que doit prendre ce contribuable.

Si M. Richard formait une entreprise individuelle, ses impôts s'élèveraient à $11,579.95, ce qui lui laisserait un revenu disponible de $20,420.05. En revanche, si l'entreprise était constituée en société par actions, celle-ci paierait un impôt de $5,400. De plus, à titre de particulier, le propriétaire paierait un impôt de $6,350.02 compte tenu des dégrèvements pour dividendes auxquels il a droit. Dans ce dernier cas, le revenu disponible de M. Richard serait de $20,249.98. Ces calculs indiquent que le propriétaire qui, au Québec, constitue une société par actions paie des impôts légèrement moins élevés que s'il formait une entreprise individuelle, même si l'objectif de la loi est d'intégrer les revenus que procure une société par actions avec ceux que le propriétaire tire d'autres sources de sorte que le total des impôts payés soit le même quelle que soit la forme d'entreprises. C'est pourquoi, avant de constituer son entreprise, M. Richard doit prendre avant tout en considération la simplicité de la forme d'entreprises, la responsabilité limitée dont jouit un actionnaire et la survie de l'entreprise en cas de décès.

Les résultats trouvés ci-dessus seraient différents si les bénéfices de la société par actions étaient réinvestis au lieu d'être distribués aux actionnaires. Dans ce cas, il se peut que la formation d'une société par actions procure des avantages fiscaux car les actionnaires n'ont à payer aucun impôt sur les bénéfices réinvestis alors que le propriétaire d'une entreprise individuelle doit payer des impôts sur les bénéfices réalisés, qu'ils soient réinvestis ou non. Si, par exemple, la société par actions dont il est question dans le tableau 28–4 réinvestit le bénéfice net de $14,600, le propriétaire n'est tenu de payer un impôt que sur le salaire de $12,000 qu'il a reçu. Les impôts qu'il aurait à payer personnellement

	Entreprise individuelle		Société par actions	
Résultats d'exploitation :				
Ventes prévues		$250,000.00		$250,000.00
Coût des marchandises vendues et autres dépenses d'exploitation à l'exclusion du salaire du propriétaire	$218,000.00		$218,000.00	
Salaire du propriétaire	–0–	218,000.00	12,000.00	230,000.00
Bénéfice net avant impôts		$ 32,000.00		$ 20,000.00
Impôt sur le revenu des sociétés (27%)*		–0–		5,400.00
Bénéfice net		$ 32,000.00		$ 14,600.00
Revenu total de M. Richard		$ 32,000.00		$ 31,466.66**
Moins : Déductions et exemptions personnelles		3,420.00		3,420.00
Revenu imposable de M. Richard		$ 28,580.00		$ 28,046.66
Impôt fédéral		$ 8,691.20		$ 8,483.20
Dégrèvements pour dividendes (20% de $19,466.66)		–0–		3,893.32
Impôt fédéral de base		$ 8,691.20		$ 4,589.88
Moins : Réduction d'impôt — 5% de l'impôt fédéral de base		434.56		229.49
		$ 8,256.64		$ 4,360.39
Moins : Abattement de 24% de l'impôt fédéral de base		2,085.89		1,101.57
Impôt fédéral à payer		$ 6,170.75		$ 3,258.82
Impôt provincial		$ 5,409.20		$ 5,281.20
Dégrèvement pour dividendes (11.25% de $19,466.66)		–0–		2,190.00
Impôt provincial à payer		$ 5,409.20		$ 3,091.20
Revenu disponible de M. Richard :				
Revenu total		$ 32,000.00		$ 32,000.00
Moins :				
Impôts payés par la société		–0–		5,400.00
Impôts payés par M. Richard :				
Impôt fédéral		6,170.75		3,258.82
Impôt provincial		5,409.20		3,091.20
		$ 11.579.95		$ 11,750.02
Revenu disponible		$ 20,420.05		$ 20,249.98

* Au Québec, le taux est de 27% et est calculé comme suit :

Taux d'impôt fédéral	25%	(23% en 1974)
Taux d'impôt provincial	12%	
Total	37%	(35% en 1974)
Moins : Abattement accordé par le gouvernement fédéral ..	10%	
Taux net	27%	(25% en 1974)

** Le revenu de $31,466.66 provient du salaire de $12,000 plus les dividendes de $14,600 majorés de 33⅓%.

Tableau
28–5

seraient alors plus faibles et procureraient indirectement à la société des fonds qu'elle pourrait utiliser sans intérêt.

Lorsqu'une société par actions réinvestit ses bénéfices, le prix de ses actions a tendance à s'accroître, ce qui permet à l'actionnaire de réaliser un gain en capital lorsqu'il les vend. Cependant avant de dire si le contribuable réalisera, en dernier ressort, une économie d'impôt appréciable, il faut tenir compte de son taux d'impôt marginal au moment où il vend ses actions.

LES DIVIDENDES ET LA CROISSANCE D'UNE ENTREPRISE

Nous avons expliqué précédemment que les impôts d'un contribuable sont moins élevés lorsqu'il tire son revenu de gains en capital plutôt que de gains ordinaires. De plus, lorsque le revenu imposable d'un contribuable atteint un certain niveau, le taux effectif d'impôt applicable aux dividendes est plus élevé que celui qui s'applique aux gains en capital et il devient alors plus avantageux de réaliser des gains en capital.

Revenu imposable	Taux marginal d'impôt	Taux effectif d'impôt applicable aux gains en capital*	Taux effectif d'impôt applicable aux dividendes†
$			
500 − 1,000	23.7	11.8%	− 3.6%‡
1,000 − 2,000	24.4	12.2	− 2.7
2,000 − 3,000	26.2	13.1	− 0.3
3,000 − 5,000	28.0	14.0	2.1
5,000 − 7,000	31.5	15.7	6.7
7,000 − 9,000	35.0	17.5	11.4
9,000 − 11,000	38.5	19.2	16.1
11,000 − 14,000	43.6	21.8	22.9
14,000 − 24,000	48.6	24.3	29.5
24,000 − 39,000	53.6	26.8	36.1
39,000 − 60,000	58.7	29.3	43.0
60,000 et plus	63.7	31.8	49.7

*On pose l'hypothèse que le contribuable tire tous ses revenus de gains en capital.

†On pose l'hypothèse que le contribuable tire tous ses revenus de dividendes.

‡Le taux d'impôt négatif provient de ce que le dégrèvement pour dividendes excède les impôts à payer. Cet excédent ne peut être remboursé mais peut être déduit de l'impôt à payer sur les revenus provenant d'autres sources.

Tableau 28–6

Remarquez, dans le tableau 28–6, que le taux effectif d'impôt applicable aux dividendes est supérieur au taux effectif d'impôt applicable aux gains en capital lorsque le revenu imposable excède $11,000. De plus, le premier taux augmente plus rapidement que le second. C'est pour ces raisons que le propriétaire d'une entreprise constituée en société par actions préfère parfois ne pas recevoir de dividendes et encaisser, au moment de la vente de ses actions, les bénéfices que son entreprise lui a procurés. Ces bénéfices seraient alors imposés à titre de gain en capital et seraient, par le fait même, assujettis à un impôt moindre.

LES MODES DE FINANCEMENT

Quand une société par actions a besoin de fonds, il est souvent plus avantageux de contracter un emprunt plutôt que d'émettre des actions. En effet, la société peut déduire les intérêts lors du calcul de son revenu imposable mais elle ne peut faire la même chose avec les dividendes qu'elle verse à ses actionnaires. Ainsi, supposons qu'une société dont le taux d'impôt est de 50% a besoin de $100,000 pour réaliser un projet d'expansion qui doit lui rapporter un taux de rendement de 15% compte non tenu des intérêts et des impôts. Si la direction décide de se procurer les fonds dont elle a besoin en émettant des actions privilégiées à dividende cumulatif de 7%, elle réalisera un gain de $15,000 avant impôts et un bénéfice net après impôts de $7,500, ce qui est seulement $500 de plus que les dividendes versés aux actionnaires privilégiés. En revanche, si les fonds requis proviennent d'une émission d'obligations portant intérêt à 7%, les intérêts qui s'élèvent à $7,000 réduisent le revenu imposable qui passe de $15,000 à $8,000. Les impôts sur le revenu sont alors de $4,000 et l'avoir des actionnaires s'accroît aussi de $4,000, soit la différence entre le revenu imposable et les impôts à payer.

Si une émission d'obligations a pour effet de procurer des avantages fiscaux, il faut étudier d'autres facteurs avant de décider de ne pas émettre d'actions. Ainsi, une société par actions peut éprouver des difficultés à contracter un emprunt si l'avoir des actionnaires représente un faible pourcentage du total des capitaux investis. De plus, un emprunt expose une entreprise à des risques qu'elle peut éviter en émettant des actions.

Si la direction d'une entreprise qui songe à émettre des obligations ou des actions doit considérer les effets fiscaux de cette décision, il en est de même lorsqu'elle doit faire un choix entre louer des biens et les acheter. En effet, la location de biens peut réduire davantage le revenu imposable parce que les dépenses qui résultent de cette solution sont généralement plus élevées que l'amortissement et les intérêts découlant de l'achat d'un bien.

CHOIX DU MOMENT OÙ UNE OPÉRATION DOIT AVOIR LIEU

Une bonne planification fiscale exige de bien choisir le moment où une opération doit être effectuée. Si, par exemple, la vente de titres est susceptible d'entraîner des gains ou des pertes en capital, il y aurait lieu d'écouler ces titres de façon à ce que le total des pertes n'excède pas le total des gains parce qu'une société par actions ne peut déduire cet excédent des autres sortes de revenus. Ce problème est moins important pour les particuliers car ceux-ci peuvent déduire de leurs revenus ordinaires la moitié des pertes en capital nettes.

Une société par actions doit aussi choisir judicieusement le moment où elle achète des immobilisations et celui où elle les vend parce que la loi lui permet d'inclure dans le calcul de son revenu imposable l'amortissement, pour une année tout entière, du coût des biens qu'elle possède à la fin d'un exercice. Ainsi, une entreprise qui a l'intention d'acheter une machine au début de 1976 devrait plutôt en faire l'acquisition à la fin de 1975 afin de pouvoir inclure dans le calcul du revenu imposable de cette dernière année l'amortissement du coût de la machine comme si elle l'avait achetée dès le début de 1975. De la même façon, si une entreprise a l'intention de vendre un bien amortissable à la fin d'un exercice, il serait préférable qu'elle reporte cette vente au début de l'exercice suivant.

Le revenu comptable et le revenu imposable

■ Très souvent, le revenu imposable d'une entreprise diffère du revenu comptable.[2] Cette différence provient de ce que l'on détermine le revenu comptable en tenant compte des pratiques comptables généralement reconnus alors que le revenu imposable doit être déterminé en conformité avec les exigences de la Loi de l'impôt sur le revenu. Voici des exemples qui illustrent que les principes comptables diffèrent parfois des règles de détermination du revenu imposable:

a. Les principes comptables exigent d'inclure dans le calcul du bénéfice net 100% des gains en capital alors que la loi permet de n'inclure dans le calcul du revenu imposable que 50% de ces gains.

b. Pour déterminer correctement le revenu comptable, il est nécessaire d'estimer les provisions pour garanties et de les inclure parmi les dépenses de l'exercice où les produits ont été vendus. En revanche, ces dépenses ne peuvent être incluses dans le calcul du revenu imposable qu'au cours de l'exercice où le vendeur a rendu le service auquel donnent droit les garanties accordées.

c. Le revenu comptable diffère aussi du revenu imposable parce que les principes comptables exigent d'utiliser des méthodes d'évaluation que le fisc rejette. Ainsi, beaucoup d'entreprises évaluent leurs stocks selon la méthode dite « de l'épuisement à rebours », même si la Loi de l'impôt sur le revenu rejette cette méthode. De même, l'amortissement comptable diffère de l'allocation du coût en capital parce que, dans le premier cas, on utilise le plus souvent la méthode de l'amortissement linéaire et, dans le deuxième cas, la méthode de l'amortissement dégressif à taux constant.

L'allocation du coût en capital

■ La loi adoptée en 1948 a éliminé les règles complexes qui avaient pour objet de limiter l'amortissement qu'un contribuable pouvait inclure dans le calcul de son revenu imposable. Cette loi précisait en particulier les sommes qu'une entreprise pouvait déduire à titre d'allocation du coût en capital.

La nature de l'allocation du coût en capital que l'on calcule sur le solde dégressif ne diffère pas de l'amortissement comptable dont il a été question au chapitre 11. Cependant, le contribuable peut inscrire sur sa déclaration d'impôt toute l'allocation du coût en capital à laquelle il a droit, quel que soit l'amortissement qu'il a comptabilisé.

---

[2]L'expression « revenu comptable » signifie le bénéfice net de l'exercice figurant dans les états financiers destinés aux actionnaires, avant la provision pour impôts et compte non tenu des éléments qui ne doivent pas entrer dans le calcul du revenu imposable.

Ainsi que nous l'avons dit, l'allocation du coût en capital se calcule sur le solde dégressif compte tenu des règles suivantes:

1. Les biens amortissables sont répartis en différentes catégories auxquelles se rattache un taux d'amortissement prescrit. Voici les catégories les plus importantes:

   Catégorie 3 (5%) Bâtiments de briques, de pierres ou de béton.

   Catégorie 6 (10%) Bâtiments en pans de bois, bois rond, stuc sur bois et tôle galvanisée ou ondulée.

   Catégorie 7 (15%) Bateaux, canots, chalands et bateaux à rames.

   Catégorie 10 (30%) Automobiles, camions et tracteurs.

   Catégorie 8 (20%) Machines, équipement et meubles.

2. Tous les biens appartenant à une catégorie constituent un groupe et le coût des nouvelles immobilisations s'ajoute au solde du « coût en capital non déprécié » de la catégorie à laquelle elles appartiennent. En revanche, lors de l'aliénation d'un bien, il faut enlever le produit de cette aliénation du solde de la catégorie. De même, l'on réduit ce solde des allocations du coût en capital incluses dans le calcul du revenu imposable. L'allocation du coût en capital pour une année d'imposition donnée se calcule en multipliant le solde du coût en capital non déprécié à la fin de l'année par le taux stipulé. Ainsi, le contribuable ne peut déduire aucune allocation sur les biens vendus au cours de l'exercice mais il peut inclure dans le calcul de son revenu imposable 100% de l'allocation du coût en capital applicable aux biens acquis au cours de l'année d'imposition.

3. Les gains et les pertes découlant de l'aliénation de biens font partie du solde du coût en capital non déprécié sauf si le prix de vente d'un bien est supérieur à son coût d'acquisition. Dans ce cas, l'excédent du prix de vente sur le coût d'acquisition est un gain en capital. Lorsque le produit de la vente d'un bien (à l'exclusion du gain en capital, s'il y a lieu) excède le coût en capital non déprécié du bien vendu, l'excédent donne lieu à une « récupération d'allocation du coût en capital » qui a pour effet de réduire le solde du coût en capital non déprécié des biens d'une catégorie. Cet excédent ne serait inclus dans le calcul du revenu imposable que si l'on avait vendu ou cédé tous les biens faisant partie de la catégorie. De même, la perte résultant de l'aliénation de tous les biens d'une catégorie ne peut être déduite du revenu qu'au cours de l'année où ces biens ont été vendus.

Un grand nombre d'entreprises qui inscrivent sur leur déclaration d'impôt le total de l'allocation du coût en capital permise comptabilisent souvent un amortissement calculé selon la méthode de l'amortissement linéaire. Nous discutons dans la section suivante des problèmes auxquels cette pratique donne lieu.

Les impôts et le bénéfice net   ▪ La comptabilisation des impôts suscite un problème particulier lorsque le revenu comptable diffère du revenu imposable. Si l'entreprise opte alors pour ne comptabiliser que les impôts à payer, le bénéfice net pourra varier d'un exercice à l'autre en raison d'impôts dont le paiement est reporté à une date ultérieure. Étant donné que le fait de ne comptabiliser que les impôts à payer peut induire en erreur le lecteur des états financiers, les associations comptables professionnelles ont recommandé de comptabiliser une provision pour impôts qui diffère des impôts à payer lorsque le revenu comptable n'est pas égal au revenu imposable.

Posons l'hypothèse, pour illustrer ce problème, que Delta, Ltée a l'intention d'acheter un hélicoptère à un prix de $1,000,000 afin de transporter des passagers, de l'aéroport au centre ville. La direction estime qu'elle réalisera annuellement des revenus bruts de un million et demi de dollars au cours des cinq prochaines années et un bénéfice de $600,000 avant amortissement et impôts. Supposons de plus que le taux d'impôt est de 50% et que la société en question comptabilisera un amortissement calculé selon la méthode de l'amortissement linéaire alors qu'elle inclura dans le calcul de son revenu imposable le maximum de l'allocation du coût en capital à laquelle elle a droit annuellement à l'exception de la cinquième année où l'allocation s'élèvera au montant qui manque pour que le solde du coût en capital non déprécié à la fin de la cinquième année devienne égal à la valeur de récupération de l'hélicoptère. Le taux d'amortissement de cet élément d'actif qui appartient à la catégorie 16 est de 40% et on s'attend à ce que la valeur de récupération au bout de cinq ans soit de $100,000. Voici, compte tenu des données qui précèdent, l'amortissement et l'allocation du coût en capital pour chacune des années d'utilisation de l'hélicoptère:

Année	Amortissement comptable	Allocation du coût en capital
1	$180,000	$400,000
2	180,000	240,000
3	180,000	144,000
4	180,000	86,400
5	180,000	29,600
	$900,000	$900,000

Le tableau 28–7 donne les impôts que cette entreprise aura à payer sur le revenu imposable de chacune des années où elle utilisera l'hélicoptère.

Calcul des impôts à payer	Année 1	Année 2	Année 3	Année 4	Année 5	Total
Bénéfice avant amortissement et impôts	$600,000	$600,000	$600,000	$600,000	$600,000	$3,000,000
Allocation du coût en capital	400,000	240,000	144,000	86,400	29,600	900,000
Revenu imposable	$200,000	$360,000	$456,000	$513,600	$570,400	$2,100,000
Impôts à payer (50% du revenu imposable)	$100,000	$180,000	$228,000	$256,800	$285,200	$1,050,000

Tableau
28–7

Si Delta, Ltée se contentait de comptabiliser les impôts à payer, elle aurait un bénéfice net qui varierait entre $320,000 et $134,800 ainsi que le démontre le tableau 28–8.

Calcul du bénéfice net compte tenu des impôts à payer	Année 1	Année 2	Année 3	Année 4	Année 5	Total
Bénéfice avant amortissement et impôts	$600,000	$600,000	$600,000	$600,000	$600,000	$3,000,000
Amortissement linéaire	180,000	180,000	180,000	180,000	180,000	900,000
Bénéfice avant impôts	$420,000	$420,000	$420,000	$420,000	$420,000	$2,100,000
Impôts sur le revenu (montant réel à payer)	100,000	180,000	228,000	256,800	285,200	1,050,000
Bénéfice net	$320,000	$240,000	$192,000	$163,200	$134,800	$1,050,000

Tableau
28–8

Remarquez que le total de l'amortissement figurant dans les tableaux 28–7 et 28–8 est de $900,000. De plus, le total des impôts à payer est le même dans les deux cas, soit $1,050,000. Remarquez maintenant jusqu'à quel point le bénéfice net annuel est faussé lorsque l'on ne comptabilise que les impôts à payer.

Si le bénéfice net figurant dans l'état des revenus et dépenses de Delta, Ltée fluctue entre $320,000 et $134,800, certains actionnaires pourraient penser que les revenus de cette entreprise ont tendance à diminuer. Pour éviter que les états financiers ne soient faussés, le Comité des recherches en comptabilité de l'I.C.C.A. a formulé la recommandation suivante:

« Lorsqu'il existe des écarts temporaires entre le revenu imposable et le revenu comptable, toutes les entreprises doivent comptabiliser l'impôt sur le revenu suivant la méthode du report d'impôt, à l'exception des entreprises aux tarifs réglementés. »[3]

Le tableau 28–9 illustre la façon de présenter l'état des revenus et dépenses de Delta, Ltée lorsque l'on met en application cette recommandation.

Calcul du bénéfice net réel	Année 1	Année 2	Année 3	Année 4	Année 5	Total
Bénéfice avant amortissement et impôts	$600,000	$600,000	$600,000	$600,000	$600,000	$3,000,000
Amortissement linéaire	180,000	180,000	180,000	180,000	180,000	900,000
Bénéfice avant impôts	$420,000	$420,000	$420,000	$420,000	$420,000	$2,100,000
Provision pour impôts	210,000	210,000	210,000	210,000	210,000	1,050,000
Bénéfice net	210,000	$210,000	$210,000	$210,000	$210,000	$1,050,000

Tableau
28–9

[3]*Manuel de l'I.C.C.A.* L'Institut canadien des comptables agréés, Toronto, sept. 1973, par. 3470.13.

On remarquera que la provision pour impôts figurant dans les états des revenus et dépenses du tableau 28–9 est la même annuellement alors que les impôts à payer varient comme nous l'avons vu de $100,000 à $285,200. Le total des impôts comptabilisés est toutefois encore égal au total des impôts à payer, soit $1,050,000, mais le bénéfice net est, comme il se doit, le même pour chacun des exercices.

Comptabilisation des impôts reportés

■ La comptabilisation des impôts selon la méthode dite « du report d'impôt » et le règlement des impôts à payer demandent de passer au journal général les écritures suivantes:

Année	1	Provision pour impôts	210,000.00	
		Impôts sur le revenu à payer		100,000.00
		Impôts sur le revenu reportés		110,000.00
		Impôts sur le revenu à payer	100,000.00	
		Caisse		100,000.00
Année	2	Provision pour impôts	210,000.00	
		Impôts sur le revenu à payer		180,000.00
		Impôts sur le revenu reportés		30,000.00
		Impôts sur le revenu à payer	180,000.00	
		Caisse		180,000.00
Année	3	Provision pour impôts	210,000.00	
		Impôts sur le revenu reportés	18,000.00	
		Impôts sur le revenu à payer		228,000.00
		Impôts sur le revenu à payer	228,000.00	
		Caisse		228,000.00
Année	4	Provision pour impôts	210,000.00	
		Impôts sur le revenu reportés	46,800.00	
		Impôts sur le revenu à payer		256,800.00
		Impôts sur le revenu à payer	256,800.00	
		Caisse		256,800.00
Année	5	Provision pour impôts	210,000.00	
		Impôts sur le revenu reportés	75,200.00	
		Impôts sur le revenu reportés		285,200.00
		Impôts sur le revenu reportés	285,200.00	
		Caisse		285,200.00

Le montant de $210,000 porté chaque année au débit du compte Provision pour impôts fait partie de l'état des revenus et dépenses de chaque exercice. De même, la somme portée au crédit du compte Impôts sur le revenu à payer représente les impôts réels à payer pour chacun des exercices.

Remarquez que les impôts à payer des deux premières années sont inférieurs à la provision pour impôts. L'excédent est alors porté au crédit du compte Impôts sur le revenu reportés. En revanche, comme la provision pour impôts des trois derniers exercices est supérieure aux impôts à payer, il faut porter l'excédent au débit du compte Impôts sur le revenu reportés. Ce dernier compte a un solde nul à la fin du cinquième exercice ainsi que nous le démontrons ci-dessous:

Année	Explications	Débit	Crédit	Solde
1			110,000	110,000
2			30,000	140,000
3		18,000		122,000
4		46,800		75,200
5		75,200		–0–

Nous estimons, à l'instar de nombreux comptables, qu'il serait préférable pour le gouvernement, pour les entreprises et le public en général, que le revenu imposable soit déterminé de la même façon que le revenu comptable. Cependant, c'est là une solution que l'on a rejetée car la Loi de l'impôt sur le revenu, ainsi que nous l'avons déjà dit, n'a pas pour seul objectif de procurer des revenus au gouvernement.

Questions

1. Jacob prévoit réaliser des revenus qui seront imposés au taux de 50%. Dans ces circonstances est-il préférable pour lui qu'il effectue : (*a*) une opération qui réduira de $100 ses impôts à payer ou (*b*) une opération qui réduira de $150 ses dépenses d'exploitation ?
2. Pourquoi un contribuable doit-il tirer parti d'une réduction d'impôts au moment où elle se présente ?
3. Qu'entend-on par « évasion fiscale » ? Un contribuable peut-il recourir à certains procédés pour réduire ses impôts ? Lesquels ?
4. Quels sont les objectifs de la Loi de l'impôt sur le revenu à part celui de procurer des revenus à l'État ?
5. Pourquoi le taux d'impôt sur le revenu imposable des petites entreprises ne dépassant pas $50,000 est-il inférieur à celui des grandes sociétés ?
6. Quels facteurs faut-il considérer pour déterminer si un revenu doit être inclus dans le revenu imposable ou en être exclus ?
7. Dressez une liste d'avantages que le contribuable n'est pas tenu d'inclure dans son revenu imposable.
8. Pourquoi la loi accorde-t-elle un dégrèvement pour dividendes aux actionnaires ?
9. Qu'entend-on par « gain en capital » ?
10. Quels sont les impôts que doit payer un contribuable dont le revenu ne comprend que des gains en capital ?
11. Quel sens la loi donne-t-elle à l'expression « revenus ordinaires » ?
12. Pourquoi est-il préférable que le revenu imposable d'un contribuable provienne de gains en capital ?
13. Pourquoi est-il préférable qu'une petite société par actions ne distribue pas de dividendes à ses actionnaires ?
14. Pourquoi le revenu comptable d'une entreprise diffère-t-il généralement de son revenu imposable ?

Exercice 28–1

Distinguez parmi les éléments suivants ceux qu'il faut inclure dans le revenu imposable d'un contribuable (écrivez, selon le cas, « à inclure » ou « à exclure » :

a. Un téléviseur ayant une valeur de $100 reçu lors d'un tirage au sort.

b. Des pourboires reçus par le préposé à un parc de stationnement.

c. De l'argent reçu en héritage.

d. Une bourse d'études reçue d'une université.

e. Les prestations d'assurance-chômage.

f. Les prestations reçues de la Commission des accidents du travail.

g. Un gain provenant de la vente d'une automobile personnelle.

h. Les dividendes reçus par un particulier d'une société par actions canadienne.

i. Les dividendes reçus par une société par actions d'une autre société par actions canadienne.

j. Les intérêts provenant d'un compte d'épargne.

Exercice 28–2

Au cours de 1973, Édouard Hallé, qui est marié et père de deux enfants âgés de plus de 16 ans, a reçu un salaire de $9,200 de son employeur. Les retenues prélevées de son salaire sont les suivantes : Impôt fédéral sur le revenu, $790; impôt provincial sur le revenu, $600; cotisations au Régime d'assurance-chômage, $123.76; cotisations au Régime de rentes du Québec, $106.20; et cotisations au Régime d'assurance-maladie du Québec, $71.68. Il a ausi reçu des dividendes s'élevant à $150 d'une société canadienne dont il détient un certain nombre d'actions. Au cours de l'année, M. Hallé a fait un certain nombre de dons de charité mais il n'a obtenu aucun reçu. Calculez le revenu imposable de Édouard Hallé ainsi que l'impôt fédéral et l'impôt provincial qu'il aura à payer ou les remboursements d'impôt auxquels il a droit.

Exercice 28–3

Un contribuable, qui n'a pas réalisé d'autres gains en capital, a vendu, à un prix de $7,500, des actions qu'il avait payées $5,700. Calculez les impôts que ce contribuable devra payer sur le gain provenant de cette opération compte tenu de chacune des hypothèses suivantes :

a. Les autres revenus imposables de ce contribuable s'élèvent à $9,200.

b. Les autres revenus imposables de ce contribuable s'élèvent à $16,100.

c. Les autres revenus imposables de ce contribuable s'élèvent à $53,300.

Répondez à la même question en posant l'hypothèse cette fois-ci que le revenu de $1,800 ($7,500-$5,700) provient de dividendes.

Problèmes **Problème 28–1**

Roland Mercier exploite depuis plusieurs années une entreprise individuelle. Voici les résultats qu'il a obtenus, en moyenne, au cours des dernières années :

Roland Mercier
État des revenus et dépenses
pour une année

Ventes		$280,000
Coût des marchandises vendues	$165,000	
Dépenses d'exploitation	85,000	250,000
Bénéfice net		$ 30,000

M. Mercier est célibataire et n'a aucune personne à charge. Il doit prélever chaque année, à des fins personnelles, une somme de $12,000. Les exemptions personnelles et les déductions auxquelles il a droit s'élèvent à $2,250. Ses seuls revenus proviennent de son commerce.

Travail à faire :

1. Posez l'hypothèse que M. Mercier a décidé de former une société par actions au début de 1974 et dressez deux états des revenus et dépenses qui feront ressortir le bénéfice net qu'il retire, d'une part, de son entreprise individuelle et celui qu'il retirerait, d'autre part, de la nouvelle société. Supposez que, dans ce dernier cas, la société lui verserait un salaire de $12,000.

2. Calculez les impôts sur le revenu que M. Mercier et la nouvelle société par actions auront à payer compte tenu des hypothèses suivantes : (*a*) M. Mercier n'apporte aucun changement à la façon dont son entreprise est constituée; (*b*) M. Mercier forme une société par actions qui lui versera un salaire de $12,000 et des dividendes s'élevant au même montant; (*c*) M. Mercier forme une société par actions qui lui versera un salaire de $12,000 mais ne distribuera aucun dividende.

Problème 28-2

Maurice Pagé est un avocat. Les informations suivantes sont tirées de sa dernière déclaration d'impôt :

Revenus professionnels	$22,000.00
Dividendes reçus	900.00
Intérêts créditeurs	420.00
Gains en capital	200.00
Pertes en capital	800.00
Contributions à un régime enregistré d'épargne-retraite	4,000.00
Cotisations au Régime de rentes du Québec	212.40
Exemptions personnelles	3,950.00

Travail à faire :

Calculez les versements trimestriels d'impôt fédéral que doit effectuer M. Pagé au cours de la présente année d'imposition. Posez l'hypothèse que les revenus et les dépenses de M. Pagé seront les mêmes qu'au cours de l'année précédente.

Problème 28–3

Première partie. En janvier 1970, David Godbout a acheté, à un prix de $150,000, un immeuble d'habitation fait de bois recouvert de stuc. M. Godbout a gardé cet immeuble pendant quatre ans au cours desquels il a inclus dans le calcul de son revenu imposable toute l'allocation du coût en capital à laquelle il avait droit.

Travail à faire :

Déterminez le gain ou la perte résultant de la vente de cet immeuble ainsi que l'effet fiscal de cette vente selon que le prix de vente a été de : (*a*) $165,000, (*b*) $115,000 et (*c*) $95,000.

Deuxième partie. En 1974, M. Godbout a fondé une entreprise de transport et a acheté les camions suivants : camion n° 1, $8,000; camion n° 2, $12,200; et camion n° 3, $9,800. En 1975, il a acheté le camion n° 4 et le camion n° 5 qu'il a payés respectivement $11,000 et $11,500. Au cours de la même année, il a vendu le camion n° 1 à un prix de $5,500. M. Godbout n'a acheté ni vendu aucun camion en 1976.

Travail à faire :

Calculez le maximum de l'allocation du coût en capital que M. Godbout pourra inclure dans le calcul de son revenu imposable de 1976.

Problème 28–4

Au début de janvier 1973, Gamma, Ltée a installé une nouvelle machine coûtant $300,000, ayant une durée prévue d'utilisation de quatre ans et une valeur de récupération estimative de $20,000. Grâce à cette machine, Gamma, Ltée a pu mettre sur le marché un nouveau produit qui lui a rapporté un bénéfice de $200,000 avant amortissement et avant impôts. Gamma, Ltée calcule l'amortissement comptable selon la méthode de l'amortissement linéaire et elle inclut dans le calcul de son revenu imposable toute l'allocation du coût en capital à laquelle elle a droit jusqu'à concurrence de la valeur de récupération de la machine. La direction a décidé d'inclure dans l'état des revenus et dépenses une provision pour impôts calculée en fonction du revenu comptable plutôt que du revenu imposable.

Travail à faire :

1. Présentez, dans un tableau, le bénéfice net de chacune des années d'utilisation de cette machine après avoir déduit l'allocation du coût en capital et les impôts réels à payer. Posez l'hypothèse que le taux d'impôt est de 50% et que le taux d'allocation du coût en capital applicable à cette machine est aussi de 50%.
2. Présentez, dans un second tableau, le bénéfice net de chacune des années d'utilisation de cette machine après avoir déduit l'amortissement comptable et les impôts réels à payer.
3. Présentez, dans un troisième tableau, le bénéfice net de chacune des années d'utilisation de cette machine après avoir déduit l'amortissement comptable et la provision pour impôts déterminée en fonction du revenu comptable.
4. Ouvrez le compte Impôts sur le revenu reportés et portez à ce compte tous les montants auxquels donne lieu la différence qui existe entre le revenu comptable et le revenu imposable.

Problème 28–1A

Richard Houle est célibataire et n'a aucune personnne à charge. Ses seuls revenus proviennent de l'exploitation d'une entreprise individuelle dont il est propriétaire et dont les ventes annuelles s'élèvent à $350,000, le bénéfice brut à 40% du chiffre des ventes et les dépenses d'exploitation à $100,000. Les exemptions personnelles et les déductions auxquelles M. Houle a droit s'élèvent à $5,000. M. Houle retire annuellement de son entreprise, à des fins personnelles, une somme de $12,000 et l'argent dont il a besoin pour acquitter ses impôts.

M. Houle estime qu'il paiera moins d'impôts s'il forme une société par actions. S'il donne suite à son projet, la nouvelle société lui verserait un salaire de $15,000.

Travail à faire :
1. Posez l'hypothèse que M. Houle a décidé de former une société par actions au début de 1974 et dressez deux états des revenus et dépenses qui feront ressortir le bénéfice net qu'il retire, d'une part, de son entreprise individuelle et celui qu'il retirerait, d'autre part, de la nouvelle société.
2. Calculez les impôts sur le revenu que M. Houle et la nouvelle société par actions auront à payer compte tenu des hypothèses suivantes : (*a*) M. Houle n'apporte aucun changement à la façon dont son entreprise est constituée; (*b*) M. Houle forme une société par actions qui lui versera un salaire de $15,000 mais ne distribuera aucun dividende; (*c*) M. Houle forme une société par actions qui lui versera un salaire de $15,000 et des dividendes s'élevant au même montant.

Problème 28–2A

David Dorion est un expert-comptable. Il est marié mais n'a aucun enfant à charge. Les informations suivantes sont tirées de sa dernière déclaration d'impôt :

Revenus professionnels	$16,500
Dividendes reçus	300
Intérêts créditeurs	260
Gains en capital	100
Pertes en capital	300
Revenus de Mme Dorion	1,300
Contributions à un régime enregistré d'épargne-retraite	3,300
Cotisations au Régime de rentes du Québec	173
Dons de charité	680

Travail à faire :
Calculez les versements trimestriels d'impôt fédéral que doit effectuer M. Dorion au cours de la présente année d'imposition. Posez l'hypothèse que les revenus et les dépenses de M. Dorion seront les mêmes qu'au cours de l'année précédente.

Problème 28–3A

Première partie. Louis Laberge a acheté un immeuble d'habitation fait de briques à un prix de $200,000. M. Laberge a gardé cet immeuble pendant trois ans au cours desquels il a inclus dans le calcul de son revenu imposable toute l'allocation du coût en capital à laquelle il avait droit.

Travail à faire :
Déterminez le gain ou la perte résultant de la vente de cet immeuble ainsi que l'effet fiscal de cette vente selon que le prix de vente a été de : (*a*) $210,000, (*b*) $188,000 et (*c*) $162,000.

Deuxième partie. Au début de 1974, le coût en capital non déprécié des biens de la catégorie 10 était de $42,000. Au cours de 1974, on a acheté des biens de même nature à un coût de $28,000. En 1975, on a vendu à un prix de $9,000 certains biens de la catégorie 10. Finalement, en 1976, on n'a acheté ni vendu aucun bien de cette catégorie.

Travail à faire :
Calculez le maximum de l'allocation du coût en capital que ce contribuable pourra inclure dans le calcul de son revenu imposable de 1976 en ce qui a trait aux biens de la catégorie 10.

Problème 28–4A

Au début de 1973, Alpha, Ltée a installé une nouvelle machine coûtant $200,000, ayant une durée prévue d'utilisation de quatre ans et une valeur de récupération estimative de $16,000. Grâce à cette machine, Alpha, Ltée a pu mettre sur le marché un nouveau produit qui lui a rapporté un bénéfice de $180,000 avant amortissement et avant impôts. Alpha, Ltée calcule l'amortissement comptable selon la méthode de l'amortissement linéaire et elle inclut dans le calcul de son revenu imposable toute l'allocation du coût en capital à laquelle elle a droit jusqu'à concurrence de la valeur de récupération de la machine. La direction a décidé d'inclure dans l'état des revenus et dépenses une provision pour impôts calculée en fonction du revenu comptable plutôt que du revenu imposable.

Travail à faire :
1. Présentez, dans un tableau, le bénéfice net de chacune des années d'utilisation de cette machine après avoir déduit l'allocation du coût en capital et les impôts réels à payer. Posez l'hypothèse que le taux d'impôt est de 50% et que le taux d'allocation du coût en capital applicable à cette machine est aussi de 50%.
2. Présentez, dans un second tableau, le bénéfice net de chacune des années d'utilisation de cette machine après avoir déduit l'amortissement comptable et les impôts réels à payer.
3. Présentez, dans un troisième tableau, le bénéfice net de chacune des années d'utilisation de cette machine après avoir déduit l'amortissement comptable et la provision pour impôts déterminée en fonction du revenu comptable.
4. Ouvrez le compte Impôts sur le revenu reportés et portez à ce compte tous les montants auxquels donne lieu la différence qui existe entre le revenu comptable et le revenu imposable.

Édouard Colbert et sa femme possède toute les actions de Arcadia, Ltée, une entreprise en pleine expansion établie depuis plusieurs années et ayant un urgent besoin de capitaux additionnels.

Gérard Croteau, un ami des Colbert, songe à investir une somme de $50,000 en achetant des actions non encore émises de cette société dont voici les états comparatifs des revenus et dépenses des trois dernières années :

Arcadia, Ltée

États comparatifs des revenus et dépenses
pour les exercices terminés le 31 décembre 1974, 1975 et 1976

	1974	1975	1976
Ventes	$700,000	$750,000	$825,000
Dépenses (à l'exclusion de l'amortissement et des impôts)	$425,000	$450,000	$500,000
Amortissement	105,000	110,000	125,000
Impôts sur le revenu	65,000	70,000	75,000
Total des dépenses	$595,000	$630,000	$700,000
Bénéfice net	$105,000	$120,000	$125,000

Avant de prendre une décision définitive, Gérard Croteau a demandé à Édouard Colbert de permettre à son comptable d'examiner les registres de Arcadia, Ltée. Cette permission ayant été accordée, le comptable de M. Croteau a effectué une expertise et dressé les états financiers suivants :

Arcadia, Ltée

États comparatifs des revenus et dépenses
pour les années terminées le 31 décembre 1974, 1975 et 1976

	1974	1975	1976
Ventes	$700,000	$750,000	$825,000
Dépenses (à l'exclusion de l'amortissement et des impôts)	$425,000	$450,000	$500,000
Amortissement*	105,000	110,000	125,000
Total des dépenses	$530,000	$560,000	$625,000
Bénéfice avant impôts	$170,000	$190,000	$200,000
Provision pour impôts	85,000	95,000	100,000
Bénéfice net	$ 85,000	$ 95,000	$100,000

*L'allocation du coût en capital inclus dans le calcul du revenu imposable des années 1974, 1975 et 1976 s'est élevée respectivement à $145,000, $160,000 et $175,000.

Grande fut la surprise d'Édouard lorsqu'il constata que le bénéfice net de cette dernière série d'états des revenus et dépenses était différent de celui que son comptable avait déterminé. Aussi, il s'empressa de demander des explications au vérificateur qui avait établi le système comptable de son entreprise et rempli ses déclarations d'impôts.

Donnez les sources des différences qui inquiètent M. Colbert et dressez un tableau qui lui expliquera les calculs effectués par son comptable. Posez l'hypothèse que le taux d'impôt est de 50%.

Index